田东县志

（1989—2005）

田东县地方志编纂委员会　编

方志出版社
Publishing House of Local Records

图书在版编目（CIP）数据

田东县志．1989—2005 / 田东县地方志编纂委员会编．—北京：方志出版社，2020.12

ISBN　987-7-5144-4247-2

Ⅰ．①田…　Ⅱ．①田…　Ⅲ．①田东县—地方志—1989—2005 Ⅳ．①K296.74

中国版本图书馆CIP数据核字（2020）第237883号

田东县志（1989—2005）

出版发行：田东县地方志编纂委员会
责任编辑：刘方圆

出 版 者：方志出版社
地址　北京市朝阳区潘家园东里9号（国家方志馆4层）
邮编　100021
网址　http://www.zgfzcb.com
发　　行：方志出版社图书经销中心
电话（010）67110500
经　　销：各地新华书店
印　　刷：广西广香彩印有限公司

开　　本：889mm×1194mm　1/16
印　　张：72.75
字　　数：2026千字
版　　次：2020年12月第1版　2020年12月第1次印刷
印　　数：0001~1000册

ISBN 987-7-5144-4247-2　定价：518.00元

《田东县志（1989—2005）》编纂委员会

（2020年5月时）

主　任：刘明国　黄文明

副主任：罗玉萍　林良臣　黄　波　王征军　李　杰

成　员：黄少峰　何少斌　陈仁广　赵　良　韦文孟　鲍　岳　韦桂标　黄忠剑　黄忠义　黄　程　黄植弟　邓建新　苏　华　黄锦师　黄　安　隆小清　刘秋伶　阮小令　黄夏灵　黄忠进

《田东县志（1989—2005）》编辑部

（2019年时）

主　编：韦文孟　谭桂荣

总　纂：韦文孟　谭桂荣

编　辑：韦文孟　谭桂荣　阮金泽　陆学行　李永光　韦　伦　黄宝珍　黄志川　黄忠汉　黄文家　罗圣辉　李　玲　农绿霞　班金蝶

工作人员：谭英在　黄南标　阮玉山　李　世

审稿验收单位及人员

初审单位：田东县地方志编纂委员会

审稿人员：刘明国　黄文明　黄　萍　黄国金　林良臣　王征军　李　杰　何少斌　黄少峰　陈仁广　韦　琳　黄忠剑　黄忠义　黄　程　黄植弟　邓建新　苏　华　黄锦师　黄　安　隆小清　刘秋伶　阮小令

复审单位：百色市地方志编纂委员会办公室

复审人员：赵文刊　百色市地方志编纂委员会办公室主任

罗荣国　原百色市委编办主任

罗生福　百色市地方志编纂委员会办公室业务二科原科长、编辑

林红梅　百色市水文水资源局办公室副主任、工程师

罗荣智　右江区保险事业局城乡居民养老保险管理股股长、中教一级

陈基文　百色市地方志编纂委员会办公室业务二科副科长

终审单位：广西壮族自治区地方志编纂委员会办公室

审验人员：梁金荣　自治区地方志编纂委员会办公室党组书记、主任，博士、研究员，自治区地方志学术委员会主任

邓敏杰　自治区地方志编纂委员会办公室原副主任，自治区地方志学术委员会成员副主任

晏源源　自治区地方志编纂委员会办公室原顾问、编审

叶建维　自治区地方志编纂委员会办公室市县志工作部部长

韦韩韫　自治区地方志编纂委员会办公室地情信息部部长

莫声光　自治区地方志编纂委员会办公室市县志工作部副部长

梁燕鸣　自治区地方志编纂委员会办公室市县志工作部二级调研员、副编审

贾晓霖　自治区地方志编纂委员会办公室通志工作部二级调研员、副编审

胡运动　钦州市地方志编纂委员会办公室副主任

符松柏　自治区地方志编纂委员会办公室市县志工作部二级主任科员

《田东县志（1989—2005）》2020年5月付印时田东县领导班子成员名单

中共田东县委员会

书　记：刘明国

副书记：黄文明　江　波

常　委：韦　生　潘玛莉（挂职）　陆军谋（挂职）　王　伟　李华名　罗玉萍　覃利飞　林良臣　黄　波　孟　强（挂职）

田东县人大常委会

主　任：周智华

副主任：黄秀斌　王征军　覃梅华　梁世生

田东县人民政府

县　长：黄文明

副县长：韦　生　潘玛莉（挂职）　陆军谋（挂职）　谢晓岗　黄彩玲　叶国云　刘　鹏（挂职）　黄高云　孟　强（挂职）

政协田东县委员会

主　席：吕进远

副主席：陆汉明　黄　智　黄丽琴　李　杰

《田东县志(1989—2005)》提供资料单位（排名不分先后）

(2020年5月时单位名称)

中共田东县委员会办公室
田东县人大常委会办公室
田东县人民政府办公室
政协田东县委员会办公室
中共田东县委组织部
中共田东县委宣传部
中共田东县纪律检查委员会
田东县监察委员会
中共田东县委巡察办
中共田东县委政法委
中共田东县委统一战线工作部
田东县精神文明建设委员会办公室
中共田东县直属机关工作委员会
中共田东县委老干部局
中共田东县委、县人民政府信访局
田东县委县政府督查和考评绩效办公室
中共田东县委党校
田东县档案局（馆）
田东县妇女联合会
共青团田东县委员会
田东县总工会
田东县老龄办
田东县工商业联合会
田东县科学技术协会
田东县残疾人联合会
田东县文学艺术界联合会
田东县社会科学联合会
田东县融媒体中心
田东县发展研究中心
中共田东县委编委办
田东县自然资源局
田东县人力资源和社会保障局
田东县民政局
田东县民族事务宗教局
田东县气象局
田东县机关后勤服务中心
田东县党史和县志研究室
田东县住房保障中心
田东县卫健局
田东县医疗保障局
田东县人民医院
田东县中医医院
田东县疾病预防控制中心
田东县妇幼保健院
田东县红十字会
田东县教育局
田东县科学技术局
田东县文体广电和旅游局
田东县人民法院
田东县人民检察院
田东县公安局
田东县司法局
中国人民解放军田东县人民武装部
中国人民武装警察部队田东中队
田东县消防救援大队
田东县退役军人事务局
田东县公安局交通警察大队
田东县财政局

田东县税务局
田东县发展和改革局
田东县水库和扶贫易地安置中心
田东县统计局
田东农调队
田东县审计局
田东县物价局
田东县市场监督管理局
田东县应急管理局
田东县投资促进局
田东县生态环境局
田东县住房和城乡建设局
田东县征地拆迁中心
田东县重大项目服务中心
田东县城市管理监督局
田东县农业农村局
田东县扶贫开发领导小组办公室
田东县林业局
田东县水利局
田东县工业和信息化局
田东石化工业园区管理服务中心
田东县交通运输局
田东公路养护中心
田东县供销合作社联合社
田东县市场服务中心
田东县农业机械化服务中心
田东县工业投资公司
田东县助农担保公司
田东县农业投资公司
田东县农工贸公司
田东县龙远投资公司
田东县供电局
田东县供水公司
广电网络田东分公司
田东县二轻工业联合社
田东县民语研究中心
田东县蔗糖生产服务中心
田东县农村改革发展中心
田东县乡村振兴发展中心
田东县图书馆
田东新华书店
田东县邮政局
中油广西田东石油化工总厂有限公司
右江矿务局
田东电厂
广西东泥公司
广西田东锦江产业园总公司
田东登高集团
田东南华糖业公司
中国电信股份有限公司田东分公司
广西移动通信责任有限公司田东分公司
中国联合网络通信公司田东分公司
田东县烟草专卖局
田东县石油公司
银保监田东监管组
中国人民银行田东县支行
中国工商银行田东县支行
中国农业银行田东县支行
中国建设银行田东县支行
中国农业发展银行田东县支行
田东县农商行
北部湾村镇银行田东县支行
中国邮政储蓄银行田东县支行
中国人寿保险股份有限公司田东支公司
中国人民财产保险股份有限公司田东支公司
平马镇人民政府
祥周镇人民政府
林逢镇人民政府
思林镇人民政府
印茶镇人民政府
江城镇人民政府
作登瑶族乡人民政府
朔良镇人民政府
义圩镇人民政府
那拔镇人民政府

序言一

盛世修史，明时修志。

修志问道，启迪未来。

历时数载编纂的《田东县志（1989—2005）》终于圆满收官。这标志着田东县方志事业取得新成就，标志着田东县发展繁荣“三个文化”（历史文化、红色文化、非遗文化）跃上新台阶。这是一件可歌可泣、可喜可贺的盛事，是一件让全县43万各族人民引以为豪、引以为荣的喜事。

《田东县志（1989—2005）》的出版，是田东坚定文化自信、提升文化软实力的一个崭新丰碑，是田东向国家第一个一百年奋斗目标贡献的“志”礼和厚礼，是田东一件彪炳史册、光耀千秋的大事与要事。

党的十八大以来，习近平总书记指出：文化是一个国家、一个民族的灵魂，要坚定文化自信，建设中国特色社会主义文化强国。同时，作出指示要高度重视修史修志。《田东县志（1989—2005）》记录田东的伟大变革，记录改革开放的伟大探索，记录田东又好又快发展的生动实践，是构建田东哲学、社会科学、高端智库的重要资源。它的出版，是我们践行习近平新时代中国特色社会主义思想的具体体现，是我们增强政治意识、大局意识、核心意识与看齐意识的有力体现，是我们坚定道路自信、理论自信、制度自信和文化自信的集中体现，是我们维护习近平总书记党中央的核心、全党的核心地位，维护党中央权威和集中统一领导的重要体现。

《田东县志（1989—2005）》是一部“百科全书”，全面翔实记述田东县十七年来政治、经济、文化、社会、生态文明发展历程和党的建设进程，具有资政、教化、存史的社会功能和文献价值，是一笔弥足珍贵的精神财富。服务于政治建设，县志是决策依据。服务于经济建设，县志是参考凭借。服务于文化建设，县志是资料宝库。服务于社会建设，县志是珍贵史料。服务于生态建设，县志是可靠记录。服务于精神文明建设，县志是生动教材。

田东，一个深受瞩目的县份，各级领导高度关心、关怀，社会各界密切关注、关爱，群众给予热盼、厚望。自2016年以来，田东县委审时度势，进一步解放思想，不断开拓创新，以“三大战役一大保障”（“三大战役”即大力实施脱贫攻坚阵地战、产业强县持久战、新型城镇化建设大会战，“一大保障”即以全面从严治党和加强依法治县为根本保障）为主线，以“三个结合四个带动”（“三个结合”即与全县中心工作相结合、与乡土文化传承相结合、与红色精神弘扬相结合，“四个带动”即以重大活动带动、打造品牌带动、制度创新带动、领导示范带动）为抓手，树立并大力弘扬“忠诚使命、万众一心、精准发力、实干争先”的田东精神，谱写了经济社会高质量发展新篇章。脱贫攻坚取得了历史最佳成绩，累计减贫10984户44143人，40个贫困村脱贫出列，贫困发生率由2015年年底的15.01%下降到2019年年底的0.24%。脱贫攻坚工作考评连续三年获得百色市一等，两年获得自治区一等。2019年4月24日，获自治区人民政府批复脱贫摘帽，历史性摘下贫困县帽子，实现了田东几代人的夙愿，并荣获全国脱贫攻坚奖组织创新奖等一系列殊荣。抢抓机遇，经济发展质量更实更优，斩获了一系列国家级荣誉、试点示范和重点项目，为长远高质量发展奠定了关键基础。大力推进机制创新，一系列重大改革得到中央和自治区充分肯定，引发全国全区关注。进一步唱响了田东“好声音”，全国各级各类媒体主动聚首聚焦田东，带来了价值不可估量的非物质财富，田东的美誉度和影响力大大提升。干部队伍经受了新的重大磨炼和考验，党风政风进一步向善向好，社会更加和谐进步，群众幸福感、安全感和获得感进一步提升。

这些成绩的取得，是上级党委、政府正确领导的结果，是全县43万人民在县委、县人民政府领导下共同努力的结果。这些成绩的取得，得益于历届县委、县人民政府打下的良好基础，得益于一系列给力政策措施的落实。

发展永无止境，奋斗永不停歇。今后，我们将立足田东优势和现实基础，抓住用好重要战略机遇，咬定目标，应势而动，乘势而上，顺势而为，振奋精神，凝心聚力，开创新辉煌，为建设壮美广西、共圆复兴梦想作出田东新贡献，实现同步全面建成小康、建设幸福田东的奋斗目标。

以史鉴今，资政育人。我深信《田东县志（1989—2005）》必将在田东今后的改革发展、社会进步、创新驱动等方面发挥重要的、积极的作用，为田东各项事业发展添砖加瓦、添彩增光。

中共百色市委常委、田东县委书记：刘明国

2020年5月8日

序言二

县志全面、客观、真实地记载田东县自然和人文社会发展的状况，是田东县的重要文献典籍，是田东县的史书、“百科全书”。修编县志是中华民族优良的文化传统，是构筑中华文明的重要一环。

盛世修志，志载盛世。1989—2005年，田东县改革发展熠熠生辉，县域综合实力节节攀升，各项事业蒸蒸日上，城乡景象勃勃生机，文明新风比比皆是，人民生活步步高升，田东故事娓娓动听，田东答卷闪闪发光。记载这一时期的历史足迹，是新时代的要求，是历史的呼唤，是人民的期盼，更是我们的新使命、新担当，具有重要的现实意义和深远的历史影响。《田东县志（1989—2005）》付梓出版，是全县43万人民政治、经济和文化生活中的一颗明珠，一道光芒，一个瑰宝，值得庆贺。

对于史志修编，党中央、国务院高度重视。2015年国务院办公厅印发《全国地方志事业发展规划纲要（2015—2020）》，2016年国家“十三五”规划明确提出“加强修史修志”，2017年中共中央公厅、国务院办公厅印发的《关于实施中华优秀传统文化传承发展工程的意见》和《国家“十三五”时期文化发展改革规划纲要》分别对地方志工作提出要求。根据这些文件精神，按照“党委领导、政府主持”的修志体制，县人民政府把修编《田东县志（1989—2005）》摆上重要的议事日程和干事日程，多次听取汇报，多次作出指示，多次解决修编工作中碰到的困难和问题，在规划、人力、物力、财力、智力等方面给予鼎力支持，确保编修工作紧凑有序推进，确保修编质量不断提升。

有一种奋斗感动人心，有一种执着鼓舞人心，有一种品格温暖人心。修编《田东县志（1989—2005）》是一项浩繁复杂的综合文化系统工程，史时跨度漫长，史实博大精深，工作涉及面广，要求严、标准高、难度大。县委、县人民政府领导班子一届接着一届抓，真抓实干，久久为功，功成不必在我。广大修编人员一批跟着一批上，知难而上，迎难而进，埋头苦干，反反复复收集、整理史料，反反复复听取专家指点迷津，反反复复修改打磨，守得住清贫，耐得住孤寂，经得起诱惑，稳得住心神，负得起责任，扛得起使命，历尽种种艰辛，尝遍种种酸苦，坚决打赢修志这场硬仗，坚持不懈走好修志的长征路。他们记载县志，县志铭记他们！借此机会向为田东县地方志事业作出贡献的历任田东县委及县人民政府领导、社会各界人士和辛勤劳动的修志人员，致以崇高的敬意和衷心的感谢！

以史为鉴，可知兴替。《田东县志（1989—2005）》利于当今，惠及后代。它是世人关注田东、了解田东、认识田东的一个新窗口，是研究田东、走进田东、爱上田东的一个新平台，是到田东县工作的各级领导认识县情、探求规律、科学决策的一个新渠道。它还可以为建设社会主义核心价值体系和践行社会主义核心价值观提供生动的乡土教材，可以为田东经济社会改革发展提供历史镜鉴、智力支持和精神动力，可以为推动田东文化繁荣发展提供取之不尽、用之不竭的源泉。

藉此书出版之际，期望全县广大干部群众和所有热爱田东、关心田东的各界人士读志用志、以志为鉴，在实践中充分发挥志书的作用，为建设幸福新田东作出新的、更大的贡献。

田东县人民政府县长：黄文明

2020年5月8日

凡　例

一、《田东县志（1989—2005）》（简称“本志”）为《田东县志》（1998年出版）（简称“前志”）的续志。本志以马克思列宁主义、毛泽东思想、邓小平理论、“三个代表”重要思想、科学发展观和习近平新时代中国特色社会主义思想为指导，坚持辩证唯物主义和历史唯物主义的立场、观点和方法，实事求是记载时限内田东县自然、政治、经济、文化和社会的历史与现状。

二、本志记述内容以1989年为时间上限、2005年为下限，少部分地方记述时间适当上溯或下延。

三、志书的纪年方法。清代及清以前采用朝代帝王年号纪年，括注公元纪年。民国时期采用民国纪年，括注公元纪年。中华人民共和国成立后采用公元纪年。

四、志书采用述、记、志、传、图、表、录等体裁，以志为主。志首有概述、大事记，中间设25篇、92章460节，志末为附录、索引、编后记。分志以章节体为主，节下为条目体；各分志配有插图，表随文设置。全志约150万字。

五、本志行文中的称谓，名称较长的在首次使用时用全称，以括号加注简称，重复出现时用简称。如中共广西壮族自治区委员会，简称“自治区党委”；中共田东县委员会，简称“田东县委”等。

六、本志照片注明拍摄者或提供单位。无法查明摄影者姓名及提供单位的，注明为“县史志研究室提供”。

七、本志执行广西壮族自治区地方志编纂委员会2001年8月颁发的《广西续修地方志行文规定》。采用语体文，以第三人称记述；使用1988年国家语言文字工作委员会、新闻出版署联合发布的《现代汉语通用字表》的简化汉字；数字及标点符号运用遵照国家质量监督检验检疫总局和国家标准化管理委员会于2011年发布的《中华人民共和国国家标准·出版物上数字用法》《中华人民共和国国家标准·标点符号用法》的书写。计量单位采用现行法定计量单位执行。

八、本志“人物篇”分“人物传略”“人物名录”两章，其中“人物传略”坚持“生不立传”的原则，只选革命烈士和对社会有重大影响的已故知名人士入志，不受本地籍限制；“人物名录”收录厅（师）级以上党政人员、高中级职称专业技术人员、获省部级以上表彰人员。其他应入志的人物以事系人，在其他篇章予以记述。田东县委、县人大常委会、县人民政府、县政协领导和部委办局正科级单位正职领导和乡镇党委、人大、政府正职领导在有关篇章随机构记载。

九、本志资料来源于各级档案馆、图书馆、各部门各单位、知情人士以及报纸杂志、史志年鉴等，均经核实后载入。主要数据采用县统计局的统计资料为准。若如统计部门资料欠缺，则采用有关部门提供的数据。土地面积采用县国土资源局的有关调查数据。

田东县行政区划图

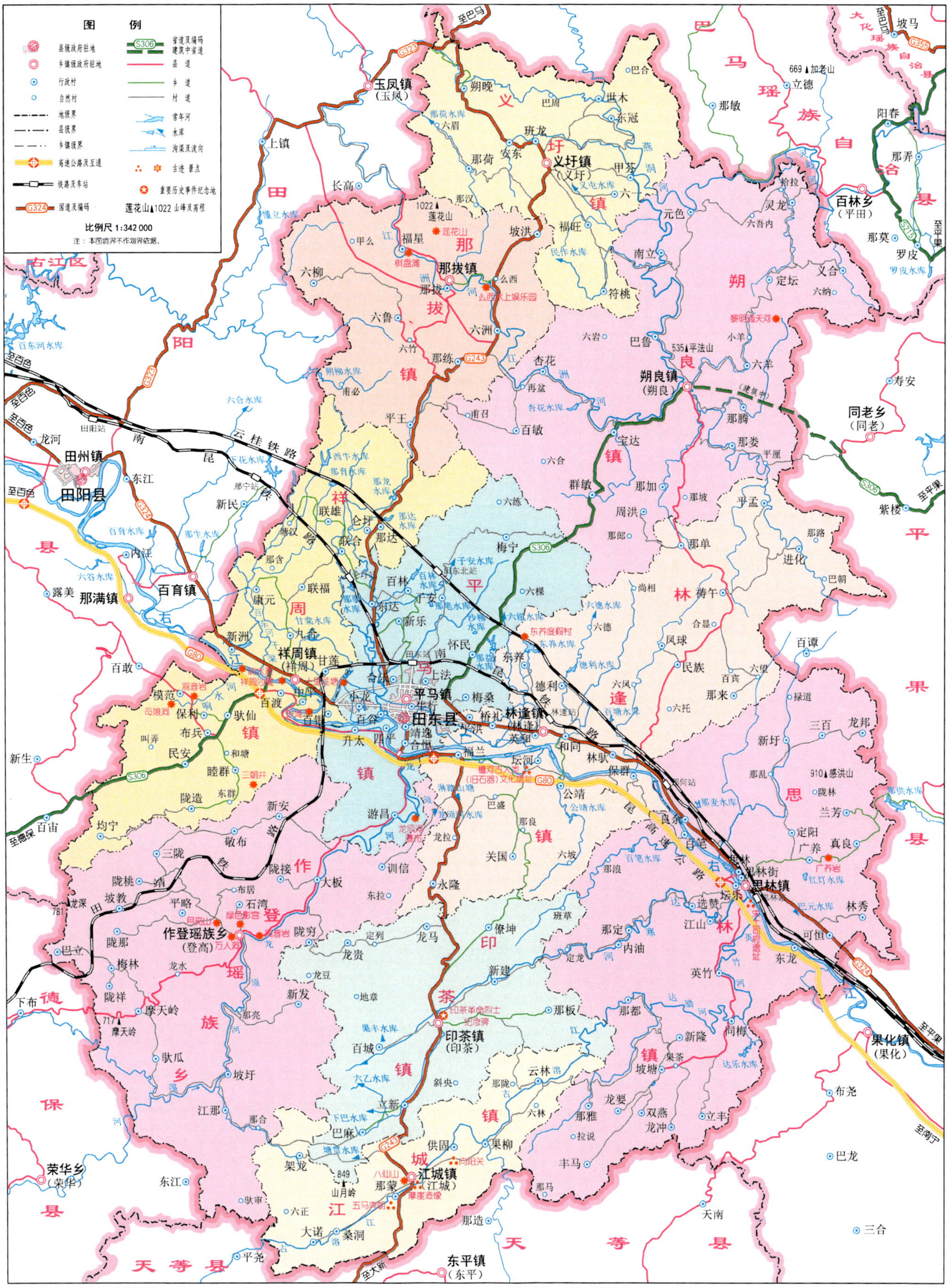

广西壮族自治区地图院编制 审图号：桂S（2017）58号 2017年5月

2002年10月，林逢镇平洪村香米种植基地　（周金鹏/摄）

2005年10月，作登瑶族乡新安村高产高糖糖料蔗示范基地　（周金鹏/摄）

2005年1月，平马镇四平村西红柿种植基地　（周金鹏/摄）

2003年3月，祥周镇中平村香葱基地及其收购点 （吴双全/摄）

1998年，祥周镇万亩芒果园对低产芒果园进行高位嫁接 （县农业局提供）

2005年，田东引进的芒果新品种澳芒 （苏炳学/摄）

2005年，祥周镇模范村香蕉高产示范种植基地及其机械化运送设备 （周金鹏/摄）

2005年，作登瑶族乡新安村群众发展林下养鸡 （周金鹏/摄）

2005年7月，平马镇东达村发展芒果树下养鸭 （平马镇人民政府提供）

2005年10月，印茶镇新建村群众科学养猪　　　（县委宣传部提供）

2005年12月，作登瑶族乡大板村群众养殖水牛　　　（县委宣传部提供）

2005年10月，朔良镇板栗获丰收　　（朔良镇人民政府提供）

2004年10月，义圩镇福旺村山茶油果实挂满枝头　　（义圩镇人民政府提供）

2000年6月，印茶镇新建村速生桉林基地　　（申丽丽/摄）

2005年，群众在县农业局点击触摸屏，查询农业信息　　（县委宣传部提供）

20世纪90年代，田东石化总厂　（县委宣传部提供）

2005年，右江矿务局采用综合机械化采煤　（右江矿务局提供）

2005年，田东电厂新厂　　（何　胜/摄）

2005年，滇黔桂石油勘探二公司（田东）钻井开采石油　　（县委宣传部提供）

2004年，广西石油天然气开发分公司（田东）采油　　（县委宣传部提供）

1995年，田东二糖厂厂区及其生产的白砂糖　　　　（县委宣传部提供）

2001年，广西东泥股份有限公司厂区　　　　（县委宣传部提供）

1995年，田东县思林纸厂车间及其生产的瓦楞纸　　（县委宣传部提供）

2000年，田东登高电站大坝及其车间　　（县委宣传部提供）

20世纪90年代，金穗农贸商场　　（平马工商所提供）

20世纪90年代，金穗农贸商场成衣行　　（平马工商所提供）

1996年，思林镇农贸市场

（思林工商所提供）

2005年，义圩镇农贸市场

（义圩镇人民政府提供）

20世纪90年代，城西果菜批发市场　　（吴双全/摄）

2005年，在城西果菜批发市场，芒果经销商上网发布供给信息
（县委宣传部提供）

2005年，城西果菜批发市场，新鲜芒果上市，吸引消费者购买　（黄李雍/摄）

2005年7月，田东芒果成熟时节，游客到平马镇合乐村芒果果园观光　（周金鹏/摄）

1990年，田东民族师范学校大门　　　　（县教育局提供）

20世纪90年代，田东县卫生成人中等专业学校　　　　（田东卫校提供）

2001年4月，田东县职业技术学校老师给学生讲授电路检修知识　（县职业技术学校提供）

2005年1月，田东中学师生参加环城跑　（零桂基/摄）

2005年4月，祥周镇布兵学校老师给学生上科技课　　　　（县教育局提供）

2000年6月，田东一幼老师指导幼儿绘画　　　　（县教育局提供）

2003年7月，县教育局举办教师课件制作培训班　　　　(县教育局提供)

2004年6月，印茶卫生院到龙贵村开展义诊活动　　　　(印茶卫生院提供)

2005年10月11日，印茶镇僚坤村村医在给群众看病　　　　（县卫生局提供）

2005年，农民群众在思林镇新农合报销点申请医疗费报销　　　　（思林卫生院提供）

2005年4月，水稻插秧机在林逢镇英和村作业　　　　（县委宣传部提供）

2003年9月，县农业局农技人员到祥周镇百银村试验田做监测记录　　　（县农业局提供）

2005年10月，农民购买机械收割机收割香米　　　　（周金鹏/摄）

2004年，祥周镇中平村采用喷灌技术种香葱　　　　（何　胜/摄）

2003年，邀请广西芒果专家欧世金（左一）到平马镇东达村开展芒果技术培训
（县委宣传部提供）

2002年，县农业局农业专家给农民诊断农作物　　（县委宣传部提供）

2005年12月，印茶镇龙马村群众用机械收割甘蔗　　　　（印茶镇人民政府提供）

20世纪90年代，高岭坡古人类遗址考古现场
（县博物馆提供）

20世纪90年代，高岭坡古人类遗址出土的80万年前古人类手斧刊登在美国科学杂志*Science*的封面　　（县博物馆提供）

2005年10月，作登瑶族乡瑶族群众跳起金锣舞　　（吴李凡/摄）

2005年6月，梅林小学的学生在演练金锣舞　　（县委宣传部提供）

2005年，田东一家文艺团在县城舞龙舞狮欢庆节日　　　　（吴双全/摄）

20世纪末，田东一家文艺团在田东县城击鼓庆佳节　　（黄红色/摄）

21世纪初，作登瑶族乡群众在田东县城吹唢呐　　　　（县委宣传部提供）

1996年，田东承办百色地区芒果节　　　　（县委宣传部提供）

2002年，黄秋艳参加第十四届亚运会获女子三级跳远冠军　　　　（县文体局提供）

1995年秋，田东县第二届体育运动会　　（县委宣传部提供）

2005年国庆节，在那拔镇棋盘滩举办跳棋比赛　　（县委宣传部提供）

2005年端午节，平马镇合恒村群众参加龙舟比赛
（施信毅/摄）

2004年12月，田东中学举办体育运动会
（黄华琪/摄）

2005年元旦，在十里莲塘举办水上拔河比赛（廖　维/摄）

2005年元旦，在十里莲塘水上拔河比赛，运动员落水　（苏炳学/摄）

1999年12月，田东至巴马公路动工建设　　（县委宣传部提供）

2003年，改造后的邕色二级路田东段　　（县公路局提供）

2005年，南昆高速公路田东县进出口处的右江大桥
（县交通局提供）

1997年9月1日，南昆铁路田东县火车站（田东火车站提供）

2003年，德保铁路右江大桥北岸
（县交通局提供）

2005年11月，作登瑶族乡干部与陇穷村群众一起硬化道路

（吴双全/摄）

2000年3月31日，龙须河引水治旱工程开工　（县委宣传部提供）

1990年，作登瑶族乡登高村三面光渠道　（县水利局提供）

2005年，除险加固后的公靖村水库 （周金鹏/摄）

20世纪90年代，实施饮水工程大会战 （梁日站/摄）

2005年1月，作登瑶族乡陇那村打出地下水　　（作登瑶族乡人民政府提供）

2003年10月，作登瑶族乡供电所搬运电力设备，架设农村高压线　　（县供电公司提供）

2004年，县供电公司实施电网改造工程　　（县供电公司提供）

2004年，作登瑶族乡坡教村安装电视信号接收设备，通了电视　　（县电视广播局提供）

1997年1月5日，江山移民开发区军民会战誓师大会召开　　　　（县扶贫办提供）

1998年1月5日，江山移民开发区一角　　　　（县扶贫办提供）

2004年，布兵福民移民点开工建设　　　　（县扶贫办提供）

1990年，思林镇龙邦村坎坷山路
（思林镇人民政府提供）

2002年，思林镇龙邦村修通了砂石路
（思林镇人民政府）

2005年，作登瑶族乡干部参与作登瑶族乡农户危房改造（县委宣传部提供）

2005年，田东县水利局干部参与作登瑶族乡农户危房改造　　（县水利局提供）

20世纪90年代，思林镇龙邦村群众取水　　　　（思林镇人民政府提供）

2004年，作登瑶族乡群众建设地头水柜
（县委宣传部提供）

2005年，作登瑶族乡陇穷村通了自来水
（吴双全/摄）

2004年4月，县扶贫办送芒果苗到印茶镇立新村，免费发放给群众　（印茶镇人民政府提供）

2005年，田东县职业技术学校开展贫困农户建筑培训　（县职业技术学校）

2005年8月，县中医医院开展卫生扶贫活动，到义圩镇世木村义诊

（县中医医院提供）

2003年，作登瑶族乡陇穷村贫困群众养羊

（作登瑶族乡人民政府提供）

2005年8月，江城架龙村贫困群众养牛 （江城镇人民政府提供）

1992年，县城东宁路和油矿路交叉路口　　（县委宣传部提供）

1993年5月29日，田东县首个房地产项目开工　　（县建设局提供）

2004年，县人民广场　　（吴双全/摄）

2005年，县人民广场夜景一瞥　　（黎　钢/摄）

2005年，县城面貌　　（陶精伟/摄）

2005年，义圩镇街景　　（义圩镇人民政府提供）

2005年春节，农民送民俗进城　　（吴双全/摄）

2005年，江城镇大诺村　（黄秀琦/摄）

21世纪初，林逢镇福兰村芒果楼　（黄层波/摄）

21世纪初，思林镇广养村图书室　　（吴双全/摄）

2000年，作登瑶族乡瑶妹玩照相机　　（申莉莉/摄）

2004年，平马镇四平村娱乐活动室　　（平马镇人民政府提供）

21世纪初，祥周镇九合村引来候鸟栖息　　（岑忠庆/摄）

摩崖造像

江城镇八仙山及其摩崖造像　　（谢佩霞摄于2005年4月）

思林镇龙包天坑　　（黎钢摄于2005年5月）

十里莲塘一瞥　（周金鹏摄于2005年6月）

龙须河　（谢佩霞摄于2006年8月）

龙须河瀑布　　（周金鹏摄于2004年2月）

灵岐河床上的棋盘滩　　（谢佩霞摄于2005年4月）

那拔镇千年古榕　　（谢佩霞摄于2003年10月）

1929年10月20日，邓小平率领武装部队到达平马的二牙码头，踏上了田东县第一脚

（黄红色摄于1998年9月）

目　录

第四篇 共产党 社会团体

第五篇 人大 政府 政协

第六篇 农林牧渔业

第七篇　水利　电力

第八篇　工业　乡镇企业

第九篇　商贸　旅游　招商引资

第十篇　扶贫

第十一篇　城乡规划建设　环境保护

第十二篇　交通　邮政　通信

第十三篇　计划　统计　审计　价格

第十四篇　工商行政管理　食品药品监督　质量技术监督

第十五篇　国土资源管理　矿产资源管理　安全生产监督管理

第十六篇　财政　税务　金融

第十七篇　政法　军事

第十八篇　民政　信访　侨务

第十九篇　机构编制　人事劳动　社会保险

第二十篇　教育　科技

第二十一篇　文化　体育

第二十二篇　卫生

第二十三篇　民族　习俗　宗教　语言

第二十四篇　乡镇简介

第二十五篇　人物

附　录

索　引

编后记

田东县志（1989—2005）

概述

概　述

（一）

田东县位于广西西南部，百色市东南部，右江河谷中心地带。地处北回归线上，北纬23°16′~24°01′，东经106°53′~107°26′。东与平果县相邻，南与德保县、崇左市天等县相接，西与田阳县接壤，北与河池市巴马瑶族自治县相连。全县总面积2816平方千米，县域界线总长369.9千米，东西最大横距54千米，南北最大纵距78.3千米，10个乡镇界线总长431.61千米。县人民政府办公地址位于平马镇人民路66号，距辖地百色市69千米，离首府南宁市168千米。

县境地形起伏较大，地势南北高，南北群山环抱；中间低，为平缓开阔的盆地。右江穿过盆地中间流向东南，两岸形成比较平坦的耕作高产地。盆地以南先是坡度较缓、海拔较低的丘陵，接着是以岩熔为特征的石山地带，其中亦夹有部分土山地带。位于作登瑶族乡摩天岭村的摩天岭主峰849.4米，是南部山区最高山峰。盆地以北，亦先有一片丘陵，再往北多为海拔较高的土山地，其中亦夹有部分熔岩地带。位于北部山区、那拔镇福星村的莲花山主峰海拔1022米，是田东县境内最高山峰。全县盆地面积占全县面积的6.7%，丘陵面积占71.28%，岩熔地面占18.32%，土山面积占3.7%。

2005年12月，祥周镇中平村蔬菜生产基地

（谢佩霞/摄）

全县属亚热带季风气候，日照充足，霜雪较少，无霜期长。夏季炎热，冬季温和，夏湿冬干。年平均日照1869小时，年平均温度21.9℃，年降水量1174.6毫米，年平均蒸发量1814.6毫米，蒸发量大于降水量，是广西最干旱的地区之一。降水量南北山区多，中间盆地少，夏季多，冬季少，干湿季分明。温度的水平差异小，垂直差异大，山地每上升100米，气温下降0.5℃~0.6℃。由于地形闭塞，地形变化大，所以气候差异也较大。这气候适合种植水稻、芒果、香蕉、火龙果、甘蔗、蔬菜等农作物。

县境内已探明的矿产资源主要有煤矿、铝土、锰、铁、钛铁、金、锑、磷、钙、石膏、滑石、膨润土、活性白土、水泥灰岩等18种。按成矿分布划分，右江河谷为能源和非金属矿产区，南部山区为有色金属、黑色金属和建材矿产区，北部山区为多金属及建筑石材矿产区。煤的储量4亿吨，石油储量1500万吨，天然气储量100亿立方米，膨润土储量5000万吨。田东油田是长江以南陆上最大的油田，膨润土是广西已探明的两大优质膨润土矿产区之一。境内有右江河、响水河、龙须河、达寒江、古榕江、灵岐河等较大江河，属珠江流域西江水系，水能资源蕴藏量为21.25万千瓦，可开发13.42千瓦，到2005年，开发水力资源3.34万千瓦，占可开发量的24.88%。自然生态景观主要有棋盘滩、敢仰岩、龙须河、龙潭灵湖等，人文景观有檀河高岭坡古人类遗址、茶马古道、右江工农民主政府旧址、布兵盆地古人类遗址、八仙山摩崖造像等。地方特产有香芒、香米、香猪、香料、香蕉、牛耳饼、米花等等。

田东县有悠久灿烂的历史文明。80多万年前，人类的祖先就在这里繁衍生息。檀河高岭坡出土的石斧、手镐等旧石器，推翻了“东亚人类远远落后于西方”的“莫氏线理论”，把亚洲人类文明起源改写。秦朝时，今田东县地属象郡。汉初属南越国。汉元鼎六年（前111年），今田东县境大部分属郁林郡增食县地。三国，属郁林郡。晋朝属晋兴郡增翊县地。南、北朝时仍属晋兴郡增翊县地。隋朝时废晋兴郡置晋兴县，今田东县地大部分先后属晋兴县、宣化县地。唐武德五年（622年），析宣化县为五缘、横山、晋兴、朗宁4县，横山县治所在今田东县地，为本区域建县之始，隶属邕州朗宁郡。唐开元（713—741年）置田州，治所在今田东祥周镇祥周村旧州屯，辖横山等县。横山县治所在今田东县城。宋皇祐年间（1049—1053年），置上林羁縻州，治所在今田东思林镇，属邕州。绍兴三年（1133年），横山县改为横山寨。元代，羁縻田州改为田州路。明洪武二年（1369年），改为田州府。嘉靖七年（1528年），降为田州，迁治所至今田阳县城。次年，复迁治所至今田东县祥周镇旧州屯。至明末，治所在今田东县地的州县有田州和上林土县。清光绪二年（1876年），田州改为恩隆县，隶百色直隶厅。民国2年（1913年），恩隆县、上林土县归田南道管辖。民国23年（1934年），根据省政府通过的《田南整理县界案》，恩隆县更名为田东县，同时迁治所至平马镇，属百色行政监督区。1949年12月5日，田东县解放，属百色专区。中华人民共和国成立后，田东县的治所不变。1953年后，属桂西壮族自治区百色专区。1956年3月后，属桂西壮族自治州百色地区。1958年3月后，属广西壮族自治区百色地区。1971年后，属百色地区。2002年，撤销百色地区成立地级百色市，田东县归百色市管辖。2005年年底，田东县辖9个镇1个乡，设5个社区居民委员会、162个村民委员会；总人口39.38万人。居民以壮族居多，南北两部山区聚居壮族、瑶族等少数民族。以壮话方言为主，少部分人讲白话、蔗园话、都安话、瑶话。县城所在地平马镇是全县的政治、经济、文化、交通、信息中心，县城面积由1989年的1.85平方千米扩大至2005年的9平方千米，县城人口由1989年的3.1万人增加至2005年的9.8万人，被评为“全国城市环境综合整治优秀县城”“全区卫生县城”。

1989年，田东县国民生产总值26724万元（当年价，下同），1990年28378万元，1995年98363万元，2000年171620万元，2005年293550万元，是1989年的10.98倍。2005年，田东县被自治区党委、自治区人民政府授予“全区县域经济发展十佳进步县”称号，全县综合实力居全区13位，提前完成“十五”计划确定的各项任务指标。1989—2005年，先后获得“全国科技进步先进县”“全国体育先进县”“全国创建文明村镇先进县”“全国扫盲先进县”等多项国家性集体荣誉，李彩芳等分别获得全国劳动模范、先进工作者称号。

（二）

1989—2005年，田东县委紧紧围绕经济建设中心和改革发展稳定大局，坚持党要管党、从严治党的方针，不断提高党的执政水平和领导水平，增强拒腐防变和抵御风险的能力，使党始终保持先进性和纯洁性，充满创造力、凝聚力和战斗力，为改革开放和现代化建设提供坚强保证。

立足于党的建设，全面加强党的思想建设，抓好党员领导干部的政治理论和政治能力建设，先后开展“双学”（学理论、学党章）、“三严四自”（严格要求、严格管理、严格监督、自重、自省、自警、自励）、“三讲”（讲学习、讲政治、讲政治）、“三个代表”重要思想、创先争优、保持共产党员先进性等学习教育活动，干部思想作风和机关工作作风有了明显好转，推动了各项工作顺利进行。尤其是2003年，田东率先在全国创建“三个代表”重要思想讲习所，在全国产生了良好的反响。围绕建

1995年2月，思林镇英竹村党员交党费　（吴双全/摄）

设“好领导班子、好队伍、好路子、好经营体制、好管理制度”（即“五个好”）的目标要求，每年派出农村基层组织建设工作队，狠抓以党支部为核心的村级组织建设。不断深化干部人事制度改革，实行任免干部县委全委“票决制”，试行党政领导职务“聘任制”，实行干部填报“政绩档案卡”制度。创造性开展“党员中心户”“党群致富联合体”“农家课堂”等创建活动，党组织的战斗堡垒作用与党员的先锋模范作用不断增强。成立中共流动党员管理工作委员会，建立健全流动党员和流动党支部管理制度。设立党员互助基金，建立帮扶困难党员长效机制。加强党风廉政建设，注重思想教育、制度规范、体制完善，加大从源头上防止腐败力度。认真纠正行业和部门不正之风，认真抓好农村减负政策的落实，解决群众反映强烈的突出问题。严肃查处党员和干部队伍思想、工作和生活作风违法违纪案件，纯洁了党的组织。通过反腐倡廉，促进了党风政风和社会风气的好转，各级领导班子和党员干部队伍的精神面貌和工作状态也得到了明显改善。

立足于民主政治建设，县委继续加强对人大、政府和统一战线的领导，进一步发挥地方国家权力机关的职能作用，发挥人大在完善民主法制建设、法律监督和工作监督方面的作用。坚持和完善人民代表大会制度及共产党领导的多党合作和政治协商制度，加强统战工作，落实统战政策，进一步发挥各界各阶层民主人士和人民政协在参政议政、政治协商、民主监督和发展爱国统一战线方面的作用。1989年，县委制定了《中共田东县常务委员会工作规则》，进一步加强党的领导，理顺县委与人大、政府、政协几套班子的关系。在人大工作方面，县委支持县人民代表大会及其常务委员会行使重大事项决定权、人事任免权，对“一府两院”（县人民政府、县人民检察院、县人民法院）依法履行法律监督和工作监督职责。16年间，共开展县、乡镇人大代表换届选举工作6次，召开县人民代表大会5届，召开全体会议23次，召开常委会议134次，通过21项规章制度，任免国家机关工作人员588人次。收到代表议案、建议、批评和意见1375多件，有关部门全部办理，并书面答复代表。及时将信访案件转交有关部门处理，做好跟踪督办，为保护当事人的合法权益，化解社会矛盾，维护社会稳定，起到积极作用。在政协工作方面，县政协有效地参政议政，履行政治协商、民主监督、参政议政职能，对全县政治、经济、文化、社会生活中重要问题进行协商讨论，为全县各项事业建设出谋划策。16年间，共产生5届政协委员，政协田东县委员会共召开全委会议18次，常务委员会会议71次。各届政协委员共提出提案2083件，经审查立案1980件，办复1879件，办复率94.9%。对办理不满意的提案，督促承办单位“二次办案”“二次答复”。县人民政府自觉接受县人大、县政协的监督，认真办理人大代表与政协委员提出的议案、提案、批评和建议；实行集体领导、个人分工负责制，重大事项和问题必须经县人民政府常务会议、政府全体会议或县长办公会议讨论决定；依法行政，做好规范性文件的起草、修改和清理，办理行政案件和行政复议与应诉，监督行政执法。

立足于精神文明建设，1989—1991年，加大投入，加强城乡宣传文化阵地建设，对广大干部群众进行政治、道德、法制等教育，不断消除资本主义腐朽思想和封建主义的影响，提高干部群众的思想觉悟、道德水平和法制观念，培养了健康向上、团结友爱、乐于奉献的社会主义风尚，各行各业涌现了一批先进单位和先进人物。1993—1998年，县委把社会主义精神文明建设摆在突出位置，在各行业各部门广泛开展“讲文明，树新风”活动，创建文明单位、文明学校、文明村屯活动正常有效，军民、警民共建文明单位取得好成绩。1999年之后，围绕“精品、名牌、特色”这个目标，开展群众性精神文明创建活动，以开展右江百里文明河谷建设、“十个一”（每个乡镇有一座升国旗台、一个广播电视室、一条宣传文化长廊、一支文艺宣传队、一个宣传文化站、一所综合培训学校、一片绿地、一个篮球场、一个舞台、一个职工食堂）工程为重点，以开展创建文明县城、文明单位、文明行业、文明小区、文明庭院、花园式单位、文明村镇（屯）、“星级文明户”（科技示范户、文明经营户、卫生环保户、致富带头户、文化中心户）和青年文明号、巾帼示范岗、文明家庭活动为载体，全县精神文明建设取得突破性进展，公民的思想道德和科技文化水平不断提高，形成健康文明的新风尚。由于工作出色，田东成为全国“百县千乡”宣传文化工程现场会主要参观点。2001年，全县13个乡镇的“十个一”工程建设全部达标，全县思想政治工作荣获百色地区目标管理考核一等奖。16年间，田东先后获评为百色地区“文明县城”、全国“创建文明村镇工作先进县”、“自治区文明县城”，平马镇上法村获评为“全国创建文明村镇工作先进村镇”；全县有15个单位被评为自治区级文明村镇，39个单位被评为市级文明村镇，7个单位被评为自治区级文明单位，30个单位被评为市级文明单位。

（三）

1989—2005年，田东县委、县人民政府坚持以经济建设为中心，把经济发展放在头等重要的位置。农业产业化逐步形成，特色品牌农业优势进一步发挥，建成香蕉、芒果、香米、甘蔗、蔬菜等特色农业产业基地，建成一批农业龙头企业，各类专业农业合作经济组织发展迅速。工业基本形成以石化、电力、矿冶、食品造纸、建材为支柱的六大工业体系，全县规模工业不断发展壮大，工业成为国民经济的主导力量。通过实施城建大会战、百里文明河谷、旧房改造等城镇建设，不断完善城镇功能，提升城镇品位，城乡面貌焕然一新。城乡居民收入大幅度增长，人民生活水平显著提高。财政收入稳健增长，综合实力不断增强。

针对粮食产业一枝独大的问题，不断调整产业结构，农林牧渔业全面发展、竞相发展，朝着市场化、规模化、基地化、特色化、集约化、优质化、品牌化方向发展，对农村经济发展和国民经济发展的支撑作用不断增强。稳定和完善家庭经营承包责任制，推进农村改革，调整种养结构，增加农业投入，全面推广“三杂”（杂交水稻、杂交玉米、杂交畜种）品种和科学种养技术，加强“三田”（吨粮田、吨糖田、万元田）建设，香蕉、香米、香芒、香茶油、香猪、香鸭、香酒、香料等“八香”系列特色品牌名扬区内外，田东国家商品粮基地项目和国家制糖基地项目建设通过验收，田东香米被广西区优质米评定委员会评定为一级优质米品种，在百色地区率先跃进广西水果基地行列，田东被国家授予“中国芒果之乡”称号。2000—2005年，农业产业化进程加快，优质、高产、高效农业快速发展，初步建成香蕉、芒果、香米、甘蔗、竹子、速生桉、蔬菜等十大特色农业产业基地。与1989年相比，2005年，全县粮食总产量135103吨，增长27.36%；水果总产量

1999年，作登瑶族乡大板村群众发展圈养山羊

（县委宣传部提供）

98924吨，增长48.19倍；肉类产量38852吨，增长4.32倍；甘蔗产量1059410吨，增长9.36倍；农林牧渔业总产值143145万元，增长18.5倍。在林业方面，以植树造林和封山育林为切入点，以实施生态公益林、退耕还林、珠江防护林、石漠化治理、“路、城、点”生态群带等林业生态工程建设为突破口，以发展松、杉、桉、竹等速生丰产林和发展芒果、油茶、板栗、三华李、酸梅等名特优经济果林为重点，实现了群山增绿、群众增收的目标。1994年实现造林灭荒达标，1997年实现造林绿化达标。2005年，全县有林面积91857.1公顷，森林覆盖率44.6%，活立木总蓄积量248.15万立方米；林业产值3151万元，比1989年增加2415万元，增长328.13%。

针对水利设施历史欠账多的问题，加大农业基础设施建设，对现有水利设施进行除险加固、清淤除障、水毁修复、更新改造、挖潜配套，兴建一批大中小相结合的水利工程，从根本上改变农村、农业、农民生产生活条件。1989—1992年，按照“巩固改造，适当发展，加强管理，注重效益”的方针，投资1979.13万元，实施平马电灌站更新改造工程、百敏水库抢险加固、百林电灌片等一批工程，落实水利工程管理，优先解决农业用水。1994—1998年，双管齐下解决农业生产用水难和人畜饮水难，投资2195万元，进行渠道硬化和水库除险加固；投入1626.7万元，修建一批家庭水柜、水池、引水工程。1999—2002年，水利建设实现历史性突破，实施总投资6094.31万元的龙须河引水治旱扶贫工程一期工程、二期工程，实施投资3830万元、日供水5万吨的林逢至新洲自来水管网工程，改善了平马、祥周、林逢3个镇26个村农业生产用水和15.5万人的生活用水问题，受益领域史上最广，受益人口史上最多。之后水利建设放慢脚步，投资减少，主要建设三面光水利渠道。比如2005年，水利建设投资仅439.22万元，改善灌溉面积280多公顷，解决4000多人饮水困难。

2004年3月，印茶镇那板村群众建设三面光水利渠道
（县水利局提供）

立足于资源优势和交通区位优势，实施“工业强县”战略，做大做强做优制糖、造纸、建材、石油、化工、矿产、电力等资源型主导产业，工业规模不断扩大，工业经济增速强劲。20世纪80年代后期，田东县以全民所有制工业为主导，集体企业、民营企业、个体工业发展也较快。1989年，全县工业企业有491家，固定资产20788万元，工业总产值16527万元，工业增加值6787万元。虽然如此，但是工业经济还比较薄弱，占国民经济的比重较低。1991年，在工商企业全面开展第二轮承包改革。1992年，在工业管理体制上推行兼并改革。1993年3月，动工兴建田东二糖厂，总投资为6847万元，日榨2000吨，1994年12月27日竣工开榨。1994年，田东油矿实现产值1.11亿元，成为首家年产值超亿元的工业企业。1995年，全县实现工业总产值61148万元。“九五”期间（1996—2000年），加快以产权制度为重点的企业改造工作，全县17家国有企业已有14家完成改制，走在广西前列。1996年，全县实现工业总产值76739万元，工业总产值首次超过农业总产值。1999年，强化国有企业目标管理责任制，在县属国有企业中推行公开招聘厂长、经理。2000年，全县工业总产值103754万元。之后，继续深化国有企业改革和调整，调整和完善所有制结构，私营、个体等非公有制经济发展较快，主要有机械工业、食品工业、轻工业、二轻工业、建材工业等，优化了工业结构，推进了工业化进程。自2001年起，企业开始推行标准化管理，广西达力工贸公司实施ISO 9001：2000国际质量管理体系，成为百色地区第一个实施这一管理体系的乡镇企业。2003—2005年，田东火电厂新厂、登高集团年产200万吨

1999年，中油田东石化总厂炼油厂一角　　（何云天/摄）

水泥厂、东泥股份有限公司技改、田东南华糖业公司扩建、中油田东石化总厂炼油厂扩建等一批重要企业项目相继建成投产，石化、电力、矿冶、食品、造纸、建材等工业企业规模不断发展壮大。2005年，全县工业总产值257417万元，是1989年1.65亿元的15.6倍。工业占生产总值的比重由2000年的27%提高到2005年的49.1%，标志着田东县正由传统的农业大县朝着工业大县迈进。

随着改革开放的深入，随着所有制结构不断调整优化，田东进一步解放思想，大力支持个体工商户、私营企业等非公有制经济的发展，民营经济发展风生水起，成为县域经济的重要组成部分。1989年，全县非公有制经济无论机构、数量，还是质量、效益，都是比较低弱的，个体商业户仅有4513户，从业人员6305人，上缴税金336万元。20世纪90年代，完善优惠政策办法，采取“保护、照顾、优惠”原则，鼓励各界人士自筹资金经营或者投资入股，兴办个体私营企业或者到个体私营企业就业。尤其是鼓励富余科技人员、干部工人停薪留职“下海创业”“下海经商”，激发了广大干部创业、再就业的激情和动力，非公有制经济快速增长。个体工商户和私营企业由1993年的5887户增加到1998年的10300户，1998年个体工商户及私营企业完成上缴利税2300多万元，占财政总收入的15%。1997年，非公经济上缴利税1424万元，占财政收入12.56%。私营企业登高电站，装机容量7500千瓦，是20世纪90年代全国最大的私营水电站。非公经济对财政的贡献率逐年提高，由1998的15%提高到2002年的18.6%。2002—2005年，优化营商环境，简化办事程序，提高办事效率，对非公有制企业的正常活动不卡、不压、不拖、不乱收费，鼓励大户，保护中户，照顾小户，扶上马，再送一程，全县新发展个体工商户5002户，私营企业82家，新增注册资金3.7亿元，新增从业人员6017人。在这期间，通过改制，调整所有制结构，将一些公有经济企业改为非公有制企业，全县公有经济的工业企业由1989年的59个减为2005年的13个，集体经济的工业企业（县属及年销售收入500万元以上企业）单位数由1989年的27个下降到2005年的3个，而这也促进了非公有经济发展壮大。

县域经济全面发展和非公有制经济的迅猛发展，城乡居民收入的快速增加，直接刺激、推动了城乡商业贸易的日益活跃。而商业贸易的活跃反过来也不断满足企业、城乡居民生产生活的需求，成为经济发展的“强引擎”。1989年，国有商业和集体商业占据全县商业的主导地位，全县社会消费品零售总额12696万元。1992年，县国有商业企业从计划经济经营模式逐步向社会主义市场经济经营模式转换，国有商业不再占主导地位，个体经营逐步占领市场。1995年9月，田东县金穗农贸市场开业。该市场建筑面积2.1万平方米，共设有1500多个摊位，总投资2100万元，是百色地区规模最大的综合性商场。1997年，对国有、集体商业实行“分配、经营、价格、用工”四放开以后，个体经营迅速发展，社会消费品零售总额从1994年的23729万元增加到1998年的41259万元，增长73.85%。2000年，国有商业企业改制为民营企业，国有商业企业完全退出流通领域，全县社会消费品零售总额47017万元。2002年4月，总投资314万元、建筑面积6257平方米的庆平农贸市场投入使用。2003年，对个体私营经济实行鼓励扶持政策，除少数商品实行国家专卖专营外，个体私营商业取代国有、集体商业的垄断地位，经营竞争激烈，形成多种体制、多轮驱动、优势互补的商业贸易局面。2005年，全县有商业网点9927个，从业人员13127人，全县社会消费品零售总额48160万元，是1989年的4.38倍。

由于抓改革，调结构，稳增长，惠民生，防风险，一二三产业全面持续快速健康发展，促进了县域经济的崛起，全县国民经济主要指标全线飘红。在国内生产总值方面，1989年26724万元，1990年28378万元，1995年98363万元，2000年171620万元，2005年293550万元。在固定资产投资方面，1994年21287万元，2000年32682万元，2002年50639万元，2005年创历史最高，达211763万元。在财政收入方面，1989年仅4654万元。之后，加大对利税大户、重点企业的扶持力度，培植了税收主体和骨干税源，财政收入逐年提高，1996年财政收入突破亿元大关，达10880万元。2004年，财政收入突破2亿元大关，跃居百色市第3位。2005年，财政收入首次突破4亿元大关，创历史最高水平，达40068万元；人均财政收入1017元，实现了自治区提出的人均财政收入“过千”的目标。在农民人均纯收入方面，1989年307元，1995年1185元，2000年1312元，2005年2113元。在城镇居民可支配收入方面，2004年6346万元，2005年7424元。居民消费结构升级加快，住房、汽车、摩托车、家电、通信、旅游、教育等消费领域不断扩大。从总体上看，全县人民生活水平实现质的提高，然而城乡居民之间生活水平差距仍很大。

2004年7月，芒果畅销，县城芒果经销商乐开怀
（县委宣传部提供）

（四）

20世纪80年代，田东县公路、电力、通信等基础设施较为薄弱，制约了经济社会的发展。1989—2005年，统筹城乡协调发展，累计投入67.85亿元，加大完善基础设施，深入推进扶贫开发，人民群众的生产生活条件不断改善。

经济社会的迅速发展推动了交通发展，交通类型多，铁路、高速路、公路、水路齐头并进，“出行难”“运输难”“乘车难”等问题逐步得到解决；交通网络覆盖面较快扩大，由乡乡通公路向村村通延伸；公路等级逐步提高，由低级向高级发展；交通工具越来越先进，可选择越来越多，乘车越来越便捷、舒适。1993年2月，南昆铁路田东段全线破土动工。1997年8月，该铁路正式通车，同时办理客运、货运。1997年，布兵公路和龙须河口至坡算公路建成，全县实现了乡乡通公路，但大多数为三级路。1999年7月，总投资290多万元的林逢岩锯至祷午乡柏油路动工建设，这是百色地区第一条通乡柏油路。之后，田东至巴马县、田东至天等县等县际公路工程动工建设。“十五”时期，南宁至百色高速公路田东段、祥周至德保公路、平田至岩锯、平马至仑圩公路等项目顺利建成，县城过境一级公路、革命老区农村公路等26条等级公路建成，累计完成公路建设总投资3.3亿元，是“九五”总投资的9.25倍，公路建设在投资规模、建设速度、工程质量、道路等级方面均创历史最好水平。2005年，全县公路总里程1261.39千米，居百色市第一，在百色率先实现“乡乡通柏油路”和“村村通公路”目标。田东至南宁市的公路交通由原来的5~6个小时车程减至2小时车程，至百色市由2小时车程减至1小时车程。与周边平果、德保、靖西、巴马、天等县的公路车程约减少一半。县城与各乡镇、大部分村屯形成“一小时经济圈”。不断完善的交通网络，加快了人流和物流。1989—1992年，年平均客流量304万人次，年平均货运量65万吨。1995年，完成客运量189.02万人次，货运量91.83万吨。1999年2月，田

1998年，田东至巴马公路动工建设　（县交通局提供）

东汽车总站与南宁第二运输公司联合经营的田东—南宁直达快车开始运行。2000年，完成客运量251.4万人次，货运量318.3万吨。2005年，完成客运量301.25万人次，货运量680万吨。

通信建设加大投入，发展加快步伐。通信运营商多起来，有邮政局、电信公司、移动公司、联通公司等，市场竞争激烈。通信工具越来越多，越来越先进，居民享受的服务越来越优质，价格越来越实惠。通信网络覆盖面加快扩大，受益居民越来越多，通信给居民的生产生活带来深远的影响。1989年，全县电话装机容量500门，几乎都是企事业机关单位拥有的，城镇居民拥有的寥寥无几。同年，电报改用双机头自动发报机发报，汉字译码机收报，直接自动译成汉字。1991年，安装HJOQD千门程控自动电话交换机完成割接开通，开通长途直拨电话，自动电话取代人工电话，手摇电话退出历史。1994年，田东县3000门全数字程控电话割接开通，程控电话数量逐年增加。同年，邮政局正式对外提供互联网接入服务，开通互联网（宽带网）业务，计算机用户与全国联网；开设“126”人工寻呼台。1995年5月，邮政局开通了大哥大和127自动寻呼台，通信便捷度和灵活度实现了质的飞跃。1996年12月，全县市话电话扩容6000门，农村8个交换点全部实现程控化，统一使用本地区号，等位拨号进入全国自动网。1998年，投资680万元，把县内市话容量从9000门扩容到15000门，全县13个乡镇155个行政村中有125个村装上电话。1999—2000年，广西区移动通信公司田东营业部和中国联通田东营业部先后成立，对通信事业起到推波助澜的作用。2002年，中国电信宽带网在田东正式投入使用，网络逐步覆盖全县各乡镇；广西区移动通信公司田东分公司投资1100万元建设的乡乡通移动电话工程竣工，移动信号网络覆盖全县各乡镇及附近乡村，在百色率先实现了“乡乡通”移动电话目标；开通小灵通信，覆盖县城城区及河谷四镇镇政府所在地。2005年，寻呼机（BP机）逐渐被淘汰，固定电话逐步增加，移动电话（手机）迅猛发展，电话、移动通讯行政村覆盖率达100%，彻底扭转了农村世世代代信息闭塞的局面，方便了沟通、交流，对经济社会发展起到重要的推动作用。

电力事业也驶入发展快车道，电力网络覆盖面逐步扩大，供电可靠性和电能质量不断提高，不仅让居民享受到现代文明生活，而且推动农业生产，为农村经济发展插上翅膀。1989年之前，田东有龙须河电站、桑洞电站、作登电站以及乡村一些小型水电站，难以满足全县用电需求。1989年5月，总投资为630.4万元、装机容量为3×800千瓦的作登电站建成投产，缓解了全县用电紧张局面。之后，田东加大农村小水电建设。1997年，由个体经济能人班光习投资4800万元、装机容量为7500千瓦的登高电站动工建设，是当时国内最大的一座私营水电站。同年，全县13个乡镇政府所在地全部用上电，155个行政村有109个村用上电。1998年，实施村村通电大会战，次年完成村村通电建设任务。这具有划时代的意义，在生活上，煤油灯退出农村历史舞台，农村群众不仅享受了“光明”，而且纷纷购买电视、冰箱、洗衣机、空调等家用电器，享受现代文明生活；在生产上，因为有了电，拓宽了群众创业、就业门路，开辟了群众脱贫致富新渠道。2000年，田东通过自治区“农村初级电气化建设”达标验收。2003年，投资10多亿元的田东电厂新厂兴建，这是国家实施西部大开发和“西电东送”发展战略的重要工程项目之一，装机容量为两台135兆瓦机组。2005年10月，该厂建成并投入商业运营。2003—2004年，全县投资7000多万元，实施农村电网改造一、二期改造工程，农村配电网更加合理，供电可靠性和电能质量显著提高，满足了农民生活、生产用电需求。随着农网改造升级，一些农民工带资金、带项目、带技术返乡创办企业和种植、养殖实体，有力地支持了家乡建设，带动了家乡经济的繁荣。2005年年末，完成城乡电网改造工程，实现城乡电力同网同价，进一步缩小城乡差距，促进社会公平、和谐。

1997年5月，田东县城东宁东路与油城路、庆平路交汇处的十字路口 （县史志办提供）

城镇化建设“加速跑”，城镇面貌“两三年小变，四五年中变，六七年大变”，突出表现在城镇框架不断拉大，城镇功能不断完善，城镇品位不断提升，城镇人气财气越来越旺，居民的幸福指数越来越高。1989年，县城建设规划城区面积为3.6平方千米，建设向东北方向推移，中心点定在“腾飞”广场（油城路与东宁路交叉处）。1992年，对县城总体规划进行修编，调整县城的布局，东西距11千米，南北距26千米，总面积为51平方千米。之后，按照“城乡互动、规建同行、管营共进、改扩并举”的城建思路，加快城镇建设步伐。实施“北扩、东延、南进、西连”战略，加强路网、水电等城市基础设施建设，拉大县城框架。2000年县人民广场投入使用，2001年总投资3830万元的田东县城镇供水工程开工建设，2005年总投资7276万元的县城过境一级公路（平洪至百银）竣工通车。城镇化率由2000年的26%提高到2005年的30.2%。与此同时，历史性改革土地使用制度，推行国有土地有偿使用制度。创新城镇经营管理理念，成立了土地收购储备中心和土地市场交易中心，经营性土地招、拍、挂程序全面运行。通过招商引资，推动房地产发展，其中重点的项目有港商合资企业东腾房地产有限公司建设商品房20栋4040平方米；投资1.5亿元，建设“百通世界”房地产项目；投资1.2亿元，建设田东商都旅游商业文化街项目。此外，以参加自治区“南珠杯”市容市貌综合竞赛活动为抓手，提升城镇品位，县城连续五届荣获广西市容“南珠杯”竞赛先进城市称号，并获评为“全国环境综合整治优秀城市”。按照“建设城镇，提升村庄，城乡互融，协调发展”的思路，加快乡镇建设和小康示范村建设步伐。自1995年起，各乡镇兴起圩镇开发热潮，改扩建集贸市场，硬化主要街道，加强亮化、绿化、美化、净化建设，圩镇面积迅速扩大，小城镇的承载功能和辐射能力明显增强。平马、祥周分别被评为“全国重点”镇，祥周荣获“全区小康示范镇”称号，平马、祥周、林逢、思林、义圩、朔良分别被评为“全区重点镇”。

田东是国家重点扶持的贫困县，1989年全县有贫困村95个，贫困人口15.27万人。1989—2005年，扶贫工作坚持开发式扶贫的总基调，坚持“输血”扶贫和“造血”扶贫并重的总思路，从改善生产和生活条件入手，凝聚多方力量，采取对口帮扶、定点帮扶、民族帮扶、社会帮扶等帮扶方式，加大帮扶力度；从产业扶贫、就业扶贫、教育扶贫、健康扶贫、异地扶贫搬迁等着力，全面挖穷根，全力打好扶贫攻坚战，贫困人口不断减少，生活水平不断提高。1994年后，把扶贫工作当作一项重大的中心任务来抓，采取领导包乡、单位包村、干部包户的责任制，实行就地开发与异地开发相结合。抓住国家计委定点扶贫和广东对口帮扶的机遇，先后创办了合乐六朴、仑圩、江山、六鲁等6个移民安置点，安置了贫困农民1469户7492人，解决其生存难、发展难的问题。同时，每年向区外劳务输出2万人以上。1998年，率先在广西实施“农民下山进城入谷”工程，探索一条从输血式扶贫到造血式扶贫，再到挖掘人力资源潜能的新路子。全县未解决温饱的贫困人口由1993年的9万人下降到1998年年底的1.65万人，农村人口贫困面由26%下降到5%，提前一年实现了全县农民基本解决温饱的目标，获得了自治区“扶贫先进县”称号。1999—2001年，以石山区为主战场，以整村推进为切入点，以产业化调整农业结构，抓好贫困山区的基础设施建设，推进生态扶贫和科教扶贫综合治理，基本解决了山区群众茅草房改造、喝水难、用电难、行路难、读书难、看电视难等问题，逐步实现脱贫致富的目标，农村贫困发生率下降到2001年的13.75%。2002—2005年，为防止贫困群众因病加深贫困程度，财政全额资助全县绝对贫困农村人口参加新型农村合作医疗；深入实施贫困村“整村推进”扶贫开发工作，投入资金9294万元完成贫困村一批基础设施建设和移民安置项目；加大扶智力度，自治区贫困村劳动力转移就业培训基地田东培训点在县职业技术学校挂牌成立。贫困人口从1989年的15.27万人降至2005年的8.67万人，全县农民人均纯收入从1989年的291.11元提高到2005年的2113.21元。

（五）

1989—2005年，田东县始终坚持协调发展、和谐发展的理念，加大投入，补短板，强弱项，推动各项社会事业全面发展、进步。同时，进一步关注民生，改善民生，保障民生，不断提高人民群众获得感、尊严感和幸福感。

这时期，实施教育兴县战略，确立教育优先发展地位，推进办学体制改革，继续扩大教学规模，改善教育结构，继续巩固和提高学前教育、基础教育，扫除青壮年文盲，全面提高全民文化综合素质。多渠道筹措资金，着力改善办学条件。1989年，实行县、乡镇两级管理，县、乡镇、村三级办学的教育体制，加快初中教育发展，扩大初中招生任务，缓解小学毕业生升初中难的问题。1994—1998年，共投入教育经费1.16亿元，新建、改建校舍9.7万平方米，九年义务教育、幼儿教育、职业教育和成人教育得到全面发展。1997年，扫盲工作通过自治区验收，成为广西49个贫困县实现“单基”（基本扫除青壮年文盲）达标的第一个县。正因为如此，当年国家教委、财政部在田东召开全国“三片”（西部贫困地区）贫困地区教育现场会，这是中华人民共和国成立以来第一次在田东召开的国家级会议。1999—2000年，实施90多个教育工程项目，新增校舍78965平方米，实现了村村有教学楼目标；在百色地区率先通过了自治区“普九”（九年义务教育）达标验收，得到国家教育部的确认；全县基础教育的重点由原来注重基本知识的培养转向以实施素质教育为主，被确定为全区中小学教师继续教育实验县和中小学教师综合素质培训实验县。2001—2005年，教育基础设施明显改善，教育教学质量稳步提高，“两基”（基本实施九年义务教育和基本扫除青壮年文盲的简称）和“普实”（普及实验室的设备以及实验室的应用程度）成果得到巩固。2003年秋季学期，义务教育阶段推行“一费制”，只收杂费。2005年，免除义务教育阶段学杂费，为全县中小学生免费发放教科书。当年，全县小学适龄儿童入学率达99.8%，小学辍学率0.1%；初中毛入学率达98%；每万人中有普通高中在校生170人，高于百色市、自治区（143人/万）的平均水平，高中会考合格率达97%。

2003年3月，县农业局农技人员到林逢镇平洪村指导菜农科学种菜　　（县委宣传部提供）

这时期，全面实施科技兴县战略，以实施科技兴农为重点，发挥科技对农业发展的支撑作用。坚持引进实用科技成果和自主研发相结合的方针，提升农业生产的科技含量。建设县乡科普网络，建设科技示范基地，加快科技普及转化，提高农民的科技素质和科技应用水平。1989年，主要实施玉米地膜覆盖一膜两用技术推广项目和两系杂交稻桂光一号示范项目，发挥其示范和带动作用。1993年，表彰首批专业技术拔尖人才，激励科技人才担当作为。1994年之后，以创建全国科技工作先进县为载体，加快推进科技工作。1998年，科技工作成效显著，各村基本建立科技培训学校，94%的农户掌握了1~2门实用技术；水稻旱育稀植和抛秧技术的推广应用普及千家万户，成为百色地区推广最好的县；建成了田东县甘蔗组培苗和香蕉组培苗科研基地，填补了百色地区科研基地设施的空白。1999—2000年，争取到广西百色国家农业科技园区项目在田东实施，增加科研投入和技改投入，建立科普示范基地6个，引进推广新技术新项目38个，新品种23个。2000年，科技进步对国内生产总值平均增长贡献份额比1998年提高了6.4个百分点，荣获“全国科技工作先进县”称号。2001年后，加快科技创新，推动科技成果转化和科技进步，顺利通过全国科技进步先进县第三次考核验收，获“全国科技进步先进县”“国家星火西进科技示范县”称号。2005年，科技对经济增长的贡献率达48%。

这时期，县财政对农村卫生事业的投入逐年递增，增长比例大于财政经常性支出增长比例，加大卫生基础设施建设，健全公共卫生和医疗服务体系，城乡居民医疗条件得到改善，基本解决“看病难”。完善医疗保障制度，推行新型农村合作医疗制度，着力解决“看不起病”“看病贵”“因病致贫”“因病返贫”等问题。消灭了一批危害人民健康的传染病，居民平均期望寿命等主要健康指标明显提高。1989年，扩大卫生服务规模，改善服务条件，初步形成基本适应医疗保健需求、覆盖全县的县乡村三级医疗服务体系。1991—1995年，持续开展创建卫生县城活动，开展群众性的爱国卫生运动，城乡环境卫生状况进一步改善；在百色地区率先推行公共餐饮具集中消毒，保障公共卫生；加强对重大疾病的监测和防治，基本消灭了丝虫病、疟疾和麻风病；改革县医疗卫生单位内部管理体系、运行机制、服务价格体制等，完善多种形式的综合管理责任制，扩大医疗卫生单位的自主权。1996—2000年，各医疗卫生单位和非防保类乡镇卫生院相继成功创建等级医院工作，并陆续通过上级评审；重建农村合作医疗制度，农民参加农村合作医疗率逐年提升。2001—2005年，加大卫生基础设施建设力度，县人民医院医技大楼项目和一批乡镇卫生院业务楼项目投入使用，县中医医院和田东卫校合并，进一步改善医疗条件；加快疾病预防控制体系和卫生监督体系改革，建设公共卫生突发事件处理“三网”（公共卫生突发事件处理责任网、信息报告网、医疗紧急救助网）工程，全县基本形成覆盖城乡、功能完善、反应灵敏的突发公共卫生事件网络；实施“降低孕产妇死亡率和消除新生儿破伤风”项目，婴儿死亡率、孕产妇死亡率明显降低，通过“两纲”（《中国妇女发展纲要（2001—2010）》《中国儿童发展纲要（2001—2010）》）达标验收。2005年，全县卫生医疗机构病床数创历史最高，达692张。

这时期，严格贯彻落实计生条例，扎实开展计划生育工作。依法执行计生刚性要求，提高流动人口管理水平，控制多胎生育和计划外生育。实施优质服务工作，为育龄夫妇提供保健服务。创新计生工作理念，将计生工作与提高生活水平、生活质量融合起来，提高人口素质，“要我计生”向“我要计生”转变。1989年，坚决执行党政一把手负总责的“一票否决”制度和辖区管理负责制，实行凭证生育，人口自然增长率为8.61‰。20世纪90年代前期，改变计生工作理念和工作方式，贯彻落实“三为主”（以宣传教育为主、避孕为主和经常管理为主），推行“三结合”（计划生育工作与发展经济相结合，与帮助农民勤劳致富相结合，与建设文明幸福家庭相结合），相辅相成，扭转了被动局面，计划生育工作一年上一个台阶。1996年，由原来的重点管理县跃升为先进县。1998年，实现全区计划生育工作达标优秀“五连冠”目标。2000—2002年，在全县计生系统广泛开展计生“三好一满意”（宣传服务好，执法服务好，科技服务好，群众对计划生育工作满意）和“婚育新风进万家，千家万户树新风”活动，深化宣传教育，加强村民自治和民主监督，基本实现低生育水平，田东被自治区评为一类先进单位和婚育新风进万家先进单位。2003—2005年，全面落实农村计划生育奖励扶助制度，做好基层育龄妇女信息管理，提高流动人口管理水平，稳定了低生育水平。至2005年，田东连续十二年获评为“全区计划生育工作达标先进县”。

这时期，加大投入，推动文化事业发展，不断满足群众精神文化需求。加强文化基础设施建设，建设乡镇、村、屯三级农村文化网络，看电视难、听广播难、看电影难得到缓解。开展各类群众性文化活动，城乡群众文化生活不断丰富。历史文化和红色文化得以挖掘、开发、保护，芒果文化风生水起。在广播电视文化方面，1989年，全县有12座卫星地面站、4座调频发射器、4台调频发射机，广播和电视入户率很低；1992年，投入410万元，在82个村建立了卫星广播电视站，并建立田东有线电视台（站），传送节目7套；1997年，全县13个乡镇都建立广播电视站，全县有线电视用户达1.5万户；1999年完成“村村通”广播电视工程，收视到22套电视节目，收看电视成为农村群众最喜爱的精神文化生活；2005年，全县广播、电视人口综合覆盖率分别提高到76%和86%。在文化市场方面，自1990年起，一些单位或个体户开设电子游戏室、歌舞厅、卡拉OK茶座、录像放映室、网吧等，城乡群众文化娱乐活动由单一走向多元化。2000年，田东人民广场投入使用，成为群众休闲、娱乐的重要场所。在群众性文化活动方面，每逢重大节日或传统的农村节日，文化宣传部门或乡镇、村屯均举办文艺活动，2005年，共开展各类群众性文化活动125场次，观众达15万人次。在芒果文化方面，1996年，成功举办了百色地区第三届芒果节，以果联谊，以节会友，大大提高了田东的知名度，打响了芒果文化品牌。在历史文化方面，林逢镇檀河村高岭坡遗址被认定为距今80.3万年前的古人类遗址，被评为2000年全国十大基础考古研究发现，列入了“第五批国家重点文物保护单位”；布兵么会洞、岑氏土司墓考古有重大进展，成功举办百色盆地旧石器和旧大陆人类迁徙国际研讨会。在红色文化方面，右江工农民主政府旧址被定为全国爱国主义教育基地、全国重点文物保护单位，县纪念馆被评为“全国文化工作先进集体”。在民间文艺方面，重视壮族排歌、壮族嘹歌、壮族依歌、瑶族山歌、蔗园山歌、壮族唐皇、邕剧、师公戏、粤剧、彩调剧、壮剧、瑶族金锣舞等非物质文化遗产的传承和保护，成为群众性文艺会演的重要节目，并逐步纳入非物质文化遗产保护项目的申报工作。在文艺创作方面，音乐作品《想你好多年》《咱们的农民兄弟》分别获全国第六届《歌海》采风杯一、三等奖，彩调戏《杨老七》荣获广西第六届剧展优秀剧目奖、编剧奖、导演奖。

这时期，体育事业蓬勃发展。城乡体育设施不断完善，群众性文体队伍不断壮大，群众性体育活动有声有色。群众的体育意识日益增强，参加体育锻炼的人数不断增加，全民健身活动得到积极响应。竞技体育光彩夺目，多名田东籍运动员参加世界、亚洲、全国各类体育竞技比赛获得许多殊荣。1989年，是田东县争创全国体育先进县的关键一年，全县采取民办公助增添设施的办法建设体育场地，累计在县直单位和乡镇建成252个篮球场、13个田径场等一批设施，县体育训练活动中心建成，并举行了田东历史上规模最大的一次环城赛跑活动。1990年，举行田东县首届农民运动会，全县10个乡镇565名运动员参加篮球、田径、射击、象棋比赛。同年，田东县获“全国体育先进县”称号。之后，随着经济发展和生活水平的不断提高，许多单位因地制宜在大院内建起羽毛球场、乒乓球室、健身房、气排球场等体育活动场所，农村自发建设篮球场、乒乓球台等场地，自发组织开展足球、羽毛球、乒乓球、象棋、散步、晨跑等体育活动。顺应时代发展需要，田东先后成立乒乓球协会、门球协会、足球协会、羽毛球协会、篮球协会、冬泳协会、钓鱼协会等群众团体，助推了体育活动深入开展。随着全民健身活动蓬勃发展，于1995年举办了第二届全县体育运动会（第一届体育运动会于1975年举办），比赛项目多，有篮球、乒乓球、排球（气排球）、保龄球、象棋、围棋、跳棋、扑克、麻将、拔河、举重、摔跤、田径等，参与比赛的干部职工和农村群众5000多人。之后，加强公共体育设施建设，全县新建一批体育和休闲娱乐活动场馆，深入开展全民健身运动，全面增强体质。1999年，举办第三届全县体育运动会。2001年，气排球项目兴起，参与群众逐渐增多。2003年12月，举办第四届全县体育运动会。2005年，为推进全民健身，建立了县体育指导服务中心，加强培训社区体育指导员，全县有三级社区体育指导员30多人，群众性文体队伍120多支。群众性体育发展的同时，竞技体育也得到发展。1989—2005年，作为全区举重、田径项目重点训练点的田东县业余体校，输送体育人才到自治区体工大队7人、自治区体校9人、地区体校84人、体育院校9人；田东籍运动员在参加世界、亚洲、全国、全区、全市各级体育项目比赛中荣获多项荣誉，其中参加世界、亚洲、全国各类体育竞技比赛获得金牌78枚，为田东争了光；田东承办国家级、自治区级、地市级体育项目比赛活动11次。

2003年12月，田东县第四届体育运动会开幕

（县委宣传部提供）

这期间，把扩大就业作为改善民生的重要任务，努力拓宽就业渠道和就业空间。发展劳动密集型，就业岗位多起来。举办各类职业技能培训，自主创业就业多起来。发展劳务输出，转移农村富余劳动力多起来。1989年，建立劳动培训基地，对待业人员、下岗职工和在职员工进行劳动技能培训，安置待业人员838人，办理农村进城务工经商劳动力登记和发证581人。之后，通过发展劳动密集型非公有经济、落实自主就业创业优惠政策、引导劳动者转变就业观念、组织劳务输出等方式，安置社会失业人员和解决农民就业问题。1994—1998年，在企业减员增效、合理流动的同时，加大实施再就业工程力度，完善再就业中心职能，全县原有下岗职工402人，实现再就业310人，再就业率达77%。2000—2005年，坚持就业优先方针，每年把解决好人民群众最关心的就业问题，作为为民办实事好事的内容，累计举办各类职业技能培训班1634期，参加培训人员21.18万人次；累计新增城镇就业7532人，实现下岗再就业1200人，城镇登记失业率控制在3.5%以内。此外，深入实施“农民下山进城入谷工程”，对农民进行引导性和示范性培训，在外出务工人员比较集中的广州、深圳、中山等6个城市成立外出务工创业者协会。2003—2005年，全县累计转移农村富余劳动力11.9万人次，荣获“全国劳务输出大县”和“全区农村劳动力转移就业工作示范县”称号。

这期间，把建设社会保障制度作为保障民生的重要途径，建立健全社会保险、社会优抚、社会救济、社会福利等社会保障体系，社会保障覆盖面不断扩大，群众的获得感、安全感不断增强。有些社会保险一推出就深受群众喜爱，群众积极参与。比如企业职工养老保险，1989—2005年，累计征缴企业职工养老保险保费7209.78万元，按时足额发放离退休人员基本养老金6871.96万元。又如，1996年开始实施的机关事业养老保险和2001年起实施的城镇职工基本医疗保险，大家踊跃参与。然而一些社会保险的推出却不顺利，由冷到热，历经较长时间。比如，1995年开始实施农村社会养老保险（“老农保”），由县民政局负责农民养老保险金的筹集、管理和兑付工作，后因群众参与积极性不高而停办；2002年，改为由县人事劳动和社会保障局负责实施，工作才打开局面，参保人数逐年增加。又如，1986年开始实施的失业保险、1993年开始实施的工伤保险和1998年开始实施的生育保险，起初干部职工并不买账，后来因为政策宣传到位，参保人数逐年递增。在社会优抚方面，1989年，全县实行由各乡镇统筹优待金的办法，2000年起优抚对象优待金改为县级地方财政预算列支，优待金补助标准随着经济社会的发展而不断提高。在社会救济方面，1989—2005年，累计发放救灾款1354.64万元，救灾物资一批，解决了群众的生产生活困难。在社会福利方面，1992年开展社会福利有奖募捐活动，依靠这些资金，加大建设福利机构设施，建设一批敬老院、五保村。

（六）

纵观1989—2005年的发展历程，田东经济社会各项事业取得巨大的发展和进步，工业化、城镇化、农业产业化的水平明显提升，城乡统筹协调发展，人民生活水平不断提高，民主政治进一步加强，发展更加快速，群众更加文明，生态更加美好，社会更加和谐，田东县的综合实已走在百色市各县区前面，在广西的排位已挤进20强。

16年来取得的辉煌成就，为田东推进新一轮经济社会大发展奠了坚实的基础，同时也积累了一些成功的做法和宝贵的经验，概括起来主要有：坚持创造性地把上级党委、政府的方针政策与田东实际结合起来，找符合田东特色的发展路子；坚持改革开放，用改革开放的办法解决前进中的困难和问题；坚持抢抓机遇，乘势推进，依托优势资源，打造优势产业；坚持实施项目带动战略，统筹推进一批重大项目，充分发挥投资的拉动效应；坚持统筹兼顾、协调发展，推动社会全面进步；坚持发展为了人民，发展依靠人民，上下一心，团结一致，聚精会神搞建设，一心一意谋发展；坚持用党的先进性建设推进干部队伍建设，正确协调和解决各种社会矛盾，保持民族团结、社会稳定、经济发展。这些经验是历届党委领导班子在不断探索实践中积累起来的，是留给田东的一笔宝贵财富，应该珍惜并发扬光大。

回顾过去，田东县经济社会发展中仍存在不少的困难和问题，主要表现在：县域经济的主导产业规模还比较小，经济总量不大，经济实力不强；农业生产条件较差，抗灾减灾能力不强，农民收入总量低；招商引资效果不明显，外向型经济发展缓慢；城镇建设历史欠账较多，城镇管理存在不少薄弱环节；影响社会稳定的因素依然存在，群众不大满意；部分基层党组织力量薄弱，战斗力不强，部分党员带领群众致富奔康能力不强；政府职能转变有待加强，服务质量还需提高。一句话，田东与全国同步全面建成小康社会仍然任重而道远。

站在新起点上，田东县委、县人民政府顺应广大人民群众的愿望，提出了建设中国民族地区强县（在内蒙古、西藏、宁夏、新疆、广西5个民族自治区362个县）的目标。实现这一目标，就要紧紧抓住发展机遇，就要变区位优势、资源优势、人力优势、政策优势、政治优势为发展优势。具体说来，发展路线图是坚定不移地走工业强县之路，坚定不移地推进社会主义新农村建设，坚定不移推进城镇化建设，坚定不移地加快发展第三产业，坚定不移地推进对外开放，坚定不移推进民主法治和社会环境建设，坚定不移加强党的先进性建设和提高党的执政能力。

2005年3月，林逢镇东养村漫山遍野的芒果花开得热闹，预兆着又一个丰收年 （周金鹏/摄）

承前启后创伟业，继往开来谱新篇。新的发展蓝图令人鼓舞，新的历史使命催人奋进。一个富裕、文明、生态、和谐的新田东让人满怀期待。

田东县志（1989—2005）

大事记

1989年

3月13日至15日 政协田东县第二届委员会第三次全体会议在县城举行。

3月22日 田东县人民政府决定将林逢镇檀河村坡算屯高岭坡古人类文化遗址、定模山洞人类遗址等24处列为县级重点文物保护单位。2000年3月，高岭坡古人类文化遗址被列为自治区重点文物保护单位。2000年12月，檀河古人类遗址被评为2000年全国十大基础考古研究发现，列入了“第五批国家重点文物保护单位”。2005年12月9日，百色盆地旧石器研究暨旧大陆早期人类迁徙与演化国际学术研讨会与会专家学者到田东县考察该遗址。1989—2005年，中国科学院、美国史密森研究院等专家到该遗址考察研究。

3月27日至31日 田东县第九届人民代表大会第三次会议在县城召开。

5月4日 田东县举行历史规模最大的一次环城赛跑活动，7000多名长跑爱好者参加。

5月 总投资为630.4万元、装机容量为3×800千瓦的田东县作登电站建成投产，缓解了全县用电紧张局面。该电站于1988年3月动工兴建。

8月22日 在山东泰安市举行的全国少年举重分龄赛上，田东县运动员黄原忠获得13岁组抓、挺总成绩3枚金牌；杨斌获得14岁组抓、挺总成绩3枚金牌。自此至1993年，杨斌荣获亚洲青年举重锦标赛52千克级抓举冠军、第六十五届世界举重锦标赛54千克级抓举冠军等荣誉。

9月 总投资为76.8万元、建筑面积为2.4万平方米的田东县体育活动中心落成，设有田径场、露天灯光篮球场、训练房、举重房、门球场等。该工程于1987年10月动工兴建。

同月 在县城开展清查干部职工违法违纪建私房工作。1990年12月，县人大常委会作出《关于认真清查干部职工中违纪违法违章建私房和坚决制止乱收费、乱摊派、乱罚款行为的决定》。

11月 田东县化工厂与湖南省地质研究中心共同研制的高效活性漂土，在广西、湖南两省（区）科委共同组织的鉴定会上通过鉴定，产品质量居全国领先地位，脱色能力达国外进口产品水平，适用于石油、化工、食品、冶金、建筑等20多个领域。

是年 田东电报改用双机头自动发报机发报，汉字译码机收报，直接自动译成汉字。

是年 城镇居民和干部职工尤其是青年和中年人，兴起跳交谊舞，旨在交友、交流和健身。县城的一些酒店开设舞厅，生意不错。一些乡镇政府、大单位利用操场或饭堂举办周末舞会，参与者较多。20世纪90年代，跳交谊舞一直深受中青年人喜爱。21世纪后，才渐渐冷下来。

1990年

1月25日 田东县人民政府下发《关于提高村干部待遇有关问题的通知》，提高村干部待遇。

同月 田东县被列为国际合作的“加强中国基层妇幼保健”（1990—1994年）项目县。

2月1日至4日 田东县举行首届农民运动会，全县10个乡镇565名运动员参加篮球、田径、射击、象棋比赛。

2月2日 县委抽调国家干部（含聘用干部）到乡镇村公所挂职、任职锻炼。

2月25日 国家体委到田东县检查验收体育先进县工作。9月28日，在全国体育先进县表彰会上，国务院授予田东县“全国体育先进县”称号。

3月27日至29日 田东县境北部地区连遭到四场冰雹袭击，造成那拔、朔良、祷午3个乡镇507.19公顷玉米、100.01公顷早稻秧苗遭受损失，15座水库坝崩塌；受灾农户4077户25693人，直接经济损失45万多元。

同月 由于持续干旱，导致田东县213座小（二）型水库和山塘全部干涸；13座小（一）型水库仅蓄水94万立方米，占总库容量的5%。到3月28日止，全县仅插秧3.2公顷。

4月21日 田东县计生专业队李汉清等12人到思林街上配合思林镇计生专业队动员正在卖猪肉的思林镇坛乐村郎坛屯超生户黄达之兑现超生费和落实节育手术，被黄达之用刀捅成重伤，后经县人民医院抢救无效死亡。后来，李汉清被追认为烈士。

6月24日至30日 田东县连降暴雨，全县有588.33公顷农作物被淹没。

7月27日 县人民政府决定封闭不安全生产小煤矿暨吊销其矿主采矿证。

8月16日至24日 田东县承办自治区男子少年乙组足球赛，来自南宁市、北海市、梧州市、柳州市、南宁地区、百色地区等6支队伍160名运动员参加比赛。

8月 黄原忠在沈阳举行全国少年举重分龄赛上，获男子14岁组抓、挺举总成绩、总得分三项第一名，挺举第二名。

9月20日至25日 政协田东县第三届委员会第一次会议在县城举行。

9月25日至28日 田东县第十届人民代表大会第一次会议在县城召开。

1991年

5月9日 全国政协副主席卢嘉锡在自治区政协主席陈辉光陪同下到田东视察。

6月21日 县委下发《关于要求全县职工带头推广杂交稻的通知》。

10月22日至24日 中国共产党田东县第八次代表大会在县城召开。

10月30日 自治区计划委员会主任张敦颛到田东县考察落实田东第二糖厂规划项目工作。

11月23日 在县邮电大楼举行1000门程控自动电话截割开通典礼，开通长途直拨电话，自动电话取代人工电话。

12月23日至1992年1月1日 田东县遭受冻害天气，朔良乡38户农户57头大小水牛被冻死。

12月28日 国务院经济开发办公室主任杨忠一行3人到田东县作登瑶族乡视察经济开发工作。自治区政府副主席龙川、地区行署专员李兆焯等陪同视察。

是年 卡拉OK闯进田东文化娱乐市场，悄然兴起了卡拉OK活动。1995年之后，随着大碟变成VCD小碟，点歌方式电脑化了，从原有的编码手写选择到在点歌台的电脑中选歌，快捷简单。以往只有少数人能够消费得起的K歌以平价进入寻常百姓家，卡拉OK变成大众消费。2000年，量贩式KTV的出现，再次掀起新一轮的K歌风潮。

1992年

1月26日 中共广西壮族自治区委员会（简称自治区党委）书记赵富林、副书记刘明祖到田东县视察扶贫和经济发展工作。百色地委书记曾基瑞、行署专员李兆焯陪同考察。

同月 县人民政府采取措施，对未取得开采许可证的小煤窑进行治理整顿。

3月10日 田东与铁道部、第二勘测设计院南昆铁路指挥部协商田东火车站改址工作，并到现场选址。

3月12日 县委、县人民政府召开县直干部职工大会，到会1200多人。县委书记黄晓东传达邓小平南方谈话重要精神。

4月21日 县人民政府在县城举行3.5万伏变电站开工典礼。

4月30日至5月1日 第九届职工运动会举办，项目有男女篮球赛、象棋、拔河、乒乓球等。

5月15日 县人民政府召开首次房改动员大会，拉开了全县房改大幕。

6月下旬 全县普降暴雨，南北山区雨量达160~200毫米，全县5个乡镇44个村，5180户27252人受灾，被洪水冲走和雷击死亡2人，造成民房倒塌8间、损坏34间，损失折款10万多元。

7月12日 澳门商人许瑶琪、台湾商人郭天智到田东县商谈投资办雨伞厂、旅游鞋厂有关事宜，并达成了投资协议。

8月9日 自治区政府副主席刘洪带领自治区计委、经委、重点办负责人到田东县检查指导田东第二糖厂筹建工作。

8月24日 田东县经济工作暨劳模表大会召开，表彰先进单位55个，劳动模范146名，先进生产（工作）者132名。

9月7日 国家计委初步批复自治区计委同意建设田东县第二糖厂，国家安排建设贷款3000万元，总投资为6847万元，建设规模为日榨2000吨。1993年3月9日，该厂动工兴建，征用土地面积20.73公顷。1993年11月1日，国家计委正式批准建设该厂。1994年12月27日，该厂竣工开榨。

1994年12月27日，田东县第二糖厂开榨 （县第二糖厂提供）

9月 田东县开展“反盗扫丑”治理活动，共破获各种刑事案件67起，查处治安案件135起，查获各种犯罪人员209人，打掉各种犯罪团伙19个，缴获赃款赃物2万多元，抓捕批捕负案在逃犯7人。

10月31日 自治区、地区消灭丝虫病考核验收组到田东县考核验收消灭丝虫病工作。经验收，田东县消灭丝虫病达标。

11月 田东县四联实业总公司成立，公司性质属集体所有制。

12月15日 百色地区在田东县召开八县（市）灭疟防治联防年会。经专家、学者考核验收，田东县灭疟达标。

1993年

1月下旬 南昆铁路正式开工建设，田东县境内为单轨道铁路，全长50.95千米，共征用、划拨建设用地229.98公顷。同年2月，南昆铁路田东段全线破土动工。1997年8月，该铁路正式通车运营。

2月17日至18日 在祥周乡联福村联合小学大门前，挖出两面春秋大铜鼓。专家鉴定为春秋时期铜器，在桂西地区属首次发现。

4月2日 县委、县人民政府作出表彰首批专业技术拔尖人才的决定，张本焕、宋多耀、黄耀广、朱新伟、苏炳坚、陈尔祚、黄世祥、辛荣辉、潘国宋、周锡文荣获“田东县首批专业技术拔尖人才”称号。

5月8日 县委、县人民政府举行首批人民警察授衔仪式，百色地区公安处领导在仪式上宣读公安部和自治区公安厅授衔命令，向授衔警官颁发任命书。

5月29日 田东县第一家与港商合资企业东腾房地产有限公司首期开发台式商品房开工。首期工程投资240万元，建商品房20栋4040平方米。

7月1日 田东县开始执行城镇住房制度改革。干部职工家庭按国家房改政策购买住房，拥有了属于自己的私有产权住房。

9月14日 平果县至百色二级公路田东县城段开始施工。

10月1日 北流建筑公司承建的田东水泥厂新建转窑工程烟囱工地木架崩塌，3名民工死亡。

10月28日至30日 中共田东县第九次代表大会在县城召开。

11月19日至23日 政协田东县第四届委员会第一次会议在县城召开。

11月20日至23日 田东县第十一届人民代表大会第一次会议在县城召开。

12月2日 获得第六十五届世界举重锦标赛54千克级抓举冠军的杨斌载誉归来，县委、县人民政府举行欢迎仪式和庆功大会。

1994年

1月14日 自治区政府顾问陈仁、秘书长刘军、自治区重点工程办公室主任陈铁昂到田东县考察调研国家“八五”重点建设项目工作，并参加国家“八五”重点建设项目南昆光缆通信工程“广西段”光缆首放典礼。

同月 田东县金穗农贸市场开工建设。该市场总投资2100万元，建筑面积2.1万平方米。1995年9月28日，该市场开业，共有1500多个摊位，为百色地区规模最大的综合性商场。

3月12日 平马镇中山街378号居民潘某某的11岁儿子被人绑架，绑匪索要人民币10万元，否则杀死小孩。经精心部署，4月14日凌晨，公安干警成功解救人质，将案犯擒获，后又将其两名同伙犯抓获归案。这是中华人民共和国成立后田东县第一起绑架案。

3月24日 田东县城发现“中华田东县民族民意协议委员会”非法组织。经上级公安机关批准予以取缔，对为首者收容审查，其余人员批评教育。

4月7日 田东县3000门全数字程控电话割接开通。之后，程控电话数量逐年增加。1995年12月26日零时，田东县SI240程控自动电话并入百色地区本地网，电话号码由六位升至七位，统一使用长途区号0776。1996年12月，田东县市话电话扩容6000门，农村8个交换点全部实现程控化，统一使用本地区号，等位拨号进入全国自动网。这也标志着田东县程控电话开始进入城乡居民家庭。

4月22日 田东县抽调公、检、法、司及乡镇干部200人，对思林镇、林逢乡车匪路霸进行围捕，抓获30多名犯罪嫌疑人，破获刑事案件60多起，缴获赃物一批。

4月 田东开设“126”人工寻呼台，开通无线寻呼业务，无线寻呼的通信工具就是数字BP机。

1995年3月27日，增设“127”自动寻呼台，推出中文BP机。之后，BP机携带者越来越多，有事请呼我，成为人们的客套话。为方便BP机携带者打电话，田东县邮电局在街头巷尾、饭店旅社等公共场所开设公用电话。1997年，使无线寻呼覆盖全县城乡。

6月5日 县体委按国家标准建设的游泳池竣工使用，是田东第一个标准游泳池。该游泳池长50米，宽21米，总投资35.2万元。

6月15日至16日 全县境内连降大雨，县城降雨量为131.4毫米，北部山区为119毫米。造成农作物受灾3506.67公顷，冲毁水坝6座，洪水冲走2人（死亡），6个乡镇电话线中断。

7月16日至19日 印茶乡连降大暴雨，总降雨量达到320毫米。造成全乡9个村受灾，水淹房屋575户1725间，房屋倒塌49户147间，533.33多公顷农作物受灾。

同月 田东县林业用地11.74万公顷，达标栽植面积11.4万公顷，达标栽植率98.28%，造林灭荒通过自治区验收。

8月27日 祥周乡九合村党支部书记麻克利向国家交售5.09吨余粮，连续13年向国家交售爱国粮75多吨。

9月30日 林逢乡合同村小沙屯农民黄善贵将在山坡上挖掘到的楚编钟、万家坝型铜鼓献给县博物馆。后经有关专家鉴定，认定这两件文物为春秋战国时期的古文物。

9月 田东县推行税务体制改革，分设县国家税务局和县地方税务局。

12月10日 自治区党委书记赵富林率队到田东县平马镇合乐异地扶贫安置点考察调研异地扶贫安置工作。

是年 田东县在城镇推行国有土地有偿使用制度，县人民政府垄断一级土地市场，规范和培育二级土地市场。国有土地经人民政府出让后，在出让期限内，土地使用者可以依法进行转让、出租、抵押。自此，全县土地使用制度发生了历史性变革。

是年 田东县乡镇以上的电话和全国大网联网，县邮政局正式对外提供互联网接入服务，开通互联网（宽带网）业务，计算机用户与全国联网。

1995年

1月1日 田东县软木厂发生特大火灾。

4月11日 全国人大常委会副委员长陈慕华到田东视察。

4月14日 国务院副总理姜春云在自治区党委书记赵富林陪同下到田东视察农业生产。县委书记文明、县长罗凤鸣作工作汇报。

4月27日 广州军区政治部资助40万元，兴建田东县第一所“希望小学”——作登瑶族乡大板希望小学教学楼奠基。该教学楼于1997年9月竣工。

5月1日 田东县行政单位和事业单位实行每周5天工作制度。

5月19日 召开创建文明县城活动誓师大会，组建创建文明县城工作队，分成6个组在县城6个区域开展整治工作。

同月 县邮电局开通移动电话通信业务，也就是开通了大哥大，放号330户。之后，购买、用上大哥大（手机）的人越来越多。

6月15日 联合国粮食及农业组织总技术顾问查普林博士到田东县考察指导芒果生产。

7月4日 田东万吨木薯酒精厂工程开工建设。

8月12日 田东县领导干部整风会召开，会议号召换思考、换角度、换脑筋，学先进县市，赶先进县市。

10月30日 县委、县人民政府决定撤销村公所改设村民委员会。

11月18日 田东县第二届体育运动会在县城举行。

是年 田东县兴起摩托车热，摩托车成了人们羡慕的一种先进交通工具，也成了一部分人借以炫耀身价的东西。买摩托、学摩托、修摩托成为时尚。为此，自行车逐渐失宠。

1996年

1月15日 国务委员李贵鲜、民政部副部长范宝俊、国务院副秘书长李济民到田东县考察指导芒果生产。

2月9日至11日 田东县举行400万元福利彩票大抽奖活动。

2月23日 田东县江山农业综合开发区成立。

3月1日 县邮政局开始办理国内国际快件信函、快件汇款、快件包裹等特快专递业务。

4月1日 广西田东县人民武装部收归军队建制，更名为中国人民解放军广西田东县人民武装部。

4月29日 田东县经济适用住房建设服务中心成立。

6月4日 田东县委成立国有企业领导班子建设协调小组和办公室。经调查摸底，对全县40家国有企业领导班子进行全面考核整顿。全县有工业企业16家，粮食企业10家，商业流通企业8家，交通企业2家，水利电力企业1家，其他企业3家，职工总数4775人，领导班子成员159名，设有党总工支部5个，党支部49个，党员人数632人。

6月5日 广西第一条造纸施用胶剂生产线在田东投产。

6月24日至27日 全区早稻高产样板暨晚稻早育秧现场会在田东县召开。

7月13日至15日 田东县承办百色地区第三届芒果节。8月20日，田东县召开表彰承办百色地区第三届芒果先进集体和先进个人大会，共表彰32个先进集体和408名先进个人。

7月13日 田东县被农业部授予“中国芒果之乡”称号。

7月25日 田东县成立国家公务员制度领导小组和办事机构，开始推行国家公务员制度。

11月19日 中国残联主席邓朴方、副理事长王成金到田东县检查指导工作，并参观右江工农民主政府旧址。

11月30日 广东省委常委、广州市委书记高祀仁率领对口帮扶考察团到田东县考察。

12月31日 江山移民开发区扶贫攻坚大会战动员会召开。江山移民开发区在思林镇境内开发，开发面积1066.66公顷，安置移民200户，1084人，分5个居民生活点。1997年1月5日，江山移民开发区军民会战誓师大会在江山开发区召开。同年年底，江山移民开发区竣工，实现了当年开发、当年住进新房、当年解决温饱的目标。

同日 全县财政收入突破亿元大关，达10880万元。

是年 全县工业总产值首次超过农业总产值。

是年 快餐热在田东县兴起，县城快餐店多起来。因吃快餐具有快速、实惠、卫生等优点，吃快餐成为人们的一种新时尚。

是年 平马镇四平村和祥周镇40户农户安装电话，标志着田东固定电话开始进入农村。

是年 田东县被列为全区毒品危害严重重点县，全县登记在册的吸毒人员有492人，这些吸毒人员分布在7个乡镇和20多个单位、厂矿。

是年 县文化娱乐中心投入使用，投资600多万元，建筑面积4794平方米。

是年 成立田东餐具消毒中心，把餐饮单位的餐具收上来，集中统一消毒后送回原单位。

1997年

1月12日 田东县召开扶贫攻坚誓师大会，会议提出到1997年年底，基本解决全县农村贫困人口的温饱问题，贫困户人均收入达到865元以上。

1月15日 原红七军老战士莫文骅中将到田东参观右江工农民主政府旧址。

1月28日 田东县在纪念馆门前举行庆典仪式，庆祝右江工农民主政府旧址列为全国重点文物保护单位。

同月 民营企业作登瑶族乡登高电站破土动工，该工程建设占地面积120公顷。2000年建成投产，是当时国内最大的一座私营电站。

3月5日至6日 国家计委机关党委副书记范克坦、扶贫开发处处长王新怀、调配处副处长胡继申等到田东县检查以工代赈扶贫开发工作。

3月25日至26日 “三片”地区“国家贫困地区义务教育工程”试点工作会议在田东县召开。

4月5日 国家计委扶贫工作组到田东开展扶贫工作。

同日 自治区党委书记赵富林到田东县考察指导扶贫开发工作。

4月15日 广东省副省长欧广源率领考察团到广州市对口扶贫的江山移民开发区检查扶贫移民开发工作。

5月1日 广州市常务副市长陈开枝率领广州市对口扶贫考察团，到田东县江山开发区和作登瑶族乡陇接村进行考察。自此至2005年，陈开枝每年都到田东县开展扶贫工作。1998年8月1日，广州市政协主席陈开枝率领扶贫考察团到田东县考察扶贫工作。2001年9月1日，陈开枝率广州市祈福新屯房地产有限公司总经理彭磷基、香港日成玩具有限公司董事长郑柱成等，到田东县作登瑶族乡陇接村考察扶贫开发，向陇接小学捐资5万元。2005年2月12日，陈开枝带领广州扶贫考察团到布兵镇广州日报社福民新村进行考察慰问，并向该村捐款4万元。

5月16日至18日 国家计委副主任余健民率领国家计委国地司、投资司等13个司领导到田东县考察调研扶贫开发工作。

7月19日 由24名清华大学和香港理工大学的博士生、研究生组成的京港学习科技扶贫考察团到田东考察调研科技扶贫工作。

7月21日 自治区党委书记曹伯纯到田东县考察指导扶贫开发工作。

同月 田东县人民医院被卫生部、联合国儿童基金会、世界卫生组织授予“爱婴医院”称号。

8月13日至14日 香港救助儿童基金会主席施雁飞到田东考察。

8月20日 广州市副市长郭尚阳率领广州市考察团到田东县江山移民开发区考察。

9月1日 南（宁）昆（明）铁路南宁至百色首趟客运列车开通营运，标志着田东县自此有了列车客运。

9月28日 水利部电力司司长刘晓田到田东县检查农村初级电气化建设工作情况。

10月7日至9日 自治区人大常委会主任赵富林到田东县第二化工厂、登高水电站和香蕉组培苗工厂视察。

10月20日 中央组织部工作组到田东县检查工作。

11月18日 以小代宽正为团长的日本熊本县农业考察团到田东县考察。

12月4日 广州市经协办主任胡世桂到田东县江山移民开发区考察扶贫移民开发工作。

12月26日 广西田东县制糖有限责任公司成立。

是年 除思林、县城开通南昆光缆外，其余12个乡镇自行设计施工，全部开通光缆。

是年 田东扫盲工作通过自治区验收，成为广西49个贫困县实现“单基”（基本扫除青壮年文盲）达标的第一个县。

是年 全县13个乡镇都建立广播电视站，全县有线电视用户达1.5万户。

是年 全县13个乡镇政府所在地全部用上电。

是年 全县实现了村村有办公用房和办公桌椅目标。

是年 田东开始推行住房公积金制度，属县财政补贴的行政事业单位缴存率为3%，属自治区直驻县单位和县企业、自收自支事业单位缴存率为5%~10%。2005年，缴存比例调整为5%。

是年 田东实现造林绿化达标。

1998年

2月28日 田东县人民医院兼并田东县钢木家具厂签字仪式举行。这是田东县第一家事业单位兼并企业。

同月 县邮电局电视电话会议开通使用。

3月16日 田东县召开农村初级电气化建设动员大会，会议提出加快全县农村电气化建设，力争实现“全国农村初级电气化建设达标县”的目标。9月22日，田东县在朔良镇召开全县农村初级化建设现场会。1999年，田东县获评为“全区农村初级电气化建设达标县”。

3月30日 县委、县人民政府召开农村合作医疗工作会议，重建农村合作医疗制度。同年6月18日，县人民政府在祷午乡召开全县农村合作医疗工作现场会。

同月 由广州市扶助10.5万元建设的作登瑶族乡陇接村小学教学楼竣工使用。该楼两层4间教室，建筑面积240平方米。

4月26日 田东县纸厂堆放在平马镇那恒农资仓库的原料甘蔗渣3500吨、化肥150吨发生火灾，经济损失折款35万余元。接警后，县消防大队及时赶到现场，并调集驻田东县百采厂、石化总厂消防队参加扑灭。经奋战12个小时，大火才被扑灭。

5月8日 广西登高集团在田东成立。登高集团由田东农民企业家班光习独资创办，集团包括田东登高电站、田东县矿业有限责任公司、田东县铁合金冶炼总厂、东鑫有限责任公司和坡圩电站，形成一个跨行业，具有水力发电、矿产品开采、冶炼、产业贸易和旅馆服务的多元化的经济联合体。

6月12日至13日 韩国健康管理协会会长林汉钟率领韩国预防医学专家组到田东县进行寄生虫病防治研究考察。

同月 田东县被确定为“中华口腔健康项目促进活动”目标县。

7月 田东县妇幼保健站通过“爱婴医院”省级评估，成为田东县第二家“爱婴医院”。

8月29日 田东县邮电局撤销，成立田东县邮政局、田东县电信局，并于当天同时挂牌营业。

9月17日 自治区主席李兆焯到田东县考察调研经济工作。

9月22日 全国政协副主席周铁农到田东视察田东县经济发展和政协工作。

同月 广州市公安系统共青团扶助20万元建设的林逢镇福兰小学教学楼竣工使用，广州市扶持江山移民小学建设建筑面积904平方米的教学楼和宿舍楼竣工使用。

10月19日至20日 中共田东县第十次代表大会在县城召开。

10月24日 田东县被确定为广西开展中国——联合国儿童基金会健康教育合作项目推广县。

11月10日至11日 全国人大常委会副委员长布赫、人大常委会委员尹克开到田东县视察。

位于油城路和东宁路交叉的十字路口的高杆灯

（县建设局提供）

同月 自治区“两基”工作评估验收团对田东县进行验收，验收团经过认真细致的检查评估后认定田东县“普九”工作达标。

同月 田东县电信局在“村村通电话”工程中，采取有线为主，无线接入为补的建设方法，全县有125个村行政村装通电话，占总行政村80.6%。

12月3日 广东省委副书记黄华华到田东考察作登瑶族乡陇穷村扶贫工作。

同月 田东县妇幼保健院通过“一级甲等”妇幼保健机构省级评审。

同月 田东县基本完成《广西“九五”第一批国家糖料生产基地县》项目的各项建设任务，项目总投资425万元。

是年 县委首次公开选拔副科级领导干部。

是年 田东县“义务教育工程”19个中小学教学楼和学生宿舍楼投资计划为522.4万元，资金到位372.1万元。

是年 投入160万元，建成了田东县甘蔗组培苗和香蕉组培苗科研基地，填补了百色地区科研基地设施的空白。

是年 油城路和东宁路交叉的十字路口建成一个高杆灯，被称为桂西“第一灯”。该高杆灯高约12米，高杆的底座直径约1米，从底部到顶部直径不断缩小，顶部安装一个蘑菇形的设备，设备装有多盏灯。之后，又在县城新华书店门前的十字路口、恩隆大道与朝阳路交叉的十字路口（人民广场）、火车站大道与环城路交叉的十字路口各建设一个高杆灯。

是年 田东县在广西率先实施农民“下山进城入谷”工程（“下山”，即将大石山区的部分贫困人口搬迁到经济条件较好的有可利用荒坡开发的山下居住，发展生产。“进城”是指引导贫困山区富余劳动力走出大山，到县内县外、区内区外务工。“入谷”是指统筹城乡经济协调发展，利用贯穿全县的右江河谷腹地良好的自然生产条件，把久居“夹皮沟”的富余劳动力引到河谷务工），探索一条从输血式扶贫到造血式扶贫再到挖掘人力资源潜能的新路子。

1999年

1月6日至9日 田东县第十二届人民代表大会第一次会议在县城召开。

1月9日 广西田东华瑞集团成立。

同日 田东县召开国家计委扶贫工作组座谈会，向国家计委检查组汇报1998年国家计委在田东县扶贫工作情况，探讨1999年全县扶贫工作思路。

2月5日 由田东汽车总站与南宁第二运输公司联合经营的田东—南宁直达快车开始运行。

2月8日 田东县农民企业家班光习投资兴建的坡圩水电站破土动工。于2002年建成。

3月19日 田东县龙须河引水治旱扶贫工程通过专家评估。该工程总投资6094.31万元，第一期工程于2000年3月31日开工建设。2001年4月9日，县人民政府举行龙须河引水治旱工程穿越右江反虹管沉江仪式，一条钢板厚度为20厘米、直径1.9米、长度为200米的跨江反虹管成功沉下右江河底，这是广西引水工程最大的跨江管。2001年1月，第二期工程动工。2001年9月23日，第一期工程竣工通水。

3月20日 私营电站果柳电站通过了项目可行性研究报告。2003年，该电站竣工使用。

3月23日 由县委组织部、县农业局、县教育局联合举办的现代乡村综合管理中专班在县农业广播电视学校开班，这是田东首届培养广大农村基层干部、党员、群众骨干的中专学历班。

3月23日 县气象局开通“121”气象信息自动答询台，方便了群众了解气象信息，扩大了预报信息的辐射面。

4月3日 香港特区委员、健康基金执行委员会主席方黄吉雯、香港卫生署署长陈冯富珍等一行到田东县香港儿童救助基金会资助兴建的思林镇广养希望小学进行检查。

4月23日 百色地区芒果协会的20多名专家到田东县林逢镇，为芒果种植户提供芒果种植技术咨询服务。

4月26日至27日 科技部委派广西科技厅组织专家评估组对田东“创建全国科技先进县”工作进行评估，田东县通过了评估。

5月27日 全国政协副主席王文元到田东视察工作。

5月28日 利客隆百货公司南华店开业，这是田东县第一家超市。

6月6日 祥周镇受台风袭击，中平、祥周、百银、联合、百渡、康元、甘莲等行政村严重受灾，88公顷香蕉被吹倒，68.86公顷成熟芒果被吹落，10.33公顷早稻禾苗倒伏，百银村14小组有1户村民房屋被吹倒的大树压坏，经济损失达400多万元。

6月26日 田东首次实施公开选拔乡镇经管干部和部分村干部考试，有141人参加考试。10月8日，经过公开选拔出来的34名乡村干部奔赴基层工作。

7月3日 广西区移动通信公司田东营业部成立。2000年8月17日，广西区移动通信公司田东营业部改称为广西区移动通信公司田东分公司，编制10人。

7月8日 百色优质芒果品评新闻发布会召开，田东县选送的青皮芒获得百色优质芒果品评会三等奖。

同月 林逢岩锯至祷午乡柏油路动工建设。这是百色地区第一条由地方自己投资建设的油路，全长16千米，总投资290多万元。2000年2月，祷午乡柏油路全线封油，这是百色地区第一条通乡油路。

8月3日 田东县举行蔬菜水果产销洽谈会项目合同签约仪式，应邀到会的外地客商总共签订22项协议，金额2亿多元。

8月10日 美籍华人、美国长城国际贸易公司副董事长李锦周率领客商到祥周镇仑圩村考察酸菜、菜干原料生产基地面积落实、厂房车间等建设情况。

8月19日 县委、县人民政府重点工程项目人民广场工程开工建设，由经济适用住房建设服务中心作为法人负责投资建设。2000年2月4日，县人民广场建成并对外开放。

9月1日 田东县布兵乡驮仙村陇外屯发生一起山体滑坡，造成3人死亡，2人受伤，直接经济损失17万元。

9月14日 田东县人才交流市场挂牌成立。

9月23日 团县委与县体育局、县教育局、县公安局、县卫生局联合举办田东县城团员青年庆祝国庆50周年环城跑，县城4000多名中学生参加。

10月5日 广西达力工贸有限责任公司正式挂牌成立。

10月9日 全国人大常委会副委员长蒋正华到田东视察教育工作，并为右江工农民主政府旧址题词。

10月19日 全国政协副主席毛致用到田东视察农业产业发展。

11月1日 自治区党委书记曹伯纯到田东县考察田东三家私营企业和作登瑶族乡陇穷村。百色地委书记刘咸岳、行署专员马飚，县委书记凌志勇等领导陪同考察。

11月19日 田东县在祷午乡召开乡乡通柏油路动员大会。

12月6日 田东县10位农民代表在南宁召开新闻发布会，接受区内外各大新闻媒体采访。

12月10日至15日 田东县第三届体育运动会在县体育中心隆重开幕，设篮球、乒乓球、田径、拔河、射击、门球、健身操和中国象棋等8个比赛项目，29个代表团共1000多名运动员参加比赛。

12月11日至13日 国家计划委员会在田东县举办对口扶贫培训班。

12月12日 自治区人大常委会主任赵富林到田东县北海祺丰集团田东县祥周芒果场和百谷红军村考察调研。地委书记刘咸岳陪同考察调研。

12月13日 田东至巴马扶贫公路开工建设。该项目工程长50.9千米，总投资5272万元。2006年6月，该工程竣工。

是年 家庭电脑热在田东县兴起，486微机已常见，586微机开始进入家庭，一些家庭还与国际互联网络联网。互联网改变着田东人的生活。

是年 全县完成“村村通”广播电视工程，收视到22套电视节目，收看电视成为农村群众最喜爱的精神文化生活。

是年 田东国家制糖基地建设项目通过验收。

是年 田东投资514.36万元，架设10千伏线路19条共177.8千米，安装变压器19台，完成村村通电建设任务。

2000年

1月4日 百色地委、行署在田东县召开甘蔗生产防霜冻救灾工作紧急会议，部署救灾和2000年甘蔗生产等工作。地委书记刘咸岳、行署专员马飚分别在会上讲话。

1月5日 田东县被评为1999年度全区人口与计划生育工作达标先进县。这是田东县1994年以来连续6年获得此类殊荣。

1月7日至12日 田东县香茶油、香芒、香米、香蕉、七里香猪、反季节蔬菜、瓦楞纸、活性白土等20多种名特优产品在“2000年广西科技活动周”展览会上参展，有10种产品参加全国网上虚拟交易会。廖雄燕、陈强被自治区评为“种养能手”。

1月9日至10日 田东县6个工作组分赴13个乡镇交叉检查精神文明建设“七个一”工程实施情况。各乡镇于1999年实施“七个一”工程，即建设一个花园式乡镇党委、政府大院，建设一条文明街道，建设一个文明市场，建设一个文明小康示范村，建设一个文明示范学校，建设一个标准文化站，建设一个文明村部。

1月11日 田东县制糖有限责任公司与建设银行田东县支行签订企业电子银行使用协议，成为田东县首家使用企业电子银行系统的企业。

1月13日至16日 田东县蔬菜、水果、“八香”系列产品在上海市举办的“广西名特优产品迎春展销会”参展，并与上海客商签订1.61亿元的产品购销合同。

1月14日 广西桂潒耐火材料厂到思林镇投资办厂，在思林造纸厂举行办厂协议签字仪式。

1月18日 受田东县交通局、国税局、地税局委托，百色地区拍卖中心在田东举行拍卖会，公开向社会拍卖一批欠费欠税物品。拍卖会成交摩托车30辆、汽车2辆，成交金额10万元，所得款项全部用于抵还拖欠的交通费和税费。

2月9日 一辆贵州大客车因雨天路滑和车速过快翻倒在思林镇鹧鸪坳坡，造成5人死亡、多人受伤的特大交通事故。

2月16日至17日 田东县右江革命纪念馆被授予“全国文化工作先进集体”荣誉称号。

2月26日 香港救世军与田东县签订预防控制艾滋病健康教育项目合作协议，田东县获得合作项目援助资金98万元。

同月 县工商银行在全县率先开通网上银行业务，开通“95588”网上银行，推出手机银行。同年4月12日，县工商银行在庆平分理处正式使用ATM自动取款机。这是田东第一个自动取款机。

3月1日 投资340万元、全长21千米的思林至坡塘油路改建工程动工，这是田东县实施乡乡通柏油路建设的第三条公路。该工程于2001年10月竣工。

3月5日 田东县召开领导干部“三讲”（讲学习、讲政治、讲正气）教育动员会，700多人参加会议。6月23日，县委召开“三讲”教育总结大会，自治区巡视组对田东“三讲”教育取得的成果给以充分肯定。

3月6日 广东省副省长欧广源带领省扶贫工作考察团到田东县进行扶贫工作考察。

3月8日 思林派出所在开展收枪治爆活动中，查获思林镇新圩村村民黄保健非法储存炸药11箱（264千克）、雷管1223枚、导火索20米，并依法没收上交。

3月14日 广州军区政治部主任马国文中将到作登瑶族乡大板希望小学考察。地委书记刘咸岳、行署专员马飚、县委书记凌志勇、县长谭锡春陪同考察。

3月15日 国际慈善机构救世军组织与广西合作在田东县举办预防艾滋病社区健康教育项目技术人员培训，由澳大利亚、美国、菲律宾的专家授课。

3月28日 铁道部第二勘测设计院南宁分院对田东至天等扶贫公路进行勘察测量，编写项目工程可行性研究报告。

4月19日 中央“三讲”教育检查组到田东县检查“三讲”教育工作。

4月30日 县城防洪排涝工程竣工。

5月10日 县城德新街旧菜市场迁移到新建的中山市场，市场热闹起来。

5月21日至22日 田东县四家班子、纪委、检察院、法院、公安局等8个班子的领导共60人集中在县委党校，封闭学习江泽民总书记“三个代表”重要思想。同时，县委下文，在全县党员中开展“三个代表”学习教育活动。

6月12日 中央政治局委员、广东省委书记李长春率领广东省党政考察团到田东县考察，到作登瑶族乡陇穷同心小学看望师生，赠送图书。

6月15日 百色地区地头水柜检查验收组在田东召开反馈会。通过10天“地毯式”检查验收，检查验收组共验收地头水柜2639处，容量63.1万立方米，其中优秀占17.8%，良好占37.6%，合格占44.2%，不合格占0.4%，合格总评99.6%。

6月24日 全国“百县乡镇宣传文化工程”实施工作座谈会代表到田东县祥周镇宣传文化站参观调研。

6月26日 广州市政府组织广州市12家企业到田东县召开现场招聘会，招工名额600多名。

7月24日 泰国园艺教授卡龙凯·巴布拉瑟应邀到田东县讲授香蕉栽培技术和产后处理技术。

7月25日 经县人大常委会审议批准，县民政局、县建设局对县城街道重新命名，投资4.2万元，定制102块路牌。

8月1日 2000年高考成绩揭晓，全县共有147名考生上本科线，创恢复高考以来田东县最好成绩。

8月1日 田东庆平农贸市场开工建设。该市场工程总投资314万元，建筑面积6257平方米，于2002年4月29日正式营业。

8月31日 县人民政府县长专线电话“12366”开通。

9月7日至8日 百色地区在广州市举行广东省广州市对口帮扶情况汇报会和招商项目展示洽谈会，田东县有8个项目签约，协议及合同金额8.52亿元。

9月18日 县城城东人行道整治工程启动。

9月19日 县人民政府对平马镇马鞍山上违法开采的56个井口小煤窑强制封闭。

9月26日 田东县文艺代表队参加2000年广西“八桂群星”农村文艺会演，共获得7个奖项。

10月11日 县人民政府召开财政统一发放工资工作会议，会议决定从2001年1月1日起，各党政机关、财政全额供给经费的事业单位及人民团体的所有在编在职人员和离退休人员的工资，均由财政统一发放。

10月19日 田东县运动员在自治区第九届运动会上获得13枚金牌、8.75枚银牌、5.25枚铜牌，总成绩390分。

10月26日 全国政协副主席白立忱到田东考察。

同月 田东县开始实施“母亲安全工程”，提高住院分娩率。

同月 田东县百谷、小龙、上法、靖逸、牛行、合乐、四平、升太、合恒、怀民、仑圩11个行政村获评为“百色地区小康示范村”。

11月1日 田东县13个乡镇和县直各人口普查社区共1500名人口普查员，开展第五次全国人口普查登记。

11月3日 中国人民武装警察部队总司令员吴双战中将、武警广西总队长温吉磷少将、政委张德顺少将到武警田东县中队检查指导工作。

11月4日 中央宣传部常务副部长刘云山到田东县祥周镇宣传文化站考察宣传文化工作。

11月9日至11日 自治区“二甲”医院评审组对田东县人民医院进行评审，田东县人民医院以

900.9分通过自治区评审，成为百色地区县级第二个二级甲等综合医院。

11月10日至13日 县人民政府召开财政统发工资代理银行公开招标开标会，中国建设银行田东支行、中国工商银行田东支行、中国农业银行田东支行三家银行参加竞标。竞标结果是中国工商银行田东支行竞中首标。

11月12日 林逢镇林驮村六合屯李树章煤窑发生瓦斯爆炸，造成15人死亡。这是一起特大矿山灾害事故。

11月14日 全国扶贫工作调研会在百色召开，与会人员到田东县作登瑶族乡陇穷村参观。

11月18日 田东县第二小学成立少年消防军校。这是百色地区成立的第一所少年军校。

12月6日至8日 举行全县“祖国栋梁”中学生文艺会演，有20所中学497名学生参加，参赛节目86个。

12月21日至22日 田东县组织60人参加百色地区群众文艺会演，参加比赛节目7个，获得12个奖项。

12月25日 广西东泥有限公司日产1000吨熟料新型干法旋窑水泥生产线动工扩建。

是年 田东对大中专毕业生不再包分配，大中专毕业生自主择业。

是年 田东跟其他大城市一样兴起“网吧狂潮”，新网吧不断涌现，各网吧常常人满。

是年 田东科技进步对国内生产总值平均增长贡献份额比1998年提高了6.4个百分点，荣获“全国科技工作先进县”。

是年 思林右江大桥竣工，思林横水渡口停摆。

2001年

1月2日 广西达力工贸有限责任公司思林纸厂高强瓦楞原纸扩建工程项目破土动工。

1月14日 中国人民武装警察部队政委、上将徐永清，副司令员、中将高文远到武警田东县中队视察。

1月18日 自治区经贸委在右江矿务局举行“右江矿务局下放百色地区管理交接仪式”。

2月4日 广西达力工贸有限责任公司正式实施ISO 9001:2000国际质量管理体系，成为百色地区第一个实施这一管理体系的乡镇企业。

2月5日 国家计委副主任、国务院西部办副主任李子彬率考察团到田东考察调研。

2月16日 上海市委副书记孟建柱到田东县参观考察北海祺丰祥周芒果改良基地和林逢高科技香蕉种植示范基地。

2月19日 田东县召开农村“三个代表”重要思想学习教育动员大会，3000多党员干部参加动员大会。

同日 田东举行万名学生签名反“法轮功”邪教活动。2月25日，举办邪教“法轮功”练习者思想教育转化班，对思林镇三百村6名痴迷者举行思想教育。

3月3日 中央宣传部、中央文明办，自治区党委宣传部、文明办资助百色地区第二批乡镇宣传文化站——思林镇宣传文化站举行开工仪式。

3月16日 广西军区政委、少将周传统到田东县检查国防建设工作。

3月31日 田东县2000年沼气池建设通过自治区验收。

同月 田东国家制糖基地建设项目通过验收。全县糖料年均种植1.21万公顷，平均亩产2.92吨，年均总产值53.21万吨。年均种蔗总产值1.29亿元，农民人均年种蔗收入387元。

同月 田东县妇幼保健院开始实行免费进村接诊孕产妇住院分娩。

4月14日 由香港汇丰信托国际有限公司陈梓溢慈善基金会、香港友爱基金管理委员会赞助移址的那余友爱教学楼建成使用。

4月23日 天生桥至广东第三回50万伏送电线路田东段工程动工建设。该工程于2002年6月竣工。

5月1日 美国MH国际矿业公司董事长弗雷德勒和驻中国总代表爱德华·席勤到右江矿务局考察煤炭资源。

5月7日 广西东泥股份有限责任公司利用粉煤灰、煤矸石、硫酸渣、炉底渣等工业废渣生产的P.032.5、42.5等级普通硅酸盐水泥和P.C32.5等级复合水泥被自治区资源综合利用项目（产品）认定委员会认定为资源综合利用产品，属免税普通硅酸盐水泥和复合水泥，全年予以免交增值税514万元。

5月10日 由国家计委帮扶兴建的田东右江纪念馆文物库房动工建设。2002年7月1日，该库房竣工，新展厅同时开馆。

5月12日 自治区党委书记曹伯纯到田东县考察龙须河引水治旱扶贫工程建设工作。

5月17日 新加坡籍爱国侨胞郑秋标资助20万元兴建的关国宣明小学教学楼竣工落成。

5月18日 中央电视台《焦点访谈》报道江城镇架龙村用电难问题。县委、县人民政府对此高度重视，立即采取措施，组织干部职工到架龙村架设电线，使架龙村用上了照明电。

5月21日 广州市黄埔区对口帮扶田东县捐赠仪式在田东县举行，前者向田东县捐赠现金和实物折合人民币151万元。

5月27日 百色地区右江河谷亚热带现代农业综合示范区田东香蕉产业化项目正式启动。

同月 田东至天等公路动工建设，全长46.1千米，总投资17024万元。该工程于2003年12月竣工通车。

6月14日 广州市委副书记、市长林树森率广州市党政考察团一行22人到作登瑶族乡梅林村考察扶贫。

7月2日至5日 受3号台风“榴莲”影响，田东县境内普降大雨，降雨量达151.7毫米，加上右江上游暴雨成灾，使右江水位高达18.29米，超过警戒水位5.28米，是中华人民共和国成立以来最大洪灾。田东县沿河的祥周、平马、林逢、思林以及南部山区的作登等87个村庄和县城区受淹。全县受灾人口28.3万人，农作物受灾面积17580公顷，绝收面积4730公顷，房屋倒塌9770间341950平方米，大牲畜死亡9786头（匹），造成直接经济损失达10.35亿元。

7月3日 县武装部率领二糖厂民兵应急分队30多名队员于凌晨赶到龙须河电站，在洪峰到来之前砌起一道60米长、2米宽、1.5米高的挡土墙，并把堤坝加高2米。保住了电站主变压器不受洪水袭击。

7月4日 县委、县人民政府连夜组织1000多名干部职工深入受灾村屯和县城受灾区域，解救被洪水围困群众，做好受灾群众安置工作。

7月5日 由于洪水不断上涨，县城区中断供水。7月8日，县城恢复供水。

7月9日 田东县在文化娱乐中心召开抗洪救灾募捐动员大会，近1000名干部职工现场捐款。其中建筑界老板捐款65600元。

7月17日 自治区政协委员、广东兴宁市政协常委、澳门学园传道会会长兰钦文到田东县林逢村了解灾情，向田东灾区捐赠2.5万千克粮食。

7月21日 中央金融工委常务副主席王敬东率领中国人民银行总行、广州分行、南宁中支慰问组到田东县看望慰问受灾职工及家属。

8月1日至15日 田东县可恒、中山、东务、小龙、沙东等灾民新村陆续开工建设。

8月30日 国家计委专项资金援建的总投资523万元的田东县人民医院医技大楼项目开工建设。此项目于2005年1月10日投入使用。

同日 县委举办县直单位干部职工文明素质培训会，共有1000多人参加。

同月 总投资3830万元的田东县城镇供水工程开工建设。该工程是国家计委扶持的项目之一，由县供水公司实施。

9月15日 田东县福东香米有限公司香米加工项目开工。田东县香米在广西优质稻米评比中，各项指标名列榜首，被称为“广西第一米”。2003年3月27日，该项目投产。

10月15日 田东西南大市场隆重开工。该工程占地面积20公顷，建筑面积10多万平方米，总投资1.2亿元。首期工程于2002年12月竣工开业。

11月1日 自治区党委副书记马庆生到田东县检查百里文明河谷田东段建设工作，出席思林镇宣传文化站落成典礼，并到平马镇小龙村参加灾民新村迁入新居仪式。

11月10日 联合国食品科技协会终身执委、韩国科学技术翰林院教授权泰完，韩国树木园别庄代表梁彦保到田东县义圩乡油茶林、广西田东增年山茶油有限责任公司生产车间考察油茶生产及产品加工。

11月21日 全县村级“三个代表”重要思想学习教育活动动员会召开，350多人参加会议。

11月22日 田东籍运动员黄秋艳在第九届全国运动会田径比赛中，获得女子三级跳远冠军，并打破该项目亚洲纪录。

12月15日至31日 县委举办首届科级后备干部培训班，来自各乡镇、县直各部门经过选拔后的100名年轻干部参加培训。

12月21日 自治区党委书记曹伯纯到田东县思林、林逢、平马、祥周考察灾民新村建设，看望灾民。

12月25日 全国百县千乡宣传文化工程座谈会在百色地区召开，与会代表到田东县参观。

12月29日 百色地区第三高级中学在田东民族师范学校挂牌成立。实行“一校两制”，即一所学校两块牌子，一套人马两种教学计划，单位性质、人员编制和拨款渠道保持不变。

同月 田东县十里莲塘生态农业旅游区开工建设。2006年元旦，该景区竣工开放。

同月 祷午至朔良公路开工建设，全长10.78千米，总投资1058万元。2003年9月，该工程竣工通车。

2002年3月27日，广州市政协主席陈开枝（右一）到思林镇龙邦村考察慰问 （县扶贫办提供）

2002年

1月13日 田东县召开严打整治斗争公捕公判大会，宣捕犯罪嫌疑人20名，宣判9名罪犯有期徒刑。

2月26日 田东县机构改革工作

会议召开。同月30日，举行全县机关工作人员竞争上岗统一考试，全县13个乡镇、县直机关部门1507名干部职工参加笔试。6月10日，县机构改革首批分流人员培训班开班，为期半年。

3月20日 科技部副部长邓楠率队到田东县考察科技工作。

3月27日 广州市政协主席陈开枝率广州市对口帮扶考察慰问团到田东县思林镇龙邦村、祥周镇沙东村灾民新村考察慰问，分别向龙邦村、沙东新村捐款3万元。

3月31日 中共中央政治局常委、国家副主席胡锦涛到田东县祥周镇沙东新村了解灾民生产生活情况，并到祥周万亩高位嫁接芒果示范场视察。自治区党委书记曹伯纯、自治区主席李兆焯陪同视察。

4月3日 华达活性白土有限责任公司投资1200万元的2万吨活性白土项目动工。2003年3月27日，该项目投产

4月8日 县城过境一级公路（平洪至百银）开工建设，路段与324国道相连，全长10.78千米，工程预算总投资7276万元。该工程于2005年7月竣工通车。

4月17日 田东石化总厂旧生活区11#、12#、13#、14#宿舍楼遭受感应雷（从信号线、电源线进入），击坏电脑37台、电视机12台、冰箱1台、音响1套、洗衣机2台，直接经济损失34100元。

4月18日 挪威国护理学院护理专家组到田东县对护理教育、护理临床工作及乡村医生培养进行考察。

同月 田东至德保二级公路开工建设，该项目总投资23400万元。2004年1月，该公路通车。

5月1日 滇黔桂石油勘探局钻探二公司在祥周镇甘莲村进行天然气井梓浅1井油气钻探施工，在钻探至441.8米起钻时发生井喷。事件发生后，祥周镇党委、政府立即疏散群众，并对群众撤离后的住房进行安全警戒。5月3日，该公司压井成功。

6月5日 田东至德保二级公路的关键性工程——祥周右江大桥正式开工。大桥全长423.7米，桥宽12米，高20多米，预算投资940多万元。

7月1日 田东县林逢至新洲自来水管网工程开工建设。该工程投资3830万元，建设规模为日供水5万吨，主要建设净水厂一座，增压站两座，输水管道25千米。12月中旬，该工程竣工，解决了平马镇、林逢镇、祥周镇15.5万人的生活用水问题。

7月12日 田东籍田径运动员黄秋艳在2002年国际田联黄金联赛罗马站比赛中，夺得女子三级跳远冠军。

8月6日 田东县被确定为“十五”第一批国家星火西进科技示范县。这是广西唯一获此项目的县市。

8月10日 农业银行田东县支行开展个人授信贷款营销活动。这是农业银行广西区分行在全区范围内统一开展个人贷款“百点千人”大型营销活动的分会场之一。

8月14日 亚洲开发银行专家一行19人到田东县调研，并与田东县人民政府研讨南宁（坛洛）至百色高速公路项目建设事宜。

同月 田东移动公司投资1100万元建设的乡乡通移动电话工程竣工，移动信号网络覆盖全县各乡镇及附近乡村，率先在百色市实现了“乡乡通”移动电话目标。

9月3日 广西特晚熟芒果新品种——红苹芒推广洽谈现场会在田东召开。

9月5日 日本驻广州总领事经济专员井淳一到田东县布兵镇考察调研实施“利民工程无偿援助项目”工作。

9月17日 广西华联超市田东直供店开业。

9月28日 田东县公开录用中小学教师和计生技术人员开考，报考人数697人，录用113人。

10月16日至17日 中国共产党田东县委员会第十一次代表大会县城召开。

10月18日至20日 中国人民政治协商会议田东县第六届委员会第一次会议在县城召开。

10月20日至22日 田东县第十三届人民代表大会第一次在县城召开。

11月2日 出席西南地区第四次生态建设与扶贫开发研讨会70多名领导、专家到田东县新洲芒果改良示范场考察。

11月18日 广西东泥股份有限公司日产1200吨熟料新型干法旋窑水泥生产线建成投产。

11月24日 田东县古庙步行街奠基开工。2003年11月，步行街第一期工程的2号楼竣工。

12月9日 中央电视台《新闻联播》采访组到田东宣传报道“双文明”（物质文明和精神文明）建设。

12月10日 中央电视台《焦点访谈》采访组到田东宣传报道农村精神文明建设。

同月 总投资3830万元、日供水5万吨的林逢至新洲自来水管网工程竣工，解决了平马镇、林逢镇、祥周镇15.5万人的生活用水问题。

是年 田东县获全国“创建文明村镇工作先进县”称号。

2003年

1月6日 县四家班子领导前往广州市黄埔区汇报对口帮扶工作。1997—2002年，黄埔区支持田东扶贫资金914万元。

1月9日 联合国教科文组织“女童职业教育项目”官员孙蕾、项目办秘书张楠到田东县考察调研女童职业教育项目实施情况。

1月12日 县扶贫办协同县武装部、消防队等部门成功地对作登瑶族乡陇穷村陇弄屯约450吨危石实施爆破，解除了该屯18户瑶族同胞的险情。

1月13日 自治区验收组到田东县对“国家商品粮基地项目”进行验收，并顺利通过。

1月18日至25日 县人民政府对全县824家食品生产经营单位（摊点）开展食品安全大检查，发现违法单位（摊点）85家，其中查处无卫生许可证生产经营食品9家，责令改正76家。没收不合格食品23种0.35吨，价值0.19万元。销毁过期变质食品11种3.74吨，价值0.18万元。

1月22日 经百色市外事办和自治区外事办领事处牵线搭桥，日本国利民工程无偿援助田东县布兵镇卫生院35758美元购置医疗器械项目签字仪式在南宁举行。

2月18日 右江矿务局在林逢镇举行保群矿开工、那读矿改建工程竣工投产仪式。同日，右江矿务局煤业大厦动工。

3月27日 田东县金荣纸业有限公司3万吨造纸项目竣工投产。

4月3日 以色列耐特菲姆现代灌溉和农业系统公司中国总部项目经理翟虹到田东县考察香蕉、芒果生产情况。

4月10日 中共中央政治局常委、政法委书记罗干到田东县视察。

4月14日 田东县召开农村税费改革试点工作动员会。

4月18日 投资10多亿元的田东电厂新厂动工兴建。这是国家实施西部大开发和“西电东送”发展战略的重要工程项目之一，装机容量为两台135兆瓦机组，2005年10月建成并投入商业运营。

同日 田东县“农民下山进城入谷”就业指导中心挂牌成立。

同月 传染性非典型性肺炎（简称“非典”）波及田东。全县立即开展防“非典”工作，防止“非典”流入、传播、蔓延。抽调医务人员多次对汽车站、火车站、学校、机关等重点单位进行“非典”防治消毒。加强对输入性可疑人员进行检查、隔离观察。全县无病例发生。从4月27日起，全县所有酒家、个体户不准接纳操办红白喜事酒席。

5月7日 广西驶程汽车集团公司田东汽车总站举行改制签字仪式。

5月30日 2003年全国、全区初中生数学竞赛揭晓，田东县获得全国一等奖5人，二等奖12人，三等奖20人，15位教师荣获全国竞赛（广西赛区）优秀辅导老师奖。

6月8日至12日 全县中小学校发生流行性感冒，患者达347人。6月13日，田东县召开紧急会议，对流感防治工作进行部署。

6月10日 右江矿务局中学和右江矿务局小学移交田东县人民政府接收管理。

6月11日 自治区2003年第一期种草圈养山羊技术培训班在田东开班。

6月13日 右江矿务局兼并林逢煤矿举行签字仪式。

6月16日 广西田东—以色列耐特菲姆滴灌技术香蕉增产优质合作示范项目签字仪式在田东县举行。

7月3日至5日 全区优果工程现场技术培训班在田东县举行，全区14个地（市）、50多个县水果种植专家参加培训。

7月23日 自治区代主席陆兵率队到田东县考察田东电厂改扩建工程建设情况。

9月2日 田东县2万公顷速生桉基地项目在朔良镇举行开工典礼。

9月26日 广西田东南华糖业有限责任公司正式挂牌成立。

9月28日 田东县“百通世界”房地产项目开工建设。项目总占地约20公顷，总建筑面积17万平方米，总投资1.5亿元。

同月 田东义务教育阶段推行“一费制”，只收杂费。

11月17日 田东县开展矿山安全整治活动，打击各种无证开采矿产资源的行为，砸毁柴油机、洗矿机15台，破坏输水管一批。

2003年11月18日，田东县第四届体育运动会开幕
（田东县文广局提供）

11月18日 田东县第四届体育运动会开幕。

是年 田东实现乡乡通柏油路。

是年 全县全面推行农村费税改革。2005年，全县取消农业税。

是年 全县农村教育附加费停止单项征收，在职职工教育附加费继续征收。

2004年

1月2日至3日 自治区交通厅公路工程验收组对田东县祥周至靖西县新圩二级公路工程进行竣工验收，评定为优良，并决定于4月起交付使用。该路段全长111.3千米，总投资29332万元。

2月12日 田东县举行仪式，欢送一批复员队伍军人到广东就业。

2月28日　田东县举行江城至大诺公路、思林至兰芳公路、登高至平略四级公路、印茶镇巴麻至江那四级公路、那板至云林四级扶贫公路等开工仪式，并举行平马镇工业项目园区、登高冶炼厂竣工投产、良余五保村、江那移民开发区移民进村庆典仪式。

3月1日　林逢镇英和村村民杨秀高在县人民医院做左上臂离断肢体再植手术康复出院。这是田东县乃至百色市第一位高位撕脱断臂8个小时后再植手术成功的病人。

3月5日　那拔镇群众道听途说该镇坡洪村一山头有金矿，上百人连夜聚集到该山头挖山淘金。接报后，县委、县人民政府立即组织有关部门赶往现场做工作。后经说服教育，群众全部离开。

3月16日　全国人大常委会副委员长成思危到田东视察石漠化治理。

3月19日　田东县从广西大学引进美国睡莲、印度莲等110个品种的观赏莲在十里莲塘种植。

6月8日　广西田东摩天岭国际导航建设项目征地签约仪式在作登瑶族乡人民政府举行。2005年3月10日，项目开工建设。项目占地面积1.17公顷，总投资3200万元，主要承担国际航班及南宁至昆明、南宁至贵阳、南宁至成都等国内航班的导航任务。

6月9日　江城至巴马平田扶贫公路动工建设。全长110多千米，覆盖人口18万人。

6月27日　因食品公司（屠宰场）提高生猪定点屠宰服务费，县城各市场猪肉销售商集体罢市。6月28日，新洲市场猪肉销售商跟着罢市。后经做猪肉销售商思想工作，这些市场于6月29日恢复正常。

7月28日　林逢镇平洪特色商品一条街正式动工建设，以规范管理柚子市场，同时增加香米、香蕉、香茶油、芒果等特色商品贸易专业市场。

同月　田东县被自治区党委、自治区政府授予“自治区文明县城”称号。

8月2日　广西中宇能源投资有限公司总经理李东方到田东考察渔梁水电站建设项目。

8月16日　中国共产党广西田东南华糖业有限责任公司第一次党员代表大会召开，成立田东县第一个非公有制企业党委。

8月19日　广州市委宣传部、广州日报社捐资50万元援建的田东县林逢希贤中学学生宿舍楼竣工使用。

9月9日　县委、县人民政府对在2004年高考中取得优异成绩和做出贡献的田东中学、田东二中和高考备考信息研究中心组进行奖励，资金总额30万元。

9月28日　中国石化集团滇黔桂石油勘探局田东职工子弟学校移交县人民政府管理。

10月8日　广西登高集团有限公司投资2915万元兴建的田东县同梅电站开工建设。该电站采用引水式径流发电，装机容量3×2000千瓦，设计年发电量3030万千瓦时。该电站于2006年12竣工。

11月4日　中国石油化工集团南方勘探开发公司总经理石彦民率专家到田东县，对田东石油化工总厂改建进行调研。

11月7日　泰国广西总会主席封祖超率领泰国客商一行8人到田东县，对亚热带特色农业、农副产品深加工等进行考察。

11月17日　全国政协副主席陈奎元到田东视察工作。

12月1日　祷午镇那单村一名23岁的黄姓妇女在县人民医院生产4胞胎。

12月10日　县城6个巡警治安岗亭正式启用。同时由财政统一拨款招收24名治安队员，实行24小时不间断全方位巡逻。2005年6月，增加20名治安队员，并提高工资待遇。

12月6日　中国人民解放军石家庄陆军指挥学院副院长、将军张光东（张云逸大将的儿子）到田东县参观考察。2005年12月14日，张光东再次到田东县，考察调研电视纪录片《开国大将张云逸》拍摄事宜。

12月11日 国务院扶贫开发领导小组副组长、国务院扶贫办主任、党组书记刘坚到田东县考察农民劳动力转移培训。

12月21日 田东县召开新型农村合作医疗工作动员大会，部署全县新型农村合作医疗试点工作。

12月26日 百色市百林万亩速生桉示范工程启动仪式在平马镇百林村举行。工程范围涉及平马、作登、林逢3个乡镇，总面积达1000公顷，工程总投资675万元。

12月31日 田东民族师范学校正式移交田东县管理。

是年 田东开展“党员中心户”创建活动，以加强农村基层组织建设。

是年 田东县GDP增长22%，高于全市、全区、全国平均水平；财政收入突破2亿元大关，跃居百色市第3位。

是年 县工商银行开通电话银行、手机短信服务。

是年 祥周右江大桥建成通车，祥周横水渡停摆。

2005年

1月5日 百色市第一届运动会胜利闭幕。田东代表团共获得金牌18枚、银牌26枚、铜牌20枚，以总分596分的好成绩位列县（区）组金牌数及团体总分第三名。

1月18日 城东80米大道、平马镇联合五保村开工建设。

同月 田东提高城镇居民最低生活保障标准，由原来的每月110元提高到130元。

2月1日 田东召开会议，对全县开展保持共产党员先进性教育活动进行动员部署。2006年7月，教育活动结束。

2月5日 自治区党委书记曹伯纯、自治区主席陆兵率领自治区党委、政府班子领导30多人，到田东县百谷红军村缅怀革命先烈，接受革命传统教育，开展保持共产党员先进性教育，慰问百谷红军村健在的老赤卫队员和老年合唱团。

3月4日 登高集团日产4000吨熟料干法旋窑水泥生产线项目建设协议签订仪式举行。4月23日，该项目动工建设。2006年，该项目竣工投产。

3月5日 澳门侨办企业家考察团一行33人到田东进行考察，县人民政府与东马国际集团公司签订了《锰矿开采加工合作意向书》。

3月20日 中组部副部长李建华到田东县检查指导农民下山进城入谷培训工作。

4月8日 田东县县城城市总体规划联席评审会议在百色市召开，《田东县县城城市总体规划（修编）》方案通过专家组评审。

4月20日 田东县召开整村推进扶贫开发工作会议，部署全县首批整村推进贫困村扶贫开发工作。

4月23日 右江矿务局巴怀矿井年产50万吨原煤建设项目动工建设，于2006年竣工投产。

5月17日 自治区党委书记曹伯纯到田东县，对金荣纸业、百通世界房地产、万桂芒果场、石化炼油厂等进行考察调研。

同月 田东县获批为2005年国家实施农村部分计划生育家庭奖励扶助县。同年12月21日，田东举行农村部分计划生育家庭奖励扶助金首发仪式，对农村只有一个子女或两个女孩的计划生育家庭，夫妇年满60周岁以后，每年每人给予600元奖励。

6月3日 田东县召开乡镇撤并工作会议。祷午镇并入林逢镇，坡塘乡并入思林镇，布兵镇并入祥周镇。6月25日，这三个乡镇分别挂牌成立。

7月1日 田东召开第二批保持共产党先进性教育活动动员会暨建党84周年纪念大会。

7月28日 百色市第二届“人武杯”军事竞赛在田东县体育中心举行，12个县（区）人武干部和民兵参加各项军事竞赛。

7月29日 广西田东中信大锰年产2万吨的电解金属锰项目和田东商都旅游商业文化街项目开工，田东安居工程项目与百通世界的运通水街工程项目竣工。

7月30日 百色市党政军警民在田东县体育中心举行庆“八一”军事科目汇报表演，庆祝中国人民解放军建军78周年，百色市10个县区的民兵机动作战连接受检阅。

8月23日 县人民政府组织执法部门强制拆除油城路长兴巷及周边的违章建筑12户33间，总建筑面积1100多平方米。

8月27日 国家发展改革委主任马凯及其夫人袁忠秀到林逢镇永隆小学开展捐资助学活动。袁忠秀以个人名义捐赠人民币22.5万元援建永隆小学教学楼。自治区主席陆兵出席捐赠仪式。

9月10日 县人民政府利用西班牙政府贷款1660万元购买的一批先进医疗设备运抵县人民医院。这批具有世界先进水平的医疗器械和设备的投入使用，为患者提供了及时、准确的诊断和治疗。

9月19日 自治区贫困村劳动力转移就业培训基地田东培训点在县职业技术学校挂牌成立。

10月19日 在第二届中国—东盟博览会广西百色投资环境推介会上，田东县与外商签订5个合同项目，总投资达19.09亿元。

10月22日 国家发展改革委副主任张平到田东考察。自1997年把田东作为扶贫联系点，国家发展改革委先后派出13人常驻田东，实施了38个项目，总投资6.9亿元。

10月27日 平果县发生4.6地震，地震波及田东县朔良、祷午、平马等镇。同月30日，中国地震局专家到田东县调查灾情。

10月29日 中油广西田东石油化工有限公司总投资2.7亿元、年产100万吨的炼油配套装置项目建设启动。这标志田东县工业化向前迈出一大步。

11月7日至13日 田东县在外出务工人员比较集中的广州、深圳、中山等6个城市成立外出务工创业者协会。

12月11日 田东县松香厂发生火灾，大火吞噬了2个车间的设备、产品和原料，并造成1死1伤。火灾发生后，4个消防单位出动5辆消防车、40多名消防员进行灭火。

12月16日 全区扶贫“农家课堂”培训现场会与会人员到田东县参观。

12月26日 广州市花都区对口帮扶考察团到田东县考察扶贫开发，向田东县捐款30万元，用于农村基础设施建设。

12月27日 全县财政收入达到4.03亿元，首次突破4亿元大关，增幅达47.6%，创历史最高水平。

是年 田东加强流动党员的管理力度，成立中共田东县流动党员管理工作委员会，制定《田东县农村流动党支部管理暂行办法》，成立广东汕头、南宁2个流动党支部。另外，设立党员互助基金，建立帮扶困难党员长效机制。

是年 田东免除义务教育阶段学杂费，向全县中小学生免费发放教科书。

田东县志（1989—2005）

第一篇

建置　政区

第一章 位置 建置

田东县境，秦前属百越（粤）地，秦朝时属象郡，汉初属南越国地，汉元鼎六年（前111年）大部分属郁林郡增食县地，晋朝属晋兴郡增翊县地，南北朝时仍属晋兴郡增翊县地。隋朝时，今田东县地大部分先后属晋兴县、宣化县地。唐武德五年（622年），析宣化县为五缘、横山、晋兴、朗宁4县，横山县治所在今田东县地，为本区域建县之始，隶属邕州朗宁郡。唐开元年间（713—741年）在今桂西地区置田州，治所在今田东祥周镇祥周村旧州屯，辖横山等县。横山县所治在今田东县城。清光绪二年（1876年），田州改土归流，在今田东地置恩隆县，隶百色直隶厅。民国元年（1912年），百色直隶厅改为百色府。民国2年（1913年）裁百色府，设田南道，恩隆县、上林土县归田南道管辖。1934年，恩隆县更名为田东县，属百色行政监督区。中华人民共和国成立后，田东县的治所不变，境域有所变化。1953年后，属桂西壮族自治区百色专区。1956年3月后，属桂西壮族自治州百色地区。1958年3月后，属广西壮族自治区百色专区。1971年后，属百色地区。2002年，撤销百色地区成立地级百色市，田东县归百色市管辖。

第一节 位置

田东县位于广西壮族自治区西部、百色市东部，右江盆地中部。县治设于平马镇。地理坐标为北纬23°16′~24°01′，东经106°53′~107°26′之间。属内陆地带，直线距北部湾192千米。按世界时区划分标准，属世界时区东七区，比北京东八区偏西1时区；区时比北京约迟1小时。

北回归线在县境内通过，每年夏至前后太阳直射点先从南向北进入县内，然后从北向南移出，使南部山区有2次在太阳直射之下。北回归线通过的具体地点为作登瑶族乡的摩天岭山顶处，再是印茶镇人民政府驻地附近的山坳上。

县域四境为东起平果县，边界线长83.4千米。南邻崇左市天等县、百色市德保县两县，与天等县界长43.05千米，与德保县界长29.7千米。西与田阳县接壤，县界线长88.8千米。北与河池市巴马瑶族自治县相连，县界长49.2千米。

县境内石山土岭连绵，沟壑纵横，地形呈长椭圆形。自西南向东北伸展，南大北小，南北高，中间低。北部是土山地区，南部为石山区，中间夹着右江盆地。全县县域界线总长369.9千米，东西最大横距54千米，南北最大纵距78.3千米。南（宁）昆（明）铁路、田（东）德（保）铁路、云（南）桂（桂林）高速公路、邕（宁）（百）色二级公路、田德二级公路、右江航道经过县境。全县总面积2816平方千米。辖平马、祥周、林逢、思林、印茶、江城、朔良、义圩、那拔9个镇和作登瑶族乡1个乡。

第二节　建置

秦统一岭南设置了郡，今田东县境属象郡（治所在临尘县，即今崇左市区）。汉初属南越国。汉元鼎六年（前111年），今田东县境大部分属郁林郡（治所在布山县，今桂平市西南古城）增食县地（县治在今隆安县城厢镇东）。三国，属郁林郡。东晋至南北朝属晋兴郡（治所在晋兴县，今武鸣县双桥镇南苏村板苏屯）增翊县地（治所在今隆安县西北）。隋朝时废晋兴郡置晋兴县，今田东县地大部分先后属晋兴县、宣化县（治所在今南宁市城区）。唐武德五年（622年），析宣化县为五缘、横山、晋兴、朗宁4县，横山县治所在今田东县地，为本区域建县之始，隶属邕州朗宁郡。唐先天二年（713年），今田东县域置功饶州（部分属今思林镇）、侯州（部分属今作登瑶族乡）、婪凤州（部分属今林逢镇）等羁縻州。唐开元年间（713—741年），唐王朝置田州，治所在今田东祥周镇祥周村旧州屯，辖都救、横山、武隆、惠佳、如赖5县，今田东境域属当时的横山县、惠佳县、功饶州、婪凤州、侯州等州县。天宝元年（742年）改田州为横山郡，今田东县大部分地属横山郡地。乾元元年（758年）横山郡复改名田州，并撤销横山县，今田东县大部分地属田州地。贞元二十一年（805年）田州废置，后复置。

五代十国时，南汉废横山县改为田州。宋景祐年间（1034—1038年），在今田东地设横山寨（军事行政单位）。宋皇祐年间（1049—1053年），置上林羁縻州，治所在今田东思林镇，属邕州。绍兴三年（1133年），横山县改为横山寨。元至正二十二年（1362年）废横山寨，置田州路（路治在今田东县祥周镇祥周村旧州屯）。明洪武二年（1369年）七月，田州路改为田州府。嘉靖七年（1528年），迁治所至今田阳县城。次年，复迁治今田东县祥周镇旧州屯。至明末，治所在今田东县地的州县有田州和上林土县。清光绪二年（1876年），田州改土归流，置恩隆县（治所在今田东县），隶属思恩府（治所武缘县，今武鸣县附城乡）百色直隶厅（厅治百色城）。

民国2年（1913年），恩隆县、上林土县归田南道管辖。民国15年（1926年），恩隆县隶属武鸣民团区（区治武鸣县城）。民国23年（1934年），根据广西省政府通过的《田南整理县界案》，将恩隆县11个乡，奉议县7个乡，思林县3个乡合并，更名为田东县，隶属百色行政监督区（区治百色城）。民国29年（1940年），百色行政监督区改称百色行政监察区，田东县隶属不变。

中华人民共和国成立后，田东县的治所不变，境域有所变化。1951年，万冈县撤销，原属万冈县的第八区（那桃区）、第九区（羌圩区）及燕洞、龙威、赖满、龙田、洪晚、新黎、紫冒、岩廷8个乡拨归田东县。1953年，原镇都县甘茶区及双燕、那雅、丰马3个乡拨归田东。1953年后，田东属桂西壮族自治区百色专区。1955年，田阳第六区新层乡驮洪屯划归田东县保利乡管辖。1956年，巴马瑶族自治县成立，田东县将那桃区、羌圩区及班龙区的燕洞、龙威、赖满、龙田、洪晚、新黎、紫帽、岩廷拨归巴马县，同时撤销班龙区。同年，天等县将甘茶区划给田东县，平果县将黎明区平孟乡第一、五、六、七片划归田东县。1956年3月后，田东属桂西壮族自治州百色地区。1958年3月后，田东县属广西壮族自治区百色专区。1961年，平果县将海城公社的百教、巴朝、巴六3个大队拨属田东县，属百色专区管辖。1962年后，又把果化区果恒公社的可恒、重善两个大队划归田东县，仍属百色地区行政公署管辖。1963年，田东县的管辖范围趋于稳定。1971年，百色专区改称百色地区，田东县仍隶属百色地区管辖。

2002年，撤销百色地区成立地级百色市，田东县隶属不变。

第二章　行政区域划分

田东县位于广西壮族自治区西南部，行政区域面积2816平方千米。县域界线总长369.9千米，东西最大横距54千米，南北最大纵距78.3千米，10个乡镇界线总长431.61千米。

1989—1994年，田东县辖有平马、思林2个镇和祥周、布兵、林逢、祷午、坡塘、印茶、江城、朔良、义圩、那拔10个乡及作登瑶族乡，共13个乡镇，设161个村（街）公所。

1995年，撤销村公所，改称村民委员会。当年6月，祥周乡增设联合村。1997年，思林镇增设江山村。当年全县设157个村民委员会，6个街道居民委员会。1999年，平马镇增设新乐村，祥周乡增设那达村，坡塘乡增设新隆村，那拔乡增设六鲁村。当年新增4个村民委员会。2002年12月，全县设有11个镇2个乡162个村民委员会、5个社区、2312个村民小组，共1463个自然屯。2005年，全县设有9个镇1个乡，即平马、思林、林逢、祥周、江城、朔良、印茶、义圩、那拔9个镇和作登瑶族乡1个；辖162个村民委员会、5个社区，2319个村民小组，共有1451个自然屯。

第一节　区域调整

中华人民共和国成立后，田东县的治所不变，境域有所变化。1951年，万冈县撤销，原属万冈县的第八区（那桃区）、第九区（羌圩区）及燕洞、龙威、赖满、龙田、洪晚、新黎、紫冒、岩廷8个乡拨归田东县。1953年，原镇都县甘茶区及双燕、那雅、丰马3个乡拨归田东。1955年，田阳县第六区新层乡驮洪屯划归田东县保利乡管辖。

1956年8月，各区公所名称由序号命名改为以驻地命名。同年10月，巴马瑶族自治县成立，田东县将那桃区、羌圩区及班龙区的燕洞、龙威、赖满、龙田、洪晚、新黎、紫帽、岩廷拨归巴马县，同时撤销班龙区。同年，天等县将甘茶区划给田东县，平果县将黎明区平孟乡第一、五、六、七片划归田东县。是年10月以后，田东县共辖平马镇和合恒区、祥周区、朔良区、林逢区、思林区、作登区、那拔区、印茶区，共1镇8区。

1958年11月，全县实行人民公社化，在8个区1个镇的基础上建立8个人民公社，各人民公社组织管理委员会，实行政社合一，代替区（镇）公所成为基层行政单位，下辖生产大队（街）。原平马镇和合恒区并为和平人民公社，原祥周区为飞跃人民公社，原朔良区为先锋人民公社，原林逢区为超英人民公社，原思林区为火箭人民公社，原作登区为高峰人民公社，原那拔区为万能人民公社，原印茶区为上游人民公社。

1959年1月，和平人民公社分为平马镇公社和合恒公社（1960年10月，合恒公社改称百林公社亦称巴林公社），先锋人民公社改称朔良公社。同年8月，飞跃人民公社改称祥周公社，超英人民公社改称林逢公社，火箭人民公社改称思林公社，高峰人民公社改称作登公社，万能人民公社改称那拔公社，上游人民公社改称印茶公社。全县辖9个公社。

1961年，平果县将海城公社的百教、巴朝、巴六3个大队划归田东县。1961年6月，平马镇公社恢复镇建制，组成平马镇政府，其余8个公社分成24个小公社，原百林（巴林）公社分成百林、城郊（又名百谷新村）2个公社，原祥周公社分成祥周、布兵、仑圩3个公社，原朔良公社分成朔良、灵龙、百瓦3个公社，原林逢公社分成林逢、檀河、祷午、永隆4个公社，原思林公社分成思林、坡塘、那定3个公社，原作登公社分成作登、巴那、新安、坡圩4个公社，原那拔公社分成那拔、义圩、百敏3个公社，原印茶公社分成印茶、江城2个公社，全县辖1个镇24个公社。

1962年7月，原24个小公社合并，全县设8个区公所和1个镇公所，原平马镇政府改为平马镇公所。原城郊、百林两公社并为合恒区公所、原祥周、布兵、仑圩2个公社并为祥周区公所，原朔良、灵龙、百瓦3个公社并为朔良区公所，原林逢、檀河、永隆、祷午4个公社并为林逢区公所，原思林、坡塘、那定3个公社并为思林区公所，原作登、巴那、坡圩、新安4个公社并为作登区公所、原那拔、义圩并为那拔区公所（1963年5月，区公所驻地迁到义圩街，更名为义圩区公所），百敏公社划归朔良区公所，原印茶、江城两公社并为印茶区公所。全县辖8个区1个镇。

1966年9月，各区公所改称为公社管理委员会，平马镇公所改称平马镇人民政府，全县区以下的生产大队改称公社。辖8个公社和1个镇。公社以下恢复生产大队名称。

1968年3月，各区（镇）革命委员会成立，取代各区（镇）公社管委会和人民政府职权。

1980年12月，撤销革命委员会名称，恢复人民公社管理委员会名称，全县辖8个公社1个镇。

1984年10月，根据广西壮族自治区《关于政社分开，建立乡政府的通知》精神，田东县进行机构改革，基层的行政区作了部分调整，将原田东县8个公社1个镇分别建立乡、民族乡、镇，改公社、镇管委会为乡镇人民政府。朔良公社为朔良乡；作登公社设为作登瑶族乡；将合恒公社撤销并入平马镇；祥周公社分别建立祥周乡、布兵乡；林逢公社分别建立林逢乡、祷午乡；印茶公社分别建立印茶乡、江城乡；思林公社分别建立思林镇、坡塘乡；义圩公社分别建立义圩乡、那拔乡。全县共设13个乡镇（10个乡、1个瑶族乡、2个镇）。12月31日，百色地区行署批准，全县建村（居）民委员会160个，其中生产大队改为村民委员会145个，新建村民委员会9个，原有6个街道居民委员会维持不变。

1987年8月，把村民委员会改为村公所，全县155个村民委员会相应改为155个村公所，6个街道居民委员会称谓不变。另以自然村（屯）或几个屯联合成立村民委员会935个。

1988年，全县辖2个镇、11个乡，161个村（街）公所，1008个村民委员会。

1989年，全县设有平马、思林2个镇和祥周、布兵、林逢、祷午、坡塘、印茶、江城、朔良、义圩、那拔10个乡及作登瑶族乡，共13个乡镇，下辖155个村公所、6个居委会，1008个村委会，2302个村民小组，共1463个自然屯。

1990—1991年，全县除继设乡镇级13个外，村公所、村委会、村民小组有增有减。

1992年，全县设2个镇11个乡，辖155个村公所、6个居委会，1084个村委会，2330个村民小组，共1451个自然屯。

1989—1992年，全县乡镇建制不变，村公所（街道）保持原数。村民委员会、村民小组数有增有减，但变化不大。

1989年和1992年田东县乡级行政区划统计表

表1-2-1　　　　单位:个

乡镇名称	1989年				1992年			
	村公所数	村委会数	村民小组数	自然屯数	村公所数	村民委数	村民小组数	自然屯数
平马镇	21（含5街）	97	275	126	21（含5街）	94	293（含街道小组）	129
祥周乡	11	98	223	104	11	102	229	109
布兵乡	8	34	116	110	8	34	129	111
林逢乡	14	83	244	116	14	101	256	116
祷午乡	7	39	96	75	7	39	94	73
思林镇	18（含1街）	110	235	157	18（含1街）	144	204（含街小组）	139
坡塘乡	10	51	116	69	10	62	118	66
作登瑶族乡	21	142	306	220	21	142	308	219
印茶乡	9	79	148	79	9	77	148	79
江城乡	8	64	144	81	8	69	145	79
朔良乡	16	108	206	162	16	108	206	169
义圩乡	11	65	121	102	11	74	123	101
那拔乡	7	38	72	62	7	38	77	61
合计	161	1008	2302	1463	161	1084	2330	1451

1993—1994年，全县乡村行政区划不变。

1995年，田东县开展农村基层组织建设，撤销村公所建制，改设村民委员会。街道居民委员会保持不变。同年，祥周镇增设联合村（从联福村分出）。是年，全县设有2个镇11个乡，156个村民委员会，6个街委会，2308个村民小组。

1996年，祥周乡、林逢乡分别撤乡建镇，称祥周镇、林逢镇。当年，全县设有4个镇9个乡，即平马、思林、林逢、祥周4个乡，布兵、祷午、坡塘、印茶、江城、朔良、义圩、那拔8个乡和作登瑶族乡1个。

1997年，思林镇增设江山村（原为江山移民开发区）。

1998年12月，朔良乡、江城乡撤乡建镇，称朔良镇、江城镇。

1999年，田东县人民政府对城区街道重新命名，由原来的5条街道划分为11条路、3条街、19条巷。是年，坡塘乡增设新隆村（原为江山移民开发区新隆管理区），祥周镇增设那达村（原为仑圩移民开发管理区），平马镇增设新乐村（原为合乐移民开发管理区），那拔乡增设六鲁村（原为六鲁移民开发区）。当年全县设有6个镇7个乡，即平马、思林、林逢、祥周、江城、朔良6个镇，布兵、祷午、坡塘、印茶、义圩、那拔6个乡和作登瑶族乡1个。

2000年3月，祷午乡撤乡建镇；6月，布兵乡撤乡建镇；8月，印茶乡撤乡建镇。全年全县设有9个镇4个乡，9个镇即平马、思林、林逢、祥周、江城、朔良、印茶、祷午、布兵，4个乡即坡塘乡、义圩乡、那拔乡和作登瑶族乡。

2000年田东县行政区划表

表1-2-2 单位：个

乡镇名称	驻地	村民委	街委会	村民小组	村民委、街委会名称
平马镇	油城路	17	5	275	游昌、升太、四平、靖逸、牛行、百谷、合恒、小龙、合乐、上法、东达、百林、新乐、子安、梅桑、怀民、梅宁、中山街、庆平街、南华街、乐善街、德新街
祥周镇	祥周圩	13	—	229	祥周、百银、甘莲、九合、新洲、中平、百渡、仑圩、那达、联合、联福、联雄、康元
布兵镇	布兵村	8	—	129	布兵、保利、驮仙、模范、睦群、陇造、均宁、民安
林逢镇	林逢圩	14	—	256	林逢、平洪、桥礼、英和、和同、林驮、德利、东养、福兰、永隆、关国、公靖、檀河、保群
祷午镇	午　圩	7	—	94	祷午、民族、那来、进化、平孟、凤球、那单
思林镇	思林街	18	1	204	思林、可恒、定阳、广养、兰芳、真良、坛乐、选赞、百笔、内油、良余、东龙、英竹、林秀、三百、陇邦、新圩、江山、思林街
坡塘乡	坡塘圩	11	—	118	坡塘、那都、那定、那雅、丰马、双燕、龙冲、立丰、同梅、龙要、新隆
作登瑶族乡	作登街	21	—	308	登高、大板、陇穷、训信、石湾、新安、敬布、三陇、陇桃、坡教、平略、巴立、梅林、驮瓜、坡圩、江那、新发、摩天岭、陇接、陇祥、陇那
印茶镇	艺　圩	9	—	148	印茶、那板、新建、僚坤、龙马、龙贵、百城、立新、巴麻
江城镇	江　圩	8	—	145	江城、架龙、桑洞、大诺、那蒙、供固、果柳、云林
朔良镇	朔良圩	16	—	206	朔良、巴鲁、那腾、那娄、那加、周洪、六羊、定谈、灵龙、义合、元色、南立、杏花、百敏、宝达、群敏
义圩乡	义圩街	11	—	123	义圩、那荷、朔晚、安东、班龙、世木、甲分、福旺、六一、东冠、符桃
那拔乡	那拔村	8	—	77	那拔、那练、平王、六柳、福星、坡洪、六洲、六鲁
合计	—	161	6	2312	——

2002年，平马镇撤销中山、庆平、南华、乐善、德新5个街道居民委员会，成立古城、广场、油城、文教、城西5个社区。同年4月，义圩乡撤乡建镇。7月，那拔乡撤乡建镇。

2003—2004年，全县设有11个镇2个乡，即平马、思林、林逢、祥周、江城、朔良、印茶、祷午、布兵、义圩、那拔11个镇，坡塘乡、作登瑶族乡。辖162个村委会，5个社区，2312个村民小组，1451个自然屯。

2005年，撤销布兵镇、祷午镇、坡塘乡三个建制乡镇，分别并入祥周镇、林逢镇、思林镇。是年，全县设平马镇、祥周镇、林逢镇、思林镇、作登瑶族乡、印茶镇、江城镇、朔良镇、义圩镇、那拔镇等9个镇1个乡，辖162个村委会、5个社区，1451个自然屯，2319个村民小组。

2005年田东县行政区划表

表1-2-3

乡镇名称	村民委员会和社区个数	村民（社区）委员会名称
平马镇	22	广场社区、油城社区、文教社区、古城社区、城西社区 四平、百谷、牛行、游昌、升太、合乐、百林、小龙、东达、梅宁、合恒、上法、子安、梅桑、怀民、靖逸、新乐
祥周镇	21	祥周、九合、百渡、中平、康元、仑圩、甘莲、百银、联福、联合、联雄、新洲、那达、布兵、民安、睦群、模范、保利、均宁、驮仙、陇造
林逢镇	21	林逢、永隆、福兰、坛河、保群、和同、德利、关国、东养、林驮、桥礼、英和、平洪、公靖、祷午、民族、那来、凤球、平孟、进化、那单
思林镇	30	思林街、定阳、东龙、可恒、内油、广养、龙邦、良余、林秀、真良、选赞、思林、坛乐、百笔、英竹、兰芳、新圩、三百、江山、坡塘、同梅、那都、那定、那雅、龙要、丰马、双燕、龙冲、立丰、新隆
作登瑶族乡	21	登高、大板、训信、新安、敬布、陇接、石湾、三陇、陇桃、坡教、平略、陇那、巴立、梅林、陇祥、摩天岭、驮瓜、坡圩、江那、新发、陇穷
印茶镇	9	印茶、那板、新建、僚坤、龙马、龙贵、百城、立新、巴麻
江城镇	8	江城、架龙、桑洞、大诺、那蒙、供固、果柳、云林
朔良镇	16	朔良、巴鲁、那腾、那娄、那加、周洪、六羊、定坛、义合、灵龙、元色、南立、杏花、宝达、群敏、百敏
义圩镇	11	义圩、那荷、朔晚、安东、班龙、世木、东冠、甲芬、六一、福旺、符桃
那拔镇	8	那拔、六洲、坡洪、那练、平王、福星、六柳、六鲁
合计	167	—

第二节　行政区域界线

勘界　1996年8月，国务院部署，全国用五年时间完成省、县两级陆地行政区划界线的勘定工作。同年11月，自治区勘界工作领导小组印发《广西地市毗邻的县级行政区划界线勘界工作总体方案》，田东县按照自治区要求，制定本县方案，成立勘界工作领导小组办公室，抽调力量组织实施。1997—2001年，分别完成与周边巴马、平果、德保、田阳四县的边界勘定工作，共勘定界线369.9千米。2002—2003年，田东县完成全县13个乡镇的乡级行政区划界线勘定工作，共完成26条边界线431.61千米。

县界　田东县县界边界线勘测工作于1997年启动，于2001年下半年全面完成与周边接址的各县共同完成县边界线勘定，确定与邻县行政区域界线。田东县与河池市巴马瑶族自治县界线长58.72千米，与崇左市天等县界线长52.07千米，与田阳县界线长109.72千米，与平果县界线长117.59千米，与德保县界线长31.8千米，界线总长369.9千米。同年，与周边县在交汇处设立三面界碑5个、双面界碑12个，实地埋设界碑12个。各界碑均为混凝土双面或三面界碑，并分别刻上各交界县名。编写对口两县人民政府联合勘定的行政区域界线协议书5份，签订行政区域界线协议书5本，绘制协议书附图5套，形成勘界成果资料9卷。

乡界 田东县乡界边界线勘测工作于2002年启动，2003年年底全面完成乡级行政区域界线勘定工作。2005年，全县13个乡镇共26条边界线，总长431.61千米。平马镇与林逢镇界线长28.8千米，平马镇与作登瑶族乡界线长21.83千米，平马镇与祥周镇界线长33.78千米，平马镇与那拔乡界线长2.69千米，平马镇与朔良镇界线长13.02千米。林逢镇与作登瑶族乡界线长13.29千米，林逢镇与印茶镇界线长11.03千米，林逢镇与思林镇界线19.59千米，林逢镇与祷午乡界线长14.68千米，林逢镇与朔良镇界线长1.62千米。思林镇与祷午乡界线长5.52千米，思林镇与印茶镇界线长13.6千米，思林镇与坡塘乡界线长25.97千米。印茶镇与作登瑶族乡界线长25.42千米，印茶镇与坡塘乡界线长7.25千米，印茶镇与江城镇界线长36.34千米。作登瑶族乡与江城镇界线长13.51千米，作登瑶族乡与布兵镇界线长20.46千米，作登瑶族乡与祥周镇界线长4.06千米。江城镇与坡塘乡界线长11.25千米。布兵镇与祥周镇界线长14.08千米。那拔乡与祥周镇界线长15.03千米，那拔乡与义圩镇界线长19.07千米，那拔乡与朔良镇界线长16.73千米。义圩镇与朔良镇界线长24.3千米，朔良镇与祷午乡界线长18.69千米。确定"平马、林逢、作登"，"平马、作登、祥周"，"平马、祥周、那拔"，"平马、那拔、朔良"，"平马、朔良、林逢"，"那拔、义圩、朔良"，"朔良、祷午、林逢"，"林逢、祷午、思林"，"林逢、思林、印茶"，"思林、坡塘、印茶"，"印茶、江城、作登"，"作登、林逢、印茶"等12个县内三乡镇边界线交会点。编写对口两个乡镇人民政府联合勘定的行政区域界线协议书26份，签订行政区域界线协议书52本。

地名普查 1980—1982年，田东县开展中华人民共和国成立以来第一次地名普查工作，完成全县自然地理实体和人文地理实体共2130条词目的信息采集，并逐条建档立卡，制作地名卡片。全县地名普查有十大类，其中水系10条，陆地地形304条，行政区域11条，非行政区域15条，群众自治组织149条，居民点1534条，交通运输设施38条，水利、电力设施30条，纪念地7条，单位32条。

1999年，田东县对县城城区街道重新命名，对原来的5条街道重新命名为11条路、3条街、19条巷，完成县城城区3条街道、11条路、34条巷牌的设置工作和6813户居民及195个机关企事业单位门牌的登记更换工作，完成国道二级公路沿线4个镇和21个村地名标志的规范设置工作。

2002年年底，埋设乡镇地名标志牌15块，其中平马镇2块，思林镇2块，其余乡镇各1块。2003年年底开展全县地名普查和资料更新工作，2005年全面完成。2005年7月，县人民政府对县城城区部分道路、街巷、商住区进行命名与更名，县城城区的路、街、巷共有113条。在完成街道命名的基础上，在城区安装街、路牌199块，县、乡镇牌15块，村屯牌60块。2005年年底，完成地名普查和资料更新，外业调查和工作图标注。

第三节 县城

县城平马镇是县委、县人民政府驻地，是全县政治、经济、文化、交通的中心。城区地处右江盆地腹部，濒临右江北岸，傍水而建，距百色市69千米，距自治区首府南宁市168千米，距百色巴马机场23千米。

1989年，县城建设规划城区面积为3.6平方千米，中心点定在"腾飞"广场（油城路与东宁路交叉处），东至马鞍山，西至小龙苗圃场，南至右江大桥，北至上法村大塘屯。1992年，对县城总体规划进行了修编，重新规划为东至平洪道班，西至十里莲塘，南至游昌村游屯，北至子安村那朔屯。城区规划东西距11千米，南北距26千米，总面积为51平方千米。城区建设向东北方向推移。城内有中山街、南华街、庆平街、乐善街、德新街五条街道，整个城区呈东西走向。县城交通有陆路和水路。陆路有324国道横贯县城，田东往南宁、百色、德保、平果、天等班车当日可直达，县际班车当日有往返，通往所有乡镇的公路畅通。水路有右江水道，上达百色，下达南宁、梧州、广州、香港等。南昆铁路穿过城区北侧，在城北设有田东火车站，西北可达百色、昆明市，东南可到南宁、广州市。田东至德保、靖西、那坡三县的公路，田东至天等县的公路，以及县城通达县内各乡、镇的公路，都交汇于平马镇城区。

田东县城平马镇处于右江河谷经济开发带的中心地带，又处在大西南经广西出海最便捷的通道上，是桂西最重要的交通枢纽之一。平马镇为千年古城，历史文化丰富，红色经典传唱。1929年10月，主政广西的俞作柏、李明瑞反蒋失败，南宁告急，邓小平、张云逸率领党掌控的广西警备第四大队和教导队水路两路，挺进右江，在平马城会师，并在这里打响百色起义第一枪，威震南疆。1929年12月11日，右江第一届苏维埃代表大会在平马镇经正书院召开，成立右江地区第一个红色政权——右江苏维埃政府。经正书院成为右江苏维埃政府办公地点和活动场所。1960年春，自治区党委筹建右江革命纪念馆，1963年2月，在经正书院设立右江革命纪念馆，并列入自治区重点文物保护单位。1977年8月，邓小平为右江革命纪念馆题名“右江工农民主政府旧址”。1978年冬，右江革命纪念馆正式对外开放。1996年11月，经国务院核准，列为全国重点文物保护单位，右江革命纪念馆成为国家级红色旅游景点。2003年，被评为“百色十八景”之一。2005年，接待参观人数达13万人次。

1989年，田东县城区面积1.85平方千米，县城区人口3.1万人。主要街道有过境二级公路（即东宁中路）、庆平街、南华街、中山街、乐善街、德新街，城区内道路总长5.38千米。城区内街道绿化面积5610平方米，公共绿化地2580平方米，县城绿地覆盖率46%。城区排水干道新增2条，全长6862米，基本形成城内排水管网。县城供水规模达到1241吨/日。县城工业企业有棉纺厂、食品厂、印刷厂、水泥厂、农机厂、农药厂、氮肥厂、化工厂、冶炼厂、大米厂等，商业贸易机构主要有百货大楼、供销社合作联社商店、商业综合大楼和各类个体商店等。平马镇已初具现代城镇规模。

20世纪90年代，随着平（果）百（色）二级公路的修建（原为四级路），田东县以此为契机，加大县城建设的力度，对县城的老房屋、旧街道进行改造，大兴土木，城区居民楼、机关单位办公楼、教学楼、职工住宅楼纷纷拔地而起，逐步取代六七十年代的老房屋，城市面貌焕然一新。1989—1992年，城区共建公房（含集体）、私房面积123.64万平方米，新建面积30.91万平方米，其中私房建筑面积51.98万平方米，占建设总面积42%。对五条街道进行铺设和改造，完成庆平路县人民政府至县人民医院路段、朝阳路农业局至合恒粮所、南华街建委路口至纪念馆路段、油城路牛行路口至田东二中、庆平路牛行路口至县人民医院等路面改造。排水道、供水道也得到了更新和提升。新建的油城路把旧城区和新城区连为一体，城建规模逐步向东部、东北部扩大。这一时期，平百二级公路县城段的电信大厦、东鑫大厦、华瑞大厦，油城路的财政大厦、建行大厦等等，成为县城地标性建筑物。1995年9月，坐落在油城路的田东县金穗农贸市场开始投入使用，市场占地面积18888平方米，使用面积16800平方米，总投资2300万元，设置摊位1188个，经营种类有成衣、家电、肉类、果菜等十大种，经营户1100户，从业人员1500多人，市场年成交额达2.5亿元以上，是百色地区最大的县级综合性商场。

1996年，为田东县城建年。这一年，田东县承办百色地区第三届芒果节，为举办好活动，田东县加大对县城区建设力度，对入城路段、城区道路、街道、人行道等进行提升和改造，对入城主干道324线国道（从二建路口至加油站路口）进行车行道、人行道、路灯、绿化进行全面提升改造，安装跨路不锈钢拱门路灯，整个路段晚上如同灯光隧道一般亮丽。在油城路口安装百色地区第一座高杆灯，被称为“桂西第一灯”。完成县人民法院至县委大院砼路面、新华书店至县工行沥青路面等29项市政建设工程项目，铺设街道77918平方米、人行道42410平方米。新增设路灯200多盏，新建、改建排水沟8条总长4.76千米，新建人工喷泉景点2座。新建公厕1座，总投资1209.36万元。同时，投资2500万元，建设火车站入城大道（田东二中至火车站，长1640米，宽50米），与油城路连成一线。投资600多万元，建筑面积4794平方米的县文化娱乐中心建成投入使用。制定优惠政策，吸引社会资金投入城市建设，年内，民营企业家班光习、廖雄燕等兴建的东鑫大酒店、华瑞大厦、峰源酒家落户城区，总投资3500万元。市容市貌大为改观，达到绿化、美化、亮化和净化效果，城市建设走在百色地区前列。

1999年，随着县城城区范围日益扩大，人口不断增多，对外交往流日益频繁。为适应社会发展的需要和方便群众，本着"尊重历史，照顾习惯，体现规划，便于管理，含义健康，好懂易记"的原则，县民政、建设等部门在经过反复征求社会各界人士意见的基础上，对县城城区的街道进行重新命名。同年3月，县第十二届人大常委会第一次会议审议通过县人民政府提请的《关于要求对县城城区街道重新命名的议案》；10月，田东县人民政府行文对外公布。公安、民政、建设等行政主管部门根据公布的城区街道名称作好摸底登记，完成县城区各机关单位、厂矿、企业、学校、居民的门牌登记更换工作。

县城城区11条主要街道的名称及所属路段：

东宁路：田东大桥（也叫百谷村一桥）—马鞍山。以此路段的中点牛行高杆灯为界，高杆灯以东至马鞍山为东宁东路，高杆灯以西至田东大桥（也叫百谷村一桥）为东宁西路。

油城路：牛行高杆灯—火车站。

庆平路：牛行高杆灯—农机局—公安局—县人民医院。

中和路：县建筑公司—工商银行——芽码头。

东港路：汽车站—纪念馆—平马镇卫生院—港务站。

人民路：县机械厂—房产所—建设局—县人民政府。

中山路：盐业公司—工商银行—新华书店。

南华路：纪念馆—庆平小学—建设局。

东德路：医药公司仓库—石油站—盐业公司—酒厂—港务站。

朝阳路：农业局—经贸局—东泥公司生活区。

广场路：火车货运站—华瑞大厦—人民广场—田东至德保公路交会处。

县城城区内路以下3条街和19条巷的名称及所属范围：

新逸街：平马变电站—田东二建—县经贸局。

古榕街：庆平旧市场—房产所宿舍—牛行古榕树。

中义街：百货大楼—糖业公司—罗家庄。

东安巷：平马变电站—公路局对面路口。

建华巷：平马粮所—合恒粮所西侧小路。

东园巷：县人民法院—县委—机关一幼—东园宾馆。

兴华巷：外贸公司—平马粮所大门。

庆南巷：城市信用社—县广播站。

那逸巷：大那逸屯—小那逸屯。

文昌巷：文化娱乐中心—机关二幼—编织厂。

公园巷：南华公司—皮防站。

南中巷：财政局（旧）—南华公园—二轻局。

古庙巷：平马派出所西侧小路。

红旗巷：罗家庄—红旗桥头。

德新巷：德新街—四芽码头。

复兴巷：四芽码头—百谷桥。

田园巷：航运小学—平马镇卫生院。

光荣巷：平马地税分局—民政局。

合恒巷：油毡厂—平马镇政府宿舍区—车站宿舍。

教育巷：车站宿舍区—工商局宿舍区—田东师范。

平安巷：油毡厂—田东师范—二运公司运输大队—义圩公路交会处。

东鑫巷：县机械厂—南华公园。

21世纪初，根据百色地委、行署创建右江百里文明河谷的要求，做好城建规划，以县城扩建为重点，带动或辐射周边乡村建设。

2000年，建成县城城东区人民广场（北侧），占地面积46666.6平方米，建设面积33000平方米，绿化面积12000平方米，是县城举行娱乐活动的重要场所和居民休闲场所。

2001年，大西南市场开发区开工建设，该工程占地面积20公顷，建筑面积10多万平方米，总投资1.2亿元。同年，新建东宁东路、西路和华瑞大厦至人民广场道路的非机动车道、人行道、绿化带，共新增道路面积33200平方米，其中，人行道16200平方米；新增排水沟500米，新建路灯194杆776盏。同时，对旧城区东港南路、乐德中路等进行改造，完成街道硬化改造13238平方米，其中人行道6000平方米，设置灯箱66个。完成红军码头、红军亭等红色景点设施的建设。

2002年，田东商都开工建设。同年，为缓解324国道县城段的交通压力，百色市第一条一级公路——田东县环城过境一级公路开工建设，东起平洪收费站，西至十里莲塘，全长10.78千米，工程预算总投资7276万元。该工程于2005年7月竣工通车。大西南市场开发区首期工程于2002年12月竣工开业。

2005年，城区新修百通路、合恒路。同年，环城过境一级公路工程竣工通车。当年，县城区面积9平方千米，人口9.8万人。城区街道、道路发展到38条，道路总长53.28千米，道路照明路灯3144盏。房地产进一步发展，累计开发台式住宅小区、小塘住宅小区、西南大市场小区、新城家园小区、广场街小区、水街小区、新百通小区、明秀小区等。供水综合生产能力4万立方米/日，人均日生活用水量0.55升，供水管道覆盖县城12千米的规划区，密度20吨/千米，总长度9.92千米，自来水普及率100%。建成区绿地面积775公顷，绿化覆盖率98%，人均公园绿地面积1.2平方米，城镇化水平达到30.2%。田东有往返跨县路线6条、市际路线5条、跨省路线4条、县内等级路线86条。负责城区公交的田东县东旌公共汽车运输有限责任公司投入营运。县城工业企业主要有北郊的10万吨炼油厂；南郊的田东增年山茶油有限责任公司、酒精厂、冶炼厂、田东水泥制品有限责任公司；东郊的氮肥厂、田东南华糖业有限责任公司（第二糖厂）、印刷厂、软木厂；西郊的有酒酱厂、民政福利厂、油脂厂、香米加工厂等。城中有登高集团有限公司、华瑞集团有限公司两个民营企业。贸易机构主要有利客隆超市、华联超市、百汇超市及私营个体各类商店等。商贸市场有金穗农贸市场、庆平农贸市场、中山农贸市场、城西果菜批发市场、东风建材市场。驻城学校有田东高级中学、田东实验高中，田东县职业技术教育学校；田东县教师进修学校、田东卫生学校；田东第二中学、田东第四中学、油城中学、平马黄埔希望中学；县第一、二、四小学；田东第一幼儿园、第二幼幼儿园。县属卫生机构主要有县人民医院、县中医医院、县妇幼保健院、县防疫站（县疾病防治控制中心）、县皮防站等。文化活动场所有县文化娱乐中心、县图书馆、电影院、歌舞厅等。体育设施有运动场2个、综合练习馆1个、灯光篮球场15个、游泳场1个。居民每天一般可收看卫星转播的近30套电视台节目。图书馆馆藏图书达8万册。县城框架不断拉大，功能不断完善，品位和形象不断提升，居民的幸福指数不断提高。

2003年，田东人民广场一角　　（县建设局提供）

田东县志（1989—2005）

第二篇

自然环境

田东县位于广西壮族自治区西南部，地处北纬23º16'~24º01'，东经106º53'~107º26'。境内地层出露不全，仅见上泥盆系、石炭系、三迭系、第三系、第四系出露，占全县土地总面积的98%。晚古生界至中生界为线状褶皱，有北西、北西西，北东、北东东和近东西向三组断裂。地质发展历程经历晚古生代、中生代和新生代三个阶段，境内地质构造较为复杂，大体可分为南部华夏式构造、北部广西山字形西北构造和中部右江盆地北西断坳向斜构造。地貌特点是南北群山起伏，中部地势平缓开阔，右江两岸为盆地。盆地以南为一片坡度较缓、海拔较低的丘陵，再往南，多是以岩溶为特征的石山地带，其中亦夹有部分土山地带。盆地以北，亦先有一片丘陵，再往北多为海拔较高的土山地，其中亦夹有部分岩溶地带。而南北山区河、溪两旁亦有一些小盆地。田东县地处北回归线上，日照充足，雨量较多，霜雪少，无霜期长，夏湿热冬暖干，属南亚热带季风气候，适宜发展现代农业。灾害性天气有干旱、低温阴雨、冰雹大风、暴雨、寒露风、霜冻等。田东县的河流均属珠江流域西江水系。西江一级支流郁江上游干流右江流经县境中部，西江干流红水河的一级支流灵岐河流经县境北部，从那拔镇的六柳村山地一带至林逢镇祷午村为田东县南北分水岭。南侧属右江流域，北侧属红水河流域。全县有地下河10条，地下泉86处，县境内饮用水水质符合《生活饮水卫生标准》要求。全县土壤是成土母质演变而成，植被总覆盖率63.3%，分为自然植被、人工植被、草从植被、农田植被。矿藏丰富，有石油、褐煤、铝土、褐铁、金、锰、锑、磷等28种矿产，发展工业十分有利。2005年，全县土地总面积2816平方千米，其中山地621.27平方千米、丘陵2007.33平方千米、盆地187.4平方千米。

第一章　地质　地貌

田东县境内地质发展历程经历晚古生代、中生代和新生代三个阶段。境内地质构造较为复杂，大体可分为南部华夏式构造、北部广西山字形西北构造和中部右江盆地北西断坳向斜构造。地貌特点是南北群山起伏，中部地势平缓开阔，右江两岸为盆地。盆地以南为一片坡度较缓、海拔较低的丘陵，再往南，多是以岩溶为特征的石山地带，其中亦夹有部分土山地带。盆地以北，亦先有一片丘陵，再往北多为海拔较高的土山地，其中亦夹有部分岩溶地带。

第一节　地质

地　层

全县境内地层出露不全，不见元古界、寒武系、奥陶系、志留系，以及下、中泥盆系和侏罗系、白垩系地层出露。仅见上泥盆系、石炭系、三迭系、第三系、第四系出露，占全县总面积2816平方千米的98%。

上泥盆系　仅有上泥盆系出露于南部山区的作登瑶族乡与印茶镇交界的龙贵、龙信、洞感、龙西一带及思林镇的陇布、陇楼、巴独等地，其余地区均被较新地层覆盖，分布面积为48平方千米。全厚约150~200米。

融县组灰岩：下部为浅灰色厚层灰岩，偶夹黑色灰岩层；上部为厚层状及块状白色灰岩。厚度为150~200米，其上为下石炭统，为不整合接触。

石炭系　出露较全，分下、中、上石炭系，此系均有出露。主要分布于南部山区的作登瑶族乡、印茶镇、江城镇、思林镇的坡塘一带及北部山区的义圩镇、那拔镇、朔良镇、林逢镇的祷午等，出露面积为400.75平方千米。

下石炭统：为浅灰色、灰黑色、紫色中或薄层状硅质页岩与硅质岩（或磁石层）互层。单层厚一般1~5厘米，局部达20~30厘米，岩性较坚硬，节理发育，特别是石磁层很破碎，一般以硅质页岩为主，在上部石磁含量增多。该层中上部硅质页岩中夹黑色磷质条带，其地表风化有次生磷矿露头断续分布，为含磷地层。厚约200米，与下伏地层呈整合接触。

中石炭统：为灰—灰黑色中厚层状灰岩，含石磁石团块及条带，上部夹薄层状灰岩，底部夹厚层状白云质灰岩，厚250米。

上石炭统：为浅灰色、灰白色厚层状灰岩，质纯、性脆，厚约300米，与下伏地层呈整合接触。

二迭系　主要出露于作登、印茶、江城和义圩、那拔、朔良、林逢、思林等乡镇，出露厚度200米，面积为368.25平方千米。

下二迭统：分为棲霞阶和茅口阶。棲霞阶为灰色、深灰色中厚层状灰岩，击之有硫氢臭味，厚度不清。茅口阶为浅灰色厚层状岩，质纯，性脆，上部夹白云质岩团块，结晶稍粗，盛产蜓科，海百合等化石，与下覆地层整合接触，厚度70~100米。

上二迭统合山组：为灰—深灰色层状岩，含磁石团块或条带，底部有一层灰—灰白色略带紫红色之铁铝岩，铝土页岩，偶见黑色炭质页岩。铁铝岩含是星点状黄铁矿，具豆状结构。是县内和邻县平果铝土矿和铁矿主要含矿层状，上部呈现一层厚1~3米无烟煤。厚100~120米，与下伏地层呈假整合接触。

三迭系：主要分布在右江盆地南北两侧，右江盆地以三迭系组成边界，是县境内出露最广的地层之一，出露面积1982.62平方千米。三迭系不整合于二迭系之上。

下三迭统罗楼组：下部为灰—深灰色薄层至中厚层状灰岩，局部含星点状黄铁矿；中部为灰—深灰色状灰岩，上部为棕黄色带紫红色泥页岩夹薄层状及透镜状灰岩。在江城镇与天等县东平镇一带，含锰质页岩和薄层锰矿层与灰白色层互层。厚度为50~100米。

中三迭统平而关群：为灰绿、深灰黑粉砂岩和泥质粉砂岩夹页岩，地表风化后常呈浅紫红色、黄褐色，薄层状，节理发育，厚度为500~1000米，与下伏地层呈整合接触。

第三系 主要分布在右江盆地和右江河谷，为北西西向不对称断坳切向斜构造盆地，西起长蛇岭、祥周，经平马，东至林逢、思林一带，出露面积约117平方千米，与下伏地层呈角度不整合接触。

古新—始新统：为红色岩组。下部为紫红、深灰色砾岩，砾石成分，主要为灰岩、砂岩，其次为脉石英、褐铁矿。滚圆度好，分选性差。局部销见定向排列，此层砾石变化大，不稳定。厚度为0~31米，上部为紫红色泥岩及砂质泥岩，顶部夹0~3米，砂砾透镜体厚0~30米。

始新统洞均组：为淡水岩相。下部为白色，乳白色砾状灰岩和致密隐晶质灰岩。下部厚度为0~89米。上部为灰、鲕浅灰色钙质细砾岩，砾石成分为灰岩、砂岩等，呈同心圆状态，鲕状，豆状和次滚圆状，砾石大小不一，胶结物为钙质。上部厚度为0~29米，与下伏地层呈平行不整合接触。

始新统那读组：为一套河流、湖泊、沼泽相的多相沉积岩系，根据岩性和含煤性的特征，可分为二段，下段为煤段，上段为泥岩段。

含煤段：下部为青灰色、浅灰色钙质砂岩，泥质粉砂岩及紫红色、黄绿色泥岩。底部为深灰色泥岩、块状、致密坚硬。上部浅灰色、灰色钙质砂岩、泥岩、炭质泥岩和煤呈互层交替，构成多次小的沉积韵律。砂岩以中厚层状粉砂、细砂岩为主。该层产厚薄不一的煤及炭质页岩共十余层。自上而下给予命名为Ⅰ至Ⅴ煤，其中Ⅲ、Ⅳ煤为主要煤层，Ⅱ煤有厚度不连续，且多为炭质泥岩代替，局部可采。Ⅴ煤个别可采。Ⅰ煤厚度小可采。煤层顶板多为砂岩，底板多为黏土质岩。全厚为189米。

泥岩段：灰、暗灰色致密泥岩，含少量钙质，层理不明显，底部具薄层含螺化石为主的生物碎屑岩，中部含少量菱铁矿。厚度为269米。

百岗组：该组是盆地内含膨润土矿的主要层位，也是主要含煤层位，分布于田阳县右江林场至田东县林逢镇一带。岩性为灰、浅灰、灰绿色泥岩，砂质泥岩，粉砂岩及少量砂岩组成。

含膨润土矿1~3层，可采1层。含煤1~33层，主要可采煤层1~3层，次要可采煤层7层。

向斜北翼出露不全，且岩性变化较大，如花茶、仑圩至六组一带为河口冲积扇的砾岩相，其余各地多为砂岩或砂质泥岩，厚度为205~410米。

伏平组：是盆地内膨润土矿最多的层位，分布在向斜中心地带。可划分为两段：一段以一套砂岩为底界与百岗组分界。岩性主要为灰绿色砂岩、灰、褐黄色泥岩互层。下部膨润土矿厚500~676米。二段以泥岩为主夹薄层状砂岩，泥岩呈黄褐色、杂色，距底界65~75米处，含膨润土（Ⅻ矿层）厚度为221.37米。

建都岭组：分布于田东盆地与田阳盆地之间的中心部位。厚度大于920米，岩性为灰绿色、杂色砂质岩夹薄层状粉砂岩、砂岩，底部以一层粉红、砖红色厚层状细砂岩与下伏地层状平组分界。

第四系 主要分布于盆地内，大多为Ⅰ、Ⅱ级阶地，沿右江北岸稻田分布，底部为砾石层，分选性和胶结性都很差，厚度为2~25米，其上部为砂，砂质黏土层，厚度2~10米，局部地段如右江林场、新洲、龙合、马鞍山等地可见Ⅲ、Ⅳ级阶地。其下部岩石多呈半成岩状态，斜交层理发育，但胶结不紧，与下伏第三系呈不整合接触。

岩浆岩

在义圩、那拔和印茶镇立新村等地有辉绿岩脉显露，为基性岩。辉绿岩脉沿义圩背斜轴部及断层贯入，走向为北北西向，出露面积约40平方千米。其岩脉侵入二迭系灰岩中，被三迭系地层覆盖，其生成时代为二迭纪晚期，而早于三迭纪。

辉绿岩为深灰色，矿物成分以斜长石和辉石、角闪石为主，分中间粗粒相和边缘细粒相，结构为粗粒和细粒状构造，晶体一般以斜长石为主，次为角闪石和辉石。辉绿岩化学成分：$SiO_2$45.26%、$Ae_2O_3$14.25%、CaO9.5%、MgO5.31%、$Fe_2O_3$16.95%、K_2O1.02%、Na_2O2.5%。

原岩经人工重砂鉴定，含磁铁矿、钛铁矿、金红石、独居石、锆英石、褐钇钶、铜矿、磷灰石、黄金等少量副矿物。

构　造

田东县境内地质构造较为复杂，大体上可分为南部华夏式构造、广西山字形西北构造和中部右江盆地北西断坳向斜构造。

南部山区即右江盆地以南，主要为北东—南西构造方向即华夏式构造，使上泥盆系、石炭系、二迭系组成的北东—南西构造，如龙贵—龙信—洞感复式背斜其轴向为北东—南西构造方向和坡塘、陇布—龙排复式背斜保持古时构造方向，即加里东构造运动方向。

北部山区即右江盆地以北地区，除了影响到上泥盆系、石炭系、二迭系地层外，还影响到三迭系地层转为北西—南东方向。如义圩镇背斜及由三迭系组成的褶皱方向和右江断坳构造均为北西—南东方向。这是由于广西山字形构造影响的结果，田东县境内正处于广西山字形北西弧中段。因此在右江盆地以北山区受广西山字形西北弧影响，使整个构造方向均为西北构造方向。而南部山区即右江盆地以南地区，处于广西山字形北西弧外缘，受到影响不大，因而仍保持其华力西运动期构造方向北东向构造。

中部右江盆地，由于受到喜马拉雅运动形成北西向断坳向斜构造。

褶　皱

晚古生界—中生界为线状褶皱。龙贵—龙信—洞感北东向短轴穹隆，轴部为上泥盆系，两翼为石炭系、二迭系地层。石法—龙擦北东向背斜，轴部为下石炭系，两翼为中、上石炭系和二迭系。陇布—龙楼—巴独北东向背斜，轴部为上泥盆系，两翼为石炭系、二迭系。义圩背斜，轴向大致为北西向，轴部为下石炭系，两翼为中、上石炭系和二迭系。新生界为开阔褶皱，主要分布于右江断坳向斜盆地，由第四系组成向斜轴部，第三系和三迭系组成两翼。

断　裂

按展布方向，境内有北西、北西西，北东、北东东，以及近东西向三组断裂。

北西、北西西向断裂主要分布在祥周、平马、林逢一线以北地区。典型的有右江深大断裂带，断裂带宽5~10千米，延长从平果县至田林县八渡镇，约300千米，多属逆断层，断距约100~200米，北东盘上升，西南盘下降，局部见有相反情况。

义圩逆断层带，为北西方向，断裂带宽0.5~5千米，辉绿岩脉沿义圩背斜轴部平行轴向的逆断层侵入。

北东—北东东向断层主要分布在右江盆地以南的作登、印茶、江城、思林镇的坡塘一线，多为平行背斜轴的逆断层。

近东西向断层主要分布在龙贵、龙召、印茶、美茶、板劳、苍日岭一带，属逆断层。

地质发展

田东县地质发展历程，最早可追溯到4亿多年前晚古生代泥盆纪，经历了晚古生代、中生代和新生代三个大发展阶段。

晚古生代（距今405百万~230百万年）　广西泥盆纪岩层大部分是继加里东运动之后而沉积的，在广西北部常不整合于下古生代地层之上，而在南部则大部分不整合于前震旦纪地层之上。加里东运动所造成的构造一般是东北—西南方向，也就是所谓华夏式构造。在广西东部和湖南中部造成一个准地槽性质的凹陷带，它的东南边缘有华夏古陆。它的西北面是江南古陆，广西适位于江南古陆的南端，越北古陆（河口地块）的北端，云开—南岭古陆的西侧，泥盆纪盆地接受了南、北、东之方面高地冲刷材料沉积形成。晚泥盆纪继泥盆纪早世的海侵，全县境内海水自西南向北东方向淹没，至晚泥盆纪晚期，县境内地壳逐步上升，海水自北东向西南减退，形成滨海相沉积一套泥质、砂质、硅质、钙质岩，因而在印茶镇、思林镇的坡塘一带形成滨海相沉积。

石炭纪早世（距今350百万~230百万年），地壳发生微型扩张海盆基底拉开，地壳下降，全县境内被海水淹没，海水加深以泥岩、硅质岩、碳酸盐岩海相沉积，其后的晚石炭世基本继承这种沉积环境。

早二迭纪（距今285百万~215百万年），地壳总体下降，形成浅海相碳酸盐沉积。早二迭纪末，东吴运动波及全县，地壳上升，成为陆地。

中生代（距今230百万~67百万年）　早三迭世（距230百万~215百万年），地壳总体下降，形成浅海台地相碳酸盐构造。中三迭世（距今215百万~205百万年）早期（百逢期），地壳逐渐下沉，形成半深海沉积，中三迭世末期至晚三迭世早期，强烈的印支地壳运动爆发，广西地壳全面上升。从此，县境内结束了海相沉积历史，导致地层发生褶皱、断裂，从而奠定县境基本构造架。晚三迭世（距今205百万~195百万年），地壳继续上升，县境内已为剥蚀区。

新生代（距今67百万年~现代）　县境地壳经中生代剧烈变革之后，逐渐处于相对平静时期。在喜马拉雅运动影响下，地壳前期的升降变为总体抬升，并发生断裂形成右江断坳向斜盆地。在盆地内沉积了陆相红色岩层、煤、石膏及膨润土为主的泥岩、砂岩。

第四纪以来，县境内由于南、北部山区地势高，地壳仍继续缓缓抬升，山地被不断侵蚀、剥蚀，河谷、河流不断下切，因而在南、北部山区形成山前坡洪积层，而在中间右江盆地形成三级台阶和洪积层。近代，县境内地壳仍继续缓缓慢抬升，遭受侵蚀、剥蚀、溶蚀和堆积作用，而形成现今地貌景观。

第二节　地貌

田东县境内地表，因历史上地壳运动和流水、冰川、风、波浪、海流等内外力的影响，形成多种形态。总的特点是南北群山环抱，中部地势平缓开阔，周围高中间低，右江横贯县境中部，两岸形成地势较为平坦的盆地。盆地以南，为一片坡度较缓、海拔较低的丘陵，再往南，多是以岩溶为特征的石山地带，其中亦夹有部分土山地带。盆地以北，亦先有一片丘陵，再往北，多为海拔较高的土山地，其中亦夹有部分岩溶地带。而南北山区的河、溪两旁亦有一些小盆地。

盆　地

主要分布在平马、祥周、林逢、思林等四镇，以第三系红色岩层，泥岩、砂岩、泥砂岩，以及第四系泥、砂半成岩组成，易于剥蚀，地势较低，海拔为100~185米，由于剥蚀和河流上切，形成三级或四级阶地和堆积层。第一级阶地沿右江两岸发育，表面平坦，多改造性耕地，为新构成。第二级阶地沿河两岸呈带状继续分布，为更新统砂砾石层构成。第三级阶地由更新统砂泥及砾石构成，表面凹凸不平，有向丘陵过渡性。据《田东县土地志（1875—2000年）》记载，2000年全县盆地面积为1.87万公顷，占全县土地总面积6.64%，地势较为平坦而土质较为肥沃。盆地内的祥周、平马、林逢、思林等四镇已成为水稻、甘蔗、蔬菜、水果稳产高产地区。

丘　陵

主要分布在平马、祥周、林逢、思林、作登、江城等镇。成土母质主要是砂页岩和第四纪红土。其分水岭不明显，表面贯平，山坡微凸，冲沟较缓，切割不深，海拔在200~500米之间。据《田东县土地志（1875—2000年）》记载，2000年全县丘陵面积20.07万公顷，占全县总面积71.28%。地域辽阔而地质贫瘠，农产品产量不稳定，有的村屯人畜饮水亦有困难。经过兴修水利，许多村屯已成为稳产高产的粮食生产基地和芒果生产基地。

山　地

山地可分为岩溶地带和土山地带两种类型。

岩溶地带　主要分布于布兵、作登、江城、坡塘等4乡镇，以及平马、林逢、思林、印茶、义圩、那拔、朔良、祷午等乡镇的部分村屯，由碳酸盐岩组成，海拔在200~700米之间。由于地表水和地下水的溶蚀，境内常见形成石芽、石沟、石林、落水洞、暗洞、溶洞及溶蚀洼地等各种地貌。有的岩溶发育地区，石骨嶙峋，奇峰林立，瀑布飞溅，蔚为奇观。据《田东县土地志（1875—2000年）》记载，2000年全县岩溶地区面积5.16万公顷，占全县总面积的18.32%，主要农作物为玉米、甘蔗、豆类，由于地表水比较缺乏，粮食产量不稳定。

土山地带　主要分布在祷午、朔良、那拔、义圩镇和作登、印茶、林逢、思林等乡镇的部分村屯，成土母质主要是三迭系地层。一般海拔500~1000米，最高的莲花山（原名隆山）海拔高达1022米。据《田东县土地志（1875—2000年）》记载，2000年全县土山面积1.05万公顷，占全县总面积

3.73%。此类地区，崇山峻岭相连成片，历史上森林茂盛，溪流众多，对发展林果、农牧业都非常有利。

山脉 山峰

全县山脉以右江河为界，分为两大支。南部属六诏山脉，北部属都阳山脉，共有土、石山岭261座，海拔较高或较有名的山峰主要如下：

马鞍山 位于平马镇东部，两个山头相连而成，相连处似弧形，状马鞍，故名。北面山头是主峰，西面山头为次峰。主峰海拔188.1米，西南至西北走向，长约1.5千米，宽约1千米，东南西北跨越2.5千米。山的坡度较缓，山上林木茂密。山体为土山，土质系砾石红壤，东、东南、东北3面约1千米，有一座比主峰较高的小土山岭；东面、西面是一片起伏较小的河谷平原，北面为丘陵地带，南面约0.5千米横亘着邕色二级公路，平朔公路穿过东面山麓。在主峰山顶，可看见田东县城和祥周镇、林逢镇人民政府驻地，是控制县城的制高点，地势险要，历史上是兵家必争之地。1930年2月，红七军和新桂系军队曾在此鏖战，滇军和新桂系军队亦曾在这里激战。20世纪50年代至90年代，因为在马鞍山挖掘取沙石，主峰已失去原貌。

椅子山 位于平马镇南部的四平村后。山麓下伸呈两足形，岭顶平坦，岭表有一凹地，形状似椅子，故名。南北走向，长3千米，东西宽1.5千米，主峰海拔315.3米。山体黏土质，山上多长松树。山顶设有三脚架，作为地理标志。20世纪70年代，曾在此设电视差转台。

六好山 位于平马镇梅宁村六好屯，故此得名。呈东西走向，长2.5千米，南北宽1千米，主峰海拔732.9米。山体属黄土风化石，是平马镇最高的山峰。过去此山山腰有一眼泉水。

长蛇岭 原名横山，位于祥周镇西北部。主峰海拔150米，山势蜿蜒横亘，故名“横山”，唐设横山县、横山郡，宋设横山寨，均因此而得名。

顶垮梅 位于祥周镇北部，西北、东南走向，长1.5千米，东北、西南宽0.6千米。主峰海拔637.8米，山体黄土质，山上设有三脚架，为祥周镇最高山峰。

架雾山 系“云雾和山”的壮语音译，位于布兵镇驻地西南部6.2千米，东西走向，长1千米，南北宽0.7千米，主峰海拔649米，山体属石灰岩。此山较高，逢冬、春季，半山腰常有云雾缠绕。

麒麟山 位于布兵镇驻地东北部1.5千米，山顶呈三角形，人站在山顶往下看，见三条状似麒麟的山脉伸至半山腰，故称为麒麟山。西面山腰有一小石山，北面是炸西山，东北面半山腰有一眼泉水，泉水四季涌流。西南山脚有一条渠道直通睦群电灌站。山体属红土质，主峰海拔290米，南北走向，长1千米，东西宽0.6千米，山上长满松树和杂木。

坡勇山 系“山坡脚凸出”的壮语音译，位于林逢镇驻地东南部6.8千米，南北走向，长3.50千米，东西宽1.3千米，主峰海拔453米，山体黄土质，为林逢镇最高的山峰。1987年，自治区拨款在此山建微波站，作为从南宁到百色广播电视微波干线的中继站。

坡六举 系“山坡、山谷、举人”的壮语音译，位于林逢镇驻地西南部4.2千米，东西走向，长1.8千米，宽0.9千米。清朝时，有人在山谷居住，其中有一人考上了举人，主峰海拔199.9米，山体为土质。

坡双马 系“山、放马”之壮语音译，位于祷午镇东南部2.3千米，东西走向，长约6千米，南北宽0.3千米，主峰海拔1011.7米，是祷午镇境内最高的山峰。土质属山体，山上树木葱茏，杂草丛生，是一个很好的牧场。传说先前曾有一仙人骑马下凡，见到此山云雾缭绕，青山绿水，五光十色，流连忘返，不舍离去。于是，这位仙人打破惯例，掷缰休息，天马深知主人心情，陪主人慢步欣赏这人间壮观奇景，它留下的蹄印尤深，至今仍未消失。故当地群众将山名取为“坡双马”。

坡设山 系“山坡上设战壕”的壮语音译，位于祷午镇东南部6.5千米，东西走向，长1.3千米，南北宽0.4千米，主峰海拔798米，山体土质。山顶有旧军事战壕痕迹（不知具体朝代）。

坡松马 据传说，先前此山有一匹金马，山上长松树，故此得名。位于祷午镇驻地东部1.9千米，东西走向，长1.3千米，宽0.2千米，主峰海拔921米，山体属土质。

坡猫山 山峰状似一只下蹲的猫，故此得名。位于祷午镇驻地东部4.7千米，东西走向，主峰海拔780米，山体属土坡。

钩羊山 山峰呈弯钩形，状似羊角，故名得名。位于祷午镇驻地东部4.1千米，主峰海拔933米，山体属土质。

坡帽 位于祷午镇驻地东部8.3千米，方圆1.3千米，主峰海拔867.5米，山体属土质。

坡笠 位于祷午镇驻地东南部2.6千米，南北走向，主峰海拔783米，山体属土质。

鹧鸪坳 古称功饶（工尧）隘，位于思林镇驻地东部4千米，介于人头山与内元坡之间。过去，山坳鹧鸪鸟甚多，故此得名。坳口宽0.25千米，坳长2.3千米，两侧山崖矗立。南侧被右江拦截，陡坡，路曲，狭隘，地势险要，为兵家必争之地。1930年7月10日，红七军在政委邓小平、军长张云逸的指挥下，在此伏击前往南宁进攻桂军的滇军，经过三天激战，滇军大败，部分敌人搭竹排从果化经隆安向南宁溃退。红七军缴获马12匹、长枪1482支、子弹几万发。这就是思林历史上有名的“鹧鸪坳之战”。

1997年，思林鹧鸪坳　　（思林镇政府提供）

感洪山 系“山上有个大岩洞”的壮语音译，位于思林镇驻地东北部8.8千米，东南、西北走向，主峰海拔910.6米，为思林镇最高山峰，山体属石灰岩，山顶设有航空导航三脚架。

巴汉 系“狸、山坡”的壮语音译，位于思林镇驻地东北部8.3千米。山体属石灰岩，西北、东南走向，长6.1千米，东北、西南宽0.3千米，主峰海拔867米，为思林镇境内第二高峰。以前，山上有九江狸较多。

卡布山 位于思林镇驻地东北部14.4千米，方圆0.2千米，主峰海拔847.4米，山体石灰岩。

标亚满 系“山坡、很高、大”的壮语音译，位于坡塘乡驻地西南部10千米，山体呈东北西南走向，主峰海拔710米，山体为土质，是坡塘乡境内最高山峰。

三岩坡 系“有三个口的山坡”的壮语音译，位于坡塘乡驻地西南部7.2千米，山体呈东北西南走向，主峰海拔650.2米，山体为土质。此山的东、北、南三面有三个小山坡，形成三坡对峙，且有三个坳口。

摩天岭 古名“崇山”，又名“斜歪山”，又称“之字弯”。位于作登瑶族乡驻地西南部10千米，东南西北走向，长5.4千米，宽1.6千米，主峰海拔717.8米，山顶宽约6米，长10米，山体为红、黄土质。其地处田东、德保两县交界处，平岳公路延伸西北山脚，秋冬时节，雾气笼罩山顶，主峰如宝塔直插云天，子峰连绵，山脉四下蜿蜒，山体雄伟壮观，气势磅礴，是田东通往德保的重要关卡，为县内名山之一。山上设航空导航三脚架标志。

六荒 系“山谷、荒凉”的壮语音译，位于作登瑶族乡驻地南部11.5千米，东西走向，主峰海拔781.4米，山体属土质。是作登瑶族乡最高山峰。

2005年，摩天岭风光 （县委宣传部提供）

龙深 位于作登瑶族乡驻地西部11.5千米，南北走向，长0.7千米，东西宽0.4千米，主峰海拔781米，山体属石灰岩。山顶设有航空导航三脚架。

定灯岭 因山较高，人们爬上山岭必定停下休息，系“停在山顶”的壮语音译。位于作登瑶族乡驻地南部14.7千米，与田东、德保、天等三县交界处，东北、西南走向，长1千米，东西宽0.5千米，主峰海拔678.7米，山体黄土质。山顶设有航空导航三脚架。

苍日岭 古称“苍孟岭”，位于印茶镇驻地东南部4千米，东北西南走向，长4.8千米，东南至西北宽1.30千米，主峰海拔658米，山体为石灰岩。旧志云：苍孟岭“高峰叠嶂，四时烟雾，人迹罕到”。

塘滨山 位于印茶镇驻地北部1.2千米，旧志云：“山下有洞，朔望尝闻鼓吹声，下有泉流入上林土县”，“山势萦纡耸秀”。

哥粗岭 系“个、大、山”的壮语音译，位于江城镇驻地西南部9.6千米。东西走向，主峰海拔750米，山体为土质。

山月岭 系“山坡、黄老爷、土岭”的壮语音译，又名“苍月亮”，位于江城镇驻地西部5千米，东西走向，长5.4千米，南北宽1.7千米，主峰海拔849.4米，是田东县第三高峰，山体均土质。南面山势险峻，北面坡度较斜，为江城镇最高山峰。离主峰约60米的北面有一口清泉，泉周围长有很多竹木，还有一块面积约0.1公顷的平地。山的北面和南面各有一个岩洞。民间传说，宋代侬智高的部属，被狄青打败以后，曾在岭上驻扎。为了不让敌人便于登山，把山上的树木杂草铲光，涂上桐油，使山光滑油亮。另一传说为明代向武土州土司黄九霄所为，黄九霄曾经住在洞里，离北洞口不远处有一片草坪，供他拴马。现在，茂密的松树遍布山野，一片郁郁葱葱，北坡从山脚到山腰迁栽有八角树、杉树。山上山下气候异常，冬季山上严寒，山下温和。山顶设有航空导航三脚架。

八仙山 位于江城镇政府西侧约1千米处。在一个宽约20米，高约10米的石壁面上，精雕着八位仙人，这就是中国神话中的八仙。八仙形态各异，形神兼备，栩栩如生。八仙中间最高一位是观音菩萨，全幅像是众仙供神。八仙山摩崖造像于1982年被列为广西壮族自治区重点文物保护单位，是宋代山崖石刻造型艺术遗留的精品。相传，神话中的铁拐李、汉钟离、张果老、何仙姑、蓝采和、吕洞宾、韩湘子、曹国舅等八位神仙在江城一带赶山有功，把好山好水赶到江城，人们为纪念他们而作。八仙山因而得名。而那牛头人身怪样，当地壮人称之为牛头仙。据当地民间传说，众仙人在江城赶山有功，玉帝召见他们准备封位，玉帝问有多少个仙人，牛头仙只报八位，忘了自己。玉帝即按报上的八人加封仙位，牛头仙因而没有受封。后人为了纪念这位在功禄面前只记着别人而忘记自己的牛头仙，就把他雕刻于崖上。八仙山前面有一条小

2005年，八仙山摩崖石刻全景 （江城镇人民政府提供）

2005年，经过修缮的八仙山摩崖造像全景

（江城镇人民政府提供）

溪，常年流水潺潺，两旁古木青翠，青藤缠绕，山后怪石嶙峋，如一只卧虎守住江城。仙山灵气弥漫，很多外地人都慕名前来瞻仰、求拜，以图平安富贵。八仙山东北—西南走向，长2.7千米，宽0.8千米，主峰海拔543米，山体属石灰岩。

向阳关 位于江城镇驻地东北部2.7千米，《镇安府志》记载：向阳关，“崇山对峙，一路中通，壁上大书‘向阳关’三字。相传仙笔，历久不灭”。至今仍清晰可辨，故此得名。南北走向，长0.4千米，东西宽0.30千米，主峰海拔510米，山体为石灰岩。

标伦努 系“山和老鼠”的壮语音译，位于江城镇驻地西部6.50千米，东西走向，长2.70千米，宽0.90千米，主峰海拔727米，山体属土质。山形似老鼠。

标设 系“山坡和建设”的壮语音译，位于江城镇驻地西部8千米，东南—西北走向，长6.2千米，宽1千米，主峰海拔651米，山体属黄土质。相传先前土司黄九霄在坡顶上设工事。

渌水 系“山谷、水”的壮语音译，位于江城镇驻地南部4千米。南北走向，主峰海拔780米，山体属土质。这座山山脚有一眼泉水。

斜山岭 传说，先前洪水暴发，该山还剩下1尺尚未被淹没，系“一尺高的山岭”的壮语音译。位于朔良镇驻地东北部8.8千米，东北至西南走向，长5.8千米，东南至西北宽1千米，主峰海拔849.7米，山体为黄土质。

杨春岭 位于朔良镇驻地东北部1.6千米，地处六羊村背后，因“杨春”与“羊村”谐音，故此得名。山体呈南北走向，长5千米，宽2.5千米，主峰海拔810米。山体为黄土质，山上林木茂密。

顶再仟 此山山顶耸立，形如锥尖，系“山顶、尖”的壮语音译。位于义圩镇驻地西南部7.5千米，与田阳县交界，东南至西北走向，主峰海拔920米，山体为土质。

亭那不 此山山脚有片名为“亭那不”的田，山因此得名。位于义圩镇驻地西南部7.8千米，与田阳县交界，东南—西北走向，主峰海拔847米，山体为土质。

莲花山 位于那拔镇驻地西北部福星村境内，为田东县最高山峰。壮语叫“坡再房”，古名“隆山”。清代《百色厅志》误将奉议州“莲花”之名戴给“隆山”，以后遂以讹传讹，一直沿用“莲花山”之名至今。南北走向，长6.5千米，东西宽5.7千米，山体为黄土质，主峰海拔1022米。站在主峰顶西眺可望见田阳县城田州镇。山上曾建有寺庙，现残迹尚存。山腰有一口清泉，可以饮用。中华人民共和国成立后建有瞭望台一座。每逢战备派人驻守。山上四季阴凉，竹青林茂，生有四方竹木，可供

2005年，莲花山远景 （那拔镇人民政府提供）

观赏。山下有那拔河（古称隆溪），溪水流至福星村那瓦屯前有棋盘滩，河床石板有横竖槽痕，酷似棋盘。清澈的溪水从上面流过，甚为壮观。主峰四周数个子峰烘托，好似一朵莲藕花，故名莲花山。

顶峨山 位于那拔镇驻地西部7千米，东南至西北走向，长5千米，西南至东北宽0.8千米，主峰海拔983.3米，山体为土质。

六朋山 此山山脚有一条山沟，山形似一个棚子，壮语称山沟为“六”，故此得名。位于那拔镇驻地西北部8千米，东西走向，长6千米，宽3千米，主峰海拔808米，山体属黑土质。

在散山 此山比周围山峰高，系“山顶、高”的壮语音译。位于那拔镇驻地西部2.5千米，东西走向，长3千米，宽1.7千米，主峰海拔754.4米，山体属黄土质。

么西坡 此山山脚有一眼名为“么西”的泉水，故此得名。位于那拔镇驻地东北部3.2千米，南北走向，长3千米，宽2.3千米，主峰海拔600米，山体属黄土质。

第二章　气候　水文

田东县地处北回归线上，日照充足，雨量较多，霜雪少，无霜期长，夏湿热冬暖干，属南亚热带季风气候，适宜发展现代农业。灾害性天气有干旱、低温阴雨、冰雹大风、暴雨、寒露风、霜冻等。境内的河流均属珠江流域西江水系，西江一级支流郁江上游干流右江流经县境中部，西江干流红水河的一级支流灵岐河流经县境北部，从那拔镇的六柳村山地一带至林逢镇祷午村为南北分水岭。南部属右江流域，北部属红水河流域。全县有地下河10条，地下泉86处。

第一节　气候

田东县地处北回归线上，太阳辐射强，日照充足，雨量较多，霜雪较少，无霜期长。夏季炎热，冬季温和，夏湿冬干，属南亚热带季风气候。

四季特征

田东县境内划分四季按中国气象局的划分方法进行。候（5天为1候）平均气温≥22℃时期为夏季，平均气温≤10℃的时期为冬季，介于10℃~22℃之间的时期为春季或秋季。县境内气候季节的特点是夏季炎热，冬季温和，夏湿冬干。

春季　习惯上把“立春”后至4月上旬作为春季。这时期冷暖气流交替频繁，偶有“倒春寒”天气出现，气温变化幅度大，县内局部地区有大风、冰雹。

夏季　每年5月中旬雨季开始，县内大雨、暴雨增多，偶有洪涝发生。7月为仲夏期，常受副热带高压控制，多晴天高温天气。这时期雷阵雨多，温度高，日照多、蒸发量大。1989—2005年，7月平均气温28.3℃，7月平均气温最高29.7℃（2003年），早稻受高温热害影响。8—9月，容易受台风外围或低压影响。

秋季　每年秋分前后，冷暖气流再次交汇，受北方冷空气影响，气温缓慢下降，有时会有“寒露风”出现，是影响晚稻的主要灾害性天气之一。少雨，气爽，昼夜温差大，是秋季的主要特征。

冬季　习惯上把12月至次年2月作为冬季。这一时期北方强冷空气频繁南下影响，气温急剧下降，多晴冷天气，时有霜冻出现，最冷月为1月。县内1989—2005年，1月平均气温13.9℃，极端最低气温0.7℃（1999年12月26日）。

气候要素

日照　境内处在北回归线上，光照多。1989—2005年，全县年平均日照时数为1699.1小时，最多年份1862.2小时（1998年），最少年份1515.8小时（1994年）。年日照百分率37%，月变化8月最多205.7小时，百分率52%；1月最少，平均只有77.3小时。最多月和最少月相差128.4小时。1月—3月各月日照小于90小时，4月—12月各月日照大于120小时，从5月开始日照明显增加，7月—9月为日照高值期，每月在180小时以上。

气温 1989—2005年，全县年平均气温22.2℃，1月最冷，月平均气温13.9℃；7月、8月最热，月平均气温28.3℃，平均气温月较差14.4℃。年极端最高气温40℃，出现在2003年5月6日。年极端最低气温0.7℃，出现在1999年12月26日。

1989—2005年，田东县年平均气温比历年平均值偏低的只有1989年偏低0.1℃；持平的有1993年，其余年份均偏高，1998年和2003年偏高1℃。

1989—2005年田东县各月平均气温表

表2-1-1 单位:℃

年份	1月	2月	3月	4月	5月	6月	7月	8月	9月	10月	11月	12月	合计	年平均
1989	12.6	14.0	18.3	23.4	24.8	27.5	28.1	28.6	26.9	23.1	19.0	15.2	261.5	21.8
1990	14.3	15.5	19.4	22.9	24.9	27.3	27.6	29.7	27.5	22.9	19.8	16.5	268.3	22.4
1991	13.6	16.9	20.0	24.2	26.7	27.9	28.3	28.0	26.8	22.5	18.1	16.3	269.3	22.4
1992	12.6	13.4	17.1	24.7	26.2	27.5	27.7	29.7	27.6	21.7	18.0	17.1	263.3	21.9
1993	12.0	15.9	19.5	23.3	26.3	28.5	28.6	28.4	26.1	21.5	19.3	13.7	263.1	21.9
1994	15.2	16.1	17.0	26.6	26.8	27.7	27.5	27.6	25.6	21.7	20.2	16.1	268.1	22.3
1995	12.6	14.2	18.4	24.0	26.4	28.6	28.7	27.7	26.7	24.0	18.0	14.5	263.8	22.0
1996	12.5	14.5	18.1	19.8	26.2	27.9	27.8	27.5	26.3	22.9	19.7	14.9	258.1	21.5
1997	15.2	14.6	19.4	22.9	26.1	27.5	27.4	27.8	24.4	23.5	20.2	16.0	265.0	22.1
1998	13.9	16.1	19.4	25.7	27.3	27.6	28.9	29.5	26.7	23.4	19.5	17.0	275.0	22.9
1999	15.0	17.9	19.8	24.3	24.7	28.3	28.4	27.6	26.9	23.5	19.4	12.8	268.6	22.4
2000	15.1	13.0	18.2	23.3	25.8	27.4	28.7	28.7	26.6	23.2	18.0	15.8	263.8	22.0
2001	15.8	15.2	20.1	23.2	25.8	27.4	28.3	28.0	26.4	24.1	17.9	14.3	266.5	22.2
2002	14.5	18.0	20.9	25.5	26.8	28.2	28.5	27.1	25.9	22.7	18.8	15.5	272.4	22.7
2003	13.8	18.8	19.8	25.2	27.3	27.6	29.7	28.8	26.4	23.3	20.1	14.8	275.6	23.0
2004	14.4	16.4	18.6	24.1	25.6	27.5	27.3	28.8	26.9	22.8	20.0	14.5	266.9	22.2
2005	12.4	14.9	17.7	23.4	28.4	27.8	29.1	28.2	27.1	23.5	20.2	13.5	266.2	22.2
月平均	13.9	15.6	18.9	23.9	26.2	27.8	28.3	28.3	26.5	23.0	19.2	15.2	—	—

说明：表中数据由县气象局提供

1989—2005年田东县各月平均日照时数一览表

表2-1-2 单位:小时

年份	1月	2月	3月	4月	5月	6月	7月	8月	9月	10月	11月	12月	合计
1989	69.8	61.2	40.1	132.9	144.3	166.7	240.3	236.9	194.8	140.9	160.6	149.3	1737.8
1990	38.4	77.1	110.2	124.8	173.5	180.2	183.3	271.0	183.7	124.2	96.4	140.3	1703.1
1991	22.4	87.5	76.0	156.5	169.7	136.5	155.2	174.2	224.2	162.4	101.5	89.7	1555.8
1992	63.2	49.7	74.5	151.0	133.8	148.8	196.8	279.5	203.9	181.1	141.1	162.7	1786.1
1993	81.1	123.1	98.7	138.9	143.9	167.9	165.8	192.9	181.7	173.7	170.7	149.9	1788.3
1994	90.8	76.6	73.4	161.1	121.5	137.8	153.4	183.9	116.1	165.8	134.2	101.2	1515.8

续表2-1-2

年份	1月	2月	3月	4月	5月	6月	7月	8月	9月	10月	11月	12月	合计
1995	70.9	33.0	63.6	98.9	183.0	164.6	209.0	157.8	165.3	154.6	116.2	123.5	1540.4
1996	68.0	108.0	123.6	57.4	153.8	162.9	120.7	170.5	185.5	204.1	112.5	111.2	1578.2
1997	109.4	51.2	76.5	126.8	204.9	186.3	127.0	177.9	142.6	160.2	135.6	70.0	1568.4
1998	60.1	80.7	100.5	176.2	153.4	105.4	170.3	257.5	223.7	199.9	176.0	158.5	1862.2
1999	101.4	90.5	134.3	111.8	129.2	192.3	207.3	172.4	222.1	125.6	110.9	189.5	1787.3
2000	102.4	37.0	67.9	100.0	156.3	157.3	239.2	236.1	176.2	128.8	176.9	124.2	1702.3
2001	92.8	59.1	122.2	103.9	148.9	163.4	216.4	175.6	174.2	102.6	179.8	88.4	1627.3
2002	100.1	77.5	114.1	180.2	154.4	164.6	189.5	182.3	175.6	170.5	120.3	79.4	1708.5
2003	131.1	143.3	105.9	147.3	152.5	160.2	262.0	211.5	198.0	130.6	160.2	135.0	1937.6
2004	66.9	112.2	72.2	173.0	167.6	174.5	145.2	219.6	227.3	186.9	144.2	153.9	1843.5
2005	45.6	66.0	62.5	122.8	202.3	100.6	259.5	197.0	197.3	150.2	143.0	96.0	1642.8
月平均	77.3	78.5	89.2	133.1	158.4	157.1	190.6	205.7	187.8	156.6	140.0	124.9	—
日照百分率	24.0	24.0	25.0	34.0	40.0	41.0	48.0	52.0	51.0	42.0	41.0	37.0	—

说明：表中数据由县气象局提供

降雨量 1989—2005年，全县年平均降雨量为1152毫米，最多的1997年为1650.1毫米，最少的1995年为832.2毫米（是1954年建气象站以来降雨最少的年份），年际差达811.9毫米。每年5至9月为县内多雨季节，这5个月的雨量占全年总雨量的75%~77%。10月至次年4月为少雨季节，这7个月的总雨量仅占全年总雨量的23%~25%，尤其是11月至次年3月，雨水稀少，空气干燥。境内各地受地形影响，降雨量差异较大。北部山区那拔、朔良，南部山区江城、印茶地势较高，对南部移来的暖温气流有抬升作用，形成"地形雨"，雨量较多，年平均雨量都在1280毫米以上。平马、祥周、林逢、思林在右江河谷中，处于东南季风的背面坡，从南面来的暖湿气流由于下沉增温而变得干燥，不易产生降雨，雨量较少，一般都在1200毫米以下。

雨季平均始于5月中旬出现，最早5月3日出现（1994年），最迟在6月中旬出现（1993年）。雨季平均结束期为9月中下旬，最早8月中旬，出现在2004年；最迟是10月上旬，出现在1994年。平均雨季降雨高峰期是6月中旬至7月下旬。

降水量的季节分配情况是：春季（3—5月）为250.6毫米，占年降水量的22%；夏季（6—8月）为621.7毫米，占年降水量的54%；秋季（9—11月）为201.5毫米，占年降水量的17%；冬季（12月至次年2月）为78.3毫米，占年降水量的7%。

1989—2005年，月最大降水量为365.6毫米，出现在1991年6月。日最大降水量为166.80毫米，出现在1991年6月22日，也是1954年建气象站以来最大日降水量。

1989—2005年，日雨量≥50毫米的年均暴雨天数为4天，最多年8天，出现在2001年。暴雨主要集中在6月、7月、8月，雨日量≥100毫米的大暴雨共9天。

1989—2005年，平均年降雨日为129天，最多年189天，出现在2005年；最少年为100天，出现在2003年。

1989—2005年，最长连续降雨日数为12天，过程降雨量为142毫米，平均每天11.8毫米，出现在1990年7月18日—29日；最长连续无降雨日数39天，出现在1995年11月23日到12月31日。

1989—2005年田东县各月降雨量表

表2-1-3 单位:毫米

年份	1月	2月	3月	4月	5月	6月	7月	8月	9月	10月	11月	12月	年雨量
1989	54.5	18.6	45.4	49.1	137.3	117.4	133.1	133.3	115.7	33.3	3.7	5.6	847.0
1990	49.7	76.6	138.8	26.6	151.9	252.5	327.1	72.6	45.3	129.4	142.9	4.6	1418.0
1991	21.1	1.6	33.4	4.9	48.0	365.6	120.0	329.7	5.7	35.7	46.9	68.1	1080.7
1992	28.5	62.8	38.0	19.7	70.3	257.0	308.1	6.2	105.8	33.1	30.9	56.1	1016.5
1993	62.9	56.4	3.5	99.5	84.8	170.5	197.5	211.6	270.3	19.7	35.0	1.8	1213.5
1994	1.1	5.0	18.2	21.0	250.4	182.2	358.7	331.7	94.6	107.8	8.5	63.4	1442.6
1995	49.2	29.8	14.5	53.2	67.3	208.9	156.5	152.1	57.7	13.0	30.0	0.0	832.2
1996	13.5	4.8	134.3	15.4	195.7	176.5	336.5	240.3	75.1	28.1	32.7	7.8	1260.7
1997	55.5	9.2	70.9	186.0	221.0	328.6	184.6	213.6	107.7	257.1	0.5	15.4	1650.1
1998	7.2	18.7	53.5	31.8	118.7	340.0	337.7	91.1	49.0	34.4	30.9	3.8	1116.8
1999	19.5	13.2	13.4	130.5	204.3	103.8	276.9	246.7	105.4	99.6	69.7	18.9	1301.9
2000	11.4	20.1	33.8	65.9	192.5	71.2	148.1	88.1	40.5	231.1	2.4	16.3	921.4
2001	12.5	53.0	36.4	68.5	142.6	301.3	320.7	285.0	86.5	87.3	51.5	23.0	1468.3
2002	38.5	16.7	37.7	48.1	132.3	260.1	182.0	198.6	51.9	100.5	17.7	43.8	1127.9
2003	63.4	5.5	34.0	34.7	124.8	305.6	63.2	88.1	158.3	91.8	3.5	4.6	977.5
2004	16.1	31.3	8.1	46.7	186.2	135.0	215.7	117.9	53.5	0.2	21.7	5.8	838.2
2005	22.8	8.6	51.5	77.4	188.0	273.6	88.5	156.6	83.1	55.9	31.9	33.5	1071.4

说明:表中数据由县气象局提供

湿度 1989—2005年，全县年平均相对湿度为78%，与历年平均值持平。1—4月，月平均相对湿度为74%~75%。6—9月，月平均相对湿度为81%~82%，最大月为82%，最小月为74%。

蒸发 1989—2005年，全县年平均蒸发为1814.6毫米，最多年份1910毫米（2003年），最少年份1565.4毫米（1997年）。8月蒸发量最大，达196.2毫米。1月蒸发量最小，为77.5毫米，年平均降水量与年平均蒸发量逆数为627.7毫米，降水少于蒸发。蒸发量一般是夏、秋大于冬、春。蒸发量与降水量相比，8月至翌年5月蒸发量大于降水量，6月至7月蒸发量小于降水量。

气压 1989—2005年，全县年平均气压为998.9百帕。年平均气压最高为999.5百帕（1997年），年平均气压最低为998.5百帕（1994年）。年极端最高气压为1024.4百帕，出现在1999年；极端最低气压为978.6百帕，出现在1989年。

风 田东县地处右江河谷，全年盛吹偏东风。在夏半年，受东南季风影响，东风频率较大。冬半年，由于云贵高原阻挡，冷空气南下路经偏东，东风频率也较大。

1989—2005年，全县年平均风速为1.8米/秒，比历年平均风速小0.2米/秒；最大定时风速为春季、夏季较大，秋季、冬季较小。每年3—8月是大风（风速大于17米/秒）多发期。3—6月多偏北大风，7—9月多东南大风。1999年7月27日下午15时05分至06分，出现瞬间最大风速为23米/秒，为偏东风。

霜 1989—2005年，全县年平均霜期1.1天。最早初霜日是1999年的12月22日，最迟初霜日是1995年12月29日。最早终霜日是1994年12月25日，最迟终霜日是2001年的1月25日。年最多霜冻日达6天，出现在1999年。1989—2005年，有11年无霜，6年有霜。

雪 1989—2005年，全县无降雪。

雷 1989—2005年，全县年平均雷暴日数为53天，雷暴最多的年份为78天（1994年），雷暴最少的年份为41天（1989年、2003年）。最早初雷日是1992年1月4日，最迟初雷日是2000年4月7日。最早终雷日是1996年9月14日，最迟终雷日是1997年12月21日。

1989—2005年田东县各月平均日照时数一览表

表2-1-4　　　　单位：小时

年份	1月	2月	3月	4月	5月	6月	7月	8月	9月	10月	11月	12月	合计
1989	69.8	61.2	40.1	132.9	144.3	166.7	240.3	236.9	194.8	140.9	160.6	149.3	1737.8
1990	38.4	77.1	110.2	124.8	173.5	180.2	183.3	271.0	183.7	124.2	96.4	140.3	1703.1
1991	22.4	87.5	76.0	156.5	169.7	136.5	155.2	174.2	224.2	162.4	101.5	89.7	1555.8
1992	63.2	49.7	74.5	151.0	133.8	148.8	196.8	279.5	203.9	181.1	141.1	162.7	1786.1
1993	81.1	123.1	98.7	138.9	143.9	167.9	165.8	192.9	181.7	173.7	170.7	149.9	1788.3
1994	90.8	76.6	73.4	161.1	121.5	137.8	153.4	183.9	116.1	165.8	134.2	101.2	1515.8
1995	70.9	33.0	63.6	98.9	183.0	164.6	209.0	157.8	165.3	154.6	116.2	123.5	1540.4
1996	68.0	108.0	123.6	57.4	153.8	162.9	120.7	170.5	185.5	204.1	112.5	111.2	1578.2
1997	109.4	51.2	76.5	126.8	204.9	186.3	127.0	177.9	142.6	160.2	135.6	70.0	1568.4
1998	60.1	80.7	100.5	176.2	153.4	105.4	170.3	257.5	223.7	199.9	176.0	158.5	1862.2
1999	101.4	90.5	134.3	111.8	129.2	192.3	207.3	172.4	222.1	125.6	110.9	189.5	1787.3
2000	102.4	37.0	67.9	100.0	156.3	157.3	239.2	236.1	176.2	128.8	176.9	124.2	1702.3
2001	92.8	59.1	122.2	103.9	148.9	163.4	216.4	175.6	174.2	102.6	179.8	88.4	1627.3
2002	100.1	77.5	114.1	180.2	154.4	164.6	189.5	182.3	175.6	170.5	120.3	79.4	1708.5
2003	131.1	143.3	105.9	147.3	152.5	160.2	262.0	211.5	198.0	130.6	160.2	135.0	1937.6
2004	66.9	112.2	72.2	173.0	167.6	174.5	145.2	219.6	227.3	186.9	144.2	153.9	1843.5
2005	45.6	66.0	62.5	122.8	202.3	100.6	259.5	197.0	197.3	150.2	143.0	96.0	1642.8
月平均	77.3	78.5	89.2	133.1	158.4	157.1	190.6	205.7	187.8	156.6	140.0	124.9	—
日照百分率	24.0	24.0	25.0	34.0	40.0	41.0	48.0	52.0	51.0	42.0	41.0	37.0	—

说明：表中数据由县气象局提供

1989—2005年田东县各月蒸发量表

表2-1-5　　　　单位：毫米

年份	1月	2月	3月	4月	5月	6月	7月	8月	9月	10月	11月	12月	合计
1989	60.7	75.4	102.6	171.6	143.9	164.5	206.1	188.9	158.2	114.9	110.6	89.3	1586.7
1990	64.1	88.7	119.2	143.9	162.9	161.1	184.0	225.2	167.6	100.7	72.4	86.7	1576.5
1991	48.8	96.5	117.9	200.1	212.6	167.1	177.6	188.8	180.4	132.3	85.3	78.2	1685.6
1992	62.2	55.3	110.5	187.7	173.3	164.9	181.6	268.7	184.6	142.2	113.2	109.5	1753.7
1993	66.8	89.6	140.2	161.4	182.2	203.7	193.0	186.0	155.9	133.2	121.8	94.8	1728.6
1994	94.9	96.9	107.5	228.3	160.8	170.1	160.7	184.9	118.5	121.8	93.9	77.7	1616.0
1995	67.0	61.1	121.6	151.9	206.3	189.6	212.8	179.3	157.1	144.4	97.3	90.9	1679.3
1996	74.0	127.3	165.5	111.2	170.0	175.6	149.4	174.8	152.7	136.0	93.5	74.4	1604.4
1997	87.2	68.3	121.4	122.0	196.6	182.4	154.2	179.3	131.5	130.4	110.9	81.2	1565.4
1998	86.9	91.2	130.4	203.2	200.0	162.9	193.4	247.9	182.7	148.1	103.3	106.8	1856.8
1999	96.4	116.2	168.9	148.4	149.4	187.0	184.4	162.8	185.2	122.4	88.3	86.3	1695.7
2000	100.4	60.4	99.5	145.5	170.0	178.2	221.6	223.3	174.9	109.8	127.0	87.0	1697.6

续表2-1-5

年份	1月	2月	3月	4月	5月	6月	7月	8月	9月	10月	11月	12月	合计
2001	99.3	80.6	138.4	145.5	165.9	171.7	198.5	182.2	145.2	113.9	94.8	70.5	1606.5
2002	69.7	92.8	146.5	199.6	184.9	172.9	191.8	173.0	153.6	121.8	93.5	76.5	1676.6
2003	88.2	136.4	152.8	212.3	184.9	182.5	244.2	192.1	164.6	129.8	123.8	98.4	1910.0
2004	93.5	109.8	118.0	198.2	192.2	181.4	158.4	197.2	179.2	158.6	110.2	94.6	1791.3
2005	57.7	87.4	112.2	168.5	213.0	148.6	238.8	180.5	170.7	145.3	103.5	79.0	1705.2
月平均	77.5	90.2	127.8	170.5	180.5	174.4	191.2	196.2	162.5	129.7	102.5	87.2	—

说明:表中数据由县气象局提供

灾害性天气

田东县影响较大的灾害性天气有干旱、低温阴雨、冰雹大风、暴雨、寒露风、霜冻等。

干旱 由于全县温度高，蒸发量大，加上降雨量分布不均匀，所以容易发生干旱，影响最大的是春旱，有十年九旱之称。干旱是田东最严重的气象灾害。

低温阴雨 历年低温阴雨平均天数为13天，最多达27天（1967年、1968年）。倒春寒出现概率50%左右，即每两年就出现一次。

冰雹大风 每年3—6月为冰雹大风多发期，县境内平均每年有1~2次，多者达3~4次，冰雹直径一般为0.5~1厘米，大者有鸡蛋大，最大可能有拳头大。从分布看，北部丘陵地区较多，右江河谷次之，南部山区较少。雹灾和风灾往往同时发生，对农业生产及人民生命财产危害较大。

暴雨 全县暴雨多发生在6—8月，暴雨（日降雨量50毫米以上）平均每年3.9场，暴雨最多的年份为10场（2008年），暴雨最少的年份为0场（2004年）。最大一场暴雨271.5毫米，出现在2011年5月12日。

寒露风 晚稻抽穗扬花期间，日平均气温降至21℃~22℃连续3天以上，使晚稻结实率明显降低。全县寒露风平均出现在10月14日，最早出现在9月25日（1977年），最晚出现在10月28日（1957年）。

霜冻 霜冻一般出现在12月至次年1月。平均两年就有一次霜冻出现，平均每年1~2天，最多为14天（1973年12月25日至1974年1月7日连续14天有霜）。山区比平原多。霜冻对各种热带、亚热带作物影响较大。

第二节 水文

据《田东县土地志（1875—2000年）》记载，田东县的河流均属珠江流域西江水系。西江一级支流郁江上游干流右江流经县境中部，西江干流红水河的一级支流灵岐河流经县境北部，从那拔镇的六柳村山地一带至林逢镇祷午村为田东县南北分水岭。南侧属右江流域，流域面积2004.1平方千米，占全县总面积的71.17%，其中流域面积50平方千米以上的河流有：一级支流龙须河、古榕江、响水河、达寒江、里赖河、百谷河、林逢河、那厄河等8条；二级支流有江那、那便、渌最3条。北侧属红水河流域，流域面积811.9平方千米，占全县总面积的28.83%，流域面积50平方千米以上的一级支流有灵岐河，二级支流有燕洞、朔良河。全县大小河流总长810.3千米，平均每平方千米有河流0.29千米。流域面积1000平方千米以上河流的特征值见表2-2-1，流域面积50~1000平方千米河流的特征值见表2-2-2，流域面积10~50平方千米以下河流的特征值见表2-2-3。

田东县流域面积1000平方千米以上河流的特征值表

表2-2-1

序号	河流名称	级别	发源地	汇合点	县内河流长度（千米）	流域面积（平方千米）			流量（立方米/秒）			县内天然落差（米）	可利用落差（米）	水能理理论蕴藏量（千瓦）	可能开发水能资源		
						合计	上游	县内	最大	最小	多年平均				梯级数	装机容量（千瓦）	已开发装机容量（千瓦）
1	右江	郁江干流	云南省广南县底好乡听弄村	—	56	29427.1	27423	2004.1	7002	15	346.9	4.8	4.8	50000	—	50000	—
2	龙须河	右江一级支流	靖西县魁圩乡庭那村大动屯	右江合恒	48	2750	2380	370	1310	3.2	52.5	105	70	54077	3	38600	22300
3	古榕江	右江一级支流	天等县巴荷乡道念村若兰屯	右江达龙屯	80	1674	1029	645	680	o.53	11.2	298	181	32741	5	13050	5550
4	灵岐河	红水河一级支流	巴马瑶族自治县所略乡那楼村	红水河古龙村	90.1	1709	897.1	811.9	1650	0.31	24.1	177.5	83	41964	5	3948	510
合计	—	—	—	—	274.1	—	—	—	—	—	—	—	—	178782	—	105598	28360

说明：表中数据由县水利局提供

田东县流域面积50~1000平方千米的河流特征值表

表2-2-2

序号	河名	级别	发源地	汇合点	县内河流长度（千米）	流域面积(平方千米)			年平均流量(立方米/秒)
						合计	上游	县内	
1	响水河	右江一级支流	模范村	右江新洲村	7	82.79	55.79	27	1.25
2	达寒江	右江一级支流	巴麻村	右江檀乐村	37.3	148	—	148	2.30
3	里赖河	右江一级支流	平王村	右江新洲村	28.8	94	35.5	58.5	1.42
4	百谷河	右江一级支流	平王村甫好屯	右江百谷村	41	177.4	—	177.4	2.70
5	林逢河	右江一级支流	梅宁村六宁屯	右江东务村	19.2	61.7	—	61.7	0.94
6	林驮河	右江一级支流	祷午村那合屯	右江班王屯	25.4	54.6	—	54.6	0.83
7	那厄河	右江一级支流	平果县桑南屯	右江上屯	28.5	132.2	4.5	127.7	2.08
8	江那河	右江二级支流	江那村那赖屯	龙须河吞黑屯	12.9	58.3	—	58.3	0.92
9	那便河	右江二级支流	天等县塘吉水库	古榕江果柳村	21.65	58.3	46.4	11.9	0.92
10	渌最河	右江二级支流	平果县皇劳屯	古榕江百旧屯	17.4	59.2	57	2.2	0.93
11	朔良河	红水河二级支流	平果县帽南山	灵岐河那料屯	38.35	197.1	18.9	178.2	3.11
12	燕洞河	红水河二级支流	巴马瑶族自治县那社乡	灵岐河甲芬屯	13.4	634.3	516.3	118	10.02
合计	—	—	—	—	290.9	—	—	—	—

说明:表中数据由县水利局提供

田东县流域面积10~50平方千米的河流特征值表

表2-2-3

序号	河名	级别	发源地	汇合点	县内河流长度（千米）	流域面积（平方千米）			年平均流量（立方米/秒）
						合计	上游	县内	
1	那初	右江一级支流	紫胶林场	右江那初河口	13.9	31.3	—	31.3	0.47
2	百笔	右江一级支流	表蒙坡	右江百笔河口	19.4	49.1	—	49.1	0.74
3	那王	右江一级支流	民族村单桐屯	右江那合河口	10.9	18.7	—	18.7	0.28
4	合同	右江一级支流	岩抗山	右江田东塘厂河口	19.6	49.6	—	49.6	0.75
5	百旺	右江二级支流	德保县六留村	龙须河百旺河口	20.1	25.9	—	25.9	0.41
6	坡圩	右江二级支流	六城屯	龙须河坡圩河口	9.7	21.7	—	21.7	0.34
7	那廖	右江二级支流	六敏屯	龙须河那亮河口	10.1	17.5	—	17.5	0.27
8	大安	右江二级支流	大安	龙须河局兰河口	7.05	13	—	13	0.2
9	那荷	右江二级支流	坡勒山	古榕江坡怜河口	16.6	25.8	—	25.8	0.4
10	那托	右江二级支流	陆达山	古溶江那料河口	5.9	10.1	—	10.1	0.15
11	巴良	红水河二级支流	田阳县六算屯	灵岐河巴良河口	15.4	36	3.7	32.3	0.56
12	六两	红水河二级支流	六竹屯	灵岐河龙地屯河口	6.5	13.1	—	13.1	0.2
13	那练	红水河二级支流	六时屯	灵岐河那爷河口	6.5	16.6	—	16.6	0.26
14	百敏	红水河二级支流	破午屯	灵岐河百敏河口	8.5	33.2	—	33.2	0.52
15	宝达	红水河二级支流	六西山	灵岐河那梨河口	12	36.2	—	36.2	0.57

续表2-2-3

序号	河名	级别	发源地	汇合点	县内河流长度（千米）	流域面积（平方千米）			年平均流量（立方米/秒）
						合计	上游	县内	
16	巴鲁	红水河二级支流	坡光罗山	灵岐河巴鲁河口	7.8	18.5	—	18.5	0.29
17	符桃	红水河二级支流	下晚屯	灵岐河巴六河口	11.4	22.1	—	22.1	0.35
18	百琴	红水河二级支流	务敏屯	灵岐河百琴河口	10.1	17	—	17	0.27
19	农荷	红水河二级支流	田阳县百乐	燕洞河农荷河口	18.3	46.4	7.5	38.9	0.73
20	班龙	红水河二级支流	那苗屯	燕洞河甲芬河口	16.85	43.6	—	43.6	0.67
21	灵龙	红水河二级支流	那杭	灵岐河那安河口	14.7	35.3	—	35.3	0.55
合计	—	—	—	—	261.3	—	—	—	—

说明：表中数据由县水利局提供

右　江

右江发源于云南省广南县底好乡听弄村，上游段称驮娘江，经西林、田林等县。普厅河于云南省剥隘镇汇入后称剥隘河，再入广西壮族自治区百色市。澄碧河于百色市城东汇入后称右江，自西向东经田阳流入田东中部的祥周、平马、林逢、思林等4个镇，经平果、隆安至南宁市西郊宋村，左江汇入后称郁江。县境内干流长56千米，流域面积2004.1平方千米，占全县总面积的71.17%，河宽100~300米。右江水量丰富，年均径流量172亿立方米，最大流量7002立方米/秒，最小流量15立方米/秒，平均流量346.9立方米/秒；河床比降0.09‰。境内右江河流主要险滩有薄刀滩、砧板滩、鱼梁滩、杀人滩等。经过1935年、1943年、1954年、1965年等多次疏炸整治，至2000年，田东境内河段可以通航250~300吨级船队，是田东至南宁、百色的水运要道。

沿河两岸地势比较平坦，村庄密布，土地肥沃，有右江盆地之称，是粮食、甘蔗、芒果、蔬菜的主要产区。主要矿物有煤炭、石油。1985年1月29日至2月2日，自治区人民政府、水利电力部在南宁召开郁江综合利用规划报告审查会议，规划在鱼梁滩兴建1座水力发电站，装机容量5万千瓦，年发电量2.3亿千瓦小时，总投资1.2亿元。至2000年，右江两岸相继建成新洲、响水、平马、河街、那读、保群、平塔、良赖、思林9个较大的电灌站。1956年5月，广西省水利厅在平马镇合恒村龙湾设立了水文站，1961年6月改为水位站，流域集雨面积29101平方千米。

田东境内右江的主要支流有响水河、龙须河、达寒江、古榕江、里赖河、百谷河、林逢河、林驮河、那厄河等8条。

2003年，右江河床　（县水利局提供）

响水河 右江一级支流，发源于祥周镇模范村布红山石洞，为一地下河出口，自南向北流，流经模范村和保利村，在祥周镇新洲村从右侧汇入右江。流域面积82.79平方千米，河流长7千米，天然落差31.6米。其中由布红至右江河口落差13米，在河口处跌水落差18.6米，洪水季节，河水倾泻而下，形成瀑布，声若雷霆，传数里外，响水河因此得名。响水河年径流量1562万立方米，最大流量40立方米/秒，最小流量0.01立方米/秒，平均流量1.25立方米/秒。

2005年，响水河风光 （县水利局提供）

中华人民共和国成立前，响水河已建有模范、日向水两处引水工程，灌溉祥周镇的模范村、百渡村、中平村和田阳县治塘等村，有效灌溉面积110.67公顷。中华人民共和国成立后，兴建了保利、睦群、模范等电灌站，灌溉部分高地。1965年前，沿河共有引水、提水工程10处，有效灌溉面积161.07公顷。由于响水河枯水期水量少，不能满足灌区农业用水需要。1966年，建成响水电灌站，从右江提水灌溉下游百渡、中平的203.8公顷农田和田阳县的治塘灌区。水能蕴藏量387千瓦。

龙须河 右江一级支流，发源于靖西县魁圩乡庭那村大动屯西北500米处，经渠洋镇，在弄帖村弄通屯流入德保县都安乡，在荣华乡安乐村平改屯流入田东县作登瑶族乡的驮瓜村，经坡好、新发、登高、大板及平马镇的游昌村，在平马镇的合恒村那恒屯从右侧注入右江。在靖西县境内称邑蒙河，在德保县境内称鉴河，至田东称龙须河，总流域面积2750平方千米。从靖西北部岩洞出口至右江全长130千米，自然落差600米。县境内流域面积370平方千米，河流长48千米，自然落差105米，河床比降为2.56‰。水量比较丰富，最大流量1310立方米/秒，最小流量3.2立方米/秒（龙须河电站），年平均流量52.5立方米/秒。

1956年在上游的德保县设有荣华水文站。1959年建成龙须河水坝，抬高水位，从坝首至作登瑶族乡登高村罗亥屯18千米河段水流平缓，河面开阔，拥有水面面积1.79平方千米，正常蓄水量1700万立方米，为渔业生产提供了良好条件，1988—1990年建有网箱28箱。

龙须河水能蕴藏量54077千瓦，可开发装机容量28400千瓦。1964年建成龙须河一级水电站，装机2台，单机容量500千瓦。1987年建成龙须河二级水电站，装机2台，单机容量1250千瓦。1989年建成作登水电站，装机3台，单机容量800千瓦。1999年建成龙须河三级水电站，装机2台，单机容量1250千瓦。1999年建成登高1站水电站，装机3台，单机容量2500千瓦。2000年建成坡圩1站水电站，装机容量6400千瓦。

2005年，龙须河风光 （谢佩霞/摄）

沿河有大板电灌站、龙昌水轮泵站等引、提水工程478处，有效灌溉面积1042.13公顷。1999年3月19日，田东县龙须河引水治旱扶贫工程通过专家评估。该工程总投资6094.31万元，第一期工程于2000年3月31日开工建设。2001年4月9日，县人民政府举行龙须河引水治旱工程穿越右江反虹管沉江仪式，一条钢板厚度为20厘米、直径1.9米、长度为200米的跨江反虹管成功沉下右江河底，这是广西引水工程最大的跨江管。2001年1月，第二期工程动工。2001年9月23日，第一期工程竣工通水，引水流量6.6立方米/秒，以自流灌溉代替电灌，可往右江北岸高处提水扩灌。

达寒江 达寒江又名达寒溪，是右江一级支流。发源于印茶镇巴麻村西北山，经巴麻、印茶、新建等3个村，流入思林镇的内油村、选赞村、坛乐村，在思林镇的坛乐村中屯从右侧汇入右江，全长37.3千米，流域面积148平方千米，平均流量2.3立方米/秒。河床比降较平缓，两岸耕地较低，易于筑堰引水灌溉，明代就建有大同水利（今达寒江引水工程），有效灌溉面积33.33公顷。中华人民共和国成立后，沿江建有许多堰坝引水灌溉农田，到现在还能正常使用。

古榕江 又名江城河，右江一级支流，发源于天等县巴荷乡道念村若兰屯，流经向都镇平尧村进入田东县境，经江城镇的大诺、桑洞、那蒙、江城、供固、果柳、云林7个村，思林镇的那都、峒梅、英竹、东龙等村，在思林镇东龙村达龙屯北500米处从右侧汇入右江。古榕江总流域面积1674平方千米，全长110.3千米。县境内流域面积645平方千米，河长80千米，自然落差298米，河床比降4.4‰。古榕江水量比较丰富，最大流量680立方米/秒，最小流量0.53立方米/秒，平均流量11.2立方米/秒。

2005年5月，古榕江风光　　（黄秀琦/摄）

2005年10月，古榕江风光　　（县委宣传部提供）

中华人民共和国成立前，两岸居民就在河中安装竹筒水车提水灌溉，枯水期水量少，水车不能运转，洪水期易受洪水冲坏，效益不高。1958年，在那都村那务屯设那务水文站。1975年，搬迁到下游的英竹村，改为英竹水文站。引水和机电泵提水工程108处，有效灌溉面积726.67公顷。

古榕江水力资源丰富，小水电开发潜力大。1975年建成桑洞电站，装机3台，单机容量650千瓦。2003年建成果柳电站，装机容量3600千瓦。

里赖河 右江一级支流，发源于县境那拔镇平王村三王山东南，流经祥周镇的联雄、康元村，在韦宁屯附近与从田阳县一支流汇合后，流经九合、新洲等村在祥周镇新洲村注入右江。河床较平缓，干流长28.8千米，流域面积94平方千米（县内58.5平方千米，县外35.5平方千米），多年平均流量1.42立方米/秒。流域内建有西牛、那育等2座水库，有效库容206万立方米，有效灌溉面积333.33公顷。建有韦宁电灌站，有效灌溉面积180公顷。

百谷河 右江一级支流，发源于那拔镇平王村甫好屯西北山，流经甫好水库、那龙水库及仑圩、东达、合乐等村，在平马镇百谷村附近注入右江。河长41千米，两岸地势较平坦，流域面积177平方千米，多年平均流量2.69立方米/秒。流域内建有甫好、沙柳、百林、六外、那笔、子安、那龙、那达、合龙等9座水库，有效库容885万立方米，有效灌溉面积840公顷。

林逢河 右江一级支流，发源于平马镇梅宁村六宁屯北山中，流经怀民、东养、林逢、英和等村，在林逢镇英和村东务屯从左侧注入右江。河长19.2千米，流域面积61.7平方千米，多年平均流量0.94立方米/秒。流域内有六纽、那益、东养等3座水库，有效库容431万立方米，有效灌溉面积433.33

公顷。

林驮河 右江一级支流，发源于林逢镇祷午村那合屯北山，流经那合、思朗、敖山、绿凤、乐善、高祥等屯，在班王屯从左侧注入右江。河长25.4千米，集雨面积54.6平方千米，多年平均流量0.8立方米/秒。流域内已建百塘小型水库1座，规划兴建的有林驮水库等。

那厄河 右江一级支流，发源于平果县班桑南山，流经渌道、那徐、新好、渌最、平厘、那梅、百甲、那厄等屯，在思林镇良余村上屯入右江。县境内河长28.5千米，集雨面积127.7平方千米，县外集雨面积4.5平方千米，多年平均流量2立方米/秒。流域内土山、石山重叠，河床狭窄。1972年建成红灯水库，总库容100万立方米，有效库容88万立方米，有效灌溉面积80公顷。

红水河支流

红水河在县内的主要支流是灵岐河，是县境北部山区的主要河流。发源于巴马瑶族自治县所略乡那楼村，流经田阳县玉凤镇，在长高村流入县境，流经那拔镇、朔良镇，在义圩镇甲芬村与燕洞河汇合，流经朔良镇的元色、灵龙村，流经巴马瑶族自治县那桃乡平田村至羌圩乡古龙村，注入红水河。灵岐河流域总面积1709平方千米，其中县境内流域面积811.90平方千米，占全县总面积的28.83%；河长168千米，其中县境内河长90.10千米，自然落差177.5米，河流比降1.96‰，最大流量1650立方米/秒，最枯流量0.31立方米/秒，年平均流量24.1立方米/秒。

中华人民共和国成立后，流域内已建成引水工程和提水工程298处，有效灌溉面积606.67公顷。1958年建有灵龙水文站。1982年，建成福星小水电站，装机容量400千瓦。主要支流有朔良河和燕洞河。

朔良河 灵岐河一级支流，发源于平果县坡帽南山，经平果县的那烟、内旧屯入田东县境，流经林逢镇的进化、平孟村，朔良镇的那娄、那滕、朔良等村，在那料屯附近注入灵岐河。全长38.35千米，其中县境内河长33.85千米；流域总面积197.1平方千米，其中县内178.2平方千米。多年平均流量3.11立方米/秒。由平力屯与平孟交界处至那料河口河床较陡，全长14千米，自然落差73米。沿河筑有许多堰坝和小型水电站，较大的电站是朔良水电站，1976年建成，装机容量110千瓦。

燕洞河 燕洞河是因河水从燕子栖息的岩洞流出而得名，属灵岐河一级支流，发源于巴马瑶族自治县那社乡，流到所略乡六能村后潜入17千米长的地下河，在燕洞乡赖满村流出地表，然后流经燕洞、龙威、子帽、岩廷等村。在六羊屯流入田东县义圩乡世木村，经东冠、甲分村后注入灵岐河。河流域面积634.3平方千米，其中县境内为118平方千米；县境内干流长13.4千米，自然落差17.8米。年平均流量10.02立方米/秒，水力蕴藏量1491千瓦。已建有水轮泵站6座，装机18台，有效灌溉面积26.67公顷。建有小型水电站5处，总装机容量51千瓦。

地下水

田东县有10条较大的地下河，一般深埋10~50米。

龙马地下河（10号地下河） 源于印茶镇僚坤屯，地下暗流经龙马村的布立屯，再经林逢镇永隆村的永安、船屯，在作登瑶族乡训信村的甲布屯出口，明流汇入龙须河。

龙文地下河 源于印茶镇龙马村龙文屯，暗流经定列屯，作登瑶族乡训信村散屯，在卜坤屯出口，明流汇入龙须河。

巴立地下河（8号地下河） 源于德保县，经作登瑶族乡巴立村，在作登电站附近汇入龙须河。

布洪地下河（9号地下河） 源于德保县，经作登瑶族乡的布洪屯出口，再暗流在作登食品站汇入龙须河。

立丰地下河（11号地下河） 源于天等县道香屯，经思林镇立丰屯流出，汇入达乐河。

13号地下河 源于德保县境，流入作登瑶族乡，在作登瑶族乡政府地下汇入龙须河。

布红地下河（10号地下河） 源于田阳县桥马村，流经祥周镇的龙布、龙合屯，至模范村布红屯出口。

龙串地下河（15号地下河） 源于作登瑶族乡龙串，经龙桑、大吉等村，在作登瑶族乡政府附近汇入龙须河。

新安地下河（8号地下河） 源于作登瑶族乡陇桃村，经敬布、新安村，在大安屯出口。

睦群村地下河 源头不详，出口在睦群村。

泉 水

1988年，广西壮族自治区水文地质队对县境内地下水分布情况进行调查勘测，全县较大的地下泉有86处。

平马镇有下降泉3处，游昌村龙楞屯、百林村紫桑屯、子安村子安屯各有1处，有泉流，供居民生活用水。

祥周镇有下降泉6处，地下河出口1处，共7处，其中联福村那孟屯、六立屯、仑圩村仑圩屯、睦群村睦屯、东群屯、均宁村均宁屯各有1处下降泉，蓄水量143.52立方米/秒，供村民生活用水。地下河出口位于模范村布红屯，蓄水量80立方米/秒，供沿河村屯发电，灌溉农田用。

林逢镇有季节泉、上升泉、下降泉共8处，蓄水量99.36立方米/秒，其中福兰村巴盛屯1处，属上升泉，蓄水量61立方米/秒，装有10千瓦机电1台，其水可饮用；龙桑屯1处，属季节泉，蓄水量31.58立方米/秒，灌田、饮用；公靖村那良屯1处，属季节泉，蓄水量30.5立方米/秒，灌田、饮用；那良屯1处，属下降泉，蓄水量2.43立方米/秒，灌田、饮用；和同村苏屋屯、那楼屯，檀河村录红屯，保群村那毛屯均有部分泉水长流不干，可供灌田、饮用。

思林镇有季节泉13处、下降泉6处共19处，蓄水量1276.42立方米/秒，其中三百村1处，属季节泉，蓄水量1213.2立方米/秒，灌田、饮用；定阳村龙淋屯1处，属季节泉，蓄水量36.65立方米/秒，灌田、饮用；真良村竹下屯1处，属季节泉，蓄水量18.2立方米/秒，饮用；鹧鸪坳1处，属季节泉，蓄水量2.97立方米/秒，饮用；三百村下屯、长沙屯、告号屯，广养村内光屯、林秀村内丑屯、那塘屯、弄太屯、兰芳村爱史屯、龙兰屯有泉口，部分泉水可灌田、饮用。下降泉6处，蓄水量1880立方米/秒，其中坡塘村东平屯1处，属季节下降泉，蓄水量700立方米/秒，供生活用水；那定村那定屯1处，蓄水量200立方米/秒，供生活用水；丰马村陇力屯1处，蓄水量20立方米/秒，供生活用水；坡塘村龙兰屯、双燕村龙双屯、龙冲村龙楼屯各有1处，属生活用水。

作登瑶族乡有地下河出口、季节泉共7处，蓄水量1540.5立方米/秒，其中大板村更北屯地下河出口1处，蓄水量1217立方米/秒，训信村甲布屯地下河出口1处，蓄水量310立方米/秒，均作农田灌溉和饮用；登高村罗亥屯那田岭、训信村林屯等均有泉各1处。

印茶镇有上升泉、下降泉共14处，蓄水量207.79立方米/秒，其中印茶村那元屯1处，属上升泉，蓄水量78.5立方米/秒，供生活用水；新建村县屯1处，属下降泉，蓄水量29.1立方米/秒，供生活用水；新建村江发屯1处，蓄水量250立方米/秒，供生活用水；新建村那律屯，僚坤村大僚屯，以及立新村三合屯、立屯、上坡屯等均有泉口，供生活饮用和灌田使用。

江城镇有上升泉2处、下降泉5处共7处，蓄水量173.5立方米/秒，其中江城村江城屯1处、六瓦屯1处均属上升泉，流量不详，江城屯1处的泉水供江城镇直机关、江城村及那蒙村村民饮用水；架龙村百龙屯1处，属下降泉，蓄水量135.5立方米/秒，供生活用水；供固村巴当屯1处，属下降泉，蓄水量26.3

立方米/秒，已有电灌；江城村六乙屯、供固村六僚屯、云林村六崖屯各有季节下降泉1处，灌田和饮用。

朔良镇有上升泉、下降泉5处，蓄水量11.7立方米/秒，其中那滕村那耀屯1处，龙洪屯1处，属上升泉和下降泉，蓄水量分别为4.6立方米/秒、2.06立方米/秒，灌田和饮用；百敏村那果屯1处，属下降泉，蓄水量3.43立方米/秒，灌田40亩；杏花村六坤屯、百敏村甫召屯均有泉口各1处，灌田和饮用。

义圩镇有上升泉、下降泉共10处，蓄水量118.89立方米/秒，其中朔晚村晚内屯1处，属上升泉，蓄水量64.7立方米/秒，四季常流，饮用；朔晚村古龙屯1处，属下降泉，蓄水量6.6立方米/秒，生活用水；义圩村那巴屯1处，属下降泉，蓄水量13.2立方米/秒，饮用；义圩村巴胡屯有上升泉1处，蓄水量12.5立方米/秒，供饮用；班龙村可齐屯，朔晚村廷力屯、安东村中屯，义圩村介累屯、符桃村中作屯等有泉口，灌田及饮用。

那拔镇有上升泉、下降泉6处，蓄水量154.19立方米/秒，其中六州村么西屯1处，属下降泉，蓄水量122.7立方米/秒，供灌田和饮用；波洪村那么屯1处，属下降泉，蓄水量20.1立方米/秒，供饮用；坡洪村龙洪屯3处，供饮用。

水　质

全县生活饮用水情况较为复杂，有的饮用大河水、小河水，有的饮用溪水、沟水，有的饮用井水、泉水，有的饮用水库水、塘水、坑水、田水，有的靠等雨水饮用。

右江为田东工业、农业用水区。1998年，水文部门在平马镇合恒村田东水位站设立田东右江水质断面，当年开始有水质数据，水质目标Ⅳ类。水质监测断面设立初期，水质一直处于较差的情况。1998—2005年，除2003—2005年水质达到Ⅳ类，其余年份的年度水质类别一直在Ⅴ类~劣Ⅴ类之间，主要超标污染物从最初的化学需氧量、五日生化需氧量、挥发酚逐渐演变成了氨氮、粪大肠菌群。

2005年7月，田东水文站水位台　（县水利局提供）

县卫生防疫部门在1982—2000年，对县境152个城乡居民饮用水源进行采样监测，着重对感观性状和15个一般化学指标、14个毒理学指标、5个微生物学指标等进行分析，除部分检验项目未检出外，其余项目结果均能够检出。结果显示，县境内的饮用水源中，少数水源含铁、锰、色度、浊度、细菌指标等均有不同程度地超出国家规定的《生活饮水卫生标准》，大多数水源水质基本符合水质标准要求，全县38.89万人集中式供水人数占11.25%，分散式供水人数占87.73%，饮用水质均未发现异样。

水　温

每年枯水期（3月间）取样期间，田东整个大气层温度在14℃~17℃，地面水水温11℃~21℃，地下水水温15℃~22℃。每年丰水期（7月间）取样期间，整个大气层温度29℃~32℃，地面水水温22℃~29℃，地下水水温17℃~25℃。

色度　县城集中式供水的自来水经人工、器械、药物处理后，色度不分枯水期、丰水期，均能保证在4℃~6℃之间。乡镇简易自来水未经任何处理，丰水期2℃~8℃，枯水期2℃~11℃。分散式供水色度：枯水期、丰水期均为5℃~35℃；丰水期泉水2℃，枯子期泉水为3℃。

浑浊度 国家卫生标准规定浊度不超过3℃，特殊情况不超过5℃。县城自来水未经过处理，枯水期、丰水期都低于6℃，个别时间为2℃和6℃~8℃。在乡、镇未经处理的简易自来水浊度均为2℃以下。农村分散式供水，丰水期地面水超过5℃的占25%，枯水期超过5℃的占39.5%。

肉眼可见物 全县152个用水点，均未发现沉淀物和水生生物的令人嫌恶的物质。

嗅和味 经监测均未发现异臭和异味。

酸碱度 pH值比较稳定，一般在变动范围6.5℃~8.5℃，完全处理的县城自来水保持7.6℃。

总硬度 国家标准饮用水硬度，原规定不应超过每升250毫克（以氧化钙计），后来规定不应超过每升450毫克。县内经过完全处理的自来水硬度每升74~76毫克；地下水总硬度丰水期为每升87毫克，枯水期为每升91毫克。

铁 国家标准水源含铁量每升不应超过0.3毫克。县境内水源含铁量枯水期和丰水期相近，地面水和地下水相差较大，地面水枯水期平均每升0.25毫克，丰水期平均每升0.27毫克。地下水枯水期平均每升0.12毫克，丰水期平均每升0.07毫克。十里莲塘范围的井水含铁量高，每升在0.4毫克以上。

锰 国家规定标准含锰量不应超过每升0.1毫克。县内水中的锰来自自然环境或工业废水污染，地面水丰水期为每升0.05~0.26毫克，平均每升0.13毫克。枯水期取样品偏高，每升0.06~0.45毫克，平均每升0.08毫克。地下水枯水期是每升0.05~0.17毫克，平均为每升0.07毫克；地下水丰水期全部均在每升0.06毫克以下。

硫酸盐 国家规定标准含量不应超过每升250毫克。县内地面水含量每升0.05毫克左右，地下水含量较高，每升在10~85毫克。

氯化物 国家规定标准含量不应超过每升250毫克。县内饮用水中，枯水期地面水含氯化物为每升2~14.5毫克，平均每升5.80毫克。枯水期地下水含氯化物每升10~85毫克，平均每升28毫克。丰水期地面水含氯化物每升1~13毫克，平均每升5.53毫克，地下水范围含氯化物每升2~71毫克，平均每升28.7毫克。

耗氧量 地面上耗氧量每升0.8~5.57毫克之间，县内塘水含量较高，每升在5.8毫克左右，处理过的自来水最低每升0.8毫克左右。

大肠杆菌群 完全处理的县城自来水每升3~120个，不完全处理（未加氯消毒）的自来水每升3~2380个。分散式给水的地下水每升240~2380个，地面水每升在2380个以上。

氟化物 全县分布均匀，各种水源每升都含0.2毫克。

硝酸盐（以氮计） 地面水含量每升0.02~0.82毫克，地下水含量1.24~8.8毫克。

砷 含量每升0.01毫克，分布普遍，地面水与地下水相同。

铅铜锌 含量每升均在0.001~0.003之间。其余指标均未检出。

1998—2005年田东水文站监测右江断面监测结果表

表2-2-4

年份	非汛期	主要超标污染物及超标倍数	汛期	主要超标污染物及超标倍数	年均值	主要超标污染物及超标倍数
1998	—	—	—	—	劣Ⅴ	化学需氧量、五日生化需氧量、挥发酚
1999	—	—	—	—	劣Ⅴ	五日生化需氧量、挥发酚
2000	—	—	—	—	劣Ⅴ	五日生化需氧量、化学需氧量
2001	Ⅴ	溶解性铁0.1	Ⅴ	高锰酸盐指数0.3、锌0.9、溶解性铁3.1	Ⅴ	高锰酸盐指数0.02、锌2.8、溶解性铁2.0
2002	Ⅳ	粪大肠菌群0.8	劣Ⅴ	粪大肠菌群4.4	劣Ⅴ	粪大肠菌群6.2

续表2-2-4

年份	非汛期	主要超标污染物及超标倍数	汛期	主要超标污染物及超标倍数	年均值	主要超标污染物及超标倍数
2003	Ⅲ	—	Ⅲ	—	Ⅳ	高锰酸盐指数0.3
2004	Ⅳ	氨氮(0.3)	Ⅲ	—	Ⅲ	—
2005	Ⅳ	氨氮0.08、粪大肠菌群0.2	Ⅳ	氨氮0.2、粪大肠菌群1.0	Ⅳ	氨氮0.1、粪大肠菌群0.6

说明:表中数据由百色市水文水资源局提供

2000年田东县境内4个城乡居民饮用水进行检验水质情况表

表2-2-5

单位检验结果项目	田东县水厂出厂水	思林镇水厂出厂水	广西石油天然气开发公司自来水	作登瑶族乡大板村更北屯泉水
色度(度)	<5	<5	<5	<5
浑浊度(度)	1.3	2.6	0.4	3.0
臭和味(级)	0	0	0	0
肉眼可见物	无	无	无	无
pH值	7.20	7.03	7.20	6.86
总硬度(毫克/升)	180	170	130	221
铁(毫克/升)	0.05	<0.05	<0.05	0.08
锰(毫克/升)	<0.05	<0.05	<0.05	—
铜(毫克/升)	<0.02	<0.02	<0.02	—
锌(毫克/升)	<0.25	<0.25	<0.25	—
挥发酚类(以苯酚计)(毫克/升)	<0.002	<0.002	<0.002	—
阴离子合成洗涤剂(毫克/升)	<0.1	<0.1	—	—
硫酸盐(毫克/升)	<5.0	<5	—	—
氯化物(毫克/升)	13.5	5.4	—	—
溶解性总固体(毫克/升)	228	323	—	—
氟化物(毫克/升)	0.3	0.5	—	—
氰化物(毫克/升)	<0.002	<0.002	—	—
砷(毫克/升)	<0.01	<0.01	—	—
汞(毫克/升)	<0.0002	<0.0002	—	—
镉(毫克/升)	<0.01	<0.01	—	—
铬(六价)(毫克/升)	<0.004	<0.004	<0.004	—
铅(毫克/升)	<0.01	<0.01	<0.01	–
硫酸盐(以氮计)(毫克/升)	1.3	1.4	<0.44	–
细菌总数(个/毫升)	11	59	—	6.0×10
总大肠菌群(个/毫升)	<3	7	—	<3
游离余氯(毫克/升)	<3	0	—	—
氨氮(以N计)	—	—	—	<0.02
亚硝酸盐(以N计)(毫克/升)	—	—	—	<0.0033

说明:表中数据由县防疫站提供

第三章　土壤　植被

田东县境内的各种土壤是成土母质经过漫长的地质年代演变而成的。2000年，全县总耕地面积为2.63万公顷，其中水田1.25万公顷，旱地1.38万公顷。2005年，全县总耕地面积为2.57万公顷，其中水田1.1万公顷，旱地1.47万公顷。田东属南亚热带季风湿润气候，长夏无冬，春秋相连，适合各种植物生物生长，四季繁茂。全县植被总覆盖率63.33%，其中自然林植被19.7%，人工林植被8.1%，草丛植被27%，农田（地）植被8.53%。

第一节　土壤类型及分布

母　质

据《田东县土地志（1875—2000年）》记载，2000年田东县境内土壤成土母质可分为7种。

砂页岩母质　为砂页岩（沉积岩）风化后形成的母质，其组成矿物主要是石英沙和各种次生黏土矿物，层状构造，坚硬层厚，由砂页岩风化而形成的田（地）属轻壤质。朔良镇和义圩镇是砂页岩母质组成，其他乡镇亦有不同程度的分布。全县砂页岩母质20.09万公顷，占全县总土地面积71.34%。由砂页岩母质发育而形成的耕地7958公顷，其中水田5899公顷，旱地2059公顷。

石灰岩母质　绝大部分是海洋中微小壳类动物遗骸堆积，并经成岩作用而形成的。其矿物组成是方解石、白云石，密致状结构，层里较厚，节理发达。其风化作用主要是溶蚀，风化物形成的土壤多属黏质，含钙较多，呈中性至碱性反应。主要分布在作登、印茶、祥周、林逢等南部山区，思林镇东部和南部也有分布，除义圩镇以外，其余乡镇有零星分布。全县有5.17万公顷，占总土地面积18.36%，由石灰岩母质发育而成的耕地有3701公顷，其中水田731公顷，旱地2970公顷。

页岩母质　由小于0.01毫米的黏粒经过挤压作用后脱水胶结而成，是一种泥质沉积岩，其层理薄而发达，质软易风化，各种生黏土矿物如次生铝硅酸盐矿物为主要成分。页岩风化而成的土壤一般质地黏重、瘦瘠。分布在思林镇的良余、思林、东龙等村屯，作登、印茶等乡镇有少量分布。全县页岩母质有4000公顷，占全县总土地面积1.42%，由于页岩母质发育而成的耕地有832.6公顷，其中水田541.27公顷，旱地291.33公顷。

硅质岩母质　为硅质岩（沉积岩）风化后形成。其组成矿物主要是石英沙和各种次生黏土矿物，层状构造，比砂页岩、石灰岩坚硬。由硅质岩风化而成的田（地）耕层通常是沙壤、至壤土灰白色或浅灰色，微酸至近中性，养分含量低，主要分布在印茶镇东部的一些村屯。全县硅质岩母质有1466.67公顷，占全县总土地面积0.52%，由硅质岩母质发育而形成的耕地有620公顷，其中水田360公顷，旱地260公顷。

红土母质　即第四纪红土，常具铁、铝分化的红白网纹，质黏细而塑性差，酸性，与石灰岩交错存在的地区常有较多铁粒和铁磐。主要分布在百色至南宁公路沿线两旁的乡、村。全县第四纪红土母岩发育形成的土壤5940公顷，占全县总土地面积2.11%。由此形成的耕地有2524公顷，其中水田1787公顷，旱地737公顷。

河流洪流冲积物母质 河流所携带碎屑物，在沿河地带沉积下来，在水的分选时发生变化，形成冲积物母质具显著层理，而且有一定沉积顺序性，洪积物缺乏层理性，沙石泥相混并存，沉积规模较大，多分布于河流由山地入平地的入口处及河流沿岸。全县河流冲积、洪积物母质形成的土壤1.48万公顷，占总土地面积5.26%。由河流冲积母质发育的耕地有1214公顷，其中水田144公顷，旱地1070公顷。由洪积物母质发育而形成的耕地1488公顷，其中水田1185公顷，旱地303公顷。

紫色砂页岩母质 为沉积岩，土体均带紫色，岩石含磷、钾物较多。主要分布在平马镇的子安、百林村，作登、林逢均有零星分布。全县紫色砂页岩母质有1333公顷，占总土地面积0.47%，由此发育而形成的耕地有598公顷，其中水田369公顷，旱地229公顷。

水稻土

全县水稻土遍及县内各个乡村。由于地处南亚热带，地形错综复杂，地貌类型多样，成土母质不同，气候条件各异，耕作制度不一，形成各种各样的水稻土。全县水稻土分为6个亚类，22个土属，58个土种，普查面积为14036.76公顷。

红土母质淹育水稻土 为第四纪红土形成的红壤经耕种水稻发育而成。土体深厚，质黏，心土、底土红色或具红灰色网纹。广泛分布右江沿岸各地，在石灰岩地区交界的红土常含有较多的铁锰粒。此土属有淹育红泥田、淹育黄泥骨田、淹育沙质黄泥田、淹育黄泥田、淹育铁子田、淹育多铁子田、淹育铁子底田7个土种。平马、祥周两个镇分布最多，林逢、作登、思林等乡镇有少量分布。全县共有376公顷，占水稻土面积2.68%。

砂页岩母质淹育水稻土 在砂页岩残积物、堆积物上经耕种水稻形成的土。土壤沙壤至黏壤质，底土或心土有砂页岩碎屑。此土属有淹育沙土田、淹育壤土田、淹育腊泥田、淹育粉结田、淹育硬结田等5个土种。分布在砂页岩的山丘梯田和垌田，各乡村都有分布。全县共有1214公顷，占水稻土面积8.64%。

河流冲积母质淹育水稻土 河流沉积的沙泥上经耕种水稻形成的水稻土，分布在沿河两岸。土层深厚，有沉积层理，犁底层之下母质层，可以是冲积层，也可以是前地质时期的沉淀物（第四纪红土、岩层等）。本土属有淹育潮沙田一种。现有39.07公顷，占水稻土面积0.28%。

洪积母质淹育水稻土 洪流携带的沙、石、泥在河床比降突然平缓下沉积下来的堆积物。缺乏层理，沙、砾、石混合一起，分布于河流由山地入平地的入口处及河流沿岸。此土属有含砾沙泥田、含沙泥土田、含砾黄泥田、石子田等。各乡镇、村屯均有分布。全县有407公顷，占水稻土面积的2.9%。

棕色石灰土母质淹育水稻土 耕层浅，浅棕或浅暗，质地中壤—重壤，富含钙和有机物质，形成良好土壤结构，耕性较好，田中常有石灰岩露头，地下有溶洞，易漏水漏肥，微碱、土冷、水冷。土质有较多的钙存在，形成有机胶体。此土属是在石灰岩区棕色石灰土为母质基础上耕种水稻发育而成，主要分布在作登、祥周等乡镇，除义圩镇外，其余乡镇也有不同程度分布。全县有261公顷，占水稻土面积1.86%。

紫色岩母质淹育水稻土 呈紫棕色，重壤，小块状结构。土属以紫色岩风化物为母质发育而成的紫泥田，酸性至微碱性，母质含钾较多。主要分布在平马、林逢2个镇，思林、作登等乡镇也有少量分布。全县有78公顷，占水稻土总面积0.56%。

硅质岩母质淹育水稻土 耕层较浅，质地沙壤，微酸性，通透性好，保水能力差，有机质分解迅速，释放快，养分含量低，尤其缺钾。此土属为硅质岩母质发育的土壤经耕种水稻而成的灰沙泥田，土壤常含风化不全的硅质岩砂粒，耕层沙壤至壤土，灰白色或浅灰色，微酸至近中性。分布在印茶镇的东部村屯。全县有93.47公顷，占水稻土面积0.67%。

潴育性水稻土 此类土壤耕作时间长，土壤熟化程度较高。在潴育层下，是原土壤的淀积层或母质层，土壤有较好的通透性，主要分布于平原、广谷、缓丘的垌田。全县共有9959.05公顷，占水稻土总面积70.9%。潴育水稻土的土属及主要土种如下：

一是砂页岩母质潴育水稻土。以砂页岩风化物为母质基础上发育而成。在犁底层下有铁、锰有机质络合物下移淀积，土块表面有胶膜。此土属有潴育沙土田、潴育沙泥田、潴育沙泥肉田。县内面积最大的水稻土属，主要分布在平马、祥周、林逢、思林、印茶等5个镇，其他乡镇也有分布。全县有4685.27公顷，占水稻土面积33.38%。

二是河流冲积母质潴育水稻土。为河流冲积母质经长期耕种水稻而形成，分布于沿河两岸阶地，土体具沉积层理，犁底层之下潴育层已变原沉积层的特征。一般土层深厚，施肥水平较高，耕作历史较久。此土属有潴育潮油沙田、潴育潮泥田、潴育潮泥肉田。主要分布祥周、平马、林逢3个镇，思林、义圩等2个镇亦有分布。全县有1398.87公顷，占水稻土面积9.97%。

三是洪积母质潴育水稻土。洪流携带的沙、石、泥在河床比降突然平缓下沉积的堆积物。洪积物包括近代洪积和前地质期洪积，土壤中沙、石、泥相混，缺乏层理性，具潴育化，土体常含少量石砾、耕层壤质。此土属有洪积潴育沙泥田一种，主要分布于义圩、思林、林逢、祥周4个镇。全县有777.87公顷，占水稻土面积5.54%。

四是棕色石灰土母质潴育水稻土。在石灰岩区垌田以棕色石灰土为母质的基础上，耕种水稻而形成。耕作时间较长，土壤比较熟化，质地黏壤质，中性至微碱性，棕色。此土属有潴育棕泥田、潴育棕泥肉田，主要分布于印茶、思林、作登3个乡镇。除义圩镇外，其他乡镇亦有不同程度的分布。全县共有643.45公顷，占水稻土面积6.72%。

五是紫色岩母质潴育水稻土。分布于紫色岩区垌田。在施肥水平较高，排灌较好条件下，发育完善，但土体仍不失其紫色，底土层略呈浅灰黄色。此土属有潴育紫泥田、潴育紫沙田，主要分布在平马、作登2个乡镇。全县有476.45公顷，占水稻土面积3.39%。

六是硅质岩母质潴育水稻土。是在硅质岩淹育水稻土经长期耕种而形成，水肥条件较好，熟化程度较高，剖面构造已发育为A、P、W、C层。此土属有潴育灰沙泥田，分布在印茶镇。全县有266.87公顷，占水稻土面积1.95%。

潜育冷底田 冷底田是县内潜育型水稻，面积较大的一个土种，主要分布在山间谷地或有冷泉活动的冲田、垌田。由于田间排沟缺乏，山间冷水沿坡渗入稻田，使耕层之下土壤发生黄化潜育层，土温低。主要分布在祥周、林逢、义圩3个镇，其他乡镇也有不同程度的分布。全县各种类型的冷底田有733.93公顷，占水稻土面积5.23%。

潜育冷浸田、浅浸田 主要分布在低洼的地方，田面长期渍水或受山谷冷泉水的影响，耕层、犁底层以至心土层发生潜育化，但其底层不烂。各种母质发育成为各类冷浸田和浅浸田的有86.6公顷，占水稻土面积的0.62%。

潜育中潜底田 常分布于烂湴田垌中较高的田块。或经开沟排水后，地下水位下降，犁层底下仍有青灰或蓝灰色潜育层。全县有64.8公顷，占水稻土面积的0.46%。

沼泽性水稻土 地下泉水上涌或长期渍水形成沼泽，土体稀烂，呈糊状，人畜难下田劳作。属于这类土属的土种有浅埋藏黑泥田、深埋藏黑泥田、深湴田、浅湴田、紫烂底田5个土种。此亚类有埋藏黑泥田土属，全县有182.4公顷，占水稻土面积1.27%。

侧渗型水稻土 一般零星分布在阶地和坡地梯田，有白沙田、白沙泥田、白沙泥深底田、深渗白散沙田、白散沙田、白沙泥底田6个土种。全县有268.67公顷，占水稻土面积1.91%。

盐渍性水稻土 县内属此亚类仅有碳酸盐渍水稻土土属。长期施放石灰，或引用含碳酸盐的溶洞水灌溉，或由于石灰性冲积，残母质影响，使土壤呈碱性反应。属此土属有石灰性田、石灰板结田、锅巴底田、石灰性潜育田。除义圩镇外，其他乡镇均有分布。全县有271.73公顷，占水稻土面积1.94%。

旱地土壤

据《田东县土地志（1875—2000年）》记载，2000年田东县境内旱地土壤分为四大部分：分布在砂页岩丘陵谷地以红壤土、赤壤土、沙质黄泥土为主的旱地土壤，分布在国道324邕（南宁）色（百色）公路两旁的缓丘谷地以第四纪红土发育为主的红土赤红壤旱地土壤，分布在平原、河谷的以冲积土为主的旱地土壤，分布在石灰岩地区以棕泥土为主的旱地土壤。按土壤分类系统来分，全县旱地共有11亚类，20个土属，23个土种。其中经普查耕型旱地土壤共8583.13公顷。

红壤　县内红壤亚类有砂页岩红壤土属，分布在北回归线以北，海拔600米以下的低山丘陵。主要特点是土体红色，酸性，较富含铁铝，质地壤质至黏质，层次分化不大明显，其相应耕型为砂页岩红壤土。面积935.67公顷，占旱地面积10.9%。

黄红壤　此壤亚类有砂页岩黄红壤土属，分布在义圩、林逢、印茶、作登、朔良等5个乡镇的海拔600~1100米山地。属于红壤与黄壤之间的过渡类型土壤，土色红、黄相兼，酸性，层次分化不大明显，其相应的耕型为沙质黄泥土，面积251.47公顷，占旱地面积2.93%。

砖红壤性红壤　此亚类土壤层次分化比红壤和黄红壤明显，富含铁铝，表层色较淡红。分布在北回归线以南，海拔600米以下的地区。其相应的耕型有耕型第四纪红土赤红壤、耕型砂页岩赤红壤、耕型铁砾赤红壤、耕型砂页灰红壤、耕型页岩赤红壤、耕型硅质岩赤红壤。共有2250.33公顷，占旱地面积26.22%。

黑色石灰土壤　土壤富含有机质而呈黑色，有石灰反应，碱性，小粒状结构，质地较黏重，土壤肥力较高。多分布于石灰岩山区植被覆盖较好的岩堆或岩缝间。耕型黑色石灰土共有59.47公顷，占旱地面积0.69%。

棕色石灰土壤　分布于石灰岩的下坡地方，土层较厚，黏壤至重壤，耕层下有棕色层。无石灰反应，有时呈小量铁锰粒或斑。此亚类有耕型棕色石灰土一个土属，其土种为棕泥土，为全县最大一个土种，除义圩镇外，其余乡镇均有分布。全县共有2969.8公顷，占旱地面积34.6%。

酸性紫色土壤　此亚类耕型土属有砂岩酸性紫砂土、砂页岩酸性紫泥土、页岩酸性紫黏土等。土壤紫色，酸性，分布于紫色岩区。共有167.13公顷，占旱地面积1.95%。

红色石灰土壤　此亚类土属有耕型红色石灰土，土种耕型红色石灰土。分布于石灰岩山坡地，土壤表层微酸性，越下碱性越大，红色。养分含量较低。有63.93公顷，占旱地面积0.74%。

石灰性紫色土壤　紫色岩含碳酸盐，土壤呈石灰反应，碱性。只有耕型石灰性紫泥土一个土种，面积61.67公顷，占旱地面积0.72%。

河流冲积土壤　属近代河流冲积物，分布于沿江两岸，土体具层理性。土体深厚，疏松，有回潮现象，质地壤土，容易耕作，供肥迅速，养分含量不高，但物理性优越，作物施肥反应好，适种范围广。土种有中层酸性潮沙土，中层酸性潮泥土，薄潮沙土。全县共有1069.87公顷，占旱地面积12.46%。

洪积土壤　有石砾土、砾石砂土、砾质壤土等土种。洪积土近代洪积，或前地质年代洪积，分布于冲积或河谷地带。土壤中沙、石、泥相混，无分选，没有明显层理，缺磷、钾较突出。全县有302.33公顷，占旱地面积3.52%。

沼泽土壤　受地下水活动较突出或地势低而长期渍水影响，土壤常较多的有机炭。此亚类有耕型质黑泥土一个土属，土种有黑泥土、石灰性黑泥土。黏壤质，微碱性。主要分布在林逢镇的林驮、和同、保群、德利等村屯的山间洼地或地势较低平原地方。全县451.47公顷，占旱地面积5.26%。

林地　荒地　牧地土壤

据《田东县土地志（1875—2000年）》记载，2000年田东县境内林地、牧地、荒地土壤分为4个土类，7个亚类，15个土属，16个土种。

中层砂页岩红壤　分布在北回归线以北的朔良、义圩、林逢3个镇600米以下的低丘陵。全县有5.74万公顷，占全县总土地面积（以下同）20.38%。

中层砂页岩黄红壤　土色红黄相兼，属于红壤与黄壤之间的过渡类型，层次分化不大明显。海拔较高，冷凉湿润，森林覆被率较大，机质层次较厚，是宜于种植杉、竹、油茶、油桐等用材林和经济林的好地方。共有7449.13公顷，占面积2.65%，分布在海拔600~1022米的山地上。

红土赤红壤　成土母质为第四纪红土，分布在北回归线以南右江河谷的缓丘坡地，海拔100~150米，土体深厚，质地松黏，表层色较淡红，酸性，富铝化。可大力发展热带、亚热带果树，如芒果、菠萝、梨、李、桃、荔枝、龙眼等。全县有1064.4公顷，占面积0.38%。

中层砂页岩赤红壤和厚层砂页岩赤红壤　这两个自然土壤均分布于北回归线以南海拔600米以下的砂页岩丘陵地区，土壤层次分化比砂页岩红壤明显，富铁铝，表层较淡红，壤质，微酸性。中层砂页岩赤红壤厚度40~80厘米，全县有5.27万公顷，占面积18.6%。厚层砂页岩赤红壤土体厚度大于80厘米，全县有5.46万公顷，占全县面积19.38%。适宜种植马尾松林。

铁砾赤红壤　分布在海拔600米以下，北回归线以南的石灰岩地区。全县有222.2公顷，占全县面积0.08%。

中层砂岩赤红壤和中层页岩赤红壤　这两个自然土壤均分布于南亚热带（北回归线以南）海拔600米以下的地区，土壤层次分化明显，且富含铁铝，色较淡红。中层砂岩赤红壤母质为砂岩，质地沙至沙壤，全县有666.67公顷，占总面积0.27%。中层页岩赤红壤母质为页岩，质地黏壤至黏质，主要分布在思林镇的良余、思林、东龙等村屯。片状，层理发达，酸性，土层中常含有较多的页岩风化物碎石。全县有2625.6公顷，占总面积0.93%。

硅质岩赤红壤　沙质壤，微酸性，常含有风化不完全的硅质沙粒或碎石。此土壤养分含量极低，尤其是钾和有机质低，应封山育林，种植适宜树种，绿化石山，涵养水源。全县有808.53公顷，占0.29%。

轻度侵蚀赤红壤　砖红性红壤（赤红壤）亚类所属的土属，由于水土冲刷，土壤有片蚀、沟蚀现象，表土层部分被剥蚀。全县有333.33公顷，占土地面积0.12%。

黑色石灰土与棕色石灰土　其母质为石灰岩，分布在石灰岩的山坡下方，混有石灰岩碎片，在有机质之下为黏质棕色层，适宜种油桐、竹子和其他果类。全县有2.6万公顷，占土地面积9.24%。

中层酸性紫泥土　其母质为紫色砂页岩，分布于紫色砂页岩地区，土壤壤质，紫色，酸性，土体厚度为40~80厘米，含钾较高。分布在平马、作登等乡镇。全县有166.67公顷，占土地面积0.06%。

薄层石灰性紫泥土　其母质为紫色砂页岩，含碳酸盐，分布于紫色砂页岩地区，土壤壤质，具石灰反应，碱性，紫色，含钾较丰富，土体浅薄。分布于作登、平马等乡镇。全县有1000公顷，占土地面积0.36%。

第二节　土壤肥力

据《田东县土地志（1875—2000年）》记载，2000年田东县水田土壤中，熟化程度比较好的潴育性水稻土占水稻面积70.9%，有机质含量比较丰富（包括田和地）占28.3%，质地适中的壤土田和沙壤质田占56.9%，其中旱地占15.5%，并有半数的耕地面积酸碱度适中，耕地中速效磷大于5PPm的占

30.4%，速效钾大于50PPm的占5%。这部分耕地水利条件好，土层深厚，无障碍层次或障碍层次在短期内易于解决，保水保肥，通透性及耕性较好，土壤潜在肥力较高。属于这类土的有1.6万公顷，占全县耕地面积64.97%。但约有1/3的耕地面积存在某些障碍因素和层次，如潜育型、沼泽型、侧渗型、盐渍性等水稻土有1608.13公顷，占稻田面积11.5%；锅巴层和铁子层的有138.8公顷，占1%；偏沙易漏水漏肥的有1714公顷，占12.7%；偏黏耕性差，通透性不好的有508.33公顷，占3.6%；偏酸的有4672.13公顷，占33.30%；偏碱的有1989.47公顷，占14.1%。旱地土壤：偏沙的有714.93公顷，占旱地土壤8.3%；偏黏的有1489.67公顷，占17.4%；耕层小于10厘米以下的有1822.07公顷，占21.2%；偏酸的有1224.47公顷，占14.30%；偏碱有468.6公顷，占5.5%。从缺素面积情况来说，耕地中（包括田和地）严重缺磷（小于3PPm）的有1.25万公顷，占50.6%；严重缺钾（小于50PPm）的有1.11万公顷，占45%；磷钾均严重缺的有8108.47公顷，占32.82%；有机质含量低（小于2%）的有3738公顷，占15.2%。总的来看，这部分耕地不但浅、黏、瘦、酸（或）碱带有普遍性，而且营养元素也不协调，需要下功夫才能逐年培肥改良。

据《田东县土地志（1875—2000年）》记载，2000年全县有林地、牧地、荒地土壤20.1万公顷，占全县土地总面积71.38%，其中林地（包括疏林地）8.3万公顷，占全县土地总面积29.47%；牧地5.73万公顷，占20.35%；荒地6.07万公顷，占21.56%；荒地中宜林地7215.13公顷，宜农垦地7272.93公顷；宜牧地4312顷，难以利用的石山地4.19万公顷。若按土壤母质发育类型分（普查面积），砂页岩红壤5.74万公顷，占林荒地面积25.73%；砂页岩黄红壤7449.13公顷，占林荒地面积3.51%；砂页岩赤红壤10.72万公顷，占林荒地面积50.55%；石灰岩赤红壤222.2公顷，砂岩赤红壤约666.67公顷，页岩赤红壤2625.6公顷，硅质岩赤红壤808.53公顷，第四纪红土赤红壤1064.4公顷，棕色石灰土2.6万公顷，紫色岩风化形成的林、荒地1675.47公顷。若按地貌类型海拔高度分，中山（900米以上）有50.53公顷，占地面积0.02%；低山（600~900米）有1.05万公顷，占3.71%；高丘（350~600米）有10.81万公顷，占38.39%；中丘（200~300米）有9.26万公顷，占32.89%；低丘（150~200米）有1.82万公顷，占6.46%；台地（100~150米）有3.34万公顷，占11.87%；平地（100米以下）有5409.47公顷，占6.66%。从养分含量分，有机质含量大于4%（丰富）的有3.23万公顷，占全县林牧荒地面积15.2%；含量3%~4%（较丰富）的有3.13万公顷，占14.74%；含量2%~3%（中等）的有11.44万公顷，占53.96%；含量小于2%（缺）的有3.41万公顷，占16.10%；含全氮量较丰富的有15.75万公顷，占74.27%；速效钾含量较丰富的有17.37万公顷，占81.92%；但速效磷缺面积有17.46公顷，占82.36%。土壤反应多为酸性—微酸性，面积有17.82万公顷，占84.06%。从土层深度看，土层厚度为40~80厘米（中层）的有12.1万公顷，占57.08%；土层厚度大于80厘米（厚层）的有5.56万公顷，占26.24%；土层厚度小于40厘米（薄层）的有3.53万公顷，占16.68%。据代表剖面常规化验分析结果，多数土壤为微酸性至酸性，一般含钾量较丰富，但缺磷，相当部分含有机质丰富，面积最大的中层砂页岩赤红壤含有机质达3.87%~4.86%，面积为次的厚层砂页岩赤红壤含有机质也2.36%~2.39%。

县境内自然植被以亚热带常绿阔叶林为主，这些植物生长茂密，种类繁多，四季常青，枯枝落叶能提供土壤大量有机质与营养物质，具有生物自肥作用，为砂页岩红壤、赤红壤的发育与肥力增长提供了丰富的物质基础。这些土壤，土体一般较薄，常含石砾，底土为半风化母质，质地多为中壤，土壤疏松并经常湿润，很适宜栽杉、竹、桐果、板栗、泡桐木、油茶等用材林、经济林及其他水果等。

第三节 植被

县境内属南亚热带季风湿润气候，长夏无冬，春秋相连，适合各种植物生物生长，四季繁茂。据

《田东县土地志（1875—2000年）》记载，2000年全县自然林植被占19.7%，人工林植被8.1%，草丛植被27%，农田（地）植被8.53%，植被总覆盖率63.33%。

自然林植被

针叶林群丛 以右江河流为界，分南北两部山区，海拔为500~1022米之间，其范围包括土、石山坡，林木较多，坡较陡。群众开荒烧山和乱砍滥伐，植被受到破坏，水土流失严重。保持万亩以上的自然植被有平马镇梅宁村，祥周镇的仑圩、联雄村，林逢镇的德利、进化、祷午、民族、凤球村，思林镇的新圩、百笔村，朔良镇的灵龙、六羊、南立、巴鲁、宝达、百敏、群敏村，义圩镇的甲冠村，那拔镇的六柳、福星、平王村，作登瑶族乡的驮瓜、江那、新发、坡圩村。全县范围内，除石灰岩外，凡属砂页岩基质的地方都有针叶林群丛，多是中山性（旱生性）植被类型森林为主，其中以马尾松群丛分布最广，垂直分布至海拔1022米，最低海拔150米，而以500~800米生长最好，直立挺拔。一般与阔叶林混生，常见的有栓皮栎、白栎、短翅黄杞、火柴木、桦木、蚬木、银叶木荷、枫木等树种。林下灌木层常见的红花柴、姜子林、（木迷）木、紫金牛、桃金娘、野牡丹、茜草木。还有林下的草层，如金茅、石表芒、管草、扭黄茅等群落。

阔叶林群系 县内中部和南北两部山区，海拔150~500米之间，有阔叶林群落。其树木高大，层次多，茎花和板根现象显著，树皮光滑，多是中、大叶型。主要生长环境有砂页岩山丘阔叶林和石灰岩阔叶林两种，有的穿插在岩缝生长。天然阔叶林主要落群有枫香、楹树林、杜英林、大叶栎、红椎林、观光木、紫荆木、海南风吹楠、樗树、蚬木、海南蒲桃、肥牛树、金丝李、翻白叶树、火焰花茶等树种。

全县各地还普遍有自然生长的大竹、单竹、苦竹、簕竹群丛。

人工林植被

右江河谷一带，南北山区较低缓的山丘地域，海拔为96~500米之间的14~45度坡仍有少部分自然林植被，多数为人工林植被。常见的树种有马尾松、杉树、栓皮栎、荷木、红花柴、余甘子；桉树、相思木、木麻黄、苦楝、芒果、扁桃、荔枝、龙眼、黄皮、蕉类；八角林、油桐林、油茶林、酸梅林等群落。

草丛植被

全县分为低山丛植被（海拔500~800米之间的15~45度坡）、丘陵草丛植被（海拔100~400米之间的坡度的15度以下）、林间草丛植被、石山灌丛植被和零星草丛植被。具有代表性和区域性的草丛植被种类有黄茅草、红叶草；青香草、野古草、芒草、巴芒、扭黄茅、龙须草、狗尾草；牛筋草、稗草、画眉草、沙草、铺地龙草、香附子草、长禾草及其他杂草类等群落。

农作物植被

全县以水稻群落为主，其次是玉米、甘蔗、木薯、花生、蔬菜等群落。除甘蔗、木薯外，其他都为一年两造。

第四章　自然资源

田东县自然资源丰富，土地总面积为2816平方千米，折合28.16万公顷。境内河流属珠江流域西江水系，流域面积为2816平方千米。野生植物有乔木类93种，灌木类12种，有草类、蕨类、藤类15种，有花类30种。野生动物有野兽类11种、蛇类14种、蜥蜴类3种、蛙类3种、禽鸟类26种、蜂类8种、蜻蜓类6种、蝶类150多种。

第一节　土地资源

1989年，全县土地利用情况是这样：耕地2.36万公顷，占全县总面积8.38%；园地220.53公顷，占总面积0.08%；林地7.76万公顷，占总面积27.56%；牧地1.5万公顷，占总面积5.33%；宜农荒地7272.93公顷，占总面积2.58%；宜林荒山8.45万公顷，占总面积30%；城乡居民用地、厂矿、交通及特用地6899.45公顷，占总面积2.45%；难以利用石山地1.89万公顷，占总面积6.71%；水域面积2124.87公顷，占总面积0.75%；其他面积4.55万公顷，占总面积16.16%。

2005年，全县土地面积除城乡居民用地、厂矿、交通有所增加，其他基本仍维持原状。在利用土地方面各有差异：耕地2.57万公顷，占总面积9.13%，比1989年增加0.75%；园地8019公顷，占总面积2.85%，比1989年增加2.77%；林地7.73万公顷，占总面积27.45%，比1989年减少0.11%；牧地168.29公顷，占总面积0.06%，比1989年减少1.44%；宜林荒山8.56万公顷，占总面积30.39%，比1989年增加0.38%；宜牧荒山9380公顷，占总面积3.33%，比1989年（当时未划）增加100%；城乡居民用地、交通、工矿用地8223公顷，占总面积2.92%，比1989年增加0.47%；水域2028.87公顷，占总面积0.72%，比1989年减少0.03%；难以利用石山地1.89万公顷，占总面积6.71%，跟1989年持平；其他面积4.63万公顷，占总面积16.44%，比1989年增加0.28%。

第二节　水资源

水　量

田东县河流属珠江流域西江水系，其中属右江河系县内流域面积2004.1平方千米，红水河系县内流域面积811.9平方千米。流域面积在10平方千米以上的河流有37条，较大的河流（县境内）有右江、龙须河、古榕江、响水河、灵岐河等5条。

全县平水年总来水量为16.84亿立方米（含地下水3.39亿立方米），其中县内来水量为13.45亿立方米。1989—2005年平均径流深为490毫米，多年平均径流量13.8亿立方米，枯水年径流量11.93亿立方米。地下水汇入面积2816平方千米，年均径流量为3.49亿立方米。在平水年总来量16.84亿立方米中，可利用的有4.06亿立方米，而需用量为2.82亿立方米；枯水年总来水量14.94亿立方米中，可利用的为3.65亿立方米，而需用量为3.01亿立方米，供需量平衡。

在一般正常年量，全县仍有余水。但由于地处亚热带，受季风和地形影响，各年各地降雨量分配不均，年径变化大，以致秋旱经常发生，枯水期河溪断流，地下水埋藏较深，以及水利设施分布不均，形成有的地方缺水，特别是石山地区，条件限制，水资源开发利用措施困难，人畜饮水随之发生困难。

水　能

全县水能资源蕴藏量为14.12万千瓦，可开发10.56万千瓦，年发电量为1.98亿千瓦小时。截至2005年，已开发的水力资源2.84万千瓦，占可开发量的26.89%。

龙须河总流域面积2750平方千米，县境内流域面积为370平方千米，河流长度48千米，自然落差105米，河床比降为2.56‰，水能理论蕴藏量为54077千瓦，可开发28400千瓦，已开发2.23万千瓦。

古榕江县境内流域面积645平方千米，河流长度80千米，自然落差298米，河床比降4.4‰，水能理论蕴藏量为3.27万千瓦，可开发1.31万千瓦，已开发5550千瓦。

灵岐河县境内流域面积为811.9平方千米，河流长度90.1千米，自然落差176.5米，河床比降1.96‰，水能理论蕴藏量38536千瓦，可开发3948千瓦，已开发510千瓦。

第三节　生物资源

野生植物

乔木类　有马尾松、铁坚杉、观光木、楠木、黄樟、大叶樟、格郎央、任豆、桦木、山槐、榅树、孔雀豆、南岭黄檀、山枇杷、喜树、鸭脚木、枫香、垂柳、杨梅、高山栲、麻栎、栓皮栎、大叶栎、红椎、周木、枫杨、黄杞、朴树、构树、小叶榕、大叶榕、水同木、哈氏榕、大果榕、斜叶榕、翻白叶树、半枫荷、平婆、家麻树、杜英、高山望、蚬木、木棉、重阳木、石栗、粗糠柴、乌桕、山乌桕、银柴、山竹子、荷木、海南蒲桃、野柿、围涎树、酸柚、乌榄、苦楝、山楝、香椿、红椿、无患子、细子龙、酸枣、倒吊笔、糠胶树、菜豆树、泡桐、棕榈、光榔、刺桐、石楠、棠梨、苦枥木、安息香、山苍子、苏木、花香树、石树、芒木、圆叶乌桕、番石榴、山黄皮、茶条木、盐肤木、火炭木、岭南柿、潺槁树、千层纸、余甘子、马甲子、黄牛木、白背叶，等等。

灌木类　有桃金娘、岗松、野牡丹、算盘子、山花椒、野漆、山芝麻、柏杞、黄杷子、山指甲、金竹、四方竹等。

草类　蕨类　藤类　有三芒野草、野古草、四脉金茅、金茅、纤毛鸭咀草、野香茅、营草、蔓生莠竹、五节芒、禾杂竹、龙须草、一包针、三棱草、铁芒箕、金银花等。

花类　有木棉花、桃花、玉兰花、梅花、酥爪花、米仔兰、蔷薇、石榴、夹竹桃、一品红、山茶花、月季花、茉莉花、绣球花、牡丹、夜来香、凤仙花、鸡冠花、胭脂花、芍药花、海棠花、菊花、万年青、荷花、水仙花、美人蕉、百合花、仙人掌、仙人球、仙人棒等。

野生植物保护

根据1999年9月9日起施行《中国国家重点保护野生植物名录（第一批）》，田东县野生植物中属一级保护植物有苏铁，属于二级保护植物的有楠木、任豆、蚬木、红椿。

野生动物

野兽类 有箭猪（刺猬）、黄猄　、果子狸、野狸、猸子、抓鸡虎、猴子、穿山甲、水獭、野兔、九间狸等。

蛇类 主要有蟒蛇、南蛇、吹风蛇、眼镜蛇、过山风蛇、八步蛇、金环蛇、银环蛇、过树龙、三线蛇、白花蛇、草蛇、水律蛇、青蛇等。

蜥蜴类 有蜥蜴（又称壁虎）、蛤蚧、马鬃蛇等。

蛙类 有田鸡、水蚂（虫另）、三角蛙等。

禽鸟类 主要有鸬鹚、猫头鹰、鹰、天鹅、白鹤、丹顶鹤、灰鹰、野鸭、红毛鸡、斑鸠、鹁鸡、了哥鸟、画眉鸟、喜鹊、鸳鸯鸟、鹧鸪、啄木鸟、尖顶红屁股鸟、黄鹑鸟、麻雀、吊鱼公鸟、山谷雀、黑燕、绿豆刁鸟、花彩鸟、彩鸟等。

蜂类 有钻木蜂、人头蜂、地蜂、黄蜂、高脚长腰蜂、泥蜂、鸡仔蜂、蜜蜂等。

蜻蜓类 有金刚蜓、金蜓、大头蜻蜓、水蜻蜓、小蜻蜓、观音蜻蜓。

蝶类 县境内蝴蝶种类繁多，有150种以上，主要种类是粉蝶蝶、凤蝶、大黑蝶、小蜜蝶、大彩蝶。

野生动物保护

根据1989年1月14日施行的《国家重点保护野生动物名录》，田东县属于一级保护动物有蟒蛇、白鹤、丹顶鹤，属于二级保护动物有猴子、穿山甲、水獭、鹰。

根据1991年5月13日施行的《广西重点保护野生动物名录》，田东县属于重点保护野生动物有箭猪（刺猬）、黄猄、果子狸、眼镜蛇、金环蛇、银环蛇、三线蛇、百花蛇、水律蛇、青蛇、了哥鸟、画眉鸟、喜鹊。

第四节　矿产资源

田东县矿产资源较为丰富。1989—2005年，已知矿产有28种，已探明储量有18种，分为能源矿产、非金属矿产、金属矿产及水气矿产四大类。能源矿产和非金属矿产占辖区的主导地位，主要有煤矿、石油、膨润土、石灰岩、水泥配料砂岩等矿种。根据田东县矿床（点）的分布特点，大致分成两个矿产分布区带。中带，为能源和非金属矿产分布区，主要分布于祥周、平马、林逢、思林等4个镇，右江河谷范围内有煤、石油、膨润土、石灰岩、黏土等中、小型矿床。北带，为有色、黑色金属和建材矿产分布区，主要分布于那拔、义圩、朔良3个镇，已探明有金矿、铁矿、钛铁矿、锰矿、辉绿岩石材、锑矿、滑石、硅石等各类矿产地。

煤矿 全县煤矿保有基础储量5084.7万吨，资源储量2.7亿吨。主要由新洲探区、田东探区、那读探区和保群探区组成，分布于田东县中部的右江河谷一带，褐煤灰分21.5%~36.1%（中灰—无灰），含硫0.76%~2%（低硫—中硫），发热11.5~20.679MJ/kg。

石油 全县保有资源储量（含与田阳县接壤范围内）834.6万吨，远景储量1500万吨。矿区范围主要在平马镇的上法、子安至祥周镇的仑圩、圹寨、花茶，以及田阳县的三雷一带。

石灰岩矿 主要分布于平马镇南边和作登、祥周、印茶、思林等乡镇范围内，资源量大，初步探明储量：C2级5738.3万吨，远景储量为12900万吨。其中已探明平马镇游昌龙须河水泥用灰岩保有储量555.7万吨的小型矿床，含$Ca_0$55.77%，含$Mg_0$0.44%。

膨润土矿 累计探明3600万吨，保有基础储量3599万吨，远景储量4000万吨，属中型矿床，主要矿区有新洲矿段、百林—伏平矿段、东平矿段。由浅部的钙基型和深部的钠基型两种膨润土组成，属优质矿床。蒙脱石含量72.57%，胶质价6.26毫升/克，膨胀部数12.23毫升/克，脱色率556.79%。

铝土矿 保有基础储量580.5万吨，资源储量1173.3万吨。分布于思林镇陇兰铝土矿区、平马镇游昌铝土矿区，其中堆积型矿石426万吨，沉积型铝土矿区石为744万吨。矿石质量AL/Si6.04~8.56，以陇兰铝土矿区的矿质量最好，AL_2O_3达65.02%，AL/Si达8.56。

锰矿 资源储量623.43万吨，含P0.13%，Mn33.26%，分布于江城镇和义圩镇，其中江城镇龙怀矿段98万吨（C+D级）、江城矿段400万吨（C+D）级、那舍矿段120万吨（C+D级）。义圩锰矿保有资源储量5.43万吨。

其他矿产 探明水泥配料黏土泥砂岩中型矿床1个，其他矿产有铁矿、金矿、钛铁矿、磷矿、锑矿、硅石、滑石、石膏、白云石等矿种，多为矿点。

第五章 自然灾害

田东县遭受的自然灾害主要是水灾、旱灾、寒灾、风灾、雹灾、雷击、滑坡、病虫害等等，对人民群众的生产生活乃至生命造成不同程度的影响。

第一节 旱灾

田东旱灾主要发生在每年的第一季度和第四季度，月平均降水量15~30毫米，有时整月无雨，有时接连几个月无雨，人们叫春旱、秋旱。

1999年9月1日，布兵乡发生山体落石 （县土地局提供）

1989年，全县遭受严重旱灾。全年降雨量仅847毫米，比历年平均少330.8毫米，全县13座小型水库有10座干涸，河溪断流25条，晚稻无水耙田1920公顷，已插的晚稻受旱面积1786.67公顷，中稻受旱面积826.67公顷。有3.47万人、4.52万头牲畜饮水困难。

1990年，田东县发生秋旱。8月降雨量仅72.6毫米，9月降雨量46.3米，受旱面积达1.18万公顷，其中成灾面积5186.67公顷，失收面积3693.33公顷。旱情发生后，全县投入抗旱人数4.4万人次，使用柴油机635台、手扶拖拉机136台，安装水泵进行抽水，并使用85发催化降雨炮弹进行人工降雨。挽回受灾面积2793.33公顷。

1991年，由于降水不均，全县四季都有不同程度的干旱，其中春旱最为严重。

1992年8—12月，由于降水少，高温天气持续时间长，造成全县部分农田干裂、作物枯死，干旱十分严重。

1994年，全县1—4月总雨量仅45.3毫米，比历年同期少83.2毫米，比1993年同期少177毫米，是历史上严重春旱年份之一。

1995年，全县遇到了罕见的干旱，全年降雨量832.3毫米，比历年平均值少340.1毫米，大部分山塘水库蓄水量不到常年的1/2，不少河水断流，造成人畜饮水困难，严重影响工农业生产和生活用水。

2000年，除5月和10月降雨量偏多外，其余各月均偏少，出现严重的夏旱，特别是6—9月降雨量仅347.9毫米，不到历年同期平均值的一半，为1954年以来同期降雨量最少的年份。

2004年，因降水量特少，加上持续干旱，造成旱灾。全县有143个村，1146个屯受灾，受灾农业人口20.18万人，饮水困难人口9.33万人，饮水困难大牲畜9.35万头。果树受灾5008.5公顷，成灾2462.9公顷，绝收140.5公顷。水稻、玉米、大豆、花生、甘蔗、蔬菜等农作物受灾2.25万公顷，成灾1.64万公顷，绝收1651.6公顷，直接经济损失达603.5万元。

第二节　水灾

在大范围降水的条件下，如果境内24小时雨量大于100毫米或者48小时雨量大于200毫米，便成大水灾。水灾主要发生在5—9月。

1992年7月6日，田东县出现特大暴雨天气，日降雨量为114.4毫米。7月22日出现暴雨天气，日降雨量为61.7毫米，造成全县河水暴涨和山洪灾害。

1993年9月5日，全县出现126.7毫米的大暴雨，对农业生产造成一定的灾害。

1994年7月16日至19日，全县连遭大暴雨袭击，其中，17日县城降雨量为122.6毫米，印茶乡为320毫米。这次大暴雨给全县造成很大损失。全县有13个乡镇98个村、11274户49780人受灾，3人被洪水冲走。造成农作物受灾4050.27公顷，鱼塘被冲垮147座，牲畜、家禽被冲走166只（头）。有3座小型水库损坏，山塘崩垮7座，小水坝崩毁62座。造成粮食损失4661吨，经济损失2200万元。

1999年9月1日，全县出现年内最大一场暴雨，日降雨量达90.80毫米。

2001年7月3日，田东县城受水灾一角（县委宣传部提供）

2001年，全县主要灾害天气为暴雨和洪涝。6月8—10日，全县普降暴雨，义圩镇出现大暴雨，此次暴雨天气过程受灾较严重的有义圩、朔良、那拔、布兵等乡镇。7月3—8日，受第3号台风“榴莲”影响，右江河谷上下游出现大暴雨天气，右江河水暴涨，水位超过有记录以来的最高水位，造成中华人民共和国成立以来最大的洪灾。

2002年，田东县共出现3场暴雨。第一场暴雨出现在5月14日，后两场暴雨分别出现在6月2日和7月24日，均对农业生产造成一定的灾害。

第三节　寒冻灾

田东的寒冻灾主要霜冻、冰冻、低温阴雨、“倒春寒”、寒露风等，对农业生产危害较大。

1993年，田东县出现霜冻、低温阴雨、“倒春寒”、寒露风等灾害天气。1月30—31日和12月25—27日共5天出现霜冻天气。2月23日至3月3日，出现全县性低温阴雨。3月17—22日，出现“倒春寒”天气，南北山区较重。10月1日起，全县性出现寒露风天气，整个10月温度明显偏低，月平均气温21.5℃，比历年同期平均值偏低1.2℃，对晚稻生长、扬花授粉影响较大。

1994年，全县出现霜冻1次、寒露风1次、“倒春寒”天气2次。1月23日出现1天白霜。2月25日至3月3日和3月14—18日，出现低温阴雨、“倒春寒”天气。10月19日起出现全县性的寒露风天气，10月份温度明显偏低，月平均温度21.7℃，比历年同期平均值22.7℃偏低1℃，对晚稻影响较大。

1995年，全县出现霜冻2次、寒露风1次、低温阴雨天气2次。1月、12月分别出现1天和3天的白霜天气。2月1—7日、2月20—26日，出现低温阴雨天气。10月24日起全县出现寒露风天气，对晚稻有一定影响。

1996年1月1日，全县出现1天白霜。2月1—6日和2月18—27日，出现2次低温阴雨天气，造成春播期烂秧。10月7日出现寒露风天气，对农作物影响不大。

1997年2月3—10日和12—19日，全县出现2次较严重的低温阴雨天气。9月19日，全县开始出现寒露风天气。

1998年2月4—8日和3月22—24日，全县出现2次低温阴雨天气。10月24日，全县开始出现寒露风天气。

1999年12月21日起，受强冷空气南下影响，出现全县范围的霜冻天气，农作物严重受灾。

2000年2—3月气温分别偏低2.1℃和0.7℃，连续5天日平均气温低于或等于14℃的低温阴雨天气共23天，比历年偏多9天。3月9—11日，全县出现3天倒春寒天气。

2002年10月7—12日和21—31日，出现2次对晚稻有一定影响的寒露风天气。

田东县1999年12月受强冷空气影响天气情况表

表2-5-1　　单位:℃

项目	20日	21日	22日	23日	24日	25日	26日	27日	28日
最低气温	6.8	5.0	3.6	2.0	1.4	0.9	0.7	1.4	6.7
地表温度	—	4.6	2.5	1.2	1.6	0.9	1.6	1.2	6.262
天气	—	大雾，山区有霜冻	霜冻	霜冻及冰冻	霜冻	霜冻	霜冻	霜冻有大雾	轻雾

说明:表中数据由县气象局提供

第四节　风雹灾

田东县风雹灾是指风灾和冰雹灾。春夏或夏秋之交，如果最大风速达40米/秒，就造成灾害。如果降雨时，又下拇指大的冰雹，也会造成灾害。

2003年4月，坡塘乡民房受风灾和冰雹灾倒塌

（思林镇人民政府提供）

1989年3月20日，县境降冰雹。4月29日19时，那拔乡刮大风降雨，那练村降冰雹，造成民房倒塌6间，玉米苗叶被打落只剩其杆。

1990年3月28日，朔良、祷午乡降冰雹。朔良乡那加、周洪村较为严重，冰雹大如碗，那架屯1妇女上山找猪菜，被冰雹打中头盖骨穿1个洞，又被山洪冲走50多米远，受重伤。

1999年，全县出现灾害性天气主要有4次。6月6日下午，祥周镇的中平、百渡、祥周、联合、康元、甘莲等7个行政村遭受副热带高气压带边缘强对流天气影响，出现短时冰雹和雷雨大风，造成直接经济损失500多万元。7月26日下午，思林、林逢、祥周等3个镇遭受强对流天气影响，出现短时雷雨大风，瞬间最大风力达23米/秒。

2002年4月5日下午18时13分至18时21分，县境内出现冰雹天气，气象观测站测得冰雹最大直径为9毫米，县城范围下较稀疏，祥周镇较密。

2005年5月2日15时44分至16时16分，县境内降冰雹，冰雹最大直径为32毫米，最大冰雹重量为4.5克。祥周、布兵、平马、林逢受灾较重。

第五节　地质灾害

2002年，全县做好各乡镇地质灾害测报和防治工作，完成坡塘乡和作登瑶族乡大危石爆破。

2003年，全面建立健全地质灾害的群报群测群防工作体系。国土部门会同安监、民政等有关部门，深入坡塘乡、布兵镇、作登瑶族乡等地质灾害易发区进行排查，对发现和监测后的灾害点编制地质灾害防治预案，对重要地质灾害点（思林镇定阳村滑坡）制定防灾避灾应急方案，对已发现的地质灾害点全部登记建档，布置切实可行的群测群防，将防灾明白卡发到责任部门、责任人和受威胁的群众手中，同时为灾区捐款1万多元作为治理灾害经费。成功预报地质灾害1起，避免了经济损失30万元和人员伤亡97人。对作登瑶族乡陇穷村龙弄屯1200平方米危石进行爆破。

2004年，不定期对地灾隐患点进行巡回检查8次，发放防灾工作明白卡35份、地质灾害防灾避险明白卡165份。全县发生矿山地质灾害共8起，均无人伤亡。其中右江矿务局采矿造成地面沉降7起，直接经济损失55万元，后来采取回填坑办法治理32.23公顷；锰矿发生一起小型泥石流，造成直接经济损失1.5万元，后来采取稳栏治理措施，治理1.1公顷。全县矿山的废水废液大部分能循环利用。

2005年，经深入调查摸底，全县地质灾害防治对象有8个点，涉及3个乡镇，共有16处临空危岩，受威胁对象182户837人。编制《田东县2005年地质灾害防治预案》，明确全县地质灾害监测对象、监测要求、应急方案等，发放防灾工作明白卡和避险工作明白卡到有关责任人和受威胁群众手中。全县没有发生重大地质灾害，造成人员伤亡事故。

第六节　雷灾

2001年，县境内发生5次雷暴天气。3月17日下午，4月17日下午，7月17日和21日，8月14日出现雷雨天气，1人被雷电劈伤。

2003年，全年出现雷暴日数41天，比历年平均值偏少31天。初雷在2月12日，终雷在10月13日，雷暴初终间日数为244天。

2004年，全县共出现雷暴日数45天，比历年平均值偏少27天。初雷在2月24日，终雷在9月27日，雷暴初终间日数为217天。

2005年，全县共出现雷暴日数52天，比历年平均值偏少26天。

田东县志（1989—2005）

第三篇

人口　计划生育　居民生活

1989年，田东县总人口（户籍人口）368990人，其中男性183785人，占49.81%；女性185205人，占50.19%；性别比（以女性为100）为99.23，人口自然增长率8.62‰。20世纪90年代，继续贯彻落实控制人口的基本国策，继续实行计划生育，提倡晚婚晚育、优生优育，强化以婚育新风进万家活动为主体的多样化宣传教育，积极推行“三为主”（以宣传教育为主、以经常性工作为主、以便民服务为主）、“三结合”（同发展社会主义市场经济、建设社会主义精神文明、建立文明幸福的家庭结合）工作和农业人口独生子女“奖优免补”政策，健全县、乡、村计划生育网络，强化计生服务，使全县各族群众的生育观念有了较大改变，人口自然增长率逐步下降。2005年，全县总人口393811人，其中男性人口201781人，女性人口192030人。人口自然增长率从1989年的8.62‰降到7.72‰。

1989年，田东县农民人均纯收入291元，职工年人均工资1949元，城乡居民人均储蓄存款余额187.5元。2005年，农民人均纯收入2113元，比1989年（下同）增长7.26倍；职工年人均工资18744元，比1989年增长9.6倍；城乡居民人均储蓄存款余额3484.6元，比1989年增长18.6倍。城乡居民居住水平提高，基本住上楼房。家用电器，已成为一般家庭的必备品，衣着消费由低级向中高档时装发展，饮食消费由温饱型向营养型转化，恩格尔系数逐渐下降。

第一章　人口

20世纪80年代后期，田东县继续贯彻实施计划生育基本国策，逐步做到人口有计划增长。“七五”时期（1986—1990年），全县人口年均增长10.2‰。

20世纪90年代，田东县结合国民经济和社会发展计划，实行人口发展目标管理，使人口增长同经济和社会发展相适应，人口自然增长率逐年下降。全县人口出生率由1989年的13.99‰下降到1995年的10.28‰，自然增长率由1989年的8.62‰下降到1995年的3.8‰，多孩率由1989年的14.49%下降到1998年的10.52%。1999年，全县人口出生率为10.94‰，自然增长率为4.72‰，低于自治区和百色地区同期平均水平，县内人口进入一个低出生率、低自然增长率发展时期。

2000年以后，全县以控制人口增长，提高人口素质为目标，强化计划生育管理，稳定低生育水平，努力提高人口整体素质。但是由于面临新生育高峰期，全县人口形势严峻，人口自然增长率有所反弹。2005年，全县人口出生率为13.23‰，人口自然增长率为7.72‰，死亡率为5.51%，人口出生率和自然增长率分别比2000年高出2.7个、3.46个千分点。

第一节　人口数量

1989年，田东县总人口36.9万人（户籍人口，下同），家庭户70399户。之后，县内人口增长较快，呈逐年上升趋势。至1992年年末，县内总人口38.08万人，户数78532户，平均每年增加3927人。1992年后，因国家干部职工子女顶班或干部职工家属农转非，以及部分学生考入大中专学校就读等原因，农转非人口逐渐增多，农业人口占比开始呈现下降趋势。

随着计划生育基本国策的深入贯彻实施，全县人口增长势头得到较好控制，人口总量保持平稳增长。1995年年末全县总人口38.64万人，总户数81168户。2005年，全县总人口39.38万人，总户数100385户。全县总人口比1995年增加7363人，平均每年增长736人，年均自然增长率5.26‰。

1989—2005年田东县户口统计表

表3-1-1

年份	总户数（户）	总人口（人）	其中						外来流动人口登记（人）
			男		女		农业		
			人数（人）	占总人口（%）	人数（人）	占总人口（%）	人数（人）	占总人口（%）	
1989	70399	368990	183785	49.80	185205	50.19	326509	88.48	564
1990	72524	371509	185534	49.94	185975	50.05	328335	88.37	609
1991	74385	375155	187568	49.99	187587	50.01	329781	87.90	867

续表3-1-1

年份	总户数（户）	总人口（人）	其中						外来流动人口登记（人）
			男		女		农业		
			人数（人）	占总人口（%）	人数（人）	占总人口（%）	人数（人）	占总人口（%）	
1992	78532	380770	191039	50.17	189731	49.82	331991	87.18	978
1993	78906	384151	193778	50.44	190373	49.55	333006	86.68	2234
1994	80337	385851	194654	50.44	191197	49.55	332793	86.24	
1995	81168	386448	195349	50.54	191099	49.45	332270	85.98	4999
1996	84387	386297	195240	50.54	191057	49.45	333925	86.44	3741
1997	85659	386219	194982	50.48	191237	49.51	329976	85.43	4099
1998	89449	388737	196767	50.61	191970	49.38	330910	85.12	5039
1999	90006	389215	197053	50.62	192162	49.37	330569	84.93	2432
2000	92008	388880	196960	50.64	191920	49.35	330435	84.97	2049
2001	92716	390432	198019	50.71	192413	49.28	331834	84.99	2383
2002	94054	392712	199449	50.78	193263	49.21	334148	85.08	2960
2003	93695	393925	200308	50.84	193617	49.15	335556	85.18	2696
2004	95980	397681	202475	50.91	195206	49.08	339684	85.41	1751
2005	100385	393811	201781	51.23	192030	48.76	334766	85	5530

说明：表中数字来源于县公安局，表中数字为年年末数，总人口中不包含外来人口（外来流动人口登记1994年无法查到相关数据）

第二节　人口变动

20世纪80年代中后期，田东县人口变动较大，大致表现为人口增长快，数量多，流动大。进入90年代后，随着计划生育工作深入开展，优生优育普及，人口自然增长率逐年下降。人口自然变动由高出生率、高自然增长率和多胎率向低出生率、低自然增长率和计划生育率转变。

2000年以后，随着社会经济转型和发展，县内人口流动量大，暂住人口和流动人口逐年增多。

自然变动

生育　1989—2005年，全县出生人口7.83万人，平均每年出生4606人，年均出生率12.11‰，人口自然增长率6.09‰。其中，1989—1990年出生10012人，平均每年出生5006人，年均出生率13.5‰，人口自然增长率8.03‰；1991—2000年出生54380人，平均每年出生4532人，年均出生率12.06‰，人口自然增长率5.89‰；2001—2005年出生23925人，平均每年出生4785人，年均出生率12.24‰，人口自然增长率6.57‰。

死亡　1989—2005年，全县死亡人口38909人，平均每年死亡2289人。其中，1989—1990年死亡4081人，平均每年死亡2040人，年均死亡率5.52‰；1991—2000年死亡23747人，平均每年死亡2374人，年均死亡6.3‰；2001—2005年死亡11081人，平均每年死亡2216人，年均死亡率5.67‰。

1989—2005年田东县人口自然变动统计情况表

表3-1-2 单位：人

年份	年年末总人口（人）	出生人口（人）	出生率（‰）	死亡人数（人）	死亡率（‰）	净增人数（人）	自然增长率（‰）
1989	370536	5149	13.99	1978	5.38	3171	8.62
1990	371553	4863	13.11	2103	5.67	2760	7.44
1991	375155	4615	12.36	1979	5.30	2636	7.06
1992	380577	5704	15.10	2240	5.93	3464	9.17
1993	383417	5295	13.86	2337	6.12	2958	7.74
1994	371148	4628	12.27	2515	6.67	2113	5.60
1995	368990	3805	10.28	2397	6.48	1408	3.80
1996	375077	4077	10.96	2535	6.81	1542	4.14
1997	378865	4074	10.81	2358	6.26	1716	4.55
1998	378794	3984	10.52	2624	6.93	1360	3.59
1999	380342	4154	10.94	2361	6.22	1973	4.72
2000	388700	4032	10.53	2401	6.27	1631	4.26
2001	388271	4280	11.06	2234	5.77	2046	5.29
2002	390015	4520	11.62	2246	5.77	2274	5.84
2003	390410	4952	12.69	2273	5.83	2679	6.87
2004	391738	4936	12.62	2146	5.49	2790	7.13
2005	399969	5237	13.23	2182	5.51	3055	7.72

说明：表中数据为计生部门统计报表数据

迁移变动

1989—2005年，因干部职工工作调整，学生升学及毕业生分配，婚进、婚出，干部职工家庭随迁等原因，人口的迁进、迁出较频繁。

迁入人口 1989年，县外迁入人口1941人。县外迁入人口最多的是1992年6818人，最少的是2003年1244人。2005年，县外迁入4396人。

迁出人口 1989—2005年，迁往县外最多的是2005年6716人，最少的是1989年2256人。1991年、1992年、1993年、1998年和2002年迁入大于迁出，其余均为迁出大于迁入。

1989—2005年田东县人口迁移情况表

表3-1-3

年份	县外迁入（人）	迁往县外（人）
1989	1941	2256
1990	3098	3413
1991	4167	3132
1992	6818	4695
1993	5529	4922

续表3-1-3

年份	县外迁入（人）	迁往县外（人）
1994	4406	4552
1995	3321	3812
1996	4384	5554
1997	3743	5230
1998	4993	4444
1999	3972	4654
2000	4501	5434
2001	3088	3485
2002	4283	4185
2003	1244	2628
2004	1824	3398
2005	4396	6716

说明：表中数据为县公安局提供

第三节　人口分布和密度

人口分布

受地理环境和社会经济发展因素的影响，县内各民族分布基本上是大分散、小集中，人口分布以平马镇、思林镇、祥周乡、林逢乡、作登瑶族乡等乡镇较为集中，半山区次之，山区则分布较少。一般是一个村寨居住一个民族，少数村寨是几个民族杂居，不同民族的村寨互相交错分布于各地，其中又有相对集中的地区。壮族各村均有分布，较为集中的为林逢、朔良、义圩、那拔、印茶、江城、坡塘、布兵、祷午等乡镇。瑶族90%以上的人口集中在作登瑶族乡。汉族比较集中在平马镇、祥周镇、思林镇。

1989年，全县设11个乡2个镇，共有70399户，36.9万人。其中，平马镇9161户4.31万人，思林镇7063户3.72万人，祥周乡7741户3.56万人，布兵乡2239户1.1万人，林逢乡6781户3.68万人，祷午乡1918户1.05万人，朔良乡5206户3.07万人，坡塘乡3285户1.67万人，作登瑶族乡31787户3.18万人，义圩乡3863户2.18万人，那拔乡2181户1.3万人，印茶乡4276户2.28万人，江城乡3615户2.05万人。

1990年，据第四次全国人口普查统计，全县人口分布状况为：平马镇14672户6.44万人，思林镇7207户3.72万人，祥周乡7738户3.7万人，布兵乡2319户1.08万人，林逢乡7571户3.84万人，祷午乡2061户1.06万人，朔良乡5523户3.08万人，坡塘乡9298户1.62万人，作登瑶族乡7084户3.67万人，义圩乡3835户2.19万人，那拔乡2323户1.32万人，印茶乡4421户2.3万人，江城乡3687户2.02万人。

1996年，随着全县社会经济不断发展，县内人口分布状况有所变化。全县人口分布状况为：平马镇19006户7.09万人，思林镇7908户3.88万人，祥周乡12001户4.99万人，布兵乡2465户1.06万人，林逢乡7891户3.78万人，祷午乡2328户1.1万人，朔良乡6301户3.21万人，坡塘乡3490户1.68万人，作登瑶族乡7430户3.74万人，义圩乡4126户2.28万人，那拔乡2663户1.37万人，印茶乡4832户2.36万人，江城乡3946户2.12万人。

2000年，据第五次全国人口普查统计，全县人口分布状况为：平马镇24118户7.22万人，思林镇

9046户3.92万人，祥周乡8987户3.65万人，布兵乡2311户1万人，林逢乡9428户3.83万人，祷午乡2678户1.1万人，朔良乡7280户3.16万人，坡塘乡3851户1.73万人，作登瑶族乡7719户3.76万人，义圩乡4956户2.23万人，那拔乡3558户1.4万人，印茶乡5060户2.36万人，江城乡4259户2.17万人。

2005年，全县总户数100385户，总人口39.38万人。全县人口分布状况为：平马镇24243户7.34万人，思林镇12887户5.62万人，祥周乡17258户6.38万人，林逢镇12404户4.92万人，朔良镇7403户3.24万人，作登瑶族乡8058户3.65万人，义圩镇4981户2.23万人，那拔镇3181户1.46万人，印茶镇5409户2.39万人，江城乡4534户2.16万人。

人口密度

全县人口密度一直呈现圩镇较密集，农村、山区人口较稀少的特点。1989年，全县土地总面积2816平方千米，年末总人口36.9万人，人口密度平均每平方千米131人。具体分布情况：平马镇、林逢乡、义圩乡人口密度较大，每平方千米分别有188人、174人、262.3人；祥周乡、印茶乡、坡塘乡、布兵乡次之，每平方千米分别有150人、147人、139人、132人；那拔乡、朔良乡、作登瑶族乡、思林镇人口密度较稀，每平方千米分别有67.5人、78人、98.2人、98.79人。

1989—2000年，随着社会经济发展，县内人口密度有较大变化。1990年第四次全国人口普查，全县人口密度为每平方千米133人。县内人口密度分别为：平马镇每平方千米286人，思林镇每平方千米204人，祥周镇每平方千米217人，林逢镇每平方千米128人，印茶镇每平方千米148人，江城镇每平方千米140人，朔良镇每平方千米78人，义圩镇每平方千米119人，那拔镇每平方千米68人，作登瑶族乡每平方千米89人。2000年，第五次全国人口普查，全县人口密度为每平方千米138人，比第四次人口普查每平方千米人口密度增加5人。县内人口密度分别为：平马镇每平方千米339人，比1990年第四次全国人口普查（下同）增加53人；思林镇每平方千米210人，比1990年增加6人；祥周镇每平方千米267人，比1990年增加50人；林逢镇每平方千米132人，比1990年增加4人；印茶镇每平方千米151人，比1990年增加3人；江城镇每平方千米145人，比1990年增加5人；朔良镇每平方千米82人，比1990年增加4人；义圩镇每平方千米124人，比1990年增加5人；那拔镇每平方千米71人，比1990年增加3人；作登瑶族乡每平方千米94人，比1990年减少5人。

2005年，田东县总人口39.38万人，县内人口密度为平均每平方千米140人，比1989年增加9人。其中，平马镇人口密度增长最大，全镇总面积218平方千米，人口密度每平方千米336人，比1989年增加57人；其次是祥周镇，全镇总面积226平方千米，人口密度每平方千米282人，比1989年增加76人；再次为思林镇，全乡总面积265平方千米，人口密度每平方千米212人，比1989年增加9人。那拔镇人口密度较稀，增长最少，全乡总面积197平方千米，平均每平方千米有75人，比1989年增加8人。朔良镇次之，全乡总面积393.9平方千米，平均每平方千米82人，比1989年增加5人。

（注：人口密度习惯上采用公安部门统计的各年度常住人口计算，由于此次资料整理中涉及非人口普查年度，凡属人口普查年度的采用普查总人口计算，而非人口普查年度的采用公安部门统计的该年年末总人口计算。）

第四节　人口构成

民族构成

田东县是以壮族为主的少数民族聚居地区，有汉族、壮族、瑶族、苗族、侗族、仫佬族、彝族、蒙古族、朝鲜族、黎族、高山族、土家族、羌族、毛南族、怒族、畲族、白族、傣族、回族、藏族、布依族、满族等民族分布。1989年，壮族人口31.35万人，占总人口的84.9%；汉族人口3.99万人，占10.81%；瑶族人口1.53万人，占4.15%；其他少数民族人口0.03万人，占0.14%。

1990年，据第四次全国人口普查统计，全县总人口37.43万人中，壮族人口31.66万人，占84.58%；汉族人口4.09万人，占10.93%；瑶族人口1.64万人，占4.3%；其他少数民族人口0.04万人，占0.19%。其他少数民族中大部分是机关干部或工厂职工。

2000年，据第五次全国人口普查统计，全县常住人口36.61万人中，汉族人口4.15万人，占11.34%；其他民族人口32.46万人，占88.66%。

2005年，全县常住人口39.38万人。其中，壮族人口33.87万人，占总人口的86%；汉族人口3.51万人，占8.9%；瑶族人口1.97万人，占5%；其他少数民族人口300人，占0.1%。

性别构成

据县公安局资料统计，1989—1991年，全县人口性别构成是男性多于女性，性别比偏低（以女性为100）。1989年，全县总人口36.9万人，其中，男性18.38万人，占总人口的49.81%；女性18.52万人，占50.19%；性别比99.24。1990年，据第四次全国人口普查统计，全县总人口37.43万人，其中，男性18.9万人，女性18.53万人，性别比为101.95。1992年以后，由于自然生育原因，由于计划生育工作抓得较严，由于部分家庭不给女孩办理户口，导致男性人口开始多于女性人口，当年男性19.1万人，女性18.97万人，性别比100.69。1998年，男性占总人口的50.61%，女性占总人口的49.38%，性别比102.5。2000年，据第五次全国人口普查统计，全县常住人口36.61万人，其中，男性18.89万人，女性17.72万人，性别比为106.57。2005年，男女性别比达1992年以来的最高值，当年全县39.38万人，其中，男性20.18万人，占总人口的51.23%；女性19.20万人，占48.76%；性别比为105.1。

年龄构成

1990年，据第四次全国人口普查统计，全县0~14岁13.43万人，15~64岁22.16万人，65岁及以上1.85万人，分别占总人口的35.88%、59.2%、4.94%。2000年，据第五次全国人口普查统计，全县0~14岁8.64万人，15~64岁25.6万人，65岁及以上2.36万人，分别占总人口的23.62%、69.93%、6.45%。据不完全统计，2005年有百岁老人20人，以女性居多，多居住在农村。

职业构成

1989年，全县人口职业构成较为单一，农村劳动力人口14.75万人，全民所有制单位职工2200人，城镇集体所有制单位职工2300人。

1990年第四次全国人口普查统计显示：全县劳动年龄内在业人口为19.32万人，占总人口52.35%，不在业人口4.69万人，占总人口12.7%。在业人口职业状况为：农林牧渔水16.4万人，占在业人口（下同）84.9%；工业1.21万人，占6.26%；建筑业1088人，占0.56%；交通邮电2249人，占1.16%；商业供销饮食服务业4270人，占2.21%；房产公用事业及居民服务1088人，占0.56%；卫生体育和社会福利996人，占0.51%；教育文化广播电视4228人，占2.19%；金融保险424人，占0.22%；党政机关和社会团体2617人，占1.35%；科学研究和综合技术服务54人，占0.03%。

据2000年第五次全国人口普查统计，全县从业人员20.52万人，其中第一产业从业人员15.17万人，第二产业从业人员2.19万人，第三产业从业人员3.16万人。

2005年，全县从业人员24.47万人，比2000年增长19.25%。其中第一产业从业人员15.31万人，比2000年增长0.9%；第二产业从业人员1.7万人，比2000年下降22.37%；第三产业从业人员7.46万人，比2000年增长136.08%。单位从业人员总数1.73万人，比2000年下降30.52%。

农业与非农业人口构成

1989年年末，田东县有农业人口32.65万人，非农业人口4.25万人。20世纪90年代，随着户口农转非工作力度加大，城镇化、产业化水平的提高，城镇规模迅速扩大，各乡镇人口逐渐向县城迁徙。1990年第四次全国人口普查统计显示，农业人口33.09万人（男16.36万人，女16.73万人），非农业人口4.21万人（男2.48万人，女1.73万人），分别占总人口88.71%、11.29%。1993年，全县非农业人口增至5.11万人，占全县总人口（下同）13.3%；农业人口33.3万人，占86.7%。至1999年，全县非农业人口5.87万人，占15.06%，比1993年增加7541人，增长14.76%；农业人口33.05万人，占84.94%。

据2000年第五次全国人口普查统计，城镇人口9.25万人，乡村人口27.36万人，分别占总人口25.26%、74.74%。

2005年，全县有农业人口33.48万人，占全县总人口的85%；非农业人口5.9万人，占全县总人口的14.99%。

文化构成

据1990年第四次全国人口普查统计，全县人口文化构成：大专及以上文化程度1538人，为1982年第三次全国人口普查的2.05倍，每万人中拥有大学生41人，比1982年多18.19人；高中（含中专）文化程度23528人，比1982年增长19.88%，每万人中拥有中专、高中生628.6人，比1982年多31人；初中文化程度62670人，比1982年增长42.18%，每万人中拥有初中生1674人，比1982年多332人；小学文化程度177041人，比1982年增长47.53%，每万人中拥有小学生4730人，比1982年多1075人；文盲、半文盲人口（指15岁及以上不识字或识字很少的人）46016人，占15岁及以上人口的19.17%。以12周岁及12周岁以上计算，有文盲、半文盲人口52220人，每万人有1395人，比1982年降低1323人。

2000年第五次全国人口普查统计，全县6周岁以上各种文化程度人口构成是这样：大专及以上文化程度5700人，比1990年第四次全国人口普查（下同）增加4162人，增长270.61%；高中和中专文化程度35485人，增加17647人，增长98.93%；初中文化程度123711人，增加61041人，增长97.4%；小学文化程度154460人，减少22581人；参加过扫盲班学习5147人，未上过学16849人。与1990年第四次全国人口普查相比，大专及以上文化程度占6岁以上人口比重（下同）为1.68%；高中和中专占10.39%；

初中占36.24%；小学占45.25%；文盲、半文盲人口（指15岁及15岁以上不识字或识字很少的人）占6.44%。每10万人中拥有各种教育程度的人数有如下变化：具有大学（指大专以上）教育程度的由411人上升为1569人；具有高中（含中专）教育程度的由6282人上升为9693人；具有初中教育程度的由1.65万人上升为3.38万人；具有小学教育程度的由4.73万人下降为4.22万人。

第五节　人口普查

1989—2005年，田东县共开展了2次全国人口普查，2次普查均在田东县人民政府领导下设立人口普查办公室，各乡镇单位也都分别成立人口普查办公室，组织普查队伍开展普查工作。

第四次全国人口普查

根据国务院统一规定，田东县以1990年7月1日零时为登记标准时间，进行了第四次全国人口普查。截至9月10日，按时按质完成了人口普查登记、手工汇总和质量检查验收任务。通过此次人口普查，查清了1982年第三次全国人口普查以来全县人口数量、地区分布、结构和素质等方面的变化。

第四次全国人口普查全县总人口为37.15万人，同1982年第三次全国人口普查的总人口相比，增长13.96%，平均每年递增1.65%，年平均递增速度高于全国平均水平。从第四次全国人口普查看，全县人口基数过大，增长过快，数量过多，文化素质过低。人口增长过快，导致人均耕地、人均有粮下降，人均纯收入增长缓慢。

第五次全国人口普查

2000年，田东县根据国务院令第277号《第五次全国人口普查办法》，开展第五次全国人口普查。11月1日为登记标准时间。全县总人口为38.87万人，全县普查登记常住人口为36.61万人（包括外来人口，不包括外出人口）。普查家庭户9.77万户，占普查登记总户数的99.08%。家庭户人口为36.17万人，占普查登记人口的98.78%，平均每个家庭户人口为3.7人，比1990年第四次全国人口普查的4.9人减少1.2人。

第二章 计划生育

1989年，田东县继续贯彻执行《广西壮族自治区人口与计划生育条例》，实行“大力提倡生一胎，严格控制第二胎，坚持杜绝第三胎”计划生育政策。计划生育工作以宣传教育为主，避孕为主，经常性工作为主（简称“三为主”）。实行集中宣传与经常宣传相结合，教育与思想工作相结合，发动育龄夫妇落实各种有效措施，减少计划外怀孕，制止计划外生育，提高计划生育率。1989年，全县计划生育率89%。

20世纪90年代，全县每年开展2~3次集中宣传服务活动。1992年，实行计划生育合同管理。1996年，开展创建计划生育“合格村”“示范村”活动。“八五”时期全县人口年平均人口自然增长率为6.67‰，“九五”时期全县人口年平均人口自然增长率为4.42‰。

21世纪初，全县开始推行计划生育村民自治办法。至2005年，162个建制村（街）全部实行计划生育村民自治，实行率达100%。全县出生率13.23‰，比1989年降低0.76个千分点；人口自然增长率7.72‰，比1989年降低0.9个千分点。

1989—2005年，田东县计划生育工作取得显著成绩，共获“自治区级人口计划生育工作先进单位”称号11次。

1989—2005年，田东县计划生育工作获得的部分荣誉 （县计生局提供）

第一节　机构　队伍

管理机构

县人口和计划生育局　1989年，田东县计划生育委员会（简称县计生委）为主管全县人口和计划生育工作的行政部门，办公地址设在平马镇庆平路61号。内设政秘股、科学技术股、政策法规股、宣传教育股、统计股、财务基建股。核定领导职数一正两副，核定行政编制9名，实有人员9人。下辖县计划生育技术宣传指导站、计生服务队、药具管理站，13个乡镇计划生育技术宣传指导站。

1997年3月，县计生委更名为县计划生育局（简称县计生局），为县人民政府直属机构。内设办公室、宣传教育股（含政策法规股）、流动人口股、规划统计股。核定领导职数一正两副，核定行政编制12名，事业编制2名，实有人员14人。下辖县计划生育技术宣传指导站、计划生育服务队、药具管理站。

2001年11月，田东县直属机关进行机构改革。改革后县计生局内设办公室、统计股、政法股、流动人口计划生育管理办公室，核定领导职数一正两副（1人为党组书记兼副局长），核定行政编制12名，实有人员12人。下设县技术服务站及13个乡镇计划生育服务所。

2004年，县计生局内设办公室、规划统计股、宣传教育和政策法规股、科技股，核定领导职数一正两副（1人为党组书记兼副局长），核定行政编制9名，后勤事业编制1名，实有人员10人。下辖县计划生育服务站、县直机关人口与计划生育管理办公室、流动人口计划生育管理办公室、计划生育协会。

2005年4月，县计生局更名为田东县人口和计划生育局。内设办公室、宣传教育和政策法规股、规划统计股、科学技术股。核定领导职数一正两副，机关核定行政编制9名，机关后勤服务人员事业编制1名，实有10人。下辖机构不变。

县计生委（县计生局）历任主任（局长）：蒙朝球（1987年10月至1989年4月）、曾品谦（1989年4月至1991年10月，1993年12月至2001年3月）、梁忠恒（1991年10月至1993年12月）、韦忠钧（2001年3月至2009年9月）。

事业机构

县计划生育服务站　1984年6月，成立县计划生育技术宣传指导站，办公地址设在平马镇庆平路61号。1989年，配站长一正两副，核定编制17名，实有17人。1990年5月，定为相当于副科级事业单位，核定编制17名，实有17人。1991年，核定事业编制17名，实有人员17人。其中主治医师1人，医师2人，护士3人。1993年，编制由17名增至19名。

1998年，更名为县计划生育服务站，编制数不变，实有人员18人，配站长一正两副。2003年5月，有事业编制19名，实有17人，其中副站长2人，主治医师5人，主管医师2人，医师1人，主管

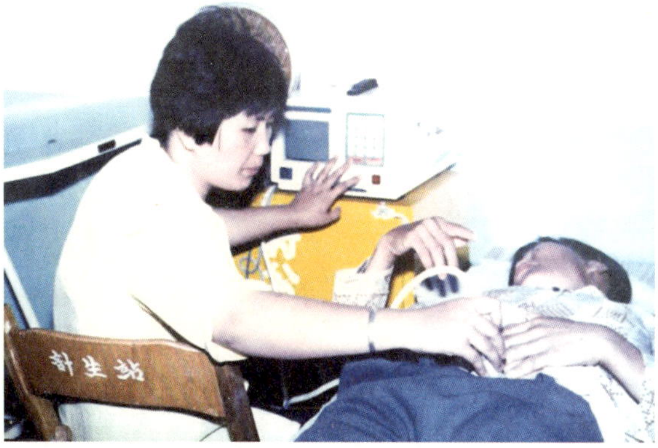

2001年，田东县计生技术员深入村屯为育龄妇女做B超妇检　　（县计生局提供）

护师4人，护士1人，管理人员2人。2005年，事业编制19名，实有人员19人，其中医务人员14人，管理人员4人，司机1人。

县计划生育协会 1991年12月，成立县、乡镇计划生育协会，以协助政府动员群众自愿实行计划生育，推动人口与经济、社会、资源、环境协调发展和可持续发展为主要任务，属不以盈利为目的的社会团体。第一届县计划生育协会由县委副书记徐应标担任名誉会长，人大常委会副主任阮月新担任会长，县政协副主席黄汉平、县委宣传部部长岑笃禧、县计生委主任梁忠恒担任副会长，县计生委副主任周桂春担任秘书长，理事会人数46人。当年全县13个乡镇只有平马镇成立计生协会，理事会人数45人。全县155个村公所均成立计生协会，理事会员人数952人。计生协会不定编制，所需人员从县、乡镇计生队伍中抽调。

至1993年6月，全县建协会175个，其中县、乡镇级协会14个，占应建数的100%；村级协会161个，占应建数的100%。全县协会组织有兼职干部2360人，会员人数33704人，占总人数8.8%。1993年，各乡镇计生协会核定编制1名，为全额拨款事业单位。1999年，县计划生育协会有专职人员3人；乡镇计划生育协会（含机关计划生育协会）13个，各乡镇计划生育协会均配备有工作人员1~2人；村级计划生育协会166个。

2005年，全县有计划生育协会180个，其中县计划生育协会1个，乡镇计划生育协会13个，村级计划生育协会166个。县计划生育协会有编制1人，有专职工作人员1人，兼职1人；各乡镇计划生育协会均配备工作人员1人（兼职）。

县流动人口计划生育管理办公室 1996年，成立县计划生育流动管理股，办公地址设在平马镇庆平路61号。县计划生育流动管理股不定编制，由县计生委1名副主任分管，从县计生专业队员及各乡镇抽调聘用人员5人。2000年6月，更名为县流动人口计划生育管理办公室，简称县流动人口办公室。2005年，核定编制6名。

乡镇计划生育服务所 1989年，全县设立乡镇计划生育管理站13个，共有事业编制55名，实有人员52人。1992年，全县计划生育服务站核定编制72名，实有人员68人。

1996年11月，各乡镇成立计划生育办公室、计划生育服务所，属事业单位，与计划生育服务站实行一套人马三块牌子。各办公室配备编制3人，由各乡镇计划生育服务站编制内人员调剂。

2001年11月，撤销乡镇计划生育办公室、计划生育服务站，保留乡镇计划生育服务所，增挂计划生育办公室牌子，属财政全额拨款事业单位，实行乡镇和县计生局双重领导，以乡镇管理为主。全县共核定计划生育事业编制69名，实有人员69人。

2003年4月，面向社会公开招考择优录用医学专业人员13人，分配到各乡镇计划生育服务所工作。

2005年5月，撤销布兵镇、祷午镇、坡塘乡3个乡镇计划生育服务所（计划生育办公室），分别并入祥周镇、林逢镇、思林镇计划生育服务所（计划生育办公室）。当年，全县乡镇计划生育服务所（计划生育办公室）有事业编制72名，实有人员72人。

计生队伍

1989年，共有计生专干32人，合同制工人14人，共46人。1992年，招聘60名合同制干部为计生专干。

1994年，为加强乡镇计生领导力量，全县13各乡镇党委配备计生专职副书记，配齐村（街）计生专干161名和人口管理员2336名。为了使人员、报酬两到位，“责、权、利”三落实，由县乡财政和计生罚款各50%解决的办法，落实基层计生工作人员报酬，即村计生专干每人每月50元，人口管理员为每人每年补贴60元。1995年，吸收50名合同制工人为计生专干。

1998年，全县13个乡镇和县直机关计生站共有计生干部110人。村计生专干配备标准是这样：总人口4000人以下的村配1人，4000人以上的村配2人。全县166个村（居）委会共有计生专干171人。每个村民小组配1名人口管理员，全县共有人口管理员2411人。

2003年后，县计生局每年举办计生法规知识培训班及计生技术、药具知识培训班等，对全县计生系统干部进行专业知识培训。2005年，全县有村级计生专干172人，村民小组人口管理员2316人。

第二节　人口规划与实施

人口计划

为实现全县人口控制战略目标，田东县自1981年开始，制定1981—1985年国民经济和社会发展第六个五年计划时期（简称“六五”时期）人口发展计划。之后，在编制各个时期的国民经济和社会发展规划时，都包含编制全县人口发展计划。

“七五”时期（1986—1990年）人口计划，到1990年全县总人口控制在38万人以内，年均自然增长率控制在13‰以下。

“八五”时期（1991—1995年）人口计划，到1995年全县总人口控制在38万人以内，年均自然增长率控制在9‰以下。

“九五”期间（1996—2000年）人口计划，到2000年全县总人口控制在40.5万人以内，年均自然增长率控制在8.8‰以下。

“十五”期间（2001—2005年）人口计划，到2005年全县总人口控制在40万人以内，年均自然增长率控制在9‰以下。

远期人口规划，“十一五”期末至2010年，全县总人口控制在43.5万人以内，人口自然增长率控制在百色市下达的9‰计划指标以内。

计划实施

为确保每个时期人口发展规划的实现，田东县加强对人口和计划生育工作的领导，多措并举，严格控制人口过快增长，使人口增长同经济和社会发展相适应。

“七五”时期，全县人口年均自然增长率为12.85‰，比计划超0.85个千分点。

“八五”时期，尽管全县处于中华人民共和国成立以来第三次人口生育高峰期，但由于计划生育工作的扎实有效开展，仍较好地控制了人口总量增长，全县人口年均自然增长率为6.68‰，低于计划2.32个千分点。

“九五”时期，全县人口年均自然增长率3.89‰，低于计划4.91个千分点。“十五”时期，全县人口年均自然增长率5.05‰，低于计划3.95个千分点。

1999年，田东县召开计划生育工作会议

（县计生局提供）

从各个时期的人口计划实施情况看，除了

"七五"时期全县人口自然增长率比计划控制指标略有突破外，"八五"以后各个时期，全县人口计划各项控制指标都得到较好实现，人口出生多年没有突破百色市（地区）下达的年度计划指标，全县人口增长速度不断下降。

第三节 生育与节育政策

生育政策

1984年11月，田东县出台了《关于贯彻执行国家计划生育政策的若干规定》，提倡一对夫妇只生育一个孩子，严格控制二胎，坚决杜绝多胎生育。

1985年6月，田东出台《关于贯彻执行国家计划生育政策的若干规定》，对1984年制发的《关于贯彻执行国家计划生育政策的若干规定》作了必要的修改。继续提倡"一对夫妻只生育一个孩子"，生育必须按计划进行，实行凭证生育，严禁无证生育。

1986年8月，田东下发了《关于执行计划生育政策的补充规定》，明确各级计生部门要严格掌握"准生证"的审批和发放手续。

1989年，田东颁布《关于贯彻执行〈广西壮族自治区计划生育条例〉的具体规定》，规定符合晚婚晚育的育龄妇女，优先安排生育第一胎；凡符合生育第二胎的，由本人申请，可有计划地安排。凡生育必须履行审批手续，符合条例和本规定的育龄夫妇（且女方属本县户籍的）要求生育，必须按规定办理准生证后才能怀孕生育。1989年，出生人口5149人，出生率13.99‰，人口自然增长率8.62‰。

1993年，田东先后下发了《关于依法加强计划生育管理的决定》《关于计划生育大清理活动的通知》等文件，规定生育必须按计划进行。此后，全县严格执行计划生育政策。1993年，全县人口出生率为13.86‰、自然增长率为7.74‰、多孩率为3.28%。1995—1997年，全县计划生育率连续3年达到94%以上。2003年，计划内出生4616人，计划生育率为93.22%，同比上升0.08个百分比，其中一孩计划内出生3180人，一孩计划生育率为99.84%，二孩计划内出生1427人，二孩计划生育率为82.3%，同比上升1个百分点。2004年，全县计划生育率达92%以上，出生人口呈上升趋势。

2005年，全县人口出生率为13.23‰，自然增长率7.72‰，多孩率为0.88%；二孩计划生育率为87.1%。

节育政策

1985年6月，田东县出台《关于贯彻执行国家计划生育政策的若干规定》，明确育龄夫妇双方都有落实节育措施的义务。规定不再安排生育的育龄夫妇，必须有一方落实有效的节育措施。

1991年3月，为使全县计划生育工作既治标又治本，制止计划外生育，田东出台《关于贯彻执行〈广西壮族自治区计划生育条例〉中有关计划生育的具体规定》。

2000—2002年，田东县开始在计生工作基础较好的村（居）委会开展避孕节育措施知情选择试点工作，因人而异地指导育龄妇女落实避孕节育措施。

2003年，全县计划生育率93.22%，比二类县指标85%高出8.22个百分点；综合避孕节育率88.95%，比二类县指标85%高出3.95个百分点；长效避孕节育措施落实率82.66%，比二类县指标80%高出2.66个百分点；使用药具人数占综合节育措施比例8%。

2004年，全县共有已婚育龄妇女73225人，占人口比例为18.77%，其中采用各种节育措施人数为65130人，综合节育率为88.95%，其中长效节育措施为60529人，长效节育率为82.66%，药具占综合节育措施比例为8.49%。

2005年，抓好长效避孕节育措施的落实，提高避孕节育长效率。当年全县使用避孕药具5633人，占应使用人数8.1%；长效避孕率81.29%，综合节育率75.98%。同时，建立完善孕情档案和孕情报告、检查制度，提高出生人口监测和预警能力，较好地稳定了全县低生育水平。

优生优育

1984年6月，成立县计划生育技术宣传指导站，开始加强对基层的计划生育技术指导工作。

1989—1999年，县人口计生部门开展新婚人群培训，在县计生服务站设立宣传培训教育基地，各乡镇计生服务所开始配备DVD、电视机等电教设施，制作新婚知识、出生缺陷预防知识、优生优育知识、科学育儿知识展板，购置100多种涉及新婚、优生、优育、优教和科技类知识书籍。其间，1989—1995年提供优生优育咨询8965人次；1996—1999年提供优生优育咨询10992人次，开展健康体检4835人次。

2000—2005年，全县深入开展人口与计划生育基础知识教育，建立健全人口学校，对广大育龄群众进行“人基”教育。县计生服务站每年定期举办育龄夫妇培训班和育龄妇女“五期”（新婚期、孕产期、育儿期、避孕期、更年期）知识培训班，普及生殖保健知识。全县共举办生殖健康知识培训班842期（次），受教育9.2万人次，生殖保健知识普及率90%以上。

2000—2005年，县、乡计划生育服务站（所）每年4次抽调技术骨干组成康检服务队，出动流动计划生育技术服务车，到乡村巡回开展康检和妇科病普查普治服务活动，利用乳透仪、B超等仪器，为育龄妇女作B超、乳透、血常规、尿常规、肝功能等多项检查，发放宣传资料、安全套和提供咨询服务，宣传性病、艾滋病的传播途径、防护办法和有关优生优育知识。共提供优生优育咨询14915人次，开展健康体检28031人次。此外，实施出生缺陷一级预防工程，每年为农村新婚夫妇免费提供“地中海贫血”筛查等优生优育服务。为避免新生儿出现神经管缺陷，导致先天畸形，给孕妇推荐服用叶酸或斯利安，普及叶酸营养素的服用。对优生筛查结果正常的夫妇，发放价格优惠的叶酸营养素。

第四节　宣传教育与计划生育服务

宣传教育

田东县人口计划生育宣传教育工作坚持集中宣传与日常宣传教育相结合，1989年，利用报纸、广播、有线电视、人口学校、印制计生宣传小册子、出版计生知识墙报、开展计生文体活动等多种形式，深入宣传国家人口与计划生育政策法规，以及优生优育、避孕节育、生殖保健、婚育新风等知识。

1993年，全县城乡书写固定标语口号70条，大型油画、版画10幅，墙报、黑板报共24期，印发各种宣传计划生育资料5000份。

1994年，出台《关于在全县范围内迅速掀起宣传和执行计划生育政策法规，创建计生达标县的决定》，要求县、乡、村进行人口和计划生育基础知识教育（“人基”教育），动员农村中小学教师为“人基”教育的师资。投资4.5万元，编制“人基”教育教材7.6万册，每户一册。整理教室，组织育龄群众上课。年末，全县“人基”教育开展率100%，普及率85%。

1995—1998年，全县每年开展4次计生宣传服务活动，利用广播、电视、电影、标语、文艺演出等形式，在城乡广泛宣传计划生育方针政策。利用农村电影放映宣传450场次，县民族艺术团下乡演出计生内容140场，张贴计生标语2870条，印发计生宣传资料30万册。

1999年，在县电视台开设《人口与计生》专栏，刷新重写耐久性标语1000多条，派出宣传车巡回宣传20多次，印刷各种宣传资料15万多份，平均每户有2份以上。

2000—2002年，贯彻落实《中共中央、国务院关于加强人口与计划生育工作稳定低生育水平的决定》，开展计生“三好一满意”（宣传服务好、执法服务好、科技服务好，群众对计划生育工作满意）和“婚育新风进万家”活动，推动计生村民自治和知情宣传，执行“二二五”工作思路，即“二基”（抓基础、打基础）、“二改”（改变工作方法和转变工作作风、改善办公条件）、“五规范”（宣传教育规范、优质教育规范、行政执法规范、队伍建设规范、经常性工作规范）。印制《婚育新风进万家》《计生知识识历书》等学习资料30.5万册，向已婚育龄妇女发放资料袋17万个。

2003—2004年，注重宣传《中华人民共和国人口与计划生育法》《社会抚养费征收管理办法》《计划生育技术服务管理办法》《流动人口与计划生育管理办法》等政策。同时，县艺术团、“夕阳红”文艺队等文化艺术团分赴各乡镇进行巡回演出68场，发放宣传手册16万册，发放印有计划生育法律法规政策的挂历8万份，书写计划生育宣传横额标语398条。在县城交通要道及乡镇政府所在地贴计生陶瓷宣传画68幅。

2005年，加强面对面宣传，深入重点育龄群众家中进行宣传，做到“三上门”（送政策上门、送宣传上门、送避孕药具上门）服务。春节期间，发放印有计划生育法律法规政策的挂历7万份，《计生法律法规资料汇编》2000册。利用村（居）“两委”换届选举召开村组干部、党员群众代表会议之际，穿插开展计划生育法律法规政策宣传培训，受训人数1万人次。

计划生育服务

1989—1995年，县计生局组织计划生育优质服务巡回医疗队，每年到各乡镇、村（屯），对农村已婚育龄妇女提供免费健康检查服务，并提供放取环、查环、查孕等服务。各乡镇计划生育管理站主要开展发放避孕药具，药后、术后随访，孕前管理等工作。

1996—2000年，随着农村已婚育龄妇女对计划生育优质服务要求的提高，县计划生育优质服务巡回医疗队由每年开展1次巡回服务，增加到每季度1次服务。为各乡镇计划生育管理站配备B超机，开展查环、查孕工作。当年，对已婚育龄妇女进行产后、使用药具后、节育手术后随访均达92%以上。

2001年，推行计生“三结合”（计生工作与发展农村经济相结合、与帮助群众勤劳致富奔小康相结合、与建设文明幸福家庭相结合），帮助农民勤劳致富奔小康。对独生子女家庭和双女结扎户的家庭生产经营，优先提供资金、技术、项目、信息等服务。当年重点帮扶计生户950户，落实帮扶资金109.5万元，落实帮扶项目8个，从而使这些计生贫困户年人均增收200元以上。

2003—2004年，投入38万元扩建县计生服务业务楼，投入8000多元对乡镇服务所医疗器械进行更新，组织医务人员深入乡镇为育龄群众提供避孕节育、生殖健康保健全程服务，群众对计划生育工作的满意程度达95%以上。

2005年，加强计划生育基础设施建设，提高服务水平。投入60多万元，为平马、思林、林逢、义圩等镇购买工作用车。投入30多万元，为作登、林逢等乡镇新建计划生育服务所。添置10多万元的化验设备。同时，不定期深入村屯，免费为14850名已婚育龄妇女提供“三查”（查环、查孕、查病）服务。

第五节 计划生育管理

管理责任制

自1993年起，田东县实行人口与计划生育目标管理责任制，县委、县人民政府每年与乡镇党委、政府签订责任状，把人口出生率、计划生育率、已婚育龄妇女节育率等方面作为考核工作的重点，实行年中检查和年末考核，以此作为考核党政干部政绩和评比先进的主要内容之一。同时，实行“一票否决”制度。

合同管理

1994年，田东县开始推行计划生育合同管理制度。

1997年，计划生育合同扩大为新婚夫妇计划生育合同、一孩夫妇计划生育合同、二孩夫妇计划生育合同、多孩夫妇计划生育合同、流动人口计划生育合同、单位或雇主计划生育合同等6种，合同内容明确规定育龄夫妇、单位负责人、雇主、业主与政府双方的权利、义务、违约责任等，并配套合同档案管理制度、跟踪服务制度、监督检查制度、定期评议制度等四项制度。对履行合同、落实节育手术者，政府负担其手术费用。对遵守计划生育合同的对象，由水产、畜牧、农业、水果等部门在技术、资金、项目上给予优先扶持。对流动人口的计划生育管理，由从业居住地的计划生育部门、公安部门、用人单位共同负责。流动人口要办理流动人口婚育证明，相关单位先查验其流动人口婚育证明才给予办理有关证照。

创建“合格村”

1996年，田东县开展创建计划生育“合格村”活动。达到“计划生育合格村”的标准为：“八好四无”（领导重视好、队伍建设好、宣传教育好、技术服务好、政策落实好、制度建立好、干群关系好、依法管理服务好；无早婚早育、无弃婴、无计划外生育、无政策外多孩生育），“四有三落实”（有一个好的班子，有一支好的计划生育队伍，有一条好的工作路子，有一套好的工作制度；计划生育工作人员、工作任务、工作报酬落实）。

2005年，全县有135个村（街、社区）达到合格村标准，占全县村民委员会（社区）总数的83.3%。

村民自治

2001年，印发《田东县推行计划生育村民自治工作实施方案的通知》，在全县范围开展计划生育村民自治活动。其核心是建立三个机制：约束机制、利益导向机制和奖励机制，落实民主选举权、民主决策权、民主管理权、民主监督权与享受服务权，使计划生育工作实现村民自我教育、自我管理、自我服务、自我监督、自我约束。当年，全县开展计划生育村民自治有64个村。

2005年，开展创建计划生育村民自治合格村活动，所有行政村（街、社区）都实行计划生育村民自治。

流动人口管理

1989—1992年，流动人口的计划生育管理工作由县、乡镇各级政府具体组织实施，重点进行流动人口计划生育的宣传教育、检查育龄人员计划生育证明和生育情况、提供避孕药具和节育手术服务、建立流动人口婚育节育档案以及向流入者常住户口所在地的县、乡镇、街道办事处通报有关情况。根据“单位负责，条条保证，以块为主，条块配合”的城镇流动人口计划生育管理体制和“谁用工谁负责，谁受益谁管理，谁管辖区域谁清理”原则，加强对流动人口的计划生育管理。

1993年1月，田东颁布《关于依法加强计划生育管理的决定》，规定在本县从业或暂住3个月以上的有生育能力的流动人口，必须持有原户口所在地乡镇以上计划生育部门发给的计划生育证明；没有计划生育证明的，也要取得乡镇以上计划生育部门的有关计划生育证明，到暂住地计划生育部门验证，符合计划生育要求的，发给田东县暂住人口生育证明，凭证到当地派出所办理暂住户口手续。在规定的期限内没有办理上述手续的暂住人口，征收其本人及户主违反计划生育管理费各300元。

1996年，成立田东县计划生育流动人口管理股，主要工作职责是管理人户两地、长期外出的已婚育龄妇女和流入田东县城辖区的已婚育龄妇女，给流出人员出具流动人口计划生育证明，并不定期检查流入的人员是否持有计划生育证明等。

1999年以后，田东贯彻落实国家计生委颁布施行的《流动人口计划生育工作管理办法》。2001年10月至2003年9月，全县为外出人员办理流动人口婚育证明1832本，办证率93.68%。

2004年，开展流动人口计划生育综合治理，实行规范化管理。4月1日起，把办理成年流动人口婚育证明审批权下放到乡镇计生服务所，严把办证关，全年办理流动人口婚育证明8511本，办证率94.22%以上。同时对流动人口计划生育实行“双向”管理，建立健全流动人口计划生育档案。免费为流动人口已婚育龄妇女提供康检和妇检、孕检832人次，发放避孕药具168人次。查验外来流动人口婚育证明686本，查验率98.51%。对流动人口育龄群众进行计生法律法规知识培训896人次，“双向”管理落实率为95%。

2005年1月起，凡流出流入田东的经商人员、建筑工、临时工、治病3个月以上人员中的育龄妇女，均被列为流动人口计划生育管理范围，使用全国统一的流动人口婚育证明。当年8月，出台《田东县流动人口计划生育管理暂行规定》，建立和完善以现居住地为主的流动人口计生管理机制和管理服务网络，将流动人口计生工作纳入社区和企事业单位的管理服务范围，纳入村规民约，融入社会治安综合治理之中，与现居住地户籍人口同管理、同服务。对流入人口逐一造册登记，建档立卡，定期查证查孕，落实避孕节育措施。全年共5次组织开展流动人口计生综合治理，为410人补办计生证件；免费为流动人口已婚育龄妇女提供康检和妇检、孕检712人次，发放计生用品8800份；查验流动人口婚育证明565本，验证率98%；为流出育龄人员办理流动人口婚育证明8250本，办证率92%。

胎儿性别鉴别管理

2003年，田东成立打击“两非”（严禁非法鉴定胎儿性别和非法选择性别终止妊娠）专项治理领导小组，进一步完善综合治理出生人口性别比偏高的机制和各项制度。是年起，每年均对县、乡计划生育服务所B超从业人员进行打击“两非”普法教育培训，并在B超室张贴“禁止非医学需要鉴定胎儿性别和选择性别终止妊娠”的警示标语。在开展人口与计划生育专项治理活动月中，把打击非法鉴定胎儿性别行为、依法治理违规B超市场、对违法者违规者严打重处列入专项整治工作内容。同时加强孕情跟踪管理和随访服务，加强B超、终止妊娠手术和终止妊娠药品的管理。

2004—2005年，开展综合治理出生性别比和“关爱女孩行动”救助活动，重点检查各级计划生育技术服务机构、医疗保健机构、个体诊所、药品批发及零售企业，使全县出生人口性别比升高的势头得到遏制。

社会抚养费征收

社会抚养费是指为调节自然资源的利用和保护环境，适当补偿政府的公共社会事业投入的经费，而对不符合法定条件生育子女（含超孕、超计划生育、非婚生育、非法定婚龄生育、不够间隔生育）的公民征收的费用。社会抚养费属于行政性收费，具有补偿性和强制性的特点。1984年，社会抚养费称为超生子女费。

1985年，田东出台《关于贯彻执行国家计划生育政策的若干规定》，对国家干部职工计划外怀孕，生育第二个孩子或第二个孩子以上的，按以下规定征收超孕费和超生子女费。一是征收超孕费。凡计划外怀孕的，经动员、教育仍不采取补救措施的，从怀孕第四个月起，由所在单位按月从夫妇双方工资中各扣出50%作为征收超孕费，三胎以上的，按胎次加重征收10%。如采取补救措施，终止妊娠者，可全部退回。二是征收超生子女费。1980年1月1日至1981年10月1日超生的（生育第三年孩子的），每月分别征收夫妇双方工资的5%。1981年10月2日至1982年12月31日超生的，从怀孕的第四个月起，每月扣罚夫妇双方工资各10%，生三胎的各扣15%。从1983年1月1日至1984年11月30日超生的，从怀孕的第四个月起，每月扣罚夫妇双方工资各10%，生三胎的扣15%，还要一次性罚款200元，上述征收超生子女费的时间，从孩子出生之月起扣至7周岁止。从1984年12月1日起，超生一个子女的，给予一次性罚款500元，超生两个子女的，给予一次性罚款1000元，自孩子出生之月起，每月还要扣夫妇双方工资各20%作为征收超生子女费，共征收7年。

对计划外生育的城镇居民和农村居民，从1980年1月1日至1981年12月31日止超生的，给予一次性罚款150元。1982年超生的，给予一次性罚款250元。1983年1月1日至1984年11月30日超生的，给予一次性罚款410元。1984年12月1日起超生的，给予一次性罚款500元，另从超生之年起每年征收超生子女费30元，征收至孩子7周岁止，以后每增加超生一胎次，每年多征收20元。接到罚款通知书后在一个月内全部交清罚款总数的，可减免征收罚款总数的20%。

城镇居民和农民超生的育龄夫妇，一方采取节育措施者，可以减免征收超生子女费。1980年1月1日至1984年11月30日超生的，于1984年12月1日前已交超生费，并施行节育手术的，可减免征收超生费80%，妇女放环的减免40%；超生而未交超生费，但进行节育手术的，可减免60%，妇女放环的可减免20%。从1984年12月1日起，超生的夫妇一方做节育手术并按期交清超生子女费的，可减免征收超生子女费60%，妇女放环的减免20%。对个别超生的困难户，夫妇双方有一方做节育手术的，经乡镇计划生育管理站调查了解，其家庭经济状况确实困难的，报乡镇人民政府批准，可免收超生子女费。

从1985年起，田东县对各乡镇的超生子女费采取“四六”开制的方法，即各乡镇把征收得的超生费总额的60%留在乡镇计生管理站管理使用，40%上缴县计生委统一安排使用。超生子女费落实专人负责管理，专门建立收支明细账，做到收有据、支有凭。

从1989年1月1日起，在全县范围内凭准生证生育，凡无证生育第一胎者处以罚款100元以上，生育第二胎者罚款500元以上。未经办理结婚登记手续就以夫妻关系同居生育者，每生一胎处以罚款1000元以上。超生第一个小孩处以罚款1000元以上，并征收超生子女费1500元。超生第二个小孩和二个小孩以上，每超一孩处以罚款2000元以上，并征收超生子女费2000元。

1992年，超生子女费改称计划外生育费，田东县实行“乡收县管，财政监督”管理体制。计划外生育费由乡镇人民政府负责组织征收，全部上交县计生部门。之后由县计生部门统一存入同级财政部门在银行开设的预算外资金专户，实行收支两条线。乡镇计生需用资金，需书面报告，经县计生部门审核同意，报请财政部门从专户中返拨给用户使用。资金使用范围：独生子女保健费，计划生育服务网络建设，计划生育受术者的营养费和误工补贴费，计划生育受术者、节育者和并发症的路费补助；经县级以上计划生育行政管理部门批准聘用计划生育临时工作人员的生活补贴；县、乡计划生育宣传教育、干部培训的费用，计划生育节育手术费的支出补助。县级计划生育行政管理部门集中掌管20%用于调剂计划生育工作开支。

1994年11月26日起，征收计划外生育费按《广西壮族自治区计划生育条例》执行：符合生育条件、尚未取得生育证生育第一个孩子的，由县以上计划生育管理部门一次性征收500元以上2000元以下的计划外生育费；生育第二个孩子的，由县以上计划生育管理部门一次性征收1000元以上3万元以下的计划外生育费。超计划生育一个孩子的，由县以上计划生育管理部门一次性征收2000元以上5万元以下的计划外生育费。超计划生育两个以上孩子的，加倍处以罚款。未达到法定婚龄及其他非婚生育的，由县以上计划生育管理部门一次性征收2000元以上3万元以下的计划外生育费。已生育两个孩子以上的，要有一方采取绝育措施，经教育后不宜采取绝育措施的，由县以上计划生育管理部门视情节给予1000元以上5000元以下的罚款，督促其采取绝育措施。

2002年，国务院颁布了《社会抚养费征收管理办法》，计划外生育费改称社会抚养费，对征收社会抚养费问题作出了规定。田东县全面推行“上缴国库，纳入财政预算”管理体制，任何单位和个人不得截留、挪用、贪污、私分社会抚养费。

2003年7月22日起，征收社会抚养费按《广西壮族自治区人口与计划生育管理办法》执行，对双方当事人分别按违法行为被查出时的上一年城镇居民年人均可支配收入或者农村居民年人均纯收入的以下倍数征收社会抚养费：违法生育1个子女的，按3倍至5倍征收；违法生育2个子女的，按5倍至7倍征收；违法生育3个子女的，按7倍至9倍征收；违法生育第四个子女以上（含第四个）的，按上述标准计征倍数类推。违法收养子女、婚外生育、非婚生育的，对双方当事人按上述规定计征社会抚养费。符合生育规定，但不够生育间隔年限生育的，对双方当事人分别以生育时上一年城镇居民年人均可支配收入或者农村居民年人均纯收入为计征基数核对计征社会抚养费，每提前一年每年分别按计征基数的25%累计征收社会抚养费，不满一年的按一年计征。社会抚养费的征收，以县统计部门法定的统计数据为征收基数。

2005年，社会抚养费征收工作由县法院、县人口与计划生育局、乡镇计生执法人员共100多人组成的“执法组”组织实施。在社会抚养费征收过程中，采取经常性征收和申请法院强制执行的办法，严格做到“六个统一、四个规范”（统一规范程序、统一征收标准、统一专用票据、统一征收人员、统一账户、统一管理；规范执法主体、规范执法文书、规范案卷归档、规范“乡收县管，收支两条线”收支管理）。同时加强监督，确保专款专用。在县财政局设立社会抚养费专户，社会抚养费收入全部上缴财政专户，纳入预算管理，做到随征随缴。社会抚养费主要用于计划生育工作服务管理、推进规范建设项目开展、计划生育家庭奖励、社会保障以及计生工作奖励与补贴等。社会抚养费征收金额的30%作为县级计划生育奖励基金，按月下拨到各乡镇，其余留在县社会抚养费统筹专户，由县人口与计划生育局对计生工作水平高的乡镇和贫困乡镇给予一定的经费倾斜。年内，立案率达100%，征收率83.31%。

计划生育奖励扶助

1985年6月，田东出台《关于贯彻执行国家计划生育政策的若干规定》，提倡和鼓励晚婚晚育，男性25周岁，女性23周岁以上初婚的为晚婚，已婚妇女在24周岁以上生育第一胎为晚育。职工（包括国家和集体的干部、工人）符合晚婚条件的，增加婚假12天。一方符合，一方享受。符合晚育条件的，增加产假14天。在产假期间领取独生子女证的，另增加产假20天。

孩子在14周岁以内的，可申请领取独生子女证，发放一次性奖金50元；另每年发给儿童保健费40元，由夫妻双方所在单位各发一半，一方不是职工的，由另一方所在单位全付，发至14周岁。2002年，根据《广西壮族自治区人口与计划生育条例》的规定，把独生子女保健费发放由原来规定发至14周岁延长至18周岁。城镇待业人员的，可由计划生育事业费开支。农民的，用公益金或从征收的超生子女费中开支。终身只生育一个孩子的，退休加发基本工资5%的退休金，终身不生不养加发基本工资的10%的退休金。2002年开始，独生子女保健费提高到120元。

2005年，田东县被批准列入国家实施农村部分计划生育家庭奖励扶助政策的县份，该政策是针对农村群众只生一个子女或两个女孩的计划家庭，夫妇年满60周岁以后，每人每年给予600元奖励。当年，田东县符合奖励对象309人。

第三章　居民生活

1989—2005年，国家多次提高在职职工工资、离退休职工工资，提高低保标准和职工最低工资标准，职工收入大幅度提高。农村由于粮食增产、粮价提高，养殖业、第三产业的发展，蔬菜种植面积的扩大，农民人均纯收入出现几次大突破。1989年，田东县农民人均纯收入291元，职工年人均工资1949元，城乡居民人均储蓄存款余额187.5元。2005年，农民人均纯收入2113元，比1989年（下同）增长7.26倍；职工年人均工资18744元，比1989年增长9.6倍；城乡居民人均储蓄存款余额3484.6元，比1989年增长18.5倍；城镇居民人均可支配收入7424元，人均生活消费性支出4863元。

收入水平的提高，使居民生活质量出现许多新变化。在饮食上，大米、面条随便购买，饮食以大米为主，辅以本地产的杂粮。细粮年消费逐步减少，蔬菜等副食品份额逐步增加。肉、蛋、奶富裕户常食用，多数群众节日皆有，城乡居民过年过节、婚丧、待客有鸡、鸭、鱼和各种蔬菜。衣着消费紧跟时代潮流，服装款式多样化。交通工具、通信信息讲究快捷方便，多数群众购买摩托车、电动车，小部分购买小汽车，城镇居民普遍使用BP机、手机。家具不断更新换代，由适用型向高档型发展。居住条件日渐宽敞、安全、舒适，城镇居民人均住房面积由1989年8.21平方米，增至2005年13.56平方米；农村人均住房面积由1989年的7.33平方米，增加至2005年的18.17平方米。

第一节　农村居民生活

农村居民收入

20世纪80年代，田东县深化农村经济体制改革，实行家庭联产承包责任制，农民收入主要是靠家庭经营收入，通过集体统一经营中得到的收入比重逐年下降。1986—1989年，农村人均纯收入分别为188元、222元、252元、291元，农村居民人均纯收入指数（以1978年为100）分别为279.1、338.81、383.58、458.21，呈逐年上涨的趋势。

20世纪90年代，田东县深入贯彻落实中央关于农村和农业工作的方针政策，完善农村家庭联产承包责任制，农民商品经济和竞争意识增强，家庭经营方式由单一经营转向多种经营，拓宽了收入渠道。在发展家庭生产经营的同时，不少山区农村劳动力通过前往经济发达地区打工，增加家庭经济收入。与此同时，田东引导、鼓励农民调整和优化农村产业结构，将蔗糖业作为发展地方经济的支柱产业，促进了农民增收。1990—1999年，农村居民人均可支配收入分别为313元、363元、434元、544元、749元、1185元、1589元、2015元、2199元和2366元。

2000年以后，田东县加大农村产业结构调整力度，农村经济全面发展，同时贯彻落实各种减轻农民负担政策，促进了农民增收。但由于受自然条件、地理位置、经济基础等方面的制约，全县各乡镇之间的农民收入仍有很大的差距。“十五”时期，全县农民人均纯收入由2001年的1405.46元提高到2005年的2113.21元，年均增长9.78%。

1996—2000年田东县各乡镇农民年人均纯收入一览表

表3-3-1　　单位:元

乡镇	1996年	1997年	1998年	1999年	2000年
平马镇	2608	3108	3315	3548	1967
祥周镇	2352	2808	3006	3186	1767
布兵镇	1051	1430	1595	1735	962
林逢镇	2015	2602	2800	2956	1639
祷午镇	1372	1800	1979	2143	1188
思林镇	1547	1932	2128	2296	1273
坡塘镇	926	1333	1498	1628	933
作登瑶族乡	975	1299	1449	1559	864
印茶镇	1302	1660	1840	1990	1103
江城镇	1181	1545	1735	1886	1046
朔良镇	1289	1661	1837	1989	1103
义圩镇	1179	1638	1833	1987	1102
那拔镇	1289	1670	1840	1985	1101
平均值	1589	2015	2199	2366	1312

说明:从2000年开始因统计口径不一致,2000年以后数据比1999年减少。表中数据为县统计局提供

农村居民生活消费

20世纪80年代中后期，由于收入不高，农民消费水平相对较低。1989年，全县农民家庭生活消费支出人均357.56元，在生活消费结构中，以吃饱为主，食品消费占主要比重，其他文化娱乐生活方面的消费支出甚少。

20世纪90年代，随着农民收入逐年增长，农村家庭生活消费能力逐步增强。在生活消费结构中，食品消费所占的比重仍较大，其他消费水平有所提高。在衣着方面，农村居民由注重结实耐穿、以御寒保暖为主，逐步对衣服的布料、式样和花色品种有了较多的讲究和选择。文化娱乐生活方面的消费支出也逐年增加。

2000年以后，农村居民生活消费水平进一步提高，消费结构趋向多元化。在食品消费构成中，粮食消费占食品消费比重逐年下降，副食品消费所占比重上升，农村居民对营养高的肉、禽、蛋奶、鱼虾等的消费量不断增多。乡镇互联网（宽带网）接入服务，电脑、照相机等家族设备用品消费支出加大。2002年，全县农村居民人均生活消费支出1321.22元，其中食品消费人均支出704.88元，衣着消费人均支出48.96元，居住消费人均支出159.43元，家庭设备用品及服务消费人均支出52.96元，医疗保健消费人均支出80.48元，交通和通信消费人均支出96.48元，文化教育及娱乐用品消费人均支出132.67元，其他商品和服务消费人均支出45.36元。

2005年，全县农村居民人均生活消费支出2569.79元，其中食品消费人均支出1119.42元，衣着消费人均支出57.29元，居住消费人均支出710.35元，交通和通信消费人均支出208.75元，家庭设备用品及服务消费人均支出86.69元，医疗保健消费人均支出163.19元，文教娱乐服务消费人均支出188.32元，其他商品和服务消费人均支出35.78元。

2001—2005年田东县农村居民生活消费支出情况表

表3-3-2 单位:元/人

项目	2001	2002	2003	2004	2005
生活消费支出	1426.46	1321.22	1633.18	1740.39	2569.79
其中:	—	—	—	—	—
1.食品支出	671.16	704.88	793.23	765.65	1119.42
2.衣着支出	36.60	48.96	53.1	67.52	57.29
3.居住支出	357.17	159.43	303.57	276.92	710.35
4.家庭设备、用品及服务支出	57.77	52.96	80.78	93.31	86.69
5.医疗保健支出	40.11	80.48	86.5	91.69	163.19
6.交通和通信支出	82.62	96.48	122.3	168.97	208.75
7.文化教育娱乐用品及服务支出	141.18	132.67	170.3	247.36	188.32
8.其他商品和服务支出	39.85	45.36	23.4	28.97	35.78

说明:表中数据由县统计局提供

农村居民耐用消费品拥有量

20世纪80年代中后期，随着农民收入的增加，电视机、洗衣机等高档耐用消费品逐渐进入农村家庭。县内农村部分家庭已从传统的“三转一响”（自行车、缝纫机、手表、收录机，也称为“四大件”）逐步过渡为以电视机、电风扇、洗衣机为特征的家用电器。

20世纪90年代，农村家庭中传统的“四大件”基本普及，拥有彩色电视机、影碟机、录像机等新潮家用电器的农村家庭逐渐增多。

2000年以后，高档耐用生活消费品更多地进入农村居民家庭。据县统计局2004—2005年调查统计，更多的农村家庭普遍拥有了彩色电视机、电冰箱、自动洗衣机、程控电话、手机、摩托车等耐用高档消费品。2004年，全县每百户拥有彩色电视机115台、电冰箱76.67台、洗衣机76.67台、影碟机73.33台、摩托车60辆、组合音响26.67套。2005年，每百户拥有彩色电视机113.33台、电冰箱78.33台、影碟机73.33台、摩托车60辆、组合音响26.67套。

居住条件

20世纪80年代中期，县内农村居民住房大多为砖木结构，人畜分上下层共居；部分山区农村家庭居住在简陋的木瓦房或茅草房面里，居住条件极差。随着收入的逐年增加，农村居民开始新建住房，改善居住条件。1989年，全县农村居民人均住房面积7.33平方米。

20世纪90年代，农民用于改善居住条件的支出在家庭生活消费支出中所占比重逐年增多。农民新建房屋大都建砖瓦房和钢筋水泥楼房。随着“村村通电”工程的实施，大部分农户先后用上了高压电。住宅有了水冲厕所或旱厕，一些基础条件好的乡村还用上自来水和液化气。但由于基础条件不一，至90年代末，一部分山区农村家庭住房还是泥木结构的简陋住房，居住条件总体上还差。1999年，农村居民人均住房面积12.82平方米。

2000年以后，农民通过自筹和向银行贷款建房增多，居住环境也越来越好。2005年，全县农村人均住房面积18.17平方米。

第二节　城镇居民生活

城镇居民收入

城镇居民收入分职工收入和街道居民收入两种类型。20世纪80年代中后期，田东县城镇居民家庭收入结构单一，除了家庭中就业者的正常工资收入外，其他收入较少，工资性收入在家庭收入中占主导地位。街道居民收入主要来自个体经营收入。

1989年，全县职工人数2.09万人，年人均工资1949元。其中全民所有制单位职工年人均工资2022元，城镇集体所有制职工年人均工资1327元。

1991年，行政和事业单位职工进行工资调整，是历次调资面最广、调资额最大的一次。全县得到普调一级工资的机关和事业单位职工2796人，其中在此基础上按政策规定再升一级的有2403人，占调资面85.94%，人均月增资7.46元。当年，全县全民所有制单位职工年人均工资2535元，比1989年增加513元。在此期间，集体所有制企业职工工资也得到不同程度的提高。

1994年，企业实行工资制度改革。此后，国家不再统一安排企业职工进行工资调整，而是逐步建立企业正常的工资增长机制。同时实行职工最低工资标准办法，规定最低工资标准为每月170元。

1995—1999年，国家政策性增资使机关事业单位职工工资继续有较大增长，在工资性收入中，奖金、补贴、浮动工资和其他收入占工资性收入的比重也逐年加大，机关事业单位在岗职工年人均工资总额随之逐年提升，1996年为4650元，1997年为4690元，1998年为5391元，1999年为5933元。

2000年以后，随着企业改革改制，企业下岗失业职工自谋职业，居民家庭收入也趋向多元化，收入结构由工资性收入为主逐渐变为工资性收入、个体经营劳动以及其他劳动收入并存的收入新结构。

“十五”时期（2001—2005年），全县在岗职工年平均工资收入年均增长21.98%。

2004年，全县城镇居民人均家庭总收入6747元，其中人均可支配收入6345.84元；在总收入中人均工薪收入5226.12元，人均经营净收入217.8元，人均财产性收入75.96元，人均转移性收入1227.12元。

2005年，全县在岗职工15791人，年人均工资18744元，比1989年年人均工资1949元增加16795元，增长9.6倍；城镇居民人均可支配收入7424元，比1989年增长4.19倍；城乡居民储蓄存款年末余额137229万元，比1989年6918万元增长19.8倍。扣除物价上涨和其他不可比因素外，职工实际收入水平有较大幅度提高。

街道居民收入主要来源于个体经营收入。1989年以后，田东相继出台一系列优惠政策，鼓励和支持个体私营经济发展，商业、服务性行业和消费品生产行业发展迅速，街道居民就业门路扩大，经济收入逐年增多。

城镇居民消费

1989—1993年，田东城镇居民消费支出主要用于吃、穿、用等，增长较快。口粮方面，由于国家对城镇职工、学生、街道居民等实行口粮定量计划供应，按自治区统一规定的定量标准，实行以人定等，以等定量，计算到户，发给居民粮油供应证，当月供应，节约归己，城镇居民的粮食消费支出占生活消费支出比重较低。但从1993年取消城镇居民口粮定量计划供应后，居民粮食消费支出相应增加。衣着方面，逐步由注重结实耐穿转向美观、舒适发展，衣着消费中各类布料消费降低，成衣消费上升。

1994—1999年，城镇居民生活消费支出投向仍然集中于吃穿用等生活资料，但消费质量提高，选择性增加。食品消费方面，着重提高食物质量，饮食结构由吃饱型开始向营养型（高蛋白、低脂肪）转变。衣着消费有两个显著的变化：一是普通面料减少，高档面料增加；二是自制服装减少，成衣购买量增加，居民衣着品位不断提升。家庭耐用消费品转变为以“彩电、洗衣机、电冰箱、组合音响”为主的第三代“四大件”。20世纪90年代后期，由于下岗失业职工增多，部分城镇居民收入不同程度下降，居民消费出现升降徘徊的局面。

2000年以后，全县城镇居民在物质生活资料基本满足的同时，消费投向多样化。在家庭设备、用品消费支出中，高档耐用家庭电器所占比例加大，同时由于国家医疗、教育、住房改革的推进，职工家庭中医疗保健、教育、居住支出逐年增加。文化娱乐、旅游等消费在城镇居民生活消费中所占比重也不断上升。

2004年，据对60户城镇居民生活抽样调查，城镇居民人均生活消费支出4360.48元，其中城镇居民人均食品消费支出1879元，占家庭生活消费支出总额（下同）的43.09%。当年粮食消费人均81.6千克，猪肉、牛羊肉、鲜蛋、家禽、鱼虾、鲜奶、糕点、蔬菜水果等合计人均消费87千克。城镇居民的饮食结构发生了很大变化，居民饮食由吃饱、吃好更多地向保健饮食、养生型饮食发展。医疗保健人均支出341元，占生活消费支出总额7.82%。用于文教娱乐方面的支出增多，人均文教娱乐服务支出1075元，占生活消费总额的24.65%。衣着、家庭用品、交通通信等支出也在生活消费中占有相当比重，全年衣着人均支出232.2元，占生活消费支出总额5.33%。人均购买服装3.23件，其中男士服装1.45件，女士服装1.12件，童装0.66件。家庭设备用品及服务支出人均281.76元，占生活消费总额的6.46%，其中耐用消费品消费支出人均144元，占家庭用品及服务支出40.7%。交通和通信服务支出551.52元，占生活消费总额的12.65%。

2005年，全县城镇居民生活消费逐渐由温饱型转向小康享受型转变。据抽样调查，城镇居民人均消费性支出4863元，比2004年增加502.52元，增长11.52%。在生活消费支出中，食品消费人均支出1569元，占家庭生活消费支出的32.26%，消费结构中的恩格尔系数比2004年下降3.92个百分点。衣着方面，城镇居民对服装向讲究美观、时髦、多款式和个性化转变。全年衣着消费人均支出180元，占家庭生活消费支出3.7%，人均购买服装3.54件，其中男士人均1.1件，女士1.27件，童装1.17件。年内城镇居民医疗保健、交通和通信、文化教育、娱乐服务以及其他商品服务的支出占生活消费总支出额的比重也较大，其中医疗保健人均支出300元，占6.1%；交通和通信人均支出533元，占10.96%；文化教育、娱乐服务人均支出1116.84元，占22.96%；其他商品与服务人均支出81.96元，占1.6%。

2004年和2005年田东县城镇居民主要食品消费量表

表3-3-3　　单位：千克/人

指标名称	2004年	2005年
粮食	81.60	57.60
肉类	39.36	39.00
其中：猪肉	35.76	34.68
牛肉	1.20	2.04
羊肉	0.72	1.20
肉制品	1.32	0.96
禽类	16.08	17.28

续表3-3-3

指标名称	2004年	2005年
其中：鸡	8.16	9.24
鸭	6.24	6.72
禽制品	1.68	1.32
食用油	6.84	5.88
蛋类和蛋制品	4.2	3.84
奶和奶制品	0.96	4.2
水产品类	8.88	8.28
鲜菜	106.92	98.28
酒类饮料	19.08	9.72
糕点	0.36	0.72

说明：表中数据由县统计局提供

城镇居民耐用消费品拥有量

1989年，田东县城镇居民家庭耐用消费品主要是以“自行车、电风扇、洗衣机、电视机”为主的第二代“四大件”。至20世纪90年代末，城镇居民家庭耐用消费品由原来的第二代“四大件”转变为以“彩电、洗衣机、电冰箱、组合音响”为主的第三代“四大件”。

2000年以后，全县城镇居民消费呈多样化。大屏幕彩色电视机、电脑、自动洗衣机、数码摄像机、照相机、摩托车、微波炉、电磁炉等高档耐用家庭电器成为城镇居民消费热点。据县统计局的抽样调查，2003—2005年，城镇居民家庭耐用消费品人均支出分别为128元、144元、141元，分别占家庭设备用品消费支出的40.7%、59.64%、58.22%。

2004年和2005年田东县城镇居民家庭百户耐用消费品拥有量表

表3-3-4

年份	组合家具（套）	摩托车（辆）	自行车（辆）	家用汽车（辆）	助力车（辆）	洗衣机（台）	电冰箱（台）	空调机（台）	彩色电视机（台）	影碟机（台）	录放像机（台）	家用电脑（台）	照相机（部）	微波炉（台）	消毒碗柜（台）	电炊具（台）
2004	120	60	126.67	1.67	8.33	76.67	76.67	34	115	73.33	10	30	31.67	33.33	45	105
2005	120	60	133.33	3.33	8.33	78.33	78.33	46.67	113.33	73.33	10	33.33	31.67	33.33	46.67	135

居住条件

20世纪80年代中后期，田东县单位职工除了少数住上面积窄小的宿舍楼外，相当部分职工仍居住在砖瓦平房宿舍。街道居民一般居住砖木结构的平房，少数有经济能力的居民新建私人钢混结构楼房。这一时期的居民住宅结构简陋，厨卫设施差，许多住房没有厕所和单独厨房。许多家庭二、三代同住。

20世纪90年代，田东投入大量资金用于城区建设，改善城镇居民住房条件，居民住宅面积逐年增加。1990年，城镇居民人均住房面积9.79平方米。1993年，国家实行城镇住房制度改革，干部职工家庭按国家房改政策购买商品房或集资房，拥有了属于自己的私有产权住房。1994年，城镇居民人均住房面积10.68平方米。

2000年以后，田东县城镇开发和旧城改造加快，全县房地产业得到较快发展，城镇居民购建私房逐年增多，居民人均居住面积不断扩大，居住支出随之增加。

2005年，全县城镇居民家庭住房使用面积人均24平方米，人均居住支出667元，占生活消费支出的13.22%。住宅户型和建筑式样多样化，有居住单门独户的（私人房），有单位集资楼房四居室、三居室、二居室、一居室等。

田东县志（1989—2005）

第四篇

共产党　社会团体

第一章 共产党

1989—2005年，第七届至第十一届中共田东县委员会贯彻落实中共十一届三中全会以来的路线、方针和政策，团结带领全县各族人民解放思想，更新观念，以经济建设为中心，坚持改革开放，作出一系列符合田东实际、富民强县的重要决策，全县经济社会各项事业取得长足发展。

坚持党要管党、从严治党的方针，提高党的执政水平和领导水平，增强拒腐防变和抵御风险的能力。全面加强党的思想建设，开展“三讲”（讲学习、讲政治、讲政治）教育、“三个代表”重要思想、保持共产党员先进性教育等重大政治活动，使党组织和党员保持先进性和纯洁性。改革干部选拔、任用、考核、管理办法，干部思想作风和机关工作作风有了明显好转，推动了各项工作顺利进行。创造性开展“党员中心户”“党群致富联合体”“农家课堂”等创建活动，成立中共流动党员管理工作委员会，建立健全流动党员和流动党支部管理制度，设立党员互助基金，提高党组织的影响力、凝聚力和战斗力。

与此同时，加强党风廉政建设，注重思想教育、制度规范、体制完善，加大从源头上防止腐败力度。严肃查处党员和干部队伍思想、工作和生活作风违法违纪案件，纯洁了党的组织。通过反腐倡廉，各级领导班子和党员干部队伍的精神面貌和工作状态得到明显改善。

第一节 组织机构

领导机构

中共田东县委员会领导组成人员由每届党的代表大会选举产生或上级直接任命。在第七届至第十一届中共田东县委员会期间，共任命书记8人次，副书记58人次，常委39人次。

中共田东县第七届委员会 1988年10月至1991年10月。本届委员会期间，书记更迭1人，离任副书记5人、常委2人，增补（任命）副书记3人。

中共田东县第八届委员会 1991年10月至1993年10月。本届委员会期间，离任副书记1人（挂职），增补（任命）副书记2人（含挂职）、常委1人。

中共田东县第九届委员会 1993年10月至1998年10月。本届委员会期间，更迭书记1人，离任副书记8人（含挂职）、常委1人，增补（任命）副书记11人（含挂职）。自本届县委起，每届任期由原来的3年改为5年。

中共田东县第十届委员会 1998年10月至2002年10月。本届委员会期间，更迭书记1人，离任副书记15人（含挂职）、常委3人，增补（任命）副书记14人（含挂职）、常委3人（含挂职）。

中共田东县第十一届委员会 2002年10月至2006年8月。本届委员会期间，离任副书记9人、常委4人，增补（任命）副书记7人（含挂职）、常委2人（含挂职）。

1989—2005年，中共田东县委员会办公地址为田东县平马镇东园巷6号。

1989—2005年中共田东县委员会历届领导成员一览表

表4-1-1

届别	职务	姓名	性别	民族	籍贯	任职时间	备注
第七届	书记	杨兴业	男	汉族	广西防城	1988年10月—1990年3月	—
		黄晓东	男	壮族	广西那坡县	1990年3月—1991年10月	—
	副书记	黄冠平	男	壮族	广西都安县	1988年10月—1990年7月	—
		班启坚	男	瑶族	广西田东县	1988年10月—1989年3月	—
		徐应标	男	壮族	广西靖西县	1988年10月—1991年10月	—
		廖汉杰	男	壮族	广西田东县	1988年10月—1990年10月	—
		滕忠均	男	汉族	广西田东县	1990年8月—1990年12月	—
		韦奔波	男	壮族	广西横县	1990年8月—1991年10月	—
		黄定嵩	男	壮族	广西贵港市	1990年9月—1991年3月	—
	常委	陆东生	男	壮族	广西天等县	1988年10月—1990年6月	—
		黄玉胜	男	壮族	广西田东	1988年10月—1990年11月	—
		罗有助	男	壮族	广西田东县	1988年10月—1991年10月	—
		罗琼政	男	壮族	广西田阳县	1990年12月—1991年10月	—
		钟　华	男	壮族	广西靖西县	1990年12月—1991年10月	—
		黄建平	男	壮族	广西凌云县	1991年8月—1991年10月	—
第八届	书记	黄晓东	男	壮族	广西那坡县	1991年10月—1993年10月	—
	副书记	黄定嵩	男	壮族	广西贵港市	1991年10月—1993年10月	—
		徐应标	男	壮族	广西靖西县	1991年10月—1993年10月	—
		班美月	女	壮族	广西田东县	1991年10月—1993年10月	—
		罗有助	男	壮族	广西田东县	1992年10月—1993年10月	—
		谭日福	男	壮族	—	1991年11月—1992年10月	挂职
		曾凡春	男	汉族	—	1992年12月—1993年10月	挂职
	常委	罗琼政	男	壮族	广西田东县	1991年10月—1993年10月	—
		岑笃禧	男	壮族	广西田东县	1991年10月—1993年10月	—
		黄建平	男	壮族	广西凌云县	1991年10月—1993年10月	—
		钟　华	男	壮族	广西靖西县	1991年10月—1992年12月	—
		黄中兆	男	汉族	广西田东县	1991年10月—1993年10月	—
		钟国有	男	汉族	广西钟山县	1991年10月—1993年10月	—
第九届	书记	文　明	男	汉族	广西南宁市	1993年10月—1996年9月	—
		韦祖汉	男	壮族	广西田东县	1996年9月—1998年10月	—
	副书记	罗凤鸣	女	壮族	广西田东县	1993年10月—1998年10月	—
		罗有助	男	壮族	广西田东县	1993年10月—1998年10月	—
		黄建平	男	壮族	广西凌云县	1993年10月—1998年10月	—
		黄伯胜	男	汉族	—	1993年10月—1998年10月	挂职
		罗琼政	男	壮族	广西田东县	1994年5月—1998年10月	—

续表4-1-1

届别	职务	姓名	性别	民族	籍贯	任职时间	备注
第九届	副书记	梁仲相	男	汉族	—	1995年3月—1996年3月	挂职
		谭锡春	男	汉族	广西陆川县	1996年5月—1998年10月	—
		王永林	男	汉族	—	1996年6月—1997年5月	挂职
		李建林	男	汉族	—	1996年6月—1997年5月	挂职
		曾凡春	男	汉族	—	1993年10月—1993年10月	挂职
		李　虎	男	汉族	—	1997年6月—1998年5月	挂职
		郎　宁	男	汉族	—	1997年6月—1998年5月	挂职
		林先安	男	汉族	—	1997年6月—1998年5月	挂职
		梁耀积	男	壮族	广西田东县	1997年4月—1997年6月	挂职
		蒙登雄	男	汉族	广西横县	1998年5月—1998年5月	—
	常委	钟国有	男	汉族	广西钟山县	1993年10月—1998年5月	—
		黄绍广	男	汉族	广西田东县	1993年10月—1998年10月	—
		姚秀富	男	汉族	广西田林县	1993年10月—1998年10月	—
		岑笃禧	男	壮族	广西田东县	1993年10月—1998年10月	—
		韩元利	男	汉族	安徽省	1993年10月—1996年10月	—
		农万利	男	壮族	广西田东县	1993年10月—1998年10月	—
		梁永年	男	壮族	广西田东县	1993年10月—1998年10月	—
		蒙登雄	男	汉族	广西横县	1993年10月—1998年10月	—
第十届	书记	凌志勇	男	壮族	广西天等县	1998年10月—2001年1月	—
		谭锡春	男	汉族	广西陆川县	2001年1月—2002年10月	—
	副书记	谭锡春	男	汉族	广西陆川县	1998年10月—2001年1月	—
		姚秀富	男	汉族	广西田林县	1998年10月—2002年10月	—
		谭　峰	男	壮族	广西环江县	1998年10月—2002年10月	—
		蒙登雄	男	汉族	广西横县	1998年10月—1999年3月	—
		丁德贵	男	汉族	福建顺昌县	1998年10月—2002年10月	—
		曹　凌	男	汉族	湖南省	2001年8月—2002年10月	—
		黄明珠	男	汉族	—	1999年3月—2002年2月	挂职
		宋红旭	男	汉族	—	1999年3月—2002年2月	挂职
		陈光华	男	汉族	—	1999年3月—2002年2月	挂职
		唐爱新	男	汉族	—	1999年3月—2002年2月	挂职
		黄　忠	男	汉族	—	1999年4月—2002年2月	挂职
		胡继申	男	汉族	—	1999年6月—2002年5月	挂职
		梁建福	男	汉族	—	2000年4月—2001年3月	挂职
		李玉军	男	汉族	—	2000年4月—2001年3月	挂职
		黄　河	男	汉族	—	2001年6月—2002年5月	挂职
		李耀先	男	汉族	—	2000年4月—2001年3月	挂职

续表4-1-1

届别	职务	姓名	性别	民族	籍贯	任职时间	备注
第十届	副书记	何　波	男	汉族	—	2000年4月—2001年3月	挂职
		刘洪宽	男	汉族	—	2000年4月—2001年3月	挂职
		陆宏儒	男	汉族	—	2002年8月—2002年10月	挂职
	常委	曹　凌	男	汉族	湖南省	1998年10月—2001年8月	—
		黄灿辉	男	汉族	广西田东县	1998年10月—2002年10月	—
		梁海飘	男	壮族	广西平果县	1998年10月—2001年10月	—
		罗世锋	男	壮族	广西百色市	1998年10月—2002年10月	—
		罗绍英	男	苗族	广西隆林县	1998年10月—2001年10月	—
		韦日雄	男	汉族	广西田东县	1998年10月—2002年10月	—
		汪灯明	男	汉族	湖北省	1998年10月—2002年10月	—
		董建明	男	壮族	广西平果县	2001年8月—2002年10月	—
		黄联玲	女	壮族	广西平果县	1998年10月—2002年10月	—
		霍云涛	男	壮族	广西平果县	2001年10月—2002年10月	—
		玉云峰	男	汉族	广西田东县	2001年8月—2002年10月	—
第十一届	书记	谭锡春	男	汉族	广西陆川县	2002年10月—2006年8月	—
	副书记	王西冀	男	汉族	广西阳朔县	2002年10月—2006年8月	—
		罗世锋	男	壮族	广西百色市	2002年10月—2006年8月	—
		黄中贤	男	壮族	广西靖西县	2002年10月—2004年9月	—
		黄英振	男	壮族	广西靖西县	2002年10月—2004年9月	—
		施治忠	男	壮族	广西田林县	2005年3月—2006年2月	—
		黄尚正	男	汉族	—	2003年7月—2004年3月	挂职
		陈　诚	男	汉族	—	2003年7月—2004年6月	挂职
		徐为民	男	汉族	—	2003年8月—2004年7月	挂职
		黄　刚	男	汉族	—	2003年11月—2004年10月	挂职
		马善团	男	汉族	—	2005年6月—2006年5月	挂职
		张庆辉	男	汉族	—	2005年6月—2006年5月	挂职
	常委	施治忠	男	壮族	广西田林县	2002年10月—2005年3月	—
		董建明	男	壮族	广西平果县	2002年10月—2006年8月	—
		潘承环	男	壮族	广西平果县	2002年10月—2006年8月	—
		苏秀冬	女	壮族	广西田东县	2002年10月—2006年8月	—
		农良锋	男	壮族	广西田东县	2002年10月—2006年8月	—
		汪灯明	男	汉族	湖北省	2002年10月—2004年9月	—
		张国贤	男	汉族	—	2004年9月—2005年8月	挂职
		范远飞	男	汉族	湖南省	2005年6月—2006年8月	—

工作机构

1989年，中共田东县委员会设办公室、组织部、宣传部、统战部、纪律检查委员会、政法工作委员会、政策研究室、老干部局、党史办公室、机要局、党校、直属机关党委等12个工作机构。

1991年增设保密局，1992年新设督查室。

1996年年末，中共田东县委员会工作机构设办公室、组织部、宣传部（精神文明办公室）、统一战线工作部、纪律检查委员会、政法委员会、政策研究室、老干部局、党史办公室、党校、机要局、保密局、督查室。

1997年3月，县直机关改革，将政策研究室和督查室并入县委办公室。

2001年，根据《关于县委和县人民政府机构设置的通知》，确定县委工作机构为：办公室、组织部、宣传部、统一战线工作部、政法委员会、机构编制委员会办公室、直属机关工作委员会和纪律检查委员会。纪律检查委员会与县监察局合署办公。保密委员会办公室（保密局）、机要局、督查室、接待办在县委办公室挂牌；精神文明建设委员会办公室在宣传部挂牌；台湾工作办公室（台湾事务办公室）在统一战线工作部挂牌；社会治安综合治理委员会办公室、田东县防范和处理邪教问题领导小组办公室在政法委员会挂牌。机构编制委员会办公室是县机构编制委员会的常设办事机构，既是县委工作机构，又是县人民政府工作机构。县委信访办公室（县人民政府办公室信访室）由县委办公室领导；老干部局由组织部领导。

2005年，中共田东县委员会工作机构有：中共田东县委员会办公室、县委组织部、县委宣传部（精神文明办公室在宣传部挂牌）、县纪律检查委员会机关（与监察局合署办公）、县委统一战线工作部、县委政法委员会、县机构编制委员会办公室、县直属机关工委办公室，保留县委信访办公室由县委办领导、保留县委老干部局由县委组织部领导，县保密委员会办公室（县人民政府国家保密局）、县机要局、县督查室在县委办公室挂牌，台湾工作办公室（县人民政府台湾事务办公室）在统一战线工作部挂牌，县委社会治安综合治理委员会办公室、田东县防范和处理邪教问题领导小组办公室在县委政法委员会挂牌。

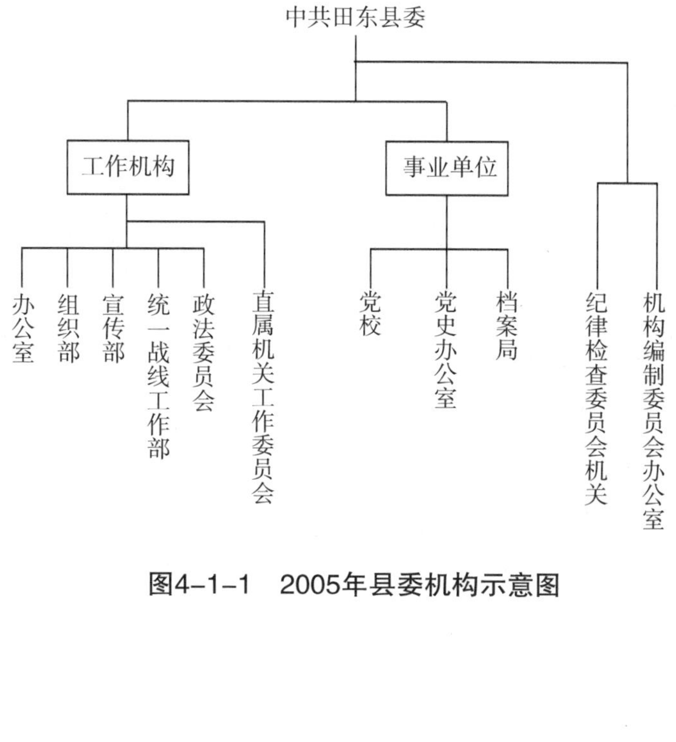

图4-1-1　2005年县委机构示意图

县委办公室 田东县委办公室是田东县委工作运转、承上启下、联系左右和沟通内外的枢纽，有参与政务、处理事务、履行服务三大职能，办公地址位于平马镇庆平路东园巷6号。

1989年，核定行政编制30名，在职人数30人。内设秘书科、行政科、机要科、调查研究科、保密室等科室。

1995年核定编制31名（行政24名，事业7名），在编28人，设秘书股、行政股、督查股。

2000年，在编29人，设秘书科、行政科、督查科、财务科。2002年，县委办公室内设秘书股、综合股、信息股、行政股，编制31名，年末在编30人。在县委办公室挂牌的单位有：县委保密委员会办公室（县人民政府保密局）、县委机要局和县委督查室。2003年增设保密室。

2005年，县委办内设秘书股、综合股、信息股、行政股。编制31名（行政24名，事业7名），在编35人（包括县委书记、副书记4人，常委1人，助理调研员2人），配主任1人，副主任6人，工作人员21人。

历任主任：苏兴平（1988年10月至1991年11月）、钟华（1991年11月至1993年10月）、岑笃禧（1993年10月至1998年10月）、韦日雄（1998年10月至2001年8月）、玉云峰（2001年8月至2002年9月）、苏秀冬（2002年9月至2006年8月）。

党组及基层党组织 1989年，田东县委下设平马镇党委、思林镇党委、祥周乡党委、布兵乡党委、林逢乡党委、祷午乡党委、坡塘乡党委、作登瑶族乡党委、印茶乡党委、江城乡党委、朔良乡党委、义圩乡党委、那拔乡党委、县直属机关委员会、县人民武装部党委、县公安局党委等16个基层党委，以及县人民政府党组、县人大常委会党组、县政协党组、县人民检察院党组、县法院党组、县工商行政管理局党组、县经济委员会党组等7个党组，共504个党（总）支部。

1994年增设田东实验高中党委，1996年增设广西田东农村合作银行党委，1997年增设南华糖业有限公司党委。

2000年，下设平马镇党委、思林镇党委、祥周乡党委、布兵乡党委、林逢乡党委、祷午乡党委、坡塘乡党委、作登瑶族乡党委、印茶乡党委、江城乡党委、朔良乡党委、义圩乡党委、那拔乡党委等13个乡镇党委及县直属机关委员会、中国人民解放军田东县人民武装部党委、县公安局党委、实验高中党委、田东农村合作银行党委、田东县东星糖业有限公司党委、田东国家税务局党委7个县直机关党委等20个基层党委，县人民政府党组、县人大常委会党组、县政协党组等45个党组，共611个党（总）支部。

2005年6月25日，田东县撤销布兵、祷午、坡塘3个乡镇建制，将布兵镇并入祥周镇，祷午镇并入林逢镇，坡塘镇并入思林镇。至此，中共田东县委员会下辖的乡镇党委有10个，分别为：平马镇党委、祥周镇党委、林逢镇党委、思林镇党委、印茶镇党委、江城镇党委、作登瑶族乡党委、朔良镇党委、义圩镇党委、那拔镇党委。县直党委有：县直属机关委员会、中国人民解放军田东县人民武装部党委、县公安局党委、实验高中党委、田东农村合作银行党委、南华糖业有限公司党委、田东国家税务局党委等7个，合计17个基层党委。有县人民政府党组、县人大常委会党组、县政协党组等42个党组，共897个党（总）支部。

党组书记：县人民政府党组黄冠平（1987年10月至1990年12月）、黄定嵩（1990年12月至1994年4月）、罗凤鸣（1994年4月至1999年1月）、谭锡春（1999年1月至2001年2月）、谭峰（2001年2月至2002年10月）、王西冀（2002年10月至2006年7月）；县人大常委会党组陆现先（1988年1月至1994年4月）、罗琼政（1994年4月至2003年1月）、丁德贵（2003年1月至2005年12月）；县政协党组黄锦业（1988年5月至1990年12月）、廖汉杰（1990年12月至1994年4月）、韦元光（1994年4月至2002年11月）、罗有助（2002年11月至2007年1月）；县人民检察院党组韦克勋（1987年10月至1994年5月）、宋室安（1994年5月至2001年1月）、黄日康（2001年1月至2002年11月）、李卫生（2002年11月至2006年7月）；县法院党组刘忠福（1988年7月至1991年5月）、黄胜慈（1991年5月至1994年4月）、黄庭年（1994年4月至1999年6月）、李卫阳（1999年6月至2005年1月）、潘梓田（2005年1月至2005年12月）；县工商行政管理局党组黄大宋（1989年3月至1996年8月）、周明象（1996年8月至1997年9月）；县经济委员会党组张本能（1987年10月至1990年10月）、梁善宁（1990年10月至1991年10月）、谢贵生（1991年10月至1993年12月）、黄贵保（1993年12月至1997年5月）。

乡镇党委书记：平马镇党委李刚（1988年10月至1990年8月）、黄灿辉（任第一书记，1989年3月至1990年10月）、黄德标（1990年10月至1991年2月）、韩元利（1991年3月至1992年12月）、欧永军（1993年9月至1996年3月）、韦日雄（1996年3月至1998年9月）、苏秀冬（1999年3月至2002年12月）、周智华（2002年12月至2006年8月）；祥周乡镇党委张保杰（1988年10月至1990年7月）、黄以标（1990年7月至1993年12月）、罗金英（1993年12月至1996年8月）、罗冬印（1996年8月至1999年3月）、黄文武（1999年3月至1999年9月）、韦志勇（1999年9月至2001年11月）、黄永才（2001年11月至2002年12月）、滕雄（2002年12月至2005年6月）；布兵乡镇党委曾品谦（1988年10月至1989年5月）、陶加保（1989年5月至1991年4月）、陆庚岳（1991年4月至1992年8月）、黄炳龙（1992年8月至1993年8月）、蒙光川（1993年8月至1995年5月）、韦世强（1995年5月至1998年4月）、陆海尖（1998年4月至1999年6月）、周智华（1999年6月至2001年11月）、黄秀斌（2002年3月至2003年5月）、冯雪梅（2003年5月至2005年6月）；林逢乡镇党委黄绍广（1987年11月至1990年3月）、李林成（1990年3月至1993年12月）、李光进（1993年12月至1998年4月）、农良锋（1998年4月至2002年10月）、黄树才（2002年10月至2003年5月）、黄秀斌（2003年5月至2006年8月）；思林镇党委黄忠江（1987年10月至1991年4月）、黄贵保（1991年10月至1993年12月）、刘忠贵（1993年12月至1995年9月）、蒙祥京（1995年9月至1997年7月）、罗秉明（1997年7月至1999年6月）、陆海尖（1999年6月至1999年9月）、董建明（1999年9月至2001年11月）、周智华（2001年11月至2002年12月）、韦鹰（2002年12月至2006年4月）；祷午乡镇党委黄选功（1988年9月至1991年4月）、黄大忠（1991年4月至1993年3月）、周明象（1993年9月至1996年8月）、黄国选（1996年8月至1999年3月）、林影洲（1999年3月至2001年3月）、黄彩妹（2001年3月至2002年12月）、陆学行（2002年12月至2005年6月）；坡塘乡党委黄炳国（1987年10月至1989年10月）、覃荣鲜（1990年11月至1991年11月）、黄治权（1991年12月至1993年8月）、梁国响（1993年8月至1995年7月）、覃治民（1995年7月至1996年8月）、黄宇杰（1996年9月至1998年6月）、潘浩（1998年6月至2001年8月）、陆汉明（2001年8月至2005年6月）；作登瑶族乡党委黄民江（1998年9月至1991年4月）、农万利（1991年4月至1993年8月）、黄本龙（1993年8月至1996年7月）、罗里宁（1996年8月至1999年3月）、张寿护（1999年3月至2002年8月）、黄开庆（2002年8月至2006年4月）；印茶乡镇党委梁忠恒（1998年10月至1991年9月）、梁汉华（1991年9月至1993年8月）、黄选营（1993年8月至1994年4月）、梁光争（1994年4月至1996年8月）、刘孟祖（1996年8月至1999年3月）、何文友（1999年3月至2002年8月）、劳克瑞（2002年8月至2006年4月）；江城乡镇党委农春柳（1988年10月至1990年12月）、李林建（1991年9月至1993年8月）、莫廷坚（1993年8月至1996年8月）、黄加祥（1996年8月至2001年3月）、刘忠锋（2001年3月至2002年8月）、覃春生（2002年8月至2005年8月）、黄世国（2005年8月至2009年9月）；朔良乡镇党委韦焕卿（1987年11月至1990年8月）、李国法（1990年8月至1993年8月）、李能（1993年8月至1996年8月）、农良锋（1996年8月至1998年4月）、黄植郎（1998年4月至2001年3月）、农福直（2001年3月至2002年8月）、黄忠义（2002年8月至2006年4月）；义圩乡镇党委黄振义（1988年10月至1990年8月）、覃才和（1990年8月至1992年8月）、岑贞雄（1992年10月至1996年8月）、辛荣朗（1996年8月至1999年3月）、黄忠益（1999年3月至2002年12月）、罗卫国（2002年12月至2006年4月）；那拔乡镇党委黄志强（1987年10月至1991年9月）、罗凤鸣（1991年9月至1993年8月）、蒙祥京（1993年8月至1995年

7月）、黄选杰（1995年7月至1999年3月）、农鸿飞（1999年3月至2001年3月）、凌云（2001年3月至2002年8月）、农桂珠（2002年8月至2006年4月）。

第二节 县党代会

1989—2005年，召开党员代表大会4次。1991年10月、1993年10月、1998年10月、2002年10月，田东县分别召开中共田东县第八、第九、第十、第十一届代表大会，并进行换届选举，选举产生中共田东第八、第九、第十、第十一届委员会和纪委检查委员会。

中国共产党田东县第八次代表大会

1991年10月22日至24日，中国共产党田东县第八次党员代表大会在田东县平马镇召开，出席大会代表224人。

会议议程：听取和审议中共田东县委员会第七届委员会工作报告、中共田东县纪律检查委员会工作报告；选举产生中共田东县第八届委员会和中共田东县第八届纪律检查委员会。

会议提出今后三年田东发展经济的战略指导思想是：以农业为基础，以工业为突破口、走农工贸综合发展的外延型经济路子，在布局和发展方向上，要抓住“一个启动”（能源交通）、“四大产业”（制糖食品、采矿冶炼、建材建筑、石油化工）、“四大优势”（粮食、甘蔗、芒果、林业）。

大会选出委员25人（其中常务委员会委员10人），候补委员3人，组成中共田东县第八届委员会；选举产生由15名委员组成的中共田东县第八届纪律检查委员会。中共田东县第八届委员会第一次全体会议选举黄晓东、黄定嵩、徐应标、班美月（女）、罗琼政、岑笃喜、黄建平、钟华、黄中兆、罗有助为县委常务委员会委员，黄晓东为书记，黄定嵩、徐应标、班美月（女）、罗有助为副书记。中共田东县第八届纪律检查委员会第一次全体会议选举黄中兆为书记。

中国共产党田东县第九次代表大会

1993年10月28日至30日，中国共产党田东县第九次党员代表大会在田东县平马镇召开，大会代表227人，列席88人。

会议议程：听取和审议中共田东县委员会第八届委员会工作报告、中共田东县纪律检查委员会工作报告；选举产生中共田东县第九届委员会和中共田东县第九届纪律检查委员会。

会议提出今后五年田东发展经济的战略指导思想是：以农业为基础，以工业和乡镇企业为突破口，以市场经济为突破口，走农工贸综合发展的经济路子。要抓住“一个启动”（能源交通）、“四大产业”（制糖食品、采矿冶炼、建材建筑、石油化工）、“四大优势”（粮食、甘蔗、芒果、林业），加强培育市场，加快商品流通。

大会选举产生中共田东县第九届委员会，由25名委员组成。选举产生由15名委员组成的中共田东县第九届纪律检查委员会。中共田东县第九届委员会第一次全体会议选举文明、罗凤鸣、罗有助、黄建平、钟国有、黄绍广、姚秀富、岑笃喜、韩元利、农万利、梁永年为县委常务委员会委员，文明为书记，罗凤鸣、罗有助、黄建平为副书记。中共田东县第九届纪律检查委员会第一次全体会议选举农万利为书记。

中国共产党田东县第十次代表大会

1998年10月19日至21日，中国共产党田东县第十次党员代表大会在田东县平马镇召开，大会代表236人，实际出席会议代表234人，列席113人。

会议议程：听取和审议中共田东县委员会第九届委员会工作报告、中共田东县纪律检查委员会工作报告；选举产生中共田东县第十届委员会和中共田东县第十届纪律检查委员会。

会议提出今后五年的基本任务是：高举邓小平理论伟大旗帜，坚持党的基本路线，全面贯彻党的十五大精神，围绕经济建设中心，增创发展新优势，大力推进经济体制和经济增长方式两个根本性转变。突出抓好“区域经济”“开放带动”“科技兴县”“可持续发展”的发展战略，切实加强文化道德建设、民主法制建设和党的建设，交好物质文明建设和精神文明建设两份答卷。

大会选举产生中共田东县第十届委员会，由26名委员、5名候补委员组成。选举产生由15名委员组成的中共田东县第十届纪律检查委员会。中共田东县第十届委员会第一次全体会议选举凌志勇、谭锡春、姚秀富、谭峰、蒙登雄、曹凌、黄灿辉、梁海飘、罗世锋、罗绍英、韦日雄、汪灯明为县委常务委员会委员，凌志勇为书记，谭锡春、姚秀富、谭峰、蒙登雄为副书记。中共田东县第十届纪律检查委员会第一次全体会议选举梁海飘为书记。

中国共产党田东县第十一次代表大会

2002年10月15日至18日，中国共产党田东县第十一次党员代表大会在田东县平马镇召开，大会代表239人，实际到会238人。

会议议程：听取和审议中共田东县委员会第十届委员会工作报告、中共田东县纪律检查委员会工作报告；选举产生中共田东县第十一届委员会和中共田东县第十一届纪律检查委员会；选举出席中国共产党百色市第一次党代会代表。

会议提出今后五年全县工作的指导思想是：高举邓小平理论伟大旗帜，认真实践“三个代表”重要思想，认真贯彻党的十六大确定的正确路线，以西部大开发为契机，以加快发展为主题，以“增创新的发展优势、增创一流业绩、提高经济素质、争创桂西强县”为总体目标，实施项目带动、科技兴东、可持续发展、河谷与两翼山区协调发展四大战略，增创开放、产业、科技、体制、环境五大优势，积极发展先进的生产力，努力建设桂西强县；加强民主政治建设、文化建设和党的建设，坚持深入改革、扩大开放、促进发展、保持稳定，团结和带领全县各族人民坚定不移地实现富民兴东新跨越的奋斗目标。

2002年10月18日，中共田东县第十一届委员会委员合影

（县委宣传部提供）

大会选举产生中共田东县第十一届委员会，由25名委员、5名候补委员组成。选举产生由15名委员组成的中共田东县第十一届纪律检查委员会。中共田东县第十一届委员会第一次全体会议选举谭锡春、王西冀、罗世锋、黄中贤、黄英振、施治忠、

董建明、潘承环、苏秀冬、农良锋、汪灯明为县委常务委员会委员，谭锡春为书记，王西冀、罗世锋、黄中贤、黄英振为副书记。中共田东县第十一届纪律检查委员会第一次全体会议选举黄中贤为书记。

第三节　重要决策

政治建设

1989年5月，县委七届第三次全体（扩大）会议召开，号召全县各级党组织和广大党员，坚定共产主义信念，紧跟党中央，不介入天安门政治风波，不听谣、不信谣、不传谣，在政治上和党中央保持一致。8月，县委常委会会议决定，成立田东县廉政建设工作领导小组，并下发《关于党政机关保持廉洁的若干规定》，为廉政建设的开展提供了组织和制度保障。

1990—1991年，田东县委决定在全县农村、县直单位开展社会主义思想教育活动（以下简称“社教”活动），在企业组织进行基本国情和基本路线“双基教育”。1990年2月，组织农村工作团到农村，用社会主义思想教育群众，使农民认清家庭联产承包为主的责任制的社会主义性质，农村基层组织建设得到巩固和加强，集体经济得到发展和壮大。1990—1991年，在县直单位普遍开展“社教”活动，组织编写《关于国际国内形势教育宣讲材料》《社会主义制度有强大的生命力》等宣传材料，组织召开展各种形势报告会和反“和平演变”报告会127场（次），参听人数16650人次。广大干部职工认识到社会主义的本质和制度的优越性，认清反对“和平演变”斗争的长期性和必要性，坚定社会主义信念和共产主义信念。在企业职工中，组织开展基本国情和基本路线“双基教育”，引导职工自觉坚持社会主义方向，增强主人翁责任感，共有4500名职工参加“双基”教育统考，及格率100%。

1995年，县委作出《关于进一步加强田东县农村基层组织建设的决定》，着力整顿软弱涣散和瘫痪状态的农村党支部，提出“全面铺开，一步到位，突出重点，狠抓落实，力争两年达标，三年验收合格”的工作目标。组建一支244人的农村基层组织建设工作队，对全县105个村党支部进行整顿，整顿对象占全县村总数的67.6%。全县调整村支书35名，选派54名年轻、有文化、有基层工作经验的乡镇干部到54个后进村挂职，全县155个行政村选举村民委主任155人、副主任197人、委员399人。1997年10月，经百色地区、自治区抽样检查，全县达到合格的村133个，基本合格22个，顺利通过验收。

2000年3—6月，县委决定在县级以上党政领导班子、领导干部中深入开展以“讲学习、讲政治、讲正气”（简称“三讲”）为主要内容的党性党风教育。县委、县人大、县人民政府、县政协、县纪委、县检察院、县法院、县公安局等8个领导班子55名县（处级）领导干部，分四个阶段开展“三讲”教育。通过开展这项教育，领导干部政治意识、大局意识和责任意识得到增强，工作作风明显改变。县四家班子领导36人，深入农村、农户调研，召开座谈会146次，征求意见349条，解决实际问题212个，撰写调查报告42篇。同年，县委作出《关于进一步健全田东县党组机构的决定》，对全县机关各党组的机构人员配置、基本任务、主要职责进行明确。出台《关于进一步加强和改进国有企业党的建设工作的意见》《关于加强非公所有制企业党建工作的意见》，对企业党建工作进行部署。当年，县直单位建立党组45个，党的基层组织得到健全。

2001年，田东开展“三个代表”重要思想学习教育活动，上半年在县直部门、乡镇及七站八所开展“三个代表”重要思想学习教育活动，13个乡镇、113个站所以及95个县直单位4236名干部职工参加。下半年，159个村（街）开展村级“三个代表”重要思想学习教育活动，为民办实事好事422件。这次学习活动增强了党员干部的宗旨意识和党员队伍的凝聚力、战斗力，发挥了先锋模范带头作用，达到党员和干部队伍受教育、广大群众得实惠的目的。田东县被百色地区评为“三个代表”重要思想学习教育活动先进县。

2003年3月，田东县委制定《关于开展田东县农村基层组织建设“三级联创”活动实施意见》，对“三级联创”活动目标任务、标准以及措施进行部署。从103个县直单位抽派133名党员干部，到挂点村指导开展“三级联创”等工作，共为群众办实事479件，解决农村基层组织有人办事、有钱办事、有地方办事的问题。全年发展农村党员430名，选拔培养486名村级后备干部。农村基层党组织的创造力、凝聚力、战斗力得到增强。

2005年1月，县委决定在全县开展以实践“三个代表”重要思想为主要内容的保持共产党员先进性教育活动。在三批次的先进性教育活动中，共有918个支部、14286名党员参加活动，党员干部的宗旨意识、党性意识得到增强。同年7月，出台《田东县村级党组织委员会换届选举“公推直选”试点工作方案》，在平马镇百谷村、祥周镇祥周村、林逢镇平洪村、思林镇可恒村、印茶镇僚坤村、江城镇江城村、作登瑶族乡巴立村、朔良镇朔良村、义圩镇义圩村、那拔镇那练村等10个村开展村级党组织、村民委员会换届选举“公推直选”试点，为保障党员、村民民主权力，加强农村基层组织建设起到示范引领作用。

经济建设

1989—1992年，县委、县人民政府按照稳定农业、发展工业的思路，先后制定《关于加快农业综合开发若干政策的决定》《关于进一步搞好（活）经济若干问题规定》《关于企业供销活动的若干规定》《关于鼓励党政机关、企事业单位参与农业综合开发的若干规定》，初步形成一套较完整的政策规定，对加快田东县经济建设起到积极作用。

1989年11月，县委常委会专题研究田东县第二糖厂投建工作，决定全力申报，争取将项目纳入广西“八五”规划重点项目。1992年7月，国家计委批复自治区计委同意建设田东县第二糖厂，1993年项目破土动工，1994年12月竣工开榨。

1991年4月，县委七届第六次全体（扩大）会议召开。讨论研究全县“八五”计划和十年规划，会议审议并通过《中共田东县委员会关于制定国民经济和社会发展十年规划和“八五”计划的建议》，为田东县经济社会发展明确了目标。

1995年2月，县委作出《关于开展甘蔗种植大会战的决定》，决心调整农业产业结构，把甘蔗生产培养成支柱产业。目标是年内种植8666.67公顷。经采取县、乡、村三级分工负责，任务到人，严格奖惩的工作措施，年内完成甘蔗种植8696.79公顷。

1994年，田东县表彰的“十大经济能人”（县委宣传部提供）

1999—2002年，县委以经济建设为中心，增创发展优势，大力推进经济体制和经济增长方式两个根本转变。加强农业基础地位，调整农业产业结构，发展特色农业和优质高效农业，优质水稻、香蕉、芒果、甘蔗、蔬菜等产业逐步实现规模化、优质化、特色化生产。抓好工业经济结构调整和国有企业扭亏脱困，2000年10月，出台《关于加强田东县工业发展的决定》，助推国有企业和乡镇企业的改革发展，公开招聘8个企业厂长（经理），完成17个县属国有企业的改制工作。积极发展非公经济，2002年全县个体工商户1.35万户，个体、私营企业上缴税金占财政收入的1/3。

2002—2005年，县委、县人民政府以“增创新的发展优势，增创一流业绩，提高经济素质，争创桂西强县”为目标，实施项目带动、科技兴东、可持续发展、河谷和两翼山区协调发展战略。提出了把发展作为第一要务，集中精力做好招商引资和项目建设两篇文章，全面唱响“工业强县”主旋律，确保做到工业立支柱，农业兴产业。依托资源，推进招商引资工作，搞好产业布局调整，继续稳定第一产业，大力壮大第二产业，加速发展第三产业。经过四年的努力，全县经济运行质量不断提高，综合经济实力跃上新台阶，2005年生产总值完成32.17亿元，比2000年增加14.95亿元，年均增长19.7%，超过预期9.7个百分点；财政收入4.01亿元，比2000年增加2.7亿元，年均增长24.5%，超过预期14.5个百分点。经济结构调整趋向合理，产业竞争力有新提高，三次产业结构由2000年的31.6∶27∶41.4调整为31.3∶49.1∶19.6，第二产业比重上升22.1个百分点，标志着田东正由传统农业大县朝着工业大县迈进，一批成长快、竞争力强、效益高的税源项目逐步壮大。

文化建设

1989年，县委把教育放在战略地位来抓，依靠全社会力量发展教育事业，不断改善办学条件，稳定教师队伍，小学普及教育得到巩固和发展，7~12周岁儿童入学率95.7%，年巩固率97.1%，普及率96.3%。加快初中教育发展速度，逐步扩大初中招生任务，加快普及九年义务教育。通过组织全县农村妇女开展学文化、学技术，比成绩、比贡献的“双学双比”竞赛活动和组织全县农民报读中国农业函授大学百色分校，推进扫除青壮年文盲和农民科技素质的提高。

1993—1998年，把教育放在优先发展的战略地位，提高人民思想道德和科学文化水平，优化教育结构，办好幼儿教育，加强基础教育，全县“两基”（基本普及九年义务教育、基本扫除青壮年文盲）工作通过自治区验收，成为百色地区第一个实现“普九”（普及九年义务教育）的县份。抓好职业教育、成人教育和扫盲班举办，做好农民技术员职称主业工作，鼓励自学成才。先后获得全国扫盲先进县、全国幼儿教育先进县、全区知识工程先进县称号。

2002—2005年，实施科技兴县战略，继续开展“科技、文化、卫生”三下乡活动，抓好科技普及和培训工作，加大科技创新力度和企业技术改造力度，促进产业结构优化升级，提高科技对经济增长的贡献率。农业方面，实施优质香蕉产业化、优质芒果产业化等种子工程，加大农业新技术、新品种和先进生产经营方式的引进和推广力度。工业方面，以“质量、品种、效益”为重点，开展工业企业技改工作，2005年续建、新建的技改项目6个，其中中油广西田东石化总厂有限公司投资2.7亿多元，启动建设年产100万吨炼油配套装置项目。技改项目的实施，提高了全县工业科技水平。教育方面，继续开展“两基”“普九”成果的巩固提高工作，出台了《关于在全县95个扶贫开发重点村对困难学生实施捐资助学的决定》，发动社会力量关心教育、支持教育、关爱贫困学生，解决困难学生“读书难”问题。通过争取上级补助、地方配套、社会资助的方式，筹措建设资金，做好学校基础设施建设。2005年，完成中小学危房改造2240平方米，实施建设10栋中小学教学楼项目，争取到国家发展改革委马凯夫妇和自治区资助150万元建设永隆小学，募集到台塑集团王永庆捐款40万元、县财政配套40万元建设印茶明德小学，进一步改善办学条件，提高教学质量。

社会建设

1989年，县委制发《关于开展扫除“六害”统一行动方案》，在全县范围内开展扫赌博、吸毒贩毒、卖淫嫖娼、黄色录像带、封建迷信和拐卖妇女儿童等六害活动。县精神文明办、县文化局、公安局、工商局等各负其责，协同配合，整顿文化市场，打击犯罪活动，净化社会环境。通过开展活动，全县镇容村貌“脏、乱、差”状况得到改善，社会治安稳定，社会主义新风尚得到传播。一批涉及民生的项目如田东剧场、林逢文化站、南宁至昆明光纤线通信线路田东段等项目得以实施。

1990—1993年，县委坚持两个文明一起抓，两手都要硬，加强精神文明建设，组织开展“三优一学”（优美环境、优良秩序、优质服务，学雷锋树新风）竞赛和创建文明村、文明单位活动，开展军民共建、警民共建文明单位活动，社会风气进一步好转。

1994—1998年，突出抓好创建文明县城、文明单位、文明乡镇（村屯）与群众性精神文明建设相结合的精神文明建设。1994年作出《关于开展创建文明县城活动的决定》。1996年，作出《九届三次全体会议关于在全县开展向麻克利同志学习的决定》，以先进人物的先进事迹激励创优争先活动的开展。制订扶贫攻坚工作规划，在抓好面上扶贫的基础上，办好异地开发试点，建立江山、六鲁等6个贫困山区移民安置点，加快全县脱贫致富奔小康步伐。

1999年2月，县委作出《关于实施社会稳定工程的决定》，各职能部门齐抓共管，全县稳定工作大局进一步夯实。

2001—2005年，全面落实《公民道德建设实施纲要》，在全县倡导“爱国守法、明礼诚信、团结友善、勤俭自强、敬业奉献”的基本道德规范和为人民服务的道德观。进一步开展“讲文明，树新风”活动，广泛开展创建文明城镇、文明村镇和文明行业活动。继续开展“打黄扫非”斗争，整顿和净化文化市场。深化社会治安综合治理，继续开展“严打整治”专项斗争，维护良好的治安环境。坚持开展国防教育，继续推动“双拥”工作，巩固和发展军政军民团结局面。基础建设项目有序推进，比如2001年广西田东西南大市场项目开工建设，2002年龙须河引水治旱工程建成投入使用，2003—2005年实施“乡乡通油路”、过境一级路、革命老区农村公路建设等交通设施项目，改善群众生产生活条件，促进社会和谐发展。

生态建设

历届县委、县人民政府强化环境保护意识，强调保护和合理利用自然资源，改善生态环境。

水资源管理　1991年，同意成立田东县水政水资源管理委员会，对全县取水、河道采砂、水利工作进行管理。1991—1992年，查处违反水政案件7起，办理采砂许可证9本、取水证3本。加强对右江河田东段和田东县饮用水源地龙须河、灵岐河的保护，禁止一切破坏水环境生态平衡的活动，禁止破坏水源林、护源林和水源保护相关植被的活动。

从1999年起，对污水排入右江的县纸厂和县桂松酒精酿制有限公司实行全面停产。

2003年，协助完成百色市水功能区域划分报告，对田东水保护区、工业用水区、纳污区等水功能区域进行划分，严格审批项目建设单位的水土保持方案，利用行政手段提高新建或改扩建项目单位的水重复利用率，把节约水资源、提高水资源利用效益落实到位。此外，对灵岐河上的非法淘金进行集中整治，共查处违法淘金船35艘，扣押逃逸船只6艘。

2005年，审批发放河道采砂许可证46本；依法审批水土保持方案19项，办理开发建设项目水土保持方案合格证5本，依法收缴水土流失补偿费52万元，促使建设单位投入水土流失防治经费104.8万元。当年，右江河田东段水质达到国家地表水三类以上标准，龙须河、灵岐河水质良好。

土地矿产资源管理　1990年，县委、县人民政府决定封闭不安全小煤矿并吊销其矿主采矿证。1996年，对无证乱采现象进行整治，关停8个矿井。1999年，对25处煤矿通过关闭、改造、联合等措施，仅保留10处煤井正常生产。

2000年，注销采矿许可证18本，压缩煤炭产量0.8万吨。2005年，组织国土、公安、安监、环保、水利、工商等部门对江城镇锰矿区无证、乱采、滥采矿石的现象进行集中整治，强制封闭矿井3口，暂扣挖掘机1台，农用车4辆，强制拆除洗矿机22台，保护了国家矿产资源。

在土地资源保护上，坚决贯彻执行党中央、国务院关于实行最严格的耕地保护政策，制定土地利用规划，1999—2005年，田东县划定基本农田4.92万公顷，保护率85.11%。

造林绿化　1993年10月，田东县第九次党代会报告中提出“今冬明春全县要大打一场造林灭荒的攻坚战，争取明年实现造林灭荒验收一次性通过”。11月，县委、县人民政府作出《关于田东县造林灭荒实施方案》《关于打好田东县造林灭荒大决战的紧急通知》，对造林灭荒任务、方法、步骤进行统一部署。县、乡、村三级书记抓造林灭荒工作，层层签订造林灭荒责任状，并交纳保证金，工作顺利推进。1994年7月，自治区灭荒检查验收小组经实地检查验收后，认定田东县林业用地、公路、主要河流及城乡居民点“四旁”的绿化造林，达到广西关于实现宜林荒山荒地绿化造林的标准和规定，宣布田东县1994年实现灭荒达标。1994年11月，经国家林业局灭荒核查后，验收合格。

1999年2月10日，县委常委会会议作出关于实施绿色工程的决定，结合国家开展退耕还林工作，加快绿化工作进度。同年，全县造林绿化8080公顷。

2000年，全县造林绿化面积8689.7公顷。2005年，全县完成造林4740公顷；年末全县有林面积91857.1公顷，森林覆盖率44.6%。

第四节　组织工作

1989—2005年，田东县委组织部坚持党要管党的原则，组织指导各基层党委，按照“坚持标准，保证质量，改善结构，慎重发展”的方针，做好党员发展工作，并不断改进发展党员的方式方法，确保党员发展的数量和质量得到提高。加强党员的管理，督促指导各基层党组织开展一年一度的民主评议党员工作，依靠制度落实党内民主监督，实现从严治党、纯洁组织的目标。做好党员的教育，先后组织开展党性、党纪、党风教育、学理论学党章、“三严四自”（严格要求、严格管理、严格监督，自重、自省、自警、自励）、“三个代表”重要思想学习教育、保持共产党员先进性教育等活动，提高党员的马克思主义理论水平和政治觉悟。坚持党管干部原则，加强干部教育培训，完善干部监督机制。建立健全后备干部数据库，重点做好科级干部的培养、考核和提拔使用方案，为县委用好干部、用准干部提供基础数据和参考意见。加强基层组织建设，督促指导基层党组织做好自身建设和党员的管理工作。加强农村基层组织建设，不断完善农村党组织的管理和机构运作，壮大农村集体经济，提升农村基层组织的凝聚力、战斗力。

机　构

田东县委组织部是县委主管党的组织工作、干部工作和人才工作职能部门，办公地址位于平马镇庆平路东园巷6号。1989年，核定行政编制16名，年末在编人数10人。1996年，内设办公室、干部调配科、干部科、组织科、知识分子工作科、青年干部科、干审科、干教科、组织员办公室、电教办等10科（室），核定行政编制16名，在编干部15人。

2002年，机构改革，组织部内设办公室、调查研究室、干部监督股、组织股、干部教育股、党员电化教育股、干部调配股、干部教育一股、干部教育二股、知识分子工作股、组织员办公室等11股室，核定行政编制17名、后勤事业编制1名，在编17人。

2005年，组织部内设办公室、调查研究室、干部监督股、组织股、干部教育股、党员电化教育股、干部调配股、干部教育一股、干部教育二股、知识分子工作股等10股室，县委组织员办公室在组织部挂牌。核定行政编制17名、后勤事业编制1名，在编14人。

历任部长：陆东生（1987年10月至1990年6月）、黄定嵩（1990年6月至1991年8月）、黄建平（1991年8月至1993年11月）、姚秀富（1993年11月至1998年8月）、罗世锋（1998年9月至2002年5月）、潘承环（2002年5月8日至2006年8月）。

党员发展

1989年，全县党员数9322名，新发展党员137名，其中男121名，女16名。

1993年，在全面教育培训的基础上，做到成熟一个发展一个，全年共发展党员283名，其中男251名，女32名。

1997年，按照“坚持标准，保证质量，改善结构，慎重发展”的十六字方针，做好党员发展工作。全年共发展党员985名，其中男764名，女221名；农村和企业生产一线的594名，35岁以下的712名，高中文化以上639名。

2001年，推行发展党员公示制度，即把入党积极分子名单、发展党员名单、预备党员转正名单、吸收预备党员结果、预备党员转正结果进行公示，全年共发展党员560名。

2005年，党员发展工作继续实行发展党员“票决制”、发展党员工作责任制和发展党员材料统一审核制，全年共发展党员380名。

1989—2005年田东县党组织、党员统计表

表4-1-2

年度	党组织		党员	
	党委(个)	党(总)支部(个)	总数(人)	其中:新党员(人)
1989	16	504	9322	137
1990	16	504	9499	169
1991	16	504	9531	193
1992	16	504	9797	315
1993	16	504	9855	283
1994	16	504	10174	298
1995	17	533	10295	466

续表4-1-2

年度	党组织		党员	
	党委(个)	党(总)支部(个)	总数(人)	其中:新党员(人)
1996	19	533	10827	770
1997	19	533	11682	985
1998	19	533	12435	880
1999	19	568	13123	819
2000	19	611	13620	622
2001	19	702	14043	560
2002	20	833	14298	355
2003	20	895	14622	505
2004	20	895	14785	313
2005	20	897	15021	380

党员教育

1989—2005年，县委每年制定党员学习培训计划，围绕党的中心工作开展党员教育。

1989年，组织开展以“坚持党员标准，做一个合格党员”为主题的党性、党纪、党风教育，全年轮训党员8418人次。1990年，举办农村党员培训班140期，受训党员12100人次，入党积极分子821人。1993年，以县、乡镇、机关党校为阵地，对党员开展社会主义市场经济理论教育，共举办党员培训班73期，受训党员4941人次。1996年后，在全县党员中开展“双学”（学理论、学党章）、“三严四自”以及党性、党风教育。

2001—2002年，组织开展“三个代表”重要思想学习教育活动，全县13个乡镇、113个站（所）95个县直单位4236名党员干部以及167个村（街）、9062名党员参加学习教育活动，田东县被评为百色地区“三个代表”重要思想学习教育活动先进县。

2005年，在全县各基层组织中开展保持共产党员先进性教育活动，共有918个党组织，14286名党员参加活动。

民主评议党员

从1989年起，根据中央组织部和自治区党委组织部的指示精神，田东县各基层党组织遵循“坚持标准，立足教育，区别对待，综合治理”的方针，开展一年一次民主评议党员工作，并对优秀党员和先进党组织进行表彰，对不合格党员进行组织处置。

1989年，全县结束评议的党支部335个，民主评议党员6464名，评出先进党支部25个、优秀党员449名，评定不合格党员457名，其中开除党籍9名，劝退及取消党员资格94名，限期改正错误272名。

1992年，结束评议的党支部471个，民主评议党员9289名，评出先进党支部62个、优秀党员191名，评定不合格党员60名，其中劝退及取消党员资格45名，限期改正错误15名。

2000年，全年评议的党支部510个，民主评议党员11508名，评出先进党支部53个、优秀党员252名。

2005年，年内结束评议的党支部773个，民主评议党员14771名，评出先进党支部47个、优秀党员230名，评定不合格党员33名，其中劝退及取消党员资格26名，限期改正错误7名。

党费收缴

1989—2005年，加强党费收缴的管理监督，建立健全工作机制，确保党员义务的履行和党费按标准足额上缴。1989年收缴党费34172.33元，1995年收缴党费78895.33元，2000年收缴党费243739.94元，2005年收缴党费510000元。

1989—2005年田东县党费收入情况表

表4-1-3　　单位:元

年份	党费收入	年份	党费收入
1989	34172.33	1998	15603.98
1990	34172.33	1999	195479.67
1991	37815.98	2000	243739.94
1992	46853.92	2001	228059.48
1993	51528.13	2002	471431.44
1994	64342.79	2003	500000.00
1995	78895.33	2004	370000.00
1996	117332.75	2005	510000.00
1997	131457.54	—	—

干部队伍管理

1989—2005年，坚持党管干部的原则，按照干部管理权限的有关规定和干部“四化”（革命化、年轻化、知识化、专业化）要求，加强对全县干部的管理，建立健全后备干部数据库，重点对科级干部的培养、考核、提拔和使用，并不断创新领导干部选拔、任用机制，全力推进干部人事制度改革。

干部管理制度改革　1980年后，县人民政府直属部门干部、国有企业干部、乡镇干部由人事局管理，县委组织部管理副科级以上干部。

1999年，推行干部能上能下制度，对政绩平庸或闹不团结的领导干部，不再重新任命或降职安排工作，对年龄偏大的领导干部改任非领导职务，对通过公开选拔方式选拔上来的19名领导干部实行试用制。

2001年后，开始执行领导干部避籍交流制度。

2002年，落实中央《深化干部人事制度改革纲要》和自治区党委《干部管理条例实施细则》，大力推进全县干部制度改革。同年委托审计局对朔良镇、江城镇、水电局、卫生局等9个单位共11名主要领导进行离任审计。对党群团和公检法及全县科级干部的工龄、年龄、政治级别等进行查档核实，对符合提前退休和提前离岗的人员提交县委常委讨论，按照规定和程序办理手续。同年，办理干部退休224名，其中正常退休干部1名，提前退休干部处级8名，科级201名，科员14名，干部提前离岗7名。

2003年，深化干部人事制度改革，试行民主推荐预告制、民主推荐和领导班子正职提名相结合提出考察对象制度、领导干部对考察对象工作总结签署意见制度、县委全委会“票决制”，把好干部选拔任用关。同年，共进行民主推荐预告48次，推荐职位63个。同时做好团委、妇联、部分乡镇、县直部门个别领导班子成员和政法机关中层干部的调配工作。

干部选拔任用 1989年，全县从闲散科技人员中考试录用2人，从工人岗位录用15人，从林业系统中录用8人。1990年，根据自治区人事厅文件规定，全县从林业公安、财政、税务系统和乡镇共录用124人。1991年，根据自治区党委组织部、自治区人事厅文件规定，录用“五大”（电大、夜大、函大、业大、职大）自费生5人，乡镇企业录用干部13人。1992年，全县共录用干部110人。

1993年，在县、乡两级换届选举中，按照“德才兼备”及“德、能、勤、绩”的要求，考核各乡镇党委、政府、人大班子成员145名，考核县直各单位领导干部184名。

1995年，通过群众推荐，党委审定，建立一支数量足、质量好、结构合理的后备干部队伍，其中县处级28名，乡科级160名，村级404名。此外，大胆使用40名德才兼备的年轻干部充实到各乡镇和县直单位领导班子。

1997年，印发《关于选派优秀年轻干部到贫困村挂职的意见的通知》，经群众推荐和组织考察，共选派27名优秀年轻干部到26个贫困村挂职1年，期满后有7人被提拔到各级领导岗位。

1998年，田东首次公开选拔副科级领导干部。通过组织推荐、群众举荐、个人自荐和考试、考核的形式，面向社会公开选拔人事局、财政局、建设局、农业局、计划局、经贸局、畜牧局、水电局、教育局、工商局等10个县直单位副科级领导职位，共有308名符合条件的人员报名应考。经笔试、面试，有30人进入考核圈。同年，对各乡镇、县直单位领导班子进行全面考察，以提高素质、完善结构为重点，调整充实乡镇领导干部41人，县直领导干部43人。

1999年，在保持干部队伍相对稳定的情况下，把领导干部有计划交流同推行任职回避制度结合起来，县内交流58人，其中各乡镇之间交流36人。选送2名镇党委书记交流到外县（市）任职，接收2名外县（市）的乡镇书记到思林、祥周两镇任职。调整不称职或年龄偏大和工作缺乏开拓精神的党支部书记26人。

2000年，选派23名领导干部到百色地委党校学习培训，选派4名乡镇领导到广州参加对口帮扶代培班学习，选派17名领导干部参加国家计委代培班学习，选送26名副乡镇长到广州市和黄埔区学习企业管理、农业综合开发、领导艺术等知识，选送10名优秀年轻干部到发达地区挂职锻炼。选拔10名年轻优秀干部到乡镇任职，5名年轻优秀干部到乡镇挂职，62名年轻后备干部提拔到县直单位和乡镇领导岗位任职。

2001年，向百色地委推荐县处级后备干部58名，正处、副厅级党外后备干部3名，副处级党外后备干部7名；提拔使用科级后备干部32名，其中妇女干部5名，党外干部2名，少数民族干部1名。提拔使用优秀年轻干部115名，其中30岁以下20名，党外干部7名，妇女干部21名，少数民族干部3名。

2004年，在民主推荐的基础上，经县委集体讨论决定，向百色市委推荐22名县（处）级干部，其中妇女干部6名，党外干部4名。推荐副科级干部129名，其中妇女干部33名。

后备干部培养 1999年，贯彻落实中共中央《关于进一步加强培养选拔优秀年轻干部的决定》精神，对57名专科以上文化的县直单位年轻优秀干部进行考察，共有27名被提拔使用，其余列为后备干部培养对象。

2002年，结合县乡机构改革，提拔任用干部48名，交流任职167名。选送30名县（处）级、科级领导干部参加上级举办的各类培训，其中3名乡镇党委副书记参加百色党政正职后备干部培训班学习，3名正科级领导干部参加百色党政中青班到苏州市委党校学习。向百色市委推荐县处级后备干部22名，有2名被提拔使用，推荐选拔乡镇副科级后备干部154名。

2004年，干部选拔任用实行“四差额”（差额推荐、差额考察、差额酝酿、差额表决）制度，向百色市委推荐县处级后备干部22名，推荐副科级后备干部129名。

2005年，严格按照民主推荐、书记办公会酝酿和县委常委票决等程序推荐副处级后备干部13名，组织发动、选拔符合条件的11名科级干部参加百色市公开选拔副处级干部考试。

干部教育培训 1989年，干部教育以政治教育和形势教育为主，组织大中专毕业生到党校集中培训后安排到各单位上岗，鼓励在职干部参加学历教育提高文化素质和业务素质。

1995年，共选送65名干部到自治区党校、百色地委党校参加各种培训班学习。在县委党校开设区党校函授大专班，开设管理、法律等专业，共招生211人；开办村级后备干部经济管理专业，招生46人。

1998年，选送11名乡镇领导干部到广州黄埔区学习，选送8名企业领导干部参加百色地区企业领导工商管理学习。以县、乡党校为阵地，培训县直、乡镇领导干部32期共3560人次。县委党校与自治区党校函授联办经济管理、行政管理、法律三个函授大专专业，共有200多名在校生。

2000年，以县、乡党校为主阵地，举办各类培训班2期，培训各级领导干部334人次。

2001年，选送4名正科级领导干部到苏州参加中青班学习，选送10名乡镇副职领导干部到广州市黄埔区培训学习，选送3名企业领导骨干参加广西工商管理学习，选送3名正科级、1名副科级领导干部到百色地委党校参加中青班学习。

2003年，开展干部全员培训，制定《田东县2003年干部教育培训工作方案》《2003—2007年田东县在职干部全员培训计划》，举办1期中青年干部培训班和6期“三个代表”重要思想讲习班。全县共培训干部3762人，其中重点培训1326人，普及培训2436人。

2005年，利用中央党校C级网络教育网站和清华大学远程学堂资源，对全年培训未达到12天的在职干部进行集中脱产培训，共举办培训班9期，培训在职干部1760人。在苏州市委党校举办1期妇女领导干部培训班，有30名妇女领导干部参加学习。指导县直单位和乡镇开展业务培训工作，全年共培训在职干部5649人。

选拔科技拔尖人才 1993年4月，田东对有突出贡献的科技人员给予表彰，推荐1名干部为百色地区级拔尖人才，评选10名干部为田东县第一批专业技术拔尖人才。

1993年，田东县第一批专业技术拔尖人才

（县委组织部提供）

1998年，经层层推荐上报、专家组评审后，审定潘国宋等10人为田东县第二批专业技术拔尖人才。2003年，组织开展田东县第三批专业技术拔尖人才选拔工作，通过部门推荐、组织考察、专家评审、县委常委审定等程序，选拔表彰专业技术拔尖人才8名。

2004年，根据《田东县优秀青年科技人才选拔管理办法》的有关精神，各乡镇、县直部门推荐出20名县级优秀青年科技人才候选人，最后评选出首批县级优秀青年科技人才10名。2005年6月，对这批选出的人员进行表彰。

每批专业技术拔尖人才的有效期为3年，当选期内，当选人享受特殊津贴，第一批专业技术拔尖人才享受特别津贴费30元/月，第二批专业技术拔尖人才享受特别津贴费30元/月，第三批专业技术拔尖人才特别津贴费30元/月。

干部监督 主要是对领导干部的监督，重点监督领导干部在政治立场、民主决策、选人用人、廉洁自律等方面的情况。同时推行领导干部任期经济责任审计制度，对群众反映强烈的单位和领导个人实行任期经济责任审计。同年，责成审计部门先后对县粮食局局长、县医药公司经理、县环保局局长、县人民医院院长等进行经济责任审计。

2003年，加强对干部任用工作和领导干部的监督。印发《关于加强和改进干部学历教育管理工作的通知》，规定干部不具有大专以上学历不准提任党政领导职务和调进党政机关工作。

2005年，主要是对落实领导干部避籍交流制度、经济责任审计制度等进行监督。

第五节　基层组织建设

基层组织

1989年，县委举行七届三次全委会，贯彻自治区党委、百色地委指示精神，各基层党组织加强党员的思想教育，同时，按照制度要求，开展民主评议党员工作。

1991年，建立健全党建目标管理制度、“三会一课”（党支部党员大会、党支部委员会会议、党小组会，党课）、“一册六簿”（《支部党员花名册》《支部活动记录簿》《党员定期汇报情况记录簿》《党员民主生活会记录簿》《支部工作完成情况记录簿》《好人好事记录簿》《支委会议记录簿》）制度、党员联系群众制度和党员活动日制度等，保证支部的思想、组织、作风建设，加强党群干群关系。加强对党员的政治思想教育，提高广大党员的素质。先后举办36期党员轮训班，参加党员达10422人次。建立健全村级组织，调整充实以村党支部为核心的领导班子，把那些政治素质好、公道能干、联系群众的同志充实到领导岗位上来，全县调整支部书记8名，调整充实党支部委员369名。

1992年，围绕“建设一个好支部、选出一个好支书、制定一套好制度、理出一条发展村集体经济的好路子”的“四个一”工作思路，进一步加强农村党支部和村公所领导班子建设。当年，调整充实行政村党支部和村公所领导班子60名。

1994年，全县推行党建目标管理制度，平马镇小龙村和祥周乡新洲村被评为百色地区“红旗党支部”和百色地区的20个富村之一，有5名党员被百色地委评为“党员标兵”。全县有18个党支部被县委评为“红旗党支部”，有50名党员被评为“党员标兵”。

1995年，组建一支244人的农村基层建设工作队，加强农村基层组织建设，整顿105个村党支部，其中整顿瘫痪村支部占14%。把村级组织建设工作与各级领导政绩挂钩，与下村干部责任挂钩，并交纳风险抵押金，明确责任。全县基层组织建设工作队为群众办好事、实事共563件，引资、投资、投劳、献物等折合259.98万元，帮助修建村公所办公室46间，解决农村照明用电7个村2332户，修筑水泥水柜26处，修乡村公路46条169.5千米，抢修民房校舍97间3918平方米，解决民间各种纠纷共235起。按照德才兼备、坚持“多换思想少换人”的原则选配支部班子和支部书记，全县调整村支书35名，并选派54名年轻、有文化、有基层工作经验的乡镇干部到54个后进村挂职，其中挂任第一支书25名，挂任第一村长（主任）29名。年初，全县共有97个没有村集体经济的“空壳村”，采取多渠道集资办法，因地制宜发展村级集体经济，年底，有112个村落实村集体经济项目，其中纯收入5000元的有24个村，超万元的有35个村。当年，祥周乡的新洲村党支部、优秀共产党员古金荣、优秀共产党员麻克利、优秀党务工作者文明受到自治区党委表彰。

1997年，从县乡两级机关单位中抽调437人，组成农村基层组织建设工作队，进一步加强农村基层组织建设，要求农村基层组织“有人办事、有钱办事、有地方办事”。在解决“有人办事”方面，全年共调整村支书32名、村民委主任24名、党支部委员、村民委委员95名。在解决“有钱办事”方面，把村级集体经济收入年达万元以上作硬性指标来要求，与扶贫攻坚结合，与农业综合开发结合，与发展乡镇企业结合，全县兴办村级集体经济项目共投资840万元，上项目321个，其中种植项目101个，养殖项目47个，加工项目42个，服务业项目131个。106个后进村上项目255个，96个无集体经济的村全甩掉了“空壳”的经济帽子，基本上形成“一乡一业，一村一品，一山一树”的产业结构格局。集体经济年纯收入达万元以上的村有121个。在解决“有地方办事”方面，通过财政补助、包村单位资助、村干部、党员群众出工出力的形式，全县156个村实现了村村有办公用房和办公桌椅。1997年10月，田东农村基层组织建设顺利通过上级验收。与此同时，加强和改进国有企业党的建设。对县糖厂、县二糖厂、县冶炼厂的领导班子成员进行全面评议考核后，作了调整、充实。县委成立国有企业领导班子建设协议小组及办公室，选派工作组进驻全县40家国有企业领导班子，帮助企业建立各种规章制度，对存在问题再次调查核实，对群众评议差，不适应领导岗位工作要求的4家企业的领导班子进行调整，就地免职4人，交流任职3人，提拔4人，使国有企业的领导班子年龄、文化结构上都得到进一步优化。

2000年，围绕乡镇“六个好”（好班子、好队伍、好路子、好制度、好作风、好工作格局）和行政村“五个好”（好班子、好队伍、好路子、好体制、好制度）目标抓领导班子建设，从县直单位抽调70名干部驻村开展工作。共调整村党支部书记18人，村民委主任12人，村党支部委员199人，培养村后备干部696人。举办各种培训班156期，参训人数19806人次。建有种养示范服务基地47个，每个乡镇都有2个以上示范服务基地。为群众办实事好事1168件，投入资金1584万元。继续发展村级集体经济，村集体经济年纯收入1万至2万元的村有108个，2万至3万元的村有20个，3万至5万元的村有12个，5万元以上的村有6个。建有2层以上的村部办公楼87个，建有一层办公用房的村21个，安装程控电话的村达到103个。第二轮农村基层组织建设顺利通过自治区、百色地区检查验收。

2001年上半年，在县直部门、乡镇及七站八所开展“三个代表”重要思想学习教育活动。全县13个乡镇、113个站所以及95个县直单位共4236名干部职工参加。下半年，在全县开展村级“三个代表”重要思想学习教育活动。将布兵镇作为全县村级“三个代表”重要思想学习教育活动试点，在探索经验，取得成效后，在12个乡镇159个村（街）开展村级“三个代表”重要思想学习教育活动。从县直各单位抽调91名年富力强、能进村独立开展工作的党员干部组成田东县村级“三个代表”重要思想工作队，到全县12个乡镇指导开展村级“三个代表”重要思想学习教育活动。全县村级“两委”班子和个人查找出存在突出问题3970条，向群众公开承诺3802条，整改3219条，占84.7%。为民办实事好事422件。

2004年，继续开展“三级联创”（在县、乡镇和村三级党组织中，开展以“五个好”村组织、“六个好”乡镇党委和农村基层组织先进县为主要内容的创建活动），深入开展“五村两规范”（科技兴村、经济强村、文明建村、民主理村、依法治村，村级工作规范化管理、村级干部规范化管理）建设和“党员中心户”创建活动，加强农村基层组织建设。扎实推进党建示范长廊建设，在右江河谷324国道沿线的16个村（街）连片建设党建示范长廊，先后投入近60万元扩建4个村部，装修5个村部。同时投入近10万元为示范长廊有关村（街）配备会议圆桌、办公桌椅、电教设备（两机一柜）、档案柜和科技书籍，建立标准化电教室。开展“党员中心户”创建活动，创建“党员中心户”1020户，其中科技示范中心户281户，经营致富中心户283户，文化宣传中心户223户，社会平安中心户233户。举办“党员中心户”培训班46期，培训3000多人次。根据自愿和自主经营、风险共担的原则，坚持“领导班子好，经济项目好，联合方式好，经济效益好”的创建标准，全面开展“党群致富联合体”创建活动。创建“党群致富联合体”72个，其中项目扶持型党群致富联合体10个，技术示范型党群致富联合体29个，合股经营型党群致富联合体11个，资金扶持型党群致富联合体7个，龙头带动型党群致富联合体7个，混合型党群致富联合体8个。争创全区党员电教科技示范基地，投入100多万元，为70多个行政村配备电视机和VCD机、添置桌椅、订购电教片和电教书籍，为6个乡镇党委配备摄像机，为县电教中心配备编辑机、刻录机、摄像机、照相机、电视机和DVD机。全县13个乡镇都建有党员电教工作站，42个示范村建立标准的党员电教室，130多个行政村有标准化的“两机一室”电教播放点，200户党员电教中心户都配备有“两机一柜”并正常为党员群众播放电教片。

2005年，以开展保持共产党员先进性教育活动为重点，全面加强基层组织建设。在全县三批先进性教育活动中，共有918个党组织、14286名党员参加活动。加强流动党员的管理力度，成立中共田东县流动党员管理工作委员会，制定《田东县农村流动党支部管理暂行办法》，成立广东汕头、南宁2个流动党支部。抓好村级“两委”换届选举工作，在10个行政村试行“公推直选”，156个行政村实行“两推一选”（党员推荐、群众推荐，党内选举），全县共选举产生新一届村民委员会成员790人，其中主任167人，副主任167人，委员456人；选举产生新一届村级党组织成员792人，其中书记167人，副书记167人，委员458人。全县167个村（街、社区）选举产生的村级“两委”1570名成员中，实行“一肩挑”的有95个，属于交叉任职的有620人，女性170人，其中在村民委员会任职的女性151人，在村级党组织委员会中任职的女性120人。

直属机关党建

1989—2005年，田东县直属机关工委抓县直机关党建，举办总支（支部）书记党务培训班，举办入党积极分子培训班，实行发展新党员的公示制和票决制，在非公企业中发展新党员，加强组织建设。通过开展“双学”（学理论、学党章）、“三严四自”（严格要求、严格管理、严格监督，自重、自省、自警、自励）、“三讲”（讲学习、讲政治、讲正气）及“三个代表”重要思想等教育活动，加强思想政治建设。通过开展民主评议党员，加强党员的教育管理。

机构 1989年，中共田东县直属机关工作委员会（简称县直属机关工委），是负责县直属机关党务工作的机构。编制4名，在职4人，其中书记1人，副书记1人，组织委员1人，非领导职务人员1人。下辖19个总支委员会，142个党支部，1532名党员，其中预备党员34名。

1990—1995年，县直属机关工委编制4名，在职人员4人。下辖支部数和党员人员各年度有所变动。2002年，党政机关机构改革后，县直属机关工委由原来挂靠县委组织部改属县委工作部门。

2005年，县直属机关工委编制4名，在职人员4人，下辖25个党总支部，201个党支部，党员3132名。年内县人民武装部批准成立县直武装部，办公地点设在县直属机关工委，从乡镇调入2位人武部部长到县直武装部工作（编制仍保留在原单位）。办公地点在田东县平马镇庆平路东园巷6号。

历任书记：班德全（1987年10月至1991年9月）、韦有保（1991年9月至1995年6月）、黄忠江（1995年6月至1997年7月）、黄美仁（1997年7月至2002年2月）、谭永高（2002年2月至2006年12月）。

组织建设 1989年，田东县直属机关党委会总结表彰先进党支部37个，优秀党员34名。1991—1995年，表彰先进党支部112个，优秀党务工作者28名，优秀党员560名。

1996年，结合“双学”活动和“三严四自”教育活动，加强基层支部管理，年内有64个党支部进行改选，有165个支部建立党建目标管理制度，占支部数的85.3%；改变三类支部45个，有38个党支部多年不发展党员的状况得到改变，有8个党支部重新恢复过组织生活。

1997—1998年，表彰先进党（总）支部38个，优秀党员205人，优秀党务工作者58人；处分违纪党员5名；完成42个党支部的补选或换届工作。

2000年，县直属机关工委组织各基层支部开展“三讲”教育专题学习活动，县直机关党员参加所在支部“三讲”教育专题民主生活会2556人，占党员总数的95%。全年完成支部改选工作46个，处分违纪党员2人，开除党籍7人。

2003年，在机关企事业单位中开展“三个代表”重要思想讲习活动206期，第一批参加保持共产党先进性教育活动的105个支部有1907人次参加“体验试”教育活动。

2005年，以创建学习型党支部为切入点，做好党员干部的学习教育，培训党务工作者109名；表彰先进基层党组织19个，优秀共产党员99名，优秀党务工作者26名。

民主评议党员 1989年，142个支部开展评议党员，有1523名参评，评上合格党员1085名，限期改正错误党员17名。1990—1999年，每年都开展民主评议党员工作，累计评出不合格党员6人，除名1人，缓登记20人。

2003年，县直属机关工委下辖25个党总支，203个党支部，党员总数3089名。全年有185个党支部完成民主评议工作，参加民主评议党员共2018名，评为优秀党员211名。

2005年，在184个基层党支部中开展民主评议党员工作，参加民主评议党员共1878人，评为合格党员1690名，评为优秀党员188名。

兵役和民兵工作 2005年，县直属机关武装部在县直机关包括自治区（百色市）驻田东县单位中开展民兵组织整顿、军事训练和征兵工作。到县直单位做好2005年冬季征兵宣传工作，把好政治审查和兵员质量关，完成县直征集新兵任务。

第六节 纪律检查

1989—2005年，田东县纪律检查委员会（以下称县纪委）完善工作体制、机制，优化工作机构，突出抓好全县党员干部党风廉政教育，开展“三严四自”工程和“三讲”等党风廉政教育活动。纠正部门和行业不正之风，重点开展清查干部职工“三违”（干部职工违法、违纪、违章，简称“三违”）建私房工作，综合治理“三乱”（乱收费、乱摊派、乱罚款）现象，推进政风建设和改善营商环境。在涉及国计民生和群众利益的重点单位、重点行业开展行风评议，及时发现问题和提出解决措施，统筹推进社会事业发展。抓好信访接待工作，受理群众来信来访案件。认真履行从严治党、惩治腐败的主体责任，严格执纪问责，依法依规查处党员干部违法违纪案件322件，给予党纪政纪处分345人。

机 构

1989年，县纪委负责全县党的纪律检查工作，编制数10名，在编11人，其中书记1人，副书记1人，内设办公室、审理室、信访室、检查室等4个机构，各乡镇配备1名纪检专职委员或干事。

1993年，县纪委、监察局合署办公，实行一套工作机构，两个机关名称的体制。共设办公室、审理室、信访室、检查室、执法监察室、宣传教育室6个室，行政编制20名，在编18人。

2005年，县纪委、监察局内设办公室、案件审理室、信访室、纪律检查室、执法检查室、宣传教育研究室、党风廉政建设室等7室，人员编制19名（行政编制17名，事业编制2名），在编人员19人，其中书记1人，副书记2人（1人由监察局局长兼任），监察局副局长3人，干部职工13人。纪委常委7人。1989—1997年，县纪委在平马镇东园巷东园宾馆里面的县委旧办公楼办公，1997年后搬到庆平路东园巷6号。

县纪委历任书记：廖汉杰（1988年10月至1990年10月）、岑忠明（1990年12月至1991年10月）黄忠兆（1991年10月至1993年10月）、农万利（1993年10月至1998年10月）、梁海飘（1998年10月至2001

年8月）、黄联玲（2001年8月至2002年10月）、黄中贤（2002年10月至2005年1月）、施治忠（2005年1月至2006年8月）。

县监察局历任局长：黄中兆（1989年4月至1991年10月）、周兴荣（1992年4月至1993年3月）、张兴铭（1999年3月至2002年3月）、凌云（2002年10月至2006年12月）。

党风党纪教育与廉政建设

党风党纪教育 1989—1993年，结合清理党政机关经商办企业等问题，制定《关于党政机关保持廉洁的若干规定》。

1994—1999年，在全县党员干部中开展学习《中国共产党纪律处分条例（试行）》《中华人民共和国行政监察法》及其他纪检监察条规活动，抓好领导干部廉洁自律、廉洁从政教育、“三严四自”工程，开展“三观”教育，引导党员干部树立正确的世界观、人生观和价值观。共举办各类培训班11期，参训党员干部1760人次；播放电化教育片102场次，观看的党员群众达12000人次。

2000—2005年，在全县55名处级领导干部开展“三讲”教育活动，在党员干部开展以江西省原副省长胡长清、广西壮族自治区党委原副书记成克杰、云南省原省长李嘉廷、安徽省原副省长王怀忠、贵州省委原书记刘方仁等重大典型案件为反面教材的警示教育活动。

廉政建设 1995年4月，县纪委和县组织部联合发出《关于做好1995年度领导干部廉洁自律工作的通知》，要求各乡镇党委、县直机关单位党组织召开一次专题民主生活会，对照中央提出的有关领导干部廉洁自律的规定进行逐条检查对照。全县13个乡镇党委和县直23个党委（党组）召开了专题民主生活会，党政机关和企事业单位副科级以上领导干部落实廉洁自律的有关规定。

1999年，对领导干部进行廉洁自律监督检查，把廉政建设责任制列入“双文明”（物质文明、精神文明）目标管理，执行党政机关县处级领导干部收入申报和礼品登记制度。有4个单位召开县处级以上干部专题民主生活会，应参加人数34人，实际参加34人。有143个单位召开乡科级以上干部专题民主生活会，应参加人数470人，实际参加470人。执行中央厉行节约制止奢侈浪费八项规定，对县处级和部分乡科级领导干部享受话费补贴年终结算情况进行检查，节余话费共15.98万元，其中县四大班子领导节余7.92万元。

2000年，制定《田东县党风廉政建设责任追究细则》，对党政领导班子和领导干部应承担的责任进行逐级分解，落实到人。对“三讲”教育期间群众反映的热点、难点问题，开展党风廉政建设督查工作。对单位拖欠酒家餐费超过15天不结账的，在县电视台上公开曝光，并对单位主要领导和当事人严肃处理。

2001年，印发《关于禁止封建迷信活动的决定》，对党风廉政建设情况进行督查。

2003—2004年，把党风廉政建设纳入“双文明”建设目标，制定《田东县乡镇（县直机关）党风廉政建设“一把手”量化管理责任状》，对全县党政机关领导干部执行廉洁自律情况进行检查、考核。建立领导干部廉政档案制度，实行提拔任用领导干部鉴定制度，给予新提拔领导干部出具廉政鉴定136人次。

2005年，把党风廉政建设纳入“三个文明”（物质文明、精神文明、政治文明）建设目标管理。凡党政机关、事业单位有党员、干部违纪，党纪上受到严重警告以上处分或政纪上受到记大过以上处分的，可对该单位落实目标管理责任制进行一票否决。

案件查处

1989—1993年，重点查处贪污腐败等经济方面的违纪案件、侵犯国家和群众利益的严重以权谋私案件以及道德败坏腐化堕落的案件。共立案查处违纪案件121件，给予党政纪处分110人。其中给予党内警告处分6人，党内严重警告处分12人，留党察看处分11人，开除党籍处分36人；给予行政警告1人，行政记过处分2人，行政记大过处分7人，行政降级处分2人，行政撤职1人，行政开除留党察看处分21人，行政开除公职处分12人。移送司法机关依法追究刑事责任6人。

1994—1999年，全县共立案查处违纪案件85件，给予党纪政纪处分90人，挽回经济损失85.8万元。如黄某某曾任田东县公安局交警大队大队长、调研员，一级警督。1993年间，黄某某利用职务上的便利，先后将田东县交警大队办公楼、思林交警中队住宅楼等五项基建工程给田东县建筑公司一工区承建。并于1994年6月9日向该公司相关人员索要10万元，随后违反合同规定，多拨基建工程预付款82.7万元，至案发尚有27.7万元未能追回。1998年4月，黄某某受到开除党籍处分；1998年5月，黄某某受到行政开除公职处分。后来，百色地区中级人民法院判处黄某某犯受贿罪，判处有期徒刑十五年，剥夺政治权利三年，并处没收财产10万元。

2000—2004年，坚持查办大案要案，严肃查处以权谋私，侵害群众利益的案件。全县纪检监察机关共排查案件线索206条，转立案136件170人，结案135件169人，撤销立案1件1人。给予党纪处分125人，其中开除党籍处分49人，留党察看处分15人，撤销党内职务处分2人，党内严重警告处分32人，党内警告处分27人；给予政纪处分50人（含双重处分人），其中行政开除公职处分13人，留用处分2人，行政撤职处分2人，行政降级处分5人，行政记大过处分12人，行政记过处分3人，行政警告处分9人，共挽回经济损失380多万元。如唐某曾任义圩粮所所长。1997年5月，义圩粮所销售一批粮食，从中获取3782.4元的差价款，唐某指示该所出纳员梁某将该款项交给负责副营业（多种经营）账的覃某某（同案处理）不入账而另外存放。同年8月和9月，唐某又以类似方式套取购粮差价款23964.48元，并于1998年春节前，召集覃某某、向某某（同案处理），将3万多元差价款进行平分。2003年12月4日唐某受到留党察看两年处分，2004年3月19日，受到行政降职处分。

2005年，全县纪检监察机关共排查案件线索45条，转立案25件32人，结案25件32人。给予党纪处分20人，其中开除党籍处分2人，留党察看处分8人，党内严重警告处分4人，党内警告处分6人；给予政纪处分11人，其中行政记大过处分3人，行政记过处分6人，行政警告处分2人；免予处分1人。受处分人员中，涉及乡科级干部8人，一般干部7人，其他人员16人。收缴违纪款20多万元，挽回经济损失90多万元。如2003年1月至2005年2月，黄某某在任田东县文化和体育局党组书记、局长期间，没有严格执行财务规定，继续沿用“账外账”，将房屋出租收入、加大发票开支金额套取现金收入等资金共261027.2元存入“账外账”，逃避县财政局的监督和管理。2003—2004年，以各种理由，非法向网吧业主和音像制品经营户等收取“赞助费”265550元。2004—2005年，黄某某多次召集局领导班子讨论，先后从“账外账”和非法收取的“赞助费”中拿出133300元作为春节职工补助及外出考察费用。案发后，黄某某动员职工退赔不符合规定的开支。2005年6月10日，受到党内严重警告处分。

信访举报

1989年，县纪委收到和接待干部群众来信来访111件，属于纪委受理的14件，其中揭发控诉类9件，申诉类5件。

1990—1999年，县纪委通过设立领导接待日、广泛公布举报电话、多设立举报箱等方式，拓宽群众举报渠道，共收到和接待干部群众来信来访共2543件，属于纪委、监察部门受理和办结的1722件。

2000年，县纪委使用全国纪检监察机关信访管理系统软件，在百色地区率先走上信访档案管理自动化、科学化、规范化、系统化的管理轨道。

2001—2004年，全县收到和接待干部群众来信来访474件，查办信访案件204件，查结189件，查结率92.3%。

2005年，全县成立信访工作领导小组32个192人，村级信访民调小组165个546人，信访调解员3042人，形成上下贯通、纵横相联的多层次立体式三级信访网络。当年，县纪检监察机关共受理群众来信来访63件，其中来信33件，来访30件。发信访监督书4份，实施信访谈话3人，提供案件线索29件，查办信访案件38件，处理信访问题16件，为全县经济社会发展创造了良好环境。

纠正部门和行业不正之风

1989—1993年，重点开展清查干部职工“三违”（干部职工违法违纪违章，简称“三违”）建私房工作，查处乱收费、未按程序审批发照、越权罚款、以罚代刑等行业不正之风。共开展3次清查干部职工“三违”建私房工作，核查596户，收缴罚款及各种税金22.6万元。开展政法整顿工作，共查处政法队伍各种违法违纪行为9件，给予党纪、政纪处分4人。在全县开展扶贫资金、物资安排使用情况专项检查，检查涉及金额2112.36万元，保证了扶贫资金、物资得到专项使用。

1994—1999年，着重综合治理“三乱”（乱收费、乱摊派、乱罚款）现象，清理预算外资金，清理涉农文件，减轻农民负担。1995年，全年共立案查处6件，挽回经济损失2.56万元，给予行政处分6人，其中开除党职3人，降级处分2人，降职1人。1996年，开展甘蔗榨季专项检查，开展中小学校收费专项检查等工作，共查处吃农坑农案件6件，清理预算外资金3205万元，违纪金额1287.5万元。1999年，重点对公、检、法、工商等单位贯彻落实“收支两条线”规定情况进行检查，对全县32所中小学校进行教育收费检查，共查出违规收费5项，违纪金额18.22万元。

2000—2005年，重点开展农贸市场“打假”整治、“收支两条线”专项检查、清理机关事业单位拖欠饭店餐费、整顿规范医疗服务市场秩序等执法监察。2000年，对甘蔗榨季进行执法监察，查处吃农坑农案件10件，违纪金额1.59万元；对化肥、种子等农资进行执法监察，检查55个单位或服务网点，取缔无证经营户8户，查处违法违章经营案件6起，涉及违纪金额3.2万元；对28所中小学校进行教育收费检查，发现不合理或不规范教育收费9项，违纪金额1.07万元。2002年，清理机关事业单位拖欠饭店餐费工作，发现6家机关、企业、事业单位长期拖欠酒家餐费达50多万元；开展减轻教师负担专项执法检查，发现不合理乱收费、乱摊派、乱集资等款项52.01万元，收缴违纪资金1.07万元，清退返还乱扣教职工工资25.66万元。2005年，继续加大纠正医药购销不正之风；清理党政机关用公款为干部职工购买商业保险，追缴3.32万元。

行风评议

1998年开始，县纪委、监察局根据群众反映强烈的热点问题，在一些单位中开展民主评议行风工作。同年，在工商、税务、卫生、电力、邮政、电信等6个系统开展民主评议行风工作，得出解决措施94项，新建立和完善规章制度52项。

2000年，对公安、教育、民政、财政、环保、劳动、交通、建设、技术监督局等9个单位进行民主评议行风工作，通过召开动员会、聘请行风评议员、发放调查问卷、明察暗访等方式，提出23条整改意见。

2001年，重点对工商、国税、地税、卫生、电力、电信、邮政、教育、公安等9个单位进行民主评议行风工作，发现存在问题54个，立案查处违纪案件4件，给予党纪处分2人，辞退2人，清退不合理收费4.8万元。

2005年，对广播电视系统进行行风评议，提出整改措施9条。开展整顿统一着装工作，清理出全县未经国务院批准着装或仿制制式服装的部门16个，着装人数505人，收回违规制式标志990套。

第七节　宣传教育

1989—2005年，田东县宣传思想工作坚持正确的政治方向，把握正确的舆论导向，加强党的理论学习和形势教育。组织党员干部学习《邓小平文选》第三卷和1992年邓小平南方谈话精神，组织开展改革开放、反“和平演变”等国际国内形势教育活动，开展社会主义基本路线、社会主义基本理论教育。组织开展社会主义市场经济理论大讨论、“两个根本性转变”大讨论和解放思想大讨论活动。以创建“三个代表”重要思想讲习所和健全各级党委中心学习组机构来推进全县理论学习的纵深开展，以开展“三个代表”重要思想和保持共产党员先进性教育活动为载体，强化党员干部的教育和政治理论学习。推进精神文明建设，培育健康向上、团结友爱、乐于奉献的社会主义风尚。党的宣传思想工作成效明显，为全县改革发展提供了坚强的政治保障、舆论氛围和精神动力。

机　构

1989年，县委宣传部为田东县委主管全县意识形态工作的行政单位，编制10名（含精神文明办），在编人员6人，其中部长1人，副部长2人，干事3人。1994年，编制13名（含精神文明办），在编人数11人。

2002年，县机构改革，县委宣传部内设办公室、理论调研股、新闻宣传股、网络管理股、精神文明办公室等5个股室，编制12名（含精神文明办3名），在编11人。

2005年，县委宣传部编制12名（含精神文明办3名），在编9人，其中部长1人，副部长2人（其中1人兼任精神文明办主任），其他干部职工6人。内设办公室、理论调研股、新闻宣传股、网络管理股。1989—1997年，办公地址在平马镇东园巷东园宾馆的县委旧办公楼。1998—2005年，地址迁至平马镇庆平路东园巷6号县委办公大楼。

县委宣传部历任部长：黄玉胜（1988年4月至1990年10月）、钟华（1991年1月至1991年10月）、黄绍广（1991年10月至1998年9月）、罗绍英（1998年9月至2001年8月）、董建明（2001年8月至2006年8月）。

理论学习

1989年，在县直机关干部职工中开展“治理整顿、深化改革”的形势教育报告会，举办1期企业领导干部形势教育培训班，并在全县党员中开展以“坚持党员标准，做合格党员”为主题的党性、党纪、党风教育，轮训党员8418人次。

1990年，开展国际国内形势、纪念鸦片战争150周年等各种形势报告会123场次，参会人数15500人次。13个乡镇党校举办农村党员培训班140期，参训党员12100人次。

1991年，县委学习中心组和四家班子领导组织学习12次，参加学习164人次。8月，举办中小学校长、教导主任和教委办领导人学习班，参加人数共160人。到县直单位和学校作反“和平演变”报告4次，参听人150人次。组织4500人参加“双基”教育统考，统考及格率为100%，被上级授予“1990年至1992年职工基本国情教育先进单位”。同年，组织县直各党委、党组、总支（支部）书记共180人，学习江泽民总书记“七一”讲话，收订“讲话”册子和辅导材料共3000本。

1992年，全县集中学习邓小平南方谈话3次，共3000多人参加。

1993年，开展社会主义市场经济大讨论和学习《邓小平文选》第三卷。发动全县干部职工订阅《广西理论学习》3475本，订阅《十四大辅导材料》5500多册，《邓小平文选》第三卷12500多本，《邓选》第三卷学习辅导700本。召开县直机关干部职工及各乡镇主要领导参加的社会主义市场经济大讨论动员大会，到会人员1200多人。分批对党员干部进行轮训，开展社会主义市场经济大讨论，参加讨论人数8260人。全县16个党委学习中心组召开学习讨论会17次。

1994年，县、乡两级主要领导36人参加自治区党委和百色地委举办的理论培训班。县委举办一期领导干部学习《邓小平文选》第三卷培训班，参加学习的有县直机关党政主要领导和各乡镇主管宣传工作的副书记、宣传委员等共130人，进行6个专题的理论辅导，印发学习资料9700多份。通过对《邓小平文选》的学习，全县干部进一步解放思想，更新观念。在学习过程中，坚持理论联系实际，坚持“三个有利于”标准，调整了田东县工农业的发展思路。平马镇有200多名城镇居民到农村承包荒山荒地办果场、蔗场，全县有400多家农村股份合作制企业。有36个党政机关单位直接参与农业综合开发，承包荒山办果园133.33多公顷。

1995年，县委学习中心组13名成员到机关、学校、厂矿和农村，向干部、农民及学校师生、工人宣讲理论，内容有什么是社会主义、社会主义能不能搞市场经济、社会主义市场经济与资本主义市场经济的本质区别、如何实现共同富裕等。举办党员干部学习特色理论培训班21期，受训骨干2000多人。

1996年，以“两个根本性转变”理论和十四届六中全会精神为重点内容开展理论学习。县四家班子领导成员下乡宣讲78人次，印发“两个根本性转变”学习简报16期。举办党员培训班573期，参训党员9889名，占全县党员人数的98.5%。

1997年，以“两个文明建设都搞好，才是有中国特色社会主义”的理论专题和《告全党、全军、全国各族人民书》《在邓小平同志追悼大会上江泽民同志致悼词》《邓小平伟大光辉的一生》为理论学习重点。举办理论学习班438期，参训党员干部达11927人次。县乡党委学习中心组学习247次，共1729人次参加。

1998年，重点学习社会主义初级阶段理论，学习马列主义、毛泽东思想和邓小平理论，学习党史、党规党纪。举办理论学习班40期，参训人数6000余人次。县委学习中心组集中学习12次，县直属机关各单位、乡镇党委学习中心组集中学习225期次。乡镇党校举办党员培训班56期，参训党员8000余人。

2000年，主要学习中共十五大精神和江泽民总书记对宣传思想工作和精神文明建设的重要批示精神。在青少年中开展“走向新世纪”读书教育活动，有2万多名中小学生参加。

2001—2002年，开展“三个代表”重要思想学习教育活动，共举办“三个代表”重要思想和江泽民总书记“七一”讲话精神培训班27期，受训的党员干部共1万多人次。

2003年，以创建“三个代表”重要思想讲习所为载体，推动全县理论学习工作的开展。共建立县、乡镇、村“三个代表”重要思想讲习所（站、室）182个，开展理论、科技讲习活动1053场次，受教育的党员干部17000人，14万群众参加讲习活动。2003年10月7日，《人民日报》刊登题为《以讲习所为阵地，把实践当课堂——田东县执政为民推动经济和社会各项事业的发展》的通讯，报道田东县建立“三个代表”重要思想讲习所的做法、经验及取得的成效。

2005年，全县理论学习主要是学习中共十六大精神，学习“三个代表”重要思想、科学发展观理论，结合开展保持共产党员先进性教育活动，县四家班子党员领导干部、乡镇领导和县直单位领导为党员干部上理论辅导课及党课180场次，参加人数13000人次。

理论研究

1989年，编印《经济形势与任务教育宣传》《田东县农村形势和任务教育宣传提纲》《浅谈十年改革征文集》等资料516份（篇）。

1996年，组织编写反映“实现两个根本性转变”的理论山歌36首。1998年，县乡学习中心组共撰写理论文章和心得体会100余篇。

1999年，各级学习中心组成员撰写理论文章341篇，有6篇发表在地区级以上的报刊。报送百色地委理论学习经验交流会的“学理论，促发展”电视专题片获二等奖。

2000年，县委中心学习组成员撰写的理论文章中有2篇在省级报刊发表，有2篇在地（市）级报刊上发表。

2002年，县委书记谭锡春撰写的《坚持先进文化前进方向，大力加强精神文明建设》体会文章，在《广西支部生活》学习实践“三个代表”重要思想专刊发表。

2003—2004年，县委学习中心组成员撰写的文章有25篇发表在《广西日报》《右江日报》《广西工作》《当代广西》等报刊。在百色市学习实践“三个代表”重要思想理论研讨论文评比中，田东县获一等奖1篇、优秀奖2篇。

2005年，县委书记谭锡春撰写的论文《田东打造桂西经济强县的思考》在《右江日报》刊登。

新闻宣传

1989—2005年，田东县坚持正确的政治方向和新闻舆论导向，抢占主流媒体“第一阵地”，不断提高新闻舆论传播力、引导力、影响力和公信力。着力构建大宣传格局，加强通讯员队伍建设，强化新闻宣传管理和策划，唱响主旋律，对外提升田东的知名度和美誉度，对内不断凝聚人心、凝聚共识、凝聚力量。

1989年，完成《广西日报》上稿43篇，《右江日报》上稿555篇，广西人民广播电台上稿69篇。

1990—2004年，田东县报送的稿件被《广西日报》采用1661篇，《右江日报》采用8777篇，被广西人民广播电台采用3275篇，被《人民日报》采用9篇，被中央级党报采用45篇。

2005年，报送的稿件被《人民日报》采用7篇，中央人民广播电台采用1篇，《广西日报》采用145篇，《右江日报》采用523篇，广西人民广播电台采用162篇，广西电视台采用46篇，百色电视台采用206篇，百色电台采用56篇，《当代广西》采用10篇，发稿数量和质量排在百色各县前列。

2000—2005年，田东县共获《广西日报》新闻报道甲等奖5次，广西人民广播电台新闻报道先进县（先进集体）6次，《右江日报》新闻报道先进集体（先进县）5次。

1989—2005年田东在各级主流媒体用稿情况表

表4-1-4　　单位:篇

年度	市级新闻单位采用	自治区级新闻单位采用	国家级新闻单位采用
1989	555	112	—
1990	575	127	—
1991	509	121	—
1992	580	213	—
1993	682	278	—
1994	605	335	1
1995	608	353	1
1996	510	315	—
1997	512	160	2
1998	530	158	—
1999	473	192	—
2000	684	127	—
2001	737	155	1
2002	513	210	2
2003	612	229	27
2004	647	302	11
2005	523	191	8

党报党刊征订发行

县委宣传部负责全县的党报党刊征订发行工作，确保党报党刊覆盖所有党组织和党员干部。每年的10月份，中央、自治区、市分别召开党报党刊装订发行工作会议，对下一年工作作动员部署和安排，并下发通知，要求下级完成下达的党报党刊征订任务。党报党刊征订的范围有“五报两刊”，“五报”指的是《人民日报》《经济日报》《光明日报》《广西日报》《右江日报》，“两刊”指的是《当代广西》《求是》，要求每个党员、干部至少征订一份党报一份党刊。

县委宣传部根据上级的会议和文件精神，也迅速召开党报党刊征订发行工作会议，并下发通知，给各乡镇各单位下达指导性征订任务。之后，各乡镇各单位落实好集体征订任务和个人征订任务。集体征订的费用，由单位缴纳。个人征订的，由个人缴纳。全县年年超额完成征订发行任务。1989年，征订《人民日报》《经济日报》《光明日报》《广西日报》《右江日报》《求是》共5561份。1995年，征订《人民日报》《经济日报》《光明日报》《广西日报》《右江日报》《求是》共5932份。2000年，征订《人民日报》《经济日报》《光明日报》《广西日报》《右江日报》《求是》共6479份。2005年征订《人民日报》《经济日报》《光明日报》《广西日报》《右江日报》《当代广西》《求是》共6812份。

第八节　精神文明建设

田东把社会主义精神文明建设摆在突出位置，开展文明县城、文明单位（村镇）、文明家庭创建活动，开展群众性精神文明创建活动，公民的思想道德和科技文化水平不断提高，形成健康文明的新风尚，助推经济社会持续健康发展。1989—2005年，田东先后获评为百色地区“文明县城”、全国“创建文明村镇工作先进县”、“自治区文明县城”，平马镇上法村获评为“全国创建文明村镇工作先进村镇”。全县有15个单位被评为自治区级文明村镇，39个单位被评为市级文明村镇，7个单位被评为自治区级文明单位，30个单位被评为市级文明单位。

机　构

田东县社会主义精神文明建设委员会办公室（以下称县精神文明办）是主管全县社会主义精神文明建设的正科级行政单位，办公地址在平马镇庆平路东园巷6号。属于县委宣传部的内设机构。1989年，编制3名，主任1人（由宣传部副部长兼任）、副主任1人、干事1人。2005年，编制3名，在职3人。

县精神文明办历任主任：廖坚荣（1993年4月至1997年5月）、黄尚升（1997年9月至1999年3月）、辛荣师（1999年3月至2002年2月）、谢佩霞（2002年2月至2006年12月）。

群众性文明创建活动

1989年，在全县开展“优美环境、优良秩序、优质服务”的“三优”活动，组织开展爱国卫生突击月活动，参加活动人数达164113人次，处理卫生死角7处，清理垃圾6469吨，清除杂草2766平方米，疏通水沟4344米。工商行政管理部门维护市场经营秩序，整顿摊点1350个。城建部门清理乱占街道32处，交通部门新设3个机动车停车点和7个自行车停车点。医疗卫生、商业企业、运输企业根据行业特点，开展职业道德教育，开展优质服务，提高经济效益。

1994年，开展以“三优一学”（优美环境、优质服务、优良秩序、学先进）为主要内容的群众性精神文明建设活动。对县城脏、乱、差进行治理，开展学雷锋、学先进活动。16个单位开展职业道德的培训，1590人参加。

2001年，群众性精神文明建设以开展文明素质教育和崇尚科学、反对邪教为主要内容。举办各种形式文明素质教育培训班67个，印发文明素质教育宣传资料2万多份，印发《百色地区文明公民手册》6350册，印发科普宣传资料5万多份，播放科普录像100多场。开展“反对邪教、破除迷信、崇尚科学、传播文明”科普挂图到乡镇、村屯巡回展，共展出40多场，累计展出科普挂图2850多张。投资270万元，建设以邓小平足迹之旅为特色的百谷红军村、红军陈列室、红军路、红军学校、红军亭、红军码头、红军船等一系列爱国主义教育基地。投资93万元，建设平马、思林两镇宣传文化站，装修林逢镇宣传文化站。

2005年，围绕文明县城、文明乡镇、文明单位的创建，狠抓群众性精神文明建设。组织全民参与“五好文明家庭”（爱国守法、热心公益好；学习进取、爱岗敬业好；男女平等、尊老爱幼好；移风易俗好；勤俭持家、保护环境好）创建评比活动，表彰自治区级、百色市级“五好文明家庭”各1户，县级“五好文明家庭”25户。

文明县城创建活动

1994年，开展创建文明县城活动。县精神文明办协调公安、工商、城建、卫生、税务等部门，对全县城镇街道的脏、乱、差进行整治。

1995年，出台《田东县开展创文明县城活动实施方案》，召开创建文明县城誓师大会，组建创建文明县城工作队，分成6个组在县城6个区域开展整治工作。利用广播、电视、横额标语、墙板报等多种形式，宣传创建文明县城的重要性、途径等。各行各业分别开展不同内容的“满意在田东”文明活动，党政机关以廉洁奉公、做人民公仆为重点，服务部门以文明服务、公平信誉、礼貌待人为重点，行医业以救死扶伤、实行人道主义为重点，教育部门以教书育人、为人师表、忠诚党的教育事业为重点，工矿企业以产品质量第一、信誉至上、爱国、爱厂、爱岗位、做主人为重点，政法部门以秉公执法、铁面无私、按章办事为重点，个体工商界以遵纪守法、买卖公平、诚实守信、信誉第一为重点，广大公民以遵纪守法、遵守社会公德、争做文明公民、尊老爱幼、助人为乐为重点。组建整顿市容市貌综合治理工作队，对县城区内乱搭乱盖的居民户发出限期拆迁通知书，拆除在人行道和公路两旁修车点19处，划定车辆行驶踏线和车辆暂时停放线多处。

2004年，文明县城创建活动以“塑造县城形象，提高市民素质，促进经济发展，推动社会进步”为目标，统一规划，合理布局，整合力量，建设管理城区，改变城区面貌。当年，自治区党委、自治区人民政府授予田东县“自治区文明县城”称号。

2005年，田东县以参加“南珠杯”竞赛活动为载体，继续开展文明县城创建活动，巩固自治区文明县城创建成果，打造宜居、宜业、宜旅县城，提升居民幸福指数。

文明单位(村镇)创建活动

1989—1992年，把创建文明单位、文明村（屯）活动纳入各乡镇党委、县直属党委的岗位责任制进行考核评比奖励。全县有121个县直机关、企事业单位开展创建文明单位活动，活动面达81.2%；乡镇直机关、企事业单位开展创建文明单位活动的有67个，活动面达49.3%。其间，县糖厂、田东中学、林逢乡和同村被评为自治区文明单位（村屯）；县酒厂、县财政局、县医院、平马镇四平村等18个单位被评为百色地区文明单位（村屯）；县表彰的文明单位67个。

1995年，制定《关于在县城内实行门前“三包”和门内卫生达标责任暨开展创建“花园式单位”活动方案》，并在县委、县人民政府、县人大、县政协、田东油矿等10个单位开展“花园式单位”试点，以点带面，推动工作开展。当年，县委、县人民政府下发《关于命名1993—1994年度县级文明单位的决定》，荣获文明单位28个，文明村（屯）13个。

1997年，在全县各乡镇组织实施精神文明建设“七个一”工程［各乡镇要创建一个花园式的乡镇政府大院、一个文明小康村（自然屯）、一条文明传道、一个文明市场、一所文明示范学校、一个标准文化站、一个文明村部］。

1999年之后，围绕“精品、名牌、特色”这个目标，开展精神文明创建活动。在乡镇实施“十个一”（每个乡镇有一座升国旗台、一个广播电视室、一条宣传文化长廊、一支文艺宣传队、一个宣传文化站、一所综合培训学校、一片绿地、一个篮球场、一个舞台、一个职工食堂）工程，并开展文明单位、文明行业、文明小区、文明庭院、花园式单位、文明村镇（屯）、“星级文明户”（科技示范户、文明经营户、卫生环保户、致富带头户、文化中心户）、青年文明号、巾帼示范岗、文明家庭创建活动。1999年，平马镇被评为自治区级文明乡镇。2001年，县国税局获自治区级“文明单位”，祥周镇被评为自治区级“文明乡镇”，祥周镇百银村、布兵镇保利村等3个村被评为地区级“文明村”。2002年，田东县获全国“创建文明村镇工作先进县”称号。

2004年，对全县183个文明单位进行复查整顿，结果保留129个，撤销32个，限期整改22个。对全县46个文明村进行复查。县电信局、林逢镇养路站等4个单位获自治区文明庭院称号。当年，建成园林式单位42个。

2005年，深入开展创建园林式单位、文明庭院活动。年内建成市级文明单位8个，平马镇上法村获得中央文明委授予的“全国创建文明村镇工作先进村镇”称号。

“扫黄打非”工作

1989年，成立县清理整顿文化市场领导小组，下设办公室，各乡镇相应成立领导机构，大力开展“扫黄”工作，查封黄色书刊1994本，审读250册，录音带99盒。

1993年，共收缴非法年画268张、黄色书刊414本，查封具有赌博性质的游戏机10台，收缴576张打火机胶贴淫秽画、黄色录像带2盒。立案处理5人。

1994年，“扫黄办”设在县精神文明办、一套人马、两块牌子，按照“一手抓繁荣、一手抓扫黄”“两手抓，两手都要硬”的方针，不断强化社会文化管理，净化文化市场。

2000年，共出动检查人员1143人次，检查摊点2760家（次），对违法经营业主进行相应处罚，其中取缔40家（次），停业整顿97家，行政处罚113家。收缴非法光盘8680张，收缴非法图书、刊物、画册6077本（张）。

2005年，在“扫黄”“打非”工作中，整合各方力量，狠抓出版物市场的治理，特别是各类政治性非法出版物的查缴工作。收缴电子游戏机5台，查处9个无证经营非法音像制品商，收缴非法VCD光盘1000多盘，书刊1000多本。查处贩卖淫秽物品案件6起，抓获6人，没收淫秽光盘及书刊137张。对全县28家营业性“网吧”开展全面清理整顿，重点整顿网吧超时、允许未成年人进入、迪吧音源排放超标等违规经营行为，责令所有营业性“网吧”全部安装“守护神”游戏过滤软件。

第九节　统一战线

1989—2005年，县委统战部贯彻宣传党的统一战线理论、方针、政策，积极联络港澳同胞、台湾同胞和海外侨胞（简称“三胞”），为田东经济社会发展牵线搭桥，争取到港澳台胞捐助田东教育事业211.5万元，港币4.5万元；内地基金会及企业捐资助学资金47.66万元。引进一批项目和资金，助力田东经济建设。组织开展调查研究，完成统战工作调研报告和论文，为县委工作决策提供参考意见。围绕“了解情况、掌握政策、调整关系、安排人事”的原则，做好党外代表人士的考察、培养、推荐、安排工作。做好“三胞”接待工作，落实政策，做好服务。认真落实民族宗教政策，依法管理宗教事业，确保宗教活动有序开展。

机　构

1989年，县委统一战线工作部（简称县委统战部）是县委主管统一战线工作的职能部门。核定编制6名，在编人员6人，其中部长1人（由县政协副主席黄汉平兼任），副部长1人，科员、干事共4人；县侨务工作办公室、县对台工作办公室挂靠统战部，并另配备副主任各1人。

1994年，全县62个国有企业均配备兼职统战干部各1人，负责所属单位统战工作。1997年县宗教局并入县委统战部，县侨务办公室、县台湾工作事务办公室与县委统战部合署办公。

2002年，县乡机构改革，县委统战部内设秘书股、综合股，台湾工作办公室挂靠县委统战部合署办公，编制7名，在编7人，其中部长1人（由县政协副主席兼任），副部长2人，台办领导1人，干部职工3人。县宗教局、县侨务办从县委统战部分离出去，归口入县人民政府办。县工商业联合会会长不再由统战部副部长兼任，直接由会员代表召开大会选举产生。

2005年，县委统战部内设机构、编制、职位设置与2002年机构改革后相同。1989—1995年，在县委旧办公楼办公。1996—2005年，办公地址在平马镇庆平路东园巷6号。

县委统战部历任部长：黄汉平（1987年10月至1991年4月）、陶家保（1991年4月至1999年1月）、黄玉胜（1999年1月至2002年10月）、蒙耀茂（2002年10月至2006年8月）。

统战宣传和联谊

1989—1992年，全县共接待“三胞”168人次回乡探亲、访友、旅游，其中台胞114人次，港澳同胞10人次，侨胞54人次。在接待过程中，台办及侨办向“三胞”宣传国家在中共十一届三中全会以来进行改革开放取得的成就和对外开放的方针政策，介绍家乡工农业和交通等各项经济建设的变化，已经回乡投资办实业、定居的优惠政策。

1993年，重点宣传党对台湾工作的方针政策，调查和掌握去台人员及其家属的基本情况，做好面对面的宣传和接待工作。全县有旅居台湾同胞126人，台属882人。共接待回田东探亲、旅游、考察、投资24人，台胞台属来访96人，帮助寻找台湾亲人11人次，协助办理涉台婚姻8人，涉台遗产3人。

1995年，宣传党的统战方针政策，出版1期统战墙报，印发统战政策宣传资料300份，被评为全区统战宣传工作二等奖。

1996年，邀请区直单位的专家学者、企业家、港澳同胞等共197人，参加由田东县承办的百色地区第三届芒果文化节。

2000年，组织县内各系统、各战线1634人参加自治区“永发宝象杯”统战知识竞赛，有5人获得特等奖或二等奖。

2005年，着力宣传非公经济人士成功创业的先进事迹，并完成《田东县宗教工作情况汇报》《田东非公经济发展情况汇报》《田东县党外干部培养选拔使用情况汇报》《关于田东县加快发展光彩事业的思考》等7篇调研报告。

经济统战与招商引资

1989年，在投资优惠政策和故乡情结的感召下，平马镇小龙籍台胞刘承烈在县城投资30万元建设文化服务中心楼，捐献5万元建设小龙村水塔和小龙村小学校舍。同年，县统战部又引进港商投资5万元，解决作登瑶族乡民族中心小学住宿困难问题。

1994年，引荐台商客人出资47万美元，与田东县东腾房地产有限公司合作，开发田东第一期房地产项目。

1996年，与南宁、北海、玉林、天等、南京等地联系，邀请6位企业家到田东县考察投资，引进资金2500万元。

1997年，从南京爱德基金会引进投资72万元的“生态工程”项目——种植任豆树，扶持4个石山乡种植任豆树180公顷。

1999年，引进台商投资1500万元，对祥周新洲233.33公顷芒果进行高位嫁接改造；投资5万元，在平马镇合乐村改良芒果4公顷。

2000年，澳门爱心工程基金会蓝钦文捐助60.45万元，其中50万元用于新建田东县第四小学，7.5

万元扶持南部石山区贫困户养羊，2.95万元扶持作登瑶族乡平略小学、新法小学、新安小学和思林镇可恒小学的380名贫困生上学。香港友爱教育基金会陈梓溢资助15万元援建思林那余友爱小学。

2004年，向区内外、港澳台地区的客商推介项目22个，接待到田东考察的外地客商26批（次）87人次，投资意向项目7个，投资额近1亿元。2005年，争取到香港房角石协会捐资4万元，为坡塘初中建学生浴房。

1989—2005年，港澳台胞捐助田东教育事业211.5万元，港币4.5万元；内地基金会及企业捐资助学资金47.66万元。

党外代表人士事务

1989年，全县党外知识分子中级职称以上有332人，安排参政的有21人。1993年，获中级职称以上的党外知识分子有3554人，当选县人大代表59人，县政协委员81人，其中进入县人大领导班子1人，进入县政协领导班子2人，进入县、乡政府及各个部门工作的共500人。

2000年，获得中级职称以上的党外知识分子有823人，在全县行政机关中担任副处领导4人，副科级领导29人。

2003年，有党外科级以上领导干部16人，其中处级领导干部5人，科级领导干部11人，另有10人在各单位的二层机构任负责人，党外各级人大代表75名，党外各级政协委员113名，党外中高级知识分子992人。

2004年，对党外人士任市、县政协委员的知识分子进行培训，提高参政议政能力和水平。经常深入农、林、教、卫等专业技术人才较多的单位，了解党外人士工作、生活、学习情况，倾听呼声和要求，向有关上级部门反映意见和建议7条。

2005年，建立健全党外后备干部档案，加强对党外人士的培养和推荐工作，大力加强党外干部队伍建设。向县委推荐15名党外科级后备干部，向市委上报1名党外处级后备干部。有3名党外干部派到乡镇人民政府任副职。支持党外干部参政议政，推荐各界各层次的优秀党外人士201人，担任县、市人大代表、政协委员。

港澳台侨事务

1989年，全县接待“三胞”回乡探亲、访友、旅游共46人次。

1992年，田东县居住在台湾的华侨78人，回家乡定居的台胞2人，港胞1人。居住在田东的“三胞”眷属共861人。田东认真落实政策，做好服务，确保“三胞”眷属在政治上、经济上与全县各族人民一样享有同等的权利，并且在就学、就业、招工、招干、参军等方面享有优先权。

1996年，台办、侨务办接待台胞、侨胞共39人，接待“三胞”亲属来访54人次。同时，与有关部门联系，安排归侨、侨眷子女就业9人，帮助解决农转非14人，帮助办理涉台婚姻2人，办理涉台遗产1人。

2004年，加强与侨胞、侨眷的沟通联系，每年春节前召开“三胞”亲属代表迎春茶话会，向侨胞和侨眷寄发贺年卡。

2005年，向台湾友好人士寄贺年卡50多张，在11月中旬举办的“第一届桂台商贸洽谈会”上，协助田东县与台湾客商签订700万美元的农业发展项目投资意向。年内，全县有归侨、侨眷、华侨华人、港澳同胞亲属700多人，分布在7个乡镇40多个单位，其中新移民50多人，留学生8人。

宗教事务管理

1989年，田东县基督教徒人数388人，分别在平马镇基督教会和朔良元色村聚会活动。县委统战部不定期派员到教堂，教育引导教徒按照国家法律法规开展宗教活动。

1996年，开展宗教情况调查。全县有基督教徒1472人，分布在10个乡镇96个村（街），以及6个区直、地直单位，有17个信教徒聚会堂点。

1997年，针对林逢镇关国村交灵屯基督教徒在活动中多次受到干扰的问题，依法取缔“呐喊派”和“尼士林”两个非法宗教组织。

从1998年起，对全县宗教活动场所实行一年一度检查验收，对宗教人士来往实行登记的管理办法，对宗教活动执行“一证三法四制度”（执行宗教活动场所登记证、贯彻中华人民共和国国务院第144号、第145号令和自治区人民政府宗教管理条例，执行场所管理制度、教务管理制度、财务管理制度、自检自律制度）上墙管理制度。2002年，对全县13个基督教堂（点）进行年检，准予登记的堂（点）11个，暂缓登记的堂点2个。

2005年，全县有教徒人数1907人。加强对《宗教事务条例》的宣传贯彻，举办2期《宗教事务条例》培训班，组织60名宗教团体负责人、教职人员和宗教后备人员参加培训。田东县宗教办被评为2004—2005年度自治区宗教工作先进单位。

第十节　政法协调与社会治安综合治理

1989—2005年，田东县委政法委协调县人民法院、人民检察院、公安局、司法局开展工作，全力维护社会稳定。组织政法部门贯彻执行党的路线、方针、政策以及县委、县人民政府的决策和部署，坚持“打防结合、以防为主、标本兼治、重在治本”的综治原则，各司其职，各负其责，互相监督，互相配合，依法打击各种犯罪活动，保证法律、法规在全县公正实施。组织各乡镇和县直部门有计划、有步骤、有针对性开展普法工作，不断增强广大干部群众学法、懂法、守法、用法、护法的意识和能力。此外，组织开展平安田东创建活动，促进社会和谐与稳定。

机　构

1989年，中共田东县政法委员会（简称县政法委），负责指导、协调公安局、检察院、法院、司法局等部门开展政法工作。核定行政编制5名，在职5人（含从县公安局借调1人），其中书记1人、副书记1人。1994年，编制6名，有干部职工6人，其中书记1人，副书记2人。

1997年，成立田东县社会治安综合治理委员会办公室（简称综治办），与县政法委合署办公。1999年6月，成立田东县防范和处理邪教问题领导小组办公室。与县政法委合署办公，编制共8名，在编9人。

2002年3月，县政法委行政编制8名，其中县综治办1名、田东县防范和处理邪教问题领导小组办公室1名、机关后勤服务人员事业编制1名。领导职数：书记1名，副书记3名；综治办（含田东县防范和处理邪教问题领导小组办公室）主任1名，副主任1名。年内有干部8名。

2005年，县政法委内设办公室、执法监督室，核定编制7名，实有干部职工7人，其中书记1人、副书记3人。1989—1995年，在县委旧办公楼办公。1996—2005年，办公地址在平马镇庆平路东园巷6号。

县政法委历任书记：班启坚（1987年10月至1989年10月县委副书记兼）、徐应标（1989年10月至1993年12月县委副书记兼）、梁永年（1993年12月至1998年9月）、黄灿辉（1998年9月至2002年9月）、农良锋（2002年9月至2010年3月）。

政法协调

签订责任状 1989年，与各乡镇、县直机关单位和上级驻县单位主要领导签订社会治安综合治理工作目标管理责任书，形成主要领导负总责、分管领导切实抓、主管领导具体抓、部门领导配合抓的格局。之后的每年年初，县党政主要领导与各乡镇党政主要领导签订社会治安综合治理责任状；县直机关单位和上级驻县单位的党政领导分别与县委政法委书记、综治委主任签订责任状，各村委（社区）、乡镇直单位与乡镇党政主要领导签订综合治理责任状。县政法委年中到各乡镇、县直及上级驻县各单位督促、指导综治各项工作的落实，年底对各乡镇各单位综治工作进行检查、验收，对不达标单位实行“一票否决”。

1995年，全县签订社会综合治理责任状295份，其中与县领导签订128份、与乡镇领导签订167份。2000年，对社会治安综合治理不达标的县外贸局、县畜牧水产局执行“一票否决”。

2005年，按照“属地管理”和“谁主管谁负责”的原则，县委、县人民政府与全县10个乡镇、115个部门（单位）签订社会治安综合治理目标管理责任状。各村委（社区）与乡镇领导签订社会治安综合治理目标管理责任状，层层建立领导责任制、部门责任制和单位责任制，把各项任务真正落实到乡镇，落实到部门（单位），落实到村，落实到责任人。

从严治警 1989年起，每年加强干警的政治理论学习，组织开展创先争优活动，开展执法大检查和教育整顿。从严治警，从优待警，推进司法制度和干部人事制度改革，让一批优秀年轻干部通过公开竞争走上领导岗位。实行警务公开，促进公正执法，落实党风廉政建设责任制，查处政法队伍中的违法违纪案件。

1999年，开展“三项治理”（治理刑讯逼供、治理滥用枪支警械、治理滥用强制措施）和“五清理”（清理警车警牌警证、清理超期羁押案件、清理不适合从事政法工作人员、清理派出所的留置室和取保候审、保外就医、监视居住、减刑假释）。对1名违纪干警进行严肃查处，对3件超期羁押案件给予及时纠正，收回3个非警务单位警车3辆，整改派出所留置室3间。同时加强“窗口”单位建设，开展争创人民满意政法干警（单位）活动，共建立窗口单位14个。另外，在政法机关中层领导中推行竞争上岗制。

2000年，加强政法队伍的管理。制定《中共田东县委关于进一步加强政法干部队伍的实施意见》，使政法系统各单位领导明确岗位责任，明确抓队伍建设的目标和任务。加强执法监督和纪律作风整顿，组织2次执法大检查，3次开展执法问题专项治理，共督查应办而未办案件4件，纠正政法机关错办案件6件，协调重大疑难案件13件，解决打人骂人、酒后失态、工作责任心不强、无故不值班等政法干警违法违纪问题11件18人。收回非警务车辆警牌3块，整改不规范留置室13间。及时处理和纠正刑讯逼供、滥用枪械、滥用强制措施4人次，超期羁押4人等问题。调离政法队伍1人。

2001年，加强政法系统班子建设、廉政建设、队伍教育及执法监督工作。选拔4名年富力强、有组织管理经验的优秀干部，充实到领导班子。调整和充实中层领导岗位45人，配齐乡镇分管政法的副书记。在全体政法干警中开展“三个代表”重要思想学习教育活动，共查摆问题36个，批评教育干警

3名，调离政法队伍1名。督查案件6件，办结5件。协调重大疑难案件5件，结案5件。开展“文明窗口示范单位”“人民满意政法干警（单位）”争创活动。平马司法所被评为全国“人民满意司法所”。

2005年，按照“政治坚定、开拓创新、团结协作、廉政勤政”的原则，加强政法领导班子建设。把政治上靠得住、工作上有本事、作风上过得硬的38名干部选拔到领导岗位上。结合开展保持共产党员先进性教育活动，公安机关开展“向任长霞同志学习”活动、大练兵活动等，检察机关继续开展“强化法律监督，维护公平正义”专项整改活动，审判机关把“坚持正面宣传，唱响主旋律”作为开展教育活动中的重要举措，司法局继续深入开展“创先争优”活动和以“诚信为民”为主题，以“三项教育”（全心全意为人服务的宗旨教育、实事求是的思想路线教育和严格、公正、文明执法的法制教育）为主要内容的集中学习培训。当年，田东县防范和处理邪教问题领导小组办公室被自治区评为2004年度工作先进单位；县综治办先后被自治区综治委、市综治委评为2004年度综治工作先进单位。

协调严打整治 1989年起，每年组织政法部门开展打击各种严重刑事犯罪专项斗争，集中力量，统一行动，从重从快打击各种严重危害社会治安的刑事犯罪分子和犯罪团伙，遏制刑事案件上升势头。

1994年，针对324国道的思林、林逢路段有车匪路霸情况，组织开展4次规模较大的打击活动，抓获车匪路霸141人。

2000年，组织政法机关对县城、祥周镇仑圩村、义圩镇安东村进行重点整治，破获一批刑事案件，抓获一批犯罪嫌疑人。开展破获摩托车、牛马被盗、车匪路霸活动猖獗专项治理，共破获7个盗窃摩托车团伙，4个盗窃耕牛团伙，缴获摩托车31辆，耕牛24头，抓获一批犯罪嫌疑人。

2005年，以“打黑除恶”为重点，组织开展严打整治活动。公安机关以侦破命案为突破点，破获一批盗抢机动车案件，并开展打击“两抢”（抢劫、抢夺）、打击破坏、盗窃电力设备、统一收戒吸毒人员专项行动。检察机关依法快批快捕快诉，审判机关审判改革，快审快判。全年立刑事案件1052起，破590起；受理治安案件484起，查处449起，查结率92.76%；共打掉37个犯罪团伙，抓获其成员131人；依法逮捕犯罪嫌疑人292人，劳动改造116人，治安处罚715人，缴获赃款赃物一批。检察机关受理公安机关提请批捕案件263件422人，经审查批准逮捕232件338人；受理公安机关移送审查起诉案件244件336人，经审查后向法院提起公诉218件302人，移送其他检察院审查起诉3件3人。审判机关共受理各类一审案件4760件，审结4743件，结案率99.6%。

协调打击经济犯罪 1989年，狠抓重大贪污贿赂犯罪案件的查处工作，共受理贪污贿赂等经济犯罪案件14件，立案侦查6件，其中贪污贿赂案5件，占83%；结案5件，结案率为83%；为国家、集体挽回经济损失16.09万元。

1990—1992年，共受理贪污、贿赂等经济犯罪案件91件，其中立案侦查30件40人。1万元以上10万元以下大案要案14件，10万元以上特大案件1件。其中贪污案8件9人，挪用公款案4件10人，偷税案5件8人，审结27件36人，通过办案追回赃款89.75万元。

1996年，县公安局共立破坏经济秩序案件22起，破获15起，其中立为重特大案件14起，破9起。抓获作案成员29人，缴获赃款7.57万元，赃物折款1.18万元。县反贪局共受理贪污贿赂等经济案件线索34件，立案侦查10件13人，所立案侦查的案件均为1万元以上大案。被查处的犯罪嫌疑人中，涉及正科级干部2人，副科级干部1人，司法人员4人，财会人员6人。依法逮捕的13人中，共产党员5人，县级人大代表1人。通过办案为国家和集体挽回经济损失402.2万元，其中立案挽回损失174.6万元，不立案挽回损失227.6万元。

2000年，受理贪污贿赂职务犯罪案件线索10件，经初查后，立案侦查3件4人，其中挪用公款案1件1人，贪污案1件2人，巨额财产来源不明案1件1人（追诉案）。涉案人员属于正科级干部1人，副科级干部1人，一般干部2人。

2002年，受理初查贪污贿赂犯罪线索7件，初查后，立案侦查5件5人，其中贪污3件3人，挪用公款2件2人。其中田东县工商银行原办公室副主任黄某某挪用公款107万元，是田东县历年来立案查办案值最大的职务犯罪案。通过办案，为国家挽回经济损失42万元。此外，县检察院还与广西东星糖业公司共建预防职务犯罪示范点，预防职务犯罪由内防向外防转移，有效预防职务犯罪的发生，为其他单位开展预防职务犯罪提供了经验。

2005年，开展市场专项整治行动，维护市场经济秩序。公安机关受理报案10起，立为刑事案件3起，破案3起，抓获犯罪嫌疑人3人，逮捕3人。检察机关立案侦查各类贪污贿赂犯罪、渎职侵权案件6件7人，向法院起诉5件6人，挽回经济损失8.95万元。

社会治安综合治理

群防群治网络　1989年，建立以政法部门为主体，机关、企事业和群众共同参与的社会治安综合治理群防群治网络，全县建有企业公安分局1个，企业公安股1个、公安派出所9个、公安值勤室2个、保卫科（股）21个等社会治安管理机构，专职保卫干部和企业干警76人，护厂、护校队93个594人，治保会96个473人。

1990年，全县13个乡镇建制13个治安联防队，成员59人（缺作登瑶族乡），161个村有114个村建立治安联防队，人数1003人，自然屯成立17个治安队，有106人。乡镇企业，县直属单位42个建立了治安联防队，成员97人。平马镇5条街和思林镇3条街建立6个治安联防队，成员28人。

1996年，全县各乡镇、各企事业基层单位建有治保委员会217个1022人，治安联防组织211个1234个，村民委治保小组有155个485人。

2001年，全县各村街道设置综治办，13个乡镇配备94名治安联防队员，治安联防队员由乡镇党委、政府领导，业务受公安机关管理，工资、装备从县财政预算安排。

2005年，县、乡、村综治机构健全，县公安局组建了由41人组成的县城治安巡逻队，强化城乡治安防控能力，并选派73名民警到全县184所中小学校和幼儿园担任法制副校长。对全县内部单位的保安人员和各乡镇治安联防队员进行一次全面培训。广泛发动群众参与社会治安防范工作，在农村以每个家庭住户为单位，落实千家万户“三个一”（一份家庭承诺卡、一本法律小册子、一块上门的星级管理牌）细胞工程，健全群防群治网络。

铁路护路　1997年3月，南（宁）昆（明）铁路建成开通，田东县相应成立铁路护路联防工作领导小组办公室（简称护路办，在县综治办加挂牌子），接管铁路护路联防工作。县管辖区内护路里程为南（宁）昆（明）线K108+638至K158+808共50.7千米，途经思林镇、林逢镇、平马镇、祥周镇4个镇，49个行政村，376个自然屯。铁路沿线共配有护路队员32名，道口监护员30人。

1997—2005年，开展铁路护路联防工作，建立健全县、乡镇、村三级护路机构，每年严打整治都把铁路护路列入重点整治内容。1999年，铲除在铁路上私设道口2处。同时，组织护路队员到铁路沿线学校、村屯开展爱路护路宣传教育，发放宣传资料2万份。至2005年，全县铁路沿线安全畅通，无重大危害铁路交通安全事故发生。

安全文明创建活动　1989年起，开展一系列群众性安全文明创建活动。坚持谁主管谁负责的原则，落实领导责任制，签订责任状，做到年初有计划、平时有检查、年终有评比和总结。

1992—1995年，开展以创建安全文明小区、安全文明村、安全文明街、平安大道为主要内容的基层安全文明创建活动。

1996年起，开展“三户一村”（双文明户、遵纪守法户、五好家庭户、文明村）创建活动，充分发挥居委会、村委会自我教育、自我管理、自我约束、自我服务的功能。

1999年，制定田东县安全文明单位、安全文明村（街）、五星级安全文明户（遵纪守法、安全防范、勤劳致富、团结友爱、环境卫生）评比条件，以及安全文明公约、安全防范措施和标准，并组织全县各乡镇、各单位实施。年内，全县165个村（街）89449户，评出星级安全文明户84522户，占总户数的94.5%；全县85个内部单位有77个单位达标，达标率90.58%。

2003年，开展安全文明小区、安全文明村屯和无毒小区创建活动，树立典型，以点带面。全县167个村街、88个内部单位都开展安全文明创建活动，覆盖面达100%。经检查验收，有115个村街达标，达标率68.8%；有82个内部单位达标，达标率92.3%。全县评出“安全文明户”85949户，占村街总户数92031的93.4%。全县单位、学校“无毒社区”占有率达100%，村街“无毒社区”占有率85%。

2005年，出台《关于建设平安田东的决定》，制定创建平安乡镇、平安村（社区）、平安单位（学校）考评标准，要求三年内90%以上的乡镇要建成平安乡镇，95%以上的社区、村、单位达到平安村（社区）、单位创建标准。当年底，经考评验收，全县10个乡镇、115个县单位、167个村（社区）全部达到“平安乡镇”“平安单位”“平安村（社区）”要求。

防范和处理邪教

1999年6月，组织发动群众同邪教“法轮功”和其他邪教组织作斗争，把从严打击邪教组织的破坏活动与教育转化结合起来，参加邪教“法轮功”练习的41名群众全部转化。

2000—2004年，举办原邪教“法轮功”骨干转化培训班，组织邪教“法轮功”练习者学习中央处理和解决邪教“法轮功”问题的政策，观看相关宣传片。开展反邪教警示教育片、反邪教图片展进农村、进学校、进社区、进单位活动，开展“崇尚科学，反对邪教”万人签名活动。做好邪教“法轮功”练习者的帮教工作，确保原邪教“法轮功”练习者思想稳定。

2005年，播放反邪教影碟23场次，举办反邪教图片展13场，召开专题讲座6场，印发资料3000份，受教育人数3万人。加大对邪教“法轮功”反动宣传案件的侦破力度，破获案件2起，抓获邪教“法轮功”顽固分子2人，收缴邪教“法轮功”资料1200张，电脑2台（内存有邪教“法轮功”资料）。当年，全县无1人上邕进京滋事、无公开聚众闹事、无邪教“法轮功”传播事件，确保了社会政治稳定。

第十一节　其他党务

老干部工作

1989—2005年，田东县委老干部工作局落实离休老干部政策，每年春节、重阳节都召开老干部座谈会，通报田东县经济社会发展情况，学习上级党委文件精神，组织老干部参观县重点建设项目。确保老干部政治待遇不变，加大财政补助力度，落实老干部生活费、医疗费，确保老干部生活待遇不降低，而且略为从优。

机构　县委老干部工作局（简称县老干局）于1984年10月成立，负责离休干部和县四家班子退休领导干部管理与服务工作，属正科级行政单位，定编6名，领导职数3人，设局长1人，副局长2人。1989—1996年，在职在编人员6人。2005年编制5名，在职在编5人。办公地址在平马镇东园巷10号。

2002年3月，县老干部活动中心成立，属老干局二层机构，事业单位，核定编制2名，在职人数2人。2005年，核定编制2名，在职在编2人。

县老干局历任局长：李子南（1987年10月至1990年11月）、辛荣邦（1990年11月至1993年4月）、黄大忠（1993年4月至1995年5月）、梁振锋（1995年5月至1997年5月）（县委组织部副部长兼）、吴承育（1997年5月至2001年2月）、黄媛东（2001年2月至2001年4月）、陆玉岱（2001年4月至2006年12月）。

离休干部 1989年，离休干部135人，属于第一、二次国内革命战争时期参加革命工作的有4人，抗日战争时期参加革命工作的有16人，解放战争时期参加革命工作的115人。2000年年底，全县离休干部59人，其中属行政单位28人，事业单位18人，企业单位13人。2005年年底，全县离休干部48人，其中属行政单位20人，事业单位16人，企业单位12人。

政治待遇 按照干部离休后基本政治待遇不变的要求，县委每年春节、重阳节等节日召开离休干部座谈会，并结合实际召开老干部形势报告会，向离休老干部通报全县经济社会发展情况，邀请离休干部代表列席重大会议、重大活动。为离退休干部征订《老年知音》杂志，定期组织离休老干部学习中央、自治区党委和县委文件，组织离休老干部参加专项工作督查，外出考察和参观田东重大项目工地。1989—2005年，累计召开离休干部座谈会56次，邀请离休老干部参加各种会议86次，组织离休老干部开展专项督查20次，组织离休干部外出考察26人次，参观县重点项目建设工地980人次。

生活待遇 1989—2002年，每年都认真落实离休干部政策，解决离休干部生活费发放中出现的问题和困难。

2003年，解决因县机关事业养老保险所停止运行而造成事业单位离退休干部增加生活补贴却没能及时发放的问题，将这部分离休干部的补贴纳入财政预算。县属企业离休干部享受的各种津贴、补贴跟行政、事业单位离休干部的一样，从2003年起，企业离休干部的清凉饮料费和民族地区补贴列入县财政预算，特困企业县外贸公司2名离休干部的适当补贴也列入财政预算。

从2004年起，企业单位离休干部的春节慰问金由县财政统一安排。2005年开展专项工作检查，督促相关单位按自治区《关于调整自治区副主席级以上干部服务员自雇费、离休干部护理费、高龄补贴费及离休干部遗属生活困难补助费标准的通知》精神落实离休干部护理费、高龄补贴和遗属生活困难补助。

医疗待遇 全县离休干部医疗费实行实报实销，行政、事业单位离休干部医疗费由财政划拨，县医保中心统一管理。企业离休干部的医疗费每年由所在企业向县医保中心上缴，由县医保中心统筹支付离休干部医疗费，从2005年3月起困难企业离休干部的医疗费由县财政补助。1989—2005年，每年组织离休老干部健康检查，参加健康检查的离休干部达670人次。

老干部活动 1989年8月，县老干部活动中心综合楼落成，设有荣誉室、阅览室、书法室、娱乐室、乒乓球室、会议室、接待室等，供离退休干部活动使用。当年举办首届老年“健康杯”赛，设气功、书法、麻将、乒乓球、门球、中国象棋等比赛项目。2001年，县老年艺术团参加百色地区新世纪老干部文艺会演，参赛节目《田东好》获优秀奖。1989—2005年，共举办17届老年“健康杯”赛。此外，每年都组织开展老干部迎春文体活动，丰富离退休干部精神文化生活。

党史资料征集

1989—2005年，田东县党史资料征集领导小组办公室（简称县党史办）编写出版《田东人民革命史》，该书在广西第三次党史资料征集研究优秀成果评比中，获一等奖。征集和整理反映邓小平在田东革命活动文献资料、大事记、老同志回忆录及专题文章等12万字，出版发行《邓小平在田东的日子里》。编辑出版《新民主主义时期田东党史大事记》。2005年，启动《中国共产党田东历史（1926—1949年）》（党史正本第一卷）编写工作。

机构 县党史办主要职能是存史、资政、育人，负责征集、编纂、研究、宣传全县新民主主义革命到改革开放各时期的革命历史。属县委正科级事业单位。1989年编制6名，在职在编人数6人，其中主任1人，副主任3人，科员、办事员2人。1990年在职人数6人。2000年编制9名，在职在编5人，其中主任1人，副主任2人。2005年，编制9名，在职人员7人，其中主任1人，副主任3人，其他干部职工3人。办公地址：平马镇庆平路东园巷6号。

县党史办历任主任：黄中兆（1989年1月至1989年4月）、陈遵诚（1989年9月至1993年10月）、黄炳龙（1993年11月至1998年6月）、韦志民（1998年7月至2002年2月）、潘润泽（2002年3月至2005年12月）。

党史资料征集和编纂 1989—1992年，征集新民主主义时期文献资料286份，回忆录1121份，敌友资料185份，共132万字；征集革命历史照片55张，革命文物5件。编辑、出版《新民主主义时期田东党史大事记》，编辑、修改、审定中华人民共和国成立前《田东县组织史资料》（自编本）。编纂、出版《田东党史资料选辑》第一、二辑，共31.8万字。编纂《田东人民革命史》和《中共田东县党史大事记（1949年12月至1965年5月）》，共36万字。与百色地区各县党史办协作，编写、出版《右江地区解放战争时期党史资料选编》一书，共59万字。参加自治区党史研究室组织编撰《左右江革命根据地》上、下册，共110万字。与河池地委党史办协作编写《右江独立师》一书，共33.1万字。

1993年，收集、整理、编写田东县中华人民共和国成立前后各个时期党的斗争历史，编写、出版《田东人民革命史》，共22.2万字。此书在全区第三次党史资料征集研究优秀成果评比中，获一等奖。编写、出版《中共田东县党史大事记（1926年1月至1966年5月）》，共19.4万字。

1994—1998年，收集资料，编辑出版田东县民主革命时期革命斗争故事集《烽火岁月》，共收集革命故事52篇，19万字。此书获自治区党史研究成果三等奖。为广西人民出版社出版《中国工农红军右江独立师》一书收集和撰写田东县地方人物传记。收集滇黔桂边区革命根据地烈士名录83人，收集烈士相片5张。为《中国共产党在广西》及续集画册征集报送图片52张、文献资料约6万字。

1999年，征集和整理反映邓小平在田东革命活动文献资料、大事记、老干部回忆录及专题文章等，出版发行《邓小平在田东》。为百色地委党史办编纂《百色起义人物志》撰写田东党史人物传记13篇。协助平马镇百谷红军村编写村级革命史《百谷烽火》，全书10万多字。

自2000年起，逐月编印《田东县大事摘编》。征集和整理1979年至1999年田东县党史大事记，共13万字。撰写党史英雄人物12篇。筹办平马镇百谷红军村革命陈列室布展工作，征集图片106幅、革命文物18件、文字资料1.5万字，建成了广西第一个村级革命陈列室。

2001年，征集、整理《中共田东县党史大事记（1966.6—1999.12）》，为《中国革命英烈大典》（中共中央党史研究室主编，红旗出版社出版）收集提供田东县籍16名革命烈士资料。组织协助平马镇合恒村出版《血与火的洗礼》和印茶镇出版《难忘岁月》两部村级革命史。

2002年，征集整理《田东县社会主义时期党史大事记（1996—1999）》资料并形成初稿。撰写田东农民运动综述、专题文章、农民运动领导人传略、回忆农民运动领导人、农民运动时期部分烈士名录上报中央、区、地党史部门，为《共和国之最》《广西之最》提供田东部分材料，配合天等县党史办公室撰写《向都革命史·田东卷》。

2004—2005年，征集《百色市的改革开放·田东县卷》的资料及图片，征集《田东县历届人代会简介》《政协田东县历届会议简介》的资料。征集《田东县社会主义时期党史大事记（1996.6—2000.12）》的资料，完成初稿40万字。配合做好邓小平100周年诞辰暨百色起义75周年一系列纪念活动，编辑出版《邓小平在田东的日子里》书籍。协助江城镇党委编辑出版《可爱的江城》和林逢镇林逢村编写《右江火种》村级革命史书。启动《中国共产党田东历史（1926—1949年）》（党史正本第一卷）编写工作。

政策研究

1989—1997年，田东县委政策研究办公室根据中共中央的方针、政策和上级党委以及县委的决策和工作部署，做好政策信息反馈，反映倾向性问题，组织专题调研，进行典型调查，为县委决策提供依据。共撰写和编印《调研汇报》64期，并围绕党委、政府中心工作和社会热点难点开展调研活动，撰写出一批领导重视、群众关注的调研报告和通讯报道。

机构 田东县委政策研究办公室是县委正科级工作部门，办公地址位于平马镇东园巷6号。1989年，核定行政编制3名，实有人员3人。1996年年末，在职在编2人。1997年3月机构改革，撤销政策研究室并入田东县委办公室。

县委政策研究办公室历任主任：农厚英（1987年10月至1994年10月）、黎维佳（1994年10月至1997年3月）。

主要工作 1989—1992年，田东县委政策研究办公室编印《调研汇报》52期，编印《情况反映》《政策反馈》共15期。围绕加强土地利用和管理、调整产业结构、发展粮食管理生产、田东油田开发、加强扶贫开发项目、加强计划生育工作前期思想教育等方面开展课题调研。深入乡镇对垦荒造林、甘蔗生产、党政机关参与农业综合开发等情况进行调查。撰写的调研报告被自治区党委《政策研究》《广西交通报》《百色通讯》《右江日报》采用10篇。

1993—1995年，编印《调研汇报》7期。围绕国有企业和乡镇企业发展、异地扶贫开发、南北土坡地区发展经济作物等开展课题调研，撰写《扶贫调查》《芒果生产开发调查》《农村党组织的调查》《关于田东县企业生产现状与发展之浅见》等12篇调查报告。其中通讯《石头缝里的变迁——记田东县作登瑶族乡扶贫攻坚战》，参加当年的全国第一届“大地之光”征文比赛，获三等奖。

1996年至撤销前（1997年3月），编印《调研汇报》5期，撰写《加强基层党支部建设，加快农村经济发展》《建设田东农业强县思路及对策》《鼓励劳务输出人员返乡办企业雏议》等调研报告，得到县委领导的肯定。

党　校

1989—2005年，田东县委党校根据形势需要和县委的部署，举办不同类型、内容、级别的党员干部培训班。并根据自身师资力量和田东干部队伍发展的要求，开展学历教育，1989年招中专函授班1个，人数50人。2005年，在校大学专科、本科函授学历班6个，上半年有学员320人，下半年有学员232人，毕业88人。

机构 县委党校成立于1958年10月，属县委直属正科级事业单位，位于田东县平马镇东宁西路。1989—1991年，编制25名，在职16人，其中校长1人，副校长1人，教师7人，工勤人员7人。1992—2005年，编制20名。2005年，在职14人，其中校长1人（县委副书记兼），常务副校长1人，副校长3人。内设机构有办公室、教务科、函授站、财务科等。

县委党校历任校长：李开松（1987年10月至1994年2月）、孙德江（1994年2月至1996年3月）、黄建平（1996年3月至1998年11月）（县委副书记兼）、姚秀富（1998年11月至2002年12月）（县委副书记兼）、罗世锋（2002年12月至2006年12月）（县委副书记兼）。

干部培训 1989—1992年，举办村（街）支书、主任培训班共8期，培训村干部人数2576人次；联合计生、农业等部门举办培训班4期，培训人数400多人。

1993年，举办县直干部和农村基层干部培训班共3期，培训人数432人次。1994年，举办全县党员培训班218期，受训党员12678人次，培训入党积极分子781人次。

1995—1999年，举办科级领导干部、村支书、主任、党员培训班共17期。

2000年，承办县处级领导干部“三讲”教育封闭学习班和“警示”教育封闭学习班，参加学习人数114人。举办村（街）主任培训班，参加人数167人。

2001—2004年，举办或承办农村党员干部、县直党员干部、科级干部扶贫等培训班共20期，受训人数3670多人次。

2005年，举办全县村（街）支书培训班1期、村（街）主任培训班1期，参训人数334人。举办“农家课堂”培训班1期，参训人数55人。举办在职干部轮训短训培训班12期，培训人数2322人。

学历教育 1986年以来，县委党校依据中央文件精神，发挥自身的教育资源优势，自主招收初中及高中毕业班学生，开办中专脱产班。1987年，开始与中共广西区委党校联合办班，招收函授中专班1个，人数45人。1989年招中专函授班1个，人数50人。由于政策有变、师资不足、配备不齐等原因，从1990至1993年党校停止招收函授新生。

1994年，县委党校拓展函授师资力量，聘请自治区党校、百色地委党校教师到田东上课，弥补师资不足的短板，恢复举办中专班，开始举办大专函授班，以方便在职干部参加成人教育，提升学历。当年，开设行政管理、经济管理两个专业，分别招收学员36名、44名，学制三年。

1994—2005年，办学规模不断扩大，主要专业有经济管理、行政管理和法律，总人数930人。期间的2001年，开始与中共广西区委党校联合举办本科函授班，开设行政管理、法律两个专业，分别招收学员38名、37名，学制两年半。

2000年，与广西经济干部管理学院、湖南大学联合办函授班，主要专业有经济管理、会计、计算机、行政管理等，总人数600多人。2005年，在校学历班6个，上半年有学员320人，下半年有学员232人，毕业88人。

1994—2005年田东县委党校函授教育情况表

表4-1-5

班级	学历	专业	毕业人数（人）	入学时间（年）	毕业时间（年）	学制	备注
1994	大专	经济管理	44	1994	1997	三年	与中共广西区委党校联合办学
1994	大专	行政管理	36	1994	1997	三年	
1995	中专	经济管理	33	1995	1998	二年半	
1995	大专	经济管理	74	1995	1998	三年	
1995	大专	业余法律	55	1995	1998	三年	
1995	大专	行政管理	68	1995	1998	三年	
1996	大专	经济管理	79	1996	1999	三年	
1996	大专	法律	51	1996	1999	三年	
1997	大专	行政管理	57	1997	2000	三年	
1998	大专	经济管理	34	1998	2001	三年	
1998	大专	政法	41	1998	2001	三年	
1999	大专	法律(政法)	38	1999	2002	三年	
1999	大专	行政管理	83	1999	2002	三年	
2000	大专	行政管理	51	2000	2003	三年	
2001	大专	行政管理	35	2001	2004	三年	

续表4-1-5

班级	学历	专业	毕业人数（人）	入学时间（年）	毕业时间（年）	学制	备注
2000	大专	经济管理	33	2000	2003	三年	与广西经济管理干部学院合作办学
2000	大专	财税	14	2000	2003	三年	
2000	大专	计算机	2	2000	2003	三年	
2000	大专	会计	10	2000	2003	三年	
2001	大专	经济管理	20	2001	2004	三年	与广西经济管理干部学院合作办学
2001	大专	会计	13	2001	2004	三年	
2001	本科	法律	37	2001	2004	二年半	与中共广西区委党校联合办学
2001	本科	行政管理	38	2001	2004	二年半	
2002	大专	经济管理	16	2002	2005	三年	与广西经济管理干部学院合作办学
2002	大专	会计	6	2002	2005	三年	
2002	大专	行政管理	83	2002	2005	三年	与中共广西区委党校联合办学
2002	本科	行政管理	38	2002	2004	二年半	
2003	大专	经济管理	36	2003	2006	三年	与广西经济管理干部学院合作办学
2003	大专	会计	10	2003	2006	三年	
2003	大专	行政管理	73	2003	2006	三年	与中共广西区委党校联合办学
2003	本科	行政管理	68	2003	2005	二年半	
2004	大专	经济管理	35	2004	2007	三年	与广西经济管理干部学院合作办学
2004	大专	会计	8	2004	2007	三年	
2004	大专	行政管理	29	2004	2007	三年	与中共广西区委党校联合办学
2004	本科	行政管理	22	2004	2006	二年半	与中共广西区委党校联合办学
2005	大专	经济管理	9	2005	2008	三年	与广西经济管理干部学院合作办学
2005	大专	会计	7	2005	2008	三年	
2005	大专	行政管理	15	2005	2008	三年	与中共广西区委党校联合办学
2005	本科	法律	9	2005	2007	二年半	

第二章　社会团体

1989—2005年，田东县有工会、共产主义青年团、妇女联合会、科学技术协会、工商业联合会、残疾人联合会、文学艺术界联合会等人民团体。各人民团体在县委领导下，按各自章程开展活动，发挥自身优势，在全县经济建设和社会发展中作出贡献。

第一节　工会

1989—2005年，田东县总工会按照“那里有职工，工会就要组建到那里”的原则，组织和指导全县机关、事业单位、人民团体、国有企业和非公经济组织中建立工会组织，并依法管理各基层工会。县总工会及各基层工会通过建立职工大会（职工代表大会）制度、厂务（事务、校务）公开制度、签订集体合同、推行工资集体协商等来维护职工的合法权益，积极宣传、贯彻、落实《中华人民共和国劳动法》。提供再就业服务，帮助下岗职工实现再就业。重要节假日，组织基层工会开展丰富多样的文体活动。多渠道筹措资金，对困难企业特困职工及困难职工家庭学生开展送温暖活动。1998年，广西壮族自治区总工会授予田东县“广西工会工作十佳县”称号。

1998年，县总工会获“广西工会工作十佳县”称号　　（县总工会提供）

机　构

1989年，县总工会是职工自愿参加的群众组织，代表全县职工利益，依法维护职工合法权益，属正科级单位。办公地址位于平马镇南华路3号，行政编制8名，在职人员8人，其中主席1人，副主席1人。下辖二层机构工人文化宫，人员3人；设置基层工会138个，会员1108人。

1990年，成立第一届女职工委员会，主任1人，副主任2人，委员10人。2002年在职人员8人，下辖工人文化宫。有基层工会265个（含115个工会小组），会员12026人。

2005年，编制6名，在编6人，其中主席1人，副主席2人，干部3人，内设办公室、组织宣教部、民主管理部、互助保障办、困难职工帮扶中心、职工法律援助站等机构。下属单位有工会文化宫，编制4人，在编4人。全县基层工会有213个。

县总工会历任主席：陈瑞儒（1987年12月至1990年12月）、黄忠江（1991年11月至1995年8月）、岑贞荣（1995年8月至2002年4月）、罗里宁（2002年5月至2005年4月）、黄灿辉（2005年5月至2007年9月）（县人大常委会副主任兼）。

代表大会

1987—2005年，田东县总工会召开5次代表大会，具体情况如下。

第六次代表大会 1987年12月15日在县城召开，出席大会代表146人。大会总结第五次代表大会以来工作，明确今后四年工作目标和任务。选举产生县总工会第六届委员会委员21人，主席陈瑞儒，副主席李祖进、梁占新、李印娣。

第一次女职工代表大会 1990年7月，通过召开田东县工会第一次女职工代表大会，选举产生田东县工会第一届女职工工作委员会委员10人，主任1人，副主任2人。

第七次代表大会 1991年11月21日至23日，田东县工会第七次代表大会在田东县城召开，出席大会代表186人。会议审议通过第六届委员会工作报告、财务工作报告和第六届经费审查委员会工作报告。大会选举产生由21人组成的第七届工会委员会。主席黄忠江，副主席李祖进、李印娣。

第八次代表大会 1998年8月27日，田东县工会第八次代表大会在田东县城召开，出席大会代表166人。会议审议通过第七届委员会工作报告、财务工作报告，审议通过第七届经费审查委员会工作报告。选举产生第八届委员会委员21人，常委7人，经费审查委员5人。主席岑贞荣，副主席李祖进、李印娣。

第九次代表大会 2005年，田东县工会第九次代表大会在田东县城召开，出席大会代表155人。会议审议通过第八届委员会工作报告、财务工作报告，审议通过第八届经费审查委员会工作报告。大会选举产生第九届委员会委员19人，常委9人，经费审查委员5人。主席黄灿辉，副主席黄顺明（常务）、蒙金祥、梁焕。

法规宣传培训

1994年，《中华人民共和国劳动法》颁布实施，县总工会组织开展《中华人民共和国劳动法》学习、宣传活动，全县职工受教育达90%。举办一期厂长、经理《中华人民共和国劳动法》学习班，有32个单位83人参加。年内，全县各单位共订《中华人民共和国劳动法》单行本1424本、《中华人民共和国劳动法》释义117本、《中华人民共和国劳动法》讲话110本，同时组织发动5300多名职工参加全国《中华人民共和国劳动法》知识竞赛。

1999年，举办5期《中华人民共和国工会法》学习班，对全县156名工会主席进行培训，印发学习资料600多份。

到2005年，共举办《中华人民共和国工会法》《中华人民共和国劳动法》《中国工会章程》培训23期，参加培训人员1412人次。

维护职工权益

1989年，建立职工代表大会制度（含职工大会制度）的单位有83个，职代会代表1914人。年内，有42个单位召开职代会，职工提交职代会审议方案454个，审议同意方案269件，其中属于生产经营方面的方案133件。之后，建立职代会的单位逐年增加，至2005年，建立职代会制度的企事业单位有107个，建制率92%。

1995年，全县签订集体合同的单位有57个，占应签订的100%。2003年，在企事业单位进一步建立完善集体合同制度、推行工资集体协商制度和民主管理制度，有5家企业签订了工资协议，16家集体合同到期的企业单位完成了续签工作。至2005年，全县共有15家企业签订工资协议，签订62份集体合同，覆盖120家企业。

1999年，全县56家企事业单位推行厂务、校务、院务、场务、所务和企务公开工作。到2005年，厂务（事务、校务）公开的企事业单位有107个，公开率92%。

劳动竞赛

1989年，在企业中开展“双增双节”（增产节约、增收节支）社会主义劳动竞赛活动，共有40家企业参赛，其中国有工业企业24家。参赛职工为单位提合理化建议共163条，被采纳实施92条，共创价值44.18万元。县糖厂获劳动竞赛“金杯”奖，县农机公司获“银杯”奖，田东火电厂和县糖业公司获“铜杯”奖。自治区总工会百色地区办事处授予田东县总工会“劳动竞赛组织优胜奖”第二名。

1990—1991年，参加劳动竞赛的单位共104个，参赛职工提合理化建议337条，被采纳实施205条，共创价值416万元。开发新产品13项，创经济效益1.28万元。

1992年，劳动竞赛分为“创最佳经济效益杯”和“扭亏增盈立功杯”两个系列，全县参赛单位共78个，参赛职工人数7190人。其中县冶炼厂等3个单位754人，参加自治区“扭亏增盈立功杯”赛，松香厂等5个单位240人参加地区“创最佳经济效益杯”赛，县酒厂等2个单位136人参加地区“扭亏增盈立功杯”赛，其余参加县级竞赛；其中商业、供销2个系统20个单位1018人参加县2个系列竞赛，农、林、水、金融、粮食、教育、卫生等56个单位5042人参加优胜单位竞赛。职工提合理化建议432条，被采纳实施共283条，共创价值19.54万元。

1998年，组织和动员机关、事业和企业单位工会开展“学邯钢、创三好、增效益”，争创“文明单位”，争当“最佳经营管理者”“技术革新能手”“最佳推销员”“优秀教育工作者”“优秀组织者”等竞赛活动。全县有58个单位、4800人参赛，经县劳动竞赛委员会评定、由县人民政府表彰，县制糖有限责任公司一糖厂等单位获优胜单位奖，一批职工获优胜荣誉奖。

2004年，在全县企业内继续开展岗位练兵、技术比武、技术交流、技改降耗等多种形式的劳动竞赛，共评选出“创新示范岗”10个、“创新能手”4人，有突出贡献的职工经济技术创新成果4件。组织发动百货公司、南华制糖有限公司、电力公司、田东驰程汽车有限责任公司等4个企业参加全国“安康杯”劳动竞赛活动。

2005年，在全县女职工相对集中的行业、单位中开展“女职工建功立业工程”竞赛活动，争创“五一巾帼标兵岗”和争当“五一巾帼标兵”活动。全县有6个女职工委员会组织开展形式多样的技术创新活动和岗位技能培训活动，参与人数962人，参与率94%。

表彰先进

1993年，县总工会共表彰先进“职工之家”30个，先进基层工会委员会3个，先进基层工会小组58个，先进职工食堂4个，优秀“职工之友”26名，优秀工会工作者36名、优秀工会积极分子137名，“五好”家庭81户。表彰先进女职工工作者19名，先进女职工47名，先进女职工组织10个。在社会主义劳动竞赛中，共表彰17个获奖单位。

1994—2005年，县总工会每年都开展评比表彰先进基层工会、优秀工会工作者、优秀工会积极分子、先进女职工委员会、“十佳职工”等活动，并向上级工会组织推荐报送先进工作者。1999年，县劳动模范评选委员会推荐农业局农艺师梁家祥参加全国劳模评选，被国务院授予“全国先进工作者”称号。2002年，县人民医院工会被百色地区工会评为“模范职工之家”。2004年，县环卫站职工李彩芳被自治区总工会授予“五一”劳动奖章，平马镇工会工作委员会被自治区总工会授予“模范乡镇工会”称号。

再就业服务

1997年，县总工会设立下岗职工再就业基金，财政每年从预算中安排5万~20万元作为再就业工程营运资金。1998年，县总工会成立下岗职工再就业服务中心，通过制定优惠政策、劳动技能培训、就业岗位介绍以及部门之间配合等措施，帮助下岗职工实现再就业。

1997—2000年，开办实用技术培训，共培训下岗职工296人次，帮助480多名下岗职工再就业。

2002年，建立企业、党、政、工会领导与特困职工结对帮扶制度，共帮助162名下岗职工实现再就业。

2003—2004年，联合县就业服务中心共举办培训班9期，培训174人次，110名下岗职工实现再就业。

2005年，与县就业服务中心举办各种劳动技能培训班4期，参加培训人员45人，帮助职工实现再就业44人。

“送温暖”工程及助学活动

1989年，县总工会组织发动基层工会对生活困难的职工进行扶助，61个基层工会扶助困难职工1510人，金额69139元；对停产半停产企业的62户特困职工开展互助，互助金额2030元。

1995年，全县90个单位职工捐资3.3万元，扶助困难职工。春节期间，县总工会慰问185户困难职工、在医院治疗的工会会员和慰问40名自治区级以上的劳动模范。

2001年，县总工会筹集2.22万元资金，对10名特困职工子女入学人均补助600元，对4名特困劳模生活补助人均3000元，给遭受洪涝灾害的困难职工补助4200元。

2005年春节，筹资4.75万元，深入48个困难企业，慰问102名困难职工。筹资6800元，深入12个困难企业慰问30名特困职工和12名困难党员。开展“爱心帮扶、捐资助学”活动，共筹资5800元，向14名特困职工子女发放助学金。

1989—2005年，县总工会筹资50.23万元，资助特困职工子女上学30人次，慰问特困企业、特困职工、自治区以上劳动模范和先进工作者2033人次。

职工文体活动

1993年“三八”国际妇女节，与县妇联、县体委联合举办妇女节专场拔河赛和篮球赛，共有700多名运动员参加竞赛。国庆节，与县体委联合举办第十三届职工篮球友谊赛，全县参赛26队、300多人。

1995年“五一”劳动节，与县体委联合举办篮球赛、乒乓球对抗赛，有400多名乒乓球运动员和46个单位篮球队参加竞赛。1997年，2次组织全县职工参加自治区总工会举办的“迎香港回归”知识竞赛和职业道德知识竞赛，共有70多个单位6710人参加。

2001年春节期间，县总工会组织开展8项文体活动，参加人数达5000多人。“五一”劳动节期间，与县体育局联合举办“星海杯”男女气排球赛，男女乒乓球团体、个人赛，中国象棋团体、个人赛，保龄球赛，男女混合拔河赛等，有70多个运动队、500多名职工参加。与县委宣传部联合举办了“纪念中国共产党建党80周年毛泽东纪念像章展览”，8000多人次到场参观。

2004年，与平马镇工会联合举办庆“五一”劳动者之声职工文艺晚会，12个基层工会156名职工参加。同时，举办庆“五一”暨纪念邓小平100周年诞辰、百色起义75周年职工红歌歌咏大赛，共有20个代表队参加。

2005年，举办春节大型游园活动、“三八”妇女节拔河比赛和趣味性游园活动。“五一”劳动节举行庆“五一”职工音乐会。到南华糖业有限公司和电力公司开展2场职工文体活动。

工会经费收缴与管理工作

工会经费来源于各单位按规定比例提取的工会会费，工会经费主要用于职工开展文体活动、困难补助等，会费使用由经费审查委员会监督审查。1989—2005年，县工会经费审查委员会召开经费审查会议5次，审查县级工会和基层工会经费总计571.51万元。经审查，全县工会经费按规定上解和使用。

1989—2005年田东县工会会费收缴情况表

表4-2-1

年度	收缴会费额（万元）	年度	收缴会费额（万元）	年度	收缴会费额（万元）
1989	13.27	1995	29.48	2001	37.47
1990	15.39	1996	26.48	2002	36.88
1991	17.73	1997	33.77	2003	64.13
1992	19.64	1998	34.87	2004	55.63
1993	21.56	1999	34.33	2005	67.81
1994	27.97	2000	35.10	—	—

职工医疗保障

2005年，组织职工参加广西职工医疗互助保障。对特困企业和特困职工，县总工会给予部分资金支持，为县青联公司和县冶炼厂共220名特困职工，每人补助10元。年内，全县参加职工医疗互助保障的职工有1493人，其中参加重大疾病保障的有1422人，女职工安康保障71人。年内有2人得到职工重大疾病互助保障金各15000元。

第二节　共青团

1989—2005年，中国共产主义青年团田东县委员会（简称团县委）按时召开团员代表大会，定期开展换届选举工作，各级团组织机构健全，成为带领全县广大团员青年完成党在新时期任务的政治组织。组织团员青年开展“学雷锋、学赖宁，做四有新人”活动，发动团员青年参加科技小开发活动，开展社会人士捐资助学活动。组织青年志愿者开展志愿服务工作，践行奉献、友爱、互助、进步的志愿服务精神。

机　构

团县委负责全县共青团事务，正科级群团组织，办公地址在平马镇东园巷6号。1989年，团县委编制4名，在职4人，其中书记1人、副书记1人、干事、工作人员各1人，设宣传部、组织部、学校部、青农部等内设机构，下辖13个乡镇团委、县直属机关团委、学校团委等18个基层团委。

1993—2004年，团县委编制不变，在职人员和基层团委数各年度略有变化。2005年，团县委编制4名，在职4人，其中书记1人，副书记2人，秘书1人，下辖10个乡镇团委、县直属机关团委、县一中团委、县二中团委、县三中团委、县右江矿务局中学团委等16个基层团委。

团县委历任书记：欧拥军（1989年1月至1991年5月）、黄文军（1991年9月至1992年8月）、韦世强（1993年12月至1995年5月）、凌云（1996年8月至1999年3月）、韦海革（1999年3月至2003年1月）、黄彩玲（2003年1月至2005年12月）。

组织建设

团县委贯彻“积极有计划发展新团员，向一切先进青年敞开大门”的方针，按照“坚持标准、保证质量、积极培养、协调发展”的工作要求发展团员。1989—2005年，全县在青年积极分子中发展新团员50135名。

1989—2005年田东县共青团组织基本情况表

表4-2-2　　　　单位:个

年度	团委	团总支	团支部	发展团员数	团员总数
1989	16	22	263	3740	5863
1990	18	24	251	2812	7081
1991	19	27	278	4560	10775
1992	19	27	256	3269	10356
1993	18	28	282	4400	12249
1994	19	28	246	2189	13726
1995	19	28	255	3805	11475
1996	19	28	255	4500	11976
1997	19	27	252	3860	10685
1998	19	27	286	4500	11745
1999	19	27	276	2300	9874
2000	19	26	283	2707	10657
2001	19	26	267	1800	8369
2002	19	26	246	1350	7683
2003	19	26	224	856	6607
2004	19	26	258	2804	8347
2005	19	26	242	683	6478

代表大会

1989—2005年，团县委召开5次团员代表大会，具体如下。

第十次代表大会 1991年11月15至16日在县城召开，出席会议正式代表202人。大会听取和审议共青团田东县第九届委员会的工作报告，提出今后工作是带领全县广大团员青年，努力完成党在新时期的战略任务，为振兴和发展田东县贡献青春和力量，在改革实践中造就有理想、有道德、有文化、有纪律的"四有新人"。大会选举产生了共青团田东县第十届委员会委员25名，候补委员5名，书记1名，副书记1名。

第十一次代表大会 1994年9月23至24日在县城召开，出席会议正式代表184人。大会听取和审议韦世强代表共青团田东县第十届委员会作的工作报告，选举产生共青团田东县第十一届委员会委员23名，书记1名，副书记1名。同时完成全县19个基层团委的团代会换届选举工作。

第十二次代表大会 1997年9月25至26日，共青团田东县第十二次代表大会在县城召开，出席会议正式代表185人。大会听取和审议共青团田东县第十一届委员会《振奋精神，再接再厉，为实现党的跨世纪宏伟目标做出新的贡献》的工作报告，选举产生共青团田东县第十二届委员会委员25名，候补委员5名，常务委员7名，书记1名，副书记2名。

第十三次代表大会 2000年12月23至24日，共青团田东县第十三次代表大会在县城召开，会议听取和审议韦海革代表共青团田东县第十二届委员会作的工作报告，选举产生共青团田东县第十三届委员会委员23名，常务委员7名，书记1名，副书记2名。

第十四次代表大会 2003年11月5至6日，共青团田东县第十四次代表大会在县城召开，出席会议正式代表150人。大会听取和审议共青团田东县第十三届委员会的工作报告，选举产生共青团田东县第十四届委员会，其中选举产生委员23名，候补委员7名，常务委员5名，书记1名，副书记2名。

主要活动

学雷锋学赖宁活动 1989年，团县委响应党中央学习赖宁的号召，组织团员青年"学雷锋、学赖宁，做四有新人"活动，组织1990名青年团员成立突击队，为群众义务修水利、公路。

1989—1994年，全县参与"学雷锋、学赖宁"活动共计28.24万人次，发放资料8700多份。

1990年，全县各乡镇青年、团员成立关心组、突击队、社会治安小组等义务服务小组190个，为困难户、军烈属提供帮助，为民做好事17160件，植树28164株，修水利21672米，挑水2785担，捐款5976元，捐衣物1000多件。

1992年，组建"学雷锋小组""送温暖小组""助耕队""突击队""社会治安办组"等义务小组，常年活跃在基层，为群众排忧解难。

1999年3月5日，团县委和县精神文明办联合组织开展"学雷锋精神为创'三城'县作贡献统一行动日"活动，组织县城各中小学校团员、少先队员、县直各单位团员2000多人，在县城各条街道打扫、清除卫生死角，清洗公路栏杆。3月6日，组织县城各中学团委、县直机关各团支部的团员到芒果街开展"学雷锋，树新风"活动，为群众义诊、裁衣缝衣、理发、修理自行车、维修电器、法律咨询、宣传税法、打扫卫生等。

2000年，县直团委组织团员青年不定期到光荣院、敬老院开展学雷锋活动。团县委组织县城各团支部开展"学雷锋统一行动日"活动，有500多名团员上门、上街开展义务就诊、法律咨询、科技咨询、理发、修理自行车等便民活动。各乡镇也组织"学雷锋小组"到村屯做好事实事。

2005年3月7日，团县委在县城开展以“弘扬雷锋精神”为主题的活动，县一中、县人民医院、县电力公司等10多个单位的团组织带领300多名团员青年参加活动。

科技兴农 1989年，团县委积极引导团员青年走科技致富之路，发动团员青年参加小种植、小养殖、小运输、小果场、小树林、小鱼塘、小加工等科技小开发活动。至1992年，配合有关部门举办各类实用技术培训班232期，组织337名团员青年参加“农业函授大学”学习，参加“小开发”活动团员青年10513人。

1993年，联合有关部门举办126期各种实用技术培训班，3240名团员参加培训，其中培养自治区级“星火带头人”5名，地区级21名。

1994—1998年，组建青年星火带头人培训基地，创办经济实体，开展“服务万村行动”示范村活动，出版农村实用技术墙板报。组织开展各类实用型培训班407次，参训人员达3.5万人次。

2005年，成立祥周、平马、林逢、思林四镇农村青年中心，全县青年中心会员达到632人。

希望工程 1992年，团县委成立田东县实施希望工程指导委员会。发动全县干部职工为贫困山区儿童募捐，共募捐善款3000元、作业本1060本、铅笔610支及衣服一批，使170名失学儿童重新回到校园。

1993—1996年，共收到希望工程爱心捐款11700多元，并争取到团区委希望工程办公室拨款，救助失学儿童（贫困学生）252名。

1997—1998年，争取香港特别行政区救助儿童会捐资27万元援建思林镇广养希望小学，争取广州市黄埔区、广西青基会等社团扶助贫困生255名。筹集希望工程爱心捐款53500元，援建大板希望小学、祥周乡玉柴联合希望小学、思林镇广养希望小学、林逢镇福兰希望小学、祥周镇联福村希望小学等5所希望小学。

1999—2002年，争取到社会资源扶助资金57.97万元，主要用于思林镇广养希望小学、祥周镇玉柴联合希望小学、林逢镇福兰希望小学添置学生课桌、教师办公桌及发放助学金。

2004年，通过与自治区农业厅团委联系，争取资金1.5万元，用于思林镇恒兴小学校园基础设施修建和资助20名贫困生。同时，还争取到百色市希望办、自治区希望办希望工程资金8700元，资助贫困生40名。

2005年，通过与广东省广州市花都区团委、广州市公安局团委及自治区农业厅团委、百色车务段团委、黄彩兰美容院等单位联系，争取得到资金和物资价值5万多元，用于资助贫困生。

青年志愿者行动 1989—1992年，组织青年志愿者开展“绿色工程”活动，全县建有青年绿化点40个，面积达580多公顷。

1994年，组织青年参加造林灭荒达11000人次，完成面积333.33公顷。在“学雷锋便民服务活动月”中，组织青年志愿者到五保户、困难户、敬老院开展志愿服务工作，组织5000多名团员到县二糖厂参加义务劳动，共填土方500多立方米，平整地基400多平方米。

1995年，全县成立“青年志愿者协会”22个，青年志愿者行动人数达到1.5万人。

2001年，160名青年志愿者开展“青年志愿者便民集市”活动，义务修理自行车30多辆，义诊300多人，法律咨询150人次，服务对象达2000多人次。在“全国百县千乡宣传文化工程工作现场会”召开期间，40多名青年志愿者协助县里完成田东参观点的礼仪、引导、咨询、接待等服务工作。

2003年8月底，首批响应团中央实施大学生志愿服务西部计划的38名志愿者到田东县开展为期1~2年的服务工作，其中男28人，女10人；一年期17人，两年期21人。2004年，团县委推行志愿者注册工作，全年参加注册的志愿者共1500名。

2005年，在田东服务的大学生志愿者有47名，其中西部计划志愿者45人，百县千乡宣传文化工程志愿者2人，分布在乡镇、县直单位服务。

少先队工作

1993年，团县委向170名少先队辅导员颁发聘任证书。为培养少先队员自理、自学、自律、自护、自强，引导少先队组建少先队劳动实践基地。开展“举队旗、穿队服、唱队歌、戴队徽”“学雷锋、学赖宁、做党的好孩子”“给贫困地区小朋友送温暖”“忆烈士、学烈士”“新年乐”“红晚会”“节约粮食、节约零用钱”“我做爸妈的小助手”等有教育意义的活动，丰富少先队员的文化生活。

1994年，贯彻落实《广西壮族自治区少先队辅导员管理条例》，加强对少先队辅导员的管理和对少先队工作的领导。组织县城各小学少先队开展“给贫困地区小朋友送温暖”活动。1995年，开展“手拉手”活动，完成结对学校3所，辅导员结对40对，少先队员结对5022对。

2000年，重新聘任县直小学、各乡镇中心校、村完小少先队辅导员174名，并在各乡镇配备1名总辅导员。2005年，邀请家庭教育学者和少先队工作专家到田东为120多名少先队辅导员授课，提高其业务水平。

第三节　妇女联合会

1989—2005，田东县妇女联合会（简称县妇联）建立健全各级妇女组织，通过法律宣传、信访接待、司法救助、参与司法审判等措施维护妇女儿童合法权益，解救被拐卖妇女，扶持辍学儿童返校学习。组织全县妇女开展“双学双比”（学文化、学技术、比成绩、比贡献）竞赛活动和“一学三比”（学先进、比技能、比发明、比贡献）巾帼建功竞赛活动，建立巾帼科技示范基地、巾帼科技致富示范户、巾帼文明示范岗，妇女发挥了半边天作用，促进了妇女事业的持续健康发展。

机　构

1989年，县妇女联合会（简称县妇联）负责开展全县妇女儿童工作，是正科级群团组织，办公地址在平马镇庆平路东园巷6号。行政编制5名，在职5人，其中主任、副主任各1人。13个乡镇均配备妇联组织，人员13人。1990—2004年，县妇联编制数不变，各年度人员略有变化。

2005年，县妇联内设办公室、妇儿工委办公室。编制5名，在编6人，其中主席1人，副主席2人，干部2人，工人1人。下设10个乡镇妇联，167个村（街）妇代会、70个县直部门妇委会、9个工会女职工委员会和7个厂矿女工委。

县妇联历任主席：罗冬印（1989年2月至1999年12月）、黄彩妹（1999年12月至2001年3月）、冯雪梅（2001年3月至2003年5月）、黄媛冬（2003年3月至2007年6月）。

代表大会

1989年2月23日至26日，田东县妇女第八次代表大会在县城召开，出席会议代表200人，会议听取和审议县妇联第七届执行委员会工作报告，选举产生第八届妇委执委21人，常委9人，主任、副主任各1人。

1994年12月7日，田东县妇女第九次代表大会在县城召开，出席会议代表205人，会议听取和审议县妇联第八届执行委员会工作报告，选举产生第九届妇委执委21人，常委9人，主席1人、副主席2人。

1997年12月7日，田东县妇女第十次代表大会在县城召开，会议听取和审议县妇联第九届执行委员会工作报告，选举产生第十届妇联主席1人、副主席3人。

2004年6月28日，田东县妇女第十一次代表大会在县城召开，会议听取和审议县妇联第十届执行委员会工作报告，选举产生第十一届妇委执委25人，常委7人，妇联主席1人、副主席1人。

维护妇女儿童合法权益

普法宣传教育　1989—2005年，县妇联配合公、检、法、司等部门举办各级妇女干部法律知识培训班，举行法律教育讲座、法律知识考试竞赛活动。利用墙报、广播等形式，对妇女进行法律知识宣传，帮助妇女学法、懂法、守法和运用法律维护自身合法权益。

1989年，开展《中华人民共和国婚姻法》《中华人民共和国刑事诉讼法》等法律法规的宣传教育，组织引导全县妇女参加普法学习，举行首届妇女法律知识有奖竞赛活动，共发出试卷3200份，收回试卷3015份，评出集体奖5个，个人奖60名，鼓励奖100名。当年妇女普法对象82522人，参加学法71787人，普及面达87%。

1993年，县、乡镇妇联广泛开展《中华人民共和国妇女权益保障法》宣传教育活动，联合司法部门举办妇女骨干学法班23次，参加学习的妇女骨干共2258人。各级妇女组织利用“妇女之家”“职工之家”“妇女活动中心”等组织群众学法359次，有26598人参加。

1994—1998年，配合有关部门多形式宣传《儿童发展规划》《中华人民共和国未成年人保护法》《中华人民共和国义务教育法》《中华人民共和国妇女权益保障法》等相关法律法规。通过有线广播、电视宣传405次，出版墙报、板报554期，印发宣传资料11492份、标语6850多条。

2000年，各级妇联积极配合司法部门做好《中华人民共和国妇女权益保障法》《中华人民共和国母婴保健法》《中华人民共和国预防未成年人犯罪法》宣传，利用有线广播、电视宣传21次，印发宣传资料5000份，开展反拐宣传2次，通过广播电视宣传反拐知识7天次。

2005年，配合卫生部门、教育部门开展《中华人民共和国母婴保健法》《中华人民共和国预防未成年人犯罪法》《中华人民共和国义务教育法》《广西壮族自治区妇女发展规划（2001—2010年）》等法律法规宣传，印发宣传资料1万份。以争创“无毒家庭”活动为载体，组织9600户、30720人签订《不让毒品进我家家庭承诺书》。组织妇女参加广西家庭预防吸毒、抗击艾滋病、保护妇女儿童合法权益有奖知识竞赛活动，参赛人数9456人。

信访维权　1989年，县妇联接待来信49件，来访228人次，其中婚姻家庭纠纷77件、拐卖妇女儿童154件、妇女受凌辱2件。处理224件，其中县妇联处理87件，协同有关部门调查解决137件，转有关单位处理40件。

1990年，受理来信来访107件，配合有关部门处理58件，县妇联处理29件，转有关单位处理13件，为来访群众提供法律咨询6件。

1998年，共接待来信来访216件次，处理199件，其中婚姻家庭类141件，人身权益类29件，劳动权益2件，儿童保护类1件，文化教育、财产权益、社会福利等26件。2000年，接待来信来访158件次，处理146件。

2005年，各级妇联接待来信来访130件，其中县妇联接待50件，协调解决50件，做到件件有落实。

司法维权　1989年，县妇联代书5件，代理诉讼8件。配合政法部门办理案件10件，提供法律咨询595人次。

1999年，将受害人的投诉信及时转交县政法委、县公安局办理，使涉嫌组织少女卖淫的黄某某夫妇落入法网，25名少女获救。2000年，配合政法部门解救被拐妇女5人、儿童1人，抓获拐卖妇女儿童犯罪嫌疑人17人。

2003年，县妇联与县人民法院联合成立田东县人民法院维护妇女儿童合法权益庭，机构设在县法院民事审判庭，人员由县法院民庭庭长、审判员和县妇联特邀陪审员组成，县法院还邀请6名女领导干部为婚姻家庭合议庭陪审员。2003—2004年，为17名妇女儿童伸张正义，为75名妇女儿童提供法律援助。

2005年，县妇联与县卫生、计生、公安等部门建立联席会议制度，组织开展打击非法鉴定胎儿性别、选择性引产，溺弃女婴、拐卖妇女儿童等违法行为。动员社会力量为全县260名孤儿提供帮助，解决孤儿上学和生活困难问题。

“双学双比”竞赛活动

1989年起，县妇联在全县农村妇女、乡镇企业妇女中开展“双学双比”竞赛活动，发动农村妇女参与种植、养殖项目竞赛，组织参赛妇女参加科学实用技术培训班，当年参加“双学双比”竞赛活动有2249户。县妇联以学技术带动学文化，以学文化促进学技术的办法，共举办各类培训班176期，受训妇女6575人次。全县70%的妇女掌握1~2门实用技术。年内，田东县被自治区妇联授予“双学双比”先进协调组织；林逢镇英和村腾秀莲、县妇联主任罗冬印分别被自治区妇联授予“双学双比”先进女能手、“双学双比”先进工作者称号。

1991年，全县有73868名妇女参加参加“双学双比”竞赛活动，县妇联举办实用技术培训班228期，受训农村妇女21836人次。举办扫盲学习班46期，参加学习的妇女625人。有14名妇女被评为农民技术员。年内，获自治区妇联表彰的女能手4人、先进协调工作者1人。

1996年，以种养项目推进“双学双比”竞赛活动的开展，参加“双学双比”活动的妇女达84509人，占全县女劳动力的98.8%，其中参加水稻、玉米、甘蔗种植项目10491人（多项目合计），面积19988公顷，达标86444人；参加林业项目竞赛13810人，面积446870公顷，达标9668人；生猪喂养项目参赛人数17021人，生猪290090头，达标14407人；鸡、鸭、鹅养殖项目参赛人数6231人，3118475羽，达标4985人。年内，举办妇女实用技术培训班258期，参训人数20788人次；301名文盲半文盲妇女参加扫盲班学习，有189名妇女取得农民技术员职称。

2000年，县妇联联合县科协、县畜牧局、县糖办、县水果办等单位举办种养技术培训班28期，受训妇女28980人次。在集市开展技术咨询26场次，通过培训的妇女95%掌握2门以上实用技术，全年103名女能手获得农民技术员证书，2010名妇女获得绿色证书。

2005年，县妇联以实施“巾帼建功工程”和成立女农民技术培训学校为载体，组织和引导全县妇女开展“双学双比”活动。参加活动的妇女1万余人，建立巾帼科技示范基地33个、“三八绿色工程”26个，树立“巾帼科技致富示范户”50户，有20名妇女获得绿色证书。

“一学三比”巾帼建功竞赛活动

1989年，县妇联会同县总工会等部门在全县广大干部职工中开展“一学三比”巾帼建功竞赛活动。有60个基层单位的女职工参加竞赛活动，有11个单位被评为达标竞赛先进单位。

1990年，开展女职工“学、树、为”（学雷锋、树新风、为人民服务）竞赛活动。“三八”妇女节，开展竞赛突击月活动，有52个基层单位1678人参加。

1991年，有88个基层女职工组织参加“一学三比”比赛，参赛人数3261人，树立各行业先进典型129人，提合理化建议90条，创经济效益4.95万元，增收节支287.79万元。田东县水泥厂女职工委员会被自治区妇联评为“一学三比”竞赛先进集体。

1997年，“一学三比”和“两争四赛”（争当勤政廉政女能手、争创一流服务，赛生产、赛质量、赛安全、赛效益）活动同时开展，全县有141个单位3694人参加活动，提出154条合理化建议，发挥经济效益35条，为企事业增收42.95万元。

2000年，开展“巾帼文明示范岗”创建活动，有20个单位申报“巾帼文明示范岗”，平马镇国税征收分局收费大厅分别获全国、自治区“巾帼文明岗”称号，县电力公司收费大厅等13个单位对外办公窗口获得县“巾帼文明示范岗”称号。

2005年，深化创建“巾帼文明示范岗”活动，县第一幼儿园获自治区“巾帼文明岗”称号，县法院立案大厅、县建设局办证大厅、县国土资源局办证大厅获百色市“巾帼文明岗”称号。

实施“春蕾计划”

1995年，县妇联响应全国妇联和中国少年基金会号召开展“亿万爱心献春蕾”工作，发出“伸出一双手，奉献一颗爱心”活动倡议，动员社会各界献爱心，救助贫困失学女童重返校园。1996年，全县单位、干部职工捐款10072元，扶助37名特困辍学女童重返校园学习。

1997—1999年，通过“光彩事业”捐款、广州市黄埔区妇联资助和干部捐款，共募集资金12.16万元，资助贫困女童437人。

2000年，发动妇女捐款6149.8元，扶持60名辍学女童返校学习，争取到广州市黄埔区妇联捐助款30000元，扶持300名辍学女童返校学习。

2005年，田东成立计划生育奖励扶助基金和关爱困难女童助学基金，将贫困、危难的女童尤其是计划生育家庭的女童，全部纳入长效救助渠道。“六一”期间，全县党政机关、社会各界人士为儿童办实事好事50多件，捐献的书包、文具、衣服等慰问品折合人民币3万元。

“五好文明家庭”创建活动

1988—2005年，县妇联继续开展创建“五好家庭”活动。1989年，115户家庭被评为“五好家庭”。1994年，25户家庭被评为“五好家庭”。

1998年始，更名为创建“五好文明家庭”活动，1998—2002年，全县共评出“五好文明家庭”244户。2003年，1户家庭被评为自治区“五好文明家庭”，25户家庭被评为县“五好家庭”。

2005年，1户家庭被评为自治区“五好文明家庭”，25户家庭被评为县“五好文明家庭”。

第四节　工商业联合会

1989—2005年，田东县工商业联合会（简称县工商联）发挥自身优势，开展对外联络工作，协助政府管理和服务非公有制经济，发展和壮大工商联组织。在发展会员的同时，为会员提供联谊活动、经济信息、政策扶持和维权等服务，解决会员生产经营资金紧缺或被拖欠餐费、工程款等问题。组织和联系县内工商业主、外商、外企、社团组织参与光彩事业、公益事业。1989—2005年，会员和非公有制人士为光彩事业和公益事业捐款110万元。

机 构

县工商联为正科级单位的群团组织，办公地址：1988—2001年在平马镇乐善街77号，2002—2003年在平马镇庆平路东园巷6号，2004—2005年在平马镇人民路66号。机关编制4名，在编3人，其中副主任1人，干部2人。1990—2004年，编制数不变，在职人数4~5人。2005年，核定编制4名，在职5人，其中会长1人，副会长2人，科员1人，办事员1人。

从1991年起，县工商联注重在私营企业、个体工商户、三胞企业和乡镇企业中发展会员，个体劳动者协会等企业协会可作为团体会员参加工商联。1994年，县工商联有私营企业5个，团体会员2个，个人会员174人。2000年9月，成立平马、思林、林逢、祥周四镇商会，发展会员共292人。2001年12月，成立义圩、朔良两镇商会。2005年，有乡镇商会6个，会员364人。

县工商联历任主席：黄万中（1988年7月至1989年1月）、苏碧兴（1990年3月至1999年11月）、韦凤娇（1999年11月至2005年12月）。

代表大会

第八届代表大会　1993年4月29日，田东县工商业联合会第八届会员代表大会在县城召开，出席会议代表71人。大会听取苏碧兴作《发挥工商联作用，为加快田东经济发展服务》的报告，选举产生主任委员1人，副主任委员2人，执行委员13人。

第九届代表大会　1997年5月18日，田东县工商业联合会第九届会员代表大会在县城召开，出席会议代表50人。大会听取苏碧兴作《开创工商联工作局面，为田东两个文明建设作贡献》的报告，选举产生会长1人，副会长4人，执行委员17人。1999年11月14日，九届二次会员代表大会在县城召开，出席会议30人，以无记名投票方式进行选举，届中韦凤娇当选第九届工商业联合会会长，苏碧兴为第九届工商业联合会顾问，增选第九届工商业联合会执行委员1人。2000年4月15日，召开第九届第四次执委扩大会议，增选田东县工商业联合会第九届执委2人，副会长6人，秘书长1人。

第十届代表大会　2002年12月9日在县城召开田东县工商业联合会第十届会员代表大会，出席会议代表78人。大会听取韦凤娇作的工作报告，选举产生执行委员会委员25人；常委15人；会长1人，副会长9人。

光彩事业和公益事业

1996年起，县工商联通过联系县外企业、社会团体和组织县内工商业主开展以扶贫济困、捐资助学为主要内容的光彩事业。1996年，得到北海市中晖集团总裁徐晖、广西医科大学制药厂厂长方秋潮、广西凯安集团公司郑曼丽捐资共8600元，资助思林镇贫困山区小学40名学生重返学校学习。私营企业会员刘河广，在自己的芒果场三次免费为200多名百色地区芒果专业户举办科学管理芒果现场培训班。

2000年，澳门蓝钦文捐款62560元，资助380名贫困小学生。香港友爱教育基金会资助15万元，援建思林镇那余友爱小学教学楼。登高集团董事长班光习捐资12万元，兴建登高村高寨光彩小学教学楼。华瑞集团董事长廖雄燕扶持贫困种植户价值4万元的香蕉苗，累计捐款14万元支持社会公益事业。

1996—2005年，光彩事业累计为贫困学生捐款14.55万元，扶助591名贫困学生上学；为教育事业基础设施建设捐款捐物折合人民币28万多元。县内外工商业者为田东县公益事业捐款85万元。

为工商业主服务

1989年，为田东县化工厂协调解决生产资金1万元，提供商品信息，购进商品价值6000多元。为田东糖厂推销白糖30吨。1996年，协调有关部门为会员黄大威追回被拖欠的装修工程款。

2000年，组织11个会员参加百色商品展销会，组织私营企业登高集团参加在云南昆明举办的全国民营企业商品展销会。

2005年，向县委、县人民政府反映建筑餐饮业会员餐费、建筑工程款拖欠的问题，促成县纪委出台《田东县关于对公款赊欠吃喝问题进行集中清理的实施方案》，在全县机关单位对公款赊欠吃喝问题进行整改。此外，在非公有制代表人士中开展互助活动，共筹集资金35万元，帮助冠誉塑料厂解决周转资金不足的困难。

第五节　科学技术协会

1989—2005年，田东县科学技术协会（简称县科协）建立健全组织机构，通过专业科技协会引领、学历教育、技术培训、技术职称评定等措施实施素质工程，并抓好科普宣传、科技示范基地建设和青少年科技教育活动，推动全县科学技术的普及和实用技术的应用。至2005年，累计有8583人参加中国农业函授大学百色地区分校学习，累计评定农民技术职称4521人；全县青少年在参加全国、自治区、地（市）举办的科技竞赛、创造发明、科学实验等活动中，获国家级奖1人、30项、2篇；获自治区级奖先进集体1个、38人、9篇、100项（个）；获地（市）级奖25人、15篇、111项（个）。

机　构

1979年2月，县科协成立，其业务由县科委管理。1984年成为独立的群众团体，属代表县人民政府管理全县科技工作者的群众组织。

1989年，县科协办公地址在平马镇朝阳路6号，编制4名，实有3人，其中副主席2人，司机1人。1997年，县科协编制5名，在职人数5人，领导职数设主席1人，副主席3人。2000年，县科协编制5名，在职人数4人，全县13个乡镇全部建立科协组织。

2005年，县科协编制5名，在编人员6人，其中主席1人，副主席2人，其他干部职工3人。

县科协历任主席：方深学（1987年7月至1993年12月）、苏炳煊（1994年4月至2001年4月）、潘海吉（2001年4月至2007年7月）。

学　会

1989年，全县建立14个学会，会员460人。1990年，根据上级关于各种学会须向县民政局注册登记方算合法的通知精神，已登记的有水电学会、医药卫生学会、农学会、畜水产学会、金融学会等5个学会，会员236人。

1994年，成立县教育学会、林学会，会员35人。2000年，重新登记学会8个。2001—2005年，没有成立新学会。

协　会

1990年，祥周、朔良、义圩、林逢、印茶、江城、坡塘等7个乡建立乡科协，会员224人。

1994年，成立那拔、布兵、作登、平马、思林、县糖厂等6个科协机构，会员42人。此外，成立了村级科普协会和农村专业技术研究协会6个，会员31人。

1995—1998年，成立乡镇科普协会4个，会员16人。成立农村专技术协会26个，会员450人。1999年后没有成立新协会。

代表大会

1998年3月27日，田东县科学技术协会第二次代表大会在县城召开，应到会代表154人，实到会代表145人。会议选举产生县科学技术协会委员25人。常委11人，主席1人，副主席2人。之后至2005年，再没有召开代表大会。

技术培训

县科协举办各类科技培训班，对农村劳动力进行技术培训。1989年，举办果树园艺培训班1期，培训人数30人。1993年，举办实用技术短期培训班12期，培训人数152人。

1989—2005年，实施“素质工程”，组织和动员农民学员8583人参加中国农业函授大学百色分校学习培训。

1994年，举办畜牧兽医培训班3期，轮训乡村兽医员104人。举办实用技术短期培训班133期，培训人数9711人。

2000年，举办农村党员、基层干部实用技术培训班86期，参训人员4220人次。举办群众实用技术培训班1618期，参训人员98300人次。

2005年，开展“科普集市”（科技咨询和实用技术培训）活动，参加科技集市群众1.5万多人次。

科技普及

1989年，县科协组织会员报读中国农业函授大学百色分校，学员1087人，其中畜牧兽医659人，果树园艺399人，茶叶29人。经过自学和辅导，学员掌握了一些科学种养技术。

1996年，组织农学会、畜牧兽医学会、林学会、医药卫生学会、水电学会等参加“科普月”活动，参加活动的科技人员有28名，参与群众有8200多人次。

1998年，举办科普集市29场次，参加活动人数22860人次。组织青少年科普活动9次，参加活动9278人次，发放科普资料79833册（份）。完善田东华瑞集团香蕉组培苗工厂科普示范基地建设，编印、免费发放《农村实用技术》科普丛书5000册。

2000年，建立13个乡镇科协组织，建设林逢镇东养村大青枣种植技术协会、思林镇蓖麻种植技术协会等6个农村专业技术协会，新确定科普示范户245户。至此，全县科普示范户有2175户。

2001年，全县建立科普示范基地5个，引进板栗九家种、亚苏8号番茄、甘蔗新台糖25号、甜杂1号辣椒、台农特长玉豆等8个新品种。邀请专家到祷午、那拔、义圩等乡镇开展板栗高位嫁接培训。

2005年，培建科普示范乡镇1个，村（街）2个，示范户280户。培育农村专业技术协会1个，科普示范基地25个。举办科普讲座12场，展出挂图400多幅，发放科技资料7500多册（份）。

农民技术职称评定

1989年，县科协成立农民技术职称评定领导小组，组长由科协副主席担任，开展农民技术员职称评定。1989—1992年，共评定农业、畜兽医、果树园艺，农业机械、气象、甘蔗等农民技术员363名，农民助理技师149名。

2000年，评定农民职称1143人。至2005年，共评定农民技术职称4521人。

青少年科技教育活动

1989年，县科协会同宣传部、教育局、财政局、团县委等部门组织青少年参加全区“我爱环境美”演讲比赛，8所中学、10所小学500多名学生参加活动，获得自治区级二等奖3人，地区级一等奖3人。同年举办地震知识竞赛，参赛学生300多人。

1992年，举办少年儿童环境保护系列活动竞赛，共有16所中小学校参赛，获自治区第一名和第二名各1人，获奖地区第一名2人。田东油矿职工子弟学校学生韦晓蓓参加自治区代表队赴北京参赛，获全国第二名。

1999年，组织中小学生参加全国第五届生物与环境保护科学实验活动，获自治区一等奖1个，三等奖1个，地区一等奖2个，二等奖5个，三等奖9个。组织327名中小学生参加百色地区举办的第二届航模比赛，获奖6名。

2001年，举办田东县少年儿童天文科技竞赛和爱科学月活动，参与活动学生1320人。收到论文、作品32篇，其中有30名师生获奖。

2005年，有18所中小学300多名学生参加百色市青少年科技创新大赛，有5篇作品、文集获奖。

1989—2005年，全县青少年在参加全国、自治区、地（市）举办的科技竞赛、创造发明、科学实验等活动中，获国家级奖1人、30项、2篇，获自治区级奖先进集体1个、38人、9篇、100项（个），获地（市）级奖25人、15篇、111项（个）。

第六节　残疾人联合会

1990—2005年，田东县残疾人联合会（简称县残联）依照《中华人民共和国残疾人联合会章程》，共召开3次代表大会，全面推动残疾人事业发展。及时摸清各类残疾人的基本情况，会同教育部门做好残疾人教育工作，在平马镇中山小学开设特教班，招收弱智残疾人儿童入学，全县智力、视力、听力、言语残疾儿童通过跟班的形式就读。组织和发动捐资助残工作，扶持贫困残疾人发展种养殖业，改善贫困残疾人生产生活。加强部门间的协调配合，帮助残疾人就业。

机　构

县残联于1990年12月成立，由县民政局代管，相当于副科级单位。办公地址在平马镇人民路66号，1990—1993年在职人数3人。

1994年后，县残联独立开展工作，升格为正科级群团事业单位，财政全额拨款，核定编制3名。1994—1996年在职人数4人。1997年，在职人数5人，设副理事长2人，秘书1人，会计1人，出纳1人。

1998年，在职人数6人，设理事长1人，副理事长2人，秘书1人，会计1人，出纳1人。

1999—2001年，在编5人，其中理事长1人，副理事长1人，科员3人。全县13个乡镇均配备残联助理各1人。

2005年，在职人数6人，其中理事长1人，副理事长1人，科员4人。全县13个乡镇均配备残联助理各1人。

县残联历任理事长：滕益新（1990年12月至1994年3月）、黄大将（1998年1月至2007年11月）。

代表大会

1990—2005年，县残联共召开3次代表大会。

第一届代表大会 1990年12月18至19日，田东县残疾人联合会第一届代表大会在县城召开，出席大会的代表100名，其中残疾人及亲友代表64人，占代表总数的64%，列席会议的代表34人。大会选举田东县残疾人联合会第一届主席团委员31名，选举韦元光为田东县残疾人联合会第一届主席团主席，陆现先为名誉主席；选举唐上斌、班佩贤、陈仲基（盲人）、滕益新为副主席，选举滕益新为残联执行理事会理事长，由残联理事长聘任陆奇伟为残联副理事长。

第二届代表大会 1998年1月7日，田东县残疾人联合会第二届代表大会在县城召开，应出席代表100名，实际到会代表88人，特邀代表15人。会议选举田东县残疾人联合会第二届主席团委员21名，选举钟超诚为主席，罗琼政为第二届残联名誉主席；黄建平、姚秀富、黄绍广为副主席，黄大将为田东县残疾人联合会执行理事会理事长，农桂利、陆奇伟（兼）为副理事长。

第三次代表大会 2003年4月1日，田东县残疾人联合会第三次代表大会在县城召开，应出席会议代表100名，实到会代表91名，特邀、列席代表12名，其中残疾人及亲友代表51人，占代表总数的51%。大会选举田东县残疾人联合会第三届主席团委员13名，选举田东县出席百色市第一次残疾人代表大会代表12名，李新桃当选田东县残疾人联合会第三届主席团主席，罗冬印、陆保红为田东县残疾人联合会名誉副主席；黄大将当选田东县残疾人联合会执行理事会理事长，罗凤祝当选执行理事会副理事长。并成立田东县肢体残疾人协会，主席李锋，副主席雷忠助。

残疾人筛查

1996年，县残联开展病源调查，对各类残疾人分类登记造册，全县共有残疾人20400人，占全县总人口的5.3%。其中聋哑6985人，占残疾人总数的34.2%；白内障2729人，占13.4%；肢残2985人，占14.6%；智力残疾4021人，占19.7%；精神残疾63人，占0.3%；综合残疾2696人，占13.2%。

2004年，开展“视觉第一中国行动”白内障复明手术病源筛查766人，符合上送做手术的246人。2005年，对862户残疾家庭进行免费技能培训调查。

残疾人康复

1991年，县残联举办聋哑儿童培训班一期，受训人员7人。1993—1999年，累计完成白内障复明手术714例，实施儿麻矫治手术195例；聋儿听力语言训练51人，聋儿家长培训8名，低视力康复6人；培训0~7岁智残儿童15人，培训智残儿童家长24人；肢体康复训练12例，假肢装配12例，肢体矫治5例，特需人群补碘23068人。

2000年，完成白内障复明手术96例，低视力矫治6例，假肢装配2例。2005年，完成低视力矫治5

例，假肢装配3例，肢体残疾康复训练4例，聋儿家长培训5例，脑瘫儿童康复训练6例，残疾人用品用具173件。

残疾人教育

1992年，县教育局在平马中山小学开办弱智班，招收弱智儿童少年入学。

1995年，中山小学招收弱智班2个，祥周、布兵2个乡中心小学附设特教班。其余各乡镇所属小学残疾、弱智儿童随班就读。有残疾学生就读的班级，均配有经过教育培训的教师上课。

1996年，县教育局创办田东县特殊教育学校，设立在平马中山小学。县残联开办聋哑语训班。

1999年，田东县特殊教育学校教学楼竣工交付使用，专任教师2名，设1个班，有学生8名。

2003年，2名残疾考生接受高等教育。2005年，4名残疾考生考上高校接受高等教育，并享受助学金补助政策。

捐资与扶残助残

1993年，县残联组织开展“捐款扶残作奉献”活动，全县收到捐款2.25万元。

1998年，在“助残日”组织开展“捐款助残献爱心”募捐活动，收到慈善款6605.4元，建立了残疾人基金会。自治区残联拨给残疾人康复扶贫专项贷款30万元，用于贫困残疾人的扶贫开发。当年，全县8697名贫困残疾人，有134人脱贫。2000年，台湾台北曹氏基金会捐赠轮椅12辆。

2001年，在平马镇合乐村创办田东县残疾人农业技术示范培训基地，总面积4公顷，其中水塘0.33公顷，育苗大青枣1公顷，芒果1.33公顷，龙眼1.23公顷，猪舍30间500平方米。该基地向残疾人贫困户无偿提供果苗、猪仔等，每年可扶持残疾贫困户100户。当年，举办2期残疾人致富技术培训班，300人次参加培训。

2002年，争取自治区财政扶贫资金6万元，县配套资金6万元，实施贫困残疾人温饱工程，无偿扶持150户贫困残疾人种植大青枣苗6000棵。

2003年，为150户残疾人特困户无偿提供大果枇杷、无核黄皮果和台湾珍珠番石榴等7500棵果苗，并建立残疾人农业技术培训示范基地，基地面积0.67公顷，培育大王余甘果、鸡心黄皮、枇杷皇后、四季番桃、无核黄皮果、番荔枝、石榴等果苗。

2005年，争取到自治区财政扶贫资金4万元，投资创建集示范、培训、扶持于一体的作登瑶族乡登高村残疾人种养示范基地，向残疾人无偿提供果苗和开展种养技术培训。此外，在元旦、春节和助残日期间，开展慰问贫困残疾人活动。

残疾人就业

1993年，对全县残疾人在业、待业状况进行调查，农村有劳动能力的残疾人就业率达70%，城镇有劳动能力的残疾人就业率90%。残疾人就业采取集中安排与分散安排结合，1993—1998年，全县共安排残疾人就业739人。

1999年，全县有17个党政机关、企事业单位安排残疾人就业，安排残疾人202名。2000年，县人民政府将分散按比例安排残疾人就业纳入劳动监察年度审查范围。2003年，全县安排残疾人就业35人，收缴残疾人就业保障金7万多元。

2005年，收缴残疾人就业保障金5万多元，祥周工业园恒顺矿业加工公司安排30名残疾人就业。

第七节　文学艺术界联合会

1990—2005，田东县文学艺术界联合会（简称县文联）深入乡镇、县直单位开展调查，对文艺人才进行分门别类，发展文联会员。通过成果展示、理论研究、展览演出、文艺评奖、学术讨论、书刊出版、调查研究、人才培训、对外交流、权益保护等方式，加强文艺界与社会各界的联系，加强与政府有关部门密切合作，发展文化艺术事业。自1990年成立到2005年，县文联会员在各级报刊发表文艺作品1565篇（件），获得省部级以上奖励的文艺作品有14篇（件）。

机　构

1990年2月6日，县文联成立，属县委领导下的群团组织，为正科级事业单位。核定事业编制3名，1989年在职3人。1990—2000年在职3人，2001年在职1人，2002年在职2人。2005年，核定编制3名（参照公务员管理），在职干部职工4人。1990年，办公地址在平马镇南华路5号县文化馆。2003年6月，办公地址迁至平马镇人民路66号。

1999年内设机构1个即办公室，下设文艺小组4个，即文学创作、戏剧曲艺、音乐舞蹈、美术书法摄影组。

2003年设办公室1个，并将文艺小组更名为作家协会、民间艺术家协会、音乐舞蹈家协会、摄影书法美术家协会等4个。

2005年增设戏剧家协会，共5个协会，会员128人。另外，全县有自治区级各类文艺协会会员9人，其中广西摄影家协会会员1人，广西音乐家协会1人，广西舞蹈家协会1人，广西书法家协会2人（硬笔书法），广西作家协会会员3人，广西戏剧（曲艺）家协会员1人。

县文联历任主席：黄广堂（1990年2月至1997年1月）、罗志勇（1997年11月至1999年12月）、阮伦燕（2000年3月至2002年4月）、潘仕师（2003年4月至2005年12月）。

代表大会

1990年3月26日，第一届田东县文学艺术界联合会代表大会在县城召开，应出席会议代表65人，实到会议代表63人。大会通过《田东县文学艺术界联合会章程》，选举产生文联委员23人，其中主席1名。

1997年11月10日，田东县文学艺术界联合会第二届代表大会在县城召开，应出席会议代表89人，实到会议代表59人。会议通过了《田东县文学艺术界联合会章程》，选举产生新一届领导班子和文联委员21人，其中主席1名，副主席1名。

出版刊物

1990年4月，龙须河诗社成立，会员43人。创办《龙瀑》诗刊5期，刊出诗歌169首，诗评论6篇。

1991年，县文联开始创办《龙须河文化报》，设小说、诗歌、散文、曲艺、评论等5个栏目，主要发表全县业余作者文艺作品、美术书法摄影等作品。至1998年，出版10期，每期印1000份，免费赠送给各单位和中小学校。

1999年，在《龙须河文化报》基础上创办综合文艺期刊《龙须河》，10月出版第一期，后因人员、经费等原因停办。

2002年，恢复编印《龙须河文化报》，设小说看台、散文天地、咏春广场、地方舞台、校园撷萃等5个固定栏目，当年出版1期。2003—2005年《龙须河文化报》共出版13期。

1991年，创办莲花山诗社，诗友遍及全国各地（包括台湾），收到302篇稿件。至2005年，诗社编印莲花山诗社小报20多期。

1990年3月，田东县第一届文学艺术界联合会代表大会召开　　（县文联提供）

1997年11月，田东县第二届文学艺术界联合会代表大会召开　　（县文联提供）

文艺创作成果

诗词类　1992年11月，诗集《走在天空和大地之间》由广西人民出版社出版。1993年出版《当代青年诗选》，田东县有李乃耀、唐进忠、邓智伦、黄芳、陆德金、陈承保、黄成恩、罗志勇等人作品入选。

1994年，会员黄耀光作品《嘹歌》（壮汉文字对照），全书400万余字，由上海古籍出版社出版。1995年，罗志勇的诗歌《手飘起来远离手》《看帆的人》发表于《三月三》杂志上。

1999—2005年，全县作者发表诗歌作品45首，其中省级刊物刊用10首，地区级刊物刊用35首。

文学类　1994年，陈承保的散文《绿叶的事业》获《右江日报》举办的“逐浪撷英”纪实文学三等奖。1995年，广西民族出版社出版的《广西名胜风景大观》中，辑入田东县作者黄碧功《棋盘滩》、丁世博《江城摩崖造像》、李乃耀《嘹歌发祥地——敢养岩》《迷人的龙须河》、黄焕锋《果柳大潭瀑布》、旭日《闲话芙蓉山》《右江革命纪念馆》等7篇散文。1997年，百色地区文联、地区扶贫开发办组织撰写的反映百色地区10年扶贫工作的长篇纪实文学《父老乡亲丛书》田东县卷《红马奋蹄》，由李乃耀、罗志勇创作完成，广西人民出版社出版。

1998年，创作编辑出版文学作品集《红土地情思》，主要收编田东县41位作者创作的小说、散文、诗歌、戏剧、小品、歌曲等作品75篇约13.5万字。散文《一碗“老友面”》（作者韦瑞阳）获广西文学艺术爱好者协会、广西作协举办的第二届我爱中华文学艺术“新星奖”二等奖。

1999—2000年，全县作者发表文学作品60篇，其中国家级刊物刊用4篇，省级刊物刊用34篇，地级刊物刊用22篇。李乃耀的短篇小说《侬氏刀兵》发表在《广西文学》。

2001年，李乃耀的小说《王西现形记》和滕云飘的《怨嫁》发表在《百色文坛》。2003年，潘仕师撰写的《生命之源》参加全国第三届“新世纪之声”征文赛获得二等奖。

2005年，全县文艺工作者在各级刊物发表短篇小说6篇。

曲艺类　1989年，《中国戏曲志广西卷·田东县资料汇编》编写组获广西文化厅、广西民委、中国剧协广西分会联合颁发的先进集体奖。

1994年，举办全县戏剧小品征文比赛，收到剧本22本，其中《钱亲家》等7篇作品获奖。

1997年，《山那边》等6个舞蹈和《村干之家》等7个小品参加百色地区调演，并发表在文艺刊物上。

1999—2002年，全县有26位作者发表文艺作品80篇（件），其中国家级2篇、省级54篇、地区级24篇（件）。杨建伟的小品《敲门声》《多就好吗》获编剧二等奖、小品《竞选》获得国家文化部第十一届群星奖金奖、小品《敲门声》获得国家文化部第十一届群星奖银奖，黄立祥的小品《一个也不能留》获百色地区“工行杯”小品大赛一等奖。

2003年，创编戏曲有《杨老七》《喜事》《开门红》《红旗飘飘》《醋滴》《算账》《西施面》《我也要去讲习所听课》《铁所长》《一张发票》《如此检讨》等，舞蹈创作有《心想事成》。其中杨建伟的彩调剧《杨老七》在参加全区彩调艺术大赛中获优秀剧目、优秀编剧、优秀演员、优秀导演奖，黄立祥创作的小品《西施面》参加“百色市庆一周年文艺会演”获优秀剧目奖。

2004年，杨建伟的小品《巴儿狗罐头》获得第十一届中国曹禺奖小戏小品大赛专业组一等奖，个人获得优秀演员奖，该作品还获得广西第五届铜鼓奖。李战的音乐作品《想你好多好多年》《人民好公仆》《咱们的农民兄弟》在全国第六届“歌海”采风杯词曲比赛中分别获一等奖、三等奖、优秀奖。黄冬遥参加2004年7月全国声乐器乐舞蹈大赛总决赛获器乐组金奖。同年，创作《原因》《离婚路上》《送行》《村里序事》《下山》《神秘的电话》《大海啊故乡》《手机情缘》《消防安全大家学》《三老汉谈发展》《交通安全大家学》《科技进农家》等15个小品。

2005年，李战创作的音乐作品《想你好多年》《咱们的农民兄弟》获全国第六届《歌海》采风杯一、三等奖，杨建伟创作的小品《一瓶矿泉水》获得市级奖。

美术类　1995年，广西民族出版社出版的《广西名胜风景大观》刊载了谢胜强的彩色摄影作品《棋盘滩》和《右江革命纪念馆》。黄保华的油画《石油之星》和国画《回娘家》参加百色地区“托起辉煌”作品展后又赴京在中国美术馆展出。

1998—2005年，会员在各级刊物发表美术书法作品16件，其中黄保华绘制的油画作品《我是中国人民的儿子》《跃马扬鞭》发表在《广西文学》上。

文艺培训

1997年7月，举办1期为期1个月的美术培训班，有35名中小学美术爱好者参加。

2002年，配合中国文联、广西文联实施“朝霞工程”，扶助3名具有文艺特长、品学兼优的贫困学生。同年，还举办舞蹈培训班20期，配合县文化馆送文艺下乡100多场。

2003年，县文联与县民语办、文化馆联合在县委党校举办1期为期3个月的山歌手培训班，28名歌手参加。

2005年，在田东中学文学社举办2期文学创作培训班，为500多人次中学生授课。

田东县志（1989—2005）

第五篇

人大　政府　政协

第一章　人民代表大会

田东县第九届至第十三届人民代表大会共召开23次会议。县人民代表大会及其常务委员会对“一府两院”（县人民政府、县人民检察院、县人民法院）依法履行法律监督和工作监督职责，审议决定重大事项，组织人大代表视察，调查了解民情民意。开展执法检查，纠正“一府两院”工作中存在的问题，推进依法行政、公正司法和机关工作人员勤政廉洁。办理代表提出的议案、建议、批评和意见全部答复代表。及时将信访案件转交有关部门处理，做好跟踪督办，保护当事人的合法权益，化解社会矛盾，维护社会稳定。

第一节　机构

县人民代表大会常务委员会

县人民代表大会常务委员会（简称县人大常委会）为县人民代表大会的常设机关，对县人民代表大会负责并报告工作。县人大常委会由人民代表大会在代表中选举产生的主任1人、副主任4~6人（其中女性1人）和委员若干人组成。县第九届人大常委会设主任1人、副主任6人，第十届至第十三届人大常委会设主任1人、副主任4人。县人大常委会会议一般2个月召开1次。1989—2005年，县人大常委会召开常委会会议149次。

县人大常委会每次召开会议，均邀请乡镇人大主席列席。组织乡镇人大主席参加常委会开展的检查、调研、视察活动，以及到外地考察学习。每年召开乡镇人大主席工作座谈会，总结交流乡镇人大工作经验及做法。每年乡镇人大召开例会时派人员到会检查指导工作。

1989—2005年田东县人大常委会主任、副主任任职情况表

表5-1-1

届别	职务	姓名	性别	民族	政治面貌	籍贯	任职时间
第九届	主任	陆现先	男	壮	中共党员	广西田东	1987年11月至1990年9月
	副主任	黄显嘉	男	壮	中共党员	广西田东	1987年11月至1990年9月
		李才培	男	壮	中共党员	广西田东	1987年11月至1990年9月
		廖汉杰	男	壮	中共党员	广西田东	1987年11月至1990年9月
		陈　棠	男	壮	中共党员	广西天等	1987年11月至1990年9月
		阮月新	女	壮	中共党员	广西田东	1987年11月至1990年9月
		刘绍昶	男	壮	非党	广西玉林	1987年11月至1990年9月
第十届	主任	陆现先	男	壮	中共党员	广西田东	1990年9月至1993年11月
	副主任	李才培	男	壮	中共党员	广西田东	1990年9月至1993年11月
		阮月新	女	壮	中共党员	广西田东	1990年9月至1993年11月

续表5-1-1

届别	职务	姓名	性别	民族	政治面貌	籍贯	任职时间
第十届	副主任	黄玉胜	男	壮	中共党员	广西田东	1990年9月至1993年11月
		韦汉朝	男	壮	非党	广西武鸣	1990年9月至1993年11月
第十一届	主任	罗琼政	男	壮	中共党员	广西田阳	1993年11月至1999年1月
	副主任	阮月新	女	壮	中共党员	广西田东	1993年11月至1999年1月
		黄玉胜	男	壮	中共党员	广西田东	1993年11月至1999年1月
		阮廷世	男	壮	非党	广西田东	1993年11月至1999年1月
		李　劲	男	壮	中共党员	广西邕宁	1993年11月至1999年1月
第十二届	主任	罗琼政	男	壮	中共党员	广西田阳	1999年1月至2002年10月
	副主任	黄绍广	男	汉	中共党员	广西田东	1999年1月至2002年10月
		阮月新	女	壮	中共党员	广西田东	1999年1月至2002年10月
		兰文举	男	瑶	中共党员	广西田东	1999年1月至2002年10月
		李振东	男	汉	非党	广西田东	1999年1月至2002年10月
第十三届	主任	丁德贵	男	汉	中共党员	福建省	2002年10月至2006年10月
	副主任	黄灿辉	男	汉	中共党员	广西田东	2002年10月至2006年10月
		兰文举	男	瑶	中共党员	广西田东	2002年10月至2006年10月
		罗冬印	女	壮	中共党员	广西田东	2002年10月至2006年10月
		卢以华	男	汉	非党	福建省	2002年10月至2005年1月

县人大常务委员会工作机构

1989—2001年，县人大常委会办公地址位于平马镇庆平路42号，内设办公室、财政经济委员会、法制工作委员会、教科文卫工作委员会、民族华侨工作委员会等5个室委。2002年，机构改革，县人大机关工作机构设办公室、内务司法教科文卫工作委员会、财政经济城乡建设工作委员会等3个室委。至2005年不变。

县人大常委会办公室历任主任：农寿发（1987年11月至1990年10月）、李劲（1990年10月至1993年12月）、阮祖宏（1993年12月至1998年1月）、黄保国（1998年1月至2003年1月）、张有志（2003年1月至2005年12月）。

乡镇人大

1989—2005年，各乡镇人民代表大会任期历经五届，每届任期三年。

1990年，县、乡镇两级人大换届选举，全县13个乡镇依法选出乡镇县人大代表87名，各乡镇人大主席团常务副主席13名、乡镇人民政府正副乡镇长44名。

1993年、1998年、2002年，县、乡镇两级人大换届选举工作相继举行，依法选举产生各乡镇人大代表、乡镇人大主席团正副主席、乡镇人民政府正副乡镇长。

1993年，县人大常委会提出建议，在乡镇人大主席团配备主席、副主席和兼职秘书，制定《田东县乡镇人大工作的评比办法》，每年评选表彰先进乡镇人大。

在1993年11月至1999年1月期间，乡镇人大两次换届，县人大常委会举办乡镇人大主席业务培训班，系统学习人大工作理论、人大工作的法律法规和工作程序；巡回指导一年一度的乡镇人大会议，派员列席乡镇人大会议；邀请乡镇人大主席轮流列席常委会会议，使乡镇人大主席了解和掌握人大“议政、督政”的职能和操作规程；县人大常委会通过发文件、简报等形式，加强对乡镇人大联系和指导。

从1997年开始，每年召开2次乡镇人大主席工作座谈会或联席会，互相交流，互相学习，共同探讨。1997年，分别在平马镇和林逢镇召开乡镇人大主席联席会，就“如何当好人大主席”和“加强人大制度建设，发挥代表作用”为主题进行交流学习。1998年，分别在江城乡和思林镇召开乡镇人大主席联席会，就“评议同级政府工作”和“认真学习和贯彻《组织法》《代表法》《选举法》”为主题进行交流学习。

1999年，制定县人大常委会领导和人大机关联系乡镇人大工作制度，对乡镇开展的代表活动、召开的人大会议、评议会议等给予具体指导。

2003—2005年，在乡镇人大推行工作目标管理责任制，开展创先争优活动。

乡镇人民代表大会

县人大常委会的基层工作主要是指导乡镇人大主席团工作。1989年，全县13个乡镇分别成立人大主席团，配备人大常务主席，其中专职主席13人，兼职13人。

2005年6月，撤销布兵镇，整建制并入祥周镇，镇人民政府驻地不变；撤销祷午镇，整建制并入林逢镇，镇人民政府驻地不变；撤销坡塘乡，建制并入思林镇，镇人民政府驻地不变。全县有10个乡镇，专职人大主席10人。

1989—2005年田东县各乡镇人大主席团历届主席名单：

平马镇：向月娣（女，壮族，1987年10月至1999年10月）、苏秀冬（兼，1999年10月至2002年10月）、谭春兰（女，壮族，2002年10月至2005年6月）。

祥周乡镇：辛荣善（1990年10月至1996年10月）、李华建（1996年10月至2000年2月）、韦志勇（兼，2000年2月至2001年10月）、黄永才（兼，2001年1月至2002年10月）、黄瑞茂（2002年10月至2005年6月）。

布兵乡镇：莫日春（1987年10月至1996年10月）、辛荣爽（1996年10月至1999年3月）、黄其根（1999年3月至2000年1月）、周智华（兼，2000年1月至2002年10月）、蓝海洋（2002年10月至2005年6月）。

林逢乡镇：黄瑞荣（1988年3月至1996年10月）、黄保规（1996年10月至1999年10月）、农良锋（兼，1999年10月至2003年10月）、黄南标（2003年10月至2005年5月）。

祷午乡镇：黄大常（1990年10月至1993年10月）、黄文家（1993年10月至1996年8月）、蓝海洋（1996年10月至1999年4月）、黄忠汉（1999年4月至1999年10月）、林影洲（兼，女，壮族，1999年10月至2001年3月）、黄彩妹（兼，女，壮族，2001年3月至2002年10月）、黄生喜（2002年10月至2005年5月）。

思林镇：黄光武（1991年1月至1993年10月）、李光东（1993年10月至1999年10月）、周智华（兼，1999年10月至2002年10月）、曾锦瑞（2002年10月至2005年6月）。

印茶乡镇：赵骏功（1991年7月至1993年10月）、黄忠标（1993年10月至1997年3月）、农春林（1997年3月至2000年1月）、何文友（兼，2000年1月至2002年10月）、竺中坚（2002年10月至2005年6月）。

江城乡镇：农春柳（1987年10月至1993年12月）、莫廷坚（1993年12月至1994年6月）、黄加祥

（1994年6月至1996年9月）、黄清实（1996年9月至1999年7月）、黄加祥（兼，1999年7月至2001年3月）、刘忠锋（2001年3月至2002年8月）、农凤娇（女，壮族，2002年10月至2005年6月）。

朔良乡镇：农桂勇（1990年10月至1993年9月）、凌秀先（女，壮族，1993年9月至1996年11月）、陵少学（1996年11月至1999年12月）、农福直（兼，2001年3月至2002年10月）、黄英娇（女，壮族，2002年10月至2005年6月）。

义圩乡镇：黄振义（1987年10月至1993年10月）、黄正义（1993年10月至1999年2月）、黄世教（1999年2月至1999年11月）、黄忠益（兼，1999年11月至2002年8月）、黄正杰（2002年8月至2005年6月）。

那拔乡镇：黄茂芳（1987年10月至1990年9月）、黄世富（1990年9月至1993年11月）、黄大将（1993年11月至1996年10月）、农定进（1996年11月至2000年1月）、农鸿飞（兼，2000年1月至2002年10月）、黄彩飞（2002年10月至2005年6月）。

坡塘乡：韦明玩（1987年10月至1993年9月）、阮文章（1993年9月至1996年10月）、梁荣富（1996年10月至1999年10月）、潘浩（兼，1999年10月至2001年8月）、陆汉明（兼，2001年8月至2002年10月）、黄绍逢（2002年10月至2005年5月）。

作登瑶族乡：黄新佳（瑶族，1987年10月至1996年9月）、罗凤祝（女，壮族，1996年9月至1999年3月）、张寿护（兼，1999年3月至2002年7月）、韦生发（瑶族，2002年7月至2005年6月）。

第二节　人大代表

县人民代表大会任期分别为第九届（1987年11月至1990年9月）、第十届（1990年9月至1993年11月）3年，第十一届（1993年11月至1999年1月）5年；因提前换届，第十二届（1999年1月至2002年10月）、第十三届（2002年10月至2006年10月）任期4年。

1987年6月至11月，开展县第九届人民代表大会代表选举工作。全县选民登记人数197719人，划分为155个选区，代表候选人499人。参加选举183559人，参选率为92.8%。共选出代表249人，其中妇女代表19人，占7.6%；非中共党员代表52人，占20.8%；中共党员代表197人，占79.2%；干部代表73人，占29.3%；工人代表8人，占3.2%；农民代表168人，占67.4%；知识分子代表41人，占16.4%；少数民族代表218人，占87.5%。

1990年5月至9月，开展县第十届人民代表大会代表选举工作。全县有选民210744人，划分为155个选区，代表候选人503人。参加投票的选民有199154人，参选率为94.6%。共选出代表251人，其中妇女代表41人，占16.3%；非中共党员代表51人，占20.3%；工人代表9人，占3.6%；农民代表168人，占66.9%；干部代表75人，占29.9%；知识分子代表42人，占16.7%。

1993年8月至11月，开展县第十一届人民代表大会代表选举工作。全县有选民229372人，划分为155个选区，代表候选人501人。参加投票的选民221232人，参选率为96.5%。共选出代表250人，其中中共党员代表191人，占76.4%；非中共党员代表59人，占23.6%；妇女代表48人，占19.2%。

1998年10月至1999年1月，开展县第十二届人民代表大会代表选举工作。全县共有选民264264人，划分为165个选区，代表候选人374人。参加投票选举的选民有257406人，参选率为97.4%。自治区分配的代表名额为208人，实际选举产生207人，余下1名为机动指标。共选出代表207人，其中中共党员代表145人，占70.05%；非中共党员代表62人，占29.95%；妇女代表51人，占24.63%；知识分子代表54人，占26.09%；少数民族代表187人，占90.34%。

2002年6月至9月，开展县第十三届人民代表大会代表选举工作。全县共有选民284018人，划分为164个选区，代表候选人375人。参加投票的选民275802人，参选率为97%。共选出代表209人，其中中共党员代表153人，占73%；非中共党员代表56人，占26.79%；妇女代表54人，占25.84%；知识分子代表62人，占29.67%；少数民族代表185人，占88.52%。

第三节　人民代表大会会议

1989—2005年，田东县召开5届人民代表大会，即第九届至第十三届人民代表大会。

田东县第九届人民代表大会（1987年11月至1990年9月）

第九届人民代表大会第一次会议于1987年11月10日至14日在田东县城召开。应出席代表251人，出席会议代表249人。大会听取和审议县人民政府工作报告、县人大常委会工作报告、县人民法院工作报告、县人民检察院工作报告。大会采用差额选举办法选举产生县第九届人民代表大会常务委员会，选举陆现先为人大常委会主任，黄显嘉、李才培、廖汉杰、陈棠、阮月新（女）、刘绍昶（兼）为副主任；委员共19人；选出县长黄冠平，副县长韦元光、韦奔波、甘当潘、滕忠均，县人民法院院长刘忠福，县人民检察院检察长韦克勋。选举黄保尧（自治区参选）、黄冠平、陆现先、黄永邦、唐忠勋为田东县出席自治区第七届人民代表大会代表。

第九届人民代表大会第二、三、四次会议，分别于1988年3月21日至24日、1989年3月27日至30日、1990年3月19日至22日在田东县城召开，出席会议代表分别为251人、248人、238人。

第三次会议依法选举阮祖宏为县九届人大常务委员会委员。

第十届人民代表大会（1990年9月至1993年11月）

第十届人民代表大会第一次会议于1990年9月25日至28日在县城召开。应到会代表251人，出席会议代表250人。大会选举陆现先为第十届人大常委会主任，李才培、阮月新（女）、黄玉胜、韦汉朝为副主任；陆现先等13人为第十届人民代表大会常务委员会组成人员；大会选举黄定嵩为县长，罗琼政、甘当藩、田青、黄灿辉为副县长；选举黄盛慈为县人民法院院长、韦克勋为县人民检察院检察长。会议听取和审议第九届人民代表大会代表资格审查委员会关于田东县第十届人民代表大会代表资格审查报告、田东县第十届人民代表大会第一次会议议案审查委员会关于议案审查情况的报告，并通过相应决议。

第十届人民代表大会第二、第三、第四次会议于1991年6月10日至13日、1992年2月22日至24日、1992年11月27日至28日在县城召开，出席会议代表分别为249人、248人、249人。第二次会议听取审议县人民政府《关于田东县国民经济和社会发展十年规划和第八个五年计划纲要（草案）》的报告，对县人民政府提出《关于在全体公民中开展法制宣传教育的第二个五年计划》的议案作决议。第三次会议大会主席团邀请各代表团若干名代表给县人民政府提出建议意见，由县人民政府领导给代表作逐项解答。第四次大会听取审议田东县国民经济和社会发展十年规划和“八五”计划部分指标更改的说明，会议选举罗琼政、黄玉胜、刘忠书、陆保红（女）、周文勇、黄保尧6人为田东县出席自治区第八届人民代表大会代表。

第十一届人民代表大会（1993年11月至1999年1月）

第十一届人民代表大会第一次会议于1993年11月20日至23日在县城召开。应出席代表249人，出席会议代表232名，列席49人。大会听取和审议县人民政府代县长罗凤鸣作的《深化改革，团结协作，为振兴田东而努力奋斗》的报告、县人大常委会工作报告、县人民法院工作报告、县人民检察院工作报告，田东县国民经济和社会发展计划执行情况的报告、田东县1993年1至9月财政预算执行情况和1993年财政预算调整的报告、县人大常委会工作报告、县人民法院工作报告、县人民检察院工作报告。并通过相应决议。大会选举罗琼政为县人大常委会主任，阮月新（女）、黄玉胜、阮廷世、李劲为副主任，黄贵保、姚秀富、农万利、阮祖宏、麻建学、鄂廷坚、罗冬印、向月娣、刘忠书、韦凤娇、黄环娥、李艳桂、郑红星为委员。选举罗凤鸣（女）为县人民政府县长，韩元利、黄灿辉、韦利平、梁善宁、李光佩、钟超诚为副县长。选举黄庭年为县人民法院院长，宋室安为县人民检察院检察长。

第十一届人民代表大会第二、三、四、五、六、七次会议于1994年3月31日至4月1日、1995年3月29日至31日、1996年3月17日至19日、1997年3月20日至22日、1997年11月18日至20日、1998年3月18日至20日在县城召开。出席会议代表分别为249人、246人、242人、245人、205人、232人。第五次会议特邀代表2人，列席人员129人。第六次会议列席人员57人。第七次会议特邀代表3人，列席人员144人。

第三次会议作出《关于全面实施普及九年义务教育的决议》。

第四次会议听取审议《关于田东县国民经济与社会发展“九五”计划和2000年远景目标纲要的报告》。第六次会议以无记名投票方式选举罗琼政、罗凤鸣（女）、陈兆成（自治区下派参选）、廖雄燕、农春标为田东县出席自治区第九届人民代表大会的代表。

第十二届人民代表大会（1999年1月至2002年10月）

第十二届人民代表大会第一次会议于1999年1月7日至10日在县城召开。应出席代表207人，出席会议代表207人，特邀代表5人，列席人员168人。大会听取和审议县人民政府工作报告、县人大常委会工作报告、县人民法院工作报告、县人民检察院工作报告、田东县1998年国民经济和社会发展计划执行情况与县1999年国民经济和社会发展计划草案的报告、田东县1998年财政预算执行情况和1999年财政预算（草案）的报告，并通过相应决议。大会选举罗琼政为人大常委会主任，黄绍广、阮月新（女）、兰文举、李振东为副主任，罗琼政等17人为第十二届人民代表大会常务委员会组成人员，谭锡春为县人民政府县长，曹凌、霍云涛、蒋正辉、罗冬印（女）、卢以华、曾纪芬、刘少军为副县长，李卫阳为县人民法院院长，宋室安为县人民检察院检察长。

1999年1月，田东县人民代表大会第十二届常务委员会全体成员合影　　（县人大办公室提供）

第十二届人民代表大会第二、第三、第四次会议于2000年3月1日至3日、2001年1月16日至18日、2002年2月22日至24日在县城召开。出席会议代表分别为202人、204人、205人，特邀代表分别均为5人，列席人员分别为135人、135人、129人。

第三次会议接受谭锡春辞去县长职务、宋室安辞去田东县人民检察院检察长职务的请求，依法补选谭峰为县长、黄日康为检察院检察长。

第十三届人民代表大会（2002年10月至2006年10月）

第十三届人民代表大会第一次会议于2002年10月20日至22日在县城召开。应出席代表209人，出席会议代表207人，特邀代表15人，列席人员98人。大会听取和审议县人民政府工作报告、县人大常委会工作报告、县人民法院工作报告、县人民检察院工作报告、田东县国民经济和社会发展情况的报告、田东县财政工作报告，并通过相应决议。大会选举丁德贵为第十三届人大常委会主任、黄灿辉、兰文举、罗冬印（女）、卢以华为副主任，潘承环、黄保国、韦荣、莫祖峰、黄龙超、冯雪梅、罗里宁、黄宝兰、黄雪娟、韦敏宁为委员。选举王西冀为田东县县长，施治忠、玉云峰、李新桃、辛荣宁、覃梅华为田东县副县长。选举李卫阳为县人民法院院长，李卫生为县人民检察院检察长。选举罗红、韦绍球、姚美兰、梁耀积、黄小玲、吴素升、罗试坚、曾如云、谭锡春、王西冀、丁德贵、黄瑞茂、黄庭团、兰亮、向卫民、韦秀勤、潘海吉、陆日升、谭永贞、韦荣发、彭城洁、韦美艳、冯照华、覃正知、黄春生、李仙玉、韦德武、黄燕、李卫、黄慧娟、韦风扬、班绍青、欧阳天贵、罗小燕为田东县出席百色市第一届人民代表大会代表。

第十三届人民代表大会第二、第三、第四次会议分别于2003年3月17日至18日、2004年2月25日至27日、2005年3月1日至3日在县城召开。出席会议代表分别为205名、197人、198人，特邀代表分别为15人、17人、17人，列席人员分别为101人、112人、97人。第三次会议选举潘梓田为田东县人民法院院长，张有志为田东县第十三届人大常委会委员。

第四节　人事任免　重大事项议决

人事任免

县人大常委会在人事任免中按照法律程序，坚持党管干部原则，对县委推荐和政府提请任命人员，任命前按照干部“革命化、年轻化、知识化、专业化”和德才兼备、以德为先的标准审查把关。在审议中，采取无记名投票方式进行表决。每一届人大常委会选举产生后，对国家机关工作人员进行重新任命。对受任命人员进行民主与法制教育和党的宗旨教育，平时注意对受任命人员履行职务情况加强监督检查。

九届常委会（1989年2月至1990年9月）依法任免了国家机关工作人员39人次，其中任职24人次，免职15人次。按部门分，任命县人民政府代理县长及委、办、局主任、局长19人次，其中任命代理县长1人；免职10人次，其中接受辞去县长职务请求1人。任命县人民法院相关庭庭长、副庭长4人次，免职1人次。免去县人民检察院检察员3人次。

十届常委会（1990年9月至1993年11月）依法任免了国家机关工作人员111人次，其中任职94人次，免职17人次，接受辞职9人次。按部门分，任命县人大常委会办公室主任、副主任2人次；免职2人次，其中免去县人大常委会委员职务1人。任命县人民政府代理县长、副县长及委、办、局主任、局长74人次，其中任命代理县长1人、副县长5人；免职16人次，其中接受辞去县长职务请求1人。任命县人民法院代院长、副院长、庭长、副庭长、审判委员会委员、审判员12人次，其中代理院长1人，副院长1人；免职14人次，其中接受辞去院长职务请求1人，免去副院长职务3人。任命县人民检察院代理检察长、副检察长、检察委员会委员、检察员9人次，其中代理检察长1人、副检察长2人；免职6人次，其中接受辞去检察长职务请求的1人。

十一届常委会（1993年11月至1999年1月）依法任免国家机关工作人员173人次，其中任命职务129人次，免去职务44人次；接受辞职13人次。按部门分，任命县人大常委会办公室主任、副主任3人次；免职3人次，其中接受辞去县人大常委会委员职务请求的2人。任命县人民政府代理县长、副县长及委、办、局主任、局长92人次，其中任命代理县长1人、副县长15人；免职36人次，其中接受辞去县长职务请求1人、副县长职务请求9人。任命县人民法院代院长、副院长、庭长、副庭长、审判委员会委员、审判员12人次，其中代理院长1人，副院长3人；免职6人次，其中免去院长、副院长职务各1人。任命县人民检察院副检察长、检察委员会委员6人次，其中副检察长2人；免去副检察长职务3人。在1996年乡镇人大换届和1998年县级人大换届选举中，依法任命乡镇选举委员会和选举工作领导小组成员共221人。

十二届常委会（1999年1月至2002年10月）依法任免国家机关工作人员127人次，其中任命职务74人次，免去职务53人次；接受辞职3人次。按部门分，任命县人大常委会办公室副主任5人次；免职3人次，其中接受辞去县人大常委会委员职务请求的1人。任命县人民政府代理县长、副县长及委、办、局主任、局长49人次，其中任命代理县长1人、副县长10人；免职21人次，其中接受辞去副县长职务请求1人。任命县人民法院副院长、庭长、副庭长13人次，其中副院长3人；免职6人次，其中免去副院长职务1人。任命县人民检察院代理检察长、副检察长、检察委员会委员、检察员13人次，其中代理检察长1人、副检察长4人；免职3人次，其中接受辞去检察长职务请求的1人，免去副检察长职务2人。

十三届常委会（2002年11月至2005年12月）依法任免国家机关工作人员144人次，其中任命职务90人次，免去职务54人次；接受辞职2人次。按部门分，任命县人大常委会办公室主任1人，接受辞去县人大常委会副主任职务请求1人，接受辞去县人大常委会委员职务请求的2人。任命县人民政府代理县长、副县长及委、办、局主任、局长36人次，其中任命副县长6人；免职10人次，其中接受辞去副县长职务请求1人。任命县人民法院代院长、副院长、庭长、审判委员会委员5人次，其中代理院长1人，副院长3人；接受辞去院长职务请求1人，任命县人民法院人民陪审员6人。任命县人民检察院副检察长、检察委员会委员、检察员5人次，其中副检察长1人。

重大事项议决

县人大常委会在代表大会闭会期间，依照法律规定，审议决定全县政治、经济、教育、科学、文化、卫生、环境和资源保护、民政、民族等工作中具有全局性的事项及与人民群众切身利益相关的重大事项。

县第九届人大常委会共举行常委会会议19次。其间的1988年1月21日，第二次会议决定成立财政经济工作委员会、教科文卫工作委员会、政法民族工作委员会、代表资格审查委员会、民族工作委员会、法制工作委员会等6个工作委员会，属县人大常委会的办事机构，列为人大机关机构序列，机构级别相当于县人民政府的各委员会；表决通过县农业局、水电局、林业局《关于城乡建设总体规划的报告》。1989年4月27日，第十一次会议作出《搞好今年农业生产、抗灾夺丰收的决议》《关于在全县城乡实行治安承包责任制的决定》《关于在全县扎扎实实地开展农村、街道普法工作的决定》《关于在全县范围内再次掀起一个抢修中小学危房的高潮》《关于义务兵优待金统筹问题》四个议案处理决定。1990年4月9日，第十八次会议表决通过县人民政府《关于乡村规模问题的汇报》。

县第十届人大常委会共举行常委会会议29次。其间的1990年12月24日至25日，第二次会议作出《关于清查干部职工违章建私房和坚决制止乱收费、乱摊派、乱罚款行为的决议》。1991年6月13日，第九次会议通过《关于加强社会治安综合治理的决定》的决议。1991年10月7日至9日，第十一次会议通过《田东县城总体规划》的决议。1991年12月16日至17日，第十二次会议通过《1991年工作情况汇报》《县执法检查工作情况汇报》的决议。1992年4月7日至8日，第十五次会议通过《1992年春播情况及1992年粮食生产意见》《关于1991年水政水资源工作和1992年水政水资源工作意见》的决议。1993年7月7日至8日，第二十三次会议通过县人民政府关于减轻农民负担和清理“三乱”工作情况汇报的决议。

县第十一届人大常委会共举行常委会会议40次。其间的1993年12月29日至30日，第一次会议通过县人民政府《关于调整农业区划的报告》的决定。1994年11月28日至30日，第八次会议作出《关于开展创建文明县城活动的决定》和《关于田东县1994年财政预算方案部分变更的决议》。1995年12月16日至17日，第十四次会议通过县人民政府《关于文化、卫生、创建文明县城的工作情况汇报》和《田东县1995年财政预算调整方案》的决议。1996年8月13日，第十九次会议通过《田东县关于“二五”普法规划实施情况和“三五”普法工作意见的报告》的决议。1996年9月23日，作出《田东县关于科技发展“九五”计划和2010年长远规划的决议》。1997年1月17日，第二十二次会议通过《田东县县城总体规划方案》的决议。1998年7月17日，第三十三次会议通过县人民政府《中华人民共和国土地管理法》《中华人民共和国森林法》《中华人民共和国环境保护法》《中华人民共和国治安管理处罚条例》执行情况汇报。

县第十二届人大常委会共举行常委会会议30次，依法审议并作出决议、决定23项。其间的1999年8月30日，第五次会议作出《关于县城街道命名的报告》决定。2000年11月30日，第十四次会议通过《田东县关于进一步加大“绿色工程”等六大工程建设实施力度的决议》。2001年3月15日，第十六次会议表决通过关于田东县县城房屋拆迁管理暂行办法的审查报告，决定批准县人民政府发布实施。

县第十三届人大常委会共举行常委会会议21次，作出决议、决定12项。其间的2002年11月28日，第一次会议通过《田东县2002年部门综合财政预算方案》决议。2003年5月22日，第四次会议审议通过《田东县关于进一步加强社会治安综合治理的决议》《田东县关于深入开展法制宣传教育的决议》。2004年5月13日，第九次会议通过《关于调整农业产业结构、增加农民收入的情况汇报》决议。2005年5月13日，第十五次会议作出《关于深入开展禁毒工作的决议》。

1989—2005年，县人大常委会还通过多项规章制度。县第九届人大常委会审议通过《田东县对本县司法机关的监督办法》《县人大常委会监督工作试行办法》《关于议事规则》《关于人事任免办法》《关于加强同人大代表联系、充分发挥代表作用、做好人大工作的制度》《乡镇人大主席团常务主席任务与职责》等制度。县第十一届人大常委会通过《田东县人大常委会议事规则》《田东县人大常委会审议意见督办反馈办法》《田东县人大常委会关于评选表彰优秀县人大代表的办法》《关于对被任命干部进行法律考试的制度》《关于宣传人民代表大会制度》《田东县人民代表大会常务委员会监督工作办法》《田东县乡镇人大工作考核评比办法》等。县第十二届人大常委会通过《田东县人大常委会议事规则》《田东县人大常委会组成人员守则》《田东县人大常委会主任会议制度》等。县第十三届人大常委会通过《田东县人大常委会信访工作办法》。

第五节　依法监督

代表视察

县人大常委会每年不定期组织人大代表进行调查研究，主要了解法律法规的实施情况，了解人民代表大会及其常委会决议、决定的贯彻执行情况，了解“一府两院”工作情况，了解人民群众的意见和要求等。据此，提出建议和意见。

1989年，县人大常委会组织以代表团为单位，对各乡镇村街、厂矿、企事业单位及学校开展视察活动。对群众普遍关心和意见较多的问题进行视察，比如农业方面的粮食生产及原料蔗砍运问题、温饱线下的群众生活安排问题、人畜饮水问题、土地山林纠纷问题、社会治安问题、教育卫生系统危房问题、街道建设问题、农民负担过多过重问题等。县人大常委会办公室将意见和建议综合汇编成《代表反映情况》，印发给县委、县人民政府、县人民法院、人民检察院及县直各部、委、办、局等单位和人大代表。

1991年，县第十届人大代表代表团分别开展视察活动，对农业、林业、政法公安、财贸、教育、环境卫生等提出意见和建议。县人大常委会将代表视察情况综合汇编成《代表反映情况》分发至县人民政府和各职能部门研究解决。比如作登瑶族乡训信村新蔗区种子问题、4个国有林场被附近村屯群众侵占问题等，都得到较好解决。

1994年，县人大常委会组织驻县直单位9名县人大代表，对二糖厂进行视察。各代表团通过采取走访座谈、听取汇报、现场视察等办法，对农业、林业、司法、财贸、文化教育、计生、城建环保等工作，给县人民政府提出80条意见和建议。

1996年，县人大常委会布置各代表团组织县第十一届人民代表视察市场培植、营商环境、造林灭荒、医疗卫生等事业，提出意见和建议。

1998年，县人大常委会布置各代表团组织代表视察和专题调查各1次，主要视察扶贫攻坚、精神文明建设、民主法制建设、勤政廉政建设、社会热点难点问题等等。视察代表参与率达90%，向各级人民政府提建议意见85条。

2000年，县人大常委会安排各代表团开展视察活动。乡镇代表团重点视察农业产业结构调整、基础设施建设、科教兴县战略、精神文明建设。县直代表团主要视察城镇建设、国有企业改革、个体私营企业发展情况、群众普遍关心的热点和难点问题。

2001年，县人大常委会组织（邀请）驻县的全国人大代表、自治区人大代表、县乡人大代表，对扶贫攻坚、产业结构调整、百里文明河谷建设、（田）东天（等）公路建设、南水北调工程建设等进行视察，对有关问题提出意见和建议。

2003年，县人大常委会组织代表视察退耕还林、县人民政府为民办10件实事情况，代表共提建议、意见20条。

2005年，县人大常委会组织人大代表视察县人民政府在十三届人大四次会议上提出为民办10件实事落实情况，代表共提建议、意见10余条。

法律监督

县第九届至第十三届人大常委会对县“一府两院”及相关部门贯彻实施法律法规情况进行监督检

查，纠正法律适用错误，提出意见和建议，推进宪法和法律在田东落到实处，落到细处。

1989—1990年，县第九届人大常委会对《中华人民共和国森林法》《中华人民共和国企业法》《广西壮族自治区水利工程管理条例》《中华人民共和国计量法》《中华人民共和国统计法》等法律、法规的贯彻落实情况进行检查。

1993年11月，县第十届人大常委会对《中华人民共和国义务教育法》《中华人民共和国企业法》《中华人民共和国药品管理法》《中华人民共和国著作权法》《广西壮族自治区人口与计划生育工作条例》《中华人民共和国归侨侨眷权益保护法》《中华人民共和国民族区域自治法》等法律、法规贯彻落实情况进行检查。

1993—1999年，县第十一届人大常委会对《中华人民共和国农业法》《中华人民共和国消费者权益保护法》《中华人民共和国环境保护法》《中华人民共和国统计法》《广西壮族自治区预算资金管理条例》《中华人民共和国警察法》《中华人民共和国劳动法》《中华人民共和国民族区域自治法》《中华人民共和国归侨侨眷权益保护法》《中华人民共和国渔业法》《中华人民共和国矿产资源法》《中华人民共和国产品质量法》《中华人民共和国产品质量监督管理条例》《中华人民共和国农业技术推广法》《中华人民共和国土地管理法》《中华人民共和国科技进步法》《中华人民共和国民事诉讼法》《中华人民共和国森林法》《中华人民共和国治安管理处罚条例》《中华人民共和国义务教育法》《广西壮族自治区实施〈中华人民共和国义务教育法〉办法》《广西壮族自治区建设工程质量管理条例》《中华人民共和国促进科学成果转化法》《中华人民共和国水土保持法》等法律、法规的贯彻执行情况进行检查。

1999—2002年，县第十二届人大常委会对《中华人民共和国残疾人权益保障法》《中华人民共和国义务教育法》《中华人民共和国村民委员会组织法》《中华人民共和国母婴保健法》《中华人民共和国著作权法》《中华人民共和国职业教育法》《中华人民共和国行政处罚法》《中华人民共和国档案法》《中华人民共和国水土保持法》《中华人民共和国产品质量法》《中华人民共和国城市规划法》《中华人民共和国土地管理法》《中华人民共和国食品卫生法》《中华人民共和国消防法》《中华人民共和国矿产资源法》等法律实施情况进行检查。

2002—2005年，县第十三届人大常委会对《中华人民共和国民族区域自治法》《中华人民共和国水法》《中华人民共和国建筑法》《中华人民共和国工业企业法》《中华人民共和国工会法》《中华人民共和国人口与计划生育法》《中华人民共和国国防法》《中华人民共和国档案法》《中华人民共和国气象法》《中华人民共和国食品卫生法》《中华人民共和国消防法》等法律实施情况进行检查。

第六节　代表议案

每届县人民代表大会会议，均有代表提出议案建议、批评或意见。议案审查委员会对它们进行审查，并向大会作议案审查情况的报告。人民代表大会闭会后，会议秘书处按照分级负责、归口办理原则，将它们转给有关部门办理。要求承办单位务必于闭会之日起3个月内，最迟不得超过6个月办理完毕，并将办理结果向县人大常委会报告。县人民政府、各承办单位高度重视，均在规定的期限内完成代表建议办理工作，并书面答复代表。

1989年，县九届人大第三次代表会议其间，代表提出各种批评、建议意见共135件。县人大常委会召集县人民政府、有关职能部门进行研究，落实处理131件，对暂时无条件解决的问题，责成专人向代表答复。

1991年，县十届人大第二次代表会议其间，收到代表议案185件，其中农业方面79件，工业交通方面27件，财贸方面18件，文教卫生方面25件，政法方面11件，其他25件。会后，及时转给承办单位研究处理。有些问题涉及面广，主管部门解决不了的，如乱砍滥伐国有林木问题，县人民政府组织工作组深入林区解决、制止，对各封山育林区配备护林员，印发《关于保护森林资源，加快林业发展步伐的布告》，按森林法及有关政策规定严格处理违法者，刹住了乱砍滥伐歪风。

1992年，县第十届人大第三次会议其间，共收到代表议案103件，其中水电方面32件，交通方面16件，财政、教育、林业等方面共55件。比如要求提高村公所定工干部工资标准、维修龙马村蔗区公路、拨款修复县城至坡塘乡电话线、加快坡塘乡3.5万伏输变电线路工程建设等。对此，县人民政府逐项研究给予解决。比如从1993年1月起，适当提高村公所干部工资，村党支书和村长每人每月增发11元，其他每人每月增发9元。同年底，103件提案全部办理完毕，并全部答复代表。

1994年，县第十一届人民代表大会第二次会议其间，收到代表议案50件。有关部门暂时不能解决的，将理由答复代表。对“切实抓好减轻农民负担”这个议案，县人民政府组织各乡镇、经营站、民政、财政、武装部、教委办等部门，开展农民负担专项审计工作。

1999年，县第十二届人民代表大会第一次会议其间，收到代表议案60件。会后，县人大常委会召开代表建议交办会，列出重点督办建议，确定承办单位。在县人民政府及有关部门办理代表建议过程中，县人大常委会多次召开主任会议，听取各工委督办情况汇报，加大督办工作力度。各有关部门均在规定的时限内将代表议案办理完毕，并书面答复代表本人和报告县人大常委会，代表感到满意。

2003—2004年，县第十三届人民代表大会第二至第三次会议期间，共收到议案（均转为建议）和建议230件，均交由县人民政府办理。县人大常委会强化督办，各有关部门均按要求办理，并分别书面答复代表。

2005年，县第十三届人民代表大会第四次会议其间，代表共提建议119件。县人大常委会多次召开会议听取县人民政府关于办理人大代表议案、建议、批评和意见的情况报告。同年底，一件件落到实处，一项项书面答复代表。

第七节　人大宣传

县人大常委会重视人大制度宣传，加强宣传队伍、宣传阵地和宣传制度建设。聘请干部群众为人大制度宣传员，规定县、乡两级人大都要设立固定的宣传栏，确定每年的9月为人大制度宣传活动月，定期出版《田东人大工作》简报，制定宣传人大工作和人大代表先进事迹的奖励制度。

1993—1999年，共有70余篇稿件被《广西人大》《公安时报》《人民代表报》《广西民族报》《右江日报》《百色人大》等报纸杂志刊用。

2000—2001年，有60多篇稿件被《广西人大》《右江日报》等报纸杂志采用。录播15集《人大代表风采》电视专题片。聘请山歌手，深入乡镇巡回宣传人大制度。

2002年，加强通讯员队伍建设，每年举办一到两次的业务培训。在县有线电视台上开设“常委会会议专题报道”和“人大代表风采”专栏，多角度、全方位宣传县人大常委会依法行使职权的经验和各级人大代表履行职责的事迹。

2002—2005年，在《人民日报》《广西日报》《右江日报》《广西人大》《百色人大》等报刊及人民网、中国人大新闻网发表有关人大信息新闻369条。同年，县人大常委会在自治区、市召开的人大制度宣传工作会议上分别作典型发言。

第二章　人民政府

田东县人民政府成立于1949年，至2005年，历经13届。第九届至第十三届田东县人民政府实行集体领导、个人分工负责制，县长负责全面工作，副县长负责分管各项具体工作。县人民政府工作一般事项和问题由县长或分管副县长决定，重大事项和问题必须经县人民政府常务会议、政府全体会议或县长办公会议讨论决定。同时，县人民政府依法行政，做好规范性文件的起草、修改和清理，办理行政案件和行政复议与应诉，监督行政执法。

历届县人民政府根据县委的决策，坚持以经济建设为中心，先后组织实施农业、工业、商业、财税、教育、卫生等体制改革，开展扶贫攻坚，发展民营企业，改善民生，推进社会和谐发展，全县经济社会各项事业持续全面、健康、快速发展。2005年全县地区生产总值29.36亿元，是1989年的11倍；财政收入4.01亿元，是1989年的8.6倍；农民人均年纯收入2113元，是1989年的6.8倍；城镇居民人均可支配收入7424元，是1989年的24.18倍。当年，田东县被自治区党委、自治区人民政府授予“全区县域经济发展十佳进步县”称号，全县综合实力居全区13位，提前完成“十五”计划确定的各项任务指标。

1989—2005年，田东先后获得全国体育先进县、全国科技进步先进县、国家星火西进科技示范县、全国劳务输出大县、全国创建文明村镇工作先进县、全国扫盲先进县、自治区保险先进县、全区“两基”工作先进县、全区农村劳动力转移就业工作示范县、全区城市市容市貌和环境综合整治“南珠杯”竞赛活动先进城市等称号。此外，被列为“中国芒果之乡”、全国第一个农业信息进村入户示范县、全国农技推广创新典型示范县、全国第二批创建无公害农产品生产基地示范县和全国园田化建设示范县。

第一节　机构

领导机构

1949年12月19日，成立田东县人民政府。1954年8月，改称田东县人民委员会。1968年3月，成立田东县革命委员会。1980年12月，撤销革命委员会，恢复田东县人民政府名称，为县人民代表大会的执行机关和国家行政机关。对县人民代表大会和上级国家行政机关负责并报告工作。县人民政府领导组成人员经县人民代表大会选举产生或县人大常委会任命。第九届至第十三届县人民政府共任命县长9人次，副县长64人次，其中挂职副县长20人。

1989—2005年田东县人民政府县长、副县长名单表

表5-2-1

届别	职务	姓名	性别	民族	政治面貌	籍贯	任职时间
第九届	县　长	黄冠平	男	壮	中共党员	广西都安	1987年10月至1990年7月
	代县长	滕忠均	男	壮	中共党员	广西田东	1990年8月至1990年9月
	副县长	韦元光	男	壮	中共党员	广西田东	1987年10月至1990年9月
		韦奔波	男	汉	中共党员	广西横县	1987年10月至1990年9月
		甘当藩	男	汉	中共党员	海南海口	1987年10月至1990年9月
		滕忠均	男	壮	中共党员	广西田东	1987年10月至1990年9月
第十届	县　长	黄定嵩	男	壮	中共党员	广西贵港	1990年10月至1993年9月
	代县长	罗凤鸣	女	壮	中共党员	广西田东	1993年10月至1993年11月
	副县长	罗琼政	男	壮	中共党员	广西田阳	1990年10月至1993年11月
		甘当藩	男	汉	中共党员	海南海口	1990年10月至1993年7月
		田　清	女	汉	中共党员	河北省	1990年9月至1993年7月
		黄灿辉	男	汉	中共党员	广西田东	1990年10月至1993年11月
		梁善宁	男	汉	中共党员	广西横县	1991年10月至1993年11月
		陈积光(挂职)	男	汉	无党派	广西北流	1991年12月至1993年11月
		李光佩	男	壮	中共党员	广西田东	1993年3月至1993年11月
		罗凤鸣	女	壮	中共党员	广西田东	1993年7月至1993年11月
		钟超诚	男	汉	中共党员	广西百色	1993年9月至1993年11月
第十一届	县　长	罗凤鸣	女	壮	中共党员	广西田东	1993年12月至1998年10月
	代县长	谭锡春	男	汉	中共党员	广西陆川	1998年8月至1998年12月
	副县长	韩元利	男	汉	中共党员	广西田东	1993年12月至1996年5月
		黄灿辉	男	汉	中共党员	广西田东	1993年12月至1998年9月
		韦利平	男	壮	中共党员	广西都安	1993年12月至1998年9月
		梁善宁	男	汉	中共党员	广西横县	1993年12月至1998年9月
		李光佩	男	壮	中共党员	广西田东	1993年12月至1995年5月
		钟超诚	男	汉	中共党员	广西百色	1993年12月至1998年9月
		黄植勉	男	壮	中共党员	广西田东	1994年5月至1995年5月
		曹　凌	男	汉	中共党员	湖南长沙	1995年3月至1998年12月
		赵宗勃(挂职)	男	汉	中共党员	山东省	1995年12月至1997年3月
		谭锡春	男	汉	中共党员	广西陆川	1996年3月至1998年12月
		洪秋江(挂职)	男	汉	中共党员	福建省	1996年5月至1997年3月
		谭　峰	男	壮	中共党员	广西环江	1996年7月至1998年9月
		罗金英	男	壮	中共党员	广西田东	1997年5月至1998年8月
		张宇航(挂职)	男	汉	中共党员	广东广州	1997年6月至1998年6月
		曾纪芬(挂职)	男	汉	中共党员	江西吉安	1997年11月至1999年10月
		赵　伟(挂职)	男	汉	中共党员	广西钦州	1998年5月至1999年4月
		刘少军(挂职)	男	汉	中共党员	湖南省	1998年6月至1998年12月

续表5-2-1

届别	职务	姓名	性别	民族	政治面貌	籍贯	任职时间
第十二届	县　长	谭锡春	男	汉	中共党员	广西陆川	1999年1月至2002年9月
	代县长	王西冀	男	汉	中共党员	广西阳朔	2002年9月至2002年10月
	副县长	曹　凌	男	汉	中共党员	湖南长沙	1999年1月至2001年8月
		霍云涛	男	壮	中共党员	广西平果	1998年9月至2002年10月
		蒋正辉	男	汉	中共党员	广西田林	1998年9月至2002年10月
		罗冬印	女	壮	中共党员	广西田东	1998年9月至2002年11月
		卢以华	男	汉	无党派	福建省	1998年9月至2002年11月
		曾纪芬(挂职)	男	汉	中共党员	江西吉安	1999年1月至1999年10月
		刘少军(挂职)	男	汉	中共党员	湖南省	1999年1月至2002年10月
		辛荣宁	男	壮	中共党员	广西田东	2001年4月至2002年11月
		古培康(挂职)	男	汉	中共党员	广西南宁	2000年7月至2001年7月
		韦胜福(挂职)	男	汉	中共党员	广西百色	2001年8月至2002年9月
		罗绍英	男	苗	中共党员	广西隆林	2001年8月至2002年10月
		王西冀	男	汉	中共党员	广西阳朔	2002年9月至2002年10月
		施治忠	男	壮	中共党员	广西田林	2002年9月至2002年10月
		玉云峰	男	汉	中共党员	广西田东	2002年9月至2002年10月
		李新桃	男	汉	中共党员	广西田林	2002年9月至2002年10月
		覃梅华	女	汉	无党派	广西田东	2002年9月至2002年10月
第十三届	县　长	王西冀	男	汉	中共党员	广西阳朔	2002年11月至2006年7月
	副县长	施治忠	男	壮	中共党员	广西田林	2002年11月至2005年1月
		玉云峰	男	壮	中共党员	广西田东	2002年11月至2006年7月
		李新桃	男	汉	中共党员	广西田林	2002年11月至2006年10月
		辛荣宁	男	壮	中共党员	广西田东	2002年11月至2006年10月
		覃梅华	女	汉	无党派	广西田东	2002年11月至2006年10月
		周煦(挂职)	男	汉	中共党员	广西田东	2003年6月至2005年6月
		苏维平(挂职)	男	汉	中共党员	广西陆川	2004年6月至2007年6月
		常运涛(挂职)	男	汉	中共党员	广西恭城	2004年6月至2007年6月
		陆丽(挂职)	女	汉	中共党员	广西武鸣	2004年6月至2007年6月
		黄永才	男	汉	中共党员	广西田东	2005年1月至2006年10月
		谭成文(挂职)	男	汉	中共党员	河北省	2006年5月至2007年5月
		韦晓东	男	壮	中共党员	广西靖西	2006年7月至2006年10月
		伍奕蓉	女	汉	中共党员	广西北流	2006年7月至2006年10月
		林群英	女	壮	无党派	广西田阳	2006年7月至2006年10月
		冯光伟(挂职)	男	汉	中共党员	广西南宁	2006年7月至2007年5月
		马善团(挂职)	男	汉	中共党员	广西南宁	2006年7月至2007年5月
		时　峰(挂职)	男	汉	中共党员	山东省	2006年7月至2007年5月
		韦秉仕(挂职)	男	汉	中共党员	广西河池	2006年7月至2007年5月

工作机构

1989年，田东县党政群工作机构共设置54个，其中县委工作机构7个，县人民政府工作机构33个，军事组织机构1个。

1990年，县人民政府设44个行政单位，事业单位11个。自治区、百色地区直属的事业单位3个，企业单位9个。此机构沿至1991年。

政府工作机构 1992年，县人民政府设置正科级行政单位有：县人民政府办公室、计划委员会、经济委员会、经济体制改革委员会、科学技术委员会、乡镇企业委员会、计划生育委员会、老龄工作委员会、体育运动委员会、民族事务委员会、农业委员会、财贸委员会、城市建设委员会、信访办、编制局、人事局、劳动局、监察局、审计局、土地利用管理局、档案局、教育局、卫生局、法制局、民政局、文化局、广播电视局、农业局、水利电力局、林业局、畜牧水产养殖局、农机局、工业局、交通局、矿产资源管理局、二轻工业局、财政局、税务局、工商行政管理局、粮食局、医药局、商业局，外贸局、物资局、供销合作总社、环境保护局、统计局、物价局、公安局、司法局，共50个。

1993年12月，县人民政府机构共设有76个委、办、局、行、社，13个乡镇人民政府。县直76个办事机构中，政府口28个，农委口9个，经委口12个，财委口17个，计委口8个，科委口2个，属正科级行政单位53个，正科级事业单位14个，区地直管正科级企业单位9个。正科级乡镇单位中，乡人民政府11个，镇人民政府2个。

1994年，田东县人民政府设工作机构有政府办公室、信访办公室、老龄委员会、民族语言办公室、经济开发办公室、县志办公室、经济研究中心、经济体制改革委员会、计划生育委员会、民族事务委员会、民族宗教局、编制局、人事局、劳动局、监察局、土地利用管理局、审计局、档案局、教育局、卫生局、法制局、残联、农业委员会、农业局、林业局、水利电力局、畜牧水产养殖局、农业区划办公室、农业机械化管理局、气象局、经济委员会、糖业办公室、工业局、二轻工业局、交通局、乡镇企业委员会、技术监督局、矿产资源管理局、黄金局、港务局、公路局、财贸委员会、财政局、地方税务局、国家税务局、工商行政管理局、粮食局、商业局、外贸局、医药局、供销合作总社、计划委员会、城乡建设委员会、统计局、物价局、物资局、农村抽样调查队、环境保护局、文化局、科学技术委员会、广播电视局、公安局、司法局、调处办公室。

1995年，田东县人民政府设工作机构有政府办公室、信访办公室、老龄工作委员会、民族语言办公室、经济开发办公室、县志办公室、经济研究中心、体制改革委员会、计划生育委员会、民族事务委员会、民族宗教事务管理局、编制局、审计局、监察局、土地利用管理局、教育局、卫生局、人事局、档案局、法制局、民政局、残联、农业委员会、农业局、林业局、水利电力局、畜牧水产养殖局、农业机械化管理局、气象局、农业区划办公室、水果办公室、科学技术委员会、经济委员会、糖业办公室、工业局、二轻工业局、交通局、乡镇企业委员会、技术监督局、矿产资源管理局、黄金局、港务局、公路局、广播电视局、公安局、司法局、土地山林纠纷调查处理办公室、财贸委员会、财政局、地方税务局、国家税务局、工商行政管理局、粮食局、商业局、外贸局、医药局、供销合作总社、计划委员会、城乡建设委员会、劳动局、统计局、物价局、环境保护局、农村抽样调查队。

1996年，县人民政府工作机构23个，即县人民政府办公室、计划局、农业局、教育局、公安局、民政局、财政局、卫生局、计划生育局、审计局、工商行政管理局、统计局、人事局、交通局、司法局、建设局、林业局、水利电力局、劳动局、科学技术局、经济贸易局、乡镇企业管理局、粮食局、地方税务局（不计机构个数）、监察局（不计机构个数）。

2002年，田东县进行机构改革，改革后县人民政府工作机构20个，即县人民政府办公室、发展计划局、经济贸易局、教育局、科学技术局、公安局、监察局（与县纪律检查委员会合署办公，不占机构个数）、民政局、司法局、财政局、人事劳动和社会保障局、国土资源局、建设局、交通局、农业局、林业局、水利电力局、文化体育局、卫生局、计划生育局、统计局。议事协调机构1个，即县扶贫开发领导小组办公室。设13个乡镇机关，即平马镇、祥周镇、思林镇、祾午镇、林逢镇、布兵镇、义圩镇、那拔镇、坡塘乡、朔良镇、作登瑶族乡、印茶镇、江城镇。

2004年下半年，田东县进行新一轮机构改革。政府工作机构改革主要内容：原在县委统一战线工作部挂牌的县宗教事务办公室更名为县人民政府宗教事务局，仍在县委统一战线工作部挂牌。将县发展计划局改组为县发展和改革局，在县发展和改革局保留县物价局牌子及印章；将县经济贸易局的工业产业政策组织实施、技术改造投资管理、推进技术进步、重要工业品和原材料进出口计划编制等职能，以及县人事劳动和社会保障局的分配、社会保险政策研究和体制改革职能，划入县发展和改革局，县发展和改革局增加研究全县性经济体制改革和对外开放的重大问题、组织拟订全县综合性经济体制改革方案、指导和推进全县经济体制改革等职能。保留完善县经济贸易局，不再保留在县农业局挂牌的县乡镇企业管理局，其职能、人员并入县经济贸易局，将县经济贸易局原承担的部分职能以及县农业局的乡镇企业管理职能进行整合，组建新的县经济贸易局。县安全生产监督管理局由县经济贸易局管理部门改为县人民政府工作部门，机构规格由副科级升格为正科级；县计划生育局更名为县人口和计划生育局；县水利电力局更名为县水利局；县文化体育局更名为县文化和体育局；县侨务办公室在县人民政府办公室挂牌；县新闻出版管理办公室在县文化和体育局挂牌；设置县人民防空办公室，为县国防动员委员会的常设办事机构，是县人民政府主管人民防空工作的职能部门；设置县信息化工作办公室，为县信息化工作领导小组的常设办事机构，是县人民政府信息化工作的主管部门。改革后县人民政府工作机构设置21个，议事协调机构设置3个，共24个。改革前列入县人民政府工作机构但不计机构个数的3个保持不变。2005年，政府工作部门24个。

直属事业机构 正科级事业单位有14个：县志编纂委员会办公室、民族语言办公室、贫困地区经济开发办公室、技术监督局、经济研究中心、残疾人联合会、科学技术协会、农业区划办公室、糖业办公室、农村抽样调查队、土地山林纠纷调查处理办公室、公路段、交通稽查所、气象局。并设有自治区、百色地区地直管的县邮电局、人民银行、工商银行、农业银行、建设银行、保险公司、烟草专卖局、盐业局、石油站等9个正科级企业单位。

双重领导单位 1994年以后，田东县双重领导单位有9个，即人民银行田东县支行、农业银行田东县支行、工商银行田东县支行、建设银行田东县支行、保险公司田东支公司、烟草专卖局、盐业局、邮电局、田东石油站。

乡镇政府 1989—1992年，县人民政府下属机构有平马镇人民政府、祥周乡人民政府、林逢乡人民政府、思林镇人民政府、作登瑶族乡人民政府、印茶乡人民政府、江城乡人民政府、义圩乡人民政府、朔良乡人民政府、坡塘乡人民政府、那拔乡人民政府、布兵乡人民政府、祾午乡人民政府，共13个正科级机构。

1996年，为理顺党政关系，精兵简政，提高效率，重点转变政府职能，田东县实施县、乡党政机构改革。田东县设乡镇机关13个，即平马、祥周、思林、祾午、林逢、布兵、义圩、那拔、坡塘、朔良、作登、印茶、江城。

2005年，广西进行乡镇行政区划改革，田东县撤并布兵镇、祾午镇、坡塘乡，分别并入祥周镇、林逢镇、思林镇。县人民政府下辖的乡镇人民政府由13个变成10个，即平马镇人民政府、祥周镇人民政府、林逢镇人民政府、思林镇人民政府、作登瑶族乡人民政府、印茶镇人民政府、江城镇人民政府、朔良镇人民政府、义圩镇人民政府、那拔镇人民政府。

县人民政府办公室

1989年，县人民政府办公室（简称县人民政府办）为协助县人民政府领导处理县人民政府日常工作的正科级行政机构，办公地址位于平马镇人民路66号。

1999年，县人民政府办设秘书股、综合股、保卫股、车管股，核定编制42名（行政编制30名，事业编制12名）。年末实有在职39人，其中县长1人，副县长5人。调研员3人，县长助理2人（其中1名兼任扶贫办主任，不占县人民政府办公室编制）；县人民政府办公室主任1人。副主任4人（含1人挂职），秘书8人（含借调5人），工作人员17人。在职干部职工中，大学文化11人，大专15人，中专1人，高中8人，初中4人。

2000年，县人民政府办内设机构、领导配备与1999年相同，实有在编40人。办公室配主任1人，副主任4人（含1人挂职），秘书6人，工作人员20人。在职干部职工中，大学以上文化11人，大专16人，高中8人，初中4人。

2001年，县人民政府办设秘书股、综合股、保卫股、车管股，核定编制42名，其中行政编制30名，事业编制12名。年末在编人员42人，其中县人民政府县长1人，副县长6人，县长助理2人，调研员3人；县人民政府办主任1人，副主任6人，其他干部职工23人。

2002年，机构改革，县人民政府办设秘书股、综合股、保卫股、车管股，核定编制24名（其中行政编制17名，事业编制7名）。年末在编人员20人，其中主任1人，副主任3人，干部职工16人。

县人民政府办历任主任：黄树胡（1988年7月至1990年10月）、唐上斌（1990年10月至1991年10月）、黄绍广（1991年10月至1993年12月）、罗秉明（1993年12月至1997年9月）、林世辉（1998年1月至2003年5月）、黄树才（2003年5月至2005年6月）、陆汉明（2005年6月至2005年12月）。

第二节　重要会议

县长办公会议

县长办公会议由县长、副县长、县人民政府办公室主任和相关各局（委）局长（主任）组成，必要时政府办分管副主任也可参加。根据需要，不定期召开县长办公会议，对工农商学兵、政财文等各项工作作出具体部署和安排。重大问题决定后形成文件发至县直各单位及乡镇人民政府，指导全县工作。

1999年1月，田东县第十二届人民政府全体成员
（县委宣传部提供）

1989年，召开8次县长办公会议，其主要内容有：讨论落实1988年度目标管理责任制的奖罚问题，研究各乡镇的考核内容和办法；讨论决定定向代培生、作登水电站管理体制、成立长期防汛指挥部、改革全县电力发和供管理体制问题等事项；研究新糖厂立项、乡村电话线路回收管理问题、改燃节能问题等事项。

1990年，召开7次县长办公会议，其主要内容有：研究1989年蔗糖生产先进集体（个人）给予授奖、召开1989—1990年榨季生产总结表彰会以及人口普查工作等事项；讨论中学收取危房修缮费、有关单位要求拨款补助搞各项基建等事项；研究改进政府会议制度、经费开支预算、小塘区总体规划、经营液化气等事项。

1993年，召开6次县长办公会议，其主要内容有：讨论拨给聘请农民技术员生活补助费、解决扶养弃婴经费问题；讨论研究第三产业普查问题，讨论研究实行分税制、建立平马巡警大队、成立平马交警中队议题等事项。

1995年，召开4次县长办公会议，其主要内容有：讨论决定1996年公费医疗管理办法、成立水利电力总公司、右江矿务局兼并那读煤矿等事项；讨论决定国有工业企业激励约束机制、成立“县牧渔业有限责任公司”、举办第二届运动会问题、提高民办代课教师待遇等事项；讨论决定集资市场交易点确定、县酒厂兼摩擦厂等事项。

1998年，召开4次县长办公会议，其主要内容有：讨论建材市场、水源、土地转让问题，讨论国内外客商投资的优惠政策；讨论火车站大道建设、田东二中运动场的土地、城东建材市场整顿及集中经营、下岗职工生活保障、成立监察大队等事项；讨论成立县公共汽车公司、环城路、南水北调、安居工程（广场建设）、坡圩电站前期工作等事项。

2000年，召开5次县长办公会议，会议主要内容有：讨论研究延长农村土地承包期、田东至巴马公路建设拆迁费用、创办田东县第四小学、提高农业技术推广人员生活待遇、县城新逸路建设、县城区垃圾中转站建设等事项；讨论县体育馆建设、城镇公共消防栓安装与维修等事项；讨论《田东县国民经济与社会发展第十个五年计划实施意见》等事项。

2002年，召开4次县长办公会议。讨论按差额拨给县人民医院、县中医院职工工资财政补助、人民广场建设、县工业园（区）规划、接纳广州市黄埔区产业结构调整转移等事项；研究蔗糖业发展问题、县城环卫保洁工作问题，地区汽车运输有限责任公司田东分公司实行改制、资产产权转让和土地使用权出让问题；讨论旧城区改造暨古庙商业步行街建设、县供水公司划归县水利局管理、增加安全生产监管工作人员等事项。

2004年，召开9次县长办公会议，议题主要有：讨论研究县物资总公司炸药仓库搬迁、办理义圩金矿采矿证、群众在项目区内抢耕抢种开荒、广西英镑铝工业精加工项目征地办法等事项；研究关于终止劳动合同人员、粮改前已离开企业人员的经济补偿等问题，研究关于退休人员、离岗退养人员的生活费等事项。

2005年，召开7次县长办公会议，会议议题有：讨论研究提高城镇居民最低生活保障标准、增强县城治安巡逻队、百通世界项目工程建设、龙须河饮水治旱扶贫工程贷款等事项。

政府全体会议

2003—2005年，县人民政府根据工作需要召开政府全体会议，讨论、分析、研究年度主要工作运行情况及部署下一阶段工作任务。

2003年6月6日，县第十三届人民政府召开第一次全体会议。会议分析全县1—5月经济运行情况，并对今后的工作作具体部署。讨论制定《田东县人民政府工作规则》。

2004年3月25日，县第十三届人民政府召开第二次全体会议。总结第一季度工作，讨论《关于加快政府管理创新和职能转变的若干规定》。会议指出，县人民政府组成人员是全县工作的组织者、执行者和落实者，要统一思想，明确任务，统筹兼顾，求真务实，创新工作，狠抓工作落实。

2005年3月14日，县第十三届人民政府召开第三次全体会议。会议强调要切实改进政府工作作风，提高行政能力，树立高效、廉洁的政府新形象。

政府常务会议

2004年以后，县人民政府研究解决全县重大问题主要是召开县人民政府常务会议决定。县人民政府常务会议一般每个月召开一次或多次，由县长主持，或县长委托常务副县长主持，副县长、政府调研员、县长助理参加会议。根据工作需要可间断或临时决定召开，县人民政府办公室主任或副主任列席会议并做记录。研究或讨论有关部门工作时，相关部门主要领导可列席会议，并作相关工作汇报。

2004年，县人民政府共召开10次政府常务会议，会议议题主要有：研究《政府工作报告》《田东县2004年财政收支预算方案》《田东县2004年计划修建的10栋教学楼基础工程方案》等事项；研究《关于清理整顿县城违法建筑物的决定》《县政协调研组关于右江灌区田东片农田灌溉问题建议案》《关于建立田东县职工医疗保险计算机网络管理系统的请示》《田东县招商引资奖励办法》《田东县招商引资考评办法》《国家交通部对田东县革命老区农村公路建设实施方案》等事项；研究《调整火车站大道建设用地》《田东县财政收支预算调整方案》《田东县城东新区开发建设方案》等事项；研究新型农村合作医疗制度实施办法及基金补偿细则等事项。

2005年，县人民政府共召开12次政府常务会议，会议议题主要有：研究《田东县2005年财政收支预算方案（草案）》《政府工作报告（讨论稿）》等事项；研究《田东县行政过错责任追究制度》《中油广西田东石油化工总厂有限公司有关土地使用权转让》《提高田东县城镇居民最低生活保障标准》《增加县城治安巡逻队》等事项；研究《2005年乡镇及县直单位目标管理责任制考评办法》《县国土资源管理体制改革》《广西登高集团有限公司要求投资兴建朔良镇那色水电站》等事项；研究《田东石油公司与县土产日杂果品公司无偿调换部分土地》《关于县重点项目领导办公室隶属管理问题》《村级兽医防治员补助》等事项；研究《田东县国民经济和社会发展第十一个五年规划纲要报告》、2006年财政收支预算方案等事项。

政府工作会议

2003—2005年，田东县人民政府根据工作需要，不定期地召开政府工作会议，研究、部署各项工作。

2003年，召开政府工作会议5次，其中包括召开2003年工作会议，就财税、安全生产、扶贫、民政、项目建设、科教文卫、计划生育、工业和企业改制、旧房改造等工作进行部署；召开农业农村工作会议，召开对外开放工作会议，召开经济工作会议等等。

2004年，召开政府工作会议5次，其中包括召开全县领导干部会议，部署当年经济工作，表彰一批专业技术拔尖人才；召开党风廉政建设工作会议，总结、部署全县党风廉政建设工作；召开农村公路建设动员大会，部署全县农村公路建设工作等等。

2005年，召开政府工作会议8次，其中包括召开经济工作会议，总结2004年全县经济工作，部署2005年经济工作；召开农业农村工作会议，总结过去工作，部署2005年的农业、农村工作；召开村村通广播电视工作会议，部署村村通广播电视工作，县人民政府与各乡镇签订责任状，县广播电视局与各乡镇文化电视站签订责任状；召开整村推进扶贫开发工作会议，部署全县整村推进扶贫开发工作，县人民政府与坡塘等10个乡镇签订整村推进工作责任状；召开全县深化农村信用社改革暨增资扩股动员大会，县人民政府与平马、祥周、林逢等乡镇签订责任状，等等。

第三节　施政纪略

第九届人民政府（1989—1990年）全面发展农村经济，深化企业改革，抓好扶贫和救灾工作，严格控制人口增长，加强法制建设和社会治安。全县政治安定团结，经济发展，社会稳定，国民经济朝着好的方向发展。1990年，国民收入21042万元，工农业总产值18004万元。粮食总产量达117227.5吨，甘蔗总产量达111929吨。财政收入继续增长，金融形势稳定，财政收入2659万元，银行存款余额14521万元。市场物价平稳，城乡人民生活进一步提高，全县社会商品零售额完成14095万元，全县人均有粮达316千克，农民人均年纯收入315.27元。

第十届人民政府（1991—1993年）主要政务有七个方面。一是抓农业基础设施建设，抓好农田基本建设，改善水利灌溉条件。1993年，全县新灌溉面积140.67公顷，改善面积174公顷，恢复灌溉面积75.33公顷，改造中低产田240公顷。大力开展科技兴农活动，引进推广水稻新品种和垄作栽培技术，做好病虫鼠害的综合防治。抓畜牧水产养殖业，1993年肉类总产量达9196.64吨，水产品1018吨。二是调整产业结构，发展开发性农业。派出县直30个单位到各乡镇搞农业综合开发，相继成立各种经济实体。乡镇企业发展较快，新上一批短平快项目，获得自治区乡镇企业二等奖。三是抓好工业生产，集中精力上一批项目。在县城东郊建立经济开发区，作为外引内联工业基地。国家计委把田东第二糖厂列为广西1993年6个新开工重点项目之一。四是搞好财贸金融工作。1993年年末，存款余额22365万元，发放农业贷款3229万元，外贸出口1255.13万元。五是抓好扶贫开发工作。1993年，解决9919名贫困人口和1.14万头牲畜饮水难问题，投资18.6万元建设那拔茶厂。六是搞好社会治安综合治理，促进社会治安好转。七是科、教、文、卫、体等事业持续发展，其中连续五年被百色地区评为体育工作先进县。

第十一届人民政府（1994—1998年）主要政务有四个方面。一是抓经济体制改革。全县经济运行平稳，经济质量不断提高。1997年粮食总产量超过历史最高纪录，在百色地区率先跃进全区水果基地县行列。企业改革不断深化，1996年全县工业总产值首次超过农业总产值，成功组建广西田东制糖有限责任公司，化工二厂生产活性白土获1996年全国新产品交易金奖。乡镇企业发展速度快、效益高，是历史上发展速度最快的时期，1994年和1995年总收入连续2年翻番，思林造纸厂生产的瓦楞纸获蒙古国际博览会金奖。非公有制经济增长较快，个体工商户和私营企业由1993年的5067户增加到1998年9月的9335户。田东华瑞有限责任公司是全区有名的科技型私营经济实体，私营企业登高电站是全国最大的私营水电站。二是抓扶贫攻坚，提前一年实现基本解决群众温饱目标。以大石山区为主战场，坚持开放式扶贫，实行就地开发与异地开发相结合，实施支柱产业带动、能人带动、科技带动、部门带动和河谷带动，实行领导包乡、单位包村、干部包户的责任制，动员社会各方面力量参与，从根本上改善贫困山区的生产、生活条件。三是创建文明县城，以整治“脏、乱、差”为突破口，实行分段管理和“门前五包”（包卫生、包绿化、包市政公用设施、包建筑物容貌、包秩序）制度，县城文明程度大大提高。四是坚持为民办实事。1994—1998年，集资3635万元，共新建中小学教学楼、宿舍楼92栋，建筑面积92870平方米，超过1994年前10年全县中小学新建校舍面积的总和。开通BP机、大哥大和15000门程控电话，沟通信息，促进经济发展。安装82个地面卫星接收站，丰富人民文化生活。建成广西县级最大的金穗农贸市场和11个乡村农贸市场，促进商贸流通和市场繁荣。建成田东县文化娱乐中心，文化基础设施得到进一步加强。建成田东县科研基地，填补百色地区科研基础设施的空白。

第十二届人民政府（1999—2002年）主要政务有七个方面。一是进行国有企业改革。推行县人民政府领导分别挂点联系企业项目制度，在县国有企业中推行公开招聘厂长、经理，促进县属国有企业制度改革。二是推广新农业技术。提出“三田”（吨粮田、吨糖田、万元田）建设，推广水稻旱育稀植和抛秧技术。三是发展非公经济。树立“人人都是投资环境，处处都是开放形象”“外来投资者都是田东的主人”“让老板发财，求田东发展”观念，清理不合理收费项目，遏制“三乱”行为，改善投资环境，推动非公经济发展。四是调整农村产业结构。稳糖抓钱，大胆调出部分田地发展甘蔗、香蕉、蔬菜等优势产业。2002年，建立4666.67公顷香米生产基地，8666.67公顷良种甘蔗，8000公顷香蕉，1.33万公顷蔬菜。五是加强基础设施建设。人民广场、城西防洪排涝工程、英雄公园竣工使用。完成县城电视主干线改造，实现全县城乡电视联网。不断完善农村水、电、路、通信和教育、文化、卫生等基础设施建设。六是推动工业化进程。依托国有企业和资源优势，发展煤炭、电力、建材和农副产品深加工工业。以龙头企业带动行业发展，以行业发展推动产业升级，以产业升级促进经济发展。果柳电站、思林纸厂扩建、东泥公司扩建、二糖厂技改项目（从日榨2300吨扩大到2700吨）竣工投产。田东电厂2×13.5万千瓦技改项目，田东石化总厂系列改造项目（年产2万吨活性白土、3万吨常减压装置加热炉改造、2万吨催化裂化改造）和右江矿务局年产30万吨保群煤矿项目建设开工。七是加快城镇化建设。做好县城规划编制工作，实施“一年小变化、三年中变化、十年大变化”的“三变”工程，全县城镇、村庄逐步美化亮化净化。

第十三届人民政府（2003—2005年）主要政务有五个方面。一是抓项目建设。东泥股份公司技改、田东南华糖业公司扩建、新火电厂建设、中油田东石化总厂100万吨炼油厂扩建、登高集团年产200万吨水泥厂、中信大锰年产2万吨电解锰、金荣纸业公司扩建、环城一级公路、祥周至德保公路、高速公路田东段、巴马平田至林逢岩锯公路、平马至仑圩公路等一批重大项目建成或扎实推进。全县总投资额在1000万元以上重大项目达135个，全社会固定资产投资累计完成45.16亿元，是“九五”时期的5倍。在百色率先实现“乡乡通油路”和“村村通公路”目标，形成“一小时经济圈”，全县公路总里程达1300千米，公路里程数居全市第一。完成城乡电网改造工程，实现城镇农村电力同网同价。实施“村村通”广播电视工程，电视收视人口综合覆盖率达80%以上。电话、移动通信行政村覆盖率达100%。以农技110为中心，电话网、有线电视网、互联网为支撑的“三网一体”农业信息网络不断健全，一批重点水利、国家立项农业综合开发、节水灌溉工程建设步伐加快。二是抓改革开放。县属工业企业改制基本完成，一批沉积多年困扰企业发展的难题得到解决，企业活力和发展后劲不断增强。推进农村改革，落实农业“三补一免”（直接补贴、良种补贴、农机购置补贴、减免农业税）政策，完成乡镇撤并工作，完成农村税费改革。建立政府偿债准备金，防范和化解财政风险，共消化历年财政赤字1150万元，偿还历年工程欠款3200万元。政府集中采购节约资金487万元，节约率8.1%。改革行政审批制度，减少行政审批事项226项。对外开放向深度和广度拓展，不断优化投资环境，被评为2005年浙商（省外）投资潜力城市。三是抓城镇建设。完成新一轮县城和祥周、思林、朔良、义圩等重点镇的总体规划及控制性详细规划的修编。百里文明河谷创建活动、旧房改造、东宁路改造、百通世界、田东商都、经济适用住房小区、高速公路进城大道、华瑞大道、城东新区等项目积极推进。农村人口向城镇转移速度加快，县城区面积9平方千米，人口9.8万人。乡镇建设和小康示范村建设步伐加快，小城镇的承载功能和辐射能力增强。四是抓科教文化卫生事业。教育基础设施、职业教育、高中教育和幼儿教育快速发展，免除义务教育阶段学生学杂费，为全县小学生免费发放教科书。科技对经济增长贡献率不断提升，获“全国科技进步先进县”等称号。卫生基础设施明显改善，公共卫生体系和突发应急救治机制健全，成功抗击“非典”疫情，新型农村合作医疗参合率不断提高。文化体育事业日益繁荣，成功举办第四届县运会，获“全国体育先进县”称号。落实农村计划生育奖励扶助制度，连续获得“全区计划生育工作达标先进县”称号。五是抓民生改善。社会保障体系日益完善，城镇登记失业率控制在3.5%以内。企业离退休人员养老金按时足额发放。提高村干部工资和城镇居民最低生活保障标准，为百岁老人发放生活补助金，落实乡村医生、村级兽医员防治补助待遇，财政全额资助全县绝对贫困农村人口参加新型农村合作医疗。实施贫困村“整村推进”扶贫开发工作，为贫困村建设一批基础设施项目。深入实施“农民下山进城入谷”工程，多渠道增加农民收入。

第四节　依法行政

机　构

1991年1月18日，成立田东县法制局，属县人民政府工作部门，核定机关行政编制为2名，主要负责政府行政复议、应诉工作。

1997年7月，更名为田东县人民政府法制办公室（简称县法制办），行政编制核定为3名，其中主任1人，挂靠县人民政府办公室。

2000年，县法制办编制4名，在职3人，其中主任1人，副主任1人，干部1人。从2002年起聘请中级律师2人担任县人民政府法律顾问。

2005年，从县人民政府办公室调整2人到县法制办工作，并由县人民政府办公室1名副主任联系县法制办，以加强政府法制工作。

规范性文件的起草、审查修改和清理

县法制办要求，县级规范性文件不能超越上位法规定及自行设定行政许可，制定单位严格按照规定起草规范性文件。审查县人民政府和政府各部门拟制的以政府名义下发的各类规范性文件是否符合法律、法规的规定。对违背法律、法规和部门之间的文件存在矛盾的，予以废止或修改。对各类规范性文件，定期进行清理。1998—2005年，起草和审查修改规范性文件219份。

2002年，县法制办做好加入世贸组织清理政策措施工作，全面清理全县1980年以来制定的政策措施，对与社会主义市场经济和世贸组织规则要求不相符的90多份政策措施，宣告失效或停止执行。

2004年7月，《中华人民共和国行政许可法》开始施行。田东县成立贯彻实施行政许可法工作领导小组，出台《田东县清理行政许可项目规定和实施主体工作方案》。经清理，由县人民政府实施的行政许可项目有26项，县直26个单位实施的有266项，各乡镇实施的有7项。

行政诉讼案受理

1990年10月1日，《中华人民共和国行政诉讼法》实施。县法制办参与办理县人民政府及其所属部门的行政案件，起草和修改法律文书。1991—2005年，县法制办参与办理行政案件66件，起草和修改法律文书46件。

行政复议与应诉

行政复议　1999年10月1日，《中华人民共和国行政复议法》（以下简称《行政复议法》）开始施行。县人民政府是行政复议机关，县法制办是县人民政府的法制工作机构，负责具体办理行政复议事项。当年受理行政复议案1件。

2000年，《行政复议法》全面实施。当年，受理行政复议案10件，其中维持4件，撤销2件，撤回申请2件，作其他处理2件。

2001年，受理并审结行政复议案7件，涉及宅基地使用权、林木所有权、幼儿教育机构设置、治安管理等方面。经复议，维持行政机关具体行政行为的2件，变更原具体行政行为2件，撤销1件；被申请人改变原具体行政行为后，申请人撤回申请1件；经审查不符合受理条件不予受理1件。

2002—2005年，受理行政复议案件25件，均为县人民政府依法对土地、林地权属进行确认的具体行政行为而被申请复议，除3件在年底才收到申请以外，其余22件均审结。经复议，给予维持3件。

行政案件应诉 1999年，县法制办代理县人民政府应诉行政诉讼案16件，终审判决全部胜诉。

2000年，代理县人民政府应诉行政诉讼案8件，民事诉讼案2件。如广西西部矿业集团百色发展有限责任公司诉田东县人民政府兼并合同纠纷一案，诉标达130万元，县法制办充分做好应诉工作。后来，百色地区中级人民法院审理此案，田东县人民政府胜诉，避免经济损失130万元。

2001—2005年，代理县人民政府行政应诉案61件（次）。行政应诉主要是县人民政府在履行对土地、森林、水资源等自然资源确权职责时，一方当事人不服提起的诉讼。县法制办开展应诉工作，判决维持57件（次）。

行政执法检查

1999年，县法制办开展多项执法检查工作。参与减轻农民负担、档案法、土地法等行政执法检查。到13个内联企业、38个私营企业和30个个体工商户，进行调查了解是否存在“吃、拿、卡、要”问题，为县人民政府决策提供依据。

2000年，履行政府法制监督职责，对各乡镇人民政府及县直各行政执法部门进行行政执法监督检查。先后开展《中华人民共和国行政处罚法》《中华人民共和国档案法》执法检查，开展贯彻执行《中华人民共和国行政诉讼法》《中华人民共和国行政处罚法》《中华人民共和国国家赔偿法》《中华人民共和国行政复议法》及其配套法律法规检查。此外，对县土地局、县建设局、县交通局、县环保局等进行经常性的执法监督和指导。

2001—2005年，对各乡镇人民政府和县直各行政执法机关推行行政执法责任制情况进行考核评比，开展《中华人民共和国档案法》执法检查，参加全县农民负担执法检查等。对全县各行政执法单位的行政执法人员颁发行政执法证514本，使各行政执法机关的行政执法人员做到执证上岗，亮证执法。

2003年12月4日，田东县开展法制宣传活动

（县法制办提供）

法制培训

为提高执法部门的法律知识水平，增强依法行政意识，县法制办多次举办法制

培训班。1999—2005年，先后举办《中华人民共和国行政复议法》《中华人民共和国行政诉讼法》《中华人民共和国行政处罚法》《中华人民共和国国家赔偿法》《中华人民共和国行政许可法》等一系列法律法规专题学习讲座，邀请上级法律专家授课，参加培训的执法人员达2200多人次，为全县营造了良好的法治环境。

行政执法协调

1996—2005年，县法制办共参与“三大纠纷”（集体所有土地、山林、水利的所有权和使用权的争议案件）行政调处案件88件。

1999年，配合县调处办、土地局、林业局等有关部门调解怀民村那料屯与上法村上法屯的土地纠纷，林逢镇的檀河、公靖、福兰3个村之间的土地纠纷，祥周村12组与22组的水塘纠纷，牛行村第3组与赖某某在南华公园旁的土地纠纷等6起。同时，还协调处理4件国家赔偿案件、县公共汽车公司车辆被扣及罚款申诉、县搬运公司土地使用权申诉等。

2000年，参与协调处理祥周镇联雄村六栋屯与岩七屯土地权属纠纷案件、县磨料厂职工安置、县搬运公司退休职工申诉等，均较好地解决了问题。

2001年，参与调结土地、山林、水利纠纷案41件，解决争议土地面积0.29万公顷。协调处理县机械厂职工安置、县物资总公司炸药仓库搬迁选址问题，以及西南大市场、十里莲塘、县城过境一级公路、田东至天等公路等项目建设过程中的法律问题。

2002—2005年，参与调处土地、山林、水利纠纷案16件，解决争议土地0.15万公顷。与有关部门一起做好右江矿务局总部新址征用土地工作，调处好县酒精厂劳资纠纷，参与江城锰矿矿山整治和江那移民开发区前期工作。

第三章 人民政协

1987—2005年，中国人民政治协商会议田东县委员会（简称政协田东县委员会）历经第二、三、四、五、六届委员会，共召开全委会议18次，常务委员会会议71次，对全县大政方针以及政治、经济、文化、社会生活中重要问题进行协商讨论，发表意见，提出合理化建议，对全县一些重大决策工作起到完善、促进作用。历届政协委员共提出提案2083件，经审查立案1980件，办复1879件，办复率94.9%。对办理不满意的提案，督促承办单位“二次办案”“二次答复”。开展民主监督，推动宪法、法律和法规正确实施，以及重大方针政策的执行，推动机关及其工作人员改进工作作风。围绕县委、县人民政府中心工作参政议政，为田东建设出谋划策。突出团结和民主两大主题，积极履行政治协商、民主监督、参政议政职能，为维护和发展安定团结的政治局面，为推进物质文明、政治文明、精神文明协调发展发挥积极作用。此外，还开展视察和调研、史料征集、“三胞”亲属联谊、为民办实事好事等活动。

第一节 机构

政协田东县委员会

1984年11月7日，政协田东县委员会成立，办公地址在平马镇庆平路东园巷3号。1987—2005年，政协田东县委员会历经5届，即第二届1987年11月至1990年9月、第三届1990年9月至1993年11月、第四届1993年11月至1999年1月、第五届1999年1月至2002年10月、第六届2002年10月至2006年10月。政协田东县委员会由委员、常务委员会和主席、副主席组成，每届委员会设立专门委员会，日常工作由政协办公室处理。每届政协委员会全体会议听取政协委员会工作报告、提案情况报告，每届委员会第一次会议选举产生新一届委员会常务委员会主席、副主席。

常务委员会

政协田东县委员会常设机构为常务委员会，经全体委员会议选举产生，由主席、副主席、秘书长和常务委员组成，在全体会议闭会期间，处理政协田东县委员会工作。第二届委员会设主席1人，专职副主席3人，兼职副主席1人，秘书长1人。第三届委员会设主席1人，专职副主席2人，兼职副主席2人，秘书长1人。第四届委员会设主席1人，专职副主席2人，兼职副主席1人，秘书长1人。第五届委员会设主席1人，专职副主席2人，兼职副主席3人，秘书长1人。第六届委员会设主席1人，专职副主席2人，兼职副主席2人，秘书长1人。第二至六届委员会累计选出主席5人次、副主席20人次（其中兼职副主席9人次），选出常务委员108人次。

1987—2006年政协田东县委员会主席、副主席名单表

表5-3-1

届别	职务	姓名	性别	民族	籍贯	政治面貌	任职时间
第二届	主　席	黄锦业	男	汉	广西田东	中共党员	1987年11月至1990年9月
	副主席	方深学	男	汉	广西平南	非中共人士	1987年11月至1990年9月
		黄汉平	男	汉	广西田东	中共党员	1987年11月至1990年9月
		韦汉朝	男	汉	广西武鸣	非中共人士	1987年11月至1990年9月
		黄广堂	男	壮	广西武鸣	非中共人士	1987年11月至1990年9月
第三届	主　席	廖汉杰	男	壮	广西田东	中共党员	1990年9月至1993年11月
	副主席	方深学	男	汉	广西平南	非中共人士	1990年9月至1993年11月
		黄汉平	男	汉	广西田东	中共党员	1990年9月至1993年11月
		黄广堂	男	壮	广西武鸣	非中共党员	1990年9月至1993年11月
		陆保红	女	汉	广西扶绥	非中共人士	1990年9月至1993年11月
第四届	主　席	韦元光	男	汉	广西田东	中共党员	1993年11月至1999年1月
	副主席	兰文举	男	瑶	广西田东	中共党员	1993年11月至1999年1月
		陆保红	女	汉	广西扶绥	非中共人士	1993年11月至1999年1月
		黄鸿琛	男	汉	广西苍梧	非中共人士	1993年11月至1999年1月
第五届	主　席	韦元光	男	汉	广西田东	中共党员	1999年1月至2002年10月
	副主席	罗有助	男	壮	广西田东	中共党员	1999年1月至2002年10月
		黄玉胜	男	壮	广西田东	中共党员	1999年1月至2002年10月
		陆保红	女	汉	广西扶绥	非中共人士	1999年1月至2002年10月
		阮廷世	男	壮	广西田东	非中共人士	1999年1月至2002年10月
		欧阳才	男	壮	广西田阳	非中共人士	1999年1月至2002年10月
第六届	主　席	罗有助	男	壮	广西田东	中共党员	2002年10月至2006年10月
	副主席	蒙耀茂	男	壮	广西田东	中共党员	2002年10月至2006年10月
		陆保红	女	汉	广西扶绥	非中共人士	2002年10月至2006年10月
		阮廷世	男	壮	广西田东	非中共人士	2002年10月至2006年10月
		李振朝	男	壮	广西田东	非中共人士	2002年10月至2006年10月

工作机构

1989年，县政协第二届委员会常务委员会设置政协办公室、学习委员会、提案法制委员会、文史资料委员会、经济委员会、科教文卫体委员会、民族宗教委员会、联谊委员会等8个室委，核定编制16名，实在职人员15人。1990年，县政协第二届委员会常务委员会对机构设置作了调整，设置政协办公室、提案工作委员会、经济科技工作委员会、文教卫体工作委员会、民族宗教联谊工作委员会。2002年，县政协第五届委员会常务委员会对机构设置又作了调整，设置政协办公室、经济科技与文教卫体专门委员会、法制提案与民族宗教联谊专门委员会。

历届委员专职主任名单及任职时间：提案工作委员会方深学（1988年9月至1990年12月）、韦汉朝（1990年12月至1993年10月）、韦兴果（1993年11月至1997年4月）、黄金锋（2001年7月至2002年3月）、李燕飞（2002年10月至2005年12月），经济科技工作委员会李冠毅（1988年9月至1990年12月）、方深

学（1990年12月至1993年10月）、黄光平（2003年9月至2005年12月），文教卫体工作委员会韦汉朝（1988年9月至1990年12月）、黄广堂（1990年12月至1993年10月）、罗忠良（1994年4月至1998年10月）、覃才祥（1999年3月至2002年3月），民族宗教联谊工作委员会黄汉平（1988年9月至1993年10月）。

第二节　政协委员

委员产生

1987—2005年，县政协第二、三、四、五、六届委员会在换届之前，都成立换届领导小组，由县政协主席、副主席及各有关单位一名领导组成筹备领导小组，专抓筹备的具体工作。根据《中国人民政治协商会议章程》和有关规定，党内的委员由县委组织部提名，党外的委员由县委统战部提名。之后，由政协常委会讨论确定委员名单，报中共田东县委审核后向社会公布。

委员构成

县政协第二届委员会委员　二届委员由17个界别组成，共127人，其中一届留任委员53人，新进委员74人。各界别人数：中国共产党9人，占总数的7.09%；共青团3人，占总数的2.36%；工会7人，占总数的5.51%；妇女联合会3人，占总数的2.36%；教育界22人，占总数的17.32%；科技界20人，占总数的15.75%；农林界11人，占总数的8.66%；文化体育界3人，占总数的2.36%；医药卫生界10人，占总数的7.87%；工商财贸界6人，占总数的4.72%；少数民族10人，占总数的7.87%；归侨、侨眷5人，占总数的3.94%；港澳台亲属6人，占总数的4.72%；民主人士2人，占总数的1.57%；新闻界1人，占总数的0.79%；宗教界2人，占总数的1.58%；特邀人士7人，占总数的5.51%。

委员中，中共党员48人，占总数的37.8%；妇女22人，占总数的17.32%；中专以上文化63人，占总数的49.6%；具有职业技术职称37人（其中高级称职2人、中级职称23人、初级职称12人），占总数的29.13%。

县政协第三届委员会委员　三届在二届基础上增设文化艺术界，界别总数为18个，委员总名额131名，比上届多4名。其中第二届留任委员32人，新任委员99人。各界别人数：中国共产党9人，占6.87%；工商界7人，占总数的5.34%；妇联3人，占总数的2.29%；特邀人士17人，占总数的12.98%；文化艺术界3人，占总数的2.29%；无党派人士4人，占总数的3.05%；新闻界1人，占总数的0.76%；港澳台亲属7人，占总数的5.34%；教育界20人，占总数的15.27%；医药卫生界9人，占总数的6.87%；宗教界2人，占总数的1.53%；农林界7人，占总数的5.34%；共青团3人，占总数的2.29%；科技界20人，占总数的15.27%；归侨、侨眷3人，占总数的2.29%；体育界1人，占总数的0.76%；工会6人，占总数的4.58%；少数民族9人，占总数的6.87%。

委员中，中共党员53人，占总数的40.46%，非中共党员78人，占总数的59.54%；妇女21人，占总数的16.03%；少数民族委员84人（其中壮族77人，瑶族7人），占总数的64.12%；大专以上文化55人，占总数的41.98%，中专、高中文化53人，占总数的40.46%；具有职业技术职称84人（其中高级职称4人，中级职称45人，初级职称35人），占总数的64.12%。委员的平均年龄为43.72岁。

县政协第四届委员会委员　四届委员由14个界别（方面）组成，共135人，其中第三届留任委员60人，新进委员75人。各界别（方面）人数：中国共产党9人，占总数的6.67%；经济界7人，占总数的总数5.19%；科技界20人，占总数的14.81%；科学技术协会3人，占总数的2.22%；教育界22人，占总数的16.3%；农林界6人，占总数的4.44%；工青妇17人，占总数的12.59%；医药卫生界12人，占总数的8.89%；工商界包括工商联4人，占总数的2.96%；少数民族7人，占总数的5.19%；宗教界2人，占总数的1.48%；港澳台亲属8人，占总数的5.93%；文化艺术界6人，占4.44%；特邀人士12人，占8.89%。

委员中，中共党员54人，占总数的40%，非中共党员81人，占总数60%，女委员31人，占总数的22.96%，少数民族委员88人（其中壮族78人，瑶族10人），占总数的65.19%，大专或大专以上学历的48人，占总数的35.56%；高中、中专以上学历的64人，占总数的47.41%；具有职业技术职称71人（其中高级职称12人，中级职称59人），占总数的52.59%。委员的平均年龄为41岁。

县政协第五届委员会委员 五届委员由16个界别组成，委员 总名额166名。各界别人数：中共界10人，占总数的6.02%；工会界5人，占总数的3.01%；共青团界6人，占总数的3.61%；妇联界5人，占总数的3.01%；工商联界6人，占总数的3.61%；文化、体育、艺术界6人，占总数的3.61%；经济界23人，占总数的13.86%；科技界14人，占总数的8.43%；科协界7人，占总数的4.22%；农林界9人，占总数的5.42%；教育界25人，占总数的15.06%；医药卫生界14人，占总数的8.43%；少数民族界8人，占总数的4.82%；港澳台侨属界8人，占总数的4.82%；宗教界3人，占总数的1.81%；特邀界17人，占总数的10.24%。委员中，妇女40人，占总数的24.1%。

县政协第六届委员会委员 六届委员由12个界别组成，委员总名额167名，其中第五届留任委员35人，新任委员131人（暂缺1名）。各界别人数：中共界15人（暂缺1人），占总数的8.98%；工青妇界15人，占总数的8.98%；宣传文体界8人，占总数的4.79%；工商界15人，占总数的8.98%；经济界20人，占总数的11.98%；科技界14人；占总数的8.38%；农林水界10人，占总数的5.99%；教育界21人，占总数的12.57%；医药卫生界12人，占总数的7.19%；民族宗教界9人，占总数的5.39%；港澳台侨界8人，占总数的4.79%；特邀界20人，占总数的11.98%。

委员中，中共党员65人，占总数的39.16%，非中共党员101人，占总数的60.84%；妇女50人，占总数的30.12%；少数民族委员127人，占总数的76.5%；具有大专以上文化程度的有109人，占总数的65.26%；中专（高中）文化程度的有51人，占总数的30.54%。委员的平均年龄为34.3岁。

1987—2005年政协田东县委员会委员情况一览表

表5-3-2　　单位:人

序号	组成界别	第二届	第三届	第四届	第五届	第六届	备注
1	中国共产党	9	9	9	10	15	—
2	工商界	6	7	11	29	35	含经济界
3	妇女联合会	3	3	14	5	15	—
4	文化艺术界	3	3	6	5	8	—
5	无党派人士	2	4	—	—	—	—
6	新闻界	1	1	—	—	—	—
7	教育界	22	20	22	25	21	—
8	医药卫生界	10	9	12	14	12	—
9	宗教界	2	2	2	3	9	—
10	农林界	11	7	6	9	10	—
11	共青团	3	3	3	6	—	—
12	科技界	20	20	23	21	14	—
13	港澳台属	6	7	8	8	8	—

续表5-3-2

序号	组成界别	第二届	第三届	第四届	第五届	第六届	备注
14	归侨侨眷	5	3	—	—	—	—
15	体育界	—	1	—	1	—	—
16	特邀人士	7	17	12	17	20	—
17	工会	7	6	—	5	—	—
18	少数民族	10	9	7	8	—	—
合计	界别	17	18	14	16	12	—
	委员	127	131	135	166	167	

第三节　政协委员会会议　其他重要会议

委员会会议

县政协委员会会议是履行政治协商、民主监督、参政议政职能的最高形式，一般情况下，县政协委员会会议每年举行1次。

第二届委员会会议（1987年11月至1990年8月）　第一次全体委员会议。于1987年11月9日至14日在田东县城召开，参加委员127人。会议听取和审议政协田东县第一届常务委员会工作情况报告；选举县政协第二届委员会主席、副主席和常务委员；通过会议的各项决议。会议以无记名投票方式，选举邓锦达等18人为政协田东县第二届委员会常务委员会委员，黄锦业为主席，方深学、黄汉平、韦汉朝、黄广堂为副主席。

1987年11月14日，政协田东县第二届委员会委员第一次会议合影　　（县政协办公室提供）

1990年9月23日，政协田东县第三届委员会第一次会议全体委员合影　　（县政协办公室提供）

第二次至第四次全体委员会议，分别于1988年3月20日至24日、1989年3月13日至15日、1990年3月5日至8日在县城召开。

第三次全体委员会议增选甘当藩、田清（女）、苏中龙、阮廷世为常务委员。

第三届委员会会议（1990年9月至1993年11月）　第一次全体委员会议。于1990年9月20日至23日在田东县城召开。参加会议委员131人。会议听取和审议政协田东县第三届委员会常务委员会关于今后工作的报告；学习中共中央文件和江泽民总书记的讲话精神；通过会议的各项决议。会议以无记名投票方式，选举廖汉杰等23人为政协田东县第三届委员会常务委员会委员，廖汉杰为主席，方深学、黄汉平、黄广堂、陆保红（女）为副主席。

第二次至第四次全体委员会议，分别于1991年3月27日至30日、1992年2月15日至17日、1993年3月13日至14日在县城召开。第三次全体委员会议增补政协委员11名。

第四届委员会会议（1993年11月至1998年12

月） 第一次全体会议。1993年11月19日至22日，政协田东县第四届委员会第一次全体会议在县城召开，参加委员135人。会议听取政协田东县第三届委员会常务委员会的工作报告；列席县人大第十一届第一次会议，听取和讨论田东县人民政府工作报告和其他有关报告；通过会议的各项决议。会议以无记名投票方式，选举韦元光等18人为政协田东县第四届常务委员会委员；韦元光为主席，兰文举、陆保红（女）、黄鸿琛为副主席。

1993年11月22日，政协田东县第四届委员会第一次会议全体委员合影 （县政协办公室提供）

第二次至第七次全体委员会议，分别于1994年3月28日、1994年11月4日、1995年3月28日至29日、1996年3月16日至18日、1997年3月19日至21日、1998年3月17日至19日在县城召开。第三次全体委员会议选举陶加保为政协田东县第四届委员会常务委员会委员、副主席。

第五届委员会会议（1999年1月至2002年9月） 第一次全体会议，于1999年1月5日至8日在县城召开。会议听取和审议政协田东县第四届委员会常务委员会工作报告；听取和审议政协田东县第四届委员会关于五年提案工作情况的报告；列席田东县第十二届人民代表大会第一次会议，听取和讨论田东县人民政府工作报告和其他有关报告；听取政协田东县第五届委员会第一次会议提案审查情况报告；通过会议的各项决议。会议以无记名投票方式选举产生韦元光等25人为政协田东县第五届常务委员会委员，韦元光为主席，罗有助、黄玉胜、陆保红（女）、阮廷世、欧阳才为副主席。

1999年1月8日，政协田东县第五届第一次全体委员合影 （县政协办公室提供）

第二次至第四次全体委员会议分别于2000年2月29日至3月2日、2001年1月15日至17日、2002年2月21日至23日在县城召开。

第六届委员会会议（2002年10月至2005年12月） 第一次全体委员会议于2002年10月19日至21日在县城召开。会议听取和审议政协田东县第五届委员会常务委员会工作报告；听取和审议政协田东县五届一次会议以来提案工作情况报告；列席田东县第十三届人民代表大会第一次会议，听取和讨论田东县人民政府工作报告和其他报告；听取政协田东县第六届委员会第一次会议提案审查情况报告；通过会议的各项决议。会议以无记名投票方式，选举产生罗有助等25名委员为政协第六届常务委员会委员，罗有助为主席，蒙耀茂、陆保红（女）、阮廷世、李振朝为副主席，黄炳龙为秘书长。

2002年10月19日，政协田东县第六届第一次会议全体委员合影 （县政协办公室提供）

第二次至第四次全体委员会议分别于2003年3月16日至17日、2004年2月25日至26日、2005年3月1日至2日在县城召开。

政协其他重要会议

政协田东县第二届委员会在1989—1990年期间，共召开全委会议2次，主席办公会议24次，常务委员会议8次。县政协领导参加县委、县人民政府召开的各种领导会议81次，主要对全县政治、经济、科学教育、文化卫生等重要问题进行协商。

政协田东县第三届委员会共召开全委会议4次，主席会议21次，常务委员会议22次。就全县的施政方针和关系人民生活的重大问题，向县委、县人民政府提出意见建议318条，被采纳288条。

政协田东县第四届委员会在重点调研、专题协商的基础上，召开常委会专门会议6次，对每年的政府工作报告、建立社会主义市场经济体制、制订国民经济和社会发展计划、加强精神文明建设、法制建设等重大问题提出意见建议。召开主席专门会议11次，围绕扶贫攻坚、下岗职工再就业、非公有制经济、农业产业化、社会治安、环境污染等提出相应的意见建议。通过各种专题协商会议以及列席县委、县人民政府有关会议，对重要问题进行协商讨论。举行迎香港回归座谈会，为香港、澳门、台湾同胞和海外侨胞到田东投资、旅游等牵线搭桥。

政协田东县第五届委员会组织委员就全县农业产业化、国有企业改革、商贸流通、农村合作医疗、减轻农民负担、增加农民收入、实施西部大开发等重大课题进行专题调研，先后召开全委会4次，召开主席会议48次，召开常委会15次，提出许多建设性的意见和建议。

政协田东县第六届委员会先后召开全委会5次，召开常委会议20次，召开主席会议35次，围绕县委、县人民政府中心工作、重大问题和重大事项进行集中协商讨论，建言献策，得到了县委和政府领导的肯定和赞同。

第四节　参政议政

提案办理

政协田东县第二届委员会在1989—1990年期间，共收到委员提案476件，经提案审查委员会审查后立案461件。承办单位以提高办案质量为中心，开门办理提案，联合办理提案，现场办提案，重点提案重点办理。办理函复452条。

政协田东县第三届委员会其间共收到委员提案410件，办复392件。通过开展督办、催办、联合办案、现场办案、跟踪办案等活动，加大催办、督办力度，促进承办单位提高办案质量，办复率100%，产生了较好的经济效益和社会效益。

政协田东县第四届委员会其间采取多种形式，鼓励和引导委员围绕县委、县人民政府中心工作，提出更多更好的提案，共收到委员提案518件，立案507件，不予立案作为人民来信处理的11件。采取召开交办会、主动上门走访督办催办等办法，加大催办、督办工作力度，密切与承办单位的联系和协作，推动承办单位办理好提案工作，办复率达100%。召开提案办理总结表彰会3次，表彰8个提案先进承办单位，并表彰一批先进委员。

政协田东县第五届委员会其间，紧紧围绕县委、县人民政府工作大局，组织和引导政协委员就群众普遍关心的热点、难点问题开展调查研究，撰写有情况、有事实依据、有科学分析和具体实施办法的高质量提案。先后收到委员提案380件，立案329件，召开交办会后，提案工委采取电话催办与登门协商督办、联合办案与现场办案相结合的办法，主动与承办单位领导联系协商、交换意见、互通情况，加大提案办理工作力度，办复率100%，委员满意率100%。

政协田东县第六届委员会共收到委员提案349件，审查立案320件。及时召开提案交办会，采取跟踪调查、联合办案、领导督办、协商座谈等方式，确保提案及时办理。针对落实难度大的提案，采取“两见面”（承办单来位在办理过程中，采取走出去或请进来的办法，与委员联系和交谈，听取意见，说明情况，共同探讨解决问题的办法）、“三结合”（邀请提案领衔人、部门负责人召开座谈会，协商对话，相互沟通，寻找解决问题的有效途径）的办法办理提案，坚持公开办案，提高提案透明度。对办理不满意的提案，督促承办单位“二次办案”或“二次答复”。办复297件，办复率92.8%。

考察调研

1989—2005年，不定期组织委员开展考察活动，在此基础上撰写调查、考察报告，为县委、县人民政府了解民情民意，掌握社会动态，进行决策和施政提供科学依据、有益参考。

政协田东县第二届委员会组织委员深入厂矿、学校和农村基层开展调查视察活动10次，了解春耕生产、林业和甘蔗生产情况、冶炼厂、铁合金厂、糖厂等工业生产情况。经过调查视察，写专题调查报告8篇。

政协田东县第三届委员会组织委员开展调查、考察11次，召开专题座谈会13次，撰写《关于搞好田东县农业和农村工作的建议》《关于抓好二糖厂工程的几点建议》等调查报告12份。

政协田东县第四届委员会组织委员开展调查、考察活动，反映社情民意信息4580条，配合有关部门帮助人民群众办实事765件。提案《关于切实做好果菜生产中的产、供、销服务工作的建议》引起县人民政府高度重视，列入议事日程，成立果菜产销领导小组和蔬菜生产办公室，由平马镇筹资200多万元建成城西果菜批发市场，促进了全县果菜生产的发展。提案《关于田东县企业生产现状与发展之浅见》被县委、县人民政府采纳，使全县企业生产转入正常发展轨道，有8家企业实现扭亏为盈。

政协田东县第五届委员会其间开展专题调研15次，形成调研报告48篇。调查报告《关于深化改革、促进国有林场经济发展的若干问题》，得到县委、县人民政府的肯定和采纳，同时得到百色地区林业局的肯定，并以文件转发到百色地区各县市借鉴参考。《当前田东县个体私营经济发展状况的调查》被纳入县委常委会议专题讨论。对《关于田东县城镇建设和管理问题的建议》，县委主要领导高度重视，专门召集有关职能部门进行研究，落实专人负责，对建议中的9条意见予以采纳落实。

政协田东县第六届委员会组织委员开展视察活动8次，主要是对右江百里文明河谷田东县的创建活动、旧房改造工程、北部山区退耕还林、田东至天等、田东至巴马公路建设、水利基础设施建设、重点工程开工进展情况进行实地视察，同时形成视察报告，为县委、县人民政府决策提供参考。组织政协委员开展专题调研活动30次，形成调研报告30篇，得到县委、县人民政府的肯定和采纳。《关于鼓励投资优惠办法问题的建议》被吸纳到县委、县人民政府出台的《田东县招商引资八不准》之中。《田东县干部队伍建设情况的调查》为开展“三个代表”重要思想学习教育活动和开展保持共产党员先进性教育活动，整顿干部作风提供重要依据。县人民政府召开常务会议，专题讨论和研究调研报告《万亩粮田撂荒，粮食安全需关注》，并加大对农业的投入，加强和改善农业基础设施建设，改变重点粮食生产区域用水困难的问题，确保粮食生产稳定。调研报告《道路安全和货车超载问题的调查》被全国政协办公厅单篇编报，供党和国家领导人参阅。

第五节 文史资料征集出版

政协田东县委员会成立后，一直把政协文史资料工作作为人民政协工作的重要组成部分来抓，成立机构，组织专门人员对全县的文史资料进行挖掘、抢救、整理、编撰。1989—2005年，共征集、编撰出版《田东文史资料》6辑，共104万字，收集了田东县政治经济、军事民政、教科文化、民族宗教、社会生活等史料，成为世人关注田东、了解田东、走进田东的一个窗口，充分发挥政协文史资料“存史、资政、团结、育人”的作用。

1989—1992年，出版《田东文史资料》第三、四、五辑，内容包括政治经济、军事民情、文化艺术、教育卫生、交通邮电、民族宗教、地域变更、社会生活、历史人物，共35篇28万字。这些文史资料赠送给社会各界阅读。

1997—1999年，征集和编辑《纪念抗日战争胜利50周年专辑史料》13篇4万余字。征集《民族风情录》33篇10万字。编撰出版《田东文史资料》第六、七、八辑，共54篇86万字。

2004年，与县电视台联合制作《政协委员风采录》，宣传10名委员的先进事迹。2005年后，收集、整理、编纂田东扶贫史。

田东县志（1989—2005）

第六篇

农林牧渔业

田东县是农业大县。1989年，全县农林牧渔业总产值7340万元，其中农业（种植业）产值4296万元，林业产值354万元，牧业产值1397万元，渔业产值66万元，副业产值1787万元。森林覆盖率16.4%。

20世纪90年代，在稳定和完善家庭联产承包责任制的基础上，田东不断调整农业产业结构，推动农林牧渔业朝着市场化、规模化、基地化、特色化、集约化、优质化、品牌化方向发展。调整种养结构，推广“三杂”（杂交水稻、杂交玉米、杂交畜种）品种和科学种养技术，加强“三田”（吨粮田、吨糖田、万元田）建设，香蕉、香米、香芒、香茶油、香猪、香鸭、香酒、香料等“八香”系列特色品牌名扬区内外。

2000—2005年，调整农业产业结构，大力推广先进适用栽培技术，引进推广农作物优良品种和畜禽品种，实施农业综合开发项目，农业产业化进程加快，初步建成香蕉、芒果、香米、甘蔗、竹子、速生桉、蔬菜等十大特色农业产业基地。与1989年相比，2005年，全县粮食总产量135103吨，增长27.36%；水果总产量98924吨，增长48.19倍；肉类产量38852吨，增长4.32倍；甘蔗产量1059410吨，增长9.36倍；农林牧渔业总产值143145万元，增长18.5倍。在林业方面，以实施生态公益林、退耕还林、珠江防护林、石漠化治理等林业生态工程建设为突破口，以发展松、杉、桉、竹等速生丰产林和发展芒果、油茶、板栗、三华李、酸梅等名特优经济果林为重点，实现了群山增绿、群众增收的目标。2005年，全县有林面积91857.1公顷，森林覆盖率44.6%。

第一章　管理

第一节　机构

县农村工作领导小组办公室

1989年，县农业委员会属正科级行政单位，办公地址位于平马镇人民路66号县人民政府大院内，核定编制7名，实有职工7人。1996年，撤销县农业委员会，设立农村工作领导小组办公室，为县人民政府常设议事协调机构，在县人民政府序列单设，实有职工10人。

2000年，县农村工作领导小组办公室在编6人，下辖县区划办、县农村经济经营管理站。2002年，县农村工作领导小组办公室并入县农业局，划归县农业局管理。

1985—2002年，县农村工作领导小组办公室（县农业委员会）历任主任：李修棒（1982年3月至1985年7月）、罗琼政（1985年7月至1990年9月）、黄以标（1990年9月至1995年3月）、曾华（1995年3月至2001年2月）、莫祖峰（2001年2月至2002年2月）。

县农业局

田东县农业局属县人民政府职能部门，正科级单位。1989年，设有局长室、办公室、财务室等办事机构。农业局办公地址田东县平马镇庆平街504号。下设农业技术推广中心、种子公司、水果生产办公室等3个事业单位。全县13个乡镇均设有农业技术推广站。

1992年，县农业局行政编制9名，技术人员有高级农艺师3人，农艺师25人，助理农艺师19人，技术员7人。

2005年，县农业局内设办公室、政策法规股、综合股、种植股，核定编制数12名，其中机关行政编制10名，机关后勤服务人员事业编制2名。下辖农业技术推广中心、种子公司、农业广播电视分校、农村经济经营管理站、农业区划委员会办公室等5个事业单位。

1989—2005年田东县农业局历任局长：危治初（1987年10月至1989年4月）、韦利平（1989年4月至1991年4月）、罗建猛（1991年10月至1993年12月）、阮雷平（1993年12月至1996年7月）、黄本龙（1996年7月至2005年12月）。

农业局下属事业单位

田东县农业技术推广中心　为副科级事业单位，内设农业技术推广站、土壤肥料工作站、农作物病虫测报站、植物检疫站、经济作物站等5个技术站。1989年，农业技术推广中心配备主任1人（由农业局局长兼任)，副主任4人。

1992年，核定编制数65名，实有在职干部职工66人，其中干部44人，工人22人。在职人员中，高级农艺师5人，农艺师24人，初级技术人员14人，职员1人。

2005年，核定编制数65名，在职干部职工65人，其中干部43人，工人22人。配备主任1人(由农业局局长兼任)，副主任2人。在职人员中，高级农艺师4人，农艺师23人，初级技术人员15人。

田东县种子公司 为副科级事业单位(企业管理)，1989年，配备经理1人，副经理3人。1992年，在职干部职工21人，其中农艺师7人，助理农艺师2人，技术员及其他12人。2005年，配备经理1人，副经理3人。当年末在职干部职工21人，其中农艺师7人，助理农艺师3人，技术员及其他11人。

田东县农业广播电视分校 为副科级事业单位，1989年核定编制2名，在职人数2人，其中校长1人(农业局局长兼任)、常务副校长1人。1992年有干部1人，工人1人。2005年核定编制2名，在职人数2人，其中校长1人(农业局局长兼任)、常务副校长1人。

田东县农村经济经营管理站 1989年核定编制数3名。1992年在职干部5人，其中农经师1人，助理农经师2人。2005年县农村经济经营管理站设站长1人，副站长1人。核定编制数5名，在职干部5人，其中经济师1人，助理经济师2人，职员2人。

县农业区划委员会办公室 1992年核定编制数3名，在编干部3人，其中工程师2人。2005年，核定编制数3名，在编干部2人，其中工程师1人，助理农艺师1人。

乡镇农业服务机构 1989—2004年，全县设有平马镇、祥周镇、布兵镇、林逢镇、祷午镇、思林镇、坡塘乡、作登瑶族乡、印茶镇、江城镇、朔良镇、义圩镇、那拔镇等13个乡镇农业技术推广站，实行以县农业局为主，以乡镇政府为辅的双重管理体制。

2004年2月，全县进行乡镇机构改革，各乡镇农业技术推广站和其他“七站八所”一起改为公益性服务组织，即成立乡镇农业服务中心，人员重新竞聘上岗，改由当地乡镇政府为主，以县农业局为辅的双重管理体制。

2005年，全县设有平马镇、祥周镇、林逢镇、思林镇、作登瑶族乡、印茶镇、江城镇、朔良镇、义圩镇、那拔镇等10个乡镇农业服务中心，每个乡镇有干部职工10~15人。

县林业局

田东县林业局是县人民政府的职能部门。1989年设局长室、秘书室、财务室、林业技术推广站、林政股、县林业公安股、森林病虫害防治检疫室、木材检查站等，下属单位有县森工站、小龙苗圃场、祥周林场、思林林场、百笔林场、紫胶林场和13个乡镇林业工作站。办公地址：平马镇庆平路东园巷5号。

1989年，县林业局设局长1人，副局长3人，干部职工48人，其中事业人员35人。全县林业系统共有干部职工591人；高级工程师1人，工程师11人，助理工程师31人，技术员30人。下属事业单位人员：祥周林场78人，思林林场111人，百笔林场104人，紫胶林场187人，13个乡镇林业工作站23人，森工站25人，小龙苗圃场25人。

1991年1月，田东县能源管理站由田东县农业技术推广中心的沼气办移交田东县林业局管理，更名为田东县能源管理站，隶属为林业局的二层事业机构，编制3名。1992年编制为5名。

1992年，县林业局设局长1人，党组书记1人，副局长3人，干部职工68人，其中事业人员52人。全县林业系统有干部职工598人；高级工程师1人，工程师12人，助理工程师32人，技术员32人。当年，县森工站更名为县木材公司。

1994年，县林业局内设办公室、财务室和林政股，设局长、党组书记各1人，副局长3人，编制13名，在职15人，其中干部13人，工人2人。下属机构31个：县防火办、县林业技术推广站、县林业公安股，祥周林场、百笔林场、思林林场、紫胶林场，县公安局祥周林场派出所、百笔林场派出所、思林林场派出所、紫胶林场派出所，紫胶林场职工子弟学校，县农村能源管理站，小龙苗圃场，县木材公司，仑圩木材检查站，绿纽木材检查站，祷午木材检查站，平马镇等13个乡镇林业工作站。林业系统总编制499名，在职559人，其中干部110人。

1998年，田东县林业局增设下属机构田东县森林病虫害防治检疫站。

2002年，县林业局内设办公室、财务室和林政股，设局长、党组书记各1人，副局长2人，编制9名，在职9人。当年，全县机构改革，13个乡镇林业工作站隶属各乡镇政府管理，不再隶属林业局管理。下属机构由2001年的32个减到19个，下属机构编制486名，比2001年少13名。在职410人，其中干部111人。

2003年，县公安局林业公安股更名为县公安局林业公安分局。撤销下属机构紫胶林场职工子弟学校，公办教师由县安排，有的转到紫胶林场派出所，有的调到县直学校；代课教师自谋职业。下属机构由2002年的19个减到18个，下属机构编制减到477名。

2005年，县林业局内设办公室、财务室和林政股，编制9名，在职10人。下属机构有18个：县防火办、县林业技术推广站、县公安局林业公安分局，祥周林场、百笔林场、思林林场、紫胶林场，县公安局祥周林场派出所、百笔林场派出所、思林林场派出所、紫胶林场派出所，县农村能源管理站、县森林病虫害防治检疫站，小龙苗圃场、县木材公司，仑圩木材检查站、绿纽木材检查站、祷午木材检查站。下属机构编制477名，在职357人，其中干部114人。

1989—2005年县林业局历任局长：黄海涛（1988年5月至1990年10月）、黄桂恒（1990年10月至2001年3月）、黄植郎（2001年3月至2006年12月）。

县农业机械化管理局

田东县农业机械化管理局（简称县农机局）是县人民政府管辖的正科级单位。1989年编制7名，配局长1人，管理干部5人。1992年增加1名兼职副局长，人员编制不变。下属机构有农机供应公司、农机技术推广站、农业机械化学校、农机安全监理站、机耕队，以及平马、祥周、林逢、思林、作登、印茶、朔良、义圩等乡镇农机管理服务站。农机系统干部职工由1989年的94人增加到1992年的105人。

1996年，县农机局核定行政编制7名，实有行政人员9人，配局长1人，副局长2人。下属单位有5个，其中县农机安全监理站和县农机技术推广站为全额拨款事业单位，干部职工分别为15人、9人；县农机校和农机综合开发站（原机耕队）为差额拨款事业单位，干部职工分别为14人、10人；县农机公司为企业单位，全县设8个乡镇农机管理服务站，在职干部职工40人。

1997年，县级机构改革，县农业机械化管理局改为县农机事业局，担负全县农机行业管理职能，内设政秘股（含财务）、农机管理股、科技教育股，核定事业编制8名。其下属二层机构有5个：县农机安全监理站和县农机技术推广站为全额拨款事业单位，县农机校和县农机综合开发站为差额拨款事业单位，县农机公司为企业单位。其下辖乡镇农机站有8个。全县农机系统干部职工由1992年的105人增加到1997年的146人。

1998年，县农机事业局实有人数11人，配局长1人，党组书记1人，副局长2人。新建布兵、祷午、坡塘、江城、那拔等5个乡镇农机站。全县13个乡镇均设立农机服务机构，定编64名，实有人员54

人，站址面积2437平方米，站房面积289平方米，固定资产64.58万元。县农机局下属二层机构保持5个不变，乡镇农机站增加到13个。全系统干部职工人数146人。全县年末农机生产人员、各类拖拉机手7549人，内燃机手3566人，农用汽车司机451人，农机修理人员130人，农机户10877户。当年6月1日，该局迁入办公综合楼办公，总建筑面积829.74平方米，改变了20多年办公场所陈旧的面貌。

2002年，全县机构改革，县农机事业局更名为县农业机械化管理中心，对外保留局的牌子和印章，是县人民政府主管全县农业机械化的直属事业单位，农机管理职能从微观的直接管理转向宏观的间接管理与调控。定事业编制8名，实在职9人，内设办公室、管理股、科教股。下辖农机安全监理站、农机技术推广站、农业机械化技术学校、农机综合开发站、农机供应公司5个二层机构。各乡镇农机管理服务站并入乡镇农业服务中心，人、财、物管理权归属乡镇人民政府，县农业机械化管理中心负责业务上的指导。机构改革后，农机系统有干部职工82人。

2005年，县农业机械化管理中心编制8名，实有在职9人，全县农机系统干部职工53人。

1989—2005年历任局长（主任）：欧阳猛（1987年10月至1993年12月）、黄炳功（1993年12月至2005年4月）、罗里宁（2005年6月至2005年12月）。

县水产畜牧兽医局

1981年5月，成立田东县畜牧水产养殖局，列入行政编制。同时将原来的田东县水产局撤销。田东县畜牧兽医站、水产公司、养鱼场和各公社畜牧兽医站为事业单位，属县畜牧水产养殖局直属机构。1986年，下辖县畜牧兽医站、县水产站、县种畜场、县鱼种场4个机构和乡镇畜牧兽医站。

1989年，县畜牧水产养殖局编制8名，实有人员8人，办公地址：田东县平马镇朝阳路10号。1992年全县畜牧水产系统干部职工143人。

2002年3月，县乡机构改革，田东县畜牧水产养殖局改为田东县畜牧水产管理中心，为县人民政府直属事业单位，对外保留县畜牧水产养殖局，行使畜牧水产行政职能，人员编制10名，在编7人。

2003年5月，田东县畜牧水产管理中心更名为田东县水产畜牧兽医局，是县人民政府下属职能事业局，行使水产畜牧行政职能。2005年，该局事业编制11名，在编11人。

1989—2005年历任局长（主任）：辛恩忠（1987年10月至1990年10月）、罗秉明（1990年10月至1993年12月）、凌文煊（1993年12月至1999年10）、谭福业（2001年3月至2006年12月）。

县水产畜牧兽医局下属事业单位

二层机构　1984年，田东县畜牧水产养殖局二层机构设置5个单位：田东县畜牧兽医站、田东县畜禽改良站、田东县畜牧水产服务中心、田东县水产技术推广站、田东县畜牧养殖场。1986年，成立田东县渔政管理站，隶属县畜牧水产养殖局事业单位，编制3名。

1990年经调整后，县兽医站编制15名，畜禽改良站编制15名，水产服务中心编制8名，水产技术推广站编制3名，养鱼场编制17名，渔政管理站编制4名，牧草站编制4名。

1992年，成立田东县畜牧兽医技术服务中心，县畜牧兽医站、品种改良站、畜牧水产中心站、牧草站等4个单位同时撤销。

2005年，县水产畜牧兽医局下设二层机构有县畜牧曽医技术服务中心（对外保留县畜牧兽医站、县畜牧水产服务中心站、县畜禽品种改良站、县饲料牧草站、县曽医卫生监督所）、县水产技术推广站、县渔政管理站和县水产养殖场。

乡镇兽医站 1990年，全县13个乡镇兽医站编制为30名，为事业单位编制。2002年3月，各乡镇畜牧兽医站并入乡镇农业服务中心，归当地乡镇人民政府管理，县畜牧水产管理中心负责业务工作的指导。

2003年5月，恢复乡镇畜牧兽医站，同时核定全县乡镇畜牧兽医站编制数为50名，人员编制数从各乡镇农业服务中心原有人员编制数中划出。2005年，全县有13个乡镇畜牧兽医站，在职干部职工50人，其中畜牧兽医师8人，助理畜牧兽医师40人，技术员2人。

第二节　体制改革

家庭联产承包责任制

1980年，田东县农村实行家庭联产承包责任制，土地经营权为15年，农民获得长期稳定的土地经营权，享有充分的生产经营自主权，广大农民的生产积极性得到极大地调动，农业和农村发生历史性变化。

1989年，继续推行家庭联产承包责任制，实行“五不变”，即以家庭经营为基础的联产承包责任制长期不变，原生产队的生产资料、公共财产和积累的所有权不变，原生产队债务归属不变，原来已经签订的各项承包合同和土地承包不变，农民生产经营的自主权和自置的生产资料所有权不变。全县辖13个乡镇，总人口36.9万人，其中农业人口32.65万人，农村劳动力14.75万人，占农业人口的45.18%，从事农、林、牧、渔的农村劳动力14.3万人，占农村劳动力的96.95%。有农业户68275户，应承包耕地面积19.5万公顷，实际承包耕地面积19.5万公顷。土地承包期间，因家庭变迁、人口变动等情况，土地使用权可转让给他人承包，公购粮由双方协商，签订转让承包合同，合同书由村民委员会、村民小组、乡镇政府、粮食管理部门和财政所公证。第一轮土地承包经营一直坚持到2000年。

2000年，进行第二轮土地承包工作，按照“大稳定、小调整”的原则，继续延长土地承包期30年不变。承包期间，承包户土地使用权所承包的面积可依法经营使用，所有权属仍归集体所有，承包户不得毁坏和买卖，不得在承包的土地上非法建屋和改变为非农用地。当年，全县签订土地延包合同61906户，占应签订合同户数的82.22%，发证到农户53504户，占应发证书75296户的71.1%。

2005年3月，依照农业部颁布的《农村土地承包经营权流转管理办法》，田东县农村土地承包经营权遵循平等协商、依法、自愿、有偿的原则，规范有序地进行流转，依法形成的流转关系，受到法律保护。2005年，全县家庭承包经营户75296户，承包耕地面积2.2万公顷，流转土地3333公顷。全县全部完成签订土地延包合同共75296户。

农村税费改革

1989年，田东县农村继续征收农业税、农林特产税、耕地占用税、生猪屠宰税以及“三提五统”（主要是用于农村和乡镇的各项公益事业费用，“三提”即公积金、公益金、管理费三项村级提留款，“五统”即教育附加、计划生育费、民兵训练费、民政优抚费、民办交通费等五项乡镇统筹款）等各项税费。农业税、农林特产税、耕地占用税由财政部门征收。农村“三提五统”由各乡镇人民政府在粮食入库时一起征收，征收标准各不相同。农村学生在开学时，统一征收民办统筹费，主要用于支付各乡镇民办教师和代课教师的工资，每学期每生收多少，按各乡镇实际需要而定。1990—1996年，全县农业人口按上年人均纯收入的2%计征农村教育事业费附加，农村“乱收费、乱摊派、乱罚款”现象较为严重。为此，县人民政府开展多次清理，农民负担有所减轻。

1997年，田东县下发《关于实行农民负担监督管理四项制度的通知》，在各乡镇开展推行“四项制度”（即农民负担预决算制度、农民负担监督卡制度、提留统筹资金统一管理制度、农民负担专项审计制度）工作。

2000年，开展农民负担监督管理工作，全县取消违规收费项目28项，减轻农民负担86.5万元。农民人均减轻负担2.6元。清退临时代课教师37人，精简村组干部48人。

2002年，贯彻“一项制度八个禁止”（执行农民负担的预决算制度，禁止平摊农业特产税、屠宰税，禁止一切要农民出钱、出力、出工的达标升级活动，禁止一切没有法律法规依据的行政事业收款，禁止面向农民的集资，禁止各种摊派行为，禁止强行以资代劳，禁止在村里招待下乡干部、取消村组一级招待费，禁止用非法手段向农民收款收物），取消公安、计生、劳动和社会保障等部门不合理收费7项。

2003年4月14日，田东县召开农村税费改革动员大会，部署全县农村税费改革工作。全县确定的农业税及附加任务339.5万元，减轻农民负担418万元。税改前农民人均负担76.26元，税改后农民人均负担34.37元，减少41.89元，减负率54.93%。推行“三个取消，两个调整，一项改革”的农村税费改革工作，即取消乡镇统筹费、农村教育集资费等专门面向农民征收的行政事业性收费和政府性基金及集资，取消屠宰税，取消统一规定的农村劳动积累工和义务工；调整农业税和农业特产税政策；改革农村提留征收使用办法，停止征收“三提五统”。2005年，全县全面取消农业税。

2004—2005年，田东县贯彻落实《中共中央国务院关于促进农民增加收入若干政策的意见》《中共中央国务院关于进一步加强农村工作提高农业综合生产能力若干政策的意见》文件精神，对种粮农民实行直接补贴，进行良种补贴，农民得到实惠，一定程度上调动了农民种粮积极性，确保了粮食供应。

农产品行业协会中介组织体制

自1995年开始，随着各项产业的逐步扩大，田东县积极探索农民自我生产、自我服务、自我发展、自我管理的有效途径，在相关产业中成立产业协会，由协会来规范生产，统一价格，拓宽销售渠道增加农民收入。2005年年底，全县共成立56个协会，其中注册23个。

农业生产结构调整

20世纪80年代，废止人民公社“队为基础、三级所有”管理体制，建立家庭联产承包责任制，农业生产得以迅速发展。1989年，全县农林牧渔总产值中，农业产值占71.48%，林业产值占4.58%，牧业产值占22.77%，渔业产值占1.17%。生产活动以单一的农业（种植业）为主，粮食作物、经济作物、其他作物播种面积比例为86.8∶12∶1.2，农作物播种面积中86%是粮食作物，粮食作物中59.6%是稻谷，经济作物面积较小，其他作物面积更小。

1995年，在种植业方面，调减了粮食作物种植面积，经济作物中甘蔗生产发展较快，蔬菜、水果等经济效益高的作物比重仍较小，合理的粮经种植结构格局尚未形成，粮食作物、经济作物、其他作物播种面积比例为60.07∶27.01∶12.92。在畜牧业方面，饲养结构还不够合理，草食动物饲养业发展较慢，而耗粮型的动物饲养业仍占绝对主导地位。在林业方面，仍以用材林为主，经济林有一定的增长，但增幅不大，渔业方面依然是传统的养殖习惯为主。从农业内部结构来看，发展不平衡，农业产值所占的比重最大，占69.88%，畜牧业产值比重占25.47%，林业和渔业的产值比例很小，分别为2.45%、2.2%。总的来看，农业比重稍有所下降，但是下降幅度很小，牧业和渔业比重有所上升，但幅度也是很小。

之后，田东逐步调整农业生产结构。2000年全县农林牧渔业总产值中，农业产值占64.99%，林业产值占3.07%，牧业产值占28.39%，渔业产值占3.55%。种植业方面，开始扭转了单纯抓粮食的生产格局，经济作物比重上升，粮食作物、经济作物、其他作物的播种面积比重为49.36∶27.64∶23，产值由1995年的45∶29∶26调到34∶22∶44，其他作物中的蔬菜生产迅猛发展，效益高。林业方面，充分发挥亚热带山地资源的有利条件，实施绿化造林工程，大力发展各种经济林及生态林，扭转了砍多造少的局面，加上退耕还林，造林面积达7150公顷，生态环境得到改善。畜牧业方面，从重生猪生产的单一结构向肉、蛋、奶全面发展，牧业产值达2.41亿元，仅次于种植业收入，位于第二。随着荒水资源开发利用，水产养殖规模不断扩大，水产业逐步向高优产品进军，渔业产值达3010万元。整体上看，种植业的结构比重逐步呈下降趋势，林业、渔业特别是畜牧业的结构比重呈上升趋势。

21世纪初，田东县在调整产业结构工作中，坚持以市场为导向，以发展“八香”系列特色农业品牌为主，大力创建芒果、甘蔗、香蕉、香米、蔬菜、板栗、山茶油、速生桉、竹子、畜禽等十大商品生产基地。种植业方面，在确保粮食综合生产能力的基础上，大力发展优质高产高效经济作物和其他作物，生产布局是扩大优质专用粮食生产，压缩普通粮食生产，推动粮食作物由高产型向优质型发展；作为主导产业的甘蔗生产进行良种化生产，发展蔬菜生产，重点是反季节蔬菜。林业方面，重点发展油茶、板栗等经济林，加强生态林建设，实施速生丰产林基地工程，进行退耕还林，提高森林覆盖率。畜牧业方面，稳定节粮型，发展食草型，普及杂交型，提高出栏率，重点把猪、牛、羊培育成主导产品，同时发展家禽业。水产业方面，主攻池塘精养、河面网箱养鱼。2005年，种植业中的农作物播种面积，即粮食作物、经济作物、其他作物的比重分别为43.12∶29.86∶27.01，趋于合理，复种指数达253%，使农业内部的种植业、林业和渔业相互促进并举发展。与此同时，积极培育龙头企业，发展现代化农业，把农业资源优势转化为具有竞争力的产业优势，把畜牧水产业作为支柱产业来大力培植和发展，实施种草养畜，重点培育七里香猪、香鸭、山羊、鹅等特色品种，加快牛品改、秸秆养牛、圈养山羊、饲养二元杂母猪力度，全县畜牧水产业连续13年保持增长，通过打造品牌，使特色农产品规模化，特色规模产品品牌化，获得了很好的经济效益。2005年，农民人均纯收入达2113元，比上年增收299元。为提高农业科技贡献率，推动农业生产经营向集约化方向发展，田东县实施“种子工程”“良种良法”“生态农业”和“绿色食品”，建立一批良种繁育基地，做好农业科技试验示范园区；推广普及先进的栽培、施肥、节水灌溉、生物防治等适用农业技术；发展农产品深加工，储运、保鲜和综合利用行业；加强农民的职业技术教育，为农业生产的技术进步，为农业结构的不断调整，提供坚实的基础。2005年，田东县科技对农业的贡献率为42%。

第三节　农业区划

农业区划是一项综合性的工作，以开展农业资源调查、动态监测和综合评价，拟订农业区域开发总体布局方案为宗旨。

1989年，开展农业资源经济信息动态监测，全县耕地面积有2.36万公顷，占土地总面积8.39%；林地约有8.01万公顷，占土地总面积28.46%；放牧地4.63万公顷；园地面积有292.8公顷，占土地总面积0.1%；水域面积2170.06公顷，占土地总面积0.77%；城乡居民用地3580.53公顷，占土地总面积1.36%。

1994年，开展田东县农业开发实验区规划，实验区开发项目名称是芒果商品生产基地建设，规划地点在平马镇合乐村合月屯。规划面积为26.67公顷，建设年限为3年，从实验区的概况、开发潜力及评价、芒果市场预测、实验区规划发展方向、经济效益分析、社会效益和生态效益分析六个方面来进行规划。同时，进行农民种植意向性调查，根据1990年田东县千米网布点全县381户农户，随机抽样112户农户来进行，调查农户经营土地面积增减情况及1995年其种植意向。

1995年，开展“四低”（中低产田、低产园地、低产水面、中低产林地），“四荒”（农村集体经济组织所有的荒山、荒沟、荒丘、荒滩）农业后备资源跟踪调查，即在全县原有“低荒”资源的基础上，根据近年来“低荒”资源的开发利用情况，推算当时尚有各项“低荒”资源数，目的是掌握农业后备资源，合理地开发、利用和治理农业资源。

1996年，开展广西农业名特优新品种资源名录表调查。田东县香蕉被列入名录表，1959年编入《中国果品志》，原产地平马镇的四平村，林逢镇的福兰村，分布于右江河谷两岸地域。至1995年年底，有1615.27公顷，投产面积1228.2公顷，年总产量2.82万吨，年总产值达3670.94万元，由原来的零星种植发展到连片开发，形成了商品性生产。同时，开展全县农业资源综合分析。此项工作是继1995年“四低”“四荒”农业后备资源跟踪调查后，为了充分利用丰富的资源而进行的。根据调查，1995年的宜农宜林宜牧荒地面积还有7516.33公顷，经过综合分析，认为可开发利用的土地及其潜力很大。

1997年，开展千米网点农业资源动态监测。采用千米网点联系农户逐户调查的方法，调查200个样点农户的农业用地、农业生产情况及种植意向，掌握农村经济信息。对指导农民调整产业结构，走科技兴农，向高效农业发展具有重要的作用。同时，开展全县农业主导产业化调查，其目的是通过农业主导产业选择与布局，促进区域农业资源的开发，将区域资源转化为产品优势和产业优势，以主导产业的发展带动别的产业发展。经过调查，全县1997年甘蔗种植面积1.07万公顷，产量50.49万吨；水果累计面积1.33万公顷，是年产量5.62万千克，其规模形成了农业主导产业。

1998年，开展田东县农业资源跟踪调查。通过与1997年对比的方法，调查田东县农业资源状况，农业与农村经济发展状况，找出农业资源利用中存在的问题，提出合理开发、利用和治理农业资源的措施。同时，参与全县土地利用总体规划。通过调查研究，综合分析平衡，实地勾图、绘图、搜集资料，编成《广西田东县土地利用总体规划》一书及图件3套。

1999年，在全县13个乡镇161个村的200个农户设立千米网点农业资源动态监测调查点，收集农户本年度经营农用地、农业生产情况及2000年种植意向等农村经济信息。

2000年，继续开展千米网点农业资源和农村经济信息动态监测工作。从农业生产条件、主要农产品生产、农业灾害等方面开展调查研究，撰写《田东县农业资源跟踪调查分析报告（1999年度）》。

2001年，开展2000年田东县农业跟踪调查分析。从土地资源情况、农村经济和农业生产条件、主要农产品生产情况、农业灾害情况、农业生态环境等几个方面进行调查分析，及时、真实地反映本地年度间农业资源变化状况，为有关部门编制农业发展规划、农业区域发展规划提供资料依据。对香米、香蕉、甘蔗、芒果、蔬菜、七里香猪等主要农产品种植面积、产量、优质品率、市场销售情况进行调查。

2002年，开展田东县蕉类区域分布及适应性调研，编写《田东县利用资源优势调节成熟期抢占市场发展香蕉》专题调研报告。开展田东县农村劳动力转移调研，编写《田东县农村劳动力转移调查报告》。

2003年，开展农民收入构成变化调研、耕地土壤养分监测、千米网点地面动态监测等工作，《2002年度田东县千米网点监测工作报告》《田东县农民收入构成变化调查报告》参加全区评比获一等奖。

2004年，开展农业资源跟踪调查、田东水果区域布局和发展规划、田东农业资源与粮食综合生产能力评估、田东县千米网点地面动态监测等项调研活动。撰写的《田东县主要野生蔬菜品种资源及开发利用研究》获全区农业区划系统调研论文评比三等奖。

2005年，开展农业资源动态监测，进行田东县耕地土壤养分监测工作，撰写的典型报告《搞好千米网点监测，为服务“三农”作贡献》《田东县农村劳动力调查报告》《田东县耕地土壤养分监测工作报告》获全区区划工作专题调研成果二等奖，《田东县农民收入构成变化调研工作报告》获专题调研成果三等奖。

第四节　行政执法

1989—2003年，农业执法职能工作由县农业局法规股开展。2003年，开展农资市场专项检查和整顿行动，组织检查、督查小组6个，检查市场303个，检查经营单位510个，检查生产企业7个，检查游商贩230多人次，收缴毒鼠强97.2千克，高毒农药41.5千克；立案2起，破案2起，报捕2人，批捕2人；罚款0.25万元。审核上报杀鼠剂经营单位31个。

2004年3月15日，成立田东县农业行政综合执法大队，配备5名专职执法人员，落实执法车辆、经费，经常开展农业执法工作，重点打击制假、贩假农资活动，整顿和规范农资市场。当年，先后组织开展种子、农药、受用生物药制品、毒鼠强、化肥、农机产品等专项治理整顿活动，检查农资生产、经营单位1092个，查获假冒伪劣农资30.2吨，打击不法商贩的坑农行为，维护农资市场秩序和农民群众的合法权益。

2005年，县农业局采取单独执法，以及与工商、质监、公安、供销等部门联合执法的办法，在全县范围内组织开展种子、化肥、农药等专项整治活动，检查整顿农资市场和农资生产企业190个（次），检查农资经营点842户，立案25起，查处结案25起，查获假冒伪劣农资168千克、违禁农药一批，没收高毒高残留农药25千克，罚款1.89万元。

第五节　经营管理

农业经营管理主要是宣传贯彻《中华人民共和国农村土地承包法》，解决农村土地纠纷，做好农村收益分配工作，管理和完善村土地承包合同。监督管理农民负担，为切实减轻农民负担服务。监督村社“一事一议”资金的收取和运用，搞好村社公益事业。强化村社集体财务和资产管理的制度化和规范化，建立健全村社资金管理制度，督促和规范村社财务公开。搞好农村经济统计，真实反映农民的生产、生活及经营状况。依法对农民专业合作社的建设给予指导、扶持和服务，促使农民增收创富。

1989年，田东为自治区试点开展农村经济季度报表试点县，开展农民负担专项治理和涉农收费项目清理、土地承包合同规范管理等项工作。

2004年，开展农业经营管理活动，减轻农民负担、涉农收费专项治理、村集体资产财务管理等项工作有了新突破。先后取消涉农收费项目5项，降低涉农收费标准3项。通过检查监督，维护义务性教育收费“一费制”，有效地遏制乱收费行为。在平马、祷午、印茶等3个镇试行村级财务“村账乡管、代理记账和会计委派”三种管理方式，改变村级财务管理混乱状态。完成祥周、林逢、那拔等3个乡镇的土地承包合同管理规范化试点工作。2004年5月，自治区农业厅在田东县召开全区经管工作经验交流会。

2005年，开展农民负担执法检查、土地承包合同规范化管理、农民家庭经营收入季度统计、农业产业化建设等项业务工作，减轻农民负担1633万元，全县不发生加重农民负担案件，有效维护义务教育阶段“一费制”。全面完成土地承包合同规范化管理任务，引导农民建立合作经济组织16个。

第六节　农业服务

农业服务工作主要是推广普及农业科学技术、农业机械，发布病虫害疫情测报，开展农业技术培训、咨询、指导和农资保障供应等服务活动，为农民提供农业科技信息，并开展产前、产中、产后系列服务。

1989年，发布病虫害情测报，加强防治工作。开展中低产田改造，推广水稻垄作栽培、小苗育秧技术等。

1995年，推广杂交水稻，水稻制种面积213.33公顷，产种49.6万千克，改变本地杂交稻种长期外调补充的被动局面。发布病虫害情测报，加强防治工作。继续改造中低产田，继续推广水稻垄作栽培、小苗育秧技术等，完成高产指挥田1万亩，配方施肥1.66万公顷，改造中低产田106.67公顷。

2003年，完善农技“110”服务中心，坚持为“三农”服务、提高农民科技水平、促进农村经济健康发展的宗旨，把农技“110”当作农业局的农技服务窗口办好，突出“方便群众、免费服务”这两个特色，让全县农民长期从农技“110”获得实惠。年内，县内有13个乡镇、112个行政村、39个单位，县外有福建、上海、浙江、安徽、南宁、柳州、右江区、德保、天等、田阳、平果等地群众来人来电咨询共3600多人次，咨询各种问题3962个（通过专家热线电话咨询2171次，咨询问题2380个）。专家直接解答率达98.79%，群众满意率达100%，为此农技“110”声名远扬。自治区农业厅把田东农技“110”作为农技推广创新活动的好典型向农业部推荐，《人民日报》《广西日报》《南方科技报》等媒体都先后报道了农技“110”的事迹。

2004年，以农技“110”服务中心、农广校以及分布城乡的咨询点为阵地，以农技“110”专家为骨干力量，面向“三农”组织开展经常性的农业技术培训、咨询、指导和农资保障供应等服务活动，为全县农业生产的健康发展提供技术和物资保障。全年举办农业技术培训班633期，培训农民6.9万人次，印发技术资料10.98万份。农技“110”服务中心及农业技术咨询点接受农民群众咨询5869人次，咨询生产、销售问题1290多个。自7月1日起开通鲜活农产品运输绿色通道，在农技“110”服务中心设办证处，每天安排1名工作人员正常值班，免费为群众办理鲜活农产品运输临时通行证。当年，发放“绿色通道”临时通行证5000多张，运销鲜活农产品3万多吨。

2005年，全年举办农业技术培训班289期，培训农民10.2万人次。农技“110”服务中心及农业技术咨询点接受农民群众咨询4578人次，咨询生产技术、产品销售量等问题4630多个。组织农技人员下乡指导农民科学种田、防虫灭病、抗灾救灾256人次。推广农业新技术4项，引进新品种38个。免费为群众发放鲜活农产品运输临时通行证6900张，运输鲜活农产品9.87万多吨。

第二章　农业

田东县种植业历来以种植粮食作物为主，粮食作物又以水稻为主，玉米、红薯、豆类等杂粮次之。经济作物主要有花生、木薯、甘蔗、香蕉、蔬菜等。1989年，继续实行家庭联产承包责任制，改革与农业生产发展不相适应的体制机制，促进农业总产值的稳定增长，全年实现农业总产值4296万元，占农林牧渔业比重的58.53%。20世纪90年代，全县普遍推广使用水稻、玉米杂交种子，推广地膜育秧、水稻抛秧、免耕及配方施肥技术，提高农作物单位产量。在稳定粮食生产的同时，增加甘蔗、水果种植面积，其中粮食作物因受产业结构调整和自然灾害影响，面积、产量增减变化较大，其他作物的面积、产量主要是随着整体经济发展、产业结构调整和市场调节而变化。本章按习惯将种植业当作农业进行记述。因芒果为田东县重要特色产业，分列另一章予以记述。

第一节　耕地

耕地面积

1989年，田东县耕地面积为2.36万公顷，其中水田1.36万公顷，旱地1万公顷。1990—1991年，由于人口增长，农民上山开荒种植农作物，耕地面积呈上升，增加673.33公顷。1992—1994年，全县进行农业综合开发，因地制宜，压制过度开荒的行为，耕地面积下降。1995—2000年，短期经济效益驱使农民大规模开垦荒山荒地种木薯、甘蔗等经济作物，耕地面积由1995年的2.42万公顷上升到2000年的最高值2.62万公顷。2001—2004年，农业产业结构调整，工业化、城镇化建设加快占用耕地，耕地面积呈下降。2005年，中央对粮食的直补政策，调动农民种粮积极性，耕地面积又上升，全县耕地面积为2.57万公顷，其中水田1.09万公顷，旱地1.47万公顷。

1989年后，全县耕地面积虽有起有落，但总体上呈上升趋势。其中，水田面积呈现逐年减少趋势，由1989年的1.36万公顷减少至2005年的1.09万公顷，平均每年减少153.33公顷，年下降率为1.13%；旱地面积呈现逐年上升之势，平均每年增加200公顷，年上升率为1.98%。全县人均耕地面积最高值为1997年0.07公顷/人，最低值为1994年0.06公顷/人，2005年人均耕地面积0.06公顷，比1989年上升2.08%。

耕地保护

耕地面积变化，是由灾毁耕地、生态退耕、农业结构调整、建设占用耕地等减量因素和开垦荒山荒地、土地整理、土地治理等增量因素共同作用的结果。1989年后，田东县耕地增加部分主要以开荒为主，开荒增加旱地占增加数的90.6%。减少的大部分是水田，减少的途径中，灾毁占资源减少总量的6.96%，比重最少，是自然灾害引起，难以控制；生态退耕的比重最高，占耕地数量减少总量的

58.92%；农业结构调整占用耕地资源减少总量的17.58%；建设占用耕地占资源减少总量的16.54%。田东县实行严格的耕地保护制度，提出先补后占，占一补一的规定，以确保耕地总量动态平衡。

1989—2005年田东县耕地情况表

表6-2-1

年份	耕地面积（公顷）	其中		人口（万人）	人均耕地（亩）
		水田（公顷）	旱地（公顷）		
1989	23620	13600	10020	36.90	0.96
1990	23733	13600	10133	37.15	0.96
1991	24293	13606	10687	37.52	0.97
1992	24220	13513	10707	38.08	0.95
1993	24113	13307	10806	38.42	0.94
1994	24040	13120	10920	38.59	0.93
1995	24213	13046	11167	38.64	0.94
1996	25560	13007	12553	38.63	0.99
1997	26213	12986	13227	38.62	1.02
1998	26260	12987	13273	38.87	1.01
1999	26266	12460	13806	38.92	1.01
2000	26293	12446	13847	38.89	1.01
2001	25846	11740	14106	39.04	0.99
2002	25740	11553	14187	39.27	0.98
2003	25620	11200	14420	39.39	0.98
2004	25520	11080	14440	39.77	0.96
2005	25706	10986	14720	39.38	0.98

第二节　劳动力

1989年，全县总人口36.9万人，农业人口32.65万人，农村劳动力为14.75万人，占农业人口的45.18%，从事农、林、牧、渔的农村劳动力14.3万人，占农村劳动力的96.95%，每个劳动力平均负担耕地0.16公顷。农村劳动力过剩，由于劳动力文化素质低，从事第二产业、第三产业的农村劳动力很少，仅占农村劳动力的3.05%。

1995年，随着人口增长，农村劳动力达17.94万人，占农业人口的54%，从事第一产业的农村劳动力15.35万人，占农村劳动力的85.56%，比1989年下降11.39个百分点，有部分农村劳动力从农业转移到建筑业、运输业、商饮服务业，或外出务工。

为了引导、帮助农村人口摆脱贫困，走上致富路，1998年，田东县率先实施“农民下山进城入谷”工程，利用县、乡、村三级“三个代表”重要思想讲习所为群众举办各种实用技术培训班。扶“农民下山”，引“农民进城”，带“农民入谷”，让农民在新环境、新条件下谋发展。

2000年，全县从事第一产业的农村劳动力15.17万人，占农村劳动力的76.38%，比1995年下降9.18个百分点，引导、帮助7万多人农村人口合理分流，下山进城入谷。之后，田东县引进客商，鼓励本地经济能人参与农业综合开发，当地部分农民成为农业综合开发的劳动力，部分剩余劳动力就地转移；与广州建立对口帮扶劳务协作，拓宽劳务输出渠道；加强农村劳动力培训，使外出务工人员由“体能型”逐步向“技能型”“智能型”方面转变。

2005年，全县农村劳动力达20.43万人，占农业人口的64.01%，从事第一产业的劳动力15.24万人，占农村劳动力的71.12%，比2000年下降5.26个百分点，每个劳动力平均负担耕地0.12公顷，比1989年减少0.04公顷。同年9月，田东县实施国家农业部新型农民科技培训项目，挑选一批长期工作在农业生产第一线的86名专业技术人员作为培训老师，培训教材由农业部门组织理论水平较高，实践经验丰富的技术骨干，结合本县实际编写教材2800多套，并利用广播、电视和各种会议广泛宣传新型农民科技培训，使该项目家喻户晓，人人皆知。全年培训53班次，培训人数2020人，转移就业1968人，转移就业率达97.43%。经过培训转移就业的农村劳动力，人数增加，素质好，就业稳定性提高，工资收入也比未经培训的多，月均高出80~250元。

1995—2005年田东县农村劳动力一览表

表6-2-2

年份	农村劳动力（万人）	其中			劳动力人均负担耕地面积(亩)
		第一产业劳动力（万人）	第二产业劳动力（万人）	第三产业劳动力（万人）	
1995	17.94	15.35	0.3434	2.2466	2.02
1996	17.75	15.09	0.36	2.30	2.16
1997	18.10	15.11	0.42	2.57	2.17
1998	18.48	15.26	0.50	2.72	2.13
1999	18.81	15.33	0.54	2.94	2.09
2000	19.86	15.17	0.57	4.12	1.99
2001	20.29	15.50	0.59	4.20	1.91
2002	20.54	15.79	0.63	4.12	1.88
2003	21.01	15.90	0.67	4.44	1.83
2004	21.27	15.42	0.73	5.12	1.81
2005	20.43	15.24	0.82	5.37	1.80

第三节　耕作制度

20世纪80年代，田东县境内农作物种植大多为一年两熟制，边远山区有少量一年一熟制。1989年，全县农作物播种面积为3.89万公顷，复种指数为165%，其中粮食作物播种面积为3.37万公顷，占农作物播种面积的86.7%，复种指数为169%；经济作物发展缓慢，复种指数很低。1992年，由于农民的种植习惯和对科学技术接受能力有限，耕作比较粗放，复种指数只达到172%，水田耕作制度一般为稻—稻—冬闲，稻—稻—绿肥，田玉米—晚稻，秧田—晚稻，中稻—冬闲，“稻—稻—冬菜”这种耕作制度占的比重还少；旱地的耕作制度一般为玉米—冬闲，玉米—晚黄豆或杂豆，早玉米—晚玉米，花生—红薯，甘蔗一年一熟制。

1993—1997年，随着社会经济条件的改变，人们开始利用冬闲田种植蔬菜，利用旱地发展甘蔗生产，各种绿肥种植则相应减少，复种指数有一定的提高，达到210%。

1998—2001年，全县调整农业产业结构，发展各种经营，调减粮食种植面积，调减面积达到

4306.67公顷，平均每年调减1073.33公顷。大力发展水果、甘蔗生产，耕作制度发生改变，在幼龄果园内套种豆、薯类，香蕉地套种大白菜、西瓜等，对水尾田、望天田采取“玉米+黄豆”或“玉米+旱稻”，在山区玉米地里套种豆、薯类作物，在右江河谷“双季稻”里采取“稻+玉米+菜”水旱轮作，扩大除水稻外的其他粮食作物，虽然调减粮食种植面积，但由于合理耕作，粮食总产并没有受到很大的影响。

2002—2005年，利用右江河谷气候条件优越，农作物可三熟，大面积开发冬菜生产，推广“早稻+晚稻+冬菜”“稻+菜+菜”耕作制度，农作物复种指数到达253%。

按不同类型的地区形成不同的耕作制度和习惯，结合田东县原13个乡镇合并成10个乡镇、新增开发区（村）数，全县划分为4种不同类型的地区。

中部右江河谷区，包括平马镇的升太、四平、小龙、上法、百谷、牛行、靖逸、合恒、梅桑、怀民、子安、百林、东达、合乐、新乐；祥周镇的中平、百渡、百银、祥周、甘莲、九合、新洲、仑圩、联雄、联福、联合、康元、那达；林逢镇的平洪、桥礼、林逢、英和、和同、福兰、檀河、保群、公靖、林驮、东养、德利；思林镇的良余、百笔、坛乐、思林、东龙、选赞、可恒等47个村。这一地区，积温高，日照时间长，水利条件比较好，群众的思想观念开放，易接受高、新农业技术。水田种植模式主要有稻—稻—菜，稻—菜—菜，菜—菜—菜，菜—稻—菜，稻—稻—冬翻一年两熟或三熟制。旱地靠近河边，果蔗一年一熟制，蔬菜一年多熟制，丘陵地带甘蔗一年一熟制，早玉米—晚玉米，早玉米—豆类（薯类）。“猪—沼—果（瓜菜）—鱼—诱虫灯”生态生产模式首先落户此区。在香米生产上，实施“龙头企业+基地+农户+科研部门”的产业化模式。

北部土山区，包括平马镇的梅宁；林逢镇的那单、平孟、进化、祷午、凤球、民族、那来；思林镇的定阳、广养、新圩、三百、林秀、兰芳、真良、龙帮；朔良镇的朔良、巴鲁、那腾、那娄、那加、周洪、六羊、定坛、灵龙、义合、元色、南立、杏花、百敏、宝达、群敏；义圩镇的义圩、班龙、安东、朔晚、世木、东冠、甲芬、符桃、福旺、六一、那荷；那拔镇的平王、那练、六洲、坡洪、那拔、六柳、福星、六鲁等51个村。这一地区积温、日照比其他地区偏少，水利条件不断完善，水田一般实行稻—稻—绿肥，稻—稻—冬翻，“稻—稻—冬菜”的耕作制度的比例还较少；旱地坡地较多，大都甘蔗、木薯一年一熟制。玉米—红薯一年两熟制。

南部土山和半土半石山区，包括平马镇的游昌；思林镇的内油、英竹、江山、同梅、坡塘、那都、那定、那雅、新隆；祥周镇的布兵、模范、保利、睦群；作登瑶族乡的驮瓜、新法、坡圩、江那、摩天岭、新安、大板、训信、登高；印茶镇的印茶、立新、巴麻、百城、新建、僚坤、那板；江城镇的桑洞、大诺、那蒙、江城、供固、果柳、云林、架龙等38个村。这一地区气候较温暖、湿润、水利条件也比较好，水田一般实行早稻—晚稻，田玉米—晚稻，少量早稻—晚稻—蔬菜，旱地一般为早玉米—晚黄豆，甘蔗一年一熟制，逐步推广“玉米、凉薯套种及萝卜轮作”，“玉米（免耕秸秆还田）+玉米+秋种南瓜+鸡”耕作模式。

南部石山地区，包括林逢镇的永隆、关国；思林镇的丰马、双燕、龙冲、立丰、龙要；作登瑶族乡的敬布、三陇、石湾、陇桃、平略、坡教、巴立、梅林、陇穷、陇接、陇那、陇祥；印茶镇的龙马、龙贵；祥周镇的均宁、民安、驮仙、陇造等25个村。这一地区，喀斯特地形比较突出，90%的耕地是旱地，只有少量水田，旱地一般为早玉米—晚玉米（或豆类）二熟制，甘蔗一年一熟制。

第四节　土壤改良及施肥

1989年，田东县中、低产田（地）有2.09万公顷，占耕地面积的88.51%，主要障碍因素有干旱、洪涝、潜育、瘠薄、矿毒、坡耕、其他类型，最重要的是干旱和土壤瘠薄。

田东县在干旱土地改良上，除加强水利基础设施建设、新增或改善灌溉面积外，采取综合手段，走有机农业道路。用调整作物内部结构、改革栽培制度、实行间套种等方法来趋利避害，用平整土地、砌墙保土和改革耕作制度提高蓄水保肥能力。用中耕松土，破坏土壤毛细管作用减少水分蒸发，使土壤储水量大增加。用多施有机肥、改良土壤理化性状，增强保水能力。用植树造林，稳定低空大气压，减少地面水分蒸发和涵养水源，减少水土流失，提高土壤保水保肥能力。

在中低产田（地）土壤瘠薄改良上，据2003年千米网点农户土壤养分监测，全县土壤养分含量平均值为：有机质2.74%、全氮0.14%、速效磷9.27PPm、速效钾37.5PPm。按照全国第二次土壤普查养分分级标准，田东县土壤养分有机质含量中等偏上属于中等级别，全氮含量也是中等属于中等级别，速效磷含量普遍偏低，处于较缺状态，速效钾含量很低，属于缺级别。土壤各种养分含量普遍低缺是农作物低产的另一个主要原因。为此，作物种植必须进行施肥。施肥主要有有机肥和化肥两种。

第一种施肥：有机肥。主要有堆肥、绿肥、厩肥等，如果合理使用，不但能提高农作物的产量和品质，而且能改善土壤结构。

堆肥。以杂草、垃圾为原料堆积而成的肥料，可因地制宜使用，最好结合春耕、秋耕做底肥。

羊粪。属热性肥料，宜和猪粪混施，适用于凉性土壤和阴坡地。

猪粪。有机质和氮、磷、钾含量较多，腐熟的猪粪可施于各种土壤，尤其适用于排水良好的热性土壤。

马粪。有机质、氮素、纤维含量较高，含有高温纤维分解细菌，在堆积中发酵快、热量高，适用于湿润黏重土壤和阴坡地及板结严重的土壤。

牛粪。养分含量较低，是典型的凉性肥料。将牛粪晒干，掺入3%~5%的草木灰或磷矿粉或马粪进行堆积，可加速牛粪分解，提高肥效。最好与热性肥料结合使用，或施在沙壤地和阳坡地。

人粪尿。发酵腐熟后可直接使用，也可掺土混制成大粪土做追肥。

草木灰。含钾、钙、硼、锰等元素，做底肥或追肥。

家禽肥。养分含量高，可做种肥或追肥，最适用于蔬菜。

第二种施肥：化肥。主要有氮肥、磷肥、钾肥。1989年，全县化肥施用量（折纯量下同）4209吨，平均每亩农作物播种面积施用量7.21千克。1990—1995年，化肥品种和用量逐年增多，施用量达6331吨，而绿肥播种面积大幅度下降，由1990年的816.93公顷，下降到1995年的79.13公顷，平均每年减少147.53公顷，年下降率为18.06%，这对培肥地力很不利。2000年，化肥施用量达到8721吨，其中氮肥4383吨，磷肥580吨，钾肥785吨，复合肥2973吨，平均每亩农作物播种面积施用量9.71千克。2005年，化肥施用量达9835吨，其中氮肥3952吨，磷肥694吨，钾肥971吨，复合肥4218吨，平均每亩农作物播种面积施用量10.09千克，与2000年相比，化肥施用量提高12.77%，氮肥下降9.83%，磷肥上升19.66%，钾肥上升23.69%。

随着科学技术的不断发展，传统的施肥模式中一些负面因素逐渐显露。一是化肥利用率低，增加了生产成本。二是造成土壤营养成分失衡。三是造成环境污染。为了解决这些问题，抓住2003年自治区土肥站把田东县列为全区“精准施肥技术试验示范项目县”这一机遇，把精准施肥技术作为田东县

“十五”期间土肥工作重点科技推广来抓，在平马、祥周、林逢、思林4个平原镇实施该项目，项目区覆盖14个村55个村民小组，总面积4794公顷，其中甘蔗340公顷，覆盖思林镇思林、可恒、百笔3个村，示范片设在可恒村，面积23.33公顷，设简比试验2个；水稻1692公顷，覆盖平马镇四平、升太村，林逢镇的林逢、英和、桥礼等村，示范片设在平马镇四平村，面积75.33公顷，设小区试验，简比试验1个；香蕉1590.67公顷，覆盖大热门香蕉场、林逢镇的英和、桥礼、平洪村，平马镇的靖逸、牛行、百谷、东达、怀民等村，祥周镇的祥周村、示范片设在林逢镇的大热门香蕉场；蔬菜1171.33公顷，覆盖思林镇的坛乐、思林、良余村，林逢镇的合同、河街村，平马镇的靖逸、四平、升太村，祥周镇的祥周、百银、仑圩、新洲、百渡、中平等村，示范片设在祥周镇的中平村，面积68.67公顷。

2003—2005年，县农业部门在水稻、甘蔗等主要产业开展测土与不同配方、测土配方与不同耕作方式、测土配方与不同施肥时期、测土配方肥与其他肥料、测土配方与习惯施肥等试验50多个，示范片123片，为改进配方提供准确可靠的依据。水稻试验的测土配方肥亩用量40~50千克，平均亩产量与狮马牌复合肥基本相同，比绿丰复合肥亩增产25~30千克，比习惯施肥一般亩增产30~35千克。通过土壤化验电脑优化配方，使农民知道哪种营养元素（指氮、磷、钾）缺乏或过剩，对指导群众购买化肥起到参考作用，从而达到提高化肥利用率、土地产出率。通过施肥建卡，指导群众施肥，使群众对整糙作物的施肥管理做到按卡施肥，避免因盲目施肥造成各种不良现象发生，有利于无公害农产品的生产和农业的可持续发展，实现农业节本增效的目的。通过优化配肥，引导农民使用正规厂家生产的优质化肥，有效遏制社会上不法厂商制售假冒伪劣化肥坑农害农事件的发生，提高农资门市部的经济效益，减轻科技经费不足的压力，稳定农业科技队伍。2005年，全县推广精准施肥技术达8400公顷。

第五节　技术推广应用

1989—2005年，全县粮食生产特别是水稻生产新技术推广应用取得突破性进展，县农业部门先后推广杂交玉米、杂交水稻种植技术，引进和推广水稻、玉米、甘蔗、香蕉优良品种，推广水稻（早稻）农地膜防寒育秧技术、旱育稀植栽培技术、塑盘育秧抛秧技术、水稻垄作栽培技术、水稻免耕抛秧技术、玉米免耕栽培技术、马铃薯稻草覆盖免耕栽培技术、玉米地膜栽培技术等，特别是水稻抛秧和免耕技术，既减少耕作程序、减轻农民的劳动强度，又为粮食丰产创造条件。

杂交玉米种植技术

1989年，全县早中玉米种植7306.67公顷，其中杂交玉米种植2133.33公顷。

1991—1992年，早中玉米种植分别为7040公顷、7260公顷，其中杂交玉米种植分别为4000公顷和3733.33公顷。全县种植杂交玉米品种有桂顶1号、掖单12号，江城乡种植最普遍，全乡8个村有6个村推广（江城村24.33公顷、供固村20.86公顷、果柳村24.2公顷、那蒙村23.26公顷、双洞村12.06公顷、大诺村28.6公顷）。经验收，平均亩产402.7千克，比普通品种亩产增31%。1992年，平马镇游昌村种植掖单2号杂交种2.87公顷，总产1.2万千克，平均亩产290.6千克，比墨白1号亩产219.85千克亩增70.71千克。

1995年，推广地膜覆盖种植玉米400公顷，平均亩产222.9千克，比传统种植的玉米增42.1千克。

2000年，全县推广杂交玉米种植6533.33公顷。2005年，全县推广杂交玉米种植新品种“正大619”“正大818”“花旗一号”等10多个共6133.33公顷。

杂交水稻种植技术

1989年，田东县成立双杂制种工作领导小组，从乡镇农业站抽调17名技术干部，从县内聘请17名农民技术员组成技术队伍，负责全县技术指导工作。

1990年，全县早稻杂交制种面积204.46公顷，总产39.4万千克，平均亩产128.5千克；晚稻杂交制种96.67公顷，总产20.5万千克，平均亩产141千克。品种组合为汕优桂33组合、汕优桂34组合、汕优桂64组合、汕优桂44组合。

1994年，全年推广杂交水稻种植面积1.33万公顷，其中早稻推广杂交水稻6966公顷，晚稻推广杂交水稻6420公顷。为适应市场需要，县农技推广中心在平马镇牛行村和祥周乡联福村建立2个面积共为10公顷的优质米基地，种植黄优香、博优香、黑灿二号、优02等4个优质米品种，对这些品种提纯、检测和筛选，为市场提供优质米7万千克。全年制种面积82.67公顷，主要组合是汕优桂99，其中早稻产量11.5万千克，晚稻产量7万千克。为提高制种单产，县种子公司学习外地先进经验，采取增加母本用种量和提高花粉密度为主的技术措施，使亩产明显提高，早稻60%的制种田亩产突破200千克，最高亩产286千克。

1995年，水稻制种面积达213.33公顷，产种49.6万千克，改变本地杂交稻种长期外调补充的被动局面。是年，全县杂交稻种植面积达1.58万公顷。全县推广防寒育秧面积8260公顷，其中：半水地膜育秧3726.67公顷，小苗旱育4533.33公顷，温室育秧133.33公顷。推广小苗旱育稀植6200公顷。就此项技术的推广应用进行估算，全县可节省劳动力48万个劳动日，节水251万立方米，节种3.8万千克，增收粮食240万千克。同时，开展水稻抛秧种植试验示范3.33公顷。经田间观察，比常规种植法有明显优势，发蔸快，低位分蘖多，有效穗多，产量高。抛秧试种的早稻在林逢乡平洪村农民技术员韦贞国试验田验收，平均亩产611.7千克，比常规种植亩增48.5千克，增产效果显著。开展再生稻栽培示范面积4.26公顷，平均亩产141千克。全县完成水稻中心样板田200公顷，水稻吨粮田5333.33公顷。

1996年，杂交水稻种植面积1.75万公顷，其中早稻杂交面积8426公顷，晚稻杂交稻面积9093公顷。全县推广优良品种，科技种田已成为田东县粮食增产的主要途径。针对十春九旱，田东县全面推广水稻旱育稀植和抛秧技术。是年，推广面积获得较大突破，早稻集中在右江河谷的平马、祥周、林逢3个镇7个村15个组完成80公顷的软盘抛栽技术，晚稻集中在河谷4镇的16个村31个组进行。其中祥周百银1组早稻实施45公顷，总产量19.01万千克，平均亩产691.3千克；晚稻实施18.33公顷，总产量12.34万千克，平均亩产449.7千克，年均亩产1141千克。林逢镇新民屯的14.8公顷早稻，采用旱秧抛栽技术，既节约成本，又减轻劳动强度，加快插秧进度，抢上季节，为全年粮食增产丰收打下基础。

2001年3月，县农业局全面推广水稻旱育稀植和抛秧栽培技术（县农业局提供）

1997年，全县推广种植杂交稻面积1.77万公顷，其中早稻为8713公顷，晚稻9067公顷。建有规模较大、技术较先进的稳定的200多公顷水稻制种基地。全年推广水稻旱育稀植面积1.74万公顷，其中早稻推广8266公顷，晚稻推广9200公顷。全年推广抛秧面积7400公顷，其中早稻3400公顷，晚稻4000公顷。

2000年，全县水稻推优面积1.49万公顷，其中早稻推优7333公顷，晚稻推优7600公顷。推广水稻旱育稀植面积1.45万公顷，其中早稻6933公顷，晚稻推广7600公顷。全年推广抛秧面积1.43万公顷，其中早稻抛秧6666公顷，晚稻抛秧7667公顷。

2005年，全县推广水稻旱育稀植面积1.46万公顷，占水稻种植面积96%。推广抛秧面积1.37万公顷，占种植面积91%。

晚稻赶早稻工程

1997年，田东县开始实施晚稻赶早稻工程。通过强化季节观念，优化品种结构，加大科技含量，强化示范样板等措施挖掘晚稻增产潜力，促进早晚稻平衡发展，实现全年粮食增产丰收。当年，全县晚稻种植面积1.02万公顷，总产量5.08万吨，平均亩产330千克。早晚稻亩产差距由上年的171千克缩小到154千克，获百色地区二等奖。同时，继续推广化肥深施和配方施肥技术。全年推广水稻化肥深施技术1.06万公顷，其中上半年5333公顷，下半年5333公顷。早稻抽样验收4个镇5个村15个点，深施田亩产635.8千克，比表施田增36.7千克。晚稻抽样验收4个镇11个村33个点，深施田亩产453.7千克，比表施田亩增26.5千克。全县推广配方施肥技术17333公顷，其中上半年为9000公顷，下半年为8333公顷。

1997年，平马镇上法村“晚稻赶早稻工程”千亩示范片一角 （县农业局提供）

1998年，全县建立晚稻赶早稻工程样板田33片1800公顷，其中平马、祥周、林逢3个镇各200公顷，思林镇150公顷，其余乡镇均在100公顷以上。全县抽调65名农业技术人员深入到各基层样板点抓点带面。全县晚稻平均亩产353.3千克，比1997年增23.2千克，早稻田和晚稻田每亩产量差距由1997年的154千克缩小到144.7千克。同时，继续大力推广化肥深施和配方施肥技术，推广化肥深施1.2万公顷，其中上半年6000公顷，下半年6000公顷。配方施肥完成1.73万公顷，其中上半年9000公顷，下半年8333公顷。

2000年，全县建立晚稻赶早稻工程样板田35片2000公顷，其中平马、祥周、林逢、思林4个镇各200公顷，其余乡镇均在100公顷以上。

2005年，晚稻赶早稻工程在全县全面推广，全县晚稻种植面积7771公顷，总产量43581吨，平均亩产373.87千克，比1997年平均亩增产43.87千克。

引进和推广优良品种

1989年，引进杂交水稻新品种汕优63、桂光一号（两系）、博优64（晚稻）和糯稻新品种西乡糯试种、示范，并大力推广汕优桂33、汕优桂34、汕优30选（晚稻）等杂交水稻优良品种14480公顷，杂交稻占比达62.3%。引进杂交玉米新品种花单一号试种、示范，并大力推广桂顶1号、桂顶3号、桂单16号等杂交玉米优良品种6120公顷，杂交玉米占比达75.5%。

1999年，引进两系杂交水稻种子组合培杂山青试种266公顷（早稻），平均亩产564.9千克，比对照田平均亩增51.8千克。引进杂交玉米组合桂单22号试种73公顷，平均亩产419.7千克，比对照田平均亩增178.6千克。推广甘蔗新台糖10号、16号、20号、22号等高糖高产良种2760公顷，平均亩产6230千克，比对照田上其他蔗种平均亩增1356千克；出糖率14.5%，比对照田上其他蔗种出糖率提高2.15个百分点。

2000年，抓好农作物品种的管理和更新换代工作，建立符合国家标准的水稻制种基地20公顷。水稻引进和推广全优、技优系列品种，玉米引进和推广桂单22号、正大618、619品种，甘蔗继续引进和推广新台糖10号、16号。香蕉引进和推广威廉斯、巴西品种，芒果引进和推广金煌芒、凯特芒、台农一号，西瓜引进和推广黑美人、新红宝、金钟冠。苦瓜引进和推广红星苦瓜、广西大肉2号苦瓜，引进美国的油葵、油桃、台湾大青枣水果品种。

2001年，引进水稻新品种10个，试验种植0.66公顷；引进玉米新品种2个，试验示范种植0.8公顷；引进木薯新品种1个，试验种植2公顷。2002年，种子公司引进农作物新品种22个，其中水稻11个，蔬菜5个，水果6个，试验种植333公顷。生产优质稻种5万多千克。

2003年，在引进和推广农业新科技工作中，县农业局建立激励机制和工作责任制，充分发挥集体和个人的作用，分组负责指导各乡镇开展农技推广工作，要求做到“四包”（包农技推广，二包农技培训，三包农技指导，四包试验示范），从而使各项农业实用技术得到全面推广。全县推广水稻旱育秧1.46万公顷，占种植面积96.9%。推广水稻抛秧面积1.39万公顷，占种植面积92.7%。推广无公害蔬菜栽培技术2000公顷（其中示范样板344公顷），推广精准施肥技术4793公顷。

2005年，全县引进区内外农作物优良新品种（组合）30多个，比上年多13个。推广水稻新品种“649”“博优253”等20多个品种，水稻生产良种化，其中优质稻1.2万公顷（田东香米5333公顷），占水稻面积78%。推广玉米新品种“正大619”“正大808”“花单一号”等10多个，杂交玉米种植6133公顷，占玉米面积85%。推广水稻旱育秧1.44万公顷，占水稻抛秧面积的95%；水稻抛秧1.38万公顷，占水稻面积90%；水稻免耕抛秧6333公顷；超级稻1000公顷。推广无公害蔬菜栽培1.2万公顷，测土配方施肥2.68万公顷。

中低产田改造

对中低产田改造，主要是针对存在的三种类型采取不同的措施：缺磷、钾的田块，增施或重施磷、钾肥，包括施用农家肥、草木灰、土杂肥，停施石灰；缺乏有机质的田块，其保水、保肥、土壤结构通透性等肥力因素均低下，主要是恢复种植绿肥；对于潜育性水稻土田块，主要是连片治理，实行排灌分家，挖沟排水，降低地下水位，增施磷、钾肥，防止坐蔸。

1989年，为搞好中低产田改造（简称“中改”）规划，探索经验，扩大影响，筹措6万元，完成中低产田改造837公顷，落实在平马、祥周、林逢、思林等乡镇5个村14个村民委3022户。“中改”早稻8333公顷，产量591.48万千克，平均亩产470.6千克，比改良前一年同期亩产增81.9千克，增加21%；“中改”晚稻8333公顷，产量385.29万千克，平均亩产306.6千克，比改良前一年同期亩增产62.4千克。“中改”重点示范片那达垌43公顷，早稻总产31.88万千克，平均亩产490.5千克，比改良前一年同期亩增130千克，比对照亩产增105.5千克；晚稻总产24.35万千克，平均亩产374.6千克，比改良前一年同期亩产增114.6千克，比对照亩产增55.6千克。

1990年，完成“中改”早稻660公顷，主要分布在平马、祥周、林逢等乡镇9个村57个村民小组，涉及农户4839户，产量454.19万千克，平均亩产458.5千克，比改良前同期比较，每亩增产54.1千克。

1992年，全县完成“中改”3340公顷，其中早稻垄作栽培遍布全县13个乡镇94个村20428户，占全县农户29%。早稻总产2694.9万千克，平均亩产538.6千克，比非垄作亩产457千克亩增81.6千克，增加17.8%；晚稻垄作遍及全县13个乡镇的102个村19999户，占全县农户28.4%，晚稻总产2421.3万千克，平均亩产483.9千克，比非垄作亩产396.4千克，亩增87.5千克，增加21.1%。

1994年，全县中低产田改造与水稻垄作栽培、小苗旱育秧技术等措施结合开展，共完成面积1220公顷，其中早稻706公顷，晚稻514公顷。早稻中低产田改造示范3片，面积96公顷，亩产538.2千克，比对照田每亩增51.8千克；晚稻示范3片，面积83公顷，亩产416.8千克，比对照田每亩增33.2千克。完成配方施肥1.42万公顷，其中水稻8400公顷，玉米1933公顷，黄豆600公顷，甘蔗3066公顷，其他201公顷。

1998年，实施“沃土计划”。全年共积制有机肥10万吨，施放本田1.33万公顷，实施秸秆还田6666公顷。推广配方施肥1.73万公顷，化肥深施1.2万公顷，改造中低产田200公顷，水稻垄作栽培1.66万公顷。构建以吨粮田、吨糖田（地）、万元田（地、园）为主的“三高”农业生产体系，全县举办“三田”建设技术培训班200期次，受训人员1.5万人次，建立吨粮田示范样板1333公顷，吨糖田示范样板133公顷，万元田示范样板200公顷。全年实现吨粮田4360公顷，吨糖田566公顷，万元田433公顷。

2005年，全县推广沃土技术面积6433公顷，其中农作物秸秆还田3733公顷，种植绿肥333公顷，中低产田改良1366公顷，增施有机肥1000公顷。指导服务农户数1.5万户，发放技术资料2万份，精准施肥技术指导入户率达到80%，肥料利用率提高2.3个百分点，亩节本增效80元。

绿肥种植推广

1989年，全县绿肥种植除自留种子种植外，从外地调进种子3.63万千克，其中苕子3.5万千克，红花草1250千克。全年种植绿肥1286公顷，其中高产示范片320公顷。

1990年，冬种绿肥1806公顷，其中超额完成县下达任务的有林逢、布兵、朔良3个乡。1991年，全县冬种绿肥3608公顷。

1992年，建立绿肥种植目标管理责任制，抓好高产示范样板建设，制定村规民约，并在价格上给予优惠，即绿肥种子费用地方财政出1/3，农业局出1/3，农户出1/3。为此，种植面积逐年增多，产量较高。当年全县冬种绿肥4333公顷，比1989年多3047公顷。自治区、地区检查验收组对全县13个乡镇进行验收，平均亩产鲜草苕子2332.1千克，最高达到3511.2千克，获百色地区绿肥生产先进县二等奖，其中祥周、布兵的万亩高产样板获自治区绿肥高产竞赛优胜奖。

2000—2005年，由于大量使用化肥，群众不重视绿肥生产，加上没有绿肥种植经费，绿肥种植面积逐年减少，只有少数群众自发种植，每年种植面积在几千亩到1万亩，是全县种植绿肥最少时期。

第六节　粮食作物种植

田东县粮食作物主要有稻谷、玉米、豆类、其他类。1989年粮食播种面积为3.37万公顷，总产量为10.61万吨，平均单产209.44千克/亩，其中稻谷产量占80.3%，玉米占17.25%，豆类占1.89%，其他类占0.56%。

2005年，全县粮食播种面积为2.8万公顷，总产量为13.51万吨，平均单产321.51千克/亩；稻谷播种面积由1995年2.08万公顷减到2005年的1.55万公顷，下降25.37%，总产由1995年11.53万吨下降到2005年的9.78万吨，下降15.18%，主要品种有糯谷、粳谷、籼谷、山谷等，以右江河谷区产量最多。玉米播种面积由1995年7266公顷上升到2005年的7960公顷，增长9.54%，总产量由1995年1.99万吨上升到2005年的3.09万吨，增长55.28%，主要品种有籼玉米、糯玉米、甜玉米，以南、北部山区种植最多。豆类播种面积由1995年的2593公顷上升到2005年的2933公顷，增长13.11%，总产由1995年的0.24万吨上升到2005年的0.39万吨，增长62.5%，主要品种有黄豆、绿豆、青豆、饭豆、黑豆等，多产于南部石山区。其他类指荞麦、红薯，种植面积由1995年的2133公顷下降到2015年的1546公顷，下降27.5%，产量由1995年的0.15万吨上升到2005年的0.25万吨，增长66.67%。

水　稻

田东县粮食生产以水稻为主。常规的水稻栽培技术有育秧、移栽、管水、施肥、耘田、收割，翻耕要犁耙，插秧要弯腰，水稻传统栽培方式艰辛而劳累。

2001年，田东县开始推广免耕栽培，在未经翻耕犁耙的稻田上进行水稻抛秧的保护性耕作，集免耕、除草、抛秧、节水、秸秆还田于一体的新型农业耕作方法，具有省工省力、节本增效、稳产高产、生态环保、解放劳动力和促进农民增收等优点。水稻免耕抛秧技术的推广，列为农业部重点推广的粮食作物十大主推技术之一。水稻免耕抛秧要求：选择田块要选择水源充足、排灌方便、田面平整、耕层深厚、保水保肥能力好的田块，灌溉条件差或保水能力差的“望天田”以及浅、瘦、漏的沙质田不适宜免耕栽培；早稻收割要低割禾头，一般留13厘米以下，以利于用水浸过禾头、促进施药后的禾头软化、控制稻茬再生，避免抛秧时秧苗搁在禾头上，造成抛秧困难，抛植密度难以掌握，植后通透性差；要及时灭茬，抛足基本苗。排干田水收割早稻，在收割后的当日最迟翌日（过迟喷药禾头干枯，影响活组织对药液的接触吸收）亩用克无踪250毫升兑水50千克，用喷雾器均匀喷射禾头和田间杂草，以催枯禾头。喷后4小时内下雨要补喷，保持田间无水1~2天，然后灌水浸泡1~2天，排浅水抛秧，最好采用大苗抛秧，利于抢占空间。中等肥力田块，亩抛1.8~2万颗。抛秧前如发现田块脚印太多，用铁耙耙平；要施药除草。拔除再生禾头土壤处理除草剂的使用与常耕抛秧相同，即抛秧后5~7天内结合第一次追肥，亩施野老除草剂1包或抛秧一次净1包。免耕的灭茬效果一般为85%左右，没能完全灭茬的要及时拔除。要科学施肥，首先施足基肥，抛秧前浅水亩施碳铵、过磷酸钙各25千克。其次要及时追肥，抛秧后5~7天，禾苗基本立后，亩施尿素10千克促分蘖，抛后10~12天，亩施尿素、氯化钾各5千克。以后视禾苗长相酌情追肥；要做好水分管理。浅水抛秧，以利扎根，薄水为主促分蘖，追肥时田间保持浅水层，够苗露晒田，抽穗扬花期灌回浅水，以后保持湿润至收获。与此同时，要做好病虫防治。晚稻免耕抛秧主要是注意稻瘟病，纹枯病、三化螟和稻飞虱等病虫害的防治。2001年后，因地制宜摸索出稻草还田免耕抛秧，免耕“稻+灯+鱼”、免耕“稻+灯+鸭”、免耕“稻+灯+蛙”和免耕直播、红花草还田免耕抛秧等多种生态高效技术模式。2005年，全县面上推广面积达5593公顷，应用免耕栽培技术的稻田平均亩增产3%~5%，每亩节本增收35~55元。

为提高粮食单产，改善品质，田东县注重新品种、新技术推广应用。2005年，全县引进粮食新品种（组合）10多个，其中优质水稻新品种8个，主要推广463系列，804系列，岳优系列、株两优02、陆两优28、八两优96等抗性好或丰产性好的杂交稻新组合，优质稻标准化生产示范基地133公顷。在基地示范带动下，全县推广优质稻面积1.3万公顷，占水稻总面积的83.48%；建设吨粮田5466公顷。在粮食生产区内，种植水稻是农民的一大收入来源。

从水稻生产内部看，香米、粳稻经济效益最好，中籼稻次之，早稻最差。2005年实施“种子工程”，建设13公顷田东香米提纯复壮基地，年生产田东香米纯种8万千克，为1666公顷大田供种。当年，全县种植田东香米面积达5993公顷。田东香米以其优良的品质，浓郁的香味，供不应求。在“种子工程”项目区的示范带动下，全县水稻良种覆盖率和优质稻推广率分别达到99.8%和81.3%。

玉　米

玉米在田东是仅次于水稻的第二大粮食作物，集粮食作物、饲料作物、经济作物功能于一身。

1989年，春玉米播种面积1200公顷，总产量3538吨，平均单产196千克/亩。中玉米播种面积6331公顷，总产量1.33万吨，平均单产141千克/亩。晚玉米播种面积1253公顷，总产量1368吨，平均单产73千克/亩。

2001年以后，由于退耕还林和种植结构的调整，全县玉米种植面积有所下降，但由于推广良种，采用先进适用技术，单产明显提高。2005年，玉米播种面积7960公顷，总产量3.09万吨，平均单产259千克/亩，增产幅度较大。

田东县以种植春、秋玉米为主。春玉米播种期为大寒至立春季节，秋玉米则在小暑至大暑前。常规的玉米种植，玉米地一般经过犁耙后，平地开行种植，在山区山窝地进行穴播，亩植3500~3800株。田间管理以全苗、壮苗为主。2002年，开始推广使用玉米免耕技术，玉米免耕栽培是继水稻免耕抛秧技术之后摸索总结出来的一项新型的旱地保护性耕作技术，不破坏土壤，秸秆还田（地），保持水土，尤其是秋玉米免耕能在春玉米收获之前提早播种，不但克服了高温多雨季节对整地播种的不利影响，而且能使秋玉米生长中后期有效地避过秋旱的危害，在山区一年可以种植两造，再加上选用新品种，玉米年亩产有500~1000千克，山区农民一年玉米的收获等于过去的三造收获，增产增收显著。但由于推广时间不长，不少农民对这项技术不够了解，2005年全县玉米免耕只有1333公顷。

随着人民生活的改善，食用玉米趋向鲜食玉米。鲜食玉米以春玉米为主，有大棚栽培，地膜覆盖栽培，种植面积较大，6月中旬至7月初是鲜食玉米的旺收季节，常发生鲜食玉米大量集中上市，造成货丰价廉、滞销的现象。为改变这种现象，县农业技术推广站引导群众错开播种期，发展夏秋鲜食玉米。夏秋种植有品质优、需求量大、自然灾害少、播种期和采收期长等优势，夏秋鲜食玉米的播种期为6月15日至8月15日，采摘期气温比鲜食春玉米长，果穗的苞叶可较长时间保持鲜绿，能根据市场灵活地调整采摘期和上市量，做到均衡上市，提高鲜食玉米的经济效益。

2001—2005年，田东县主要推广玉米优良品种有农大3183、农大108、桂单35、华玉4号、超甜20号、超甜28号等，亩植密度3500~4000株。经过种苗期，拔节期、开花期的科学管理，双穗率高，到鲜穗采收期，时间为80~85天；到子粒成熟期，一般105天。种植时间短、产量高。

祥周镇九合村六王屯村民黄绍存率先探讨出一项种植玉米致富的新技术，采用塑盘营养杯育苗，年可轮种四茬甜玉米。2003年12月下旬，黄绍存引进优质高产良种华甜一号玉米，到2004年4月上旬玉米即将成熟时，事先采用大颗粒的塑盘营养杯育好玉米苗，待收完第一茬玉米时，不再翻田犁地，只需砍掉和收拾好田里的玉米秸秆及喷施一次除草剂，便将事先育好的玉米苗按规格移栽点种到原第一茬玉米的畦田上，最后按技术要求管理直至收割上市。第三、第四茬也按同样技术要求进行种植管理，年可轮种四茬玉米，彻底改变以往每年只种2~3茬玉米的旧习惯。此后，县内外多地群众借鉴该技术，进行产业结构调整，右江河谷区有的“双季稻”田改种“稻+玉米+菜”，山区采取“旱中玉米+蔬菜”，节约了机耕和人工费等生产成本，降低劳动强度，提高土地利用率和复种指数，增加了收入。

豆 类

豆类属于粮食作物中杂粮之一，田东豆类包括大豆（黄豆、青豆、黑豆）、绿豆、饭豆、竹豆等。

1989年，全县豆类种植面积2966公顷，总产量1952吨，平均单产43.86千克/亩。

2000年，全县早黄豆播种面积144公顷，总产量150吨，晚黄豆播种面积2387公顷，总产量2052吨。

2005年，全县豆类种植面积2933公顷，总产量3900吨，平均单产88.64千克/亩。以大豆为主，大豆种植面积2253公顷，占豆类种植面积的76.82%，产量3100吨，占豆类总产量的79.49%。大豆也是山区人民粮食之一，其中黄豆经济价值高，又是山区人民经济来源之一。

田东种植的大豆品种主要有本地黄豆、平果大黄豆，靖西早黄豆、青豆、黑豆。本地黄豆，生育期125天左右，一般亩产62.5千克，年播种面积占黄豆播种面积32%。黑豆、青豆，生育期125天，一般亩产55千克，年播种面积占20%。靖西早黄豆，生育期110天左右，主要是间种在田地玉米，一般亩产15~25千克，年间种面积166公顷左右。平果大黄豆亩产比本地黄豆稍高，成为最优品种，年播种面积占黄豆播种面积38%。

黄豆在田东县南、北山区种植较多，大部分犁后撒播，亩用种子7.5~10千克；条播或点播，亩用种子3~4千克。黄豆生产都是与玉米、甘蔗等间套种，主要耕作制度有田玉米间播种早黄豆，地玉米间种早黄豆又套种晚黄豆，幼龄果树套种黄豆。间种或套种有利于趋利避害，取长补短、互相促进、共同增产。

1994—1998年田东县各乡镇早晚黄豆面积、产量统计表

表6-2-3

乡镇	1994年		1995年		1996年		1997年		1998年	
	面积（亩）	产量（吨）	面积（亩）	产量（吨）	面积（亩）	产量（吨）	面积（亩）	产量（吨）	面积（亩）	产量（吨）
平马	早130	7	0	0	150	7	220	15	180	9
	晚782	64	1324	91	1500	109	1600	93	1700	116
祥周	405	25	313	6	330	21	1100	32	314	30
布兵	2425	105	2570	60	2545	122	2610	97	2700	76
林逢	3732	231	3772	315	3838	394	3905	241	3640	374
祷午	722	31	885	47	870	48	840	39	630	32
思林	5653	313	5674	422	5312	393	5312	364	5600	362
坡塘	早340	5	329	6	620	15	340	9	0	0
	晚5478	288	4752	265	4752	207	6821	260	5668	340
作登	7146	704	800	509	7905	211	8250	328	7610	302
印茶	早200	2	150	3	0	0	30	3	250	21
	晚3981	225	3435	330	3990	219	3242	249	3448	242
江城	早513	16	515	16	495	5	250	8	420	11
	晚1573	89	1498	92	1308	78	1120	78	1130	53
朔良	早200	10	0	0	0	0	0	0	0	0
	晚2801	123	3274	162	3248	211	3148	139	3001	177
义圩	早583	14	270	14	305	14	450	21	550	32
	晚1516	33	1170	48	900	38	1127	54	1128	50
那拔	早100	5	0	0	0	0	465	23	341	15
	晚1030	48	925	41	1058	50	1133	63	983	5467

红 薯

红薯，亦称白薯、甘薯、地瓜、山芋、番薯，1989—2005年田东县广大农村普遍栽培，是重要的秋季作物。红薯含大量黏液蛋白及膳食纤维，不仅可直接食用，还可制成红薯片、脯等各种休闲食品。红薯在杂粮中占的比重较大，1989年全县播种面积669公顷，2005年全县播种面积达1420公顷。

1989—2005年田东县粮食作物种植面积及产量表

表6-2-4

年度	粮食									
	种植面积（万亩）	总产量（万吨）	1.稻谷		2.玉米		3.豆类		4.其他	
			种植面积（万亩）	总产量（万吨）	种植面积（万亩）	总产量（万吨）	种植面积（万亩）	总产量（万吨）	种植面积（万亩）	总产量（万吨）
1989	50.66	10.61	30.21	8.52	13.18	1.83	4.45	0.20	2.82	0.06
1990	52.01	11.72	32.39	9.69	13.26	1.94	4.30	0.06	2.06	0.03
1991	50.60	11.73	30.96	10.21	12.89	1.26	3.82	0.14	2.93	0.12
1992	50.94	12.72	31.83	10.66	12.35	1.92	4.21	0.09	2.55	0.05
1993	51.08	13.41	31.74	10.88	12.32	2.25	4.27	0.19	2.75	0.09
1994	48.99	13.48	30.91	11.21	11.19	1.83	3.93	0.23	2.96	0.21
1995	49.29	13.91	31.30	11.53	10.90	1.99	3.89	0.24	3.20	0.15
1996	49.55	14.44	31.57	11.91	10.82	2.14	3.85	0.22	3.31	0.17
1997	49.32	14.91	30.98	12.27	10.86	2.25	4.03	0.21	3.45	0.18
1998	49.90	15.21	30.87	12.57	11.32	2.18	3.93	0.23	3.78	0.23
1999	48.04	14.98	29.29	12.25	10.97	2.29	3.80	0.22	3.98	0.22
2000	44.33	13.31	24.13	10.04	11.97	2.74	3.79	0.22	4.44	0.31
2001	43.44	12.70	24.27	9.48	11.60	2.7	4.89	0.29	2.68	0.23
2002	43.89	13.31	25.04	10.18	11.40	2.6	4.81	0.30	2.64	0.23
2003	42.61	13.28	24.11	10.03	10.82	2.67	4.64	0.37	3.04	0.21
2004	41.58	13.11	23.16	9.49	11.57	3.01	4.49	0.36	2.36	0.25
2005	42.02	13.51	23.36	9.78	11.94	3.09	4.40	0.39	2.32	0.25

第七节　经济作物种植

糖蔗种植

蔗糖业是田东县的支柱产业，是实现农民增收、财税增长的重要渠道。田东县多措并举，激发农民发展糖蔗的积极性、主动性，不断推动蔗糖业稳定快速发展。

面积产量　为扩大甘蔗种植规模，1989年，争取到国家投放扶贫款16.22万元，用于秋植蔗种植。1990—1991年，均安排扶贫贴息贷款用于扩种甘蔗。1993年，投放扶贫贴息贷款达100万元，扶持县第二糖厂种植甘蔗，全年全县13个乡镇有83个行政村种植甘蔗，占行政村总数的53.55%，甘蔗总产量18.4万吨，平马、祥周、林逢、作登、印茶5个乡镇甘蔗产量过万吨。

为做大做强甘蔗产业，延伸甘蔗产业链，增加产业附加值，1990年成立田东县第二糖厂建设筹备领导小组，1994年年底日榨2000吨的县第二糖厂建成投产。为提高甘蔗产量，推广科学种蔗，田东县蔗糖办于1994年举办13期甘蔗高产栽培技术培训班，参加学习7500多人次，印发资料1.3万份，在印茶乡百城村建立9个高产示范片。

1995年2月，田东开展甘蔗种植大会战。大会战采取县乡村三级分工负责制，任务到人，严格奖惩，层层签订责任状，奋战50天。当年，全县甘蔗种植7794公顷，产量40万吨。

1996年，把发展甘蔗生产列为全县扶贫攻坚的重要内容，发动群众扩大甘蔗种植，传授种植技术，把荒山荒坡适宜种蔗的都种上甘蔗。当年，甘蔗种植面积达8545公顷，原料蔗23万吨，产值6100万元，农民人均甘蔗收入270元。

1997年，制定甘蔗生产产量奖，分乡镇、村、农户三个层次进行奖励。以乡镇为单位，进厂原料蔗达到县下达基数的每吨奖励2元，超额完成任务的超产部分每吨奖励3元。以村为单位，进厂原料蔗达1万吨以上的奖励村干部4000元，达1.5万吨奖励5000元。以农户为单位，进厂原料蔗500吨以上每吨奖励5元，高产示范片亩产达6吨的奖励1万元。当年，甘蔗产量53万吨，产量比上年翻了一番，其中进厂原料蔗突破51万吨。

1998年，鼓励行政事业单位干部职工带薪留职，承包土地开发种植甘蔗，参与农业综合开发，全县有10名干部带薪留职种蔗，面积86公顷。新建设的江山和六鲁2个移民开发区均将甘蔗种植作为主要产业。

2002年，扩建东星制糖公司两个糖厂，日榨能力扩大到5600吨。当年，全县种植甘蔗1.39万公顷，以新台糖系列良种为主的良种覆盖率达90%。进厂原料蔗92.5万吨，蔗款收入1.5亿元。

2003年，全县甘蔗种植面积1.52万公顷，甘蔗进厂原料蔗突破100万吨大关，达到105.47万吨，产混合糖13.98万吨，蔗款收入1.71亿元。进厂原料蔗名列第一位的是林逢镇达20.75万吨，占全县20%。第二位是思林镇达16.44万吨，占全县16%。全县131个村3万户种蔗，户均蔗款收入5700元。

2005年，全县甘蔗种植15906公顷，进厂原料蔗82.45万吨，产混合糖10.19万吨，蔗款收入创历史新高，达2.43亿元。

1989—2005年田东县糖料蔗生产面积及产量一览表

表6-2-5

年度	面积(公顷)	产量(万吨)
1989	2476	9.40
1990	2419	10.76
1991	3527	14.48
1992	4011	13.49
1993	4443	15.26
1994	5273	18.19
1995	7795	23.86
1996	8545	23.22
1997	8850	51.15
1998	11066	47.68
1999	8980	44.43
2000	8905	36.33
2001	10935	77.51
2002	13941	92.52
2003	15267	105.47
2004	15382	78.67
2005	15906	82.44

品种 甘蔗优良品种的引进、繁殖、推广，成为蔗糖赖以生存发展的技术关键所在。田东县甘蔗良种的更替大致经历台糖134、桂糖11号和新台糖22号3个主推当家品种的历程，形成以主推当家品种为主，以副推品种为补的品种格局。

1982年，引进繁殖推广桂糖11号甘蔗品种，取代原来台糖134老品种。从此至1997年，该品种一直成为田东当家品种。1982—1997年，甘蔗种植还有桂糖7号、台糖172、选三、新台糖10号、粤糖63/237等品种。

1999年，田东推广种植的新台糖22号新品种

（县糖办提供）

1998年，引进甘蔗品种新台糖22号繁殖推广。7年后，成为推广面积发展最大、产量最稳定的当家品种，完全取代原来桂糖11号老品种。截至2005年，还没有出现综合性状优势超过新台糖22号的新品种，经济效益和社会效益显著。1998—2005年，甘蔗种植还有新台糖系列16号、20号、27号和台优，桂糖系列21号、29号、31号、32号、42号，粤糖系列94/128、93/159、60号，福农系列15号、22号、41号，柳糖系列1号、05/136等品种。

水果生产

全县水果品种有芒果、香蕉、扁桃、柑、橙、柚子、芭蕉、梨、李果、板栗、菠萝、木瓜、木菠萝、荔枝、龙眼、黄皮、枇杷、葡萄、番桃、柿、桃、梅等。其中芒果、香蕉发展成为田东县水果生产的两大支柱。

1989年，全县累计种植水果面积220.53公顷，产量749.5吨。1990—1992年，全县水果累计种植面积2550公顷，结果面积1262公顷，产量6099吨，其中芒果产量690吨。

1994年年初，成立田东县芒果基地开发指挥部。县水果办编写适合本地实际的芒果、香蕉栽培技术资料1500份，先后到各乡村举办种植芒果、香蕉技术培训班20期，受训人员1182人次；开展技术咨询服务3000人次。当年末，全县水果累计面积达到5535公顷，年总产量1.75万吨，其中芒果累计面积3846公顷，年产量1989.5吨；香蕉累计面积1218公顷，年产量1.18万吨。全年新种水果面积2820公顷，其中芒果2217公顷，香蕉603公顷。

1995年，新种芒果2415公顷，年末芒果种植面积6261.73公顷。2005年，全县水果总面积36786公顷，其中芒果9493公顷，香蕉9440公顷。

1989—2005年田东县水果种植面积及产量一览表

表6-2-6

年度	水果					
	面积（公顷）	其中		产量（吨）	其中	
		芒果（公顷）	香蕉（公顷）		芒果（吨）	香蕉（吨）
1989	220.53	126.67	23.4	2011.2	80.8	749.5
1990	475.33	311.47	94.8	1974	93.7	746.95
1991	915.53	553.67	237.8	2612	91.2	1230
1992	1163	675.1	100.1	7275.9	506.7	4122.3
1993	2715.07	1293.3	615.73	13858.1	1412.4	8718.9
1994	5535.53	3846.8	1218.3	17481.3	1989.5	11800.5
1995	8683.53	6261.73	1555.8	36435	3123	28991
1996	10153	7393	2125.5	48296	4257	38047
1997	8893	6525.8	1935.6	56283	6189	39712
1998	8113	5487.8	2357.6	64016	8344	43994
1999	8533	8200	3166	70300	11972	45049
2000	9093	8333	3286	73200	13060	46820
2001	14580	8600	3340	78882	16011	51203
2002	20013	9000	4653	80620	18480	47155
2003	34226	9013	8640	87493	20768	52295
2004	35120	9253	8440	95026	23108	56798
2005	36786	9493	9440	98924	24957	57933

蔬菜生产

1989年，全县完成蔬菜种植面积1280公顷，总产量3.46万吨，产值3460万元。

1994年，田东县把冬菜生产列为冬季农业开发的重点，列入年度农业工作计划。当年完成冬菜种植面积3800公顷，其中番茄366公顷，辣椒360公顷，菜豆166公顷，黄瓜266公顷，叶菜类2640公顷。各乡镇种植面积：平马镇766公顷，祥周乡800公顷，布兵乡100公顷，林逢乡733公顷，祷午乡33公顷、思林镇66公顷、坡塘乡33公顷，作登瑶族乡133公顷，印茶乡100公顷，江城乡120公顷，朔良乡86公顷，义圩乡120公顷，那拔乡106公顷，总产量15.86万吨，总产值6755.6万元。外销冬菜11.3万吨，外销额4906.9万元。仅冬菜一项，全县农民人均收入203元。

2005年，祥周镇百渡村冬菜基地 （县农业局提供）

1995年，冬菜种植面积5866公顷，其中番茄种植1473公顷，辣椒种植1216公顷，豆类种植666公顷，西葫芦种植633公顷，叶菜类种植1880公顷；总产23.24万吨，总产值1.41亿元，全县冬菜生产形成规模。

1998年，全县种植秋菜800公顷，冬菜种植7126公顷，总产量22.58万吨，产值1.33亿元，其中外销19.35万吨，外销额0.91亿元。

2003年，全县蔬菜种植面积1.34万公顷，总产量40.77万吨，产值3.69亿元，其中外销20.38万吨，外销额2.23亿元。

2004年，全县完成蔬菜种植面积1.33万公顷，总产量35万吨，产值3.17亿元，其中外销19.25万吨，外销额1.92亿元。

2005年，全县蔬菜种植面积1.4万公顷，总产量30.56万吨，总产值1.9亿元，其中外销额1.15亿元。

木薯生产

田东素来有种植木薯的习惯，主产地有林逢、思林、祾午、朔良、义圩、那拔等乡镇。

1989年，全县木薯种植面积2316.6公顷，占经济作物播种面积的45.1%，总产量4.59万吨。

20世纪90年代，引进适应性强、增产潜力大的华南124，并逐步推广。1994年，种植木薯3208.27公顷，总产量6.35万吨。在龙头企业田东县桂松酒精有限责任公司拉动下，木薯种植规模不断扩大。

2000—2005年，先后引进华南6号等高产的木薯品种，具有适应性强、薯大、产量高等优点。只要加强管理，可获得高产。木薯一般在旱地种植，采用轮作，习惯与玉米、花生、红薯进行间套种，间套种面积占40%以上。2005年，全县木薯种植面积811.33公顷，总产量1.58万吨。

第八节　农作物检疫

1989年，田东县宣传贯彻国务院颁布的《植物检疫条例》，做好水稻制种基地水稻细条病的综合防治。当年全县水稻制种是历史上最多的一年，上半年有10个制种基地通过种子消毒、处理带病稻草、加强肥水管理、本田喷药防治等综合技术措施，防治面积204公顷，均未发生水稻细条病；下半年有8个制种基地，综合防治面积96公顷，发生水稻细条病28公顷，占制种面积29.1%。当年，生产健康一代种59.18万千克。田东县供销社在平马镇小龙村西游屯柑橘黄龙病发生严重的果园附近育柑橘苗，还从疫区采回温州柑穗嫁接，后经自治区植检站裁定，共烧毁染疫苗木2.6万株。此外，开展疫情调查，搞好产地检疫。

1990年，抓水稻恶苗病综合防治，晚稻恶苗病的发生从1989年的1373公顷下降到126公顷，下降90.8%。在平马镇合恒村和林逢乡平洪村建立2个水稻恶苗病综合防治试验示范片，合恒村的综防示范区平均病株率0.03%，对照区为9%，高的达28.8%；平洪村的综防示范区平均病株率0.05%，对照区为12.9%，高达96.8%。综防区晚稻因水稻恶苗病为害造成的粮食损失从1989年的70万千克下降到2.7万千克，下降96.2%。

1992年，继续做好水稻制种基地的细条病防治，及时处理带病稻田、稻草；做好沤田灭菌、种子消毒，加强肥水管理，控制细条病在制种区的发生，生产健康一代杂交稻种47.7万千克。

1993—1999年，做好水稻制种基地产地检疫、开展香蕉组培苗产地检疫、香蕉和芒果调运检疫、芒果象甲疫情普查。1999年检查签证调运香蕉、芒果等200批次360万千克。在祥周、平马、林逢3个镇开展调查研究各10个果园，每个果园抽查果300个，调查结果均未发现检疫对象。

2002年，种子产地检疫116公顷，检验合格种子47.8万千克，水稻种子调运检疫3批12.85万千克。开展农业植物有害生物疫情普查13个乡镇40个村，查及植物16种，调查中发现有5种农业植物检疫对象，即水稻细菌性条斑病、美洲斑潜蝇、香蕉花叶心腐病、香蕉束顶病、吐丝子属。

2004年，开展杂交稻产地检疫。全县水稻制种面积比往年大幅度减少，仅在祥周镇的百渡、甘莲村制种18公顷，其中早造7公顷（特优1012组合），晚造11公顷（特优系列4个组合）。由于气候特别干旱，没有稻细条病发生，所生产的种子6.9万千克符合检疫要求。开展市场检疫，检查果苗摊点12个，芒果苗18批3.92万株，检查中发现一批芒果苗（380株）没有检疫证书，该批芒果苗全部没收处理。检查“双杂”种子和蔬菜种子经营点17个，其中杂交稻种子5批2300千克，玉米种子3批160千克，蔬菜品种12个，没发现有检疫方面的问题。开展香蕉枯萎病专项普查工作，没发现病情。

2005年，加强市场检疫监管工作。开展香蕉枯萎病疫情监测，对种植广东香蕉苗的祥周镇，进行香蕉枯萎病疫情监测，定点定期观察，每15天观察一次，未发现疫情。对本地组培苗进行检查，无异常情况。开展柑橘黄龙病普查，开展红火蚁疫情普查，均未发现疫情。

第九节　农作物保护

全县农作物病虫害主要有三化螟、稻飞虱、稻纵卷叶螟、稻苞虫、黏虫、稻蟀象、稻瘟病、稻纹枯病、稻恶苗病、稻细菌性条斑病、玉米大螟、玉米大小斑病和农田鼠害等。

1989年，全县晚稻发生稻恶苗病1900公顷，病株率高达71.43%，低的达1.1%，平均为13.25%，是历史上发生面积最大、病情最严重的一年。当年，县病虫测报站及时检查发报，准确率达85.5%。全县防治面积2.49万公顷，使用农药83.38吨。

1990年，病虫鼠害发生面积4.6万公顷次，其中早稻第二、第三代稻纵卷叶螟暴发危害8600公顷。防治面积3.34万公顷，其中水稻3.33万公顷次，占发生面积73.4%。全年使用农药33.2吨。

1992年，病虫害发生面积3.98万公顷次。早稻、晚稻以纹枯病居各病之首，全年中等局部偏重发生。发生面积1.25万公顷次，是历年发生面积最大的一年。其中早稻发生面积5820公顷，病盛发期在6月上中旬，病丛率、病株率和病的最高值分别为64%、53.14%，平均为21.8%、19.5%、6%；晚稻发生面积6680公顷，病盛发期发生在9月下旬至10月上旬，病丛率、病株率和病的最高值分别为88%、82.3%、29.8%，平均值分别为46.4%、39.4%、14%。其次是第三代稻飞虱、第四代三化螟和第六代稻纵卷叶螟。防治面积3.35万公顷，占水稻病虫鼠害发生面积87.7%；玉米防治面积253公顷，占病防治面积38.78%。

1993—2004年，继续以抓好农作物病虫测报和防治技术指导工作为重点，重点监测水稻、玉米、甘蔗、芒果、蔬菜等重大农作物主要病虫害的发生动态，及时发布病虫情报指导全县开展防治工作。每年发布病虫情报16期以上，预报平均准确率达95%，病虫情报覆盖率90%以上，指导农作物病虫害防治面积约1.06万公顷次。

2005年，全年发布《农业病虫情报》17期，预报平均准确率达95%，发放资料2.53万份。全县水稻种植面积1.48万公顷，病虫发生面积5.67万公顷次，占种植面积370.75%；防治面积5.44万公顷次，占发生面积96.06%。经过防治后挽回粮食16211.2吨，仍然损失粮食2354.9吨。玉米种植面积7726公顷，病虫发生面积3920公顷次，占种植面积50.73%；防治面积2466公顷次，占发生面积62.92%。通过防治后挽回粮食340.2吨，仍损失粮食49.1吨。在经济作物方面，甘蔗种植面积1.6万公顷，发生病虫1.89万公顷次，防治面积1.6万公顷次；芒果种植面积8000公顷，病虫发生面积1.5万公顷次，防治面积1.5万公顷次，挽回损失4642.5吨，仍损失357.3吨；香蕉种植4000公顷，病虫发生面积7066公顷次，防治面积7000公顷次，挽回损失3550.5吨，仍然损失512.1吨；蔬菜种植面积6666公顷，病虫发生面积1.42万公顷次，防治面积1.47万公顷次，挽回损失5462.5吨，仍损失837吨。粮食鼠害方面，发生面积

4786公顷次，防治面积4200公顷次，挽回粮食损失594.6吨，仍损失82.1吨。经济作物鼠害方面，发生面积1.06万公顷次，防治面积7533公顷次，挽回损失9121.5吨，仍损失1222.1吨。此外，农田杂草发生面积1.24万公顷次，防治1.2万公顷次，挽回损失4436.5吨，仍损失345.4吨。

第十节　农业项目建设

1989年，田东县继续实施自治区科委下达的“关于河池、百色两地区200万亩粮食增产综合技术开发项目”，实施的水稻项目为5360公顷，年粮食产量5092.5万千克，年均亩产633.1千克，比项目外亩增产94.5千克。

1990—1991年，实施百色地区科委下达的“55万亩粮食增产综合技术开发项目”，项目任务为6200公顷，其中高产示范田4866公顷（水稻3333公顷、玉米1533公顷），水稻吨粮田666公顷，中低产田改良666公顷。项目覆盖13个乡镇87个村796个村民小组36134农户。

2003年，实施创建全国无公害农产品（种植业、蔬菜）生产示范基地县项目。先后制定《田东县农产品发展规划》《田东县无公害蔬菜生产技术规程》《田东县无公害农产品产销管理办法》《田东县创建全国无公害农产品（蔬菜）生产示范基地实施方案》等一整套保证无公害农产品生产示范基地创建工作顺利实施的规章制度和管理办法，建立示范样板面积344公顷。同时，发动面上发展无公害蔬菜生产2000公顷，推广水稻免耕抛秧技术在全市处于领先地位。当年，自治区农业厅把田东列为全区推广水稻免耕抛秧栽培技术示范县，全县建立16个水稻免耕抛秧技术示范样板片，面积258公顷；推广面积达2435公顷，其中早稻370公顷，晚稻2065公顷，示范和推广规模在全市均处于前列。这一新技术的推广，为全县农民节本增收110多万元。县农业局启动实施《广西精准施肥技术试验示范项目》，购置土壤速测仪器、电子计算机、彩电、影碟机及有关科技资料光碟，并安装智能化施肥软件，成立广西区土肥站智能化土壤诊断施肥连锁（田东）服务部，免费对外提供土壤养分速测和电脑优化施肥配方服务，在百色市率先开展精准施肥推广工作。全年为农民免费检测土样356个，提供施肥建议卡2万多份，推广精准施肥面积4794公顷。由于项目实施工作成绩显著，社会效益好，自治区农业厅于10月24日在田东县召开全区精准施肥技术试验示范项目现场经验交流会，大张旗鼓地宣传推广田东精准施肥项目实施工作经验。投资50万元，引进以色列国耐特菲姆滴灌设备，在县农业局科研基地开展无公害香蕉标准化滴灌技术生产示范7公顷。据验收，平均亩产可达3000千克以上，比常规种植的香蕉每亩增产1000千克左右，增产30%。当年，还实施优质稻标准化生产项目，全县优质稻种植面积达1.23万公顷，其中田东香米5453公顷，田东香米畅销区内外，经济效益好。

2004年，实施农业科技项目7个。一是实施创建全国无公害农产品（种植业、蔬菜）生产示范基地县项目。实施期3年，项目包括发展无公害蔬菜4000公顷、建设无公害蔬菜示范样板面积1333公顷、完成无公害蔬菜产地认定工作和一两个产品牌认证。当年，采取强化技术培训，加大基地化肥、农药使用监管力度，定期开展农产品质量安全检测等措施，推动项目实施。全县发展无公害蔬菜4433公顷，建立无公害蔬菜生产示范326公顷，提高了田东县蔬菜产品的市场竞争力，使农民获得了较好的经济效益。田东的蔬菜产品畅销全国各地，全县蔬菜外销量达8983吨；价格明显比往年提高，如西红柿、大肉芥菜等价格比往年高0.2~0.3元/千克。无公害蔬菜生产已成为农民增加收入的新亮点。二是实施农业信息进村入户示范项目。该项目是国家农业部下达实施的项目，投资60万元，田东县是全国唯一一个县级获得实施，在全县13个乡镇和6个村建设农业信息站，配备电脑等各种设施。项目建成后，通过电脑、电视、电话网络迅速传播农业信息，实现农村信息化。三是实施种子工程项目。该项目属国家发展改革委安排的扶贫项目，项目总投资151万元。实施内容是建设13公顷田东香米提纯复壮基地，年生产田东香米纯种8万千克，为1666公顷大田供种。四是实施水稻免耕抛秧重点示范县项目。自治区农业厅继续把田东列为全区水稻免耕抛秧重点示范县之一。县农业局组织技术力量广泛开展技术培训、指导，建立示范样板，推动面上生产。全县建立面积连片66公顷以上的县级中心示范样板片2片，乡镇级示范样板片11片，面上推广面积5593公顷。五是实施广西优质稻标准化生产示范基地县项目。旨在引进农业标准进程，加快穿凿产业化经营步伐，提高农产品质量安全水平，培育优质稻米品牌，增强田东县优质稻米市场竞争力，以实现农业增效、农民增收。在林逢镇桥礼、英和村建立优质稻标准化生产示范基地133公顷，按照无害化要求进行生产，并实行产、供、销一体化经营和一条龙服务，取得较好的经济效益。基地优质稻年平均亩产850千克，亩产值1735元，比其他稻米品种亩增收180元。在基地示范带动下，全县共推广优质稻面积1.3万公顷。六是实施全区智能化土壤资源与施肥信息系统应用示范项目，实施期2年。七是实施富民小康生态建设项目。筹措资金5万元，在平马镇小龙村、思林镇可恒村搞试点，全县举办无公害种养技术培训班35期，培训农民1985人次，配套发展1万多亩的无公害水稻、蔬菜，建成养鱼池200多个，安装频振式诱虫灯80多盏。

2005年，实施农业科技项目也是7个，其中部级项目3个、区级2个、市级1个、县级1个。一是继续实施创建全国无公害农产品（种植业、蔬菜）生产示范基地县项目。建成无公害蔬菜生产基地6666公顷，通过无公害蔬菜产地认证5533公顷。二是实施国家农业部下达的农业科技入户示范县项目。项目从全县10个乡镇中选取100个村、1000个农户进行示范，辐射带动2万个农户；通过培训、示范和入户指导的方式，向辐射区推广以田东香米为主、博优系列为辅的4个优质稻品种和特优系列3个高产水稻品种，推广水稻塑盘旱育抛秧高产栽培、水稻智能化精准施肥、水稻病虫无公害综合治理等三项农业新技术，配套推广“猪—沼—稻—灯—鱼”“猪—沼—菜—灯—鱼”“猪—沼—果—灯—鱼”等生态农业模式。项目实施的示范户水稻主导品种和主推技术入户率达100%，辐射户水稻主导品种入户率达95%，主推技术入户率达90.8%。三是实施农业部下达的新型农民科技培训项目。该项目在全广西只有8个县获得实施，田东是其中一个。实施该项目旨在培养一支有文化、懂技术、善经营、会管理、适应市场经济需要、能带领群众依靠科技致富的新型农民技术骨干队伍。先后组织开展技术培训225期，培训农民7860人次。完成测土配方施肥技术应用推广面积8400公顷。建立区、市、县、乡四级水稻示范样板片66公顷，甘蔗示范样板片666公顷。经验收，项目区早稻香米平均亩产达486.1千克，比非项目区增41千克；晚稻平均亩产479.5千克，比非项目区增40.4千克；玉米平均亩产306.3千克，比非项目区增33.4千克；甘蔗平均亩产6.16吨，比非项目区亩增1.18吨。由于项目实施措施有力，效果显著，被自治区农业厅评选为全区测土配方施肥“标志性县”。四是实施水稻病虫害综合技术示范项目。该技术的应用对农作物杀虫灭病效果很好，农药使用量减少，农业生态环境得到有效保护。五是实施农村生态富民小康示范带建设项目。举办生态养鱼池技术培训班144期，培训农民1851人次。对养鱼池建设进行指导，为群众提供技术保障。筹集养鱼池建设启动资金70多万元，帮助群众解决在建设中遇到的资金问题。全县建成生态养鱼池3521个，其中1558个配套有沼气池，放养鱼苗448.5万多尾。六是实施田东香米提纯复壮基地项目。在祥周仑圩村建立优质稻田东香米提纯复壮基地，种植种子繁殖田0.66公顷，高产示范田13公顷。生产田东香米纯种15万千克，可供4666公顷大田种植。七是实施中平村无公害蔬菜协会项目。修建无公害收购库房200平方米，蔬菜基地道路硬化1千米，修建水井，引进新品种5个。

第十一节　名优特产种植

田东香米

“田东香米”是田东县农业技术推广站于1992年引进并经过块选育成的感温型常规迟熟香型优质水稻品种。该品种早稻全生育期130~132天，亩产350~450千克，晚稻全生育期120~122天，亩产300~400千克。田东县右江河谷一带乡镇得天独厚的土壤、水源及典型的亚热带季风气候孕育了其具有适应性强，产量较高，米质好，香味纯正，饭用口感好等优点。

1999年9月10日，广西壮族自治区优质米评定委员会根据农业部“食用稻质量等级标准”对全区53个早稻品种稻米的“气味、色泽、形态、适口性、滋味”五项感官指标进行评审鉴定，“田东香米”是唯一一个五项感官综合指标达部颁一级优质米的品种，“田东香米”因此享誉区内外，在区内外同类优质米竞争市场中占据了重要位置。

1999—2001年，实施农业产业结构“823”工程，把发展2000公顷“田东香米”当作一项主要目标，在右江河谷四镇等地建立8个示范样板点，带动面上生产。为提高“田东香米”品种特性及种子纯度，组织技术力量，在平马镇牛行村建立6公顷“田东香米”种子提纯复壮基地，进行种子提纯，每年可为大田生产提供5万千克纯种。2001年全县发展种植“田东香米”面积达4000公顷（早晚稻各2000公顷），总产量达2.18万吨。2002年种植面积达4400公顷，总产量达2.4万吨，“田东香米”初步形成具有上规模和地方特色的名牌产品，是田东农业特优产品“八香”之一。

2000年6月，“田东香米”种植示范片

（县农业局提供）

2003年后，田东县加大对种子提纯复壮和农技推广力度，不断提高种子纯度，改进栽培技术，确保“田东香米”产量和品质。同时，出台发展“田东香米”的激励政策，走“公司+基地+农户”的产业化发展之路，在田东县福东香米加工厂、平马粮所等龙头企业带动下，在祥周镇仑圩村建立13公顷香米生产示范基地，撬动扩大种植规模。2005年全县香米种植面积达6400公顷，产量达3.55万吨，种植香米已经成为农民群众增收的一个重要途径。

1998年12月，外地老板到平马镇百林村收购香蕉

（县农业局提供）

田东香蕉

田东香蕉属田东地方良种，主要产于右江河谷的平马、祥周、林逢、思林等镇。1959年被编入《中国果品志》。田东香蕉每果梳有果指10~20个，一般株产20~25千克，单果重100~150克，果实甘美味

香，肉质细腻滑嫩，品质上等。

1989年，全县栽培面积23.4公顷，产量749.5吨。20世纪90年代，田东县从国外引进并成功种植威廉斯B5、B6、台湾8号、门斯马莉、巴西香蕉等优质香蕉品种，高产高质，调动了农业企业和农民种植的积极性。2002年，全县栽培面积4653公顷，产量4.72万吨。2005年，香蕉栽培面积9440公顷，产量近6万吨，一年四季均有供应。为田东农业特优产品“八香”之一。

田东香茶油

油茶主要生长于田东县北部土山区的义圩、那拔、朔良、祾午等镇，祥周、林逢、思林、作登、布兵、江城亦有零星分布，种植历史悠久。田东香茶油系选用吸尽天然养分的山茶果仁炼制而成，油质新鲜，味道纯正，清香宜人。为绿色木本食用油，亦广泛应用于医药、化妆品等领域，堪称“油王”。对防止血管硬化、治疗高血压有一定的作用，有健胃、防贫血和抗衰老等多功能。2005年，全县种植油茶面积1.35万公顷，年产香茶油237.4吨。为田东农业特优产品“八香”之一。

2005年，田东县生产的香茶油(县农业局提供)

香　料

田东出产的八角、香葱、生姜，成为制作各种菜肴的香料。八角林主要分布在作登、林逢、祾午、朔良、江城、印茶等乡镇及思林百笔林场，每年的茴油及八角生果多为外地客商收购，也有农户采叶深加工茴油，多为外销。祥周镇中平村是广西有名的无公害蔬菜生产专业村，其种植的“鸿平牌”香葱闻名区内外，产品远销贵州、四川、广东等地。田东种姜历史悠久，独特的气候条件和优厚的土壤环境，非常适宜生姜的生产，品种有北部山区的大肉姜和中南部山区的鸡姜。由于全部采用农家肥，所生产的大肉姜和鸡姜姜味美、质量高、营养丰富，是田东农业特优产品“八香”特产之一。

1993年，田东香料　　(县农业局提供)

第三章　芒果

田东芒果种植条件可与世界上最佳芒果生产地泰国曼谷、印度孟买相媲美。田东属南亚热带季风气候区，光照充足，雨量充沛，干热湿润，干旱少雨，雨热同季，常年少霜无雪，而且土地肥沃，层壤深厚，酸值适宜，生产的芒果外观靓丽，纤维少，汁多，肉质细嫩，香味浓郁，品质上成，20世纪80年代中期，成为中国芒果品质最优良产地之一。1989年，芒果种植主要分布在平马、祥周、林逢、思林4个乡镇。经过多年的宣传发动、技术培训、推广推介，芒果产业快速发展，种植规模不断扩大，2005年，面积达9493公顷，年产量近2.5万吨，产值达3209万元，产品销往全国各地。芒果成为促进田东经济发展的重要支柱产业之一，已成为拉动农业和农村经济发展、保障农民持续增收的主要力量。

芒果是漆树科芒果属，田东县“土芒”是漆树科扁桃属，即扁桃。田东县种植扁桃历史在清代文渊阁四库全书《广西通志·卷二十》述：“偏桃田州土州出树扶竦直上枝叶秋冬不凋每二月另抽嫩枝细花䕺生色淡黄结实五月熟大如桃黄色味甘香。”

20世纪70年代初以前，为零星引种栽培。1972年，田东县开始引进芒果良种嫁接苗进行栽培，并对本地土芒进行高接换种，是广西最早引种芒果良种嫁接苗的县份之一。1985年田东县大力发展芒果种植，并确立了建立右江河谷芒果商品生产基地的地位，把建设芒果商品基地作为振兴田东农村经济、加快老区人民脱贫致富的一项支柱产业来抓。从此，田东芒果生产从由零星种植向规模连片开发发展。

1998年，田东香芒　　（县农业局提供）

20世纪90年代，按照“规模化、品牌化、标准化、科技化、产业化”的思路，田东推动芒果产业做大做强。立足于提升芒果产量，扩大芒果种植区域，由右江河谷扩大到南北两翼山区，并免费向农民提供果苗。加大低产芒果园改造力度，提高坐果率。每年都举办无公害芒果种植技术培训班，引导果农种植优质芒果，不断提升芒果品质和品牌效应。1996年，田东县成功承办第三届“百色芒果节”，引起县内外广泛关注，促使田东芒果生产推向一个新的台阶，同年，田东县被农业部命名为“中国芒果之乡”。2004年，获“广西无公害农产品（芒果）产地认定证书”和“广西优质产品”称号。

第一节　芒果品种

1989年，田东县芒果商业种植品种只有3个（传统品种，即象牙22号、桂香芒和印度1号）。

后来，不断培育与引进，2005年全县种植的芒果品种主要有10个，即桂七芒、台农一号、红象牙芒、青皮芒、金煌芒、凯特芒、玉文6号、文心芒、红贵妃芒、象牙22号芒，在市场上比较受消费者欢迎，经济效益高，有发展潜力。除此之外，田东县芒果品种还有吕宋芒、田阳香芒、紫花芒（又称农院三号）、金穗芒、桂热4号、桂热3号、桂热120号、桂香芒、斯里兰卡芒、印度芒（又称秋芒）、海豹芒。从台湾引进的杉林一号、金兴芒、爱文芒。从其他国家和外省新引进的百优一号、台芽（又称黄金煌）、红苹芒、鹰嘴芒（又称水英达）、白玉芒、美国红芒、鸡蛋芒、龙井芒、四季蜜芒、关刀芒、串芒、云南大白玉（又称白玉象牙）、红芒6号等多个品种。

桂七芒

1997年开始引入田东种植，品名为桂热82号，属晚熟品种，果重200~500克，果形S形，长圆扁形，果咀明显，果皮青绿色，成熟后绿黄色，果肉乳黄色，肉质细嫩，纤维极少，味香甜，固形物含量达18%~22%。系田东县主栽品种，成熟上市时间为7月中下旬至8月初，也是广大消费者最钟爱的品种。

2000年，田东桂七芒　　（县志办提供）

台农一号

2001年引入田东种植。是台湾省农业试验所用海顿与爱文杂交选育而成。早熟品种，果重250~300克，果实光滑美观，肉质嫩滑，纤维少，果汁多，糖分含量20%，味清甜爽口，品质佳，商品性好，成熟上市时间为6月下旬至7月上旬。

红象牙芒

1995年，引入田东种植。是广西农学院选育品种，每年7月中下旬成熟，果大，单果重500克左右，可食部分占78%。果肉细嫩坚实，纤维少，味香甜，品质好，果皮向阳面鲜红色，外形美观，是外销比较好的品种，成熟上市时间为7月下旬至8月上旬。

青皮芒

1990年，从泰国引入田东种植，又称泰国芒。早熟品种，单果重200~300克。果形呈肾形，成熟果皮暗绿色至黄绿色，有明显的腹沟，果肉淡黄色至奶黄色，肉质细腻，皮薄多汁，有蜜味清香，纤维极少，可食部分占72%，品质极优，是理想的鲜食品种，成熟上市时间为6月中旬。

金煌芒

2001年，引入田东种植。是台湾自育品种，中熟，果实特大且核薄，平均单果重1200克。味香甜爽口，果汁多，无纤维，成熟时果皮橙黄色，品质优，商品性好，糖分含量17%，成熟上市时间为7月中旬。

凯特芒

是1999年引进的品种，属迟熟品种，果实呈卵圆形，果皮淡绿色，向阳面及果肩呈淡红色，单果均重680克。皮薄核小肉厚，果实橙色，糖分含量17%，成熟上市时间为8月下旬至9月中旬。

玉文6号

2002年，从台湾引进的品种，果实大，平均单果1000克。果形艳丽，果色呈紫红色，肉厚核薄，可食率高，果肉细嫩，口感佳，丰产性能较好，成熟上市时间为7月下旬。

文心芒

2002年，从台湾引进的品种，果实为圆形，平均单果重1000克，果形艳丽，果色呈紫红色，果核小，可食部分占95%，气味芳香，糖分含量16%~17%，丰产稳产，成熟上市时间为7月中下旬。

红贵妃芒

2002年，从台湾引进品种，果实中等，单果重约800克，果实椭圆形，成熟果皮绯红色，外表美艳无比，表皮青里透红。果肉橙黄色，肉质细腻无纤维，果汁多，具较浓芒果香味，可溶性固形物含量达15%，属早熟品种，产地成熟上市时间为6—7月。

2005年，田东红贵妃芒 （县农业局提供）

象牙22号芒

该品种果长圆形，微弯曲，皮色浅绿，挂果期果皮向阳面粉红色，外形美观，酷似象牙。单果重300~350克，可溶性固形物含量17%~19%，果肉细嫩坚实，纤维较多，味香甜，品质一般，果实成熟期为6月下旬至7月上旬。

2005年，田东象牙22号芒 （县农业局提供）

第二节 产区 面积 产量

1989年，芒果种植是田东县承担自治区科委“星火计划”项目之一，种植面积126.67公顷，有3个品种。当年投产36公顷，年产量80.8吨。主产区为平马、祥周、林逢、思林4个乡镇。1990年，继续实施“星火计划”，芒果种植面积311.47公顷，产量93.7吨。

1991年，田东县把芒果种植列为商品基地，种植面积发展到553.67公顷，产量91.2吨。1992年，芒果面积675.1公顷，产量506.7吨。

1993年，田东县把芒果列为优势水果之一，引导和鼓励农民大力发展。当年新种植芒果面积601公顷，育芒果苗426万株，其中平马镇梅桑芒果场133公顷，种下芒果7.5万株，是当时县内最大的芒果场。

1995年，新种芒果3843公顷，年末芒果种植面积达6261.73公顷，产量3123吨。

1999年，全县芒果面积8200公顷，投产面积3820公顷，产量1.19万吨。是年，田东县开始进行芒果低产园改造，改造芒果低产园1200公顷。

2000年，全县芒果面积8333公顷，投产面积4133公顷，产量1.3万吨。芒果低产园改造1213公顷。

2002年，全县芒果面积9000公顷，投产面积4680公顷，产量1.84万吨。完成芒果低产园改造1533公顷，其中完成芒果高位嫁接换种面积1066公顷，主要更换为台农一号芒、金煌芒、凯特芒、桂热32号芒。

2005年，全县芒果种植面积9493公顷，主产区为平马、祥周、林逢、思林、作登5个乡镇。芒果的良种覆盖率60%，良种面积5693公顷，投产面积7.6万亩，产量2.49万吨。

1989—2005年田东县芒果种植面积产量统计表

表6-3-1

年度	面积（公顷）	年产量（吨）
1989	126.67	80.8
1990	311.47	93.7
1991	553.67	91.2
1992	675.1	506.7
1993	1293.3	1412.4
1994	3846.8	1989.5
1995	6261.73	3123
1996	7349	4257
1997	7707	6189
1998	7948	8344
1999	8200	11972
2000	8333	13060
2001	8600	16011
2002	9000	18480
2003	9013	20768
2004	9253	23108
2005	9493	24957

第三节　种植技术

芒果幼树重点加强树干定干培养、施肥、施药等，成龄树重点做好高接换种、树形修剪、施肥、施药、果实套袋、采收等。田东县通过举办培训班、聘请广西壮族自治区内外农业专家和本土芒果专家到田间地头传授等办法，推广芒果种植管护技术，让种植户人人懂技术、个个会管理、家家懂经营。1989年举办芒果种植管护技术培训班23期，参训人数1150人。1995—2005年，年训人数2万人次左右。

2000年以后，芒果产业已经形成发展方向明确、产业基础扎实、规模化推进、技术相对成熟的基本态势。2003年3月至2005年12月，实施“田东县创建广西无公害水果（芒果）生产示范基地县”项目，项目面积7200公顷，项目执行标准是《NY5026—2001无公害食品　芒果产地环境条件》和《NY/T5025—2001无公害食品　芒果生产技术规程》。2004年12月18日，田东县芒果获广西农业厅颁发的“无公害农产品（芒果）产地认定证书”，产地规模7200公顷。同年，经广西壮族自治区质量技术监督局对田东芒果品种“台农一号”和“桂七芒”进行抽样检测，按《NY5024—2001无公害食品　芒果》标准判定，结果均合格。根据广西名牌战略推进委员会评价结果，“田东桂七芒”被广西壮族自治区质量技术监督局授予“广西优质产品”称号。

多头高接换种技术

高接时间　不同气候的地区，高接的最佳时机各不相同，在右江河谷芒果产区以7—9月最为时宜。

高接头数　在一定范围内，树冠的形成和恢复随着高接头数的增多而加快，但超过一定的数量其生长量和树冠形成的大小没有明显变化。若高接头数过多，养分分散，各个接穗所抽发新梢的生长量相对减少。若高接头数太少，虽生长量大，但在短期内不易形成一个丰产的树冠。据实践结果，高接头数一般以树龄的2~3倍较为适宜。

嫁接砧木口径　砧木枝条口径在0.7~4厘米，嫁接成活率可以达90%以上，随枝条口径的增加其成活率逐渐下降，甚至难以成活。

接穗采集　接穗应选用优良母株（如桂七芒、田阳香芒、泰国青皮芒、台农一号芒、金煌芒），采用生长健壮、芽头饱满、无病虫害的树冠上中部的老熟枝条，口径以0.6~1厘米为宜。采集好的枝条应用湿毛巾包住，并置于阴湿处保存待用。

高位剪枝更新嫁接　在嫁接前先对树冠进行适当的“露骨更新修剪”，把不需要嫁接的多余枝、病虫害枝剪除，使整个树冠骨架保持基本不变，然后在树冠中、上部选择1~2年生的枝条由上而下，分段选用小枝腹接或腋芽对位切接法进行嫁接。采用腹接时在每个嫁接枝自接口上20厘米以外的枝条，除留有少量小枝作辅养枝外，其余的应予剪除，以减少水分、养分的消耗，促进接穗萌芽，待接穗新梢抽出老熟后再把多余的桩头和辅养枝一并剪除。采用这种方法高接，次年部分接穗枝条可开花结果，即使少量接穗未能及时抽梢，只要愈合得好花芽分化成熟，也可直接抽花结果。

低位截干更新嫁接　这种方法比高位剪枝更新嫁接较为简便而适用，但结果时间延迟。在收完当年果后将大树自上而下分段砍除，在离地1米左右处将主干锯断。截干后，基干上的不定芽会萌发大量新梢，应定期疏剪，每个树桩选留3~5个分布均匀、生长健壮的新梢作为主枝，然后采用小枝腹接、舌接或切接进行嫁接，嫁接成活后选留3~4枝培养作骨干枝条以恢复树冠。值得注意的是，截干时，原树冠上需留下少量成熟枝以利光合作用和干物质的积累，嫁接成活后可提早一年开花结果。采用嫩枝嫁接（指砧木嫩枝）比成熟枝嫁接也可以提早开花挂果。

高接后管理　在穗芽即将萌发时，不能马上解绑，否则因砧穗愈合不充分而易出现回枯现象从而影响成活率。正确的做法是在芽眼处挑开一个小孔，让芽顺利萌发生长，待第一次新梢老熟后再解绑。待接穗抽出的新穗老熟后，原接口上方所留的砧木段和辅养枝以予剪除，并及时抹除接口下方砧木长出的不定芽，以利营养物质集中供给穗芽。接穗新梢抽出后易遭炭疽病、切叶象甲和横线尾叶蛾等害虫危害，应及时喷洒53.8%的氢氧化铜可湿性粉剂900倍液，或50%的咪鲜胺1000倍液防病。在新梢抽出时喷50%的丙溴·辛硫磷1000~1300倍液防虫，每隔7天喷1次，连喷1~2次。此外，加强正常的水肥管理，方法与常规种植基本相同。

栽培技术

园地选择 在立地条件方面，选择背风向阳的东南面、丘陵缓坡为芒果园地，有水源，交通便利，土壤疏松、肥沃、呈中性或微酸性为宜，避免在容易沉霜、冷空气聚集低洼谷地和常受干热风影响的地域建立芒果园。在气候条件方面，年平均温度18℃~25℃，极端最低气温>2℃，最低月平均气温>10.5℃，花期日均温>20℃；春季要求相对干旱，后期有一定湿度，持续阴雨天较少。在土壤条件方面，园地要求土层深厚、有机质丰富、保水保肥力强、排水良好、微酸性至中性土壤，地下水位在地表1.5米以下。

开垦建园 平地果园定植行按照东西向规划，坡度<6°的缓坡地沿等高线种植，6°~20°丘陵果园修筑等高梯田种植。梯田平面宽3米以上，坡度>20°的山坡地果园采用鱼磷坑种植，鱼磷坑长2米×2米以上。平地果园四周挖深、宽各1米的排洪沟，果园内设若干条深宽为0.3米×0.5米的排水沟，并与排洪沟相连。坡地果园上方挖一条等高拦洪沟，沟深宽各1米，在拦洪沟中部和两端设数条纵向排水沟，纵向排水沟采用分级跌落形式，每级梯田应用砖石、水泥砌跌水设施。

栽植 在苗木质量要求方面，选用一至两年生苗，嫁接口以下砧木高10~15厘米，嫁接口以上抽发2~3批老熟新梢、高30~40厘米、茎粗达0.6厘米以上，顶芽饱满、色泽正常、根系发达、无病虫害的营养杯苗。在种植品种方面，以获得国家地理标志保护的桂七、台农1号、金煌芒为主，适当引种其他优良新品种。在栽植时间方面，春、夏、秋季均可栽植，以3—4月和8—9月栽植为最佳。在栽植规格方面，采用宽行窄株方式定植，株距规格常用三种：4米×5米，亩植33株；4米×4米，亩植42株；3米×4米，亩植56株。在挖坑方面，定植前2~3个月挖好定植坑，定植坑长宽各100厘米，深80厘米，挖坑时，表土、底土分置坑的两侧，土壤风化2~3个月后回坑。在放基肥方面，每株施入绿肥或杂草20~25千克，有机肥15~20千克，磷肥1千克，酸性土壤加石灰0.5~1千克；回坑前将有机肥、磷肥、石灰和表土充分混合成肥泥。在栽植方面，将待植苗木的所有嫩梢、嫩叶和（1/2~1/3）的老熟叶片剪除；栽植前先将定植坑上的土墩挖开，将苗木置于坑中间，解去苗木包裹根部土团的塑料薄膜，回土至土团上方1厘米，将土团周围土壤轻压，并整成直径为1米的树盘。此外，做好淋水覆盖保湿，定植完成后，立即淋足定根水，并用草料或农膜覆盖树盘；如遇干旱，每隔3~4天淋水一次，直至苗木成活。

幼龄树管理 一是做好扩穴改土。种植后第二年开始，每年7—12月进行，4~5年内完成畦面改土。每年在树冠内缘挖相对的两条各长1~1.5米、宽0.5~0.6米、深0.8米的长沟，15天后回坑。每株施杂草或土杂肥15~20千克，腐熟厩肥15~20千克，磷肥、石灰各0.5千克，饼肥1~2千克，先将杂草或土杂肥压入沟底，精肥与土壤拌匀后回沟的上层，并回土高于地面20~30厘米。二是做好中耕除草。每年中耕2~3次。第一次在夏季，第二次在冬季花芽分化前。中耕时用利铲翻压畦面土壤，将杂草、枯枝、落叶盖入土中。夏季中耕深度15厘米左右，冬季20~25厘米。经常铲除树盘杂草，或使用除草剂杀除。三是做好树盘覆盖。种植后至树盘自荫前，干旱季节用杂草或农作物茎秆树盘覆盖，盖草厚度5厘米。四是做好水分管理。在每一次新梢萌发期、花芽形态分化期、盛花期、坐果期、果实发育前期和中期，如遇干旱应及时灌水，灌水量以湿透根系主要分布层为限，并达到田间最大持水量的60%~70%。地势低洼或地下水位较高的果园，要及时排除园内多余积水。五是加强施肥管理。幼树土壤施肥：种植当年于第一次新梢老熟后开始施肥，以勤施薄施，不伤根为原则，以水肥为主，在树冠滴水线下淋施。幼树施肥以氮肥为主，适当施用磷钾肥。1~2个月施一次，每次每株施0.5%尿素液5~10千克或尿素25~50克、稀薄粪水或花生麸液或沼气液5~10千克。第2年、第3年在每次新梢集中萌发前10~15天施肥一次，每次每株施尿素75~150克或稀薄粪水或花生麸液或沼气液肥5~15千克，至11月停止施肥。叶面追肥：每次新梢叶片转绿期喷施叶面肥1~2次，肥料可选0.3%~0.5%尿素液＋0.1%硫酸镁+0.1%~0.2%磷酸二氢钾液或用0.5%永业生命素＋0.2%磷酸二氢钾液叶面喷施，可促进幼苗速生快长。六是做好幼龄树的整形修剪。整形采用自然圆头形，定植后2~3年内完成造形。苗木长至60~70厘米高时，在50~60厘米处摘心或剪顶定干，新梢长出后，选留3~5条生长方位较好，生长均匀，角度斜生的留下作主枝，其余的抹除。主枝长至20~30厘米时进行摘心，分枝长出后，选留主枝3~4条作为副主枝。副主枝长至30厘米时摘心或剪顶，每条副主枝留2~3条作为侧枝。

病虫害防治　病虫害防治贯彻“预防为主、综合防治”的植保方针，应用病虫害可持续控制的策略，做好病虫害的监测和预警工作，在病虫害发生的关键阶段适时防治。以加强栽培管理，改善芒果园生态环境，保持农业生态系统的平衡和生物多样化为基础，综合应用农业防治、物理防治、化学防治技术。

在农业防治方面：加强肥水管理，增强树势，提高树体抗病虫害能力；加强树体管理，改善树冠内外光照和湿度条件，减少病虫为害；及时清园，减少病虫传染源。

在物理防治方面：使用频振杀虫灯、蓝色板、黄色板等诱杀害虫；利用防虫网隔离和捕虫网人工捕杀害虫。

在化学防治方面，有炭疽病、白粉病、细菌性黑斑病、流胶病等，用乙醚酚1500倍＋吡唑醚菌酯2500倍或选用必扑尔1200倍液＋赞米尔1200倍混合液于发病初期开始喷药，连喷两次，10天一次。有横线尾叶蛾、扁喙叶蝉、切叶象甲、叶瘿蚊、茶黄蓟马、毒蛾类、芒果食蝇等，新梢抽生出3~5厘米长时，可选用48%乐斯本乳油1000倍液+2%亮蚜1200倍液或2.5%敌杀死乳油1500倍液+5%高氯·灭多威1500倍，或用10%高渗吡虫啉可湿性粉剂1500倍液＋24%万灵水剂1000倍液等叶面喷药防治，每次间隔7~10天，连续施药2~3次。

第四节　芒果营销

1989年，田东的芒果种植还没形成规模，芒果在成熟期只在县内市场上销售，没有外销。1993年，田东芒果开始形成规模上市，果熟期市场活跃。为促进芒果营销，1999年田东县农工贸有限公司投资350万元，建设占地面积2公顷的城西果菜批发市场。该市场有50个固定门面，有80个临时摊位。2005年，该市场年交易量达40万吨，日交易量最高达3000吨（其中芒果1000吨），整个芒果上市季节交易量达2万吨。

1994年，中共百色地委、百色地区行署为了提高百色地区芒果的知名度，决定在1994年以后每年由地委行署主办，主要芒果生产区的3个县、市（县级百色市、田阳县、田东县）人民政府轮流承办“百色地区芒果节”。1994年7月8日至10日，当时的县级百色市人民政府承办第一届百色地区芒果节。1995年7月6日至8日，田阳县人民政府承办第二届百色地区芒果节。1996年7月8日至12日，田东县人民政府承办第三届百色地区芒果节，芒果节的活动内容有举办芒果节文艺晚会、芒果擂台赛等等，田东芒果名声大振。

1996年，田东县被农业部命名为“中国芒果之乡”，田东芒果的品牌得到极大的提升，田东芒果的品牌和芒果市场在全国、全区久负盛名，芒果季节购销两旺，果农收益越来越好。

1996年，田东红象牙芒果　　（县委宣传部提供）

伴随着芒果产业的发展，芒果文化应运而生。田东因势而谋，顺势而为，积极举办芒果文化活动，大力加强芒果文化品牌建设。2006年，举办田东芒果品评会。2007年，举办百色·田东芒果文化节。2008年，由于碰上右江矿务局那读煤矿矿难，田东没有举办芒果节。自2009年，田东年年举办百色·田东芒果文化节，活动内容越来越多。截至2019年，田东已成功举办14届芒果文化节（活动月），已经成为弘扬芒果文化、展示田东魅力、提高芒果品牌的知名度、推动农村经济发展的“金”字招牌，成为田东对外开放的载体、招商引资的平台、展示形象的窗口。

第四章　农业机械

1989年，全县拥有各种型号的耕作机械2535台24129千瓦，机耕作业面积为5586公顷；有专用推土机31台1656千瓦，推土装置39套。20世纪90年代，随着农村经济体制改革的逐步深化和农业产业化的形成和发展，农业机械化进入快速、健康发展阶段，农机装备水平持续增强，结构进一步完善，农业机械化水平稳步提高，适用农机化新技术加快推广。2005年，实施农机购置补贴。是年，全县拥有各种型号的耕作机械6367台74745千瓦，机耕作业面积达2.73万公顷，比1989年增加2.17万公顷，增加3.89倍。

第一节　传统农具

田东县传统农具主要有犁、耙、锄头、锹管、镰刀、禾剪、曲刀、掼床、掼桶、风柜、磨、砻、舂米臼、竹席、油榨、糖榨、戽斗、水车等。除砻、舂米臼、油榨、糖榨、戽斗、水车等逐渐被淘汰外，大多数传统农具仍继续使用。

半机械化农具主要有人力打谷机、人力玉米脱粒机、胶轮大车、汽轮手推车、农用船、手动喷雾（粉）机等，1989年拥有量分别为3862台、5台、181辆、728辆、1艘和8562台。因这些半机械化农具逐渐被淘汰，农机管理部门1993年起不再统计其数量。

第二节　新型农业机具

耕作机械

耕作机械主要有大中型拖拉机、手扶拖拉机、微型拖拉机及耕整机、机耕（滚）船。1989年，全县拥有各种型号的耕作机械2535台24129千瓦，其中大中型拖拉机80台2470千瓦，小型拖拉机2450台21619千瓦；大中型机引农具108台，小型机引农具1889台，机耕（滚）船4艘36千瓦，耕整机及微拖1台4千瓦。

2005年，全县拥有各种型号的耕作机械共6367台74745千瓦，其中大中型拖拉机1841台34679千瓦，小型拖拉机4430台39596千瓦，耕整机及微拖96台380千瓦，变形拖拉机1780台31669千瓦；有大中型机引农具116台（机引犁54台、机引耙52台、深松机10台），小型机引农具6938台（机引犁1608台、机引耙1310台、旋耕机1445台、滚筒耙2575台）。耕作机械中除10台小型拖拉机属国有外，其他均为个体所有。带有机引农具的大中型拖拉机主要分布在平马、祥周、林逢、思林等乡镇，分别为36台、46台、30台、4台；作登、印茶、江城、朔良、义圩、那拔等乡镇没有。小型机引农具拥有量最多的是祥周镇，其次为平马镇，最少的是那拔镇，分别为3534台、1722台、13台。

设施农业设备与栽植机械

设施农业设备与栽植机械主要是化肥深施机和水稻插秧机。1989—2000年，全县无拥有。2001年有化肥深施机20台，2005年增至24台。

动力机械

1989年，全县拥有农业动力机械3846台27483千瓦，其中柴油机1281台11828千瓦，电动机2556台15638千瓦。

2005年，全县拥有农业动力机械13020台90745千瓦，其中柴油机8695台65282千瓦，电动机4304台25313千瓦。农业动力机械中用作排灌的动力机械4212台22199千瓦，其中柴油机3399台16288千瓦，电动机811台5905千瓦。用作农副产品加工的动力机械7980台60184千瓦，其中柴油机4802台43974千瓦，电动机3171台16150千瓦。用作工、副业的动力机械828台8362千瓦，其中柴油机494台5020千瓦，电动机322台3258千瓦。

2003年，田东县使用的农机现代农具　　　　（县农机局提供）

排灌机械

1989年，全县拥有各种排灌机械676台（套），其中农用水泵430台，水轮泵189台，潜水泵11台65千瓦，喷灌机械46套。

1992年，田东县遇到历史罕见的旱灾，县农机部门精心组织农业机械投入抗旱，春夏两季共有872台动力机械参加抗旱抢插和抗旱保苗，灌溉面积1293公顷。

2005年上半年，田东县再次遭受严重旱灾，全县投入抗旱的排灌机械4916台（套），抗旱作业面积4866公顷。当年，全县拥有各种排灌机械4689台（套），其中农用水泵（包括潜水泵、清水泵）4639台，喷灌机械50套（全部为林逢镇拥有）。农用水泵拥有量较多的乡镇为祥周、林逢、平马和思林，分别为1949台、834台、782台、343台。

农用运输机械

农用运输机械主要有农用载重汽车、农用运输车（含三轮运输车）、大中型拖拉机、多功能拖拉机、小型拖拉机、微型拖拉机等。水上运输机械有由一般木质结构船、钢筋水泥船及钢板船配装各种柴油机作动力而成的机动运输船。

1989年，全县拥有农用水陆机动运输机械总量为2864辆（艘），总动力9338千瓦，其中农用载重汽车88辆6358千瓦，挂车2522辆，机动运输船105艘1558吨1082千瓦，其他农用运输车149辆3023千瓦。

2005年，全县拥有农用水陆机动运输机械总量（不含大中型拖拉机、多功能拖拉机、小型拖拉机、微型拖拉机）为707辆（艘），总动力29864千瓦，其中农用载重汽车213辆21495千瓦，农用运输车376辆6782千瓦，机动运输船118艘1957吨1587千瓦。农用载重汽车拥有量最多的乡镇是平马镇，其次是林逢镇，最少的是江城镇，分别为55台5613千瓦，35台4561千瓦，6台531千瓦。机动运输船仅分布于平马、祥周、林逢和思林，其拥有量分别为31艘237千瓦、20艘185千瓦、27艘486千瓦、40艘679千瓦。农用运输车拥有量最多的是平马镇，其次是义圩镇，最少的是印茶镇，分别为122辆1220千瓦，67辆1411千瓦，6辆107千瓦。

农副产品加工机械

农副产品加工机械主要有碾米机、磨面机（包括小钢磨）、轧花机、榨油机、食品加工机械、微型碾米机、榨糖机、淀粉加工机械等，一般用柴油机或电动机作动力带动。

1989年，全县有碾米机1521台，磨面机130台，轧花机1台，榨油机29台，食品加工机械13台60千瓦，微型碾米机5台4千瓦，榨糖机15台，淀粉加工机械1台。

2005年，全县有碾米机5845台，磨面机300台，榨油机101台，榨糖机12台，轧花机4台，淀粉加工机械738台。碾米机拥有量最多的是朔良镇，其次是祷午镇，最少的是布兵镇，分别为1749台、757台和80台。

农田基本建设机械

1989年，全县有专用推土机31台1656千瓦，推土装置39套，微型水力发电机组2台35千瓦，5千瓦以上水力发电机组15台140千瓦。

2005年，全县拥有推土机25台1367千瓦（国有7台350千瓦、平马10台553千瓦、祥周3台169千瓦、林逢5台295千瓦），微型水力发电机组312套437千瓦（思林83套42千瓦、坡塘2套15千瓦、作登105套33千瓦、印茶3套2千瓦、江城86套63千瓦、义圩11套134千瓦、那拔22套148千瓦），柴油发电机组42套456千瓦（祥周1套4千瓦、林逢8套108千瓦、坡塘6套53千瓦、作登1套1千瓦、印茶25套236千瓦、江城1套10千瓦）。

渔业机械

渔业机械一般采用柴油机作动力带动作业，有木船、钢筋水泥船、钢板船3种，主要作业于右江及沿江一带的河叉捕捞业。1989年，全县有渔用机动船13艘32千瓦。2005年，有77艘541千瓦，其中平马镇7艘32千瓦，祥周镇37艘365千瓦，林逢镇23艘102千瓦，思林镇10艘42千瓦。

畜牧机械

畜牧机械主要有饲料粉碎机、切蔓机及打浆机。1989年，全县有饲料粉碎机1306台，切蔓机及打浆机18台。2005年，有饲料粉碎机4729台，其中平马、祥周、林逢、祷午、思林、坡塘、作登、江城、朔良、义圩、那拔拥有量分别为245台、226台、229台、622台、350台、151台、208台、471台、1817台、382台、28台。

收获机械

县收获机械主要是机动脱粒机、机动收割机、水稻联合收割机。1989年，全县有机动脱粒机（机动打谷机）1256台，未拥有机动收割机和水稻联合收割机。1999年，全县有机动脱粒机1809台，机动收割机5台，未拥有水稻联合收割机。2005年有机动脱粒机2111台，水稻联合收割机4台341千瓦，其中平马镇1台88千瓦、祥周镇2台150千瓦、思林镇1台103千瓦。

2005年，田东县使用的水稻联合收割机
（县农机局提供）

1989—2005年部分年度田东县农业机械情况表

表6-4-1

机械类型	1989年		1999年		2001年		2003年		2005年	
	台套	千瓦	台套	千瓦	台套	千瓦	台套	千瓦	台套	千瓦
合计	—	—	—	—	—	—	—	—	—	—
一、耕作机械	4528	24093	9492	59000	11557	78701	13667	87243	15201	106414
大中型拖拉机	80	2470	26	956	1221	19252	1534	25051	1841	34769
小型拖拉机	2450	21619	5580	57602	4516	41059	4567	40888	4430	39596
变型拖拉机	—	—	—	—	1188	18008	1369	20930	1780	31669
耕整机及微拖	1	4	93	442	96	382	101	374	96	380
大中型机引农具	108	—	45	—	59	—	82	—	116	—
小型机引农具	1889	—	3748	—	4477	—	6014	—	6938	—
二、运输机械	2746	8565	490	27874	612	25990	631	27871	707	29864
农用载重汽车	88	6358	206	21068	195	19482	206	21032	213	21495
挂车	2522	—	—	—	—	—	—	—	—	—
农用运输车	31	1125	139	5191	296	5148	305	5487	376	6782
机动运输船	105	1082	145	1615	121	1360	120	1352	118	1587
三、渔业机械	13	32	10	44	10	44	81	490	77	541
渔用机机动船	13	32	10	44	10	44	81	490	77	541
四、植保机械	—	—	—	—	—	—	—	—	—	—
五、农业动力机械	3838	27478	10504	74040	10723	76487	12468	84687	13020	90745
农业排灌用	513	5766	3778	20406	4001	21444	4120	21874	4212	22199
农副产品加工和畜牧机械用	1984	15866	6164	48677	6114	49598	7846	58164	7980	60184
工、副业用动力机械	1341	5846	562	4957	608	5445	502	4649	828	8362
六、排灌机械	665	—	4084	—	4401	—	4503	—	4689	—
农用水泵	430	—	3889	—	4128	—	4486	—	4639	—
水轮泵	189	—	193	—	271	—	—	—	—	—
喷淋（灌）机	46	—	2	—	2	—	17	—	50	—

续表6-4-1

机械类型	1989年		1999年		2001年		2003年		2005年	
	台套	千瓦	台套	千瓦	台套	千瓦	台套	千瓦	台套	千瓦
七、收获机械	1256	—	1809	3439	1968	5171	1982	—	2115	—
联合收割机	—	—	—	—	2	74	—	—	4	341
机动脱粒机	1256	—	1809	3439	1966	5097	1982	—	2111	—
八、农副产品加工机械	1697	—	4483	—	4792	—	5811	—	7000	—
碾米机	1521	—	4216	—	4529	—	5003	—	5845	—
磨面机	130	—	167	—	182	—	217	—	300	—
榨油机	29	—	97	—	80	—	90	—	101	
榨糖机	15	—	—	—	—	—		—	12	—
棉花加工机械	1	—	3	—	—	—		—	4	—
淀粉加工机械	1	—	—	—	1	—	501	—	738	—
九、畜牧机械	1324	—	3982	—	4243	8180	4316	12646	4729	—
饲料粉碎机械	1306	—	3982	—	4243	8180	4316	12646	4729	—
切蔓打浆机	18	—	—	—	—	—	—	—	—	—
十、农田基本建设机械及其他机械	34	—	1343	2851	579	2649	451	2318	384	2260
推土机	31	1656	32	1813	28	1638	28	1546	25	1367
微型水力发电机组	2	35	1268	623	507	586	374	338	312	437
柴油发电机组	1	5	43	415	44	425	49	434	42	456

第三节　农机管理

技术管理

1989年，田东县农机管理部门通过多种途径对全县农业机械进行管理和调控，建立农机协会。平马、祥周、布兵、林逢、思林、作登、印茶等7个乡镇，建立村（屯级）农机协会29个，会员933人。推广手扶拖拉机检测节能技术，加强农机技术监督。农机检测节能技术是国家农牧渔业技术开发项目，是利用功率油耗仪对手扶拖拉机发动机的主要技术指标—额定功率和耗油量进行测定，准确地了解发动机的技术状况，对不合格的拖拉机，使用不拆卸检查仪检测主要技术参数，然后进行调整修理，恢复发动机技术状态，以达到节能目的。1989—1990年，全县共检测拖拉机1478台。

1994年起，依托乡镇农机站、村管员，组织机械化农业生产，重点抓好甘蔗、水稻、玉米三大作物的农机生产作业。

1994—2005年，全县共组织76711台次拖拉机投入农业生产，累计机耕面积达24.36万公顷。

1996年8月，《广西壮族自治区农业机械管理条例》颁布实施。这是广西第一部农机化地方性法规，是农机化工作、执法的依据。县农机局多渠道、全方位加强条例宣传。重新核定全县乡镇农机站机构“三定”工作和重新核定全县乡镇农机站人员编制数，改变长期以来乡镇站编制数不落实状况，并新设立了布兵、祷午、坡塘、江城、那拔5个乡农机站，乡镇农机站“三权”归属县农机局。

1998年，根据《广西壮族自治区农业机械管理条例》赋予的职责，县农机局依法对农机维修、销售网点进行管理。审定、发证农机维修网点35个，农机配件销售点28个。培训、考核修理工并颁证

105人。无证经营、销售不合格产品和维修技术质量差等现象得到有效控制。

2002年，全县机构改革，各乡镇农机管理服务站并入乡镇农业服务中心，由乡镇人民政府领导，县农业机械化管理中心只负责业务上的指导。

2005年，创新农机管理和社会化服务模式，培养和发展16户农机大户。按照“民办、民管、民受益”的原则，成立了田东县东达农机协会，协会拥有会员75人，拥有各种类型的拖拉机75台。这是百色市第一个合法注册的民间农机服务组织。农机部门引导协会自我管理，自我约束，自我服务。

安全管理

1980年9月，成立田东县农机安全管理站，配备站长、副站长、安全监理员等。1989年有干部职工8人。

1991年起，田东县手扶拖拉机等农机安全管理工作由县交警队移交（委托）给县农机部门，并由县农机安全监理站负责。主要是办理手扶拖拉机等农用拖拉机的安全技术检验，给驾驶员发放全国统一的道路驶牌证等。当年，全县年检农用拖拉机1870台，年度审验农用拖拉机驾驶员1394人。

1993年，完成拖拉机年检1766台（包括新机入户和旧机重新入户），拖拉机技术检测1766台，驾驶员年审1350人，复考87人。添置监理车1辆，加强路检路查工作，上路检查机车800台次，纠正违章1200人次。

1996年，实施换发“九二”式拖拉机牌照，全县完成拖拉机检验和换牌2127台，审验驾驶员1008人。当年，县农机安全监理站实施办公用房改扩建工程，并于当年完成主体工程。

2000年，对全县农用车和拖拉机上路问题进行专项整治，并对已领牌证的拖拉机和驾驶员全面进行复检复审。全年复检农用车和拖拉机1071台（辆），强制参加培训、考试253人，签订安全行车保证书3000份。

2000年，田东县农机技术培训业务现场　（县农机局提供）

2001年，全县开展6次农机联合检查，全县检查拖拉机4360台，查处违章驾驶1340人次，查扣无牌无证拖拉机87台，查处无证驾驶人员110人。拖拉机、农用车驾驶员签订安全行车保证书2300份。

2002年，把防止群死群伤性农机事故发生作为农机安全生产工作的重点，开展农机安全生产整治工作和清理“黑车非驾”安全活动。深入各乡村危险路段进行安全监控，检查拖拉机3250台次，纠正违章2216人次。在思林、祷午、印茶3个镇还成立农机安全村。

2003年，出台《田东县县乡村道路交通安全管理办法》和《田东县乡村道路交通安全专项整治方案》，将农机安全生产管理列为重点工作。在元旦、春节、“五一”、国庆节等重要节假日，开展多种形式的农机安全专项整治活动。加强下乡和上路执法，巡查全县270条1318千米的等外路、乡村屯道路、机耕路，排查和整废危险点、段310处163.2千米，事故多发段38处；检查机车2833台次，发放各种宣传资料2373份。

2005年，坚持“以人为本、严格执法，从严治机”的原则，加大对拖拉机及其驾驶员的监督管理，开展农机安全生产专项整治。创建8个“农机安全村”，农机事故率、重伤率、死亡率分别控制在农业部控制指标范围内。

第四节　农机与农用油供应

农机供应

1975年，成立田东县农机供应公司，主要任务是经营农业机械及其零配件。1989—1999年，县农机物资供应主要来自县农机供应公司。

1990年，农机公司购进总额358.62万元，销售总额371.78万元。1996年，公司新建1320平方米的农机综合服务楼，一楼营业大厅面积228平方米，营销品种有新扩大，服务水平和质量有所提高。但由于农机产品市场放开，公司经营大受冲击。当年销售总额483.5万元，经营销售总成本490.45万元，亏损6.95万元。1999年，销售总额为502.3万元，经营销售总成本为521.7万元，亏损达19.4万元。

2000年以后，县农机供应公司因连年亏损，难以维持，于2003年5月将经营门市部承包给公司内部职工，除留3名管理人员负责公司日常事务外，其余职工均下岗自谋出路。

2005年，全县有个体农机供应点28个，其中平马（含县城）11个、祥周3个、布兵1个、林逢1个、思林3个、印茶1个、江城1个、作登2个、朔良3个、义圩2个。农机供应由过去以县农机公司供应为主转向个体经营。

农用柴油供应

1986年6月起，县农机局同石油供应部门配合，对农用柴油实行计划分配，分季安排，凭证供油。每年根据自治区农机局下达的季度油料指标，按照“合理分配，保证重点，统筹兼顾，节约使用”的分配原则，分季下达到乡镇农机管理服务站，乡镇农机站则采用“机油田挂钩”的办法，把油料落实到农机户，农机户凭证（票）到基层供油点购油。每年春、夏耕作大忙季节，为了保证重点，把有限的柴油用在农业生产上，县农机局作出“多耙田多供油，少耙田少供油，不耙田不供油”的规定。

1989—1993年，全县每年春、夏耕投入农业生产的拖拉机均在2200台以上，占拥有量90%以上，累计完成机耕面积1993公顷。

1994年以后，农用平价柴油并轨，农机管理部门不再对农用柴油进行计划和分配，农用柴油由加油站、供销社或代销点直接销售。

第五节　农机作业

机　耕

县内机耕作业采用翻耕或旋耕。作业期集中在春、夏两季，以旋耕为主，种植水稻。秋季主要是翻耕，种植秋冬作物。实行承包责任制后，受种植形式和户营土地规模小等因素的影响，机耕作业受到不同程度的限制，作业量减少。1989年，全县机耕作业面积5586公顷。

21世纪初，随着农村经济体制改革的不断完善和种植结构的调整，以及农业机械化快速发展和装备水平的不断提高，作业量逐年回升。2005年，机耕作业面积达2.73万公顷，比1989年增加2.17万公顷，增加3.89倍。

灌溉作业

1989年，全县有农田排灌水泵430台。1999年，有4082台，当年农机排灌面积1.16万公顷。2005年，有排灌机械4639台，灌溉面积7368公顷。农田排灌水泵的广泛使用，使县内所有不能自流灌溉的高垠田和秋冬缺水的田地得到有效灌溉。

1998年春耕期间，平马镇农机服务队集中作业（县农机局提供）

收获机械作业

1989年，全县有机动脱粒机（机动打谷机）1256台，未拥有机动收割机和水稻联合收割机。

2005年春季，平马镇东达村机手购置了1台背负式水稻收割机，开始在县内开展机械收割作业。之后祥周镇又购置了2台同型号的背负式水稻收割机。当年，中央和自治区出台农机购置补贴政策，由自治区农机局具体负责分配补贴指标。虽然田东县未列入补贴范围，但经过争取，得到了1个水稻联合收割机的补贴名额，并动员思林镇2位机手凑钱购买了田东县第一台高性能自走式水稻联合收割机，结束田东县无水稻联合收割机的历史。当年，全县拥有水稻联合收割机1台，背负式水稻收割机3台，收割水稻149公顷，其中跨县到外地作业收割水稻40多公顷，创收3.6万多元；有机动脱粒机2111台，脱粒面积1.93万公顷。

农机作业服务

1989—1995年，农机作业服务主要以农机手或农机专业户个人为农户代耕服务为主。1996年春耕时节，由于低温阴雨天气的影响，早稻插秧进度缓慢。为了赶上农时，配合旱育稀植和抛秧定植等农技措施的推广应用，共组织7个代耕队，投入116台机车，提供机耕作业服务。利用这一成功经验，在三夏大忙期间，又组织128台机车开展连片抢耕作业。为此，农机作业服务队雏形初步形成。

1997年7月27日，百色地区行署在田东县召开农机投入“双抢”（抢收、抢种）工作会议，与会人员参观了田东组织的农机下田。

2004年，东达机耕服务队到德保县开展跨区机耕作业（县农机局提供）

2004年，百色市农机局确定田东县平马镇东达村为全市“农机科技致富示范村”，建立全市第一个“机手之家”，并建章立制。11月24日，东达村10台大型拖拉机组成机耕服务队到德保县开展烟区备耕工作，这是百色市首次组织大型拖拉机开展跨区作业。该服务队在一个月内，冬翻松土166公顷，总作业值达15万元。

2005年12月5日，田东县东达农机协会到德保县燕峒等12个乡镇，与当地政府分别签订烟地代耕协议书，代耕合同733公顷，投入大型拖拉机30台。

第六节　农机培训

1974年6月，成立田东县农业机械化学校（简称县农机校）。1980年以前，农机培训实行县、公社两级培训制度。1980年撤销公社培训点。此后，各种农机具手统一由县农机校培训。

1989年4月，县农机校获评为全国首批"四有"（有独立配套的培训基地、有符合四化要求的领导班子和一支素质好数量足的师资队伍、有适应教学需要比较先进的教学设备、有办学经费并财务独立）农机校。当年，学校举办4期学习班，培训手扶拖拉机驾驶员910名；1期修理工学习班，培训18人；2期摩托车驾驶员学习班，培训91人。

1990—1995年，举办手扶拖拉机驾驶员、农用汽车驾驶员、中型拖拉机驾驶员、农机修理技术等各类学习班31期，培训人数1400人。

1996年，县农机校扩大教学内容，增设大货车驾驶员技术培训，全年培训拖拉机驾驶员163人，大货车驾驶员104人，农用汽车驾驶员15人，电焊工5人。

1997年，贯彻公安部颁发的《中华人民共和国机动车驾驶证管理办法》《机动车驾驶员考试办法》，县农机校完善设施，拓宽训练基地，增加教练车。经过运管部门验收，取得培训许可证，增设汽车驾驶员培训。年内完成汽车驾驶员培训78人，拖拉机驾驶员培训28人，农机修理工培训4人。

1998年，县农机校开展多形式办学，开办汽车驾驶培训和营运资格培训。1998—2000年，开办大小汽车驾驶员培训6期，培训人数1335人。

2001年，县农机校加强驾驶员教学场地建设，添置2辆大货车作为教练车，通过自治区联能技术培训基地审定和农机技术培训许可复审验收。2001—2002年，完成各种机动车辆驾驶员培训和营运资格证培训778人，驾驶员考试办证557人，考核并发证的农机技术工180人。

2003年，开展多形式办学，与公安交警、运管等部门联合举办大货车、小汽车驾驶员培训班及营运上岗资格证培训班。全年开办大、小汽车培训班7期，培训驾驶员213人；非专职营运上岗资格证培训班6期，培训190人；农机驾驶员培训班6期，培训76人。

2000年，田东县农机局到田间开展农机培训

（县农机局提供）

2005年，全县举办各种实用农机技术、农机职业技术、农机和汽车驾驶技术等培训班，培训农民工630多人，其中农机职业技术（电焊、氧焊及农机维修等）培训20人，拖拉机驾驶员培训210多人，汽车驾驶员培训250多人，各种短期农机实用技术培训150多人。

第七节　农机维修

1989年，全县有农机修配厂4个，属乡镇集体企业，分布在祥周、思林、印茶、朔良等乡镇。修配厂的设备主要有20世纪70年代中期上级配给乡镇修理厂的“五大件”（牛头刨床、C016车床、钻床、电焊机和氧焊设备），用于修理农机具。

1993年，乡镇修配厂解体，人员自行择业，厂房和设备有的承包给个体经营户，有的变卖。这些购买或承包乡镇农机修配厂房舍、设备的人员，经县农机校技术培训后，在各圩市设立个体农机维修点，开展农机修理业务。

2000年，全县有个体（集体）农机维修点55个，都是三级农机修理点，从业人员85人。全县的农机修理工都经过县农机校培训，并取得农业机械维修技术等级证书。农机维修网点均办理农业机械维修技术合格证，有工商部门核发的营业执照，有经营场地、主要维修设备和检测仪器。

2005年，全县有农机维修网点56个，都是三级维修点，从业人员88人。个体维修网点一般的设备有台钻、手提钻、电焊钻、氧焊钻、轮胎拆装设备、吊装工具、砂轮机，以及常用的修理工具、钳工工具等。修理业务除农用小型机具换件、修补外，还从事整机拆卸、装配等业务。当年，全县维修点修理各类农机具1.39万台次，其中农用运输机械4672台，内燃机、电动机及其他农机具9240台，维修总收入48.98万元。

第五章　林业

20世纪80年代初，田东县落实林业“三定”（确定林业经营权、划定自留山、划定责任山）后，生产队把集体山林划给农户作自留山和责任山，发给自留山证。农户有了自留山证后，吃了定心丸，给林业的发展打下了基础。全县每年春季都开展全民性的植树造林活动，发展以松、杉、桉、竹为主的速生丰产林和以芒果、油茶、板栗、三华李、酸梅等为主的名特优经济果林。1989年全县有林面积4.31万公顷，活立木总蓄积量102.39万立方米；森林覆盖率16.4%，林业总产值354万元。

为调动农民发展林业的积极性，加速造林绿化，1991年11月，田东出台《关于保护森林加速绿化荒山的决定》，坚持“林木谁种谁有”原则，个人在取得林地使用权的前提下，其营造的林木依法享有继承权。1994年实现造林灭荒达标，1997年实现绿化达标。2005年，全县有林面积91857.1公顷，森林覆盖率44.6%，林业总产值3151万元。

第一节　森林资源

森林面积

1990年，田东县森林资源二类调查统计显示，全县林业用地面积12.52万公顷，其中森林面积4.61万公顷，疏林地2316.3公顷，灌木林地3.13万公顷，未成林地3231.3公顷，无林地4.22万公顷。

1999年，田东县森林资源二类调查统计显示，全县林业用地面积12万公顷。其中森林面积7.76万公顷，疏林地103.1公顷，灌木林地4.1万公顷，无林地1251.5公顷。在林地面积中，针叶林1.71万公顷，阔叶林5.91万公顷，针阔混交林854.8公顷，竹林547.1公顷。在无林地中，采伐迹地为114.5公顷，火烧迹地27.1公顷，造林地1086.1公顷，天然更新林地23.8公顷。全县森林覆盖率42.2%。20世纪90年代初，南北两翼山区开始推广甘蔗种植，同时又鼓励群众种植经济林油桐等，出现甘蔗上山的蔗海现象，用材林面积只有1.82万公顷，比1990年调查时少7464.4公顷。

2005年，全县有林面积91857.1公顷，森林覆盖率44.6%，活立木总蓄积量248.15万立方米，林业总产值3151万元。

林木蓄积

1990年，森林总蓄积量101.91万立方米，其中用材林蓄积量50.59万立方米，占总蓄积量的49.6%，疏林、散生林的蓄积量分别占总蓄积量的35.7%和0.6%。

1999年年底，全县森林活立木总蓄积量为151.08万立方米，其中森林蓄积量为149.82万立方米，疏林蓄积量1504立方米，散生木蓄积量3412立方米，四旁树蓄积量7667立方米。与1989年相比，全县森林活立木总蓄积量增加48.69万立方米。

2005年年底，全县森林活立木总蓄积量为248.15万立方米，与1989年相比，全县森林活立木总蓄积量增加145.76万立方米。

1989—2005年田东县森林面积、蓄积量、采伐量及产值统计表

表6-5-1

年份	森林面积(公顷)	蓄积量(立方米)	采伐量(立方米)	林业总产值(万元)
合计	1168638	25360364	322489	31306
1989	43138.8	1023864	8522	736
1990	46098.8	1019114	13850	490
1991	49200.8	1067389	19600	497
1992	52805.8	1115254	20300	711
1993	56519	1163119	19650	1372
1994	59935	1210984	19000	1577
1995	63260	1258849	22317	1542
1996	66616	1306714	17100	1628
1997	70106	1354579	17100	1465
1998	73652	1402444	17154	1928
1999	77622.3	1498174	19799	2433
2000	80033	1498462	17600	2602
2001	82403	1695069	21603	2206
2002	84832	1891676	21125	2325
2003	87153	2088283	23075	3328
2004	87631	2284890	27582	3315
2005	91857.1	2481500	17112	3151

1990年田东县森林资源二类调查统计表

表6-5-2

乡镇(林场)	土地总面积(公顷)	林地面积(公顷)	占总面积(%)	森林面积(公顷)	森林蓄积量(立方米)	森林覆盖率(%)
合计	281173	125248.4	39.33	46098.8	1019384	16.4
平马镇	20382	5844.4	28.67	2963.6	83990	14.5
祥周镇	14326	3367.1	23.5	1582.1	9469	11
林逢镇	19227	4379.3	22.78	370.5	9032	1.9
思林镇	25276	6069.5	24	584.8	10825	2.3
作登瑶族乡	36658	14859.5	40.54	4531.1	47473	12.4
印茶镇	20399	4834.6	23.7	970.7	21883	4.8
江城镇	14358	4820.9	33.59	1185.7	30170	8.3
义圩乡	18492	10679.9	57.75	5950.7	113366	32.2
朔良镇	39141	22794.7	58.24	13552.7	217002	34.6
坡塘乡	13411	7658.7	57.11	124.6	21420	0.9
那拔乡	20122	15121.1	75.15	9244	116234	45.9
布兵乡	8702	3854.3	44.29	224.2	5964	2.6

续表6-5-2

乡镇(林场)	土地总面积（公顷）	林地面积（公顷）	占总面积（%）	森林面积（公顷）	森林蓄积量（立方米）	森林覆盖率（%）
祷午乡	16015	9415.6	58.79	502.5	16427	3.1
祥周林场	3916	2537.3	64.79	869.8	61118	22.2
思林林场	5005	3964.9	79.22	1507.4	91772	30.1
紫胶林场	2692	2394.2	88.94	1001.4	54186	37.2
百笔林场	2705	2473.9	91.46	849.3	107734	31.4
林科所	346	178.5	51.59	83.7	1319	24.2

说明：1.表中土地面积、林业面积为林业部门调查数，非统计部门统计数

2.表中数据来源：田东县林业局1992年9月编制的《田东县森林资源规划设计调查统计表》

1999年田东县森林资源二类调查统计表

表6-5-3

乡镇(林场)	土地总面积（公顷）	林地面积（公顷）	占总面积（%）	森林面积（公顷）	森林蓄积量（立方米）	森林覆盖率（%）
合计	281173	120023.2	42.68	77622.3	1498174	42.2
平马镇	20728	6843.2	33	3679.2	98690	32.5
祥周镇	14326	3925.9	27.4	2501.9	26256	27.2
林逢镇	19227	6092.2	31.7	2684.3	23688	31.4
思林镇	25276	9410.1	37.2	4344.9	48343	36.9
作登瑶族乡	36658	12235.5	33.4	6508.8	95905	33.3
印茶镇	20399	8182.4	40.1	3699.2	63916	39.9
江城镇	14358	4137.8	28.8	2884.6	90338	28
义圩乡	18492	9298.9	50.3	6667.8	92334	50.3
朔良镇	39141	20403.9	52.1	17761.6	260651	51.7
坡塘乡	13411	7417.9	55.3	2868.2	48012	55.2
那拔乡	20122	10511.3	52.2	9279.5	95188	52.1
布兵乡	8702	4045.2	46.5	701.7	26739	44.6
祷午乡	16015	8266.6	51.6	7518	163561	51.1
祥周林场	3916	2144.4	54.8	1616.8	57741	51.8
思林林场	5005	3239	64.7	1991.6	103332	64.5
紫胶林场	2692	1783.7	66.3	1309.9	100589	65.2
百笔林场	2705	2085.2	77	1604.3	102891	66.9

说明：1.表中土地面积、林业面积为林业部门调查数，非统计部门统计数

2.表中数据来源：田东县林业局2000年2月编制的《田东县森林资源规划设计调查统计表》

林木种类

据1999年田东县森林资源二类调查资料，全县林木种类区分为用材林、经济林、防护林3种。

用材林 用材林主要有马尾松、杉木、桉树、苦楝、香椿、桦木、木棉树等，多分布于县内南北的土山地区，右江河谷4镇的山坡地。

经济林 经济林以油茶、板栗、八角、油桐、酸梅、芒果和竹子为主，1999年总面积1.62万公顷，

其中油茶2613.1公顷，板栗3055公顷，油桐6418.2公顷，芒果2855.4公顷。油茶、板栗、酸梅主要分布在北部山区的义圩、朔良、那拔乡较多。油桐、八角分布南北两冀山区较多，特别是大队（村）办的林场都有种植八角。芒果分布在右江河谷平马、祥周、林逢、思林4镇和祥周林场、紫胶林场、思林林场。竹子分布在全县各乡镇都有，竹子面积1288.8公顷，其中以粉单竹、撑篙竹、刺竹、麻竹、吊丝竹、甜竹为主要竹种，多分布于各乡镇的村屯旁或江河、溪沟两旁。

防护林 主要是南部石山地区杂木林以及水库、江河两岸、公路两旁的护林带，多分布于作登、布兵、坡塘等乡镇的石山地区以及右江、龙须河、灵岐河、古榕江等江河流域两旁等地。分布在主要公路的有324国道，省道田东至德保线，县道田东至巴马、田东至天等线，以及县城至各乡镇各行政村的公路两旁。2004—2005年，上级每年下达田东县防护林任务1000公顷，其中人工造林333.33公顷，封山育林666.67公顷，任务均100%完成。

第二节 林业区划

森林资源现状分析

各类土地面积结构 根据2000年森林资源区划界定，田东县土地总面积为28.11万公顷，其中陆地面积27.82万公顷，水域面积2924.3公顷。在陆地面积中，林地12.01万公顷，占43.2%；荒地1.49万公顷，占5.4%；农地11.52万公顷，占41.4%；难利用地2.18万公顷，占7.8%；其他土地6170.3公顷，占2.2%。在林地面积中，各类林地构成为：森林8.71万公顷，占72.6%；疏林地105.4公顷，占0.1%；灌木林地3.15万公顷，占26.3%；无立木林地1246.6公顷，占1%。在森林面积中，针叶林1.71万公顷，占19.7%；阔叶林5.23万公顷，占60.1%；针阔混交林851.4公顷，占1%；经济林面积16.25万公顷，占18.6%；竹林553.2公顷，占0.6%。在无立木林地面积中，采伐迹地114.8公顷，占9.2%；火烧迹地27.1公顷，占2.2%；未成林造林地708.1公顷，占56.8%；预备造林地316.6公顷，占25.4%；规划造林地56.2公顷，占4.5%。当年全县森林覆盖率按森林计为31.08%，按森林加灌木林计为42.22%。

活立林蓄积 2000年全县活立森林蓄积150.91万立方米，其中森林蓄积量149.85万立方米，疏林蓄积量1054立方米，散生木蓄积量338立方米，四旁杈蓄积量9198立方米。

森林和灌木林的林种构成 2000年，全县森林和灌木林面积构成为：用材林面积4.37万公顷，占36.8%；薪炭林面积1.22万公顷，占10.4%；经济林面积1.62万公顷，占13.7%；防护林面积4.62万公顷，占38.9%；特种用途林面积224.5公顷，占0.2%。森林和灌木林的树种构成：杉木面积8210.9公顷，占6.9%；松类面积9631.3公顷，占8.1%；软阔类面积3.87万公顷，占32.7%；硬阔类面积2374.9公顷，占2.0%；栎类面积1.09万公顷，占9.2%；桉类面积380.9公顷，占0.3%；经济林木面积1.62万公顷，占13.7%；竹林面积553.2公顷，占0.5%；一般灌木类面积3.15万公顷，占26.6%。

资源评价

全县森林覆盖率低，森林资源不够丰富。间隔期内，全县森林面积和森林蓄积实现双增长，但森林覆盖率仍低，森林资源不够丰富。全县不含灌木林的森林覆盖率达31%，含灌木林的森林覆盖率达42.22%。全县活立木总蓄积量达150.91万立方米，其中森林蓄积量149.85万立方米。

林地山高坡陡，但人为活动频繁，生态稳定性比较差。全县林地多分布于丘陵和低山，海拔400~800米地带，坡度大于25度的林地面积占47.55%。植被一旦被破坏，恢复难度较大；森林蓄积量较前期有较大增长，但森林整体质量不高。

全县森林蓄积量从1990年的101.91万立方米增长至1999年的150.91万立方米，净增49万立方米，年均净增率5.34%，但全县森林平均每公顷蓄积产量仅为17.19立方米（按本次分类区划计算），生长类型差的残次林比较多，人工林树种单一，林地生产力偏低。由于自然灾害及人为破坏，石山灌木面积偏小，裸岩地不断增多，石漠化日趋严重。

森林分类区划的总体框架

2000年，在全县范围内把生态意义较为重要的地段区划出来，根据区划的原则确定生态公益林区，生态公益林区以外的区域则为商品林区。

公益林区　主要分布于右江、龙须河、灵岐河、古榕江等河流的主流及其支流沿线、国道沿线、南昆铁路沿线，龙须河水库周围等有水源涵养、水土保持及护路护岸功能的林区土地。南部喀斯特岩溶地带，包括坡塘、思林、布兵、印茶、江城、林逢、平马镇等乡镇共44个村，有水土保持功能、生态脆弱性较高的石山灌木林和石山阔叶林。对县城及其周边区域的水源、水土、空气、环境等有重要影响的林区土地。边远山区坡度较陡、水土流失严重且难以集约经营的地域，或其他保护等级较高的林区土地。公益林区面积总计为7.31万公顷，占县域区划界定土地总面积15.48万公顷的47.2%。其中森林2.41万公顷，疏林42.4公顷，灌木林2.53万公顷，无立木林地243.6公顷，荒地1788公顷，退耕还林地89.9公顷，裸岩地2.11万公顷，其他土地378.2公顷。

商品林区　除公益林区外的其他林地均区划为商品林区。商品林区面积8.16万公顷，占县域区划界定土地总面积15.48万公顷的52.8%，其中森林6.29万公顷，疏林63公顷，灌木林6249公顷，无立木林地1003公顷，荒地1.01万公顷，退耕还林18.1公顷，裸岩地318.2公顷，其他土地979公顷。

森林类别的划定和规模

生态公益林　2000年界定的生态公益林（地）包括有林地面积规划用于发展林业的其他土地，面积为7.31万公顷；商品林区内的天然阔叶林、一般灌木林以及其他需要保护的森林，面积为954.7公顷。两项总计面积74109.9公顷，占全县区划界定土地总面积15.48万公顷的47.9%。

商品林　界定的商品林（地）包括商品林区内除划定为公益林（地）以外的所有森林、灌木林、疏林地、无立木林地和适宜发展商品林的荒地、退耕还林地和其他土地。商品林地划定面积总计8.07万公顷，占全县界定土地总面积15.48万公顷的52.1%。

第三节　造林

1989—2005年，全县人工造林总面积11.66万公顷，其中用材林8.26万公顷，经济林3.39万公顷。很多的林木还处在近熟林阶段，没有进入主伐期，采伐迹地相对较少。这时期主要是对历年遗留下来的宜林荒山荒地、林中空地和采伐地实施造林。造林主体主要是农户为主，老板承包林地造林为辅，特别是2002—2005年实施的退耕还林，都是以农户种植为主。

1989年，全县完成人工造林面积2267.6公顷，其中松444.9公顷、杉1189.5公顷、桉1公顷、竹子44.3公顷、油茶32.5公顷、油桐109.5公顷、八角120.8公顷、水果210.3公顷、其他114.8公顷。育苗面

2004年，作登瑶族乡江那村驮审屯造林基地

（县林业局提供）

积61.5公顷，包括杉、松、芒果。

1992年，全县完成人工造林面积3310.3公顷，其中松1480.1公顷、杉528.3公顷、竹子105.9公顷、油茶110.9公顷、板栗171.5公顷、油桐663公顷、八角27.6公顷、其他223公顷；飞播造林面积8000公顷，封山育林面积3.2万公顷；育苗面积116.8公顷，培育马尾松营养杯580万株。

1994年年初，全县有林面积7.5万公顷，疏林地384.8公顷，灌木林地2.62万公顷，无林荒地1.09万公顷，林木蓄积量102万立方米，森林覆盖率为26.7%。当年，为提前一年实现全县灭荒达标的目标，县、乡、村三级书记抓造林灭荒工作，层层签订造林灭荒责任状，并交纳一定的保证金。要求做到“五个包”（包发动群众，包按图施工，包完成造林灭荒任务，包抓好造林质量的检查，包处理好林地纠纷），“六落实”（组织机构要落实，灭荒任务、地段要落实，灭荒方式要落实，种子、种苗要落实，政策要落实）。筹措资金178.37万元，用于购买种子、苗木无偿供应各乡镇造林和飞播造林。当年，自治区灭荒检查验收小组经7天的实地检查验收后，代表自治区人民政府宣布田东县1994年实现灭荒达标。后经林业部灭荒核查，验收合格。

1999年5月，平马镇百林万亩速生桉示范基地

（县林业局提供）

2003年，引进东门林场到朔良村开发速生桉基地

（县林业局提供）

1996—2000年，全县完成人工造林面积3.2万公顷，其中用材林8.26万公顷，经济林1.66万公顷。

2003年，全县完成人工造林面积4666.7公顷，其中退耕还林2000公顷、宜林荒山荒地配套造林2666.7公顷，“路、城、点”森林生态建设示范点591.8公顷，其中荒山造林380.5公顷，退耕还林169.5公顷，退牧还林20.5公顷，疏林地21.3公顷，造林树种有芒果、扁桃、竹子、桉树、马尾松。公路两旁种植4.5千米2400株。绿化树种为桉树、木棉、吊丝竹、小叶榕。

2005年，全县完成人工造林面积4406.7公顷，其中退耕还林工程1600公顷（退耕还林266.7公顷、宜林荒山荒地造林1333.3公顷），迹地更新133.3公顷，低产林改造1666.7公顷，森林植被恢复6.7公顷，其他造林1000公顷。石山封山育林2666.7公顷，中幼林抚育3333.3公顷，全民义务植树45万株，育苗地20公顷。2001年至2005年，全县完成人工造林面积2.39万公顷，其中用材林2.06万公顷，经济林3288.1公顷。

1989—2005年田东县用材林人工造林统计表

表6-5-4　　单位:公顷

年份	人工造林							封山育林
	合计	松树	杉树	桉树	竹子	飞播松种	其他	
1989	1679.7	444.9	1189.5	1	44.3	0	0	—
1990	2868.4	211.9	2567.7	6.4	82.4	0	0	1333.3
1991	1611.9	469.5	1073.8	14.1	54.5	0	0	16666.7
1992	10114.3	1480.1	528.3	0	105.9	8000	0	32000
1993	20300.4	1430	1297	0	115.4	15658	1800	13333.3
1994	9002.7	4160	529.3	0	313.4	0	4000	—
1995	1103	388	560	0	105	0	50	10695
1996	1534.8	548.7	701.5	0	198.7	0	85.9	8729.4
1997	3362.7	199.5	1225.9	0	341.7	0	1595.6	6665.8
1998	2183.2	808.6	12.3	16.2	1327	0	19.1	7347
1999	4347.3	960	870	30	2020.3	0	467	—
2000	3942.1	1370	1197	180	912.7	0	282.4	—
2001	5231.6	3245	670	1063	0	0	253.6	—
2002	3615.8	1890	510	1167	0	0	48.8	10400
2003	3843	2373.3	16.4	1347.3	56.3	0	49.7	—
2004	4080.7	1270	9.2	2752.4	34.5	0	14.6	666.7
2005	3861.8	603	37.8	3190	0	0	31	2666.7

1989—2005年田东县经济林人工造林统计表

表6-5-5　　单位:公顷

年份	合计	油茶	油桐	板栗	八角	其他	备注
合计	33994	6907.3	4280.5	12061.1	2750.9	7994.2	—
1989	587.9	32.5	109.5	0	120.8	325.1	—
1990	835.6	85.3	53.7	0	313.6	383	—
1991	524.3	77.2	283.1	62.7	31.1	70.2	—
1992	1196	110.9	663	171.5	27.6	223	—
1993	3077	976	864	178	169	890	—
1994	4924.6	719	193.3	1560	752.3	1700	—
1995	2926	448.3	613	1140	693.7	31	—
1996	2542.7	392.8	516.7	572.7	182.5	878	—
1997	2104.4	375.7	200.5	0	102.6	1425.6	—
1998	3507.7	137.3	480	2560.9	11.9	317.6	—
1999	3732.7	1479.3	0	2253.4	0	0	—
2000	4747.6	1585.7	158.7	2232.5	0	770.7	—
2001	1175	248	12	819	96	0	—
2002	567	211	0	356	0	0	—
2003	748	19.7	0	126.9	34.3	567.1	芒果152.4
2004	252.6	7.6	0	24	5.5	215.5	芒果90
2005	544.9	1	133	3.5	210	197.4	—

第四节　退耕还林　粮食直补

2003年,退耕还林粮食直补兑现现场
（县林业局提供）

退耕还林工程是国家层面提出的一项惠民工程，2002年开始实施退耕还林政策，对退耕还林农户给予补助，每年每亩补助粮食150千克，生活补助每亩20元。

2004年起，改粮食补助为现金补助，每千克粮食折合人民币1.4元，每年每亩补助现金230元。经济林补助期限5年，一般用材林补助8年。

2002—2005年上级下达田东县退耕还林造林任务4933.33公顷，完成4933.33公顷，直补粮食给农户折合人民币1702万元。退耕还林种植主要树种有：桉树、松树、杉树、油茶等。有的农户退耕还林造林100多亩，几年内获国家补助达10多万元，为此而甩掉贫困的帽子。

2002—2005年田东县退耕还林造林面积统计表

表6-5-6　　单位:公顷

乡镇	2002年退耕还林造林面积	2002—2005年退耕还林造林总面积	备注
合计	2000	4933.33	—
平马	197.42	351.41	—
祥周	206.76	400.1	含原布兵镇203.03
林逢	392.93	919.59	含原祷午镇389.69
思林	250.76	760.76	含原坡塘乡330.73
作登	151.63	724.29	—
印茶	135.19	415.21	—
江城	65.9	145.9	—
朔良	233.1	539.77	—
义圩	162.68	302.68	—
那拔	203.63	373.62	—

说明:退耕还林造林面积已包含在年度人工造林面积内

第五节　采伐

20世纪80年代中期，全县森林资源遭到人为破坏，松树、杉木等原木资源逐年减少。县林业部门对国家、集体、个人的林木，实行严格限额凭证采伐，严禁乱砍滥伐。凡需砍伐的供、求方都必须征得当地林业部门允许并经实地勘查后，发给采伐许可证，采伐单位或个人必须按照采伐许可证所指定的范围、林种和数量进行采伐。

1985年，根据中共中央精神取消木材统购统销政策，改一家经营为国家、集体、个人多家经营。1987年起，根据自治区人民政府《关于加强木材管理保护森林资源的紧急通知》，田东县加强林政管理，严格控制木材采伐量，实行凭证采伐、凭证销售、凭证运输的政策。每年的木材采伐量不得突破上级下达的年度采伐限额。

田东木材采伐区主要分布于北部的祷午、朔良、义圩、那拔等乡镇和平马镇的各村部林场，以及祥周、思林、紫胶、百笔四大国有林场。1989—2005年，全县采伐林木32.25万立方米，平均每年采伐20155立方米。采伐量最多是2004年27582立方米，最少是1989年8522立方米。采伐方式基本上以皆伐为主，择伐很少。采伐木材种类有：松树占年度指标约35%，杉树占年度指标约35%，其他杂木等树种约占30%。采伐技术都是靠人工手工采伐，工具主要有斧头、镰刀、手锯等，没有机械采伐。

第六节　林政

林政的重点工作主要是抓乱砍滥伐和违章运输林木工作，以及保护野生动物工作。乱砍滥伐的林木主要有松、杉原木和杂木，群众主要以马驮、马车为交通工具，晚上拉往县城及周边集镇出售。保护野生动物方面，县内有国家一级保护动物蟒蛇和广西重点保护动物蛇类、鸟类及果子狸类等很多动物，林政部门加强公路巡检，对过境车辆进行检查。

20世纪80年代中期，落实林业“三定”划定自留山后，把集体山林划归到各户管理，当时群众的生活还处在低水平阶段，为了改善生活，有的群众趁机乱砍滥伐林木偷偷出售，造成森林资源遭到人为的破坏，全县松、杉原木资源逐年减少。

为制止乱砍滥伐行为，20世纪90年代初，县林业部门实行严格限额凭证采伐。1990年11月1日，林业部发布《木材运输检查监督办法》，采伐运输林木进入规范化管理。2000年后，政法、林政部门多次联合开展“打击破坏鸟类资源违法犯罪”“打击毁林开垦破坏森林资源违法犯罪活动”等专项整治斗争，打击破坏森林和野生动物资源违法犯罪活动。

1989—2005年，全县共发森林案件1739起，其中刑事案件192起，破案182起；治安案件126起，破案126起；林政案件1424起，破案1415起；逮捕违法人员172人，送劳动教养20人；治安处罚127人，罚款14654元；林政处罚1061人，罚款126.8万元；没收木材4408立方米；收缴动物123只（条），挽回经济损失260.9万元。

1989—2005年田东县森林案件统计表

表6-5-7

年度	总案		刑事案		治安案		林政案件		逮捕（人）	劳教人员（人）	治安处罚（人）	罚款（元）	林政处罚（人）	罚款（元）	收缴木材（立方米）	收缴动物（只）	挽回损失（元）
	发（起）	破（起）	发（起）	破（起）	发（起）	破（起）	发（起）	破（起）									
1989	211	209	10	10	—	—	203	196	6	—	21	3150	140	765	232.6	45	170577
1990	82	78	43	43	27	27	12	12	10	—	18	2234	—	—	27.9	64	48197
1991	120	119	13	12	9	9	97	97	20	—	12	570	91	17860	61	—	33797
1992	88	86	—	—	13	13	75	73	18	—	8	350	36	24283	58.86	—	58042
1993	70	70	2	2	8	8	60	60	5	—	8	250	37	32695	62.25	—	61002
1994	70	70	3	3	13	13	54	54	2	—	7	350	102	184232	34.79	—	84165
1995	133	133	2	2	11	11	120	120	—	8	10	1400	77	190000	142.1	—	303982
1996	116	115	23	22	10	10	83	83	15	5	13	1100	42	25784	176	—	200700
1997	155	155	17	17	15	15	123	123	6	4	22	3100	25	34912	46.4	—	120000
1998	59	59	5	5	9	9	45	45	3	3	8	1600	61	24147	124.8	—	83885
1999	116	116	6	6	3	3	107	107	13	—	—	300	20	6349	597	14	300000
2000	49	49	10	10	1	1	38	38	14	—	—	200	17	15571	190.7	—	67800
2001	51	51	3	3	4	4	44	44	7	—	—	50	16	11711	199.6	—	49595
2002	64	62	24	22	3	3	37	37	30	—	—	—	62	—	333.7	—	132557
2003	79	79	9	9	—	—	70	70	9	—	—	—	79	—	551.8	—	210000
2004	148	148	10	10	—	—	138	138	10	—	—	—	138	—	810	—	310000
2005	128	122	12	6	—	—	118	118	4	—	—	—	118	160911	758.3	—	374300
合计	1739	1721	192	182	126	126	1424	1415	172	20	127	14654	1061	1268440	4408	123	2608599

第七节 护林防火

每年从9月到次年的4月底为森林防火戒严期，这个时期山林火灾发生较频繁，主要原因有几方面：天干物燥，早春备耕野外用火频繁；群众陋习不改，认为“火不烧山地不肥”“火不烧山牛不壮”而在野外大肆用火；清明节及“三月三”人们到山上扫墓的或烧取黄蜂用火不慎引起山林火灾较为普遍。

1972年12月，成立田东县护林防火指挥部，由1名县革委会副主任担任指挥长，同时，成立田东县护林防火指挥部办公室，人员从有关单位抽调。

1989年，调整充实县护林防火指挥部，由分管林业的副县长担任指挥长，县公安局、检察院、法院、农委、林业等有关部门的领导为指挥部成员。

1990年，加强县护林防火指挥部办公室工作，配备专职人员3人。各乡镇、国有林场成立护林防火指挥所，人员由相应部门组成，一般8~10人。乡镇护林防火指挥所办公室设在乡镇林业工作站。

1990年起，县护林防火办公室在每年的防火期都出动森林消防车到各乡镇、重点林区、村屯进行防火巡回宣传或散发护林防火宣传单，在村屯路口、公路两旁、岩石裸露的地方书写宣传标语，宣传护林防火的有关政策、法令，做到家喻户晓。每年的森林火灾受害率都不突破自治区下达的1‰指标范围，多年均控制在0.6‰的奖励指标以内。1991年获百色地区森林防火二等奖，1992年获百色地区森林防火一等奖。1995年，成立专业扑火队，有专业扑火人员10人。

1999年，全县有防火线11.85千米，防火林带23.7公顷，在那拔乡的莲花山设瞭望台1座，专业森林消防队员20人，防火机具14台（套）。

2005年，全县设置瞭望台1座，安装无线电中转台1座、机座1台、车载台1台，配备对讲机20部、森林防火消防车2辆、风力灭火器50台。

1989—2005年，全县发生森林火灾73起，受灾总面积1230.9公顷，其中受灾有林面积156.6公顷，经济损失46.97万元。

1989—2005年田东县森林火灾及损失统计表

表6-5-8

年度	指挥部办公室		年内发生火灾次数	受灾总面积（亩）	受灾有林面积（亩）	经济损失（元）	备注
	负责人（人）	工作人员（人）					
合计	—	—	73	18464	2348.7	469740	—
1989	3	13	12	616.5	616.5	123300	—
1990	3	14	8	445.5	445.5	89100	—
1991	3	14	7	222	222	44400	—
1992	4	14	1	9	9	1800	—
1993	3	14	1	488	84.9	16980	—
1994	3	14	9	9495	81	16200	—
1995	4	13	2	33	2.7	540	—
1996	4	13	0	0	0	—	—
1997	4	13	0	0	0	—	—

续表6-5-8

年度	指挥部办公室		年内发生火灾次数	受灾总面积（亩）	受灾有林面积（亩）	经济损失（元）	备注
	负责人（人）	工作人员（人）					
1998	4	14	1	0	0	—	—
1999	4	14	6	1300.5	28.5	5700	—
2000	4	14	4	775.5	222	44400	—
2001	4	13	4	249	31.5	6300	—
2002	4	13	6	2625	438	87600	—
2003	4	13	7	1809	134.1	26820	—
2004	4	14	1	123	0	—	—
2005	4	13	4	273	33	6600	—

第八节　森林病虫害防治

田东县森林病虫害的主要种类有松毛虫和松毛线虫。1989—2002年，全县发生松毛虫面积2905.9公顷，平均每年发生面积207.6公顷。

1989年和1991年是马尾松虫危害最严重的年份，发生危害面积866.7公顷和1866.7公顷。思林林场、祥周林场和紫胶林场等3个国有林场发生虫害尤为严重。经集中力量进行扑杀，采取飞机喷药和生物防治，成效明显。

1996年，马尾松林发生松毛虫危害15.8公顷（中等程度），发生率0.2‰，施放白僵菌750千克。对出圃的种苗和外运的木材，检疫率分别达到93%和98.7%。

1998年，田东县林业局设下属机构田东县森林病虫害防治检疫站。当年发生马尾松毛虫危害84.4公顷，发生率为1‰，实施生物防治86.3%，防治率为100%；病虫防治监测率为83.3%，木材检疫率为53%。

2001年，全县监测森林病虫害覆盖率为85.7%，发现主要是马尾松松毛虫危害，面积50.67公顷，发生率（危害面积与全县有林地面积之比）为0.07‰；防治面积50.67公顷，防治率为100%；没有发生严重成灾。

2003年，全县有林面积87153公顷，其中马尾松林8886.8公顷。当年发生森林病虫害主要是马尾林松毛虫和线虫，面积3.3公顷，发生率为0.37‰；没有发生严重成灾，严重率为0；防治面积3.3公顷，防治率100%。全县13个乡镇和4个国有林场都设有防治监测点，监测面积达80275.2公顷，监测覆盖率为92.1%，达到责任状指标85%以上。种苗检疫6.7公顷，主要是马尾松营养杯、板栗、油茶、八角等，进行苗木产地检疫，检疫率达94%。全县调运木材22806立方米，经过检疫22400立方米。种苗调运3994株，全部进行检疫，综合调运检疫率为98.2%，达到责任状指标90%以上。

2005年，发生森林病虫害主要是马尾松松毛虫和线虫，面积为30公顷，森林监测面积83440公顷，监测率97.1%，马尾松林监测率为100%。种苗检疫26.7公顷，主要是马尾松营养杯、板栗、油茶、八角等进行苗木产地检疫，检疫率达95.2%。全县年内调运木材27900.13立方米，经过检疫27063.12立方米。种苗调运64149株，全部进行检疫，综合调运检疫率为97%。

第九节 国有林场

20世纪80年代初落实林业“三定”时，对祥周、思林、紫胶、百笔4个国有林场与周围大队、村屯的山界进行了划界立权工作，明确界限，签订协议。1986年，县人民政府下发《关于开展国有林场划界发证工作的通知》，组织人员对4个国有林场进行进一步的核界发证。

1989年，田东县有祥周、思林、紫胶、百笔4个国有林场和小龙苗圃场。1990年年初，4个国有林场都取得了县人民政府颁发的山界林权证书。

1997年，祥周、思林、紫胶、百笔4个国有林场编制407名（含林场派出所21名），在职人数378人，其中有中级专业技术职称的7人，初级职称的29人。国有林地总面积14247.4公顷，经营面积11440.7公顷，有林地面积5299.5公顷，其中用材林4247.1公顷，防护林22公顷，经济林1012.3公顷，竹林18.1公顷。森林覆盖率47.2%，活立蓄积量为260958.6立方米。

2005年，祥周、思林、紫胶、百笔4个国有林场编制386名（含林场派出所17名），在职人数259人，具有中级专业技术职称的10人，初级职称的36人。国有林地总面积13580.8公顷，经营面积13211.6公顷，有林地面积5329.1公顷，其中用材林3140.9公顷，防护林388.6公顷，薪炭林515.9公顷，特种用途林511.8公顷，经济林759.5公顷，竹林63.7公顷，灌木林490公顷。森林覆盖率39.24%，活立蓄积量为343038立方米。生产松脂560吨，木材生产完成9329立方米，销售6470.7立方米，全年总收入496.37万元，职工人均年收入5813元。

祥周林场

办公地点设在田东县祥周镇新洲村，下设新洲、百渡、仑圩、公康4个林站。主要从事植树造林、森林培育、木材生产与销售、苗木生产等。1989年，全场有干部职工78人，经营总面积2619.5公顷，有林面积2617.2公顷，积蓄52800多立方米。其中用材林427公顷，经济林101.6公顷，防护林15公顷，灌木林130.7公顷，疏林地113.5公顷。1989—1992年，除生产原木外，还采割松脂160吨，共收入4万多元。

2005年，有编制62名（含林场派出所3名），在职人数49人，具有中级专业技术职称的3人，初级职称的9人。林地总面积3918.5公顷，经营面积2619.5公顷，有林地面积1109.2公顷，其中用材林752.1公顷，防护林145.7公顷，经济林211.4公顷，竹林12.8公顷，灌木林61.7公顷。森林覆盖率42%，活立蓄积量为88265立方米，生产松脂120吨，木材生产完成1571立方米，销售554立方米。全年总收入117.9万元，职工人均年收入4000元。全年完成迹地更新造林420公顷。

思林林场

办公地点设在思林镇思林村。1989年有干部职工111人，其中获得中级职称1人，初级职称6人。经营总面积5005.2公顷，有林面积1668.7公顷，积蓄材质90373立方米，其中用材林1266.3公顷，经济林28.1公顷，防护林1.4公顷，灌木林185.9公顷，疏林地18.5公顷。1989—1992年，除砍伐原木外，还割松脂115吨，收入3.3万元。

2005年，有编制97名（含林场派出所3名），在职人数70人，具有中级专业技术职称的1人，初级职称的12人。林地总面积4140.6公顷，经营面积4140.6公顷，有林地面积930.6公顷，其中用材林732.8公顷，防护林82.6公顷，经济林78.9公顷，竹林36.3公顷，灌木林448.5公顷。森林覆盖率22%，活立蓄积量为69006立方米，生产松脂60吨，木材生产完成2019立方米，销售1755立方米。全年总收入103.5万元，职工人均年收入4388元。全年完成迹地更新造林9.8公顷。

百笔林场

办公地点设在思林镇内油村。1989年干部职工104人，其中获得中级职称1人，初级职称1人。经营总面积2466.7公顷，有林面积1666.7公顷，其中用材林1513.3公顷，经济林30公顷，防护林2.4公顷，灌木林83.1公顷。1989—1992年，除砍伐原木外，还割松脂219吨，并开发果园，种植各种水果及油茶，每年收入约50万元。

2005年，有编制70名（含林场派出所3名），在职人数70人，其中初级职称的8人。林地总面积2762.7公顷，经营面积2612公顷，有林地面积1613.7公顷，其中用材林802.7公顷，防护林279公顷，薪炭林424.6公顷，经济林107.4公顷，竹林12.4公顷。森林覆盖率58.4%，活立蓄积量为84075立方米。生产松脂300吨，木材生产完成3000立方米，销售3000立方米。全年总收入75万元，职工人均年收入7000元。全年完成迹地更新造林67.6公顷。

紫胶林场

办公地点设在林逢镇公靖村，经营项目有育苗、造林绿化、种紫胶树放胶虫等。1989年干部职工187人，其中获得中级职称1人，初级职称2人。经营总面积2715.7公顷，有林面积2481.4公顷，积蓄材质58186立方米，其中用材林1701.1公顷，经济林126.7公顷，灌木林105.6公顷，疏林地54.1公顷。1989—1992年，扩大生产项目，开发果园，种沙梨、柑橙、板栗9.5公顷，还挖好7亩多鱼塘1个。此外，还创办木材加工厂。

2005年，有编制48名（含林场派出所3名），在职人数73人，其中具有中级专业技术职称的3人，初级职称的3人。林地总面积2714公顷，经营面积2492公顷，有林地面积1054.1公顷，其中用材林758.1公顷，防护林20公顷，特种用途林148公顷，经济林78公顷，竹林50公顷，灌木林436公顷。森林覆盖率54.9%，活立蓄积量为109286立方米。生产松脂80吨，木材生产完成3200立方米，销售3900立方米。全年总收入115.16万元，职工人均年收入1.58万元。全年完成迹地更新造林26.5公顷。

2003年，小龙苗圃场马鞍山速生桉育苗基地

（县林业局提供）

小龙苗圃场

场址位于田东县城西部平马镇小龙村内，故称小龙苗圃场，前身是县林科所。1989年，有干部职工20人，全场经营面积217.57公顷，产值14.56万元，主要育有芒果苗，当年共育3.5万株。

1993年进行改制，由原来财政全额拨款改为差额拨款，财政按总支出20%拨款予以补助。1995

年，有职工25人，经营面积182.7公顷。

2000年，有职工25人，经营面积180.23公顷，产值1.62万元。2005年，有在职人员20人，经营面积178.25公顷，产值1.62万元。

第十节　农村能源建设

20世纪80年代，田东县建有少量沼气池，是群众自筹资金建设的，政府补助少量水泥。

1990年起，开始加大沼气池的建设力度，但布局也不平衡。1994年，全县建沼气池3400座，也是由群众自筹资金建池，政府补助少量水泥。

1998年，自治区实施“125生态示范工程”“小型公益沼气建设”“生态家园沼气建设”等一系列项目。田东县承担“125工程”中的生态村和生态镇建设，即祥周生态示范镇和百银生态示范村，全县建沼气池144座，其中百银村建51座。通过示范镇、示范村、示范点建设，全县农村能源建设有了一定的基础，社会各界认识到农村能源建设的成效和农村能源工作的重要性和必要性。

2003年起，国家利用国债资金扶持群众建沼气池，建池材料全部由上级补助，群众只出人工费。2003—2004年，全县完成沼气池建设2105座（户）。由于沼气池的普及利用，农村砍树烧柴大量减少，加上大量造林绿化，全县的森林覆盖率逐步提高。

2005年，全县完成建沼气池1735座（户）。农村能源国债建设内容为“一池三改”（建设沼气池同时改造建设厨房、厕所、禽畜圈养），建设地点在右江河谷4镇。田东县把此项工作列为为民办好十件实事之一，狠抓此项工作的落实，制定项目实施方案，举办6期沼气建设培训班，参加培训人员356人，获得国家沼气证书96人。全县组建20多个项目建设施工队，负责沼气池的承建、维修、技术培训，高标准高质量完成工程建设任务。全县建有4个生态示范镇、8个生态示范村和一批高质量规模大的沼气示范点。截至2005年年底，全县累计建有沼气池2.2万座，沼气入户率达28%。沼气建设进一步缓解农村能源紧缺的问题，改善农村环境卫生，提高了群众的生活水平，但是因为因建池早、技术落后等原因，一小部分已漏气或破裂不能使用。

第十一节　乡村林场

1964年，全县社队林场发展迅猛，到1980年有104个社队林场。20世纪80年代中期，由于群众对林业“三定”（稳定山权林权、划定自留山、确定林业生产责任制）认识不足，对集体林场的管理不善，不少原有集体林场林木被砍光，部分集体林场解体。

1989年，全县只有41个集体林场。这其中，有的集体林场勇于改革，不断发展。比如平马镇合恒村林场，坚持“以营林为主，办木材加工为辅，以短养长”的方针，由7人承包，不断巩固发展。1992年，经营面积333.33公顷，有林面积280公顷，其中松树200公顷，杉树46.67公顷，其他杂木材33.33公顷；木材蓄积量25000多立方米，价值175万元。建有宿舍2栋12间，电视机1台，船3艘，固定资产3.5万元。

1990年8月，田东从政策上扶持集体林场的发展，坚持“谁种谁有”的原则，继续落实好山界林权，乡村集体林场土地所有权长期不变，并执行土地所有权与经营权分离。乡村集体林场的林木不再分到户，也不能转卖经营。对其林木、财产和固定资产，任何部门、单位和个人都不能以任何理由平调和侵占，集体林场进一步得到巩固。当年，全县集体林场有39个。

1992年，全县有集体林场41个，常年从事林业生产人员135人，集体林场造林面积1539.1公顷，其中集体经营林场面积达133.33公顷以上的有合恒、四平、升太、那桑、怀民、睦群等6个村办林场。

1989—1992年田东县集体林场情况统计表

表6-5-9

单位名称	场数（个）	1989年		1990年		1991年		1992年	
		管理人数（人）	有林面积（公顷）	管理人数（人）	有林面积（公顷）	管理人数（人）	有林面积（公顷）	管理人数（人）	有林面积（公顷）
合计	41	135	1539.1	135	1539.1	135	1539.1	135	1539.1
平马镇	9	33	1035.5	33	1035.5	33	1035.5	33	1035.5
祥周乡	4	5	20.67	5	310	5	310	5	310
布兵乡	3	12	173.5	12	173.5	12	173.5	12	173.5
林逢乡	1	3	21.33	3	21.33	3	21.33	3	21.33
祷午乡	3	8	58.67	8	58.67	8	58.67	8	58.67
思林镇	3	8	42	8	42	8	42	8	42
坡塘乡	4	9	49.67	9	49.67	9	49.67	9	49.67
作登瑶族乡	3	16	26	16	16	16	16	16	16
印茶乡	4	19	60	19	60	19	60	19	60
江城乡	2	5	26.67	5	26.67	5	26.67	5	26.67
朔良乡	1	1	8	1	8	1	8	1	8
义圩乡	1	2	8	2	8	2	8	2	8
那拔乡	3	14	6.33	14	6.33	14	6.33	14	6.33

1997—2005年，全县有37个集体林场，有职工98人。按经营形式分类，乡镇办的5个，村办的32个。按经营状况分类，自给有余的有15个，基本自给的有22个。经营面积有2712.7公顷，其中有林地面积1529.5公顷。活立木蓄积量13万立方米，2005年收入13.5万元。

第六章　畜牧业

县境内草地草场丰富，畜禽饲料资源丰富，发展畜牧业具有较大的资源优势和区位优势。全县以生产猪、牛、马、鸡、鸭、鹅、鱼、羊为主，畜牧业已成为全县农村经济的支柱产业之一。县畜牧部门开展科学养殖技术培训，引进推广良种畜禽品种，加强畜禽防疫检疫和兽药监督管理，促进了全县畜牧业持续健康发展。1989年全县肉类总产量0.73万吨，2005年全县肉类总产量3.83万吨。

第一节　畜禽养殖

猪

20世纪80年代，国家取消生猪派购政策，号召大力发展生猪生产，生猪饲养、销售完全放开，农民养猪的积极性提高，全县出现一批养猪重点户和专业户，生猪生产稳步发展。

1989年，农村绝大多数农户仍喜欢饲养本地母猪，以及本地母猪与良种长白公猪杂交的一代商品肉猪，逐步形成了“母猪本地化，肉猪杂交化”。大部分农民开始采用混（配）合饲料、饲料添加剂、预混料等养猪，多数实行生喂，有效地节约能源，提高经济效益，促进生猪生产的持续健康发展。是年，全县生猪饲养量19.73万头，出栏5.77万头，年末存栏13.96万头，其中能繁母猪0.71万头。

1990年，全县生猪饲养量25.29万头，出栏7.04万头，年末存栏18.25万头，其中能繁母猪0.85万头。

1995年，全县生猪饲养量42.9万头，出栏18.8万头，年末存栏24.1万头，其中能繁母猪2.03万头。

1996年1月，平果铝业养殖实业有限公司在田东县城西面离县城4千米处的十里莲塘投资建设一座万头猪场，利用水面养猪、水里养鱼的立体农业综合养殖模式。同年9月底建成投产，存栏母猪50多头，种公猪6头，商品猪1200头。县畜牧品改站对全县13个乡镇的180头种公猪进行全面鉴定，经过鉴定合格选留150头，淘汰30头，对合格的种公猪发给种公猪合格证。

1997年，田东养殖的本地猪

（县水产畜牧局提供）

1998年年底，县畜牧品改站存栏公猪36头，其中英系大约克33头，长白3头。根据市场需要和饲养户的要求，县畜牧品改站改变猪精坐站销售的做法，到市场设立14个点销售猪精，促进了猪花繁殖。

2000年，全县生猪饲养量51.74万头，出栏27.54万头，年末存栏24.2万头，其中能繁母猪2.33万头。

2002年，田东县实施农业综合开发多种经营二元杂母猪培育项目，引导养殖户饲养长大、大长、长本、大本等二元杂母猪，涌现了一批饲养二元杂母猪的专业户，截至2005年年底，累计培育二元杂后备母猪8180头。

2005年，全县生猪饲养量77.4万头，出栏42.08万头，年末存栏33万头，其中能繁母猪3.68万头。

牛

县内农民饲养耕牛有悠久的历史，田东水牛和田东黄牛闻名区内外。右江河谷平原地区农户饲养田东水牛为主，南部石山地区则以田东黄牛为主，北部土山地区水牛黄牛兼养。20世纪80年代，农户饲养的牛主要以役用为主。20世纪90年代，开始发展秸秆养牛，通过科学饲养，改变过去“小牛怕冬至，老牛怕大寒”现象，使牛的饲养在冬季枯草期也能保膘增重，提高牛的繁殖成活率，降低死亡率。2000—2005年，农业机械普及应用，承担部分耕作任务，县内平原地区小型农机“小金牛”更为普及，养牛农户逐步减少，一些村屯仅养有几头牛。

1989年，全县牛饲养量8.23万头，出栏0.83万头，年末存栏7.4万头。

2000年，全县牛饲养量9.78万头，出栏0.77万头，年末存栏9.01万头，其中能繁母牛3.25万头。

2002年，全县建立牛冻配点的乡镇有平马、祥周、林逢、思林、祷午、印茶、江城、义圩、作登、朔良等10个乡镇，总共有12个配种点，培训牛人工授精技术员34人。全县开展冻配母牛1380头，其中黄牛280头，水牛1100头。

2002年，平马镇群众发展秸秆养牛
（县水产畜牧局提供）

2004年，田东养殖的奶牛 （县水产畜牧局提供）

2003年9月1日起，开始对那些条件已经成熟的乡镇配种点，实施有偿服务，收取配种费为每头牛50元，包配受胎为止。

2004年，引进摩拉、尼里种公牛2头，牛冻精尼里拉非7500支、摩拉水牛350支、德国黄牛1000支、利木赞4000支、日本黄牛108只、南德温100支。当年开展牛杂交改良6141头，其中冻配6113头次，本交28头，产下杂交牛犊3139头。杂交牛与本地普通牛仔相比，初生重，生长速度、同龄体重均增加1倍左右，收益可观。群众说“水牛改一改，增收一千块”“黄牛改一改，增收六百块”。

2005年，全县牛饲养量10.1万头，出栏肉牛1.01万头，年末存栏9.09万头，其中能繁母牛3.84万头。

2002年，田东县开始养殖奶牛。是年，奶牛存栏15头，产奶10吨。2003年，全县奶牛存栏75头，产奶50吨。2004年，全县奶牛存栏105头，产奶70吨。2005年，全县奶牛存栏465头，产奶310吨。

马

县内山区乡村由于山路崎岖，田地分散，农户多养马作为交通运输工具，平原也有部分农户养马运输货物。20世纪80年代，田东推行家庭联产承包责任制，调整农林产业结构，家庭养马迅速发展。在当时山区交通不发达的情况下，马驮货物极大提高了劳动生产力。1989年，全县年末马存栏8790匹，1995年饲养量达1.17万匹。2005年饲养量1.09万匹。

山　羊

境内石山地区及部分土山地区有养羊习惯。本地山羊是小型的肉用种，体形较小，有角。最大的特点是羊群毛色一致，全身被毛全黑，或灰黑色，是一个优良群体，主产于县南部石山区。成年母羊一般体重为20~30千克，成年公羊30~40千克，羔羊平均初生重1.5千克。

1989年，全县山羊饲养量4.15万只，出栏0.98万只，年末存栏3.17万只。1990年，全县山羊饲养量4.57万只，出栏0.91万只，年末存栏3.66万只。1995年，全县山羊饲养量9.29万只，出栏2.93万只，年末存栏6.36万只。

2000年，全县山羊饲养量13.92万只，出栏5.47万只，年末存栏8.45万只。

2003年，落实自治区“退耕还草、山羊圈养”政策，实施圈养山羊项目，建设地点选择在作登瑶族乡，采用“二改三推”综合饲养技术，即改放牧为圈养、改种植优良牧草、推广杂交改良、推广科学饲养管理技术、推广疾病综合防治技术。2003—2004年，引进隆林种公羊、波尔多种公羊63只，分别投放到平马镇、作登瑶族乡、祥周镇、林逢镇、思林镇等乡镇的16个村屯、50个饲养山羊较多的专业户饲养，开展杂交改良。

2003年，林逢镇群众发展山羊圈养
（县水产畜牧局提供）

2005年，全县杂交配种母羊1650只，繁殖成活后代5320只。杂交出生的羔羊初生体重平均2千克，比本地羔羊提高33.3%；平均体高51.1厘米，体长59.3厘米，胸围65.9厘米，分别比本地羔羊提高1.6%、5.9%和7.2%。杂交母羊产双羔的较多，繁殖率达125%，比本地山羊提高14%。是年，全县山羊饲养量14.47万只，出栏7.29万只，年末存栏7.18万只。

家　禽

由于专业种禽场的不断出现，市场上各种禽苗供应充裕，农村饲养真正本地品种家禽逐渐减少。1986年，开始引进樱桃谷鸭，在乔建配种站饲养种鸭，孵化鸭苗供应市场。引进的鸭品种还有麻蛋鸭、东泰鸭和一些杂交鸭。

1989年，随着市场消费需求变化和发展，农户自发选择饲养脚细且矮、皮肤黄色或淡黄等有本地鸡特征的鸡，形成了本地鸡种。是年，全县家禽饲养量160.68万羽，出栏家禽95.85万羽，年末存栏64.83万羽。1995年后，引进饲养的鸡品种还有罗斯鸡、红布罗鸡、艾维茵鸡、AA鸡、星杂鸡、三黄

1997年，祥周群众养殖的鹅（县水产畜牧局提供）

2001年，那拔镇养殖的香鸭
（县水产畜牧局提供）

鸡、良凤花鸡等品种。

1990年，全县家禽饲养量142.5万羽，出栏家禽71.21万羽，年末存栏71.29万羽。1995年，全县家禽饲养量276.14万羽，出栏家禽136.78万羽，年末存栏139.36万羽。

1997年，实施“种草养鹅”项目，在十里莲塘建设田东县种鹅场，从外地引进狮头鹅进行繁殖。1998年种鹅存栏量达1000多羽，留种母鹅与狮头鹅公鹅杂交，孵化杂交鹅苗供应给平马镇、祥周镇、林逢镇、思林镇、作登瑶族乡、印茶镇等6个乡镇养殖群众饲养。

2000年，全县家禽饲养量305.61万羽，出栏家禽158.21万羽，年末存栏147.4万羽。

2004年，那拔镇兽医站与县农工贸公司合作在六州村设立那拔鸭养殖场，利用灵岐河、本地玉米、稻谷传统喂养，保持本品种独特风味，当年香鸭出栏达7.35万羽。

2005年，全县家禽饲养量420.93万羽，出栏家禽281.19万羽，年末存栏139.74万羽。

1989—2005年田东县大牲畜饲养及出栏统计表

表6-6-1

年份	大牲畜饲养量				出栏			
	合计	其中			合计	其中		
		水牛(万头)	黄牛(万头)	马(万匹)		水牛(万头)	黄牛(万头)	马(万匹)
1989	8.85	2.95	4.45	0.879	0.826	0.2753	0.4153	0.082
1990	9.11	3.39	4.76	0.94	0.3085	0.1028	0.1551	0.0306
1991	9.46	3.69	4.78	0.97	0.3255	0.1085	0.1637	0.0323
1992	9.9494	4.125	5.027	0.965	0.411	0.137	0.2067	0.0408
1993	10.3194	4.4561	0.47	1.0845	0.4347	0.1449	0.2186	0.0432
1994	10.74	4.689	4.958	1.1287	0.4549	0.1516	0.2287	0.0452
1995	11.2	4.8666	5.1728	1.177	0.7345	0.2448	0.3693	0.073
1996	11.17	4.8926	5.0203	1.1739	0.925	0.383	0.4651	0.0919
1997	11.9418	5.1567	5.4389	1.255	0.7426	0.2475	0.3734	0.0738
1998	9.94	4.2923	4.5272	1.0446	0.86	0.2853	0.4304	0.085
1999	10.33	4.4607	4.7048	1.0856	0.79	0.2633	0.3972	0.0785
2000	10.42	4.4995	4.7458	1.0951	0.7652	0.2551	0.3848	0.076

续表6-6-1

年份	大牲畜饲养量				出栏			
	合计	其中			合计	其中		
		水牛（万头）	黄牛（万头）	马（万匹）		水牛（万头）	黄牛（万头）	马（万匹）
2001	9.9287	4.2874	4.5221	1.0434	0.755	0.2517	0.3796	0.075
2002	8.85	3.8216	4.0308	0.9301	0.6450	0.215	0.3243	0.0641
2003	8.45	3.6489	3.8486	0.888	0.6958	0.2319	0.3499	0.0691
2004	9.23	3.9857	4.2038	0.97	0.9540	0.318	0.4797	0.0948
2005	10.4	4.4909	4.7367	1.093	1.2052	0.4017	0.6060	0.1197

第二节　畜禽疫病防治

县内畜禽病疫主要有猪瘟、猪肺疫和猪丹毒、猪喘气病、牲畜五号病（牲畜口蹄疫）、牛出败、鸡新城疫、鸡瘟、禽霍乱（禽出败）等，还有猪传染性胃肠炎、猪链球菌病、狂犬病、畜禽寄生虫、鸭瘟、鸡马立克、鸡法氏囊病、鸡喉支气管炎、鸡传染性支气管炎等动物疾病。

1989年，生猪防疫工作进行改革。以预防猪瘟为主，实行大春防、小秋防、长期补针和花猪二次免疫相结合，在措施上实行区域负责制，任务到人，确定责任制，改免费防疫为防疫收费，村兽医员在给农户生猪免疫注射时按头数按收费标准向农户收费，凡免疫密度超过90%指标的乡镇，县畜牧部门还补贴给乡镇畜牧兽医站0.08元/头。全年免疫注射猪瘟疫苗13.45万头，免疫注射牛“两疽一败”（牛气肿疽、牛炭疽病、牛出败）疫苗2010头，鸡瘟免疫注射17.68万羽（次），禽出败疫苗免疫注射11.49万羽（次）。

1990年，全年免疫注射猪瘟疫苗25.18万头，免疫注射牛“两疽一败”疫苗3928头，鸡瘟免疫注射10.92万羽（次），禽出败疫苗免疫注射7.89万羽（次）。

1995年，全年免疫注射猪瘟疫苗41.48万头，免疫注射牛“两疽一败”疫苗1.37万头，鸡瘟免疫注射50.60万羽（次），禽出败疫苗免疫注射25.3万羽（次）。

1997年，全年免疫注射猪瘟疫苗38.87万头，免疫注射牛“两疽一败”疫苗1.39万头，鸡瘟免疫注射77.86万羽（次），禽出败疫苗免疫注射49.82万羽（次）。全县有5个石山乡不同程度发生山羊疥癣病，死亡山羊200多只，后经及时组织防控得到扑灭。

1998年，全年免疫注射猪瘟疫苗46.67万头，免疫注射牛“两疽一败”疫苗3.8万头，鸡瘟免疫注射143.19万羽（次），禽出败疫苗免疫注射94.67万羽（次）。同年3月起，全力控制五号病，各牲畜屠宰场进出口都设置消毒带，县兽医站购置了一台高压喷洒机，作“全天候消毒”，各畜产品交易市场每3天消毒一次。

2002年，全年免疫注射猪瘟疫苗61.15万头，免疫注射牛“两疽一败”疫苗51330头，鸡瘟免疫注射80.29万羽（次），禽出败疫苗免疫注射51.18万羽（次）。同年8月，根据《农业部关于实行免疫标识制度的通知》要求，全县实施动物免疫标识制度。

2005年，全年免疫注射猪瘟疫苗74.30万头，免疫注射牛“两疽一败”疫苗6.24万头，鸡瘟免疫注射257万羽（次），禽出败疫苗免疫注射21.85万羽（次）。

第三节　动物检疫　器械管理

检　疫

动物检疫是畜牧兽医部门按照国家法规对各种动物及其产品进行的疫病检查。通过动物检疫，对可疑或已证实的疫病对象实行强制隔离，或作出适当处理，目的是防止动物传染病的传播，保障畜牧业生产和人民健康。

1989年，检疫生猪0.51万头，牛0.87万头，家禽98.78万羽，其中外运检疫生猪0.3万头，牛0.13万头。检出病猪485头，屠宰检疫猪肉4.88万头。

1990年，检疫生猪7.52万头，牛0.37万头，家禽48.97万羽，其中外运检疫生猪0.32万头，牛0.15万头。检出病猪574头，屠宰检疫猪肉5.43万头。

1995年，检疫生猪5.83万头，牛1.23万头，家禽193.3万羽，其中外运检疫生猪0.52万头，牛0.2万头。检出病猪402头，屠宰检疫猪肉5.92万头。

2000年，检疫生猪27.5万头，牛2.06万头，家禽209.51万羽，其中外运检疫生猪4.79万头，牛0.41万头。检出病猪103头，屠宰检疫猪肉16.5万头。

2005年，检疫生猪25.41万头，牛0.55万头，家禽314.59万羽，其中外运检疫生猪5.53万头，牛0.33万头。检出病猪211头，屠宰检疫猪肉15.23万头。

器械管理

1990年，为做好疫苗冷藏，保证疫苗质量，在原有冷链的基础上，购买120个铁壳冰壶，7个保温箱供应给山区乡镇，确保每一个乡镇有一个塑料冰桶，一个铁壳冰壶（一个运输疫苗、一个冷藏苗）。

2002—2005年，实施县级动物防疫冷链体系项目，由自治区水产畜牧局统一招标采购仪器设备，并安排给县、乡镇二级兽医站14个。有冰柜冰箱20台，普通显微镜10台，冷藏包60个，电子精密天平1台，自动菌落计数器1台，移液器1套，超净工作台1套，低温冰柜2台，酶标仪1台，疫苗监测设备1套，小型医用焚烧炉1台。

第四节　兽医卫生监督管理

1990年7月，全县推行生猪、肉猪凭卡耳上市销售。

1997年，全县有10个乡镇开展19个定点屠宰工作。全年核查发放兽医卫生合格证250本，发放兽医从业许可证14本，发放饲料经营许可证175本，发放兽医经营许可证72本，办理委托检疫工作证18人。当年处罚逃避检疫案件12起，处罚私设屠宰场（点）案件4起，处罚出售病害肉案件8起，没收销毁假兽药38起。

2002年10月，开展禁用兽药大检查，对6个乡镇32个兽药店、2个规模猪场进行检查，检查兽药品种76个，查处禁用兽药品种6个、假冒伪劣兽药品种11个、过期兽药品种14个，涉及25个单位摊位点，价值0.25万元。

2003年，开展非法经营使用“瘦肉精”专项突击检查活动，检查规模猪场5个、兽药店58个、饲料店7个。检出违规经营禁用、假冒伪劣兽药店8个，没收禁用兽药品种3个，假冒伪劣兽药品种5个，对违规行为进行处罚。

2004年，定点屠宰场肉猪凭耳标和产地检疫合格证入场，全年使用产地检疫合格证2050本，产品检疫合格证1460本。开展监督182次，出动监督人员663人次，处理违法案件5件，查处不合格动物产品2045千克，纠正违规行为21起。

2005年，定点屠宰场肉猪凭耳标和产地检疫合格证入场，全年使用产地检疫合格证1560本，产品检疫合格证1640本。开展监督114次，出动监督人员422人次，处理违法案件5件，查处不合格动物产品310千克，以检促防，确保人民群众吃上“放心肉”。

第五节　名优特产养殖

田东香猪

田东香猪亦称“七里香猪”。据记载，清朝时，田东香猪就以其肉质鲜嫩可口，味美甘香而被列为宫廷贡品。产于田东县北部山区的义圩、那拔、朔良、祷午等镇。因这些地区在中华人民共和国成立前归属恩隆县（今田东）的七里区，所以这一带所产的这种猪就叫“七里香猪”。系用同窝小公猪配亲母育内的一种猪，有黑色香猪和杂色香猪两种。其特征是躯体矮短圆肥，腰背稍凹，头小嘴尖，额无皱纹，尾尖长白毛并排成扁形鱼尾状，耳呈桃状上竖，腿短。成年香猪体重多在60千克以下，肉质最佳食用期是体重7.5~15千克的香猪。田东香猪皮薄骨细，肉质鲜嫩，肥瘦适度，鲜而不腻，煮熟后，软脆可口，芳香扑鼻，百食不厌，素有“一家煮肉四邻香”的美称，是宴请宾朋的美味佳肴。逢年过节、婚嫁寿庆、小儿满月、新居落成等喜事，群众常以香猪待客。产品畅销区内外，为田东“八香”之一。

1998年，田东香猪　　（县水产畜牧局提供）

田东香鸭

田东香鸭盛产于田东县那拔镇，在清澈透明、无污染的灵岐河那拔段（古称“隆溪”“隆江”）放养。那拔的水质富含矿物质，在这种特定的环境下生长的田东那拔香鸭，肉质结实甘香，鲜味十足，食用后仍感觉满口醇香。为田东“八香”之一。

2000年，田东香鸭　　（县水产畜牧局提供）

第七章　渔业

20世纪80年代中期，全县渔业发展还比较滞后，规模小，产量低。1989年，田东重视渔业发展，将它作为发展农村经济、增加农民收入的一项重要举措。当年全县水产养殖面积605.6公顷，其中池塘219.3公顷，山塘176公顷，水库210.3公顷，总产量596吨，创历史新高。20世纪90年代后，加强渔政管理，大力推广池塘、山塘、水库养殖和江河网箱养殖，推广鲤鱼、鲮鱼、罗非鱼、塘角鱼、大口鲶、淡水白鲳等水产品养殖。2005年，全县有水产养殖面积1026公顷，总产量9272吨，产值5841.36万元。

第一节　水域　品种

水　域

全县有河溪144条，其中河流9条、溪流135条；水库46座。全县池塘、山塘、水库、江河等总水面2170公顷，其中可养水面840.36公顷。南部山区地下河密集，自古以来，每年7—10月地下河水涌出地表，带出很多鱼类。其中立丰村的龙排地下河水涌出，在山凹形成约4.67~5.33公顷的水面，带出“油鱼”最多，年捕捞量达1~1.5吨。坡塘的那定“龙鱼”年捕捞量也有0.2~0.25吨。这些地下河水涌带出的鱼，成为当地人民水产品的主要来源。

1989年，全县有水产养殖面积605.6公顷，其中池塘219.3公顷，山塘176公顷，水库210.3公顷。2005年，全县有水产养殖面积1026公顷。

渔业品种

全县的渔业品种资源较为丰富，有鱼类、贝类、两栖类、爬行类共150多种（亚种），其中经济价值较高的有30多种，以鲤形目居多，其中鲤科品种有：草鱼、青鱼、鲢鱼、鳙鱼、鲮鱼、鲤鱼、三角鲤、鲫鱼、赤眼鳟、鲂鱼、鳊、餐条、光倒刺鲃、倒刺鲃、鳡鱼、翘嘴红鲌、黄尾鲴、东方墨头鱼。鳅科品种有泥鳅、粗壮沙鳅。鲇形目有4个科，其中鲇科有鲇、南方大口鲇，胡鲇科有胡子鲇；鲿科有黄颡鱼、斑鳠；盔鲇科的有盔鲇。鲈形目有4个科，其中丽鱼科有罗非鱼，脂科有大眼鳜；刺鳅科的有大刺鳅，鳢科有乌鳢。合鳃目的有黄鳝。池塘养殖主要以四大家鱼和鲤鱼、鲮鱼、罗非鱼为主，江河中以鲤、鲇居多。经济价值较高的黄颡鱼、光倒刺鲃、倒刺鲃、大刺鳅、多瘤丽蚌、佛耳丽蚌等。

1989年以前，田东县人工养殖鱼类主要品种有青、草、鲢、鳙、鲤、鲮、鲫、鳊、野鲮等。

20世纪90年代，田东加大引进新品种力度。1996年，上级财政部门支持10万元，引进单雄性罗非鱼进行试验、示范养殖，取得成功，并在全县推广。从此，“罗非鱼”成为田东县水产养殖的主要主养首选品种之一。1990年，开始引进淡水白鲳进行试养并在全县推广。1992年，开始引进麦瑞加拉鲮进行试养并在全县推广，从此田东县水产养殖主要品种又多了个“麦鲮”。

2000—2005年，分别引进埃及塘角鱼、异育银鲫、进彭泽鲫、南方大口鲶、建鲤、斑点叉尾鮰等品种。

第二节 捕捞 养殖

捕 捞

县内渔民很少，捕捞有江河捕捞和水库捕捞，江河捕捞以右江河、龙须河、灵岐河、古榕江、达寒江沿岸农民为主。县内江河天然捕捞以右江河、龙须河及灵岐河的捕获量为多，其中以右江河为最、其他河次之。但由于工业废水、残存农药流入江河造成水质污染以及电、炸、毒鱼等酷渔滥捕，致使江河鱼类资源不断减少。常用的捕捞工具有网渔具、钓渔具、杂渔具等。

1989—2005年，田东重视江河渔业资源的繁殖保护，加强对渔业水域污染和酷渔滥捕等行为的查处，天然捕捞量逐年上升。随着山塘水库水产养殖生产的发展，一批专业捕捞人员应运而生，他们捕鱼技术高，用刺网、拖网为大水面水库承包户捕鱼。

育 苗

国有鱼种场 田东县水产养殖场（鱼种场）建于1958年，拥有鱼塘面积53.2公顷，是全县繁殖、培育、引进试养水产苗种的唯一国有鱼种场。1989年，可以人工繁殖“四大家鱼”（青、草、鲢、鳙）、鲤、鲫、鳊、鲮、野鲮等。1992年，该场获百色地区财政“支农周转金”2万元对孵化设备进行更新改造。1993年后，该场产能大幅度提高，年产海化1.3亿尾以上，鱼苗、鱼种3500万尾，除满足全县养殖需求外，还销往百色市的各县、东兰县、巴马县、凤山县和云南省、贵州省。

私人鱼苗种场 1989年，县内有鱼苗种场2个，年产量10万尾。鱼苗品种主要有青、草、鲢、鳙、鲤、鲫、鳊、鲮、野鲮、罗非等。1995年，县内有鱼苗种场6个，年产量近20万尾。2000年，县内有鱼苗种场16个，年产量25万尾。2005年，县内有鱼苗种场32个，年产量100万尾。

1990年，田东鱼种场（县水产畜牧局提供）

池塘养殖

1989—1990年，全县池塘面积280公顷，年产量1050吨，主要养殖方式为粗放式。1992年开始推广鱼、鸭套养模式，并在祥周镇的甘莲村开展“一村一品”助农增收示范项目。之后在全县推广，当年池塘养殖270公顷。

1995年，引进单雄性罗非鱼和淡水白鲳进行高密度精养，其高投入，高产出，高效益，大幅度提高了养殖产量。随之，新开挖鱼塘也进入高潮，当年池塘养殖423公顷。

2004年，罗非鱼养殖区域、十里莲塘罗非鱼养殖基地等通过农业部“无公害农产品”产地和产品认证。这是百色市第一批，也是唯一通过的认证。2005年，全县池塘放养面积554公顷。

山塘水库养殖

1989年，全县山塘水库养殖386公顷，产量38.6吨，主要养殖方式为粗放式。2001年后，部分山塘水库开始发包给农户或老板承包养殖，养殖方式转为高密度精养。从此，产量、产值大幅度提高。

1995年，林逢镇群众在池塘捕鱼
（县水产畜牧局提供）

当年全县山塘水库养殖386公顷，产量77.2吨。2005年，全县山塘水库放养面积356公顷，产量89吨。

网箱养鱼

网箱养鱼始于1996年，当年自治区水产畜牧兽医局支持田东10万元，建成4米×5米×2米3个网箱，引进单雄性罗非鱼在龙须河电站上游进行试验、示范养殖，并取得成功，开始推广。从此，罗非鱼成为田东县网箱养殖的首选品种之一。

1997年，网箱养殖品种增加倒刺鲃（青竹鱼）、光倒刺鲃（坑坚）等，全年网箱养殖202箱。2005年，网箱养鱼28箱，采用兼养的方式，以养草鱼为主，混养少量青竹鱼，产值32万元。

1989—2005年田东县水产品产量产值统计表

表6-6-2

年份	水产品产量(吨)	产值(万元)	年份	水产品产量(吨)	产值(万元)
1989	596	268.2	1998	4656	2592
1990	658	296.1	1999	5056	2836
1991	951	456.48	2000	5363	3164.17
1992	1018	507.98	2001	5885	3472.15
1993	1254	627	2002	6424	3854.4
1994	1842	957.84	2003	7180	4308
1995	2365	1229.8	2004	8620	5344.4
1996	3120	1716	2005	9272	5841.36
1997	3910	2111.4	—	—	—

第三节　渔政

1988年，成立田东县渔政站，编制4名。

1997年，县渔政站有在职渔政检查员3人。全县有16个鱼苗种场，县渔政站组织举办鱼苗鱼种培育技术培训班，经培训、考核合格后，由渔政站发给鱼苗鱼种经营许可证，发放鱼苗鱼种经营许可证16本。

之后每年5—7月，隆安县、宾阳县一些鱼苗贩把鱼苗鱼种运到田东县设点销售，渔政检查员严格把好鱼苗鱼种检疫关，经检验合格后发给检疫合格证才允许销售，以保证鱼苗鱼种市场的质量。全县有58家酒家办理水生动物经营利用许可证。

2003年，出航23次，出动快艇16艘次，处理违法电鱼案件9起，没收不同型号电鱼机7台，教育人数达300人，有效制止电、毒、炸鱼行为。检疫鱼苗鱼种1700多万尾，处理带有病的鱼种1起，发放鱼苗种经营许可证10本。

2005年，出动执法快艇72次，在右江河和龙须河上的航程共计2000多千米，查获违法渔船30多艘次，其中非法电鱼案26起，没收同步电鱼机3台、硅整流电鱼机6台、超声波电鱼机2台，教育违法渔民400多人次。新登记渔船3艘，发放渔业捕捞许可证、养殖证等相关证件计6本，审验相关证件37本。

田东县志（1989—2005）

第七篇

水利　电力

1989年，全县有引水工程1704处，小（一）型水库15座，小（二）型水库29座，固定电动机排灌站266处314台8938千瓦，水轮泵站278台，塘坝189处，水利渠道长度累计309.7千米。1989—1992年，按照“巩固改造，适当发展，加强管理，注重效益”的方针，实施平马电灌站更新改造工程、百敏水库抢险加固、百林电灌片等一批工程，落实水利工程管理，优先解决农业用水。1994—1998年，解决农业生产用水难和人畜饮水难双管齐下，投资2195万元，渠道硬化和水库除险加固；投入1626.7万元，修建一批家庭水柜、水池、引水工程。1999—2002年，水利建设实现历史性突破，实施龙须河引水治旱扶贫工程一期工程、二期工程，实施日供水5万吨的林逢至新洲自来水管网工程，改善26个村农业生产用水和15.5万人的生活用水问题。之后水利建设放慢脚步，投资减少，主要建设三面光水利渠道。

1989年之前，田东仅有龙须河电站、桑洞电站、作登电站以及乡村一些小型水电站，难以满足全县用电需求。1989年5月，装机容量为3×800千瓦的作登电站建成投产，缓解了全县用电紧张局面。之后，田东加大农村小水电建设。1997年，由个体经济能人班光习投资4800万元、装机容量为7500千瓦的登高电站动工建设，是当时国内最大的一座私营水电站。同年，全县13个乡镇政府所在地全部用上电，155个行政村有109个村用上电。1998年实施村村通电大会战，1999年完成村村通电建设任务。2000年，田东通过自治区“农村初级电气化建设”达标验收。2003—2004年，实施农村电网改造一、二期改造工程，兴建田东电厂新厂。2005年，完成城乡电网改造工程，实现城镇农村电力同网同价，进一步缩小城乡差距，促进社会公平、和谐。

第一章 水利

第一节 管理

管理机构

县水利电力局 1989年，县水利电力局为主管全县水利电力工作的政府工作部门，管理小型水利、水库建设，管理河道、防汛抗旱、地方电力的建设和行业管理。田东县水利电力局位于平马镇庆平路38号，内设办公室、财务物资站、水利工程管理站、小水电管理站、水利规划建设站、水政水资源站。人员编制51名（其中行政编制15名，事业编制36名），实有人员51人。

1994年，县水利电力局配备局长1人、党组书记1人、副局长3人、调研员1人。内设单位及其在职人数：水利工程管理站9人，水利规划建设站11人，水政水资源站5人，水土保持站3人，财务物资站4人；县人民政府常设机构县防汛抗旱指挥部办公室2人、县农田水利基本建设指挥部办公室2人，以上内设单位均是事业编制。

2000年，县水利电力局内设办公室、水利工程管理站、水利规划建设站、水政水资源站、水土保持站、财务物资站、防汛办。行政编制12名，事业编制27名。在职职工39人，其中干部31人，固定工人8人。设局长1人、党组书记1人、副局长4人、调研员1人。

2001年，县水利电力局内设办公室、财务物资站、水政水资源站、水土保持站、工程管理站、规划建设站、调研室、县人民政府常设机构防汛办等8个室（站）。编制46名，其中行政编制13名（含机关事业编制1名）、事业编制28名、事业自收自支编制5名。

县水利局 2002年，县机构改革后，田东县水利电力局更名为田东县水利局，内设办公室、财务物资股（含水电物资仓库编制）、水政水资源站、水利建设股（含小水电建设管理站编制）、水土保持站、水利工程管理站、防汛办等7个站（股、办）。局机关行政编制9名（含机关后勤服务人员事业编制1名），实际在编8人。内设机构除办公室外，其余股站均是事业编制，人员编制34人，其中事业全额拨款实有人员20人，事业自收自支9人。

2005年，田东县水利局行政编制9名（含机关后勤服务人员事业编制1名），实有人数8人，其中行政干部6人，行政机关工勤人员2人。内设办公室、财务物资股、水政水资源站（水政监察大队一套人马两块牌子）、水土保持站、水利工程管理站、水利建设股、县人民政府常设机构防汛办等7个室（股、站）和县人民政府常设机构县防汛抗旱指挥部办公室、县农田水利基本建设指挥部办公室。内设机构除办公室外，其余股站均是事业编制，核定事业人员编制34名，实有人员35人。

历任局长：辛荣邦（1988年2月至1990年10月）、黄大廷（1990年10月至1999年3月）、辛荣宁（1999年3月至2002年8月）、何文友（2002年8月至2006年12月）。

下属事业单位 1989—1993年，田东县水利电力局下辖：县供电所、水电修造厂、水管所、3个电站、4个电灌站、13个乡镇水电建设管理站。

1994年，田东县水利电力局下辖单位及其在职人数：平马电灌站55人，修福电灌站20人，大板电灌站9人，响水电灌站12人，那龙水库（包括合龙那达）8人，龙须河水电管理处114人，作登电站48人，桑洞电站41人，县供电所67人（包括祥周、平马、林逢、思林、作登等乡镇的供电组人员），13个乡镇水电建设管理站57人。

1996年6月，田东县水利电力局下属的供电所、龙须河电站、作登电站、桑洞电站拼建田东县电力有限责任公司。1999年，田东县电力有限责任公司由广西电力有限责任公司代管。

2002年，田东县进行机构改革，13个乡镇水电建设管理站划归当地乡镇人民政府管理。

2004—2005年，田东县实施水利工程管理单位体制改革，县水利局将原有的7个国有水利工程管理单位分离和合并，下辖单位及其在职人数：龙引灌区管理所，核定编制61名，实有人员60人；龙须河水库管理所，核定编制12名，实有人员13人；那龙水库管理所，核定编制10名，实有人员10人；修福电灌站，核定编制8名，实有人员8人；响水电灌站，核定编制9名，实有人员9人。年末水利系统职工总人数135人。

工程管理

国有水利工程管理所　全县内属国家管理的水利工程，由隶属县水利局的事业单位管理，由国家配备干部职工，其各种待遇与当地国家事业单位相同，管理经费从收入水费、水谷及多种经营收入中解决，不足部分由财政、国家水利经费补贴。

1989年，田东县设置的国家管理水利机构有龙须河水利工程管理所、那龙（包括那达、合龙水库）管理所、六纽（包括那益水库）水库管理所和平马、修福、响水、大板等7个管理所（站）。

1993年，百林电灌站建成，属国家管理工程。当年，国家管理工程达8个。1995年，将六纽、那益水库并入平马电灌站，国家管理工程减至7个。

1999年8月，为了有利于龙须河引水治旱扶贫项目筹资贷款建设的需要，田东将田东县水厂、平马电灌站、百林电灌站、龙须河水管所合并成立田东县供水有限责任公司，4个单位为股东，向银行贷款1500万元，用于龙须河引水治旱扶贫项目建设。

2004年2月，龙须河水利管理所、平马电灌站、百林电灌站与供水公司分离，将平马电灌站、百林电灌站和大板电灌站合并为龙须河引水工程灌区管理所。改革后，原有7个水管单位变为5个，定为准公益事业单位。经营收入纳入单位内部经费预算，水利部门每年向财政部门报告水管单位生产收入变化情况，由财政部门执行动态核算，管理所经费不足部分由财政补助。原有编制116名，改革后为100名，清退临时员工38人。

农村小型水利工程管理机构　田东县农村小型水利工程，大多数是20世纪50年代至80年代按“民办公助”的原则，靠国家补助、集体投资投劳力建成的，工程管理机构分别为乡镇、村、村民小组（屯）。实行家庭联产承包责任制前后，各乡镇成立有水电建设管理站，属事业单位，负责本乡镇水利建设管理业务工作。

由于对小（一）、小（二）型水库分管责任不明确，有的属乡镇管，有的属村管，有的属村民小组管，责任不明，存在管理不善现象。1994年，田东把小（一）、小（二）型水库收归县、乡镇水电部门管理，保持原县国有水管单位管理的有那龙、那达、合龙、六纽和那益水库等5座，将江南一、江南二库和福兰水库等3座归龙须河水库管理所管理，其余38座归属所在乡镇管理，并落实承包管理人员。承包者的责任是蓄水、供水、防洪安全、水面养鱼提成上缴。跨村（灌区跨越两个村以上）的集体管理小型水利工程，自实行承包责任制后出现工程无人管理、工程老化、水毁等现象，失去应有的灌溉效益。如思林镇达寒江引水工程，灌区为选赞、坛乐、百笔3个村，设计灌溉面积333公顷，其中坛乐村灌溉面积最多，有266公顷。2000年始，由于管理不善，造成该水利工程无人管理、维修，局部渠道出现崩坍淤积，不能正常通水，实灌面积只有13公顷，其余水田均改种甘蔗和玉米。于1958年建成的思林镇排相引水工程，灌区是英竹、同梅2村，设计灌溉面积100公顷，由于工程老化淤积水毁，无人管理而失去灌溉效益，灌区水田改种甘蔗和玉米。于1957年建成的江城镇的大排引水工程，设计灌溉面积213公顷，灌区那蒙、江城、巩固3个村，由于无人管理，1996年后通往巩固村的尾水渠道淤积泥土不能通水，只能灌溉那蒙、江城2个村66公顷，其余均改种甘蔗和玉米。

2002年之前，村民小组（屯）管理的小型水利，不设机构，对集体的水利工程问题由村民小组组织村民讨论解决，塘坝发包给村民承包养鱼，引水工程维修由村民共同出劳动力，水轮泵站维修零配件，由受益户筹资购买解决，一般没有专管人员，由几个关心集体的受益户进行维修管理。虽然如此，仍有许多水轮泵无人管理和缺零配件维修而失去灌溉效益。

自2003年起，推行以成立农民用水户协会为主要管理形式的农村小型水利体制改革，在林逢镇坛河村那旺电灌站做试点，成立用水户协会组织，以点带面。2005年年底，全县成立34个用水户协会组织。协会组织负责小型水利工程的运行、调度、管理、维护和向用水户收取水费，协调用水户用水纠纷，合理安排计划，节约用水等，制定有《用水户协会章程》。

水资源管理

1989年，田东县水利电力局设立水政水资源站，人员机构从水电局内部调整组成，负责全县水政水资源管理的具体工作。在“世界水日”（3月22日）和“中国水周”（3月22日至3月28日“世界水日”所在的周）期间，多形式开展水法律法规和水知识的学习宣传活动。

1992年，开始实施水资源有偿使用制度。

1997年，开始依法实施取水许可。2月，成立田东县水政监察大队，单位性质属于自收自支事业单位，核定编制数5名。2005年，实有在职人数9人。

2005年起，开展建设项目水资源论证工作，由建设项目业主委托有资质的单位编制建设项目水资源论证报告书，通过审查后，成为水行政主管部门审批取水许可的基本依据。当年，全县取水许可保有数70套，其中生活用水取水许可证10套，工业用水取水许可证20套，发电用水取水许可证8套，农业灌溉用水取水许可证32套。

水费收缴

国家对水利工程实行有偿供水政策，水利工程管理单位按照自治区人民政府规定的收费标准和田东县的实际情况向受益单位和个人征收水费。凡成立水管所的工程均在受益区内征收水费。

1989年，田东县国有水利工程及电灌站包括那龙、那达、六纽、那益水库管理所，龙须河发电站、平马电灌站、大板电灌站、修福电灌站、响水电灌站等7个国有事业单位，全靠收缴电费、水费维持员工的工资和其他费用开支。是年，7个单位总收入107.54万元，其中农田水费收入29.64万元，电费收入74.3万元，水产品收入2.3万元，其他收入1.3万元；总支出71.56万元，结余35.98万元。5个单位自给有余，2个单位亏损2.19万元。

1992年，7个国有事业单位总收入130.91万元，其中农田水费收入35.51万元，发电量收入93.2万元，水产品收入1.28万元，其他收入0.92万元；总支出110.2万元，结余20.71万元。5个单位自给有余，2个单位（平马电灌站、大板电灌站）共亏损13.65万元。

1994年，调整充实管理人员，加强管水队伍建设，配足管水人员并落实工资和报酬，调动他们工作积极性。把全县小（一）、小（二）型水库管理权归属县、乡镇水电部门管理，各水利工程管理单位，实行承包责任制，推广科学灌溉，确保水稻灌溉面积。祥周乡西牛水库，是集体工程，采取承包办法，提高经济效益，水费收入2.3万元，加上多种经营，全年总收入达6.5万元，4名职工人均收入超万元。加强水费征收管理，全县年灌溉面积11046公顷，计划征收水费谷为525吨，实际完成401吨，其中国有工程管理单位计划征收水费谷为300吨，完成246吨；集体管理工程单位计划征收水费谷为225吨，完成158吨。

1995年，对非农业建设用地收取占用灌溉农田和水利设施补偿费12.1万元、水资源费22万元、河道采砂费1万元。全年国有工程计划征收水费61.6万元，收上56.18万元，占92%；集体管理工程计划征收33.41万元，收上20.5万元，占60%。

1999—2000年，共收水费120.34万元。2001年起，水费征收困难，征收的水费少，水利管理工作受到影响。

2005年，完善河道采砂作业秩序的管理，批准河道采砂许可证46本，收取水资源费47万元，河道采砂管理3.3万元。依法收缴水土流失补偿费52万元。

水政管理

1988年7月1日《中华人民共和国水法》颁布实施，县境内水资源管理和从事水事活动管理从此有法可依。

1990年，在县水利电力局设置水政水资源站，负责县境内水政水资源管理工作。1991年5月，成立田东县水政水资源管理委员会，由副县长韦利平任主任，县水利电力局局长、副局长任副主任，下设办公室，有专职人员5人。各乡镇也相应设立管理委员会，由乡镇领导共同组成，并设有水政监察员23人。管理委员会根据《田东县取水许可制度实施办法》《田东县取水许可制度通告》《田东县河道采沙管理收费实施细则》《田东县水利工程管理条例》开展工作，为采砂、取水专业户办理许可证，并处理违反水政案件。

1993—2002年，全县无水事违法案件、水事纠纷。2003年，在水政水资源站设置水政监察大队（一套人马两块牌子），加大对违反水法规破坏河道、水资源和水土保持案件进行查处力度，把在河道内非法淘金列为重点打击对象，下大力气整治灵岐河非法淘金的无序作业，查处违法淘金船35艘，扣押逃逸船只6艘，清理设障面积约700平方米，确保河道安全运行。

2005年，继续对灵岐河流内非法淘金进行整治，完善河道采砂作业秩序的管理，批准河道采砂许可证46本，收取水资源费47万元，河道采砂管理费3.3万元。依法审批水土保持方案19项，发放办理开发建设项目水土保持方案合格证5项，审批率100%。依法收缴水土流失补偿费52万元。

第二节　引水工程

1989年，全县有引水工程1704处，引水流量12.3立方米/秒，有效灌溉面积2266.67公顷，保证灌溉面积2120公顷。主要引水灌溉工程有达寒江引水工程、大排引水工程、龙江引水工程、排相引水工程、龙须河引水工程。

1990年，新建引水工程1处，有效灌溉面积13.33公顷。平马电灌站更新改造工程动工。

1991年，全县引水工程主要是除险加固。平马电灌站第一期更新改造工程竣工，完成一级泵房装修及河边码头补建，附属工程9处，渠道防渗21.65千米，完成投资272.32万元。完成龙须河引水工程土坎加固以及达寒江、大排头引水工程配套等工程。全年共投资642.37万元，投工260.8万个工日，完成土石方31.47万立方米，浆砌石7.2万立方米，混凝土6579立方米，耗用水泥1463吨，钢材37.7吨，木材121.1立方米，炸药2.3吨。

2003年，龙须河引水治旱工程引水渠道

（县水利局提供）

1992年，祥周乡康元村维宁电灌站建成，完成投资42.2万元，灌溉面积180公顷。平马电灌站更新改造第二期工程竣工，一、二级总计完成投资417.79万元。总投资310万元的平马镇百林电灌片动工，1993年竣工。

1994—1996年，投资48.25万元，完成达寒江、龙须河水利、修福、百林、韦宁等电灌站配套工程建设。维修机电泵47台595千瓦、电泵194台5079千瓦、水轮泵155台。改善面积213公顷，恢复248公顷。

1997年，投资366.12万元，建设百东河水库干渠渠道防渗工程，维修机电泵158台7760千瓦、维修水轮泵站168台。改善面积1680公顷，恢复373公顷。

2000年3月，田东县动工兴建龙须河引水治旱工程，是国家发展和改革委员会帮扶田东的项目工程，工程从龙须河水库引水，经反虹管从右江南岸调水至北岸，引水能力4.6立方米/秒，引水主干渠7137米。配套扩建、改建干渠、支渠27.4千米，新建合月电灌站，更新河街二、三级电灌站。工程改善平马、祥周、林逢3个镇26个村农业生产用水和县城居民生活用水，2002年3月建成投入使用，项目总投资6094.3万元。

2002—2005年，田东县无新建引水工程，工作主要是对老化的渠系进行防渗处理。2005年，全县引水工程灌溉面积6.6公顷以上的项目有33处，灌溉面积2590公顷。

2005年田东县引水工程灌溉面积6公顷以上项目一览表

表7-1-1

工程名称	所在地			引用水源名称	建成时间（年月）	引用流量（立方米/秒）	灌溉面积（公顷）
	乡镇	村	屯				
合计	—	—	—	—	—	—	2590
龙须河	平马	游昌	陇览	龙须河	1959年5月	2.4	375
达寒江	思林	内油	洞桑	达寒江	1952年4月	0.6	273
大排	江城	那蒙	—	古榕江	1957年5月	0.8	146
排相	坡塘	那都	那务	古榕江	1958年2月	1.0	60

续表7-1-1

工程名称	所在地			引用水源名称	建成时间（年月）	引用流量（立方米/秒）	灌溉面积（公顷）
	乡镇	村	屯				
东省	思林	选赞	那省	达寒江	1957年10月	0.015	10
横路	思林	选赞	那赞	达寒江	1957年10月	0.012	8
横龙	思林	选赞	那巴	达寒江	1957年10月	0.017	10
排龙	思林	定阳	东陇	溪水	1967年12月	0.015	10
定拿	思林	内油	内油	达寒江	1978年12月	0.012	6
崖屯	印茶	那板	那板	达寒江	1977年	0.02	8
坡六	印茶	新建	坡六	达寒江	1958年	0.10	16
那目	印茶	新建	那六	达寒江	1958年	0.02	8
龙贵	印茶	龙贵	龙泉	泉水	1957年	0.025	15
派头	印茶	立新	上坡	达寒江	1970年	0.01	7
坝灾	义圩	朔晚	巴茶	溪水	1971年	0.05	7
龙江	那拔	福星	那必	灵岐河	1953年4月	0.50	31
坝西	义圩	班龙	下龙	班龙溪	1956年	0.05	17
那西	义圩	班龙	那西	农荷溪	1971年	0.05	14
坝困	义圩	班龙	那豆	班龙溪	1963年3月	0.10	13
农荷	义圩	世木	甘海	农荷溪	1966年	0.05	11
甲芬	义圩	东冠	拾合	班龙溪	1962年	0.03	7
快拿	义圩	杏花	盆屯	百敏溪	1953年3月	0.02	8
快西	朔良	朔良	街上	朔良河	1953年7月	0.02	11
作月	朔良	那楼	平力	朔良河	1962年	0.02	8
果安	江城	桑洞	果安	古榕江	1972年2月	0.30	35
果林	江城	果柳	果柳	那便河	1972年3月	0.20	30
伏山	江城	果柳	伏山	古榕江	1972年2月	0.40	23
师沟	江城	果柳	那洲	那便河	1972年3月	0.20	30
那角	江城	云林	六白	六白泉	1964年2月	0.30	17
六白	江城	云林	六白	六白泉	1972年2月	0.20	20
六务	江城	果柳	六务	古榕江	1972年4月	0.20	9
安马	江城	供固	供屯	古榕江	1978年2月	0.30	14
龙须河引水治旱	平马	游昌	陇览	龙须河	2002年3月	4.6	1333

第三节　蓄水工程

1989年，全县蓄水工程有235处（座），有效库容3340.5万立方米。有小（二）型水库30座，总库容923万立方米，有效库容761万立方米，有效灌溉面积720公顷，旱涝保收面积600公顷。小（二）型水库为：那荒、沙柳、福兰、江南一、江南二、百林、那麦、大派头、那育、六林、训信、那练、那荷、公靖、义屯、百敏、六王、六乙、民作、三卡、六娥、六桑、下巴、百审、甫召、三华、甫好、娅娘、百塘、巴元、六府。建成小（一）型水库16座，总库容2897万立方米，有效库容2000万立方米，有效灌溉面积1846.66公顷，保证灌溉面积1826.66公顷。小（一）型水库为：那益、东养、百笔、子安、那龙、那达、德利、六纽、西牛、杏花、果丰、那笔、红灯、合龙、六外、公靖。全县有塘坝189处（其中中华人民共和国成立前28处，总库容122万立方米），总库容795.5万立方米，有效库容579.5万立方米，有效灌溉面积873公顷，保证灌溉面积806.66公顷。

1990—2002年，全县再无新建山塘水库工程，工作重点为病险水库除险加固，先后完成那拔、训信、巴元、百敏、义屯、六宿、甫好、福兰、百塘、六纽、六告、江南、那练、百笔、公靖、西牛、三卡、合龙、三华、百林、江南二库、百审、红灯、六府、杏花、六乙、民作、那符、六桑等水库除险加固，确保工程安全。

1993年，那龙水库　　（县水利局提供）

2003年，全县新建山塘工程16处，有效库容28.16立方米，改善灌溉面积133公顷。完成福兰、甫好、六纽等3座小型水库除险加固，水库水毁修复2座，山塘水毁维修25座，水坝维修109处，渠道维修38千米，新增灌溉面积113公顷，改善灌溉面积6133公顷，恢复灌溉面积820公顷。

2004年，龙须河水库大坝被确认为安全三类险坝，属于病险水库。为了保证水库安全度汛，于汛前对龙须河水库实行局部应急加固处理。7月4日上午11时，龙须河水库引水隧洞距出口18米处发生隧洞左边墙基础塌陷。险情发生后，田东组织应急分队人员赶赴现场进行抢险，调拨20万元资金作为抢险经费，使用编织袋10万个，经过10多天的昼夜奋战，终于在7月21日下午恢复供水。

2005年，完成水库除险加固2座，改善灌溉面积130公顷。是年，全县有蓄水工程处251座，灌溉面积3506.32公顷。

2005年田东县小(一)型水库工程基本情况表

表7-1-2

工程名称	所在地点		开工时间（年月）	竣工时间（年月）	集雨面积（平方千米）	土坝			水面面积（公顷）	库容（万立方米）			灌溉面积(公顷)		保护对象	
	乡镇	村				坝型	坝高（米）	坝顶长度（米）		总库容	有效库容	设计	有效	保证	总人口（人）	耕地面积（公顷）
六外水库	平马	百林	1976年10月	1977年5月	5.6	土坝	22.65	107.6	13	145	110.6	0.12	53	53	4000	200
子安水库	平马	子安	1959年10月	1960年4月	28.3	土坝	24	108	10	147	71	0.30	166	166	3500	166
那笔水库	平马	百林	1972年10月	1975年3月	0.2	土坝	14.5	183	6	107.1	103	0.168	75	75	3000	200
那益水库	平马	怀民	1956年12月	1957年4月	4	土坝	12	154	21	130	97	0.180	80	80	2500	120
六纽水库	平马	怀民	1967年10月	1970年3月	7.5	土坝	20.35	128	10	119	93	0.22	133	133	1500	266
那龙水库	祥周	仑圩	1958年10月	1960年6月	31.3	土坝	32.2	135	18	314.93	222	0.32	106	106	5000	400
那达水库	祥周	仑圩	1958年6月	1960年6月	10.5	土坝	24.5	159	20	270.2	214	0.15	80	80	4500	400
合龙水库	祥周	联雄	1988年3月	1989年7月	7.89	土坝	18.3	131	5	133.85	85.65	0.15	80	80	3800	333
西牛水库	祥周	联雄	1970年11月	1972年5月	12.8	土坝	23.2	79.1	15	221.2	165.3	0.225	100	100	4500	326
东养水库	林逢	东养	1958年8月	1959年9月	16.3	土坝	19.5	180	25	311	214	0.300	133	133	8000	533
德利水库	林逢	德利	1959年2月	1960年12月	19.6	土坝	23.9	147	14	228	136	0.200	100	100	3500	266
公靖水库	林逢	公靖	1971年7月	1972年3月	20.3	土坝	17	67	5	114	74	0.180	40	40	500	40
百笔水库	思林	百笔	1959年10月	1960年2月	30.75	土坝	26.7	117	18	220	99	0.200	100	100	1800	400
红灯水库	思林	广养	1966年12月	1972年3月	8	土坝	19.4	95	9	110	87	0.150	80	80	3000	200
果丰水库	印茶	百城	1972年9月	1973年6月	5	土坝	20	105	13	226.8	163.6	0.250	3	3	2600	80
杏花水库	朔良	杏花	1972年9月	1973年5月	6.82	土坝	20	72.7	10	175.5	121.8	0.165	73	73	300	32

2005年田东县小(二)型水库工程基本情况表

表7-1-3

工程名称	所在地点		开工时间（年月）	竣工时间（年月）	集雨面积（平方千米）	土坝			水面面积（公顷）	库容（万立方米）		灌溉面积（公顷）			第一次除险加固	
	乡镇	村				坝型	坝高（米）	坝顶长度（米）		总库容	有效库容	设计	有效	保证	完成年月	完成投资（万元）
江南一水库	平马	升太	1956年1月	1956年4月	1.62	土坝	11.60	95	4	27.5	10.40	26	26	26	1992年1月	1.80
江南二水库	平马	升太	1957年1月	1957年3月	1.50	土坝	10.40	69	3	19.1	5.40	26	26	26	1991年11月	2.00
那荒水库	平马	梅桑	1953年2月	1953年5月	0.55	土坝	6.60	136	2	30.6		33	33	33	—	—
百林水库	平马	百林	1955年1月	1956年6月	6.00	土坝	11.20	170	5	61.28	20.00	86	86	86	1989年5月	5.90
沙柳水库	平马	怀民	1955年1月	1955年7月	4.20	土坝	12.20	114.60	2	30.90	6.86	36	36	36	1987年4月	3.60
大派头水库	祥周	中平	1956年8月	1957年3月	2.80	土坝	9.00	73.50	2	29.80	10.70	20	15	15	1991年2月	4.00
那育水库	祥周	联雄	1957年1月	1958年3月	0.84	土坝	8.80	62.00	5	38.20	8.00	20	20	20	1990年4月	2.30
百塘水库	林逢	林驮	1957年9月	1958年5月	1.50	土坝	12.90	77.40	2	24.90	16.40	53	53	53	1989年7月	—
娅娘水库	林逢	祷午	1975年9月	1977年1月	0.80	土坝	17.00	62.00	—	13.10	—	20	13	13	—	—
福兰水库	林逢	福兰	1955年1月	1956年3月	2.60	土坝	7.50	76.00	3	40.50	—	40	33	33	1990年5月	0.59
巴元水库	思林	东隆	1966年2月	1967年5月	2.30	土坝	13.10	62.00	2	21.90	—	33	21	21	—	—
那麦水库	思林	良余	1957年1月	1957年5月	4.5	土坝	12.80	47.00	5	62.00	—	26	16	16	—	—
六府水库	思林	坡塘	1963年8月	1964年5月	0.92	土坝	9.20	47.60	2	19.50	—	26	26	26	—	—
三卡水库	思林	坡塘	1972年9月	1973年6月	0.31	土坝	20.00	70.50	5	37.10	36.60	33	26	26	—	—
六乙水库	印茶	立新	1975年9月	1976年3月	1.50	土坝	21.20	84.85	2	24.60	—	40	40	40	—	—

2005年田东县小（二）型水库工程基本情况表

表7-1-4

工程名称	所在地点		开工时间（年月）	竣工时间（年月）	集雨面积（平方千米）	土坝			水面面积（公顷）	库容（万立方米）		灌溉面积(公顷)			第一次除险加固	
	乡镇	村				坝型	坝高（米）	坝顶长度（米）		总库容	有效库容	设计	有效	保证	完成年月	完成投资（万元）
三华水库	印茶	僚坤	1976年10月	1977年4月	1.56	土坝	17.60	75	—	18.20	—	26	16	16	—	—
下巴水库	印茶	巴麻	1978年9月	1982年7月	2.33	土坝	17.90	76.30	—	23.57	—	20	7	7	—	—
六桑水库	印茶	巴麻	1970年9月	1972年9月	2.31	土坝	17.20	86.00	—	91.00	66.00	66	40	40	—	—
六林水库	作登	新安	1957年12月	1958年4月	1.00	土坝	11.40	48.00	1	12.20	—	13	13	13	1990年5月	3.50
训信水库	作登	训信	1957年12月	1958年4月	2.5	土坝	10.40	50.00	1	14.80	—	266	166	166	1990年3月	3.80
六王水库	朔良	南立	1975年9月	1976年3月	3	土坝	21.90	95.00	6	64.60	—	453	266	266	—	—
百甫水库	朔良	杏花	1976年8月	1976年10月	1.63	土坝	15.00	59.25	3	27.60	—	26	13	13	—	—
百敏水库	朔良	百敏	1973年11月	1974年1月	4	土坝	15.70	86.80	5	59.70	—	400	266	266	1992年9月	—
甫召水库	朔良	百敏	1976年10月	1977年1月	1.30	土坝	14.00	51.00	4	14.80	7.33	18	10	10	—	—
那荷水库	义圩	那荷	1970年1月	1971年5月	6.3	土坝	23.30	97.42	7	90.20	—	86	66	66	—	—
民作水库	义圩	福桃	1975年10月	1976年6月	1.65	土坝	20.00	81.00	—	45.10	—	33	20	20	—	—
义屯水库	义圩	义圩	1970年12月	1973年5月	1.05	土坝	15.25	65.40	2	39.30	36.80	20	20	20	1993年5月	—
六娥水库	义圩	朔晚	1976年1月	1976年5月	1	土坝	10.00	42.00	—	17.60	—	6	6	6	—	—
那练水库	那拔	那练	1967年8月	1969年5月	2.8	土坝	18.10	57.00	3	14.00	—	20	20	20	—	—
甫好水库	那拔	平王	1974年10月	1977年5月	2.46	土坝	18.60	98.00	—	24.30	—	20	13	13		

第四节 提水工程

右江干流自西向东横贯县境腹部，把田东县分成南北两部分，水源丰富，南北两岸的河谷地带，水低田高，土地比较集中，有小平原和大块丘陵地，土地肥沃，宜种双季稻，亦宜发展以蔗糖、芒果、香蕉为主的经济作物。由于右江河水位低，田居高处，一般得靠抽水灌溉，净扬程一般16~40米，最高达90米，采用梯级抽水，方能济事。南北山区河溪纵横，也有利于提水灌溉。

20世纪80年代，全县使用的提水工具主要有柴油内燃机抽水、水轮泵、电灌工程。1989年全县有柴油内燃机排灌站249处252台2457马力，有效灌溉面积313公顷；水轮泵站127处278台，设计灌溉面积606公顷，有效灌溉面积513公顷；电灌站276处，装机329台，容量9218千瓦，其中国有电灌工程5处，装机41台，容量3150千瓦；集体管理电灌工程271处，装机288台，容量6068千瓦。配套排灌高压线路480.1千米，低压线路960.67千米，变压器333台，容量21477千瓦，设计灌溉面积7613公顷，有效灌溉面积4880公顷，旱涝保收灌溉面积4833公顷。

1990年，平马电灌站更新改造，分2期施工。第一期从1990年12月至1991年5月，第二期从1991年12月至1992年5月，实际施工时间为12个月。总投资417.79万元，其中国家投资286万元，县自筹69.79万元，以工代赈62万元。设计灌溉面积1533公顷，有效灌溉面积1526公顷，保收灌溉面积1526公顷，灌区是平马镇和林逢乡82个自然村。

1990年，平马电灌站一级站 （县水利局提供）

1995年，百林电灌站 （县水利局提供）

1992年11月动工兴建百林电灌站，1993年建成投入使用，属国家管理工程，灌区为祥周镇的百银村、平马镇的小龙、百谷、合乐、东达、百林村等6个村26个自然屯。百林电灌站建设内容包括一级、二级、三级、三级补水、四级等5个抽水泵站和灌溉渠道16.65千米，总装机7台，装机容量625千瓦，设计灌溉面积910.93公顷，受益农户1642户7752人。

1999年，全县新建小型电灌站4座，179千瓦/8台。修复水毁工程144处，维修机电泵94台，维修水轮泵70台，清淤渠道750千米，恢复灌溉面积133公顷，改善灌溉面积826公顷，计收水费5981万元。

2000年，全县维修机电泵73台，维修水轮泵90台，修复水毁工程186处，新建小型电灌站2座，渠道硬化4千米。新增灌溉面积33公顷，恢复灌溉面积312公顷，改善灌溉面积1000公顷。

2001年，龙须河水库引水治旱扶贫工程新建百林干渠和合月电灌站。是年7月，右江洪水淹没百林一级泵站、二级泵站后没有修复抽水。2002年4月，由龙须河水库引水治旱扶贫工程供水给百林三级站。因合月干渠水毁老化、渗漏严重、没有资金维修等原因，合月电灌站于2003年停止抽水灌溉。

2005年9月，田东开发建设横山古寨，将经过横山古寨开发区上空约500米的百林电灌站10千伏专用高压线路拆除。是年，全县有水轮泵站10处25台，设计灌溉面积242公顷，有效灌溉面积188.8公顷；电灌站9处，装机56台，容量4374千瓦。

2005年田东县国有电灌站一览表

表7-1-5

名称	装机数（台）	装机容量（千瓦）	设计灌溉面积（公顷）	实际灌溉面积（公顷）
平马电灌站	12	1199	1533	1526
修福电灌站	9	965	540	540
响水电灌站	8	466	600	473
大板电灌站	12	940	613	173
百林电灌站	7	625	906	240

2005年田东县主要水轮泵站一览表

表7-1-6

站名	所在地点		建成时间（年月）	水源	坝型	坝高（米）	水轮泵（台）	水头（米）	扬程（米）	提水量（立方米/秒）	灌溉面积		投资（万元）	综合利用	
	乡镇	村									设计（公顷）	实际（公顷）		水轮泵（型号/台）	发电机（台/千瓦）
远街	思林	英竹	1968年4月	古榕江	连拱坝	2.6	3	1.5	26	0.097	46	37	2.16	—	—
达陇	思林	东隆	1968年4月	古榕江	连拱坝	2.5	3	2	29	0.109	40	24	2.16	—	—
乔敏	思林	英竹	1967年10月	古榕江	连拱坝	3	3	2.5	40	0.109	26	18	2.262	60—1	1/12
那徐	思林	英竹	1967年2月	古榕江	重力坝	2	3	1.7	27	0.109	23	25	2	—	—
上木	义圩	世木	1970年4月	灵岐河	连拱坝	4.8	2	3.7	36	0.15	21	16	4.2	60—1	1/18
那红	义圩	东冠	1969年4月	灵岐河	连拱坝	4.5	3	3.5	40.20	0.30	28	21	3.024	60—1	1/18
甲芬	义圩	甲芬	1977年4月	灵岐河	重力坝	2	3	1.5	27	0.10	13	11	1.2	60—1	1/18
高怀	作登	登高	1966年	龙须河	重力坝	—	1	4	13.5	0.14	15	14	0.29	—	—
高寨	作登	登高	1967年	龙须河	连拱坝	—	1	4	15.3	0.11	14	10	0.583	—	—
驮瓜	作登	驮瓜	1971年	龙须河	重力坝	3	3	2.7	53	0.11	13	10	1.82	60—1	1/5
合计	—	—	—	—	—	—	—	—	—	1.334	239	186	19.699	60—5	5/71

第五节　防洪排涝工程

田东县洪涝灾害特点是土山地区，山高坡陡，降雨经流急，倾泻而下，低处溪河断面小，排水不快，造成洪水淹没和冲坏农田，局部年年发生不同程度洪涝灾；丘陵地区的低洼地排水沟狭小，坡降平缓，排水慢，农田易受淹。右江沿岸低地和民房易受右江水涨淹没，约5~10年一遇；石山地弄场像锅底，暴雨时，山水集流入弄场，地下水又冒出地面，弄底天然排水洞小，排水不快而上涨，耕地民房受涝淹没。

中华人民共和国成立以来，全县组织群众自力更生，艰苦奋斗，修渠、筑堤、凿洞、改河道等防洪排涝工程取得一定成效。1989年，全县修建大小排涝工程150处，排除严重受淹面积980公顷。在防洪方面，全县建成一批小型水库，起到拦蓄洪水作用，全县山塘水库控制集雨面积272平方千米，总库容4615.5万立方米，发挥一定的防洪作用。较大的防洪排涝工程有双丰隧洞、训信隧洞、龙外隧洞、陇关排涝渠、三陇排涝工程、甘莲防洪堤、巴岩排水渠和那塘排涝渠。

2003年，建成印茶镇龙贵排涝工程，总投资59万元。

2005年，修复百谷红军村排涝工程，总投资45.74万元，其中自治区水利厅补助30万元，地方自筹15.74万元。

第六节　人畜饮水工程

县境内饮水困难主要分布在南北部山区。南部山区是县内饮水最困难地区，该地多数属石灰岩地区，雨季下雨渗入地下岩层裂缝，形成地下河暗流和地下水，埋藏深，不易开发。地表水则枯竭，以致冬春季和初夏缺水。北部山区部分村屯因滥伐森林，涵养水源减少而造成人畜饮水困难。

1988年以前，全县建成水池、水柜858座，蓄水量24.12万立方米，解决5762户3.23万人、牲畜3.24万头的饮水困难。

1989—1992年，全县建成水池、水柜41座，蓄水量1.16万立方米，解决9100人、牲畜8400头的饮水困难。

1993年，新建人畜饮水工程2处（梅林上屯、巴朗屯），总投资4.4万元，解决1399人、1273头牲畜饮水困难。

1998年，田东县开展人畜饮水工程和村村通电大会战，建成水柜2318座，水池19座，引水工程87处，解决山区4.32万人饮水困难问题。

地头水柜集雨节水灌溉工程是在总结人畜饮水家庭水柜的基础上发展起来的。田东从1999年开始在坡塘、思林、作登、布兵、印茶等5个乡镇实施建设地头水柜，当年新建地头水柜336处，其中水柜182处，葫芦井105处，水池维修36处，机井9处；容量3.88万立方米，总投资58万元，解决70公顷旱地农作物用水问题。

2000—2002年，全县建设地头水柜3192处，总容量69.47万立方米。利用第一批、第二批、第三批国债项目资金，建设作登、江城、印茶、义圩等4个乡镇人民政府所在地和布兵镇街上、布兵模范村、祥周镇祥周村、平马镇上法村、小龙村等人畜饮水工程11处，总投资779.88万元，解决1.05万人饮水问题。

2003—2005年，实施以奖代补项目建设地头水柜302处，分布于作登、坡塘、布兵、林逢等4个乡镇，灌溉面积40公顷，总容量16975立方米，总投资150.1万元。投资187.96万元，实施灵龙村街上等6个人畜饮水工程，解决饮水不安全人口5556人。

第七节 防汛抗旱

1989—2005年，全县建立健全防汛抗旱常设指挥机构，成立县防汛抗旱指挥部，由一名副县长任指挥长，指挥部下设防汛抗旱常设办公室，各乡镇亦相应设立指挥机构，具体负责县、乡镇防汛抗旱工作。

防 汛

全县雨量集中在每年的5—8月，降雨量约占全年总降雨量的70%，因而洪水灾害频繁。1989—2005年，田东加大投入，通过采取水利工程加固除险、修建河堤、修建“三面光”渠道、筑防洪堤等办法防汛抗汛，提高抗拒自然灾害能力和农田灌溉保证率。

1994年5月至8月，全县暴雨成灾，降雨量达到1083.8毫米，是历年年平均降雨量的89%，酿成6次洪涝，其中重灾3次，即6月16日至17日，7月16日至19日，8月19日至23日。全县13个乡镇受灾，印茶、林逢、义圩、祥周、平马、思林等乡镇受灾严重。全县受灾人口17.96万人次。死亡5人，伤3人，冲走牲畜172头，民房受淹1159户3268间。农作物受灾14328公顷，其中早稻4409公顷，早玉米2417公顷，中稻26公顷，晚稻秧田235公顷，晚玉米96公顷，晚黄豆688公顷，甘蔗937公顷。水利设施受破坏，冲垮水利渠道625处，22.7千米。冲坏小（二）型水库9座，冲垮平马镇沙柳水库小（二）型大坝右边。冲垮小坝498座，山塘被冲坏7座，冲垮187座，淹没电灌站设备27座，淹没、冲坏小水电站63座，冲坏水轮泵站6站6台泵，水利设施受损失287万元，农田中断灌溉1864公顷。全县洪涝灾害直接经济损失4477.6万元，粮食损失1227.8万千克。灾情发生后，田东迅速组织县直、乡直机关干部到灾区开展救灾工作，转移近万名被洪水围困的群众，抢救大批物资。同时，发动县直干部职工捐款救灾共9.31万元，抢修被洪水冲毁的水利工程87处，恢复灌溉面积566公顷。县财政自筹资金305万元，帮助农民购买种子、化肥、农药及水电设备。民政部门发放救济款43万元，救济粮39万千克。保险公司及时给428户民房倒塌赔偿保险金10.23万元。完成重建和维修受灾民房347户676间，拨出30万元用于学校校舍修建和灾区防病治病。

1995年8月21日，朔良乡下一场大暴雨，日雨量为170毫米，是朔良乡1976年以来最大的一次大暴雨。有16个村受水灾，农作物受灾面积560公顷，民房倒塌58间，冲毁水利渠道5.5千米、微型小水电站54座、小水坝91座，经济损失200多万元。同日，祷午乡也有7个村受水灾，农作物受灾面积116公顷，民房倒塌13间，冲毁塘坝2582座，水利渠道16.44千米，经济损失55.18万元。

1996年6月至8月，出现洪涝，全县降雨量125.9毫米，出现5次较大的洪涝灾害。有355个村屯、2972户、12.97万人次受灾，受灾农作物6405公顷。冲毁山塘187座、水利渠道6.9千米。房屋倒塌139间，经济损失2579万元。

1997年，有4次较大洪涝灾害。6月3日凌晨3点至中午11时，降雨量达158.4毫米，有13座小（一）型水库溢洪。全县有9个乡镇115个村受灾，农作物受灾面积3940公顷，民房受淹319间，倒塌152间，校舍受淹5所，冲毁塘库小水坝61座、水利渠道10千米，冲断交通公路121千米，人员死亡1人、伤14

人，牲畜死45头。粮食减产98.08万千克，经济损失642.3万元。受灾严重的有平马、朔良、祷午、义圩等乡镇。第二场大雨是6月8日，雨量86.8毫米。布兵、祥周、思林、江城等乡镇受灾严重，沿河受淹玉米100公顷，甘蔗33公顷。作登瑶族乡江那屯在施工水坝时被洪水冲死2人、伤5人，经济损失223.8万元。第三场大雨是6月21日至22日，雨量102.7毫米，有8个乡镇71个村受灾，民房损坏342间，冲毁水坝46座，水利渠道冲毁23.5千米，经济损失274.7万元。平马镇游昌村4个屯受淹。第四次场大雨是8月8日至10日，全县普遍有大雨。县城雨量84.6毫米，思林镇雨量达199.4毫米。因雨量大，有民房倒塌4间，其中思林街梁穗标1户由于山体滑坡推倒两层楼房而死3人。

1998年，田东对那龙、合龙、百塘、那麦、福兰、百林、那荷等病险水库加固处理，使之安全度汛；执行防汛首长负责制，全县小（二）型以上水库都有1名县、乡镇领导主管防汛抢险工作；组建抢险队伍，及时筹备麻袋9600只、铲锄工具1835把等防汛物资，对水毁工程进行修复。当年6月开始有大雨到暴雨，先后受4次大暴雨袭击，造成洪涝灾害。7月23日至26日连续下暴雨，总雨量达到216.6毫米，龙须河水位超过1967年洪水位，右江河水位高达14米，是1986年以来的最高洪水位。全县受灾人口2.2万人，民房受淹1341户，4623间，倒塌14户42间，校舍受淹41所，因灾而落水死亡1人。农作物受灾面积3340公顷。平马电灌站一级站址河岸大滑坡，江南二库溢洪道边山体大滑坡，堵塞溢洪。那麦水库大坝渗漏严重，水利渠道塌方405处18千米。机电泵站受淹47站（台），冲毁水坝67座，直接经济损失3775.7万元，其中水利损失315万元。

2001年7月2日至5日，受3号台风影响，全县普降暴雨，降雨量为151.7毫米，造成全县13个乡镇不同程度受洪涝灾害，其中平马、祥周、林逢、思林等镇为中华人民共和国成立以来受洪涝灾害最严重的一次。右江河田东段水位高达18.29米，比1968年最高水位高1.54米，超过警戒水位5.28米。邕色公路田东段交通陷入瘫痪状态，多处村庄人员被困，右江渡船停止运营。全县受灾人口28.3万人，成灾人口19.22万人；受淹城镇4个（平马、祥周、林逢、思林），被困村庄313个，被困14.1万人，转移安置9.4万人，2万多人无家可归，因灾伤病1850人，因灾房倒塌压死1人（祷午镇那单村）。祥周镇沙东屯全屯被洪水淹没，全县停产工矿企业52个。公路塌方312.4千米，公路被淹140.84千米，毁坏路基路面635.9千米；毁坏供电线路216.7千米，损坏护岸堤259处81.4千米，损坏灌溉设施474处63.5千米，损坏机电泵站207座、水电站7座。农作物受灾面积1.85万公顷，成灾面积1.33万公顷，绝收面积4730公顷。受损房屋11.04万间，倒塌1.03万间。死亡大牲畜1.09万头（匹），水产养殖损失面积434.3公顷，损失产量3187吨。全县受灾直接经济损失10.35亿元。灾情发生后，田东及时成立抗洪救灾指挥部，组织干部职工赴灾区察看灾情、指导转移受灾群众，慰问灾民，指导抗灾救灾、恢复生产和重建家园。发动社会各界人士捐款捐物，收到各单位和社会各界人士捐款152万元，衣物、粮食、食品、建材、柴油等救灾物资折合人民币38.8万元。对倒塌民房，采取集中建设灾民新村和面上恢复重建相结合，面上恢复重建3129户，于年底前全面完成。建设的灾民新村有平马小龙、局兰，祥周沙东，林逢东务，思林可恒，布兵陇彭，朔良那伏等7个，在2002年春节前建设完成。

2001年7月，田东县遭受特大洪涝灾害，图为平马镇中山街田东旅社、新华书店门口受淹情景

2002—2005年，田东多措并举，做好各种防汛备汛工作。一是落实防汛责任制，层层落实防汛行政首长负责制。二是制定完善防洪预案，及时修订编制中小型水库和城镇防御洪水预案，制

定山洪、泥石流易发区逃险方案。三是各水库做好汛前安全检查和汛期巡查，对1座中型水库、46座小（一）、小（二）型水库进行安全分类，确定10座水库为重点监控对象，并对影响度汛的工程进行逐个排查，制定度汛抢修方案。四是备好防汛物资，储备有救生衣54件，麻袋1.4万条，十字镢、钢钎200把，铁铲1280把，锄头1070把，铁线1260千克。五是落实防汛值班制度，确保信息畅通。每年从5月1日起，县、乡镇防汛办公室人员，各乡镇水利站和各水库都做到24小时值班制度，注意观测雨情、水情、汛情，保证做到洪水信息、险情、灾情及时上传下达。六是组建以预备役和基干民兵为主体共1000多人的抗洪抢险队伍，为抢险抗灾提供有力的人力、物力保障。这四年的汛期，右江河流域水势比较平稳，除受百色水库枢纽工程下闸蓄水、泄洪影响外，没有发生洪水超过警戒水位。各乡镇局部地区虽然频繁出现强降雨天气过程，但是由于准备充分，措施得力，最大限度地减少了洪灾造成的损失。

抗 旱

1989年，春、秋旱灾严重。全年降雨量仅847毫米，比历年平均少330.8毫米，全县小（一）型水库有10座干涸，河溪断流25条，中稻受旱831公顷，晚稻无水耙田1924公顷，已插的晚稻受旱面积1786公顷。有3.47万人、4.52万头牲畜饮水困难。全县各地组织抗旱人数6.74万人，戽水抢插243公顷、保苗1613公顷，出动电动机256台8430千瓦，抗旱保苗3026公顷，水轮泵抗旱259台，抢插6006公顷。根据旱情采用流动临时机灌64台608匹马力，抗旱面积226公顷，缓解旱情5510公顷。在有条件的地方补水到水库，如新洲电灌站补水到合龙水库，平马一级站补水到那益水库，巴西电灌站补水到百塘水库，良赖电灌站补水到那麦水库，共补水189万立方米。

1990年，春旱，秋旱，受灾面积达8666公顷。田东拨出抗旱经费44万元，用于补水，解决农田水源120公顷。

1990—1992年，全县遇到严重春旱、秋旱，种下作物大部受旱。全县组织群众抗旱抢种保苗，自治区拨给抗旱经费17万元，县财政55万元，驻县上级单位以及全县干部职工捐款支援抗旱救灾10万元，乡、村自筹29万元，先后购置水泵302台、水轮机20台、柴油机125台、电动机8台、变压器3台、水泥125吨、各种机电配件25万多件、水管636条。此外，使用85发催化降雨炮弹进行人工降雨。

1994年，春旱夏涝。1—4月降雨量只有45.3毫米。全县有7.86万人、5.65万头牲畜发生饮水困难，农作物受旱面积达1.13万多公顷，播种面积比上年同期少1380公顷，直接经济损失约3000多万元。筹资18.6万元，先后补助86个村，154个合作经济组织购买80台（套）柴油抽水机，补助8个电灌站维修设备8台（套）和6条水利干渠维修配套；发放抗旱柴油195吨，水泥50吨。全县投入抗旱机械设备1083台（套），劳动力11.18万人，抗旱抢插早稻9029公顷，抢种田玉米1006公顷，地旱玉米5114公顷，抗旱保苗面积3180公顷，减少了旱灾造成的损失。

从1995年11月底至1996年2月底出现冬春旱，总降雨量才有60.2毫米，有7个乡镇54个村受旱，受旱面积1.73万公顷，农作物绝收3226公顷。有52条小溪断流，22个小（二）型水库干涸，7497户3.8万人饮水困难；14座小（一）型水库到5月底止才有蓄水量314万立方米，占总有效库容17%。当年，田东投入抗旱经费54.4万元，其中的部分经费用于从右江抽水补水到那益水库40万立方米。

1999年，春旱严重，造成全县46座小（二）型水库蓄水量仅占有效库容的50%，有160座小塘干涸，90条小溪断流，110处小水坝无水，8.71万人和7.66万头牲畜饮水困难。受旱面积达3.37万公顷。全县投入抗旱资金500万元，发射人工降雨炮弹230发，投入抽水设备3500台（套），抗旱抢插保苗1.11万公顷。

2000年，春旱、夏旱，造成12座小型水库干涸，193座山塘有100座干涸，小溪出现断流；石山区已建成的家庭水柜大部分蓄水量仅30%。全县3.17万公顷农作物有2.29万公顷受旱，有57843人85295头牲畜饮水困难，直接经济损失达1767万元。田东投入抗旱经费35万元。

2004年，全县出现持续高温、少雨和干燥的异常气候，为有史以来干旱时间最长、范围最广、受旱程度最重年份，旱灾造成水稻、玉米、甘蔗等农作物大面积绝收，人畜饮水也发生困难。1—8月全县降雨量只有810.3毫米，比正常年份1172.3毫米少362毫米。尤其是9月以后，全县降雨量仅有53.5毫米。降雨量偏少，致使全县46座小型水库22座干涸，3000多座家庭水柜仅有20%的水，5000多座地头水柜大部分没有水。山塘水坝多数干涸，部分泉水枯竭，小溪断流。旱灾造成8.33万人和7.39万头大牲畜发生饮水困难，有1.9万公顷农作物遭受不同程度的旱灾，其中重旱1万公顷，干旱4926公顷，农作物绝收的田地近3333公顷。人畜饮水最困难的有布兵镇、思林镇、坡塘乡等乡镇石山区村屯。全县水稻、甘蔗等农作物大面积受旱枯死。面对严重的旱情，田东采取有效措施，掀起抗旱高潮。对严重缺水、家庭水柜的水用完的地方，利用水车拉水补充。能够打井开源的地方，尽量帮助和指导群众打井。农机部门安排农机下村为群众耙田，鼓励群众改种生长期短、用水少的农作物，把旱灾造成的损失降到最低限度。全县累计投入抗旱人数10.47万人，维修渠道100千米，挖井137座，购买抗旱柴油50吨，机械设备30台，用车运水112辆（次），抗旱浇灌面积3526公顷，临时解决3.74万人和5.66万头大牲畜的饮水困难，落实改种补种面积133公顷。

2005年1月至4月，全县降雨量仅为160.3毫米，旱情十分严重，农作物受灾面积达1.48万公顷，成灾面积7200公顷，绝收面积2606公顷。因旱导致10.89万人、891万头牲畜饮水困难。小型水库干枯35座，机电井出水不足310眼，严重影响人民群众的生产、生活。全县投入抗旱资金646万元，新建、维修各类抗旱机井72眼，维修抗旱泵站66处，解决抗旱用油157.5吨、抗旱用电26.6万千瓦时，抗旱水泥322吨。及时改种和补种耐旱作物2333公顷。

第二章 电力

第一节 管理

1989年，县水利电力局内设有小水电管理站，具体负责全县的电力管理工作。田东供电所属县水利电力局的二层机构，负责全县的供电和电网管理。

1996年6月，成立田东县电力有限责任公司，由田东县水利电力局下属的供电所、龙须河电站、作登电站、桑洞电站拼建田东县电力有限责任公司，是一个集发、供、配、售电为一体的县级发供电企业，为独立法人单位，为自主经营、独立核算、自负盈亏的事业单位企业管理性质的公司，行政上隶属县水利电力局，与地区电业公司互不隶属，为买卖电力关系。地址位于平马镇人民路80号。是年，公司固定资产3086万元，年发电量3268万千瓦时，销售收入1786万元，利润162万元，上缴税金111万元，职工人数320人。

1999年4月，根据国务院批转国家经贸委《关于加快农村电力体制改革加强农村电力管理意见的通知》要求，县人民政府与广西电力有限公司签订代管协议，将田东县电力有限责任公司委托给广西电力有限公司代管。代管期间，县电力公司的产权隶属关系不变，法人地位不变，税制关系不变，并按“以电养电”政策自主经营，独立核算，自负盈亏。广西电力有限公司对县电力公司的供电运营和建设实施统一规划、统一管理、统一调度、统一技术标准，但不统一核算，维持地区电网对县电网的联网趸售关系不变。县电力公司作为独立核算实体，行使企业经营职能。各乡镇供电所属县电力公司的内设机构，人、财、物由县电力公司统一调配，财务上实行收支两条线，对供电所实行定编、定岗、定责、定员。

2005年，县电力有限责任公司下设9个部室、10个供电所、2个收费点，以及顺源发电有限责任公司、电力安装公司等2家子公司。在职职工368人，退休职工69人，农村用电管理员107人。拥有固定资产原值8888万元，固定资产净值4778万元，35千伏变电站11座，主变14台，总容量5.07万千伏安；35千伏线路211千米，10千伏配电变压器1872台，总容量为10.58万千伏安，10千伏线路总长1465千米；小水电站3座，装机容量0.99千瓦。

第二节 发电

水力资源

龙须河 发源于靖西县魁圩乡庭那村，经渠洋镇，在弄帖村弄通屯流入德保县都安乡，在荣华乡安乐村改屯流入作登瑶族乡驮瓜村，经坡圩、新发、登高、大板及平马镇的游昌村，在合恒村那恒屯对岸注入右江。县境内流域面积284平方千米，河流长41千米，自然落差105米，河床比降2.56%，最大流量1310立方米/秒，年平均流量52.5立方米/秒，最小流量3.2立方米/秒（龙须河电站）。

1959年建成龙须河水坝，抬高水位，从坝首至登高村罗亥屯18千米河段水流平缓，河面开阔，拥有水面面积1.79平方千米，正常蓄水量1700万立方米。水能蕴床量54077千瓦，可开发装机容量28400千瓦。

1964年建成龙须河一级水电站，装机2台，单机容量500千瓦。1987年建成龙须河二级水电站，装机2台，单机容量1250千瓦。

1989年建成作登电站，装机3台，单机容量800千瓦。

1997年，由民营企业登高集团投资兴建的作登登高电站破土动工，该工程建设占地面积120公顷。2000年建成投产，装机容量3×2500千瓦，年发电量4288千瓦，水位占用土地125万多平方米，总投资4800万元，是当时国内最大的一座私营水电站。

2002年由民营企业登高集团投资建成田东坡圩电站，装机容量为2×3200千瓦，水位占用土地399.6万平方米。

古榕江（右江一级支流） 发源于天等县把荷乡若兰山，流经向都镇平尧村进入田东县境，经江城镇的大诺、桑洞、那蒙、江城、供固、果柳、云林等村，思林的那都、同梅村、英竹、东龙等村，在达陇屯附近从右侧汇入右江。

县境内流域面积645平方千米，河长71千米，自然落差298米，河床比降4.4%，最大流量680立方米/秒，平均流量11.2立方米/秒，最小流量0.35立方米/秒。部分水源已开发利用，1994年建成桑洞水电站，装机容量3×650千瓦，年发电量750万千瓦时。

灵岐河（属红水河一级支流） 该河是田东县境北部山区的主要河流，发源于巴马瑶族自治县所略乡福乡村，流经田阳县玉凤乡长高村流入田东县境那拔镇的福星、那拔、六洲，朔良镇的杏花、宝达、朔良、巴鲁、南立（在义圩镇的甲芬村有燕洞河汇入），经朔良镇的元色、灵龙村，流出巴马县那桃乡的平田村至羌圩乡古龙村，从右侧注入红水河。清光绪七年（1881年）编修的《百色厅志》中称隆溪，民国22年（1933年）《恩隆县志》稿称清水溪（古清溪）。灵岐河主要支流有朔良河和燕洞河。

县境内流域面积811.9平方千米，占全县总面积28.83%，河长90.1千米，自然落差17.5米，河流比降1.96‰，最大流量1650立方米/秒，年平均流量24.1立方米/秒，最枯流量0.31立方米/秒。县内上游河段（由福星的甲埋屯与田阳县交界处至朔良镇杏花村再盆屯水轮泵坝址）全长244千米，落差103米，河床较陡，水流湍急。从再盆屯至灵龙村与巴马县交界处，河长65.7千米，自然落差74.5米。已建成福星等小水电站60处，装机容量912千瓦。

朔良河（灵岐河一级支流） 发源于平果县坡帽山南，经平果县的那烟、内旧屯入田东县境，经林逢镇的进化、平孟村，朔良镇那楼、那滕、朔良等村，在朔良村那料屯从右侧注入灵岐河。全长38.35千米，县内河长33.85千米，流域面积178.2平方千米，多年平均流量3.11立方米/秒。由平力屯与平孟交界处至那料河口河床较陡，全长14千米，自然落差73米。沿河筑有许多堰坝和小型水电站，较大的电站是朔良水电站，于1976年建成，装机容量110千瓦。

燕洞河（灵岐河一级支流） 发源于巴马县那社乡，流经所略乡六能村潜入17千米长的地下河，在燕洞乡赖满村流出地表，然后流经燕洞、龙威、子帽、岩廷等村，在六羊屯流入田东县义圩镇世木村，经东冠、甲芬村，从甲芬村左侧注入灵岐河。

该河县内流域面积18平方千米，县内干流长13.4千米，自然落差17.8米，年平均流量10.02立方米/秒，水力蕴藏量1491千瓦。2000年已建有小型水电站5处，总容量51千瓦。

水力发电

龙须河电站 1989年为全民所有制小型企业，隶属县水利电力局。龙须河电站有一、二站，一站装机容量1000千瓦/2台，二站装机容量2500千瓦/2台。

1989—1992年，发电最高年度为1989年1700万千瓦时，总产值75.84万元，利润37万元。最低年度发电量为1991年1533.5万千瓦时，总产值82万元，利润25万元。

1989年，龙须河电站 （县水利电力局提供）

1990年，桑洞电站 （县水利电力局提供）

1989年，作登电站 （县水利电力局提供）

1994年龙须河电站固定资产578万元，装机容量3500千瓦，年发电量1579万千瓦时，售电收入147万元，上缴税金10万元。

1995年龙须河电站固定资产1223万元，装机容量3500千瓦，年发电量1827万千瓦时，售电收入224万元，利润16万元，上缴税金10万元。1996年6月，并入田东县电力有限责任公司。

桑洞电站 1989年为全民所有制小型企业，隶属县水利电力局。装机容量1500千瓦/3台，固定资产120万元。

1989—1992年，最高年度发电量为1992年541万千瓦时，总产值37.7万元，上缴税金2万元，利润5万元。最低年度发电量为1989年337.47万千瓦时，总产值24.34万元，利润93.98万元。

1995年固定资产307万元，装机容量1500千瓦，年发电量735万千瓦时，售电总收入79.6万元，利润12万元，上缴税金5.3万元。1996年6月，并入田东县电力有限责任公司。

作登电站 位于龙须河中段，1989年为全民所有制小型企业，隶属县水利电力局。

1988年3月投资630万元兴建，其中国家补助144万元，自治区376万元，自筹110万元。

1989年5月竣工投产，装机容量2400千瓦/3台。是年，发电量为334千瓦时，总产值16.32万元，利润10.1万元。

1994年，作登电站固定资产469万元，装机容量2400千瓦，年发电量711万千瓦时，售电总收入106万元，利润35万元，上缴税金6万元。

1995年，作登电站固定资产760万元，装机容量2400千瓦，售电总收入142万元，利润14万元，上缴税金8.5万元。1996年6月，并入田东县电力有限责任公司。

火力发电

2005年，田东火电厂　　（田东火电厂提供）

田东火电厂，位于祥周镇新洲村，距县城9千米，是利用新洲、公篓、东笋煤矿褐煤作燃料的火力发电企业，直属于广西电力建设集团有限公司下属的大（二）型发电企业，由新老两厂组成。老厂于1971年10月动工兴建，1984年建成投产，装4台机组，总装机容量为7.4万千瓦。

新厂于2003年4月兴建，装机容量为2台135兆瓦机组，投资10.3亿元，这是国家实施西部大开发和“西电东送”发展战略的重要工程项目之一，也是广西“十五”电力发展规划项目。2004年，第一台机组投入生产发电。2005年10月，第二台机组建成并投入商业运营。是年9月起，关停了耗煤量大、生产成本高的老厂4台机组。

田东电厂是资源综合利用发电企业。设计年上网电量为13.5亿千瓦时，机组年平均燃用百色市低热值褐煤（煤矸石，发热量12.558MJ/kg以下）约110万吨，灰渣综合利用率达90%以上；粉煤灰年销售量约30万吨；享受国家增值税减半征收及优先发电调度政策。

第三节　供电

输　电

1989—1992年，全县装机容量34564千瓦，总发电量（不包括区、地直电力工业）11950万千瓦时，其中水电10579万千瓦小时，火电1371万千瓦时，再加上从县外购入电量3785万千瓦时，总共15735万千瓦时。全县水电高压线路总共550千米，低压线路总长1134千米。

1993年，全县拥有水火电装机容量82900千瓦，其中水电7400千瓦；年发电量3197万千瓦时（不包括火电），用电量4176万千瓦时，其中县城用电量2502万千瓦时，农村用电量1609万千瓦时，地区及地区以上用电量65万千瓦时。输电线高压561千米，延伸11千米。低压1154千米，延伸20千米。电费收入645万元，实现利润115万元，上缴税金44万元。

1994—1998年，全县小水电站装机总容量为14台9800千瓦。1994年电力行业实现工业总产值320万元，年发电量3575万千瓦，其中小水电站3078万千瓦（国有小水电2839万千瓦），小火电497万千瓦。

1999年，县内年发电量3328万千瓦时，实现工业总产值446万元。全县用电量6928万千瓦时（不包括百色电力有限责任公司和广西登高集团内供电户用电量）。龙须河电站、作登电站、桑洞电站3座小水电站装机容量0.99万千瓦。

2000年，县内全年发电量4065万千瓦时，总供电量8557万千瓦时，年售电收入2502万元，上缴税金465万元。龙须河电站、作登电站、桑洞电站3座小水电站装机容量0.99万千瓦。

2002年，全年发电量2452万千瓦时，供电量10111.8万千瓦时，销售收入完成3216万元，实现利税314.93万元。共有35千伏变电站11座，主变14台，总容量为2.76万千伏安；35千伏线路236千米，10千伏配电变压器1543台，总容量为69345千伏安，10千伏线路总长1264千米。田东县电力有限责任公司拥有固定资产原值8973万元，固定资产净值6953万元。

2005年，全年完成供电量12000万千瓦时，完成售电量11400万千瓦时，实现销售收入4301.88万元，利税总额506.51万元。全县拥有35千伏变电站11座，主变15台，总容量5.07万千伏安；35千伏线路236千米，10千伏配电变压器1872台，总容量为10.58万千伏安，10千伏线路总长1465千米；小水电站3座，装机容量0.99千瓦。

电网建设

1989—1992年，全县水电高压线路总长550千米，新增19千米，低压线路总长1134千米。

1997年，全县13个乡镇政府所在地全部用上电，155个行政村有109个村用上电（其中百色电网外供33个村），有52363户用上电，占全县总户数66%。

1998年，田东县实施村村通电大会战，开展农村初级电气化建设。县人民政府召开农村初级电气化建设动员大会，会议提出加快全县农村电气化建设，力争年年底实现“全国农村初级电气化建设达标县”的目标，同时在朔良镇召开全县农村初级化建设现场会，推动工作开展。当年，建成平马至朔良35千伏送变电站及架设30.5千米35千伏输电线路，新建110千伏变电站1座，县城电网改造18.3千米，桑洞水电站至立新变电站的35千伏线路改造12千米。完成49个无电村屯通电架设任务，全县农村通电增加到136个村，加上8个村自有微型小水电站，全县有144个村通电。

1999年，投资514.36万元，架设10千伏线路19条共177.8千米，安装变压器19台，完成村村通电建设任务。

2000年，田东县通过自治区“农村初级电气化建设”达标验收，村通电率91.7%，户通电率92.2%，人均用电量249.55千瓦时，户均生活用电量277千瓦时，以电代柴户率占13.86%。田东获评“全区农村初级电气化建设达标县”。

2003年，田东县完成一期农网改造工作任务，新建10千伏线路121.05千米，改造10千伏线路669.3千米；新建并改造0.4千伏及以下线路2008.25千米，新增配变台区221个，更换高耗能配变687台，完成投资5186.15万元。二期农网改造完成10千伏线路127千米，0.4千伏及以下602千米，改造台区207个，完成投资1401万元。完成农网35千伏送变电工程新建与改造项目21个，其中新建35千伏变电站5座，改造5座，35千伏线路8条，完成总投资1811万元。

2004年，田东县完成二期农网10千伏及以下农网建设与改造工程的结算工作，新建10千伏线路182.86千米，改造10千伏线路108.68千米，新建0.4千伏及以下线路87.10千米，改造0.4千伏及以下线路51.03千米。更换高耗能配变58台，容量2.15兆伏安。新增配变152台，容量4兆伏安。新建、改造台区204个，安装一户一表8249户。完成35千伏一、二期农网建设与改造决算工作，完成新（改）建35千伏线路8条共129.62千米，新建35千伏变电站5座，改造4座，完成投资额1962.39万元。

2005年，完成田东平马至中心变电站35千伏线路改造工程；新建2条线路共462.87千米，改造2条线路共2941.59千米，安装一户一电表6.37万户，总投资7153.46万元。同年末，完成城乡电网改造工程，实现城镇农村电力同网同价，进一步缩小城乡差距，促进社会公平、和谐。农村配电网更加合理，供电可靠性和电能质量显著提高，满足了农民生活、生产用电需求。

第四节　用电

用电服务

县电力公司主要负责全县电力线路维护架设和电能抄、核、收日常供电服务，向全县10个乡镇、161个行政村和全县工矿企业供用电，用电量最大的行业是工业。

1989年，全县年发电量2762万千瓦时，全县用电量3120万千瓦时。电费收入391万元，实现利润80.7万元。

1993年，全县年发电量3197万千瓦时，用电量4176万千瓦时，其中县城用电量2502万千瓦时，农村用电量1609万千瓦时，地直工业用电量65万千瓦时。电费收入645万元，实现利润115万元，上缴税金44万元。

2000年，全年发电量4065万千瓦时，总供电量8557万千瓦时（不包括百色电力有限责任公司和广西登高集团供电户用电量），网损电量1148千瓦时。全县用电量7409万千瓦时，其中县城用电量3081万千瓦时，农村用电量2258万度，地直工业用电量2070万千瓦时。全县有83705户通电，通电率93%。年售电总收入2502万元，上缴税金465万元。

2001年，全年发电量3583万千瓦时，供电量8506万千瓦时，完成售电量7219万千瓦时，综合线损率15.13%，应收电费3032万元，实收电费2665万元，全年上缴税金278.23万元。

2002年，全年供电量10111.8万千瓦时，售电8738.65万千瓦时，综合线损率13.58%，销售收入3216万元。应收电费4250万元，实收电费3910万元，电费回收率92%，实现利税314.93万元。针对用电管理工作的薄弱环节，田东县电力有限责任公司进一步强化管理，制定可行措施，狠抓落实，开拓电力市场，搞好电力营销，把降损工作当作重中之重来抓，降低成本，努力提高经济效益。全年查处各种违章用电15起，追补电量81953千瓦时，追收违约金2.98万元。

2003年，县电力公司加强线损管理工作，生产技术部门根据电网负荷情况，组织各变电站每10天做一次母线电能平衡，对电能平衡做到勤计算，勤分析，发现问题及时查找原因并处理。加强电压和无功管理，设立电压和无功管理专责，在各变电站10千伏出线及相应台区均设置电压监测，对电压合格率不达要求的点，及时检查电压监测仪的正确性，并做出校正电压监测仪，调整变压器变比等处理。针对一期农网新建的35千伏变电站存在的保护误动和越级跳闸事故，及时组织技术力量进行分析和计算，提出相应的防范措施，将运行不可靠、故障率高、调试困难、运行时间长的晶体管、集成电路保护更换为原理先进、运行可靠的微机保护。全年完成售电量10580千瓦时，实现利润9.25万元，实现税金388.27万元。

2004年，完成36个大用户计量表的校验、更换，新安装高压计量装置14台，检定电能表4828只、电流互感器593只、高压计量装置15台。发现少抄及计量倍率不符14起，追补电费6.03万元。查处违章用电和窃电13起，追补电费2.32万元，违约金1.12万元。

2005年，县电力公司加大计量管理和用电检查力度，定期对计量表计校验、更换，保证电能表量值的统一和准确。深入用电客户生产一线，检查了解客户用电情况，掌握客户用电量的基础数据。及时对计量装置更换防伪、防撬封铅，对公变、专变计量表及互感器进行校核和更换，为大用电客户安装预付电费电表。全年查处违章用电3起，追补电量4.34万千瓦时，追补电费1.88万元。建立健全营销管理制度，加大电费回收力度，推行客户用电合同制管理，进一步规范供用电双方的权益。广泛推广预付电费营销方式，有力地保障电费的回收。在办理用电报装申请、勘测定位、供电方案确定、设计施工、验收送电过程均按规定时间完成，精简和理顺报装工作流程，千方百计为企业、用电客户解决用电问题。

“三电”管理

“三电”即节约用电、计划用电和安全用电。“三电”管理是在过去电力资源不足和计划经济的情况下开始推行的。1989年，“三电”管理工作由县水利电力局承担，主要负责全县维护供电、用电秩序，做好供用电监督管理；负责用电的宏观管理和能源优化，合理有效利用有关规划；负责协调供电部门与用电单位的关系，负责电网改造和解决无电村寨的协调工作；负责组织全县节电宣传，推广新产品、新工艺、新技术，及时总结节电经验。

节约用电 通过对用户实行功率因数考核、无功考核以及推广应用节电技术，来加强节约用电管理。供电企业则不断提高设备的性能，采用节能型设备，降低线损和变损来降低电能损耗。

在2003年开始实施的农网改造中，实行强制淘汰高耗能配电变压器，以降低电能损耗。

计划用电 根据各用电户的用电情况和负荷规律，结合电网各时期的发电能力，本着“保证重点、照顾一般”的原则，按不同的用电需求，下达供电计划。电力紧张时，首先要保障重要企事业单位用电，然后进行分片、分区供电，计划用电对电网削峰填谷、平衡丰枯起到积极作用。

安全用电 1989—2005年，推行供电、用电安全管理。至2005年，全县有11个变电站和10个供电所均设立安全管理机构。县水利电力局设安全生产领导小组，电力公司的经理、车间、班组长为第一责任人。各种规章制度基本完善，安全生产责任落到实处。

田东县志（1989—2005）

第八篇

工业　乡镇企业

20世纪80年代后期，田东县以全民所有制工业为主导，集体工业、个体私营工业共同发展。主要工业行业有电力工业、煤炭工业、冶金工业、石油化工、机械工业、食品工业、建材工业等，重点企业有田东火电厂、右江矿务局、田东油矿、田东水泥厂、田东化工厂、田东冶炼厂、田东软木厂、思林造纸厂等。1989年，田东县工业企业有491家，固定资产2.08亿元，工业总产值1.65亿元，工业增加值6787万元。全县工业经济比较薄弱，占国民经济的比重较低。

“八五”期间（1991—1995年），田东县工业经济发展较快。1991年，工商企业全面开展第二轮承包改革。那读煤矿推行全员风险抵押承包责任制，当年完成工业总产值81.69万元。1992年，在工业管理体制上推行兼并改革，那读煤矿兼并县砖瓦厂，龙须河水电管理处兼并县水电修造站；冶炼厂试行“经营机制转换”改革试点，由1991年亏损36.55万元的厂家变为获纯利2.97万元的盈利户。1994年，田东油矿实现产值1.11亿元，成为首家年产值超亿元的工业企业。1995年，全县实现工业总产值6.11亿元，工业固定资产7.51亿元。1991—1995年，工业总产值年均增长28.8%。

“九五”期间（1996—2000年），田东加快以产权制度为重点的企业改造步伐，全县17家国有企业有14家完成改制，走在广西前列。1996年，全县实现工业总产值7.67亿元，工业总产值首次超过农业总产值。1999年，强化国有企业目标管理责任制，在县属国有企业中公开招聘厂长、经理，促进了县属国有企业发展，规模以上工业企业利润总额888万元。2000年，推行“人盯项目”制度，实施山茶油、铅锑、中高密度纤维板等产品生产以及平马工业园、思林纸厂5万吨生产线等项目建设。当年全县全部工业总产值10.38亿元。

2000年以后，继续深化国有企业改革和调整，建立规范的现代企业制度，调整和完善所有制结构，大力发展私营、个体等非公有制经济，优化工业结构，推进工业化进程。支持龙头企业发展，以龙头企业带动行业发展，以行业发展推动产业升级，以产业升级促进经济发展。以华瑞集团为龙头，发展以农产品加工为主的绿色食品工业。以登高集团为龙头，发展水力发电、矿产冶炼、商业贸易、旅游服务和香米加工。以达利公司为龙头，大力发展造纸业。同时兴办各类砖厂，发展建材业。2003—2005年，田东火电厂、登高集团年产200万吨水泥厂、田东东泥股份有限公司技改、田东南华糖业公司扩建、中油田东石化总厂炼油厂扩建等一批重要企业相继建成投产，石化、电力、矿冶、食品、造纸、建材等工业企业规模不断发展壮大。2005年，全县工业总产值达到25.74亿元，与1989年相比增长15.6倍；增加值9.46亿元，与1989年相比增长12.9倍。

第一章 工业管理

第一节 机构

田东县经济贸易局

1989年，田东县经济委员会（简称县经委）是主管全县工业生产和经济工作的行政单位，办公地点位于平马镇朝阳路12号。

1992年，田东县设有工业局、二轻工业局、手工业联社、矿产资源管理局、工业项目办公室等工业管理机构，由县经委统一协调。县经委配主任、副主任、调研员、秘书、科员、会计、出纳共12人，田东县工业局配局长、副局长、秘书、科员、办事员共7人。县经委与县工业局合署办公，一套人马，两个牌子，内设政工秘书、行政劳资、企业管理、生产与安全共4个科，人员编制19名。

1997年3月，机构改革，将县经委、县财贸委员会、县工业局合并组建田东县经济贸易局（简称县经贸局），为管理全县国民经济和协调经济运行的综合部门，继续行使原经济委员会对全县工业企业的协调、管理职能，接管县商业局、县医药管理局的行业管理职能。内设办公室、企业管理股、技术改造股、财贸股、职工教育办公室、医药行业管理办公室共6个股室，共有干部职工19人。

2000年，县经贸局增设“田东县安全生产领导小组办公室”和“生产安全委员会办公室”两个机构，由分管副县长挂帅，成员由各有关单位组成，负责全县的生产安全工作。机构下设生产安全、交通安全、消防安全、矿山生产安全、矿产资源安全、卫生防疫安全、学校教育安全、农机安全生产营运、旅游境区安全、建筑安全10个小组，人员编制18名。

2002年，机构改革，县经贸局接纳贸易局、经济体制改革委员会办公室两个单位的职能及相关岗位人员，设立田东县安全生产监督管理局，并在经贸局挂牌办公。是年，局内设办公室、贸易市场股、工业企业股、培训股4个股室，人员编制17名。

2004年，县经贸局加挂县中小企业局牌子，人员编制14名。2005年，县经贸局领导职数有5人，内设办公室、贸易市场股、工业企业股、培训股等4个股室，共有干部职工13人（干部12人，工人1人）。

1987—1997年，县经委历任主任：张本能（1987年10月至1990年10月）、梁善宁（1990年10月至1991年10月）、谢贵生（1991年10月至1993年12月）、黄贵保（1993年12月至1997年3月）。

1997—2005年，县贸易局历任局长：黄贵保（1997年3月至1999年3月）、韦世强（1999年3月至2002年3月）、黄植治（2002年3月至2005年12月）。

田东县二轻城镇集体工业联合社

1989年，县二轻工业管理局和县二轻城镇集体工业联合社属两块牌子、一套人马，主管全县二轻工业企业的管理服务工作，主要负责生产调度、生产计划下达和完成情况，以及收入分配的指导、协调、监督、服务。县二轻工业管理局属县人民政府直属事业单位，县二轻城镇集体工业联合社为业务主管机构，办公地址设在平马镇南华路13号，内设政工秘书股、经营管理股，核定编制8名，实有干部职工5人。

1996年，撤销县二轻工业管理局，保留县二轻城镇集体工业联合社，由县二轻城镇集体工业联合社行使县二轻工业管理局职能，为差额拨款单位，内设政工秘书股、经营管理股，核定编制8名。

2005年，县二轻城镇集体工业联合社主要职责是对全县二轻工业（含国有、集体、联营、私营企业）进行行业管理，重点是负责上情下达，沟通信息，搞好行业发展规划，进行宏观指导，为企业提供服务。核定编制8名。是年，县二轻城镇集体工业联合社有造纸厂、钢木家具厂、民族棉织厂、民族皮鞋服装厂、白铁厂、棉胎厂、副食品厂、自行车社、钟表社等9家企业，职工243人。

1989—2005年，县二轻工业管理局（县二轻城镇集体工业联合社）历任局长（主任）：范兆光（1989年7月至1999年12月）、何建信（2001年7月至2002年4月）、2002年4月至2005年12月主任位置空缺。

田东县乡镇企业管理局

1989年，田东县乡镇企业管理局属县人民政府正科级单位，主要履行全县乡镇企业规划、协调、监督和服务，以及安全生产管理职能，内设综合办公室、项目开发办公室、经营管理科，核定编制人员8名，实有职工8人。办公地址在平马镇庆平街507号。

1992年9月，县乡镇企业管理局改名为乡镇企业管理委员会，核定编制8名，实有职工13人。全县设有11个乡镇企业办公室，在编人数25人，其行政编制1人，企事业编制12人，自筹经费12人。同年12月，县乡镇企业管理委员会复名为乡镇企业管理局，全县设13个乡镇企业办公室，共有管理人员35人。1997年3月，县乡镇企业管理局内设办公室、经营管理股、计财股、产业指导股，核定编制12名。

2002年，机构改革，县乡镇企业管理局核定编制4名，原13个乡镇企业办公室合并到乡镇城镇建设交通管理站，由当地乡镇政府直接管理，设有工作人员24人。

2004年，县乡镇企业管理局更名为田东县中小企业局，行政单位，挂靠在县经贸局，核定编制5名，实有职工5人。2005年，编制人员与上年相同。

1989—1992年，县乡镇企业局历任局长：岑笃任（1987年10月至1989年2月）、陈国策（1989年2月至1992年9月）。

1992—1997年，县乡镇企业管理委员会历任主任：黎岳鹏（1992年9月至1993年12月）、唐上斌（1993年12月至1994年2月）、黎岳鹏（1994年2月至1996年3月）、滕雄（1997年3月至1999年3月）。

1997—2006年，县中小企业局历任局长：滕雄（1997年3月至1999年3月）、刘孟祖（1999年3月至2006年12月）。

第二节　工业体制改革

1989年，县经委所属国有企业有14户。县经委在这些企业推行承包经营责任制，将工业总产值（或销售总额）、利润（亏损）计划、实现应交利税、物耗节约（节支）计划等4项经济考核指标分解到各企业。县体改委在引导企业进行承包试点的基础上，会同经委、财委、税务、公证等部门，在软木厂、农工商公司推行全员风险抵押承包改革试点，在五金废旧公司、印刷厂试行优化组合劳动制改革，在县水泥厂、县化工厂实行承包经营责任制改革试点。

1990年，将田东县化工厂分立为田东县化工厂和田东县化工二厂，属全民所有制企业，隶属田东县工业局主管，实行自主经营，单独核算，照章纳税，自负盈亏。是年，糖业公司试行班组包干经营责任制，开展“内部银行”结算制改革试点。

1991年，全县工商企业全面开展第二轮承包改革。那读煤矿推行全员风险抵押承包责任制，当年完成工业总产值81.69万元，比1990年增长11.35%。

1992年，社会主义市场经济体制建立，田东县加大工业管理体制改革力度。推行兼并改革，那读煤矿兼并县砖瓦厂，龙须河水电管理处兼并县水电修造站。冶炼厂试行经营机制转换改革试点，由1991年亏损36.55万元变为获纯利2.97万元。同年，财政、税务、金融部门为企业提供优质服务，财税部门给予企业生产和经营上的指导和帮助，在税收方面给予企业照顾；金融部门保证工业生产企业流动资金，落实企业技改资金。

1994年，转变政府职能，企业主管部门全部放权，对企业行使的自主权不干涉，按照《全民所有制工业企业转换经营机制条例》的规定依法做好协调、监督和管理，为企业提供服务。根据产业政策及市场情况，引导企业调整结构，实现资源合理配置。调动企业做好企业管理工作，检查、考核企业的经济效益。协调企业与其他单位的关系，保障企业的正常生产经营秩序。企业加强内部改革及管理，实行计件工资制、工时定额工资制。县铁合金厂、县冶炼厂采取计件工资制，机械厂按工时定额发工资。工业主管部门督促企业抓好各项基础工作管理，制定各企业主要产品的原材料、能源考核指标，并要求各企业提供完备的记录资料。当年，那读煤矿（全民）兼并县砖瓦厂（集体）。

1995年，号召各工业企业“远学邯钢、近学糖厂”，学习邯钢“模拟市场核算、实行成本否决”和县糖厂“抓管理、练内功、提高经济效益”的经验。县松香厂利用本厂的产品为主要原料及现有闲置车间进行技术改造，增加一套年产100吨的分散松香胶生产线。县酒酱厂利用旧厂房，建设1条年产2000吨木薯酒精生产线。县糖厂进行技术扩建，使日榨原料蔗能力由1000吨扩大到1500吨。

1996年，采取兼并、租赁、合并经营等形式进行企业改革。依靠技术、管理水平以及资金优势，右江矿务局兼并那读煤矿，解决190名职工的后顾之忧。完成县铁合金厂的租赁经营试点工作，将县供电所、桑洞电站、作登电站、龙须河电站合并组建田东县电力有限责任公司。县摩擦材料厂由广西西部矿业集团百色发展有限责任公司兼并，田东县松香厂改制为田东县松纸有限责任公司。1996年后，田东县加快以产权制度为重点的企业改造，全县17家国有企业有14家完成改制。

1998年，在县制糖有限责任公司进行制度改革试点，实行定岗、定员、定编制度，分流富余人员，精简机构。公司在职员工1034人，定编843人，退养63人，待岗和承包83人，自谋职业45人。撤销或合并县一糖厂和县二糖厂的行政科、劳资科、储调科、安全科、厂党办室、二糖厂给排水车间、一糖厂综合车间等12个部门，机构精简24.48%，科室人员相应减少15.8%。推行人事制度改革，打破干部、工人身份界限，将公司人员分为管理人员、技术人员、生产（服务）人员三大类，统称员工。推行分配制度改革，将等级工资制度改为与贡献大小相挂钩的浮动工资制度。

1999年，田东县经贸局下辖有田东县制糖有限责任公司、冶炼厂、机械厂、酒酱厂、铁合金厂、软木厂、茂源化工有限责任公司、松脂工业有限责任公司、印刷包装有限责任公司、化工二厂等12个直属企业单位。县人民政府对制糖公司派驻财务总监和稽查特派员。采取公开招聘、民主选举办法，落实6家企业的厂长（经理）。在国有工业企业中强化工艺、物资管理，强化生产组织、计划管理，整顿生产成本管理、整顿销售等。组织国有工业企业厂长、经理到发达地区参观考察学习，促进企业强化内部管理。

2005年，对县铁合金厂、大东实业公司的厂房、土地、设备盘活进行改制，转换职工身份，国有资本退出企业。

第二章　工业　生产

第一节　生产经营和技术改造

1989年，田东县工业企业有491家，工业总产值1.65亿元，增加值6787万元，固定资产2.08亿元。工业有电力工业、煤炭工业、冶炼工业、化学工业、电力工业、机械工业、食品工业、建材工业等。电力工业企业有龙须河电站、桑洞电站、作登电站以及乡村一些小型电站，全县装机容量3.46万千瓦，总发电量（不包括区、地直电力工业）2762万千瓦时，其中水电2490万千瓦时，火电272万千瓦时。煤炭企业有：那读煤矿、林逢煤矿以及一些采煤个体户，年生产褐煤7.81万吨，其中国有企业2.55万吨，集体及个体企业3.26万吨。冶炼工业有：冶炼厂和铁合金厂，全部动力机械总能力2774千瓦。化学工业企业有化工厂和松香厂，化工厂主要生产活性漂土涂料等产品，全部动能总能力160千瓦，年生产能力1500吨；松香厂主要生产松香、松节油，全部动能总能力160千瓦，年生产能力250吨。机械工业企业有县机械厂、摩擦材料厂、林逢农机修造厂，其中县机械厂主要生产窑车、皮带运输机、提升机等产品，全部动能总能力6.5千瓦，固定资产原值107万元。食品工业有食品、饮料制造，主要企业有糖厂、酒酱厂、大米厂等，县糖厂主要生产白砂糖、赤砂糖、酒精等产品，全部动能总能力3430千瓦，1989年投资80万元扩建酒精车间，日产酒精能力从4000升提高到8000升；酒酱厂主要生产酒、酱、饮料等产品，全部动能总能力140千瓦，年生产能力500吨；大米厂主要生产大米、面条及统糠，全部动能总能力140千瓦。轻工企业主要有：印刷厂、软木厂、饲料公司，印刷厂主要生产纸张印刷，全部动能总能力142千瓦，固定资产原值20万元；软木厂主要生产半炭化软木砖，年生产能力3000立方米，全部动能总能力99千瓦；饲料公司主要生产鸡料、猪料及混合饲料，年生产能力600吨，全部动能总能力300千瓦。建材工业企业有：县水泥厂、建材厂、水电修造站，县水泥厂主要生产水泥，全部动能总能力250千瓦；水电修造站主要生产水泥管、水泥电杆、水泥混凝土制品、水泥预制构件，年生产能力0.7万条，全部动能总能力240千瓦，固定资产原值20.4万元；建材厂主要生产烧结页岩砖，年生产能力1500万块，全部动能总能力450千瓦。

1991年，县冶炼厂投资60万元增建电解车间，把锑的火法冶炼与电解法综合使用，开发出“三·九”高纯度锑新产品，质量达到国内先进水平，填补广西空白。县糖厂投资240万元扩建生产车间，日榨甘蔗能力从850吨提高至1000吨。当年，全县工业企业共计392家，实现工业总产值2.26亿元，固定资产3.10亿元。

1993年，新建林逢西番莲厂、林逢饮料厂、朔良保健席厂、义圩茶油加工厂、右江罐头总公司、马鞍山石灰厂、田东钢化涂料厂、基础工程公司、印茶锰品厂、平马水上加油站、布兵石料厂等11个项目。技改扩建雅丽制剂厂、田东豆制品厂、田东企业供销公司项目、思林建材厂、思林纸厂、思林水泥厂等11个项目。

1994年，田东县冶炼厂成立TQC小组，制定技术改造方案，多项技改成功，锑产品各项质量指标均超过自治区水平。全年完成精锑产量1778.46吨，工业总产值1526.5万元，实现利税261万元。田东县酒酱厂紧盯市场需求，研制开发多种饮料品种和糯米香醋等酱料投放市场，工业总产值118.16万元。那读煤矿实行一厂多制，多种经营，全年生产褐煤2.72万吨、硫酸亚铁200吨、磷酸氢钙50吨，工业总产值130.47万元，产品销售收入169.33万元。

1997年，田东县糖厂、第二糖厂合并组建田东县制糖有限责任公司。公司生产能力为日榨甘蔗4000吨，日产食用酒精2万升。年内生产机制糖3.7万吨，酒精1457吨，总产值1.06亿元，销售收入1.15亿元，税金1169.8万元。

1998年，县机械厂转产，经营汽车修理，全年工业总产值30万元，销售收入29.98万元。1999年，机械厂采取切块分离盘活资产模式，利用本厂区域位置优越进行地产开发，保留汽车大修厂，当年完成工业总产值40万元，工业增加值18万元。

2001年，广西达力工贸有限公司思林纸厂高强瓦楞原纸扩建项目破土动工。东泥股份有限责任公司利用粉煤灰、煤矸石、硫酸渣、炉底渣等工业废渣生产的P.O32.5、42.5等级普通硅酸盐水泥和P.C32.5等级复合水泥被自治区资源综合利用项目（产品）认定委员会认定为资源综合利用产品，属免税普通硅酸盐水泥和复合水泥，全年予以免交增值税514万元。当年，规模以上工业企业18家，工业固定资产原值12.9亿元，全县工业总产值11.74亿元。

2002年，依托国有企业和资源优势，巩固提升蔗糖产业，发展壮大煤炭、电力、建材和农副产品精深加工。果柳电站、思林纸厂扩建、东泥公司扩建、二糖厂技改项目（从日榨2300吨扩大到2700吨）竣工投产。田东电厂2×13.5万千瓦技改项目、田东石化总厂系列技改项目（年产2万吨活性白土、3万吨常减压装置加热炉改造、2万吨催化裂化改造）和右江矿务局年产30万吨保群煤矿项目开工建设。东泥股份有限公司日产1200吨熟料新型干法旋窑水泥生产线顺利建成，并一次点火成功投产。当年，县属规模以上工业企业技改投入8000万元，比上年增长1.81倍。

2003年，各企业以实施项目为载体，加大技术改造力度。当年完成的技改扩建项目有：思林纸厂新建年产3万吨瓦楞纸生产线、思林纸厂果柳电站2×800千瓦项目、华达活性白土有限责任公司新建年产2万吨活性白土生产线、东泥股份公司技改日产1000吨熟料干式生产线、东星糖业股份有限公司新增日榨甘蔗1500吨扩建项目。在建的项目有：广西水利电力集团总投资12亿元的新建电厂2×13.5万千瓦项目，县供水公司总投资3830万元的日供5万吨供水工程，右江矿务局总投资7000万元的年产30万吨保群煤矿。当年，全县完成工业总产值11.62亿元，完成工业增加值3.62亿元，实现产品销售收入11.44亿元，实现利润总额5910万元。

2004年，田东新电厂2×13.5万千瓦项目第一台发电机组完成投入运行。登高集团有限公司投资2915万元，兴建装机容量3×2000千瓦、设计年发电量3030万千瓦时的同梅电站。田东石油化工总厂炼油厂年加工原油50万吨技改项目投产。

2005年，新建的技术改造项目有广西巨能能源开发有限责任公司年产10万吨燃料油加工基地项目第一期工程石蜡车间、中油广西田东石化总厂有限公司投资2.7亿元建设年产100万吨炼油配套装置项目。当年，规模以上工业固定资产原值达24.23亿元。

第二节 产品产量

1989—2005年，随着工业化的不断推进，田东工业门类越来越齐全，产品越来越丰富，产品产量也在不断增加。主要有煤炭、石油、汽油、柴油、燃料油、电力、矿产资源、建材、食品、金属冶炼、生产生活轻工用品等产品。

1989年，原煤产量70.4万吨，原油3.3万吨，发电量5.05亿千瓦时，机制糖1.03万吨，机制纸1470吨，汽油3167吨，柴油9205吨，燃料油1.17万吨，水泥7.57万吨。

2000年，原煤产量91.88万吨，原油3.29万吨，发电量5.45亿千瓦时，机制糖5.47万吨，机制纸1.84万吨，汽油8891吨，柴油1.78万吨，燃料油1.63万吨，石油沥青5743吨，原油加工量7.82万吨，水泥36.69万吨。

2005年，原煤产量125.9万吨，原油3.43万吨，发电量12.36亿千瓦时，机制糖10.27万吨，机制纸4.05万吨，汽油4.06万吨，柴油10.6万吨，燃料油3.01万吨，石油沥青130吨，原油加工量36.08万吨，水泥77.8万吨。

第三节 销售及利税

随着改革开放的深入推进，田东县工业经济不断发展壮大，各行业规模化发展得到不断提升，企业规模不断扩展，企业销售收入、经济效益水涨船高，工业经济对国家税收的贡献不断增强。

1989年，全县独立核算工业企业实现产品销售收入1.47亿元，利润总额1607万元，利税总额3191万元。村办工业企业实现产品销售收入95万元，利润总额2.8万元。城乡合作经营工业、个体工业上缴税金26.7万元。电力工业实现电费收入391万元，利润80.7万元。冶金工业实现利税582.02万元，利润371.66万元。化学工业实现利润17.76万元，食品工业实现利润521.89万元，轻工业实现利润39.86万元。建材工业亏损22.57万元，机械工业亏损3.94万元。

1991年，全县独立核算工业企业实现产品销售收入2.14亿万元，利润总额1552万元，利税总额3982万元。城乡合作经营工业、个体工业上缴税金23万元。电力工业实现电费收入461万元，利润103万元。冶金工业实现利税128.58万元，利润45.52万元。化学工业实现利润8.25万元，食品工业实现利润285万元，轻工业实现利润7.6万元。建材工业亏损16.53万元，机械工业亏损16万元。

1995年，全县独立核算工业企业实现产品销售收入4.81亿元，利润总额2244万元，利税总额7834万元。城乡合作经营工业、个体工业上缴税金991万元。县经委口企业完成产品销售收入1.18亿元，实现税金1011.11万元。亏损面控制在38%以内，低于全区平均亏损面。

1996年，全县规模以上工业企业有77家，实现产品销售收入5.7亿元，利润总额743万元，利税总额6722万元。

2000年，全县规模以上工业企业有21家，实现产品销售收入6.93亿元，利润总额1867万元，利税总额7916万元。

2005年，全县规模以上工业企业有17家，实现产品销售收入22.95亿元，利润总额1.24亿元，利税总额3.39亿元。

表8-2-1

1989—2005年田东县工业企业主要工业产品产量表

指标名称	计量单位	1989年	1990年	1991年	1992年	1993年	1994年	1995年	1996年	1997年	1998年	1999年	2000年	2001年	2002年	2003年	2004年	2005年
原煤	万吨	70.40	64.13	66.89	75.27	—	80.09	72.80	95.98	95.54	88.58	88.91	91.88	115.53	114.11	123.96	134.97	125.99
原油	万吨	3.30	3.02	3.14	3.21	—	3.23	3.65	3.60	3.92	3.15	3.50	3.29	3.25	3.52	3.28	3.59	3.43
铁矿石	万吨	0.20	0.07	0.05	0.08	—	0.06	0.05	—	—	—	—	—	—	—	—	—	—
木材	立方米	7000	12000	16100	11100	—	14100	15684	—	—	—	1.05	0.71	1.20	0.44	0.44	—	—
发电量	万千瓦时	50510	39830	49750	52548	—	41931	42973	39758	39412	49441	47563	54517	37544	42041	64785	86794	123566
糖	吨	10821	10300	13600	15500	—	16776	23674	34123	37005	72460	69581	54748	58112	102255	117151	141242	102684
酱油	吨	101	187	280	189	—	184	196	—	—	—	—	—	—	—	—	—	—
发酵酒精	吨	394	700	800	1000	—	1072	1444	3652	4787	9102	7614	6112	4035	—	—	—	—
白酒	吨	—	—	1600	700	—	241	60	—	—	—	—	—	—	—	—	—	—
饮料	吨	118	46	246	500	—	385	455	—	—	—	—	—	—	—	—	—	—
布	万米	—	—	89	15	—	14.42	5.88	—	—	—	—	—	—	—	—	—	—
皮鞋	双	4000	1900	1100	1700	—	1400	1300	—	—	—	—	—	—	—	—	—	—
家具	件	—	—	3000	5600	—	44100	13578	—	—	—	—	—	—	—	—	—	—
机制纸	吨	1470	1700	1700	5200	—	5570	7062	—	7319	7663	12196	18411	19823	22808	44205	56112	40464
原油加工量	万吨	—	—	—	—	—	10.50	10.17	9.28	9.64	6.82	9.01	7.82	12.19	12.74	17.87	27.53	36.08
液化气	吨	—	1000	1100	2300	—	3125	5180	6077	4975	4626	4010	2592	5347	8713	8407	12413	13387
汽油	吨	3167	9400	8800	15600	—	22032	23352	20564	14316	15604	14731	8891	16441	22917	29258	36894	40577
柴油	吨	9205	12000	14900	28600	—	34872	33244	28751	28727	22072	20871	17836	27322	35871	55258	73933	105994
燃料油	吨	11746	7600	—	—	—	—	—	18607	23143	22646	17969	16274	18789	15557	21964	21557	30132
石油沥青	吨	—	—	—	—	—	—	—	2124	5093	6907	4502	5743	17381	3975	1977	2233	130
松香	吨	366	338	197	781	—	1661	1135	—	—	—	—	—	—	—	—	—	—
水泥	万吨	7.57	10.24	12.86	15.35	—	22.98	26.15	26.04	26.85	30.90	34.83	36.69	34.05	38.21	71.41	77.84	77.80
水泥管	千米	9.4	17.58	24	11	—	18.5	20	—	—	—	—	—	—	—	—	—	—
水泥预制构件	立方米	514	300	2100	3800	—	1565	2835	—	—	—	—	—	—	—	—	—	—
砖	万块	2558	3700	400	570	—	391	599	—	—	—	—	—	—	—	—	—	—
瓦	万片	90	20	—	700	—	173	141	—	—	—	—	—	—	—	—	—	—
铁合金	吨	1204	2000	2800	1300	—	3229	3890	—	—	—	—	—	—	—	—	—	—
锑	吨	1454	774	—	—	—	—	—	374	102	—	714	1185	2307	1008	247	380	193
铅	吨	—	—	—	—	—	—	—	—	—	—	—	1836	2964	2388	1503	692	974
中小农具	万件	6.27	7.02	3.58	4.10	—	7.15	3.25	—	—	—	—	—	—	—	—	—	—

第三章　乡镇企业

第一节　企业管理

1989—1992年，根据“积极扶持、合理规划、正确引导、加强管理”和“调整、整顿、改革、提高”的方针，田东县乡镇企业管理局对乡镇企业分批进行全面整顿，帮助企业抓好管理和企业内部经营机制的转换工作。一是实行目标责任制。把任务分解为总收入、利润、产品质量等10项目标管理指标及7项考核办法，落实到各乡镇企业办室，使管理工作有目标，考核有指标，奖罚分明。1992年，朔良、义圩、那拔等3个乡企业办公室分别获得经济目标管理前3名奖励，义圩、那拔、朔良、布兵、平马、祥周、印茶等7个乡镇被县委、县人民政府评为“发展乡镇企业先进单位”。二是制定适合乡镇企业的《企业生产现场管理条例》，使企业管理逐步走向标准化、规范化和科学化。三是整顿重点企业。健全车间、班组的岗位责任制，制定考核办法、劳动定额和质量指标。改革工资分配办法，实行工资分配与产品产量、质量挂钩，体现按劳取酬、多劳多得的分配原则，调动职工生产的积极性。四是加强管理人员培训，提高企业整体素质。当年，全县乡镇企业各项经济指标都超额完成任务，排在百色地区前4名，田东县获得“自治区发展乡镇企业先进单位”称号。

1995年，利用自然资源和地域优势，大胆引进资金、技术和人才发展乡镇企业，先后引进资金630万元，自筹资金374万元，鼓励经济能人办企业9家，新建项目16个。其中，华瑞股份有限责任公司、铁合金冶炼总厂、福隆造纸厂、钼铁合金厂、红波炼铁厂、伟伟宝石厂等都是由能人领头办的企业；坡塘砖厂、林逢二砖厂、合乐砖厂是引进外地资金联合兴办的企业；林逢砖矿粉厂、林逢三砖厂、威达砖厂是农民集资兴办的股份合作制企业。当年，新项目总投资1706万元，其中只有400万元是贷款，其余均是自筹和引进资金。在引进技术的同时重视技改，技改项目主要有思林纸厂第三车间，投资600万元，建设1条年产4000吨挂面纸生产线。该生产线的投产，改变了思林纸厂产品单一的现状，增加了产品品种，该厂跨入万吨纸厂的行列。

1996—1998年，田东出台《关于加快发展乡镇企业的若干规定》，助推了乡镇企业新一轮发展。思林水泥厂是百色地区唯一的一家生产水泥的乡镇集体企业，曾经处于瘫痪状态，后来大胆利用能人来管理企业，健全激励机制和约束机制，改造立窑烟囱，配备检测器具，完善检测手段，严格按照国家标准组织水泥生产，产品在百色地区水泥行业评比中获特等奖。平马镇油毡厂通过改造生产流程，创新工艺，使产品15项技术质量指标全部达标。思林造纸厂在生产过程中，从原材料进购到成品，使用先算账后生产，实行工厂成本否决制度，使生产成本降低到130元/吨，全年节约原煤、烧碱约11万元。思林造纸厂被自治区人民政府评为科技型龙头企业，思林水泥厂、田东磨料磨具厂被自治区人民政府评为科技型企业。

1999年，解放思想，更新观念，拓宽乡镇企业的发展思路。以造纸业为主体，联合思林造纸厂、县纸厂、县纸材餐具厂、思林水泥厂、思林建材厂等多家企业，组建主体公司——广西达力工贸有限责任公司。以农业综合开发为主体，联合华瑞公司、香蕉组培公司、立丰公司组建“公司+农户”一条龙服务体系的集约化经营集团公司——广西田东县华瑞（集团）有限责任公司。以水电资源为龙头，联合登高电站、东鑫矿业公司、铁合金冶炼总厂，组建发电、矿业采掘、冶炼生产一体化集团公司——广西登高（集团）有限责任公司。达力工贸有限公司、华瑞集团、登高集团整合资金、科技、信息等生产要素，推动了乡镇企业规模由小变大，由弱变强。当年，全县个体、私营企业（含个体工商户）发展达到7837户。

2003年，建立完善促进中小企业发展机制，为中小企业的发展提供服务和扶持，引导各种资金投资工业，形成多渠道、多元化的工业融资体系。抓好重点工业项目建设，加快培育壮大重点支柱产业，增强工业发展后劲。比如金达利建材有限责任公司通过技改，年产量由原来的4400吨增加到8800吨。

2005年，出台《关于加快发展非公有制经济的若干决定》，多措并举，多管齐下，引导和扶持非公有制经济向农业产业化方向投入，加大技术改造力度。当年，全县中小企业经济指标超额完成任务，获百色市“全市发展中小企业先进单位”称号。

第二节　企业生产经营

乡镇企业生产经营

田东县乡镇企业的类型主要有乡镇办、村办、联户办、户办等，分散于各乡镇，挺起工业经济的半壁江山。

1989年，田东县骨干乡镇企业有县第二建筑工程公司、思林水泥厂、思林造纸厂、磨料磨具厂、平马油毡厂、平码青联厂、县第三建筑工程公司等7家。当年，全县乡镇企业有2563家，其中乡办50家、村办19家、联户办270家、户办2224家，总收入3045.34万元，总产值2441.88万元，缴纳税金198.31万元，利润170.56万元。

1993年，全县13个乡镇有企业5171家，固定资产原值2714万元，从业人员1.05万人。乡镇企业总产值达1.19亿元，年缴税金739.78万元，纯利润682.03万元，职工人均创利税1356元。全县乡镇企业营业总收入1.45亿元。

1998年，全县乡镇企业共7835家，其中村办企业共61家。从业人员1.74万人，固定资产原值7.46亿元，流动资产5.81亿元，全年完成营业总收入20.13亿元，其中营业收入额100万~200万元企业有212家，200万~500万元企业有18家，500万~1000万元企业有4家，1000万元以上企业有1家，营业收入额超5亿元的乡镇有1个。完成总产值13.3亿元，出口产品交货额598万元，实缴税金4483万元，实现利润5218万元。当年建设项目465个，其中集体企业12个，私营企业61个，个体企业392个。乡镇企业年人均营业收入11.56万元，人均创利税5570元。

2000年，全县乡镇工业企业有1470家，其中集体企业35家，私营企业85家，个体企业1350家。年末从业人员6287人。全年营业总收入3.57亿元，总产值3.98亿元。

2003年，全县乡镇企业营业总收入28.41亿元，总产值18.62亿元，增加值4.78亿元，实缴税金5960万元，实现利润总额7468万元。全县乡镇企业新建项目5个，总投资9700万元。

2004年，全县乡镇企业个数9429家，从业人员2.3万人。全县乡镇企业营业总收入31.01亿元，总产值2.1亿元，增加值5.4亿元；利润8365万元，实缴税金6675万元。

2005年，全县中小企业个数9315家，从业人员2.34万人。全县中小企业全年实现营业总收入33.5亿元，总产值23.55亿元，增加值6.42亿元，实缴税金9107万元，利润总额1.49亿元。

主要乡镇企业简介

田东县第二建筑工程公司 前身是合恒公社建筑队，1975年建立时，设备简陋，技术落后，经济效益很低。

1989年6月改名为平马镇一建，1990年6月更名为田东县第二建筑工程公司。

1992年年底，公司有3个大工区、26个施工队。职工400人，固定资产84万元。当年实现工业总产值1056万元，创税55万元，是百色地区第一个产值超千万元的乡镇企业。

2003年，固定资产原值35万元，流动资金944万元，职工225人；实现营业收入613万元，总产值1021万元，增加值170万元，上缴税金34万元，利润25万元。全年完成房屋竣工面积9947平方米。

2004年，职工人数225人，营业收入595万元，总产值921万元，上缴税金34万元，年创利税46万元。全年完成房屋建筑竣工面积1.28万平方米。

2005年，职工人数225人，营业收入679万元，总产值587万元，上缴税金39万元，创利税44万元。全年完成房屋建筑竣工面积9551平方米。

田东县思林水泥厂 1983年10月筹建，厂址设在思林镇北侧邕色公路边。1988年8月竣工试产，10月正式投产，设计年产4万吨，固定资产713.1万元，是百色地区最大的乡镇企业。

1989年，全厂职工169人，生产水泥7100吨，水泥产品质量获百色地区二等奖。完成工业总产值124.25万元，上缴税金5.92万元，企业亏损24.79万元。

1994年，营业总收入601万元，工业总产值744万元，上缴国家税金53.6万元，利润总额0.54万元，固定资产净值812万元。年末职工人数149人，全员劳动生产率4.9万元/人。该厂被百色地区技术监督局评为“质量信得过企业”。

1996年，固定资产原值957万元，流动资产587万元，干部职工169人。年产水泥2712吨，营业总收入449万元，总产值571万元，利润2万元，上缴税金72万元。该厂获百色地区水泥厂质量特等奖，被自治区人民政府评为“十百千万”星火工程科技型企业。

1997年，固定资产原值567万元，流动资产624万元，干部职工185人。年产水泥3.65万吨，营业总收入803.9万元，总产值896万元，上缴税金59万元，实现利润2万元。该厂获全区乡镇企业系统QC先进小组奖。

1998年，固定资产原值550万元，干部职工173人。年产水泥4.37万吨，实现营业收入840万元，总产值920万元，实缴税金63万元。该厂水泥产品质量获全国水泥行业统检优等奖。

2000年，固定资产原值1160万元，职工180人。年产水泥3.14万吨，营业收入669万元，利润19万元。该厂获“全国质量服务双达标百佳诚信企业”称号。

2001年，固定资产原值1063万元，职工170人。年产水泥4.2万吨，营业收入773.8万元，总产值855万元，税金68万元。该厂获“全区统检质量合格龙头企业”称号。

2002年，固定资产原值1070万元，职工216人。年产水泥6.74万吨，营业收入1393万元，总产值1176.4万元，税金87万元。该厂获得“全区质量服务双达标百佳诚信企业”称号。

田东县磨料磨具厂 1989年5月创建，厂名为刚玉厂，厂址设在县城南郊平岳公路旁边。1991年正式投产，年产刚玉块2500吨。

1992年，改名为磨料磨具厂，全厂职工60人，固定资产97万元。当年投资90万元，增设制砂车间，年产刚玉砂3000吨。产品除内地销售外，还销往中国香港地区、台湾地区等地。

1993年，固定资产原值97万元，有职工80人。主要生产棕刚玉，实现营业收入259万元，创利税

10万元。1994年，营业收入648万元，工业总产值608万元，上缴税金57万元，利润总额39万元，固定资产净值99万元；年末职工80人，全员劳动生产率7.6万元/人。主要产品刚玉砂24-150#符合GB（83）标准，全部出口东南亚等国家和地区。

1996年，固定资产原值240万元，流动资产136万元，干部职工80人；全年生产刚玉块300吨、刚玉砂250吨，实现营业收入568万元，总产值541万元，利润16万元，实缴税金32万元。该厂被自治区人民政府评为“十百千万”星火工程科技型企业。

1998年，固定资产126万元，流动资产275万元，职工90人。年产刚玉块380吨、刚玉砂290吨，实现营业收入598万元，总产值548万元，利润8万元，实缴税金28万元。

2000年，固定资产175万元，流动资产138万元，职工77人。年产刚玉块169吨、刚玉砂311吨，实现营业收入96万元，总产值92万元，利润3万元，税金7万元。

2003年，固定资产174万元，流动资产35万元，职工65人。年产刚玉块3025吨、刚玉砂2162吨，实现营业收入44万元，总产值44万元，利润8万元，税金18万元。

2005年，固定资产215万元，流动资产50万元，职工65人。年产刚玉块3401吨、刚玉砂2455吨，实现营业收入60万元，总产值60万元，利润5万元，税金25万元。

田东县平马油毡厂 创办于1974年6月，8月正式投产，主要产品是纸浆和破布原纸。

1989年，生产油毡7.67万卷，总产值185.18万元，上缴税金6.97万元，利润6.5万元。

1990年，生产油毡5.79卷，工业总产值128万元，上缴税金7.73万元，实现利润4.77万元。

1992年，油毡产量10.68万卷，产值213万元，实缴税金6万元，亏损24万元。

1994年，油毡产量17.32万卷，实现营业总收入494万元，工业总产值500万元，上缴税金24万元，利润总额2万元。固定资产净值185万元，全员劳动生产率2.7万元/人，年末职工186人。

1997年，固定资产250万元，职工137人。油毡产量7.91万卷，实缴税金8万元，企业亏损131万元。

1999年，固定资产原值251万元，职工154人。油毡产量1.9万卷，实现营业收入70万元，总产值59万元，实缴税金10万元，创利税15万元。

2001年，因缺乏资金，无法营业，停产。

田东县平马青联公司 于1974年创办，下设第一、第二红砖厂等企业。

1989年，工业总产值157.87万元，上缴税金18.64万元，利润1854.7元，获百色地区乡镇企业局授予“完成各项经济指标先进单位”称号。

1991年，企业产值124万元，实缴税金37.45万元，亏损29.1万元。

1993年，固定资产原值311万元，有职工170人。主要生产机制红砖，营业收入262万元，总产值245万元，创利税80万元。

1995年，完成产值534万元，实现利税105.51万元，原来基础较差的企业，经济效益也有所好转。

1997年，固定资产原值345万元，年产机制红砖7842万块，营业收入234万元，总产值248万元，上缴税金16万元，企业亏损29万元。

2000年，固定资产原值365万元，职工166人。年产红砖2159万块，营业总收入345万元，总产值344万元，税金20万元。

2003年，固定资产14万元，流动资产79万元，年末职工190人。年产红砖1400万块，总产值431万元，营业总收入444万元，增加值165万元，上缴税金31万元。

2005年，固定资产原值475万元，职工169人。年产红砖1621块，营业收入535万元，总产值425万元，上缴税金39万元。

田东县第三建筑工程公司 于1989年创办，属于集体企业。1990年，建筑产值100万元，上缴税金4.21万元，实现利润6万元。

1991年，建筑产值200万元，上缴税金8.42万元，实现利润12万元。

1996年，固定资产原值383万元，营业收入500万元，总产值500万元，实现利润21.6万元，上缴税金14万元。

1998年，营业收入260万元，总产值260万元，施工面积6187平方米，实现利润52万元，上缴税金11.2万元。

2000年，营业收入109万元，总产值214万元，施工面积1286平方米，实现利润21万元，上缴税金3.56万元。2001年，公司迁出县外。

第四章 主要工业企业

第一节 石油化工企业

石化产业是田东县工业经济的支柱产业之一，石化产业的兴衰，直接决定田东县工业经济走向。1989年，企业有田东油矿和田东县化工厂。原油产量3.3万吨，汽油3167吨，柴油9205吨，燃料油1.17万吨，液化石油气1000吨。

随着石油化工产业的不断发展壮大，石化产品不断增多，产量不断提升。

1995年，原油3.65万吨，汽油2.34万吨，原油加工量10.17万吨，溶剂油3496吨，煤油143吨，柴油3.32万吨，重油2.2万吨，石蜡979吨，软麻油2539吨，液化石油气5180吨。

2005年，原油产量3.43万吨，原油加工量36.08万吨，汽油产量4.06万吨，柴油产量10.6万吨，燃料油产量3.01万吨，石油沥青产量130吨，液化石油气产量1.34万吨。全年石化产业完成总产值8.81亿元，占全县规模以上工业总产值的41.73%；完成工业增加值2.91亿元，占全县规模以上工业增加值的37.14%。

中油广西田东石油化工总厂有限公司 公司前身是1978年成立的广西田东油矿，地址位于县城旁。

1983年3月，该矿投资177万元，建设加工原油3万吨的小型炼油厂。1984年3月，一次试产成功。当年采出原油2.47万吨、加工原油2.4万吨，主要产品产量有：汽油1380吨，柴油2950吨，重油7600吨，煤油20吨，结束广西无原油炼制的历史。

为进一步发展炼油工业，对原油进行深度加工，提高企业经济效益，1987年11月，田东油矿投资4150万元，在田东县城北面动工建设一套年加工原油10万吨的常压装置和3万吨的催化裂化装置及1.3万吨冷榨脱蜡装置。1990年11月建成生产，轻油收率从1983年的35%提高到1990年的55%，油的品种有液化石油气、软麻油、润滑油和石焦油等。

1993年后，田东油矿在技改和转变经营机制中进一步发展，投资5000多万元兴建酮苯脱蜡装置，增加14种高附加值的新产品。

1995年年末，拥有职工1015人，固定资产原值1.56亿元，净值1.05亿元。当年采出原油3.67万吨，加工原油10.17万吨（其中外购原油6.25万吨），年产汽油2.34万吨、柴油3.32万吨、溶剂油3496吨、重油2.19万吨、煤油143吨、石蜡979吨、软麻油2539吨、液化石油气5180吨。销售收入1.18亿元，完成工业总产值1.16亿元，实现利税4129.5万元。

1996年8月，企业更名为广西田东石油化工总厂。2000年年末，拥有职工1159人，固定资产原值2.21亿元，净值1.06亿元。采出原油3.29万吨，原油加工量10.1万吨（其中来油加工量6.81万吨）。年产汽油9306吨、溶剂油1831吨、柴油2.04万吨、重油（燃料油）1.75万吨、液化石油气2328吨、软麻油1797吨。完成工业总产值3638万元，销售收入1.29亿元，实现利税635.8万元，全员劳动生产率3.5万元/（人·年）。

2004年，引进中国石油集团南方石油勘探开发有限责任公司进行增资改制，合作成立中油广西田东石油化工总厂有限公司，隶属中国石化集团公司滇黔桂石油勘探局。注资3.1亿元，从业人员1118人。年加工原油27.53万吨，年产汽油3.69万吨、柴油7.39万吨、液化石油气1.24万吨、润滑油330吨、重油（燃料油）2.16万吨等。完成工业总产值4.65亿元，实现利税6825万元，全员劳动生产率38.5万元/（人·年）。

2002年，田东石化总厂厂区一角　　（县委宣传部提供）

2005年，完成原油生产3.33万吨，外购原油24.23万吨，加工原油28.22万吨。销售石油产品26万多吨，其中90#、93#汽油4万多吨，0#柴油10.59万吨，液化气1.41万吨，货款回笼率100%。销售收入10.26亿元，实现税金总额1.04亿元。完成利润总额1754.82万元，人均利税10.95万元。原油加工成本下降87.55元/吨。

田东县化工厂　田东县化工厂属全民所有制小型工业企业。1989年，实行上缴利润递增包干责任制，年产活性漂土90吨、葡萄糖浆370吨、涂料88吨、滑石粉87吨、去黄曲霉毒素灵15吨，完成工业总产值137.85万元，实现利税13.12万元，利润4.35万元。年末职工75人。

1990年，生产柴油88.4吨、重油301吨、蜡油49吨、涂料69吨、滑石粉51.5吨，完成工业总产值20.7万元，实现利税2.91万元，利润0.37万元。

1993年，生产柴油350.71吨、重油115吨、腊油156.04吨、汽油80吨，完成工业总产值27.192万元，税金11.19万元，利润4.01万元。年末职工56人。

1999年，职工人数98人，固定资产284万元。完成工业总产值171万元，工业增加值66万元，产品销售收入177万元，利润总额-16万元，减亏25万元。

2000年，职工98人，固定资产484万元。完成工业总产值189万元，工业增加值83万元，产品销售收入175万元，利润总额-8万元，减亏8万元。

2003年停产，职工人数24人。

田东县化工二厂　1990年，从田东县化工厂分出，设有政工科、生产科、财会科、供销科、保卫科、机修、活化、成品、包装、冶油、糖浆车间等11个科室和车间。当年生产活性漂土85吨、葡萄糖浆129吨、陶土195吨，完成工业总产值29.3万元，实现利税2.83万元，利润0.77万元。年末职工62人。

1992年，固定资产原值194.14万元，流动资金30.22万元。生产活性漂土564吨、葡萄糖浆7吨、双飞粉68吨、混合柴油187吨、陶土358吨，完成工业总产值50.89万元，企业亏损14.5万元。年末职工78人。

1995年，工业总产值81.3万元，产品销售收入134.09万元，产品销售成本113.76万元，税金8.79万元，利润2.35万元。年末职工99人。

1996年，生产活性漂土1205吨、膨润土1555吨、沥青110吨、双飞粉244吨，完成工业总产值119.05万元，销售收入182.94万元，税金8.23万元，利润2.91万元。年末职工128人。

1998年，生产活性漂土772吨、膨润土3124吨、沥青247吨，完成工业总产值145万元，销售收入195.89万元，税金14.39万元，利润总额-41.26万元。年末职工98人。

2000年，固定资产484万元，完成工业总产值189万元，产品销售收入175万元，利润总额-8万元，减亏8万元。年末职工98人。

2003—2005年停产。

第二节 采矿冶炼企业

田东县采掘业有煤矿开采和锰矿开采。煤矿生产主要有国有那读煤矿和矿产公司管理的一些乡村民营小煤窑工业。锰矿开采主要是民营开采，冶炼业企业有田东县冶炼厂、田东县铁合金厂。

1994年，田东县开发的矿产资源有石油、煤、猛、铁、金、锑、膨润土矿、石灰岩矿等矿种。当年，中央直属和自治区、百色地区直属矿山企业各种矿产产量（原油、煤炭、水泥用灰岩矿）为127万吨，产值1.36亿元；县直属及乡镇集体和个体开采矿山的各类矿石产量11.6万吨，产值405万元。辖区内发现新金矿种微细粒型金矿。

1995年，全县各类矿山企业各类原矿量104.5万吨，产值1.31亿元。其中中央直属和自治区、百色地区直属矿山企业各类原矿产量95.6万吨，产值1.27亿元；县直属及乡镇集体和个体矿山原矿产量109万吨，产值431.4万元。

1996年，抓紧矿产资源的开发利用，抓好矿产开采的监督管理。年产原油4.43万吨，产值4994万元。年产煤炭85万吨，产值6800万元。年产黏土矿7.4万吨，产值22万元。年产黄金170克，产值1.36万元。年产石灰岩26万吨，产值80万元。年产锰矿4200吨，产值50万元。完成征收矿产资源补偿费90万元。

1997年，田东矿产勘查工作有新的发现，微细粒型金矿山不断发现并开发，质量优势的辉绿岩石材矿山和膨润土矿山均具备开采条件，老矿山的锰、锑矿的开采储量不断得到探明和增加，小煤矿矿山的开采持续稳步发展。依托这些优势，大力发展乡镇集体矿山企业和个体开采企业，国有矿山企业及集体矿山持证开采率达100%，个体私营矿山持证率达90%左右。辖区内的各类矿山企业的产量120万吨，产值1.4亿元。

1998年，田东石化总厂探明石油储量为180万吨左右，矿山服务年限20年。右江矿务局开采矿区煤炭储量4000万吨，矿山年限40年。锰矿探明储量约90万吨，矿山服务年限15年。膨润土矿探明储量约4000万吨，大部分深埋在100米以下，年可开采量为3万吨左右。铝土矿探明储量约1000万吨，尚未开采。铁矿已探储量约130万吨，有零星开采。钛铁砂矿已探明储量约1万吨，未开采。水泥用石灰岩矿探明储量5700万吨，保有储量1000万吨，矿山服务年限50年。

2005年，发现28个矿种，探明有储量的18种，主要有煤、石油、天然气、铝土、锰、铁、钛铁、金、锑、磷、钙、石膏、滑石、膨润土、活性白土、水泥灰岩等。其中煤的储量4亿吨，石油储量1500万吨，天然气储量100亿立方米，膨润土储量5000万吨。

田东县冶炼厂 是广西第一家火法炼锑厂家，位于田东县城南郊，设置生产科、供销科、财务科、保卫科、机修、冶炼、电解、制氧车间、化验室、卫生室、取样室等14个车间和科室。全部动力机械总能力1338千瓦，主要产品有二号精锑、“三·九”高纯度锑、高铅锑、氧气等，销往欧洲及美国、日本。

1989年，实行上缴利润包干、超收分成制。当年生产二号精锑1454吨，完成工业总产值1008.33万元，实现利税349.64万元，利润210.8万元。1990年，该厂被评为自治区级先进企业。

1991年5月，投资60万元增建电解车间，把锑的火法冶炼与电解法综合使用，创造出“三·九”高纯度锑新产品，质量达到国内先进水平，填补广西空白。

1994年，进一步重视产品质量，成立TQC小组，制定技术改造方案。投资20多万元，增建一座吹炼炉，共处理各种铅锑物料95.9吨，产出锑氧44.55吨、底铅11.77吨，锑金属回收率82.9%，铅金属回收率72.08%，其主要技术指标达到同类厂家水平。多项技改成功，锑产品各项质量指标均超过自治区水平，生产、经济效益明显提高。完成工业总产值1526.5万元，实现利税261万元（利润116万元），全年劳动生产率为5.97万元/人。

1997年，因受国际市场影响，锑品价格暴跌，企业生产处于半停产状态，负债重，经济效益下滑。

1998—2005年，引进个体老板承租经营生产。2005年，完成工业总产值535万元，工业增加值127万元，销售收入954万元，利润总额-3万元，企业亏损。

田东县铁合金厂 属于自治区定点生产铁合金企业，设有生产、行政、供销、财务4个股和冶炼、锰粉、机电3个车间。全部动力机械总能力1436千瓦。主要产品有硅锰合金、碳素锰铁、化工锰粉，远销日本、新加坡、澳大利亚等国家。

1989年，厂内实行承包责任制，年产硅锰合金1203.55吨，完成工业总产值237.03万元，实现利税232.39万元，利润160.54万元。

1994年，实行一厂多制，将冶炼车间承包给个体户经营。年产主要产品碳素锰铁3229吨，工业总产值807万元，产品销售收入969万元，产品销售成本1011万元，销售税金21万元，企业亏损66万元。年末职工45人。

1998年，生产锰铁1028吨，产值257万元，产品销售率88%；利润总额0.23万元。职工111人。

2003—2004年，由于亏损等多种原因而停产。2005年，该厂改制，并入广西登高集团有限责任公司。

广西右江矿务局 位于田东县祥周镇新洲村，隶属自治区煤炭工业厅。

2002年，右江矿务局标准化电机车大道　　（右江矿务局提供）

1989—1992年，主要经济指标完成情况：煤炭产量分别为63.41万吨、60.08万吨、62.39万吨、70.71万吨；工业总产值分别为1005.51万元、963.92万元、2448.82万元、2699.95万元；实现利润分别为-581.57万元、-598.97万元、-600万元、-620.89万元；实现减亏额分别为97.93万元、1.03万元、0万元、1.11万元；上缴税金分别为86.43万元、84.86万元、112.31万元、139.06万元；固定职工人数分别为4702人、4593人、4510人、4461人。辖管的里拉矿获中国地方煤矿总公司授予“地方煤矿部级质量标准化矿井”称号。与自治区煤炭科学研究所等单位共同开展的“新洲四号井巷道地压规律和支护方法的研究”分别获得自治区、能源部科技进步二等奖、三等奖。

1990年，该局拥有固定资产原值7740.4万元，净值5665.5万元；有生产矿井4对（设计年产能60万吨），生产煤炭60.08万吨，位列广西重点国有煤矿第四位。

1994年后，收购那读煤矿等矿井。2003年，煤炭产量达146.3万吨，位列广西重点国有煤矿第一位。

2005年，有国有独资矿井8对，股份制矿井6对，基建矿井9对，生产原煤125.99万吨，产量是1989年的16.13倍。

田东县那读煤矿 属全民所有制独立核算的小型企业。1989年，固定资产原值86万元，生产褐煤2.55万吨，完成工业总产值82.17万元，实现利税34.01万元，利润28.43万元。

1991年深化企业改革，实行全员风险抵押承包责任制，生产褐煤2.04万吨，完成工业总产值81.69万元，实现利税8.75万元，利润5.54万元。1992年，兼并田东县砖瓦厂。

1994年，一厂多制，多种经营。投资70多万元，办精细化工厂，解决富余劳动力的问题，增加产品品种，提高经济效益。年产褐煤2.72万吨、硫酸亚铁200吨、磷酸氢钙50吨，完成工业总产值130.47万元，产品销售收入169.33万元，实现利润1.68万元，应交增值税16.34万元。

1995年，完成工业总产值200.1万元，产品销售收入189.99万元，产品销售成本165.12万元，实现税金21.14万元，利润0.11万元。1995年年末，被右江矿务局兼并。

第三节 电力工业企业

1989—1992年，田东县电力工业企业有龙须河电站、桑洞电站、作登电站以及乡村一些小型电站。全县装机容量3.46万千瓦，总发电量（不包括自治区、百色地区直属电力工业）1.2亿千瓦时，其中水电1.06亿千瓦时、火电1371万千瓦时，从县外购入电量3785万千瓦时；用电量1.42亿千瓦时，电费收入1951.8万元，实现利润291万元；全县水电高压线路总长550千米，低压线路总长1134千米。

1993年，拥有水火电装机容量8.29万千瓦（其中水电7400千瓦），发电量3197万千瓦时（不包括火电），用电量4176万千瓦时，其中县城用电量2502万千瓦时，农村用电量1609万千瓦时；输电线高压561千米，延伸11千米；低压1154千米，延伸20千米；电费收入645万元（包括成本），实现利润115万元，上缴税金44万元。

1994—1998年，田东县水利设施有小（一）型水库17座，有效总库容2033万立方米；小（二）型水库29座，有效总库容664.5万立方米；塘坝189座，机电排灌521处，装机575台1.1万千瓦。依托这些水利设施，发展小水电站，装机总容量为14台9800千瓦。1994年，电力行业实现工业总产值320万元，年发电量3575万千瓦，其中小水电站3078万千瓦，小火电497万千瓦。

2000年，全县发电量4065万千瓦时，总供电量8557万千瓦时，售电收入2502万元，上缴税金465万元。

2005年，完成供电量1.2亿千瓦时，完成售电量1.14亿千瓦时，实现销售收入4301.88万元，利税总额506.51万元。

龙须河电站 1989—1992年，发电最高年度为1989年1700万千瓦时，总产值75.84万元，利润37万元；发电量最低年度为1991年1533.5万千瓦时，总产值82万元，利润25万元。1995年固定资产1223万元，装机容量3500千瓦，发电量1827万千瓦时，售电收入224万元，利润16万元。1996年，被田东县电力有限责任公司兼并。

桑洞电站 1989—1992年，发电量最高年度为1992年541万千瓦时，总产值37.7万元，上缴税金2万元，利润5万元；发电量最低年度为1989年337.47万千瓦时，总产值24.34万元，利润93.98万元。1994年固定资产120万元，装机容量1500千瓦，发电量600万千瓦时，售电总收入69万元，利润10万元，上缴税金4万元。1996年，被田东县电力有限责任公司兼并。

作登电站 于1989年5月竣工投产，装机容量2400千瓦/3台，发电量为334千瓦时，总产值16.32万元，利润10.1万元。1995年，固定资产760万元，售电总收入142万元，利润14万元。1996年，被田东县电力有限责任公司兼并。

田东电厂 1989年发电量4.78亿千瓦时，工业总产值2528.23万元，实现利税427.03万元，获百色地区行署授予“文明工厂”称号。1990年，发电量3.67亿千瓦时，工业总产值2557.92万元，实现利税327.47万元。1992年发电量4.89亿千瓦时，工业总产值5396.24万元，实现利税438.57万元，获广西电力工业局授予“安全生产实现无事故天”称号。2003年4月，投资10多亿元兴建新厂。这是国家实施西部大开发和“西电东送”发展战略的重要工程项目之一，装机容量为2台135千瓦机组。2004年，第一台机组投入生产发电。2005年10月，第二台机组建成并投入商业运营。

2002年，田东供电公司开展职工文体活动 （县供电公司提供）

田东县电力有限责任公司 前身为田东县供电所，成立于1996年6月，是一个集发、供、配、售电为一体的县级发供电企业。

1997年，固定资产3260万元，发电量0.37亿千瓦时，售电收入2068万元，利润217万元，上缴税金137万元，职工人数346人。

1998年，固定资产9926万元，发电量0.3亿千瓦时，售电收入2526万元，利润233万元，上缴税金178万元，职工人数373人。

2003年，固定资产8957万元，固定资产净值5268万元。有35千伏变电站11座，主变14台，总容量3.67万千伏安。有35千伏线路236千米，10千伏配电变压器1621台，总容量为7.19万千伏安，10千伏线路总长1264千米。有3座小水电站，装机容量0.99千瓦。全年完成售电量1.06亿千瓦时，实现利润9.25万元，实现税金388.27万元。

2004年，实现供电量1.11万千瓦时，实现售电量1.06亿千瓦时，实现销售收入3810万元，实现利税429万元，实现利润22万元。

2005年，完成供电量1.2亿千瓦时，完成售电量1.14亿千瓦时，实现销售收入4301.88万元，完成工业总产值4582万元，完成工业增加值1436万元，利税总额506.51万元。

第四节　制糖工业企业

田东县是广西重要的糖料蔗生产基地，制糖工业是田东县的传统支柱产业，是财政增收、农民增收的主要渠道。

田东县第一糖厂 属全民所有制独立核算中型企业。1989年，设有人事劳资、财务、农务、生产、保卫、供销采购科、动力、制炼、压榨、锅炉、机修车间等14个科室和车间。全部动力机械总能力3430千瓦，主要生产白砂糖、赤砂糖、酒精等产品。当年，投资80万元，扩建酒精车间，日产酒精能力从4000升提高到8000升。全年生产酒精394.4吨、机制糖1.08万吨，完成工业总产值2169.88万元，实现利税1027.83万元，利润495.19万元。

1991年，投资240万元扩建生产车间，日榨甘蔗能力从850吨提高至1000吨。全年生产机制糖1.36万吨、酒精757.4吨。获“广西壮族自治区文明单位”称号。

1992年，投资81万元进行技改，全年生产机制糖1.55万吨、酒精987.7吨，协助平果县榨蔗1.35万吨，全年完成工业总产值4121.2万元。由于糖价大幅度下跌，企业亏损161万元。

1995年，完成工业总产值1823.28万元，利税513万元，其中税金327万元，利润186万元。

田东县第二糖厂 于1993年3月9日动工兴建，总投资为6847万元，建设规模为日榨2000吨。1994年12月投产开榨。1995年，完成工业总产值4667.7万元，缴税金384.43万元，利润88.73万元。

田东县制糖有限责任公司 1997年，田东县第一糖厂、第二糖厂合并组建田东县制糖有限责任公司，合并后职工总数1029人。年内生产机制糖3.7万吨、酒精1457吨，总产值1.06亿元，销售收入1.15亿元，税金1169.8万元，利润总额-1315万元。

2002年5月，公司更名为田东县东星糖业有限责任公司。当年，生产机制糖10.23万吨，完成工业总产值2.64亿元，工业增加值7500万元，销售收入2.16亿元，利润总额1622万元。

广西田东南华糖业有限责任公司 2003年9月，洋浦南华糖业集团收购田东东星糖业有限责任公司，成立广西田东南华糖业有限责任公司，东星糖业有限责任公司所有债权债务由南华糖业有限责任公司承担，置换员工身份，改制为民营企业。该公司是洋浦南华糖业集团下属的一家制糖子公司，坐落在田东县城东郊，总占地面积28.3万平方米，注册资本为1.2亿元，下属有一、二糖厂2家甘蔗制糖生产企业，一糖厂生产能力为日榨6000吨，二糖厂日榨1.2万吨。生产工艺均采用亚硫酸法，主要产品有“东星牌”白砂糖、赤砂糖，副产品主要有糖蜜、蔗渣。公司一、二糖厂的蔗区遍布田东县10个乡镇161个行政村，全县有4万多农户种植甘蔗。

2005年，田东南华糖业有限责任公司二糖厂厂区一角
（县经贸局提供）

2003年，完成工业总产值2.44亿元，不变价工业总产值3.04亿元，工业增加值8191万元，销售收入2.35亿元，利润总额1267万元，资产28.27亿元，负债16.43亿元，从业人员1066人。

2000—2004年，该公司被广西壮族自治区扶贫开发领导小组办公室认定为“广西扶贫龙头企业”。2001—2005年，连续获得自治区工商局“守合同重信用企业”称号。2005年，生产的“东星”牌白砂糖获“广西名牌产品”称号。

第五节 建材工业企业

建材产业也是田东县的传统支柱产业，是田东县工业经济的重要组成部分。田东县建材工业企业主要有县水泥厂、广西东泥股份有限公司、田东县金达利建材有限公司和县水电修造站。1989年完成工业总产值57.37万元，企业亏损22.57万元。1990年，完成工业总产值84.82万元，亏损16.53万元。

1995年完成工业总产值124.53万元，实现利润15万元。2000年，完成工业总产值1.14亿元，实现利润250万元。2005年，完成工业总产值1.93亿元，完成工业增加值8726万元。

田东县水泥厂　原属国有企业，全部动力机械总能力250千瓦台。1989年4月18日，该厂承包给个人，承包期3年。1989年，生产425标号普通硅酸盐水泥2576.85吨，完成工业总产值38.07万元，企业亏损20.99万元。

后经县人民政府同意，该厂于1990年6月1日终止承包合同。1991—1993年，因市场疲软，产品滞销而停产，企业41名职工靠财政发放生活费。

2004年，实行国企改制，县人民政府出资安置职工后，把该厂土地转让给广西登高集团有限公司。

广西东泥股份有限公司　位于田东城南7.3公里，厂址驻平马镇游昌村龙须河边。其前身是百色地区旧东水泥厂，属百色市直属企业，于1966年建厂。该公司1996年12月25日成立。固定资产2.5亿元，注册资金3442万元。有2条旋窑水泥生产线和3条机立窑水泥生产线，旋窑水泥生产能力为55万吨/年，立窑水泥20万吨/年，总生产能力为75万吨/年，是国家建材工业大型企业、广西水泥骨干生产企业、桂西水泥生产龙头企业。

1998年，广西东泥股份有限公司厂区一角

（县经贸局提供）

1989年，工业总产值878万元，产品产量6.51万吨，实现利润145万元，实现税金73万元。

1992年，工业总产值2010万元，产品产量13.8万吨，实现利润714万元，实现税金218万元。

1986—1994年，公司连续9年被评为“广西经济效益先进企业”。企业经济效益综合指数名列广西工业前茅，成为广西百强企业、中国500家最大建筑材料工业企业、全国250家产值利税率最佳企业、广西企业50强。“九五”（1996—2000年）期间，该企业被评为“自治区级企业技术进步奖和技术进步先进单位”。1997年，被自治区级评为广西建材行业先进单位和“广西优秀企业”。

2005年，完成工业总产值1.68亿元，完成增加值8108万元。当年，通过公开竞拍收购方式转让给广西登高集团有限公司。

广西登高（集团）田东水泥有限公司　2005年，广西登高集团通过公开竞拍收购广西东泥股份有限公司的国有股份，对东泥公司实施控股经营，同时成立广西登高（集团）田东水泥有限公司。

公司产品主要有“右江牌”普通硅酸盐水泥、复合硅酸盐水泥、低碱中热硅酸盐水泥、道路水泥等四大系列，年生产能力为450万吨。2005年，完成工业总产值1.89亿元，完成增加值8709万元。

田东县金达利建材有限公司　创建于1983年10月，是生产普通硅酸盐水泥、烧结多孔砖的乡镇集体企业。占地面积13.2公顷，地处田东县思林镇工业集中区内。下属企业有田东县思林水泥厂和思林镇建材二厂。

1989年，该公司生产水泥7100吨，产值124.25万元，上缴税金5.92万元；生产纸770吨，产值72万元，创利税6.1万元。

2003年，固定资产原值1093万元，职工195人。全年产量8.46万吨，营业总收入1365万元，总产值1467万元，上缴税金117万元。该公司获百色市水泥行业产品质量行检行评二等奖。

2004年，固定资产原值1845.2万元，流动资产682.7万元，职工125人。全年生产水泥6.8万吨，实现总产值440万元，总收入589万元，上缴税金62万元，利润50万元。该公司获得“百色市非公有制经济先进单位”称号。

2005年，固定资产原值1875.2万元，流动资金682.9万元。全年生产水泥7.65万吨，实现总收入1334万元，总产值1196万元，销售收入1134万元，销售量65.9万吨，上缴税金92万元。

田东县水电修造站 属县水电局主管的全民所有制小型企业，于1964年成立，全部动力机械总能力240千瓦。主要生产水泥管、水泥电杆、水泥混凝土制品、水泥预制构件。

1989年，实行利润包干或亏损包干责任制，全年生产水泥管长度2.3千米、水泥电杆121根、水泥混凝土制品0.02万吨、水泥预制构件61立方米。完成工业总产值9.8万元，上缴税金0.4万元。

1996年6月，并入田东县电力有限责任公司。

第六节 造纸工业企业

造纸业是田东县的传统产业，造纸业的发展得益于该县有充足的原材料及廉价劳动力，主要企业有思林造纸厂、田东县金荣纸业有限公司。

田东县思林造纸厂 1978年创办，厂址坐落于思林镇324国道路边，固定资产70万元。

1989年，产纸770吨，产值72万元，创利税6.1万元。

1991年，投资160万元进行技术改造，新增1575#规格纸机生产线和25立方米蒸球1个。全年产纸1503吨，工业总产值150万元，创利税11.38万元，被自治区党委、自治区政府授予“先进乡镇企业”称号，被国家税务局授予“全国税法宣传教育合格单位”称号，获得自治区乡镇企业管理局、劳动厅“安全生产考核验收合格”证书。

1992年5月，技改项目竣工，月生产瓦楞纸300吨。

1994年，以市场需求为导向，以产品质量求生存，以效益求发展，注重技术进步和新产品开发，产品质量稳定，“达力”牌牛皮瓦楞纸获蒙古国乌兰巴托国际博览会国际金奖，并获评为自治区级“科技型企业”。

1996年，获农业部“全面质量管理”达标奖，被自治区人民政府评为“十百千万”星火工程科技型龙头企业。1999年，生产的“达力”牌瓦楞纸获“全区乡镇企业名优产品”称号。

2000年，获得全区乡镇企业QC小组奖。2001年，生产的“达力”牌瓦楞纸获得“中国国际农业博览会名牌产品”称号。2002年，获得“全国乡镇企业创名牌重点企业”称号。

田东县金荣纸业有限公司 2003年3月，田东县思林造纸厂进行产权制度改革，成立田东县金荣纸业有限公司，是一家民营企业。主要以废纸、竹子、木头、甘蔗渣为生产原料，生产高强瓦楞原纸和生活用纸，占地总面积30公顷，职工480人。当年，公司固定资产原值2723万元，流动资产672万元，年产纸4400吨，工业总产值7118万元，工业增加值1002万元，销售收入6804万元，实缴税金248万元。

1999年1月，金荣纸业公司开展文艺活动

（县经贸局提供）

2004年，固定资产原值7424万元，流动资产1678万元。年产瓦楞纸5.61万吨，实现

总产值5148万元，工业增加值683万元，产品销售收入5103万元，上缴税金223万元，获得“百色市非公有制经济十强企业”称号。

2005年，固定资产原值7908万元，流动资产1570万元。全年实现总产值7920万元，产品销售收入7780万元，利润25万元，上缴税金280万元，获得自治区工商行政管理局颁发的“守合同重信用企业”称号。

第七节　其他工业企业

田东县供水有限责任公司　公司始建于1965年，前身为田东县水厂。1989年，日供水能力1241立方米，年供水总量45.3万立方米。

1999年，田东县水厂与田东县平马电灌站、田东县龙须河水管所、田东县百林电灌站等4个法人单位合并组建田东县供水有限责任公司，主要承担县城区、祥周镇区、林逢镇区以及公路沿线村屯的供水任务。

2004年，龙须河水管所、百林电灌站、平马电灌站从供水公司分离出去，公司业务范围变成单纯的城市供水。

2005年，公司固定资产854万元，采用地面水常规处理净水工艺产水，供水规模有一、二车间2座地表水净水厂，在建净水厂1座，日供水能力3.5万立方米。全年完成工业总产值691万元，销售收入691万元。

田东县桂松酒精有限责任公司　位于田东县城南郊，公司占地面积3.33公顷。其前身为田东茂源化工公司，筹建于1995年8月，于1996年10月建成投产，建厂设计规模为年产食用酒精1.3万吨，产品质量执行国家GB10343—2002（普通级），生产原料为木薯、废糖蜜。2004年，由国有企业改制为民营企业，更名为田东县桂松酒精有限责任公司。

广西登高集团有限公司　创立于1998年，集团公司旗下拥有全资子公司13家、控股公司3家、参股公司1家，仅独资公司总资产就达25亿元，集团公司职工总数1500多人。主要从事电力开发、水泥生产、香米加工、宾馆酒店服务。2004—2005年，被评为百色市非公有制经济“十强企业”。2005年，通过公开竞拍收购广西东泥股份有限公司的国有股份，对广西东泥股份有限公司实施控股经营，同时成立广西登高（集团）田东水泥有限公司。

1998年，广西登高集团成立　　（县经贸局提供）

广西邦尔植物制品有限责任公司　公司设址在田东县东海工业区内，于1998年建成投产，是专业从天然植物中提取医药、化工原料的生产型公司，主要产品有“左旋多巴”“芒果苷”“青蒿素”“莽草酸”。

该公司拥有4000多平方米、按GMP标准建设的厂房，采用先进的设备和生产工艺。利用田东丰富农副产品猫豆来提取医药原料“左旋多巴”，用田东的特产芒果树叶提取医药原料“芒果苷”。产品质量和产量稳定，年产“左旋多巴”100吨，95%“芒果苷”10吨。“高纯度左旋多巴高效提取关键技术研究及产业化开发”获得广西科学技术进步奖二等奖。高纯度“芒果苷”工业化生产是国内唯一的厂家，而且拥有自己的知识产权。

2003年，企业固定资产原值82万元，从业人员10人，全年实现工业总产值157万元，工业增加值27万元，销售收入138万元。2004年获得百色市非公有制经济“先进单位”。

2005年，企业固定资产原值125万元，从业人员21人，全年实现工业总产值204万元，工业增加值37万元，销售收入215万元。

广西田东冠誉塑业有限公司 公司位于思林镇东郊那沙新村，前身是1996年创办的田东县思林福利塑料制品厂。2005年6月30日，更名为广西田东冠誉塑业有限公司。

该公司主营产品有塑料再生颗粒、瓦楞纸箱、塑料筐，属再生塑料、废旧塑料类目。企业以收购废旧塑料和废旧编织袋为原材料，加工生产塑料再生颗粒半成品。以再生颗粒、废旧塑料制品破碎料及新塑料颗粒为原料，加工生产各种类型塑料筐。产品畅销于田阳、武鸣、宾阳、贵港、玉林、桂林等市县和贵州、广东、海南等省。

2003年，实现工业总产值105万元，增加值36万元，实现营业收入120万元，利润4万元，上缴税金6万元。

2005年，实现工业总产值189万元，增加值66万元，实现营业收入200万元，利润15万元，上缴税金21万元。

广西田东增年山茶油有限责任公司 公司位于田东合恒村那恒屯，于1999年成立，是一家集山茶油研发、油茶树良种繁衍、山茶油系列产品生产销售于一体的民营企业，拥有资产1030万元，其中固定资产670万元，年生产精炼山茶油600吨。

该公司先后研发生产高级食用山茶油、美容美肤山茶油、药用山茶油、山茶油胶囊等系列产品并畅销国内外。产品通过国家AA级绿色食品和有机食品认证，获得美国食品药品局的FDA注册、国家出口食品卫生注册、国家QS生产许可证。2004年产品获评为“中国名优品牌”，2005年在世界食用油博览会上获银奖。

2005年，增年山茶油有限责任公司生产的食用茶油 （县经贸局提供）

田东县志
（1989—2005）

第九篇

商贸　旅游　招商引资

第一章　商业管理

1989年，国有商业和集体商业占据全县商业的主导地位，全县社会消费品零售总额1.27亿元。

1992年，县国有商业企业从计划经济经营模式逐步向社会主义市场经济经营模式转换，国有商业不再占主导地位，个体经营逐步占领市场。1994年，县属国有和集体商业企业废除传统的商业管理模式，采用国有民营、社有民营的承包、租赁或抽本经营等方式进行改革。

2000年，国有商业企业改制为民营企业，国有商业企业完全退出流通领域，全县社会消费品零售总额4.7亿元。2003年，除少数商品实行国家专卖专营外，个体私营商业取代国有、集体商业的垄断地位，个体私营商业的销售额逐步占据全县的主导地位。

2005年，县供销系统集体商业企业完成全面改制，原集体商业职工全部与单位解除劳动合同，置换集体企业职工身份。当年全县商业网点9927户，从业人员1.33万人，社会消费品零售总额4.82亿元。

第一节　机构

县商业局

1989年，县商业局为代表县人民政府主管全县国有商业工作的行政单位，办公地址位于平马镇庆平街527号，内设行政秘书股、职业教育股、业务股、财会股、经营管理和统计股，领导职数设置一正二副，核定行政编制13名，其中行政编制12名、后勤服务事业编制1名，实有职工16人（干部12人、工人4人）。下辖百货公司、五金公司、糖业公司、食品公司、饮食服务公司、煤炭公司和新洲综合商店。各公司商店以零售为主，自主经营，独立核算，自负盈亏，实有干部87人、工人400人，其中百货公司117人、五金公司73人、糖业公司94人、食品公司68人、饮食服务公司104人、煤炭公司20人。

1990年，驻新洲综合商店因经营不善撤销，职工中是煤矿职工家属的由右江矿务局接收安置，其余人员（包括退休）妥善安排在商业系统。

1995年，县商业局在编12名。其中局长1人，副局长3人，股室8人。下属6个公司共设35个门市部，干部职工433人，其中干部76人，固定工217人，合同工140人。

1996年，县商业局改为田东县商业总公司，继续管理下属6个公司，设35个门市部，干部职工417人，其中干部75人，固定工210人，合同工132人。

1999年5月，田东县商业总公司更名为田东县贸易局，对全县家畜定点屠宰、酒类、盐业等行业进行监督管理。

2000年，田东县贸易局在编人数10名，设局长1人，党组书记1人，副局长2人。内设办公室、经管股、财会股3个股（室），继续管理下属6个公司。全系统人数608人，其中在职干部85人，工人295人，退休干部和工人228人。

2002年，机构改革，田东县贸易局并入县经济贸易局，实有在职职工22人、退休18人、下岗4人。

2005年，全县国有商业系统实有职工593人，其中干部65人，工人284人、退休人员244人。

县商业局历任局长：向德兴（1987年11月至1990年10月）、薄宏（1990年10月至1996年3月）、李明贵（1996年3月至1997年5月）。

县商业总公司历任经理：李明贵（1997年5月至1999年3月）、黄植治（1999年3月至1999年5月）。

县贸易局历任局长：黄植治（1995年5月至2002年2月）。

县烟草专卖局

1984年12月成立，行使卷烟批发业务和烟草专卖管理职能，设有仓储1个，批发部1个。1990年，设立11个代销点，全县国有、集体、个体卷烟经营户1320户。

1999年，健全乡镇批发网点，下辖第一批发部、商场批发部、祥周（管辖新洲工矿区，祥周镇、布兵镇）、林逢（管辖林逢镇、祷午镇）、思林（管辖思林镇、坡塘乡）、朔良等6个卷烟批发部（专卖管理所）。其中自设点7个，配送直供点6个。

2000年，县烟草专卖局（公司）在职员工28人，配局长（经理）1人，副局长1人，副经理1人。内设办公室、财务股、专卖办公室3个股（室），下辖6个卷烟批发部（专卖管理所）。

2004年，将全县辖区分为8个片区，卷烟配送到经营户，持证经营1148户。

2005年，隶属于百色市烟草专卖局（公司），负责全县卷烟经营管理工作，内设综合管理办公室、专卖监督管理办公室、客服办公室。有职工53人，配有局长（经理）1人，副局长1人，副经理1人。

县烟草专卖局历任局长（经理）：苏光亮（1987年10月至1989年5月）、梁伟华（1989年6月至2001年1月）、黄汉琼（2001年1月至2002年1月）、罗舜侃（2002年2月至2005年5月）、高志信（2005年6月至2005年12月）。

县物资局(县物资总公司)

1989年，县物资局属政企合一单位，行使管理和自主经营两种职能。办公地址位于平马镇东宁西路33号，内设金属材料股、机电设备股、化工建材股、生产资料股、行政秘书股和财务股，领导职数设置一正二副，实有干部22人，职工34人。

1992年，成立县物资总公司，与县物资局仍为两块牌子、一套人马，下属9个门市部（站）改称为公司。驻县内公司有物资经营部、金属材料公司、机电设备公司、化工建材公司、金属回收公司，驻县外公司有南宁、柳州、昆明、广州公司，实有干部23人，职工35人。

1996年12月，机构改革，明确县物资供应总公司属企业经济组织，撤销县物资局，当年实有职工38人。

1999年，对原下属的有关公司进行合并，变更名称，原机电设备公司与生产资料公司合并而成机电生资公司；化工建材公司保留原名称，与金属公司分立；原菱镁瓦厂变更而成实业综合开发服务公司，集生产、经营、服务、废旧金属回收于一体。

2000年，县物资总公司在职人员60人，其中干部27人，固定工人19人，合同工人14人。设总经理1人，副总经理2人，总经理助理1人。下属机构有机电生资公司、化工建材公司、金属材料公司、物资菱镁瓦厂。是年，金属材料公司撤销，其员工分流到化工建材公司和机电生资公司。

2005年，县物资总公司设总经理1人，副总经理2人，内设办公室、财务股。在职职工52人，其中干部25人，固定工人15人，合同工人12人。

县物资局历任局长：（1988年6月至1994年1月缺局长）、高绍钦（1994年2月至1997年9月）。

县物资总公司（县物资股份责任有限公司）历任总经理：李能（1997年9月至2001年7月）、农国荣（2001年7月至2005年12月）。

县医药管理局

1989年，县医药管理局行使业务管理职能。当年10月，成立县医药公司，与县医药管理局两块牌子、一套人马，属政企合一单位，办公地点位于平马镇人民路42号，实有职工53人。

1990年10月，县医药公司改为县医药管理局。1995年，县医药管理局领导职数2人，其中局长1人，副局长1人，内设股室有办公室、计财股，下辖机构有医药公司。在职员工59人，在职干部14人。

1997年5月，县医药管理局更名为县医药公司，在职员工65人，在职干部15人。明确县医药公司为企业经济组织，不再加挂县医药管理局牌子，撤销县医药管理局，医药管理职能划归县经济贸易局。

县医药管理局历任局长（经理）：覃文朝（1987年10月至1999年2月）、农定党（1999年2月至2001年7月）、覃文朝（2001年7月至2002年2月）。

县外贸局(公司)

1989年，田东县对外经济贸易局（简称县外贸局）与县对外经济贸易公司（简称县外贸公司）两块牌子、一套人马，属正科级单位。办公地点在平马镇庆平路兴华巷3号。局长兼经理，经理为法人代表，内设政秘股、财会股、业务股，实有职工31人。

1996年12月，机构改革，县外贸公司属企业经济组织，不再挂县外贸局的牌子，公司职工28人，其中经理1人，副经理1人；撤销县外贸局，其部分行政职能转入县经贸局。

1999年，县外贸公司职工37人，其中干部10人。设公司经理1人，党支部书记1人，下属有田东外贸招待所、外贸大酒家2个实业，有农用车停车场、仓库各1个，有多个临街经商门面。

2005年，县外贸公司职工20人，其中干部6人。设公司经理1人。

县外贸局（县外贸公司）历任局长（经理）：杨季贤（1987年10月至1990年10月）、杨怀超（1990年10月至1993年12月）、杨季贤（1993年12月至2005年12月）。

县经济贸易局

1989年，县经济委员会统一协调县工业局、轻工业局、手工业联社、矿产资源管理局、工业项目办公室等，配主任、副主任、调研员、秘书、科员、会计、出纳，人员12人。

1992年，县经济委员会与县工业局合署办公，一套人马，两个牌子，内设政工秘书、行政劳资、企业管理、生产与安全等4个股室，人员19人。1995年，县工业局编制5名，在职19人。

1997年，机构改革，县经济委员会、县财贸委员会、县工业局合并成田东县经济贸易局（简称县经贸局），县二轻工业局并入县经贸局，干部职工19人，配局长1人、副局长3人、党组书记1人。内设办公室、企业管理股、技术改造股、财贸股、职工教育办公室、医药行业管理办公室等6个股室。下辖12个直属单位，职工总数2225人。

2000年，县经贸局设办公室、企业管理股、技术改造股、财贸股、职工教育办公室、医药行业管理办公室、县安全生产领导小组办公室和县生产安全委员会办公室。在编人员18人，下属企业单位人数1996人。

2002年，机构改革，县经贸局接纳贸易局（原县商业总公司）、经济体制改革委员会办公室两个单位的职能及相关岗位人员。设立田东县安全生产监督管理局并在县经贸局挂牌办公。局内设办公室、贸易市场股、工业企业股、培训股4个股室。在编人数15人，经贸局长1人，副局长3人，安监局副局长2人，其他干部8人，工人1人。工业系统职工总人数1589人，其中干部192人，工人1397人；贸易系统人数341人，其中干部83人，工人258人。

2005年，县经贸局领导职数5人，其中局长1人、党组书记1人、副局长2人、纪检组组长1人，内设办公室、贸易市场股、工业企业股、培训股等4个股室，干部12人，工人1人。

县经贸局历任局长（主任）：张本能（1987年10月至1990年10月）、梁善宁（1990年10月至1991年10月）、谢贵生（1991年10月至1993年12月）、黄贵保（1993年12月至1999年3月）、韦世强（1999年3月至2002年3月）、黄植治（2002年3月至2005年12月）。

县供销合作社联合社

1989年，县供销合作社联合社（简称“县供销社”）是集体所有制的合作经济组织，履行对全系统所属企业和基层社的指导、协调、服务和监督等工作职能，属自收自支的事业单位，办公地点位于平马镇中和路10号。内设人事秘书股、劳动人事股、会统股、业务股、经营管理股、物价股、教育股、党委纪检组，领导职数设置一正三副，实有职工27人。下设县农业生产资料公司、县土产日杂果品公司、县供销社贸易公司，平马、祥周、林逢、思林、作登、印茶、朔良、义圩8个供销社，以及布兵、那拔、祷午、江城、坡塘5个分社等企业单位，各类机构网点110个。全系统共有职工651人。

1994—1995年，县供销社设有主任室、人教政秘股、财会股、业务股、监察审计股、安全生产股，下辖县农业生产资料公司、县土产日杂果品公司、县供销社贸易公司。基层供销社有平马、祥周、林逢、思林、作登、印茶、朔良、义圩8个供销社。在布兵、那拔、祷午、江城、坡塘设有分社，分社具体业务由祥周、义圩、林逢、印茶、思林供销社直接管理。

1996—1998年，县供销社恢复了理事会、监事会，两套班子，合署办公。原所属公司、基层供销社不变。县供销社设有理事会主任1人，副主任2人，监事会主任1人，副主任1人（兼），内设办公室、财会股、综合业务股、监察审计股。1998年末，编制18名，三大公司及8个基层社在职职工535人，离退休职工200人。

2000年，县供销社编制16名，下属3个公司及8个基层社在职员工493人。设理事会主任1人，副主任2人；监事会主任1人，副主任1人（兼）；党组书记1人。内设办公室、综合业务股、监察审计股。

2002年，机构改革，明确县供销社为正科级事业单位，内设办公室、综合业务股、监察审计股，领导职数设置一正三副，设党组书记一人，核定事业编制14名，实有职工16人。设有农业生产资料公司、土产日杂果品公司、县供销社贸易公司3个直属公司，下辖基层供销社8个；全系统实有职工465人，离退休人员225人。

2005年，县供销社定编制14名，设主任1人，副主任3人。设有党组、理事会、监事会、办公室、综合业务股、财审股等职能股室。年末在职职工374人，其中在职干部62人，职工312人。离退休人员237人。

县供销社历任主任：唐善达（1987年10月至1991年10月）、吴兆佐（1991年10月至1997年2月）、黄祖英（1997年2月至2006年12月）。

县粮食局

1989年，县粮食局属县人民政府行政部门，办公地址位于平马镇朝阳路5号，内设局长室、办公室、购销股、储运股、财会股等5个股室，领导职数设置一正三副，核定行政编制11名，实有职工20人。

1995年，县粮食局在编人数11人，其中干部10人，工人1人，配有局长1人，副局长2人，党组书记1人，设有局长室、政秘股、纪检室、调研室、购销股、财务室、储运股、统计股等8个股室。下设有油脂厂、饲料公司、挂面厂、县直属库、纸箱厂、平马粮所、合恒粮所、祥周粮所、林逢粮所、思林粮所、印茶粮所、作登粮所、义圩粮所、朔良粮所等14个直辖机构。全系统干部职工共有392人，其中干部148人，工人244人。

1997年，县粮食局改为县人民政府直属事业单位，设置办公室、纪检监察股、购销股、统计股、储运基加股、财会物价股等6个股室，核定行政编制20名，在职干部职工17人。

1998年，县粮食局全系统9个粮所分别成立粮油贸易有限公司，12月起收储（购销）企业和附营企业正式分家，全县粮食系统实有职工570人，其中局本级20人、县粮油公司25人、购销企业（各粮所）170人、附营企业（各粮贸公司）185人、离退休人员170人。

2002年，机构改革，县粮食局属县人民政府工作部门，行政经费由县财政列入全额拨款，领导职数为一正二副，内设办公室、综合股、检查股，核定编制12人，其中核定行政编制11人、后勤事业编制1人，实有职工13人。

2003年12月起，实施粮食企业改革，将原有的10个法人企业重组为县粮食购销公司、储备粮管理公司、穗丰宾馆等3个法人企业；粮食购销公司、储备粮管理公司协助进行自治区、县级储备粮的收购、代储、轮换和原有粮所（粮站）的资产管理工作，各乡镇粮站保留1人；原有的粮所改为粮站，油脂厂不具法人资格。全系统原企业职工380人，除符合离岗退养243人外，有130人与企业解除劳动关系，并按县人民政府文件规定给予一定的经济补偿，实行全员置换身份。

2004年，经过置换职工身份后，县粮食系统实有职工239人（包括粮改后离岗退养职工），其中县粮食局14人（包括储备粮管理公司）。2005年，县粮食系统实有职工107人，其中县粮食局12人。

县粮食局历任局长：唐大礼（1987年11月至1990年12月）、林天保（1990年12月至2002年2月）、蒙祥京（2002年2月至2002年12月）、曹加尚（2002年12月至2005年12月）。

直属事业单位　1989年，县粮食局设有直属库、饲料公司、油脂厂等直属单位3个，共有职工95人。

1992年，成立田东县粮油总公司，与粮食局实行一套人马、两块牌子，政企并存，负责粮食收储业务，经费自收自支。

1997年，下设县粮油总公司和县粮食服务站，实为一套人马、两块牌子，核定编制16名。

1998年11月，成立县储备粮管理公司，经费财政全额拨款，事业编制，核定编制5名；成立粮油贸易有限公司18个，其人事和业务隶属县粮食局。

2002年5月，撤销18个粮油贸易有限公司，成立相应的18个粮油购销经营部。

2005年，原粮食局所属挂面厂、纸箱厂、饲料公司、粮食加工等企业（不具法人资格）由个人承包，自主经营，自负盈亏。县储备粮管理公司实有职工7人。

各乡镇粮食管理所　1989年，县粮食局设有平马镇、合恒、祥周镇、林逢乡、思林镇、印茶乡、作登瑶族乡、义圩乡、朔良乡等9个乡镇粮食管理所，均属独立核算单位，共有职工365人。

1992年6月，9个乡镇粮所人事权下放所属乡镇人民政府管理，业务由县粮食局管理。1996年1月，各粮所收归县粮食局统一管理。

2003年12月，原各乡镇粮所改名为粮站，油脂厂不具法人资格。2005年，撤销平马、祥周、林逢、思林、作登、印茶、朔良、义圩等乡镇粮所的独立法人资格，依法组建粮食购销公司、储备粮管理公司等3个粮食企业。离岗退养人员132人，企业职工95人。

第二节　国有商业体制

管理与改革

田东县国有商业系统主要指县商业局（县经贸局）管理的百货公司、五金公司、糖业烟酒公司、饮食服务公司、食品公司、煤炭公司及新洲综合商店。1989年，主要销售商品有生活用品、电器、农副产品等，全系统商品购进15920万元，其中从全民所有制商业和供销合作社购进6390万元、其他国有商业购进1945万元、其他集体所有制商业购进4002万元、个体商业购进3583万元；总销售11975万元，其中从全民所有制商业和供销合作社购进后销售8374万元、其他国有商业购进后销售473万元、其他集体所有制商业购进后销售968万元、个体商业购进后销售2160万元。

1990年，五金交电公司根据市场需求，在资金紧缺的情况下，兼并县商业综合公司，投资13万元购买田东米粉厂厂房建楼房，将一楼改为该公司第五门市部，经营面积260平方米，做到紧俏商品优先保证资金，适销商品合理使用资金，组织各种型号自行车投放市场，全年销售1280辆。饮食服务公司重点提供宾馆服务，全年营业额30万元。百货公司根据市场发展，扩建装修百货大楼，开设糖烟酒、百货、鞋类、钟表、针纺织品、成衣、文化用品等7个柜台，全年销售针纺织品116万元、百货类141万元、文化用品类37万元、食品类146万元，副食品类93万元、成衣类25万元、鞋类12万元，全年销售额570万元。

1989年，县国有商业系统发展和完善经营承包责任制，县财政局不再统一与县商业局签订承包合同，直接与百货公司、五金交电公司、糖业烟酒公司等3家有盈利的企业签订承包合同，分别上缴利税的任务为9.5万元、7.5万元、24万元。县食品公司、饮食服务公司、新洲综合商店等这几家效益不稳定的公司，由县商业局下达实现利润任务的形式进行承包，公司实现利润的任务分别为0.5万元、1.5万元、0.3万元。实行劳动优化组合的管理办法，由公司经理聘用批发部、零售部的正、副主任，批发部、零售部的主任挑选业务员和柜组组长，业务员和柜组组长自由选择自己满意的员工组成承包小组。对组合不上的员工，由公司进行集中学习培训，另行安排工作岗位。通过优化劳动组合，使职工工作责任心有所增强，积极性得到进一步提高，克服干多干少一样，干好干坏一个样的弊端。与此同时，转换企业内部经营机制。1989年前，以一个公司为独立核算单位，实行承包制后，为使各项责任得到进一步的落实，各公司把与财政部门签订的承包任务分解到各个批发部和零售门市部。各批发部、零售门市部为单位核算，所有权与经营权分开，各批发部、零售门市部有经营自主权。实行经济效益与工资挂钩的办法，改变工资分配制度。实行经营承包责任制的企业，完成和超额完成利税上缴任务的，劳动部门核定给企业的员工统一调升一级工资，不完成的则不得提资。对员工采取百元工资含量的办法，确定每人的销售任务，按销售额与工资比例来计发职工工资，做到上不封顶，下不保底，多劳多得。

1988年，全国出现投资过热、消费过热的情况，导致全国性的通货膨胀，田东商业贸易受到冲击。1989年，国家压缩基本建设投资，紧缩财政和信贷，控制货币发行量，商业购销出现萧条、滑坡和疲软等现象。为此，县商业公司及时调整经营方式，开展“走出去”和“请进来”的办法，及时组织适销对路的商品，派员到区内外各大批发站、厂家等联系购货；到各乡镇基层供销社、厂矿等上门推销。百货公司、五金交电公司每一个季度召开供货会，制订各种优惠政策，开展分期付款、延期付款、薄利多销等营销活动；到街上、农村、厂矿等摆摊进行推销等方式，使商业购销在市场疲软的情况下仍然保持旺销的势头。

1990年，县商业部门根据生活必需品供应情况，开拓市场，扩大商品销售。百货公司、五金交电和饮食服务公司针对市场特点，灵活经营，择优进货，采取从工厂直接进货等方法，实现成交额214万元；全年主动送货下乡1180人次，巡回展销，实现商品成交额1701.42万元。全年，百货公司上缴利税10.2万元、五金交电公司上缴利税8.64万元、糖业烟酒公司上缴利税25.92万元，县食品公司上缴利税0.54万元、饮食服务公司上缴利税1.62万元、新洲综合商店上缴利税0.32万元。

1991年，商业经营受市场疲软的影响，企业经济效益大幅度滑坡，经营承包难于落实。由于对过期过时、残次商品等滞留在仓库不处理，导致库存商品越积越多，本应提取和摊销的费用不提取和摊销，造成企业虚盈实亏，发展后劲不足，包袱重。为改变这种状况，县商业局重新调整任命各企业领导。新班子上任后，转变经营观念，及时采取措施，改变以往重批发、轻零售的观念，加强门市部的销售管理工作。百货公司采取“批、零”合一，调整和充实门市部的领导，重新装修棉布楼门市部，改变经营商品的位置排放，方便群众购买。在百货大楼及庆平商场增设成衣等专柜，扩大经营品种。五金交电公司新增门市部，抽业务骨干负责管理，加强公司批发部与零售门市部的联系协调。由于国家食糖经营由过去统购统销政策改为全面放开，由于县糖厂自产自销，糖业烟酒公司及时调整经营策略，主动到区内外去联系、推销，是年食糖销售1552吨。食品公司组织人员下乡收购生猪供应市场，实行一业为主、多种经营的方式，利用自身有冷库的有利条件开拓经营冰淇淋、橙露、冰啤酒、冰豆奶等批发和零售业务，并加强对经营的旅馆、停车场、酒家等的管理。是年食品公司商品购进额250万元，销售额282万元，上缴税金9.86万元，年末库存12万元。

1992年，县商业总公司下属百货公司盈利0.19万元、糖业烟酒公司盈利0.16万元、五金交电公司盈利6.22万元、煤炭公司盈利1.47万元、饮食服务公司亏损5万元、食品公司亏损8.5万元。是年全系统盈亏相抵后，亏损额5.67万元，上缴税金60.47万元。

1993年，国有商业系统商品购进2702万元，商品销售总额为3194万元，实现利税93.97万元，全系统补贴前实现利润总额12.23万元，当年实现扭亏为盈。从1995年开始，全县国有商业购销下跌，连年亏损。

1998年起，县商业总公司担负起全县的生猪屠宰管理和酒类流通管理的职能，家畜定点屠宰业务归口县食品公司经营。当年，县食品公司投入80多万元资金，在公司大院内建成一家定点的机械化屠宰厂；在祥周、林逢、思林等镇投资30多万元，新建3个家畜定点屠宰场。全县设屠宰场点13个，外调生猪1780头。国有商业系统商品购进总额2102万元，商品销售总额2315万元。

2000—2005年，各公司探索适合自身发展的改革，百货公司推行租赁制改革，食品公司采取“三定”（定编、定员、定额）形式改革，物资总公司推行股份制改革。

2001年，县经济贸易局与下属各企业签订《田东县贸易系统2001年经营目标管理责任状》。百货公司投资50万元，将庆平营业大楼装修改造成超市，取名“百货公司利客隆庆平超市”。五金公司将第四门市部3开间门面装修改造成酒类批发中心。食品公司、煤炭公司将地处县城中心的2处陈旧门面推倒，重建一栋六层的商住综合集资大楼。

2005年，百货公司建有利客隆超市2家，糖业公司有新的综合大楼及批发街，食品公司有13家家畜定点屠宰场厂场及2栋商住综合大楼。饮食服务公司有1家中型的农贸市场和1家银河家电城，并投资230多万元，对中山市场进行一期、二期扩建，扩建面积增加3693平方米，成为田东县第二大农贸市场。是年，国家商务部实施“万村千乡市场工程”，田东县成为自治区第一批试点县之一，县糖业公司成为田东县实施该工程的承办企业。全县选定621家农村商店为县第一批改造对象，把他们装修改造成万村千乡市场工程农家店。是年，国有商业企业批发、零售商品销售总额4401万元，其中批发销售1235万元、零售3166万元。

县食品公司

1989年，县食品公司经营旅馆1个、零售门市部3个、冷饮门市部1个、饲料加工厂1个、饮食酒家1个。当年实现利润任务0.5万元。

1992年，商品购进244万元、副食品186万元，商品销售267万元、副食品233万元，全年公司亏损8.53万元。

1995年，经营旅社业，固定资产投入100万元。全年商品购进总额281万元，商品销售总额290万元，商品零售20万元，上利8.4万元，利润0.27万元。

1996—1997年，南（宁）昆（明）铁路通车，县食品公司很多大宗商品从外省直接运到田东，改变过去经火车运抵南宁后，再转水运或用汽车运到公司定点销售点的做法，减少了环节，降低了成本。同时，改变经营方式，对其下属的5个门店重新进行承包，如停车场改由5个职工承包，年内上缴给公司承包费4.2万元，职工工资及一切费用均由承包者负责，减少公司的经费开支。通过优化组合，强化劳动管理，下属部门职工调动积极性，做到任务明确，自主经营，自负盈亏，照章纳税，自主用工，自主分配，职工月收入比承包前有所提高。

1998年，把饲料经营由零散走向规模，由原来的汽车运输转为火车发货，使饲料经营有了新的飞跃，年内总销售量1200吨，营业额400万元。

1999年，县食品公司到县南北山区乡镇开设家畜定点屠宰场、点，实现每一个乡镇有一家定点屠宰场厂的目标。投资120万元，建设县城机械化屠宰厂，日屠宰量可达500头。全年全县进点屠宰家畜6.95万头。

2002年，投资30多万元对祥周屠宰场进行迁建，成为田东县第三家机械化屠宰场厂；投入10万元对其他乡镇的屠宰场进行装修，更新用具、设备。

2004年，将原飞凤旅社旧楼推倒重建第二栋商住综合大楼；将第一层和地下室出租给百汇超市。

2005年，完成生猪定点屠宰12.98万头，税费收入1800万元。

县煤炭公司

1989年，煤炭公司是县商业局下辖公司之一，经营有2个煤球加工场，1个液化气供应站。公司干部职工20人。当年，市场疲软，经营受到冲击。煤炭液类购进额6万元，销售额6.26万元，盈利1.34万元，上缴税金0.26万元，年末库存总值0.62万元。

1993年，投资35万元，征地0.47公顷，建一个年产1万吨蜂窝煤加工厂。原煤、块煤的直调和液化气销售增长，蜂窝煤销售下降。是年实现利润1.42万元。

1994年，实行集体承包制，适时组织适销对路的商品供应市场。全年商品购进总额116万元，销售总额160万元，实现利润1.33万元。

1999年，经营网点主要有液化气店。由于客户拖欠煤，右江矿务局不再提供货源，中断了直调煤的生意。为此，公司实行经营承包责任制，职工承包门面，自主经营，自负盈亏。

2001年，盘活资产，将地处县城中心处陈旧门店推倒，建一栋商住综合大楼。第一层为经营场地，第二至五层为职工集资住房，大楼总投资200万元，第一层经营面积1100平方米。

2002年12月，新建的商住综合大楼建设工程竣工，因无资金无法经营。该场地与百货公司利客隆庆平超市相连，由百货公司承租。

2003—2005年，由于个体经营迅猛发展，公司无力经营，所有门店实行租赁经营，由职工承包，自主经营，自负盈亏。

1989—1998年田东县国有商业系统主要商品销售情况表

表9-1-1

品名	单位	1989年	1990年	1991年	1992年	1993年	1994年	1995年	1996年	1997年	1998年
棉布	百米	23775	14313	11168	8820	11033	5000	1772	1344	1115	926
化纤布	百米	33	29	58	35	11	6	5	0.9	1.5	6
化纤混纺布	百米	21	15	14	7	0.5	2.1	0.4	0.5	0.6	0.6
呢绒	百米	8	7	9	5	6	6	5	5	5	5
绸缎	百米	4	4	5	6	7	7	6	6	6	6
棉毛衫裤	百件	52	44	58	49	31	24	17	16	26	34
卫生衫裤	百件	12	9	7	3	0.8	0.6	—	—	—	—
各种服装	百件	29	27	34	19	24	24	20	20	21	18
毛线	百千克	42	31	20	16	10	3	—	—	—	—
胶鞋	百双	665	542	560	508	490	835	459	425	265	175
皮鞋	百双	408	418	540	378	448	739	346	299	129	290
肥皂	百箱	58	32	16	8	9	7	4	—	—	—
洗衣粉	吨	336	254	212	131	107	92	51	41	26	10
缝纫机	架	838	686	706	548	158	119	98	83	68	52
手表	百块	58	31	25	23	12	10	7	5	4	3
保温瓶	百只	299	277	348	198	252	245	203	208	212	183
自行车	辆	9658	7348	6465	9045	9498	6860	5258	5549	2744	1222
黑白电视机	台	2403	1788	1799	2502	3424	2747	1739	1755	1636	727
彩色电视机	台	645	285	457	831	942	689	783	598	477	338
电冰箱(冰柜)	台	170	108	285	478	213	476	359	460	110	67
洗衣机	台	985	976	809	1108	481	146	1331	853	533	382
风扇	台	11374	4556	5515	6254	6914	5477	3583	3788	1748	1093
录音机	台	961	744	343	1163	916	1194	1232	340	872	341
收音机	台	323	299	376	214	272	265	219	224	229	197
牛和牛肉	百头	15	22	9	15	15	—	—	12	—	—
猪肉	吨	3580	2995	3487	4715	4715	5321	6435	5458	5562	4800
食糖	吨	1552	1166	6721	1017	1017	1633	2036	1136	1253	1406
卷烟	箱	5211	6155	5584	6493	6515	6478	6609	6747	6429	6523
火柴	百件	23	21	26	15	19	25	21	21	22	19
酒类	吨	240	223	279	159	202	197	163	167	170	147
摩托车	辆	—	—	—	115	148	144	119	122	125	108
空调器	台	—	—	—	2	3	3	8	11	17	15
抽油烟机	台	—	—	—	316	512	512	296	180	82	96
录像机	台	—	—	—	50	25	25	20	15	6	10

1999—2002年田东县贸易系统财务指标对照表

表9-1-2 单位:万元

项目	商品购进总额				营业收入总额				利润总额				上缴利税总额			
企业	1999	2000	2001	2002	1999	2000	2001	2002	1999	2000	2001	2002	1999	2000	2001	2002
百货公司	440	926	972	1179	402	851	1002	1140	-8.78	0.23	0.67	0.6	6.36	21.04	40.17	38
五金交电公司	439	313	406	671	517	374	398	682	-10.77	-16.26	-16.18	-5.9	12.16	24.94	15.99	13.2
糖业烟酒公司	613	684	705	892	654	688	740	936	-28.44	-3.13	0.17	-0.01	7.22	6.85	10.21	8.1
食品公司	219	217	101	112	225	218	337	181	6.3	0.48	7.10	1.2	17.85	19.06	15.48	17.2
饮食服务公司	450	501	352	426	552	508	458	534	0.33	0.62	-6.11	0.3	20.4	11.13	17.97	12
煤炭公司	14	13	21	21	15	12	26	24	1.18	0.62	-4.68	0.02	1.38	1.73	1.68	1.4
合计	2175	2654	2557	3189	2365	2651	2961	3497	-60.18	-17.44	-19.03	-3.79	65.37	84.75	101.5	89.9

说明:摘自《田东年鉴》(1999—2002)

第三节 集体商业体制

1989年，县供销社按照所有权与经营权分离的原则，推行承包经营机制，基层社实行“纳利税润目标管理”。对所得税采取“包死基数，确保上交，超收自留，欠收自补”的办法，一定三年，比例递增。当年，供销系统商品销售总额4584.36万元。

1990年，筹建田东供销社土产日杂果品公司桐油加工厂，尝试工贸一体化的经营理念。

1992年，除国家定价的棉花、化肥、农药、农用薄膜、食盐等商品和絮棉、黄红麻、元钉、铁丝、棉布、涤棉布、床单、肥皂、火柴、卫生纸、铁锅、饭碗等继续执行国家指导价外，其余商品由企业自主定价，市场价格全部放开。百色地区供销社在田东县供销系统进行“四放开”（即经营、价格、用工、分配放开）改革试点，定平马镇供销社为试点单位。是年，清理过去供销系统在农村建立的“双代店”“双代员”的欠款遗留问题，年内有38人赔退，合计金额4.17万元。

1993年，县供销系统总结平马供销社改革开放经验，推广和实行“定人员、定资金、定利率、定工资含量、定费用、包利润”办法，同时实行风险抵押，优化组合，投标承包。各基层供销社经济效益都有好转。平马、祥周、印茶、思林4个基层供销社年度生产资料销售完成较好，全年共完成销售1435.58万元，其中平马供销社完成生活资料销售432.69万元。与此同时，加大反腐力度。供销社系统发生贪污挪用经济案件7起7人，金额3.77万元，有3人还款1.93万元，有2人被开除公职。

1994年，供销系统在生活资料柜组全面推行“五定一包”（定人员、定资金、定费用、定综合差率、定销售任务，包干上缴利润），生产资料门店实行“百元销售工资含量”，农副产品收购门店实行部分“大包干”和全员风险抵押等经营承包责任制。1994年前，企业仍执行国家制定的统一等级工资标准，由政府统一安排进行工资调整；每次工资调整，或按职工人数，或按工资总额，或按工效挂钩，核定工资总额，限定工资级差。1994年，进行税制改革，原在供销系统推行的专业公司“承包经营”和基层供销社“纳利税润目标管理”不再实行，废除八级超额累进所得税制度，实行照章按统一税率33%缴纳所得税的制度。

1995年，县供销社建设农资公司复合肥厂，走上工贸一体化的经营路子。部分基层社开设社员股金服务部，扩大吸收社员股金。是年，吸纳全社社员股金达373.51万元，缓解了银行停止贷款和减少贷款所带来的资金不足。全面实行全员劳动合同制度，全系统基层社、公司的员工均跟单位签订书面合同和岗位责任书。

1996—1998年，县供销社实行所得留成与实现利润挂钩，留成资金通常为上年30%~40%的留利，用于补充流动资金、扶持生产资金，补充流动资金由县供销社掌握。企业自留部分用于企业股金分红、职工奖金和集体福利事业。在商品管理上，县直属公司实行分类和单项管理与核算，基层社实行“拨货计价实物负责制”，推行“五定”（定销售额、定经营品种、定劳动效率、定差错率、定商品资金）管理和柜组核算。建立经营管理责任制，把资金管理列入领导任期目标责任制的重要内容进行考核，门店经营实行风险抵押承包，按照必备商品目录确定商品库存定额，改进商品库存结构，加强非商品资金管理，减少结算资金占用，保持社有资金完整性。按社章规定，凡入社社员须缴纳一定股金，对社员股金实行保息分红的办法。1998年后，由于企业连续亏损，形成群体挤兑现象，按照国务院要求社员股金予以分期转退，并一般按18%上下提取股息分红比例，消除股金风险。

1999年，县供销社开始推行“人事、劳动、分配三项制度”改革。在人事制度改革方面，县联社的中层领导由理事会考核聘用后产生；股室人员则根据本股室的定编名额聘用本股室的员工，落聘员工则分流到下属企业；直属公司的正副经理采用职工民主选举，理事会考核聘任的办法产生；基层社的正副主任按社章规定由社员代表大会选举产生；所属企业的管理员工实行定岗定员、平等竞岗的用人机制。通过人事制度改革，县联社机关由原来的18人精简到16人，民主选举产生公司经理3人、副经理5人。经考核后全部聘用，落选2人。全系统管理员工由原来80人，精简到65人，精简出来的管理人员充实到生产经营第一线，打破了“铁交椅”。在劳动制度改革方面，全系统打破了干部与工人原来身份的界限，统称供销社员工，打破了“铁饭碗”。在分配制度改革方面，以农资公司、土产日杂果品公司及祥周、林逢供销杜为试点，管理员的工资由基础工资、职务工资、工龄补贴、效益工资四项组成，不执行档案工资，打破了“铁工资”。同时，全系统进一步完善经营管理目标责任制，生活资料门店全部实行抽本承包经营。农业生产资料门店实行计件工资或百元销售工资含量的经营管理责任制。其余人员则按签订的“工作目标责任状”实行风险抵押制。这些改革促进了全系统购销业务的顺利开展。

2000年，县供销社系统进一步完善“三项制度”改革，制定《田东县供销社关于全系统管理员工实行分配制度改革的决定》，全面执行企业工资总额与经济效益相挂钩的办法，真正地形成了收入随岗位、效益等因素的变化而变化的分配机制。因管理机制问题，社员股金出现了兑付困难，在自治区的统一安排下，完成社员股金清理整顿工作，确保社员队伍稳定。县土产日杂果品公司桐油加工厂、县农资公司复合肥厂先后投产，标志着县供销社真正走上了工贸一体化的经营路子。是年，供销社11个企业解除303名全民合同工与集体合同工的劳动关系，支付经济补偿金80.94万元，职工人数从原来的796人减少到493人。

2001年，县供销社以服务“三农”（农村、农业、农民）为宗旨，以实现全系统扭亏为盈为经营目标，做好化肥、农药的营销工作，提高市场占有率。当年，化肥、农药的经营政策变动较大，外地企业、经营单位在田东县设点经营，市场竞争市场激烈。在此背景下，县供销社提出“冬储与营销并重”的经营理念，落实化肥冬储，开春销售，在市场竞争中依然保持主导地位。

2003年，县供销社实施“新网工程”改造，通过“小超市，大流通”，促进供销合作社商业体制改革。所属企业管理员工一律实行“岗位有职责，工作有目标，酬劳按绩取”的劳动分配制度，完善责、权、利紧密挂钩的分配机制和激励机制。县贸易公司的东恒旅馆和县农资公司生资商场等，因经营亏损，经单位职工大会讨论，决定向社会公开招标，租赁给经济能人经营，38名员工进行分流。所分流员工由单位负担全额养老保险和发放生活费补助，从而扭转了贸易公司东恒旅馆、农资公司生资商场亏损经营的局势，促进整个系统经营业务的健康发展。

2002—2005年，解除固定职工劳动关系91人，实行内部退养职工237人，留置企业管理人员62人；处置资产筹集改革资金1785万元，其中用于经济补偿金支付120.24万元，补缴拖欠养老金、失业金127万元，清退社员股金77.76万元，归还银行借款1280万元，提取内退职工保障金132万元，补发拖欠职工工资48万元。根据有关文件规定，解除劳动关系职工按每年工龄300~500元不等支付补偿金，内部退养职工每月发放150元生活费。

2005年，县供销社探索适应社会主义市场经济的经营路子，对所属企业加强管理，进一步健全各项管理制度。县供销社系统商品销售总额6580万元。

1989—2005年，供销社系统缴纳各种税金1130.54万元，实现利润247.9万元，年均上缴利税15.49万元。其间的1995—1998年虽连年亏损，但仍缴纳税金69.6万元，年均17.4万元。

1989—2005年供销系统商品购销情况表

表9-1-3　　单位：万元

年份	商品购进总额	其中：农副产品购进总额	商品销售总额	其中：商品零售额	利润总额
1989	2583	256	4584	1471	27.51
1990	2717	391	5447	2998	29.98
1991	4266	599	5687	3113	34.39
1992	4122	644	5107	2848	-15.72
1993	3591	580	4674	2791	-116.00
1994	3639	702	4811	1087	59.72
1995	4463	743	6459	1136	-9.25
1996	4518	1012	6541	1079	-8.96
1997	6498	1032	7947	1156	-8.29
1998	7128	1060	8780	1395	-7.28
1999	4411	287	5325	1310	1.06
2000	4487	321	5004	1161	1.45
2001	4671	205	5157	1267	2.63
2002	4913	252	5768	1355	5.36
2003	5229	311	5936	1446	7.89
2004	5531	491	6270	1536	8.50
2005	6080	540	6580	1701	3.18

第四节　个体商业体制

1989年，县工商行政管理部门支持城镇待业人员和居民从事个体商业经营，全县个体私营商业有4513户，从业人员6305人，注册资金1256万元。私人联办商业198家，从业人数4210人，注册资金3681万元。个体商业消费品零售额2610万元，个体饮食消费品零售额972.42万元。

1990年，县工商行政管理部门根据实际情况和市场的需要，除国家明文规定禁止经营的商品外，其余一律放开。对重要的生产资料，制定优惠政策鼓励农民和城镇待业青年经商，只要符合条件均准予经营。全县个体商业户发展迅速，个体商业网点遍及城镇和乡村，年底全县有个体私营商业5528户、从业人员7320人、注册资金1538.48万元。个体商业消费品零售额2115万元，个体饮食消费品零售额938.9万元，个体商业社会消费品零售额825.79万元。联办商业户发展相对缓慢，全县仅有200家，从业人员4814人，注册资金4856万元。

1995年，田东县落实自治区人民政府《关于进一步加快我区个体私营经济发展的决定》，分析全县个体私营经济发展趋势，提出加快个体私营经济发展的对策。支持个体私营经济发展，制止乱收费、乱摊派、乱罚款行为，解决个体工商户、私营企业的实际困难，为个体私营经济发展创造公平竞争的环境。工商管理部门在登记管理工作中，简化办照程序，下放临时执照的核发权，依法保护合法经营，开展例行年度检验营业执照，坚决取缔无照经营。开展市场“脏、乱、差”清理整顿、创文明市场活动，取缔无照经营56户，使个体私营经济得到持续、稳定、健康发展。当年全县个体私营商业发展到7053户，从业人员9308人，注册资金1275万元；私营企业16户，雇工236人，注册资金972万元。全县个体私营企业营业额4776万元，个体经济社会消费品零售额3088万元。

1996年起，田东县将个体私营经济发展任务下达至各乡镇人民政府，作为衡量乡镇领导干部政绩的一个重要指标进行考核。年底全县个体私营工商户7823户，注册资金为2253万元，从业人员10028人。

1997年，各乡镇在发展个体私营经济工作中，优先照顾下岗职工，优先安排摊位，优先办理营业执照，并在办照、摊位费和个体管理费上减半收取，全年新发展个体工商户1159户。

1998年，成立田东县个体私营经济协会，各乡镇亦相应成立分会，并签订发展目标管理责任状。引导下岗职工从事个体经营和到私营企业再就业，在管理费和办执照等方面给予优惠政策。将农村个体种养殖业、农副产品加工业、运输业纳入工商登记管理范畴，逐步引导和发展。全县发展个体工商户10306户，从业人员12781人，注册资金3746万元，年销售总额14426万元；私营企业发展到36户，投资者102人，雇工457人，注册资金2201万元。

1999年，拓宽个体私营经济生产经营领域。重点发展亚热带特色的种植业、林果业、畜牧水产养殖业，把发展个体私营经济引向广阔的农村市场。发展新个体营销员3080人，并对营销员进行培训。当年，销往北京、哈尔滨等地的芒果有7493.6吨。开辟中山市场、金穗市场门前、农业局庆平街三条夜市饮食街。年末，全县发展个体工商户到12161户，从业人员14953人，注册资金4483万元。田东获自治区人民政府授予发展非公有制经济先进县。

2000年，对下岗职工从事个体工商业实行“免一减二”措施，对中、高残疾人员的个体户减免个体管理费。引导农民跳出“只种不销”的陈旧观念，参与营销，从事经纪活动。鼓励和指导私营业主大胆承包、租赁、兼并国有小企业。对从事种养业的个体私营实行“先上车，后补票”，先登记，不收费，鼓励发展。组织100多名个体私营老板分批赴海南、北京以及华东的无锡、南京、上海考察，学习发达地区先进经验。是年，全县个体工商户9512户，从业人员11687人，注册资金3694万元，年销售总额14593万元。

2004年，为下岗失业人员提供绿色通道，全县新增个体户3118户，从业人员3231人，注册资金1845万元。全年为下岗失业人员免费办照50本，免收登记费2000元、管理费4.89万元；对经营困难的628户个体户，减免个体工商户管理费和市场管理费5万余元。

2005年，通过采取下放监管权、简化登记程序、推行“首问责任制”、建立联系点制度等措施，营造亲商、爱商、护商的氛围，促进田东县个体私营经济健康发展。当年发展个体工商户1186户，注册资金897万元，从业人员1398人。

第二章 商品经营

1989年，田东县国有、集体商业企业实行统购统销，零售业仍处在规模小、品种少、经营手段落后的阶段。20世纪90年代，随着消费品市场逐步由计划经济向市场经济转化，个体商业户发展迅速，传统的生产资料、农副产品、日用百货、五金交电、食品、医药等商品购销以市场调节为主，实行议购议销。粮食市场逐步放开，食盐、烟草、石油、烟花爆竹等特色商品实行专营专卖，公有制商业仍占据重要地位。21世纪初，公有制商业衰退，民营商业成为日用消费品的重要力量，大型超市、专卖店、便利店、商场等成为商业零售的主体。2005年，全县社会消费品零售总额4.8亿元。

第一节 日用百货

1989年，田东县日用百货的经营，县城仍以百货公司为主，乡镇以基层供销社为主。全县有日用百货网点32个，从业人员320人。全年商品购进总额289万元，销售总额600万元，利润27.43万元，上缴税金37.98万元，年末库存总值1007万元。

1991年，县内市场出现滑坡和疲软，日用百货销售受到冲击，百货公司当年亏损18.7万元。1992年，日用百货销售形成国有商业、集体商业、个体商业三分天下局面。县百货公司当年扭亏为盈，商品购进总额788万元，销售总额886万元，利润0.19万元，上缴税金19.23万元，年末库存总值935万元。

1995年，县百货公司商品购进总额826万元，商品销售总额851万元，商品零售516万元，实现利润0.23万元，上缴利税44万元。

2000年，县百货公司商品购进总额926万元，商品销售额为851万元，比1999年同期增长449万元，增幅为111.69%。

20世纪90年代，县城百货大楼商品琳琅满目

（县经贸局提供）

2001年，百货公司利客隆庆平超市于5月28日正式开张营业，成为田东第二家超市。当年，百货公司实现销售额1000万元，实现利润0.6万元，实现税金32万元。

2003年后，国有和集体商业在日用百货的购销业务日趋弱化，日用百货主要由个体企业经营。县内出现多个超市，采用连锁经营方式，成为日用百货主要经营户。2005年，国有商业和集体商业日用百货退出市场。

第二节　五金交电

田东县经营销售五金交电商品的企业主要有田东县五金公司和田东县供销合作社。

1989年，田东县五金交电公司经营五金、交电、化工等商品的批发零售业务，有商品批发部1个，零售门市部5个，服务（家用电器修理）网点1个，营业面积850平方米，仓库面积1400平方米，经营品种2750个，商品购进176万元，零售额441万元，利润11.56万元，上缴税金21.47万元，年末库存总量198万元。销售元钉102.38吨、镀锌铁丝96.82吨、自行车9658辆、灯泡82.48万只、收音机323台、录放机961台、电视机4776台、洗衣机985台、电风扇11374台、挂钟1.32万个。

1989—1990年，田东县农村经济收入逐渐见好，农民收入增加，电风扇、电视机、录放机和少量的洗衣机、电冰箱等高档家电产品逐渐畅销。

20世纪90年代，县内五金、交电商品种类变化不大，但电器类则有较明显的时代感。彩色电视机普及，VCD和DVD机代替收音机、录放机，洗衣机进入寻常百姓家，空调逐渐代替电风扇。1995年，县五金公司商品购进总额531万元，商品销售总额670万元，商品零售666万元，固定资产增加1.4万元，创利0.7万元。同时加强对国有资金的管理，严防国家商品资金流失，全年共收回承包合同商品资金25万元。1998年，县五金交电公司在原来经营的基础上，再开拓市场，增加摩托车的经营，摩托车品种由原来的5个系列扩大到10多个系列，仅摩托车销售额就达200多万元。全年，购进总额363万元，销售总额553万元。

2005年，田东县宏昌电器商场经营家用电器种类繁多
（县经贸局提供）

2000—2005年以后，随着经济不断发展，生活水准的提高，城乡居民对家电产品的需求与日俱增，彩色电视机、洗衣机、电冰箱成为城镇居民的普遍消费品。

第三节　糖业　饮食服务

糖　业

1989年，县糖业烟酒公司主要经营零售门市部6个，糕点门市部1个，批发部1个，米粉小食店1个。经营全县的糖、烟、酒、副食品等批发、调拨、零售业务。年商品购进额1787万元，商品销售额为632万元，利润68.24万元，上缴税金63.89万元，年末库存总值621万元。

1991年，商品购进额1991万元，商品销售额为2737万元，亏损45.76万元，上缴税金17.52万元，年末库存总值206万元。

1992年，增设零售网点，扩宽营业场地，举办有奖销售活动。商品购进额355万元，商品销售额为414万元，利润0.16万元，上缴税金9.06万元，年末库存总值76万元。

1993年，摆摊设点增销3万元，免费送货下乡增额5万多元，开拓边贸经营增销10万多元。投入3.3万元，对饼干加工场空余的房屋进行改造装修，扩大营业面积110平方米，增加销售收入64万元。全年商品购进额为620万元，商品销售额为665万元，实现利润2.8万元。

1995年，上半年对形势判断失误，购进储备食糖310吨没有销出，新糖上市价格下降，全年食糖减少销售900吨。全年商品购进额539万元，商品销售额594万元，上缴利税13.7万元，亏损额23.88万元。

1996年，利用在县城的地盘、资金、人员、信誉、库房面积5300平方米等多方面的优势，先后取得秦提三花酒、柳州鱼峰啤酒、董泉酒厂、东兰米酒等在田东的总代理和各地厂家联销。仅销售鱼峰啤酒一项，年内总销售量1.5万件，共36万瓶，销售金额为64.8万元。年内，商品总购进额573万元，总销售额655万元。

1997—1998年，健全销售网络，扩大购销，成立送货上门推销组。与可口可乐公司、金龙鱼油厂、四川五粮液酒厂等厂家签订代理合同，与县内30多家个体工商户达成了联购分销的供货制，促进购销数额。

2000年，糖业烟酒公司争取得到漓泉啤酒厂在田东总经销的代理权，年内销售6.5万件，当年公司减亏25.31万元。同年，商品购进总额684万元，商品销售总额688万元，上缴利税6.85万元，亏损额3.13万元。

2001年，由于个体经营迅猛发展，公司无力运营，所有门店自此实行租赁经营。

饮食服务

1989年，县饮食服务公司从业人员有104人。经营田东旅社东西两楼，西楼下设有饭店1个、综合商场1个，另外经营照相馆、米粉加工厂、糕点门市部（贵记饼家）各1个。当年，县内市场疲软，商业经营受到冲击，国有商业经营难度大，该公司经营总收入额77.29万元，其中饮食业28.25万元，服务业49.04万元，利润10.49万元，税金3.29万元。

1991年6月，该公司投资3万元将田东饭店改造装修，将原来200平方米的经营场地扩大到400平方米。1992年10月，该公司对田东饭店采取职工个人投标承包经营管理办法，把饭店改为“田东银龙大酒店”，将田东旅社东楼第一层房屋设成门面对外出租。

1994年，商业系统全面推行国有民营经营机制。作为一个欠债较重且退休人员较多的企业，县饮食服务公司实行集体承包制。增建零售门市部1个，投资30万元，扩大商品销售。全年商品购进总额80万元，销售总额155万元，实现利润0.11万元。

1996年，县饮食服务公司将米粉加工厂及2栋旧宿舍楼推倒。投资120万元，新建田东县饮食服务公司中山农贸市场，占地面积为2000平方米，建筑面积为1800平方米。投资60万元，打造田东贵记商场，经营面积500平方米，经营百货、五金、糖业、副食品、精品等商品，批零合一，商品货次为中、高档。当年，商品购进总额260万元，销售总额243万元。这其中，年生产月饼1.79万千克，销售金额38万元，创利润13万元，产品远销南宁、百色等。

1997年，县饮食服务公司发挥贵记饼家传统米花糖的品牌优势，与南宁荔园食品厂联销。贵记饼家负责生产，南宁荔园食品厂负责在南宁等地销售，把田东产品打入县外市场。当年，中山农贸市场建成开张营业。年内，商品购进总额257万元，销售总额297万元。

2000年，县饮食服务公司商品购进总额501万元，商品销售总额508万元，创利润0.62万元，上缴利税11.13万元。

2005年，县饮食服务公司改造田东旅社西楼一楼为商场（田东鸿发电器城），经营面积400平方米，由广东个体老板承租。年初筹集80万元，扩建中山市场，经营面积由2000平方米增至3600多平方米。9月，再次筹集150万元资金，对中山农贸市场进行扩建，扩建面积达2093平方米，中山农贸市场经营面积达5693多平方米，成为田东县第二大农贸市场。全年商品购进总额696.39万元，商品销售总额706.12万元。

第四节　食品

猪　肉

1989年，全县市场销售猪肉3580吨，市场销售价每千克4.4元。1993年，全县市场销售猪肉4715吨，市场销售价每千克7.33元，市场销售总额3456.1万元。

1994年6月，国家提高粮食价格，饲料价格上涨，猪肉价格相应上扬，猪肉市场销售价平均每千克10.8元。1995年，全县市场销售猪肉6435吨，销售总金额6949.8万元。1998年，猪肉市场销售价每千克12元，销售总金额8021万元。

1999年，田东金穗农贸市场猪肉行一角
（县商贸局提供）

2000年，猪肉市场销售价平均每千克11.06元，全县市场销售猪肉6473.38吨，销售总金额7160万元。

2004年，肉猪价格上涨，直接拉动了规模养猪业快速发展，填补了农村散养数量下降的缺口，猪肉市场供应总体保持持续稳定增长，是年市场销售价平均每千克12.02元。2005年，猪肉市场销售价平均每千克13.8元。

牛　肉

20世纪80年代，田东还没有规模化养牛场，田东市场上的牛肉以农民散养的黄牛肉为主，以水牛肉为辅。1989年，全县牛肉市场需求还比较少，当年市场销售牛肉473吨，市场平均销售价每千克3.96元。1993年，全县市场销售牛肉281吨，市场平均销售价每千克6.6元，市场销售总额185.46万元。1994年，由于牛肉价格上扬，市场上各种消费品价格也随着上涨，牛肉市场平均销售价每千克9.9元。1995年，全县市场销售牛肉487吨，销售总金额482.13万元。

2000年，牛肉市场平均销售价每千克9.9元，全县市场销售牛肉600吨，销售总金额594万元。

2004年，牛肉市场价格坚挺，牛肉需求旺盛，促进了养牛业的快速发展，牛肉市场供应总体保持持续稳定增长，是年市场平均销售价每千克10.8元。2005年，牛肉市场平均销售价每千克11.67元。

家禽蛋品

1989年，全县家禽社会零售204吨，鲜蛋67吨。1990年，全县家禽社会零售212吨，鲜蛋38吨。1995年，家禽社会零售853吨，鲜蛋210吨。

1999年，家禽产品从数量增长转向质量提高，由快大型肉鸭、肉鸡向美味型土鸭、土鸡方向调整，那拔香鸭、大诺鸭、作登鸡、乌鸡、丁香鸡市场销售好。2000年，全县家禽社会零售1558吨，鲜蛋600吨。

2003年，“非典”疫情来袭，田东许多消费者不敢食用家禽，怕传染上“非典”，取而代之的是食用其他肉类。为此，家禽蛋品业市场需求低迷，甚至无人问津，遭受重创，养殖户和经营户叫苦不迭。下半年“非典”疫情退去，家禽市场逐步好转。2005年，鸡肉市场销售价每千克14.6元、鸭肉每千克12.5元、鸡蛋每只0.35元、鸭蛋每只0.45元。

蔬　菜

1989年，蔬菜市场全面放开。由于季节差价、品种差价，激发菜农的生产积极性，蔬菜上市比较均衡，旺季淡季的差别已不明显，蔬菜质量也不断提高。1990年，全县蔬菜成交数量1014吨，成交金额72.5万元。

1994年，田东县把冬菜生产列为冬季农业开发重点，既增加了农民收入，也丰富了城镇居民的“菜篮子”。1995年，全县蔬菜供应市场繁荣，数量充足，全年蔬菜成交数量7218吨，成交金额516.09万元。

1996—1998年，田东继续把秋冬菜生产作为农业支柱产业来培育，并鼓励干部停薪留职，参与蔬菜种植，全县蔬菜产业发展很快。1999年，全县蔬菜市场成交数量10906吨，成交金额779.78万元。2000年，全县蔬菜成交数量13391吨。

2002—2005年，田东先后成为广西蔬菜生产基地、南菜北运基地，全县番茄、辣椒、西葫芦、豆类、叶菜类等主要由农户运到田东县城西果菜批发市场交易，再由收购蔬菜的老板销往北京、山东等北方地区和广东等珠三角地区，部分蔬菜供田东县本地消费市场。此外，有一批经纪人，深入规模种植蔬菜的村屯，设立收购点，然后销往外地，解决群众卖菜难问题，促进了农民增收。

第五节　石油

石油供应

1989年，田东石油公司主要经营平价柴油、煤油和少量议价油。公司下辖营业性加油站6个，分布在城区、郊区和324国道干线公路旁。由于经济迅速发展，石油成品油需求量增加，计划分配的成品油不能满足田东县的工业、农业、交通运输业等产业发展和私人交通工具的需求。国家根据发展需要，允许石油公司在计划配给以外，可以自行对外自采部分油料，执行国家计划分配与市场自采组织油源，以满足市场的需要。于是，形成“双轨制”的进油局面。

1992年8月后，国家出台新政策，取消平价油、成品油的凭证，不再执行定量供应成品油。成品油的生产供应和价格由市场来调节，用户可自主地在市场上购买成品油；经营成品油的单位打破独家经营的格局，国家批准社会上有条件的单位和个人经营成品油的批发和零售业务。

1993年，国家取消石油销售专营政策，县石油公司主要经营成品油和石化油产品。1994年，县石油公司对经营成品油的单位和个人进行资格审查，审查合格方可办理营业执照和税务登记。

1998年6月起，广西成品油零售价实行全区一价，城乡一价。

1999年，田东石油分公司上划中国石油化工集团公司，2000年属中国石油化工股份有限公司，全称中国石油化工股份有限公司广西百色田东石油分公司。主营汽油、煤油、柴油、润滑油、润滑脂等石油成品油。公司进一步规范成品油流通秩序，重新核发成品油零售经营许可证；改革流通管理体制，全面推行统一资源配送、统一结算、统一价格、统一资金调配、统一储存的“五统一”经营格局。

2004年，中国石油公司进入广西，当年在田东设立7个加油站。2005年，全县有加油站11家，分布在城区、郊区、324国道和省道干线公路旁。

田东炼油厂生产的主要产品有汽油、柴油、溶剂油、润滑油、石蜡等八大系列，四十几个品种，除了满足供应本县销售的汽油、煤油、柴油、润滑油、润滑脂等成品油外，主要是销往广东、云南、贵州等区内外。1989—1992年执行国家计划分配与市场需求进行供应，1992年以后生产供应和价格由市场来调节。2005年，炼油厂有2家加油站供应田东市场。

县石油分公司石油销售

1989年，田东石油分公司销售汽油3218吨、柴油3188吨、润滑油328吨，销售总额829万元，上缴税金20万元，销售利润27万元。

1990年，随着计划油品进入市场，市场管理有所放松，一些人非法插手经营成品油，由于流通环节过多，价格轮番上涨，成品油市场十分混乱，县石油分公司虽然受到冲击，全年销售销售总额854万元，比1989年增加3%。1995年，公司销售总额1528万元。

2000年，县石油公司适时调整销售价格，实行量价互动，全年销售总量12949吨，销售额3717万元，销售利润31.7万元。2005年，石油销售总量上升至23993吨，销售额1.48亿元。

2005年10月，田东加油站　　（田东石油分公司提供）

田东炼油厂石油销售

1989年，主要产品有汽油、柴油、溶剂油、润滑油、石蜡系列及液化气、煤油、重油等。产品销售收入2640万元，上缴利税1780万元。1990—1994年，产品销售收入13.43亿元，上缴利税1.36亿元。

1995—1999年，产品销售收入4.35亿元，上缴利税1.06亿元。2000—2005年，产品销售收入23.5亿元，上缴利税2.96亿万元。

2000—2005年田东炼油厂产品销售情况表

表9-2-1　　单位：万元

年度	销售收入	实现利润	上缴税金
2000	12865	636	1404
2001	17030	276	2108
2002	20789	336.92	4133.6
2003	30789	862.5	4723
2004	51000	1201.93	6825
2005	102568	1754.82	10412

县石油分公司简介

田东石油分公司成立于1953年5月，原名为中国石油公司广西分公司田东供应组。1956年改名为中国石油公司广西壮族自治区田东县支公司，1958年更名为中国石油公司广西壮族自治区田东批发站。同年4月，并入田东县工业食品公司，隶属县商业局。

1962年4月，田东石油分公司单独成立田东石油批发站，成为独立核算单位。属广西石油公司下辖的13个三级石油批发企业之一，分片负责田东、德保、靖西、那坡县以及云南省广南、富宁等县的油品供应工作。

1985年，从商业系统划出，更名为广西壮族自治区石油总公司田东县公司（简称县石油公司），人、财、物和业务经营由百色石油分公司管理，组织关系归县经委管理。

1989年，县石油公司推行经理负责制，负责全县石油分配销售业务，公司地址位于田东县平马镇东宁西路189号，实有职工89人。

1999年，主要经营汽油、柴油、煤油、润滑油等成品油，货源及价格仍由自治区石油总公司调配、核定，实有职工114人。

2000年6月，中国石油化工集团公司重组改制，县石油公司改制为股份公司，田东石油分公司与中国石油化工股份有限公司滇黔桂油田田东油气销售分公司重组合并，公司全称为中国石油化工股份有限公司广西百色田东县石油分公司（简称田东石油分公司），隶属中国石油化工股份有限公司广西百色石油分公司，实有职工114人。

2003年，实行市、县一体化会计核算体制改革，取消县石油公司法人资格，独立核算，执行报账制，会计凭证、账簿、报表全部上交百色市石油公司统一管理。公司整合内部机构，精简人员，竞聘上岗，年内协商解聘26人，清退聘用工5人，实有职工83人。

2005年，公司内设经理室、办公室、财务股等股室，下辖配送中心、田东加油站、金田加油站、桥南加油站、城北加油站、思林加油站、祥周加油站、林逢加油站、城西加油站、合乐加油站、布兵加油站，实有职工48人。

第六节　烟草专卖

卷烟销售

1989年，田东县烟草公司主要是对全县烟草进行专卖和管理，在卷烟流通领域中加强市场监管，卷烟销售由委托点、代批点、联销点向零售户批发，由烟草公司供货。与自治区内的武鸣、南宁、桂林、柳州、钟山等烟厂建立业务来往，还从广西外卷烟厂购进了诸如“红梅”“阿诗玛”“红塔山”“大前门”“大中华”等高、中档卷烟，同时还从国外购进了“健牌”“希尔顿”等名烟，以充实市场。当年4月制定了公司《岗位责任制》和《企业管理暂行规定》，5月制定《公司章程》。全年销售卷烟5211大箱，销售总额565.7万元，缴纳税金4.4万元，利润18万元。

1990年，公司下设经营代批点11个，全县发证卷烟经营的国有、集体、个体户数有1320户。销售卷烟6155大箱，销售总额620万元，缴纳税金4.7万元，利润20.7万元。

1993年，为了进一步转换企业经营机制，适应市场经济要求，县烟草公司实行内部承包，打破干部工人界限，将岗位任务与工资挂钩，提高了公司员工的积极性。

1995年，全县代批点13个，集体零售点15个，个体销售点1292个，销售卷烟6609大箱，销售总额1731万元，缴纳税金40万元，利润34万元。

2000年年底，全县有6个卷烟批发部，14个代批点。全县个体零售网点2200户，年度卷烟购进量为6949大箱，销售卷烟7025大箱，销售总额2412万元，缴纳税金114万元，利润39万元。是年公司拥有固定资产242万元。

2001年，县城卷烟销售实行“全面访销，全面配送、户籍化管理”，乡镇销售采取“营销合一、访销合一”的经营模式。培育地产烟市场，巩固销量。抓上柜率，开评吸会，向消费者、经营户宣传企业形象。全年卷烟销售额2561万元，卷烟销量7025大箱，其中地产卷烟6396大箱，实现利税121万元，其中利润为62万元。

2004—2005年，卷烟销售量1.76万大箱，县烟草公司将辖区分为8个片区，分别为县城组、祥周组、作登组、林逢组、义圩组、江城组、朔良组、思林组，持证经营户1148户，卷烟分拣户率100%，卷烟配送户率100%。2005年，实现利税803万元，利润660万元。

1989—2005年烟草公司各项经济指标完成情况表

表9-2-2

年度	销售总额(万元)	销售量(大箱)	利润(万元)	税金(万元)
1989	565.7	5211	18	4.4
1990	620.0	6155	20.7	4.7
1991	630.5	5584	18.6	4.3
1992	784.7	64.93	18.5	4.6
1993	1023	6515	21	24
1994	1548	6478	32	36
1995	1731	6609	34	40
1996	2321	6747	40	53
1997	2191	6429	38	50
1998	2214	6523	51	68
1999	2263	6388	65	87
2000	2412	7025	39	114
2001	2561	7025	62	121
2002	3137	7800	150	247
2003	3940	7750	149	245
2004	4350	8558	623	758
2005	6025	9058	660	803

说明：此表由县烟草专卖局提供

专卖执法

受利益驱动，一些不法分子盯上了烟草买卖。1989年，查处各种案件25件，处罚违章人员38人，没收卷烟4600条、烟叶0.56吨，罚没款1.1万元。

1990年，查处各种案件24件，处理违章人员32人，没收进口走私卷烟50条、国产卷烟182条，征收进口走私卷烟、国产卷烟25条；没收烟叶0.15吨；征收烟叶0.5吨，处理烧毁冒牌假烟350条，受处罚28人，罚款1.36万元，没收烟叶折款0.54万元。

1991年，查处违章案件33件，处理违章人员45人；捣毁地下非法窝点3个，拘留为首者3人；没收进口卷烟75条、国产卷烟396条；处理烧毁假冒卷烟215条，罚没款1.38万元。

1999年，根据自治区人民政府办公厅《关于清理整顿全区卷烟市场的紧急通知》文件精神，县烟草公司会同县工商局、县公安局等有关部门整顿卷烟市场，清理非渠道流入卷烟、走私卷烟，维护卷烟市场秩序，保护国家和消费者利益，增加国家财政收入。市场达到“四无”标准（无假冒商标卷烟摆卖、无走私卷烟摆卖、无不贴烟草公司监制的防伪标志的外省烟摆卖、无证经营商户）。

2000年，启动烟草专卖“户籍化”管理工程，强化市场管理力度，提高市场净化率。2001年，开展“端窝点、打大户”清理整顿卷烟市场，净化卷烟市场，共查处违法卷烟4780条，烟叶、烟丝10.55吨，查处案件27起，罚没款总值10.38万元。

2002年，在公路、车站打击烟贩非法活动，对黑大户、窝点采取“守株待兔”、“引蛇出洞”、直接开搜查证进屋搜查等办法，共查扣卷烟6226条，其中走私烟50条，假冒商标卷烟265件，没收违法烟叶、烟丝2.07吨，处理违法案件15起，罚没款11万元。

2003年，开展卷烟打假和市场清理整顿工作，开展代号为“雷霆行动”的专项整治行动，共查获黑配送、黑窝点香烟114条，烟丝3.1吨，白皮烟350条，手工卷烟工具3架，盘烟纸2件。

2005年，开展堵源头、打黑户、端窝点整治活动，查获一般案件19起，简易案件29起，查获卷烟37.5件，烟丝2.09吨，烟叶631担，罚（没）款4.51万元，查处无证经营案件42起。

第七节　食盐专卖

1989年，田东县设立盐业支公司，驻平马镇德新街287号，隶属广西壮族自治区盐业公司，担负着经营食盐和盐政执法双重任务，管理田东食盐批发和调拨，在职干部职工18人。食盐属国家专营食品，由县糖烟酒公司和县供销社统一购销，当年销售食盐4052吨。

1990年7月，食盐恢复对有资质的个体商户销售，当年食盐销售4074吨。1992年，县盐业支公司盐政执法工作组深入销区检查、纠正经营当中的违法行为，堵住越南盐冲销渠道，配合防疫部门进行食用碘盐宣传，同时对食盐市场进行含碘量检查。当年，被自治区盐业系统评为盐业运销、仓储管理达标单位。

1996年，国务院颁布《食盐专营办法》，对食盐实行定点生产制度，食盐批发实行批发许可证制度，食盐运输实行准运证制度。1994—2000年，全县销售食盐28813.75吨，年均销售4116吨。

2001年，县供销社改制后，食盐经营直接由个体工商户与盐业公司签订协议，委托个体工商户经营，供销社从此后退出食盐销售渠道。

2001—2003年，县糖烟酒公司销售食盐1296吨，年均销售4232吨。2004—2005年，食盐以个体商业户销售为主，既方便群众，又提高了食盐市场占有率。食盐的价格实行国家统一管理、统一定价，个体经营户不得擅自提价。1989—2005年，小包装精致盐零售每0.5千克售价0.37~1元不等。

第八节　医药

全县药品药材的批发权归县医药公司和基层供销社，零售权则属于多种经营主体。中药材属农副产品，其购销以市场调节进行交易。除小宗品种的地产药材由县医药公司在开设的收购门市部收购外，大部分药材由药贩子购销。

1989年，药品销售总额362.17万元，其中消费品零售额360.7万元，生产资料零售额2.67万元。1993—1995年，药品销售额分别为518.3万元、628.26万元和697.9万元；上缴税金分别为17.7万元、21.45万元和37.7万元。

1996年，医药市场竞争异常激烈，来自外省的高回扣让利严重影响了药品购销业务活动。县医药公司实行批发销售推销承包制，县内分片推销，县外各自开发市场，按销售额提取奖金。推销员上门推销，公司运输送货上门，开发县外、省外市场，促进销售增长。全年销售总额835万元，商品零售总额202万元，上缴税金37.7万元。

随着医药行业体制改革，田东县医药经营市场放开，市场竞争激烈。1997年后，县医药公司竞争力逐步变弱，经济效益逐年下降，乃至出现亏损现象，当年药品销售额741万元，亏损47.74万元。1998—1999年，销售亏损额分别为44.2万元、54万元。

2000年，县医药公司成立药品配送中心，把原来设在郊区的医药仓库搬迁至县城中心，实行低价运行，现金交易，改善经营条件和经营环境。先后在思林、印茶镇成立配送中心连锁店，尝试连锁经营、药品配送下乡的新型经营模式。为适应市场竞争，根据国家有关药品价格政策，对门市部的药品价格进行了调整，调低价格，把实惠让给广大群众。组织人员对历年欠款单位进行核对，清理债务，采取各种手段追缴欠款，全年追回欠款60多万元。当年商品销售490万元，亏损34万元，上缴税金20万元。

2001年，县医药公司资金短缺，经营连年亏损，资不抵债，职工工资发不出，企业经营处于瘫痪状态。

2002—2003年，县医药公司加强和改善企业管理，抓好资金管理工作，配合田东县人民法院追收医疗单位拖欠的药品款，追回欠款10.5万元。抓承包经营费的管理，收缴承包费21万元。药品销售共220万元，上缴利税10.5万元，实现利润1.5万元。

2004—2005年，县医药公司加强对原承包门店的管理，收缴承包费，有部分经营门店因销售滑坡，经营亏损，向公司申请中止承包合同。同时，追收医疗单位拖欠的药品款。2005年，医疗单位拖欠该公司的药品款尚有26.4万元。

第九节　物资

体制改革

1989年，县物资局由事业性质改为企业性质，由行政工资制改为企业工资制，企业独章核筹，自主经营，自负盈亏。针对企业内部管理不严问题，建立健全企业内部组织的各项职能和规章制度，把各基本经济指标分解承包到各业务股，落实目标责任管理，完成有奖、多超多奖，打破“大锅饭”的现象。

1991年，改过去由统一银行账户、财会部分股核算为银行分账户，实行股、站独立核算，自主经营，照章纳税，定额上交，超额分成，自负盈亏的办法，使各股站拥有一定的独立自主权，并对内部财务进行清理整顿，对历年拖欠公款、短款、税款等进行清理。

1992年，成立县物资供应公司，县物资局和县物资供应公司两块牌子一套人马。通过强化内部机制、大胆使用人才，层层落实承包。首次实行工资风险承包，推行用工、工资制度改革，并与奖惩制度相配套。对不完成任务、工作责任心不强而造成经济损失的，视情节轻重，分别给予扣发风险工资、奖金和不予参加浮动工资升级等。对工作表现好、成绩显著的，则按规定论功行赏。在奖惩制度中，奖励向第一线倾斜。

1994年，县物资供应公司在管理机制上深化内部改革。打破干部、工人的界限，职工与企业签订劳动合同，选聘公司中层以上领导，任人唯贤，能者上。同时，建立激励机制，工资与岗位责任及经济效益挂钩。

1996年，由于受公司内部环境的影响，市场竞争激烈，离退休人员多，负担加重，公司连年亏损。为扭转局势，企业深化劳动、人事、分配三项制度改革。实行全员劳动合同制，定岗，定员，定责。实行员工制，中层以上领导实行聘用制。实行新的岗位工资制，将职工收入与公司经济效益挂钩。

1998年，成立物资股份责任有限公司，股份公司实行独立核算，自主经营，自负盈亏。对岗位多余职工进行分流，在经营门面、场地给予优先，在房租收费给予优惠。职工也可以选择停薪留职，自谋职业。当年物资公司经营逐步好转。

2005年，县物资股份责任有限公司下属金属材料公司、机电设备公司、民爆公司的负责人（副经理）由股份公司经理提名，经董事会讨论通过实行聘用。在此基础上，由聘用的副经理聘用职工，但必须经公司领导集体讨论通过。职工工资按分值计算，多劳多得，奖罚分明。

物资销售

1989年，县物资公司主要经营品种有铝材、锑、水泥、油毡、玻璃、原木、锯材、煤炭、焦炭、汽油、柴油、生铁、钢材等。销售较大宗的商品有水泥3548吨、玻璃2152平方米、原木3130立方米、锯材614立方米、煤炭5.4万吨、焦炭0.62万吨、生铁422吨、钢材1433吨。全年物资销售总额487.50万元，上缴税金10.89万元，实现利润9.12万元。

1990年，公司销售水泥1406吨、玻璃997平方米、原木2657立方米、煤炭4.28万吨、焦炭0.76万吨。全年销售总额315.5万元，上缴税金11.9万元，利润5.6万元。

1992年，全县经济体制改革由过去指令性计划向指导性计划转变，物资经营由县计划委员会下达指令性计划。随着市场商品交易的活跃，物资经营市场进一步放开，物资流通领域竞争激烈。公司全年销售收入803.7万元，上缴税金19.6万元，实现利润16万元。

1994—1998年，全县随着物资行业市场的不断开放，市场竞争激烈，公司社会负担加重，离退人员多，销售下降，连年亏损。五年销售总额分别为905.92万元、1033.38万元、784.96万元、325.56万元、292.35万元，利润分别下降6.2万元、增加3.1万元、下降6.3万元、下降15万元、下降68万元。

2000年，公司主要经营民爆物品，对经营单一、销售上不去的金属材料等一些传统项目歇业。把机电生资等项目放开承包，化工建材由公司统一经营。全年物资购进总额为202万元，销售额为224万元，利润额为-80万元，上缴税金12.8万元。

2005年，公司销售工业炸药213吨、工业雷管43万发、导火索44万米。全年商品销售额238万元，上缴税金15万元。

第三章　粮食贸易

1989—2005年，田东县根据国家有关政策，对粮食流通体制进行一系列改革，粮食行政管理职能与粮食企业经营分离，粮食收购和价格完全放开，粮食储备与经营分开，粮食购销实现市场化。1989—1992年，实行粮食经营和价格“双轨制”。1993—1995年，放开粮食购销价格和经营，实行保量放价，即保留粮食定购数量，价格随行就市，取消粮食定购“三挂钩”和国家食油收购计划、食油定量供应政策，取消食油指令性调拨计划，结束长达40年的粮食统购统销制度。1997年，开始实施国家粮食保护价收购政策。1998年，对粮食流通体制进行改革，县粮食局负责对全县粮食流通进行管理，不参与粮食经营；全县粮食企业面向市场，成为独立核算自主经营、自负盈亏、自我发展的经济实体。从2002年起，随着国家粮食收购政策的调整，取消粮食定购任务，放开粮食购销价格，放开粮食市场；全县国有粮食企业仅对国家粮食储备和军粮供应外，不再统一经营粮油购销业务。2005年，取消农业税，结束公粮征收历史，全年粮食购销企业分别收购议价粮食1460吨、县储备粮2700吨。

第一节　粮食流通体制改革

1989年，自治区人民政府对粮食采取购、销、调包干，一定三年；实施粮食“稳购、压销、提价、包干”等政策。1990年，建立地方粮食专项储备制度，将粮食合同定购改为国家定购。1991年和1992年两次提高粮食的定购价格和销售价格，基本上达到购销同价，粮食购销由计划体制向市场体制过渡迈出实质性的一步，全县开始放开粮价，取消粮票。

1993年，取消粮食定购任务，收购价格随行就市，对农民余粮实行保护价收购；取消城镇居民粮食定量供应，取消粮食购、销、调、包干。建立粮食储备和粮食风险基金制度，粮食流通体制改革逐步向粮食商品化、经营市场化方向推进。

1995年，建立政策性业务和商业性经营分开的两条线运行机制，实行“米袋子”地方行政首长负责制，对粮食产、购、销、调、存分级负责管理。完善粮食系统内全员风险抵押制度和粮食企业目标管理责任制，制定《关于对系统内部停薪留职和承包经营人员管理的若干规定》，把目标管理指标分解到各基层单位，实行领导交600~900元，职工交300~400元的经营风险抵押管理办法，工效挂钩，奖勤罚懒，促进粮食企业经营作风的转变。

1998年，推行政企分开、中央与地方责任分开、储备与经营分开、新老挂账分开、完善粮食价格机制“四分开一完善”改革，实行“三项制度，一项改革”（顺价销售粮食、按保护价敞开收购农民余粮、粮食收购资金封闭运行，加快国有粮食企业改革）。

1999年，根据《国务院关于进一步完善粮食流通体制改革政策措施的通知》精神，改革粮食流通体制。调整粮食收购价格政策，拉开优质粮食品种和常规品种的价格差。调减粮食定购任务，调减储备粮食规模。改进粮食超储补贴办法，促进顺价销售。

2000年，粮食收购政策有所调整，早籼谷退出保护价收购范围，允许经工商管理部门审核批准的粮食经营企业、个体粮食经营者到农村集贸市场购买和销售粮食。粮食购销企业1996年度和1997年度收购的定购粮、保护价粮实行财政定额补贴销售。

2002—2004年，出台粮食购销市场化改革措施，实行“一取消、两放开”（取消粮食定购任务，放开粮食购销市场、放开粮食购销价格）为主要内容的粮食购销市场化改革。

2005年，取消农业税，结束公粮征收历史。之后，县粮食局职能主要是推进粮食购销市场化改革，完善粮食宏观调控，加强粮食储备，确保粮食安全。

乡镇粮所粮食流通体制改革

改革的主要内容是转换经营机制，做好粮食收储业务与附营业务分开，实现业务分开、政企分开、资金分开、人员分开。乡镇粮所在收储业务与附营业务彻底分开后，作为国有粮食系统的基层粮食收储企业，成为独立核算、自主经营、自负盈亏、自我约束、自我发展的法人企业，专门从事粮食收储业务。分离后的粮食收储、附营企业，均隶属于县粮食局。按照先分资产、后分人的原则进行分离工作，同时妥善安置离退休人员，离退休人员养老保险费用补贴等列入县粮食风险基金或县财政预算安排，粮食企业职工实行统一的养老保险制度，纳入社会保障体系；企业粮改前的离退休人员由新成立的粮食收储企业负责管理。

1998年，全县8个粮所相应成立8个粮油贸易有限公司，按照要求，各公司（粮所）均成立粮食附营企业（粮贸公司），副所长兼法人代表，分流一定人员经营。当年12月起收储（购销）企业和附营企业正式分家并正常运转，全县粮食系统实有职工570人，其中县局20人、县粮油公司25人、购销企业（各粮所）170人、附营企业（各粮贸公司）185人、离退休人员170人。改革后的收储（购销）企业通过加强管理，扩大经营，降低费用，效益明显提高，8个收储（购销）企业都实现减亏和盈利。

随着国家粮食收购政策的调整，从2002年起，取消粮食定购任务，放开粮食购销价格，放开粮食市场。

国有粮食企业改革

2003年，根据自治区人民政府办公厅《关于我区国有粮食企业改革意见的通知》、百色市人民政府办公室《关于印发百色市国有粮食企业改革实施方案的通知》，田东县人民政府印发《田东县国有粮食企业改革实施方案的通知》，县粮食企业改革从2003年12月起实施。

2003年，县国有粮食企业改革重组　　（韦伦/摄）

机构撤并重组　减“官”、减“员”，采取笔试、面试、民主测评和组织考核等形式开展竞争上岗，通过全员竞争上岗办法安置100名员工，实行以岗定员、以工定酬、工效挂钩。县粮食局内设办公室、综合股、监督检查股等3股（室），编制12名，在职13人，机构由原来的5个减为3个，人员由21人减至13人。穗丰宾馆作为粮食企业改革先行单位，开展了以人事管理、劳动用工、工资分配等三项制度为内容的改革，以岗定员，以工定酬，工效挂钩，实行员工竞争上岗。宾馆员工由37人减至25人。

企业重组 撤销平马、祥周、林逢、思林、作登、印茶、朔良、义圩等乡镇粮所、油脂厂的独立法人资格，重组为县粮食购销公司、储备粮管理公司、穗丰宾馆3个法人。县粮食购销公司负责自治区、县级储备粮的收购、代储、轮换和原有粮所（粮站）的资产管理。各乡镇粮站保留1人。全系统原企业职工380人，符合离岗退养243人，有130人与企业解除劳动关系，离岗人员按县人民政府文件规定给予一定的经济补偿，顺利实行全员置换身份。通过招商引资、盘活企业资产和落实财政补助粮改资金，筹集1447.5万元，解决了职工身份置换经济补偿金、养老保险、医疗保险等问题。2004年，经过置换职工身份后，县粮食系统实有职工239人（包括粮改后离岗退养职工）。2005年，县粮食系统实有职工107人，其中县粮食局12人。

第二节 征购

1989—1990年，县粮食收购将粮食合同定购改为定购。凡有粮食定购任务的农户，其中公粮部分一律征收现粮。公粮以外的定购任务，原则上应交售现粮，不交现粮的可交议平差价款，由粮食部门购回同等数量的议价粮顶交，其差价额度，由粮食部门根据从广西外议价购进成本（加合理费率）与定购粮购价的差价情况制定。农户完成全年粮食定购任务，在粮食收购中实行优惠政策，即在自治区规定的奖励标准和价格的基础上，县人民政府也相应出台粮食收购优惠政策。县人民政府规定农户每售出50千克原粮再奖励4元，并按比例奖售平价化肥，公粮和交差价款项任务的不奖。粮食定购粮肥挂钩的政策办法：农户缴交公粮，每50千克贸易粮奖售标准化肥17.5千克，尿素按每千克0.62元的销售价供应，如农户不要奖售化肥，可按每50千克原粮补给平议差价款6.15元；农户交售公粮外的定购粮，每50千克贸易粮奖售标准化肥30千克，尿素按每千克0.46元的销售价格供应。执行粮食定购与供应平价柴油挂钩的办法：凡有定购任务的农户，交售定购粮（含公粮）每100千克贸易粮奖售柴油3千克，发给奖售油票，凭票供应。继续发放粮食预购定金贴息贷款：粮食预购定金贴息贷款，农业银行按照粮食定购任务的比例价款的30%掌握发放，由粮食部门直接向开户银行办理贷款手续，并负责承贷承还。1989年，全县粮食定购入库17054吨（贸易粮），议价入库7391吨。

1992年，国家提高了粮食定购价格，自治区取消了每交售50千克原粮价外奖励2元和每入库5000千克原粮奖励乡、村干部20元的政策，县人民政府也相应取消粮食收购优惠政策。粮食部门继续实行化肥、柴油、预购定金的“三挂钩”政策，允许农户用大豆、玉米、糯谷（米）抵顶定购任务，超义务送粮的给予运费补贴。全年定购入库贸易粮13904吨，议价入库4364吨。

1995年，祥周镇九合村农民向国家交售爱国粮

（县粮食局提供）

1995年，全县粮食入库16078吨，祥周、布兵、祷午、思林、作登、印茶、朔良、那拔、义圩等乡镇完成或超额完成了年度入库任务；有52288户农户送粮入库，占有任务户数的94.6%，有38123户完成或超额完成了全年入库任务。祥周镇九合村党支部书记麻克利，连续13年，年年向国家交售爱国粮超万斤。1995年，他向国家交售爱国粮5.681吨。当年，全县

议价粮入库完成6378吨。

1997年，田东县市场粮价低，粮食调销不畅，国家粮食库存量大，仓容紧缺，粮食牌市价格倒挂。自治区下达田东县的粮食定购任务为7210吨，全县接收定购粮7553吨；全年粮食保护价收购6684吨，收购自治区储备粮208吨。无打“白条”现象。

1998年，推行“四分开一完善”（政企分开、中央与地方责任分开、储备与经营分开、新老挂账分开，完善粮食价格机制），实行“三项制度，一项改革”（顺价销售粮食、按保护价敞开收购农民余粮、粮食收购资金封闭运行，加快国有粮食企业自身改革）。

1999年，实行灵活多样的交粮方式，个别农户因灾减产等原因交纳实物有困难的，经县人民政府批准可交代金。

2000年，国家调整粮食定购任务和收购价格，实行优质优价政策，早籼稻、玉米等品种退出粮食保护价收购范围，全年公粮缴交实物1123吨，代金20.8万元。

2001年田东县遭受百年不遇的洪灾。在灾后粮源减少、收购主体增多，粮食购销企业采取增设网点、优质优价的措施，积极收购粮食，全年共购进粮食5683吨贸易粮，其中定购粮3297吨。

2002年，县人民政府出台粮食购销市场化改革措施，实行“一取消、两放开”（即取消粮食定购任务，放开粮食购销市场、放开粮食购销价格）为主的粮食购销市场化改革，全县入库粮食5698吨、区储备粮6703吨、县储备粮2239吨。

2003—2004年，公粮征收全部由财政部门收代金。2005年取消农业税，停止征收公粮。2005年，县粮食购销企业分别收购议价粮食1460吨、区储备粮5888吨、县储备粮2239吨。

1989—2005年田东县国有粮食企业粮食收购一览表

表9-3-1　　单位：吨

年度	收购合计		1.国家定购粮收购小计		2.保护价粮收购小计	3.自治区直补订单收购小计	4.议价粮收购小计
		玉米		公粮			
1989	17054	1263	9663	1764	—	—	7391
1990	18436	1607	10179	1666	—	—	8257
1991	17161	1652	10126	1435	—	—	7035
1992	13904	1610	9540	1481	—	—	4364
1993	10791	4533	9700	680	—	—	1091
1994	13086	3235	4797	1565	—	—	8289
1995	16078	2705	9700	1695	—	—	6378
1996	13785	1074	9540	1450	—	—	4245
1997	16867	990	7553	1391	6684	—	2630
1998	9970	1658	5553	1192	4152	—	265
1999	12915	809	6480	1110	6433	—	2
2000	7405	198	3454	1123	2702	—	1249
2001	5683	655	3297	292	452	—	1934
2002	5698	1528	209	209	—	—	5489
2003	5454	1134	—	—	—	—	5454
2004	6360	1164	—	—	—	—	6360
2005	7348	488	—	—	—	5888	1460

说明：此表定购数不包括收代金抵顶任务数，征购不包括系统内调入数、调出数（县粮食局提供）

第三节　销售

1989—1993年，县粮食部门销售贸易粮76304吨，其中平价销售50331吨，议价销售25973吨。1994—1998年，销售贸易粮473092吨。1999—2000年，销售贸易粮32741吨。2001—2005年，县粮食购销企业贸易粮销售量分别为3475吨、4763吨、5244吨、8290吨、4901吨，均为议价销售。

1989年，除军供口油保持平价供应外，广西食油销售放开，实行城镇非农业人口定量供应和军供、行业议价供应政策。对非农业人口粮食定量日粮供应大米60%，搭配面粉（条）或玉米40%，对学校师生和重点工矿区，尽可能供应面粉（条），不搭配玉米。非农业人口的定量食油由暗补为明补，按每千克食油1.8元补给差价。补差后仍然存在与市场价格的差价，通过食品综合补差解决。食油销售放开后，全国、全区通过粮票一律不再供应平价食油。食油放开后，对干部职工补贴的具体方法是：按放开时油价5元/千克与统销价1.76元/千克的差价以及月定量口油0.25千克/人，每个干部职工（含离退休）加0.8赡养系数计算，每个职工每月补贴1.5元；大中专学校在校学生和非农业人口中享受国家定期定量优抚救济的人员，不带赡养系数，每人每月补贴0.85元。同年，调整部分粮食供应政策，取消经济作物对口粮的定销供应，经济作物对缺口粮食改为按议价供应。菜农口粮改为议价供应。城乡食品、饮食行业用粮一律改为议价供应。

1989年，粮食收购价格（早稻三等谷）由原来的每50千克17.59元调到22.6元。

1990年粮食丰收，为防止谷贱伤农，解决农民卖粮难的问题，对议价粮（稻谷）实行保护价收购政策，对实行保护价收购上来的粮食采取“议转平”办法，抵顶自治区“省间议转平”任务。当年，对非农业人口的口粮供应大米70%，搭配面粉（条）或玉米30%，对离休老同志优先供应。农村生活安排的粮食，不同对象供应不同价格的粮食。“两户两属”以及缺粮农民安排比例价粮，因灾缺粮但有一定经济能力的农民安排综合价粮，因灾缺粮但经济条件好的农民安排议价粮。县、乡镇粮食定量供应范围包括居民口粮、工商行业用粮和粮食制成品、饲料用粮三大部分。

1991年5月，对供应驻地部队的平价大豆统销价格每50千克由17.4元调整为40元；供应部队的绿豆供应价格由每50千克22.4元调整为60元。同年享受月基本定量供应口粮之外的工种补助粮改为议价供应，享受工种补助粮的职工由职工所在的单位给予每500克粮食补贴0.4元。

从1991年5月起，城镇居民口粮继续实行凭证、凭票定量按调整后的统销价格供应，并提高粮油统销价格——

成品粮：籼米特制、标一、标二、标三米每50千克（下同）分别提高到30元、28元、25元、24元；优质米为36元；特制一等面粉、特制二等面粉、标准面粉分别为39元、34元、28元。

原粮：参照相关成品粮的调价幅度相应调整，即早晚籼米、杂优谷的三等谷每50千克（下同）分别提高到17元、17.5元；玉米中等16元。

1993年4月起放开粮食购销价格，各粮所的职能主要是开展粮食购、销、调、存、加等工作。由于城镇居民口粮可自行到市场上购买，粮食加工的职能逐步退出历史舞台，公粮、购粮任务逐年调减。取消食油定量平价食油供应，价格放开，随行就市议价经营。城镇居民用粮在市场或粮食部门议价门市部购买，居民在市场上购买的粮食比在粮食企业议价门市部购买的比例大，原因是市场米质好，市民可根据自己的喜好自由选择口粮。农村统销粮、行业用粮等用粮大户还是到粮食部门购买。

粮食购销价格放开的主要内容有三项。其一，粮食收购实行指导性计划，取消对农民的粮食定购任务和“三挂钩”政策，粮食收购随行就市，按质论价；为保护农民种粮积极性，按最低保护价收购粮食；公粮继续征收实物。其二，放开城乡销售价格，取消城镇农民定量口粮标准，按市场价供应粮食；停止使用各种粮票（卡）；农村缺粮户（“两户两属”、搬迁户、林农、菜农）的口粮，一律改为议价供应，随行就市。其三，加强政府粮食市场的调控能力，建立健全粮食储备制度，建立粮食市场风险基金制度。

1994—1995年，粮食经营实行政策性业务和商业性经营“两条线”运行的机制。实物逐年减少，代金逐年增加。1994年，县粮食部门从元旦起实行挂牌服务，低价出售大米，严格按照上级规定的价格敞开供应；制定《关于系统内进行风险抵押金的决定》《关于系统内实行股份合作制办实业的决定》《关于粮食企业职工医药费管理的若干规定》等一系列文件，促进粮食企业转换经营机制，转变经营作风。

2001年，公粮缴交实物2920万千克，代金167.4万元。

2002年，放开粮食购销市场后，市民的大米、食用油等口粮在市场上交易。2003年，粮食销售9968吨，其中农村“两户两属”粮食供应222吨，全县退耕还林任务2099.56公顷，供应退耕还林粮食4724吨（每亩按0.15吨向退耕户补助粮食）。2004年，粮食收购7348吨，销售9690吨。2005年粮食销售4901吨，其中“两户两属”粮食供应189吨，市场粮食销售4712吨。

1989—2005年田东县国有粮食企业粮食销售一览表

表9-3-2　　单位:吨(贸易粮)

年度	销售合计	按销售性质统计		按销售粮食品种统计			
		按国家政策定价销售	议价销售	折合小麦	折合大米	玉米	豆类
1989	15103	13413	1690	2465	6716	5703	219
1990	16542	15194	1348	2314	9515	4662	51
1991	19378	15500	3878	2671	12693	3919	95
1992	14492	6206	8286	1595	10551	2292	54
1993	10789	18	10771	567	7342	2723	157
1994	10345	88	10257	717	6385	3022	221
1995	11546	2950	8596	426	8817	1912	391
1996	3445	1455	1990	317	2144	959	25
1997	12064	2138	9926	105	9169	2765	25
1998	9909	5293	4616	5	9167	737	—
1999	11539	3016	8523	2	10306	1231	—
2000	21202	10332	10870	4	19891	1307	—
2001	6795	3320	3475	1	6252	542	—
2002	6560	1797	4763	3	5913	644	—
2003	9968	4724	5244	—	7924	2044	—
2004	9690	1400	8290	1	8890	799	—
2005	4901	—	4901	1	4034	866	—

说明:此表县粮食局提供

第四节　粮食储运

储　存

1989年，田东县有7个粮所（库），6个粮站（点），仓房210间，总容量50.45万吨，其中房式仓库200间，仓容50.2万吨，砖（石）园仓10间，仓容2500吨。年末粮食库存量13969吨。

1990年年末，粮食库存量达20287吨，粮食库存量增大，以至多年不装粮的“病仓”也装粮和超装粮。

1991年，全县有71%的仓库推广薄膜压盖进行仓外投药和机械通风等保粮新技术。是年投入资金30多万元在祥周、合恒等粮所新建和改建拱板结构仓库，仓容2500吨。

1989—1999年，田东县连续10年达到“四无”（无虫、无霉坏、无鼠雀、无事故）粮仓县标准。

2000年，粮食部门全面推行仓储目标管理责任制，在采用“双低”储粮技术的基础上引进仓外测温技术，增加粮食保管工的科技含量。1989—2002年，县人民政府每年都安排一定资金修建粮仓，全县所有粮仓实现仓内“面面光”，仓内安装“双低”塑料及排风扇。

2003年，坚持“以防为主、综合防治”的保粮方针，开展科学保粮和粮食安全普查，预防和杜绝储粮安全事故的发生，粮食保管实现“一符四无”粮仓，无重大储粮事故发生。当年，全县把房式仓改建成平顶仓30间，完成仓容改造3120吨。

1995—2005年，粮食保管在新粮入库验收时坚持“一干、二净、三饱满”原则，并注意做到“五分开”（将新粮与陈粮分开堆放、有虫粮与无虫粮分开堆放、干粮与潮粮分开堆放、好粮与带病的差粮分开堆放、不同品种和等级的粮食分开堆放）。新粮入库后，及时密闭、重熏蒸、施药，采用仓外与仓内投药两种方法。随着粮食生产和购销的变化，粮食库存也发生相应变化，粮食库存最多的是1997年3.04万吨，最少是2004年1655吨。1989—2005年，全县粮食库存24.34万吨。

1989—2005年田东县国有粮食企业粮食库存一览表

表9-3-3　　单位:吨(贸易粮)

库存时点	年末库存总量	按库存粮性质统计				按库存粮品种统计			
		国家专项储备粮	自治区级储备粮	县级储备粮	商品周转粮	折合小麦	折合大米	玉米	大豆
1989年12月末	13969	—	—	—	13969	1222	10110	2376	261
1990年12月末	20287	—	—	—	20287	399	17296	2567	25
1991年12月末	17343	—	—	—	17343	166	15271	1902	4
1992年12月末	14991	—	—	—	14991	275	13166	1559	-9
1993年12月末	12099	2900	—	3600	5599	15	8164	3675	245
1994年12月末	12525	—	—	2911	9614	86	10678	1363	398
1995年12月末	13414	—	450	3564	9400	56	11262	2067	29
1996年12月末	20945	—	1200	4261	15484	135	17576	3193	41
1997年12月末	30390	—	1200	4214	24976	119	29056	1192	23
1998年12月末	28738	—	1200	2863	24675	102	26806	1830	—
1999年12月末	5683	—	1200	1277	30206	9	3223	2451	—
2000年12月末	15502	—	—	13	15489	—	14938	564	—
2001年12月末	11648	—	—	—	11648	—	11012	636	—

续表9-3-3

库存时点	年末库存总量	按库存粮性质统计				按库存粮品种统计			
		国家专项储备粮	自治区级储备粮	县级储备粮	商品周转粮	折合小麦	折合大米	玉米	大豆
2002年12月末	10784	—	—	—	10784	—	9225	1559	—
2003年12月末	6532	—	—	1400	5132	—	5946	586	—
2004年12月末	1655	—	—	—	1655	—	853	802	—
2005年12月末	6883	—	—	2700	4183	—	6453	430	—

说明:此表县粮食局提供

调　运

1989年合恒粮所的圆筒仓库,库容量250吨(县粮食局提供)

1989年，全县粮食总调拨量为1.35万吨，其中调入平价玉米1635吨，小麦2260吨，面粉189吨。县内调拨3200吨，调出县外稻谷2165吨，小麦2240吨；调进议价玉米3195吨；食用油50吨。

1991年，全县粮食总调拨量为7108吨，其中县外调入量3314吨，调出县外3794吨。当年在仓容十分紧张的情况下，还接收以工代赈调入粮食1660吨（贸易粮）。

1993年，粮油调拨由于取消指令性计划，平价粮调拨量大幅度减少，县外调入粮食仅300吨，调出县外40吨，县内调剂平衡粮食调拨1430吨。组织从县外议价粮调入1300吨。全县农村生活安排发证1.38万户，6.59万人，粮食42.53万吨，其中“两户两属”发证8877户，4.08万人，发放粮食2615吨；面上综合价安排4961户，2.51万人，粮食1638吨。是年，没有因粮食问题而发生非正常现象。

1994年，为保证城乡人民生活用粮，保障供应不出现脱销，县粮食部门组织人员外出采购，全年采购调入县外粮4107吨贸易粮，县内调拨1220吨，平衡购销。

1995年，从县外调入粮食3755吨，调出县外粮食1381吨；县内各乡镇间平衡调拨109吨。

1998年，县内粮食总销售9909吨，粮食外调任务因调入方不接收而未完成任务，加大了田东县粮食保管的压力。

2004年，全年各粮食企业县外调进粮食2000吨，县内调运1100吨。2005年，全年粮食调运3331吨。

第五节　粮油加工

粮食加工

粮食加工作为粮食流通的配套服务项目，经营方式为代农（客商）加工和自产自销。

1989年，田东县粮油加工业以粮食部门所属的国有加工企业为主，粮油加工主要为供应城镇居民口粮、农村生活安排以及行业所用。独立核算的粮油加工龙头企业有县大米加工厂、油脂厂。在没有粮油外调任务时，粮油加工生产均为以销定产，月均加工大米576.75吨、食用油35.42吨、非食用油

94.58吨。平马、祥周、林逢、思林、作登、印茶、江城等基层粮所都附设有米面油加工场（房），并相继实现粮油加工半机械或机械化生产。粮食部门所属各加工厂（场）克服厂房、机器设备陈旧，电力不足，各种原材料价格上涨等不利因素，日产大米面条超过16吨，基本满足城镇居民供应需求。当年，粮食部门企业加工大米4676吨、食用油425吨、非食用油1135吨、面粉1163吨、统糠13677吨，生产、销售混合饲料531吨，粮油食品工业实现利润1.59万元，饲料工业实现利润3.4万元。

1992年，全县村办、户办个体粮油加工业相继兴起，县粮油加工企业受到冲击。1993年，取消城镇居民定量平价粮食供应后，以供应城镇居民口粮为主的粮油加工量相对减少，粮食部门所属的加工企业开始面向市场进行粮油加工经营。粮食企业朝着减员增效的方向进行改革，实行职工下岗分流，分流职工以班组或自愿组合的形式对车间加工设施、场地进行承包经营。

1994—1998年，县粮食部门粮食加工企业新添大米加工设备4台（组）、米面复制品加工设备2套。1998年年底，全县共有大米加工设备11台（组），日生产能力100吨；米面复制品加工设备4套，日生产能力10吨。

1999年，粮食加工企业拥有1条先进的大米生产线、1条全自动烘干面条生产线和2台（组）面条生产机，日生产大米120吨、面条15吨。全年代客户加工和自产自销大米1000吨、面条90吨。

2000年，投资20多万元，增设碾米设备2套（组），加快粮食加工转化速度，提高加工能力，全年共加工转化粮食4000多吨。由于市场供大于求，面粉厂和面条加工车间因产品销路不畅而停产。

1993—2005年，个体碾米厂发展迅速，县城由5家发展到17家，各乡镇均有1~2家碾米厂，平马镇6家。2005年，全县日产10吨左右的碾米厂有25家，每村都有1~2台碾米机，有些家庭购买小型碾米机方便自己生活使用，全年加工大米5500吨。个体碾米加工厂加工的大米大部分外销到南宁、广东等地。

植物油加工

1989—1995年，县油脂厂是县粮食部门所属企业，主要加工生产花生、油茶籽食用油，以及油桐籽、蓖麻籽非食用油；平马、祥周、林逢、思林、作登、印茶、江城等粮所和县大米厂均设有榨油车间，都是以代农加工收取加工费方式开展经营，加工原材料多是花生、油茶籽等。1989年，全县食用油销售放开，城镇居民的粮油供应由国家计划定量供应向市场供应转变，县粮食局所属植物油加工企业渐渐失去了建厂时的旺盛经营。

县油脂厂是一家国有油脂加工企业，隶属于县粮食局，于1960年建成投产。1989年，榨油机、拉螺机各1台，日榨能力到30吨。年末职工29人，固定资产原值46万元，全年生产桐油1106吨、茶油33.3吨，产品质量优良，畅销国内外，实现工业产值239.56万元，盈利17万元。是年，被评为广西壮族自治区“经济效益显著先进单位”。

1990年，是县油脂厂发展最好的时期，有职工40人，年产值达1500万元。

1995年以后，县油脂厂食用油加工逐渐减少。根据市场的需求，企业以采购原料加工生产工业用油为主，主要有桐油、蓖麻油等。

1996—2001年，田东生产的桐油原料少，县油脂厂生产所需的原料大多数需要从外地采购，原料供应没有保障。加上各地纷纷盲目兴建桐油厂，导致原料不足，产能过剩，该厂经济效益每况愈下，连年亏损。2001年，县油脂厂因融资困难而停产，此后再也没有恢复生产；各粮所榨油车间经营活动转向由个体经营。

1989—2005年田东县国有粮食企业粮食加工一览表

表9-3-4　　单位：吨（贸易粮）

年度	加工原料付出			加工成品收回		
	合计	稻谷	面粉	合计	大米	面条
1989	8084	6921	1163	5804	4676	1128
1990	9284	8102	1182	6731	5548	1183
1991	11797	10404	1393	8517	7148	1369
1992	6340	5792	548	4520	3926	594
1993	1047	665	382	823	441	382
1994	2238	1690	548	1114	569	545
1995	1055	733	322	821	498	323
1996	569	295	274	472	198	274
1997	249	163	86	202	116	86
1998	146	144	2	104	102	2
1999	219	219	—	152	152	—
2000	359	359	—	247	247	—
2001	419	419	—	285	285	—
2002	140	140	—	94	94	—
2003	70	70	—	49	49	—
2004	43	43	—	30	30	—
2005	83	83	—	58	58	—

说明：此表县粮食局提供

第四章　供销社商业

县供销合作社联合社（简称县供销社）商业属集体性质商业，主要经营农副产品和工业品，其购销商品涉及生产、生活各类用品，以农民为主要供应对象。县供销社在县城设有农业生产资料公司、土产日杂果品公司、供销社贸易公司等3个直属公司，设有平马、祥周、林逢、思林、作登、印茶、朔良、义圩等8个基层供销合作社。

1989—1992年，供销企业大部分沿袭传统的老模式，企业无改革成本，加上政策措施不配套，发展艰难，改革进度缓慢。1993年，全系统11个核算单位有7个亏损，亏损额116万元。1994年后，因供销体制制约和农村个体商业的发展冲击，供销合作商业购销额逐年下滑。1999年，县供销社推行“人事、劳动、分配”三项制度改革，购销业务顺利开展，扭转企业连续5年亏损局面。

2005年，思林镇供销大楼　　（县供销社提供）

2000年，县供销社结合实际，扩大经营领域和服务范围，提高经济效益，全年全系统实现商品销售总额5004.25万元、利润1.45万元。2005年，县供销经营范围从农副产品收购到生产生活资料供应，品种上万个，购销两旺，农业生产资料销售3514万元，商品销售总额6580万元，实现利润3.18万元。

第一节　农资购销

县供销社围绕春耕生产、夏收夏种、防汛抗旱、秋收冬播、农田水利建设等等农业生产，组织农业生产资料的采购、储存与供应，做到调查走在计划前，计划走在调拨前，调拨走在供应前，供应走在季节前，保障农业生产的需要，促进农民增收，推动农村经济发展。县供销社农资供应企业主要有田东县农资公司、8个基层社和5个分社。1989—2005年，全系统购进化肥30.81万吨，调进计划内化肥6.79万吨，完成化肥销售3.54亿元，供应化肥36.46万吨。

从1989年起，县供销社农资部门通过县社与基层社联营，建立村级综合服务站，扩大市场覆盖面，设置有191个供应网点，形成集团化经营、集约化管理，取得明显成效。1989年，全系统有生产资料22个批发部169个门店，完成农资商品销售额1329.59万元，供应化肥1.32万吨、农药69.3吨、农膜189吨、中小农具17903万件。

1990年前，全县化肥、农药、农膜由县供销社的农资公司一家专营。1990年1月，国务院发出

《关于完善化肥、农药、农膜专营办法的通知》，放宽到允许国有农场和农业技术部门经营本身所需的农资商品，生产厂家可以自销10%。为了让专营政策落到实处，田东整治农资经营渠道，取缔非法经营，以维护农民的利益，稳定规范化肥市场。1992年后，国家放宽农资经营并最终取消专营政策。

1993年，县供销系统成立化肥联营集团，在管理上实行统一进货、统一采购、统一采购、统一价格。组织人员到外地厂家和专业公司采购化肥7492吨，销售化肥1.35万吨。

1994年，国务院印发《关于改善化肥等农业生产资料流通体制的通知》，国家对农业生产资料经营进行一系列改革，由县供销社的农资公司一家专营过渡到“一主两辅”和“三条渠道”并行，即以县农资公司和基层供销社为化肥流通的主渠道，农业“三站”（土肥站、农技站、植保站）和生产厂家为化肥销售的辅渠道，农资经营全面走向市场，不再为供销社专营。

1999年化肥市场放开以后，出现多渠道经营、部分假冒伪劣化肥流入市场的现象。

2000年，全县供销系统农业生产资料销售额2432.79万元，其中销售化肥25万吨、农药126.87吨。2004年，销售化肥3万吨。2005年，化肥销售3.29万吨，销售额3330.49万元。

1989—2005年田东县供销社年度化肥销售总量情况表

表9-4-1

年份	销售总额（万元）	农药(吨)	化肥(吨)	其中(吨)					
				尿素	碳铵	磷肥	钾肥	复合肥	硝铵
1989	1329.59	69.30	13200	5167	2546	1930	1173	694	1690
1990	1579.89	82.39	15686	6140	3026	2294	1393	825	2008
1991	1649.51	86.02	16377	6410	3159	2394	1454	861	2098
1992	1480.99	77.23	14704	5755	2836	2150	1305	774	1883
1993	1355.58	70.70	13459	5268	2596	1968	1195	708	1724
1994	1395.43	72.77	13855	5423	2672	2026	1230	729	1775
1995	2481.00	129.38	29439	12982	6476	3358	1183	3710	1730
1996	2477.00	129.18	29390	11504	5669	4297	2609	1546	3765
1997	2179.76	113.67	25865	10124	4989	3782	2297	1360	3313
1998	2202.60	114.87	26136	10230	5041	3822	2320	1375	3348
1999	2188.48	114.13	20517	8031	3957	3000	1822	1079	2628
2000	2432.79	126.87	24994	9784	4821	3655	2219	1315	3200
2001	2968.00	154.78	30528	15960	2751	4464	1604	3137	2612
2002	1446.99	75.46	13566	5309	2426	1853	728	2280	970
2003	1489.14	77.66	13960	4050	1895	1906	749	4500	860
2004	3200.00	166.88	30000	15670	4350	3280	950	5000	750
2005	3513.73	183.24	32940	15940	4700	3796	1064	6980	460

第二节　农副产品购销

1989年，县供销社所属的基层供销社为县农副产品购销的主体，负责农副产品的收购、加工、储存与销售。全系统点多面广，信息灵通，拓宽销售渠道，为广大农户购销农产品。是年，完成农副产品收购总额255.6万元。1990年，完成农副产品购进额391.23万元。

1995年，个体户参与农副产品销售的竞争，县供销系统农副产品购进额出现下降。是年，县供销系统产品购进总额4463万元，其中农副产品购进总额为743万元。同年年底，县基层供销社实行“社有民营”体制改革，农副产品购销业务承包到个人。

2000年，由于经营农副产品的个体户逐年增加，县基层供销社经营农副产品受到冲击，原承包农副产品购销的职工转为经营副食品、工业品等，为此农副产品购销业务下降。是年，农副产品购进额321万元。

2005年，县内经营农副产品购销的主体是个体户，供销系统农副产品购进额仅统计桐籽和木薯两大类，购进额540万元。

油桐 主要产于祷午、思林、坡塘、作登、印茶、朔良等乡镇，油桐籽为田东传统大宗农副产品。1989年，全县油桐种植面积12198公顷，全县基层供销社收购桐籽268吨。

1990年，县供销社下属的县土产日杂果品公司桐油加工厂竣工投产，年加工桐籽能力1000吨，产值700万元；当年供销系统收购桐籽995吨，此后桐籽收购逐年增加。

1995年，县农资公司复合肥厂建成投产，年产复合肥6000~10000吨，大量使用桐麸原材料。当年供销系统收购桐籽1892吨。收购桐籽最多年份是1998年，年收购量2699吨。2000年，县供销系统收购桐籽817吨。

2001年，因桐籽价格偏低，农民囤积观望，再加上收购资金缺乏，县供销系统收购桐籽工作一度打不开局面。后来，改变桐籽收购、加工、销售经营策略，当年收购桐籽522吨。

2003年，桐籽收购量792吨，桐油加工厂产出桐油322吨，桐麸675吨；复合肥厂生产销售复合肥4500吨。2004年，县供销系统收购桐籽1250吨，2005年收购比上年增加10%。

木薯 木薯也是田东大宗土特产品，是淀粉、酿酒工业和饲料工业的主要原料。县农业生产资料公司、土产日杂果品公司和各基层社均设点收购，随购随调。1989年，收购木薯2342吨，收购金额76万元。1990年，收购木薯2474吨。

1996年，田东县酒精酿制有限责任公司建成投产，对木薯需求量加大，木薯产量逐年增加。县供销系统1998年收购木薯6491吨，2000年收购木薯4086吨，2005年收购木薯5537吨。

第三节　再生资源和日杂营销

废旧物资购销 1989年，基层供销社负责乡镇废钢铁、废塑料、废纸、废铜等废旧物资的收购；县物资局下属的日用杂品废旧公司在县城设立5个收购点，负责废旧物资收购。当年，基层供销社收购废旧物资165吨，收购总值34.73万元；销售废旧物资38吨，销售总额20.85万元。

1990—1995年，县基层供销社收购废旧物资925吨，收购总额452万元；销售废旧物资532吨，销售总额627万元。1997年，收购废旧物资203吨，收购总值172万元；销售废旧物资188吨，销售总值121万元。

1998年，放开废旧物资市场，允许个体经营介入，基层供销社废旧物资收购受到影响。全年收购废旧物资125吨，收购总值141万元；销售废旧物资83吨，销售废旧物资总值309万元。

2001年，基层供销社收购废旧物资137吨，收购总额69万元；销售废旧物资91吨，销售总额151万元。

2002年以后，因市场整顿，废旧业务中断，基层供销社基本不再经营废旧物资收购业务，废旧物品回收销售由个体户经营。

日杂营销 随着轻工业的发展，生产日用杂品的企业越来越多，以满足人们生活的多元化、品质化的需求。塑料桶盆、人造草皮箱、塑料壶、铝瓢、腈纶布、多用炉子、不锈钢餐具、新式炊具、新式家具等新品种陆续面市。1990年，供销系统的日用杂品经营范围扩大到炊事机械、电器炊具、农村建房用材等等，品种增加到1250个，年销售额650万元。之后，日用杂品成为供销系统生活资料经营的主要对象之一。

第四节 烟花爆竹

1989年，烟花爆竹的批发业务统一由县供销社下属的土产日杂果品公司经营，是全县唯一批发经营烟花爆竹的单位，实行从国家定点生产企业进货制度。从外地购进的烟花爆竹，由县公安局办理购买证和运输证。零售网点须核发烟花爆竹临时销售许可证，县供销社严格执行国务院发布的《中华人民共和国民用爆炸物品管理条例》，把烟花爆竹安全经营管理纳入法治化轨道。田东县购进烟花爆竹的生产厂家是广西区内的合浦县、大新县、北海市、百色大华厂等，1989年烟花爆竹销售总额79万元。

1995年，土产日杂果品公司在全县布设159个烟花爆竹零售网点，均取得县公安局审查批准核发的烟花爆竹临时销售许可证。

2000年以后，土产日杂果品公司除了从广西区内原来的定点厂家进货之外，还与湖南、江西等厂家联合经营，实行统一批零价格、专库储备、专柜销售，建立一套凭证生产、凭证购买、凭证运输、凭证销售的管理制度，促进烟花爆竹行业健康有序发展。2000年，烟花爆竹销售总额87万元。2005年，销售烟花爆竹总额120万元。

第五节 多种经营 扶持生产

调整经济结构

供销合作社经营范围主要是面向农业、农村、农民提供服务，销售人民生活所需的日常生活用品及农业生产所需的化肥、农药等生产资料，收购农副产品及废旧物资，提供餐饮、住宿服务等。随着改革开放的深入，随着市场经济的建立和逐步完善，供销合作社在市场竞争中处于劣势地位，经营项目逐渐减少，经济效益越来越差。从1991年起，县供销系统参与农业综合开发，搞多种经营扶持，开拓新的经营项目，调整经营结构，以增加供销系统农副产品的收购。1991—1993年，在思林镇、祥周乡仑圩村创办农业综合开发商品生产基地示范场2个，面积1512公顷，其中种植木薯27.5公顷，种植油桐1430公顷，扶持资金43.5万元。此外，创办桐油加工厂、复合肥厂，直接加工农产品，延伸产业链，增加农产品附加值。

1995年，发动职工集资入股，解决系统内企业资金周转难的问题。1998年以后，由于受社员股金的拖累，基本上没有开拓经营项目。2005年12月，县供销社尚经营的项目有桐油加工厂、复合肥厂，仑圩商品生产基地133.3公顷，油桐140公顷。

扶持生产

1989—2005年，县供销系统投入人力、物力、财力扶持农业生产。1991年，为推动农民调整种植结构，实现多种经营，增加收入，县供销社与县科协、县扶贫办等到村屯发动群众种植木薯，举办培训班7期，受训农民736人，并给予农户种子、化肥、技术指导等扶持。是年，种植“南植188”木薯27.47公顷，总产量1042.54吨，产值14.6万元。

1992年，县供销系统直接抓农村商品生产的人员达90多人，引导和帮助农户种植油桐、木薯、甘蔗等经济作物。其中扶持油桐种植735公顷，扶持资金27.5万元。

1994年后，由于受各种内、外因素的制约，县供销系统扶持农业生产的力度逐渐减小。

2001年，县供销社认真贯彻落实中共中央、国务院《关于深化供销合作社改革的决定》及中华供销合作社第三次代表会精神，服务“三农”。为提高服务技术水平，邀请广西大学农学院教授到田东授课，参加培训的营销员工有50人次。通过培训，员工掌握了化肥施用、几种农作物病虫害防治等基本实用技术，在销售化肥农药过程中，能够更好地服务农民。

2004年，县供销社围绕助农增收和扭亏增盈目标，抓好农业生产资料、生活资料的经营和社办工业的管理。在化肥营销方面，坚持“冬储与销售并重”“统购分销”的经营策策略，筹措资金冬储化肥，规模化经营。当年销售各种化肥3万吨，农药167吨，金额3200万元。

2005年，县供销系统坚持服务“三农”的宗旨，成立田东县农业生产资料协会，增强为农服务能力。

股　金

股金是由社员群众自愿入股、积累起来的供销社自有资金，主要是缓解银行停止贷款和减少贷款所带来的资金不足，给企业注入新的血液。

1994年，县供销社发动职工集资入股，发展农村商品生产和创办工业。年内，社有股金77.76万元，农民入股5.12万元，利用这些股金，建立了那拔、仑圩、义圩、作登等农村商品基地。

1995年，中共中央出台《关于深化供销合作社改革的决定》，县供销社广泛发动社员入社扩股，以解决企业流动资金紧缺问题。县供销社以林逢、祥周两个基层供销社作为试点，成立社员股金服务部，按照“入股自愿，退股自由，保息分红”的原则，开始对外办理股金吸收业务。是年年底，成立县供销社社员股金服务管理中心，全社社员股金373.51万元。

1996年，基层供销社纷纷成立社员股金服务部。至年年底，全县有社员股金服务部13个、社员股金管理中心1个，入社农户1万多户，股金1202.48万元，确保了资金周转。后来，由于全国一些地方的社员股金管理出现问题，股金流失严重，引发了社员股金风波，影响社会安定，因而受到清理。县供销社社员股金也因为使用上不够规范和经营不善，而受到清理整顿。

后来，根据《国务院办公厅转发中国人民银行整顿乱集资乱批设金融机构和乱办金融业务实施方案的通知》及《自治区人民政府办公厅转发自治区供销合作社关于规范供销合作社社员股金工作实施意见的通知》的要求，县供销社各基层股金服务部停止业务，并根据以上文件精神，确定了股金处置方案，报县人民政府批准。从1999年12月1日起，通过财政举债贷款260万元，分期兑付股民。

第五章 服务业

1989—2005年，田东县内服务业主要包括餐饮住宿业、燃气供应、废旧物品回收、修理修补、美容美发、照相冲印、打字复印等，国有、集体、个体商业并存，市场竞争激烈。20世纪90年代后期，随着市场经济体制改革的不断深入，社会服务业也在不断地发展。

第一节 餐饮业

1989年，全县饮食业经营机构有155个，从业人员663人。其中全民所有制饮食企业7个，从业人员88人；集体（供销社）饮食业10个，从业人员415人；个体有证饮食业138个，从业人员160人。是年开始，田东餐饮业呈现出发展速度快、网点分布广、食品种类多三大特点，类型有饭店、酒店、食堂、早餐店、夜宵店、冷饮店、茶点店、烧烤摊等，主要经营客饭、时菜小炒、米粉、包子、馒头、豆浆、油条、冷饮等。国有县饮食服务公司经营的田东饭店饮食业实行门店独立经营、自负盈亏、定额上交的经营机制。全县餐饮业零售额195万元，占社会商品零售总额10958万元的1.78%。

1990年，全县饮食业经营机构有187个，从业人员945人。其中全民所有制饮食企业7个（均实行国家所有、集体经营模式），从业人员88人；集体（供销社）饮食业15个，从业人员520人；个体有证饮食业165个，从业人员337人。全县餐饮业零售额211万元，占社会商品零售总额11594万元的1.82%。随着商品市场的进一步放开，个体饮食服务业迅猛发展，大排档、夜宵摊、烧烤摊日益增多，全民所有制的饮食服务业受到冲击，举步维艰。

1995年，县金穗农贸市场建成开业，饮食服务公司的门店先后转让出租，至此，县内国有饮食业的经营业务转为个人承包或者退出行业。1995—2005年，全县餐饮业全部由个体经营。2000年，无论是县城还是乡镇，酒店、饭店、快餐店、小吃店、糕点店、大排档、夜宵摊、烧烤摊随处可见，中餐、西餐、各式菜系、各种风味小吃让人们随时大饱口福。

2005年，全县有个体饮食业457户，从业人员824人，注册资金629.75万元；全县餐饮业零售额5748万元，占社会消费品零售总额48160万元的11.93%。

第二节 旅馆业

1989年，田东县内开设旅馆以国有、集体单位为主，个体旅社少，基本上每个乡镇仅有一家。县城全民所有制旅馆有田东旅社、县人民政府招待所、外贸招待所、飞凤旅馆（食品公司办）、民兵训练基地招待所等。1989年，国有田东旅社有管理干部1人，服务员15人，营业收入5.5万元。

1993年，全县共有国有、个体招待所、旅社36余家，从业人员300多人，营业收入478.96万元。其中县人民政府招待所有各种客房35间，120个床位，平均日住房率52%，主要是负责接待上级领导和各有关部门的来往人员，服务收入35.45万元；飞凤旅馆有各种客房75间，床位183套，平均日住房率70%，营业收入231.63万元，其中服务收入128.25万元；外贸招待所客房只设双人间和3人间共28间，80个床位，平均日住房率33%，营业收入50.88万元，其中服务收入43.06万元；民兵训练基地招待所有各种客房36间，107个床位，平均日住房率50%，营业收入68.5万元，其中服务收入48.88万元。

1994年，华瑞大酒店建成并投入使用，是当时田东最大最好的酒店。是年，全县共有酒店、招待所、旅社46多家。

1994年后，县城陆续建成新园大酒店、田园大酒店、水利局招待所、农机招待所、电力公司招待所、乡镇企业招待所、东恒旅社、富怡宾馆、蜂源大酒店、邮电大夏、东鑫大酒店等。

1995年开始，国有企业门面相继停业或拍卖，国有旅社服务随之消失。

20世纪90年代后期，旅馆建设由低档向中、高档发展，内设空调、彩电、电话、卫生间，部分宾馆还设有美容美发、按摩、舞厅、桑拿浴等配套服务。与此同时，个体私营旅社也异军突起，其特点是规模小、价格便宜。2005年年底，全县大小旅馆业网点共有150多个，从业者1380人。

第三节　其他服务业

1989—2005年，田东县内其他服务业主要有燃气供应、废旧物品回收、修理修补、美容美发、照相冲印、打字复印等。

燃气供应

20世纪80年代后期至20世纪90年代初期，田东城镇居民逐渐使用石油液化气作燃料。广西田东石油化工总厂下辖的炼油厂生产液化石油气，县内设有液化气供应站，并送气上门，方便居民购买、使用。各电器商场及燃具专卖店经营各式单双燃气灶、燃气热水器和石油液化气钢瓶。

20世纪90年代后期，一些交通便利、经济条件较好的村屯农户开始使用石油液化气作燃料，营业性饭店（酒店）、宾馆旅社、大排档等饮食住宿服务业也普遍使用液化气燃料。燃气供应站每天派人走街串巷接送液化气钢瓶。

2005年，全县有私营、个体燃气供应站（点）6家，液化气钢瓶总数2.5万个。

废旧物品回收

1989年，县物资局日用杂品废旧公司和基层供销社具体负责县内废旧物资的收购。根据县域特点，全县设立18个废旧物资收购点，其中废旧公司在县城设5个，基层供销社在乡镇设13个。当年，收购废旧物资215吨，收购总值45.26万元。1989—1993年，共收购废旧物资867吨，收购总值424.44万元。

1999年，县物资总公司（物资局）体制改革，对下属的有关公司进行合并，废旧金属回收经营归实业综合开发服务公司管理。2000年，废旧公司5个废旧物资收购点被个人承包。

2002年，废旧物品回收由个体户经营。2005年，田东县城仅有废旧物品回收店9家，每个乡镇一般设有1~2家，走村串巷回收废旧物品的人员有100多人。

修理修补

田东县修理修补业随着社会发展及居民耐用消费品的拥有量而发展。1989年，县内修理业以个体为主，主要从事家用电器、自行车、钟表、铝锅、鞋类、锁匙等修配。

20世纪90年代前期和中期，随着彩色电视机、洗衣机、电冰箱、影碟机、摩托车的普及，家电维修店和摩托车修理店越来越多。城市企业下岗职工、农村进城人员在街头巷尾租赁小门面，添置简单修理设备，办起个体修理业，很多小店既修理自行车、又修鞋，并修锁配钥匙，同时经营多种修理业务。20世纪90年代后期，交通、通讯迅猛发展，汽车修理店（厂）日益增多，手机维修店开始出现。

2000年，全县有修理业98家，从业人员147人，注册资本15.68万元。

21世纪初，县内的维修业规模逐步扩大，服务项目增多，技术要求提高，从业人员大都经过技工学校的专业培训后持证上岗，从传统机械产品的维修发展到手机、电脑、空调、电动车、汽车等高新技术产品。各单位普遍配备电脑，家庭电脑拥有量亦逐渐增多，电脑经销店大都配有专门人员进行维修。2002年，全县有修理业109家，从业人员164人，注册资本22.24万元，其中当年开业的修理业有11家，从业人员25人，注册资本4.69万元；在城镇从事修理业的有62家，从业人员64人，注册资本14.66万元。

2005年，除国内各电信、计算机、家用电器生产厂家或代理商设立的维修中心（店）外，全县登记注册的个体维修店有132家，从业人员159人，其中有家电维修店44家、摩托车维修店24家、汽车维修店12家，农机、自行车及其他机电维修20家，补胎店9家，手机经销维修店10家，电脑服务（经营）部8家，电脑维修店5家，注册资本23.69万元。

美容美发

20世纪80年代中后期，田东县内发廊很少，县城有集体所有制的理发店4家，各乡镇只有2~3家的个体理发店。20世纪90年代中后期，物质生活逐渐丰富的人们开始追求美容和发型多元化，个体理发行业店迅速增加。1995年，全县理发店（室）及美容化妆业有125家。

2000年，全县有理发及美容化妆业216家，从业人员432人，注册资本70.62万元，其中当年开业的理发及美容化妆业23家，从业人员25人，注册资本6.2万元；在城镇从事理发及美容化妆业的有127家，从业人员243人，注册资本33.31万元。

2001年，全县有理发及美容化妆业254家，从业人员295人，注册资本53.69万元，其中当年开业理发及美容化妆业38家，从业人员44人，注册资本35.82万元；在城镇从事理发及美容化妆业的有161家、从业人员144人、注册资本47.47万元。

2002年，全县有理发及美容化妆业268家，从业人员360人，注册资本79.37万元，其中当年开业理发及美容化妆业14家，从业人员25人，注册资本4.5万元；在城镇从事理发及美容化妆业的有152家，从业人员176人，注册资本69.44万元。

2005年，全县登记注册的发廊、美容美发店、发型设计室有278家，其中县城127家，乡镇75家，从业人员226人，网点遍布城乡、街道和村庄，烫发、造型、护发、盘发等新服务项目越来越多。1989年，理发价格一般每次0.5~1元，1995年1.5~2元，2000年2.5~5元，2005年5~10元。

照相冲印

1989年，田东县城只有2家照相馆。其一是东风照相馆，属县饮食服务公司管理的国有企业，有职工5人，当年实行集体承包，每年上交公司3300元，其余由职工处理，年营业收入1.2万元。其二是庐山照相馆，为个体企业。各乡镇一般有照相馆1家。照相馆所照相片一般为黑白胶卷冲印。

20世纪90年代起，彩色胶卷取代黑白胶卷。随着城镇家庭相机的普及，照相馆拍摄业务量下降，冲扩胶卷业务量增大。1995年，全县有照相馆4家，开始购进有档次的设备。

21世纪初，数码照相机取代胶片照相机，照相馆大多改为艺术影楼或婚纱影楼。至2005年，全县登记注册的照相馆、影像馆、摄影店、影楼有8家，其中县城6家。

打字复印

20世纪90年代初，田东县城开始有专门从事打字复印的个体文印店。因各单位还未配备电脑和打印机，其打印业务多由文印店承接，文印店业务繁忙，生意火爆。

2000年，全县有计算机应用服务业24家，从业人员47人，注册资本39.27万元，其中当年开业的计算机应用服务业8家，从业人员12人，注册资本10万元；在城镇从事计算机应用服务业的有21家，从业人员31人，注册资本35.37万元。

2001年，全县有计算机应用服务32家，从业人员40人，注册资本66.13万元，其中当年开业的计算机应用服务业7家，从业人员9人，注册资本1.75万元；在城镇从事计算机应用服务业的有27家，从业人员35人，注册资本66.96万元。

2002年，全县有计算机应用服务业25家，从业人员55人，注册资本94.57万元，其中当年开业的计算机应用服务业11家，从业人员15人，注册资本23.69万元；在城镇从事计算机应用服务业的有23家，从业人员32人，注册资本82.14万元。之后，因大部分单位配备电脑和打印机，文印店打字、复印等业务量有所下降。2005年，全县有电脑文印店36家，其中县城8家。

第六章 集市贸易

农村经济的发展，直接促进了农村贸易的发展。1989年，田东县集市贸易较为活跃，贸易商品以农副产品、百货、五金为主。圩日时，农民一般是将自产的农副产品拿到集市交易点出售，然后购买自己生活和生产所需要的商品。全县集市贸易成交额2778.45万元。

20世纪90年代，根据“政府领导，统一规划，合理布局，多方兴建，工商部门主管”的市场建设原则，扩大圩场面积，放开市场，集市贸易成交额日趋增加，反过来刺激和拉动农业产业的发展。1990年全县集市贸易成交额4319万元。1995年，全县集市贸易成交额1.24亿元。2005年，集市商品贸易成交额4.8亿元，是1989年的17倍。

第一节 机构

1989—1998年，田东县集市贸易基础设施建设和日常的市场管理由县工商局负责。1998年4月，成立田东县市场开发服务中心，具体负责全县集贸市场的服务和管理，挂靠县工商局，由县工商局一名副局长兼任市场中心主任。办公地址在田东县油城路58号，内设办公室、财务股、物业综合管理股等3个股（室）。全系统干部职工132人。

2001年，县市场开发服务中心由县人民政府接收，成为县人民政府管理的正科级事业单位，单位性质为自收自支，主要职能是培育、开发和管理市场，收取市场租赁费和服务费。有办公室、财务室、物业综合管理股3个股室，在职职工164人。

2005年，县市场开发服务中心在职干部职工148人，其中干部14人，工人134人，内设有办公室、财务室、物业综合管理股3个股室。

县市场开发服务中心历任主任：周建春（1998年12月至2001年5月兼任）、黄炳明（2001年5月至2002年2月）、刘忠锋（2002年8月至2006年12月）。

第二节 市场 商业街

1989年，全县设有平马、祥周、新洲、仑圩、布兵、林逢、祷午、思林、坡塘、坡蒙、作登、坡圩、江城、印茶、朔良、灵龙、义圩、那拔、百定等19个圩场，集贸市场总面积1.71万平方米，其中砖瓦面积1.62万平方米。上市品种主要是粮食、蔬菜、肉类、鲜果、禽畜、鱼类、竹木农具、小五金、小百货等760种，年成交额为2778.45万元。

1990—1991年，投资10.55万元，维修市场面积1499平方米及增设售肉台85张，修建街道和排水沟，整治农贸市场脏乱差。全县集市贸易成交额1.08亿元。

1992年，增设百敏、联雄、世木3个村级圩场，全县集市贸易增加到22个，总面积3.15万平方米，集市贸易成交额8043万元。

1993年，全县共有49个集贸交易点，三天一圩日（集）。平马镇、思林镇等逢圩日时，赶圩人数一般2万余人，平马镇圩场日平均成交量28.5万元，思林镇圩场日平均成交量10.5万元。猪肉、大米成交数量增长明显，年成交猪肉462吨，大米592.5吨。全年集市贸易成交额为8222.93万元，完成市场收费120万元。

1992年，祥周镇联雄村联雄农贸市场

（县市场服务中心提供）

1994年，投资6.8万元，扩建印茶乡农贸集市圩场，建设面积690平方米。全县当年市场成交额为1.24亿元，收取市场管理费136万元。

1995年，田东县金穗农贸市场开业。该市场总建筑面积为2.1万平方米，使用面积为1.49万平方米，有二层楼营业大厅、地下一层交易场及三栋一层副楼，一、二层每层建筑面积为6000平方米，地下层为2000平方米，副楼每栋各800平方米，建筑结构为钢筋混凝土结构。通过对脏、乱、差，以及乱搭、乱摆、乱卖等不文明、不规范的经营行为的综合治理，金穗农贸市场被百色地区精神文明办公室和百色地区工商局评为1995年度百色地区“文明市场”。

1996年，投资80万元，扩建义圩农贸市场，市场建筑为一层钢混结构，总占地面积1950平方米。

1997年，投资340万元，新建祥周农贸市场，占地面积2.62万平方米，建筑面积1719平方米。改建、扩建市场3个，面积4814平方米。年末，全县共有市场24个，占地面积9.62万平方米，建筑面积6.42万平方米。全年市场成交额2亿元。

1998年，投资新建朔良农贸市场，市场结构为钢架结构，总占地面积1368.6平方米。投资新建祷午农贸市场，营业面积为1132平方米。投资新建林逢农贸市场，营业面积为438平方米。新建市场建筑面积1.12平方米，投资总额937万元。年末，全县共有市场27个，占地总面积11万平方米，总投资额3377.8万元，年商品成交额3亿元。

1999年，投资扩建坡塘农贸市场，市场结构为钢架结构，建筑面积为840平方米。

2000年，投资314万元建设庆平农贸市场（原平马综合农贸市场），市场结构为钢筋混凝土结构，建筑面积为6257平方米。投资扩建布兵农贸市场，市场结构为钢架结构，营业面积为1400平方米。全县市场发展到28个，年商品成交额3.37亿元。当年，金穗、东风、小龙、江城、布兵、林逢、祷午、朔良等8个市场被评为百色地区级文明市场。

2005年，全县有28个集贸市场，市场总面积7.64万平方米，圩亭面积5.55万平方米，其中县城金穗市场、东风市场、中山市场、庆平市场、义圩市场、小龙市场、林逢集贸市场为钢混水泥结构；县城东耕牛猪花市场、县城西果菜批发市场、祥周农贸市场、布兵农贸市场、江城农贸市场、祷午农贸市场、朔良农贸市场、那拔农贸市场、印茶农贸市场、作登农贸市场、坡塘农贸市场钢架结构。全年农贸市场维修费26.23万元，全县集市贸易成交额4.8亿元。

田东县各乡镇市场圩期一直沿用传统固定的时间，每三天一个圩日，不间断循环，平马、江城、那拔、祷午乡镇市场的圩期同一天；思林、祥周、朔良、印茶乡镇市场的圩期同一天；林逢、布兵、仑圩、作登、义圩、坡塘市场的圩期同一天。

金穗农贸市场、平马农贸市场（庆平农贸市场）是田东县城最热闹的市场，经营商品有肉类、水产类、粮油、成衣布匹、糖烟类、家禽、猪仔、副食品类、蔬菜类、干鲜果类、日用杂品类、竹木器、柴草类、饲料农具种苗类、工业品等。1995年，贸易成交额3234万元。2000年，贸易成交额8422.50万元。2005年，贸易成交额1.21亿元。

思林市场在县城东25.2千米，经营商品有粮食类、油脂油料类、土糖、肉类、鱼类、家禽蛋类、蔬菜、成衣布匹、副食品等。林逢市场在县城东8.6千米，经营商品有牛场、猪仔、肉类、杂货、大米、水产类、蔬菜、竹木器、副食品、服装等。祥周市场在县城西7.5千米，经营商品有粮食类、油脂油料类、肉类、鱼类、家禽蛋类、蔬菜、成衣布匹、副食品等。

义圩市场在县城北48千米，经营商品有木材、竹木器、猪仔、肉类、禽蛋、玉米、茶油、服装、电器、蔬菜等及马场，是田东县北部山区最活跃、交易量最大的市场，1995年，贸易成交额967.68万元。2000年，贸易成交额2520万元。2005年，贸易成交额3586.67万元。

朔良市场在县城北39千米，经营商品有木材、竹木器、肉类、禽蛋、蔬菜、玉米、茶油、服装、电器等及马场。百定圩，距县城约40千米，1989年，圩场附近有村公所、供销分社、粮站、小学等机构；上市农产品有大米、玉米、木薯、水果、木材、肉类、禽畜、木耳等，2005年，贸易成交额175万元。灵龙圩，位于朔良乡北部，与巴马瑶族自治县、平果县交界，距朔良乡政府48千米。1989年未通汽车，运输主要靠马驮、人挑。该圩属3日一圩，圩场附近有供销分社、粮站、中学、小学等。上市农产品有大米、玉米、木薯、板栗、水果、蜂蜜、木材、肉类、畜禽、豆制品、木耳等。交易高峰期为上午11时至下午3时。赶圩者一般500~600人，最多有1000多人。1989年贸易成交额70万元，2005年贸易成交额170万元。

仑圩市场在县城北12千米，是一个历史悠久的村级圩市，圩场内设供销分社、税站、信用社、小学、电影院等。1989年，圩日交易高峰期为上午10时至下午4时，赶圩者除祥周乡北部几个村外，还有那拔乡和田阳县百育乡的群众，一般700~800人，最多达3000人，上市产品有粮食、禽畜、生姜、水果、木耳、木材等，年贸易成交额约250万元。

作登市场在县城南17.8千米，经营商品以肉类、鱼、粮油、副食品、蔬菜为主，是田东县南部山区最活跃、交易量最大的市场，1995年贸易成交额525.32万元，2000年贸易成交额1381.29万元，2005年贸易成交额1965.95万元。

坡圩市场位于作登瑶族乡南部，距县城26.8千米，为作登坡圩村公所驻地。1989年，上市农产品以玉米、豆类、蛤蚧、鲜鱼为特色，3日一圩，赶圩者约500人，年贸易成交量约50万元。至2005年，由于交通方便，该市场贸易逐步转向乡政府所在地作登市场。

印茶市场在县城南26千米，经营商品以肉类、禽蛋、粮食、油料、豆制品、鱼类、蔬菜、服装、电器等。

江城市场在县城南40千米，经营商品有粮食、油料、鱼类、肉禽蛋、竹木器、服装、木材等。

祾午市场在县城东北32千米，经营商品主要有肉类、木材、竹木器、蔬菜、豆制品、鱼类、大米、玉米、茶油等。

那拔市场在县城北42千米，经营商品主要有肉类、禽蛋、豆制品、茶油、蔬菜、服装、矿产品等。

布兵市场在县城西南13.8千米，经营商品有肉类、禽蛋、鱼、豆制品、蔬菜、竹木器、木材、服装、电器等。

坡塘市场位于县城东南部，距县城38.3千米。圩内有供销分社、粮站、卫生院、信用社、中小学。上市农产品有玉米、豆类、桐果、木薯、禽畜、肉类、豆制品、水果等。圩日交易高峰期为上午11时至下午3时。赶圩者一般300~500人，多者800人。

坡蒙圩位于县城东部，距县城42.5千米，为坡塘那雅村公所驻地。该圩为3日一圩。圩场附近有村公所，代销店、小学等。上市农产品有玉米、芝麻、木薯、豆类、茶果、桐果、木材、禽畜肉类、竹编等。

田东电厂、右江矿务局坐落在祥周镇新洲村，这两个企业有1.2万多名职工，工资收入水平较高，对农产品的需求量大，因此新洲村农贸市场是全县最活跃的农村集贸市场，天天交易量都大。1995年贸易成交额1740万元，2000年贸易成交额4531.3万元，2005年贸易成交额6449.28万元。

第三节　经营管理

1989年，县工商行政管理局加大市场服务设施建设力度，调整市场布局，开辟各类水果、蔬菜、牲畜等专业市场，全年集市贸易成交额2778.45万元。

20世纪90年代，随着各乡镇农贸市场的街亭、地面、摊位等水泥硬化建设完成，全面推行摊位招标方法，维护市场经济秩序，开展打击掺杂使假、制造和销售假冒伪劣商品活动，促进市场繁荣，集贸商品购销两旺。

1995年，全县城乡综合集贸市场成交额1.24亿元，其中粮食类成交4386吨，成交额1167.95万元；油脂油料成交261吨，成交额129.85万元；棉、烟、麻类成交11吨，成交额13.97万元；肉食禽蛋类成交7998.25吨，成交额6089.89万元；水产品类成交389.85吨，成交额270.36万元；蔬菜类成交7218吨，成交额516.09万元；干鲜果类成交8600吨，成交额1539.4万元；日用杂品类成交16万件，成交额90.5万元；柴草类成交5042.73吨，成交额208.12万元；饲料、农具、种苗类成交1886.39吨，成交额112.56万元；大牲畜类成交9856头（匹），成交额505.66万元；家畜幼禽类成交猪羊崽301.64吨，成交额218.88万元，小鸡鸭苗98.62羽，成交额128.62万元；工业品类成交额972万元，废旧品类216.5万元，其他类成交219.64万元（其中木材4590立方米，成交额203.64万元，中药材16万元）。

2000年，全县共有农副产品市场28个，市场成交总额3.37亿元，其中农副产品综合市场26个，市场成交总额3.16亿元；农副产品专业市场2个，市场成交总额2100万元。消费品市场主要商品成交总额3.21亿元，其中粮食类3188万元，油脂油料355万元，肉食禽蛋1.66亿元，水产品737万元，蔬菜类1409万元，干鲜果类4201万元，大牲畜类1381万元，家畜幼禽类950万元，工业品类2654万元，其他600万元。

2002年，县市场开发服务中心对集贸市场的经营户发放摊位证，要求经营者一律进入市场摆卖，按类摆设，实行划行归市管理制度。市场管理人员实行岗位责任制，定人、定岗包干管理。乡镇集贸市场设有公共摆摊的圩亭，周边住户及商店不得私设摊位或将门前空地出租他人摆卖。牛、猪出售设有专门的市场、圩亭进行交易，不得在场外交易。同时制定“文明经营守则”“市场公约”“管理人员管理责任制”，创造良好的商品交易环境，辖区集贸市场经营秩序管理逐步规范。

2005年，县市场开发服务中心下设13个基层市场服务（站）所，管辖全县15个农贸市场，市场总面积11.47万平方米，场内经营日用百货、五金交电、成衣、布匹、针织、鞋类、肉食禽蛋、水产品、干鲜果类、粮食、油料、铁具、日杂等商品，全年集市产品贸易成交额4.8亿元，是1990年4319万元的10.1倍。

第七章 对外贸易

田东县外贸出口商品品种主要有五金矿产品类、轻工艺品类等。1989—1996年，全县外贸进出口业务均由县外贸公司经营，任务是按照上级主管部门下达的收购出口计划，组织货源，为各口岸专业进出口公司做好出口商品的收购、调运、储存和加工整理等，进口业务少。该公司经济实行独立核算，自负盈亏。由于国际市场商品销售竞争激烈，出口商品缺乏适应市场经济的竞争力，1999年起，县对外贸公司负债沉重，资金短缺，主营业务无法开展，无进出口业务，陷入停摆状态，转行从事服务业。

第一节 出口商品

出口方式

县外贸局、县外贸公司每年根据上级主管部门下达的出口商品收购计划，结合田东具体情况，制订收购的品种、数量等，积极组织货源，为各口岸专业进出口公司做好出口商品的收购、调运、储存、加工整理等。出口一般经过南宁、梧州、北海、广州等口岸的外贸接收站，锑锭、水泥等商品可直接出口。

出口商品基地

为组织货源，完成出口商品的任务，外贸部门建立出口商品基地。发动农民种植出口农产品，与农民签订收购合同。在思林、祷午、朔良、义圩、那拔等乡镇建立木薯干片基地，在作登、朔良、印茶、江城等建立茴油产基地，在思林镇设立矾土基地，在思林、作登等乡镇建立桐油基地，在朔良、义圩、那拔建立牛甘皮基地。加强与相关厂矿的联系沟通，在江城乡设立硅锰合金基地，在田东县酒厂设立蛤蚧酒基地，在田东水泥厂设立水泥基地。此外，到天等、大新、云南、贵州、湖南等地收购出口商品，补充本县不足的出口商品。

出口商品

1989—1992年，收购调运出口的产品有：炼锑、硅锰合金、高铅锌、矾土、茴油、羽毛、木薯干片、水泥、白糖、磷铁、桐油、猪皮革、芒果、牛甘皮等，其中炼锑和硅锰合金是出口的拳头产品。1989年出口额196.79万美元，1990年出口额194.39万美元，1992年出口额229.58万美元。

1994年，出口总额为2439.08万元，创田东外贸历史最好水平，被评为百色地区外经贸系统先进企业。1995年，出口总额为1330.43万元，被评为百色地区财贸系统先进单位。之后，由于县外贸公司受各种因素的限制，缺乏适应市场经济的灵活性，营业额大幅度下降。1998—2005年，县外贸公司负债沉重，资金短缺，无进出口业务。

1989—1998年田东县国有外贸企业经营情况表

表9-7-1　　单位：万元

年份	商品购进	销售额	盈亏额
1989	476.18	527.13	5.76
1990	376.5	786.94	4.55
1991	161.21	446.64	1.95
1992	1043.22	1043.22	10.00
1993	1184.38	1264.27	12.43
1994	2825.10	2940.64	50.03
1995	1815.33	1793.32	30.78
1996	238.46	246.15	0
1997	136.75	140	0
1998	0	0	0

第二节　进口商品

1988年，县外贸公司获得进出口经营权。虽然如此，该公司直接进口的商品历来较少，基本以代理进口为主。1989年，按上级计划指标，直接进口少量尿素等。1992年，国家取消计划商品指标后，县外贸公司停业直接进口业务。

随着市场经济的深入发展，全县通过各种渠道间接进口的商品不断增多，2005年田东间接进口的商品主要有汽车、摩托车、钢材、照相机、化肥、服装、家用电器、手表、各种机械设备等。

第八章　旅游

田东县旅游资源得天独厚，种类齐全，知名度较高。自然生态景观主要有十里莲塘、棋盘滩、敢养岩、龙须河、龙潭灵湖等，人文景观有檀河高岭坡古人类遗址、布兵盆地古人类遗址、茶马古道、八仙山摩崖造像、右江工农民主政府旧址、乡镇民俗节庆等，农业观光休闲资源有芒果园、香蕉园等等。地方特产有香芒、香米、香猪、香料、香蕉、牛耳饼、米花，等等，闻名遐迩。加上具有优越的区位优势、交通优势，田东是发展旅游业的理想之地。然而，田东县旅游业发展起步晚，步子慢。2000年前，田东只有右江工农民主政府旧址作为革命传统教育基地，作为红色旅游对外开放。2001年，县委、县人民政府重视旅游工作，县旅游局从县接待办分离出来，旅游事业得到了初步发展。2004—2005年，右江工农民主政府旧址被列为国家红色旅游重点景区、全国爱国主义教育示范基地，旅游资源的开发，吸引越来越多的区内外游客到田东观光旅游。

第一节　机构

田东县旅游局于1997年10月成立，与县接待办公室合署办公，地点设在田东县接待办公室，实为一套人马两块牌子，局长由县接待办主任兼任。1997年10月—2001年3月，县旅游局人员编制5名，其中局长1人，副局长2人，工作人员2人。

2001年，县旅游局从县接待办分离出来，编制放在县人民政府办公室，地点设在田东县人民政府院内。2002年，县旅游局编制2名，实有人员2人。2003年，县旅游局编制2名，在编人员2人。2005年，县旅游局编制2名，在职人数2名。

县旅游局历任局长：王建新（1997年10月至1999年3月）、邓福迎（1993年3月至2001年3月）、劳克瑞（2001年3月至2002年8月）、潘涛（2002年8月至2006年8月）。

第二节　旅游资源与开发

旅游资源

根据《旅游资源分类、调查与评价》（GB/T18972—2003）的分类方法，田东旅游资源可以分为地文景观、水域风光、生物景观、遗址、景观建筑、旅游商品、人文活动等9个主类，22个亚类，44种基本类型，其中22个亚类占全国31种亚类的69.7%，44种基本类型占全国155种基本类型的28.4%，旅游资源的类型丰富，种类齐全。

在所调查的53个旅游资源单体中，田东有四级资源4个、三级资源18个、二级资源23个、一级资源8个，分别占总数的7.54%、33.96%、43.39%、15.09%。优良级的旅游资源特色明显，以优良的森林生态环境和清秀恬静的水域风光为主，适合现代人休闲度假的旅游兴趣，因此，旅游资源开发潜力巨大。

四级旅游资源有右江工农民主政府旧址、一代伟人邓小平打响百色起义第一枪的地方、邓小平踏上田东第一脚的码头、嘹歌等。三级旅游资源有棋盘滩、莲花山、八仙山、敢养岩、十里莲塘、龙须河瀑布、龙须河森林公园、檀河旧石器、定模洞人遗址、田东石油基地、母娘洞、田东博物馆、向阳关、田南道农民办事处旧址、布兵古墓群、恩隆县农民运动讲习所旧址、七里香猪、那拔香鸭、“中国芒果之乡”等。

二级旅游资源有睡佛山、龙须河、右江风光、响水泉、独木成林、观音庙门联、城隍庙、那恒窑址、茶马古道、横山古寨、百银城址、田东电厂、鸽子山庄、壮家干栏宅、右江总工会旧址、二牙码头、红军亭、锅盖岭战国墓、红七军平马被服厂旧址、巴麻村、兰芳村、百谷红军村、婚姻习俗等。一级旅游资源有龙门、椅子岭、响水瀑布、关帝庙、文庙、远街土司寨、田东人民广场、龙须河电站等。

旅游资源开发

田东县旅游业的投入主要有地方财政投入、股份制投入、私营投入等3种形式。1989—2005年，全县旅游开发共投入1900万元，其中右江工农民主政府旧址景区168万元、十里莲塘景区1417万元、政府旅游规划编制经费投资40万元。投入的资金主要用于右江工农民主政府旧址和十里莲塘景区内的景点征地、交通、水电、通信、房屋等基础设施建设。

1998年，自治区文化厅拨款10万元，对右江工农民主政府旧址进行维修。

2001年，县委、县人民政府将十里莲塘开发为生态农业旅游景区。县财政投资53万元，建设百谷红军码头、红军亭、红军学校、百谷红军村陈列室、红军路等。

2002年，国家计委帮扶15万元，县财政投资50万元，建设右江工农民主政府旧址文物库房。县财政局投资70万元，用于十里莲塘景区用地征地补偿。县林业局投资100万元，负责组织实施十里莲塘的“塘尾山头绿化工程”。县畜牧水产管理中心争取得上级117万元，投入十里莲塘优质种苗繁育项目和泄洪工程项目。

2003年，县财政局争取得到上级下达十里莲塘项目资金500多万元，用于规划景区内的百银、甘莲等村的“园田化”工程项目建设。投资230万元，建设2.5千米环塘路的路基、555米排洪工程和166.67公顷的后山绿化。

2004年，县财政投资600多万元，建设十里莲塘环塘（东岸）2.5千米沥青路，以及十里莲塘至东达7千米四级路。种植杨柳、小叶榕、柳叶垂榕等风景树380多株，种植观赏莲花3.33公顷118个品种。在东岸路建凉亭3座，行人桥1座。

2005年，《田东县旅游发展总体规划》通过自治区级评审，红色旅游初成品牌。县人民政府组织各单位投资300万元，在十里莲塘景区内建设仿古建筑楼房共17栋，提供观光旅游食宿。县财政投资40万元，建设右江工农民主政府旧址陈列展示包装工程。

田东县依托良好的山水风光资源，挖掘旅游资源特色和文化内涵，以红色之旅、生态休闲游为主打旅游产品，开发农业观光体验游、民族风情游、商务会展游、山水观光游、专项与特种旅游等等，并配套做好吃、住、行、游、购等服务。打造县内5条旅游线路：敢养岩—檀河古人类遗址—县城—百谷红军村—十里莲塘；县城—石油工业—十里莲塘—龙须河森林公园—瓦氏夫人古墓；县城—百谷红军村—巴麻—八仙山；县城—棋盘滩—莲花山；思隆县农民讲习所旧址—右江工农民主政府旧址—红七军整训班旧址—右江党政干部训练班旧址—二牙码头—关帝庙—百谷红军村。

旅游接待与收入

田东县旅游业发展起步较晚，每年只有少数干部、学生到右江工农民主政府旧址接受革命教育传统活动。2000年以后，旅游人数、旅游总收入逐年增加，主要客源来自南宁、百色、柳州、广州等市和田东周边县，少数游客来自中国香港、澳门、台湾地区及东南亚国家。

1989—1999年，共接待游客28.6万人，旅游综合收入572万元，其中接待红色之旅游客19万人次，接待海外游客68人次。2000—2002年，共接待游客30万人，旅游综合收入2700万元，其中接待红色之旅游客21万人次，海外游客250人次。

2004年，全县共接待游客13.65万人次，旅游综合收入2730万元，其中接待红色之旅游客9.1万人，综合收入1820万元。

2005年，随着中国—东盟博览会的召开，一轴两翼和泛北部湾经济圈的构建，多区域合作的深化以及南宁作为区域性国际旅游集散中心，给田东旅游业带来机遇。2005年，接待游客20.15万人，旅游综合收入4030万元，其中接待红色之旅游客12万人次，综合收入2687万元，接待境外游客48人次。

第三节　景点景区

风景名胜

棋盘滩景区　位于那拔镇福星村，离田东县城45千米。在那拔镇莲花山脚下的灵岐河段，河床上摆着长约210米、宽约120米的方块石，这些方块石横成排、竖成线，整整齐齐，形像大棋盘。相传是古时候八仙登莲花山品赏仙果，在此小憩下棋而留下的棋盘，故称棋盘滩。棋滩分为上滩和下滩，上下滩都整齐地摆放着大小1~2平方米的黑色石块。据专家考证，棋盘滩形成于2亿多年前，是地壳运动的产物，实属天下奇观，被称为“天下第一滩”。

2005年，中央电视台、《人民日报》先后宣传报道棋盘滩，棋盘滩声名远扬，各地游客纷至沓来。

莲花山景区　位于那拔镇福星村，海拔1022米，是田东最高的山峰，离县城约45千米。莲花山有奇特的三角竹、四方竹，常年云雾缭绕，山花烂漫，绿草茵茵，禽欢鸟鸣。登山望远，心旷神怡。山上有茶林、杉林、八角林、柑橘等经济林，与原始林木交相辉映。

2005年，田东棋盘滩怪石纵横，清水横流　（县旅游局提供）

敢养岩景区　敢养岩位于思林镇北部的广养村，距县城40千米，是田东最深、最宽、景色最美的石灰岩洞，洞内前厅可容纳2000人，面积约为一个足球场。岩洞深不可测，洞道弯曲延伸，时而是巨大的洞厅，时而又是只容下单人躯体的狭道，洞中有泉，洞下有河，各种钟乳石、石柱、石花、石幔琳琅满目。洞深约300米的地方有一深潭，宽约50米。再往前50米的狭道后，又是一个岩厅，内有钟乳、石笋等形成的种种“冰

2005年，通往莲花山山顶的小路（县旅游局提供）

峰”“宝塔”，花样繁多。同时，敢养岩又是田东壮族嘹歌的发祥地，每年农历二月十九日前后三天是敢养岩最热闹、最盛大的节日——广养风流歌圩，十里八乡的村民自发云集此洞，游玩对歌，洞内洞外热闹非凡。

母娘洞景区 位于祥周镇模范村东南面，有一天然溶洞，谓之“母娘洞”。相传是壮族始祖布洛陀之母所居。洞纵深25.8米，高15~20米，宽呈锥形，由外到内逐渐变窄。洞内有一壮族祖先母娘塑像。每年正月十五左右，人们便云集于此，朝拜母娘。

十里莲塘旅游景区 十里莲塘旅游景区为田东古八景之首，是田东县最早开发的生态旅游景点。位于祥周镇甘莲村，由右江古河道演变而成。塘的水面南北约十里，塘里全是绿荷，故名十里莲塘。古有诗云：“汪洋澄沏曲而长，荷叶婷婷翠盖张。十里花开香十里，落霞红映满莲塘。”它给游人印象是：十里莲塘，十里画廊，世界荷花之园。莲塘上，一株株莲叶婀娜多姿，一朵朵莲花亭亭玉立，颇有“接天莲叶无穷碧，映日荷花别样红”的壮美。

2005年，外地游客在皮伐艇上游十里莲塘（县旅游局提供）

响水河景区 响水河源头是祥周镇模范村灵湖，流经模范村、保利村等，汇入右江河，全长10余千米。从源头至右江出水口，河水四季常青，两岸风光优美。

八仙山景区 距江城镇人民政府西侧约1000米处，在一个宽约20米，高约10米的石壁上，精雕着八位仙人。八仙形态各异，形神兼备，栩栩如生。八仙中最高的一位是观音菩萨，全幅是众仙供神，画面长约4米，宽约1米。相传是中国神话中的八位神仙在江城一带赶山有功，把好山好水赶到江城，人们为了纪念他们而雕刻了神像，八仙山也因此得名。八仙山前面有一条小溪，常年流水潺潺，两旁古木青翠，青藤缠绕，山后怪石嶙峋，如一只卧虎守住山城，仙山灵气弥漫，很多外地人都慕名前来瞻仰、求拜。

2004年，响水河源头的灵湖风光（县旅游局提供）

向阳关景区 在江城镇人民政府所在地东面约2千米的地方，有一个关口，山高坡陡，道路险要，易进难出，自古以来，是兵家必争之地。其中的一座石山上，雕刻着“向阳关”三个字。有人说这是北宋时侬智高所写。关上有一个30厘米的石坑，两边有突出的脚印，传说是当年侬智高坐过的地方。当年侬智高写完“向阳关”这三个大字后，觉得口干，便用马鞭一扎，扎出了一口山泉。至今泉水仍潺潺流出，过路行人可以饮之解渴。

2005年，八仙山景区（县旅游局提供）

革命遗址遗迹

中共恩奉特支成立旧址 位于朔良镇杏花村六审屯。1926年夏，党组织委派余少杰到恩隆，秘密建立党的组织。1926年8月，余少杰在恩隆县的中心区域然定乡百审村渌审（今朔良镇杏花村六审屯）召开恩隆、奉议两县党员会议，成立中共恩（隆）奉（议）特别支部，选举余少杰为支部书记，成员有：严敏、滕德甫、滕静夫、滕煊甫、刘伟谋、梁乃武（张宪）、李正儒，特支隶属中共南宁地委领导。中共恩奉特支是右江地区的第一个党支部，它的建立，使右江革命有了党的领导。

中共林凤党小组活动遗址 位于林逢镇人民政府大院。1926年6月，余少杰奉命来到右江地区发展党的组织，开展革命活动。他把林凤村列为右江地区革命活动的中心。同年7月，他将该村滕德甫发展为右江地区第一个共产党员。同年8月，又在林凤村发展滕静夫、滕煊甫、刘伟谋、梁乃武等为共产党员，并在林凤村明德小学建立了右江地区最早的第一个党小组——第三国际林凤小组。

1989年，右江工农民主政府旧址大门
（县博物馆提供）

右江工农民主政府旧址 1929年12月11日，邓小平、张云逸等老一辈革命家发动和领导的“百色起义”宣告成功。这一天上午，右江地区第一届工农兵代表大会在经正书院大厅召开。大会选举产生了右江苏维埃政府领导机构成员，雷经天任主席，并宣告右江苏维埃政府正式成立。右江苏维埃政府机关就设在经正书院里。1977年8月，邓小平给旧址题名“右江工农民主政府旧址”。1978年10月，作为革命传统教育基地正式对外开放。1995年12月被命名为广西壮族自治区爱国主义教育基地。1996年被定为全国重点文物保护单位。2004年12月，被国家列为红色旅游重点景区。2005年11月，被中共中央宣传部列为全国爱国主义教育示范基地。

2001年，红军码头 （吴双全/摄）

红军码头 位于县城二牙码头，1929年10月20日，邓小平率领广西警备第四大队和教导总队护送军械船，从南宁逆右江而上到达恩隆（今田东）二牙码头。邓小平迈着坚定的步伐，从这里踏上百色这片红色土地，与张云逸率领的陆路部队会师。从此，右江大地风雷激荡，革命烈火映红南疆。2001年，县委、县人民政府投资修复了二牙码头，命名为“红军码头”，征收并修补了“红军船”，修建了“红军亭”，使“红军码头”成为红色旅游重要景点之一。

2001年，百谷红军村 （平马镇政府提供）

百谷红军村 位于田东县城西郊。1926年，该村韦如山等许多进步青年参加革命活动。1927年年初，该村成立了农民协会和农民自卫军。1929年，邓小平、张云逸、雷经天等百色起义领导人曾到该村指导革命。当时，该村有86户人家，除1户地主外，其余85户共131人参加赤卫军和红军，有69名赤卫军队员被编入红七军21师62团，9人参加红七军长征，有16位优秀儿女为中国革命事业献出了宝贵生命。1999年，该村被百色地委、行署命名为“百谷红军村”。红军村主要景点有红军村大门、红军陈列室、红军纪念碑、红军学校、红军路和红军桥等。

田南道农民运动办事处旧址 位于平马镇德新街27号。1927年2月1日，广西省农民部田南道办事处（也称田南道农民运动办事处）成立。成立不久，办事处主任陆炳堂从南宁带回省农民部部长俞作柏调拨给的100支枪及100把大刀发给仑圩、上法等乡武装农军。农民运动办事处领导农民运动，控告曾伯龙贪污粮食，枪决凤山县三隆区团总黄家骥，狠狠打击了贪官及土豪劣绅的嚣张气焰。三个月后，因遭受国民党反动派的摧残，农民运动办事处被迫解散。1994年7月8日，该旧址被自治区人民政府公布为全区重点文物保护单位。

恩隆县农民运动讲习所旧址 位于平马镇庆平街227号，原是“天佑昌商号”。1926年10月，恩隆县农民运动讲习所成立，所长韦义光，曾任第六届广州农讲所教员，具有丰富的革命理论和办学经验。农讲所基本上参照广州农讲所的课程，结合恩隆学员实际水平来设置和进行教学，比如绘制革命画、编唱革命歌曲等。农讲所真正成为学习马克思列宁主义、培养人才的革命摇篮。1927年蒋介石发动“四一二”反革命政变以后，该所停办。1981年8月，该旧址被自治区列为重点文物保护单位。

右江总工会旧址 位于平马镇南华街114号（田东一小内）。1929年10月，雷经天来到平马镇，成立了中共右江工委，并公开挂起广西省农协右江办事处的牌子，恢复各级农民协会，恢复工会组织，在五金、民船、苦力、店员、厨房、烟丝、车缝、糕酥、泥水工、理发等10个行业建立了工会组织。工会组织的建立和发展，有力地打击了资本家对工人的剥削，维护了工人阶级的利益，深得工人们的拥护和支持。1983年4月，该旧址被县人民政府公布为县级文物保护单位。

红军被服厂旧址 位于平马镇中山街19号。1929年11月初，由于军需接济不上，战士们衣服缺少，第四大队队长张云逸责成平马车缝工会主席黄木生创办被服厂，并任命他为厂长。至1930年2月，被服厂共生产军服500多套，黑色棉大衣200多件，干粮和子弹袋1500多条，犁头红旗400余张，红领带1000多条，为红七军作出了巨大的贡献。1930年2月，黄木生被敌人杀害，被服厂解散。1989年1月，该旧址被县人民政府公布为县级文物保护单位。

思林县苏维埃政府旧址 位于思林镇中山街，原是思林关岳庙。1929年12月11日，思林县军民参加了百色起义。同年12月15日，思林苏维埃政府成立，主席阮殿煊。县苏维埃政府所在的思林街成为思林县政治、经济、文化中心。1934年，原恩隆县和思林县、向都县一部分合并为田东县。1983年4月，县人民政府将该旧址公布为县级文物保护单位。

兰芳村弄邓屯革命活动旧址 位于思林镇真良村弄邓屯。1930年3月19日，红七军、红八军政委邓小平来到思林镇兰芳村（今真良村）桥兴屯住宿，20日转到兰芳村的弄邓屯住下。在兰芳待机前往东兰的近半个月里，邓小平举办一期干部训练班，思林县苏维埃政府工作人员和武装连以上干部共20多人参加学习，邓政委亲自主讲政治课。此外，他宣传和发动群众开展土地革命，教诲干部、群众如何做人。

爱桑兵工厂遗址 位于思林镇兰芳村陇壳屯庙堂。该厂创办于1929年10月，有工人30多人，设有造枪、造弹、维修三个车间。建厂仅几个月，工人师傅利用简陋设备制造新枪200多支，子弹6万多发，修理坏枪80多支，弥补了赤卫军枪支弹药的不足。1930年3月，因遭受国民党警团“围剿”，工厂被迫搬到爱桑屯的山林里继续生产。1932年3月，因叛徒叛变，该厂搬到布甘屯后背山。后来，敌人来破坏，该厂先后搬到弄图、布绒山区继续生产。1934年，兵工厂停办。

那叭屯红医站遗址 位于思林镇广养村那叭屯。1930年7月，鹧鸪坳伏击战打响，红七军和赤卫军有350多人受伤。红七军就在那叭屯庙堂附近建起20多间茅草房作为临时医疗站。当年农历六月初六日那天，邓小平、张云逸、雷经天等领导到那叭屯临时医院看望伤病员，了解伤病员生活和治疗情况。伤病员在那叭屯经过半年多时间治疗和照料，除28位重伤员无法治愈牺牲外，绝大部分伤员治愈后奔赴革命前线。伤员痊愈归队后，红医站解散。

巴麻革命根据地 位于印茶镇巴麻村。1930年3月15日，邓小平从靖西化峒出发前往右江，途径巴麻时在巴麻住了3天，检查和指导巴麻革命。1949年，向都县国民党反动当局对巴麻游击区进行2次“围剿扫荡”，妄图把巴麻地区的革命火焰压下去，我军在此先后打赢了巴野山伏击战、能力岭伏击战。现巴麻村有革命纪念碑、红军树、邓小平同志住过的黄绍谦旧居。

村寨园林

龙须河两岸风光 源于德保县的龙须河流经田东县作登瑶族乡的坡圩、登高、大板以及平马镇的游昌村，在县城南郊大桥处汇入右江。龙须河两岸峻山翠竹，风光秀丽，物产丰富，是田东人民休闲、踏青、观光的好去处。主要景点有天然泳场、龙须河瀑布、龙潭；物产有甘蔗、芒果、龙眼、香蕉、荔枝、河鱼、山鸡等。

2005年，龙须河瀑布 （吴双全/摄）

龙须河瀑布 是龙须河最佳景象，离县城7千米处，为两级落差，第一级落差约10米，宽约为5米；第二级落差为25米左右。瀑布下巨石、乳石若干，瀑布下的河流上方有一个水坝，两处互动，相得益彰。这里四面环山，水声隆隆，雾气四散，景象壮观。

第四节 饭店酒家及其他旅游服务

宾馆饭店

2005年年底，全县有中档宾馆6家（东园、东鑫、华瑞、峰源、穗丰、新园），无星级酒店，床位达600个，其他旅馆（社）52家，床位2500个。东园宾馆有客房57间，床位100床，内设有会议室、豪华歌舞厅、餐厅包厢、宴会大厅。东鑫大酒店有客房77间，有床位140床，一楼为服务总台，二楼卡拉OK包厢，三楼至十二楼为客房。华瑞大酒店有客房60间，有床位110床，一楼为服务总台和宴会大厅，可容纳400人同时用餐；二楼是豪华歌舞厅、歌舞包厢，三楼是餐厅包厢，四楼至十楼是客房。

餐 饮

田东手工卷筒粉、作登鸡肉粉、新洲田螺、田螺鸡等享有盛名。田东的香米、七里香猪（野香猪）、香蕉、香芒、香酒、香茶油、那拔香鸭、香料等“八香”系列农产品在广西具有较高的知名度。田东充分利用这些特色农产品资源，打造了腊（烤）七里香猪、腊（烤）野香猪、烤那拔香鸭、那拔白斩香鸭、作登瑶白斩鸡等美食品牌。

导游服务

1989—2005年，田东县未设旅行社，依靠南宁市旅行社及其他旅行社开展旅游外联活动。田东旅游以接待为主，组团出游是由南宁市旅行社及其他旅行社提供服务。右江工农民主政府旧址景区有内部导游讲解员，共4人。县内已开发的旅游景区只有右江工农民主政府旧址景区配备有完善的内部导游员、导游图、指示牌等。

交　通

田东县距离南宁168千米，离辖区地百色市69千米，南（宁）昆（明）铁路、324国道二级公路横贯田东县全境，百色机场距离田东县城仅有23千米。2005年，全县公路总里程1261.39千米，在百色率先实现“乡乡通柏油路”和“村村通公路”目标。田东至南宁市的公路交通由原来的5~6个小时车程减至2小时车程，至百色市由2小时车程减至1小时车程。与周边平果、德保、靖西、巴马、天等县的公路车程约减少一半，县城与各乡镇、大部分村屯形成“一小时经济圈”。全县有汽运公司2家，汽车出租公司1家。游客主要通过陆路交通乘汽车和乘坐火车进入田东，田东县旅游景区之间及景区内部交通便利。

第五节　地方名吃

贵记饼　贵记饼家经营的广式月饼、猪肉酥、牛耳朵饼、鸡仔饼等点心在田东老百姓中享有盛名。后经不断更新改造，经营的品种繁多，五花八门。最畅销的产品有贵记月饼、裹蒸粽、牛耳朵饼、鸡仔饼、猪油米花、沙糕、白糖饼等，远销周边县市、南宁。

猪油米花　“猪油米花”是田东县历史悠久的地方名优特产。经多年的打造，田东米花成为一个响当当的品牌，进入首府南宁的超市和广西年货市场。2005年度，田东米花获广西（百色）旅游美食文化节百色名小吃金奖和广西（百色）旅游产品展销游商品评比金奖。

裹蒸粽　裹蒸粽是用田东盛产的香糯米、板栗、绿豆、胡椒、香糯秆灰、五花猪肉等相配，并用山上具有通经活络作用的百合科植物粽粑叶包成。它因粽叶清香、糯软肉甜、味道可口而驰名。裹蒸粽有着悠久的历史，是田东家家户户在春节时制作的传统年货。

糯米饼　糯米饼的制作方法是把蒸熟了的糯米晒干，然后将晒干的糯米煎炒并磨成粉状，接着把糯米粉和白糖煮成的糖浆搅拌在一起，并放到饼模去打模成饼。最后，把饼放到蒸笼去蒸半小时，拿到竹席上晾干即可。糯米饼香甜可口，多食不厌，是送礼的上等佳品。

玉米粉蒸肉　原料是新鲜五花肉500克和玉米粉150~250克，配料是姜、酒、酱、糖、豆腐乳、胡椒粉等。制作方法是把肉洗净，切成小块肉片，放入一个菜盆中，放入适量的配料腌渍5分钟左右，把玉米粉放入肉盆中捞混拌成干湿状，让玉米粉沾在肉块上，再放入高压锅中蒸5~7分钟即可出锅，或放入电饭煲、蒸笼蒸熟即可。其味道可口，香气四溢。

油炸包　是印茶、江城镇的名吃。俗名油炸包，用油炸豆腐包馅，经煎炸、蒸煮等多道工序烹饪而成，味道鲜美可口，油而不腻，是当地人餐桌上常备的一道美味佳肴。因其色泽金黄又呈圆柱形，故美其名曰“小钢炮”。

生羊血 田东盛产山羊，杀羊时，许多人都爱吃生羊血。其做法是杀羊时，用一只干净的盆子接流出的热羊血，同时用筷条在盆中不停地搅拌，搅拌时放入适量的盐调味。直到羊血全部冷却方可停止，否则羊血凝结成块，做不成生羊血。接着，取出羊胃、羊肾、羊心、羊瘦肉切成丁，加入盐、酒，加茶油用火翻炒熟透，分装入小碗作为底料。之后，将一勺凉好的生羊血倒入装好底料的小碗，加入适量的冷开水，用调羹搅拌均匀，让生羊血凝结成胶状，再在面上撒些本地香鲜，压住羊血的腥味，然后用调羹舀着吃。生羊血有暖胃补血、滋肾健体之功效，是招待客人的上品。

羊瘪（音）汤 壮话把此汤称为“羊屎汤”（音yang bie tang）。杀羊时，田东人除了爱吃生羊血，还爱吃“羊屎汤”。在羊小肠之间有一段特别的肠子。在这段肠子里，据说是羊吃百草经过羊胃磨烂，再通过小肠，在此停留，是并未消化变成粪便的混合物，呈青绿、成糊状。杀羊时，人们将这段肠子割下，用棉线扎好两头，防止混合物漏出，然后放入清水中加盐、酒煮熟，再将肠子切成丁，放进汤中，食用时喝汤吃肠。此汤是治胃病的特效药，一般连喝几次，即可治愈。其肠、汤一点都不腥臭，羊肠放入口中咬破时，有些微苦，再嚼两下，苦味消失，有一股甘甜在口中慢慢化开，越咬越甜，带着青草的清香味。

粉蒸河鱼 用河鱼或泉水鱼，解剖洗净后切块，配好料，与本地黄豆粉或玉米粉拌好后，放到蒸笼去蒸熟。拿出来摆放桌面待食时，满屋飘香。

五色糯米饭 农历三月初三，家家户户都蒸五色糯米饭，作为祭祀的供品。五色即白、黑、黄、红、紫等五种颜色，除白色为大米纯属色彩外，其余的四种颜色都是用植物的叶子和花粉作为颜料制作而成的。黑色是枫叶的叶子制成，黄色是用蒙密花粉制成，红、紫分别用红榭木、紫榭木的叶子制成。五色糯米饭有养眼、养口、养胃、养肝等功效。

作登鸡肉粉 其米粉洁亮，细滑，爽口。其鸡肉采用的是土玉米鸡，味道鲜美。作登鸡肉粉一般以汤粉吃法居多，即把烫热的米粉滤干并切成面条状，将米粉放入碗中，加上汤水和事先煮好的鸡肉，适当放一些花生油、葱花、胡椒搅拌捞匀即可食用。

酸梅酒 原料是酸梅果、冰糖、米酒。酸梅酒的制作工序简单，但等待的时间较长，且贮存的时间越久越好喝。气香味美，老年人喝了可以降血压，中年人喝了有一定的保健作用。

沙糕 原料是糯米、红糖、肥猪肉片。沙糕制作起来工序繁杂，但吃起来香脆可口，味美色鲜，回味无穷。

香猪血肠 宰好香猪后，将脊椎骨剁碎，与猪血、炒熟捣碎的花生、面粉、熟米饭、切碎的柠檬鲜叶、香料搅拌在一起，然后灌下猪小肠，拴紧两头，放到锅里煮熟。最后再用油锅炸脆，其味香鲜脆。

糯米糍粑 其做法是先用清水淘净糯米，再浸泡8~10小时，蒸熟至烂后，直接倒入干净的石臼，趁热用棍棒捣烂。然后用炒熟碾碎的芝麻、花生、黄豆拌上红糖作馅料。用捣烂的糯米团包住馅料，再放到蒸笼去蒸。这也是一道美味。

第九章　招商引资

1989—2005年，县经济协作办公室（招商局）按照“扬长避短、形式多样、互惠互利、共同发展”的指针，采取“走出去、请进来”办法，开展多层次、多形式、多渠道、多方位横向经济联合与区域协作，通过调查、收集、分类、筛选，向上级招商部门上报项目397项，引进县外资金44.5亿元。2005年，田东掀起项目建设热潮，全县集中精力做好招商引资和项目建设。

第一节　机构

县招商局的前身是县经济研究中心及经济协作办公室。1989—1993年，县经济研究中心及县经济协作办公室属县人民政府正科级事业单位，是从事经济研究和对外经济联络协作的办事机构，一套人马，两块牌子，编制6名，其中主任、副主任2人，干部2人。

1993年12月成立县经济协作办公室，与县经济研究中心分开。1994—1997年，县经济协作办公室在编人数3人，其中主任1人，副主任1人，干事1人。

2002年，县经济协作办公室核定编制3名，实在职6人。

2003年6月，成立田东县招商局，属县人民政府事业单位，与县经济协作办公室合署办公，一套人马，两块牌子。编制5名，实有人数7人。

2004年，县经济协作办公室和县招商局更名为县招商促进局，是代表县人民政府管理、促进全县招商引资工作和受理外来投资者投诉的工作机构，是正科级全额拨款事业单位。办公地址位于平马镇人民路66号，内设办公室、法规股、投资项目股、外来企业投诉中心，核定编制5名，在职7人。2005年，实有干部职工8人。

县经济研究中心历任主任：韦显中（1987年10月至1991年12月）、班德全（1991年12月至1999年3月）、岑贞才（1999年3月至2001年7月）、刘忠贵（2001年7月至2006年12月）。

县经济协作办公室历任主任：黄永寿（1993年12月至1994年5月）、黄治权（1994年5月至1998年7月）、刘忠贵（1998年7月至2001年7月）、李能（2001年7月至2003年6月）。

县招商促进局局长：黄天习（2003年6月至2006年12月）。

第二节　招商政策与服务

招商政策

1989年，县人民政府利用田东政治、历史、区位、气候、资源、产业等优势，加强能源、交通、通信等基础设施建设和城建建设，努力改善投资环境，以吸引客商来投资。

20世纪90年代，突出改善投资软环境，出台《田东县改革开放、招商引资的优惠政策》《关于鼓励国内外客商投资的优惠政策》等政策。凡在田东境内投资举办企业的客商在税收方面，除享受国家、自治区、百色地区的减免税收政策外，实行“免三返五”的办法，即免收城市增容费，免收设施配套费，免收三年增值税、返还农林特产税、返还企业所得税、返还土地使用税、返还投资方向调节税、返还企业增值税。在土地使用方面，根据投资方式、企业性质、投资行业分别在土地使用权的年限、土地使用出让金收取及土地使用费缴纳方面给予适当优惠。在水电供应和通信服务设施使用方面给予优先办理，其收费标准与县内同类企业同等对待。

1998年，抢抓西部大开发，东部地区产业转移的机遇，多渠道强化招商引资，收集、筛选一批投资少、见效快、市场前景好的项目去广东招商。1999年，招商引资工作取得新突破，投资规模50万元以上的企业有23家。2000年，招商投资规模50万元以上的企业达39家。

2004年，全县全面推行招商引资目标责任制。出台《田东县投资奖励办法》《田东县招商引资工作考评办法》，对招商引资有功人员给予物质奖励，调动全社会的力量参与招商引资工作。明确要求各部门要抽出2/3的干部，拿出2/3的精力从事招商引资工作，把招商引资目标任务进行层层分解，并纳入县人民政府对乡镇和县级各部门的年终综合目标考评，县领导每人每年招商引资任务100万元，各乡镇、各单位每年招商引资任务50万元，形成“以项目论英雄，以引资论政绩”“人人想项目、个个找项目、行行上项目”的良好氛围。县招商促进局策划、制作《田东县铝型材加工业投资指南》《广西壮族自治区田东县投资指南》把招商引资目标任务落到实处。

2005年，改革行政审批制度，减少行政审批事项226项，投资环境不断优化，并采取灵活多样的方式招商引资，引进县外资金44.5亿元。当年，被评为2005年浙商（省外）投资潜力城市。

招商引资服务保障

田东县按照“不求所有，只求所在，做好服务”招商引资原则，完善招商引资服务保障体系。一是加强政策导向，分解细化各项内资引进鼓励政策，制定详细的操作办法，确保有关政策措施落实到位。二是加强要素保障供给，对引进的内资重大项目、重点项目给予优先保障，使项目能尽快立项、建设、投产，避免一些好项目由于前期工作没有做到位而落空。三是加强配套环境建设，大力推进服务型政府和中介机构建设，营造一流的投资环境与创业环境。

1992—1996年，县经济协作办公室做好项目的外引内联洽谈工作，深入企业调查生产经营情况，提供协作的信息项目，跟踪服务已签约或协议的外引内联项目，及时解决项目在筹建、施工、生产经营中的重大政策性问题。1992年11月，县人民政府成立经济建设项目领导小组，加强行政执法，保障各项建设项目及经济项目得以顺利进行，协调处理好外资和内地企业在生产经营中碰到的问题和困难，为企业排忧解难，帮助企业转换机制，转变职能，保证企业正常生产和经营。共跟踪服务15个已签约的执行项目，其中1996年促成县润滑油厂投资2076万元，县茂源化工有限责任公司投资3049万元，县农药化工厂投资80万元。

2005年，县人民政府围绕“简化审批程序、减少审批环节、优化审批流程、提高审批效率”的目标，成立县招商引资项目行政审批代办服务工作领导小组，在县政务服务中心设立行政审批代办服务工作管理办公室，执行严格的项目行政审批代办服务工作程序，对引进的项目实行“一站式”申报、“一次性”告知、“预备制”和“单一性”审批、“网络式”监督。对外来投资的重点企业实行挂牌保护制度，未经政府批准，县内任何单位不得对挂牌保护企业进行检查、收费或其他方面的干预。对引进的重点项目实行“四个一”（一个项目、一名县级领导、一套班子、一跟到底）制度，为全县招商引资创建优质的政务服务环境。2005年，全县引进招商项目177个，投资总额44.5亿元，到位资金23.77亿元。

招商协作

20世纪90年代，为打开经协工作的新局面，田东利用参加各级召开的协作会议等机会，大力宣传全县工农业产品，并将《田东经济信息》发往各地经协办。

1994年，田东县将《关于鼓励国内外客商投资的优惠政策》《田东县经济技术合作项目书》寄给广西区外客商，向田东籍的港商海外侨胞发出意向合作项目信息12份。

1999年，田东组团参加广州博览会，参展26种名、特、优新产品，县农工贸公司与美国长城公司签订了酸菜加工营销合同，金额达1400万元。通过产品的展销，不仅吸引众多的外地客商，还宣传了田东县的经济资源优势，提高了知名度。

21世纪初，田东县抓住西部大开发的机遇，积极开展外引内联工作，加大招商力度，全面推进与东部发达地区的经济、技术、人才等联合协作，拓宽合作形式和领域，采取“走出去，请进来”的办法，收集和传递各种招商信息，向广东、上海、南京等省市发出48份招商信息函。

2003年，田东广泛参加各地招商推介活动，向客商宣传田东的投资优势和环境。在百色地区（田阳）亚热带果菜产销洽谈会上，5家企业与田东签订了5项投资协议，协议投资9400万元。在广州博览会上，珠海粤力酵母有限公司与田东县糖业有限公司签订了生物工程技术合作协议项目，总投资500万元。在广西投资贸易洽谈会上，浙江温州吉江房地产有限责任公司与田东签订协议，建设田东县古庙巷步行街，总投资3345万元。

2004年，田东在信息网上发布田东县情简介、区位交通优势、资源优势、投资程序、优惠政策、招商引资项目等，通过网络宣传招商引资优惠政策，策划、印制《田东县铝型材加工业投资指南》3000册分发给有关客商。开展“招商引资环境建设年”活动，进行部门招商、挂职招商，参加广交会、中国—东盟博览会等各种展会，年内引进外资合同投资额3.3亿元，实际到位资金4866.5万元。

2005年，田东编印《广西壮族自治区田东县招商投资指南》，制作《田东概况》光碟，详细介绍田东县矿产、水电、特色旅游、特色农业、林业、水产畜牧、劳动力等资源情况，向外推介50多个比较成熟、具有广阔开发前景的投资项目。澳门侨办企业家考察团、香港客商张力等到田东考察投资环境，寻找发展商机。田东与东马国际集团公司董事总经理张先生签订了《锰矿开采加工合作意向书》。

第三节　项目引进

1989年，田东县投资规模50万元以上的企业有35家。“八五”期间，田东县不断改善投资环境，多渠道开展招商引资。1992年5月，福建投资办厂的某港商到田东投资建雨伞厂，总投资700万元，其中港商投资26万美元。

1994年，全县协作执行项目3个，合同计划总投资6280万元，其中，汇都宾馆880万元，辉绿岩田东矿产公司300万元，田东润滑油厂500万元。

1995年，全县经济协作执行项目3个，合同计划总投资5205万元，资金到位5205万元。其中润滑油厂总投资2076万元，田东农药化工厂总投资80万元，田东县茂源化工有限责任公司总投资3049万元。

“九五”期间，田东县招商引资取得明显成效。1996年，配合有关单位引进7个项目，总投资2312.8万元。1997年，全县实施经济技术协作项目23项，引进协作资金1.87亿万元，实施项目实现产值315.76万元，实现利税305.57万元。

1998年，在自治区成立40周年庆典和商品展销、经贸洽谈期间，组织单位及项目业主前往南宁参加展销会。会上引进广东源隆纸浆模型机械有限公司与县纸材餐具厂签约，投资280万元；广东湛江东海龙腾实业有限公司与县永兴有限责任公司合作签约，总投资660万元；广东广州市天河区建安总公司与田东义圩乡东冠经济开发林场合作签约，总投资360万元；广东东莞市桥头农场与田东县万亩低产芒果改造合作签约，总投资3000万元；广东梅州市与县四联公司签订食用酒精合作营销项目协议，总金额150万元。当年8月，参加田阳县举办的“百色地区田阳县蔬菜水果产销洽谈会”，与外地客商签订22个项目，合同金额为2.27亿元，其中水果生产项目金额7560万元，蔬菜营销1.51亿元。至2000年，在县内投资规模50万元以上的企业有146家。

“十五”期间，通过加强与对口帮扶单位的经济协作及落实招商引资目标责任制，全县项目引进取得新突破。

2001—2003年，引进四川安岳县顺通出租有限公司到田东县成立田东顺达出租有限公司，投资250万元。参加田阳县举办的“百色地区（田阳）亚热带果菜产销洽谈会”，签订投资协议项目5个，协议投资9400万元。实施项目21个，内容涉及水电、林业、制糖、房地产等行业，协议引进外来资金5.7亿元，实际投资金额为1.51亿元。

2004年，完成重点招商项目10个，其中在中国—东盟博览会上签订十里莲塘生态旅游区开发、那平电站、县铁合金厂改扩建、远旺不锈钢厂扩建等5个招商项目，协议投资3.35亿元。

2005年，全县引进招商引资项目29项，总投资额13亿元，到位资金2.4亿多元。其中在10月召开的中国—东盟博览会上，鱼梁航运枢纽、年产10万吨燃料油、年产2万吨电解金属锰生产项目等5个项目在会上正式签约，协议投资总额达19亿多元。

田东县志
（1989—2005）

第十篇
扶贫

田东是国家重点扶持的贫困县（也叫国定贫困县），1989—2005年，扶贫工作坚持“输血”扶贫和“造血”扶贫并重的总基调，从改善生产和生活条件入手，全面挖穷根，贫困人口不断减少，生活质量不断提高。

1989年，全县有贫困村95个，贫困人口15.27万人。1994年，扶贫开发转入攻坚阶段，实施《“八七”扶贫攻坚计划》，抓住国家计委定点扶贫和广东对口帮扶的机遇，开展人畜饮水、村屯道路等十大扶贫攻坚大会战，基本解决了贫困乡村行路难、人畜饮水难、用电难、看电视难、住房难、烧柴难等问题；实施产业扶贫开发，扶持贫困农户发展种养业，提升家庭收入；实施异地扶贫开发，挪穷窝，换穷业，解决一方水土养不了一方人问题。经过“八七”扶贫攻坚战，贫困人口大幅度下降。

2001—2005年，实施贫困村“整村推进”扶贫开发，以产业化调整农业结构，抓好贫困山区的基础设施建设，推进生态扶贫和科教扶贫综合治理，绝大多数农村人口基本解决了温饱，逐步实现脱贫致富的目标。贫困人口从1989年的15.27万人降至2005年年底的8.67万人，农民人均纯收入从1989年的291.11元提高到2005年的2113.21元，人均增加1822.1元。

第一章　管理

1989—2005年，田东县的扶贫开发工作一直由县扶贫管理部门负责。县扶贫管理部门按照扶贫工作的职责，制定全县扶贫开发工作规划和计划，对扶贫开发项目进行审核、实施，确保了全县扶贫工作的顺利开展。

第一节　机构

县扶贫办

田东县扶贫工作始于1980年，由县人民政府抽调有关部门3名工作人员负责。1984年，自治区人民政府下文通知田东县列为全区重点扶持贫困县之一，也是全国重点扶持贫困县之一。1985年12月，正式成立田东县老少边山穷地区经济发展办公室（简称“山区办”），配备正、副组长各1人，工作人员5人，共7人。1986年7月，改为田东县老少边山穷扶贫办公室（简称“扶贫办”），并列为常设机构，属行政事业单位，配备正、副主任各1人，工作人员4人，共6人。

1989年，改为田东县贫困地区经济开发办公室，负责制定全县扶贫开发规划和计划，对扶贫开发项目进行审核、实施。配备正、副主任2人，工作人员10人。办公地址位于平马镇庆平街56号县人民政府大院内。

1992年，全县13个乡镇配备扶贫助理员各1名。1994年，县扶贫领导小组和县贫困地区经济开发办公室，分别更名为县扶贫开发领导小组、县扶贫开发领导小组办公室（简称县扶贫办），由县委书记、县人民政府县长担任领导小组组长，扶贫开发领导小组办公室核定行政编制19名、事业编2名，实有职工16人。

2005年，扶贫开发领导小组办公室内设综合股、基础设施股、产业扶贫股、培训股和资金管理股共5个业务股。编制15名（其中行政编14名，工勤编1名），实有职工18人，其中主任1人，党组书记（兼任副主任）1人，副主任2人，纪检组组长1人，其他干部职工13人。

历任主任：

罗建邦（1989年1月至1990年3月）、黄绍广（1990年10月至1991年10月）、黄炳国（1991年10月至2001年11月）、黄忠山（2001年11月至2005年12月）。

第二节　贫困对象

随着经济社会的不断发展，各个历史阶段的贫困标准不断提高，贫困人口呈动态变化。

贫困村

按贫困村的标准：全村农民年人均纯收入在1000元以下计，1989—2005年，全县有95个贫困村，占全县161个行政村的59%。全县13个乡镇95个贫困村具体分布见下表。

1989—2005年田东县贫困村分布情况表

表10-1-1 单位：个

乡镇名称	贫困村个数	贫困村名称
平马镇	1	新乐村
祥周镇	1	那达村
布兵镇	8	布兵村、保利村、驮仙村、模范村、睦群村、陇造村、均宁村、民安村
林逢镇	2	永隆村、关国村
祷午镇	5	民族村、那来村、进化村、平孟村、那单村
思林镇	11	可恒村、定阳村、广养村、兰芳村、真良村、内油村、林秀村、三百村、新圩村、龙邦村、江山村
作登瑶族乡	21	登高村、大板村、陇穷村、训信村、新安村、石湾村、敬布村、陇接村、三陇村、坡教村、陇桃村、平略村、巴立村、陇那村、梅林村、陇祥村、摩天岭、驼瓜村、江那村、坡圩村、新发村
印茶镇	6	那板村、新建村、龙马村、龙贵村、立新村、巴麻村
坡塘乡	11	坡塘村、峒梅村、那定村、那都村、那雅村、龙要村、丰马村、双燕村、龙冲村、立丰村、新隆村
江城镇	6	架龙村、桑洞村、大诺村、那蒙村、果柳村、云林村
朔良镇	13	即巴鲁村、那娄村、那腾村、那加村、周洪村、六羊村、定坛村、灵龙村、义合村、元色村、南立村、杏花村、百敏村
那拔镇	5	那练村、六柳村、福星村、坡洪村、六鲁村
义圩镇	5	世木村、甲芬村、六一村、东冠村、符桃村

说明：表中数据由县扶贫办提供

贫困人口

1989年，全县有贫困村95个，贫困人口15.27万人。

1990年，按贫困户标准：农民年人均纯收入300元以下计，全县有12908户71678人尚未解决温饱问题，分别占全县总农户和总人口的21.34%、22%，分布在13个乡镇。其中最少的是祥周镇174户340人，其次是平马镇374户2041人、祷午乡363户2306人，最多的是坡塘乡2094户10443人、朔良乡1867户11158人、思林镇1851户11023人。

1993年年底，全县农村贫困人口有9万人，占农村总人口的比重下降到26%。

2000年，全县尚有贫困人口18.6万人，其中未解决温饱人口5.35万人；初步解决温饱、但容易返贫的，有13.25万人。在贫困人口当中，少数民族人口比例大，且贫困人口比较集中。从地理条件和经济发展水平看，田东大体可分为三大片：第一片是右江河谷平马、祥周、林逢、思林4个镇，发展较快；第二片是北部土山区祷午、朔良、义圩、那拔4个乡镇，资源丰富，但基础设施差，资源得不到充分利用和开发，经济比较落后，2000年该片尚有贫困人口1.33万人，占全县未解决温饱人口24.8%；第三片是南部石山区的5个乡镇，该片地理环境条件差，土地贫瘠，“两缺”（缺钱、缺粮）、“两难”

（交通难、喝水难）十分突出，2000年有贫困人口4.02万人，占全县未解决温饱人口75.14%。

2002年，全县13个乡镇161个行政村中，贫困人口有18.6万人。其中95个贫困村中农民人均收入在625元以下的未解决温饱人口有11.7万人，农民人均收入在865元以下的未解决温饱人口有3.65万人。这些贫困人口和贫困村主要分布在南部的石山区和北部的土山区，有41个村属大石山村。

2003年，全县农村贫困人口有16.2万人，贫困发生率为41.25%，其中未解决温饱人口（绝对贫困人口）3.07万人，贫困发生率为7.81%；初步解决温饱人口3.81万人，贫困发生率为9.7%；低收入人口9.32万人，贫困发生率为23.73%。

2004年，全县35.79万农村人口中，有15.13万贫困人口，其中未解决温饱的贫困人口2.82万人，95个贫困村未解决温饱的贫困人口2.17万人。

2005年年底，按贫困户标准：农民年人均纯收入668元以下计，全县贫困人口共有16656户8.67万人。首批整村推进贫困村中未解决温饱的贫困人口2845户13487人，其中义圩镇171户774人，那拔镇181户873人，朔良镇176户847人，祾午镇228户970人，坡塘乡132户601人，作登瑶族乡1083户5093人，布兵镇212户1016人，思林镇182户940人，印茶镇178户877人，江城镇302户1496人。

第三节　扶贫计划

“八五”扶贫计划

“八五”期间（1991—1995年），田东县扶贫工作根据“以农业为基础，以工业为主导，发展能源交通，坚持四大产业（制糖食品、采矿冶炼、建材建筑、石油化工），着重八大基地（粮食、甘蔗、芒果、杉木、油桐、油茶、酸梅、渔业），走农工商综合发展的外延型经济的路子”的发展战略，坚持以经济开发为主的扶贫方针，坚持经济开发与智力开发相结合的原则，大搞开发性农业，向广度和深度发展，做好“四结合”工作（即国有、集体开发与农户开发相结合，农业开发与采用先进技术相结合，开发效益的长期与短期相结合，农业开发与产品加工、销售服务相结合）。把甘蔗、芒果、杉木、油桐四大商品基地列为重点开发项目，实行连片开发，分户经营，统一服务。从零星分散扶贫、救济式扶贫向开发式扶贫转变。

1995年，是解决特困群众温饱的年份，也是“八五”扶贫攻坚计划的最后一年。田东县制定移民开发区项目，异地安置特困群众，抓好开发区基础设施建设，发展开发区支柱产业，做到当年移民进点，当年解决温饱。当年全县解决温饱10630户56201人，贫困人口从1994年8.8万人减到4万人。

“八七”扶贫攻坚规划

“九五”期间（1996—2000年），以1994年《国家八七扶贫攻坚计划》的公布实施为标志，田东县的扶贫开发进入攻坚阶段。主要集中人力、物力、财力，动员社会各界力量，用7年左右时间基本解决农村贫困人口的温饱问题。《百色地区“八七扶贫攻坚计划”实施方案（1994—2000年）》明确百色地区到1998年基本解决温饱问题，人均纯收入达500元以上。《百色地委、行署关于确保本世纪末解决全地区贫困人口温饱问题的决定》规定了百色地区解决贫困人口温饱问题的标准，要求田东县于1994年、1995年、1996年分别完成解决温饱人口为2.97万人、4.53万人、4.5万人，于1996年年底基本解决贫困人口的温饱问题。

自1997年起，田东开展九大扶贫工程建设大会战（即人畜饮水大会战、村级道路建设大会战、茅草房改造大会战、村村通电农村电网大会战、村村通广播电视大会战、改善办学条件和农村医疗卫生条件大会战、地头水柜建设大会战、异地安置大会战、沼气池建设大会战），使全县贫困村的基础设施水平有了很大的提高。先后建成人畜饮水工程1450处，其中家庭水柜2321个，水池19座，引水工程110处，解决了250个自然屯7536户3.7万人和3.8万头牲畜的饮水困难。修建乡村道路35条293.37千米，桥梁3座，涵洞730座3.85千米，使35个村278个屯5.78万群众行路难的状况得到改善。对全县2360农户的茅草房进行改造，使这些农户住上了牢固的瓦房或砖混房。修建地头水柜2975处，总蓄水量66.97万立方米，新增灌溉面积1122.33公顷。完成架设高压电线217.8千米，低压电线4365千米。建成卫星电视地面接收站159个，电视人口综合覆盖率达87%。新建教学楼32栋，增加教室17913平方米，维修校舍危房95634平方米。建立村级卫生室（合作医疗卫生室）11个，乡级卫生院5所。落实异地安置项目资金4401.5万元，实施那拔镇六鲁移民开发区、作登瑶族乡江那异地安置开发区、朔良镇六里屯地质灾害搬迁、思林镇上林堡，以及作登瑶族乡陇外屯、更二屯、陇荷屯等异地扶贫搬迁项目16个，安置大石山区群众2059户7792人。修建沼气池17280座，配套建卫生厕所17280座。

截至2000年年底，田东县基本实现了村村通水、通公路、通电、通广播电视目标，不少村屯从此结束交通难、饮水难、用电难、看电视难、能源难、上学难、看病难的历史。田东县“八七”扶贫攻坚目标基本实现，农村尚未解决温饱问题的贫困人口减少到2.08万人，农村贫困发生率降至6.1%。

2001年5月，中央扶贫开发工作会议召开，制定并颁布了《中国农村扶贫开发纲要（2001—2010年）》，明确提出今后十年扶贫开发的奋斗目标、基本方针、重点对象以及主要政策措施。以此为标志，中国的扶贫开发工作进入了一个新阶段，扶贫工作的重点从县转向村，同时在全国确定了14.8万个贫困村，其中田东县13个乡镇95个贫困村列入其中。田东制定《田东县2001—2010年以工代赈建设规划》，其中2001—2005年规划主要以贫困村扶贫开发规划为载体，整合资金，集中力量，采取整村推进的方式，分期分批实施全县95个贫困村的扶贫开发规划。贫困人口从1989年的15.27万人降至2005年年底的8.67万人，农民人均年纯收入从1989年的291.11元提高到2005年的2113.21元，人均增加1822.1元。

2005年，田东县新隆移民开发区发展甘蔗产业
（县扶贫办提供）

县级扶贫开发规划

制定了《田东县县级扶贫开发规划工作方案》《2002年田东县扶贫开发实施方案》《田东县2002年度沼气池建设实施方案》《田东县2002年村屯公路建设实施方案》等，以95个重点贫困村（以下简称贫困村）为主战场，以全县农村未解决温饱的人口和初步解决温饱但不稳定的低收入人口为基本对象，以发展种养业、加工业，加强农村基础设施建设、生态环境建设、历年异地安置场点建设，以及提高贫困人口素质为重点，采取扶贫综合治理的方式，全面启动田东县新阶段扶贫开发工作。

扶贫开发工作意见

制定了《2003年田东县扶贫开发工作意见》，以贫困村和异地安置场为主战场，以扶贫开发规划为工作基础，以增加贫困群众收入、加强基础设施、生态环境建设和提高人口素质为工作重点，坚持开发开放式扶贫方针，推进贫困村产业结构调整。大力扶持扶贫龙头企业，抓好科技扶贫，稳步推进小额信贷扶贫，推进基础设施和生态环境建设。

分批整村推进意见

2005年，制定了《田东县关于分批整村推进贫困村扶贫开发的工作意见》和《田东县2005年新增财政扶贫资金基础设施建设项目实施方案》。以贫困村为基本单元，以村级扶贫规划为载体，以提高贫困人口综合素质和贫困村自我发展能力为主线，以稳定增加贫困人口收入为核心，以改善贫困人口基本生产生活条件、推进产业开发、搞好富余劳动力转移为重点，创新扶贫工作机制，整合资金，集中力量，采取“整村推进”的方式，分期分批实施全县95个贫困村的扶贫开发规划，从根本上整体改变全县95个贫困村的贫困状况。

第四节　扶贫资金

发展资金

财政部从1980年开始设立支援经济不发达地区发展专项资金，发展资金的使用范围是：改善老、少、边、穷地区农牧业基础设施建设；发展种植业、养殖业；利用当地资源，实施有利于老、少、边、穷地区群众脱贫致富的项目；修建乡村道路、桥梁，发展农村文化教育、卫生事业，开展农民实用技术培训，防治地方病等。

从1985年开始，百色地区得到的国家扶贫资金有三项：一是财政扶贫发展资金，二是扶贫贷款（贴息、非贴息、支边、县办企业、小额信贷），三是以工代赈。1989年，田东获得扶贫发展专项资金113.5万元。其中，水稻制种投放18万元，发展地膜玉米投放30.6万元，水果种植投放14万元，经济作物投放28.95万元，乡镇企业投放1.5万元。发放贴息贷款212.2万元，用于新建排灌、芒果育苗、秋植蔗、松树人工造林等项目。

1990年，全县获得扶贫发展专项资金68.59万元，用于扶持水稻推优、地膜玉米、砌墙保土、种龙眼果、芒果及芒果育苗、甘蔗、茶叶、茶叶加工厂和技术培训等项目。发放贴息贷款195.95万元，用于扩建纸厂、地膜玉米、扩种甘蔗等项目。

1991年，获得发展资金48.6万元，用于发展芒果育苗、种杉木、种芒果、扩种茶叶、技术培训等项目。发放贴息贷款355万元，用于地膜玉米、香蕉、芒果、桐果、良种木薯、甘蔗等种植业项目，扶持县糖厂技改工程、思林镇自来水厂建设、县供销社发展农副产品种植和加工等项目。投资以工代赈资金715.53万元，兴修四级公路2条共16.8千米，机耕路6条共59.1千米，人行桥2座共0.08千米。

1992年，获得专项发展资金200万元，重点开发新洲村、梅桑村两个连片芒果场共266.67公顷，在北部土山区的祷午、朔良、义圩、那拔4个乡发展油桐、油茶、杉木、酸梅、茶叶等项目，投放32.6万元修建那拔乡茶叶加工厂。

1993年，发放扶贫贴息贷款300万元，其中扶持县第二糖厂种植甘蔗100万元，续建百林电灌站46万元，坡塘乡丰振桐果场种植油桐10万元，平马镇万亩芒果基地20万元，义圩乡企业茶油加工厂6万元，增加扶持印茶锰品厂30万元，增拨给思林镇造纸厂技改工程40万元，思林水泥厂10万元，保健食品厂（新添置花生油加工设备）20万元，其他非重点项目18万元。年内发放以工代赈投资款共178万元，修建四级公路2条共长16.17千米，完成砌墙保土工程共263.93公顷，造田造地109.67公顷，坡地改梯地179.07公顷，改造中低产田133.33公顷，新建小型水利工程3处，扩大灌溉面积120公顷，扶持贫困民族学生寄宿经费2.56万元，解决贫困村民子女100人寄宿问题。在作登瑶族乡举办各种技术培训班共5期，参加培训256人次。在作登瑶族乡贫困的石山村屯进行综合开发，兴建人畜饮水工程8处，完成砌墙保土86公顷，种植恭城柿子9.27公顷，育恭城柿子苗3万株，建造省柴灶345套。全年共解决贫困村屯群众温饱6632户36396人。

1994年，各项扶贫发展资金指标到位728万元。全县种植芒果4066.67公顷，甘蔗5466.67公顷，香蕉1600公顷。年内，共回收到期发展资金52.5万元，占应回收151万元的34.8%；回收贴息贷款202万元，占到期应回收211万元的96.7%。

1995年，作登瑶族乡是自治区确定“八五”期间35个石山区温饱工程试点乡之一。当年，该乡温饱工程资金指标共投入400多万元，完成砌墙保土220公顷，坡改梯地66.67公顷，种植水果866.67公顷，封山育林2.25万公顷，人畜饮水工程完成37处，建有省柴灶7000个，举办各种技术培训班共34期3320人次。

1996年，全县获得扶贫发展资金1336.5万元，主要用于工业、企业技术改造、种养、异地安置等项目。其中，种植龙眼26.67公顷，木薯200公顷，甘蔗400公顷；落实新安置点1个，开发面积173.33公顷，安置贫困户100户500人。投入工业企业技改1个，完成坡塘四级公路7千米，完成人畜饮水工程22处，解决5500多人和3500多牲畜饮水难问题。全县解决温饱8000户40098人。

财政扶贫资金

从1997年起，国家停止发放支援经济不发达地区发展专项资金，开始设立财政扶贫资金，用于改变贫困地区、革命老区、少数民族地区、边远地区的落后面貌，改善贫困群众生产生活条件，提高贫困人口的收入水平。

1997年，上级下达给田东的各项扶贫资金指标总额为2457万元。全县扩种甘蔗666.67公顷，其中石山村投入135.1万元，扩种393.33公顷，项目覆盖贫困石山区19个村1417户。投入资金58万元，养山羊3800只，项目覆盖贫困石山区的作登、布兵乡的保利、民安、陇造和坡塘乡的龙要、双燕等5个村600户。投入资金100万元，完成制种推优83.33公顷，项目覆盖贫困户7449户。投资15万元，育砍头树苗，项目主要覆盖石山区的坡塘、布兵、印茶、作登等乡的贫困户。投入20万元，育板栗苗100万苗。投入7万元，种植茶叶。投入8万元，种植余甘果（又名牛甘果），项目主要覆盖那拔乡、义圩乡、朔良乡、江山移民开发区。投入90万元，养殖七里香猪650头，项目主要分布在土坡地区的贫困村。同时，种木薯383.33公顷，种辣椒50公顷，完成坡改梯地37.33公顷，砌墙保土15.87公顷。

1998年，上级下达田东扶贫资金指标总额为1672万元。资金的投放情况是：贴息贷款530万元，其中安排竹子育苗30万元，板栗育苗70万元，山羊养殖30万元，芒果低产改造20万元，甘蔗种植50万元，小额信贷1330万元等6个项目；非贴息贷款590万元，其中投入甘蔗种植250万元，建变电站200万元，祥周自来水厂40万元，扶植养鸭15万元，氨化育肥牛35万元，锰矿开发50万元。投入人畜饮水工程建设252万元，六鲁开发区建设300万元等8个项目。

1999年，上级下达田东各项扶贫资金指标为2594.77万元，实际到位1337.18万元，其中投向乡村公路建设812.18万元，地头水柜建设525万元。新增投放小额信贷扶贫款540万元，年底回收770万元（含历年信贷回收），回收率93%。

2000年，上级下达田东各项扶贫资金指标总额6428.8万元，到位2294.3万元。资金主要用于地头水柜建设、乡村公路建设和屯级道路及相关扶贫项目上。同时，报批当年和次年扶贫项目30个，申请扶贫资金指标9995万元，当年下达指标5200万元，其中村级小桥涵洞项目指标156万元。

2001年，上级下达田东各项扶贫资金1188.05万元，到位1141.26万元，其中投入地头水柜建设755.71万元，建地头水柜2639座，容量63万立方米；乡村公路建设320万元，建屯级道路320条801千米，解决320个自然屯650598人行路难问题；沼气池建设9万元，建沼气池434座，受益贫困农户434户2075人；桥涵工程建设51.55万元，异地安置点基础设施项目5万元。

2002年，上级下达田东各项扶贫资金1338.56万元，到位1338.56万元，用于实施地头水柜、屯级道路、桥涵工程、隧道、沼气池、人饮工程、四级公路等2001年度的续建项目，以及实施2002年度村屯道路建设、沼气池建设、人饮工程等。

2003年，上级下达田东各项扶贫资金657.11万元，主要实施项目有那板四级公路（5千米）、坡塘那雅桥涵工程（0.03千米）、乡村道路建设17条70.2千米、沼气池建设3800座、茅草房改造270户18900平方米、2002年度第一批异地安置项目建设、2002年广东对口帮扶异地安置项目建设、人畜饮水工程项目、科技扶贫项目等。

2004年，上级下达田东各项扶贫资金975.55万元，主要用于油茶优良品种推广种植项目1333.33公顷，竹子优良品种推广种植项目1200公顷，以及修建乡村公路建设11条42.7千米、村屯道路6条20.1千米、沼气池建设3800座。

2005年，上级下达田东各项扶贫资金指标894.29万元，用于贫困村沼气池建设132万元、基础设施建设342万元、贫困村重点产业开发210万元、技术培训33.1万元，扶贫到户贷款贴息55万元，其他122.19万元。

2004年，田东县整村推进扶贫开发工作会议召开
（县扶贫办提供）

以工代赈资金

1988年以前，国家用粮、棉、布等物资对贫困地区实施以工代赈进行基础设施建设。1988年以后，开始用工业券实施以工代赈项目建设。

1989—2001年，以工代赈资金由县扶贫办管理，2002年后划归县计划部门全权管理实施。

1991年，以工代赈资金715.53万元，兴修四级公路2条16.8千米，机耕路6条59.1千米，人行桥2座0.08千米。当年，解决温饱的新标准是人均收入300元，口粮达到200千克。根据新标准，全县解决温饱5222户26739人，未解决温饱人数125960人。

1993年，以工代赈资金178万元，修建四级公路2条16.17千米，砌墙保土263.93公顷，造田造地109.67公顷，坡地改梯地179.09公顷，改造中低产田133.33公顷，新建小型水利工程3处，扶持贫困民族学生100人的寄宿经费2.56万元。

1994年，用以工代赈资金建设坡算四级公路9.16千米、那都机耕路6千米、思林中山桥，建设林逢自来水厂和17处人畜饮水工程。

1995年，投入以工代赈资金524万元，完成布兵四级公路4千米的断头路面，新修机耕路28千米，修建人畜饮水池（井）38处，架设输电线路50千米，修复水毁公路85千米，砌墙保土233.33公顷，土坡改梯123.33公顷。

2002—2005年，全县争取到以工代赈项目160个，下达投资计划8399.8万元，其中中央预算内及区预算内以工代赈资金5695万元、国债以工代赈资金1058.8万元，地方自筹1646万元。硬化清理渠道138.4千米，加固水库1座11000立方米，扩建山塘2座1.8万立方米，实施人饮项目60个，新建水池285座8173立方米，安装输水管路183.50千米。实施乡村公路项目52个，改扩建道路249.83千米。这些项目的实施，新增梯地29.47公顷，改善灌溉面积2763.07公顷，新增灌溉面积57.6公顷，解决31913人5654头牲畜饮水难问题，解决56990人行路难问题。

资金管理

1992年以前的扶贫发展专项资金的管理，重点要求专款专用，专贷专用，专项列支。之后，县人民政府制定了严格的规章制度，加强对财政扶贫资金的分配与使用的规范化管理，先后制定下发《田东县财政扶贫资金报账制度管理暂行办法》《田东县国家建设项目实施审计监督管理办法》等文件。对扶贫项目所需的材料、物资，均实行政府集中采购，采购资金由财政直接支付。对上级下达的项目资金计划，按照管理要求，填写财政扶贫资金项目户登记卡，分户登记，实行台账化管理。同时，严格扶贫资金投向，扶贫资金项目安排一律由县扶贫开发领导小组集体讨论决定，做到项目安排和资金运行透明化。

项目实施前后，按照规定的时间、范围和有效方式，将扶贫资金立项、发放，以及项目实施和完成等情况张榜公布，接受社会和群众的监督，保障扶贫资金用于扶贫项目。对扶贫项目工程的发包、承包，实行对外公开招标、投标和邀标。扶贫项目工程竣工验收后，由县审计部门直接对工程进行结算审计，扶贫项目主管部门依据结算审计报告，出具项目竣工验收意见书，财政部门凭扶贫项目主管部门签署的项目竣工验收意见书审核批准后拨付资金。

1992年，县审计局对思林至坡塘公路以工代赈工程等专项资金进行审计。同时，对全县四项扶贫资金（贴息贷款、支边经费、扶贫资金、以工代赈等）进行审计调查，并提出审计调查报告。

1993—2005年，县审计局每年均对全县的扶贫发展资金的使用进行专项审计，基本上符合相关管理制度。

第二章　帮扶

田东县有组织的帮扶工作是从1986年开始的，纵向有国家发展改革委、区直（含中直驻桂）单位、市直单位和县直单位的定点联系扶贫，横向有广东省广州市的对口帮扶与社会帮扶。长期以来，各帮扶单位或部门通过扶资金、给项目、传技术等各种帮扶措施，帮助贫困村不断改善提升基础设施和公共服务设施，促进贫困村和贫困户产业持续发展。

第一节　县直单位帮扶与社会帮扶

县直单位帮扶

1986年，田东县抽调287名机关干部组成扶贫挂钩联系组，由县四家班子领导带队到贫困村去开展工作，建立地区、县、乡、村四级领导扶贫联系户1340户。

1990年，从县直党政事业单位抽调干部组成农村工作队，分赴各乡镇开展宣传党的方针政策、解决群众生产生活中的实际困难、帮助加强基层组织建设、抓好当年春耕生产、发展多种经济等工作。自此，每年都抽调县直机关干部485人组成农村工作队下到基层开展帮扶工作。1995年，工作队名称改为农村基层组织建设工作队。

1996年，县委、县人民政府下发《关于县直单位包村加强农村基层组织建设及扶贫攻坚工作的通知》《关于县直单位包村扶贫工作的通知》，明确县直机关单位包干联系155个农村基层组织建设和26个石山特困村扶贫攻坚工作。

1997年，先后从县直机关、乡镇党政机关选派26名优秀年轻干部到班子成员年龄老化、工作能力弱的村担任第一支书、第一村长或支书助理，帮助解决群众温饱、脱贫致富、发展集体经济等。

1998年，县委、县人民政府出台《关于认真落实干部帮扶贫困农户的通知》，要求在1997年领导干部帮扶贫困户的基础上，强化干部职责。全县109个单位及乡镇在编领导、干部共3220人，确定帮扶对象1115户，填写帮扶计划卡，纳入专项工作跟踪管理，正副科级领导每2人帮扶1户，其他干部每3人帮扶1户，结对的贫困户，如果不脱贫不脱钩。1999年以后，全县的干部帮扶贫困户工作成为常态。

1999年，田东还通过乡镇对口帮扶、富裕村帮扶贫困村等形式在乡镇、村屯之间开展帮扶工作。平马镇与作登瑶族乡、祥周镇与布兵乡、林逢镇与坡塘乡、牛行村与石湾村、仑圩村与陇造村、和同村与丰马村分别签订了对口帮扶协议书。对口帮扶双方约定在劳动人力资源、土地租赁经营、生产技术指导帮带等方面开展协作，贫困村优先向富裕村输出劳务，解决富裕村劳动力缺乏问题。而富裕村则通过优惠价格出租田地给贫困村有需求的农户种菜、种果等，解决贫困群众缺少土地问题。同时就近学习富裕村村民先进的生产管理技术，接受技术指导。

社会帮扶

1995年9月20日，田东县召开扶贫捐赠动员大会，全县有117个单位1507人和25个部门集体捐款，共92054元。

1997年，作登瑶族乡陇穷村、陇祥村和坡塘乡立丰村等被定为自治区确定的31个特困村之一，百色地区工作队和广东省广州市花园酒店捐资30万元，建设了陇穷村民用低压电3千米的架电工程、跨龙须河的公路桥梁工程、陇祥村低压电3.5千米、立丰村龙包屯地下河引水工程，以及扶持37户养殖种羊102只。

1998—2000年，全县挂点单位干部共落实帮扶资金615.5万元，物资折款28万元，干部职工捐款2.2万元（含物资折款），扶持扶贫项目4173个。其中1999年，引进广东（香港）源隆公司技术和资金创办县纸材餐具厂，利用田东丰富的甘蔗渣漂白纸浆生产环保型一次性餐具。

1999年，通过中国慈善机构引进世界宣明会到田东设立项目办公室，开展扶贫济困、改善文教卫生条件和农业综合开发等工作。2003年，世界宣明会田东项目办帮扶6万元，支持项目区医疗卫生、防疫、教育等方面建设。2004—2005年，该办帮扶田东373.48万元。

2003年，全县137个单位干部职工捐资39.07万元，首期用于95个贫困村2536名家庭困难学生就学补助13.61万元。99个县直帮扶单位深入所帮扶的贫困村开展帮扶活动，在贫困村水、电、路、广播电视、村部建设等方面投入帮扶资金32.3万元，捐物折款26.7万元，捐资8.2万元，帮助筹集资金16.18万元，提供信息202条。

2004—2005年，区直、市直、县直定点帮扶单位共投入帮扶资金330.46万元，县统战部门组织光彩公益活动，筹措帮扶资金75.95万元。

第二节　国家发展改革委定点帮扶

20世纪90年代初，国家发展改革委把田东县列为以工代赈联系点。1997年，国家发展改革委将田东县确定为扶贫联系点，从田东实际出发，以建设基础设施和产业发展作为扶贫重点。2002年4月18日，国务院扶贫开发领导小组、中央组织部等六部委对定点帮扶单位进行了调整补充，国家发展改革委继续联系田东县。据统计，1997—2005年，国家发展改革委帮助田东争取项目1046个，落实项目资金20.51亿元。

调研与驻县

1997—2005年，国家发展改革委先后有马凯、张平等8位委领导带领中直机关事务管理局、价格司价格调控处、农经司农业处、地区司、社会司综合处、物资储备局、人事司、价格司、外资司、价格认证中心处、地区司综合处、投资司制度法规处、资环司环保处、工信部节能与综合运用司、农经司年度计划处、投资司地方处、资环司节能减排处、国务院办公厅等18个司（局），以及宏观经济研究院和机关服务中心的领导，到田东开展扶贫调研，并先后派出20批34位同志进驻田东挂任党政领导职务，指导和开展帮扶工作。先后帮助田东完成编制《广西田东县创建国家循环经济示范县实施方案》《广西田东县生态文明示范工程试点实施规划》《西部地区农民创业促进工程试点田东县实施方案》《广西田东现代物流发展规划研究》《田东县循环经济发展规划》《广西田东县生态文明示范工程实施规划》等系列重大规划，帮助田东争取项目842个，落实项目资金13.37亿元。

异地安置

落实项目资金3294.1万元，实施那拔镇六鲁移民开发区、作登瑶族乡江那异地安置开发区等异地扶贫搬迁项目2个，安置大石山区群众979户4700人。

水利建设

共安排资金2440万元，硬化水利渠道19.2千米，打机井17口。实施饮水工程，铺设管路5.88千米，直接受益人口3124人。改造中低产田200公顷。安排2000万元，实施龙须河引水治旱扶贫工程，圆了田东人民30年的梦，项目区新增灌溉面积4466.67公顷，改善灌溉面积4400公顷，共8866.67公顷，直接受益人口8.6万人。

2000年4月，在布兵乡实施打井工程项目
（县扶贫办提供）

2005年，国家发展改革委支持种植的竹子
（县扶贫办提供）

农业产业

将扶贫开发与农业产业结构调整结合起来，重点扶持培育农业支柱产业，落实项目资金8759万元，其中110万元实施糖料生产基地，850万元实施商品粮基地县，2520万元实施引水治旱及人畜饮水，2750万元实施防洪排涝，1238万元实施右江灌区续建配套与节水改造（田东灌区）等项目工程。

生态建设

落实项目资金4247万元，其中落实3000万元实施石漠化综合治理试点，540万元实施山茶油育苗基地及种植示范基地、实施竹子工程等项目。

交通建设

安排较大交通项目8个，包括田东—巴马、田东—天等三级柏油路、田东祥周—德保二级路、平洪—百银一级路等，总投资4.3亿元，其中国家发展改革委安排1.85亿元。1997年以前，田东县只有一条横贯平马、祥周、林逢、思林的324国道是二级路，总长48千米，另有一段四级油路68千米，其余南北山区乡镇均为等外泥沙路。在国家发展改革委及其扶贫工作组的支持和帮助下，田东县先后建设北部山区乡镇全长51千米的田东至巴马三级油路，建设全长77.5千米的田东至天等扶贫三级公路，建设全长61千米的祥周至德保二级公路，建设全长10.78千米的田东县城过境一级公路。

城镇建设

落实项目资金12748万元，其中，落实3000万元实施田东县城镇供水工程，3200万元实施垃圾填埋场和污水处理厂，272万元实施基层就业和社会保障服务设施，1200万元实施镇村垃圾收运体系等项目。

电力建设

落实项目资金5395万元，建成朔良镇、那拔镇35千伏变电站2座，架设输电线路40千米。实施登高水泥厂9千瓦低温余热发电厂项目，实施农村电网改造（二期）和10千伏及以下线路建设等工程。

社会事业

落实项目资金2000多万元，投入社会事业类工程。先后实施56所小学危房改造、田东作登瑶族乡九年一贯制学校等项目，建筑面积近4.3万平方米。实施“义教工程”66个，“村村教学楼工程”15个，引进外资建设希望小学教学楼、宿舍楼15栋，各项工程土建总面积达5万平方米，覆盖全县13个乡镇，惠及学生36720人。同时，先后改造乡镇卫生院20所。

第三节　广东省广州市对口帮扶

1996年11月30日，时任广东省委常委、广州市委书记高祀仁，广州市委常委、常务副市长陈开枝，率领对口帮扶考察团到田东县考察。

1996—2005年，“全国扶贫状元”陈开枝，以及广东省、广州市委、市政府、市政协，特别是直接对口扶持田东县的广州市黄埔区、花都区先后78次到田东考察、访贫问苦。广东省、广州市各级党委、政府及社会各界给予田东县无偿援助资金2975.93万元。这些资金用于兴建了江山移民开发区（下辖江山、新隆管理区）、岩马等移民安置点3个，帮扶实施整村推进示范村7个，援建中小学校2所、教学楼及宿舍楼23栋，人畜饮水项目30处，签订实施经贸合作项目8项，接纳田东县输出农村劳动力11.28万人，组织培训基层干部（教师）296期24149人。

异地安置

1997年，时任广东省委书记的李长春、省人民政府副省长欧广源、广州市委书记黄华华、市人民政府副市长陈开枝，黄埔区委、区政府班子领导以及广东、广州市各界人士先后到田东，无偿援助1056.5万元，兴建江山移民开发区（下辖江山、新隆管理区）。同年末，安置移民597户3161人。

2004年，经陈开枝牵线，中共广州市委宣传部、广州日报社援助120万元，建设了祥周镇布兵岩马异地安置点（即广州日报社布兵福民新村）。2005年年底，安置移民129户539人。

乡村基础设施建设

广州市人民政府、广州市经协办、广州市公安局团委和珠江投资公司等共捐资261多万元，修建一批饮水工程、家庭水柜、交通大桥、沼气池。发动政协的港澳委员捐赠30多万元，建设村级卫生室13处。黄埔区帮扶田东县1108.35万元，援建朔良镇南立村大桥1座、黄埔游昌希望小学和平马初中6栋教学楼、三位一体沼气池1300座。黄埔区私营企业主捐资84万元，援建132处人畜饮水工程、林逢镇卫生院住院楼、田东县灾民新村，同时捐献一批电脑、医疗器械、衣物、体育用品。广州市花都区出资30万元，援建林逢镇那单村人畜饮水项目。

1999年，广州支援建设的作登瑶族乡村级公路（县扶贫办提供）

教育扶贫

广州市人民政府、广州军区政治部，以及广州市黄埔区委、区政府等单位和个人共捐款900万元，援建中小学教学楼、师生宿舍楼23栋，建筑总面积13682平方米，受益学生1.28万人；捐赠各种教学仪器、学生学习生活用品折价71.6万元，扶助2000名特困学生。广州市人民政府、广州市经协办、广州市公安局团委和珠江投资公司等资助兴建了8所希望小学和学生宿舍楼。广州市体育局、广州市东山区东环中学等单位和个人捐款49.2万元，援建中小学教学楼、师生宿舍楼2栋、农村篮球场1个，捐赠各种教学仪器、学生学习生活用品折价9.2万元，扶助154名特困学生。广东省各界不仅在资金物资上大力支持田东教育，而且派来支教老师进驻支教点帮助搞好学校教育教学管理。此外，还先后资助27名校长、教师到广州市等有关学院学习深造。

1996—2005年广东省帮扶援建田东县学校情况统计表

表10-2-1　　单位：万元

帮扶单位	捐资金额	援建、修建（创建）学校
广东南海市桂江中学	40	修建田东四中学生宿舍楼1栋
南海市桂城实验小学	20	修建布兵小学学生宿舍楼1栋
广州军区政治部	93	创建作登大板希望小学，修建教学楼、教师宿舍楼、学生宿舍楼各1栋
广州市人民政府	32	援建作登陇接、梅林、巴立小学教学楼3栋
广州黄埔区人民政府	154	援助思林江山小学、坡塘新隆小学、平马中学教学楼3栋、教师、学生宿舍楼各1栋
广州市经协办	8	援建作登平略巴皓小学教学楼1栋
广州市总工会	50	援建作登陇穷小学教学楼、教师宿舍楼各1栋
广州市民政局	30	援建作登初中、思林龙邦小学学生宿舍楼、教学楼各1栋
广州市黄埔区	133	创建平马游昌黄埔希望小学，修建教学楼、教师宿舍楼各1栋
广州市公安局团委	20	援建林逢福兰小学教学楼1栋
广州中威集团公司	48	建坡塘同梅小学、祷午那单小学、思林内油小学教学楼各1栋
广州市天际公司	6	援建义圩拾合小学教学楼1栋
广州市花都区	20	援建林逢希贤中学学生宿舍楼1栋

说明：表中数据由县扶贫办提供

第四节　科技扶贫

1989—1992年，由县扶贫办牵头，联合县组织部、科技局、水产畜牧局、林业局等单位，对农户开展实用技术培训，培训内容主要有种植、养殖、农业加工实用技术等，开办各种实用技术学习班238期，培训1.7万人次。

1989年，县扶贫办举办各种类型的科技培训班35期，参加培训2485人次。1991年，举办各种实用技术培训45期，参加培训3195人次。1992年，开办家庭实用技术各类学习班50期，参加培训3556人次。1993年，举办农村实用种养技术培训班50期，培训农民3646人次，购买386套山区致富项目光盘免费赠送给全县95个贫困村。

1996年，县扶贫办联合科技、农业、畜牧等部门举办各种类型的农村实用技术培训班67期，4420人次参加培训。

1999年，县扶贫办先后举办芒果、养猪、养牛、养鸡等实用技术培训班85期，参加培训5523人次。2000年，进行实用技术培训20期，1364人次参加培训。

2002年，县扶贫办开展“短、平、快”扶贫项目的技术培训，在贫困村开办培训班190期，培训835个村干部、165名致富带头人、10070人次贫困群众。

2003年，举办种、养、加工技术培训班167期，培训贫困群众8350人次。

2004—2005年，在全县95个贫困村开办种植、加工类科技扶贫培训班735期，培训贫困村群众38050人次，组织贫困村劳务输出11280人。

第三章　异地安置　劳务输出

为了解决部分石山区群众生存难、发展难的问题，田东县从1993年开始，采取异地安置扶贫的方式，先后建设合乐、六朴、仑圩、塘灌、江山、新隆、六鲁、江那、福民新村、局丰移民安置点等贫困山区农民异地安置开发区，对3634户1.7万石山区贫困人口实施异地搬迁安置。同时，通过实施农民“下山进城入谷”工程，采取劳务输出的方式，组织贫困人口外出务工，增加收入，实现脱贫致富，巩固脱贫成果。

第一节　异地安置扶贫

试点开发

1993年，田东县在平马镇的合乐、坡塘乡六朴两地开辟异地安置试点。从石山地区村屯中人均不足0.3亩旱地的特困农户中，迁出200户1160人到安置点进行开发，建设用地243.5公顷，其中征用217.80公顷，承包25.7公顷。当年，合乐点建简易住房100间，挖芒果坑37000个，备足基肥180吨；六朴点建起简易住房20间，挖果树坑560个。县级组建扶贫开发指导组，加强对异地开发资金管理和技术指导，全年共收回到期资金46.5万元，占应收回的25.9%。

逐步铺开

1994年，合乐、六朴两个异地移民安置试点开发工作初见成效。合乐点建民用砖瓦房100间，安置贫困群众100户，建小学1所（有教室6间，教师宿舍5间），种植芒果59.47公顷3.3万株，玉米收入6760千克，豆类收入4104千克，养猪43头，养鸡鸭1255只，劳务输出收入5.2万元，人均增收86元。六朴点安置100户，开挖果树坑21.33公顷1.3万坑。同时，决定新开发印茶乡塘灌农业扶贫开发区和祥周乡仑圩农业扶贫开发区两个移民安置点，开发面积116.07公顷，安置移民105户。

1995年，抓好合乐、六朴安置点的管理和仑圩、塘灌2个安置点的项目实施，实行家庭承包责任制，统一技术管理。合乐和坡塘2个点种植芒果89.67公顷60.55万株、龙眼果树19公顷1.28万株，并间种木薯3.33公顷，甘蔗0.6公顷。仑圩和塘灌2个新安置点安排100户，仑圩点完成坡改梯地27.33公顷，挖果树坑1.8万坑，修建机耕路2千米；塘灌点完成坡改梯地5.33公顷，挖果树坑1.35万坑。年内，新开发摩天岭安置点，移民100人进场劳动，种甘蔗8公顷，种植恭城柿2公顷，种木薯4公顷。

1996年，祥周镇仑圩点、印茶乡塘灌点春旱严重，县扶贫办购买8台柴油抽水机抽水上山灌溉，解决安置点苗木栽植缺水问题。两个安置点种植龙眼35.07公顷，2.12万株。同时，抓好合乐、六朴、摩天岭等安置点果苗的科学管理，举办技术培训班，加强技术指导。合乐安置点种下的73.33公顷芒果中，有12公顷挂果，产量28吨，产值8.20万元，总收入达40.5万元，人均产值680元；人均纯收入530

元，比搬迁前增加310元。同时，抓住广州市对口帮扶田东的机遇，做好江山移民村规划工作。田东江山移民村是广州市对口帮助田东县实施规模大、档次高的扶贫项目，项目开发面积2000公顷，安置作登、思林、坡塘3个乡镇石山村的特困户600户3000人，以甘蔗种植为主导产业，兼顾种植果树、粮食等。当年，办理征地手续200公顷，做好编定项目总体规划和项目建议书，送广州市领导和专家评审；做好跨乡镇移民安置对象的调查摸底，确定移民名单，第一批拟安置特困户100户500人。

1997年1月5日，田东县采取大会战的形式开发建设江山移民开发区，组织中国人民解放军百色驻军、预备役民兵突击队和地区、县、乡镇直机关干部职工2100多人参加江山开发。3月底，完成200公顷甘蔗种植任务。年末，移民开发区完成征地960.67公顷（其中江山管理区406.67公顷，新隆管理区554公顷），到江山移民开发区安居597户3161人；成立江山村居民委员会，修建公路110千米，架电4千米，人畜饮水水管铺设到居民点，建永久住房200户，整个开发区种甘蔗234.67公顷。维修新隆开发区公路60千米，建永久民房227户，种植甘蔗32公顷。同年，动工建设国家计委扶持的六鲁移民安置点，拟移民400户2000人。

1997年，合乐、六朴移民村安置布兵、作登、坡塘3个乡贫困群众200户1100人。自治区检查验收时给予充分肯定。

1998年，持续推进合乐、六朴、仑圩、塘灌、江山、新隆、六鲁等7个移民异地安置点和摩天岭、六宜、六旺3个安置点建设。六宜、六旺点安置100户500人，因移民流动大，改为异地开发予以管理，种植甘蔗27.13公顷，恭城柿13.33公顷。合乐点利用土地面积78.29公顷，安置农户100户590人，种有芒果73.33公顷，年内挂果20公顷，产量达5万千克；移民外出打工约200人，收入30万元；间种农作物5公顷，收入1.5万元，家庭养猪340头，纯收入3.4万元，家禽养殖2000只，收入3万元。六朴点安置96户501人，征用土地170.13公顷，种龙眼47.33公顷；种芒果17.13公顷，芒果已挂果12公顷，产量3.5吨；种甘蔗16公顷，甘蔗产量900吨。仑圩点安置80户413人，征用土地75.90公顷，种龙眼40公顷，种甘蔗0.4公顷，移民利用靠近县城的有利条件，搞劳务输出和收废旧物资，租用闲地闲田种粮食作物和经济作物，人均纯收入达500元以上，基本能解决温饱。塘灌点安置20户130人，征用土地44.2公顷，种龙眼18.53公顷，种甘蔗7.27公顷，产量181吨。江山点建砖瓦房200户8600平方米，修公路50千米，架通10千伏电线4千米，修建饮水工程1处，实现户户通电、通水，村部有卫生室、学校各1所。江山小学于1998年3月1日开学上课，配有教师6名，在校学生168人。当年，种甘蔗429.87公顷，总产量5040吨，总收入116万元。新隆点建房289户13005平方米，修公路72千米，架通10千伏10.6千米，在建饮水工程2处，建成村部、卫生室和教学楼。六鲁移民开发区种甘蔗142.33公顷，建饮水工程6处，修公路23.5千米。移民到田林县新六隆移民开发区共125户231人，搭成工棚100间，开垦土地266.67公顷，种植八渡笋266.67公顷。

1999年，全县异地安置工作重点抓新乐（原合乐点）、那达（原仑圩点）、江山（含坡北点）、新隆（含原六朴点）移民新村及六鲁、塘灌移民安置点的生产管理和移民管理，移民户口迁移和土地使用证等均办理完毕。当年，移民收入最高达1195元。江山移民开发区、六鲁移民开发区先后通过自治区、百色地区有关部门验收。当年，还组织172户861人搬迁往德保县荣华移民开发区安置。

2000年，异地安置重点做好县内各安置点的巩固和完善工作。在各安置点修建地头水柜120个、沼气池73座。江山村和新隆村（原江山移民开发区）进厂原料蔗11000吨，产值184.8万元，仅此一项移民人均收入达660元。年内翻种甘蔗83.33公顷，扩种40公顷，新种油茶林100公顷，完成坡改梯地86.67公顷。迁往德保县荣华移民开发区的移民共完成种植木薯33.33公顷，八角56.67公顷，其他作物13.33公顷。

2001年，在各异地安置点建人畜饮水工程7处，其中提水工程3处，引水4处7.7千米，解决1230人饮水困难。

2002年，新建安吉、更阳、陇彭3个移民点，新建移民住房110间5500平方米，补征土地283.53公顷，修建提水工程2处，家庭水柜16座，共安置新移民110户481人。办理新移民的户口迁移、土地证、房产证等证件，并发放到移民手中。完成新修江山移民村蔗区公路8千米，改建新隆村的六达、渌依、坡江3处提水工程。建设六岸、叫龙、棵梨、内怀4处引水工程，解决1230人饮水困难。投入30万元，拉通朔良安吉异地安置点高压电，使周边2村165户753人受益。调整异地安置点产业结构，种植板栗苗1.5万株，完成坡改梯地186.67公顷。结算移民蔗款及清理债务，兑现移民蔗款136万元。

2003年，继续抓2002年第一批异地安置场点项目建设，其中粮食种植、沼气池建设、人畜饮水建设、村屯基础设施建设等均全面完成。广东省对口帮扶的江那移民开发区完成退耕还林38.67公顷，有3个乡镇522户2600人造册登记搬迁入住。

2004年，投入63万元巩固和安置2003年异地安置项目，其中坡塘乡新隆村完成种植剑麻26.67公顷、竹子43.33公顷、水果6.67公顷；思林镇江山村种植剑麻20公顷；建成朔良镇元色村安吉点中小桥梁1座、祥周镇那达村人畜饮水工程1处、坡塘乡新隆村道路维修2条。实施布兵镇岩马异地安置点广州福民新村建设项目，总投资241.4万元，其中广州日报社帮扶120万元，县配套96.4万元，群众自筹25万元。安置移民50户250人，当年完成宅基地平整1.04万平方米，挖填土方1.80万立方米，完成宅基地下地基40户，土方量2460立方米；架设高压线路220米，安装30千伏安变压器一台，埋设引水管道2120米，完成安置点的基础设施和水电设施。

2005年，异地安置工作主要抓好安置点农户支柱产业的发展，完成芒果低产园改造152.8公顷，完成甜竹种植66.67公顷。完成人畜饮水工程任务4处，农网改造1处，道路维修5条12.4千米。广东省帮扶的布兵岩马异地安置点水、电、防护墙等配套工程建设完成，建移民房48户，入住移民48户。

第二节　异地安置扶贫点

平马镇合乐村安置点

于1993年开始组织实施，计划安置移民100户500人，实际完成安置作登、布兵2个石山乡贫困人口100户593人，其中从作登瑶族乡迁来60户361人，从布兵乡迁来40户232人。计划下达资金总额330.5万元，实际投入资金399.8万元。种植支柱产业芒果73.33公顷，投入113.8万元。新建移民住房100间，户均面积25平方米，投入46万元。建饮水工程68处（含水柜），投入24.5万元。架电4千米，投入7.3万元。修路7.5千米，投入19.3万元。安装广播电视1个点，投入1.5万元。新建小学校舍365平方米，投入13.3万元。土地征用面积78.29公顷，投入113.8万元。

1998年，办理移民户口迁入共100户，移民累计还贷金额共6.28万元，还贷户数共95户。芒果挂果20公顷，产量达5万千克，移民外出打工约200人，间种农作物5公顷，家庭养猪340头，家禽养殖2000羽。

2000年，全村以种植芒果为主导产业，户均拥有芒果0.59公顷，人均近0.13公顷，同时还间种红薯、豆类等其他作物。全村外出务工250人，农民人均收入达1130元。全村80%以上劳动力接受实用技术培训。

2005年，新建硬化路2千米，全村人均0.11公顷耕地，人均经济作物（芒果）面积0.11公顷，农民人均收入达1130元。累计外出务工人员318人次，全村80%以上劳动力接受实用技术培训。全村还有贫困人口31户142人。

坡塘乡坡塘村六朴屯安置点

于1993年开始组织实施，计划安置移民100户500人，实际完成安置坡塘乡石山村贫困人口96户501人。计划下达资金总额175万元，实际投入资金147.33万元。种植支柱产业芒果、龙眼和甘蔗共73.13公顷，投入41.4万元。新建设移民住房96间，户均面积25平方米，投入40万元。建饮水工程4处，投入16万元。架电3.2千米，投入12万元。修路8千米，投入10.4万元。永久性征用土地面积170.13公顷，投入27.53万元。

1997年，办理移民户口迁入96户，全村的生产生活已正常，芒果挂果12公顷，产量3.5吨。甘蔗种植16公顷，产量900吨。

2000年，种植龙眼45公顷。种植芒果19公顷，芒果已挂果18公顷，产量5.6吨。种甘蔗18公顷，甘蔗产量1050吨。年内外出务工人员195人，参加农村实用技术培训98人次。

2005年，移民安置点的水、电、路等基础设施得到改善，新修建饮水工程2个，新建设屯级道路3.5千米。龙眼、芒果、甘蔗产量达到15.6吨。全村外出务工人员250人，参加农村实用技术培训120人次。

祥周乡仑圩农业扶贫开发区

于1994年开始组织实施，完成安置作登、布兵2个石山乡贫困人口80户412人。计划下达资金总额243.16万元，资金实际到项目243.16万元，实际投入资金199.12万元。种植支柱产业龙眼39.2公顷，投入23.3万元。新建移民住房80间，户均面积43平方米，投入40.5万元。建饮水工程64处（含水柜），投入31.3万元。架电4千米，投放19万元。修路3.8千米，投入14.3万元。安装广播电视1个点，投入资金1.5万元。建村部办公室46平方米，投入0.8万元。永久性征用土地面积75.9公顷，投入68.42万元。

1998年，办理移民户口迁入76户人口380人，其中从作登瑶族乡迁来46户250人，从布兵乡迁来30户130人。移民累计还贷金额共3.17万元，还贷户数共76户。设立移民开发管理区，配正、副主任各1人，享受科级待遇。

1999年，设立行政村，称为那达村。此后，不断完善安置点的基础设施及扶持重点产业发展，先后建设人畜饮水工程1处、农网改造1处、村屯道路1条2.1千米、村级公共活动中心等，完成芒果低产园改造32公顷。

2000年，以种植龙眼为主导产业，户均拥有龙眼0.4公顷，人均0.1公顷。同时，群众到临近村屯，自行承包土地种植生姜、木薯、甘蔗等作物。年内投入20万元完成全村人畜饮水工程，建设地头水柜19个，家庭水柜3个，全村基础设施不断完善。

2005年，投资20万元，改良龙眼品种39.2公顷。投资0.5万元，种植甘蔗新品种3.33公顷。投资2万元，种植竹子13.33公顷。投资1万元，种植穿心莲6.67公顷。投资8万元，改良芒果品种10公顷。年内，劳务输出115人，占总劳动力56.6%；劳动力接受技术培训203人，占总劳动力100%；硬化那达村东巴路至定怀点0.6千米通屯道路。

印茶乡塘灌农业扶贫开发区

于1994年开始组织实施，完成安置贫困人口20户130人，资金实际到项目58.1万元，实际投入资金69.6万元。投资12.3万元，种植支柱产业龙眼、甘蔗共25.33公顷。投入10万元，新建移民住房20间，户均面积43平方米。投入9.2万元，建饮水工程2处。投资6.9万元，架电1千米。投资16.5万元，修路4

千米。投入14.7万元，永久性征用土地面积44.2公顷。

1998年，办理移民户口迁入共20户，占安置户数的100%；移民累计还贷金额共1.91万元，还贷户数共15户。

2000年，安置点的基础设施进一步完善。全村参加实用技术培训45人次，种植龙眼、芒果32.33公顷，产量253吨，移民的温饱问题得到解决。

2005年，全村参加实用技术培训68人次，种植龙眼、芒果37.27公顷，产量456吨。修通了印茶镇巴麻村到江城镇架龙村公路至塘灌点0.6千米屯级路。

江山移民开发区

1996年，广东省广州市开始对百色地区各县开展对口帮扶与经济协作。当年，广州市捐资1056.5万元，用于兴建江山、新隆异地移民开发区，安置作登、坡塘两个乡镇石山村的特困户。

1996年12月31日，田东县召开万亩江山开发区扶贫攻坚动员大会。

1997年1月，召开江山移民开发区军民会战誓师大会。采取大会战的形式建设江山移民开发区，组织中国人民解放军百色驻军、预备役民兵突击队和地区、县、乡镇直机关干部职工2100多人参加开发。3月底，完成200公顷甘蔗种植任务。投入223.8万元，种植支柱产业甘蔗、板栗和竹子共368公顷。投入114.9万元，新建移民住房200间，户均面积43平方米。投入15.3万元，建饮水工程1处。投资32.5万元，架电6千米。投入163.5万元，修路56千米。投入1.5万元，安装广播电视接收台1个。投资80.9万元，新建小学校舍405平方米。投入12.5万元，建村部、卫生室129平方米。投入270.9万元，永久性征用土地面积406.67公顷。

1998年，办理移民户口迁入200户1084人，占安置户数的100%，其中从作登瑶族乡迁入120户650人，从坡塘乡迁入80户434人。移民累计还贷金额共92.32万元，还贷户数共190户。此后，注重完善安置点基础设施和产业发展扶持。

2000年，完成修路50千米，设移民点5个，建民用砖瓦房205户8615平方米，架接10千伏输电线4千米，建引水1处，学校1所，配备教师8名，在校学生118人，卫生所1所，地面卫星接收站1个。完成种植甘蔗871.33公顷，板栗100公顷。

2001年，甘蔗总产量18000吨，其中进厂原料15000吨，留种3000吨；总产值324万元。加上养殖和其他副业收入80万元以及劳力输出收入150万元，开发区总收入554万元，人均产值1750元，人均纯收入966元。

2005年，解决移民点历史遗留问题，兑现开发区征地青苗补偿款98.36万元，硬化村部至六么点2千米通屯道路。当年，移民区的农民人均纯收入由1997年的300元增加到1208元。

新隆安置点

实际投放资金1189.8万元。投入267.9万元，种植支柱产业甘蔗、板栗和竹子共518.67公顷。投入233.8万元，新建移民住房329间，户均面积45平方米。投入70.6万元，建饮水工程8处。投入106.6万元，架电15千米。投入211.6万元，修路80.4千米。投入1.5万元，安装广播电视接收台1个。投入87.8万元，新建小学校舍1072平方米。投入17万元，建村部157平方米（含卫生室）。投入193万元，永久性征用土地面积554公顷。

1998年，办理移民户口迁入397户，总人口2077人，占安置户数的99.25%，其中从作登瑶族乡迁入207户1082人，从坡塘乡迁入108户569人，从思村镇迁入78户412人，从印茶乡迁入4户14人。移民累计还贷金额共169.94万元，还贷户数共358户。改建新隆村的六达、绿依、坡江3处提水工程，建设六岸、叫龙、棵梨、内怀4处引水工程，解决1230人饮水困难。完成退耕还林38.67公顷，种植剑麻46.67公顷、竹子43.33公顷、水果6.67公顷、甜竹66.67公顷。

2000年，完成修路72千米，设移民点11个，建民用砖瓦房329户14805平方米，架接10千伏输电线10.6千米，建村部1个，卫生室1所，地面卫星接收站1个，建人畜饮水工程6处，学校1所，配备教师8名，在校学习136人。当年基本解决住房难、用电用水难、行路难、看病难、子女读书难等问题，并且丰富了移民精神文化生活。

2005年，新种甜竹66.67公顷，甘蔗种植33.33公顷，建设6千米的通村四级公路。

六鲁移民开发区

1997年7月，在国家发展改革委（原国家计委）援助下，那拔镇六鲁移民开发区动工建设，拟安置作登瑶族乡石山区贫困户376户1753人，实际安置327户1349人，其中从作登瑶族乡迁来150户620人，从布兵乡迁来160户650人，从林逢镇迁来17户79人。

1999年10月，完成主体工程建设。县划拨土地1009.26公顷，建设饮水工程6处、道路39.2千米，建设全日制建制小学校1所，村民委办公楼（含卫生室）120平方米，高、低压输电线路14.6千米，以及实施通电视、电话等工程。当年，种植粮食83.33公顷、甘蔗156.67公顷，种植板栗、甜竹等经济林166.67多公顷，实现了当年搬迁、当年开发、当年解决温饱的目标。1999年，六鲁移民开发区通过了自治区、地区有关部门验收。

2001年，那拔乡设立六鲁移民村，六鲁移民开发区实行建制村管理。该村一直列为整村推进、定点帮扶对象。在基础设施建设方面，先后实施了坡改梯、蓄水引水工程、村级道路、人畜饮水工程等项目。在产业发展方面，引导和扶持群众种植芒果66.67公顷，种植西贡蕉26.67公顷、板栗13.33公顷，并发展林下养殖。

2005年，解决人畜饮水工程3个点，全部解决生产生活用电问题，全部通路通机耕路。全村有甘蔗213.33公顷、西贡蕉30公顷、板栗13.67公顷。

江那移民开发区

这是国家发展改革委扶持田东县建设的第二个异地安置项目，于2003年5月30日开工建设，安置作登、布兵等乡镇石山区贫困户共602户2559人，新建民房602套28899平方米，厨房等附属设施1242平方米，厕所11个，学生宿舍楼1栋458平方米，学生食堂1间45平方米，村部楼1栋152平方米，新建安置区道路28.58千米，维修安置区内道路47.5千米，架设10千伏高压线路8.72千米，新建人畜饮水工程14处，坡改梯15.2公顷。

2005年，新增学校教学点2个，建筑面积共1000平方米。建设卫生室1个，建筑面积72平方米。建设屯级、生产区道路56千米。架设10千伏高压线路20千米，低压线路25千米。安装广播电视接收设备1套。建设人畜饮水工程8处，解决了群众饮水难问题。

广州福民新村

这是由全国扶贫状元、时任广州市政协主席陈开枝牵线搭桥，广州日报社帮扶120万元建设的异地安置点。2004年，开始建设，完成宅基地40户，架设高压线路0.22千米，安装30千伏安变压器1台，埋设引水管道2.12千米。

2005年，福民新村的水、电、防护墙等配套工程建设完成，共建成移民住房48间（户），配套了厨房、猪（牛）栏、沼气池、卫生间等设施，安置了祥周镇民安村等行政村贫困群众48户200人。当年，乡镇撤并，布兵镇辖区内的8个村并入祥周镇，又有群众移民到该安置点，全村共有移民129户539人。

其他异地安置点

2005年，福民新村一角　（县扶贫办提供）

除了以上异地安置点（开发场），田东县还在平马镇的更阳、那谷，思林镇的坡北（后并入江山村），布兵的岩马（已并入广州福民新村）、陇彭，作登瑶族乡的摩天岭，印茶镇的六宜、六旺，朔良镇的安吉等建立异地安置点，共安置约240户1081人。

同时，做好外迁移民的工作。1998年，田东县动员移民到田林县新六隆移民开发区共125户231人，搭成工棚100间，开垦土地266.67公顷，种植八渡笋266.67公顷。1999年，搬迁172户861人，迁往德保县荣华移民开发区安置，2000年完成种植木薯33.33公顷、八角56.67公顷、其他作物13.33公顷。

第三节　劳务输出

1998年，田东县在广西率先实施农民“下山进城入谷”工程（“下山”，即将大石山区的部分贫困人口搬迁到经济条件较好的、有可利用荒坡开发的山下来居住，发展生产。“进城”是指引导贫困山区富余劳动力走出大山，到县内县外、区内区外务工。“入谷”是指统筹城乡经济协调发展，利用贯穿全县的右江河谷腹地良好的自然生产条件，把久居“夹皮沟”的富余劳动力引到河谷务工），探索一条从输血式扶贫到造血式扶贫，再到挖掘人力资源潜能的新路子。该工程使劳务输出发生了大变化，在数量上，由小规模转移向大规模转移转变；在层次上，由“体力型”向“技能型”转变，由“打工族”向“创业族”转变。

2003年，田东在外出务工人员比较集中的广州、深圳、中山等6个城市成立外出务工创业者协会。当年接收筛选各地用工信息813条，邀请广东省企业到县内定点招聘40多家，直接和间接引导输出劳务人员6215人，全县山区农民下山进城入谷82995人。

2005年年底，全县农民“下山进城入谷”人数从2002年年底的6.8万人次增加到的11.27万人次，荣获“全国劳务输出大县”和“全区农村劳动力转移就业工作示范县”称号。

田东县志（1989—2005）

第十一篇

城乡规划建设　环境保护

第一章　城乡建设

1989年，县城总体规划没有落实到位，基础设施不完善，街道路面破损，排水排污不畅，路灯残缺，房屋临街立面老旧，城市形象较差。同时，村镇建设也落后。

进入20世纪90年代后，田东县按照“城乡互动、规建同行、管营共进、改扩并举”的城建思路，加快城镇建设步伐。实施“北扩、东延、南进、西连”战略，加强路网、水电等城市基础设施建设，拉大县城框架。历史性改革土地使用制度，推行国有土地有偿使用制度。创新城镇经营管理理念，推动房地产发展。以举办百色地区第三届芒果节、创建右江百里文明河谷建设、参加自治区“南珠杯”市容市貌综合竞赛活动为契机，逐年加大集镇和城区建设力度，提升城镇品位，县城连续五届荣获广西市容“南珠杯”竞赛先进城市称号，并获评为“全国环境综合整治优秀城市”。

进入21世纪后，随着总体规划的实施和房地产开发兴起，县城区得到实质性扩张，城市面貌日新月异。至2005年，县城主干道、街道路面、排水排污沟、路灯、沿街房屋立面、休闲广场、街道绿化等全面得到建设与改造，城市各项公共基础设施逐步完善，县城区主要道路有38条、道路总长53.28千米，建成区面积增加至7.75平方千米，建成区人口7.34万人，城市形象得到很大改观，居民的幸福指数越来越高。

此外，按照“建设城镇，提升村庄，城乡互融，协调发展”的思路，加快乡镇建设和小康示范村建设步伐。平马、祥周分别被评为“全国重点”镇，祥周荣获“全区小康示范镇”称号，平马、祥周、林逢、思林、义圩、朔良分别被评为“全区重点镇”。

第一节　机构

县建设局

田东县城乡建设管理机构为田东县城乡建设委员会（以下简称县建委），属正科级行政机构。1989年，核定编制5名，实在职10人，其中主任、副主任各1人，职工8人；内设机构有办公室、城乡建设规划管理办公室、建筑设计院、质量检查站。办公地点位于人民路65号。

1992年8月，田东县城建管理监察队成立。配备人员10人（其中城建办兼职5人，雇请5人），隶属城建办管理，其主要职责依法监督、检查城镇规划建设管理法律法规的实施，对违法、违章行为进行处理。

1993年，县建委配主任、副主任共3人。下设二层机构有县城建设管理办公室、建筑设计院、城建管理监察队、工程质量监督站、房产管理所、环卫绿化站、自来水厂、房地产综合开发公司、建设工程公司9个单位，共有干部职工200人。

1997年4月，田东县城乡建设委员会改为田东县建设局（以下简称县建设局），内设机构、二层机构和办公地点不变。核定编制12名；配备局长1人，副局长2人，党组书记1人，局长助理1人。全系统干部职工在编212人，其中干部90人。

1999—2000年，县建设局核定行政编制13名、事业编制1名，实有人数15人；配备局长1人，党组书记1人（兼），副局长3人，调研员1人；内设办公室、建筑业管理股、标准定额管理股、招标投标站、村镇规划股5个股（室）。下设城乡建设管理办公室、环卫绿化站、城建管理监察队、房产管理所、工程质量监督站、建筑设计室、自来水厂、县建筑公司、房地产综合开发公司9个二层机构。全系统干部职工在编225人，其中干部92人。

2001年，县建设局编制13名，实在职16人。配备局长1人，党组书记1人，副局长2人。内设办公室、建筑工程管理股、市政公用事业管理股、规划管理股4个股（室）。下辖二层机构不变。全系统干部职工人数309人。

2002年，县自来水厂剥离县建设局归田东县水利局管理。是年，县建设局编制11名，实在职11人。配备局长1人，党组书记1人（兼），副局长4人，纪检组组长1人。全系统干部职工人数225人。

2003年，县建设局核定行政编制10名、事业编制1名，实在职人数12人，其中局长1人、党组书记1人、副局长4人、纪检组组长1人，其他干部职工5人。内设办公室（含计划财务）、建设工程管理股、市政公用事业股、城乡规划股4个股（室）。下辖二层机构有建筑设计室、工程质量监督站、城建办、房管所、城建管理监察队、环卫绿化管理站、房地产开发公司、县建筑公司、东旌公交公司、顺达出租车公司10个单位。全系统干部职工220多人，拥有中、初级各类技术职称63人。

2005年，县建设局核定编制11名，实在职人数13人，其中局长1人，党组书记1人，副局长5人，纪检组组长1人，其他干部职工5人。内设机构、下辖二层机构不变。

1989—2005年历任主任（局长）：陆明清（1987年10月至1991年10月）、李刚（1991年10月至1993年12月）、罗革（1993年12月至1999年3月）、徐才形（1999年3月至2001年3月）、黄加祥（2001年3月至2002年9月）、林行（2003年1月至2006年12月）。

县建设局直属单位

建筑设计室 1984年11月成立县建筑勘察设计室，主要负责工业与民用建筑设计，属自收自支事业单位，核定编制6名，实有职工6人。1989年，县建筑勘察设计室更名为县建筑设计室。1997年，核定编制6名，实有职工6人。2003年，实有职工6人。2005年改称县建筑设计院，编制6名，实有职工6人。

工程质量监督站 1986年5月成立县工程质量监督站（简称质监站），有职工3人，属事业单位。1989年，县建筑质量监督站主要负责监督勘察、设计单位注册执业人员合法资格以及单位资质等级、许可营业范围，查处违法建筑及违反建筑施工质量和安全行为，核定编制3名，实有职工3人。2001年定为参照公务员单位，核定编制10名，实有职工10人。2005年，核定编制10名，实有职工10人。

城乡建设规划管理办公室 1989年，田东县平马镇城镇建设办公室改为田东县城乡建设规划管理办公室（简称城建办），事业编制，核定编制11名，实在职12人，其中正、副主任各1人，工程师2人，助理工程师2人，技术员3人，其他管理人员3人。1990年增配副主任1人。1992年，增配职工3名。2005年，在职人员15人。

房产管理所 1985年12月，成立县房产管理所，属自收自支的事业单位，隶属田东县建设局，人员编制15名，实有15人。2005年，在职人员20人。主要负责公房的管理、修缮、经租、新建和调拨，私房的产权、租赁、交易管理，公私房地测量、登记、发证等。

城建管理监察队 1992年8月1日，成立县城建建设管理监察队，人员10人（其中城建办兼职5人，聘请5人），隶属城建办管理，其主要职责是依法监督、检查城镇规划建设管理法律法规的实施，对违法、违章行为进行处理。

环卫绿化管理站 1980年，成立县环卫绿化站。1989年，县环境卫生管理站主要负责县城区环境卫生管理的事务性工作，城区环境卫生设施建设、运营与维护，县城道路的垃圾清扫、运输和填埋工作，核定编制26名，聘用3人，实有职工29人。2005年，办公地点在平马镇东宁西路185号。核定编制54名，聘用77人，实有职工131人。

房地产综合开发公司 1993年3月，成立县房地产综合开发公司，人员编制8名，实有8人，属于县人民政府开发房地产的国有企业单位。2005年，在职人员15人。

县建筑公司 1956年，田东县建筑业解放社成立，属集体性质，当年有职工256人。1965年9月，改称为田东县建设工程队，有职工143人，其中干部7人。1975年，田东县建设工程队改称为县建筑工程公司（简称县建筑公司）。1989年，公司员工有240人，属于企业单位。2005年，在职人员600人。

东旌公交公司 1998年12月，成立东旌公交公司，公司属民营公交企业，资金全部由股东自筹，实行自主经营，自负盈亏。当年有22辆新车投入首批运营。1999年，公司公交车发展到30多辆营运。后因经营不善，自行解散。

顺达出租车公司 2000年11月，成立顺达出租车公司，公司属民营公交企业，属民营挂靠单位，资金全部由股东自筹，实行自主经营，自负盈亏。当年有36辆出租车投入运营。后因经营不善，自行解散。

第二节 城乡规划

县城总体规划

1987年，在百色地区行署的支持和帮助下，由田东县人民政府组织完成编制田东县城的总体规划，并于1988年通过田东县人民代表大会第九届常务委员会审议批准，由田东县人民政府上报百色地区行署批准。此后田东县城均按1988年的县城规划进行建设。

1991年，田东县人民政府成立修订县城总体规划领导小组，对田东县城总体规划进行修编，编制完成田东县城总体规划方案，但由于各方面原因，没有上报上级审批。

随着南昆铁路的建成和深化改革、发展经济的需要，为发挥城市规划对经济社会发展的促进作用，1995年，县人民政府委托田东县建设局与广西城乡规划设计院合作，共同完成《1995—2015年田东县城总体规划》编制工作。此次总体规划方案是以《中华人民共和国城市规划法》为根本依据，以田东县国民经济和社会发展“九五”计划和2010年远景目标纲要为指导，规划年限为1995—2015年。同年，自治区人民政府关于搞好小城镇的决定中把田东县列入全区城镇体系发展的重点之一，要求田东县城镇化进程应有较快的速度，城镇化建设也要达到一定的水准。

《1995—2015年田东县城总体规划》对城镇空间的布局是以南（宁）昆（明）铁路、324国道、右江等三条东西向的水陆通道为主轴，这条主轴东起自思林，经林逢、平马、祥周，终止于新洲工矿区。以主轴为中心向两翼枝状延伸，带动南北山区经济发展。县城规划区总面积为13700公顷，东从林逢镇平洪村起，西面到祥周镇百银村止，北面到平马镇的百林、子安村，南面至平马镇游昌村。其范围包括平马镇的中山街、南华街、庆平街、德新街、乐善街所辖的区域，平马镇的牛行村、百谷村、四平村、升太村、合恒村、游昌村、靖逸村、小龙村、合乐村、上法村、怀民村、百林村、子安村各村所辖的区域，林逢镇平洪村所的区域和祥周镇百银村所辖的区域。以上区域包括5个街委、15个行政村，以及在其范围内所有的党政事业机关和各行政单位的用地。新洲工矿区为县城规划区控制范围的一部分，规划面积470公顷。

1997年，县建设局邀请自治区建设厅专家和教授对1996年修编的田东县城总体规划进行评审和修改，并通过严格执行“五个管理办法”（规划一张图、管理一个办法、归口一家管理、审批一支笔、建设一盘棋），理顺县城规划管理体制。

1998年，县建设局多次邀请自治区内外有关专家、教授对县城总体规划进行修编，提出“到2015年把田东县城建设人口规模为15万人，占地规模为1892.21公顷的大西南出海通道枢纽城市”的目标。县城将依托旧城，采用集团式向周边发展，形成以东西、南北2条10里长街为依托，开发城东区、城南区、城西区和龙须河旅游区的格局。每个区均设置独立的公共设施和商业中心，使之形成综合功能单元，向多元功能方向发展。8月20日，《1998年田东县城市总体规划》通过自治区人民政府的审批，县城建设坚持改造旧城区与开发新城区相结合的综合开发路子，加快旧城区改建、扩建、拆迁，打通死胡同和硬化旧城区街道的建设速度。开发新区，整体推进商业、农贸、文卫、美化。

2002年，按照“先规划、后建设”的原则，抓好县城的局部规划和街道建筑立面规划，优化、美化县城的布局和景观。

2004年，确定为“城镇规划年”，印发《田东县2004年城镇规划实施方案》。县建设局委托广西综合设计研究院，开展《2004年田东县城市总体规划》修编和《近期建设的详细规划》的编制工作。同时，协助县国土资源局开展建设用地（储备用地）的规划工作，完成任务规划面积333.33公顷。

2005年10月，《2005年田东县城市总体规划》获百色市人民政府审批。规划加强对建设项目的规划设计，完成商都、十里莲塘农家乐度假村、县公安局看守所、南昆高速公路拆迁安置点、作登瑶族乡5个安置点、城西百谷大桥东北面用地控制规划、经济适用房小区控制规划、思林镇汽车站等12项规划，完成规划面积41.02万平方米。

乡镇建设规划

1995年，广西城乡规划设计院与县建设局合作，共同完成县域总体规划编制，近期建设期限为1995—2000年，远期建设期限为2015年。田东县域城镇体系规划：县城为全县综合性中心城镇，思林、林逢、祥周为地方中心城镇，作登、义圩、江城、那拔、朔良为规划建制镇，祷午、布兵、坡塘、印茶为一般圩镇。县城建设新城区，新增用地450公顷，河谷3镇区用地60.16公顷，山区乡、镇区用地46.4公顷，全县城乡居民点新增点建设用地共846.8公顷，其中占耕地436.26公顷，占新增用地的51.52%。

平马镇 地处右江河谷腹地，是田东县城所在地。东与林逢镇相连，南与作登瑶族乡相邻，西与祥周镇接壤，北与那拔乡及朔良镇交界。全镇辖5个街委49条巷及17个村民委员会，281个村民小组，右江水道、南宁至百色二级公路、南（宁）昆（明）铁路横贯其中。规划2005年全镇人口控制在95763人，2010年97400人。基本农田保护区面积5086公顷，按统计数计算保护面积为3651公顷，保护率为90.46%。规划开发城东乡镇企业一条街（平马至林逢桥头）作建材市场，建设城南的龙须河森林公园，城西农贸市场及十里莲塘水上乐园，发展城北工业区。到2010年，耕地面积为5404.09公顷，占土地总面积的25.52%。园地面积4458.60公顷，占土地总面积的21.05%。林地面积3762.72公顷，占土地总面积的17.76%。牧草地面积1915.23公顷，占土地总面积的9.04%。居民点及工矿用地1402.27公顷，占土地总面积的6.62%。交通用地面积484.54公顷，占土地总面积的2.29%。水域面积1333.11公顷，占土地总面积的6.3%。未利用地面积2420公顷，占土地总面积的11.42%。

祥周镇 位于县城西部，距县城7千米。南与布兵镇相邻，西与田阳县百育镇接壤，北邻那拔乡。镇中心有南宁至百色二级公路和右江河通过，全镇辖13个村，231个村民小组。2005年全镇人口控制在33711人，2010年34287人。其中农田保护面积4327公顷，按统计数计算为3436.37公顷，保护率为

86%。搞好十里莲塘旅游区建设，南宁至百色二级公路沿线以“粮、渔、蕉、菜”为主，进一步扩大仑圩农贸集市和3万吨油厂集市建设。加快镇政府通往各村公路建设，搞好公路沿线农村住宅立面改造，使祥周呈繁华城镇。到2010年，耕地面积为5085.83公顷，占土地总面积的35.24%。园地面积3897公顷，占土地总面积的27%。林地面积1771.33公顷，占土地总面积的12.27%。牧草地1224.71公顷，占土地总面积的8.42%。居民点及工矿用地653.22公顷，占土地总面积的4.53%。交通用地448.48公顷，占土地总面积的3.11%。水域面积879.71公顷，占土地总面积的5.23%。未利用地605.07公顷，占土地总面积的4.20%。

布兵镇 地处田东县西南部，北接祥周镇百渡村、中平村，东与作登瑶族乡相连，西临田阳县五村乡，南靠田阳县那满镇，四级公路通到镇政府所在地。全镇辖8个村民委，129个村民小组。到2010年，全镇总人口控制在12649人以内。基本农田保护区为1276公顷，保护率为90.01%。耕地面积为1458.09公顷，占土地总面积的16.72%，主要由林地开荒扩大耕地。园地面积280.33公顷，占土地总面积的3.22%，主要分布在睦群、保利、模范、布兵等村。林地面积3584.9公顷，占土地总面积的41.12%。牧草地面积为594.45公顷，占土地总面积的6.82%。居民点及工矿用地面积131.13公顷，占地总面积的1.51%。水域面积108.86公顷，占土地总面积的1.25%。未利用地面积2492.11公顷，占土地总面积的28.57%。交通用地面积69.09公顷，占土地总面积的0.79%。

林逢镇 位于田东县城东部8.5千米处，南与印茶镇龙马村相邻，西与平马镇接壤，北与祷午镇相连，东接思林镇的良余村，南宁至百色二级公路、右江水道、南昆铁路穿过镇中心。全镇辖14个村民委员会，256个村民小组。2005年全镇人口总数控制在40899人，2010年41598人。农田保护区面积5225公顷，按统计数计算为4139.7公顷，保护率86.08%。全镇建立四大农业基地，即粮食生产基地、甘蔗生产基地、林果生产基地、蔬菜生产基地，规划用地1963.5公顷。修通镇政府到各村民委公路，建敬老院，扩建农贸市场。镇区建设规划东至合同村，南到右江河北岸，北到林逢村的班芳屯，西到林逢桥头。其中镇西右边到桥头规划为企业一条街，规划用地711.75公顷。到2010年耕地面积为6126.76公顷，占土地总面积的31.81%。园地面积4092.13公顷，占土地总面积的21.24%。林地面积2277.34公顷，占土地总面积的11.82%。牧草地面积1020.6公顷，占土地总面积的5.3%。居民点及工矿用地507.08公顷，占土地总面积的2.63%。交通用地面积607.68公顷，占土地总面积的3.15%。水域面积1001.85公顷，占土地总面积的5.2%。未利用地面积3629.69公顷，占土地总面积的18.85%。

祷午镇 位于田东县东北部，东接平果县的海城乡，北与朔良镇、平果县的同老乡相连，西临平马镇的梅宁村，南与林逢镇林驮村交界。四级公路从林驮村（站）通到镇政府所在地。全镇辖7个村民委，96个村民小组。2005年全镇人口总数控制在11828人，2010年12031人。农田保护面积为3120公顷，按统计数计算为2526.54公顷，保护率为85.02%。全镇在25度坡以上种甘蔗、木薯面积规划退耕还林，防水土流失。合理增加建设用地，镇政府所在地的建设用地规划37.71公顷，镇政府通往各村民委的公路建设用地规划198公顷，此外还规划镇企业建设用地。到2010年，耕地面积3797.04公顷，占土地总面积的23.5%。园地面积1027.18公顷，占土地总面积的6.36%。林地面积8272.17公顷，占土地总面积的51.2%。牧草地面积1459.27公顷，占土地总面积的9.03%。居民点及工矿用地面积111.18公顷，占土地总面积的0.69%。交通用地面积241.36公顷，占土地总面积的1.49%。水域面积543.68公顷，占土地总面积的3.37%。未利用地面积704.32公顷，占土地总面积的4.36%。

思林镇 地处田东县东部，离县城27千米，东接平果县果化镇，南与坡塘乡相连，西与林逢镇林驮村接壤，北临祷午镇。有南宁至百色二级公路、右江河和南昆铁路通过。全镇辖1个街委18个村民委员会，240个村民小组。2005年全镇人口总数控制在41680人，2010年42392人。基本农田保护区控制在5409公顷，按统计数计算为4277.93公顷，保护率86.01%。重点发展甘蔗、水果、冬菜和养殖业，从思林纸厂开始（园盘山范围以外）公路右边半边山到林驮林场规划种芒果，在林秀、真良、兰芳、广养、定阳等村规划北片万公顷竹林开发带，建设江南移民开发区，规划建一个编织厂，开采三百矿。规划乡村公路5条49千米，用地374.85公顷。规划镇东右边到纸厂为经济能人街，镇西加油站至思林林场总场二级公路两旁为农民街，思林二中搬迁到卫生院后面山坡约占地17公顷，完成镇政府宿舍楼的征地和落实镇文化娱乐中心规划，开发敢养岩溶旅游洞。到2010年，耕地面积为6331.34公顷，占土地总面积的24.8%。园地面积2216.4公顷，占土地总面积的8.68%。林地面积6060.53公顷，占土地总面积的23.74%。牧草地2230.03公顷，占土地总面积的8.74%。居民点及工矿用地面积364.26公顷，占土地总面积的1.43%。交通用地面积418.97公顷，占土地总面积的1.64%。水域面积869.54公顷，占土地总面积的3.4%。未利用地面积7037.95公顷，占土地总面积的27.57%。

坡塘乡 位于田东县东南部，东邻平果县果化镇，南与天等县接壤，西与江城乡相连，北与思林镇毗邻。距离县城48千米，全乡辖11个村民委、118个村民小组。到2010年，耕地面积2225.02公顷，占土地总面积的16.38%。园地面积757.72公顷，占土地总面积的5.58%。林地面积2928.66公顷，占土地总面积的21.56%。牧草地面积1875.94公顷，占土地总面积的13.8%。居民点及工矿用地119.95公顷，占土地总面积的0.88%。交通用地面积178.99公顷，占土地总面积的1.32%。水域面积292.39公顷，占土地总面积的2.15%。未利用地面积5207.45公顷，占土地总面积的38.33%。

作登瑶族乡 位于田东县南部，东邻印茶镇和江城镇，南与德保县接壤，西与布兵镇相连，北与平马镇毗邻，距县城23千米，有田东至德保四级公路穿过。全乡辖21个村民委员会，308个村民小组。到2010年，土地总面积36584.24公顷，比上一年少253.33公顷，原因是水电站库容所淹没，水域面积增加。耕地6045.15公顷，占土地总面积的16.52%。园地821.58公顷，占土地总面积的2.25%。林地11176.17公顷，占土地总面积的30.55%。牧草地1620.69公顷，占土地总面积的4.43%。居民点及工矿用地357.62公顷，占土地总面积的0.98%。交通用地556.91公顷，占土地总面积的1.52%。水域面积321.05公顷，占土地总面积的0.88%。未利用地15685.25公顷，占土地总面积的42.87%。

印茶镇 位于田东县南面，距县城26千米，东与思林镇接壤，北与林逢镇为邻，西靠作登瑶族乡，南与江城镇相连。有田东至天等三级柏油公路通过。辖9个村民委、152个村民小组。规划2005年全镇人口总数控制在25360人，2010年25793人。2010年，农田保护区面积3308公顷，按统计数计算为2615.22公顷，保护率86.91%。规划发展竹子133.33公顷，龙眼树133.33公顷，任豆树800公顷。乡村公路规划用地600公顷，集市规划用地39.1公顷。到2010年，耕地面积3870.52公顷，占土地总面积的18.66%；园地面积827.72公顷，占土地总面积的3.99%；林地面积7553.61公顷，占土地总面积的36.42%；牧草地面积422.94公顷，占土地总面积的2.04%；居民点及工矿用地面积201.04公顷，占土地总面积的0.97%；交通用地面积109.93公顷，占土地总面积的0.53%；水域面积165.69公顷，占土地总面积的0.8%；未利用地7590.03公顷，占土地总面积的36.59%。

江城镇 位于田东县城南面，距县城41千米，东与坡塘乡相连，南靠天等县，北与印茶镇接壤，西邻作登瑶族乡。有田东至天等三级柏油公路通过，古榕江自西向东贯穿全镇，水资源丰富，辖8个村民委145个村民小组。境内平地、石山、土坡相间分布，古榕江两岸水利灌溉条件好，土壤以红壤为主，稻田主要有沙泥田、淹育棕泥田、潴育沙泥田等，畲地主要有山地红壤、棕泥土，山地多为沙页岩山地红壤，沙页岩丘陵红壤。规划2005年全镇人口总数控制在22910人，2010年23301人。农田保护区面积2010年为2150.89公顷，按统计数计算为2150.89公顷，保护率86.02%。规划发展甘蔗面积333.33公顷，分布在江城村166.5公顷，果柳村166.5公顷。发展龙眼面积133.33公顷，分布在大诺村30公顷，那蒙村36.67公顷，供固村20公顷，果柳村20公顷，云林村26.67公顷。种砍头树266.67公顷，分布在架龙、大诺、那蒙、江城等村各66.67公顷，规划镇村公路用地267公顷，集市用地26.18公顷。到

2010年，耕地面积为3183.31公顷，占土地总面积的22.28%；园地面积851.32公顷，占土地总面积的5.96%；林地面积3690.93公顷，占土地总面积的25.83%；牧草地面积2528.54公顷，占土地总面积的17.7%；居民点及工矿用地面积189.45公顷，占土地总面积的1.33%；交通用地面积113.25公顷，占土地总面积的0.79%；水域面积239.46公顷，占土地总面积的1.67%：未利用地面积3493公顷，占土地总面积的24.44%。

朔良镇 地处田东县北部，东连平果县同老乡，南与林逢镇东养村相邻，西与那拔乡六州村接壤，北与巴马县的那桃乡、百林乡相连。距县城44千米，辖16个村民委，206个村民小组。2005年全镇人口总数控制在34168人，2010年34752人。基本农田保护区5418公顷，按统计数计算为4501.22公顷，保护率84.64%。规划发展“三个万公顷片”即万公顷板栗、万公顷酸梅、万公顷油茶。板栗分布在宝达、群敏村，酸梅分布在朔良、六羊、定坛村，油茶分布在巴鲁、南立、元色村。规划办木器加工厂、食油加工厂等用地2公顷。农贸市场扩建用地3公顷，乡村道路建设用地82公顷，其中规划修建朔良至灵龙村公路27千米约占地12公顷，朔良镇到义圩镇公路25千米约占地9.3公顷，朔良镇至祷午镇22千米约占地8.5公顷，元色村到灵龙木村公路10千米，约占地3.2公顷。到2010年，耕地面积6661.81公顷，占土地总面积的17.17%；园地面积845.52公顷，占土地总面积的2.18%；林地面积21612.62公顷，占土地总面积的55.7%；牧草地面积7151.71公顷，占土地总面积的18.43%；居民点及工矿用地面积323.88公顷，占土地总面积的0.83%；交通用地面积480.68公顷，占土地总面积的1.24%；水域面积848.30公顷，占土地总面积的2.19%；未利用地面积876.29公顷，占土地总面积的2.26%。

义圩乡 位于田东县北部，距县城50千米，东南与朔良镇交界，西南与那拔乡接壤，北与巴马县毗邻，辖11个村民委员会，124个村民小组。2005年全乡人口总数控制在24481人，2010年24899人。农田保护区面积2010年为3066公顷，按统计数计算为2527.64公顷，保护率86.01%。规划全乡各项建设用地71.14公顷，市场建设用地18.24公顷，乡村道路建设用地75公顷。在福旺村发展板栗134公顷，在世木、符桃、六一村各发展板栗67公顷。在世木、福旺、东冠三村各发展油茶100公顷，在班龙、朔晚两村各发展油茶84公顷，规划建油桐、油茶加工厂。2010年，耕地面积3740.9公顷，占土地总面积的19.95%；园地面积939.92公顷，占土地总面积的5.01%；林地面积7746.19公顷，占土地总面积的41.31%；牧草地面积4705.94公顷，占土地总面积的25.1%；居民点及工矿用地面积196.64公顷，占土地总面积的1.05%；交通用地面积388.56公顷，占土地总面积的2.07%；水域面积410.87公顷，占土地总面积的2.19%；未利用地面积622.04公顷，占土地总面积的3.32%。

那拔乡 地处田东北部，东连朔良镇，北靠义圩乡，南邻祥周镇，西与田阳县接壤，辖8个村民委员会，73个村民小组。有四级公路通往县城，距县城44千米。2005年全乡人口总数控制在14732人，2010年14983人，基本农田保护区面积2396公顷，按统计数计算为1961.03公顷，保护率85.01%。规划在福星、那练、平王等村各发展板栗67公顷，在那拔、六洲、六柳、坡洪等村各发展板栗34公顷。规划在坡洪村发展油茶134公顷，在那拔、六洲各发展油茶100公顷。规划在福星村开发茶叶基地134公顷。乡村道路规划用地264.8公顷，各项建设用地规划138公顷。到2010年，耕地面积2902.33公顷，占土地总面积的14.48%；园地面积847.45公顷，占土地总面积的4.23%；林地面积1670.02公顷，占土地总面积的58.22%；牧草地面积3642.21公顷，占土地总面积的18.18%；居民点及工矿用地面积117.65公顷，占土地总面积的0.59%；交通用地面积200.42公顷，占土地总面积的1%；水域面积410.55公顷，占土地总面积的2.04%；未利用地253.51公顷，占土地总面积的1.26%。

第三节 县城建设

旧城区改造

1989—1992年，在总体规划指导下，田东县城建办有计划地对旧城进行改造。控制性地改造，即新建改建的房屋一律按规划红线退足。对影响交通、紊乱的街段进行成线成片改造，对庆平街县人民政府至农械厂街段、庆平街750号民房街段、城西片（烟草公司至百谷桥）等3个街段进行全面改造，面积5.8公顷。对城区二十世纪六七十年代的旧房也进行改造，共建公房（含集体）、私房面积1236.38平方千米，平均每年新建面积309.09平方千米，其中私房建筑面积519.8平方千米，占总建筑面积42.04%。

1993年，改造庆平街759~810号旧城区建筑面积1.08万平方米，改造东泥村人行道面积为1582平方米，建设排水沟长15.7米，完成投资90.65万元。改造庆平街、南华街、中山街给水管道，把这几条街20世纪70年代铺设的直径100毫米水管改为直径400毫米自应力水管，全长2.5千米，总投资为45万元，使管理网水压由原来每平方米2.5千克增到3千克。同时，把自来水厂的供水能力延伸到小龙村巴龙屯等6个居民组，增加用户392户人口1568人，用水量每月增加157立方米。

1994年，县城基础设施建设9项，完成总投资424万元。年内完成邕（南宁）色（百色）二级公路县城段排水沟4400米和城东排水沟470米的建设工程。完成南华街925米路面改造工程，总投资74万元。完成旧街道损坏部分修补6处。

1997年，完成南华街、庆平街、中山街等旧街道的建筑物改建或装饰。同时对旧水厂、龙须河水厂泵房进行改造。年内，县城基础设施完成投资195万元。

1998年，按照城建规划，加快改造旧城区的速度，对旧城区进行改建、扩建、拆迁，打通死胡同和硬化街道。年内，对乐善街、南华街至第二幼儿园进行硬化建设，全长218米，面积1526平方米，总投资7万元。

2000年，对县城区主要街道进行路面维修。年内翻新街砖8万多平方米，翻修路面1800多平方米，新浇并更换水沟盖板300多块，更换和维修路灯800多盏。

2001年，对旧城区的东港南路、乐德中路和东宁中路进行改造，完成街道硬化13238平方米，其中人行道6000平方米。

2002年，对县城东宁路、庆平路、人民路等路段和旧城区的路灯进行维修和改造，共完成投资110万元，维修街道路面430平方米，改造路灯1500盏。深入创建右江百里文明河谷，对县城主要街道沿街房屋建筑进行立面改造和装修，改造房屋165间。

2005年，实施城建大会战，投资885万元，重点对油城路、庆平路、东园巷、朝阳路、东港路、人民路等6条路的人行道、路灯、绿化进行全面改造。完成人行道改造3.39万平方米，完成路灯改造长6100米90多杆；移植行道树118株，新种423株。

新城区开发

1993年，随着平（果）百（色）二级公路田东段的修建完工，以及南（宁）昆（明）铁路田东段的破土动工，田东做好县城扩建的规划，以324国道为中心，新城区逐步向北面火车站延伸和沿324国道向东延伸至马鞍山，向西延伸至十里莲塘，把旧城区与新城区连为一体。新城区开发分为城北开发区、城东开发区和城西开发区。

1995年，搞好城北开发区的规划工作，年内完成农贸市场小区、火车站小区及火车站大道的规划，建设用地4.86公顷，完成投资330万元。

1996年，对城东第一、第二、第三居住区，城北小区、农贸市场东面小区、火车站大道小区、城西平马镇开发区、城东工业小区等作了详细的规划设计，规划面积80公顷。

1997年，完成火车站大道小区、城北房产开发小区、城西果菜批发市场、城东建材专营市场的规划任务，规划总面积375484平方米。年内完成城东开发区和城北小塘开发区住宅建筑群投入使用，总建筑面积73333平方米。

2003年，做好城西开发区右江矿务局总部迁址建设用地、十里莲塘生态旅游开发区，以及城北区、城东区等18个单位建设用地规划，规划总面积1413696.46平方米。做好城东西南大市场、百通世界两个房地产的引资项目工作，其中的百通世界项目当年举行奠基仪式，项目占地面积19.62公顷，总建筑面积17万平方米，投资1.5亿元。

2005年，田东县《县城总体规划》获百色市人民政府审批。至此，县城在老城区的基础上扩大了规模，发展快，基本具备了现代城市的功能。

街道建设

1989年，县城有中山街、庆平街、南华街、德新街、乐善街等街道5条，总长5.38千米，面积5.98万平方米，均为混凝土路面。东宁大街是县城中心的主要道路，宽12米，长2071米。投资2.27万元，铺设砼路面2条共500米，面积729平方米。实施县人大至县人民医院街段路面平整加宽工程，投资0.73万元。实施牛行街口扩宽工程，投资1.55万元。

1990年，采取“三个一点”（国家、集体、个人各出一点）办法筹集资金，建设旧街道。实施农械厂跨公路涵处理工程，长134米，投资0.5万元。实施县人民政府门口街心花园工程，投资6.42万元，供游览面积855平方米。实施沙石社街段整修工程，投资6.8万元，铺设砼路面1420平方米，建设排水沟495米。

1991年，实施县人大至县计生委排水沟工程，投资2.1万元，建设排水沟94米。实施新区道路续建工程，投资109.1万元，铺设沥青路面11390平方米，排水沟1609米。实施白铁社至三芽码头水沟工程，投资14.08万元，铺设人行道3041平方米，排水沟1000米。

1992年，实施敬老院街段路面工程，投资11.99万元，铺设砼路面1871平方米，建设排水沟579米。实施农业局街段路面工程，投资20.24万元，铺设砼路面5146平方米，铺设人行道3263平方米。实施电影院街段路面工程，投资34.5万元，铺设沥青路面5000平方米，建设排水沟1010米。

1993年，投资90.65万元，铺设县建委至庆平街、县工商银行至平马初中2条主要街道。

1996年，完成县法院至县委砼路面、县新华书店至县工行沥青路面等29项市政建设工程项目，铺设街道77918平方米，人行道42410平方米，新增路灯200多盏，新建、改建排水沟8条总长4.76千米，新建公厕1座，总投资1209.36万元。同时，投资2500万元，建设火车站入城大道，长1640米，宽50米。

1999年，完成南华路、建华巷的街道硬化工程，完成人民路、东园巷的人行道修整改造，完成火车站大道9840平方米砼路面铺设。新增人民路、庆平路、朝阳路等路段的路灯112杆。

2001年，对旧城区东港南路、乐德中路和东宁中路进行改造，完成街道硬化13238平方米，其中人行道6000平方米设置灯箱66个。投资720万元，新建东宁东路、东宁西路和华瑞大酒店至人民广场的非机动车道、人行道，共新增道路面积33200平方米。

2005年，县城城区主要街道（巷）有38条，街道（巷）总长9.78千米，街道面积214466平方米，其中人行道面积54714平方米。排水道9.51千米。

1989—2005年田东县县城主要街道一览表

表11-1-2

街道名称	起止地点	路面结构
中山街	东至南华街,西至德新街,南至乐善街,北至烈士陵园	混凝土
庆平街	东起平马粮所,西接南华街,南至人民医院,北至牛行村	混凝土
南华街	东起庆平街,西至中山街,南至靖逸村,北至平马园艺场	混凝土
德新街	东起中山街,西至百谷村,南接乐善街,北连邕色公路	混凝土
乐善街	东起中山街,西至右江河岸,南至靖逸村,北连德新街	混凝土
东宁路	马鞍山—百谷桥	水泥
油城路	牛行路口—火车站	水泥
庆平路	牛行路口—县人民医院	沥青
中和路	建筑公司——芽码头	水泥
东港路	汽车总站—二芽码头	水泥
人民路	邕色公路—县人民政府	水泥
中山路	盐业公司—新华书店	水泥
南华路	纪念馆—建设局	水泥
东德路	医药公司仓库—石油站—二芽码头	水泥
朝阳路	农业局—东泥村	水泥
广场路	火车货运站—人民广场	水泥
新逸街	平马变电站—经贸局	水泥
古榕街	庆平旧市场—牛行古榕树	水泥
中义街	百货大楼—罗家庄	水泥

2000年,田东县城东宁大道　　(县建设局提供)

基础设施建设

供水　1989—2000年，田东县的城镇供水主要是由田东县供水有限责任公司提供。田东县供水有限责任公司办公地点位于朝阳路4号，始建于1965年，前身为田东县水厂（简称县水厂）。1989年，县水厂日供水能力1241立方米，年供水总量45.3万立方米。公司员工总数40人，供水服务人口2万余人；完成工业总产值40万元，销售收入15万元。

1999年年底，县水厂与平马电灌站、龙须河水管所、百林电灌站等四个法人单位合并组建田东县供水有限责任公司，主要承担县城区、祥周镇区、林逢镇区以及公路沿线村屯的供水任务。

2002年，县水厂归县水利局管理。同年7月，在国家发展改革委的支持下，动工建设县城供水工程项目。项目概算投资3830万元，建设规模为日供水5万吨，主要工程建设净水厂1座，祥周、林逢增压站2座，输水管道25千米。项目建成后，解决了祥周至林逢两镇公路沿线及周边村屯群众的生活用水困难问题，改善了右江河谷三镇一区的投资环境。资金筹措，申请国债项目资金2000万元，银行贷款1500万元，企业自筹330万元。一期工程于2003年7月基本完工，完成投资960万元，主要完成管道安装16876米，其中水泥管16446米，钢管430米；完成土方开挖30218立方米，完成祥周加压泵站。二期工程于当年底完成铺设平马至林逢输水管道1200米、净水厂开挖土方8600立方米等工程量，完成投资80万元。之后，由于资金不到位等多方面原因，工程建设处于半停工状态。

2004年9月，龙须河水管所、百林电灌站、平马电灌站从公司分离，县供水公司业务范围变成单纯的城市供水。

2005年，公司员工总数30人，固定资产854万元。公司采用地面水常规处理净水工艺产水，供水规模有一、二车间2座地表水净水厂，在建净水厂1座；日供水能力4万立方米，年供水总量1460万立方米，供水服务人口7万余人；完成工业总产值691万元。

排水　1989—1992年，在县城中山街、南华街、庆平街、乐善街、德新街及新兴大道等街道小巷两旁修建地下排水道6862米，均为雨水、污水合流制。1996—2001年，在老城区和新城区改建、修建排水道（沟）5517米。2005年，县城区排水网络形成，城区排水道（沟）共38条，全长9916米。

照明　1989年，县城中心区域有路灯，副区域没有；主要街道有路灯，许多背街小巷没有路灯。整个县城只有路灯213盏，全部是安装白炽灯，照明线路9.56千米，电线杆213根，全年路灯费用2.6万元，有管理人员2人。1993—1995年，大街小巷路灯安装越来越多了，方便了夜晚出行。1996年，油城路和东宁路交叉处的高杆灯建成，被称为桂西"第一灯"，成为田东县城一道亮丽的风景线。

1999年，在县城新建和改造一批城区道路和大型批发市场，对街道和小巷进行立面整修，在主要街道沿街架设1000米灯饰长廊，全县基本实现城区无"黑灯"路段。

2000年年初，人民广场竣工投入使用，其中在照明上投入20多万元。同年，恩隆大道与朝阳路交叉的十字路口、火车站大道十字路口、新华书店门前十字路口分别建设1个高杆灯，并在城区临街主要单位和大型建筑物安装轮廓灯、泛光灯和射灯，主要街道安装广告灯箱和霓虹灯，美化亮化城区夜景。2002年，城区安装路灯1042盏，城区照明亮灯率达95.6%。

2005年，投入300万元改造县城的东宁路、芒果街、人民路、南华路、环城路、油城路、恩隆大道的路灯，更换和新架设500组路灯，路灯3290盏，城区照明亮灯率达98.4%。

燃料(气)供应

1989—1995年，田东县城规模尚小，街道居民、机关单位职工的生活燃料主要靠县煤炭公司供应的煤炭、蜂窝煤和柴火。由于受到经济转型的影响，以及电磁炉、电炒锅、电饭锅等电器普及的冲击，县煤炭公司销售额开始下滑，虽然每年有财政定额补贴，但仍然扭转不了亏损局面。

1996年以后，随着县城老房屋的改造和更新，楼房化逐步成为县城建设主流，经销生活燃气这一行业因应而生，县城居民、机关单位职工开始使用液化气。经营液化气有公办的，也有私立的，大小规模不一，起初只有几家，到2005年已有10余家，液化气罐每瓶价格由原来的30~40元上升到70~80元。

公共交通

1989年之前，田东县未运营公共交通。1998年12月成立东旌公交公司，公司属民营公交企业，总经理罗田，资金全部由股东自筹，实行自主经营，自负盈亏。当年首批12辆新车投入运营。

1999年，公司运营公交车增至30多辆，主要营运右江河谷平马、祥周、林逢、思林四镇一线及驻县企业单位，线路全长40千米。2008年因经营不善而倒闭。

2000年11月，引进成立顺达出租车公司，公司属民营公交企业，属于民营挂靠单位，资金全部由股东自筹，实行自主经营，自负盈亏。当年有36辆出租车投入运营，主要营运在县城区内。2017年因经营不善，自行解散。

园林绿化

1989年，县城街道绿化有相思、槐树、马尾松、木菠萝、芒果树、小叶榕等树种，街道绿化面积5610平方米，公共绿化面积0.86公顷。机关单位注重植树绿化，设置花园、假山，职工及居民住宅利用阳台栽培花草蔚然成风。1989年，县绿化职工有5人。

1997年，出台《关于对县城主要街道进行绿化美化的实施方案》，县城主要街道实行绿化“门前三包”（包种、包活、包管），共扩种街道绿化641株。同时对城区内的古树名木进行挂牌标明，严格保护，县城街道绿化率达90%。

1999年，开展创建“园林城市”活动。以街道、市场、小区为绿化主线，按照新建住宅绿地率不低于30%，旧宅区不低于25%的要求，重点抓好“花园式单位”“花园式庭院”建设。培育盆花250盆，种植扁桃树1000株，用于城市的绿化美化。在火车站大道及各街道种植500多棵绿化树。春节期间，组织举办田东县第一届花卉展。

2003年，把县城绿化任务承包给有园艺管理资质的个人，由承包人负责管理好县城街道、广场等公共场所人行道树、绿地的培护。年内，新种植人行道树110棵，增加绿化地面积1100平方米，改造绿地4000平方米。

2005年，投入绿化经费15.6万元，养护绿化地1000平方米，调整、补种路树50棵，迁移路树123棵。

环境卫生

1989—1992年，县环卫站有街道清洁工26人，负责城区内街道清洁和公厕卫生工作。环卫设备有垃圾车5辆，其中4吨车2辆，农用车2辆，手扶拖拉机1辆，固定垃圾池5个，垃圾桶230个。日清扫街道面积9000平方米。机关、学校企事业单位逢星期一、三、五自行大扫除，清理单位环境卫生。城区每天清除35吨垃圾。垃圾堆放在城北合乐村的荒地，面积为0.67公顷。在公厕方面，在庆平街县建委对门设公厕1所，在中山街工商银行左侧红旗桥设1所，在中山街体育中心左侧设1所，全部公厕均为三级化粪池。每天有男女淘粪工各1人负责清理，遇堵塞物用汽车吸引或人工掏通。尚未实行进厕收费制度。

1998年10月，田东荣获自治区第二届“南珠杯”市容环境综合整治先进城市奖品——小公共汽车　（县建设局提供）

1995年，出台《田东县城区市容市貌和环境卫生管理暂行规定》。在主要街道取消垃圾桶，投资2.5万元，设置了66只果皮箱。建立垃圾中转站2处。招聘10名收垃圾员，开始在主要街道提供上门清运垃圾有偿服务。

1997年，全面推行“上门收垃圾”有偿服务措施，上门收垃圾户数达3000户以上，日清洁城区生活垃圾40吨，全年清运垃圾14600吨，清运率达100%。街道实行早、晚洒水，“全天候”清洁。对公厕的管理采用承包制，实行以人养厕、以厕服务人办法，公厕管理达到二、三类标准，无臭味，无蝇蛆，干净清洁。

1998年，投资11.9万元建设一座容量为3000立方米的污水池、30多米的挡土墙和96平方米的垃圾管理房，改善垃圾场的基础设施。

1999年，对县城7条主要干道实行全日保洁制度，达到“六无五净”（无堆积物、无果皮纸屑、无破瓦沙石、无污泥积水、无泼洒食物、无人畜粪便；人行道净、人字沟净、墙根净、树底净、花草周围净）管理目标。对其他小街小巷实行天天清扫，实现“四无三净”（无堆物、无果皮纸屑、无污泥积水、无人畜粪便；路面净、砂井口净、树穴净）。投入3万元，购置三轮车20辆，改善环卫职工工作条件。坚持生活垃圾日产日清，日清运率100%，年清运垃圾8000多吨，清扫面积达9万多平方米，销售垃圾肥料200车。实行上门（楼）有偿收集垃圾服务。投资15万元，在垃圾场建设过滤池，进行垃圾无害化处理，有效控制垃圾污染。

2000年1月21日，开始实施《2000年清扫、收运、保洁工作方案》，将全城分为11个路段，实行“3—7时，8—12时、12—16时、16—20时”的四班轮作清扫制度，并把上门收垃圾工作与清、保、收工作同组同时进行。开展劳动竞赛，每天进行卫生检查登记，每月评比一次，奖优罚劣，以此提高工人的劳动积极性。日清扫面积达38万平方米，日清运垃圾60多吨，年清运垃圾量达2.39万吨，上门收集垃圾3000多户（单位和个人）。

2001—2005年，推行分组包干责任制，对主要街道实行全天候保洁，工作时间从凌晨三点到晚上八点，使清扫、清运、保洁工作形成一条龙。在县城区实行站领导分片管理负责制，严格执行值班制度。加强环卫监察工作，严格执行《广西壮族自治区实施〈市容和环境卫生管理条例〉办法》。这五年，清运处理生活垃圾41.62万吨，收取垃圾清运有偿服务费249.33万元，查办影响市容卫生行为131起。

市政管理

1992年，组建田东县城管监察大队（简称城管大队），负责城市道路占用、挖掘管理，依法查处违法建筑。

1992—1996年，在县城主要街道、人行道迁走占道摊点100多个，取缔乱摆、乱放、乱挂的摊点350多个，处理违章建筑物69间，调解因建房或乱搭乱盖引起的纠纷8起，处理乱停乱放车辆100多起。

1997年，县建委组建市容整治综合执法队，负责上街执法监察，严格实行“门前五包”制度（包卫生、包绿化、包治安，包自行车、摩托车及其他车辆停放，包无店外店），对街道“五乱”（乱摆、乱停、乱建、乱挂、乱放）进行清理整治。是年，共处理违章建筑物34间，拆除乱搭乱盖建筑物68间，拆除违章广告牌26块，清理违章占道经营摊点占地面积2000多平方米，处理乱停乱放车辆130多起。在中山市场、东泥村至县卫生局街道和农贸市场一带为下岗工人设立饮食一条街和夜市一条街，迁走经营摊点200多个，取缔乱摆、乱放摊点100多个，并对城区主要街道25家违章“钉子户”进行强行拆除。

1999年，实行分片承包责任制，对城区的各区域进行专人监管，对各条街道的小摊实行划行就市管理。是年，共处理违章建筑50多起，纠正违章停车200多起。

2000年，开展5次整治车辆乱停、乱摆、乱放行动，并对“三乱”行为进行曝光。规范3个占道夜市摊点，依法处理38起违法建设案件，拆除4间严重影响规划的违法建筑物，划出50多个车辆临时停放点，整治县城房外广告。与县工商局联合对城区13家废旧回收摊点进行限期整改，规范燃气设置摊点。

2001年，根据创建百里文明河谷工作要求，加大城市管理力度。凡是在邕色公路旁、距离路边不足20米的房屋一律拆迁，其中县城需要拆迁的房屋有21户。采取动员自行拆除和强制拆除相结合的办法，完成二级公路沿线的房屋拆迁工作，拆迁房屋达120多间。对违反《中华人民共和国城市规划法》和不按规划部门审批意见擅自建房的，一律予以拆除，先后拆除乱搭乱盖8间，纠正、处理违章建筑案件40多起。纠正车辆乱停乱放800多人次，并划定50多个临时停放点。对沿街燃放鞭炮、抛冥纸的当事人给予处罚。

2002年，县城管大队由自收自支单位升为财政全额拨款单位，设立3个中队、1个收费组、1个规划组、1个路灯组、1个办公室，明确职责，落实任务到组，严格执行优胜劣汰制度，增强城管队员的责任感和危机感。全年处理占道经营行为44例，立案查处违法建筑5例，处理损坏市政设施15例，拆除乱搭乱盖房屋15间，纠正、整改违章行为386例。

2003年，对县城进行全面整治，抓好各种影响市容市貌行为的查处。对摩托车行、修理店等占道经营、车辆装卸货堵塞交通、乱搭乱盖、马路市场、车辆乱停乱放现象等进行34次清理整顿，处理乱占道经营行为238例，依法暂扣违章物品1650件。处理违章摊点、车主58起，处罚金额829元。查办影响市容卫生行为3700多件。整治占道建筑材料、建筑垃圾15起。

2005年，对庆平路、朝阳路、油城路、南华路、古榕街等街道路进行12次集中综合整治。取缔各类违章摊点215处，其中取缔县交警旁的牛马交易市场后，在县软木厂内设立新的大牲畜交易市场，解决县城大牲畜交易缺乏场地的大问题。清理乱拉乱盖遮阳、遮雨篷行为65起，拆除不符合要求、乱设置的广告招牌46块。拆除人行道上的光杆水泥杆65杆，依法拆除违章建设房屋13间1100平方米。

“南株杯”竞赛活动

1996年开始，田东参加自治区“南珠杯”竞赛活动。加强县城环境综合整治，重点加强市政建设。新建和改造一批城区道路和专业批发市场，对大街小巷进行立面整修。1996年，县城获自治区人民政府第一届市容“南株杯”先进城市奖称号。1998年，获自治区第二届“南株杯”市容先进城市奖和“全国环境综合整治优秀城市”称号。1999年，被建设部评为“全国城市环境综合整治优秀县城”。

第四节　村镇建设

乡镇建设

1989年，全县建制乡镇有平马镇、祥周乡、布兵乡、林逢乡、祷午乡、思林镇、坡塘乡、印茶乡、江城乡、作登瑶族乡、朔良乡、义圩乡、那拔乡等13个乡镇，共有集贸圩场19个，集贸市场总面积1.8万平方米，其中砖瓦面积1.75万平方米。

20世纪90年代，各乡镇一般建有中小学、文化站、广播站、电影站（场）、电视差转台、卫生院（所）、各类商店、供销社、旅社、汽车站、市场（圩场）等生产、生活服务设施。各乡镇根据自己的实际情况，因地制宜、立足长远，做好城镇规划，以完善集镇功能为核心，多方筹集资金，加大对基础设施的投入，道路广场、供水、供电、通信等公共设施水平不断完善。各机关单位普遍新建、扩建、改建办公楼房和住宅楼，中心小学校建成教学楼，乡镇卫生院住院楼。1996年，全县乡镇集市有街道28条，全长65千米，街道面积46万平方米，路灯1064盏；乡村道路硬化2892千米。2000年，田东县以右江河谷建制镇为重点，加强县城平马镇城东、城北、城西等商住区建设，建成城东建材市场，城北农贸综合商场、上法市场，城西果菜批发市场。河谷四镇新建成新洲农贸市场、布兵农贸市场、仑圩农贸市场、林逢镇农贸市场，北部山区新建朔良农贸市场，南部山区新建作登瑶族乡农贸市场。全县乡镇集市街道41条，全长81千米，街道面积58万平方米，路灯1119盏；乡村道路硬化178千米。

2001—2005年，田东加强各乡镇集市建设改造，各乡镇主要街道全部硬化水泥路面，公用设施和各项公共建筑初具规模。2005年，全县乡镇集市街道52条，全长93千米，街道面积89万平方米，桥梁4座，路灯3875盏。有自来水设施的乡镇13个，日供水能力160立方米。集镇公共建筑面积43万平方米，生产性建筑面积35万平方米，排水管道35千米长，绿化覆盖面积26公顷，园林绿化面积30公顷，公共厕所16座，环卫机械13辆。设有集贸市场18个，市场总面积8.89万平方米，圩亭面积4.08万平方米，大部分市场为钢架结构。

村庄建设

1989年，田东农村生活还贫困，居住条件还差，村庄建设还谈不上规划，随意性强。1993年之后，随着蔬菜生产、芒果生产、香蕉生产、甘蔗生产等支柱产业的形成和发展，右江河谷四镇以及南北山区的农民逐步富裕起来，“芒果楼”“香蕉楼”“甘蔗楼”比比皆是，逐步代替了瓦房、茅草房。但是农村住房和建设缺乏统一的规划和管理，居住地比较凌乱和零散，公共设施也比较少。1995年，城建部门开始对全县村庄建设做规划，重点对右江河谷四镇沿公路一线的村庄进行测量规划。当年，全县156个村委、1451个自然村村庄房屋建筑总面积589.24万平方米，其中楼房200.95万平方米，人均居住面积13.49平方米。全年建成村屯自来水厂（站）14个，累计受益人口17.17万人，用水普及率49.72%。

“九五”期间，结合全县扶贫开发异地移民安置，完成了江山、新隆、新乐、那达、六鲁等移民开发区的测量规划。同时，对河谷的富裕村屯如平马镇的百谷、小龙、四平村，祥周镇的新洲、中平村，林逢镇的合同村等进行统一的规划，起到了示范作用。

2001年3月，百色地区右江百里文明河谷建设动员大会在田东举行。田东县借此机遇，对河谷四镇公路一线乱搭乱盖进行了整治，并调整和完善平马镇百谷村的规划，完成作登瑶族乡大板村小康示范规划和祥周镇新洲小康村示范规划。当年，完成10个水灾灾民新村的规划工作，面积200100平方米。

2005年，全县162个村民委员会1451个自然屯的村庄用地2800万平方米，住户7.84万户，人口33.48万人，农村人均住房25平方米，其中砖木结构面积7平方米、钢筋混凝土结构面积18平方米。公共建筑总面积36万平方米，生产性建筑总面积20万平方米，乡村道路总长800千米，道路面积28万平方米。

新农村建设

2005年，田东按照新农村建设“生产发展、生活宽裕、乡风文明、村容整洁、管理民主”的要求，推进社会主义新农村建设步伐。交通部投入2260万元，扶持田东县革命老区建设，修建通村等级公路19条169千米。国家发展和改革委员会扶持田东县贫困石山地区人畜饮水工程项目10个，总投资

511万元。投入132万元，建成沼气池2200座和家庭水柜25座。投入130万元，完成村级小学危房改造面积2240平方米。国家发展改革委马凯夫妇及自治区发展改革委资助150万元，县财政配套资金40万元，兴建小学一所，建筑面积1800平方米。右江河谷四镇村级综合文体设施基本健全。全县162个行政村普遍设有卫生室（所）。将乡村卫生服务管理“一体化”工作列入议事日程，选择条件比较成熟的8个行政村卫生所开展试点，同时推进新型农村合作医疗，解决群众看病难问题。投资35万元，完成广播电视入户535户，固定电话逐步进村入户。开展贫困村农民专项技能培训，举办种养、加工、服务等各种培训班52期5413人次。投入3000万元，完成芒果生产基地、蔬菜基地、茶油基地、香蕉基地、甘蔗基地等特色农业基地建设3333.33公顷。

第五节　建筑业

建筑设计

1989年，由县建筑设计室负责工业与民用建筑设计、建设工程总承包业务、项目管理和相关的技术与管理服务。1995—2005年，县建筑设计室设计田东县电信大楼、华瑞大厦、东鑫酒楼、财政大厦、建行大厦、东园宾馆、农村信用联社综合楼、城东住宅小区、城北住宅小区、东星村、东泥村、人民广场等一批有代表性的建筑。1989—2005年，累计设计完成建筑面积8万平方米。

建筑安全管理

县建筑质量监督站对建筑施工安全生产进行经常性的日常监督，每年定期或不定期地组织抽检，一旦发现问题，责令限期整改或停业整顿。各施工企业每年进行资质年审，严格按照施工企业管理要求，按资质等级、营业执照承包工程。强制执行工程项目保证金制度，甲、乙双方需支付农民工工资保证金2%。

建筑工程招投标管理

1992年7月，成立县建设工程招标投标管理站，负责对项目建设实行招投标，按照法律程序、规则进行公开、公正招标。然而由于城镇建设缺乏资金投入，项目建设少，进行建筑工程招投标的项目少。

2001年，在完善工程报建、公开招投标制度的基础上，严格执行工程基本建设程序，规范招投标行为，当年，实行公开招投标建筑工程11个，中标造价1072.8万元，建筑面积20047平方米。

2002年，一律严格按照法定程序进行招投标，实施“阳光”招标、投标，不搞地区封锁或部门保护，并邀请纪检监察部门对整个招标过程进行监督，做到公正、公平、公开，有效地防止了业主恶意性压价、拖欠工程款、不执行工程建设强制性标准、降低工程质量等行为。通过招标、投标，规范了建筑市场秩序，确保建筑市场没有出现转包、违法分包、挂靠和无证承包、越级承包工程等现象。当年，50万元以上工程项目有19项，其中，公开招标11项，中标造价2532万元。

2005年，项目投资200万元以上的，必须公开招投标；低于200万元的，邀请招标。工程招投标率100%。

建筑企业简介

县建筑工程公司　1956年，田东县建筑业解放社成立，属集体企业性质，有职工256人。1965年9月，改称为田东县建设工程队，有职工143人，其中干部7人。1975年，更名为县建筑工程公司。1989年，公司员工有240人。2005年，在职人员600人。公司位于平马镇中和路21号，隶属县建委领导。

县第二建筑公司　公司位于平马镇东宁西路131号。1975年成立。1989年，为县有三级资质等级的建筑业施工企业，从事工业和民用建筑工程。公司资金总额513万元，机械设备净值189万元，流动资金233万元，有18个施工队，拥有技术人员30人，其中工程师6人，助理工程师9人，技术员15人，有资质的项目经理17人。2005年，公司职工人数225人，全年完成房屋建筑竣工1.28万平方米。

第六节　房地产业

房地产开发

1993年，田东县成立房地产综合开发公司，全县的房地产开发正式拉开序幕。

1993—1995年，县城房地产重点开发城东和城北，开发用地8.53公顷，开发房屋595套，建筑面积86028.58平方米。公司经营收入8231.22万元，经营利润2217.16万元，税后利润1021.97万元。

1996—2000年，房地产重点开发城东、城北、城西，开发用地124.33公顷，开发房屋4808套，建筑面积26万平方米。房地产开发公司经营收入1.63亿元，经营利润5227万元，税后利润4181万元。

2002年，针对房地产业存在着无资质开发、无规划开发、光卖地不开发等问题，田东利用规划手段，加强对房地产市场的管理，规范房地产市场秩序。是年，引进河池地区金源房地产开发有限公司开发用地1.15公顷（古庙巷），投资100万元。

2003年，县城房地产开完成投资3432.5万元。2004年，县城房地产开完成投资290万元。

2005年，县房地产开发公司投入926万元，对城北二中南面小区和过境公路旁小塘小区进行开发，商品房建设7660平方米，其中完成商品房主体建设5561平方米，完成小区道路硬化4971平方米，排水沟建设749米。

1999年，田东县城城东开发区　　（县建设局提供）

第二章 住房改革

20世纪90年代初，田东县党政机关、事业单位和国有企业的干部职工住房实行福利分配，由所在单位按照住房分配有关政策规定作福利分配，收取低廉租金。1993年，实行城镇住房制度改革，取消福利分房制度，县城党政机关、企事业单位公有住房出售给干部职工。1997—2005年，全县党政机关、企事业单位建立职工住房公积金制度。

第一节 机构

1992年2月，田东县成立城镇住房制度改革领导小组办公室，属事业单位，未设编制，人员从各单位抽调从事房改前期工作，与田东县经济体制改革委员会（简称县体改委）合署办公，隶属县经济体制改革委员会领导。

1993—1994年，县城镇住房制度改革领导小组办公室在职人员7人，设主任1人（由县体改委主任兼任），副主任2人，办事员4人。与县住房资金管理中心合署办公，内设房改评估事务所。

1995年，县城镇住房制度改革领导小组办公室在职人员5人，设主任1人，办事员4人，内设房改评估事务所。县住房资金管理中心归属县财政局管理。1996年，增设县经济适用住房建设服务中心。

1998年，县城镇住房制度改革领导小组办公室更名为县住房制度改革委员会办公室（简称县房改办）。县住房资金管理中心从财政局分离，与县房改办合署办公。2002年3月，成立县房改办党组，领导成员交叉任职，设党组书记1人，党组副书记1人，党组成员1人，纪检组组长1人，办事员4人，内设房改评估事务所、县经济适用住房建设服务中心。

2003年，县房改办在职人员8人，设主任1人，副主任2人，纪检组组长1人，办事员4人，内设房改评估事务所、经济适用住房建设服务中心、住房资金管理股。当年，县住房公积金管理中心改称县住房公积金管理部，移交百色市住房公积金管理中心直接管理。

2005年，县房改办在职人员8人，设主任1人，副主任2人，纪检组组长1人，办事员4人，内设房改评估事务所、经济适用住房建设服务中心、住房资金管理股。

1998—2005年，田东县住房制度改革委员会办公室历任主任：林世辉（1998年3月至2001年3月）、莫廷坚（2001年3月至2006年12月）。

第二节 公有住房出售

20世纪80年代中后期，田东县城镇干部职工住房由所在单位安排，部分为平房，租金低廉。90年代初，一些单位开始实行集资建房。1993年年底，开始对干部职工出售部分住房产权。1997年以后，随着住房制度改革的有序开展，房改工作重点由出售部分产权转向出售全部产权。1998年，制定了以停止住房实物分配、逐步实行住房分配货币化为核心内容的实施办法，职工住房由国家和集体统一分配向住房商品化、社会化迈进。2000—2002年，县住房制度改革取得突破性进展，房改工作全面铺开，房改办证进入高峰期。

1999年,推行房改制度后的东泥村一瞥

（县房改办提供）

2003年，乡镇公有住房租金改革，提高乡镇公有住房租金，对没有购买产权的公有住房一律按新的租金标准征收房租费。通过住房租金改革，促进了乡镇公有住房的出售和住房建设。

2004—2005年，继续做好现有公有住房的出售工作，出售的公有住房价格执行成本价。

1994—2005年公有住房出售情况一览表

表11-2-1

年份	套数	面积（万平方米）	售房款（万元）
1994	2110	10.9	1233
1995	490	3.5	367
1996	287	1.86	215
1997	70	0.4504	46
1998	1312	6.65	656
1999	1104	5.9734	639
2000	1257	6.2903	967
2001	669	2.5265	367
2002	367	2.1	147
2003	1999	12	1100
2004	29	0.2092	23
2005	163	1.8	43.94

第三节　住房资金和住房公积金管理

住房资金

住房资金是各产权单位和个人的住房专用资金。1993年，成立田东县住房资金管理中心，严格按照“房委会决定，中心运作，银行专户，财政监督”的原则，对住房资金进行管理。各产权单位的售房款全部按规定统一存入银行开设的专户，对要求回拨使用住房资金项目的单位，必须报经县住房制度改革委员会审批。

1994年，房改办评估出售公有住房2110套，面积10.9万平方米，归集住房资金1233万元。1998年，累计评估出售公有住房4359套，面积24万平方米，发放房屋产权证2560户本，累计归集住房资金4869

万元，支出住房资金3304万元。

2000年，住房资金的存入和回拨，必须接受上级部门和同级财政、审计部门的监督检查，做到专款专用。当年，住房资金银行存款1104.98万元，累计归集住房资金余额1903.51万元。

2005年，期末归集住房资金13460.99万元，期末支出11419.96万元，期末归集余额2041.03万元。

住房公积金

1997年，田东开始推行住房公积金制度，属县财政补贴的行政事业单位缴存率为3%，属自治区直驻县单位和县企业、自收自支事业单位缴存率为5%~10%。当年，有14个单位建立公积金制度，缴存住房公积金9万元。此后参缴单位逐年增多，缴存比例仍保持原来不变。2005年，缴存比例调整为5%。

1999年，全县有125个单位建立公积金制度，参加缴存住房公积金职工人数7478人，全年归集住房公积金264万元，累计归集住房公积金439万元。

2001年，县房改办宣传国务院《住房公积金管理条例》，强化管理，依法追缴，全县住房公积金归集额大幅提高，覆盖面不断扩大。年内，全县建立住房公积金制度的单位有146个，参加缴存职工8605人，参缴率和缴存率均达到95%。全年共归集住房公积金841万元，累计归集住房公积金2414万元。

2005年，全县共有186个单位实行住房公积金制度，参加缴存住房公积金职工38990人，累计归集住房公积金2471万元。为加快城镇住房建设，提高职工解决自住住房能力和改善居住条件打下了基础。

1997—2005年住房公积金缴纳情况一览表

表11-2-2

年份	参与单位(个)	公积金(万元)
1997	14	9
1998	110	171
1999	125	264
2000	130	360
2001	146	841
2002	148	856.67
2003	148	880
2004	165	1526
2005	186	2471

第四节　经济适用住房(含集资建房)建设

1994年，田东县开始集资建房，有7个单位申报集资建房，集资建房面积2.62万平方米。

1995年，利用所归集的住房资金建集资住房873套，建筑面积5.82万平方米，回拨建房资金898万元。

1996年4月，田东县经济适用住房建设服务中心成立，在县城东开发区征用划拨地1.53公顷作为经济适用房小区建设用地。

之后，全县经济适用房建设稳步推进，解决了一批住房困难职工的住房问题。1997年，在城东开发区建设经济适用住房1栋36套，建筑面积2459平方米，投入建房资金130万元，年末竣工交付使用。

当年审批同意县交通局、县科委、县人民银行等单位集资建房。1998年，县技术监督局、农业银行、制糖公司等12个单位进行集资建房，共建住房480套，面积4万平方米。1999年，县委办、县人民政府办、县公安局、田东中学等18个单位进行集资建房，共建住房489套，面积4.2万平方米。2000年，广西石化总厂、东泥股份有限公司、东园宾馆等3个单位进行全额集资建房，共建住房94套，面积7990平方米。

2001—2005年，继续加强经济适用房建设。2001年，县人民政府办、县畜牧水产局等11个单位进行全额集资建房，共建住房201套，面积2.1万平方米。2002年，县卫校、县食品公司等6个单位进行全额集资建房，共建住房77套，面积9000平方米。2003年，县教育局、县民政局等10个单位进行全额集资建房，共建住房292套，面积3.3万平方米。2004年，县人民医院、田东汽车总站等9个单位进行全额集资建房，共建住房331套，面积3.98万平方米。2005年，引资合作开发广场花园小区，建经济房240套，总建筑面积32328.1平方米，总投资约3000万元。年内，完成集资建房竣工验收的有11个单位16栋住宅楼，共301套住房4.15万平方米。

1995—2005年经济适用住房（含集资建房）建设情况一览表

表11-2-3

年份	面积（万平方米）	套数
1995	5.82	873
1996	1.53	—
1997	0.2459	36
1998	4	480
1999	4.2	489
2000	0.799	94
2001	2.1	201
2002	0.9	77
2003	3.3	292
2004	3.98	331
2005	3.2328	240

2005年9月，田东县召开经济适用住房政策宣传暨广场花园小区住房需求座谈会　（县房改办提供）

第三章 环境保护

环境是人类赖以生存和发展的基础，环境保护已列为中国的一项基本国策。长期以来，田东县山清水秀，自然生态环境优美。然而20世纪80年代以来，地方经济建设快速发展，城镇人口不断增加，各种环境问题也日益暴露。1989年，由县城乡建设委员会设立的环保办公室负责环境监测工作。为适应环境保护发展的需要，1992年设立县环境保护局，建立健全环境保护机制，强化环境监察和治理，促进环境污染治理和工业污染源达标排放，不断改善生态环境，使城镇整体环境质量保持在良好状态。2005年，全县环境质量总体状况优良，城区大气质量符合国家《环境空气质量标准》二级标准要求，地表水水质稳定达到《地表水环境质量标准》（GB3838—2002）Ⅲ类标准，地下水达到《地下水质量标准》（GT/B14843—93）Ⅲ类标准以上，城区各功能区声环境符合《城市区域环境噪声标准》（GB3096—93）、《城市区域环境噪声测量方法》（GB/T14623—93）相应的标准。

第一节 机构

1989年，县环境保护工作职能由县城乡建设委员会的环保办公室承担。

1992年10月，环保办公室从县城乡建设委员会分出，成立县环境保护局（简称县环保局），属县人民政府主管环境保护工作的正科级行政单位，主要负责检查督促环境保护法律、法规及有关政策规定的执行，处理环境污染事故案件，组织环境监测，提出制定治理环境污染的措施，工作经费列入财政预算。办公地点位于田东县平马镇油城路8号。核定编制3名，实有5人。

1995年，县环保局行政编制3名，实有人数6人，无内设机构及下辖机构。

1997年，县环保局更名为县环境保护委员会办公室，为议事协调机构，在县人民政府序列单设，内设政秘书股、开发管理股、环境监理股，行政编制7名，事业编制1名。

1999年9月，县环境保护委员会办公室增挂县环保局牌子，两块牌子、一套人马，行政事业编制8名，在职10人。2002年3月机构改革，保留县环保局，县环境保护委员会办公室牌子挂在县环保局，为百色地区行署环境保护局的派出机构，承担原环境保护委员会办公室的具体事务。

2002年，县环保局内设办公室、监督管理股、环境监理股，下辖环境监理监测站，核定行政编制5名，事业编制5名，实有12人。

2005年，县环保局内设办公室、监督管理股、环境监理股，行政编制6名，在职6人，其他干部职工2人。

1993—2005年县环保局历任局长：吴卓友（1993年12月至2001年4月）、林影洲（2001年4月至2005年12月）。

事业单位

县环境保护监测站 1988年10月，成立县环境保护监测站，隶属县城乡建设委员会，人员编制由环保办公室人员兼任。1990年，核定事业编制3名，实有4人。1995年，核定事业编制3名，实有5人。2002年机构改革，县环境保护监测站核定事业编制5名，实有6人。2005年，实有职工5人。

县环境监察大队 1998年12月，设立环境监理股，属事业单位性质，隶属县环境保护委员会办公室，核定事业编制3名。2002年，环保监理站核定事业编制3名，实有3人。2003年8月，县环境监理股更名为县环境监察大队，为财政拨款事业单位，在职5人。2005年，核定编制5名，实有职工5人。

第二节 环境质量

水环境质量

1995年，田东设置县城饮用水水资源保护区，其范围为龙须河饮水干渠取水口河域上游8000米及整条饮水渠道两侧1000米范围。在水资源保护区内，由县水厂会同公安、环保等部门设置标志牌，明确规定，禁止一切破坏水环境生态平衡的活动，禁止向水域倾倒工业废渣、垃圾、粪便及其他废弃物，禁止在保护区内游泳、捕捞、炸鱼，禁止在保护区内使用剧毒性或高残留农药。1996年6月，田东县水厂的水源水质经百色地区卫生防疫站监测，各检测项目符合国家《生活饮用水卫生标准》（GB5749-85）的水质要求。

1995—2000年，县环保部门每年均与县水利、县疾控中心等部门联合开展农村饮水安全水质检测，及时掌握农村饮水水质卫生状况及变化趋势，预防控制水性疾病和饮用水卫生突发事件发生。在全县范围内按水源类型不同、分片区选择有代表性的项目布点72个，不定期取水样做检测监控，发现问题及时采取措施，比如发现浑浊度超标，立即更换滤料或增加一体净水器。2003—2005年，通过政府购买第三方水质检测服务，不定期对全县531处农村集中供水工程进行水样检测，全县农村饮用水水质合格率达100%，实现了由“饮水方便”向“饮水安全”转型升级。

大气环境质量

1999年10月19—23日，百色地区环境监测站连续5天在县城的县环保局新楼、县新华书店、县二糖厂3个监测点进行环境大气监测，监测时段分别为8:00、12:00、16:00、20:00，监测SO_2（二氧化硫）日均值分别为0.03毫克每立方米、0.02毫克每立方米、0.02毫克每立方米，均小于《环境空气质量标准》（GB3095—1996）二级标准中的0.15毫克每立方米；总悬浮微粒（TSP）日均值分别为0.1毫克每立方米、0.12毫克每立方米、0.05毫克每立方米，小于《环境空气质量标准》（GB3095—1996）二级标准中的0.3毫克每立方米。2000年后，田东县城区大气环境质量保持在国家《环境空气质量标准》（GB3095—1996）中的二级以上标准。

2000—2002年，每年连续5天，分别对城区县环保局新楼、县新华书店、马鞍坡3个监测点进行SO_2、NO_2（二氧化氮）、TSP等环境大气监测，各监测数据表明，超标率为0，大气质量达到国家空气质量二级标准。

声环境质量

1990—1997年，田东县噪音污染主要在县城。县城的噪音有建筑施工噪音、建材加工噪音、商业噪音、交通噪音、工业加工噪音、文化娱乐噪音、燃放烟花爆竹噪音、学校广播喇叭噪音、夜宵摊噪音、广场音响噪音等，市民对此有怨声，投诉较多。

第三节 环境监测

饮用水监测

1998—1999年，一些群众陆续在龙须河河床里发展网箱养殖，一些群众陆续在河边创办畜禽养殖场，水质有所下降。

2000年，根据《中华人民共和国水污染防治法》《中华人民共和国渔业法》《中华人民共和国水法》等法律法规，田东对县城集中式饮用水水资源保护区进行了集中清理。责令禁养区范围内的3个规模养殖场关停或搬迁，依法拆除沿岸1个定点生猪屠宰场，强制拆除清理12个网箱。完善沿河畜禽规模养殖场和沿河村屯环保设施5处，防止畜禽粪污、生活污水对水体的污染。同年9月，田东水厂取出厂水水样，送去南宁水质检测部门检测，结果显示其检测项目符合国家《生活饮用水卫生标准》（GB5749—85）的水质要求。

断面水质监测

1998年8月20日和8月25日，百色地区环境监测站分别对龙须河德保与田东交接处（作登瑶族乡六定）、右江河田东与平果交接处（平果果化乡思案）、右江河田阳与田东交接处（田阳那满镇治塘）丰水期断面水质进行监测。断面按Ⅲ类水标准评价，监测项目有pH、溶解氧、高锰酸盐指数、五日生化需氧量、氨氮、亚硝酸盐氯、硝酸盐氯、挥发酚、总氰化物、砷、六价铬、铅、镉等13个项目。结果，各监测数据均在水质控制标准及浓度限值之内。

2003年3月27日和4月1日，百色地区环境监测站分别对龙须河德保与田东交接处（作登瑶族乡六定）、右江河田东与平果交接处（平果果化乡思案）、右江河田阳与田东交接处（田阳那满镇治塘）枯水期断面水质进行监测。断面按Ⅲ类水标准评价，监测项目有pH、溶解氧、高锰酸盐指数、五日生化需氧量、氨氮、亚硝酸盐氯、硝酸盐氯、挥发酚、总氰化物、砷、六价铬、铅、镉、粪大肠菌群等14个项目。各监测数据显示，龙须河德保与田东交接处水质达到《地表水环境质量标准》（GB3838—2002）Ⅲ类以上标准；右江河田东与平果交接处、右江河田阳与田东交接处溶解氧不达标，硝酸盐氯超标，其他项目均达标。

2005年，按Ⅲ类水标准评价，对龙须河德保与田东交接处（作登瑶族乡六定）、右江河田东与平果交接处（平果果化乡思案）、右江河田阳与田东交接处（田阳那满镇治塘）枯水期、丰水期的断面水质进行监测，各时期水质控制在标准值范围内。右江河以丰水期水质项目超标较多，枯水期水质超标项目较少。各种工业污染物总量控制在上级下达的计划指标内。龙须河河水质水体洁净，透过率好，无异味，各项理化指标均达到国家《地表水环境质量标准》（GB3838—2002）的Ⅲ类以上标准。

大气环境监测

大气环境监测重点来自县城工业、机动车辆、企业堆场、房屋建筑工地的污染，整体以二氧化硫和烟尘为主的煤烟污。

2003—2005年，田东空气污染主要来源于建筑扬尘、交通扬尘，以及火电厂、化工、水泥、纸厂等生产企业排放烟尘、粉尘，结构性污染较突出。县环保部门鼓励和支持火电厂、化工、水泥、纸厂采取布袋除尘、高压静电除尘、水喷淋除尘、旋风+水膜除尘、离心分离+五级沉淀+絮凝中和等治理措施除尘，除尘效率99.9%，减少了废气排放。

2005年，田东通过巡查督查，加强对城区内市政道路、5个房屋建筑工地、3个市政道路工地、3个大型停车场、6个木材加工厂及3家企业堆场进行分类治理整治扬尘。通过重拳整治，有效遏制了县城区扬尘污染问题，城区空气质量符合国家《环境空气质量标准》的二级标准。

声环境监测

1998年，加强噪音监测，在县城城区噪声功能区划内实行昼夜监测。当年11月18日，百色地区环境监测站分别在田东师范、南华街278号、航运小学、平马镇政府、华瑞大夏等4个监测点进行环境噪声监测，各点每天昼、夜各监测1次。监测结果表明，田东县城区环境噪声除田东师范白天未超出国家《城市区域环境噪声标准》（GB3096—93）的标准外，其他点均有不同程度的超标。

2000年3月，根据《城市区域环境噪音适用区划技术规范》（GB/T15190—94），县环保部门将县城划分为4个功能区，即一类标准适用区域、二类标准适用区域、三类标准适用区域、四类标准适用区域。因为当时没拥有噪音全自动声级监测仪器，县环保部门根据群众反映的问题，重点巡查、监测一些影响较大的噪声污染源，一是对营业性粮食加工噪声的监测，二是对晚上文化娱乐噪声的监测，三是对县城公共汽车喇叭的噪声的监测，强调驾驶员在上落站禁鸣喇叭，四是对考场周围的营业性噪声加强巡查、监测。凡是噪声超标的，或教育当事人，或罚款。

2001年，根据《中华人民共和国噪声污染防治法》和县人大代表的提案，田东对全县社会生活噪声监督管理作出明确的规定：经营中的文化娱乐场所的边界噪声不能超过国家规定的排放标准；新建的营业性文化娱乐场所的边界噪声必须符合国家环境噪声排放标准，才能核发文化经营许可证和营业执照；禁止在商业经营活动中使用高音广播喇叭或采用其他发出高噪声的方法招揽顾客，禁止在县城城区噪声敏感区或居民生活集中区域使用高音广播喇叭，禁止在每天白天12时至14时和晚上10时至早晨7时，装修住宅楼。

2000—2005年，县环保部门每年均邀请百色地区环境监测站对城区的田东师范、南华街278号、航运小学、平马镇政府、华瑞大夏等5个监测点，连续3天进行昼夜噪音监测。各监测数据表明，县城区环境噪声未超出国家《城市区域环境噪声标准》（GB3096—93）的标准。

第四节　环境保护执法

1994年，为防止“先上车，后补票”现象发生，县环保局执行环境影响评价制度，审批建设项目36个，完成环保设施的竣工验收14个，核定发放企业排污许可证8个，征收排污费48.39万元。及时调查处理水污染事故6起，污染面积14266.74平方米，造成损失赔偿全额1.64万元。群众来信来访反映环境问题14件，接待27人次，处理率达100%。

1995年，对每个建设项目的经济效益、社会效益、环境效益进行认真分析，对项目的环保设施、环保投资进行审核，严格执行“三同时”（环境影响评价、环保设施与主体工程同时设计、同时施工、同时投产）制度。全年有33个建设项目向县环保局申报办理环境影响评价审批工作，总投资6468.13万元，其中环保投资为296.39万元，占项目总投资4.58%，“三同时”执行率达100%。群众来信、来访反映处理的污染事故7起，受害面积5.21公顷，合计协调解决赔偿经济损失0.66万元。全年完成排污费收入64.08万元。

1996年，严格执行环境影响评价制度和“三同时”制度，杜绝新污染源的发生。全年对20个建设项目依法进行检查审批，项目总投资2878.75万元，其中环保投资173.5万元，“三同时”执行率100%。加强对企业的监督管理，案件发生明显减少。依法征收排污费61.13万元。

1997年，对全县有污染源的30个国有、集体、个体工矿企业进行了一次全面检查，做好污染物排放总量控制，完成全县有关企业排污申报登记工作。坚持“三同步”（经济建设、城乡建设和环境保护建设同步规划、同步实施、同步发展）方针来防止产生新污染源，对年内新建、改建、扩建项目严格环保审批制度，共完成7个建设项目环境影响报告审批，项目总投资840.32万元，其中环保投资18.5万元，占总投资2.2%。出台《田东县环境噪声污染防治实施规定》，加强工程施工和娱乐业噪声的管理。接待来访57人次，认定污染面积7.27公顷，认定赔偿损失6.04万元。年内，收缴排污费174万元。

1998年，严格建设项目环境影响报告制度，审批14个建设项目环境影响报告，审定环保投资67.3万元。查处6起企业排放“三废”发生一般环境污染事故，污染面积5.9公顷，造成经济损失2.15万元。

1999年，印发《关于在高考期间加强环境噪声污染监督管理的通知》，对建筑施工场所、文化场所和可能发生噪声的场所进行巡查25人次，保证考生有一个安静的学习和休息环境。责令县纸厂实行全面停产、思林造纸厂停止制浆，责令一糖厂禁止生产酒精，二糖厂生产的酒精废液经氧化塘贮存处理，不准外排，要求酒精配制公司待废水处理工程竣工验收合格后方能正式投产。全年共审批建设项目14个，总投资1896.38万元，其中环保投资120.6万元。完成征收排污费190.23万元。

2001年，分三个阶段进行环保执法。第一阶段检查上年污染源已达标的33个企业其环保设施是否正常运转，有没有偷排超标废水现象。第二阶段检查新上的建设项目是否按规定办理环保手续。第三阶段查处违反环保法规行为的企业及负责人。经过检查，在已达标的33个企业中（除有的停产和维修外），环保设施运转正常，没有偷排污染物的行为，新建的项目已动工的部分基本上实施“三同时”。

2002年，严格把关每个项目的审批，深入现场勘察建设地址周围环境状况，跟踪检查落实“三同时”制度措施，防止建设项目产生新的污染源。对辖区的排污企业、重点污染源进行执法监督检查和开展制糖、淀粉、矿山生产安全检查，共查处2个企业违法生产超标排污行为，给41个存在隐患的矿点下达停业通知书，现场取缔3个无证开采石场。从排污费收入中拨出28.5万元，支持田东石化总厂、思林纸厂实施治理项目。当年，环境污染事故下降42.85%，跨县河流水质保持达到国家规定地表水饮用标准。

2003年，完成15个建设项目的环保审批，其中环保投资78.85万元。深入企业进行现场执法检查261人次，检查企业环保设施143台（套）。调处污染事故3起，调处认定污染作物受害面积2公顷，损失赔偿金额9.29万元。依法清理整顿县南北纸业有限公司、桂松酒精酿制有限责任公司不法排污行为，年内征收排污费67.9万元。

2004年，开展整治违法排污企业保障群众健康环保专项行动，重点对右江两岸12家排污企业进行排查，并检查采矿、建材等10家企业。开展清查放射源让百姓放心专项行动，对辖区的5个涉源单位进行申报登记和安全检查。依法征收排污费195.8万元。

2005年，全年审批辖区建设项目21个，计划落实项目防治污染环保设施预算投入资金728.57万元，占项目建设投资16.4%。深入厂矿企业和污染现场开展环保法规执行情况检查工作，对厂矿企业143台（套）环保设施实行定点检查。组织开展整治违法排污企业保障群众健康、环保安全检查、清查放射源使用管理、整治废弃危险化学品检查和危险化学品瓶安全4项专项行动，排查辖区内重点污染企业20个，查处县南北纸业有限公司、县桂松酒精酿制公司的违法排污行为。征缴排污费261.04万元。

第五节　重点污染源治理

针对一些企业只顾生产，忽视“三废”（废气、废水、废渣）治理的问题，县环保局主动深入企业调查研究或排查，加强对污染源的治理。

1994年，有效解决县松香厂排放的废水有害物质COD含量超标问题。1995年，实施“三废”重点治理项目3个，预算总投资79万元，其中从排污费收入中返还治理补助资金47.25万元。

1997年，对有污染源的田东县一糖厂、田东县二糖厂、平马镇油毡厂、田东县造纸厂、思林造纸厂等5个企业进行治污达标管理。投入环保补助资金96.6万元，支持12家企业治理“三废”。

1998年，依法收缴排污费190.54万元，新开征餐饮、娱乐、服务业排污费项目。投入环保补助资金92.25万元，支持实施13个“三废”治理项目。县二糖厂、县酒精厂采用“EM”生化技术治理酒精废水排放和臭气排放取得较好治理效果。

2000年，全县有10个污水排污口，除3个是管道排放不修建测流槽外，其余7个污水排放口均修建符合《排污口规范化整治技术要求》的测流槽。有31个废气排放口，其中有条件设置符合《污染源监测技术规范》要求的有19个，其余12个废气排放口虽无法设置采样口，但也进行整治。有10个噪声排放口和8个固体废物排放口，也按要求进行整治。

2003—2004年，投入环保补助资金62.2万元，用于6个污染治理项目建设。全县主要污染排放总量控制在指标之内，右江田东河段水质达到国家地表水三类以上标准，龙须河、灵岐河水质良好，县城大气质量整体良好。

2005年，投入环保补助资金80万元，实施田东县南北纸业有限公司和田东县金荣纸业有限公司废水治理项目2个。

2000年，县环保局到思林镇检查废水排放

（县环保局提供）

2002年，县环保局到田东电厂检查环保设施运行

（县环保局提供）

第六节　环境保护宣传

环保竞赛

1995—2005年，田东通过举办各类环保知识竞赛的形式，扩大环保宣传的范围及影响力。

1995年，组织发动县内各厂矿干部职工、师生2000多人参加广西“仙密杯”环保知识大奖赛。1996年，组织县内各厂矿、学校参加全区“水灵杯”环保法律法规知识竞赛。1997年，组织县辖区各厂矿企业参加自治区环保局举办的“龙泉杯”环保知识竞赛活动。1998年，组织中小学生代表参加自治区“龙虎山杯”中小学生环保知识竞赛。1999年，举办首届青少年保护母亲河——环境摄影美术比赛活动；组织中小学生参加“十万大山杯”全区青少年保护母亲河——环保科普知识比赛。

2000年，组织青少年参加全国企业青少年“保护母亲河、决战污染源”环保科普知识比赛，发放试卷10000份。2001年，举办田东县首届“环保杯”足球赛。2005年，举办“环保杯”门球赛等。

环保宣传月

1996年，田东县开始开展环保宣传月活动，成立环保宣传月活动领导小组，各机关、企事业、新闻单位相应成立组织机构，并运用各种形式进行广泛宣传。1996—2005年，共开展环保宣传月活动121场次，参与宣传的干部职工1163人次。

其他形式宣传

1994年，出动宣传车上街下乡宣传，发放环保执法检查宣传手册170本和宣传单3000张，制作固定标语16条，普通标语180多条，板报6版。县电视台播放环保宣传录像2盒（次），收看人数约2万人次。

1996年，环保宣传教育工作结合执法检查，组织全县有关厂矿、企业购买张挂环保法规宣传制品。

1998年，出动宣传车深入祥周、林逢等5个乡镇巡回宣传，对产生污染源的违法行为给予新闻曝光。

2001—2005年，利用“6·5”世界环境日，发放各种宣传挂图、环保小册子等宣传资料，出动宣传车巡回宣传。组织开展“广西环境警示教育图片展”宣传活动。开展“绿色学校”创建活动，右江矿务局中学、田东县第一小学、平马镇中山小学，田东县第一幼儿园、第二幼儿园等学校获百色市“绿色学校（幼儿园）”称号。

2002年，田东县环保局到街上开展环保宣传活动
（县环保局提供）

田东县志（1989—2005）

第十二篇

交通　邮政　通信

第一章　交通运输

1989—2005年，随着经济社会的持续快速发展，田东交通事业也得到大发展，交通类型多，铁路、高速路、公路、水路齐头并进，“出行难”“运输难”“乘车难”等问题逐步得到解决，反过来促进了经济社会发展。

1989年，田东县公路有324国道境内47千米，省道田东至德保境内42千米，全县13个乡镇全部通公路，行政村通公路61条，地方公路里程212.25千米，全县公路总里程301.25千米。除324国道为柏油路外，其余为砂土路，公路等级低，路况差。

1993年2月，南（宁）昆（明）铁路田东段全线破土动工。1997年8月，南昆线南宁至百色段开通运营，结束了田东无铁路的历史，标志着田东县交通建设步入了新时代。

1997年，全县实现了乡乡通公路，但大多数为三级路。之后，田东至巴马县、田东至天等县等县际公路工程动工建设。“十五”时期，南宁至百色高速公路田东段、祥周至德保公路、林逢至平田、平马至仑圩公路等项目顺利建成，县城过境一级公路、革命老区农村公路等26条等级公路建成，累计完成公路建设总投资3.3亿元。

2005年，全县公路总里程1261.39千米，居百色市第一，在百色率先实现“乡乡通柏油路”和“村村通公路”目标。县城与各乡镇、大部分村屯形成“一小时经济圈”。不断完善的交通网络，推动了人流和物流加快。

第一节　机构

田东县交通局

田东县交通局（简称县交通局）是主管全县交通行政管理工作、县人民政府下属的正科级职能部门，办公地址位于平马镇东宁西路25号。1989年，县交通局下设政秘股、技术股、财务股、后勤股，编制12名，实有人员11人。当年，成立交通规费征收稽查办公室，主要负责征收全县的拖拉机、摩托车养路费；编制5名，设1个征收站。当年，该局下辖公路管理所、交通规费征收稽查办公室、港航监督所、航道站、货运服务站等9个单位。

1993年，县交通局配设正副局长3人，党组书记1人，干部职工12人；下属机构有公路管理所、运输管理所、航政管理所、征稽所、货运服务站、汽车站、航运公司、汽运公司、搬运公司，共有干部职工669人。

1994年，下设公路管理所、运输管理所、交通规费征收稽查所、交通规费征收稽查办公室、港航监督所、航道站、货运服务站等单位，下辖港务所、汽车总站、汽车运输公司、航运公司、搬运公司、汽车配件营业处等6个企业，干部职工879人。当年，交通规费征收稽查办公室更名为田东县交通规费征收稽查所，属县公路管理所管理，主要负责征缴车辆养路费，核定编制10名。

1999年，下设公路管理所、运输管理所、交通规费征收稽查所、地方交通规费征收稽查所、航务管理所、港航监督所、航道站、货运服务站等单位，在职干部职工753人。

2002年，下设交通规费征收稽查所、公路管理所、运输管理所、航务管理所、地方交通规费征收稽查所、货运服务站等单位，在职干部职工459人。

2005年，下设运输管理所、航务管理所、地方交通规费征收稽查所、货运服务站等单位，干部职工总数252人，设局长1人、党组书记（兼副局长）1人、副局长3人、纪检组组长1人。

田东县交通局历任局长：龙官保（1987年10月至1990年12月）、覃雄东（1991年10月至1996年8月）、罗金英（1996年8月至1997年5月）、周明象（1997年9月至2006年12月）。

田东公路管理局

田东公路管理局成立于1950年，原名为百色地区公路总段田东公路段。1994年，田东公路局改为田东公路管理站。2003年3月，更名为百色市公路管理局田东公路局（简称田东公路局），位于田东县平马镇东宁东路31号。单位性质是事业单位，直属广西壮族自治区公路管理局管理，承担管养国省干线公路的养护、路政等方面管理工作及养护工作，承担管养国省干线公路安全生产监督管理工作及应急处置工作，承担国省干线公路行业信息收集和服务工作。

1989年，田东公路局内设办公室、财务股、路政大队、机务安全股、生产技术股等5个职能股室，下辖3个公路养护站。实有领导职数5人（含党政工领导），其中正职领导2人、副职领导3人，核定编制124名，实有职工108人，其中机关管理人员24人，养护人员84人。

2005年，田东公路局设办公室、财务股、路政大队、机务安全股、生产技术股，实有领导职数5人，其中正职领导2人、副职领导3人；核定编制124名，实有职工112人，其中机关管理人员33人，养护人员79人。

田东公路局历任局长：黄永初（1988年7月至1996年12月）、韦嗣权（1997年1月至2004年7月）、张文健（2004年8月至2007年10月）。

第二节 公路建设

324国道建设项目

平果至百色二级公路新建水泥砼路面工程，于2000年3月开工建设，于2002年4月竣工通车，全长共31.5千米，总投资约3700万元。田东境内主要控制区有鹧鸪坳、思林镇、林逢镇、田东县城，工程按山岭重丘区二级路设计，水泥砼路面路段路基宽12米，砼路面宽9米，两侧路肩为2×1.5米（1米沥青表处路肩+0.5米浆砌镶边墙），砼设计弯拉强度：fcm=5MPa、砼板厚24厘米。

省道210线建设项目

田东（祥周）至德保二级公路工程，于2002年4月开工建设，于2004年1月竣工通车。田东境内全长16千米，投资约8650万元。田东境内路线起点接于南宁至百色二级公路K192+455处，往西南延伸，经沙东屯，跨右江，经布兵乡民安村、田阳县百宙村等。全路段采用二级公路标准，设计行车时速为40千米，路基宽度为12米，路面宽度为9米，采用热拌沥青碎石混合料路面。桥涵设计荷载为汽—

20级，挂—100，其中祥周右江大桥采用汽—20级、挂—120，大、中、小桥及明涵与路基同宽，桥梁不设人行道，仅设置钢筋混凝土防撞护栏。

2004年，田东至德保二级公路布兵段

（田东公路局提供）

民工建勤公路建设项目

马鞍山至朔良公路 K19+943~K21+160处改线，于1989年11月开工，全长1.22千米，总投资19.2万元，完成路基土石方量4.90万立方米。1990年12月竣工。

布兵至模范公路 1990年10月动工，公路长8.5千米，属民工建勤自治区补助1万元/千米项目，获补助经费8.5万元，布兵乡村民投入4.09万个工日。1991年12月20日竣工。

那布至保利公路 1990年10月开工建设，全长2.5千米，百色地区交通部门补助2.5万元，获民工建勤补助资金0.6万元，布兵乡村民投入1.2万个工日。1991年12月20日竣工。

布兵至模范公路 1990年10月动工建设，全长6千米，百色地区交通部门补助6万元，布兵乡村民投入2.89万个工日。1991年12月竣工。

三合至黎屯公路 1992年5月动工，全长1.9千米。自治区民工建勤项目补助1.9万元，完成土方3300立方米、石方3670立方米，干砌挡土墙64立方米，浆砌全合盖板涵洞52米/8道、石拱涵6.5米/1道，铺泥结碎石路面6880平方米。当年年底竣工。

祥周至中平公路 1992年5月开工，全长2.6千米，百色地区交通局下拨补助经费2.6万元。年底完工。

那练至缘岩公路 1992年5月开工，全长1.2千米，百色地区交通局下拨补助经费1.2万元。年底完工。

思林至兰芳公路 1993年8月动工，全长16.5千米，按四级乡道标准建设，总投资28.05万元。1994年9月竣工并通过验收。

布兵至栋勤公路 1993年3月动工，按四级乡道标准建设，全长9千米，总投资18万元。1994年6月竣工验收。

其他公路 1996年，对仑圩至平王公路、平马至义圩公路、林逢至平洪段、印茶街口等进行改弯降坡，总投资63万元。1997年，建设立新村至巴麻村公路（长3.64千米），那么至龙拉、龙桑公路（长8.7千米），田东二塘厂至那初公路（长3千米）等3条道路。

以工代赈交通建设项目

升太至中平 1995年6月动工，全长4千米（其中桥梁1座），按四级乡道建设，总投资206.93万元。1995年12月竣工验收。

龙须河口至坡算公路 经合恒、福兰、英和、永隆等村屯，沟通孔林至平桥直至天等、崇左、大新、龙州等边防县，全长9.2千米，路基宽6.5米，路面宽3.5米，有桥梁3座147.4米。1991年5月动工，总投资25万元。1994年7月通过验收。

平恒至布兵公路中平段 1991年5月开工，总投资120万元，路线经过右江南岸的合恒、四平、升太、百银、中平等村，沟通中平至布兵乡，全长7.8千米，路基宽5.5米，路面宽3.5米。由县人民武装部承包施工，完成桥梁80.2米/2座、涵洞223.5米/32道、挡土墙5790立方米/4278米、路基石方4.86万立方米、泥结碎石路面2.51万平方米。1993年6月竣工。

坡塘至坛乐公路 属自治区“九五”以工代赈工程项目，1996年开工建设，全长7千米，总投资369万元，其中大桥长33.3米，投资39.79万元。1998年11月竣工验收合格。

村村通公路大会战建设项目

1998年，百色地区下达田东县的村村通公路建设任务为32条276.37千米，田东县增修3条17千米。项目总投资691.9万元，县财政补助30万元，县乡干部职工及群众捐款筹资176.3万元，群众投资投劳折合资金1376万元。

国债建设公路项目

田东仑圩至巴马瑶族自治县公路（扶贫三级公路） 是广西第一条利用国债建设的三级公路，1999年12月13日动工，全长50.9千米，总投资5272万元。2002年6月竣工。

田东至天等公路 2001年5月开工建设，全长46.1千米，总投资1.7亿元。2003年竣工并通过验收。

林逢平洪至祥周百银一级公路（县城过境一级公路） 2002年4月8日开工建设，全长10.78千米，预算总投资7276万元，其中国家发展改革委用国债资金援助2500万元，其余由业主贷款解决。按平原微丘区一级公路标准建设，于2005年7月竣工。

乡乡通柏油路工程

1999年开始实施，2003年结束。建设祷午公路、坡塘公路、祷午至朔良公路等3条，总里程56.07千米，总投资1688万元，按交通部颁山岭重丘四级公路标准设计。资金筹措途径：一是每条从县财政可用财力中拿出2%，二是农拖养路费中拿出50万元，三是从进厂原料蔗公路基金中拿出2元/吨，四是社会、干部职工捐资，五是沿线乡镇群众投工投劳或以资代劳，六是争取上级补助，七是争取对口扶助单位帮助。

祷午公路（林逢岩锯—祷午） 按交通部颁山岭重丘四级公路标准设计建设，从林逢镇林驮村“岩锯”（地名）起，经民族村到祷午镇人民政府驻地，全长16千米，总投资290万元，其中自治区公路局补助48万元，田东自筹70万元，县糖业股份有限公司投资30万元，农拖养路费安排50万元，全县干部职捐款62万元，沿途乡镇群众投劳或以资代劳折款30万元。1999年7月招标并施工，2000年2月通过地自治区交通局验收，为百色地区第一条通乡柏油路。

思林至坡塘公路 2000年3月开工建设，全长21千米，从思林坛乐至坡塘乡人民政府驻地，总投资340万元。2001年10月竣工。

祷午至朔良公路 2001年12月15日开工建设，全长10.78千米，总投资1058万元。2003年9月竣工并通过百色市交通局验收。

乡级联网公路

全县乡级联网公路设计全长为250千米，截至1998年，已修等级公路217.4千米，未修公路32.6千米，涵洞51道429米。1999年，未修的公路按四级公路标准设计建设，主要修建的路段有作登新安至印茶村、江城至坡塘、朔良至义圩福旺。采取县四家班子主要领导分别协调指标，县直单位挂点扶持和发动沿线乡镇、村屯群众投劳的办法修建。投入资金50万元，物资折款26万元，社会集资15.25万元，群众投工投劳2.36万人次，干部投工投劳2080人次。1999年年底全线贯通，全县相邻的乡镇之间实现公路连通。

革命老区农村公路建设工程

2004年7月，交通部决定在三年内投入专项资金2.5亿元支持百色革命老区农村公路建设，其中田东获2120万元，修建13条106千米、通18个行政村的农村公路。至2005年，田东县完成19条169千米，总投资2260万元（含追加6条63千米140万元）。

农村公路通达工程

2004年，田东开始实施农村公路通达工程，设计标准为四级公路，总投资8060万元，当年完成6条50千米。2005年，建设50条455千米，投资7290万元。

1989—2005年田东县主要公路建设情况表

表12-1-2

公路级别	线路名称	修筑时间	里程(千米)	投资(万元)	等级
省道	祥周—新圩	2002—2003年	16.49	7112.5	二级
县道	田东—巴马	1999—2002年	50.9	5272	三级
	岩锯—祷午	1999—2000年	16	290	四级
	思林—坡塘	2000—2001年	21	340	四级
	祷午—朔良	2001—2003年	10.78	1058	四级
	田东—天等	2001—2003年	46.1	17024	三级

第三节　公路运输

1989年，县城车站仅有田东汽车总站。田东汽车总站地处右江盆地中部，324国道和南昆铁路穿越县城而过，区位优势和交通优势得天独厚，为国家二级客运资质企业。

1994年，田东汽车站实行经营承包制，将21辆客车、7辆货车承包给单位职工经营。其余车站分布于全县各乡镇，是县城通往各乡镇的班车停靠站。

2005年，田东汽车总站在岗员工192人，下辖的职能部门有党政办、安保科、财务办。生产经营部门有客运站、客运车队、货运车队、修理厂、宾馆、物业管理中心、零担货运站、商品销售部，经营的范围涉及汽车客、货运输，机动车辆配件销售，日用杂品销售，旅馆服务，汽车维修，零担货物运输等项目。总站驾驶员有250人，各类营运车辆205辆，其中营运客车153辆，出租汽车20辆，货运车辆32辆。经营的班线有29条，其中省班线4条，营运客车12辆；跨地区班线7条，营运客车16辆；跨县班线6条，营运客车44辆；县内班线15条，营运客车81辆。日发车班次396班，日运送旅客3200人次左右。班线遍及东莞、深圳、中山、广州、南宁、百色、平果、德保、靖西、那坡、田林、乐业、天等、巴马、大化、都安等地，逐步形成了一个辐射各地的客运网络。

车 辆

1988—2005年，田东县从事客运经营的车辆有客车和三轮摩托车。客车是联系城乡和外界交流的主要交通工具，三轮摩托车主要在县城区和主要集镇进行客运经营。从事货物运输的车辆有货车和拖拉机，货车是全县物资流通的主要运输工具，拖拉机是农村的主要运输工具和耕作用具，主要有中型拖拉机、微型拖拉机和手扶拖拉机。1989年，全县有客车68辆，货车453辆。20世纪90年代初，全县车辆迅速增加，1990年有货车642辆，1991年有客车82辆。2003—2004年，客车基本稳定在102辆，货车维持在850辆左右。2005年，有客车153辆，货车850辆。

客 运

1988—1992年，全县客运量约30万人次，客运周转量约679万人/千米。1994年，客运量增至65万人次。1996年，客运周转量1024万人/千米。2005年，客运量123万人次。

县内班线客运 1991—1992年，全县拥有县内农客班线12条，分别为平马至思林、平马至祾午、平马至布兵、平马至印茶、平马至朔良、平马至义圩、平马至那拔、平马至作登、平马至林逢、平马至坡塘、平马至摩天岭、平马至仑圩。2000—2005年，全县拥有县内农客班线25条，分别为平马至思林、平马至祾午、平马至布兵、平马至印茶、平马至朔良、平马至义圩、平马至那拔、平马至作登、平马至林逢、平马至坡塘、平马至摩天岭、平马至杏花、平马至朔晚、平马至祰桃、平马至灵龙、平马至南立、平马至巴麻、平马至僚坤、平马至关国、平马至新洲、平马至保群、平马至六羊、平马至进化、平马至平孟、平马至模范。

县际班线客运 1989年，县际班线客运只限于临近的天等、德保、平果等县。随着公路网络的形成和提升，以及人流物流增加，县际客运业务逐步扩展。2005年，田东汽车总站县际班线有6条，营运客车44辆，班线遍及靖西、那坡、田林、乐业、巴马、都安等地。

直达快班客运 2000年，田东汽车总站与百色汽车总站、南宁市北大客运站互通直达快班客运。田东至百色线，每天早上5:30分至下午19:30分，田东站和百色站各自对开客运，每隔30分钟发一趟车，1小时直达。田东至南宁线，每天早上6:30分至下午18:30分，田东站和南宁站各自对开客运，每1个小时发一趟车，2小时直达。

跨省客运 2000—2005年，田东汽车总站开通跨省客运4条线路，营运车辆12辆，终点站为广东省的广州、深圳、中山、东莞等市，主要为本县农民工外出广东务工提供交通方便。

公交客运 1998年12月，田东县东旌公共汽车有限责任公司挂牌营运，公司属民营公交企业，资金全由股东自筹，实行自主经营，自负盈亏。当年有12辆公交车投入运营，开通线路5条，覆盖县城及祥周、林逢、思林等乡镇和驻县厂矿企业。1999年，公司公交车发展到30多辆。2008年，该公司倒闭。

出租车客运 1998年，田东汽车总站有20辆出租车营运，但效益不高。2000年11月，田东县顺达出租汽车有限责任公司成立，这是田东县第一个营运出租车业务的民营单位。当年，该公司有出租汽车36辆。2017年，该公司倒闭。

三轮车客运 1994—2002年，随着县城框架的拉大和人流物流增多，摩托三轮车客运应运而生，一定程度上方便了居民出行和运输的需要，也解决了许多人就业问题。2002年，县城共有客运三轮车1000余辆（包括黑车）。后来，由于三轮车频频出现违章、乱停乱摆、交通肇事等一系列问题，相关部门于2003年开展整顿规范客运三轮车专项行动，并开始限制入户。然而，由于基数大，2005年，全县营运三轮车仍有800辆。

货　运

1989—1992年，公路货运年平均货运量65万吨，周转量4781.75万吨/千米。1999年，全县有1092辆货运车辆，当年完成货运量317.08万吨，周转量2.47亿吨/千米。2005年，公路货运车辆475辆，全年完成货运量680万吨，货运周转量2.92亿吨/千米。

第四节　公路养护

国道省道养护

田东县境内国道省道养护由田东公路局负责。1989—1993年，设思林、良余、林逢、平洪、祥周、大板、作登、摩天岭等8个道班。1998年，公路养护制度改革，公路养护改计件工资制为议标承包制。

1989—2003年，田东公路局主要负责管理和养护324国道（昆明—福州）K1877+000~K1925+000共48千米和田东平马至德保足荣公路K000~K41+000共41千米的路段养护。养护里程共89千米，其中二级国道48千米，四级县道41千米。2004—2005年，管养公路增至105千米。

2005年，祥周镇布兵养护站　（田东公路局提供）

1989—2005年田东县国道省道公路养护情况表

表12-1-3

年度	管养里程(千米)	养护资金(元)	好路率(%)
1989	89	290140	92.90
1990	89	301620	96.60
1991	89	323960	92.10
1992	89	352620	95.50
1993	89	—	—
1994	89	—	90.2
1995	89	—	82.00
1996	89	—	87.60
1997	89	—	94.38
1998	89	—	87.64
1999	89	583800	89.89
2000	89	611200	89.89
2001	89	939160	91.01
2002	89	115120	96.63
2003	89	—	—
2004	105	—	—
2005	105	—	—

县乡道路养护

县交通局公路管理站负责县乡道路养护工作，县乡道路养护采取承包责任制。1989年，全县有18个道班，其中孔林至平桥公路线有那良、六桥、僚坤、立新、江城道班；平马至义圩公路有那龙、岩壮、六州、介累道班；马鞍山至朔良公路有怀民、梅宁、群敏、宝达道班；岩锯至祷午公路有岩桃、百齐、百苗、百度、六桥道班。

1989—1993年，县交通局公路管理站（所）养护的里程分别为212.2千米、211.6千米、211.8千米、211.8千米和227.34千米。1995年，田东县11条159千米的乡村公路下放到县公路所在的乡镇人民政府养护。1994—1997年，管养里程分别为231.83千米、257.33千米、266.49千米和276.68千米。1998—2002年，管养里程均为311.73千米。2003—2004年，管养里程为355.37千米，其中县道211.13千米、乡道136.68千米、专用道7.56千米。2005年，养护里程为373.12千米，增加县道养护近18千米。

第五节　交通规费征收

1989年，田东县交通规费征收项目有车辆养路费以及拖拉机、摩托车养路费。车辆养路费征收标准按国家计委、国家经委、交通部、财政部《关于发布公路养路费使用管理规定的通知》执行，当年全县征收养路费159.96万元、客运基金40.45万元。

1992年，开征货运基金和运输管理费，全县征收养路费446.36万元、客运基金117.92万元、货运基金99.19万元。1993年开征车辆基金，开始征收运输管理费，征收养路费666.24万元、客运基金168.47万元、货运基金141.7万元、运输管理费42.18万元。

1998年，完成拖拉机、摩托车养路费共312.33万元，拖拉机货运附加费10.6万元，拖拉机、三轮摩托车运输管理费8.3万元。2005年，全县完成交通规费征收任务6603.67万元。

1989—2005年田东县交通部门公路交通规费征收情况表

表12-1-4　　单位:万元

年度	公路养护费	货运基金	车辆基金	运输管理费
1989	159.96	40.45	—	—
1990	228.52	57.78	—	—
1991	326.45	82.55	—	—
1992	466.368	117.92	99.19	—
1993	666.24	168.47	141.70	42.18
1994	757.03	154.90	131.60	57.20
1995	773.83	164.78	137.09	63.72
1996	851.21	214.21	164.50	76.46
1997	936.33	278.48	197.41	91.76
1998	1029.96	362.02	236.89	119.28
1999	1130.96	412.56	286.47	139.64
2000	1235.96	470.63	307.95	155.06
2001	1606.75	611.80	400.35	149.59
2002	2088.77	795.36	520.45	194.46
2003	2297.64	1033.97	676.58	252.78
2004	2527.41	1344.16	879.56	328.62
2005	3285.63	1747.4	1143.43	427.21

第六节　水路交通运输

水路交通

20世纪60年代，龙须河曾开辟航道，运输少量货物，但终因河道深浅不一，礁石多而停航。古榕江、灵岐河、响水河境内右江一级支流滩多水浅，除部分河段可行三板艇、竹筏等外，不具备客货运输能力。

右江是田东县唯一可常年通航水路交通航线。右江航道田东河段流经祥周、平马、林逢、思林4个镇的20个行政村，全长59千米。逆右江而上经田阳至百色市125千米，顺流而下经平果、隆安至南宁市285千米。1989年，右江航道田东河段有平马、林逢、思林3个航标站，18个航标点，254个航道标点，2个控制通行信号台；有新洲、平马、林逢、思林4个港口，沿江两岸有田东县港务站码头、田东县运输管理所码头、右江矿务局码头、林逢港码头、田东县糖业公司码头、田东矿产公司英和码头、百色地区田东水泥厂码头、平恒北岸码头、田东石油站码头、田东冶炼厂码头、田东火电厂码头、田东糖厂码头、田东外贸局码头等13个码头。20世纪90年代，水路交通开始逐渐萎缩。2002—

2005年，沿岸有田东港口、田东火厂码头、右江矿务局码头、田东港务所码头、田东县水运站码头、广西田东东泥公司码头、田东糖厂码头、思林纸厂码头等。2000年，思林右江大桥竣工，思林横水渡口停摆。2004年，田东祥周右江大桥建成通车，祥周横水渡停摆。

水路运输

田东水路运输进出货物主要有煤、水泥、原木、糖等。1989年3月1日，航经田东的南宁至百色客轮停航，当年全县水路运输货运量为10.45万吨。

20世纪90年代，因为公路建设加快，水路运输逐渐萎缩。1991年，水路运输量7万吨。324国道南宁至百色二级公路改建期间，县境水路运输有所上升。1992年，全县水路运输为14万吨。南宁至百色二级公路建成通车后，全县水路运输逐步萎缩。1997年8月，南（宁）昆（明）铁路建成正式营运后，水路运输进一步缩减，全县水路运输量为5万吨。1998年，全县水路运输量为2.94万吨。1999—2005年，全县水路运输量微乎其微。

第七节　桥梁　渡口　码头

1989—2005年，田东县交通基础设施建设不断加快，新建线路和提级改造不断增多，桥梁也随着增加，先后建成各类公路桥梁5座，总长264米。公路渡口逐步被淘汰，河流沿岸特别是右江两岸渡口、码头重新设置。2005年，全县设置渡口11个，其中9个渡口为交通渡口；右江沿岸的码头只有6个。

桥　梁

国省干线公路桥梁共有17座，总长1083.5米。其中，324国道有13座，即思林桥、那齐桥、良余桥、和乐桥、那舍桥、林驮桥、和同桥、林逢一桥、林逢二桥、那龙桥、祥周桥、里拉桥、新洲桥等，多为板拱设计，桥面可供双车道车辆通行。S210线有4座：祥周右江大桥，空心板梁，桥长516.6米；高速公路跨线桥，现浇板，桥长78米；布兵桥、加落桥为空心板梁，桥面可供双车道车辆通行。

1989年年底，全县共有桥梁1137.7米/32座，其中大桥有田东大桥1座，中桥有六洲中桥、江城桥、那齐桥、林驮桥、里拉桥、中屯桥、同梅桥、东达桥、朔良桥、江城中桥、作登桥等11座，小桥有印茶桥、良余桥、和乐桥、那舍桥、和同桥、林逢一桥、林逢二桥、祥周桥、新洲桥、么西桥、英竹桥、合乐桥、三仓立交桥、糖厂二桥、糖厂一桥、朔晚桥、那雅小桥、百笔林场小桥、云林小桥、果柳小桥等20座。1989年至2005年年底，新建桥梁30座1722.4米，其中大桥4座、中桥12座、小桥14座。

龙须河口大桥　位于龙须河注入右江处，1991年5月开工，是一座跨龙须河口的钢架拱桥，桥墩9个，桥长92米，跨径35米，由博白县菱角建筑公司承建。设计荷载为汽车—20级，投资521.47万元。

龙母桥　净跨48米，全长65.5米，宽7米，1991年5月由北流县清湾建筑队承建，投资12.4万元，1992年3月竣工。

中平桥　全长38.7米，桥宽7米，净跨度20米，钢筋混凝土简支梁结构，设计荷载汽车—20级。1991年5月开工，北流县清湾建筑队承建，投资12.4万元。1992年3月竣工。

班老桥　位于作登瑶族乡境内，广州援建项目，连接作登瑶族乡陇穷村公路。属砼双曲拱桥，桥长56米，宽8米，跨度36米，设计荷载汽车—20级。1997年8月开始建设，投资155.62万元。1998年2月通车。

1989—2005年田东县桥梁建设情况表

表12-1-5

所经路线	桥名	桥址	通车年度	结构	类型	跨径总长(米)	总长度(米)	净宽度(米)	设计荷载
田东大桥—新立	龙母桥	四平村	1992	钢筋混凝土空心板梁	中桥	48	65.5	7	公路Ⅱ级
田东大桥—新立	中平桥	中平村	1992	钢筋混凝土空心板梁	小桥	20	38.7	7	公路Ⅱ级
东达—福兰	龙须河口大桥	那恒屯	1993	钢筋混凝土空心板梁	大桥	35	92	9.5	公路Ⅱ级
福州—昆明	思林桥	思林村	1994	混凝土板拱	中桥	43.6	20	11	公路Ⅱ级
田东大桥—新立	布兵小桥	中平村	1996	钢筋混凝土整体现浇板	小桥	16.5	10	4.5	汽车—20级
义圩—世木	世木小桥	世木村	1996	混凝土石拱	小桥	27	13	4.5	汽车—15级
田东大桥—新立	蒙西湾桥	中平村	1997	钢筋混凝土T梁	中桥	76.4	60	7	汽车—20级
东达—福兰	渡槽桥	那恒屯	1997	钢筋混凝土空心板梁	中桥	48.5	32	7	汽车—15级
内油—陇洪	内油桥	龙洪路口	1997	其他圬工材料拱桥	小桥	20	10	3.5	公路Ⅱ级
开县—凭祥	六隘桥	六隘	1998	钢架拱桥	小桥	33.3	16	7	汽车—15级
大化—五村	大元桥	朔良村	1998	混凝土板拱	中桥	34.4	20	7	汽车—15级
那建—那邑	那建桥	那建屯	1998	钢筋混凝土板梁	中桥	70	65	3.6	汽车—10级
六崖—伏山	伏山桥	伏山屯	1998	钢筋混凝土石拱	中桥	28	20	3.2	汽车—10级
檀河—保群	保群桥	那平屯	1998	钢筋混凝土板梁	小桥	9.3	6	7	汽车—15级
檀河—保群	那初三桥	那平屯	1998	混凝土石拱	小桥	35	16	7.3	汽车—15级
檀河—保群	那初桥	公靖村	1998	钢筋混凝土板拱	中桥	45	25	7	汽车—15级
南立—符桃	黄埔大桥	南立村	1998	钢筋混凝土拱桥	大桥	60	40	7	汽车—15级
班老—陇穷	班老桥	班老上屯	1998	钢筋混凝土双曲拱	大桥	36	56	8	汽车—20级
坡圩—江那	坡圩电站小桥	吞黑屯	1998	钢筋混凝土板梁	小桥	25	40	4.5	汽车—15级
作登—坡圩	六定桥	六定屯	1998	混凝土石拱	小桥	30	13	7	汽车—15级
作登—坡圩	新发桥	新发村	1998	混凝土板拱	中桥	54	30	7	汽车—15级
百笔—岑孟	垌均桥	垌均屯	1998	其他圬工材料石拱	小桥	15	10	4	汽车—15级
选赞—内油	内油中桥	内油村	2000	混凝土拱桥	中桥	39	22	4.5	汽车—15级
选赞—内油	东桑小桥	东桑屯	2000	混凝土石拱	小桥	28	24	4.7	汽车—15级
大化—五村	农马小桥	农马屯	2001	混凝土板拱	小桥	33	16	4.5	汽车—15级
平马—百林	百林桥	百林屯	2003	钢筋混凝土空心板梁	小桥	9	8	10	汽车—15级

续表12-1-5

所经路线	桥名	桥址	通车年度	结构	类型	跨径总长（米）	总长度（米）	净宽度（米）	设计荷载
大化—五村	祥周右江大桥	上旦屯	2004	钢筋混凝土空心板梁	大桥	516	510	11	公路Ⅱ级
大化—五村	布兵桥	布兵村	2004	混凝土空心板梁	小桥	15.4	10	11	公路Ⅱ级
大化—五村	加落桥	加落屯	2004	钢筋混凝土空心板梁	中桥	54	48	11	公路Ⅱ级
福州—昆明	那龙桥	那龙屯	2004	钢筋混凝土空心板梁	中桥	85	80	22.5	公路Ⅰ级

2005年，田东大桥　（县交通局提供）

渡　口

1989年，全县有渡口16处，渡船52艘。

1992年，全县有渡口18处，渡船54艘，其中右江两岸有新洲、百渡、中平、四平、英和、福兰、那模、中山、保群、百笔、平果、那务、思林、达弄等14个渡口，其中英和渡口、思林渡口为公路渡口；龙须河沿岸渡口有上架、训信、大板、园艺场等4处，均为生产渡口。

1994年7月，撤销英和渡口。2000年，思林右江大桥竣工，思林车渡停止使用。2004年，祥周右江大桥竣工，祥周渡口停止使用。

码　头

境内码头主要分布在右江两岸。1989年，右江沿岸的码头有右江矿务局码头、田东火电厂码头、田东港务站码头、田东县运输管理所码头、百色地区田东水泥厂码头、平恒北岸码头、田东石油站码头、田东冶炼厂码头、田东糖业公司码头、田东矿产公司英和码头、林逢港码头、田东糖厂码头、田东外贸局码头等13个。

20世纪90年代，由于公路运输的兴起、发达及桥梁的兴建增加，水路运输渐渐萎缩，码头也随着逐渐减少。2000年，右江沿岸的码头有7个。2005年，右江沿岸的码头有6个。

第八节　铁路运输

田东火车站位于县城油城路北端，是柳州铁路局所管辖的四等中间站。站房总面积850平方米，其中候车厅面积350平方米，售票厅面积45平方米，行包仓库面积68平方米。客运站台2座，总面积7000平方米。货物仓库3座，总面积2269平方米，货运装卸高站台面积889平方米，露天堆场面积1.52万平方米。

1997年8月31日，田东火车站正式开通运营，业务客运、货运并营。1998—2005年，年均发送货物达31.2万吨，旅客发送量7.65万人次。1998—2002年连续五年被百色车务段评为“文明车站”，2002—2003年连续两年被柳州铁路局评为“先进集体”。2015年12月，南（宁）昆（明）客运专线南宁至百色段正式开通运营，田东火车站客运停止运营。

1997—2005年田东火车站铁路运输情况统计表

表12-1-6

年份	客运(人)	货运		收入(万元)
		货物(吨)	行包(件)	
1997	22943	10739	—	188.55
1998	72114	82970	—	1130.3
1999	74326	87786.89	1932	1389.76
2000	85706	93323.62	2064	1453.82
2001	89782	94766.45	2152	1474.53
2002	55420	84779	3000	984
2003	44318	100988	—	799.37
2004	33292	176819	—	1123.32
2005	56383	241754	—	2122

2003年，田东火车站　　（县交通局提供）

第二章 邮政

1989年，田东县邮电局主要业务分邮政、电信两大类。邮政主要开办国内邮件（函件、包件）、电子汇兑、速递物流、报刊发行、机要通信、集邮、邮政储蓄、国际邮件等传统业务。电信业务主要经营电报、固定电话和移动通信业务。1990—1998年，由于经济转型，邮政业务逐渐萎缩，但是电信业蓬勃发展，经营自动电话、程控电话、无线寻呼（BP机）、移动电话（大哥大、手机）等业务，业务收入剧增。邮政储蓄业务也一路看好，业务越做越大，储蓄逐年增加。1998年8月，邮政和电信分开，改称为田东县邮政局和田东县电信局。田东县邮政局失去了电信业务。

进入21世纪后，田东县邮政局利用右江河谷的区位优势和上级厂矿企业驻县多的优势，增设网点，扩展业务。2005年，由于受到电信互联网的快速发展和社会民营快递业的冲击，由于报刊自办发行，邮政的邮件量、报刊发行量等下降，经济收入减少，但邮政储蓄一直攀升，年末余额达1.55亿元。

第一节 机构

田东县邮电局

1989年，田东县邮电局主管全县邮政和电信业务，配有局长1人、副局长2人，设有办公室、邮电业务室、财务室。全局共有干部职工164人，其中干部20人，工人144人。

1992年，县邮电局班组机构调整，原邮电业务室分设邮政业务室和电信业务室，邮电营业班分设邮政营业班和电信营业班，分拣封发和报刊发行班合并为邮发班，增加市话机务班共4个室10个班。下设祥周、林逢、思林、右江矿务局的新洲4个邮电支局和义圩、朔良、作登、印茶、江城、地区水泥厂的龙须河等6个邮电所。干部职工有184人，其中干部22人，工人162人。

1993年，县邮电局设办公室、邮政业务室、财务室、行政后勤班。县局电信生产班组有电信营业班、报务班、载波班、话务班、市话机务班、机线维护班，邮政生产班组有邮政营业班、投递班、邮发班。下属分支机构有新洲、祥周、林逢、思林4个邮电支局和作登、龙须河、印茶、江城、义圩、朔良等6个邮电所。配局长1人、副局长2人，干部职工195人，其中干部22人，工人173人。

1994年，县邮电局有办公室、邮政业务室、财务室，邮政生产班组设邮发班、投递班、邮政营业班，电信生产班组设报务班、话务班、载波班、市话机务班、市话机线维护班、农话机线维护班、电信营业班。同年12月班子调整后配有正副局长3人，专职党支部书记1人、督导员2人、工会主席1人。全系统干部职工197人，其中干部24人，工人173人（分属中央国有企业144人，地方国有企业29人）。

1995年，田东县邮电局设党支部书记1人、局长1人、副局长2人、工会主席1人、督导员2人；工作机构设局党支部办公室、保卫股、局长室、办公室、经理室、邮政股、电信股、技术股、财务股。下属电信生产班组有报务班、载波班、话务班、程控班、市话班、农话班、电信营业班，邮政班组有邮发班、投递班、邮政营业班、司机班、后勤班。全局职工241人，其中中央国有企业职工167人，农话国有企业职工29人，在岗工程技术人员14人，管理人员31人。办公地址：田东县平马镇东宁西路76号。

田东县邮电局历任局长：黎志常（1987年10月至1994年12月）、黄中恒（1994年12月至1998年8月）。

田东县邮政局

1998年8月，县邮政和电信分开，改称为田东县邮政局和田东县电信局（业务统计数据到1999年才分开）。县邮政局配副局长1人，主持全面工作，一般干部8人。县电信局设局长1人，一般干部13人。

1999—2002年，县邮政局设有综合办公室、经营部、财务室。县局邮政生产班组设有邮发班、营业班、储蓄班、投递班。下设祥周、林逢、思林、右江矿务局的新洲等4个邮电支局和义圩、朔良、作登、印茶、江城、龙须河等6个邮电所。全局有干部职工81人，其中管理干部11人，技术干部1人，工人69人。

2003—2004年，县邮政局内设综合办公室、市场部、财务室。下设有营业班、储蓄班、邮发班、投递班、保卫班，下辖祥周、林逢、思林、新洲等4个支局和义圩、朔良、作登、印茶、江城、龙须河、南华等7个邮政所。全局有员工110人，其中正式工72人，劳务工38人。2005年，全局有员工129人，其中正式工67人，劳务工62人。办公地址：田东县平马镇东宁西路76号。

田东县邮政局历任局长：黄永仁（1998年8月至2005年5月）、覃万国（2005年5月至2005年12月）。

第二节　邮路

1989—1992年，县邮电业务除县城设综合营业处外，基层邮电网点遍布8个乡镇和百色地区水泥厂、右江矿务局，全县共设有11个营业窗口，外挂信箱53个。1992年，县内有邮路干线5条，其中委办汽车邮路4条，单程165千米；单车运送邮路1条，单程6千米；城区单车投递邮路4条，单程123.9千米；农村自办邮路28条，单程734.1千米；委办邮路18条，单程581千米。搬转运邮件汽车1辆，三轮摩托车1辆，农村生产用单车52辆，行政用小车2辆。

1993—1994年，县邮电部门除在县城设营业点外，还设祥周、林逢、思林、作登、龙须河、印茶、江城、朔良、义圩、新洲等10个基层点，外挂邮政信箱筒55个。年内有县内邮政干线5条，其中委办汽车邮路3条，单程143千米；自办单车邮路2条，单程28千米；城区单车邮路4条，单程123.6千米；农村自办邮路28条，单程734.1千米；委办邮路18条，单程581千米。搬转运邮件汽车、三轮摩托车各1辆，生产用单车52辆，行政用小车2辆。

1995—1997年，县邮电局邮电营业网点有县城1个点，有朔良、义圩、新洲、祥周、林逢、思林、作登、龙须河、印茶、江城等10个点，在人口稠密区外挂信箱55个。邮电房屋总面积1.16万平方米，其中生产用房3589平方米，非生产用房8035平方米。县城邮路干线7条，单程211千米，其中委托代办邮路3条，单程182千米。全县13个乡镇按固定班期每天投递邮件1次；农村自办邮路28条，总单程1686千米。搬转运邮件汽车2辆。

1998年8月，邮政与电信分开，业务统计到1999年度才分开。1998年，全县步班邮路9条，总长度343.5千米。其中：祥周镇的均宁线65.4千米，坡塘乡的那雅线23.5千米、立丰线21.3千米，义圩乡的东冠线29.2千米、那荷线27.2千米，朔良镇的那加线27.1千米、灵龙线68.4千米，作登瑶族乡的三陇线29.7千米、梅林线51.7千米。全县自行车邮路有41条，总单程997千米，往返1377.7千米。其中，平马至子安线30.9千米、升太线31.8千米、龙须河线36.9千米、六纽线18.6千米，县城内一至四段共37.8千米。新洲支局负责的矿一、矿二线共17.6千米，思林支局负责的坡塘、林秀、三百、良余4条线共

116.7千米，林逢支局负责的东养、祷午、那单、进化、平洪、保群、檀河、永隆8条线共218.1千米，祥周支局负责的甘莲、康元、仑圩、布兵4条线共159.1千米，作登邮电所负责的驮瓜、新发、敬布3条线共69.1千米，江城邮电所负责的大诺、云林2条线共64.4千米，印茶邮电所负责的架龙、百城、龙贵、百笔林场4条线68.3千米，义圩邮电所负责的朔晚、福星、那练、符桃4条线84.9千米，朔良邮电所负责的群敏、百敏2条线42.8千米。委办汽车邮路有田东至作登23千米，田东至江城50千米，田东至义圩50千米，田东至朔良42千米，邮路总长165千米。全县有45条农村邮路，其中委办邮路有28条，自办17条实行邮路承包，即包投递质量，包报纸杂志期发数，包邮政业务收入。全局报纸期发数完成1.92万份，杂志期发数完成1.37万份，报刊流转额完成201.8万元，取得较好经济效益。

1999—2002年，县邮政业务除县局营业处和县城油城路的新区营业处外，基层邮政业务网点遍布8个乡镇和东泥公司、右江矿务局，全县共设有12个营业窗口，外挂信箱50个。县内有邮路干线5条，其中委托办理汽车邮路4条，单程为165千米；单车运送邮路1条，单程6千米；城区单车投递4条，单程为123.9千米；农村自办邮路有28条，单程为743.1千米；委托办理邮路有18条，单程有581千米。有搬转运邮件专用汽车1辆，特快专递和运钞两用车1辆，邮件市内转趟车1辆，农村生产用车有32辆。

2005年，全县邮政业务除了县城设综合营业处和油路新区营业点外，基层营业网点遍布8个乡镇和东泥公司、右江矿务局，全县共有11个营业窗口。县内有邮路干线8条，其中委办汽车邮路4条，单程240千米；城区单车投递8条，单程137.6千米；农村自办邮路44条，单程有687.2千米；委办邮路9条，单程231.2千米。县内邮件运输汽车2辆。

第三节　邮政业务种类及资费

田东县邮政局业务项目有国内邮件（函件、包件）、电子汇兑、速递物流、报刊发行、机要通信、集邮、邮政储蓄、国际邮件等，其业务资费不同。

1989年田东县国内普通邮件资费一览表

表12-2-1

编号	业务种类	计费单位	资费标准(元)	
			本埠(县)资费	外埠资费
1	信函	首重100克内，每重20克（不足20克按20克计算）	0.8	1.2
		续重101~2000克每重100克（不足100克按100克计算）	1.2	2
2	明信片	每件	0.8	
3	印刷品	首重100克（不足100克按100克计算）	0.4	0.7
		续重101~5000克每重100克（不足100克按100克计算）	0.2	0.4
4	邮简	每件	0.8	1.2
5	回音卡	每件	0.8	
6	挂号费	每件	3	
7	回执	每件	3	
8	盲人读物	按水陆路平常邮件寄递	免费	

续表12-2-1

编号	业务种类	计费单位	资费标准(元)		
			本埠(县)资费	外埠资费	
9	普通包裹	每500克为一个计费单位	按照寄递里程分区核定，具体标准详见现行《国内包裹资费表》。邮政普通包裹资费查询		
		每件挂号费	3		
10	快递包裹（仅供参考。具体标准参见《国内快递包裹资例表》）	运距	首重1000克	5000克以内续重每500克	5001克以上续重500克
		500千米及500千米以内	5	2	1
		500千米以上至1000千米	6	2.5	1.3
		1000千米以上至1500千米	7	3	1.6
		1500千米以上至2000千米	8	3.5	1.9
		2000千米以上至2500千米	9	4	2.2
		2500千米以上至3000千米	10	4.5	2.5
		3000千米以上至4000千米	12	5.5	3.1
		4000千米以上至5000千米	14	6.5	3.7
		5000千米以上至6000千米	16	7.5	4.3
		6000千米以上	20	9	6
		每件挂号费	3		
11	保价费	每保一元（不足一元按一元计算）	0.01		
		每件最低保价费	1		
12	存局候领手续费	函件每件	1		
		包裹每件	3		
13	撤回邮件或更改收件人名址手续费	每件	3		
14	使用电报（传真）办理查询、撤回、更改收件人名址电报费	每件加收	2		
说明：本埠以市属区（不含市辖县和飞地）为范围，本县以县境为范围					

1989年田东县国际普通邮件资费一览表

表12-2-2

编号	业务种类	计费单位	资费标准（元）
1	信函	20克及20克以下	1.5
		20克以上至50克	2.8
		50克以上至100克	4
		100克以上至250克	8.5
		250克以上至500克	16.7
		500克以上至1000克	31.7
		1000克以上至2000克	55.8

续表12-2-2

编号	业务种类	计费单位	资费标准（元）
2	明信片	每件	1
3	航空邮简	每件	1.8
4	印刷品	20克及20克以下	0.8
		20克以上至50克	1.5
		50克以上至100克	2.3
		100克以上至250克	3.8
		250克以上至500克	7.5
		500克以上至1000克	14.3
		1000克以上至2000克	25.5
		2000克以上每续重1000克（不足1000克按1000克计算）	11.5
5	印刷品专袋	每重1000克（不足1000克按1000克计算）	10
6	盲人读物	—	免费
7	小包	100克及100克以下	4.4
		100克以上至250克	9
		250克以上至500克	16.2
		500克以上至1000克	27
		1000克以上至2000克	50.4
8	全球优先	小号信封（限重500克）	18
9	函件	大号信封（限重1000克）	30
10	挂号费	每件	3
11	印刷品	每袋	15
12	专袋挂号费		
13	确认投递费	每件	1.4
14	印刷品专袋确认投递费	每袋	7
15	保价函件包裹保价费	>每保200元或其零数	3
16	保价包裹	每件	3
17	手续费		
18	回执费	每件	3
19	撤回或修改收件人	每件	4.4
20	名址申请费		
21	进口欠资	每件	2.3
22	函件处理费		
23	存局候领费	每件	2.3
送交海关验关费	进口免税包裹、小包	每件	免收
	进口纳税包裹、小包、印刷品、保价函件	每件	5
	进口纳税印刷品专袋	每袋	25.00
	非设关局收寄出口包裹	每件	5
航空附加费	信函、印刷品、盲人读物、小包、印刷品专袋	每重10克（不足10克按10克计算）	0.5
	明信片	每件	0.5

函件资费

1989年，挂号信函、挂号明信片、挂号印刷品、民用包裹、开发汇票收附加费0.2元。印刷品每件重量100克以内的加收0.05元，101~1000克以内的收0.1元，1001~5000克内属非邮发的报刊加收0.5元，其余邮件加收0.2元。

1990年7月31日，执行国家物价局、邮电部《关于调整国内部分邮政资费的通知》要求，函件资费调整为：平信资费每重20克或基零数由0.03元提高至0.08元，明信片每件由0.04元提高至0.15元，函件挂号费每件由0.12元提高至0.3元，其他邮政资费亦相应提高，同时取消给据邮件和印刷品的地方性附加费。

1991—1993年，调整寄往香港、澳门地区和台湾省的邮件资费。信函20克及20克以下，由0.3元提高至0.4元。印刷品20克以下，邮资0.2元。同时，国际信函资费也进行调整，国际水陆路信函20克及20克以下收费由1.2元提高至1.5元。

1994年9月1日，邮电部对国际及港、澳、台邮件资费再作调整。国际水陆路信函20克及20克以下由原来1.5元提高至2.2元，印刷品20克以下由原来1元提高至1.5元，明信片由原来每件1.1元调至1.6元。港、澳、台信函20克以及20克以下由0.4元提高至0.6元。明信片每件由0.3元调至0.4元，印刷品20克以下由0.2元调至0.3元。

1996年12月1日，邮电部邮政总局对邮政资费做了较大的调整，并取消函件寄递本埠与外埠之分。信函每重20克或其零数由原来0.2元调至0.5元，明信片每件由0.15元调至0.4元，印刷品每重100克或其零数由0.08元调至0.3元。国际信函20克及20克以下由2.2元调至4.4元，明信片每件由1.6元调至3.2元，印刷品20克及20克以下由1.5元调至3元。港、澳、台信函20克以下由0.6元调至1.5元，明信片每件由0.4元调至1元，印刷品20克及20克以下由0.3元调至0.8元。

1999年3月1日起，国内信函恢复本埠和外埠区域。由原来每20克或其零数0.5元调至首重100克内每重20克本埠0.6元、外埠0.8元，不足20克按20克计算；101~2000克每100克本埠1.2元、外埠2元。明信片由原来0.4元调至0.6元。印刷品由原来每100克或其零数0.3元调至首重100克（不足100克按100克计算）本埠0.3元，外埠0.6元，续重101~5000克每100克（不足100克按100克计算）本埠0.015元、外埠0.03元。国际信函与印刷品增加20克以上至50克计费档次：信函8.2元，印刷品4元，其他计费档次不变。亚太地区信函减低资费7.1元维持原标准。港澳台信函与印刷品增加20克以上至50克计费档次为信函2.8元，印刷品1.5元，其他计费档次不变，维持原标准。同年，挂号费和撤回邮件或更改收件人名址手续费上调为2元。

2003年8月30日起，国家邮政局对部分邮政资费进行调整，国内特快专递邮件资费起重、续重计费单位由200克调整为500克，扩大了1.5倍，起重收费标准仍维持20元不变，并且对续重部分由每个计费单位6元，调整为按空间距离分区计费，分为6元、9元、15元三个分区计费。

2004年1月1日起，挂号费由2元上调为3元。

汇兑资费

1989年，快件汇款除收取普通汇费外，每笔另加收快件费0.5元。普通汇款每件另收取地方附加费0.2元。

1990年7月31日起，执行新调整的邮政资费标准，快件汇款每笔加收0.8元，普通汇款仍按1%计收。同时，取消地方附加费，每笔汇款最低汇费由0.1元改为0.3元。

1992年7月1日，快件汇款每笔加收件费由0.8元调至1元。

1996年，快件汇款快件费由1元调至2元，每笔汇款最低汇费由0.3元改为1元。

1998年7月1日，取消快件汇款业务。

1998年田东国内邮政汇兑资费一览表

表12-2-3 单位:元

收费项目		计费单位	资费标准
普通汇款汇费		每汇款1.00元 (不足1.00元按1元计算)	0.01
		每笔汇款最低汇费	1.00
电报汇款	电报费	每件加收	2.00
	附言电报费	每字	0.13
撤回汇款手续费		每件	1.00
存局候领手续费		每件	1.00
查询费		每件	免费
退汇、改汇费		每件	1.00
使用电报办理有关汇费事项申请的电报费		每件	2.00
快件汇款快件费		每件加收	2.00
快件汇款查询费		每件	免费
快件汇款退汇、改汇费		每件	1.00

1999年，国内汇款基本汇费的费率不变。新规定最高汇费标准，每笔为50元。每笔汇款最低汇费、撤回汇款手续费和退汇、改汇费从1元提高到2元。邮政附加费自新资费执行之日起一律取消。

2000—2005年，国内邮政汇兑附言6个汉字（12个字节）以内免费，超过6个汉字部分，按每字0.1元收费。

包裹资费

1989年，包裹分为民用包裹、商品包裹和纸质品包裹。商品包裹资费是在民用包裹资费基础上（含处理费）加收50%。纸质品包裹资费，省内互寄按《国内包裹资例表》。实有计费区的资费标准计收，省际之间互寄按国内包裹资例表之各省（区）第一计费区的资费标准计收。每千克超过2.5元的，则按2.5元计收。大件商品包裹每件另加收处理费1元。

1990年7月，国家物价局、邮电部调整国内邮政资费，包裹资费也相应调整。民用包裹按原资费加收50%，起算单位由原来100克改为500克，或其零数，包裹每件处理费为0.5元。商品包裹资费在民用包裹资费的基础上加50%。同时规定：包裹一律实行保价交寄，保价费按保价金额1%收取，最高保价金额为5000元，最低保价上原来0.2元调到0.3元，取消快递小包、航空快递小包和代收货价等业务。

1996年12月1日起，取消包裹处理费，包裹按件收取挂号费1元，包裹费率也上调50%。

1998—2005年，田东县寄往区内各地区局普通包件资费、寄往国内各省会局普通包件资费保持不变。

1998—2005年田东寄往广西内各地区局普通包件资费一览表

表12-2-4

区域名称	包件计费区每千克资费(元)							
	百色	南宁	柳州	桂林	梧州	玉林	河池	钦州
田东	0.80	0.80	1.20	1.40	1.40	1.20	1.40	0.90

1998—2005年田东寄往国内各省会局普通包件资费一览表

表12-2-5　　　　单位：元

区域名称	每千克资费	区域名称	每千克资费	区域名称	每千克资费
北京	4.20	杭州	3.20	南宁	0.80
天津	4.40	合肥	3.90	贵阳	2.00
上海	3.50	福州	3.20	昆明	2.70
石家庄	3.80	南昌	2.40	拉萨	7.70
太原	3.90	济南	4.20	成都	3.20
呼和浩特	5.00	郑州	3.20	银川	5.30
沈阳	5.30	武汉	2.40	西安	3.90
长春	5.70	长沙	2.10	兰州	4.70
哈尔滨	6.00	广州	2.40	西宁	5.00
南京	3.80	海口	1.70	乌鲁木齐	7.20

快递包裹费分运距，首重1000克内、5000克以内，续重每500克、5001克以上，续重500克的资费区域，每件挂号费3元。

1998—2005年田东快递包裹资费一览表

表12-2-6　　　　单位：元

	1000克内	5000克以内每续重500克	5001克以上续重500克
500千米及500千米以内	5.00	2.00	1.00
500千米以上至1000千米	6.00	2.50	1.30
1000千米以上至1500千米	7.00	3.00	1.60
1500千米以上至2000千米	8.00	3.50	1.90
2000千米以上至2500千米	9.00	4.00	2.20
2500千米以上至3000千米	10.00	4.50	2.50
3000千米以上至4000千米	12.00	5.50	3.10
4000千米以上至5000千米	14.00	6.50	3.70
5000千米以上至6000千米	16.00	7.50	4.30
6000千米以上	20.00	9.00	6.00

2005年田东国内邮政业务主要资费一览表

表12-2-7　　　　单位：元

业务种类	计费说明	资费标准	
		本埠资费	外埠资费
信函	重量在100克及以内的，每重20克（不足20克，按20克计）	0.8	1.2
	100克以上部分，每增加100克加收（不足100克，按100克计）	1.2	2.00
印刷品	重量在100克及以内的	0.4	0.7
	100克以上部分，每增加100克加收（不足100克，按100克计）	0.2	0.4
明信片	每件	0.8	

续表12-2-7

<table>
<tr><th rowspan="2">业务种类</th><th rowspan="2">计费说明</th><th colspan="5">资费标准</th></tr>
<tr><th colspan="2">本埠资费</th><th colspan="3">外埠资费</th></tr>
<tr><td rowspan="2">普通包裹
快递包裹</td><td>每件收取挂号费</td><td colspan="5">3</td></tr>
<tr><td>资费标准按照寄递里程分区核定</td><td colspan="5">具体标准见现行《国内普通快递包裹资例表》</td></tr>
<tr><td rowspan="3">特快专递</td><td>重量在500克及以内的</td><td colspan="5">20</td></tr>
<tr><td>起重500克及以内</td><td>500千米及以内（一区）</td><td>500千米以上至1500千米（二区）</td><td>1500千米以上至2000千米（三区）</td><td>2000千米以上至2500千米（四区）</td><td>2500千米以上（五区）</td></tr>
<tr><td>续重每500克或其零数</td><td>4</td><td>6</td><td>9</td><td>10</td><td>17</td></tr>
<tr><td>按址汇款
密码汇款</td><td>每笔汇款（每笔最高汇款额5万元，汇款尾数不足一元的按一元计）</td><td colspan="5">按每笔交易金额的1%收取汇费（最低2元，最高50元）</td></tr>
<tr><td>报刊订阅</td><td>每份（册）</td><td colspan="5">按照报刊订价和订期收取</td></tr>
<tr><td>报刊退订</td><td>每份（册）</td><td colspan="5">按照退订部分的报刊订价和订期退款</td></tr>
<tr><td>报刊退订、改寄手续费</td><td>每次、每种</td><td colspan="5">2.00元</td></tr>
<tr><td>挂号费</td><td>每件</td><td colspan="5">3.00元</td></tr>
<tr><td>回执费</td><td>每件</td><td colspan="5">3.00元</td></tr>
<tr><td rowspan="2">保价费</td><td>每笔保价金额在100元及以内的</td><td colspan="5">1.00元</td></tr>
<tr><td>每笔保价金额在100元以上的</td><td colspan="5">按照保价金额的1%收取</td></tr>
<tr><td rowspan="2">存局候领
手续费</td><td>函件每件</td><td colspan="5">1.00</td></tr>
<tr><td>包裹每件</td><td colspan="5">3.00</td></tr>
</table>

第四节　邮政量及产值

1989—2005年，田东县邮政局通过网点建设来扩大业务量，提升产值。1998年8月，邮政、电信分营后，县邮政局在各乡镇、县城和驻县厂矿企业增设业务营业处，同时，增开邮路和邮政储蓄营业点，邮政业务总量、邮政储蓄余额两大类稳中有升。

1989—2005年田东县邮政业务量统计表

表12-2-8

年度	邮政业务总量（万元）	邮政业务总收入（万元）	函件（万件）	包裹（万件）	汇票（万张）	特快专递（万件）	报纸累计份数（万份）	杂志累计份数（万份）	邮储期末余额（万元）
1989	74.36	97.30	91.32	0.68	6.32	—	346.31	25.67	79.00
1990	82.85	115.90	91.26	0.66	6.02	—	537.02	30.72	85.75
1991	—	148.30	88.23	0.57	5.69	—	608.89	43.75	263.36
1992	—	195.90	110.40	0.59	6.34	—	588.57	39.05	796.16
1993	—	287.60	136.97	0.65	7.89	—	587.71	40.17	1291.00
1994	—	344.80	150.51	0.72	9.14	—	552.19	37.29	1384.00
1995	—	690.00	153.17	0.78	6.71	—	477.16	31.23	2393.30
1996	152.96	200.00	147.33	0.84	6.60	0.06	452.85	23.09	3379.00
1997	183.63	296.00	105.96	0.78	5.65	0.09	390.47	19.97	4252.00
1998	209.81	250.63	100.56	0.71	5.10	0.15	277.49	18.70	5623.00
1999	229.08	376.00	83.72	0.65	4.01	0.24	293.65	18.62	6929.00

续表12-2-8

年度	邮政业务总量（万元）	邮政业务总收入（万元）	函件（万件）	包裹（万件）	汇票（万张）	特快专递（万件）	报纸累计份数（万份）	杂志累计份数（万份）	邮储期末余额(万元)
2000	273.64	384.00	61.18	0.68	3.58	0.48	255.79	16.92	8492.00
2001	483.50	428.52	44.90	0.63	2.77	0.67	247.70	16.60	10826.00
2002	520.14	463.56	45.50	0.67	2.77	0.74	255.70	15.70	10921.00
2003	582.09	501.92	58.50	0.67	2.40	3.20	220.60	15.30	12661.00
2004	618.44	526.42	39.00	0.65	2.10	4.60	162.80	14.70	13551.00
2005	649.48	555.45	32.53	0.64	1.82	4.68	120.10	16.00	15484.00

第五节　邮政管理

1989—1992年，田东县邮电局推行局长负责制。以局长负责制为转机，职工代表大会通过的企业经营方案，实行包业务总量，包通信总量，包通信质量，包业务收入，与经营效益挂钩，与工资奖金挂钩的“四包两挂钩”的经营承包责任制。实行班组目标管理，开展“四赛四比”（赛通信数量，比经济效益；赛通信质量，比优质服务；赛经营管理，比企业升级；赛安全生产，比遵纪守法）劳动竞赛活动，以质量效益为中心，建立健全各项规章制度。1989—1992年，总收入557.4万元，税金17.27万元，利润43.3万元。

1994—1995年，成立质量管理小组，成员共9人，各班支局、所配备兼职18人，负责全县邮电系统全面质量管理的检查和跟踪工作。同时制定全面质量管理办法42条。班组支局、所每周开质量分析会1次，兼职管理的职能干部每月检查1次，局每季度抽查1次，半年总结，年终评比。各类工程按业务范围制定生产岗位人员职责、工作准则、操作规程、服务质量等。同时，严格执行邮电部颁发的财务管理制度，要求各分支机构的业务收入、票证管理做到日清月结，逐月填报告单向县局财务室报账入账。县局的营业收入逐日填报告单向财务室缴款入账。各分支机构的各项开支给予定额权利，超过定额的经主管领导或财务主管审批后向财务室报支。各项资金专款专用，专户储存。各营业点的现金票证采取不定期抽查盘点，发现长短款问题，及时处理。物资供应的进出账物相符，账表相符。建立物资保管定位存放，挂明标签代号。定期盘点检查制度，进料领料均由主管部门点料审批，凭料单发料。1994年业务收入完成344.8万元，地方农话业务量完成41.8万元，业务收入完成58.6万元；全年税金13万元，利润负120.7万元。1995年，业务收入完成690万元，地方农话业务量完成84.3万元，业务收入完成114万元；全年税金25.3万元，利润负202.7万元。

1996年，主抓提高职工素质，改善服务态度。年内，邮电局为了提高职工的服务意识、竞争意识，增强职工的危机感和紧迫感，先后下发《广西邮电通信服务规范》和《中华美德贤文》，便于各班组支局所职工学习和对照，自查自纠。同时，制定了《田东邮电局职工奖惩条例》，凡发现服务态度不好或擅离岗位及其他违反规定的，用户意见比较大的，除批评教育外，还扣发当月的全部奖金。另外，为适应新技术的发展需要，投资8万元购买8台电脑学习机，组织成立邮电、通信维护中心，由维护中心组织职工利用下班和休息定期集中学习电脑操作，提高管理及服务质量。

1997年，继续抓好大哥大、BP机、电话机的放号、邮政储蓄额、光缆施工、无线寻呼发射机施工等业务，将任务逐个分解到股室、支局（所）、班组和个人，并制定了发展业务的鼓励措施，对于完成任务好的单位和个人给予奖励，年内95%的个人完成大哥大、BP机、电话机放号任务。针对新调进职工较多的特点，年内开办5期各类学习班，主要领导亲自上课，言传身教。鼓励职工参加各种活动和法律知识、业务知识竞赛，对在各种劳动、业务竞赛中取得好成绩的班组或个人给予奖励。

1998年，组织职工学习贯彻自治区邮电管理局关于邮电分营、执行挂牌分管的政策，消除职工疑虑，使干部和职工思想稳定。当年，成立安全生产领导小组，制定安全生产计划、制度和机房的防火管理工作，整改电信各机房的易燃墙板、木柜，装设安全标志和消防器材，拆除在市内电缆杆上的电视线和电力线，对部分隐患较大的三线交叉点特别是光身电力线等进行整改。对职工危房进行修理加固，排除不安全的因素。由于通信业务的迅速发展，电话、BP机、大哥大的维修，报刊投递、营业窗口服务等工作量越来越大，服务质量和不安全因素亦随之上升。当年3月，开始执行服务承诺制，即安装电话在一个月内装通，否则免收1个月租费；少订户1份报刊，加10倍赔偿；电话机非电缆障碍24小时修复，电缆故障的72小时修复，邮储营业、邮政汇兑函件收寄执行限时服务。此外，不定期召开会议和开办培训班，对不同工种进行安全生产知识教育，职工严格遵守生产中的各项安全操作规程，机线人员按规定穿戴劳动防护用品作业，不违章操作。

2000—2005年，由于管理有方，管理到位，县邮政局总收入增长较快。2000年，总收入384万元，其中函件业务40万元，包件业务7万元，报刊业务61万元，集邮业务26万元，机要业务1万元，信息和代理业务9万元，代理金融业务225万元，代理速递物流业务10万元，其他业务5万元。2005年，总收入555.46万元，其中函件业务21.38万元，包件业务13.07万元，报刊业务38.55万元，集邮业务7.15万元，机要业务0.06万元，信息和代理业务12.76万元，分销业务18万元，代理金融业务382.85万元，代理速递物流业务53.81万元，其他业务7.83万元。

第六节　邮政储蓄

1989年8月3日，县邮电局在新洲邮电支局增办邮政储蓄业务。1990年9月1日，在思林邮电支局开办邮政储蓄业务。但储蓄余额增长不大，年均递增10万元幅度。1991年8月3日，林逢邮电支局邮政储蓄点开业。年内，储蓄余额上升较快，县邮政储蓄余额达到263.36万元。

1992年，县邮电局从开展劳动竞赛着手，采取了季度短程赛、半年赛、年终评比等一系列措施，使职工们不分工种，人人参赛，从而推动储蓄余额大发展。年底，储蓄余额上升到796.16万元。

1993年8月9日，朔良邮电所开办邮政储蓄业务。年内，邮政局邮政储蓄余额首次突破1000万元，达到1291万元。

1994年1月20日，县局邮政储蓄点开始使用微机电脑操作，大大地提高了工作效率，也促进储蓄余额的增长。10月8日，祥周邮电支局邮政储蓄点挂牌营业。当年由于各单位都进行房改，储蓄款不断外流，使储蓄余额增长不大。年底储蓄余额1384万元。

1995年8月17日，印茶邮电所增办邮政储蓄业务。至此，全县拥有邮政储蓄网点7个，年底全县邮政储蓄余额达2393.3万元。

1996年10月1日，开通邮政绿卡工程，年底邮政储蓄余额增加到3379万元。

1997年1月14日，邮政储蓄开始联网，活期储蓄在全国可以通存通兑。当年，储蓄余额达到4252万元。

1998年，邮政储蓄种类从原来单纯的活期、定期储蓄增加了具有邮政特色的代缴电话费储蓄、汇款转存储蓄、代发工资储蓄、活期储蓄异地存取、个人通知存款等，邮政储蓄逐步走向正规化、专业化。9月14日，为便于管理，县局储蓄点于从邮政营业班分出，另设邮政储蓄班。年底，全局邮政储蓄余额达到5623万元。

1999—2002年，邮政储蓄业务收入为826万元。2003年3月18日，县内所有邮政储蓄点全部与全国邮政储蓄点联网，用户可以在全国邮政储蓄的任何联网点办理存款业务。年内，邮政储蓄余额1.27亿元。2004年，邮政储蓄余额1.36亿元。2005年，邮政储蓄余额1.55亿元。

第三章　通信

1989年，全县只有县邮电局独家经营通信，其电信业务有国内、国际电报，国内、国际长途电话，市内电话，农村电话等，覆盖面小，通信质量较差。

20世纪90年代，通信运营商多起来，有邮政局、电信公司、移动公司、联通公司等，市场竞争激烈。通信工具主要有自动电话、程控电话、无线寻呼（BP机）、移动电话（大哥大、手机、小灵通）等，技术越来越先进，服务越来越优质，价格越来越实惠，给居民的生产生活带来深远的影响。1991年，程控自动电话交换机完成割接开通，开通长途直拨电话，自动电话取代人工电话，手摇电话退出历史。1994年，全数字程控电话割接开通，开通互联网（宽带网）业务，开设126人工寻呼台。1995年5月，县邮政局开通了大哥大和127自动寻呼台。1996年，全县市话统一使用本地区号，等位拨号进入全国自动网。1998年，县电信局从县邮电局分出来。1999—2000年，广西区移动通信公司田东营业部和中国联通田东营业部先后成立，对田东通信事业起到推波助澜的作用。

2002年，移动信号网络覆盖全县各乡镇及附近乡村，在百色率先实现了“乡乡通”移动电话目标。2005年，电话、移动通信行政村覆盖率达100%，彻底扭转了农村世世代代信息闭塞的局面。

第一节　机构

广西壮族自治区电信有限公司田东县分公司

1989—1997年，田东县邮电局实行邮政、电信合二为一的管理体制。对乡至行政村农村电话通信，归属县人民政府管理，县邮电局负责代维。邮电业务实行承包责任制，县邮电局向百色地区邮电局实行邮电业务经营承包，各班、支局（所）按照县局的邮电业务量、业务收入、通信质量的主要经营指标实行承包，生产人员按所在的班组、支局（所）分解任务去执行，实行邮电业务经营层层承包责任制。1997年，县邮电局设有局长室、党办室、办公室、维护中心、邮政股、电信股、财务股、保卫股等3室4股1中心，10个班、10个邮电支局（所）。办公地址位于平马镇东宁西路76号。

1998年8月，邮政和电信分营，成立田东县电信局（业务统计数据到1999年才分开），隶属百色地区电信局管理。电信局为科级机构，不具法人代表，电信局编制人员98名，内设综合办公室、市场经营部、财务室、维护中心、程控班、维护班、装机班、营业班、后勤班、新洲电信班、思林电信班。根据业务发展需要，在全县各乡镇设立了29个业务代办点，从社会上的下岗职工中聘请29名业务代办员。邮电分营后，之前的邮电档案由电信局统一管理。

1999年7月，按照信息产业部《关于移动通信企业工商登记有关问题的通知》和百色地区邮电局《组建广西移动通信公司实施方案》，田东移动通信作为中国移动通信的组成部分，从田东县电信局分离出去，完成了电信分营，全局设有4个部室、7个班组，职工74人，其中专业技术人员15人，职能管理干部8人。

2000年8月18日，根据广西电信公司《关于印发〈中国电信集团广西区电信公司组建方案和公司单程〉》《广西区电信公司百色分公司组建方案》文件精神，将田东县电信局组建为广西壮族自治区电信公司田东电信局，为自治区电信公司下属的电信局设置，不作企业法人，不作独立核算单位，其职能管理机构设综合办公室、市场营销部，职能管理人员总数9人，职工64人，配正副局长各1人。

2001年3月28日，田东电信局进行业内主业、实业分离，主、实业均为科级单位。分离后的主业，沿用田东电信局名称，全称为广西壮族自治区电信公司田东电信局，为百色电信分公司下属的电信局设置，不作企业法人，不作独立核算单位。分离后的实业，为百色电信实业有限公司的下属机构，全称为广西电信实业有限公司田东分公司，属报账式单位。职能管理机构设综合办公室，设总经理1人，职能管理人员2人，职工36人。办公地点：东港路职工宿舍楼。

2002年11月11日，田东电信局主业、实业实行合署办公，办公地点位于平马镇东宁东路85号。对电信局和电信实业分公司进行内部整合，按照相关程序，实行领导人员交叉任职，即电信局局长任主业公司经理，实业分公司总经理改任副经理，并由百色电信分公司聘其兼任局长助理。由百色电信公司和百色电信实业公司制定绩效考核方案，对电信局和电信实业分公司进行统一考核。合署办公后，实行统一计划安排，统一研究，统一布置，统一检查，统一总结验收。财务核算实行按属性划分入账，即通信建设、业务经营等生产性开支严格相关规定在主业、实业列支；管理费用按属性分别各自列支，工资总额按员工隶属关系分别在主、实业列支。合署办公后，设局长（总经理）1人，副局长1人，副总经理（局长助理）1人，管理人员7人，在册职工92人。

2003年，根据《广西壮族自治区电信有限公司关于设立广西区电信有限公司分支机构的通知》，注册成立广西壮族自治区电信有限公司田东县分公司（主营业厅），隶属百色市分公司管理，同时注册的下属机构有广西壮族自治区电信有限公司田东县分公司新洲营业厅、祥周营业厅、林逢营业厅、思林营业厅、中山营业厅、人民路营业厅等6个营业厅，在册职工92人。原广西壮族自治区电信公司田东县电信局同时存在，即实行一套人马两块牌子。县电信局负责固定资产管理，县分公司负责经营管理。

2004年，广西壮族自治区电信有限公司田东县分公司内设公众部、大客户部、综合办公室，在册员工52人，其中总经理1人，副总经理1人。

2005年，广西区电信有限公司田东分公司内设维护安装部、综合办公室、营销中心3个部门，在册员工65人。当年，注销广西壮族自治区电信公司田东电信局新洲支局、祥周支局、林逢支局、思林支局、中山营业厅，其所属人员、资产、债务等全部由田东县电信分公司管理。

田东县电信局（广西壮族自治区电信有限公司田东县分公司）历任局长（总经理）：李真明（1998年8月至2005年11月）、梁俊室（2005年11月至2007年12月）。

广西移动通信有限责任公司田东分公司

1999年7月，按照信息产业部《关于移动通信企业工商登记有关问题的通知》和百色地区邮电局《组建广西区移动通信公司百色分公司实施方案》，田东县移动通信部门作为中国移动通信的组成部分，正式从电信局中分离出来，设立营业部，名称为广西区移动通信公司田东营业部，隶属百色移动通信分公司管理，营业部为副科级机构。营业部负责人由百色地区邮电局指定。

1999年11月至2000年6月，田东县移动通信营业部相继开通了“本地通”“全球通”“八桂通”“神州行”业务，成为田东移动通信的拳头产品，服务网号为“139、138、137、136、135、134、159”。同时适时推出短信息、短信回执、语音信箱、主叫号码显示、来电提醒、移动梦网、农信通、“12593”长途优惠包、银信通、气象通等多种附加业务，为客户提供丰富多彩的信息服务。2000年6月底，全县移动通信电话用户数发展到5830户，其中全球通用户3186户、八桂通（含本地通）用户

2194户，神州行用户106户、数据通信用户33户。在业务收入方面，1999年6月收入仅为32万元，2000年6月业务收入高达84万元，增长了1倍多。

2000年8月，营业部更名为广西移动通信有限责任公司田东分公司，员工编制10名。经营范围有移动电话业务、移动数据业务以及上述业务相关的信息服务、技术服务、设备销售。

2001年，采取补贴800元话费，送给数字手机的方式，对全网的模拟网用户进行转网，转网率高达100%，正式进入新的移动通信时代。

2002年，中国移动广西田东分公司内设综合部、市场部、客服部3个部门，下设自营服务厅（在县城）1个。公司有员工17人，其中公司经理1人。同年8月，移动公司投资1100万元建设的乡乡通移动电话项目竣工，移动信号网络覆盖全县各乡镇及附近村屯，率先在百色市实现“乡乡通”移动电话。

2005年，中国移动广西田东分公司内设综合部、东宁片区、油城片区、营销中心4个部门。下设自营服务厅15个，其中县城服务厅2个，乡镇服务厅13个，有员工63人。是年，全公司客户达5万多户，客户市场份额达65.09%，全年实现运营收入超3000万元。办公地址：平马镇东宁西路76号。

广西移动通信有限责任公司田东分公司历任总经理：谭志忠（1999年7月至2003年10月）、肖红（2003年11月至2007年5月）。

中国联通有限公司田东分公司

1998年10月，成立中国联通百色分公司田东营业部。主要经营GSM制式移动网络业务、固定电话通信业务，国内、国际通信设施服务业务，卫星通信业务、数据通信业务、网络接入业务和各类电信增值业务。

2001年7月，正式成立中国联通有限公司田东分公司（简称“联通”），办公室地址设在田东县平马镇东宁西路167号，有员工26人，内设综合部、客户服务部、市场部、建设维护部、数据部等部门。主要经营范围包括无线寻呼机广西联网（126及127）、GSM数字移动电话、国内国际长途电话业务（接入号193）、批准范围的本地电话业务、数据通信业务、互联网业务（接入号16500）、IP电话业务（接入号19710/17911）、卫星通信业务、电信增值业务，以及与主营业务有关的其他电信业务。同年，联通模拟手机停止使用，全网用户实现数字化，数字移动电话网内电话为11位数。

2003年5月，GPRS无线网络正式进入商用，将第二代移动通信网络全面升级为2.5代，服务网号为“130、131、132、133、153、155、156”。GSM、CDMA两网基本覆盖所有乡镇，建设有51个基站，其中C网覆盖率50%，G网覆盖率65%。当年7月，公司更名为中国联合网络通信公司田东县分公司。

2005年年底，联通移动电话网城乡覆盖率达99%，移动电话网上用户达3万户。

中国联通有限公司田东分公司历任总经理：黄中恒（1998年10月至2000年3月）、黄汉洲（2000年3月至2004年12月）、黄显英（2004年12月至2010年10月）。

第二节　电信业务与资费

电信业务

1989年，县邮电局开办的电信业务有国内、国际电报，国内、国际长途电话和市内电话、农村电话等。在农村电话业务中，共设江城、印茶、作登、龙须河、思林、林逢、祥周、新洲、义圩、朔良、县局等11个营业窗口。年内，开办真迹传真电报业务、礼仪电报业务，礼仪电报又分为庆贺电报、吊唁电报两种。办理的电报有天气、水情、公益、政务、新闻、普通、汇款、传真、礼仪和公电10种。特别业务有特急、加急、邮送、分送、政发、专送、预付报费等。县城电报投送范围东至马鞍山，西至石油站，南至冶炼厂，北至民族初中。

1994年，电信业务有国际国内电报、国际国内长途电话、国内传真、国内长途电话出租、市内电话、“126”无线寻呼、公用电话、用户传真、农村电话。全县在县城、江城、印茶、作登、龙须河、思林、林逢、祥周、新洲、义圩、朔良等地设有11个邮电营业点，年内电信业务总收入256.7万元。设有线电报和无线电报，有线电报业务有天气电报、水情电报、公益电报、政务电报、新闻电报、普通电报、加急电报、汇款电报、私人电报、礼仪电报等10种，无线电报设备作为有线中断时使用无线电联络。全年电报业务总量为4万份，业务收入15.8万元。全年电话装机1600户。国内长话业务量40.7万张，业务收入107.3万元。国际长途电话63张，业务收入1.37万元。国有地方农话业务量12.7万元，业务总收入58.6万元。

1995年3月28日，开通移动电话业务，电信业务有国内国际电报、国内国际长途光缆传输电话、大哥大、国内传真、国内长途电路出租、市内电话、“126”和“127”无线寻呼、公用电话、用户传真、农村电话。当年，程控电话交换机容量6000门，累计装机2980户。开通大哥大293户，开通“126”寻呼机1713户。全县9个交换点全部实现程控机并入本地网，总容量为998门，累计装机471户。当年电信业务收入526.3万元。电报业务量2.9万份，收入11万元。长途电话业务量98.3万次，收入176.6万元。地方国有业务量39.7万次，收入114万元。

2000年，电信业务总量实现2101万元，业务总收入2018万元；市话户数达2.65万户，当年净增1.1万户；多媒体用户246户，当年净增192户；IC电话完成143部，899业务完成6300户。

2001年，田东电信局以西部大开发为契机，以加快发展为主线，以技术、机制、管理创新为切入点，重点抓好市场经营，大胆推进企业改革，努力完善服务质量，全面提高企业效益。全年业务总收入2420万元，本地网通信收入完成1855万元。电话放号完成1.23万户。年内，电信局被广西消费协会评为“诚信单位”。

2005年，电信业务收入完成2930.3万元。各单项业务收入指标完成情况：话务收入完成2549.7万元，数据业务收入完成214.5万元，增值业务收入完成114.8万元，电信卡收入完成2.6万元，网元出租收入完成4.3万元，其他业务收入完成44.2万元。三大产品业务发展方面：固定电话净增3042户，用户数达4.88万户；小灵通净增2409户，小灵通用户达1.97万户；宽带用户净增1372户，宽带用户数达4775户。农村智能电话用户达2462户。公话用户新发展113户，公话用户达1613户。

1989—2005年田东电信业务量统计表

表12-3-1

年份	固定电话(部)			公众电报总量(份)	电信业务总量(万元)
	合计	城镇电话	农村电话		
1989	403	250	153	34789.3	40.6
1990	582	284	298	31078	82.8
1991	663	293	370	35320	74.3
1992	763	584	179	32078	78.9
1993	1430	775	655	28500	112.7
1994	1600	817	783	40000	256.7

续表12-3-1

年份	固定电话(部)			公众电报总量(份)	电信业务总量(万元)
	合计	城镇电话	农村电话		
1995	2980	1998	982	18730	851.4
1996	6072	5047	1025	9820	1217
1997	8173	6205	1968	8532	1772
1998	11514	8307	3207	—	2400.83
1999	15500	10785	4715	—	1419
2000	16057	11057	5000	—	2101
2001	24320	12043	12277	—	2315
2002	35123	13445	21678	—	2695
2003	41339	14078	27261	—	2980
2004	45953	16430	29523	—	3010
2005	48837	15388	33449	—	3212

1950—1999年，固定电话机类型

（县电信局提供）

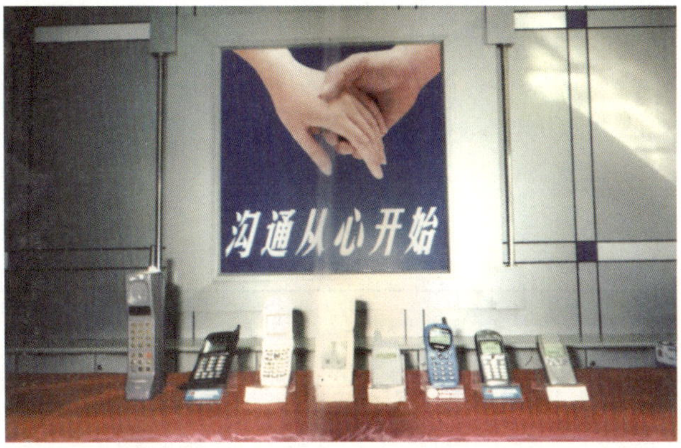

1992—1999年，移动通信手机类型

（县电信局提供）

1993—1999年，无线寻呼类型　（县电信局提供）

电信资费

中华人民共和国成立初期，农话资费机关每月收20分（照利折实公债分值），企业收80分。1953年1月，自治区邮电管理局规定，凡军事机关使用县到区乡或区乡间互通电话一律免收电话费，一般用户采取按次计费，每次通话时间为3分钟。叫号通话费收费人民币1000元（新币0.1元），传呼通话照叫号通话费加50%。凡用户申请安电话机，除所需话机、干电池、线路器材由用户自备，安装工程费由邮电局实作预算收取，月租费不分用户性质，一律按月收取人民币25000元（新币2.5元）。

1960年4月，甲种用户每机每月收5元，乙种用户每机每月收8元，从县级到人民公社级召开电话会议，每个受话点每处每小时收费0.15元。

1965年1月，改用固定收费和计次收费办法，固定通话分为甲、乙、丙三种，甲种用户每机每月收5元、乙种8元、丙种15元，电话会议第一个小时点0.15元，从第二小时开始每点每小时0.3元。装机费每次每部2元，材料按实际需要收，电杆用户自备。移机费3千米以内每次每部收1元，3千米以外每次每部收2元。

1984年3月，经自治区人民政府批准，调整部分农村电话费标准，甲种生产大队电话每部月租费从8元提为12元，乙种公社以上（包括企事业单位）每部每月租费由15元提为22元。

1986年3月，农村电话资费进行改革。经广西壮族自治区人民政府批准，采取每月收取交换点内电话交换费，市内用户通农话固定通话费和交换点外计时通话费相结合的办法。交换点内电话交换费（固定通话费），甲种用户每月收费10元，乙种用户一级收30元，二级20元，三级15元，四级12元。交换点外收计时通话费，普通叫号电话通话费为每分0.15元，每次收3分钟基本通话0.4元，超过3分钟增加0.01元，基本通话费通话每分钟0.15元。加急电话按普通加倍收取。乙种用户，一级每月每县499门以下级收32元，500门以上局收35元，人工电话收30元；二级499门以下局收25元，500门以上局收28元，人工电话收20元；三级499门以下局收20元，500门以上局收22元，人工电话收15元；四级499门以下局收15元，500门以上局收17元，人工费12元。公用电话每次收0.2元，本交换点内会议电话每受话点收0.2元。

1989年田东邮电固定电话业务资费一览表

表12-3-2

业务类型		收费项目	资费标准
固定电话业务	本地电话业务	装移机工料及手续费	装机:300元/户(手续费8元,工料费292元)
			移机:200元/户(手续费8元,工料费192元)
		基本月租费	城市(住宅):20元/户
			(住宅):18元/户
			农村电话(住宅):15元/户
			办公电话:30元/户
		营业区内通话费	前3分钟0.22元,后每分钟0.11元
		营业区间通话费	资费标准为0.5元/分钟,优惠为0.3元/分钟
	长途电话业务	国内(不含港澳台)长途电话	0.07元/6秒。闲时优惠:每日0:00—7:00长话费6折优惠,即0.04元/6秒
		港澳台长途电话	0.2元/6秒

续表12-3-2

业务类型		收费项目	资费标准
		国际长途电话	0.8元/6秒。闲时优惠：每日0:00—7:00国际长话费6折优惠，即0.48元/6秒〔优惠的受话国家范围：日本、美国、新加坡、澳大利亚、新西兰、法国、英国、意大利、泰国、马来西亚、德国、加拿大、菲律宾、印度尼西亚、韩国。国际电话优惠受话国家中的美国、加拿大(国家代码为“1”)，仅指美国本土含阿拉斯加和夏威夷以及加拿大，不含其他国家代码为“1”的国家和地区；澳大利亚(国家代码为“61”)和新西兰(国家代码为“64”)中不包括科科斯群岛(国家代码为“619162”)、圣诞岛(国家代码为“619164”)和南极地区(国家代码为“64672”)〕
	程控新功能服务项目	呼出限制	开户费10元，月租费6元/月
		闹钟服务	开户费10元，月租费2元/月
		免打扰服务	开户费10元，月租费2元/月
	其他业务	来电显示	开户费8元，月租费5元/月
		过户手续费	每号10元
		改号通知费	每号每月10元
		电话号码改号费	每次每号100元
		停机保号费	每号每月5元

1990年12月15日，发往香港、澳门普通电报中文每字0.44元，外文0.88元，台湾地区各地普通电报中文每字0.88元。

1994年以后，田东农话取消了包月制，实行本地网计次制收费办法。当年1月1日起，港澳台地区电报费调整为香港、澳门中文每字0.66元，外文1.32元，台湾地区外文每字1.32元。

1995年8月20日，百色地区建本地电话网。12月17日，田东入百色网，根据邮电部有关规定，国内长途电话话费分为三个等级，第一级为本地网外省内长话，每分钟基本价目为0.6元；第二级为省际间距离800千米以内，每分钟基本价目为0.8元；第三级为省际间距离800千米以上，每分钟基本价目为1元。本地网内长途电话，每分钟基本价目为0.5元。

1998年，电信、邮政分营后，本地网内长途电话由电信、移动、联通等公司分营。

国际及中国港澳台电话费

1991年，田东开通拨打中国香港、澳门、台湾地区电话业务，业务量逐年增多。1993年，中国港澳台地区长话每分钟基本价目11元，越南每分钟基本价目11元。1995年，上述地区调整为每分钟16.5元。1997年8月，起又下调到每分钟8.1元，不收取邮电附加费，法定节假日资费下调20%。

国内租用长途话路资费

1983年，田东县开始有租用长途电路业务，出租载波电路。租用电路开通点对点通话，资费按租用地点每分钟的长途电话价目，每月6000分钟计算；接入用户交换机使用的，按每月9000分钟计算。1985年底，全县长途电话电路达12路，均为二级省内电路，其中有明线载波电路8路，出租1路。年内，长话去话5.63万张，计费5.59万张。1988年，长话去话6.75万张，计费6.7万张。1996年，因全数字程控电话开通和普及，此项业务停办。

第三节 通信项目建设

1989年，全县电话装机容量500门，实占400门（磁式交换机）。

1991年11月，安装HJOQD千门程控自动电话交换机完成割接开通。同时，田东长途直拨电话开通，市内电话用户可申请在电话机线上加装使用三类传真机。

1993年，市话装机总容量1000门，实装用户918户。农村国有总机9个交换点，总容量764门，安装用户193户。全年长话业务总量19.9万份，业务收入101万元。农话业务量29.5万份，业务收入41.7万元。全年电信业务量为112.7万元，占邮电业务总量的47.5%。年内，邮电部“八五”期间通信建设重点之一的南宁至昆明一级干线光纤电缆工程动工建设，由邮电部投资和银行贷款及有关省（区邮电管理局）自筹资金建设，广西段投资约9698万元，广西境内沿线设南宁（终端站）坛乐、隆安、平果、思林、田东、田阳、百色、汪甸、田林、潞城和旧州共12个站，光缆长度418.1千米。田东至平果，田东至田阳，田东至百色各开通34Mb/s一个系统，田东站光电设备投资297.14万元、美元2885元，思林站光电设备投资约318.95万元。1994年12月1日，南昆光缆经过初验投入运行。

1994年4月，原09D空分制1000门程控数字交换机改S—1240型3000门全数字程控交换机割接开通投入使用。年内，累计实装机1600户，占总容量的53%，长途有权直拨1576户。开通“126”自动寻呼机，放号520户。预订交款大哥大16户。全县有8个农村电话交换点，总容量为790门，其中自动620门，累计实装机用户236户。

1995年，在S—1240机3000门程控机的基础上，完成扩容6000门，年底实装机2980户。开通大哥大和127自动寻呼台，BP机累计放号1800户，大哥大放号330户。全县农村9个交换点（其中新增新洲1个点）全部实现全数字交换机并入百色中心网，思林、林逢、祥周、新洲实现光缆传输。

1996年，田东县邮电局自筹资金建设农村通信线路，年内投入52万元，架设林逢至印茶、印茶至江城38千米的光缆线路。架设县城到平马镇四平村、祥周镇至中平村6千米的通信电缆线路，四平村和中平村共40户农民安上电话机。这开创了田东县有史以来农户安装电话的先例。

1997年，拉线架通义圩、朔良、那拔、仑圩、布兵、祷午、坡塘、作登等网点的光缆，安装1080线光环交换设备，实现乡乡通光缆，解决乡村群众打电话难的问题。同时在义圩、朔良、印茶、江城、作登安装无线寻呼发射机，使无线寻呼覆盖全县城乡。

1998年，县内市话容量达9000门，市话实装数6000多户，市话提供装机能力告急。为缓解市话能力紧张状况，满足用户通信需要，投资680万元，从9000门扩容到1.5万门。投入600万元，完成全县13个乡镇112个村民委的有线接入。投入90多万元，在作登瑶族乡摩天岭建起无线接入机站，使作登、林逢、印茶等乡的13个边远山区村装上电话。

2000年，县电信局有S—1240全数字程控交换机1.54万门。

2003年，县电信局拥有固定资产4500万元，主要设备有上海贝尔公司S—1240交换机、中兴接入网设备、华为接入网设备，总容量4.50万门。电信大楼于当年11月23日开业。

2005年，县电信分公司投资40万元，确保16097号的电话放号能力。

田东县志（1989—2005）

第十三篇

计划　统计　审计　价格

第一章 计划

中共第十一届三中全会后，田东县计划工作贯彻计划经济为主、市场调节为辅的方针，指令性计划比重缩小，指导性计划和市场调节范围扩大。1989年，按照建立有计划的商品经济要求，对经济管理方式进行改革。20世纪90年代初期，全县进入计划经济与市场调节相结合的“双轨制”时期，钢材、石油等计划分配物资逐年减少。1995年起，县计划部门不再进行物资计划分配。1997年，随着社会主义市场经济的建立，计划管理进入市场调节为主，计划调节为辅时期。计划管理的职能也由微观经济管理转向宏观经济管理，主要是加强对经济运行的监测、分析，编制全县国民经济和社会发展年度计划及中长期规划等，仅保留对固定资产投资项目的审批。同时，取消“农转非”许可证管理。2002年，县计划部门只负责重大项目的行政性监督。2004年，贯彻执行《国务院关于投资体制改革的决定》，对政府投资项目实行审批制，对于不再使用政府投资的建设项目一律不再实行审批制，而是区别不同情况实行核准制和备案制。

1989—2005年，田东县计划部门依据国家的方针、政策及经济社会发展战略目标，依法编制全县“七五”“八五”“九五”“十五”4个五年国民经济和社会发展计划，以及“十年发展规划”和“2000年远景目标”的中长期规划，并加强管理，为县委、县人民政府实施计划做好参谋，使各项任务圆满完成。

第一节 机构

1989年，田东县计划委员会（简称县计委）行使编制全县国民经济和社会发展中长期规划职能，指导各乡镇、各部门的计划工作，并督导、督查其计划执行情况。为县人民政府正科级行政职能部门，办公地址位于平马镇油城路18号，内设办公室、计划股、规划股、投资股和基建股，核定行政编制8名，实有干部7人。1990年编制7名，配正、副主任3名。

1995年，县计委内设机构有办公室、规划股、投资股、计划股和基建股，下辖田东县工业项目办公室，核定行政编制10名，事业编制3名，实有干部15人。

1997年，机构改革，县计划委员会更名为县计划局，县物价局归属计划局，县以工代赈办公室归县计划局管理，人员编制不另配。核定行政编制13名，事业编制7名，实有干部19人。

1999年，县计划局增设县工业项目办公室（不定级），核定事业编制5名。

2001年，田东县计划局更名为田东县发展计划局，县物价局并入县发展计划局（保留牌子和印章）。同年，县国民经济动员办公室作为县人民政府的议事机构设在发展计划局。核定行政编制13名，事业编制10名，实有干部25人。

2002年，机构改革，县物价局正式并入县发展计划局，县物价局、县西部开发办公室在发展计划局挂牌，县工业项目办公室作为独立的事业单位设在发展计划局。同年，核定行政编制13名，事业编制11名，实有干部26人。

2004年，县发展计划局更名为田东县发展和改革局，保留物价局牌子，是主管全县经济社会发展和改革的县人民政府职能部门，指导和推进全县经济体制改革，管理技术改造投资，编制重要工业品和原材料进出口计划。县物价局在县发展和改革局挂牌。

2005年，县发展改革局设办公室、综合规划股、投资股、农经股、工交股、固定资产投资股。核定行政编制13名，事业编制12名，实有干部28人。

县计划委员会（县发展计划局、县发展改革局）历任主任（局长）：农万利（1988年11月至1991年3月）、李光佩（1991年3月至1994年2月）、唐上斌（1994年2月至2002年2月）、李能（2003年1月至2006年11月）。

第二节　计划体制改革

1989—1992年，随着国家经济体制由计划经济体制向市场经济体制的过渡，计划体制也逐步由过去的指令性计划向指导性计划变革，计划管理由微观经济管理向宏观经济管理变革。县计划部门对原来高度集中的计划体制举行改革，缩小指令性计划范围，扩大指导性计划和市场调节的范围。对关系到国计民生的农产品实行统购统销，下达指令性指标。对绝大部分消费品逐步取消统购统销。对钢材、水泥等工业品实行指令性计划分配。对300万元以下生产性建设项目和50万元以下的非生产性建设项目进行立项、审批和下达计划。

县级计划编制形式由短期计划为主、中长期计划为辅向以中长期计划为主、短期计划为辅变革，突出计划的战略性、宏观性和政策性，发挥市场机制的作用，加强和改善宏观调控，促进经济总量的平衡和经济结构的优化。

1992—2001年，计划部门计划调控方式从以计划经济为主、市场经济为辅，向以市场经济为主、计划经济为辅的过渡；从单纯运用行政手段，向综合运用经济手段、法律手段和必要的行政手段转变。职能逐步从分钱、分物、审批等微观管理转移到宏观调控，也就是制定经济社会发展大战略、大规划，管理大项目、大市场，进行大协调、大平衡、大服务，发挥战略性、政策性的指导作用。为此，计划编制实现了由繁到简的转变，计划体制改革之前的指标体系面面俱到，体制改革之后计划指标体系则主要是生产总值、工业和农业总产值、财政收入、固定资产投资、社会消费品零售、利用外资和出口总值、人口增长、社会就业、城乡居民收入等方面。

2002—2005年，改变过去计划指标层层下达到基层单位和企业的做法，计划只下达到全县各有关部门和乡镇政府，体现了社会主义市场经济条件下政府对经济的指导和调控。县计划部门规划指标更注重预测性和指导性，从对经济的直接管理转到间接管理，从对资源的供给管理转到需求管理，从行政性审批转到创造公平竞争的市场竞争。除了食盐仍然保留指令性计划指标，把大量的工业、运输生产计划指标改为预测性指标。不再编制下达具体项目的年度贷款计划，只向政策性银行推荐项目并指导监督贷款方向。对企业使用非政府投资建设的符合国家产业政策、非重大项目和非限制类项目逐步实行登记备案制，减少行政审批和对经济活动的直接行政干预。凡不需要财政资金、属国家鼓励投资的且在县审批权限内的建设项目，不再审批、备案。此外，做好全县国民经济运行动态的收集、整理、分析、预测和监测以及经济信息的传递发布工作，开发信息资源，为党政领导机关提供参考和为生产经营单位提供咨询服务。

第三节　计划编制与执行

经济运行监测分析编制

1995年起，县计划部门按月、季度、半年、全年对全县经济运行情况和计划完成情况进行分析研究，做好国民经济的预测、检查、监督、协调、服务工作，撰写经济运行分析调研材料，针对经济运行中存在的问题和困难提出意见和建议，为各级领导经济决策提供科学依据。按照国家的产业政策和自治区颁布的产业指导目录，从计划的制订和项目的审批进行宏观调控，保证产业政策和产业结构调整的实施。不定期地对某些经济现象进行专题调查、研究、分析、论证，提出有针对性的对策措施和建议，供领导决策参考。

1997年起，县计划部门开始每月、每季度收集全县各项年度发展计划指标完成情况，撰写经济运行分析调研材料。至2005年，编写田东县国民经济运行情况汇报等108篇月报、36篇季报和9篇年报，针对经济运行中存在的问题和困难提出意见和建议，为各级领导经济决策提供科学依据。同时履行重大项目建设稽查工作，跟踪督查项目进展情况，及时掌握全县固定资产投资项目的情况，并坚持每月定期汇总编制田东县固定资产投资项目情况。

年度计划编制与执行

1989—2005年，县计划部门每年编制年度计划的程序是从上年度第四个季度开始调查摸底收集资料，预测分析情况，采取自下而上、自上而下相结合的方法，编制出本年度全县国民经济和社会发展计划草案，内容包括指导思想和计划指标两大部分。计划草案一般于11—12月开始编制，经过多次反复修改并报县人民政府审定后，于次年初交由县人民代表大会代表讨论通过后下达实施。在实施过程中，县计划部门负责检查计划执行情况，总结经验，找出差距，分析原因，提出努力方向，报县委、县人民政府和上级主管部门作出进一步指导计划执行的决策。

1989—1992年，计划重点是农业和工业发展。加快调整农业结构，增加农业投入，扩大科技兴农。农村社会总产值由1989年的19901万元增加到1992年的26041万元，年均增长9.38%。1992年，全县农业总产值创历史最高水平，达到21053万元，年均增长11.51%。主要农产品产量获得连年增产，粮食总产量由1989年的106077吨，增加到1992年的127170吨，增长18.88%。农村产业结构有较大的调整，农业总产值由1989年的80.82%上升到1992年的80.85%，非农业产值由1989年的19.18%下降到1992年的19.15%。增加工业投资，改造工业技术、设备，调整产业结构，实行企业承包责任制，工业生产稳步发展。1992年，全县工业总产值30232万元，比1989年增长31.05%，年均增长7.75%。主要工业产品产量获得了增长，1992年原煤产量75.27万吨，比1989年增长6.86%。1992年汽油产量1.56万吨，比1989年增长387.5%。1992年水泥产量13.81万吨，比1989年增长108.56%。1992年制糖产量1.55万吨，比1989年增长43.52%。

1993—1997年，农业计划是推进农村改革，以市场为导向，调整农业种植结构。1997年，甘蔗种植1.07万公顷，冬菜0.67万公顷；水果1.93万公顷，产量达5万吨，在百色地区率先跃进全区水果基地县行列。工业计划是转换企业经营机制，加快以产权制度为重点的企业改制，加大工业结构调整和技术改造力度。1996年全县工业总产值首次超过农业总产值。乡镇企业发展速度快、效益好，固定资产投入从1993年的409万元增到1997年的7500万元，增长17.3倍。思林造纸厂生产的瓦楞纸荣获蒙古国际博览会金奖。1993—1997年国内生产总值、工业总产值、农业总产值、粮食总产量、财政收入、乡镇企业总收入、农民人均年纯收入年均增长率分别达20.33%、17.17%、16.5%、3.24%、27.77%、86.35%、35.9%。

2000年，全县发展特色农业和优质高效农业，抓好工业经济结构调整和国有企业的扭亏脱困，发展非公有经济。全年国内生产总值计划17.91亿元，实际完成17.16亿元。农、林、牧、渔总产值计划完成8.9亿元，实际完成8.48亿元。工业总产值计划9.94亿元，实际完成10.38亿元。乡镇企业总产值13.76亿元，实际完成13.86亿元。全社会固定资产投资计划完成3.5亿元，实际完成3.27亿元。

2003—2005年，农业计划是加快农业产业化进程，发展优质、高产、高效农业，打造香蕉、芒果、香米、甘蔗、竹子、速生桉、蔬菜等十大特色农业产业基地。2005年，全县粮食总产量135103吨，比1989年增长27.36%；水果总产量98924吨，增长48.19倍；肉类产量38852吨，比1989年增长4.32倍；甘蔗产量1059410吨，比1989年增长9.36倍；农林牧渔业总产值143145万元，比1989年增长8.89倍。工业计划是进一步优化工业结构，依托资源优势，巩固和培育石化、电力、矿冶、食品、造纸、建材等支柱产业。田东火电厂建设新厂、登高集团年产200万吨水泥厂、东泥股份有限公司技改、田东南华糖业公司扩建、中油田东石化总厂炼油厂扩建、广西金荣纸业有限公司扩建等相继建成投产。这三年，全县工业总产值分别完成156357万元、183878万元、257417万元，年均增长21.81%。2005年，全县工业总产值257417万元，是1989年1.65亿元的15.6倍。工业占生产总值的比重由2000年的27%提高到2005年的49.1%，标志着田东县正由传统的农业大县朝着工业大县迈进。

五年计划编制与实施

五年计划编制一般提前于计划实施期初的1年左右开始编制，首先由各单位和部门提出发展的主要思路、目标、指导思想、工作任务、发展速度、发展的国内外环境分析、主要数量指标、主要建设项目、实现规划目标的主要政策措施等。然后，由县计划部门综合各部门的意见，提出中长期规划草案，反复征求各部门、各乡镇、企业单位及领导、专家和各界人士的意见，报县人民政府审定。最后，在规划实施期第一年的年初，交由县人民代表大会代表讨论通过后下达实施。

1989—2005年，县计划部门共编制4个五年计划，即田东县国民经济和社会发展第七个五年计划纲要（“七五”计划）、第八个五年计划纲要（“八五”计划）、第九个五年计划纲要（“九五”计划）、第十个五年计划纲要（“十五”计划）。随着经济体制改革的不断深入，计划工作越来越着眼于微观调控，减少指令性计划指标，逐步下放管理权限。“七五”计划和“八五”计划为指令性计划，属行政行为，计划指标比较多，计划下达必须完成。“九五”计划和“十五”计划为指导性计划，计划期间以市场经济为基础，不带强制性，计划指标比较少。

“七五”计划编制与实施　“七五”计划时间为1986—1990年，1985年编制。“七五”计划编制消除“集中过多，统得过死”的做法，仅对关系国计民生的大宗农产品下达指令性计划范围，对重要商品如钢材、水泥等实行指令性计划分配，逐步扩大指导性计划范围。“七五”计划主要指标有地区生产总值、农业总产值、工业总产值、财政收入、社会消费品零售总额、农民人均年纯收入以及粮食、甘蔗等主要指标，计划重点放在农业和工业指标上。

“七五”计划编制以农业为基础，以工业为突破口走农工贸综合发展的外延型经济的路子。在布局和发展方向上，做大制糖食品、采矿冶炼、建材建筑、石油化工等四大工业产业，培育粮食、甘蔗、芒果、杉树、油桐、油茶、酸梅、渔业等八项农业产业基地。在发展农业上，狠抓粮食生产，办好吨粮田、高产样板田和指挥田，发展多种经营，发展亚热带经济作物。在工业发展上，抓技改项目和企业发展规划，发展横向经济联合，引进资金、技术和人才。

1990年，国民生产总值比1987年增长16.1%，年平均增长5.1%。1990年全县农业总产值比1987年增长22.63%，年平均增长7.54%。工业总产值比1987年增长9.8%。财政收入比1987年增长57.99%，年平均增长16.47%。全县农民人均收入比1987年增长41.89%；城镇居民人均收入比1987年增长18.2%，城乡人民生活水平普遍得到提高。

“八五”计划编制与实施 “八五”计划时间为1991—1995年，1990年编制。“八五”计划编制把农业和农村工作放在各项工作的首位，对粮食生产采取保面积、增投入、多推优的措施，逐步提高农产品商品率。着力抓现有企业的技术改造和转换经营机制，挖掘潜力，激发企业内部活力。狠抓项目建设，以项目拉动投资，促进经济发展。压缩非生产性投资，加强农业、能源、交通、通讯等基础产业的建设。在农村，坚持联产承包责任制，完善统分结合的双层经营体制，发展以科技、流通为主的服务体系。在城镇，着重抓企业经营机制转换，制定《关于搞活工业企业的若干规定》，推选各种形式的企业承包。“八五”计划主要指标有国民生产总值、社会固定资产投资、工农业总产值、乡镇企业总产值、财政收入、粮食总产量等，主要产品计划指标是粮食、甘蔗、石油、造林灭荒、冶金、建材、造纸、化工、煤。“八五”计划，国民生产总值年均增长11.37%，1995年国民生产总值达32777万元，人均860元以上；农业总产值年均增长速度为6.25%，县属工业总产值年均增长速度为13.77%，乡镇企业总产值1995年为4200万元。

1995年，全县国内生产总值比1990年增长137.82%，平均每年递增27.56%。其中第一产业比1990年增长141.43%，平均每年递增28.29%；第二产业比1990年增长236.15%，平均每年递增47.23%；第三产业比1990年增长134.6%，平均每年递增26.92%；地方财政收入比1990年增长264.34%；全社会固定资产投资比1990年增长121.14%；社会消费品零售总额比1990年增长156.65%。

“九五”计划编制与实施 “九五”计划时间为1996—2000年，1995年编制。“九五”计划编制继续把农业放在首位，走特色农业发展之路，在稳定和完善家庭经营承包责任制的基础上，积极推进农村改革，不断调整种植结构，多渠道增加农业投入。坚持“抓大放小”方针，全面推进国有企业改革，实施跨地区、跨行业、跨所有制的兼并，对县松香厂、印刷厂、酒酱厂、水泥厂等企业进行股份合作制改造，对县一糖厂、二糖厂进行以国家控股为主要形式的规范化公司制改造。以田东县丰富的资源优势为基础，以平（马）百（色）二级公路、南（宁）昆（明）铁路建成通车为契机，出台招商引资的各项配套政策。建立以县城批发市场为中心，乡镇农贸市场为依托的市场网络，建成金穗农贸市场、城东建材市场和城西果菜批发市场，加快林逢、布兵、祷午、朔良、江城等乡村农贸市场的改造和新建步伐，促进商品流通和农村市场的繁荣。加快交通运输业发展，配合国家重点建设邕（宁）（百）色二级公路、南（宁）昆（明）铁路，新修县道2条14千米，乡道4条25千米，村道481条179千米。

“九五”计划主要指标有国民生产总值、社会固定资产投资、工业总产值、农业总产值、财政收入、社会消费品零售总额等，以及主要产品计划指标粮食、甘蔗、制糖、石油化工、煤、建材、造纸、采矿冶金等。“九五”计划目标全县国民生产总值年均增长11.37%，农业总产值年均增长6.25%，县属工业总产值年增长11.37%，乡镇企业总产值年增长24.65%，财政收入年增长9.26%，社会商品零售总额年增长9.1%，粮食总产量年均增长2.22%。

2000年，全县国内生产总值比1995年增长38.77%，平均每年递增7.75%。其中第一产业比1995年增长32.67%，平均每年递增6.53%；第二产业比1995年增长57.31%，平均每年递增11.46%；第三产业比1995年增长29.05%，平均每年递增5.81%；地方财政收入比1995年增长93.2%；全社会固定资产投资比1995年增长75.14%；社会消费品零售总额比1995年增长-13.48%；粮食总产量比1995年增长4.42%。

“十五”计划编制与实施 “十五”计划时间为2001—2005年，2000年编制。“十五”计划编制稳粮抓钱，兴工繁贸，全面实施“区域经济”“开放带动”“科教兴县”“可持续发展”战略，切实加强基础设施建设。实施“水利”工程、“三田”（吨粮田、吨糖田、万元田）工程、种子工程、流通工程、生态扶贫工程、乡镇企业工程，调整农业产业结构，推进农业产业的进程。实现国有企业改革整顿、政府机构改革、实施再就业工程取得新的突破。加快发展非公有制经济，努力实现经济成分多种形式新突破。

“十五”计划要办好的主要实事：实现村村通电、通电话，村村建有广播电视卫星接收站、文化室、卫生室；完成农村电网改造、实现城乡用电同网同价；实现乡乡通柏油路，实施南水北调工程，完成县城城西排水防洪工程建设，修建环县路、环城路、江滨路；兴建一座科技馆、一个森林公园、两个广场，所有乡镇卫生院、村中心小学和村民委实现“楼房化”；全面实施安居工程，城镇居民人均居住面积增加到15平方米。

“十五”计划目标要实现的主要经济指标是国内生产总值、工业总产值、农业总产值、财政总收入、乡镇企业总投入、粮食总产量和农民人均年纯收入年均增长23%、24%、15%、23%、20%、1%和20%，年均固定资产投资2亿元以上。

2005年全县国内生产总值比2000年增长112%，平均每年递增22.4%。其中第一产业比2000年增长71.1%，平均每年递增14.22%；第二产业比2000年增长189.99%，平均每年递增37.99%；第三产业比2000年增长77.42%，平均每年递增15.48%；地方财政收入比2000年增长101.67%；全社会固定资产投资比2000年增长547.95%；社会消费品零售总额比2000年增长66.52%；粮食总产量比2000年增长1.48%。

第四节　项目管理

建设项目的实施按一定程序推动，大体过程包括项目前期工作（提出项目建议书、编制项目可行性研究报告、进行设计）、开工建设、竣工验收、交付使用等阶段。

项目前期

按照田东县人民政府和上级计划部门的有关规定：凡事关全民所有制的基本建设项目，均需县计划局审批，按程序编制项目建议书和可行性研究报告，报县人民政府投资主管部门批准后，由县投资主管部门下达基本建设计划后实施。

县计划部门根据中长期规划、产业政策、生产力布局、国内外市场需求等实际情况，拟定建设项目框架性的总体设想，编制项目建议书。可行性研究报告是在制订生产、基建、科研计划的前期下，通过全面的调查研究，分析论证项目的可行性。1992年，编制完成《田东县第二糖厂建设可行性研究报告》并获国家计委审批通过。1993年，编制完成《芒果6000亩连片开发可行性研究报告》报自治区计委审批通过。

1994年，编报重大项目可行性研究报告9项，国家批准立项1项，自治区批准立项5项，地区批准立项3项。1995年，编制田东县“九五”项目发展计划及2010年远景发展计划。1996年，共完成项目可行性研究报告46项。1997年，编制可行性研究报告、项目建议书11项，组织评估5项。1998年，编报项目可行性研究报告5项，通过专家评估论证4项。

1999—2005年，为提高项目可行性研究深度和广度，项目可行性研究报告均改为委托有资质的中介机构编制。

项目及投资

1989—2005年，县计划部门共审批立项1623个，审批可研报告59个，转报审批事项468项。

“七五”期间，审批项目201个，转报上级审批21个项目，全县社会固定资产投资累计23.65亿元。这些项目建设包括新建作登水电站、思林水泥厂、县城新自来水厂、建材厂、硫酸锰厂、新纸厂、摩擦材料厂等16个厂，以及县城35千伏输变电工程、田东邮电大楼程控电话、平马电灌站更新改造工程、日榨2000吨的县第二糖厂等。

“八五”期间，审批项目384个，转报上级审批53个项目，全县社会固定资产投资累计30.34亿元。这些项目包括新上的17项乡镇企业项目、右江大桥至坡算公路、邕（宁）（百）色二级公路田东段扩建、县城35千伏输变电工程、1000门程控电话割接开通。这些项目还包括建立平马镇合乐、坡塘乡六朴村2个异地开发点，安排作登、布兵等贫困群众200户1000人到扶贫开发区开发生产。这些项目还包括中外合资企业雨伞厂、台式商品房项目、投资6485万元的国家重点工程田东县第二糖厂建设项目。

“九五”期间，审批项目528个，转报上级审批147个项目，全县社会固定资产投资累计10.89亿元。其中投入1960万元，建立江山、六鲁等6个贫困山区移民安置点，共安置贫困农民1459户、7492人；投入3326万元，建成了广西县级最大的金穗农贸市场和11个乡村农贸市场；投入2940万元，开通BP机、大哥大和15000门程控电话，沟通信息，促进经济发展；投入410万元，安装82个地面卫星接收站，丰富人民精神文化生活；投入1409万元，建成110千伏变电站，完成北部山区输电线路工程，结束了北部4个乡缺电的历史。

“十五”期间，全县审批项目立项510项，审批上报项目247项，社会固定资产投资计划35.26亿元，实际完成49.16亿元。实施项目包括实施农村电网改造、龙须河引水治旱、田东至巴马公路、田东至天等公路、西南大市场、田东电厂扩建、思林纸厂扩建、过境一级公路、东泥公司扩建、江滨防洪堤、十里莲塘改造、城市供水系统改造、田东至德保二级公路等一批项目，全县基础设施条件明显改善。此外，实施人畜饮水项目60个，新建水池285座8173立方米，安装输水管路183.5千米，解决31913人5654头牲畜饮水困难问题。

2003年，龙须河引水治旱工程

（县发展改革局提供）

第二章　统计

1985年，正式建立国内生产总值统计制度，开始在国民收入的基础上计算国内生产总值。1993年，停止国民收入计算，完全按照联合国推荐的国民账户体系（SNA）的基本原则和方法进行国内生产总值核算。县统计部门每年对农业、工业、建筑业、服务业、固定资产投资、能源、人口与劳动工资、人民生活等国民经济和社会发展情况进行统计调查、统计分析，形成统计资料。此外还开展人口、工业、农业、第三产业、基本单位等重大县情的普查。县统计部门实行统计监督，发挥统计工作在了解县情县力、指导国民经济和社会发展等方面的重要作用。

1988年11月，田东县在各乡镇成立统计站，开展多种统计调查，核准统计数据，完成农村经济统计一套表。形成了以统计局为核心，横联各乡镇、各单位，下联各村组的基层统计网络。

1989年，统计资料由县内各行业统计报送，县统计局根据各基层单位统计报表资料和部门提供的综合统计报表资料进行综合审核汇总，并以综合经济统计卡片的形式上报。1990年起，充实统计内容，废除一些不适应经济体制改革需要的报表。全县统计工作逐步由手工操作改用电脑处理。

从1999年开始，实行新的国家统计报表制度。至2005年，统计报表共有18项内容50多个主要经济指标。2005年，统计重点是在规模以上工业、交通运输业、限额以下批发零售贸易业、住宿餐饮业、农村固定资产投资等统计领域，县统计局的定期统计报表主要有农业、工业、交通、邮电、固定资产投资和建筑业、能源、商业、服务业、金融、人口、科教文化卫生等。

第一节　机构

县统计局

1963年11月，田东县统计局成立，负责全县统计工作和国民经济核算体系的正科级行政单位，办公地址位于平马镇庆平路35号，有综合核算、农业、工业、能源、固定资产投资、劳动工资、批零贸易等7个专业统计。1989年，全局核定编制10名，实有干部职工13人，设局长1人，副局长2人。

2002年机构改革后，统计局核定编制9名，其中行政编制8人，事业编制1名；配备局长1人，党组书记（兼副局长）1人，副局长1人，纪检组组长1人。内设办公室、公交能源投资统计股、综合平衡法规统计股、农业社会贸易统计股。

2004年，增设统计局普查中心，增加事业编制5名，实有在职人员14人，其他内设机构不变。2005年，统计局内设机构、领导职数及人员情况均不变，其中具有大学学历2人，大专学历9人，中专学历3人；统计师2人，助理统计师4人。

历任局长：王仕强（1987年10月至1993年12月）、罗有效（1993年12月至2006年12月）。

农村社会经济调查队

1984年7月成立田东县农村社会经济调查队，行政归县统计局代管，人员编制8人，业务及经费由国家农调总队负责。1994年自治区农调队和田东县人民政府签订协议，1997年后仍保留田东县农村社会经济调查队，隶属县统计局领导，属事业单位，原编制人数暂不变，所需经费由县财政拨款。1997年6月起执行此协议。2005年，核定事业编制8名，实有职工8人。

乡镇统计站

为适应农村经济改革需要，根据县人民政府1988年5月发出《关于建立乡镇统计站的通知》精神，当年11月，思林镇首先成立统计站。

1989年，有作登、印茶、朔良、义圩、祥周、布兵6个乡成立统计站。至1990年，全县各乡镇均成立统计站。乡镇统计站站长由乡镇长兼任，每个乡镇配1名统计助理，负责乡镇各项统计工作，人员有乡镇直各部门统计员，全县乡镇统计站人员共211人。155个村公所相应组建村统计组，人员647人。统计站的经费、工资由各乡镇人民政府负责，县统计局具体负责业务指导。1990年，思林镇统计站被评为自治区先进统计站。1991年，祥周乡统计站被评为自治区先进统计站。1992年，作登瑶族乡统计站被评为自治区先进统计站。

2002年机构改革，取消乡镇统计站，人员和工作划归乡镇农业服务中心，各乡镇人民政府只设兼职统计员1人。

第二节　统计调查

专项调查

人口普查　1989—2005年，按照国家统一部署，田东县于1990年和2000年先后进行了2次人口普查。

1990年，田东县开展第四次全国人口普查。全县参加第四次人口普查工作3142人，历经14个月，完成任务。按照第四次全国人口普查方案规定，全县13个乡镇和右江矿务局，共划分为169个普查区，1294个调查小区，选配普查指导员299人，普查员1416人，陪调员1294人。普查登记标准时间为1990年7月1日零时。由于准备充分，全县1294个调查小区的普查登记一次成功。普查登记姓名、性别、年龄、民族、文化程度、职业、婚姻状况等内容。普查结果：全县总人口为371509人，其中男性185534人，女性185975人，出生4863人，死亡2103人，出生率13.11‰，死亡率5.67‰，自然增长率7.44‰，壮族31.06万人，汉族4.09万人，瑶族1.04万人，其他少数民族0.96万人，少数民族占总人口比例85.27%，文盲占总人口19.17%，初中文化程度62670人，高中（含中专）文化程度17838人，大专及以上文化程度1538人。全县总人口中，平马镇4.4万人，思林镇3.75万人，祥周乡3.81万人，布兵乡1.1万人，林逢乡3.73万人，祷午乡1.06万人，朔良乡3.1万人，坡塘乡1.67万人，作登瑶族乡3.73万人，义圩乡2.21万人，那拔乡1.32万人，印茶乡2.3万人，江城乡2.06万人，右江矿务局2.91万人。

2000年，田东县开展第五次全国人口普查。成立领导机构和工作机构，从有关部门抽调18人组成人口普查办公室，开展各项准备工作。6月，完成全县普查区域划分和小区图的绘制工作。普查登记的标准时间为2000年11月1日零时，普查登记姓名、性别、年龄、民族、文化程度、职业、婚姻状况等内容。普查结果：全县总人口388700人（含外出人口，不包括外来人口），其中男性19.7万人，女性19.19万人，出生4032人，死亡2401人，出生率10.53‰，死亡率6.27‰，自然增长率4.26‰，壮族人口33.01万人，汉族人口4.15万人，瑶族人口1.51万人，其他少数民族人口2201人，少数民族占总人口比例89.32%，文盲占总人口14.58%，初中文化程度123711人，高中和中专文化程度35485人，大专及以上文化程度5700人。在全县总人口中，平马镇7.22万人，思林镇3.92万人，祥周乡3.65万人，布兵乡1万人，林逢乡3.83万人，祷午乡1.1万人，朔良乡3.16万人，坡塘乡1.73万人，作登瑶族乡3.76万人，义圩乡2.23万人，那拔乡1.4万人，印茶乡2.36万人，江城乡2.17万人，右江矿务局1.27万人。

第三产业普查 1993年6月，田东县进行第一次全国第三产业普查，普查标准时间是1992年12月31日，普查主要内容是对1992年全县第三产业基本发展情况进行调查，普查对象为在田东境内从事第三产业的全部法人单位、产业活动单位和个体经营户。普查登记结果：1992年，境内有18571人从事第三产业，全县第三产业增加值16342万元，占地区生产总值比重22.5%。

工业普查 1995年，田东县进行第三次全国工业普查。普查标准时间为1995年12月31日。普查结果：普查登记的独立核算工业企业58个，其中国有经济34个、集体经济23个、三资及联营企业1个。在普查登记的企业个数中，全县乡镇工业企业663个。全部工业总产值49448万元，其中乡镇工业总产值（原规定）22500万元，独立核算工业企业工业总产值26948万元。

农业普查 1996年，田东县进行第一次全国农业普查。普查时间两年，主要普查全县农业生产经营单位数量、规模、结构、劳动力素质等基本情况。全县参加普查工作1790人，其中国家机关公务员116人。普查工作分三个阶段：一是准备阶段，从1995年12月至1996年12月，分为组建工作机构，划分普查区、业务培训、宣传动员和落实经费等工作。二是普查登记阶段，从1997年1月1日至1997年5月，分为普查登记和审核复查两项工作。三是数据处理阶段，从1997年6月至12月，分为手工汇总和光电录入两项工作。普查结果：农村住户67597户，农村人口323929人，农村从业人员209345人，其中从事农业的有178353人，从事非农业的有30992人。全县耕地面积24753.53公顷，其中水田9842.87公顷，旱地14910.66公顷。

抽样调查

个体商业营业额抽样调查 1987—1992年，根据全县个体有证商业的营业额高低相差悬殊的情况，以人均营业额为排队标志，采取定点与分类相结合的办法进行对称等距抽样方法，抽取63个样本户，进行长期观察登记。从样本户推算全县个体有证商业的发展变化情况，连续进行6年多的个体商业抽样调查工作，比较客观推算了全县个体商业零售额主要指标。

粮食产量抽样调查 乡镇采取“简易抽样试收测产推算”办法，做好早稻粮食产量测产推算工作。1992年，在平马镇、思林镇、祥周乡、林逢乡的58个村公所、178个农业合作社，对夏粮产量进行抽样调查试点。当年全县夏粮预计产量73234吨，经过统计调查，实际产量为76033吨，误差率为3.68%。

农村住户调查 1989—1999年，由县经管部门负责农村住户调查。从2000年起，改由县农调部门负责农民人均年纯收入的调查工作。当年全县抽样调查120户。调查队向抽样调查户发放记账本，调查户经过指导培训后，及时登记每天现金收支和实物收支名称、计量单位、数量和金额；协助调查员收取账本，并进行初审；调查队审核、编码、录入汇总原始数据，获得一定时期内农民生产、生活、收入、消费等各方面数据，以此推算农民人均年纯收入。当年调查结果：户平均劳动力2.38人，平均生产性固定资产原值1152.6元，平均使用房屋面积100.03平方米，人平均年总收入679.3元，其中人平均农业收入335.79元，人平均年总支出231.65元，人平均上交集体2.81元，年末人平均存现金220元，人平均年纯收入434.24元。

2005年，开始执行自治区“农村住户所在村情况调查表”“农村居民家庭基本情况调查表”“农村居民居住情况调查表”“农村住户人口与劳动就业情况”“农村生产结构及技术应用情况”“农村居民家庭实物收支台账”“农村居民家庭现金收支日记账”“农村住户劳动力就业与外出从业情况”“农村住户劳动力外出从业情况登记台账”等统计报表。当年，调查户数120户，常住人口632人；实现农民人均年纯收入2493元，其中工资性收入1102元、家庭经营纯收入1349元、财产性纯收入25元、转移性纯收入17元；总支出3109元，其中家庭经营费用支出826元、购置生产性固定资产支出35元、税费支出11元、生活消费支出2183元、转移性支出54元。

全国百分之一的人口抽样调查 1995年，田东县作为自治区县级单位抽样县之一开展全国百分之一人口抽样调查。调查标准时间为10月1日零时。统计、计生、公安等部门协同入户调查登记，顺利完成调查任务。百分之一人口抽样调查为推算田东县和全区人口、性别、年龄、文化教育、职业、行业、婚姻家庭、生育、死亡、迁移、分布、住房、民族等情况提供科学依据。调查结果：全县总人口368990人，其中男性183785人，女性185205人，女性比男性多1420人，出生3805人，死亡2379人，出生率10.28‰，死亡率6.48‰，自然增长率3.8‰。全县人口年龄分组为：4岁以下37473人，5~9岁46461人，10~14岁50326人，15~24岁80033人，25~59岁132816人，60岁以上21881人。全县有20个民族居住，壮族313545人，汉族39906人，瑶族15352人，其他民族187人，少数民族占全县总人口比例89.19%。文盲占总人口16.1%，初中文化62670人，占全县总人口的16.74%；高中文化17833人，占全县总人口4.78%；大学专科文化程度的有1149人，占全县总人口0.31%；大学本科文化389人，占全县总人口0.03%。全县在业人口193165人，其中农林水利业在业人口164009人，占全县在业人口的84.9%；工业在业人口12084人，占全县在业的6.26%；地质行业在业人口58人，占全县在业人口的0.03%；建筑业在业人口1088人，占全县在业人口的0.56%；交通邮电在业人口2249人，占全县在业人口的1.16%；商业物资在业人口4270人，占全县在业人口的2.21%；房地产公司事业在业人口1089人，占全县在业人口的0.56%；卫生体育社会福利在业人口996人，占全县在业人口的0.51%；文化教育广播电视在业人口4227人，占全县在业人口的2.19%；科技在业人口54人，占全县在业人口0.03%；金融保险在业人口424人，占全县在业人口的0.22%；机关团体在业人口2617人，占全县在业人口的1.35%。不在业人口中，在校学生15195人，离退休2355，待业及升学2316人，料理家务20328人，丧失劳动力6203人，其他479人。

城镇住户调查 2003年10月，田东县布置城镇住户调查和贫困监测前期工作。2004年起，对城镇住户进行调查登记，全县抽样调查60户，以此推算城镇居民人均可支配收入。

2005年，执行自治区“城镇居民家庭成员基本情况调查一览表”“城镇居民家庭住房基本情况调查表”“城镇居民家庭就业情况调查表”“城镇居民家庭主要耐用消费品拥有情况调查表”“城镇居民家庭现金收支调查表”“城镇居民家庭消费支出调查表”“城镇居民家庭食品消费调查表”“城镇居民家庭非现金收入调查表”等统计报表。调查结果：当年抽样调查的60户中，家庭人口2.62人/户，就业人口1.21人/户，负担系数2.02人/户，家庭人均总收入6271.32元（可支配收入5950.42元，其中工薪收入4980.45元、经营性收入223.26元、财产性收入31.17元、转移性收入1036.44元）、出售财物收入18.52元；家庭人均总支出7420.83元，其中消费支出4682.62元、购房与建房支出1009.44元、转移性支出1440.51元、财产性支出5.1元、社会保障支出283.16元。

重点调查

第一次和第二次全国基本单位普查 第一次全国基本单位普查的标准时点为1996年12月31日。12月以前为准备阶段，1997年6月以前完成全国基本单位普查数据的审核汇总和数据处理，年底建立单位名录库，并对普查数据进行分析研究和开发应用。调查范围除个体工商户和农户以外的每一个部门和单位。普查结果：全县有1224个产业活动单位，其中具有法人单位658个，有单产业法人单位566个。

2001年，田东县开展第二次全国基本单位普查工作，成立了基本普查工作领导小组，全县共选调普查人员100人。从2001年10月开始对普查对象进行全面的清查摸底：收集部门登记数据进行整理核对、布置乡镇进行全面清查、将县整理数据和乡镇清查数据进行核对，保证基本单位普查不重不漏。普查的标准时点为2001年12月31日。普查登记采用“以块为主，条块结合”的方式开展，即以乡镇为块，主管部门为条，对全部调查对象采取直接发表调查的方式，由普查办组织各乡镇和业务主管部门采取条块结合，分工协作，块块复核上报的普查方法。对个体户调查，以村、居委会为普查小区，逐个清查的办法。普查结果：共登记法人单位数947个，产业活动单位数1311个，个体工商户10049户。

第一次全国经济普查 2004年，田东县进行第一次全国经济普查工作。成立了经济普查工作领导小组，各乡镇也相应成立经济普查领导小组和办公室。全县共抽调普查员140名，每个普查员负责100~200户的单位和个体户。普查对象为在境内从事第二产业、第三产业的全部法人单位、产业活动单位和个体经营户。普查时间近2年。普查时间点为2004年12月31日零时。普查结果：全县从事第二、三产业的法人单位836个，其中企业法人单位226个，实现主营业务收入8.71亿元；机关、事业法人单位274个，全年支出合计1.2亿元。个体经营户9333户，实现营业收入4.6亿元。第二、三产业的法人单位从业人员15941人，其中第二产业从业人员5957人、第三产业从业人员9984人；个体从业人员11903人，其中从事第二产业人员为7672人，第三产业人员4231人。同年，田东县获第一次全国经济普查工作“全国先进集体”称号。

第三节　统计服务

撰写统计资料

县统计局在日常性统计工作、调查任务的基础上，为县委、县人民政府做好统计服务，每年撰写统计资料、统计分析报告。

1989年，撰写统计资料69篇，其中反映全县国民经济运行及社会发展情况30篇，反映全县主要经济计划完成情况4篇，反映县人民政府重要目标管理完成情况11篇，反映城乡市场情况14篇，反映居民生活情况10篇。

1990年，编写统计数据采用专题分析、进度分析和综合分析相结合的办法，全年共撰写统计数据53期，统计信息61条，被广西日报社等单位采用45篇（条）。

1991—1994年，撰写的统计分析报告194篇，其中1992年撰写的《农村剩余劳动力的根本出路主要应就地消化》被评为自治区1991—1992年度第四次全国人口普查优秀分析报告三等奖。

1995年，统计工作的主要服务项目为编制《1994年田东县国民经济和社会发展基本情况》，分发给县领导及各部门。成立统计信息服务部，向社会提供已经公开发表的统计资料。根据形势发展需要，不定期地编制统计简讯5期、撰写统计分析8篇、专题分析3篇，其中专题分析《夏粮减产，秋粮严峻，全年粮食生产任重而艰巨》获自治区统计分析三等奖。

1996—2000年，每年编印《田东县国民经济主要指标》小册子，完成1986—1995年九年的统计资料编印工作，为各级党政领导提供月度、季度和年度经济统计分析资料，总共撰写统计分析资料111篇。

2001—2005年，撰写的2000年田东县妇女和儿童发展纲要监测评估报告被自治区妇儿工委采用，完成1950—2000年五十年数据的整理工作，总共撰写统计分析资料150篇。

统计培训

1989年，为完成第四次全国人口普查工作，县统计局采取县训乡，乡训普查指导员和普查员的方法。通过严格训练，使全体普查人员都能掌握普查摸底、登记、复查、普查表装订、手工汇总、非专项编码等6套本领，并明确职责、工作纪律和注意事项。

1993年，农村基层统计网络开展各个时期的统计分析，为领导决策和指导工作提供统计资料，发挥农村经济统计的服务和监督作用。县统计局加强农村统计队伍建设，选配好乡镇专职统计助理员，并举办乡镇统计助理短训班4期，提高其政治和业务素质。

1995年是《广西壮族自治区统计监督检查条例》（简称《条例》）颁布实施的头一年。全年召开《中华人民共和国统计法》和《条例》培训会议5次，参加人数300多人次。开展统计法律法规知识考试1次，参考人数150人，考试及格率达100%。通过培训和考试，将统计工作从“人治统计”的旧观念转变为“法治统计”，减少了统计报表迟报、拒报、虚报、瞒报的现象发生，保证了统计工作数字源头的准确性。

1998年，根据中央《关于坚决反对和制止在统计上弄虚作假的通知》精神，举办统计岗位培训班1期22人，办理统计岗位证书189本，实行依法持证上岗。

2001—2005年，县统计局抓好统计人员的业务培训、上岗培训和专业职称技术考试工作。先后举办工业企业单位统计人员业务培训和乡镇统计人员农业统计业务培训。组织16名基层统计人员参加上级举办的统计上岗培训。

第四节　定期统计

根据28项常规性国家统计调查制度，按统一的表格形式、统一的指标内容、统一的报送时间，自上而下逐级提供统计资料。县统计局承担的按月、按季、按年定期报表、层层汇总、逐级上报的项目主要有：基本单位统计报表、农林牧渔业统计报表、工业统计报表、能源统计报表、运输邮电业统计报表、建筑业统计报表、固定资产投资统计报表、房地产开发统计报表、国内生产总值核算统计报表、批发零售贸易餐饮业统计报表、对外经济统计报表、服务业统计报表、劳动工资统计报表、科技综合统计报表、妇女儿童状况综合统计报表、市县社会经济基本情况统计报表。在抽样调查方面，负责60户城镇住户调查、100户农村住户调查、贫困监测调查、劳动力调查、人口变动情况抽样调查。

国民经济综合核算统计

国民经济核算是以整个国民经济为对象的宏观核算，地区生产总值是国民经济核算的核心指标。

地区生产总值核算及综合统计的资料主要来自农林牧渔业、工业、建筑业、交通运输仓储邮政业、批发和零售业、住宿和餐饮业、金融业、房地产业、营利性服务业、非营利性服务业等各行业的统计报送。

农业和农村经济统计

主要采取抽样调查、重点调查和全面调查相结合的办法取得数据，或利用业务部门的资料进行推算。1989年，全县农林牧副渔业总产值16480万元，其中农业产值12642万元，林业产值453万元，牧业产值2937万元，副业产值333万元，渔业产值115万元。

2002—2005年，农村经济统计改为农林牧渔业综合统计，主要内容包括各级政府和业务主管部门的基本指标，如农村基本情况及农业生产条件、农林牧渔业生产情况、农林牧渔业总产值（出）、中间消耗等指标。部分农业生产条件、林业生产情况、渔业生产情况等指标由相应业务主管部门提供资料。种植业和牧业生产情况指标能从国家抽样调查中取材或推算得到的，则根据国家抽样调查数据填报。其他指标根据本地实际情况，采取抽样调查、重点调查和全面调查相结合的办法推算。2005年，全县农林牧渔业总产值143145万元，其中农业产值91647万元，林业产值3153万元，牧业产值41713万元，渔业产值6264万元，农林牧渔服务业产值368万元。

工业统计

工业统计年报内容有全县工业总产值、全民所有制独立核算工业企业财务成本指标、独立核算工业企业工业净产值、产品产量、产品单位成本、村及村以下办工业产值等，将农业统计中的村及村以下办工业列入工业统计。

1989年，全县工业企业共有59家，其中全民所有制32家（自治区、地直驻县企业5家，县属国有企业27家），集体所有制27家（县属集体所有制企业11家，乡属工业16家）。1989—1992年，自治区、地区、县工业企业总产值74829万元，四年中，除1990年比1989年减4.8%外，其余四年平均增加7.91%。1989年，县属工业企业总产值8124万元，其中全民工业6219万元，利润723万元；集体工业19065万元，利润10万元。1990年，县属工业企业总产值8134万元，其中全民工业6473万元，利润540万元；集体工业1661万元，利润1万元。1991年，县属工业总产值9581万元，其中全民工业7043万元，利润389万元；集体工业2538万元，利润22万元。1992年，县属工业企业总产值10599万元，其中全民工业7837万元，企业亏损66万元；集体工业2762万元，企业亏损10万元。

1993年，取消“全民所有制独立核算工业企业”统计，增加“独立核算工业企业”统计口径。1996年，在财务指标项增加“利税总额”指标。1999年，调整“1993—1998年工业产值、增加值”。2003年开始规模以下工业抽样调查。

2005年，执行自治区统计局制定的工业统计年报表，有“法人、产业活动单位基本情况”“工业企业生产、销售总值”“工业企业财务状况”“规模以上工业主要产品生产能力”“主要工业产品产量”“规模以下工业主要产品产量”“规模以上工业企业增减变动原因一览表”等7个表，季报表有“主要工业产品销售量、库存、订货”，月报表有“工业产销总值及主要产品产量”“工业企业主要经济指标”“工业增加值”“全部工业总产值和增加值”“分行业工业增加值”等5个表。当年，对规模以上工业（年主营业务达到500万元的工业企业）实行全面调查。数据采用超级汇总方式，汇总本地区的数据，并按本地区的工业增加值率计算工业增加值，按本地区的工业品出厂价格指数缩减计算本地区的工业生产增长速度。当年，全县工业总产值258004万元（当年价），其中规模以上工业企业完成工业总产值96534万元。

固定资产投资统计

全县固定资产投资统计调查范围主要是县属全民所有制更新改造企业、事业单位、全民所有制其他固定资产投资建设单位。

1989年，全社会固定资产投资723万元。1990年起，企业、事业单位的5万元内固定资产投资不再纳入固定资产投资统计报表范围，只抄报地区统计局。

1993年开始，实施新的国家统计报表制度，对统计方法进行整体改革，即扩大全社会固定资产投资统计范围，将台商独资企业纳入统计范围；报表种类中“其他投资”含义不仅指国有其他投资，而且指所有未列入基建和更改计划项目的固定资产投资，包括国有单位其他固定资产投资，城镇集体固定资产投资，联营经济、股份制经济、外商经济、港澳台投资经济及其他经济单位的固定资产投资；增加按经济类型分组指标；投资额按用途划分改为按三次产业划分，单独列出“住宅”项目；取消“乡村企业固定资产投资统计表”，恢复填报“固定资产投资完成情况一览表”。

1994年起，增加农村集体固定资产投资和农村私人投资。1995年，修改房地产开发统计制度，在投资统计报表种类中将“房地产开发”独立出来。

1997年1月起，计划总投资在200万元以上的基本建设项目、更新改造项目、房地产开发建设项目及其他投资建设项目实行开工统计登记和竣工统计报告制度，规定新开工的固定资产投资项目均从核准登记之日起15日内、在领取投资许可证和施工许可证之前，到所属辖区政府统计局办理开工统计登记和竣工项目统计登记。当年基本建设、更新改造和城镇其他投资统计由计划总投资5万元提高到50万元。1999年，全社会投资统计范围由计划总投资5万元提高到50万元。

2000年，定期报表将50万元以上的城镇私营、个体投资纳入“固定资产投资完成情况”统计范围，按季报进行统计。对“固定资产投资完成情况”中的投资额增加按构成分类。

2005年，统一执行自治区统计局制定的固定资产投资统计报表。当年全社会固定资产投资完成额211231万元，其中城镇固定资产投资完成额178881万元（包括基本建设120806万元、更新改造24176万元、其他投资16187万元、房地产开发10978万元、城镇工矿区私人建房6734万元）、农村投资15853万元、农村私人建房投资12297万元、零星投资4200万元。

建筑业统计

1989年，全县建筑业统计报表包括全民所有制建筑企业和自营施工单位综合表、集体所有制建筑企业综合表等项目。

1993年，建筑业统计范围为辖区内各种经济类型的独立核算法人建筑企业（不含乡镇企业管理局管理的企业）。附营建筑业施工单位生产情况年报由辖区内其他行业、事业行政单位的附营建筑业施工单位填报，定期报表统计的范围是辖区内独立核算的国有建筑业企业。

1996年，增加“财产保险费”和“利息支出”指标，同时调整建筑业生产完成情况年报结构。1997年，定期报表统计范围为具有资质等级四级以上的独立核算建筑企业（包括独立核算的国有建筑业企业）。

2005年，执行自治区统计局制定的“法人单位基本情况”“建筑业企业生产情况”“建筑业企业财务状况”“建筑业企业房屋建筑完成情况”“信息化情况主要指标”等，季报表有“建筑业企业生产情况”“建筑业企业主要财务状况”“建筑业企业房屋建筑完成情况”等建筑业统计年报表。年末全县建筑业企业6个，建筑业总产值7582万元，竣工产值5730万元；房屋建筑施工面积14万平方米，竣工面积12万平方米，固定资产原价合计2768万元；工程结算收入5556万元，工程结算成本5002万元，工程结算税金247万元，工程结算利润296万元。

劳动统计

主要收集单位从业人员人数、构成、人员的变动和行业、经济类型分布及人员劳动报酬、在岗职工工资总额等方面资料。1990年后，劳动工资统计内容包括全民所有制单位、城镇集体所有制单位、合营单位和个体劳动者。

1993年，开始进行从业人员统计，将一直未包括在职工统计中的离退休返聘人员、民办教师，以及中外合资、外商投资企业中外方人员纳入统计中来。

1996年，正式开始进行城镇劳动力调查，并增加按隶属关系和企业、事业、机关进行分组统计，2000年取消隶属关系分组。2003年，快报和年报合并，统计范围为各种经济类型独立核算的服务业企业、行政事业单位和个体工商户。

2005年，执行自治区统计局制定的服务业综合统计报表制度，年报表包括“行政事业单位财务状况调查综合表”“服务业企业财务状况调查综合表”“服务业个体经营户调查综合表”等。当年，全县国有单位从业人员劳动报酬总额65479万元；在岗职工工资总额106050万元，其中企业49908万元、事业34638万元、机关21504万元；城镇集体单位从业人员劳动报酬总额15617万元。其他单位从业人员劳动报酬总额24426万元。

第五节　检查监督

1994年，在全县范围内开展统计执法检查工作，重点检查机关、事业和企业单位报表上报率情况，对一些长期迟报或拒报统计报表的单位进行批评教育，限期改正。

1996年，对全县国家机关、社会团体、企事业组织、个体工商户等实行统计管理登记，完成3000户统计受理登记工作任务。采取经常性检查和重点检查相结合的办法，到乡镇、厂矿企业单位进行执法检查。加强统计职业道德教育，对统计人员变动频繁的单位坚持先培训后上岗的原则。制定了《田东县统计执法责任制工作实施意见》，明确统计执法的主要任务、内容方法、步骤和要求。

1998年，根据中央《关于坚决反对和制止在统计上弄虚作假的通知》的精神，全面开展统计质量大检查工作。抽调县直单位业务骨干分成3个检查小组，重点检查3个乡镇、7个县直单位和企业，增强了依法统计的自觉性。此外，有516个单位进行自查、自改。

2000年，按照“依法办统计、依法治统计”和“一靠科技，二靠法制，归根结底靠人才”的统计工作方针，狠抓统计法制建设，突出抓好统计执法管理，对人为干预出现的虚报、瞒报、拒报等统计违法行为给予必要的处理。

2001年，县统计局与县监察局、司法局联合开展《中华人民共和国统计法》执行情况大检查，重点检查各有关单位、乡镇是否依法设立统计机构，是否按照统计制度的规定设置原始记录、统计台账，统计工作制度是否健全，统计人员是否执证上岗和有关违反统计法规行为。对屡次迟报或拒报统计报表的单位要求及时整改。

2003年，完善统计工作“双签章”（县、乡镇两级统计人员在《统计报表签收簿》上同时签名，并注明上报时间）制度，打好统计执法工作的基础。同时抓好全县统计管理登记换证工作，对统计法人单位重新登记换证，共完成407个统计管理单位的登记换证工作。

2005年，各个统计专业完成现场检查2~3个基层单位，做好笔录工作。

1989—1999年田东县主要经济指标完成情况表

表13-2-1

指标名称	单位	1989年	1990年	1991年	1992年	1993年	1994年	1995年	1996年	1997年	1998年	1999年
生产总值	万元	22663	26996	31333	37908	50716	73715	98363	116940	133822	148832	163638
第一产业	万元	10021	11983	13260	14830	19819	31210	40905	44766	49249	49525	52846
第二产业	万元	7690	7593	8575	11605	16637	21106	28596	32695	35507	39572	42074
工业	万元	6787	6879	7690	10471	14265	17455	24255	27595	31141	34283	35774
第三产业	万元	4952	7420	9498	11473	14260	21399	28862	39479	49066	59735	68718
财政总收入	万元	2242	2659	3102	3630	5107	6465	8524	10880	12364	14287	16003
地方财政收入	万元	2242	2659	3102	3630	5107	2999	4277	5886	6870	8283	9994
人均地方财政收入	元	61	72	83	96	134	78	111	152	178	214	257
全社会固定资产投资	万元	3908	3257	3802	5096	10738	23439	18661	19942	16884	20245	29218
投资累计数	万元	—	7165	10967	16063	26801	50240	68901	8843	25727	45972	75190
农民人均纯收入	元	307	313	363	434	544	749	1185	1589	2015	2199	2366
社会消费品零售总额	万元	10958	11870	15885	18229	18939	23729	32822	37078	38594	41259	43779
工业总产值	万元	16527	17283	22649	30272	42920	52524	61325	76739	88637	91349	94355
农业总产值	万元	16084	18004	19416	21053	27764	43376	62930	68869	75767	76192	82300
粮食总产量	吨	106077	117227	117327	127170	134065	134773	139006	144408	149134	151429	149779
甘蔗总产量	吨	99515	108987	158771	160830	177539	248819	283103	350948	468160	545596	493000
城乡居民储蓄存款余额	万元	6918	9376	11690	14829	22363	33928	44300	51492	54608	57284	60821
年末总人口	万人	36.90	37.15	37.52	38.08	38.42	38.59	38.64	38.63	38.62	38.87	38.92

2000—2005年田东县主要经济指标完成情况表

表13-2-2

指标名称	单位	2000年	2001年	2002年	2003年	2004年	2005年
生产总值	万元	136499	144390	154363	187542	226497	289384
第一产业	万元	54269	55752	58252	71632	90588	92856
第二产业	万元	44984	47781	50638	68878	84111	130448
工业	万元	39048	41622	43643	55600	67892	110426
第三产业	万元	37246	40857	45473	47032	51798	66080
财政总收入	万元	13339	15153	17180	21688	27188	40068
地方财政收入	万元	8263	8866	8614	10667	12602	16664
人均地方财政收入	元	212	227	220	271	318	421
全社会固定资产投资	万元	32682	39057	50639	78945	110257	211763
投资累计数	万元	—	71739	122378	201323	311580	523343
城镇居民可支配收入	元	—	—	—	—	6346	7424
农民人均纯收入	元	1312	1405	1518	1628	1814	2113
社会消费品零售总额	万元	28922	31063	33838	36545	41815	48160
工业总产值	万元	103754	117365	122978	156357	183878	257417
#规模以上工业总产值	万元	70884	80397	85627	116243	160264	218258
农业总产值	万元	84796	87112	91019	112312	139591	143145
粮食总产量	吨	133127	126988	133087	132806	131090	135103
甘蔗总产量	吨	521550	588651	889306	977276	1E+06	1137692
金融机构存款余额	万元	97603	116727	125883	152752	163511	198731
城乡居民储蓄存款余额	万元	70936	84661	93150	106423	121706	137229
万元生产能耗	吨标煤	—	3.31	3.40	4.10	3.81	4.29
年末总人口	人	388880	390432	392712	393925	397681	393811

第三章　审计

1989—2005年，县审计部门先后对财政、扶贫专项资金、国债项目资金、民政救济救灾资金、文教卫生资金以及农、林、水专项资金等进行审计。对有财政拨付行政、事业经费以及按国家政策规定有收入（包括罚没收入、规费收入、预算外收入）的行政事业单位进行审计监督。同时，对政府投资项目的竣工进行结算，加强利用外资和经济责任审计工作。共审计项目673项，审计总金额45940.25万元，审出违纪金额9257.28万元。

第一节　机构

县审计局

1983年4月，田东县审计局成立，办公地址位于平马镇庆平路54号。1989年编制10名，在职13人，内设办公室、财政金融审计股、企业审计股、行政事业审计股、固定资产投资审计股。

2002年机构改革，县审计局内设机构调整为办公室、行政事业审计股、企业审计股、经济责任审计股和固定资产投资审计股，编制9名，在职10人。至2005年，县审计局在编10名，其中局长1人，党组书记兼副局长1人，纪检组组长1人，一般干部6人。

历任局长：谭廷烈（1987年10月至1993年12月）、黄贤初（1993年12月至1999年3月）、陈玉花（1999年3月至2005年12月）。

县审计事务所

1989年，设立田东县审计事务所，为社会中介机构，实行财务独立核算，自收自支，自负盈亏，行政隶属县审计局。依法独立承办审计查证和咨询服务，主要开展验证注册资本、鉴证经济案件、担任会计顾问、提供咨询、代理记账、厂长（经理）任职期间经营成果的审定、固定资产开工前审计等业务。1999年，县审计事务所注销。

第二节　国家审计

财政审计

1995年1月，《中华人民共和国审计法》正式施行。1995—2005年，按照国家审计署有关规定，田东县把对县本级财政预算执行情况审计作为财政审计的重点，审计查出违规金额1202.46万元，管理不规范金额2318万元，应自行纠正金额2318万元。同时，先后对机关行政事业单位128个（次）财务收支真实性等进行审计，其中查出重大审计案件3件。

田东县建设局贪污私分公款案 2000年3月至2001年3月30日，对田东县建设局1999年度财务收支情况进行审计。经审计，查出公款发放奖金、补贴、津贴、加班费、实物等共146.23万元，扣除正常奖金39.71万元外，其余106.52万元为滥发奖金、补贴；“无收费标准，乱收费”现象共10.84万元；“收取小城镇配套费不纳入预算管理”现象共133.21万元；私设小金库17.91万元；截留收入3.64万元，审计已追缴财政2.12万元，局长、会计两人侵吞1.38万元已移交检察机关进行查处；套取现金4.55万元；干部冒领工程款进行私分涉及金额19.89万元；会计邱某利用“黄二勇”“黄二妹”的私人存折，大量侵吞公款涉及金额110.01万元；重复支付人民旅社搬迁费7万元。

田东县城建管理监察大队贪污私分公款案 2000年3月2日至12月12日，对田东县城建管理监察大队1999年度财务收支情况进行审计。经审计查出“小金库”6.5万元；黄某某涉嫌贪污，以购买路灯为名据公款23.76万元为已有，利用职务之便分3次报销发票共侵吞公款0.61万元。

田东县粮食局局长林某经济责任审计案 2001年4月10日至11月22日，对田东县粮食局局长林某进行经济责任审计，经审计查出，县粮食局及下属穗丰宾馆长期开设“小金库”，总金额达820.11万元；县粮食局违法销毁会计资料。

行政事业审计

1989—2005年，县审计局以打假治乱为重点，对执收执罚部门财务收支真实性进行审计，先后审计行政事业单位128个（次），其中查出违纪违规金额1363.07万元，损失浪费金额53万元，管理不规范金额1011万元，应调账处理金额227万元，应归还原渠道资金440万元，应上缴县财政88.78万元，应自行纠正金额1040万元，罚没25万元。

经济责任审计

1993年，田东县开始对县领导干部任期经济责任审计进行探索。

1994年，对县冶炼厂、印茶乡锰品厂2个企业的承包经责、经济效益进行审计，审计总金额1521.52万元，查出违纪金额61.09万元，应上缴县财政51.56万元。

2002年，对县人民医院、县粮食局、县医药公司3个单位领导进行任期经济责任审计，共查处违规行为金额986万元，应纠正金额884万元，应上缴财政38万元，已上缴财政25万元。

2004年，对县人民医院、县建设局、县公安局、民政局等4个单位的主要领导进行经济责任，查出违规行为金额500万元，管理不规范金额188万元。

2005年，对县公安局、县建设局、县民政局3个单位的主要领导进行经济责任审计，查出部门财务管理不规范、滞留应缴财政资金、项目管理和资金支出混乱、国有资产流失、公款私存私放等问题。

国有企业审计

1989—1992年，县审计局对县糖厂、铁合金厂、医药公司等24个企业单位和41个行政事业单位开展财务收支审计，审出违纪金额688.04万元。

1994—2003年，分别对县内金融单位的资产、负债、损益情况进行审计。1994年，对县农业银行等单位进行金融审计，查出违纪金额74.27万元，应上缴县财政18.02万元。1996年，对农行田东支行1995年度资产、负债、损益情况审计，查出违纪金额351.03万元，罚金1万元；同时，根据自治区审计厅授权安排，县审计局对其资产、负债和损益情况进行审计，查出调账金额339.77万元，调增利润11.26万元等违纪违规行为。1997年，对县城市信用社银兴营业处1996年度资金、负债、损益情况进行审计，查出违纪金额6.25万元，其中应补交财政收入2.06万元。1998年，分别对城市信用社及其银兴营业处、财产保险、人寿保险等1997年度资产、负债和损益情况进行审计，共查出违规金额276.25万元，其中决定处理处罚金额68.25万元。1999年，对工商银行田东县支行1998年度资产、负债、损益情况进行审计，查出调账金额77.58万元，少计利润33.32万元，少缴税款14.8万元。2000年，对田东县农村信用社1999年度资产、负债、损益情况进行审计，审查发现有采取预提费用，降低利润等违规情况。2001年，重点审计县保险公司1999—2000年度资产、负债、损益情况，查出违规金额424万元，应纠正金额415万元。

1994—2005年，对县冶炼厂、印茶乡锰品厂、盐业公司等31个企业单位开展审计。审计总金额4052.22万元，审出违纪金额82.98万元。

2005年，对田东县铁合金厂2000—2005年度财务收支和田东县钢材市场财务收支情况进行审计，共查出违规行为金额113万元，管理不规范金额8万元，损失学杂费金额36万元，应上缴财政8万元，罚没6万元，应调账处理金额1万元，应自行纠正金额8万元。

固定资产投资审计

田东县固定资产投资审计始于1994年。同年，完成自筹基建决算审计30项，总投资1380万元。

1995年，完成单位基建项目决算审计35项，总投资1746万元，核减金额33.25万元。

1996年，加大固定资产投资审计力度，减少国家建设资金的损失。全年共审计项目33个，审计金额2530.70万元，审定金额2288.63万元，核减金额242.07万元，平均核减率9.57%。

1998—2000年，完成单位基建项目决（结）算审计164个，送审金额11894.49万元，核减641.54万元，核减率5.17%。

2002—2005年，完成工程竣工决算审计371个，送审金额13532万元，核减1309万元，核减率9.67%。

专项资金审计

1989—1992年，对全县15个单位的发展粮食生产专项资金、民政救灾经费、中小学危房改造资金、劳动待业养老保险金、医药卫生事业费、思林至坡塘公路以工代赈工程等专项资金进行审计，审出违纪金额83.42万元，应上缴县财政的12.58万元。

1993年，对田东县扶贫开发办公室的扶贫发展资金、农行的贴息贷款、民政局的救灾扶贫资金、计生委的计划生育罚款进行了专项审计，查出违纪金额8.28万元，全部上缴县财政局。同时，对粮食企业财务挂账、以工代赈、支边贷款、财政困难情况等4项工作进行审计调查，提交审计调查报告4篇。

2003—2005年，对排污费征收情况、县防治“非典”专项资金和社会捐赠款物情况、退耕还林工程财务收支、失业保险基金收支、住房公积金、市居民最低生活保障资金、水利专项资金财务收支、扶贫资金等16个专项进行审计，共查出违规行为金额535万元，管理不规范金额1411万元，应上缴财政45万元，罚没9万元，应归还原渠道资金41万元，应调账处理83万元，应自行纠正金额1407万元。

第三节 社会审计

1989—1992年，县审计师事务所接受单位委托审计43项，单位部门委托鉴定事项7项，鉴证事项1项，验资100项，查证2项，辅导建账1项，审计待处理项目2项，咨询服务2项，单位自筹项目资金来源审计36项，其他1项，查出违纪金额9.21万元，应上缴财政5.75万元。

1993—1998年，县审计师事务所完成委托财务收支审计4项，验资年审178项，验证31项，建设单位自筹基建项目资金来源审计93项，基建预决算验证审计248项，咨询服务、建账建制11项，担任常年顾问5项，厂长经理离任审计1项，咨询建账清债2项，国有企业查证1项，其他2项。其中1996—1998年，基建决算审计金额18125.19万元，审减金额1056.61万元，审减率5.83%。

1999—2005年，田东县没有私人开办的审计事务所。

第四章 价格

1989—1991年，县物价部门管理的重点是整顿经济秩序，控制市场物价过度上涨。自1992年起，全县列入统一计划分配物资逐年减少，以市场供应代替计划分配供应。田东县的商品价格分为政府定价、政府指导价和市场调节价3种价格形式。1995年，由政府定价的主要是电价、自来水价格等，实行政府指导价的有交通运价、化肥、农药价格、公益性服务价格等。市场调节价是由经营者自主定价，通过市场竞争形成的价格。

1997年，由市场价格为主的价格机制基本形成，绝大部分商品和服务价格都已经放开，由经营者和企业自主定价。经营者自主定价并非可以任意定价，对扰乱市场秩序、哄抬物价者，物价部门对其实施有效监管。物价部门价格监测工作主要在元旦、春节、“五一”、国庆、中秋等节假日期间进行，监测品种一般是食品、副食品、药品、石油液化气等。1998—2002年，全县基本上完成计划价格机制体制向市场价格机制体制的转换，以市场形成价格为主的框架建立起来。2005年，全县物价总水平保持在1%以内。

第一节 机构

县物价局

1985年1月，田东县物价局成立，是县人民政府正科级单位，主要任务是对全县物价进行管理、调整、检查、监督，负责全县行政事业性收费的项目和标准化执行情况，制定和管理垄断性、公益性、关系居民重要生活必需品的商品价格，负责各类商品和收费的明码标价工作及涉及纠纷、抵押、罚没等物品的估价工作，贯彻执行价格法律、法规和方针、政策，拟定地方价格管理的规定。办公地点位于平马镇人民路66号县人民政府大院内，1989年核定编制9名，实有9人，内设收费管理股、价格综合股。1997年机构改革，县物价局行使行政职权，核定行政编制4名，实有职工4人。

2002年3月，县物价局在县发展计划局内挂牌，内设价格综合股、收费管理股，核定编制4名，实有职工4人。2005年，编制4名，实有4人。

历任局长：覃振林（1987年11月至1993年12月）、蒙达芳（1993年12月至2002年8月）、张寿护（2002年8月至2009年9月）。

物价局二层机构

物价检查所 1984年11月21日，成立县物价检查所，属事业编制，归县物价委员会领导，与县物价局合署办公，核定事业编制3名（含成本编制1名），实有职工3人。1989年，核定事业编制5名，实有职工4人。1998年新增行政编制1名，共有编制6名，其中事业编制5名，行政编制1名，实有职工5人，为全额拨款事业单位。2003年，实有职工5人。2005年，实有职工6人。

价格认证中心 1992年10月29日，成立田东县价格事务所，隶属田东县物价局，为事业单位，有机构，无编制，工作人员由物价局、物价检查所人员组成。2001年6月3日，撤销县价格事务所，设立田东县价格认证中心，属事业单位，不另设编制。

第二节 价格机制

1989年，田东县制定工业用糖、甘蔗用肥、食盐、酒精（计划外）、棉胎的销售价格；彩电实行统一销售价，钢材采取最高销售限价，松脂收购采取指导价格和出厂最高限价。这些措施遏制了县内物价大幅度上涨的势头。到下半年，市场零售物价指数月升幅度下降，群众普遍关心的副食品价格相对稳定。

1990年，贯彻落实国家物价局实行明码标价签制度。全年共销售三色标价签75万多张，明码标价率达到90%。同时，执行国家指导价格的商品、已开放的主要日用工业品和计划外的生产资料，实行最高限价和申报审批制度。

1991年，进一步深化价格体制改革，调整了煤的出厂价、粮油统销价，以及生活用水、用电等16种商品的销售价格。全年共发46本企业定价许可证给46个单位，培训企业物价员41人；在祥周、林逢、思林3个乡镇配备专职物价助理。

1992年，开展价格咨询服务工作，为部分企业聘任常住价格顾问。当年，对县自来水价成本进行调查，批转县水厂加收供水管道增容费；重新调整计划内民用蜂窝煤、饲料销售价格。同时稳妥地制定计划外农业生产资料销售价格，比上年同期下降5.68%。

1993—1998年，加强对商品房价格的管理。对农业生产资料价格管理坚持微利原则，对化肥价格实行全县统一综合销售价格，并半年定价一次。调整部分商品价格，比如水利、电力、食盐、成品油、部分药品价格。1996年，主要商品零售价格指数平均涨幅6.59%，农业生产资料价格涨幅4.45%。1997年，全县商品零售价格指数同比下降3.06%。1998年，全县商品零售价格指数同比下降5.07%。

1999—2005年，制定粮食种子销售价格、医院自制药品销售价格、客运票价；调整部分药品销售价格、成品油销售价格、食盐销售价格。开展农产品价格成本调查工作和价格监测工作。

1989—2005年田东县集贸市场部分商品销售价格表

表13-4-1　　单位:元/千克

年度	大米（中等）	花生油	猪肉（去骨）	牛肉(去骨)	活鸡	活鸭	鸡蛋	鸭蛋	草鱼	生姜
1989	1.12	7.20	6.80	6.80	9.20	4.00	6.80	5.80	5.60	0.60
1990	1.00	6.20	6.80	7.00	9.00	4.00	6.62	5.66	6.00	0.60
1991	1.12	6.40	7.00	6.60	11.00	5.50	6.66	5.66	8.50	1.00
1992	0.88	6.40	7.00	6.60	5.30	5.50	6.64	5.66	8.50	2.40
1993	1.17	7.19	7.33	6.60	13.82	5.89	6.74	5.72	8.95	1.72
1994	2.40	10.0	11.00	6.00	16.00	8.00	7.86	6.76	9.00	0.60
1995	3.00	8.00	12.00	7.00	16.00	8.00	8.55	7.00	9.30	0.60
1996	3.00	9.00	12.00	7.50	16.00	8.00	8.55	7.55	9.00	4.00
1997	2.40	12.0	14.00	7.00	18.00	9.00	9.50	8.60	8.50	3.00
1998	2.00	10.00	12.00	6.50	18.00	9.00	9.50	8.60	9.00	1.00
1999	2.00	10.00	11.00	6.50	18.00	9.00	9.50	8.60	9.00	2.50

续表13-4-1

年度	大米（中等）	花生油	猪肉（去骨）	牛肉（去骨）	活鸡	活鸭	鸡蛋	鸭蛋	草鱼	生姜
2000	2.00	10.00	11.00	6.00	20.00	10.00	9.30	8.80	9.00	0.40
2001	2.20	8.00	12.00	6.50	18.50	8.00	9.35	8.45	8.00	0.50
2002	2.00	8.00	11.50	6.00	16.00	8.00	9.38	8.50	7.50	0.50
2003	2.00	10.00	11.50	7.00	14.00	9.50	9.35	8.40	7.50	2.00
2004	2.10	10.00	12.00	8.00	17.00	11.50	9.45	8.50	8.00	6.00
2005	1.80	15.00	14.00	9.00	15.50	12.00	9.40	8.50	8.00	8.00

第三节　收费管理

劳务性收费管理

劳务性收费指国有、集体企业单位或个人通过经营活动，为社会或个人提供服务而取得的收入。1989年，劳务性收费项目和标准由物价部门会同业务主管部门分级管理，县物价部门根据自治区物价局和财政厅1987年执行的《广西壮族自治区劳务收费及行政事业性收费管理暂行规定》，按其提供服务的成本加税金、合理利润制定劳务性收费标准，收费项目及标准由供需双方自行商定。

1990年，田东要求国有集体企业单位和个体工商户通过经营活动为社会或个人提供服务而取得收费的，必须到物价部门领取劳务性收费许可证。第一批实行劳务性收费许可证的行业有旅店业、客运汽车、客运出租车（包括三轮车）、停车场、单车保管、邮电业、影剧院、录像放映厅、歌舞厅、搬运业、理发等。之后，实行劳务性收费许可证行业范围逐年扩大。1995年年底，全县劳务收费管理的行业有医生（个体）、交通、旅店、林业、缝纫、自行车出租、洗车、车辆保管、理发、照相、加工（木器、玻璃、米面制品等）、榨油、印刷、打字复印、图书出租、录像、公用电话、其他（含国民教育、广播电视等）。

1992年，从严控制可收可不收的一些劳务收费项目的审批。1994年，制定有线电视收视维护费标准、电教设备费收费标准，调整县有线电视台安装建设入户费收费标准。1995年，核定有线电视维护费标准，调整公厕收费标准、环卫部门上门服务收取劳务费标准。1996年，制定培训费、工本费、水土流失防治费及公共餐饮具卫生消毒等收费标准。

1997—1999年，对全县小水电销售价格进行监审，审价金额2180万元。调整夜间停车收费标准、畜禽防病、培训班、定点宰屠等有关单位的收费标准。1999年5月，首次向全县153个村级学校发放收费许可证，明确小学校收取的各种合法收费项目。同月，全面清理收费项目，对不合理收费给予取消。同年6月，取消不合理收费项目25个，降低部分合法收费标准项目5个，减轻企业和群众负担近80万元。核定屠宰服务费、供水设施安装收费项目的收费标准，调整环卫服务收费标准。

2002年，行政事业单位的所有劳务性收费归入经营性收费管理，除客运汽车、客运出租车、环境卫生有偿服务仍需县物价部门审批外，其他行业的劳务收费全面放开，由市场调节价格。同年，跑客运的三轮车出租车收费标准，起步价1元。

2002—2005年，核定渡船收费标准。取消供水部门的水表底度水费和供水主管网分摊费，累计减轻用户负担35.31万元。2005年，全县劳务性收费包括交通运输收费、邮电资费、水气费、货物仓储收费、旅店收费、服务修理业收费、旅游收费、文化娱乐收费、保险收费、广告收费等。县物价部门按照收费项目在国民经济中的地位和作用、与人民群众生活密切程度，实行政府定价和生产经营者定价。

行政事业性收费管理

1991年，对133个单位行政事业性收费许可证进行年审，占应年审单位的60%。

1992年，加强对收费发证工作的管理，对行政事业性收费项目的增加或变更，如果没有上级主管部门的委托，均不予审批。

1993年，对全县243个行政事业收费单位进行年审，共审查238个单位，年审金额800多万元。1995年，对全县274个行政事业性收费单位（点）进行年审，年审总金额3370万元。

1996年，开展行政事业性年审工作，年审金额3520万元。对面粉、面条等5个商品价格审价，年审金额3319.5万元。调整部分医疗收费和中小学收费标准。

1997—1999年，对行政事业性收费进行年审，审查收费金额19339万元。做好清费治乱减负工作，共发放各种表格236份，清理各种不合理收费文件4份，取消不合理收费项目128个，减轻企业负担金额129.2万元。核定卫生、教育、人事等部门业务培训费、水土保持设施补偿和防治费的收费标准。实行收费许可证和收费员证制度，共换发280个单位的收费许可证，培训收费员304人，并发放《收费员证》304本。

2000—2001年，核定教育、人事、法院、司法、畜牧等部门业务培训收费标准，调整了全县中小学收费标准。取消不合理收费项目41个，降低11项合法收费标准，降低部分合法收费标准6个，减轻企业和群众负担近300万元。共年审560个行政事业性收费单位，审查收费金额12458万元。

2002—2005年，继续清理和整顿收费秩序，切实减轻企业和群众负担，取消县技术监督局收取的组织机构代码信息网络技术服务费和变更费，累计减轻各组织机构负担34.22万元。核定人事劳动和社会保障局、公安局、防疫站、技术监督局、药监局、农业局、幼儿园和学前班等部门有关培训收费标准，更换了92套收费许可证。共年审863个行政事业性收费单位，审查收费金额24880万元。

1992—2005年田东县行政事业性收费年审情况表

表13-4-2

年份	年审单位（个）	年审金额（万元）
1992	133	430
1993	238	800
1994	235	2517
1995	274	3370
1996	280	3520
1997	280	4560
1998	280	8519
1999	280	6260
2000	280	6400
2001	280	6058
2002	280	6188
2003	280	6588
2004	153	4180
2005	150	7924

第四节 价格监督检查

1989年，重点检查那读煤矿、县人民医院、县糖业公司、县糖厂等单位，共查处案件21件，违纪金额15.03万元，应退还消费者8.67万元。其中属违纪行为12件，违纪金额0.21万元。属一般违纪案件6件，违纪金额2.19万元，属重大违纪案件8件，违纪金额2.81万元。

1990年，检查国有、集体、行政、事业单位52个，查出违纪金额23.14万元，查处金额5.05万元，待处理违纪金额8.09万元。处理1989年遗留一起重大案件违价金额1.55万元，没收上缴财政4.19万元，退回用户0.88万元。

1993年，开展物价清理“三乱”工作。共检查263个单位，查出违纪行为和案件16起，违纪金额4万元。对全县243个行政事业收费单位进行年审，共审查238个，年审金额800万元。重点检查中小学、医疗卫生、粮食、农机、供销、石油站等19个单位收费价格的执行情况，发现错价单位2个，违纪金额3万元；乱收费单位2个，乱收金额1万元；已收缴违价金额1.3万元，退还给被收单位2万元。发现有的单位擅自增加收费项目，不使用财政部门统一规定的收费票据，收费项目和标准变动后不及时办理收费许可证变动手续，不执行国家定价的商品价格，自立名目滥收费用等。

1996年，共检查485个单位（点），查出违价案件18起，查出违价金额11.26万元。开展教育收费检查，对23所中小学校进行重点检查，查出违价金额9.38万元，退回学生8.89万元，没收4990.5元，罚款1000元。开展以化肥为主的农业生产资料的价格检查，共检查25个单位，没有发现违价行为。开展医疗收费检查，共检查5个单位，发现违价单位2个，违价总金额1.87万元。开展商品、服务行业的明码标价检查，共检查432个单位，对10家旅社（招待所）下发明码标价整改通知书，限期整改，对客运行业没有标价的车主进行罚款，罚款总额720元。对居民基本生活必需品价格进行监审规定，对大米、稻谷、玉米、面条、面粉等五个品种进行审价，审价总金额3319.5万元。

1998年，对19个单位药品价格进行检查，发现有7个单位存在不同程度的价格违法行为，查出违法金额19万元，按照有关法律法规分别给予处罚。开展农村电价检查，检查祥周镇、平马镇、布兵乡村屯电价执行情况，发现农户电价均在0.8~1.5元/千瓦时，最高为3.8元/千瓦时。对农村电价长期居高不下，提出了整改意见。

1999—2001年，对农资、粮食经营、交通、畜牧、公安、工商、医院、部分中小学收费及电力部门等65个单位进行物价检查，发现违价单位5个，违价金额25万元，没收上缴财政40.35万元，退回群众2.9万元。

2002年，重点检查金融机构服务价格、春运客运票价、农村中小学收费、农村建房收费、农村电价和农网改造收费、药品和医疗服务价格、婚姻登记收费等，共检查41个单位，没收上缴国库违价金额29199元。

2003年，加强对防治“非典”药品监管及相关商品价格检查、采价，检查2317个药店，防止药商乱抬药价。

2005年，严肃查处批价格违法案件，整顿价格秩序，规范价格行为。全年检查248个单位，立案查处价格违法案件4件，查出违法所得金额2011元，执行经济制裁22011元。

1989—2005年田东县查处价格案件和经济制裁情况表

表13-4-3

年份	检查单位（个）	立案（个）	违纪金额（万元）	查处金额（万元）	收缴入库金额（万元）	应退还消费者（万元）	备注
1989	21	—	15.00	—	—	8.67	—
1990	52	—	23.14	5.05	4.19	0.88	—
1991	34	7	39.35	—	21.25	0.006	—
1992	48	5	1.63	4.43	—	—	—
1993	263	16	—	1.30	1.30	2.00	—
1994	720	53	54.82	4.00	0.23	6.03	—
1995	400	—	19.55	—	1.45	18.81	—
1996	485	18	11.26	11.26	0.17	9.38	—
1997	35	—	4.43	—	—	—	—
1998	19	7	19.00	—	—	—	—
1999	32	5	15.00	12.26	12.26	—	—
2000	15	4	10.00	7.36	7.36	0.37	—
2001	29	6	19.00	—	7.35	2.54	—
2002	41	—	—	2.92	2.92	0.01	—
2003	29	4	—	0.16	0.16	0.06	—
2004	44	4	5.98	5.98	0.23	0.00	—
2005	248	4	2.20	2.20	1.96	0.24	—

第五节　价格事务

价格认证

1994年，价格事务工作主要是为企业、事业单位提供信息、宣传物价政策，对赃物进行估价等工作。年内，为5家企业进行价格管理指导，参加赃物估价8次，估价赃物金额2.24万元，为司法机关执法提供依据。

1995年，为了更好地宣传物价政策和提供信息，打破往年“大锅饭”的办法，分组包户，深入新旧价格联系户，了解联系户执行物价政策情况，促使他们用好、用足、用活物价政策。并主动与公检法部门联系，坚持持证上岗，实地审查，正确估价，为司法机关执法提供可靠依据。全年估价29次，估价金额27万元。

1996年，开展价格事务工作，帮助10家企业入全国信息网，使企业能及时了解市场行情，为企业提高经济效益出谋献策。同时做好资产（财产）纠纷物及赃物评估、鉴定工作，坚持持证上岗，实地审核，正确估价。年内共估价58次，鉴定赃物总价值53.2万元。

2000年，做好涉案、抵押、纠纷物品价格鉴定，全年共鉴定97件，其中涉案78件，扣押、纠纷19件，金额81万元。同年3月，根据自治区物价局、公安厅《关于规范道路交通事故车物损失估价鉴定工作的通知》精神，成立由价格事务所和县交警大队联合组成道路交通事故车辆损失估价鉴定指导办公室。同年，受理104件交通事故案件的估损，鉴定金额55.3万元。通过公证的估价，维护当事人的合法权益。

2001年，全年鉴定涉案、抵押、追缴、纠纷物品价格128件（项），金额70万元，出具证明3份。受理178件交通事故案件估损，鉴定金额65.5万元。

2002—2005年，累计出具价格鉴定结论书457份，评估金额265.33万元。受理道路交通事故车物损失估价603件，估价金额325.7万元。

1995—2005年田东县价格认证工作情况表

表13-4-4

年份	出具价格鉴证结论（份）	认证金额（万元）	交通事故车物损失估（件）	认证金额（万元）	备注
1995	29.00	27.00	—	—	—
1996	58.00	53.20	—	—	—
1997	79.00	61.00	—	—	—
1998	76.00	37.90	—	—	—
1999	67.00	39.89	—	—	—
2000	97.00	81.00	104.00	55.30	—
2001	128.00	70.00	178.00	65.50	—
2002	106.00	40.00	275.00	128.00	—
2003	95.00	343.00	148.00	63.70	—
2004	130.00	74.00	107.00	100.00	—
2005	126.00	117.00	73.00	34.00	—

价格投诉举报

县物价局于2004年开始设立价格举报电话，受理群众投诉举报，安排专人负责“12358”价格举报电话的工作，及时向举报人解释和回复，让举报人得到满意答复。同年，接待来访10人次，来电25人，对举报的案件，及时处理答复，办结率达100%。

2005年，接待来访22人次，来电41人，办理价格举报案件11件，办结率达100%，群众满意率100%。

2001—2005年田东县价格投诉举报处理情况表

表13-4-5

年份	来信数量(份)	来电数量(个)	来访数量(人次)	处理结果
2001	—	10.00	0	10.00
2002	—	12.00	0	12.00
2003	—	100.00	20.00	22.00
2004	—	25.00	10.00	10.00
2005	—	41.00	22.00	11.00

明码标价

1990年，县物价局贯彻落实国家物价局实行明码标价签制度，印制销售三色标价签75万多张，明码标价率达到90%。

2002年，推进明码标价示范工作，县城明码标价率达80%以上，固定摊点达100%。2005年，县城明码标价率达95.5%以上，固定摊点达100%；乡镇圩街明码标价率达86.8%。没有明码标价的主要是地摊、流动摊贩，对此县物价部门给予批评教育。

价格监测

1989年，开展《主要商品零售价格指数统计表》，表内对县城的粮食、部分蔬菜、工业品、日用品等价格进行采集，按各类的权数进行计算。

1998年，县物价局成立物价监督站，配备3名工作人员，于每街日对粮、油、肉、禽、蛋、水产品、蔬菜等居民生活必需品和煤炭、石油液化气、化肥、农作物种子等重要商品的价格进行采价，并上报上级物价局。

2002年后，田东根据自治区物价局的决定，取消主要商品零售价格指数统计表工作，改为上报粮食价格表、工业品价格表和居民服务价格表等专项价格监测表。

成本调查

2000年开始，县物价局按照国家发展改革委和自治区物价局下达的农产品调查工作任务，开展早籼稻、晚籼稻、原料蔗等农产品种植成本调查和种植意向、存售粮、农资购买等专项工作，以5个农产品调查点，20个农户的调查数据，引导农民合理调整结构，使用优良品种，应用先进技术，实现发展生产、提高效益、增加收入的目的，为县人民政府制定农产品价格提供依据。

2001—2005年，累计深入38个农产品调查点，135个农户作调查，引导农民大力种植桂七芒果、红心火龙果、田东香米等12种高质高价农产品。同时向县人民政府提供发展高质高效农产品建议报告5篇。

田东县志（1989—2005）

第十四篇

工商行政管理　食品药品监督
质量技术监督

第一章　工商行政管理

1989年，县工商行政管理局属地方政府管理，开展企业登记、广告、合同和商标管理，对市场进行执法检查，打击假冒伪劣产品，保护消费者的合法权益。1999年，田东县工商行政管理局改为隶属自治区垂直管理。2001年12月，工商行政管理机关与市场服务中心脱离。

随着改革开放的深入，田东进一步解放思想，不断调整优化所有制结构，大力支持个体工商户和私营企业发展，民营经济逐步占据市场经济的主导地位。1989年，全县个体商业户有4513户，从业人员6305人，上缴税金336万元。20世纪90年代，鼓励富余科技人员、干部工人停薪留职“下海创业”“下海经商”，促进了个体工商户和私营企业进一步发展，由1993年的5887户增加到1998年的1.03万户，1998年个体工商户及私营企业完成上缴利税2300多万元，占财政总收入的15%。2002—2005年，优化营商环境，简化办事程序，提高办事效率，全县新发展个体工商户5002户和私营企业82家，新增注册资金3.7亿元，新增从业人员6017人。

第一节　机构

县工商行政管理局

1965年，成立田东县工商行政管理局（简称县工商局），配员4名。1988年，县工商局管辖13个乡镇工商所（站），全县工商管理人员78人，其中县工商局26人，设局长、副局长。内设秘书、市场、经济检查、工商企业登记、合同、个体等6个股。

1989年，县工商局代表县人民政府行使工商行政管理职能，属正科级单位，办公地址位于田东县平马镇东港路28号，领导设置职数一正二副，内设政秘股、市场管理股、经济合同管理股、企业登记管理股、经济检查股中队，核定编制26名，实有职工30人。管辖平马、祥周、林逢、思林、印茶、江城、作登、朔良、义圩、新洲等10个工商行政管理所，干部职工88人。

1992年，增设个体登记管理股，编制增加，增配1名副局长。局机关核定编制33名，实有职工36人；基层工商所10个125人。

1995年，内设政秘股、个体股、财务股、企业股、经检中队、合同股。局机关干部职工39人，其中干部30人，工人9人。辖10个基层工商所和1个市场开发服务部，挂靠单位有县个体劳动者协会和县消费者协会。全县工商系统有干部职工199人，其中干部92人，工人107人。

1996年，增设市场股，局机关干部职工38人，其中干部32人，工人6人。

1998年，内设办公室、人事教育监察股、财务股、法规股、公平交易监督股、市场管理股、商标广告股、个体私营经济管理股、企业登记管理股等9个股室。内设局长1人，党组书记1人，副局长3人，调研员1人，局机关干部34人，工人6人。全县工商系统在职干部职工222人，其中行政编制90名（干部），事业编制92名（工人），企业编制的合同制工人40人。当年4月，成立县市场开发服务中心，挂靠县工商局。当年年底，根据国务院《批转国家工商行政管理局工商行政管理体制改革方案的通知》，分流132名干部职工到市场开发服务中心工作。仍设9个股室，辖13个工商所。

1999年1月1日起，县工商行政管理局体制实行省以下垂直管理，田东县工商局归自治区工商局垂直领导。全局干部职工88人，其中公务员86人，工勤人员2人。设局长1人，党组书记1人，副局长3人。内设及下辖机构与1998年同。

2000年，有公务员88人，工勤2人。内设机构增加监察室，挂靠单位增加田东县私营企业协会。

2001年，原挂靠的县市场开发服务中心由田东县人民政府接管。

2002年，机构改革，局机关内设政工科、财务股、办公室、公平交易商标广告与消费者权益保护股、市场与合同规范管理股、企业注册与个体私营经济管理股6个股（室）。新成立机关后勤服务中心（属事业编制）。全系统在编人员77人，其中局机关22人，工商所55人，设局长1人，党组书记1人（兼），副局长3人。

2003年，内设机构增加法规股，公平交易商标广告与消费者权益保护股分为公平交易股、商标广告与消费者权益保护股。

2004—2005年，领导职数配置少1人，由局长兼局党组书记。

县工商局历任局长：黄大宋（1989年1月至1998年5月）、李光进（1998年5月至2005年12月）。

县市场开发服务中心

1998年4月，成立田东县市场开发服务中心。县市场开发服务中心下设平马、金穗、祥周、新洲、林逢、思林、作登、印茶、江城、义圩、朔良、祷午、坡塘等13个市场开发服务站，市场开发服务中心为自收自支事业单位，隶属县工商局领导。

根据《国务院办公厅转发工商总局关于工商行政管理机关限期与所办市场彻底脱钩有关问题意见的通知》和《自治区人民政府办公厅转发自治区工商行政管理局关于做好工商行政管理机关与所办市场彻底脱钩工作的实施意见的通知》精神，2001年12月17日，县工商局把代管的县市场开发服务中心全部移交给县人民政府。当时，该中心拥有28个集贸市场，占地面积71892平方米，建筑面积41772.24平方米；管理人员164人，其中干部10人，工人138人，协管员16人。

乡镇工商所

1989年，全县设平马、祥周、林逢、思林、印茶、作登、朔良、义圩、新洲等9个工商所，实有职工59人。

1992年，成立江城工商所。全县基层工商所共10个，实有职工67人。

1994—1996年，全县设10个工商所和1个市场开发服务部，实有干部62人，工人98人。

1998年，派出机构有平马、金穗、祥周、新洲、林逢、思林、作登、印茶、江城、义圩、朔良、祷午、坡塘等13个工商所和1个服务部。工商所干部职工166人，服务部干部职工16人。

2002年2月，合并林逢工商所、祷午工商所，组成林逢工商所，管理原林逢所和祷午所的工商行政管理业务；合并思林工商所、坡塘工商所，组成思林工商所，管理原思林所和坡塘所的工商行政管理业务。

2005年，全县有平马、金穗、祥周、新洲、林逢、思林、作登、印茶、江城、义圩、朔良等11个工商所，实有干部职工169人。

第二节 企业和个体工商户登记

企业登记

1989年，县工商局根据1988年6月国务院发布《中华人民共和国企业法人登记管理条例》和自治区工商局1987年7月印发的《广西壮族自治区企业登记管理工作程序》、1988年6月《企业登记管理操作规程（试行）》、1988年12月《关于企业注册资金验证工作的暂行规定》进行企业登记的受理、审查、核准、发照、公告等工作，规范企业注册资金验证工作。对全县党政机关开办的公司及其他各类公司企业进行全面的清理整顿，严格审核公司企业的注册资金，核定企业的经济性质、企业名称、经营范围和经营方式。撤销了党政机关开办的公司企业10家，保留1家，更改企业名称2家。是年，全县注册登记工商企业400户，从业人员1.47万人，注册资金2.24亿万元，其中全民所有制企业202户，从业人员1.05万人；集体所有制企业198家，从业人员4210人。

1990年，清理整顿公司企业和企业年检工作，加强对企业的监督管理，企业经营必须具有“二证一照”（卫生许可证、税务登记证、营业执照），方可从事生产经营活动。全县登记发照企业421家，其中全民所有制企业213家，集体所有制企业208家，从业人员1.57万人，注册资金2.4亿元。

1993年，推进企业登记管理改革，适当放宽内资企业登记政策，简化企业审批程序，进一步放宽内资企业经营范围、经营方式和注册资金起点，加强以企业年检为重点的监督管理工作，全年新发展企业法人129家，办理企业变更登记104家，企业年检470家。

1995年，依法对国有、集体以及私营企业、有限公司进行核准登记，重点检查公司注册资本到位情况及登记事项变动情况，清理无资金、无场地、无组织机构的“三无”企业。全年核发企业法人营业执照12家，企业年检716家，其中国有企业350家，集体企业378家。注销营业执照12家。

1998年，核发县粮食系统9个粮所办理粮食收储企业变更登记，办理6家附营企业的营业执照，全年新办理企业法人登记84家，回访企业15家次，办理企业年检645家，年检率100%。依法清理10家“三无企业”和有档无户企业。是年，全县国有集体企业645户，注册资金4.07万元。

1999年，继续加强对企业的监督管理，重点检查企业注册资金到位率，继续清理“三无”企业，依法对12家逾期拒不参加年检的国有、集体企业进行处罚，吊销19家营业执照。

2001年，在企业登记管理时注意统一企业名称的审核，理顺企业注册关系，改革企业管理方式方法。做好资产重组企业的登记工作，加强和规范债权转股权的登记管理，及时为关停并转企业办理登记注册、注销手续。全年企业登记注册企业751户，企业年检率98%，合格率100%；取缔“三无”企业4家，清理假集体企业16家，清理手续不全的经营户26家。

2003—2004年，严把市场主体准入关，强化企业登记管理。企业年检采取企业自动年检和深入企业指导办理年检相结合的办法，建立重点投资项目跟踪服务制，为企业提供全方位服务。按信用状况分类进行监管，建立守信企业激励机制、警示企业预警机制、失信企业惩戒机制和严重失信企业淘汰机制。2004年，对企业实行信用分类监督管理，评出A类企业630家，B类企业4家；注销企业登记33户。

2005年，新登记企业26家，其中国有企业9家、集体企业11家、有限责任公司6家；企业年检572家，注销企业32家，企业变更登记87家，吊销营业执照26家。全县累计有企业584家，注册资金8.4亿元，其中国有企业218家，注册资金2.96亿元；集体企业264家，注册资金1亿元；有限责任公司102家，注册资金4.4亿元。

私营企业登记

1989年起，田东私营企业的发展基本属于健康型。当年，私营企业主要从事工业、建筑业、交通运输业、商业、饮食业、服务业、修理业、科技咨询等行业的生产经营。全县私人企业登记有10家，从业人数164人，注册资金3680万元。

1990年，新增登记私营企业2家，从业人数604人，注册资金1175万元。1994年，新登记私营企业11家，其中独资7家、合资3家，有限公司1家，从业人员156人，注册资金1340万元。

1995年，在册私营企业34家，新登记2家，从业人员29人，注册资金38万元。

1999年，拓宽个体私营经济生产经营领域，把发展个体私营经济引向农村市场，如陆川籍农民陈某、吕某分别创办田东县扶贫养殖示范场和田东县林平综合养殖场等，实施水底养鱼、水面养鸭、树下养鸡的现代养殖立体模式，带动私营企业发展。全年私营企业上升到58家，从业人员883人，注册资金1.1亿元。是年，百色地区对外开放和发展非公有制经济会议在田东县召开，会议号召学习、借鉴田东经验做法。

2000年，营造“让老板发财，求田东发展”“人人都是投资环境”的营商环境，促进非公有制经济持续发展。对从事种养业的个体私营实行先登记，不收费。加大招商引资力度，热情为外来客商办厂、经营、贷款等提供服务。全年新登记注册私营企业26家，从业人员445人，注册资金7050万元；新登记注册股份合作制企业1户，注册资金67万元。

2003—2005年，全县新增登记私营企业28家，从业人员1163人，注册资金2.65亿元。2005年，实行预约服务、上门年检和推行网上年检，全县私营企业有102家，从业人员1443人，注册资金4.4亿元。

个体工商户登记

1987年国务院颁布《城乡个体工商户管理暂行条例》后，个体私营经济逐步发展壮大。1991—1992年，进一步放宽政策，改革开业登记发照程序，促进个体工商业稳定、协调、健康发展。1995年3月，田东作出《关于加快个体私营经济发展的决定》，为发展个体私营经济创造了宽松环境。

1989年，县工商局按全国统一的营业执照换发个体工商户，使用新本，全县登记注册个体工商户4513家，总营业额2610万元，流动资金690万元，上缴税金336万元；从业人员6305人，其中非农业个体工商户1869户、从业人员2919人，农业个体工商户2644户、从业人员3386人。

1990年，全县个体工商户发展迅速，个体工商业网点遍及城镇和乡村，登记注册个体工商户5528家，从业人员7320人，注册资金1538.48万元。1993年，全县有个体工商户5058家，从业人员6891人。

1995年，全县新发展个体工商户1177家，从业人员增到9308人。1997年，个体工商户发展到8218家，从业人员1.05万人，注册资金2352万元，营业额7601万元，商品零售额4806万元，个体工商户上缴国家税金1467万元。

1998年，县工商行局引导下岗职工从事个体经营和到私营企业再就业，在管理费和办执照等方面给予优惠政策。将农村个体种养殖业、农副产品加工业、运输业纳入工商登记管理范畴，全县个体工商户发展到1.03万家，从业人员1.28万人，注册资金3746万元。

2000年，鼓励和指导私营企业主大胆承包、租赁、兼并国有小企业。全县有个体工商户9512家，从业人员1.17万人，注册资金3694万元。

2004年，全县个体工商户9333家，从业人员1.19万人，注册资金5957万元。为50名持再就业优惠证的下岗失业人员办理个体工商户营业执照，免收登记费2000元、管理费4.89万元；对经营困难的628户个体户减免个体工商户管理费和市场管理费5万余元。

2005年，实行预约服务、上门年检和推行网上年检，通过下放监管权、简化登记程序、推行首问责任制、建立联系点制度等一系列措施，营造亲商、爱商、护商的氛围。全县登记注册个体工商户9525家，从业人员1.22万人。

1989—2005年田东县企业和个体工商户登记统计表

表14-1-1　　单位：家(户)

年度	国有企业户数	集体企业户数	个体工商户数
1989	202	198	4513
1990	213	208	5528
1991	233	228	4461
1992	289	285	5000
1993	314	389	5058
1994	331	414	5876
1995	350	378	7053
1996	335	367	7823
1997	290	318	8218
1998	308	337	10306
1999	387	332	12161
2000	356	305	9512
2001	345	295	9841
2002	318	292	10026
2003	316	295	9680
2004	274	298	9333
2005	218	264	9525

1989—2005年，企业数量出现逐年减少现象，原因主要有三个方面。一是通过年检，依法吊销一批登记注册后超过期限未从事生产经营、无人管理、名存实亡、“三无”（无资金、无机构、无场地）企业，同时对需办理、重新办理前置审批手续而未办理的企业暂停营业，对易燃易爆物品、文化娱乐场所不安全行为限期改正而不改的企业进行取缔。二是在激烈的市场竞争中，一批经营不善、效益差以致长期亏损、无法继续生产或经营的企业自行停产并申请注销。三是注销的企业比新办的企业多。注册资金之所以增加，是因为新办的企业投资规模大，注册资金多。

第三节　市场建设及管理

农贸市场是农村经济发展的重要载体、助推器。1992年，随着市场经济的建立、发展，市场管理政策更加放宽，市场管理的内容、范围更广泛，由原来面对集贸市场转变为面对整个社会主义大市场，市场管理任务跟过去相比呈数倍扩大局面。县工商局根据自治区人民政府关于批转自治区工商局《关于进一步放宽工商行政管理政策的报告》精神，加强建设农贸市场，强化集市贸易管理，提升服务质量和服务水平，创建文明市场，促进城乡商贸经济不断繁荣发展。

市场建设

1989年，全县有农贸市场19个。其中县城市场有平马、庆平等2个，乡镇市场有思林、林逢、祥周、作登、印茶、江城、朔良、义圩、那拔、坡塘、祷午、布兵等12个；村屯市场5个，分别为新洲、仑圩、坡蒙、百定、灵龙市场。全县市场面积1.72万平方米，其中砖瓦结构面积1.62万平方米，收取集贸市场管理费41.32万元。按传统习惯安排各个圩场的圩日，一般3天一圩。

1990年，投资50万元扩建江城农贸市场，为一层砖瓦结构，面积为1200平方米，市场内主营农副产品和轻工业品，从业人员260人。

1993—1995年，投入资金3000万元，新建市场4个，面积1.61万平方米；扩建市场2个，面积860平方米；维修圩亭面积5506平方米，增设售肉案台30张。其中1994年投资2100万元，新建田东金穗农贸市场，总建筑面积为2.1万平方米，经营面积1.49万平方米；1995年，该市场开业，共设有1500多个摊位，为百色地区规模最大的综合性商场，被百色地区精神文明办公室和百色地区工商局评为年度百色地区“文明市场”。

1996年，投资80万元扩建义圩农贸市场，建筑为一层钢混结构，市场面积1950平方米，市场内主营农副产品，兼营成衣零售、鞋类批零、电器等，从业人员400人。1998年，建设朔良、祷午、林逢新农贸市场，均为钢架结构，新建市场面积3000平方米，总投资额3377.8万元，从业人员375人，经营农副产品、轻工业品等。

2000年，激活城西果菜批发市场和中山市场，按赶集人数计算，人均占市场面积0.28平方米，比1989年多0.15平方米，人民群众到县城赶街过于拥挤的问题得到缓解。投资2500万元，扩建坡塘、布兵农贸市场，为钢架结构，市场面积为分别为840平方米、1400平方米。是年，全县集贸市场面积6.86万平方米。当年之后，工商行政管理机关不再肩负市场建设的职责。

2002年4月29日，田东庆平农贸市场，开工建设正式营业。该市场工程总投资314万元，建筑面积6257平方米，为钢筋混凝土结构，于2000年8月动工建设。

2005年，平马镇上法村民委员会筹资1800万元建设上法村农贸市场，经营面积6000平方米。当年全县有市场28个，市场面积7.44万平方米，其中砖瓦结构面积1.36万平方米、钢混（钢架）结构面积6.08万平方米。

1989、2005年田东县各圩亭结构状况和面积统计表

表14-1-2　　单位:平方米

市场名称	1989年			2005年		
	市场面积	圩亭结构		市场面积	圩亭结构	
		砖瓦	钢混		砖瓦	钢混(钢架)
合　计	17016	16206	810	74387	13606	60781
平马市场	5355	5145	210	7585	5145	2440
庆平市场	2800	2800	—	6257	—	6257
金穗市场	—	—	—	14900	—	14900
东风市场	—	—	—	11150	—	11150(钢架)
林逢市场	785	785	—	1215	785	430(钢架)
思林市场	1563	1563	—	1563	1563	—
祥周市场	560	560	—	1944	560	1384(钢架)

续表14-1-2

市场名称	1989年			2005年		
	市场面积	圩亭结构		市场面积	圩亭结构	
		砖瓦	钢混		砖瓦	钢混（钢架）
义圩市场	216	216	—	2166	216	1950（钢架）
朔良市场	644	644	—	2013	644	1369（钢架）
印茶市场	330	330	—	1856	330	1526（钢架）
江城市场	210	210	—	640	210	430（钢架）
新洲市场	300	300	—	1600	300	1300（钢架）
仑圩市场	360	360	—	360	360	—
灵龙市场	336	336	—	336	336	—
坡塘市场	336	336	—	1176	336	840（钢架）
祷午市场	476	476	—	1606	476	1130（钢架）
布兵市场	210	210	—	1610	210	1400（钢架）
那拔市场	490	490	—	1450	490	960（钢架）
作登市场	875	875		2375	875	1500（钢架）
小龙市场	—	—	—	700	—	700（钢架）
联雄市场	—	—	—	200	200	—
百定市场	120	120	—	120	120	—
中平市场	—	—	—	400	—	400
中山市场	600	—	600	6290	—	6290（钢架）
进化市场	120	120	—	120	120	—
坡蒙市场	120	120	—	120	120	—
坡圩市场	210	210		210	210	—
上法市场	—	—	—	5400	—	5400

1998年11月28日，县工商局到新扩建布兵农贸市场指导检查工作（县工商局提供）

市场管理

市管费征收与使用 依照国家各个时期制定的收费标准，对进入集市交易的各种农副产品、商品经营者，按照不同的收费标准、费率及收费方法，收取市场管理费。

1989—1997年，按照取之于市场、用之于市场的原则，将所收的市场管理费用于对原有集贸市场的维修，开发新的集贸市场，结余部分上缴财政。1989年，收得集贸市场管理费41.32万元。

1998—2005年，每年所收的市场管理费全额交给县财政，然后根据实际市场建设需要，向县财政局申请返还。2000年，全县收得市场管理费224.59万元，比1995年增收24.62万元。2005年，收得集贸市场管理费37.03万元。

1989—2005年田东县集贸市场管理费收入情况表

表14-1-3　　单位:万元

年度	集市商品贸易成交额	集贸市场管理费	年度	集市商品贸易成交额	集贸市场管理费
1989	2778.45	41.32	1998	25483.36	165.32
1990	4319.26	63.84	1999	26835.41	198.68
1991	6467.23	71.65	2000	33690.00	224.59
1992	8043.65	117.00	2001	39530.00	158.41
1993	8222.93	119.97	2002	39878.25	141.86
1994	12436.00	135.94	2003	44185.43	66.97
1995	18288.37	199.97	2004	46110.00	74.24
1996	12934.42	187.96	2005	47950.18	37.03
1997	19278.34	140.38	—	—	—

集市贸易监督管理 1989年，县工商管理部门开展打击掺杂使假、短尺少秤、制造和销售假冒伪劣商品活动。组织人员检查摊点1260个，取缔无证经营150户。没收不合格秤杆150把，没收香烟323箱。查处违法违章案件110件，罚没金额1650元。

1990—1993年，加强对集贸市场的管理，打击掺杂使假、制造和销售假冒伪劣商品行为，查处取缔无照经营。共取缔无照经营540户，查处违法违章行为案件1110件，没收违法收购的粮食60吨、假冒香烟323箱，没收家用电器、劣质过期食品一批，没收不合格秤杆450把，罚没金额近2万元。

1994—1999年，共立案查处各类违法违章案件近1000件，罚没金额16.56万元。加强集贸市场食品、饮料、化妆品、药品、家用电器检查整治，没收一批假冒伪劣商品。加强管理粮食市场，共查处非法收购粮食案件115件，没收粮食225吨，全部上缴国库。开展打击走私贩私专项行动。比如1996年，破获一起总值24万元的电器走私案，查处走私成品油43种共33.43吨。

2000年，开展打假护农保春耕专项行动，整治食品饲料市场、食品饲料市场、运输市场，整治文化娱乐场所。全年检查经营户（摊点）4500家（个），查扣化肥30.9吨，农药0.5吨，种子0.566吨，对8家不符合卫生标准的食品生产厂家限期整改，查封87家非法从事游戏娱乐场所。是年，金穗工商所被评为“全国工商行政管理系统先进工商所”，县工商局被评为“广西工商行政管理系统先进集体”。

2001年12月，根据国务院对市场办管脱钩的统一部署，县工商局把金穗农贸市场、县城中心市场（庆平市场）等28个集贸市场的经营权、债权、债务与市场开发服务中心的人员逐步移交给县人民政府，划归地方管理。县人民政府决定从2002年1月1日起接管原工商部门代管的县市场开发服务中心及主办、联办的各类市场，市场由县市场开发服务中心管理。

2005年10月，县工商局到县城农贸市场检查猪肉质量（县工商局提供）

2005年，重点开展食品安全、商标专用权、红盾护农、商业欺诈、虚假违法广告等一系列专项整治行动，对全县10个乡镇的集贸市场、超市、学校食堂、食品批发零售店进行检查。当年检查经营户1.61万家次，查处违法违章案件331件，其中较大案件21件，一般案件161件，简易程序案件149件，罚没金额32.18万元。

市场经营与管理 市场建设与市场管理是工商行政管理体制上的一场深刻变革。1996年11月，田东县“办管脱钩”工作在平马试点。

1998年4月，成立田东县市场开发服务中心，下设物业管理所，进入“办管脱钩”的过渡阶段。市场开发服务中心主任先由县工商局一名副局长兼任，设专职副主任一名。2001年起，县工商局领导不再兼任市场开发服务中心主任。但各工商行政管理所的干部继续通过传、帮、带等方式，支持市场开发服务中心及其物业管理人员提高业务水平。

2001年12月，县工商局逐步将县市场开发服务中心（含所属物业管理所）及其人员、业务、财务等移交县人民政府，全县市场“办管脱钩”任务全面完成。

2002年，全县工商行政管理部门正式迈进“市场监管，行政执法”的历史新阶段。监管的范围亦由传统的只是集贸市场这一小块延伸到整个社会主义大市场，主要包括农资市场、电信市场、家电市场、化学品市场、药品市场、粮油市场、旧货市场、肉类市场、禽兽市场、建筑市场、建材市场、工业品市场、农副产品市场、人才市场、劳动力市场、科技市场、文化市场、艺术市场、交通市场、运输市场、服务市场等，每一类市场还包含若干小市场。

随着经济社会发展，社会主义大市场的内涵和外延逐步扩大，工商行政管理部门监管的范围不断向前拓展。2005年，监管的类别有4种，一是日常市场监管；二是重大节日市场监管；三是非常时期（如“非典”时期）市场监管；四是专业市场监管。诸如对报废汽车拆解、拼装汽车及生产性废旧物资市场的监管、对建材市场的监管、对农资市场的监管、对电信市场的监管、对成品油市场的监管、对危险化学品和毒鼠强剧毒药品市场的监管、对卫星电视地面接收设施经营市场的监管等。对监管过程发现的各种生产和经营活动中的违章违法行为，依照工商行政管理有关法规进行查处。

第四节 商标广告和经济合同管理

商标管理

1989—1990年，县工商部门核准田东冶炼厂使用注册证503168号Sb商标一件，核准田东水泥厂使用注册证255227号“右江牌”商标一件。

1995年，打击违法违章假冒他人注册行为，查处5家假冒他人饮料商标标志的企业，责令停业整顿。查获各类假冒伪劣饮料近5万瓶，没收假冒商标标志50万余张，罚款9800元，将没收的伪劣饮料和假冒商标志集中销毁。

1996年，依法管理县内商标，主要对各类营养口服液、保健品商标申请厂家进行监督检查，共检查药品各类门店21家，查处侵权商标1家，没收侵权商标“第二代天成金芝”保健品12瓶。对未注册商标和已申请注册商标的企业单位进行登记管理，有4家企业履行注册手续，有6家企业办理申请手续。

1997—1999年，为企业办理申请商标注册代理，获商标注册证12个，查处商标侵权案5起，收缴侵权商标5000多张。

2000年，指导和帮助企业、个体户注册商标，运用商标拓宽市场。帮助注册田东县农副产品“六香宝”系列商标、“章祥”酒商标，商标注册证年检18户。查处商标违法案件5起，收缴商标标志5.2万张，没收侵权假冒烟花爆竹35件（袋）、丰谷宴酒146瓶。

2004年，实施“商标兴企富农工程”，引导农副产品申请商标注册，发展地方品牌经济。针对多数企业对商标申请流程不熟悉的实际，举办商标培训班1期，指导帮助企业注册“登高泉”“福东”香米等商标，改变田东农副产品无品牌，缺乏知名度而打不开市场的局面。加大商标执法力度，立案查处销售侵权商品“皮尔卡丹”服装案件6起，收缴商标标志6000张，保护商标所有权人合法权益。

2005年，利用有线电视、板报、横幅标语、散发资料、咨询答疑等形式，加强商标法律法规宣传，发放宣传资料2.5万份。依法查处在食品、药品等关系人民群众身体健康和生命安全的商品上发生的商标侵权案件，查处各类商标违法案件10起，总值1.5万元。查扣假冒伪劣农药271瓶、不合格化肥5吨，查获假冒“正大619”玉米种子63包，假冒“荷花”牌味精360包。

广告管理

1989—1992年，核准广告张贴3处、路牌广告2块、霓虹灯广告5块、灯箱广告23块。加强查处虚假、违法违章广告和非法经营广告，查处违法违章广告案13件。

1996年，制定、实施《田东县户外广告管理办法》，加强监督和管理广告市场。强制实行户外广告审核登记的管理，全年共受理户外广告登记42户，核准张贴广告740张、横额（横挂）55条，发展广告经营办理许可证7家。收缴各类违章广告524张，清理乱贴广告1300张，责令拆除各类违章广告牌170块，拆除横额广告90幅。

2000年，审批广告登记69份，设立户外广告栏20处。查处违法广告案件17起，没收违法药品、医疗印刷品广告1.6万份。清理沿河四个乡镇电线杆、墙壁、树木等2000多处乱张贴广告。

2004年，开展医疗广告专项整治，对医疗机构和其他企事业单位通过各种媒介、以各种形式发布的药品广告、医疗广告进行排查，重点检查户外广告、店堂广告、印刷品广告。全年立案查处假广告案件3件，收缴违法印刷品广告和条幅广告2.6万份（条），收缴拆除违章设置横幅广告牌42块（条）。

2005年，对县有线电视台等媒体进行日常监测和定期集中监测。每月向社会发布《广告违法警示公告》，提醒公众注意识别。重点查处医疗广告宣传保证治愈，以及以使用消费者、患者、专家的名义和形象作证明等虚假违法广告的行为。查处违法医疗广告案1件，罚款0.2万元。查处虚假广告宣传案1件，罚款1万元。

经济合同管理

1989年，县工商局开展“重合同，守信用”活动，全年共检查经济合同1446份，金额1622万元，签订经济合同8份，金额41.1万元；监督企业履行合同124份，金额26.17万元。

1990年，根据国务院国发《关于推行经济合同示范文本制度的通知》，在全县推行经济合同示范文本制度。签证经济合同6份，金额19万元。检查企业经济合同221份，金额1971.5万元。监督经济合同当事人履行合同1份，金额0.12万元。受理经济合同纠纷案3件，结案2件，撤诉1件，涉案金额7.1万元。

1991—1994年，督促企业履行经济合同。共鉴证经济合同385份，鉴证金额4489.95万元。检查经济合同2726份，金额8849万元。调解经济合同案件6件，协助合同当事人挽回经济损失近25.4万元。

1995年，共鉴证经济合同79份，鉴证金额1276.2万元，深入企业追踪检查3起经济合同履约情况，检查合同履约率90%。在检查中发现田东县冶炼厂与南宁通用物资公司签订的一份锑锭购销合同，南宁方无能力承付资金，建议双方解除经济合同，为县冶炼厂挽回经济损失358万元。

1996—1999年，共鉴证各类经济合同297份，鉴证金额4.17亿元。检查合同351份，金额8775万元。监督企业履行合同30份，金额2340万元。为企业挽回经济损失384万元。1996年起，依照《中华人民共和国担保法》，受理企业不动产抵押登记177起，主债权金额3.59亿元，抵押登记金额5.09亿元。

2000年，检查企业25家，检查合同159份，金额915万元。受理各类合同鉴证38份，金额9900万元。受理动产抵押登记31件，抵押值2.18亿元，主债权9520万元。房产抵押2件，抵押值254万元，主债权140万元。集体企业3件，抵押值751万元，主债权390万元。私营企业10件，抵押值3036万元，主债权1560万元。

2001—2004年，共检查经济合同757份，金额近666万元。受理动产抵押登记124件，抵押值10.42亿元，主债权5.24亿元。调解经济合同案件10件，挽回经济损失29.1万元。报批“重合同、守信用”企业5家。

2005年，共检查企业签订、履行合同18家，检查合同117份，涉及金额33万元。引导企业使用合同示范文本12家，发放合同示范文本500本。为企业办理抵押登记25件，抵押金额2.03亿元，抵押主债权金额1.23亿元。发放合同示范文本500本，调解合同争议2件，新报批“重合同、守信用”企业1家。

第五节　保护消费者权益

1986年12月，成立田东县消费者协会（简称县消协）。第一届协会共生产理事75人，常务理事22人。县消协职能是向消费者提供消费信息和咨询服务，参与有关行政部门对商品和服务的监督、检查，向有关行政部门反映、查询消费者合法权益，提出建议；受理消费者的投诉，对投诉事项进行调查、调解；支持受损害的消费者提起诉讼，并公开揭露、批评损害消费者合法权益的行为。

1989—1992年，多形式宣传《中华人民共和国消费者权益保护法》，增强广大消费者的法律意识和自我保护意识。每年利用“3·15”国际消费者权益日开展假冒伪劣商品展示会，向群众介绍假冒伪劣商品的识别和判断方法。县消协还会同工商、公安、技监、卫生、医药、防疫等有关部门组成市场商品检查“打假”小组，主动出击，维护消费者合法权益，为受害者挽回经济损失6.1万余元。共受理消费者投诉案件42起，总价值7万元。

1994—1997年，利用报纸、广播、电视、墙报等形式广泛宣传《中华人民共和国消费者权益保护法》《欺诈消费者行为处罚办法》等。利用每年的“3·15”国际消费者权益日举办假冒伪劣商品展览，展品涉及化肥、饲料、家用电器、药品、饮料、香烟等类件，4年间受理投诉案件79起，挽回经济损失33.56万元，其中大案2起，挽回经济损失19.48万元。如1997年受理的假“红宝石”番茄种子案，为84户受害农户挽回经济损失6.73万元。在受理的案件中，主要有家用电器、摩托车、劣质种子等假冒伪劣商品。1997年，县消协被百色地区工商局、广西个体劳动者协会百色地区工委评为“先进消费者协会”称号。

2000年，全年共受理消费者投诉61件，结案54件，接待来访咨询58人次，为消费者挽回经济损失

6.12万元。

2001年，在田东县金穗农贸市场和田东县纪念馆门口设立中心活动会场，在各乡镇设立分会场，展出假冒伪劣商品100多个品种，接待消费者咨询8000多人次，受理消费者投诉40起，发放宣传资料2.5万份，公开销毁一批假冒伪劣商品，标值31万元。

2002年，成立县“12315”消费者申诉举报中心，保证“12315”举报电话24小时有人值班，及时受理消费者申诉和举报，做到事事有着落、件件有回音，更好地履行保护消费者、经营者合法权益的职责。全年受理投诉120起，移交有关执法机关立案3起，案值30万元，为消费者挽回经济损失28.8万元。

1996年3月，县工商局在金穗商场开展“12315”宣传活动（县工商局提供）

2000年3月，工商执法人员查处假冒伪劣商品（县工商局提供）

2005年3月，县消协深入乡村开展消费权益宣传活动（县工商局提供）

2004年，围绕“诚信·维权”年主题开展“3·15”消费者权益日宣传活动，先后出动宣传车辆14台次，发放宣传资料3.5万份。受理消费者各类申诉投诉129件，成功调解126件，为消费者挽回经济损失8.45万元。当年，“12315”消费者申诉举报中心被评为广西工商行政管理系统“12315维权窗口”先进单位，县消费者协会获中国消费者协会授予“3·15”金质奖章。

2005年，全年共接待消费者来访咨询441人次，受理消费者的各类申诉举报63件，为消费者挽回经济损失2.7万元。比如，4月4日，县消协接到林逢镇永隆村村民举报，有人用农用车运化肥到该村贩卖。接到举报后立即入村进行调查，经查实，该案是一起以氧化钙冒充复合肥对农民进行欺诈、误导销售的违法经营行为。工商部门对违法经营者作出责令停止销售，并处以1万元罚款的行政处罚。4月30日，县消协接到祥周镇九合村黎妈元、何妈玉两人来访申诉，称该村有6户农民在本村购买农药“甲基1605乳油”用于水稻杀虫，喷洒后造成近2公顷早稻禾苗被烧。县消协与县农业局成立调查组，前往现场调查。经查实，农户使用的是国家禁售的剧毒高残留农药，销售者同意赔偿农户损失。

第二章 食品药品监督

1989年至2002年3月，药品监督管理的日常工作由县卫生局的药品检验所、县医药管理部门共同负责，对药品生产、经营、使用等进行管理；食品监督工作由则由县卫生局、工商局、质量技术监督局、农业局、经贸局等职能部门共同负责，具体监督工作由县卫生防疫站负责。2002年4月，成立百色地区药品监督管理局田东县分局，加强全县药品监督管理工作，建立起垂直管理的药品行政管理监管体系。2004年10月，百色市药品监督管理局田东县分局更名为百色市食品药品监督管理局田东县分局，在承担原县药品监督管理局职责的基础上，增加食品、保健品、化妆品安全管理的综合监督、组织协调和依法组织开展对重大事故查处的职责。2005年，县食品药品监督管理局全面整顿和规范食品药品市场秩序，开展食品安全宣传和专项检查活动，保证人民群众饮食、用药安全。

第一节 机构

1989年至2002年3月，食品监督工作由县工商局、卫生局、质量技术监督局、农业局、经贸局等职能负责，具体监督工作由县卫生防疫站负责。药品监督管理的日常工作由县卫生局的医政股和县药品检验所负责。

2002年4月，县药品检验所撤销，业务并入新组建（成立）的百色地区药品监督管理局田东县分局（简称县药监局），属自治区垂直管理部门，为百色地区药品监督管理局的派出机构，科级行政单位，内设办公室、市场监督股、综合业务股等3个职能股室，核定编制10名，实有干部职工5人。办公地址位于平马镇中和路53号。是年11月，百色地区撤地建市，百色地区药品监督管理局田东县分局变更为百色市药品监督管理局田东县分局。

2003年，百色市药品监督管理局田东县分局内设办公室、市场监督股、综合业务股三个职能股室。核定编制10名，实在职人员8人，其中局长1人，副局长2人。

2004年10月12日，百色市食品药品监督管理局田东县分局挂牌成立　　（县食药监局提供）

2004年10月，百色市药品监督管理局田东县分局更名为百色市食品药品监督管理局田东县分局（简称县食药监局），增加食品安全综合监管职能。内设办公室、食品安全协调股、综合业务股、市场监督股等4个股室，核定编制10名，在职干部职工10人。

2005年，县食药监局在对药品研制、生产、经营、使用活动实施监督管理的基础上，履行食品安全综合监督管理职能，依法组织开展辖区内食品、保健品、化妆品安全事故的查处，内设机构有办公室、药品市场监督股、药品综合业务股、食品安全协调股，核定编制10名（行政编制9名，事业编制1名），实有职工10人，设局长1人，副局长2人。

县药监局、县食药监局历任局长：蒙达芳（2002年4月至2006年10月）。

第二节 药品安全监督管理

药品经营监督管理

1988—2001年，全县对药品经营企业（含药品批发、零售企业）实行药品经营企业许可证、药品经营企业合格证、营业执照“三证”管理，其中药品经营企业合格证为药品经营企业的行业标准要求，药品经营企业许可证由县卫生行政部门核发。从2002年4月起，药品经营企业许可证由县药监局核发。

1992年，全县药品批发企业有县医药公司批发企业1家、药店零售企业7家。

1998年，全县有药店零售企业31家，其中私立新办个体药店24家，药店发证率100%。2002年，全县有药品批发企业1家、药品零售企业61家、医疗器械兼营企业42家。

2003年，对药品经营，开始推行处方药与非处方药分类管理制度。处方药指的是凭执业医师和执业助理医师处方，才能购买、调配和使用的药品。非处方药指的是由国务院药品监督管理部门公布的，不需要凭执业医师和执业助理医师处方，消费者可以自行判断、购买和使用的药品。县药品监督管理要求所有药品零售企业严格执行，并明察暗访药店执行情况。凡是违反这制度的，一律严惩。当年立案查处5起，罚款1.2万元。当年，还开始推行《药品经营企业质量管理规范》GSP认证工作，引导药品经营企业加快GSP认证，全县有3家药品经营企业提出认证申请。

2004年，全县有1家药品批发企业、28家单体药店、14家药品连锁经营企业通过GSP认证。

2005年，依法开展药品经营企业GSP认证、换证工作。对新开药店除符合开办条件外，要求企业要按照GSP的要求限期整改、申请认证。对51家已通过GSP认证的药品零售企业进行换证，对经整改仍不达标的6家企业，坚持依法责令停业，不予换证。

医疗单位药剂管理

根据《药品制剂管理条例》，县级以上医疗机构（医院）配制供本医院使用的药品制剂，由省级卫生行政部门核发许可证。

1989年，田东县人民医院的药品制剂室，生产常用注射用药品4个品种，如10%葡萄糖及0.9%氯化钠注射液，并同时生产普通外用制剂，提供给院内各临床科室使用。

1992年，田东县卫生系统制剂中心成立，其生产的医药液体供应各乡镇卫生院。县人民医院、右江矿务局工人医院生产的医药液体为院内各临床科室使用。

1999年，加强对医疗机构制剂室监管，对县卫生系统制剂中心、县人民医院制剂室、右江矿务局工人医院制剂室的生产管理、质量管理、生产范围、包装材料等方面进行检查，重点查处无制剂批准文号、超范围配制制剂、重复使用包装及制剂外销行为，督促制剂室建立原辅料购进记录和生产记录。没有发现违法违章行为。

2002年，县级以上医疗机构（医院）配制供本医院使用的药品制剂，由自治区药品监管部门核发许可证。由于自治区药品监管部门提高了创办医院制剂室的条件，制剂室的投入加大，成本大增，加上审批手续烦琐，当年县人民医院制剂室、右江矿务局工人医院制剂室停止生产制剂。

1992—2004年，县卫生系统制剂中心自制10%葡萄糖、5%葡萄糖氯化钠、0.5%普鲁卡因等注射液和注射用水，供应各乡镇卫生院。2004年，南宁至百色高速公路规划建设，县卫生系统制剂中心因处于规划红线内，需拆迁而停办。

药品生产企业管理

全县药品生产企业只有两家。广西邦尔药业有限公司建成投产于1998年，主导产品有左旋多巴、芒果甙、青蒿素、莽草酸等，产品质量达到《中国药典》和《欧洲药典》标准，通过药品GMP认证。1999年生产规模是6吨，2005年产量58吨。公司生产的左旋多巴产量、质量均位居国内第一位，而且全部出口。广西源林中药制品有限公司创建于2002年，产品有植物提取物、中药饮品等，2005年产量145吨。

2002—2005年，药品监督部门对这两家企业药品进行监督检查8次，检查1250批次，药品均合格。

特殊药品管理

1989年，加强对临床使用的麻醉药品、精神药品、限药品、医用毒性药品等特殊药品实行严格管理，没有发生丢失或者被盗、被抢或者骗取、冒领、丢失等违规现象。

1999—2001年，县药品监督部门健全毒、麻、限、剧药品管理制度和执行麻醉药品印签卡制度。要求医疗单位对麻醉药品管理实行专人负责、专柜加锁、专用账册、专用处方、专册登记，处方保存3年备案；要求麻醉药品的每张处方注射剂不得超过2日常用量，片剂、酊剂、糖浆剂不超过3日用量，连续使用不得超过7天；麻醉药方做到书写完整、字迹清晰、签写开方医生姓名、配方严格核对、配方和核对人员均应签名，并建立麻醉药品处方登记册；医务人员不得为自己处方使用麻醉药品；不定期对全县各医疗单位提供的、具备主治医师以上技术职务麻醉药品处方权申请名单进行审核。精神药品采购执行精神药品购用卡制度；一类精神药品处方每次不超过3日量，二类精神药品处方每次不超过7日量；在一类精神药品的管理上一律实行专人管理、专柜加锁、建立账册等制度。对毒性药品，要求各医疗单位药房的毒性药品包装容器上印有毒药标志，药剂人员供应和调配毒性药品时，凭医生签名的正式处方，处方剂量不超2日剂量；调配处方做到认真负责，计量准确，按医嘱注明要求，并由具有药师以上技术职称人员复核签名盖章后方可发出。

2002年，加强对特殊药品的动态监管，要求医疗单位按时上报特殊药品使用保管情况，严防特殊药品流入非法渠道。针对特殊药品使用存在问题，及时责令4家医疗单位限期整改。

2005年，继续加强麻醉药品和精神药品的日常监管，但麻醉药品、一类精神药品购用印鉴卡的审批发放工作由县卫生主管部门负责。当年，全县各医疗部门所储存、保管的麻醉药品、一类精神药品没有发生丢失或者被盗、被抢或者骗取、冒领等违规现象。

药品市场整顿

县药品监督管理部门每年开展2~4次经常性的巡回监督检查和开展有重点有针对性地突击大检查，加强药品监督管理工作，对违反药品管理法有关规定，经营、使用假药、劣药的单位和个人依法立案、查处。

1989年，根据《中华人民共和国药品管理法》，县卫生局组成药品质量检查组，对全县国有医药单位及药品市场进行全面系统的检查，未发现假药。但发现个体行医、游医、药贩自制的药水、药酒、药粉中有不合药品管理法的有关规定，除对当事人给予教育外，收缴其不合法的药品12个品种68瓶。

1992年5月，对平马镇医药市场突击检查，发现有无证经营药品现象，共有28个品种，价值4700多元，除依法没收其全部药品外，并处以罚款1150元。

1996—1998年，取缔无证售药人员48人次，没收假劣药品53种7018瓶，价值6832元，没收各种违法药品广告697张。批评教育违法人员51人次。对个体诊所、药店等进行抽检166家163个品种，合格率91.65%。

2000年，开展药品质量大检查，对全县13个乡镇、县城药品经营单位、个体药店、医疗单位及其外设门诊、个体诊所、集市摊点共91个单位进行全面的清理整顿。通过检查证照、药品采购原始凭证、药品出入库、药品价格、药品采购合同、药品质量、进货渠道等，对无证经营药品摊点进行严肃查处，取缔非法卖药摊点3个，没收药品品种（批次）62个，价值1028元。没收假劣药品品种7种，价值1000多元。没收过期变质药品品种403种，价值57173元。检查抽样药品送百色地区药检所检验，抽样送检药品91批次，检查合格率94%。全年违法案件查处率98%，结案率96%。

2003年，加大打击制售假劣药品和医疗器械违法活动的力度，对全县96家药品经营企业和78家医疗机构进行检查，查获过期药品173个品种和医疗器械4个品种，查扣216千克中药。集中销毁假劣药品、医疗机械21件，231个品种批次，标值约3000元。协助查处非法广告15件，给予5家违法单位处罚罚款4242元，责令限期整改。

2005年，加强药品市场管理及规范药品市场经营秩序。对医疗单位、药品经营企业、个体诊所经营使用的药品抽验110个批次，合格107个批次，药品抽验合格率97%。对全县药品零售企业经营的保健品、性保健品店进行全面检查，取缔1家无证经营性保健用品的药店，责令2家违规广告药店整改。取缔无证经营药店3家，立案处罚7家，处罚金额共计8100元。

药品网络

为解决农村药品配送难问题，防范农村药品质量安全隐患，2003年，药品监督管理部门开始构建农村药品监督网络和农村药品供应网络。创建集监督、宣传、服务为一体的农村药品监督网络，即以县药监分局为中心，在县城各社区、乡镇工商个体协会、村民委设立农村药品综合监督联络站（点），每个联络站（点）聘请1名联络员和1~2名协管员。在药品供应网络建设中，以县医药公司为基础，引进经济能人，加大对医药公司的资金投入，组建县、乡农村药品配送中心，在5个乡镇成立乡级配送中心，完成药品配送覆盖率100%。

2004年，加强农村药品监督和供应人员的培训，全年培训2期102人次。通过监督网络举报违法案件25起，乡镇药品抽验合格率100%。

2005年，完善农村药品供应网络，推出两种供应模式。一是配送式。在县医药公司成立农村药品配送中心的基础上，引进北海华辰药业南宁分公司联营，成立华辰药业田东农村药品配送中心，参与农村药品配送，分别在县城、思林、江城、作登、义圩设立农村药品配送中心，辐射周边药品供应，方便农村群众购药用药。二是直送式。以广西一心药业为主，以龙康药业、天等医药公司等药品批发企业为辅，直接向国有医疗单位和药店供货。

第三节 食品安全监督管理

1989—2004年，根据《中华人民共和国食品卫生法（试行）》有关规定，县食品卫生监督检验所对全县食品卫生进行经常性监督、监测。组织食品生产经营从业人员每年进行健康体检，对体检中发现患有“五病”（痢疾、伤寒、病毒性肝炎等消化道传染病、活动性肺结核、化脓性或渗出性皮肤病）的从业人员进行调岗。同时，加大食品卫生监督监测力度，打击各种违法行为，对查没的不合格食品进行公开销毁，防止食源性疾病的发生，保障人民群众的人体健康和生命安全。

1989年，县食品卫生监督检验所有7名食品卫生监督员和13名乡镇食品卫生检查员，具体负责全县的食品卫生监督和管理工作。1989年，全县从事食品经营摊店734家，从业人员1572人，经监测检查681家1318次，覆盖率92.78%。健康体检的有1418人，占从业人员的90.2%。食品抽检合格率62.03%，食具合格率66.7%。

1992年，生产经营食品的摊店有1082家，巡回监测1071家，建档率98.1%。从业人员2415人，健康体检2350人，受检率为97.31%。检出有传染性肝炎带毒者35名，按《中华人民共和国食品卫生法》的有关规定，全部调离直接接触入口的食品工作岗位。食品抽检合格率75.9%，食具抽检合格率77.7%。此外，开展假冒伪劣食品大检查，没收44家生产经营食品摊店不合格食品1360千克，当众销毁；罚款8家，金额450元。当年，开始推广使用一次性卫生筷。

1996年，全县食品生产经营单位1892家，建档1862家，建档率98.41%，发放卫生许可证1856家。监督食品经营单位4.45万户次。食品从业人员体检3738人，体检率98.5%，“五病”检出34人，全部调离接触直接入口食品的工作岗位。监测各类食品535件，合格率86.7%。对违反《食品卫生法》的个体户和单位，给予行政处罚36户次，没收不合格食品10户次，共234千克，罚款21户，罚款金额0.9万元。年内共监测食具705份，合格率78.2%。当年，成立餐具消毒中心，由该中心把餐饮单位的餐具收上来，集中统一消毒后送回原单位。

1999年，监测各类食品446件，合格424件，合格率为95.07%。监测食具527份，合格401份，合格率76.09%。指导学校完善学生食堂卫生条件，全县28个学生食堂和16户校园食品经营摊店经审查均发放卫生许可证，从业人员体检率98%，卫生知识培训率100%。当年无发生学生集体用餐食物中毒事件。

2001年，全县食品从业人员体检2729人，卫生知识培训2729人，“五病”调离21人。食品抽检248份，合格215份，合格率92.69%。食品送检239份，合格221份。食具监测520份，合格398份。年内辖区发生食物中毒事件3起，中毒人数44人，无人员死亡，中毒原因查明率100%。

2002年，食品从业人员体检2926人，培训2926人，体检合格人数2898人，“五病”调离28人。食品监测检验385份，合格367份。发生食物中毒事件1起，中毒人数14人，无人员死亡，根据流行病学调查及实验室检验结果，确定为食源性有机磷农药中毒。

2004年，开展食品安全大检查，对126家饮食单位进行现场检查。对11家酒家（餐馆）的15个蔬菜品种共46个样本进行农药残留量检测，其中有5个产品呈阳性反应（不合格）。还发现部分食品从业人员未参加健康体检，部分食品经营户的加工场所防蝇、防鼠、防尘设施不全，存在食品生熟交叉污染隐患，卫生清洁度不够。食品加工原料没有采购登记，加工、冷藏、贮存没有管理记录，存在超过保质期隐患。食品加工单位卫生管理制度、工作职责、卫生措施不全。针对存在问题，检查组都提出了书面限期整改，责成有关部门监督落实。

2005年，出台《田东县食品安全工作规则工作制度工作责任制》，建立定期召开联席会议和信息通报制度，通报、研究、协调解决有关食品安全的突出问题，逐步建立健全食品安全保障体系。加强对春节、“五一”、中秋节、国庆节、南博会等重大节日期间的食品安全综合监管。制定和实施全县食品放心工程，不定期组织协调各职能部门开展食品安全专项检查和日常监督，重点加强肉类、粮、蔬菜、奶制品、豆制品、水产品、酒类、饮料、儿童食品、保健食品等10类食品的整治和监管，严防群体性食物中毒事故的发生。

2005年3月15日期间，县食药监局宣传食品安全知识 （县食药监局提供）

第三章　质量技术监督

1989年，县标准计量局职能是对全县企业的生产设备及产品质量进行标准化、计量、生产许可证管理。20世纪90年代前期，定期或不定期监管全县企业的生产设备及产品质量，逐步健全质量管理体制，为经济发展保驾护航。20世纪90年代中后期，加大《中华人民共和国产品质量法》《中华人民共和国标准化法》《中华人民共和国计量法》等三个法律的实施和监督，加强标准化、计量和认证等技术基础性工作。2000—2005年，推广产品质量认证，引导和支持企业采用国际先进标准组织生产。履行新增加的锅炉、压力容器、压力管道、特种设备的安全监察管理职能，确保社会生产安全。加强监督管理食品、农资、建材等关系群众切身利益的产品质量，严厉打击制售假冒伪劣商品行为，维护消费者合法权益，全社会质量安全水平明显提高。

第一节　机构

县质量技术监督局

1987年5月，田东县计量所改称为田东县标准计量局，履行县人民政府计量管理的行政职能。

1990年，县标准计量局改称为田东县技术监督局，是县人民政府的直属事业机构，负责标准、计量、质量监督工作，内设计量测试股、技术监督股，编制12名，实有12人。

1999年，县技术监督系统行政、事业机构和人员编制清理上收，划归自治区质量技术监督局垂直管理。

2000年2月，更名为田东县质量技术监督局（简称县质监局），行政编制12名、工勤1名，内设计量测试所，编制5名，主要担负《中华人民共和国标准化法》《中华人民共和国计量法》和《中华人民共和国产品质量法》的实施和监督工作。

2002年，原由劳动部负责的锅炉、压力容器、压力管道、特种设备监察职能划归县质量技术监督局。当年，县质量技术监督局内设办公室、质量股、法规股（稽查队），下设计量检定测试所，共有行政在职人员11人，事业在职人员5人。办公地址在平马镇朝阳路8号。

2001年10月，县质监局办公检测综合楼（县质监局提供）

2004年，原由卫生部门负责的食品生产加工环节的卫生管理划归县质量技术监督局。2005年，实有人员11人，事业在职人员5人。

县技术监督局、县质监局历任局长：杨文捷（1987年10月至1998年6月）、黄以标（1998年6月至2003年4月）、阮振元（2003年4月至2005年12月）。

事业单位

县计量检定测试所 1997年，县计量管理所更名县计量检定测试所，是县技术监督局的下设事业单位，履行全县计量器具检定、校准和检测职能，核定事业编制6名，实有职工7人。2000年，核定编制6名，实有职工5人。2005年，实有职工8人。

第二节 产品质量监督管理

按照“以质量为中心，以标准化、计量为基础”的方针，县技术监督局开展产品质量技术监督工作。针对不同时期存在的产品质量问题，多措并举，监控产品质量。对涉及安全和健康的产品，实行重点监控、常态监控。

企业产品质量管理

1994年，推行质量管理与质量保证系列标准，办理备案手续的有企业8家，29个品种，给予田东糖厂、田东油矿、思林纸厂等9个企业颁发了“质量信得过企业”或“质量计量信得过企业”证书。

1999年，田东县石化总厂油毡厂和平马镇油毡厂的产品油毡，通过自治区质量检验所认定，获得产品质量合格证书。田东县生产资料公司复混肥厂产品——复合肥，通过国家技术监督局质量检验机构认定，获得国家级生产许可证。有12个企业产品质量得到提高，给122家企业发放生产许可证。

2000年，对具备生产条件的企业发给临时生产许可证，办理142家企业的换证手续。配合田东县制糖公司开展ISO 9002质量认证，经中国方圆标志委员会审核，通过国家质量认证，是田东首家通过国家质量认证的县属企业。

2001年，帮助思林造纸厂开展ISO 9001:2000质量认证，经中国方圆标志委员会审核，通过了质量认证，成为田东县首家通过国家级认证的乡镇企业。帮助田东县田丰复混肥厂整改，使田丰复混肥厂通过经自治区质量技术监督局考核。给具备生产条件的141家企业发放临时生产许可证，国家、自治区发给企业生产许可证企业11家。

2005年，开展“质量兴县”活动，加强对名牌产品企业的培育、监管。除加强对已获得广西名牌产品的广西东泥股份有限公司监管外，还帮助田东南华糖业有限公司加强管理，该公司生产产品获评为广西名牌产品。

产品质量执法检验

1989年，田东县标准计量局，共检查国有企业9家、集体企业2家、个体工商户1家。查处无证闸刀开关1888件，价值1.78万元；无证熔断器4492台，价值1886.91元；无证聚氯乙烯铝芯电线1221捆，价值3.29万元。

1990年，对商业、供销、生资等集体单位共26个门市部销售的化肥、农药、自行车、电度表等7种商品进行有无生产许可证查处，其中查处自行车509辆，有证508辆，无证1辆；查电度表1128只、洗衣机51台、压力锅112只，有效率100%；查农药839.6千克，属有证145千克，无证694.6千克；查化肥1.23万吨，属有证1.15万吨，无证877吨；查轮胎347只，有证28只，无证319只。

1991年，按食品标签通用标准的规定，检查国有、集体、个体户共89个单位和摊点的123种食品，合格7种、基本合格23种、不合格93种。

1993年，多部门联合开展“打假”活动，检查国有企业27家40个门市部（仓库）、集体企业20户25个门市部（仓库）、个体企业458户，检查商品298种，价值119.2万元；完成17个企业的产品抽样送检工作。

1994年，对县糖厂、松香厂、平马油毡厂、立丰建材厂、力泉饮料厂、新洲磁化肥厂、雅丽化学制剂厂等12家国家、集体和私营企业的糖类、油毛毡、饮料、化肥、洗发精、水泥构件等13个产品进行抽样检查，对产品技术参数、理化指标进行检验。检查经销单位37家，检查商品总额107.5万元，检查螺纹钢、油毛毡、化妆品、低压电器等商品58批次，其中合格商品25批次。检查食品标准24种，合格14种，受处罚的经销单位22家，罚款3.11万元。

1998年，抽样检查建筑材料17个生产、销售单位，共17个品种，抽样合格率100%。

2003年，把建材、食品类产品作为重点监督检查对象，先后对建材、农资、食品等56家生产企业111种产（商）品抽检，合格99个，合格率89%。

2004年，抽查送检143个产品，合格129种，合格率90%，责令检验不合格的14家生产企业限期整改，整改后产品抽检合格率100%。全县有7家食品生产企业获得国家食品生产许可证。

2005年，全面实行“三进四定”的工作方式，即进村、进企、进户了解食品生产加工企业布点和质量安全情况，定人、定责、定区域、定企业落实分片式定责制，对全县103家食品加工企业进行专项调查，与75家食品生产加工企业签订《食品加工企业质量安全责任书》。根据企业的环境卫生条件、生产资源条件、原辅材料控制能力、产品检验能力、质量管理水平、相关人员素质和遵守法律法规等情况，把企业划分为A（好）、B（一般）、C（较弱）、D（差）4个等级，对食品企业实行分类监管。引导A级企业制造条件，申报名优产品。帮助B级企业持续保证产品质量卫生安全的必备条件，对生产加工企业执行企业行为。将C级企业列入重点监管对象，将D级企业列为重点打击对象。建立食品生产加工企业监管信息通报协查制度，加强食品质量安全监管信息的综合利用，加大食品质量安全监督，阻塞监管漏洞。对辖区食品加工企业进行排查，切实做到横向到边、纵向到底、不留死角、不留盲区，全县没有发生任何食品安全事故。此外，在10个乡镇各聘请一名食品安全协管员。

第三节　计量监督

计量衡器改制

1989年，县标准计量局继续开展法定计量单位推行工作，改制各种非法定计量器具单位，取消市制杆秤在流通领域使用，改制案秤、台秤。统一推行法定计量单位工作，改制各种非法定计量器具单位，即长度由市制改为米制、重量由市斤改为千克。

1990年，举办各单位计量人员培训班2期80人次，改制压力表245只、血压计59只、材料试验机5台、台案秤745台、更换液体量提320副、米尺54把。全县用户普遍取消以市斤、市两为计量单位的旧量提，使用以升、毫升为计量单位的新量提，市制杆秤市场退出流通领域。县直机关、事业、企业单位的公文报表、文件、发票、账卡、物价、标签等均采用法定计量单位。当年完成了全县法定计量过渡时期的工作任务。

计量器具检定

1988年，县人民政府下发衡器强检通知书，凡用于贸易结算、安全防护、医疗卫生、环境检测方面的尺、秤、水表等55项111种工作计量器具属于实行强制检定的对象，每年检定一次（一年为一个周期）。要求使用强制检定的台、案、杆、把秤的单位和个人，进行登记造册，报县标准计量局备案，并按检定周期向县标准计量所申请检定。

1991—1995年，全县累计检定台案秤4207台，地中衡213台，分析天平220台，压力表521只，电流电压表145只，比色计12台，万用表27只。检定杆秤4182把，没收229把，抽检率达96%以上。全县累计有冶炼厂、酒酱厂、思林水泥厂、平马油毡厂、民族纺织厂、铁合金厂、软木厂、造纸厂、航运造船厂等11个厂家被定三级计量合格企业，田东糖厂由三级计量企业升为二级计量合格企业。

1998—1999年，开展计量监督和贸易结算强制检定计量器具：完成25个单位54台地秤检定，占应检定的87%；完成10个单位的72台天秤检定，占应检定的87.5%，对没有使用的天秤封存，停止使用；完成14个加油站81台次的检定，占应检100%；检定案秤128台，杆秤180把。检定电话计时计费器599台，占应检99.8%。完成田东县自来水厂水表的检定，复核田东电力公司电能表检定，依法授权田东县电力公司电能表检定为田东县电能表计量检定的法定单位。配合田东县制糖公司的两家糖厂通过国家级计量检测检定系统的确认评审，配合田东县防疫站通过自治区级计量认证机构的评审。

2000年，检定案秤1300台（件）、加油机44台次、分析天平21台次、地中衡32台次。不定期对定量包装的制糖公司、思林水泥厂等10家企业进行定量包装监督管理。恢复压力表检定，检定4家企业13只压力表，督促田东县车辆检测中心完成计量认证，检定电话计时器350多台和检查一批医疗器械。

1999年11月，县质监局召开帮扶企业座谈会，共谋企业发展
（县质监局提供）

为确保计量准确，保障消费者权益，县质监局加强对计量违法行为进行处罚。2002年，群众举报右江矿务局福利处液化气店经销的液化气瓶存在短斤缺两。经调查，发现该经销处销售的液化气瓶充装者为田东县永发液化气站，其承认在充装过程因工作失误，确实存在短斤缺两的情况。县质监局对其处罚3000元。

2002—2003年，依法对计量器具的监督管理，开展集贸市场、加油站计量专项整治工作，共检定加油机169台次，所有加油站通过了三级计量确认。依法授权县电力公司电能表检定室为全县电能表法定检定机构。水厂水表检定室挂靠计量测试所，是全县水表的法定检定机构。

2004年，主要开展眼镜制配行业的专项整治，全县7家眼镜制配企业均通过计量测试所的计量确认定级评审，其中被评为二级的2家，三级的5家。

2005年，加强对《加油站计量监督管理办法》《集贸市场计量监督管理办法》《眼镜制配计量监督管理办法》等计量法律、法规宣传力度，引导、帮助企业建立和完善计量管理体系。投入资金7万多元，购买血压计标准器、压力表校验器、20升标准金属量器、精密压力表、砝码和计量检定工作用车等设备。建立加油机容量检定装备、精密压力表标准装置技术档案等7项计量标准。全年电能表、水表首次强检率90%以上。

第四节 标准化管理

企业产品标准

1988年12月，《中华人民共和国标准法》颁布实施。1989年，县技术监督局开始开展标准化工作，引导和督促生产企业按标准组织生产。当年，对全县36个厂矿企业的89种产品进行标准备案登记，并不定期到厂家抽样检验产品。

1990—1992年，加强对标准化生产情况实施动态管理。帮助新办企业制定并注册登记产品标准，定期派专业人员深入已制定、实施企业标准的企业进行分责指导，解决企业在标准化方面的具体问题和困难。为24家企业执行的产品标准进行注册登记，为企业制定或修订产品标准8个，为3家企业发放工业生产临时生产许可证。协同县酒酱厂制定桂Q/TD003-90健身宝酒的3个新品种（“田七蛤蚧酒”“蛤蚧多鞭酒”“健身酒”）内控制标准。抽查17个单位46个产品，其中执行国家标准的有24种、执行部颁发标准的4种，执行地方标准的15种，不执行标准的有3种。

1993—1995年，建立各厂矿企业各类产品标准化资料的管理档案。制订田东电厂“磁化肥”、县宏发饮料厂“椰子豆奶”和县化工厂“碳酸氯钙”等3个产品标准。给予田东县糖厂、田东油矿、思林纸厂等9家企业颁发“质量信得过企业”或“质量计量信得过企业”证书。

1998—2000年，对376家企业458个产品进行标准备案，占应备案的98%，通过自治区质量技术监督局的验收，通过自治区消灭无标生产的验收。

2003—2004年，加强标准化管理。全县进行标准备案的企业产品100多家319个产品，有7家生产企业8个产品采用国际标准或国外先进标准，5家企业通过ISO 9000质量体系认证。加大宣传“3C”认证制度，让销售企业和广大消费者对假冒伪劣产品说“不”，维护自身的合法权益。

2005年，指导、帮助没有国家标准、行业标准或地方标准的企业制定企业标准。对企业标准已过期或标准指标设置不合理，名称、文本格式不规范的，指导、帮助企业给予修订。对123家企业标准进行审查、备案，新办执行标准证书10个、年检110个、注销3个。年内广西石油化工总厂的汽油标准采用国外先进标准，使全县采用国际或国外先进标准企业增至7家。对辖区内食品生产企业的产品标准进行审查、清理，清理不符合现行的国家标准、行业标准。

建立统一代码标志制度

自1993年12月起，开展全县组织机构代码管理和发证工作，建立起全县组织机构代码数据库，通过数据上报与自治区组织机构代码数据库联网。1993—1995年，办理全国统一机构代码证书285本，颁（换）发新组织机构代码证84份。

1998—2000年，依照《广西壮族自治区机构代码管理办法》，开展组织机构代码检验发证工作，共有130个单位年审登记领证，其中有3个单位超过规定时限不接受年审受到处罚。累计完成组织机构代码年审340份，颁（换）发新组织机构代码证126份。

2005年，全县有734家企业参加年检、换证工作，其中新办证160家。

1993—2005年，全县累计办理组织机构代码证书1008家，年检证书2168套。

第五节　特种设备安全监察

2002年，特种设备安全监察职能由劳动部门划归县技术监督部门管理。特种设备主要包括锅炉、压力容器、压力管道、电梯、起重机械、客运索道、大型游乐设施等。县技术监督局重新对全县范围内在用锅炉、压力容器、特种设备进行调查，分类登记造册。对使用不合格的特种设备的单位，下达特种设备安全监察指令书，并与有重大危险源的企业签订特种设备安全责任书，确保全县特种设备安全运行。

培　训

1989—1995年，县劳动部门举办特种作业人员培训班8期，培训电力安装、电焊技术、锅炉技术、建筑登高架设技术、挖掘机驾驶等，412人次参加培训，给予391名考试合格学员颁发资格认证。1996—2001年，给特殊工种复审换证815人次。

2003年，县质监局严格检查特种设备操作人员持证上岗情况，并举办2期特种设备操作人员培训班，学习《特种设备安全监察条例》，进行安全生产培训，培训人数103人，基本完成全县特种设备操作人员培训。

2005年，举办特种设备操作人员及安全管理人员培训班2期，参加培训43人，做到持证上岗率100%。

检　验

2002年，对全县特种设备使用单位进行普查。在用的特种设备是这样：锅炉86台、压力容器504台、电梯9台、起重机械101台、厂内车辆43台。在用的特种设备基本上符合安全生产要求，对不能满足安全要求和不符合安全生产条件的设备，发出安全监察意见通知书53份。经回访，全部整改。

2003年，加大特种设备安全监督力度，督促特种设备使用单位定期检验，排除安全隐患。完成小型和常压热水锅炉普查登记工作，在册登记备案31家。抓好气瓶产权转移工作，深入24家气瓶充装站、液化气销售店，面对面宣传相关要求，建立符合安全要求的技术档案。

2004年，围绕“特种设备使用登记率、定期检验率、持证上岗率、事故结案率”四个指标，加强特种设备的现场安全检查。做好辖区内压力管道普查登记工作，完成13家806条工业压力管道普查78.42千米，并顺利通过广西区压力管道普查检查验收。对祥周电杆厂进行检查，发现使用的吊车未经检验，操作人员无特种设备作业人员证。对此进行立案查处，并处以5000元罚款。

2005年，共开展大检查4次，依法检查锅炉89台、压力容器640台、电梯10台、起重机械30台，充气（配气）站1个，发出《特种设备安全指令书》28份，督促使用单位及时消除安全隐患，确保特种设备的安全使用，全县无一例特种设备安全事故发生。当年，发现田东县水泥制品有限公司使用的起重设备未向特种设备安全监察部门进行登记注册，未建立技术档案，操作人员未取得特种设备作业人员证等。根据《中华人民共和国特种设备安全监察条例》的规定，对该公司进行立案处理，责令该公司立即停止使用该设备，并罚款2000元。

第六节　打击假冒伪劣商品违法行为

1989年，县标准计量局会同工商、物价、卫生、医药、公安等部门，开展农资、建材、食品、饮料等专项打假活动，查处制售假冒伪劣产（商）品一批，并进行销毁。

1990年，县质量技术部门对59家食品店进行查处，当众销毁各种霉烂变质啤酒、可乐饮料、醋精、小麻油、罐头等10种食品6063瓶，价值1.46万元。

1992年，封存、销毁假冒伪劣商品饮料6种、1123瓶，价值1178元；包装食品8种4620包，价值8010元；低压电器15个品种3270只，价值6623元；化肥2个品种20吨，价值1.05万元；药品12个品种5080瓶，价值3482元。在检查中，挖出制造洗发精等假冒伪劣商品的窝点3个，作了封存处理。

1995年，进行夏季饮料市场整治工作，检查个体饮料经销户285家，查获各种假冒伪劣饮料2.69万瓶，价值4万元。查处28家经销化肥、农药、家用电器、防水材料、化妆品、饲料、饮料、名酒等各类商品31批次，没收假冒伪劣商品73件，价值1.1万元。

1998年，查处一批无生产许可证、产品质量不合格的化肥、农药、农机配件共14起，案值20万元，给予处罚3.8万元。查处电能表、热水器、洗发精、洗衣粉等15起劣质产品案件，案值60万元，行政处罚1.5万元。查处伪冒假酒产品4起4个品种、1530瓶，查处假红牛3起52听，并进行处罚。

1999年，开展“三查三保”（查食品市场，确保元旦春节市场供应产品合格；查农业物资供应产品质量，确保农村农业生产物资无假货；查建材市场，确保建设工程质量）三大战役，查封、没收一批假冒伪劣产品，其中检查全县45个农资部门的农药、农膜、饲料、农机等配件产品，查封一批，处罚0.8万元；检查电线、电缆、开关、插座等9个门市部，查出不合格产品7个品种，处罚0.3万元。

2000年，查处108起假冒伪劣商品案件，罚款3.4万元；没收商品31种，价值1.2万元。

2002年，共出动执法人员2140人次，检查经营企业785个，立案105个，结案87起，查封假冒伪劣产（商）品价值25万元，没收假冒伪劣产品价值2万元，罚款17万元。

2005年，挖出经营销售假冒伪劣商品窝点4个，查处假冒伪劣品种21个9895件，价值10.54万元。

2005年12月，县质监局联合县工商局，深入商店检查假冒伪劣商品　　（县质监局提供）

田东县志（1989—2005）

第十五篇

国土资源管理　矿产资源管理　安全生产监督管理

1989—1991年，田东开展土地资源利用现状调查，并清查干部职工“三违”（违法、违纪、违章）用地建房工作。1994年1月1日，全县推行国有土地有偿使用制度，城镇国有土地使用权可以依法出让、出租、抵押，集体土地必须以征用变更为国有土地后，才能出让使用，这将国土“无偿、无限期、无流动”的土地管理制度改变为“有偿、有限期、有流动”的管理制度，全县土地使用制度发生了历史性变革。同年，在乡镇开展“无违法批地、无违法管地、无违法用地”（简称“三无”）活动，全县土地管理工作逐步实现法制化管理。1995年，全县划定基本农田保护区，农田保护率87.65%。自1996年开始，每年定期对全县土地利用现状进行变更调查，依法加强对土地资源的管理，全面掌握全县土地利用现状和总面积，全县的土地总面积为2816平方千米。

2000年，完成全县1997—2010年土地利用总体规划工作，经自治区人民政府批准后实施。2002年，县地质矿产管理局和县土地管理局合并为田东县国土资源管理局，依法加强县国土资源和矿产资源的管理，确保国土资源和矿产资源得到科学、合理、合法的开发利用。

1989—2005年，田东县土地管理主要是开展土地调查与地籍管理、土地规划、土地保护、土地开发、土地监察、土地登记发证，全县国有土地使用权证发证累计9114本，集体土地使用权证发证57890本。

第一章 机构 体制

第一节 机构

县土地管理局

1986年11月，田东县土地管理局（简称县土地局）成立，是县人民政府直属单位，正科级单位，主管全县的土地管理工作，依法办理国家、集体和个人建设用地手续。领导职数设置一正二副，核定行政编制3名、事业编制4名，实有职工9人。办公地址位于平马镇庆平街507号县人民政府院内。同年12月，全县13个乡镇先后成立土地管理办公室，分别负责辖区内土地管理工作。1988年1月，县土地局成立土地监察股。

1989年6月，县土地局内设办公室、财务股、执法监察与政策法规股、土地利用管理股、地籍管理股。下辖二层机构县土地技术服务站人员1人，开展土地管理和办理土地征用手续工作，并代县财政收取耕地占用税。

1992年5月，县土地局成立土地监察队，依法管理土地。1993年，编制17名，实有工作人员16人。内设办公室、土地利用规划股、地籍管理股、土地调处与监察股，下辖土地市场管理所和土地技术服务站。

1995年，全县13个乡镇全部挂牌成立乡镇土地管理所，各所人员编制2名。1997年，县土地局在编人员15人，局内设机构不变，增设土地市场管理所、土地估价所、地产公司等二层机构。1998年至2002年2月，县土地管理局在编18人，内设机构及下辖二层机构维持不变。

2002年3月，县土地管理局与县地质矿产管理局合并，组成田东县国土资源管理局。

县土地局历任局长：罗树早（1988年7月至1990年10月）、岑世浓（1990年10月至1993年12月）、李刚（1993年12月至1997年7月）、刘忠雷（1997年7月至1998年7月）、李刚（1999年3月至2002年2月）、凌天清（2002年2月至2003年1月）代理局长、蒙祥京（2003年1月至2006年12月）。

县矿产管理局

1987年3月13日，田东县矿产资源管理局（简称县矿产局）挂牌成立，核定行政编制4名，设局长1名，副局长1名。

1989年，县矿产局核定行政编制和人员维持不变。1992年，县矿产资源管理局挂黄金管理局牌子，实行合署办公，一套人马，两块牌子。县黄金管理局负责全县黄金矿产勘探，开采和生产行业归口管理。

1993年，经百色地区检察分院和田东县检察院批准，田东县矿产资源管理局成立矿产资源检察室，任命人员8名，加强对矿产资源的监督管理和整顿工作。

1996年，田东县矿产资源管理局更名为田东县地质矿产管理局，为县人民政府直属正科级事业单位，负责全县地质矿产管理职能。内设综合股、矿产管理股（含矿产开发）2个股室，核定事业编制8名，其中局长1名，副局长2名。

2002年3月，县地质矿产管理局与县土地管理局合并，组成田东县国土资源管理局。

县矿产资源管理局历任局长：江学知（1989年4月至1997年7月）。

县地质矿产管理局历任局长：江学知（1997年7月至1997年9月）、蒙祥京（1997年9月至2002年2月）。

田东县国土资源局

2002年3月，县土地管理局和县地质矿产管理局合并，组成田东县国土资源管理局，局机关在编人员16人。内设办公室、财务股、规划利用与耕地保护股、地籍管理股、政策法规与执法监察股、矿产资源与地质管理股6个股室。下辖13个乡镇国土资料管理所、土地市场交易中心、地产公司、国土技术站。

2003年，成立田东县土地储备收购中心和国土执法监察大队，在县国土资源局挂牌，不增加人员编制。

2004—2005年，县国土资源管理局机关人员编制、内设机构维持不变，二层机构有10个乡镇国土所、国土技术站、地产公司、土地储备交易中心和国土资源执法监察大队。

县国土资源管理局历任局长：凌天清（2002年2月至2003年1月）代理局长、蒙祥京（2003年1月至2006年12月）。

事业单位

县土地开发技术服务站 于1989年1月15日成立，为全额拨款事业单位，是田东县土地管理局直属机构。办公地点设在县土地管理局办公楼内，配有站长1人，技术员1人，1997年后增加到4人。主要负责土地征用、土地划拨等技术性测绘工作。

县土地市场管理所 于1997年6月成立，属自收自支单位，财务上实行独立核算。办公地点设在县土地管理局办公楼内。配所长1人，副所长1人，工作人员2人。1997年12月增加到9人，是县土地管理局直属机构，主要职责是管理好土地二级市场业务和代县财政收取土地出让金和收益金。

县土地收购储备中心 于2003年6月26日成立，在县国土资源局挂牌，不增加人员编制。2005年12月，与县土地市场交易所合并，组建田东县土地储备交易中心。

县土地储备交易中心 于2005年12月成立，为国有事业单位，由县国土资源局代管，核定人员编制8名。主要职责为代表县人民政府，依照本县土地利用总体规划和城市规划，实施收购、储备、拆迁、平整，以供应和调控各类建设用地需求。实行净地出让，提高土地附加值。协助统计国土资源局办理土地使用权具体业务，包括土地使用权转让、出租、抵押等交易条件的初审、成交确认、税费测算；负责招标、拍卖、挂牌交易等具体事务；提供信息服务，为低价评估、信息咨询、法律咨询、土地咨询等中介服务提供营业场所。

县土地估价所 于1997年12月12日成立，办公地点在县土地管理局办公楼内，配有工作人员6人，是县土地管理局直属单位，财务独立核算，所长由副局长兼任。其主要职责为：基准地价评估（路线价、区片价），划分土地级别或均质地域范围，建立合理地价体系；评估宗地、成片土地的招标、拍卖、协议出让底价，评估划拨土地转让、抵押价格；评估联建合资、股份制企业单位、企业兼并单位的资产，评估土地作价入股的土地使用权价格，清产核资中的土地资产评估，对地价的变动幅度进行调整。2000年5月1日，根据自治区土地管理局《关于印发〈广西土地评估机构脱钩改制工作实施方案〉的通知》文件，撤销县土地估价所。之后，土地价格评估事务由百色宝源评估有限责任公司承办或委托承办。

县地产公司 于1992年7月2日成立，属自收自支单位，由县土地管理局统一管理。办公室设在县土地管理局办公楼内，配经理1人，工作人员2人，到1997年增到12人。主要职责是土地开发，协助县土地管理局办理国有土地使用权出让、转让手续。

县国土资源执法监察大队 于2003年成立，为事业单位。2005年，核定编制10名，其中设大队长1名，经费来源为财政全额拨款。主要职责是巡回检查、发现、纠正和处理违反有关国土资源法律、法规的行为，监督检查国土资源的利用、开发、整治、保护和权属变更情况，监督检查土地和矿业权市场的经营活动，协助县人民法院对国土资源违法案件进行强制执行，受理对违反国土资源法律、法规行为的检举、控告并调查举证。

乡镇土地管理所 1986年12月，全县13个乡镇先后成立土地管理办公室，分别负责辖区内土地管理工作。1995年10月，全县13个乡镇统一挂牌设立土地管理所，归属县土地局垂直管理。2002年机构改革，各乡镇土地管理所更名为乡镇国土资源管理所，归县国土资源管理局垂直管理，正副所长由县国土资源管理局任命。2005年，布兵镇、祷午镇、坡塘乡撤销，分别并入祥周镇、林逢镇、思林镇。至此，全县只有10个乡镇土地管理所。每个乡镇配所长1人，土地管理员2人。

第二节 土地使用制度改革

延长集体土地承包期

1985年初，县人民政府开展土地承包延长15年的工作，社员承包土地使用年限从发包之日起（15年内）到2000年前不变，但土地承包期的延长仅仅是使用权的延长，而不是所有权的变动。社员承包的土地所有权属集体，承包户只有经营权，没有所有权。社员承包的山林，山权属集体所有，砍伐木材须遵守国家下达的计划和有关规定。国家和集体保护承包户的土地经营权不受侵犯，承包户须按合同规定完成国家分配的任务和上交集体的任务。社员承包土地年限内，该户子女有经营使用的继承权。在延长承包前，社员如果要求调整耕地的，本着“大稳定，小调整”的原则进行调整。土地调整后，由县人民政府给农户发放土地承包使用证。承包给农户的耕地，使用权归承包户，所有权归集体。

1989年，县人民政府印发《关于开发利用我县土地资源大力发展商品生产的若干规定》。

1995年，县人民政府为稳定和完善家庭联产承包责任制和统分结合的双层经营体制，依据国务院批转农业部《关于稳定和完善土地承包关系意见的通知》中“以发包方为单位，以原承包合同为基础，增人不增地，减人不减地，即以1985年的土地承包合同为基础，承包人口不变，承包耕地面积不变，承包的山林面积不变，上交的公购粮任务不变，上交集体积累不变”的原则，再次开展延长土地承包期工作。全县耕地承包期在原定的承包期（1985—2000年）期满后再延长30年（即至2030年），依国家政策法律确认农民的土地承包经营权。全县农民的土地承包经营权受法律保护，并有保护、按照承包合同约定的用途合理利用土地的义务。

2003年3月，根据《中华人民共和国农村土地承包法》的规定，继续实行农村土地承包经营制度。

采取农村集体经济组织内部的家庭承包方式，不宜采取家庭承包方式的荒山、荒沟、荒丘、荒滩等农村土地可采取招标、拍卖、公开协商等方式承包。农村土地承包后，土地的所有权性质不变。承包地不得买卖。其中耕地的承包期为30年，草地的承包期为30~50年，林地的承包期为30~70年。

土地有偿使用

1993年，百色地区土地工作会议之后，田东县开始着手进行国有土地有偿使用制度改革工作。

1994年1月1日起，田东县正式推行国有土地有偿使用。城镇国有土地使用权可以依法出让、出租、抵押，集体土地必须以征用变更为国有土地后，才能出让使用，将国土“无偿、无限期、无流动”的土地管理制度改变为“有偿、有限期、有流动”的管理制度。自此，田东县逐步形成一级土地市场和二级土地市场（一级土地市场主要是采用协议出让形式，二级土地市场主要是采用出租形式），并根据国务院《中华人民共和国城镇国有土地使用权出让和转让暂行条例》和自治区人民政府《广西壮族自治区实施〈中华人民共和国城镇国有土地使用权出让和转让暂行条例〉办法》的规定，制定《田东县城镇土地使用权出让和转让暂行规定》。

协议出让的范围包括：解困房建设用地，教育、科技、文化、卫生、体育用地，国家重点扶持的企业用地，百色地区行署和县人民政府批准的其他用地。协议出让的最高年限为：居住用地70年，工业用地50年，教育、科技、文化、卫生、体育用地50年，商业、旅游、娱乐用地40年，综合或其他用地50年，临时批租用地5年。

协议出让土地使用权程序：一是申请用地者向县土地管理局提交《用地申请书》，申请书须阐述申请单位的性质、申请用地理由及用地坐落、面积、用途、使用年限、建筑规模、投资计划、资金来源等有关资料，并同时提供计划部门的批准文件以及规划部门出具的建设用地规划许可证和蓝线图；二是县土地管理局对《用地申请书》审查同意后，发给开发资格证书，并在15日内向符合条件的申请用地者提供有关资料即出让土地的位置、面积、四至范围、地形状况、城建规划情况的要求、出让的年限和方式及其他有关概况；三是申请用地者收到出让方提供的有关资料后，应当在指定时间内向县土地管理局提交土地开发利用方案，有关土地使用权出让金数额和付款方式等有关文件；四是县土地管理局收到申请用地者提交的有关文件后，应当在15日内给予通知答复；五是申请用地者接到用地答复通知书之日起15日内，到县土地管理局签订《土地使用权出让合同书》，土地使用者在签订出让合同时必须缴付50%以上的出让金作为保证金，在签订土地使用权出让合同后60日内支付全部土地使用权出让金（确有困难的，可向县人民政府申请延期，但延期不得超过合同签订后1年，经批准延期期间，按银行同类贷款利率支付利息。逾期未全部支付的，出让方有权解除合同，已交保证金不退还，并可请求违约赔偿）。土地使用者在出让金全部付清后，15天内到县土地管理局办理土地使用权登记手续。

1994年，在土地开发建设过程中，协议出让土地使用权1宗，面积1.64万平方米，收取有关款项180万元。用地单位是田东华瑞有限责任公司，土地用途是建芒果酱厂，这是田东第一宗出让国有土地。

1995—2000年，田东县累计依法协议出让国有土地使用权131宗，面积81116.08平方米。1994—2000年，全县依法转让土地使用权284宗，面积9.7万平方米；出租土地使用权2486宗，面积13.31万平方米。2005年，依法转让国有土地使用权486宗，面积21万平方米。

农村宅基地有偿使用

1992年，根据自治区人民政府《关于进一步加强农村宅基地管理工作的通知》，田东县开始开展农村宅基地有偿使用工作。具体规定是：人均宅基地面积在《广西壮族自治区土地管理实施办法》第42条规定的标准内用地，使用费控制在人均收入的3%~5%，年每平方米收费在0.03~0.1元，城镇郊区、人多地少、经济条件好、群众有要求的，收费标准略高一些，但年每平方米最高不得超过0.15元。用于出租和经营的，收费额度不受上述标准限制，由乡、村本着收费合理的原则作出具体规定。

1992年，按照《广西壮族自治区土地管理实施办法》的有关规定，以及自治区人民政府《关于进一步加强农村宅基地管理工作的通知》要求，田东开展农村宅基地有偿使用工作，大力宣传相关政策，并试行收取农村宅基地有偿使用费。由于群众还没有彻底改变长期以来住宅基地私有的旧观念，工作开展时断时续，发展亦不平衡。1993年7月，根据国务院关于减轻农民负担的通知精神，全县农村停止收取农民宅基地有偿使用费。

第二章　建设用地管理

第一节　土地划拨

根据《中华人民共和国土地管理法》(简称《土地管理法》)和《广西壮族自治区土地管理实施办法》，国家机关、部队、文化、教育、卫生、体育等单位非经营性用地，以及技术先进、产品出口等优先发展并符合国家产业政策的企业用地，根据建设需要和实际情况，按审批权限逐级上报经批准后，实行行政划拨使用土地。1989—2005年，县内行政划拨土地的方式有两种。一种是国家建设使用国有荒山、荒地以及其他单位或个人使用的国有土地的划拨。这种划拨，按照国家建设征用土地的程序和批准权限批准后划拨，经划拨使用国有荒山荒地的，土地使用者不必付出代价便可取得土地使用权；经划拨使用其他单位或个人使用的国有土地，原使用者因此受到损失的由建设单位依法给予适当的补偿。原用地者需要搬迁的，建设单位应负责搬迁。属公民个人房屋拆迁的，建设单位应依照国家有关规定给予房价补偿和房屋安置。另一种是征用后划拨。征用后划拨即建设单位根据建设的要求，需要使用农民集体土地的，由国家依法征用，将集体土地变为国有土地后，再划拨给建设单位使用。通过这种划拨方式取得的土地使用权，用地者一次性支付土地补偿费、安置补助费及其他地上附着物补偿费。使用耕地的要缴纳耕地占用税。这种土地划拨过程，实质上就是征用土地的过程，为两者同时进行。

中华人民共和国成立至1993年年初，田东县内国家机关、部队、学校及企事业单位等国家建设用地，都是采用行政划拨方式供地，形成了社会主义计划经济体制下无偿、无限期（无限定期限）、无流动（不得转让、出租、抵押）的土地使用制度。

1994年，县内实行国有土地有偿使用后，根据《中华人民共和国城市地产管理法》的规定，继续在一定的范围内执行行政划拨供应土地。当年，国家单位建设用地22宗，划拨土地面积62.6公顷。其中同意划拨土地面积0.72公顷给右江矿务局扩建子弟学校，同意划拨土地面积0.04公顷给县文化局建田东县文化娱乐中心，同意划拨土地面积0.84公顷给地区水泥厂扩建料场。

1995年，国家单位建设用地22宗，划拨土地面24.28公顷。其中划拨的土地建设的类型有南（宁）昆（明）铁路在县境内设5个车站站房及配套设施5公顷，县人民政府办公室建马鞍山加油站0.3公顷，田东县人民武装部建靶场4.91公顷，县地方税务局建办公楼、宿舍楼0.63公顷，县酒精厂建厂2.7公顷。

1997年，全县国家建设划拨土地面积共6.8公顷，其中划拨土地面积0.14公顷给田东县气象局扩建，划拨土地面积0.26公顷给县法律事务所建综合楼，划拨土地面积0.2公顷给县武警中队，划拨土地面积0.13公顷给百色航道段建综合用房，划拨土地面积0.73公顷给县电力有限公司建站。

1999年，全县国家建设项目用地4宗，用地4.02公顷。其中划拨国有土地面积0.26公顷作为建行县支行扩建营业办公楼建设用地，划拨国有土地面积3.54公顷作为县电力有限责任公司建设用地，划拨国有土地面积0.02公顷作为县交警大队祥周中队停车场建设用地，划拨国有土地面积0.02公顷作为广西移动通信公司田东营业部数字移动电话基站建设用地。

2000年，全县国家建设项目4宗，用地16.67公顷。其中划拨土地面积13.91公顷作为思林造纸厂扩建用地，划拨土地面积0.1公顷作为田东县电力公司思林35千伏变电站建设用地，划拨土地面积2.93公顷作为县供水公司建设用地，划拨土地面积0.36公顷作为县新洲植物组培开发中心建设用地。

2002年，全县国家建设项目8宗，用地34.75公顷。其中划拨土地面积2.51公顷作为田东县220千伏变电站工程建设用地，划拨土地面积0.15公顷作为田东县祥周纸袋厂扩建工程建设用地，划拨土地面积16.79公顷作为田东电厂改扩工程建设用地。

2003年，全县国家建设项目5宗，用地74.34公顷。其中划拨土地面积19.01公顷作为田东（仑圩）至巴马三级公路建设用地，划拨土地面积8.23公顷作为广西右江矿务局保群矿井建设用地。

2005年，全县国家建设项目12宗，用地113.14公顷。其中划拨土地面积1.06公顷作为西南市场扩建项目建设用地，划拨土地面积56.75公顷作为田东至天等公路项目建设用地，划拨土地面积1.51公顷作为田东县思林镇福利塑料制品厂建设用地，划拨土地面积4.28公顷作为田东电厂除灰系统技改项目。

第二节 国有土地使用权出让 转让 出租 抵押

1994年，田东县在城镇推行国有土地有偿使用后，县人民政府垄断土地一级市场，规范和培育土地二级市场，允许国有土地经县人民政府出让后，在出让期限内土地使用者可依法将土地使用权进行转让、出租、抵押。根据《田东县城镇国有土地使用权出让和转让暂行规定》，凡通过出让方式取得土地使用权者，按照合同规定的期限和条件投资、开发利用土地的，其土地使用权在合同规定的年限、条件内可依法将取得的土地使用权进行转让、出租、抵押。

1994—2000年，全县依法转让土地使用权284宗，面积9.7万平方米，出租土地使用权2486宗，面积13.31万平方米。2001年，全县办理出让11宗，面积0.8公顷；转让49宗，面积0.49万平方米，收取出让金67.29万元；出租、自营350宗，面积0.27万平方米，收取收益金2.43万元；抵押68宗，收取管理费3.39万元。2005年抵押71宗，集体土地使用权138宗，面积10672.61万平方米。2005年，依法转让国有土地使用权486宗，面积210365.46平方米。

国有土地使用权出让 1994年4月，县人民政府出台《田东县城镇国有土地使用权出让和转让暂行规定》。田东县土地一级市场，按照土地所有权与使用权相分离的原则，国家在保留土地所有权和优先购买土地使用权的前提下，将土地推向市场。土地一级市场有协议、招标、拍卖三种出让形式。据田东实际情况，全县土地一级市场主要采用协议出让形式。具体地块的土地使用权出让，由县土地管理局根据年度供地计划和基本建设投资计划拟定。经报批后，由县土地管理局实施。实施出让手续的一般程序：申请用地者必须与县土地管理部门签订《土地使用权出让合同书》；土地使用者在签订出让合同书时必须缴付50%以上的出让金作为保证金；在签订《土地使用权出让合同书》后60天内支付全部土地使用权出让金；出让金付清后，15天内到县土地管理局办理土地使用权登记手续。

1995—2001年，田东县累计依法协议出让国有土地使用权142宗，面积8.91万平方米。2003—2005年，全县出让土地使用权148宗，面积24.14万平方米。

国有土地使用权转让 土地使用权转让实行先评估后转让制度。土地使用者先向县土地管理部门提出转让使用权申请，县地价委员会进行地价评估，县土地管理部门审查批准后方可转让。转让双方签订转让合同，办理转让手续，缴纳土地增值税和土地使用变更登记费。土地使用权转让价格明显低于市场价格或低于评估价格的，县人民政府有权优先购买。

1993年6月15日，平马镇中山街236号班某某转让房产面积106.38平方米给凌某某，其中建筑面积有62.73平方米，经评估，交易金额3万元。这是田东县推行土地有偿使用制度之后办理的第一宗土地转让。

1994—1996年，田东清理土地市场，共清理出非法转让土地48宗，转让土地面积41141平方米。土地使用权转让13户，面积1100平方米，应收出租费2.58万元，完成2.58万元。擅自改变土地使用权、用于经营的个人共374户，面积1.5万平方米，应收出租费17.5万元，完成5.6万元。

1995年，清理土地使用权擅自转让、出租抵押和改变用途676宗，面积3.95万平方米。

2001年，全县转让土地使用权285宗，面积60810平方米。2004年，全县转让土地使用权37宗，面积4817平方米。

国有土地使用权出租　在取得土地使用权后方可进行出租，自出租人与承租人签订《租赁合同》后，双方持土地使用证书、出让合同、租赁合同向县土地管理部门申请办理土地使用权租赁登记手续，按租金总额的5%~10%向县土地管理部门交纳土地受益金。承租人再转租土地使用权时，必须征得原出租人的同意，并办理转租手续。

1994年，开展土地市场管理整顿工作，全县共查出土地使用权出租等943宗，4.45万平方米，应收48.78万元，完成19.35万元。

1994—2000年，全县土地使用权出租2486宗，面133137平方米。2001年，全县土地使用权出租350宗，面积2653平方米。2005年，土地使用权出租380宗，面积2853平方米。

国有土地使用权抵押　由抵押人持《土地使用权抵押申请书》、土地使用证、《土地出让合同》向县土地管理部门提出抵押申请，经批准后方可签订《抵押合同》。抵押人、抵押权人持《抵押合同》到县土地管理部门办理土地使用权抵押手续，同时，到房地产部门申办房屋抵押登记手续。抵押权人须处分抵押的土地使用权的，应向县土地管理部门和房地产管理部门提出申请。经批准处分抵押土地使用权的，抵押人必须委托县土地管理部门以拍卖、招标协议出让方式进行处分。

1994—1997年，全县在进行土地市场清理中，清理出抵押房屋2宗，抵押面积112.3平方米。

1998—2000年，全县办理土地使用权抵押187宗，面积122929平方米，注销抵押38宗。2001年，全县土地使用权抵押68宗。2005年，全县土地使用权抵押111宗，面积155161平方米。

第三节　土地征用与补偿

土地征用

1989年，全县土地征用26.27公顷，其中耕地征用13.35公顷，林地征用1.04公顷，非耕地征用11.88公顷。另征用国有非耕地0.39公顷给思林镇企业办、祥周乡新洲米粉厂作为基建用地有偿使用。

1990年，征用平马镇上法村大塘屯2队土地0.41公顷，作为建设田东油矿10万吨炼油消防队用地。共征、拨土地11.67公顷作为右江矿务局建设五号井用地。

1993年，完成平（马）百（色）二级公路8.85公顷和南（宁）昆（明）铁路长48.5千米213.4公顷的征地工作；完成县内建设单位正常用地26.33公顷征地工作任务。

1995年，全县国家建设征用土地面积22.73公顷，其中耕地11.36公顷，非耕地11.37公顷。

1997年，全县国家建设征用土地面积6.8公顷，其中耕地6公顷，非耕地0.8公顷。

2004年，土地征用规划占用耕地30.26公顷，占用非耕地56.41公顷；实际占用耕地16.99公顷，占用非耕地56.77公顷。

2005年，土地征用规划规划占用耕地30.26公顷，占用非耕地56.77公顷；实际占用耕地218.78公顷，占用非耕地323公顷。

2005年，田东县召开《征地统一年产值标准》听证会
（县土地局提供）

土地补偿

1989年，田东县内征用土地补偿全部按照《土地管理法》和《广西壮族自治区土地管理实施办法》的有关规定进行管理和办理征地补偿手续。当年，全县国家、集体建设用地支付土地补偿费和安置费、青苗补偿费111.9万元。

1990年，国家、集体建设用地支付土地补偿费和安置费、青苗补偿费84.58万元。

1993年，支付各类建设用地的土地补偿费及安置费、青苗补偿费124.4万元。

1995年，县人民政府先后下发《关于印发田东县县城总体规划区域范围内建设征用地补偿费暂行规定的通知》《关于田东县县城总体规划区域范围内建设征用土地补偿费暂行规定的补充通知》，对土地补偿费、安置费、青苗补偿费、地面附着物补偿费做了具体细致的标准。当年，全县支付建设用地各类补偿费及安置费共123.6万元。

1996年，全县支付建设用地各类补偿费和安置补助费共439.34万元。

1999年，县人民政府对县安居工程小区征地青苗补偿标准作了进一步调整。有鱼鱼塘由原每亩2000元调至3000元，无鱼鱼塘由原每亩1000元调至2000元，青菜由原每亩300元调到500元，瓜果每亩一次补给600元，春耕已插种苗的每亩一次性补偿20元，推塘费每亩一次性补偿80元。当年，天生桥至广州±500千伏直流输电工程在县内用地及施工中损坏青苗的补偿，按照有关规定执行。塔基占地土地补偿费标准：占用水田按前3年平均年产值的6~10倍补偿；占用旱地（耕地面积）按前3年平均年产值的4倍补偿；占用荒山、荒坡按前3年平均年产值的2倍补偿。安置补助费补偿标准：征用耕地按前3年平均年产值的4~6倍计算给予补助；按工程设计（铁塔根开尺寸加1米）计算征地面积。青苗补偿标准：施工中临时用地损坏的农作物补偿，按实际损坏多少补偿多少，损坏一季补偿一季；水稻每造每亩补偿600元，甘蔗每亩补偿1200元，菜类、玉米、豆类每造每亩补偿300元；鱼塘、藕塘按一年产值补偿，鱼塘每亩补偿1500元，藕塘每亩补偿800元。森林植被恢复费补偿标准：一般造林和天然林每亩补偿250元；疏林每亩补偿100~150元；工程林、速丰林、苗圃地每亩补偿500~800元；经济林（含果树）每亩补偿800~2000元；防护林、特种用途林每亩补偿1000元。地面附作物补偿标准：幼林地每亩补偿500元，其他松、杂林地每亩补偿400元；杉树、苦楝树（以每株计）胸径5厘米以上每株补偿2~6元，胸径5~10厘米每株补偿6~10元，胸径10厘米以上的每株补偿10~200元；油桐树、松树、油茶及其他树胸径5厘米以下的每株补偿3~6元，胸径5~10厘米的每株补偿6~10元，胸径10厘米以上的每株补偿10~18元；竹类，胸径5厘米以下的每株补偿1.5~2元，胸径5~10厘米的每株补偿2.5~5元，胸径10厘米以上的每株补偿5~6元；香蕉，高1米以下的每株补偿1.5~2元，1米以上未结果的每株补偿10~15元，已挂果的每株补偿20~30元；芒果，一年苗每株补偿2~4元，二年苗每株补偿4~5元，种植嫁接苗胸径5厘米以下的每株补偿30~50元，胸径5~30厘米以上的、胸径每增加1厘米价格加3元；龙眼、荔枝树，胸径3厘米以下的每株补偿10~20元，胸径3~10厘米每株补偿20~60元，胸径10~30厘米每株补偿60~250元，胸径30厘米以上每株补偿300元；柑橙、枇杷、沙梨、李果、黄皮果、板栗、桃树、柚子未结果的每株补偿8~20元，已结果的每株补偿30~200元；其他各类青苗可参照同类适当给予补偿。房屋拆迁补偿标准：根据工程设计需要拆迁的按建筑面积计算，砖混结构的每平方米补偿360元，砖木结构的每平方米补偿250元，主房按上述标准，副房可低一等，被拆迁户的宅基地由所在村民小组统一安排。自工程开工后抢种、抢建的一律不予补偿。

2000年，田东至天等扶贫公路建设项目在县内用地的补偿标准，按有关规定执行。征用各种土地的补偿问题：公路建设所用的永久性用地（包括自留田地、责任田地、非耕地、菜地、林果地、荒地）和地上青苗、果、树、竹林一律不予补偿。被公路建设占用田地后，部分农户责任田地和自留田地减少的，由当地政府、村委会自行调整。公路建设的临时用地（指沙、石料场、预制场、弃土场、施工单位用地）也不给补偿，属耕地的由使用单位工程完工时负责复垦，所需费用由使用单位负责。公路建设占用的鱼塘、水面不予补偿。房屋拆迁补偿标准：民用房屋按每平方米20~80元给搬迁补偿（其中泥墙草面每平方米20元，泥墙瓦面每平方米40元，砖瓦结构每平方米60元，钢筋混凝土砖石结构每平方米80元）。公路已划定线内不允许再种农业作物和经济作物，凡违反规定种植的，一律不给补偿；公路划定线两边外延各10米内不准建设固定建筑物，违者不给予补偿，并自行拆除或强行拆除。

2005年，田东县城市建设用地项目征收土地补偿的倍数是严格按照《广西壮族自治区实施〈中华人民共和国土地管理法〉办法》规定的倍数执行；安置补助费是根据征地前三年各村民小组人均耕地数，按规定对应的补助倍数支付。各地类的产值标准是由乡镇统计站调查，由县物价局、县统计局、县国土局审核，由县人民政府确认后执行。地上附着物及青苗补偿标准按《关于2004年县城规划内城市项目建设征地补偿问题的批复》执行。

第四节　集体建设用地管理

用地审批程序与权限

1989年，依照新《中华人民共和国土地管理法》的规定，乡镇村建设用地的审批有以下程序：乡镇村公共设施、公益事业建设，需要使用土地的，经乡镇人民政府审核，向县级以上地方人民政府土地行政主管部门提出申请，按照自治区规定的批准权限，由县级以上地方人民政府批准。

涉及占用农用地的，按土地利用年度计划分批次由原批准土地利用总体规划的机关批准。农村集体经济组织使用乡镇土地利用总体规划确定的建设用地兴办企业或者与其他单位、个人以土地使用权入股、联营等形式共同举办企业的，应持有关批准文件，向县级以上地方人民政府土地行政主管部门提出申请，按照自治区的批准权限，由县级以上地方人民政府批准；其中，涉及占用农用地的，依照新《中华人民共和国土地管理法》的规定办理审批手续。镇企业、乡镇村公共设施、公益事业等乡、镇村建设，应当按照村庄和集镇规划，合理布局，综合开发，配套建设。建设用地，应当符合乡镇土地利用总体规划和土地利用年度计划，并依照新《中华人民共和国土地管理法》的规定办理审批手续。

集体建设拨地

1989年，全县集体建设用地项目面积26.27公顷，其中耕地面积13.35公顷，林地1.04公顷，非耕地11.88公顷。

1990年，全县集体建设实际拨用土地面积0.95公顷，其中耕地0.16公顷，非耕地0.79公顷。

1991—1995年，全县集体建设用地面积2.27公顷，其中耕地面积0.82公顷，非耕地面积1.33公顷。县人民政府批准平马镇合恒村公所建造办公综合楼拨用土地面积0.12公顷。

1997年，全县审批祥周镇新洲香蕉基地、百谷村农贸批发市场、思林镇广华购销部等集体建设项目12宗，拨用土地面积3.67公顷，其中耕地2.67公顷，非耕地3.4公顷。

1998年，全县集体建设项目拨地14宗，使用土地面积7.4公顷，其中耕地4.83公顷。

2000年，全县集体建设项目拨地4宗，用地面积1.2公顷。2001—2003年，划拨127.14公顷集体土地为建设用地。

2005年，划拨113.14公顷集体土地，用作城南住宅用地、合恒敬老院、那塘住宅小区、西南市场扩建项目、新洲村部搬迁项目、新洲村小康示范村等建设用地。

第五节　城乡个人建住宅用地管理

审批权限

1999年，新《中华人民共和国土地管理法》颁布后，田东县执行自治区人民政府《关于贯彻实施〈中华人民共和国土地管理法〉有关问题的通知》，即农村居民每户只能拥有一处宅基地，宅基地的面积标准为：4人以下（含4人）的户，每户用地不得超过100平方米；4人以上的户，涉及使用耕地的，人均住宅用地不得超过20平方米，每户住宅用地最高不得超过160平方米；使用非耕地的，人均住宅用地不得超过25平方米，每户住宅用地最高不得超过220平方米。

农村居民新建住房，新房建成后，由县土地管理部门注销原住房土地使用证，收回土地使用权，交由集体另行安排使用。拒不交出土地的，按非法占用土地论处。农村居民出卖、出租住房后，再申请宅基地的，不予批准。

审批程序

1991年，县内农村个人建房，先到乡镇土地管理员领取城乡个人建房用地申请表，填好一式二份，向所在地的村民委员会申请，按审批程序逐级报批，并交纳土地管理费。土地管理费收取规定：占耕地每平方米0.5~2元，占非耕地每平方米0.2~1元。城镇个人建房，应持所在单位或居民委员会证明，领取城乡个人建房用地申请表如实填报一式二份，向乡镇人民政府提出申请，经审核后，送县土地管理局审查，报县人民政府审批。需征用集体土地的，参照国家建设用地签订征地协议书，支付各种费用。

1999年1月1日，新《中华人民共和国土地管理法》颁布后，田东县农村宅基地审批工作程序分为五个阶段。一是申请用地阶段，建房用地户按规定的用地标准，提出建房设想，向所在的村民委员会提出用地申请，经同意后填写《农村居民宅基地用地申请书》。二是审核选址阶段，村民委员会对申请建房用地户用地面积指标进行审核，根据村镇规划进行全面安排，有的还需村民大会通过。三是审查批准阶段，根据新《中华人民共和国土地管理法》第62条关于“农村村民一户只能拥有一处宅基地，其宅基地的面积不得超过自治区规定的标准。农村村民建住宅，应当符合乡镇土地利用总体规划，并尽量使用原有的宅基地和村内空闲地。农村村民住宅用地，经乡镇人民政府审核，由县级人民政府批准；其中，涉及占用农用地的，依照本法第44条的规定办理审批手续。农村村民出卖、出租住房后，再申请宅基地的，不予批准”的规定执行。四是核拨土地阶段，经审查批准的宅基用地，批准单位发给农村居民宅基地用地许可证，乡镇土地管理员配合有关人员核拨土地。五是登记发证阶段，凭农村居民宅基地用地许可证到土地行政主管部门办理宅基地登记手续，领取土地使用证。

个人建房拨地面积

1989—1990年，县内农村个人建房用地面积5.9公顷，其中耕地0.29公顷，非耕地5.61公顷，全部经过审核和批准。

1991—1993年，农村个人建房用地面积9.4公顷，其中耕地0.51公顷，非耕地8.89公顷。农村个人建房用地642宗。

1994年，农村个人建房466宗，用地面积3.37公顷。

1995—2005年，农村个人建房用地面积21.49公顷，其中耕地1.78公顷，非耕地19.7公顷。县内农村个人建房1738宗。

第三章 地籍管理 土地利用 土地监察

第一节 土地调查

土地利用现状调查

1989年7月，田东开展土地利用现状调查，主要任务是查清各种土地利用类型的面积、分布，以及土地的权属状况和利用现状。并在此基础上，按行政辖区逐级汇总各村、各乡、各镇和全县的土地总面积及土地分类面积。

在调查中，绘制的图、表及编写各种文字资料不少。绘制1∶75000土地利用现状图50幅，乡、镇1∶1000土地利用现状图128幅，各类土地统计汇总表8份，全县1∶1000土地权属界线图128幅。绘制乡、镇各类土地面积统计汇总表91份。制作行政村各类土地面积统计汇总表156份，签订土地权属界线核定数858份，签订土地权属界线争议原由书58份，核定土地权属界线纠纷88起，绘制县图幅面积接合表8份，绘制乡、镇图幅面积接合表13份。撰写县土地利用现状调查报告30份，编写约10万字的《田东土地资源》和10万多字的《乡、镇土地利用现状调查说明书》。绘制田东县及其乡、村土地利用现状共1.5万个数据的分类面积统计表，拍摄土地类型及田埂扣除系数彩色照片120张，完成图、文、表、片资料458卷归档。

调查结果显示，全县辖区土地总面积276971.89公顷，其中耕地面积57705.91公顷，园地面积1135.33公顷，林地面积83828.63公顷，牧草地面积60890.63公顷，交通用地面积3988.56公顷，水域面积8118.71公顷，未利用土地面积61304.12公顷。

此次土地利用现状调查，查清了全县土地利用类型、面积及其分布，核实了土地所有权和土地使用权者的地界限，签署了权属界线协议书和争议原由书，核定了部分历史遗留下来的权属争议地界限，获得了县、乡、镇、村各类土地面积数据，编制了县、乡镇土地利用现状图，基本掌握了全县土地分布的特征，总结出土地利用的基本经验和存在问题，提出了合理利用土地的意见和保护措施。

土地变更调查

1996年，全县开展首次土地变更调查。当年底，全县土地总面积2806平方千米，其中耕地面积57834.39公顷，园地面积4231.27公顷，林地面积83277.97公顷，牧草地面积58236.69公顷，城镇村及工矿用地面积3848.67公顷，交通用地面积4131.19公顷，水域面积8188.67公顷，未利用土地面积60884.52公顷。

1998年，组成土地变更用途调查组，共完成105个图斑的变更调绘和329个权属变图斑，面积165.01公顷。对国有企业土地权属进行调查评估，共评估国有企业土地资产19个单位，对国有土地使用的单位和个人评估31宗。是年，土地变更调查显示，年末全县耕地58567.37公顷，园地4320.18公顷，林地83066.65公顷，牧草地57562.53公顷，城镇村及工矿用地3891.04公顷，交通用地4158.13公顷，水域8209.42公顷（两年持平），未利用土地60858.05公顷。

2000年土地变更调查，年末全县耕地58797.03公顷，园地4334.55公顷，林地83005.02公顷，牧草地57276.89公顷，城镇村及工矿用地4260.83公顷，交通用地4260.83公顷，水域8291.89公顷，未利用土地60727.49公顷。

2002年土地变更调查，年末全县耕地59113.89公顷，园地4395.43公顷，林地84973.73公顷，牧草地54897.3公顷。城镇村及工矿用地4078.57公顷，交通用地4283.84公顷，水域8381.13公顷，未利用土地60509.47公顷。

2004年土地变更调查，年末全县农用地20369.24公顷，建设用地5991.73公顷，未利用土地50997.79公顷。

2005年土地变更调查，年末全县农用地223369.99公顷，建设用地6298.52公顷，未利用土地50964.85公顷。

第二节　地籍管理

城镇地籍调查

1988年，田东县开始进行城镇地籍调查。经调查，城镇地籍面积为750万平方米，图幅数量120幅，并调查清楚每1宗地的位置、权属、界线、数量和用途等基本情况，满足土地登记的需要，为颁发土地权属证做好前期准备。

土地登记和发证

1989年，田东颁发集体土地建设用地使用证68本，土地面积0.27万平方米；颁发国有土地使用证63本，土地面积27.75万平方米。

1990—1995年，颁发集体土地建设用地使用证43165本，土地面积513.85万平方米；颁发国有土地使用证2681本，土地面积382.49万平方米。

1996—2001年，颁发集体土地建设用地使用证13951本，土地面积138.62万平方米；颁发国有土地使用证3916本，土地面积3005.32万平方米。

2002—2004年，办理土地发证3160宗，其中国有2454宗，面积146.6万平方米；集体土地706宗，面积16.71万平方米。

2005年，田东县土地登记发证1201本，登记面积为8.85万平方米，完成旧版换新证350本。

2005年，县国土资源局办证大厅　　（县国土局提供）

土地变更登记

土地变更登记是在初始登记完成之后，对发生变化或者新产生的土地权利及内容进行的改正登记或新设登记。土地变更登记的程序有变更登记申请、变更地籍调查、审核批准、注册登记、换发（或更改）土地证书或核发他项权利证明等五个阶段。

1992年，田东县开始土地变更登记工作，当年共登记258宗。1993—2002年，变更登记3090宗。2003—2005年完成土地证旧版换新版1353宗，其中国有土地证455本，集体土地证889本。

第三节　土地利用规划

1996年5月，田东县开始制订土地利用总体规划，历时1年多，完成全县土地利用总体规划工作，规划全县13个乡镇耕地、园地、林地、牧草地、居民点及工矿用地、交通用地、水域、未利用土地等各项用地。

2000年2月，自治区人民政府作《关于田东县土地利用总体规划的批复》，原则同意修订后的《田东县土地利用总体规划（1997—2010）》。土地利用总体规划基期为1996年，目标年为2010年，中间分2000年、2005年，展望2030年。到2010年，耕地保护55598.1公顷，划定农田保护49890公顷，保护率89.73%。园地用地1.8万公顷，木薯用地0.9万公顷，蔬菜基地用地1619公顷。县城建设用地规划、规划总面积13700公顷，新洲工矿区为县城规划控制范围的一部分，规划面积470公顷。乡镇建设用地，规划平马镇（县城）建设新增用地450公顷，河谷祥周、林逢、思林3镇建设用地60.16公顷，山区乡镇建设用地46.4公顷；全县城乡居民点新增建设用地846.85公顷，占耕地436.26公顷，占新增用地的51.52%。

土地利用规划目标

人口发展目标　全县总人口2000年控制在400805人，2005年415364人，2010年422462人，2030年460247人。其中城镇化人口：2000年126165人，城镇化率31.48%；2005年151334人，城镇化率36.44%；2010年169519人，城镇化率40.13%；2030年212702人，城镇化率46.21%。

经济发展目标　2010年，国内生产总值48.48亿元，农业总产值16.14亿元，财政收入6.6亿元，人均国民生产总值11067元，农民人均年纯收入2000年2600元，2010年10000元。

耕地保护目标　基本稳定耕地总量，至2010年确保全县耕地面积5598.1公顷，人均有耕地0.13公顷。基本农田保护区面积49890公顷，保护率89.73%。

非农建设用地控制目标　至2010年，非农业建设用地控制在9211.1公顷内，其中居民点及工矿用地控制在4615.69公顷内，交通用地控制在461.27公顷内。

农业用地开发目标　至2010年，确保开发新增耕地713.74公顷，年均开发新增耕地50.89公顷。

土地生态环境改善目标　规划期内大力发展水果生产，使果园面积从1996年占全县土地总面积的1.51%，提高到2010年的7.96%；林地面积从1996年占全县土地总面积29.68%，提高到2010年占土地总面积41.38%，森林覆盖率35.2%。

土地生产目标　至2010年，国内生产总值将达48.48亿元，平均每公顷土地17300元，比基期年增7.6倍。

用地结构调整

耕地　1996年57834.39公顷，占全县土地总面积的20.61%。2000年58797.03公顷，占全县土地总面积的20.37%。2010年55598.1公顷，占全县土地总面积的19.18%。

园地　1996年4231.27公顷，占全县土地总面积的1.51%。2000年4334.55公顷，占全县土地总面积的4.65%。2010年22343.41公顷，占全县土地总面积的7.96%。

林地　1996年83277.97公顷，占全县土地总面积的29.68%。2000年83005.02公顷，占全县土地总面积的36.75%。2010年116121.22公顷，占全县土地总面积的41.38%。

牧草地　1996年58236.69公顷，占全县土地总面积的20.759%。2000年57276.89公顷，占全县土地总面积的12.91%。2010年33401.78公顷，占全县土地总面积的11.90%。

居民点及工矿用地　1996年3848.67公顷，占全县土地总面积的1.37%。2000年4260.83公顷，占全县土地总面积的1.44%。2010年4615.69公顷，占全县土地总面积的1.64%。

交通用地　1996年4131.19公顷，占全县土地总面积的1.47%。2000年4242.87公顷，占全县土地总面积的1.51%。2010年4461.27公顷，占全县土地总面积的1.59%。

水域　1996年8077.72公顷，占全县土地总面积的2.88%。2000年8077.72公顷，占全县土地总面积的2.88%。2010年8077.72公顷，占全县土地总面积的2.88%。

未利用地　1996年60884.52公顷，占全县土地总面积的21.73%。2000年54513.34公顷，占全县土地总面积的19.43%。2010年35819.44公顷，占全县土地总面积的12.76%。

非农业建设用地的控制指标　1997—2000年总控制面积为614.25公顷，其中耕地276.93公顷，非耕地337.32公顷。2001—2005年总控制面积448.4公顷，其中耕地167.84公顷，非耕地280.56公顷。2006—2010年总控制面积362.12公顷，其中耕地153.33公顷，非耕地208.79公顷。

土地利用分区

根据全县土地利用系统的生态功能、自然与人文地理条件的差异、不同的资源和社会经济发展状况，田东在保护行政乡镇单元完整的基础上，进行土地利用分区。

北部土坡综合开发区　辖义圩、那拔、朔良、祷午4个乡、41个村，1996年有15323户79657人，土地面积93752.21公顷（人均土地面积1.18公顷）。耕地面积16584.33公顷，其中水田4164.52公顷，占全县水田总面积的20.89%。该区山地多耕地少，人均耕地0.21公顷，人均水田0.05公顷。大部分土地为高丘土坡。土层深厚，耕地缺磷，肥力适中，坡丘地土壤冲刷、瘠薄。光热资源充足，土地开发条件优越，应以广度开发为主，深度开发并重。据此，土地利用着重抓好开发利用和治理相结合。一是治旱。增强土地利用后劲，以蓄水工程为主（小型为主），提水工程为辅，提高土地抗旱能力，把现有的水库塘坝加高加深，增加蓄水容量，并充分拦堵雨水和地表径流，引水进田，延长土地抗旱时间。二是治瘦。该区水土流失严重，造成土壤瘠薄，应大力治理坡耕地，修筑梯田梯地，改变过去刀耕火种“白吃”习惯，有计划地进行粮食、豆类、油类、间种套种和轮作，林粮间种。改良草场，种草养地放牧，增强肥料，培肥地力。25度坡度以上应退耕还林。三是科学开发山地资源，改变过去单一种植，增加多种指数，采用等高梯级种植法，防治水土流失。

在土地利用方向，应发展经济林、用材林、畜牧、水果、茶叶等，改造中低产田地，建立稳产高产农田，建立优质稻谷商品生产基地。应培育本区扬名区内外的七里香猪、香米、茶油、板栗等商品基地，工业生产重点发展木材、农副产品加工等。

南部石山综合开发区 辖布兵、作登瑶族乡、印茶、江城、坡塘等5个乡，56个村，1996年有21703户11005人。土地面积94173.41公顷，耕地面积16518.43公顷，水田面积4158.25公顷，该区土地裸岩石砾地面积较大，达31372.48公顷，占全县裸岩石砾地面积三分之一。人均占有耕地0.15公顷，人均水田0.04公顷。该区气候温和，光照充足，土壤主要是红壤、棕泥土，呈微酸性至中性，本区内降雨季节较短，春秋干旱明显，水利条件较差，因此土地利用应开发整治并重。一是改良生态环境，发展林业生产，大抓植树造林、封山育林，增加覆盖面积。二是治旱瘠。石山土地干旱、瘠薄、零星、分散，生产水平低。在抓好小型水库，机电灌溉的同时，大搞砌墙保土，建设稳产高产农田。

土地利用方向：应是大力发展牧业、林业、果树、林牧结合、林粮间种，大力调整产业结构，开展多种经营；工业应发展林副产品加工业、建材业等；应打造"一乡一品""一村一品"，辐射周边，逐步推进，形成全方位发展之势，使黄土坡、石山地变成金山银窝，充分发挥土地资源生产潜力。

右江河谷综合开发区 辖祥周、平马、林逢、思林4个镇，58个村，1996年有34174户19703人。土地面积80404.09公顷，耕地面积23012.85公顷，其中水田10892.64公顷，人均耕地0.12公顷，人均有水田0.06公顷。属亚热带气候，热能光照充足，土壤主要是砂质母质和冲积物发育而成，土层深厚，中等肥力，微酸性至中性，缺磷钾要素。土壤保水性能好，水利条件好，是粮蔗果商品基地。

该区四个镇连成四点一线，南昆铁路、邕色二级公路、右江水路穿越全境，交通四通八达，人的文化素质较高，产值高，人均生活水平较高，土地利用前景广阔。对此，土地利用应深度开发和搞好整治，实现园田化。一是抓好排灌渠系修整配套防治，提高排灌效益，做到地面水放得出，浅水层沥得干，地下水位降得低，天下雨隔得断的排灌自如渠系网络，使水流畅通无阻，提高土地利用效益。二是要全面改造中低产田地、中低产果园、中低产林、中低产水面。三是全面开发荒山荒地。四是改良种植业结构，发挥土地的多宜性生产能力。五是右江河谷应建设园田化高产农田。

土地利用方向：建设国家级吨糖田生产基地，高产糖蔗生产基地；继续在邕色公路两旁建设好国家级水果生产基地；每年应大面积开发冬菜生产，推广"早稻+晚稻+冬菜"的耕作制度；大力推广稻田养鱼，网箱养鱼，增加水面养殖面积；建设畜禽生产基地，充分发挥土地增值潜力。应尽快建成四镇一线工业走廊，形成能源、轻工、建材、制糖、农副产品加工等并驾齐驱的工业发展格局。通过这一走廊向两侧山区辐射，成为消化山区农副产品、乡镇企业产品和剩余劳动力的市场，又为山区经济发展带来人才、信息、资金和技术，促进山区商业、交通和文化事业的繁荣，使右江河谷黄土地成为黄金地带。

重点项目用地布局

县级建设项目主要是包括交通、水电和工业项目。在交通方面，改善县城至南北山区公路条件，形成县城至各乡镇完善的公路网络；建设田东二中至火车站客运站大道新建工程和右江大桥至火车站货运站大道工程；建设环城公路，缓解城区过境公路压力。总用地180.08公顷。在水电方面，对现有水电设施全部进行更新改造；增设现有工程设施配套，增修水利渠道，扩大灌溉面积；建设登高电站、坡圩电站。总用地38.33公顷。在工业方面，实施一批煤矿开采工业、制糖、酒精、硫酸、松香、造纸、活性白土等工业项目，新增用地10.13公顷，布局在平马、林逢、布兵、江城等10个乡镇。

土地保护　整理　复垦　开发

保护范围　对已划定的基本农田保护区实施保护并强化保护力度，将右江河谷芒果带纳入保护对象，将已经自治区验收灭荒达标的现有林地面积列入保护范围。

土地整理　主要是建设稳产高产农田，提高土地质量，培肥地力，对土地进行整理。在规划期内，在右江河谷改造中低产田1万公顷，在南部石山区改造中低产地1万公顷和砌墙保土1万公顷。

复垦和开发　规划期内复垦耕地270公顷，开发未利用地、补充耕地760公顷，补充园地2310公顷和林地21810公顷，共开发22740公顷，分布于各乡镇。

第四节　土地保护

田东土地利用坚持“开源”与“节流”并举的原则，从广度和深度上，全面开发利用耕地资源，提高耕地利用率和耕地的产出率。加强耕地资源综合治理和有效保护，减少自然灾害对耕地的损毁。同时，对非农业建设用地中闲置和撂荒土地进行整顿，农田保护率不断提升，耕地面积有所回升。

“四项目标”责任制

1989年12月，田东县实施“四项目标”（年末耕地总面积、人均耕地面积、非农业建设用地面积、开垦耕地面积）责任制，并与各乡镇签订目标管理责任状，时限为1990—2000年（自治区的目标是1990—1995年）。

1990年，全县耕地总面积23726.67公顷，人均耕地实现0.06公顷，非农业建设用地面积25.53公顷，新开发耕地面积263.67公顷。

1993年，田东县在平马的合乐、坡塘的六朴进行移民试点开发，开发土地243.5公顷。同年，县委、县人民政府开展农业综合开发，大力发展芒果生产，实行大规模连片开发。年末，耕地总面积24113.33公顷，人均耕地面积0.06公顷，非农业建设用地248.59公顷，新开发耕地面积312.33公顷。8月16日，自治区党委、自治区人民政府发文《关于奖励1991、1992年完成人均耕地任务单位的通知》，田东县分别获得1991年三等奖，奖金8000元；1992年二等奖，奖金12000元。

1994年，田东县制定优惠政策，继续发展亚热带水果，鼓励能人连片开发建设水果生产基地，把部分低产林、牧地改为果园，充分利用低度坡、荒坡、荒滩等发展芒果、香蕉、甘蔗生产。年末，完成耕地面积24040公顷，人均耕地面积0.06公顷，非农业建设用地29.15公顷，新开发耕地面积365.8公顷。

1995年，完成耕地总面积24206.67公顷，人均耕地0.06公顷，非农业建设用地24.28公顷，新开发耕地447.8公顷。至此，“四项目标”管理责任制工作结束，但田东县仍继续做好此项工作。

1997年，田东县人民政府制定《田东县土地利用总体规划》（1997—2010年），坚持贯彻“十分珍惜、合理利用土地和切实保护耕地”的基本国策和“一要吃饭，二要建设”的用地方针，保持全县耕地面积相对稳定，严格控制建设占用耕地，实现耕地总量动态平衡。当年，完成耕地总面积26206.67公顷，人均耕地0.07公顷，非农业建设用地12.24公顷，新开发耕地966.47公顷。

1999年，加强对土地的管理和执法力度，合理开发利用土地，严厉查处各种违法用地行为。年末，全县耕地面积26520公顷，人均耕地0.07公顷，非农业建设用地110.85公顷，新开发耕地802.33公顷。

2000年，以市场为导向，以科技为依托，合理调整土地利用结构，优化部门和区域用地布局，提高土地利用率和生产率。年末，全县耕地面积26286.67公顷，人均耕地0.07公顷，非农业建设用地18.63公顷，新开发耕地669.67公顷。

2002—2005年，田东县成立土地整理中心，专门负责土地开垦勘测、规划等，加大土地开发整理的宣传力度，获得补充新增耕地533.33公顷，实现各项建设项目占用耕地占补平衡。

基本农田保护区划定

1995年，根据国务院发布的《基本农田保护条例》和自治区《实施基本农田保护条例》，田东构建县、乡、村三级工作机构，制定基本农田保护区方案。坚持“开源”与“节流”并举的方针，挖掘后备耕地资源潜力，复垦工厂废弃地，优化耕地和利用结构，提高耕地利用率和耕地产出率。坚持开发利用与保护整治相结合的方针，处理好耕地开发利用与环境保护整治关系，加强耕地资源综合治理和有效保护，减少自然灾害对耕地造成的损毁。

根据国务院《基本农田保护条例》，田东将全县村庄周边、公路沿线、南北山区高产稳产农田、水利条件较好的农田、水土保持设施较好的耕地、经过治理的耕地、正在实施改造计划的中低产田（地）、蔬菜生产基地（县城）、原料蔗生产基地、其他经济作物占用的耕地划为基本农田保护区。耕地保护目标是到2010年，基本农田保护区面积49890公顷，保护率86.26%。按详查数确保人均占有耕地0.14公顷，按统计数确保人均占有耕地0.06公顷，耕地净减少控制在913.89公顷以内，年均耕地净减少控制在60.93公顷以内。

派出工作组，深入各行政村划定基本农田保护区界址、绘制保护区图册，在基本农田保护区设置标志牌、打标志桩等。保护区内做到“四个严禁”（严禁规划外占耕地建房、严禁取土建窑、严禁挖塘养鱼、严禁改种多年生作物）、“六个不准”（不准占耕地建房、不准埋坟、不准取土、不准打砖、不准抛荒弃耕、不准破坏保护标志）。对规划的农田保护区造册登记，建立农田保护档案。对划定的保护片块，逐片逐块落实到村组。县土地管理局会同县农业局，每季度定期对乡镇基本农田保护区进行检查。各乡镇土地管理所会同农业站，每月定期对各村进行巡回检查。

1995年，全县共划分13个农田保护区、155片、9938块，其中列为一级保护5989块，26533公顷；列为二级保护3949块，23357公顷。基本田保护区在全县各乡镇均有分布，右江河谷的平马、祥周、林逢、思林镇及作登瑶族乡、朔良乡最多，面积在4000公顷以上；祷午乡、印茶乡、义圩乡面积在3000~4000公顷之间，江城乡、那拔乡面积在2000~3000公顷，布兵乡、坡塘乡面积在2000公顷以下。全县粮食用地保护区面积25000公顷，主要分布在右江河谷四镇及作登瑶族乡、朔良乡，面积在2000公顷以上；祷午乡、印茶乡、江城乡、义圩乡、那拔乡面积在1000~2000公顷；其余各乡在1000公顷以下。甘蔗用地保护区面积20000公顷，以平马镇、林逢镇、思林镇、作登瑶族乡面积最多，在2000公顷以上；祥周、祷午、印茶、江城、朔良、义圩等乡镇面积在1000~2000公顷，其余各乡在1000公顷以下。蔬菜保护区面积1620公顷，主要分布在平马、祥周、林逢、思林4个镇，面积占全县蔬菜总面积的56.91%，其余各乡都有一定比例的保护面积。其他农作物保护区3270公顷，占基本农田保护区面积的6.55%，主要分布在朔良、作登、祷午、义圩等乡，面积在200公顷以上；除祥周、林逢等镇在100公顷以下外，其余各乡镇在100~200公顷。

随着经济社会的不断发展，各类建设用地增多，基本农田保护区发生了一定的变化。1998年年底，全县划分13个保护区，155片，其中一级保护5989块，44011.97公顷，占基本农田保护面积的88.22%；二级保护3949块，5873.03公顷，占基本农田保护面积的11.7%。

1999年，全县划定基本农田保护区面积49220公顷，保护率85.1%，主要分布在右江河谷的祥周、平马、林逢、思林等四镇。

2001—2005年，全县基本农田调整划定保护区13个，保护片155片，基本农田保护面积49220公顷，保护率85.11%；设立保护标志牌85块，埋设界桩2410根。乡镇、行政村、村民小组层层签订基本农田保护责任书。

第五节　土地监察

20世纪90年代，田东加大土地管理的执法力度，先后开展清查干部职工“三违”用地建房专项行动，开展“无违法批地、无违法管地、无违法用地”活动，对非农业建设用地进行大清查，对建设占用耕地冻结2年，全县土地管理逐步实现法制化、规范化。

2003年，查处土地违法案件67宗查处100%，结案率94.03%；追收回相关税费294.87万元，占应追收金额的97.41%。出让土地1宗，面积9.46公顷，收入1362万元。完善归档80宗建设项目供地资料，补办26宗建设用地补办用地手续工作。当年，田东县被百色市人民政府评为县级土地市场秩序治理整顿工作达标单位。

2005年，巡查发现土地违法行为57起，立案查处9起，申请法院强制罚没20.93万元。

“三违”建私房清查

1989—1991年，全县13个乡镇违法违纪违章（简称“三违”）建房问题较严重，一些单位和个人无视法律规定，未经批准，违法乱占土地建私房。为解决这个问题，及时刹住这种现象的蔓延，县委、县人民政府开展“三违”建房清查工作。

1989年9月，成立县清查干部以权谋私“三违”建私房工作领导小组，对“三违”建房的单位和个人进行清查。年末，全县查出违法建购私房的干部、职工596户，其中县（处）级干部25户，科局（含乡级）干部71户，一般干部261户，职工239户。按照上级有关文件规定，给予经济处罚336户，收缴罚款及各种税款共228972.05元。1991年，清查干部、职工违法建房工作结束。

“三无”监察

1993年，在乡镇开展“无违法批地、无违法管地、无违法用地”（简称“三无”）活动。1994年，首先在布兵乡开展“三无”活动试点，然后在全县全面铺开。1995年，经百色地区土地管理局检查验收，全县13个乡镇中有12个乡镇达“三无”标准，达标率92.3%。1996年，经自治区土地管理局抽查验收，祥周、布兵、林逢3个乡镇获“三无”乡镇称号。

非农建设用地清查

1997年，根据中共中央、国务院《关于进一步加强土地管理切实保护耕地的通知》和自治区党委、自治区人民政府《贯彻中共中央国务院关于加强土地管理切实保护耕地的通知》，田东开展非农业建设用地全面清查活动，清查1991年1月1日至1997年4月14日未批准而占用的各类非农业建设用地，以保护耕地，把土地管理工作纳入依法管理轨道。

全县各乡镇非农业建设用地清查工作共抽调人员117人组成工作组。县土地管理局抽出8名干部组成面上工作组，抽调13名干部职工具体抓清查业务，深入各乡镇，采取听取汇报、查看档案、实地抽查、走访、座谈等方式，对违法批地、违法用地、改变审批用途、擅自转让和越权批地情况进行检查，并指导各乡、镇搞好造册登记、分类统计。县人民政府拨18万元作为清查非农业建设用地经费。

在清查工作中采用室内检查和室外清查相结合、自查与督查相结合、面上工作与重点复查相结合的有效办法。当年，全县共清查出非农业建设用地4429宗，其中超面积用地3439宗，未批先用866宗，非法批地7宗，买卖土地113宗，改变土地用途4宗；总面积582.76公顷。罚款处理878户（宗），罚金195万元，拆除20户（宗），处理率100%。撤除城北开发小区、城西开发小区、思林镇商业街、城东开发区等7个开发区。

违法用地查处

全县在非农业建设用地清查工作取得阶段性成果的基础上，继续加大监察力度，做到发现一宗、查处一宗。

1998年，重点清查县城区范围内各非农业建设用地的土地权属和使用状况，共查出各类违法占地案件701宗，总面积43665平方米，其中非法买卖235宗，面积1466.26平方米；超越批准范围用地119宗，面积5746.4平方米；未经批准193宗，面积15221.44平方米；其他154宗，面积8006.9平方米。对这些违法占地的单位和个人，均依法作出处理。对被依法处理后又进行作价处理的，均经县房产管理所对出卖的房屋核定作价，再由县土地管理局下文追收房屋作价款，所收款项按规定上交县财政局，对不服或不接受处理的单位或个人则申请县人民法院强制执行。

1999—2001年，全县查处土地违法案件109件，其中有3宗影响较大的案件。如平马镇有3户农民违法占用屋前靠近邕色二级公路旁的农田建猪栏、牛栏。县土地管理局通知他们自行拆除违法建筑，但这3户农民提出安排一间建房用地的无理要求。经多次做思想教育无效后，县土地管理局依法给这3户送达了处罚决定书，县人民法院送传票给他们，他们有的拒不签收，有的当面撕烂。后来，县土地管理局提请县人民法院强制拆除。当年，违法用地查处率、结案率均为100%。

2003年，排查出67宗土地违法个案和7宗拖欠税费个案，共收得罚没款27万元，全部上缴国库。

2005年，接到群众举报和巡查发现土地违法行为共57起，及时制止了57起，立案查处9起，申请法院强制执行2起，收取缴罚没款20.93万元。

2005年，县国土资源局依法拆除违章建筑
（县国土资源局提供）

第四章　矿产资源管理

第一节　采矿登记发证

田东强化矿产资源管理，对全县乡镇集体矿山和个体采矿登记发证工作实行严格管控，依法组织征收矿产资源补偿费等有关规费，使其更好助推经济发展。

田东采矿做到“四个坚持”，即坚持凭证开采，未经批准发证的不准开采；坚持规划定点开采，不按规划定点，矿界不清的不准开采；坚持按规程开采，没有治理污染措施和安全措施的不准开采；坚持凭证发放爆破物品，无证的一律不准发放。凡是违反制度规定的，轻者说服教育，重者或没收产品，或赔偿损失、罚款，或吊销开采执照，或追究刑事责任。

1989年，田东县有5个国有矿厂，其中煤矿3个，分别是右江矿务局、那读煤矿、林逢煤矿；水泥厂2个，分别是百色地区水泥厂（采石场、黏土场）、田东县水泥厂（采石场、黏土场）。这些国有企业均办理采矿证，手续齐全。当年，还办理乡镇集体、个体矿山采矿证41份，其中煤矿35份，其他矿6份。

1996—1999年，全县国有矿山开采持证率100%，乡镇集体矿山企业和个体采矿有各类矿山73个点，办理采矿许可证有36个，无证非法开采的矿山37个点，其中乱采滥挖的小煤窑井共31个。对于无证非法开采的，及时查处、处罚、封堵。

2001—2005年，实行采矿登记审批程序化，对于采矿申请的受理、勘界上图、呈报、审批都有严格的程序，有经办人签名；凡是不符合程序或程序不完整的一律不予办理。2005年，全年颁发采矿许可证65本。

第二节　清理整顿矿业秩序

1989年，马鞍山矿区乱采滥挖煤矿现象严重，田东用推土机全部推平该矿区95个矿井，打击了煤矿区乱采滥挖非法行为的嚣张气焰。是年，发生那读煤矿与周边村民纠纷、江城与印茶的锑矿开采纠纷、义圩与那拔的金矿开采纠纷等等，均得到妥善解决。

1990年，针对无证乱采滥挖、无证倒卖、偷税漏税、环境污染等问题，开展矿山大检查、大整顿。当年重点整顿江城锰矿区。经过整顿，规定办矿者必须依法申请环保部门对开采所排污条件、措施的审核同意；必须有土地部门对申请开采范围涉及土地承包责任及土地征用收费手续，是否制定采矿后土地利用及复垦措施的审批；通过屯（组）、村、乡级同意；经矿管部门核实并进行采矿区范围调查划界定点，经县人民政府批准同意，才给予颁发采矿证。在此基础上，还要办理工商营业（采矿）执照和税务登记手续，方能开采。为使开采出来的矿石得到及时的销售和便于管理，凡办矿者在领取采矿证后，要求与县矿产公司签订矿石收购合同，促进矿山有计划有步骤地合理开采。对个体非法压价抬价套购和偷税漏税的行为，由工商税务等部门分别给予追查补交。通过此次清理整顿，查出欠交各种税费共计3.5万元。

1992年，田东县印发《田东县矿山开采和矿产品经营管理及收费暂行实施办法》，加强对全县的矿产资源开发和矿产品经营销售的监督管理。同年，开展个体采煤清理整顿工作。全县有集体和个体采煤矿井口51个，其中39个为无证乱采个体井。对严重影响合法开采的8个无证个体矿井，限期撤离，并封闭填实乱采井口。对19个乱挖滥采的无证井进行炸毁封闭。对5个无证开采、无证销售原煤的井主，依法处罚，劝其撤离矿区。

1993年，矿产资源检察室到各个矿点开展矿产检查工作，督促矿山依法办证，对发现矿山违法现象、安全事故和出现矿山纠纷及时调查取证，提出检察建议。

1995—1996年，对侵犯县国有那读煤矿区、擅自打井挖煤的无证采矿者，进行调查取证。对不接受行政处罚的13个无证小煤井，向法院申请强制执行。

1997—1998年，重点整顿平马镇马鞍山矿区、思林镇百笔矿区、林秀矿区、林逢镇高领矿区和盘田矿区。对无证非法开采的煤井一律关闭，对越层越界开采的停产整顿，制止党政机关干部、职工参与办矿。

2000年，依法炸封整改不到位的3处煤井，关闭布局不合理和达不到安全生产条件的煤井17处，责令停建新煤井1处，注销采矿许可证18本，压减煤炭产量0.8万吨。

2002年，县人民政府下发《关于进一步治理整顿矿产资源管理秩序的意见的通知》《关于进一步加强爆炸物品管理的通知》等文件，明确各部门严格执行。同时，继续整顿治理无证采矿、滥采乱挖、越层超界、破坏生态环境等违法行为。当年共炸毁小锰窑298个，查处非法锰矿点9处。

2003年，集中治理整顿江城镇锰矿区无证开采、乱采滥挖、屡禁不止现象。共取缔非法锰矿点71处，没收采洗矿设备5台，没收矿产品157吨。同时，建立长效机制，巩固整顿成果。一是加强队伍整顿，推行行风评议、行政执法等监督措施。二是建立健全领导小组工作制度，做到领导机构班子不散，执法力度不减。三是出台矿区巡回督察制度、违法案件举报制度。四是设立举报电话。五是强化矿产品运销环节的监督管理，实行准运证制度。

2005年，根据"属地管理、政府牵头、部门履职、联合执法"的原则，采取"查、卡、收、罚、抓"等手段，严厉打击矿产资源开发中的各类违法违规行为。先后开展矿山综合整治5次，巡回查处26次。强制拆除柴油机22台、洗矿机23台，毁坏煤井3口，收缴罚款1.7万元，没收锰矿310吨。

第三节 矿业开发

1989年，田东县找到各种矿产29种，已探明一定储量的有11中，18种未探明储量。已开发的矿种有石油、煤、铁、锰、锑、磷、硅石、膨润土、铝土、水晶、黄金、石灰石、黏土、砂、钛等。

1994年，已开发的矿产资源有石油、煤、锰、铁、金、锑、膨润土、石灰岩等矿种。全年中央直属、自治区直属、地区直属企业生产的石油、煤、水泥用灰岩矿总产量127万吨，产值13580万元；县直和乡镇集体企业及个体开采矿山的矿产量11.6万吨，产值405万元。

1996年，石油、煤炭、黏土矿等产量123.25万吨，产值11946万元。征收矿产资料补偿费90万元。

1997年，加大矿产勘察力度，制定矿山服务年限，其中田东石化总厂探明石油总量180万吨左右，矿山服务年限20年；右江矿务局开采矿区煤炭储量4000万吨，矿山年限40年；锰矿储量约90万吨，矿山服务期15年；水泥用石灰岩矿探明储量5700万吨，保有储量1000万吨，矿山服务期50年。

2003年，田东县以挂牌方式出让江城镇和义圩镇范围内的3个锰矿、1个铁矿和1个磷矿的采矿权，获117.3万元采矿权价款。其中江城镇六飘山锰矿的采矿权，经过108次的现场竞价，最后以62万元（高于底价59万元）成交。

2004年，按照《田东县矿产资源总体规划》，合理设置全县矿山的探矿权和采矿权，推进探矿权、采矿权有偿出让，建立矿业权市场。当年，共挂牌出让10个采矿权（石灰岩矿），获价款74.52万元；协议出让采矿权1个，获价款4.68万元。当年，共征收矿产资源补偿费86万元。

2005年，深入推进探矿权、采矿权有偿使用制度改革，制定《田东县采矿权有偿出让暂行规定》《采矿权审查会审制度》等制度，按照“产权明晰、规划完善、调控有力、运行规范”的要求，探索和大力推进采矿权有偿出让，所有新取得的采矿权一律实行招标拍卖挂牌出让，对到期延续的采矿权一律实行协议有偿出让。当年，经上级主管部门批准新设置各类矿种探矿权7个；完成采矿权出让18宗，获价款65.32万元，其中挂牌出让石灰岩采矿权6宗，获价款24.96万元；协议出让石灰岩矿采矿权12宗，获价款40.36万元。矿产资源补偿征收面100%，矿产资源补偿费征收入库95万元。当年，有效控制全县矿产资源的供应量和开发强度，大力发展循环经济，提高矿产资源开发的综合效益。矿山数量控制为30个，矿石产量达337万吨，产值达7.45亿元。

第四节　矿业安全生产

1989年，全县矿业生产发生事故5起，死亡8人，伤1人。为履行安全生产监督管理职责，县矿产资源管理局开展安全大检查3次，每月自查一次。举办两期矿业安全生产培训班，73人参加培训。

1990年，田东印发《煤矿安全开采实施细则》，用制度规范矿业安全生产。然而当年仍然发生安全事故6起，重伤4人，死亡2人，百万吨死亡率66.7%。为解决安全事故频发的问题，田东多措并举：一是责令矿井自检自改；二是在矿区蹲点的安全员每天到矿点可自行自由检查和抽查；三是每月由矿产部门自行组织小检一次；四是每季度由县有关部门大检一次。

1996年，全县发生矿业安全事故10起，死亡19人，其中重大事故2起，死亡9人，死亡人数占全县安全事故死亡人数70%。为严肃法律法规，确保国家煤炭资源免遭损失破坏，保障人民群众生命和国家财产安全，田东县成立县矿山整顿领导小组，并印发田东县矿山整顿工作方案，加大对小煤井矿山的整顿力度。

1999年，田东主抓小煤矿整改、整顿。对过去已被取缔、封闭的59口小煤井，每月严格排查、巡视一次。此外，对各类矿山企业进行四次全面的持证办矿、科学开采和安全生产检查，及时发现问题，及时整改。

2000年，依法炸封3处整改不到位的煤井，关闭17处布局不合理和达不到安全生产条件的煤井，责令停建1处新煤井，注销采矿许可证18本，压减煤炭产量0.8万吨。对于保留的煤井，要求特种人员人人持证上岗，杜绝无证上岗引发责任事故。

2004年，田东县国土资源局组织力量调查摸清矿山地质环境现状。全县采矿场破坏土地211.44公顷，固体废料破坏土地10.83公顷，尾矿库破坏土地32.58公顷，地面塌陷55.62公顷，总计310.47公顷，已治理面积为286.06公顷。全县矿山地质灾害共8起，无人伤亡，其中右江矿务局采矿造成地面沉降7起，直接经济损失共计人民币55万元，采取回填坑治理措施治理面积32.23公顷。锰矿发生一起小型泥石流，造成直接经济损失1.5万元，后来采取稳拦治理措施治理面积1.1公顷。全县矿山的废水废液和尾矿废弃物全排到尾矿库，废水废液大部分能循环利用。

2005年，田东县开展非煤矿山检查，全年下发《责令整改通知书》15份，《安全生产监督强制措施决定书》6份，《处罚通知书》1份，作《安全生产现场检查笔录》1份。

第五章　安全生产监督管理

1989—2001年，全县安全生产管理工作由县劳动局、县经济委员会（县经济贸易局）负责，交通安全管理工作由县交通警察大队负责。2002—2005年，按照国务院、广西壮族自治区人民政府、百色市人民政府对安全生产工作的要求，县安全生产监督管理局监管全县安全生产工作，协调相关部门对一些重点领域开展专项治理整顿，确保安全生产，全县安全生产形势持续稳定好转。

第一节　机构

1989—2001年，田东县安全生产监督管理机构是县劳动局和县经济委员会（县经济贸易局）。2002年，成立田东县安全生产监督管理局（简称县安监局），在县经济贸易局挂牌，属县经济贸易局的内设局。同时，加挂县安全生产委员会办公室牌子。

2003年，县安监局从县经济贸易局划出，定为副科级单位，办公地点设在平马镇朝阳路12号，编制8名（其中行政编制3名，事业编制5名），实际在岗5人。当年，全县13个乡镇设置安全生产监督管理办公室，挂牌在乡镇企业管理办公室。

2004年，县安监局升格为正科级单位，与县安全生产委员会办公室实行一套人马两块牌子。

2005年，县安监局设办公室、监督管理一股、监督管理二股。同时加挂县煤矿安全监察局牌子，保留县安全生产委员会办公室牌子，核定编制8名，设有局长1名，副局长2名。经费由县财政全额拨付。

县安监局历任局长：刘忠经（2002年1月至2006年12月）。

第二节　安全生产目标制定与落实

目标考核

2003年，根据百色市安监局对田东县安全生产目标考核要求，由县安监局拟定全县年度安全生产目标考核，明确各行业领域生产安全事故指标，并监督落实。

责任制

2003年，通过签订安全生产责任书和上缴安全风险抵押金的形式，落实安全生产目标管理。落实“一把手”负责制，执行安全生产工作一票否决，使安全生产目标管理责任制得到进一步落实。县人民政府与13个乡镇、县直28个职能部门签订安全生产目标管理责任状，各乡镇、各主管局分别与村民委、下属单位签订责任状300多份，并缴纳安全生产责任抵押金。

2004年，执行安全事故行政责任追究制，制定《田东县2004年安全生产责任目标考核奖惩办法》和安全生产责任履行情况考核标准及评分办法。县人民政府与13个乡镇及县直20个职能部门签订了安全生产目标管理责任书。各乡镇、各主管局分别与村民委、下属单位签订2004年安全生产目标责任书，做到安全生产责任横向到边、纵向到底，形成一级抓一级、一级对一级负责的格局。

2005年，落实安全生产行政责任，继续实行安全生产“一票否决”，继续层层签订安全生产目标责任书，使安全生产目标管理责任制落到实处。

第三节　安全生产宣传与培训

对于安全生产的宣传和岗前培训工作，1989—1998年由县劳动局负责，1999—2002年由县经贸局负责，2003年由县安监局负责。

安全生产宣传

1994年，县劳动部门通过采取制作板报、放映录像等方式，宣传《中华人民共和国矿山安全法》。1995年，组织县内有关单位参加自治区开展的“安全生产周”活动。举办矿山岗位培训班和煤矿安全生产学习班，增强各行各业安全生产意识，提升各行各业安全生产技能。

1999年，在全国第九次“安全生产周”活动期间，组织87个企事业单位开展形式多样的安全生产宣传活动，受教育人数19597人。

1999—2002年，县经贸局大力开展安全生产宣传，张贴标语4000条，印发宣传资料4020份，悬挂横额20幅，制作板报106块，邀请百色地区“安全在我心”演讲团到企事业演讲。组织工矿企业职工和个体户共2168人，参加自治区开展的“百万职工安全知识竞赛”活动。

2003年，百色市人民政府颁布《道路交通安全六条禁令》和《矿山安全管理六条禁令》，田东广泛宣传这“两个禁令”。县交警大队向有车辆的单位、驾驶员及13个乡镇发宣传资料13000份。县农机中心印发禁令宣传单5000份，发放小卡片2000张，与农机驾驶员签订责任状3000份，喷写流动标语300条。县国土局印发宣传单2000份，小卡片500张，送到企业、矿主手中。13个乡镇召开学习贯彻“两个禁令”会议58次，挂横额42幅，张贴标语、发宣传单3万份（张）。在“全国安全生产活动月”活动中，县安委会组织30个成员单位及5个相关单位开展安全生产月咨询活动日，展览安全生产图片8幅，发放资料8000份，接受咨询100多人，挂横额18幅，并组成2个宣传活动小组，到乡镇及有关企业进行宣传，发宣传资料2万多份，宣传面达3万多人。

2004年，安全生产活动月期间，印发宣传资料2.5万多份，悬挂宣传标语横幅30条，悬（拉）挂安全宣传图画60幅，宣传安全生产的法律、法规和安全生产科普知识，强化全民的安全意识，营造“关爱生命、关注安全”的舆论氛围。

2005年，安全生产活动月期间，县安委会组织安委会成员单位在县金穗农贸商场开展安全生产月咨询活动。全县共印发宣传资料5.78万份，张贴悬挂宣传标语横额62幅，图片展览9版，出墙板报26期，张挂安全宣传图画70幅，接受群众咨询1800人次。组织全县干部职工参加全区公众安全生产知识大赛答题活动，参考人数1631人，企业从业人员应参考率93%以上。

安全生产培训

1989年，举办1期矿长资格认可培训班，其中一项培训内容是安全生产，对49名符合条件的矿长颁发合格证书。1990年，举办3期特殊工种人员技术（培训内容含安全生产）培训班，参加培训190人，合格率100%，并颁发上岗合格证书。

1994—1995年，举办各种培训班6次（期），培训人数230人。培训期间，讲授安全生产知识，组织安全生产考试。

1996年，开办一期煤矿矿长、瓦斯员、电钳工、绞车工、放炮工、安全员的培训班，开展矿山百日安全生产活动。

1990—1997年，举办23期特种行业和特殊工种人员技术（含安全生产）培训班，受训人员1104人。

2000年4月，百色地区地矿局在田东县举办煤矿特种作业人员（含安全生产）培训班，参加培训人员72人。2002年，举办5期工矿企业《中华人民共和国安全生产法》培训班，受训人数450人次。2005年，举办6期工矿企业《中华人民共和国安全生产法》培训班，受训人数540人次。

第四节 安全生产监督检查

1989—1993年，县劳动局、县经贸局按照职能开展安全生产监督检查12次，查出事故隐患238条（处），整顿小煤矿1次，责令有关单位及时整改。

1995年，开展2次安全生产大检查，对矿山、工业、乡镇企业、建筑等行业的114个企业、施工工地进行检查，提出整改意见，消除事故隐患。

1997年，加大投入人力、财力和物力，着力检查、整顿、治理各类矿山、矿区安全隐患。当年，全县集体和个体开采的矿山无伤亡事故，被自治区地矿厅授予“广西矿业秩序治理整顿先进集体”称号。

1999—2001年，对工厂、矿山、交通、建筑、易燃易爆等行业开展安全生产大检查13次，提出安全隐患整改477条（处），责令停止无证采石场10个，责令停产整顿矿山企业17个。

2004年，突出抓非煤矿山、交通运输、危险化学品、食品卫生、建筑安装等方面的安全检查。道路交通运输检查中，交警检查车辆14670辆，纠正交通违章18801起，暂扣车辆3826辆，扣证6059本，查处超载1937人次。农机管理部门共检查机车3496台次，暂扣无证驾驶机车21台，暂扣违章证件106本，教育和警示违章人员964人。水上交通整治重点对思林、四平、中平、英和渡口，以及作登瑶族乡坡圩库区进行水上交通安全检查，检查船舶369艘，发出整改通知书18份。对全县52个非煤矿山进行检查，下发《责令整改通知书》12份，炸毁无证开采（含存在重大隐患）小矿洞38口、乱采滥挖锰矿点25处。检查液化气经营店（点）、加油站、烟花爆竹经营点等145个，发现隐患21处，依法取缔无证经营点18个。消防安全检查中，共检查163个单位，发现隐患172处，责令当场整改65处。食品卫生安全工作中，重点检查中小学（幼儿园）、超市、饭店、酒家、饮食摊点等食品卫生，没收劣质奶粉274千克，发限期整改意见书15份。建筑安全方面，检查建筑工程52个，发《整改通知书》18份，《停工通知书》13份。

2005年，持续开展安全生产专项整治。交警检查车辆14405辆，查处交通违章行为13236起，暂扣车辆13600辆，查处超载车辆204辆，查处无牌无证车辆2576辆次。农机管理部门检查拖拉机3183台次，纠正违章行为287人次，强制无牌拖拉机入户37台，强制无证人员考试办证126人。消防安全检查重点检查宾馆、饭店、影剧院、歌舞厅、酒吧、网吧、车站、商场、超市、学校等单位和场所，发现隐患107处，下发《责令当场整改通知书》25份，《责令限期整改通知书》37份。检查826家食品生产经营单位，查处违法单位（摊点）65家，没收不合格食品260千克，销毁过期变质食品160千克。

第五节　安全生产评估与安全事故

安全生产评估

根据《安全生产许可证条例》，县安监局对矿山、危险化学品、烟花爆竹、民用爆炸器材等高危行业生产企业实行安全生产许可制度，规定没有取得安全生产许可证的企业，不得从事生产活动。1989年，全县16个加油站、3家危险化学品生产企业、35家非煤矿山企业都申请办理了安全生产许可证。

2005年，县安监局对非煤矿山、危险化学品、烟花爆竹等生产和经营企业进行安全评估，全县完成安全评估的企业共18家。

安全事故

1989年，全县矿业生产发生事故5起，死亡8人。

1995年，田东县发生生产伤亡事故4起，死亡人数6人，重伤人数9人。比如，当年8月15日，林逢乡那读农业生产渡口发生沉船事故。肇事人谭某正（男，14岁）驾驶一艘钢质机动农用自用船，装载村民9人，自南岸驶向北岸的途中翻沉，死亡4人。事故发生的主要原因是：驾船者由尚未成年、属监护对象的少年作渡工，违法操作造成。

2003年，全县发生各类安全事故197起，死亡47人。其中交通事故171起，死亡40人，受伤194人，造成直接经济损失41.77万元；火灾事故17起，无伤亡，直接经济损失20.75万元；其他各类事故发生9起，死亡7人。

2004年，全县发生各类安全生产事故165起，死亡60人，受伤194人，直接经济损失71.3万元。其中交通事故146起，死亡53人，受伤人数194人，直接经济损失50.2万元；火灾事故12起，无伤亡，直接经济损失10.7万元；其他各类事故发生8起，死亡11人。

2005年，全县发生各类安全生产事故140起，死亡人数49人，受伤人数162人，直接经济损失138.53万元。其中交通事故124起，死亡人数44人，受伤人数160人，直接经济损失41.64万元；火灾事故12起，死亡2人，直接经济损失91.89万元；其他各类事故发生4起，死亡3人。

2003年，田东县交通民警进校园上交通安全课
（县安监局提供）

田东县志（1989—2005）

第十六篇

财政　税务　金融

第一章　财政

1989年，田东县财政沿用1985年广西壮族自治区人民政府制定的“划分税种，核定收支，分级包干”的管理体制，并逐步改进完善地方财政包干办法。1994—2004年，实行“收入划分、事权和财权支出范围划分”的分税制管理体制。1999年起，推行政府采购制度。2000年起，在县直70个单位全面推行部门综合财政预算管理，部门预算覆盖率超过90%。2000年，在百色地区率先推行“票款分离，罚缴分离，银行代收，财政统管”的预算外资金管理办法。2003年，推行会计“零户统管、集中核算”改革，基本确立公共财政框架体系。

在推进县级财政管理体制改革的同时，不断完善乡镇财政管理体制，制订各种财政收入激励措施，加强税收征管和财政监督，财政收入规模不断扩大。2005年达40068万元，是1989年的17.86倍。虽然全县财政收入逐年增长，但随着经济建设和其他社会事业的发展，财政支出也逐年增大，多数年份财政支出大于收入。针对这个问题，通过争取申请上级财政补助、加强自身预算内外资金综合管理、严控一般性支出等办法，实现财政收支基本平衡。

第一节　机构

县财政局

1989年，县财政局负责管理全县地方财政工作，属县人民政府正科级单位，办公地点位于平马镇东宁西路南中巷21号，设局长1人、副局长2人，有干部职工20人；内设秘书股、企财股、综合股、事财股、预算股、农财股、农税股和函授站。

1990年，县财政局增设检察室，干部职工增加到32人。1994年，财政局秘书股改为财政局办公室，企财股划分为工财股和商财股。1995年，设立社会保障股，当年全局有干部职工44人。

1997年3月，县财政局内设局办公室、预算股、综合股、事财股、工财股、商财股、农税股、农财股、人教监察（含税政）股、基建和会计管理股、社会保障股、国有资产管理局等12个股室，挂靠一个单位——税收财务物价大检查办公室（简称“三查办”）。县财政局行政编制40名（含三查办3名），事业编制3名。1997年6月，增设田东县农业综合开发办公室和田东县预算外资金管理办公室，当年全局有干部职工47人。

1998年3月，县财政局搬到平马镇油城路13号地址办公。

2002年，实行机构改革，县财政局设局办公室、综合股、预算股、国库股、行政政法教科文股、经济建设股、社会保障股、农业股、农业综合开发办公室、农业税收征收管理股、企业股、债务管理股、统计评价股、会计管理股、监督检查股（含法规税政股）、人事教育股等16个股室。当年全局共有干部职工51人。

2005年，田东县财政局内设机构有办公室、综合股、预算股、国库股、行政政法教科文股、经济建设股、社会保障股、农业股、农业综合开发办公室、农业税收征收管理股、企业股、债务管理股、统计评价股、会计管理股、监督检查股、法规税政股、人事教育股等17个股室。当年全局共有干部职工57人。

财政局下辖事业单位

1990年，成立田东县控制社会集团购买力办公室，属县财政局下设事业单位，人员编制2名。

1991年，成立国有资产管理股，人员编制4名；成立民族经济发展资金管理所，人员编制2名，均为财政局下属事业单位。

1992年，成立田东县国有资产管理局，与县财政局合署办公，原财政局国有资产管理股同时撤销。

2002年3月，机构改革，成立4个单位：田东县财政统一发放工资管理中心，人员编制5名；田东县人民政府采购管理中心，人员编制5名；田东县财政局预算审核服务中心，人员编制6名；田东县财政局票据管理中心，人员编制3名。这4个单位均为财政局直属的事业单位。

2004年3月，成立田东县财政局国库支付中心，人员编制8名，不另设田东县财政统一发放工资管理中心，其人员、编制、职能划归国库支付中心。

乡镇财政所

1989年，全县13个乡镇设有财政所，共有干部职工76人，1990年增到97人，1995年增到137人。

1999年12月，县机构编制委员会重新核定各乡镇财政所人员编制，全县乡镇财政所的总编制指标数129名，当年13个乡镇财政所共有干部职工150人。

2002年，机构改革，全县乡镇财政所人员编制总数116名，当年13个乡镇财政所共有干部职工116人。

2005年，部分乡镇撤并，原祥周镇财政所和原布兵镇财政所合并为祥周镇财政所，原林逢镇财政所和原祷午镇财政所合并为林逢镇财政所，原思林镇财政所和原坡塘乡财政所合并为思林镇财政所。乡镇财政所实行县主管部门和乡镇双重领导的管理体制，以县主管部门管理为主。县编委会重新核定全县乡镇财政所人员编制总数107名，当年10个乡镇财政所共有干部职工115人。

历任局长：

黄贤初（1988年11月至1990年10月）、黄乃生（1990年10月至1993年12月）、黄文武（1993年12月至1999年4月）、黄建南（1999年4月至2002年9月）、黄永才（2003年1月至2005年6月）、黄树才（2005年6月至2009年4月）。

1999年，田东县财政局办公大楼
（县财政局提供）

第二节 财政体制改革

县级财政管理制度改革

1989—1993年，县财政沿用1988年的财政管理体制，即实行1985年广西壮族自治区人民政府制定的“划分税种，核定收支，分级包干”的财政管理体制。采取核定基数，核定收入基数，收入基数大于支出的，按差额部分占收入基数的比例上解自治区；收小于支的，差额部分由自治区给予差额补助。实行新的包干，并逐步改进完善地方财政包干办法。

1994—2004年，县财政实行“收入划分、事权和财权支出范围划分”的分税制管理体制。实行分税制后，原体制的分配格局暂时不变，原体制的定额补助继续按规定执行自治区分配定额。

收入划分是将税种统一划分为中央固定收入、地方固定收入和中央地方共享收入。县固定收入包括增值税25%部分、营业税（不含银行、保险营业税）、县所属企业所得税、企业上缴利润、个人所得税、城市维护建设税、房产税、车船使用税、印花税、屠宰税、农业税、耕地占用税、农业特产税、契税、遗产和赠予税等。

事权和财权支出范围划分是指按照中央与地方建立中央财政对地方财政的税收返还和转移支付制度。县级财政主要承担全县党政机关运转所需支出及本县经济、事业发展所需的支出，包括自筹的基本建设投资、企业挖潜改造资金、科技“三项”（即新产品试制费、中间试验费和重大科研项目补助费）费用、支援农村生产支出、城市维护和建设经费、地方农村水利、工业交通商业等部门以及文化、教育、卫生、科学等事业费，行政管理费、抚恤和社会福利救济费、公检法支出以及其他支出。

税收返还，田东县财政以1993年税收返还数为基数，基数内自治区集中10%、地区集中3%，扣除自治区、地区集中后确定县税收返还净额。此后，每年自治区对县的税收返还数额在1993年基数上随着中央“两税”的增加而逐年递增。上划中央“两税”（消费税100%、增值税75%）超基数增量部分，地区按自治区返还情况全额返还给田东县。

1999年，田东县在百色地区率先推行政府采购制度。当年7月成立政府采购管理中心，配备2名专职人员。2002年机构改革后，采购管理中心人员编制增至4名。

从2000年起，在县直70个单位全面推行部门综合财政预算管理，部门预算覆盖率超过90%。2000年12月，在百色地区率先推行“票款分离，罚缴分离，银行代收，财政统管”的预算外资金管理办法，制定印发《田东县预算外资金“收支两条线”管理办法》等相关配套文件。改革后，2001年全县预算外资金纳入财政专户达4628万元，同比增长64%。

2001年，在全县范围内推行财政统一发放工资办法，印发《田东县财政统一发放工资管理暂行办法》《田东县财政统一发放工资实施细则》《关于田东县财政统一发放工资有关具体问题的通知》《关于实行财政统一发放工资后单位人员、工资变动报批问题的通知》《田东县行政事业单位财政统一发放工资账务处理暂行规定》等文件，不断规范县财政统一发放工资的工作。

2002年，进行财政资金拨付管理改革。县人民政府印发《田东县本级预算资金拨付管理办法》，对预算执行过程中的资金拨付进行规范。同时，县实行所得税收入分享改革。除少数特殊行业或企业外，对其他企业所得税和个人所得税收入实行中央与地方按比例分享。中央保证各地区2001年地方实际的所得税收入基数，实施增量分成；跨地区经营、集中缴库的中央企业所得税等收入，按相关因素在有关地区之间进行分配。具体办法由财政部另行制定。分享范围：除铁路运输、国家邮政、中国工商银行、中国农业银行、中国银行、中国建设银行、国家开发银行、中国农业发展银行、中国进出口银行以及海洋石油天然气企业缴纳的所得税继续作为中央收入外，其他企业所得税和个人所得税收入由中央与地方按比例分享。分享比例：2002年所得税收入中央分享50%，地方分享50%。2003年所得税收入中央分享60%，地方分享40%。从2004年起，中央与地方所得税收入分享比例继续按中央分享60%，地方分享40%执行。基数计算：以2001年为基期，按改革方案确定的分享范围和比例计算，地方分享的所得税收入，如果小于地方实际所得税收入，差额部分由中央作为基数返还地方；如果大于地方实际所得税收入，差额部分由地方作为基数上解中央。

2003年，实行会计"零户统管、集中核算"改革。从2003年1月1日起，取消各乡镇财政所、农业服务中心、计划生育服务所、国土资源管理所、文化广播电视站、林业站、小城镇建设管理站、水利站等乡镇事业单位会计机构，各乡镇财政所设立会计核算中心，对乡镇取消会计机构的事业单位实行"零户统管、集中核算"的管理办法，即在预算单位资金使用权和财务自主权不变的前提下，取消单位银行账号，财政统一管理会计人员、资金结算和会计核算，集会计服务和监督于一体。当年，各乡镇均成立会计核算中心，落实统管单位报账员，认真对各单位开展清产核资工作，完成各乡镇80个事业单位的会计资料审计及财务移交监交工作，共取消银行账户56个，集中财政资金963万元，清理各种违法开支1.9万元。

2003年4月14日，正式启动农村税费改革试点工作。当年，全县确定的农业税及附加任务339.5万元，税改前全县农民人均负担76.26元，税改后农民人均负担34.37元，减少41.89元，减负率达54.93%。2004年，全面取消农业特产税，农业税税率下调一个百分点，农民直接减负1793万元。2005年全面停征农业税。

乡镇财政管理体制改革

田东大部分乡镇产业结构单一，经济发展速度不快，财政收入规模小，财力紧张，乡镇财政一直困难，保工资和保运转只能维持在较低的水平。1989—1994年，主要实行"定死基数，收支挂钩，定额上解（或定额补贴）"的管理体制。1995—2005年，对乡镇财政实行"划分税种、核定基数、递增上解或递减定额补贴"的管理体制。随着田东社会经济的发展，以及社会各界人士的努力，乡镇财政收入逐步增加，多数乡镇财政收入实现收支平衡。

1989—1991年，田东对思林、林逢、平马、义圩、印茶、作登、祥周、朔良等8个乡镇的财政实行"定收定支，收支包干，定额上解（或定额补贴），超收分成，一年一定"的管理体制。对布兵、那拔、江城、祷午、坡塘等5个乡实行"定死基数，定额上解（或定额补贴），超收分成，欠收自补，一年三定"的管理体制。

1992年，对全县乡镇财政实行"定收定支，收支挂钩，定额上解（或补助），超收全留，一年一定"的乡镇财政管理办法。

1993年，对全县13个乡镇实行"核定收支包干基数，定额递增上解或补助，一定三年不变，全面建立乡一级财政"的财政管理体制。

1994年，对乡镇财政实行"定收定支，收支包干，收大于支定额上解，支大于收定额补助，超收分成，短收抵支，超支不补，一年一定"的管理体制。

1995—1998年，对乡镇财政实行"划分税种、核定基数、递增上解或递减定额补贴，一定四年"的管理体制。

1999—2005年，实行“划分税种，核定收支，定额补助或定额上解，结余留用，一年一定”的乡镇财政管理体制。

第三节　财政收入

1989—1993年，田东实行“划分税种，核定收支，分级包干”的财政管理制度。1989年，全县组织收入2243万元，主要收入项目有：工商税类2069万元，占财政总收入的92.2%；农业税类150万元，占财政总收入的6.7%；国有企业所得税87万元，占财政总收入的3.9%；国有企业调节税类11万元，占财政总收入的0.5%；国有企业上缴利润类6万元，占财政总收入的0.3%；国有企业计划亏损补贴类-126万元，占财政总收入的-5.6%；其他收入类63万元，占财政总收入的2.8%；国有企业承包收入退库类-17万元，占财政总收入的-0.8%。

1993年，全县组织收入5107万元，主要收入项目有：工商税类4751万元，占财政总收入的93%；农业税类290万元，占财政总收入的5.7%；国有企业所得税47万元，占财政总收入的0.9%；国有企业上缴利润类7万元，占财政总收入的0.1%；国有企业计划亏损补贴类-118万元，占财政总收入的-2.3%；其他收入类38万元，占财政总收入的0.7%；教育附加收入92万元，占财政总收入的1.8%；社会保险基金收入类178万元（按规定，此项不列入财政总收入），占财政总收入的3.5%。1993年比1989年财政总收入增加2864万元，增长127.69%，其中工商税收类增加2682万元，增长129.63%，增长的主要原因是随着工业企业的不断发展，产品税增收567万元，增值税增收1157万元，营业税增收781万元。

自1994年起，实行分税制财政管理体制。1994年，全县财政总收入6465万元，其中上划中央“两税”（增值税75%、消费税）收入3466万元，占财政总收入的53.6%；地方一般预算收入2999万元，占财政总收入的46.4%；非税收入181万元（按规定，此项不列入财政总收入），占财政总收入的2.8%。

2002—2003年，中央财政加大对田东县科技扶贫示范项目的支持力度，推动了田东县马来甜龙竹组织培养基地、80公顷芒果优良品种高位嫁接等项目实施。2003年，全县的农业四税收入为2416万元，较2001年增加1520万元，增长169.64%，占本年财政总收入11.14%。

2004年，全县财政总收入27188万元，是1994年的4.21倍。实行分税制改革后10年间，全县财政收入年均增长15.4%。当年的财政收入结构是这样：上划中央“两税”收入12452万元，占财政总收入的45.8%；上划中央所得税收入2134万元，占财政总收入的7.8%；地方一般预算收入12602万元，占财政总收入的46.4%；非税收入3115万元，占财政总收入的11.5%。同年，田东县取消农业特产税。

2005年，自治区改革和完善对下财政体制，当年全县财政总收入40068万元，比2004年增收12880万元，增长47.4%。其中上划中央“两税”收入16732万元，占财政总收入的41.7%；上划中央所得税收入3396万元，占财政总收入的8.5%；上划自治区收入3276万元，占财政总收入的8.2%；地方一般预算收入16664万元，占财政总收入的41.6%；非税收入7223万元，占财政总收入的18%。本年田东县增值税收入19204万元，较2004年增加5260万元，增长37.72%；企业所得税收入3200万元，较2004年增加1370万元，增长74.86%。由于田东县大力扶植工业企业，各企业收益增加，2005年全县重要税源企业有27家，共缴纳27171.3万元税收，包括增值税17693.2万元，消费税2312万元，营业税378.8万元，企业所得税3307.2万元，其他税费3480万元，企业纳税费占财政总收入67.81%。其中田东石油化工总厂缴纳税费11480万元，企业纳税费占财政总收入28.65%；田东南华糖业有限公司缴纳5642万元税费，企业纳税费占财政总收入14.08%。

1989—1993年田东县财政收入情况表

表16-1-1　　　　　　　　　　　　　　　　　　　　　　　　单位:万元

年度	1989	1990	1991	1992	1993
财政总收入	2243	2659	3103	3630	5107
工商税收类	2069	2363	2762	3283	4751
其中:产品税	861	1202	1406	1670	1428
增值税	491	438	559	583	1648
营业税	494	476	542	720	1275
农牧业税和耕地占用税类	150	157	145	222	290
国有企业所得税	87	68	45	57	47
国有企业调节税类	11	7	1	-3	—
国有企业上缴利润类	6	87	116	70	7
国有企业计划亏损补贴类	-126	-126	-129	-177	-118
国家能源效能重点建设基金收入类	—	—	—	—	—
专款收入类	—	31	55	67	—
基本建设贷款归还收入类	—	—	—	—	—
其他收入类	63	75	72	116	38
教育附加收入	—	—	—	—	92
国有企业承包收入退库类	-17	-3	-32	-5	—
社会保险基金收入类	—	—	68	—	178

说明:表中数据由县财政局提供

1994—2005年田东县财政收入情况表

表16-1-2　　　　　　　　　　　　　　　　　　　　　　　　单位:万元

项目	1994	1995	1996	1997	1998	1999	2000	2001	2002	2003	2004	2005
财政总收入	6465	8524	10880	11658	14287	16003	13339	15153	17180	21688	27188	40068
上划中央“两税”收入	3466	4247	4994	5494	6004	6009	5076	6287	7509	9261	12452	16732
增值税	2519	3281	3932	4580	4842	4992	4364	5326	6331	7640	10458	14403
消费税	947	966	1062	914	1162	1017	712	961	1178	1621	1994	2329
上划中央所得税收入	0	0	0	0	0	0	0	0	1057	1760	2134	3396
企业所得税	—	—	—	—	—	—	—	—	493	558	1098	2133
个人所得税		—	—	—	—	—	—	—	564	1202	1036	1263
上划自治区收入	0	0	0	0	0	0	0	0	0	0	0	3276
增值税	—	—	—	—	—	—	—	—	—	—	—	1536
营业税	—	—	—	—	—	—	—	—	—	—	—	1068
企业所得税	—	—		—	—	—	—	—	—	—	—	356

续表16-1-2

项目	1994	1995	1996	1997	1998	1999	2000	2001	2002	2003	2004	2005
个人所得税	—	—	—	—	—	—	—	—	—	—	—	316
地方一般预算收入	2999	4277	5886	6164	8283	9994	8263	8866	8614	10667	12602	16664
增值税（25%部分）	840	1094	1293	1525	1614	1664	1455	1775	2110	2547	3486	3265
营业税	642	815	840	1007	1210	1636	1481	1435	1780	2009	2306	1603
企业所得税	459	373	226	656	459	456	447	1503	493	372	732	1067
个人所得税	78	102	244	373	496	645	779	922	564	801	691	526
土地增值税	—	—	—	5	7	6	1	3	2	—	12	33
城市维护建设税	194	233	293	290	337	322	359	358	508	548	854	1166
车船使用和牌照税	7	10	6	12	13	16	19	17	26	29	36	49
房产税	29	84	103	174	226	268	284	222	248	308	299	481
屠宰税	62	94	104	106	119	127	125	119	138	37	—	—
资源税	43	115	81	64	75	99	101	174	196	295	328	332
城镇土地使用税	5	11	8	41	100	76	101	140	244	245	279	343
印花税	3	16	16	16	11	16	25	16	24	36	36	73
固定资产投资方向调节税	61	67	561	134	174	221	134	63	—	—	—	—
工商税收滞纳金	3	3	25	6	—	—	—	—	—	—	—	—
农业四税	392	895	1302	1154	1304	1311	1211	896	1262	2416	428	503
国有资产经营收益	—	—	—	—	531	986	15	164	67	9	951	2950
国有企业上缴利润	1	—	113	20	—	—	—	—	—	—	—	—
国有企业计划亏损补贴	-95	-95	-85	—	—	—	—	—	—	—	—	—
罚没收入、行政性收费收入	0	262	483	531	862	937	456	550	587	543	1459	2311
行政性收费收入	—	—	122	416	367	532	102	239	257	256	529	1192
罚没收入	—	262	361	115	495	405	354	311	330	287	930	1119
专项收入	152	188	273	0	639	618	435	497	365	469	671	842
排污费收入	—	—	64	—	320	330	136	262	34	72	98	131
教育费附加收入	152	188	209	—	260	253	286	235	331	397	573	711
水资源费收入	—	—	—	—	59	35	13	—	—	—	—	—
其他收入	123	10	—	50	106	590	835	12	—	3	34	1120
其中:非税收入	181	365	784	607	2138	3131	1741	1223	1019	1024	3115	7223

说明:表中数据由县财政局提供

1989—2005年田东县农业四税征收情况表

表16-1-3 单位：万元

年度	1989	1990	1991	1992	1993	1994	1995	1996	1997	1998	1999	2000	2001	2002	2003	2004	2005
合计	150	157	145	222	290	392	895	1302	1154	1304	1311	1211	896	1262	2416	428	503
农业税	93	98	87	122	144	219	314	325	303	301	278	212	140	193	318	220	6
农业特产税	27	33	48	59	62	123	492	878	742	767	789	728	662	962	1736	0	0
耕地占用税	28	24	8	36	81	42	63	78	88	123	160	214	43	52	37	112	185
契税	2	2	2	5	3	8	26	21	21	113	84	57	51	55	325	96	312

说明：表中数据由县财政局提供

第四节　财政支出

支出结构

1989年，全县财政总支出3669万元。当年全县主要支出项目有：支援农村生产支出306万元，占总支出的8.3%；农林水利气象等部门事业费188万元，占总支出的5.1%；文教卫生事业费1344万元，占总支出的36.6%；抚恤和社会福利救济111万元，占总支出的3%；行政管理费377万元，占总支出的10.3%；公检法司支出165万元，占总支出的4.5%；价格补贴支出661万元，占总支出的18%；支援不发达地区支出116万元，占总支出的3.2%。

1993年全县财政总支出5083万元，是1989年的1.39倍，1989—1993年年均增长8.5%。主要支出项目有：支援农村生产支出343万元，占总支出的6.7%；农林水利气象等部门事业费247万元，占总支出的4.9%；文教卫生事业费2124万元，占总支出的41.8%；抚恤和社会福利救济149万元，占总支出的2.9%；行政管理费780万元，占总支出的15.3%；公检法司支出196万元，占总支出的3.9%；城市维护建设费148万元，占总支出的2.9%；支援不发达地区支出109万元，占总支出的2.1%。

1994年实行分税制财政管理体制。当年财政一般预算支出6695万元，比1993年增支1612万元，增长31.70%。主要支出项目有：支援农村生产支出486万元，占总支出的7.3%；农林水利气象等部门事业费418万元，占总支出的6.2%；文教卫生事业费2940万元，占总支出的43.9%；抚恤和社会福利救济256万元，占总支出的3.8%；行政管理费1012万元，占总支出的15.1%；公检法司支出298万元，占总支出的4.5%；城市维护建设费218万元，占总支出的3.3%；支援不发达地区支出236万元，占总支出的3.6%；专项支出136万元，占总支出的2%。

2005年，财政一般预算支出32779万元，是1994年的4.9倍，1994—2005年年均增长15.5%。主要支出项目有：基本建设支出645万元，占总支出的2%；农林水利气象等部门事业费2294万元，占总支出的7%；文体广播事业费1201万元，占总支出的3.7%；教育支出10248万元，占总支出的31.3%；医疗卫生支出1944万元，占总支出的5.9%；抚恤和社会福利救济1235万元，占总支出的3.8%；行政管理费6562万元，占总支出的20%；公检法司支出1669万元，占总支出的5.1%；城市维护建设费1877万元，占总支出的5.7%；专项支出800万元，占总支出的2.4%。

支出变动

1999年，县财政投入建设的县城喷泉　　（县财政局提供）

田东属于农业大县，农业是发展稳定的根本。为扶植农业生产，1989—2002年，田东县支援农村生产的支出和农林水利气象等部门的事业费逐年增加。财政支农主要用于引进、推广芒果嫁接等农业新技术，引进符合本地实际的新产业，支持蔗糖等农产品加工。

1999—2004年，加大对基础设施的建设，包括对乡镇道路的建设、行政办公楼的建设、乡镇饮水工程建设等。

1989—2005年，对科技教育的支出占本县总支出的份额逐年递增，主要实施科教兴县、教育兴县战略，建设一批新学校，增设一批教学楼、学生宿舍楼，添置一批先进教学设备等。

1989—2005年田东县一般预算支出情况表

表16-1-4

单位：万元

项目	1989	1990	1991	1992	1993	1994	1995	1996	1997	1998	1999	2000	2001	2002	2003	2004	2005
合计	3669	4270	4218	5261	5083	6695	9070	8349	8784	11288	13507	13325	18138	19532	21645	25288	32779
一、基本建设支出	1	—	—	—	—	—	19	127	41	—	452	1168	2624	2492	790	1460	645
二、企业挖潜改造资金	20	25	37	34	28	16	4	692	302	325	228	6	—	—	—	—	—
三、简易建筑费	—	—	15	—	—	—	15	13	18	—	—	—	—	—	—	—	—
五、科技三项费用	—	—	2	7	2	—	—	—	30	21	80	67	1	99	235	255	66
七、支援农村生产支出	306	312	449	527	343	486	695	211	211	388	341	747	351	698	—	—	—
八、农业综合开发支出	—	—	—	—	—	—	—	59	34	81	90	5	—	55	—	—	—
九、农林水利气象等部门的事业费	188	211	223	294	247	418	511	429	411	441	606	586	946	972	—	—	—
七、农业支出	—	—	—	—	—	—	—	—	—	—	—	—	—	—	806	1153	1309
八、林业支出	—	—	—	—	—	—	—	—	—	—	—	—	—	—	538	503	317
九、水利和气象支出	—	—	—	—	—	—	—	—	—	—	—	—	—	—	479	543	668
十、工业交通等部门的事业费	5	6	9	7	7	10	16	10	15	18	11	6	—	1	—	—	—
十一、流通部门事业费	—	—	1	1	1	5	3	1	1	1	16	19	26	30	161	175	188
十一、文教卫生事业费	1344	1450	1625	2129	2124	2940	3194	—	—	—	—	—	—	—	—	—	—
十一、文教事业费	—	—	—	—	—	—	—	2738	2374	—	—	—	—	—	—	—	—
十二、文体广播事业费	—	—	—	—	—	—	—	—	—	282	354	330	363	396	578	707	1201
十三、教育支出	—	—	—	—	—	—	—	—	—	3031	3236	3450	4683	5171	7620	8508	10248
十四、科学支出	2	3	4	12	3	5	8	17	8	16	9	13	20	18	—	48	62
十五、医疗卫生支出	—	—	—	—	—	—	—	446	629	584	781	802	894	1027	1155	1380	1944
十六、其他部门的事业费	52	95	80	105	128	165	258	543	553	499	425	455	791	745	1376	1390	1631
十七、抚恤和社会福利救济	111	82	101	96	149	256	370	314	227	290	333	227	524	578	774	755	1235
十八、行政事业单位离退休支出	—	—	—	—	—	—	—	3	927	1073	1331	1510	2010	2950	2	2	2

续表16-1-4

项目	1989	1990	1991	1992	1993	1994	1995	1996	1997	1998	1999	2000	2001	2002	2003	2004	2005
十九、社会保障补助支出	—	—	—	—	—	—	—	—	—	19	40	99	211	278	275	343	299
二十八、社会保险基金支出	—	—	5	—	—	—	—	—	—	—	—	—	—	—	—	—	—
二十、国防支出	—	—	—	—	—	—	—	—	—	—	3	11	8	29	32	28	111
二十一、行政管理费	377	499	523	984	780	1012	1238	1216	1131	1235	1549	1633	2006	2053	3763	4209	6562
二十二、外事外交支出	—	—	—	—	—	—	—	—	—	64	—	—	—	—	—	—	—
二十三、武装警察部队支出	—	—	—	—	—	—	—	—	—	—	30	16	8	10	15	20	41
二十四、公检法司支出	165	188	183	253	196	298	593	603	635	721	709	729	796	896	1129	1335	1669
二十五、城市维护费	57	48	47	121	148	218	1010	—	40	378	254	299	724	331	741	583	1877
二十七、城镇青年就业经费	3	1	6	—	5	—	—	—	—	—	—	—	—	—	—	—	—
二十六、政策性补贴支出	—	—	—	—	—	—	—	—	269	273	518	106	47	15	—	—	—
二十六、价格补贴支出	661	903	443	120	28	33	104	180	—	—	—	—	—	—	—	—	—
二十七、支援不发达地区支出	116	92	54	79	109	236	185	—	130	345	124	57	9	10	9	60	66
二十八、专项支出	—	31	55	10	83	136	264	243	—	534	564	214	351	365	416	671	800
二十九、其他支出	261	324	356	482	702	461	583	504	798	669	1423	770	745	313	751	1160	1838

说明：表中数据由县财政局提供

第五节 财源培植

田东县财政收入虽然稳定增长，但仍然面临着增长缓慢，保工资、保稳定、保平衡压力大等困难。1989—2005年，田东把地方财源建设列入重要议事日程，把财源建设的各项措施落到实处，努力培育新的经济增长点，多方培植财源，不断增强县级财政实力，加快县域经济发展步伐。

项目建设

围绕建设中国民族地区强县的目标，坚持工业主导地位，以实施工业项目为载体，推进产业集聚与扩张，着力培育优势产业链。走大项目→产业链→产业集群→产业大基地的工业发展路子，以企业内部实现循环经济大发展为突破口，大力发展煤、电、纸、糖、建材、石化等六大主导产业。

与此同时，狠抓基础设施项目建设，促进经济增长。比如，2001年，实施龙须河引水治旱、农村电网改造、田东至巴马柏油路等一批重点基础设施工程，全县完成固定资产投资3.89亿元，同比增长19%。

争取资金

充分利用中央实施的积极财政政策，发挥财政宏观调控作用，推动县域经济发展。

2000年，县财政局配合有关部门上报100多个项目，争取到资金2500万元。资金主要投入到农田水利基础设施建设、经济结构调整、扶贫攻坚、企业技术改造等方面。其中，自治区财政厅把田东县列为国家财政科技扶贫试点县，拨给种植美国油桃项目经费100万元。

2001年，县财政局上报项目201个，争取到上级各种专款6189万元。全县共争取到国债资金1525万元，实施乡村公路、十里莲塘小流域水土保持综合治理、城市供水项目等。争取到基建资金2624万元，用于实施教育、卫生、文化、交通等基础设施项目。

2002年，县财政局配合有关部门上报137个项目，争取到上级各种项目资金（专款）3735多万元。

2003年，全年上报108个项目，争取到上级各种专款3317万元，其中争取到国债资金730万元，财政扶贫资金指标1180万元。

2004年，争取到上级各种专款6763万元，其中争取到国债资金2250万元，投入交通、城镇基础设施、农田水利基本建设及中小学危房改造等；争取到财政扶贫资金指标1798万元，投入交通、异地安置、科技扶贫、人畜饮水等扶贫攻坚项目。此外，筹集和安排农业生产建设资金2224.4万元，筹集1130万元投入城建、环保、公共事业建设项目。

2005年，全县争取到上级各种专款4773万元，上年结转使用574万元，主要投入乡村道路、村村通广播电视、教育卫生基础设施等工程项目。争取到财政扶贫资金指标1479.3万元，投入交通、科技扶贫、人畜饮水等扶贫攻坚项目。

农业开发

田东支持农业和农村经济发展，继续巩固农业的基础地位，不断改善生产条件，壮大农业基础财源。

1993年，投入农业生产资金322万元，其中为增强农业发展后劲安排小型农田水利投资138万元。

1995年，投入支农资金1804.8万元，其中投入无偿资金1172.2万元，有偿资金632.6万元。无偿资金中，支援农业生产683.2万元，比上年同期增多178.4万元，增长35.3%；支援农口事业488.9万元，比上年同期增多55.5万元，增长12.8%。有偿资金投向，有芒果种植384.33公顷100万元，甘蔗种植123.33公顷48万元，香蕉种植52公顷45万元，龙眼果树种植133.33公顷50万元，优质米扩种面积2000公顷12万元，木薯种植97.33公顷30万元，冬菜种植5333.33公顷2万元，农村集体经济项目94个共83.5万元，其他项目244.1万元。

2001年，共筹集和安排支农资金1104.1万元，其中投入农业综合开发571万元，主要用于农业综合开发土地治理改造中低产田项目和修建机耕路以及科技推广项目；投入农业基本建设支出533.1万元，主要用于水库除险加固、水利设施改造、"三高"电灌、绿色工程以及农业生产救灾补助等经费支出，改善农业基础设施，推动农业综合开发向纵深发展。同时大力扶植特色农业，比如支持种植香蕉、芒果等。当年，增加农业特产税，增加了财政收入。

2004年，筹集和安排农业生产建设资金2224.4万元，其中防汛抗旱、农村造林、森林救灾等农业基本建设支出1153万元，改造中低产田等农业综合开发支出456万元。

扶贫开发

把财政工作与扶贫工作结合起来，加大扶贫投入力度，改善农村生产生活条件，为贫困山区资源开发、经济发展创造有利的条件，从而有益于培植财源。

1999年，筹集到财政扶贫资金1789.7万元，投入到交通、电力、文教卫生、人畜饮水等扶贫攻坚项目。2001年，筹集到财政扶贫资金1383.8万元，投入到交通、电力、文教卫生、人畜饮水等扶贫攻坚项目。

2002年，筹集到财政扶贫资金2955万元，投入到交通建设、异地安置、科技扶贫、人畜饮水等扶贫攻坚项目。2003年，筹集到财政扶贫资金指标1180万元。

2004年，争取到财政扶贫资金指标1798万元，投入到交通、异地安置、科技扶贫、人畜饮水等扶贫攻坚项目。2005年，争取到财政扶贫资金指标1479.3万元，分别投入交通、科技扶贫、人畜饮水等扶贫攻坚项目。

城镇建设

积极推进小城镇建设，加快全县城镇建设步伐，充分发挥城镇的集聚和辐射功能。

2001—2002年，投入725万元到右江百里文明河谷建设、十里莲塘生态旅游开发工程等，改善基础设施和投资环境。筹集1347万元，投入右江百里文明河谷建设、人民广场建设、十里莲塘生态旅游开发项目建设等。

2003—2004年，投入2230万元到右江百里文明河谷旧房改造、城建、环保、公共事业项目等建设。

第六节　财政管理

财政管理体制

1989—1993年，县财政沿用1988年的财政管理体制，即实行1985年广西壮族自治区人民政府制定的"划分税种，核定收支，分级包干"的财政管理体制。

1994—2005年，县财政实行“收入划分、事权和财权支出范围划分”的分税制管理体制。实行分税制后，原体制的分配格局暂时不变，原体制的定额补助继续按规定执行自治区分配定额。

预算外资金管理

1996年，为加强预算外资金管理，提高预算外资金使用效益，搞好社会财力综合平衡，促进全县经济和各项事业的发展，根据《广西壮族自治区预算外资金管理条例》和《广西壮族自治区人民政府办公厅转发自治区财政厅〈关于对行政事业性收费罚没收入实行预算管理的规定〉的通知》精神，出台了《关于田东县预算外资金管理方案》。次年，成立县预算外办，加强预算外资金管理。预算外专户储存户数84户，存入资金879万元，回拨资金410万元，结存469万元。

1998年，纳入预算外资金管理为87户，存入资金2181万元，回拨资金2841万元。

1999年，对部分行政事业性收费及罚没收入实行“收支两条线”管理。当年纳入预算外资金管理为83户，存入资金1141万元，回拨资金1447万元。

2000年，为进一步完善预算外资金管理，颁发《田东县预算外资金“收支两条线”管理办法》《中共田东县委办公室、田东县人民政府办公室关于全面清理检查“小金库”的通知》。并将国务院、财政部、自治区人民政府制定的有关预算外管理法规、文件，汇编成《预算外资金管理文件选编》，分发给各乡镇、县直各单位和财会人员。通过此办法，各单位认识到预算外资金属于财政性资金，所有权属于国家，调控权属于政府，管理权属于财政，并把预算外收入缴入财政专户，实行“收支两条线”管理。2000年，纳入全县财政专户管理户数为79户，缴入资金1951万元，回拨资金2283万元。

2001年1月1日起，设立行政事业性收费、罚没款开票收费大厅，推行“票据分离，罚缴分离”的征收办法。后来，为解决开票收费大厅不方便缴费人缴费的问题，又推行“银行代收制”：一是收集整理各单位各项行政事业性收费的收费属性等，掌握第一手材料；二是出台《田东县行政事业性收费和罚没款收缴、罚缴分离实施办法》；三是编写收缴、罚缴分离银行代收制业务操作流程图及其说明；四是将各部门各执收单位和各项收费，罚款进行分类编码，并输入电脑等。“银行代收制”于2001年9月1日起运行，从此，田东县的预算外管理实现电算化管理。田东也成为百色市第一个实行“票款分离，罚缴分离”电算化管理的县份。当年，全县纳入财政专户管理的各项收费收入为4628万元，支出4786万元。

2002年，全县纳入预算外专户管理的户数为100户，缴入资金为3578万元，其中预算外收入3133万元，预算内445万元。支出3344万元，其中预算外资金回拨2922万元，缴入公共预算资金为422万元。

2003年，纳入预算外专户管理的户数为108户，缴入资金为3983万元，其中预算外收入3394万元，预算内589万元。支出3865万元，其中预算外资金回拨3450万元，缴入公共预算资金为415万元。

2004年，纳入预算外专户管理的户数为109户，缴入资金为4279万元，其中预算外收入3560万元，预算内719万元。支出4389万元，其中预算外资金回拨3479万元，缴入公共预算资金为910万元。

2005年，纳入预算外专户管理的户数为113户，缴入资金为6573万元，其中预算外收入3291万元，预算内3282万元。支出6670万元，其中预算外资金回拨3446万元，缴入公共预算资金为3224万元。

国有资产管理

田东县国有资产管理股成立于1991年，是财政局二层机构，人员编制为4名。1992年，成立田东县国有资产管理局，与财政局合署办公，原国资产管理股同时撤销，存续期间为1992—2001年，履行国有资产管理职能。

田东一糖厂和二糖厂于1997年12月合并成立东星制糖有限责任公司，属国家控股公司，国有资产占69.81%，政府划拨17.50%的资产作为集体股，个人股占12.69%。2003年9月，政府以1.2亿元的价格，整体出售东星糖业制糖有限责任公司给洋浦南华糖业集团，当时评估价全部资产净值为8777.23万元，所有债权债务由洋浦南华糖业集团承接，政府从1.2亿元收入中支付原东星制糖有限责任公司职工进行身份置换。

1998年1月，将田东县供电所、桑洞电站、作登电站和龙须河电站国有资产合并，组建田东电力有限责任公司。将田东县水厂、龙须河水厂、百林电灌站和平马电灌站国有资产合并，组建田东供水有限责任公司。

2002年，机构改革时，不再设立国有资产管理部门，由财政局各业务股室按分口管理，对应预算部门的国有资产，企业国有资产管理工作由财政局企业股负责。2010年9月，重新设立国有资产管理股，对行政事业单位国有资产行使管理权，企业国有资产管理工作仍然由财政局企业股负责。

财政监督检查

2002年机构改革，县财政局增设财政监督检查股，人员编制1名。

2002—2005年，对75个行政事业单位，依法开展“收支两条线”管理专项检查，查处各种违规违纪金额863万元，其中追缴入库金额212.4万元。对38个行政事业单位，进行会计信息质量检查，查处各种违规违纪金额115万元，纠正违法违纪金额64万元。对全县30个单位，进行会计从业资格执法重点检查，查出无证上岗15人，不符合任职资格的9人，并提出整改意见。

会计管理

会计管理主要是实施国家统一的会计准则制度、内部控制规范、会计信息化标准，承担代理记账机构、会计从业资格管理工作和会计专业技术资格管理工作。同时，指导和监督会计信息化工作，提高会计信息质量。

会计制度建设 2000年7月1日《中华人民共和国会计法》实施后，对各单位主管领导进行《中华人民共和国会计法》培训，加大《中华人民共和国会计法》执法检查的力度，对违法单位和个人依照《中华人民共和国会计法》进行相应的处罚。健全乡镇事业单位财务管理制度，2003年1月起，在百色市率先推行乡镇“零户统管，集中核算”制度。其做法是，在全县13个乡镇成立会计核算中心，在保证单位资金所有权、使用权和财务自主权不变的前提下，取消乡镇财政所、农业服务中心、计划生育所、国土资源管理所、文化广播电视站、林业站、小城镇建设交通管理站、水利站等事业单位的会计机构、银行账户。会计岗位设立报账员，在会计核算中心开设统一的基本存款账户，一切收支业务实行“零户统管，集中核算”，为乡财县管打下坚实基础。

会计信息化管理 每年做好全县会计人员继续教育登记和会计人员信息采集工作。加强全县行政事业单位内部控制制度业务培训和代理记账机构管理工作。多次组织全县行政事业会计人员到外地参观学习和现场交流，学习外地先进的会计基础规范做法，提高会计信息质量。

会计考试 通过举办企业会计纳税操作技能培训班、会计实务培训班、会计初级职称培训班、会计从业资格考前培训等方式，加快会计队伍建设，提高会计人员专业技术水平。此外，组织会计人员参加专业技术资格考试、注册会计师考试、会计从业资格考试，每年报名参加高级会计师、注册会计师和会计职称考试人数多达几百人次，每年有几十人通过考试取得会计专业技术资格证书。

政府采购管理

1999年7月，政府采购管理中心成立，配备2名专职人员，开始实行政府采购。2002年3月29日，田东县人民政府采购管理办公室成立，核定人员编制5名，为财政局直属事业单位。

其负责政府采购监督管理及日常事务，具体职责为根据《中华人民共和国政府采购法》，组织、管理和监督政府采购活动，依法受理和处理供应商投诉。政府采购范围包括货物、工程、服务三大类。政府采购坚持公开、公平、公正和诚实信用的原则。采购方式有公开招标、邀请招标、竞争性谈判、询价、单一来源采购和国务院政府采购监督管理部门认定的其他采购方式。

2000年，共组织实施政府采购33批（次），预算支出资金290.92万元，实际支付采购资金261.52万元，节约29.4万元，节约率为11.24%。

2001年，共组织实施政府采购116批（次），原采购项目预算支出资金597.02万元，实际支付采购资金551.7万元，节约资金45.3万元，节约率为8.21%。

2002年，共组织实施政府采购142批（次），原采购项目预算支出资金950万元，实际支付采购资金911万元，节约资金39万元，节约率为4.28%。

2003年，共组织实施政府采购189批（次），采购项目预算支出资金737万元，实际支付采购资金680万元，节约资金57万元，节约率为8.38%。

2004年，共组织实施政府采购216批（次），采购项目预算支出资金1101.95万元，实际支付采购资金997.14万元，节约资金104.81万元，节约率为10.51%。

2005年，共组织实施政府采购191批（次），采购项目预算支出资金1933万元，实际支付采购资金1750万元，节约资金183万元，节约率为10.46%。

国有企业管理

1989年，企财股是财政局内设一个股室。1997年3月，企财股又分设为工财股和商财股，工财股主要是管理涉及全县国有工业企业的财政性资金，商财股主要是管理涉及全县商贸领域企业的财政性资金。2002年机构改革，又将工财股和商财股合并为企业股，编制2名。

1989年，全县全民所有制工业企业有31家。主要有电力工业、煤炭工业、冶金工业、石油化工、机械工业、食品工业、轻工业、二轻工业、建材工业等。重点企业有田东火电厂、右江矿务局、田东油矿、田东水泥厂、化工厂、冶炼厂、软木厂。1989年，全民所有制工业总产值14854万元，年末工业企业固定资产20788万元，全民所有制工业总产值占全县工业总产值89.88%。

1996年，田东连续出台《田东县国有工业企业改革意见》《田东县国有企业改制为股份合作制企业暂行办法》《田东县国有工业企业清产核资暂行办法》等文件，加快以产权制度为重点的企业改造。全县17家国有企业中有14家完成改制，成功组建广西田东制糖有限责任公司。当年，全县规模以上工业企业有77家，实现产品销售收入56975万元，利润总额743万元，利税总额6722万元。

1999—2000年，为深化国有企业改革，强化国有企业目标管理责任制，实行县领导与企业项目挂钩联系制度，突出抓好企业领导班子建设，在县属国有企业中推行公开招聘厂长、经理，促进县属国有企业三项制度改革等措施。2000年，全县规模以上工业企业有21家，实现产品销售收入69337万元，利润总额1867万元，利税总额7916万元。

2001年，建立规范的现代企业制度，进一步搞活国有中小企业，调整和完善所有制结构，大力发展私营、个体等非公有制经济，优化工业结构，推进工业化进程。以华瑞集团为龙头，大力发展以农产品加工为主的绿色食品工业。以登高集团为龙头，发展水力发电、矿产冶炼、商业贸易、旅游服务和香米加工。以达利公司为龙头，大力发展造纸业。同时兴办各类砖厂，发展建材业。

2002年，依托本县国有企业和资源优势，巩固提升蔗糖产业，发展壮大煤炭、电力、建材和农副产品精深加工。支持龙头企业，以龙头企业带动行业发展，以行业发展推动产业升级，以产业升级促进经济发展。果柳电站、思林纸厂扩建、东泥公司扩建、二糖厂技改项目（从日榨2300吨扩大到2700吨）陆续竣工投产。田东电厂2×13.5万千瓦技改项目，田东石化总厂系列技改项目（年产2万吨活性白土、3万吨常减压装置加热炉改造、2万吨催化裂化改造）和右江矿务局年产30万吨保群煤矿项目开工建设。

2004年，大力发展农产品加工业。重点农产品加工项目有金荣纸业有限责任公司纸竹一体化项目、增年山茶油有限责任公司山茶油精炼项目、南华糖业有限责任公司制糖项目。当年，田东被自治区列为农产品加工示范县。

2005年，全县规模以上工业企业有17家，实现产品销售收入229457万元，利润总额12360万元，利税总额33900万元。

票据管理

1989—2005年，一直沿用之前的模式，在财政局综合股内设立票据管理中心，设专人负责田东县财政票据的对上对下领购和使用监督等管理工作。

2000年之前，各行政事业单位从票据管理中心领取“行政性、事业性收费收据”等相关财政票据，向相关单位或个人收费时开具收据，所收款项存入单位银行账户。

2000年起，推行行政事业性收费和罚没收入“收支两条线”管理制度，在县财政局设立收费大厅。单位不直接领取和开具行政事业性收费收据，票据管理中心直接向收费大厅发放票据。缴款人凭执收单位开具缴款通知书，在县财政局的收费大厅开具票据，然后到相关银行缴款，从而实现票款分离。

2001年下半年，根据《田东县行政事业性收费和罚没款实行收缴罚缴分离实施办法》，县财政局收费大厅取消，由各商业银行直接代收。执收单位从票据管理中心“缴费通知书”，代收银行从票据管理中心领取票据，凭执收单位的缴费通知书收入缴款人的款项后，向缴款人开具行政事业性收费收据，所收款项如数直接存入财政专户。此模式一直沿用至2005年及其之后。

第七节　农村税费改革

长期以来，田东基层财政收入主要靠农业税。同时农业税是农村义务教育的主要资金来源，农民是义务教育的主要投入者。

1989—2002年，全县农民所负担的直接税费主要有：农业税及附加、“三提五统”（公积金、公益金、管理费；教育附加费、计划生育费、民兵训练费、民政优抚费、民办交通费）等。1999年农民人均负担76.26元。

2003年，田东县推行“三个取消，两个调整、一项改革”，即取消乡统筹费、农村教育集资等专门面向农民征收的行政事业性收费和政府性基金、集资，取消屠宰税，取消统一规定的劳动积累工和义务工；调整农业税和农业特产税政策，改革村提留征收使用办法。通过搜集汇总农村人口、土地资源状况、农村经济结构状况、农村税费负担、农村人均纯收入、计税土地面积、计税常年产量等情况，落实各乡镇税改方案。当年，全县确定的农业税及附加任务339.5万元，税改前全县农民人均负担76.26元，税改后农民人均负担34.37元，减少41.89元，减负率达54.93%。

2004年，全面取消农业特产税，农业税税率下调一个百分点，农民直接减负1793万元。

2005年，全面停征农业税。停征农业税，对减轻农民负担，增加农民收入是一大利好。随着工业的崛起，停征农业税对农村财政运行的负面影响将逐年减弱。

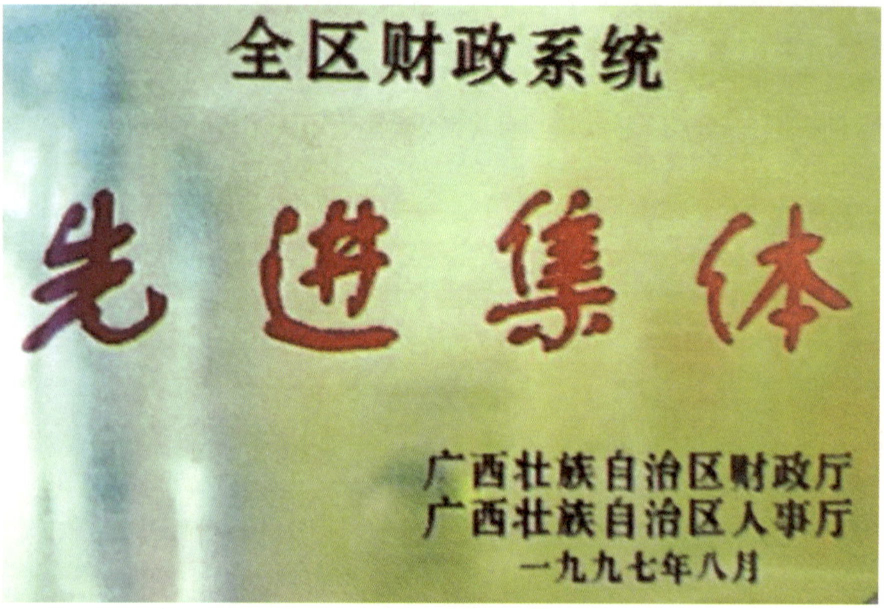

1999年，田东县财政局获得“先进集体”称号　　（县财政局提供）

第二章 税务

随着工业经济的又好又快发展，田东税收不断增加，拉动了财政收入的增长。1989年，田东县组织税收入库2254.55万元。1992年，全县税收入库4724.51万元，比1989年增长近1倍以上。

1994年，实行分税制。1994年10月，田东县国税局和田东县地税局正式独立运作。全县税务系统按照“依法治税，均衡入库”的方针，以组织收入为中心，采取及时制定计划、开展税源调查、强化收入分析调度等办法强化税收工作。1995年，共组织各项税收入库7870.6万元，其中县国税局组织入库6025.6万元，县地税局组织入库1845万元。

1999年，因消费税对国家税收收入的影响有限，故消费税在税收收入中的比重逐渐降低，呈弱化趋势，县国税局征收的消费税由1998年的1162.5万元降至1999年的1016.8万元，至2005年全县仅征收消费税3.41万元。

2005年，全县共组织各项税收入库11100.88万元，其中县国税局各项税收入库5588.08万元，比1995年减少7701.1万元；县地税局各项税收入库5512.8万元，比1995年增加3100.9万元。

第一节 机构

县税务局

1989年，田东县税务局为全县征收县内各项税收的正科级部门，主要负责对县内的各企业和个体工商户进行税收管理，办公地址位于平马镇南华路51号，内设秘书股、人教股、会统股、征管股、税政股、监察股、稽查股、集体企业财务管理股、检察室、税务发票所等。下辖平马税务分局和祥周、林逢、思林、朔良、义圩、印茶、作登7个税务所及布兵、仑圩、新洲、午圩、坡塘、灵龙、百敏、那拔、江城等9个税务站。全县税务人员共50人。

1992年，县税务局增设公安执勤室，全县税务系统共有干部职工158人。

1993年，县税务局内设办公室、会统股、人教股、监察股、征管股、税政一股、税政二股、发票管理所、稽查股、税务检查室，下辖平马税务分局和祥周、林逢、思林、朔良、义圩、印茶、作登7个税务所及布兵、仑圩、新洲、午圩、坡塘、灵龙、百敏、那拔、江城等9个税务站。全县税务人员共158人。

历任局长：黄建合（1988年10月至1994年8月）。

县国税局

1994年9月，田东县国家税务局（简称县国税局）和地方税务局挂牌分设。县国税局沿用县税务局的机构设置模式，主要负责县内国税系统的税收征收管理工作，办公地址位于平马镇油城路236号，内设办公室、人教股、会统股、监察室、征管股、税政股、发票所、税检室，下设平马征收分局和祥周税务所、思林税务所、林逢税务所、义圩税务所、朔良税务所、作登税务所、印茶税务所等7个税务所及布兵、仑圩、新洲、午圩、坡塘、灵龙、百敏、那拔、江城9个税务站。征收分局和7个税务所、9个税务站直接对外办理税务事宜，主要负责税务登记管理、纳税申报、税款征收、税务咨询、发票管理和税收日常检查等工作。在职干部职工78人。

1995年年初，设立户籍管理所。4月，撤销税检室，成立稽查分局。稽查分局为直属机构，负责国税部门管理的纳税人纳税情况的稽查工作，打击偷税、逃税、骗税等税收违法行为，同时受理群众的举报、来信、来访工作。

1996年，推行公务员制度，县国税局职工考试考核全部合格，过渡为国家公务员。

1997年3—4月，分别成立稽查局、平马征收分局、右江矿区征收分局、思林征收分局和印茶税务所、朔良税务所、义圩税务所。平马征收分局负责平马镇、义圩镇、那拔镇、印茶镇、江城镇、作登瑶族乡的税收征管工作，右江矿区征收分局负责祥周镇、布兵乡的税收征管工作，思林征收分局负责林逢镇、思林镇、坡塘乡和祷午乡的税收征管工作。各分局内设计征组、企业组、个体组和办公室等职能组（室），以办税服务厅为主要对外窗口，承办辖区内所有纳税单位和个人的税务咨询、税款征收、税务登记、票证发售、税款划缴和税收日常检查等税务事项。分局下辖的征收处则具体负责所在地固定个体工商户、集贸市场税收和零散税收的征收管理；同时协助分局、县局开展税收工作。

2001年5—6月，对税务机关行政股室进行改革，机关行政股室由原来的8个精简为5个，同时另设2个事业单位。2002年10月，县国家税务局稽查分局更名为县国家税务局稽查局。

2004年3月，按照机构定岗、定员、定责的“三定”原则，完成机构改革和人员重组工作。县国税局内设办公室、人事教育股、监察室、计财股、税政股、征管股、信息中心、发票管理中心等8个股室。另设县局直属稽查局、平马征收分局、右江矿区税务分局、思林税务分局。在职干部职工122人。

2005年，县国税局内设办公室、人事教育股、监察室、综合业务股、计划征收股、征收管理股、信息中心、发票管理中心等8个业务股室。设置直属机构县国家税务局稽查局，设置派出机构平马税务分局、右江矿区税务分局、思林税务分局。共12个部门，在职干部职工113人。

历任局长：

周永天（1994年9月至2003年9月）、李勤（2003年9月至2008年5月）。

县地税局

1994年9月18日，成立田东县地方税务局（简称县地税局），办公地点位于平马镇东宁路90号，实行上级地方税务机关与同级人民政府的双重领导、以上级税务机关垂直领导为主的管理体制，机构设置、人员编制、干部管理和经费开支由自治区地方税务局实行垂直管理，负责全县范围的地方税征收和管理工作。内设办公室、人事教育股、税政股、计划会计股、征收管理股，下设田东县地方税务局平马税务分局。

1995年9月，国税、地税基层分局（所）人员分流确定后，县地方税务局下设13个分局（所），分别是平马税务分局、祥周税务所、思林税务所、林逢税务所、义圩税务所、祷午税务所、朔良税务所、那拔税务所、坡塘税务所、布兵税务所、作登税务所、印茶税务所、江城税务所。12月，田东县地方税务局平马税务分局改为田东县地方税务局直属征收管理分局，负责田东县城、平马镇地方税收征管。

1998年4月30日，根据自治区地方税务局文件，田东县地方税务局稽查分局更名为田东县地方税务局稽查局，内设选案股、检查股、审理股、执行股。

2002年3月，机构改革，县地税局机关设有办公室、人事教育股、税政股、会统股、征管股等5个股室。下辖直属稽查局和新洲、林逢、思林3个征收分局，作登、印茶、朔良、义圩4个税务所，江城、坡塘、祷午、那拔、布兵等5个税务站。

2005年6月，实行机构微调，县地税局下辖稽查局、直属征收管理分局、新洲征收分局、林逢征收分局、思林征收分局，以及作登、印茶、朔良、义圩4个税务所。在职干部职工76人。原征管股和税政股合并为税政股，内设有办公室、人事教育股、监察室、税政股、计划财务股等股室。

历任局长：

梁顶称（1994年9月至2001年12月）、黄梦州（2001年12月至2007年3月）。

第二节　分税制前税务

税　种

1989—1994年，田东县税务局负责征收县内所有的税收，所征收的税种有产品税、增值税、营业税、集体企业所得税、城乡个体工商业户所得税、个人收入调节税、城市维护建设税、车船使用税、房产税、屠宰税、牲畜交易税、资源税、城镇土地使用税、事业单位奖金税、集体企业奖金税、固定资产方向调节税、盐税、国家能源交通重点建设基金、国家预算体调节基金税、印花税、建筑税、滞纳金、国有企业所得税、国有企业资产调节税、燃油特别税，其中产品税是实行第二步利改税后从原工商税划分出来的一个税种，为全县组织税收收入的主要税源（税目），同时原工商税按照征收对象还分解有增值税、营业税和盐税。农、林、牧、水产品采购、商业零售、服务及其他业务、交通能源运输、工业产品等为县内应征的税目。

1993年，全县恢复征收印花税。当年，全县建立起以流转税和所得税为主体、其他各税为辅的多种税、多层次、多环节征收的复合工商税制，既拓宽征收范围，又保证工商税收稳定、持续增长。县辖区内征收的税种有产品税、增值税、营业税、工商所得税、地方各税及罚金、屠宰税、奖金税、建筑税、盐税、城市维护建设税、房产税、车船使用税、资源税、印花税、工资调节税、个人收入调节税、城镇土地使用税、固定资产方向调节税等18个。当年，中共中央、国务院作出加强宏观调控系列重要决策，其中包括实施分税制财政体制和结构性税制改革。1994年，分设国税、地税机构后，各税的征收也相应划分。

税　收

1989—1994年，县税务局征收管理股专门负责对县内的税收征收管理工作进行指导和监督。落实自治区税务局提出的征管改革十项措施，加强对征管制度逐步完善，建立税务户籍管理制度，加强对征管档案资料的管理，进一步完善定期、定额管理办法。加强对私营业主、个体户的征管和新版发票换版的工作。在加强征收管理的同时，注重发挥税务检察室、稽查队的作用，查处税务违章案件。实行代扣代缴，推行自行计算审核税款、自行填开缴税单、自行向银行缴税及税务代理等纳税办法，建立科学、规范的征管体系，提高办税效率。

1989年，全县共组织税收入库2254.55万元，其中产品税860.85万元，营业税入库541.32万元，集体企业所得税54.23万元，城建税59.21万元，国有企业所得税232.3万元，房产税14.52万元，屠宰税

34.92万元，滞纳金1.84万元，城乡个体工商户所得税3.82万元，个人收入调节税4.33万元，牲畜交易税2.79万元，奖金税15.44万元，建筑税22.88万元。

1994年，全面征收增值税，改革营业税，取消产品税和特别消费税，全年共组织税收入库5799.9万元，其中增值税3466.9万元，营业税810.6万元，消费税947.3万元，资源税71.5万元，企业所得税165.3万元，印花税3.3万元，滞纳金3万元，企业所得税165.3万元，个人所得税78.1万元。

1989—1993年田东县税务局税收情况表

表16-2-1　　单位:万元

税种	1989	1990	1991	1992	1993
产品税	860.85	1202.20	1406.40	1770.40	1428 .37
营业税	541.32	542.70	609.60	794.40	1365.15
集体企业所得税	54.23	84 .30	31.00	35.90	—
城乡个体工商户所得税	3.82	4.50	7.70	3.00	—
个人收入调节税	4.33	2 .00	2.30	2.30	33.00
城建税	59.21	73.90	81.70	108.40	16.87
车船使用税	5.41	3.40	5 .70	4.90	5.89
房产税	14.52	13.00	22.40	30.40	38.21
城镇土地使用税	2.43	2.70	5.30	5.70	6.92
屠宰税	34.92	47.00	23.00	1.00	0.39
牲畜交易税	2.79	2.00	3.10	4.80	—
资源税	0.69	0.30	0.40	13.80	14.72
国有企业所得税	232.30	213.50	180.90	207.90	—
国有企业资产调节税	0.30	1.80	13.80	2.20	—
事业单位奖金税	—	1.80	—	—	—
集体企业奖金税	15.44	7.80	7.10	4.70	—
固定资产方向调节税	—	—	—	55.00	100.77
建筑税	22.88	52.00	39.00	28.00	0
盐税	—	—	1.10	—	0
税款滞纳金罚款补税收入	1.84	1.60	8.40	2.80	—
能源交通建设基金	184.18	184.40	163.50	51.10	—
国家预算调节基金	45.64	81.20	99.00	21.10	—
燃油特别税	167.45	139.50	135.60	66.50	—
其他收入	—	—	55.50	66.80	—
增值税	—	—	—	—	1648.37
工商所得税	—	—	—	—	47.91
地方各税及罚金	—	—	—	—	7.17
奖金税	—	—	—	—	0.50
印花税	—	—	—	—	4.49
工资调节税	—	—	—	—	5.78
合计	2254.55	2661.60	2902.50	3281.10	4724.51

说明:表中数据由县税务局提供。1994年10月,田东县国税局和田东县地税局正式独立运作,1994年的数据不收录

税收检查

1989年，县税务局积极配合全县开展税收、财务、物价大检查。全年共检查76户，查出各种偷漏税款206.94万元，其中各税157.18万元，能源基金27.67万元，国家预算调节基金22.09万元。在检查的户数中，个体工商户和农村酒坊偷漏税25户，税款1.71万元，罚款5331元；个体欠税11户，欠税8804元。全年查处发票违章15户，其中集体企业6户，个体工商户6户，共罚款5780元。

1990年，在专项税收大检查中，共检查31户企业，4个承包人和8个建筑施工队负责人，共查补各种偷漏税款130万元，城市建设维护税2.4万元，教育附加费0.8万元。其中偷税较多的税种有：产品税46万元，增值税26.07万元，建筑税33.7万元，建筑营业税10.2万元。当年，查处发票违章33起，违章发票215份，罚款4490元，补税8228元。

1991年，共对371户个体工商业户进行专项检查，发现86户有偷漏税行为，查补税款13.9万元，罚款2311元。在税收大检查中，共检查31户企业，查补工商各税70.32万元。全年查处发票违章23起，违章发票239份，罚款5387元。

1992年，共检查国有、集体企业66户，个体1255户，共查补工商各税78.32万元。当年5月，对县城内36户个体饮食大户开展发票检查，有8户违章开票155份，漏报营业税3.7万元，税款1774元。

1993年，县税务部门以稽查、税政为主，组织各征收单位开展对集体企业所得税汇算清缴、专项税收检查及税收大检查，全年共查补税款89.67万元。1月，对县二轻和供销系统的18家企业进行检查，查补税款3.38万元。2—3月，对其他行业的集体企业进行检查，查补税款23.6万元。7月，对娱乐、饮食等6个行业进行检查，查补税款31.8万元，罚款2.09万元。9月，对所管辖的企业发放自查表，全县参加自查有168个单位，自查应补税款32.58万元。税检室处理涉税案件10起，追缴税款28.28万元，罚款1.78万元。

1994年，强化纳税申报和日常税务稽查等税收管理机制，进一步完善、规范纳税申报和税收档案管理，堵塞税收漏洞。全年共检查230户，查补税款251.1万元，所得税汇算清缴审查企业76户，查补所得税23.2万元，其他各税51.6万元。同时，加强税检室、公安执勤室、法院执行室的合作，严厉打击偷税和暴力抗税歪风，全年查处殴打、威胁税务干部案件8起，拘留2人。税检室通过查办案件，查补税款81.9万元，罚款2.9万元。

1994年9月，田东县税务局分设县国税局和地税局，其税收检查工作由县国税局和地税局分别进行。

第三节　国家税务

税种　税目　税率

田东县国税局成立后，征管的税种有增值税、消费税、营业税、企业所得税、外商投资企业和外国企业所得税、个人所得税、车辆购置税。征税对象是区别税种的唯一标准。2000年，管理纳税人1282户，其中企业186户，个体工商户1096户。2005年，管理纳税人3517户，其中国有企业46户，集体企业46户，股份制企业13户，有限责任公司28户，私营企业39户，个体工商户3345户。

增值税　田东县1984年10月1日起开征增值税，1994年全面推行。征税对象为销售、进口货物，以及提供加工、修理修配劳务。征收方式是查账征收和定期定额征收。2003年，根据广西壮族自治区财政厅、广西壮族自治区国家税务局和地方税务局印发的《关于重新确定增值税营业税起征点的通知》

规定，自1月1日起，个体经营及其他个人征收增值税的起征点确定为：销售货物的起征点为月销售额2000元，销售应税劳务的起征点为月销售1500元，按次纳税的起征点为每次（日）销售额150元。对不达起征点的个体工商户，在2003年1月1日起到起征点调整前，已征收入库的税款由原征收机关按规定办理已征税款退库手续。2005年，县国税局共组织税收收入21985万元，其中增值税收入19243万元。

消费税 1994年1月1日起开征，是1994年税制改革中新设置的税种，是选择部分消费品征税的一种税。征税对象为生产、委托加工和进口《中华人民共和国消费税暂行条例》规定的应税消费品的单位和个人。征收范围主要包括烟、酒及酒精、化妆品、贵重首饰及珠宝玉石、鞭炮、烟火、成品油、汽车轮胎、摩托车、小汽车、高尔夫球及球具、高档手表、游艇、木制一次性筷子、实木地板等税目。消费税实行从价定率或从量定额办法计算应纳税额。实行从价定率时，最低税率为3%，最高税率为45%。征收方式是查账征收、定期定额征收。1994—2005年，田东县国家税务局共组织消费税收入14864.7万元。2005年，组织消费税收入2329.1万元，占当年国税总税收收入的10.46%。

营业税 1984年10月1日起开征。征税对象为提供应税劳务、转让无形资产或者销售不动产的单位和个人。增值税侧重于对货物征税，营业税侧重于对劳务征税。征收方式是查账征收、定期定额征收。从1997年1月1日起至2002年12月31日止，对金融保险业征收3%的营业税。1997—2002年，共组织营业税收入74万元，其中2002年收入42万元。

企业所得税 1983年4月1日起开征。征税对象为中国境内的企业（不包括外商投资企业和外国企业）的生产、经营所得和其他所得。纳税人为中国境内实行独立核算的企业或组织，具体包括国有企业、集体企业、私营企业、联营企业、股份制企业以及有生产、经营所得和其他所得的其他组织。2000年1月1日起，独资、合伙性质的私营企业改按《中华人民共和国个人所得税法》征收个人所得税，不再是企业所得税的纳税人。企业所得税采用33%的比例税率。对小型企业实行两档低税率，年应纳税所得额3万元以下（含3万元）的企业，按18%的税率征收；年应纳税所得额超过3万元至10万元（含10万元）的企业，按27%的税率征收。企业按照上年度发生亏损，可用当年应税所得进行弥补，按弥补亏损的应纳税所得额来确定适用税率。征收方式是查账征收、核定征收。1994—2005年，县国税局组织企业所得税收入1544万元。2005年，县国税局组织企业所得税1.2万元。

外商投资企业和外国企业所得税 1991年7月1日起开征，征税对象为外商投资企业和外国企业的生产、经营所得和其他所得。征收方式是查账征收、核定征收。从2003年1月1日，企业所得税与外商投资企业、外国企业所得税“两税合一”后停征，对内、外资企业统一征收企业所得税。因为管辖的纳税户没有外商投资企业和外国企业，1995—2005年，全县征收为零。

车辆购置税 2001年1月1日起开征，这是国家实施费改税政策新增的税种，对购置的车辆征收的一种税，税率为10%。征收范围包括汽车、摩托车、电车、挂车、农用运输车等，依照《中华人民共和国车辆购置税暂行条例》所附的《车辆购置税征收范围表》执行。征收方式是查验征收（从价定率、一次征收）。2001—2004年的车辆购置税暂由交通部门所属车辆购置附加费稽征机构负责代征。2005年1月1日起，移交国家税务局征收。2005年，县国税局组织车辆购置税收入185.8万元。

个人所得税 1980年9月10日起开征，征税范围为工资、薪金所得，个体工商户生产、经营所得，对企事业的承包经营、承租经营所得，劳务报酬所得，稿费所得，特许权所得，利息、股息、红利所得，财产租赁所得，财产转让所得，偶然所得和其他所得，共11项。征收方式是查账征收、核定征收。县国税局只对1999年11月1日起至2008年10月8日止的储蓄存款利息所得征收个人所得税（简称利息税）。征收方式为银行（储蓄机构）代扣代缴。1999—2005年，全县储蓄存款利息个人所得税征收入库1135万元，其中2005年入库225.8万元。

1994—2005年田东县国税局税收情况表

表16-2-2 单位:万元

税种	1994	1995	1996	1997	1998	1999	2000
中央级收入	3466.9	4257.0	5009.5	5652.3	6256.4	6237.1	5274.2
地方级收入	2333.0	1768.6	1502.1	1526.8	1617.7	1674.7	1465.5
(1)国内增值税	3358.6	4375.5	5190.5	6107.0	6471.3	6698.6	5861.1
(2)国内消费税	947.3	965.9	1061.9	914.3	1162.5	1016.8	712.1
(3)海关代征	—	—	—	—	—	—	—
(4)营业税	810.6	304.9	46.6	118.8	179.0	161.2	132.0
(5)资源税	71.5	1.3	0.1	—	—	—	—
(6)土地使用税	9.2	—	—	—	—	—	—
(7)企业所得税	165.3	7.1	1.7	34.4	60.6	35.2	34.5
(8)车辆购置税	—	—	—	—	—	—	—
(9)外商投资企业和外国企业所得税	—	—	—	—	—	—	—
(10)个人所得税	78.1	—	19.3	—	—	—	135.8
(11)固定资产投资方向调节税	61.0	0.3	—	—	—	—	—
(12)城市维护建设税	194.2	201.7	83.4	—	—	—	—
(13)印花税	3.3	0.4	—	—	—	—	—
(14)其他地方各税	106	96	33.2	—	—	—	—
(15)税款滞纳金收入	3	9.6	74.9	4.6	—	—	—
合计	5799.9	6025.6	6511.6	7179.1	7873.3	7911.8	6739.7
税种	2001	2002	2003	2004	2005	总合计	—
一、工商税收收入合计	8285.0	10022.1	12142.5	16279.6	21799.1	—	—
其中:中央级收入	6487.2	7741.6	9478.2	12671.7	16897.7	—	—
地方级收入	1797.7	2280.5	—	—	—	—	—
区级收入	—	—	103.7	111.0	1629.6	—	—
县级收入	—	—	2560.6	3496.9	3271.8	—	—
1.增值税	7190.1	8471.2	10234.3	13987.5	19243.0	—	—
其中:机糖	1994.3	1866.6	1573.8	2834.3	3367.5	—	—
原煤	1178.1	1175.6	1339	1554.3	1760.5	—	—
酒精	—	—	—	—	—	—	—
原油	277.0	219.9	20	65.2	84.5	—	—
成品油	882.2	1791.1	2890.6	3824.0	7605.4	—	—
电力	803.2	739.5	960.3	1082.0	2254.8	—	—
有色金属	107.2	91.6	193.1	30.6	64.1	—	—
造纸	214.8	208.8	200.1	429.1	286.4	—	—
建材产品	326.3	410.9	1160.7	1990.5	1708.5	—	—
商业	1115.3	1353.4	1238.9	1356.7	1505.9	—	—
2.消费税	961.3	1178.4	1620.8	1994.3	2329.1	—	—
其中:成品油	925.0	1144.5	1592.6	1976.6	2311.5	—	—
3.中央营业税	107.5	42.4	1.2	—	—	—	—
4.企业所得税	26.1	83.3	38.5	19.4	1.2	—	—

续表16-2-2

税种	2001	2002	2003	2004	2005	总合计	—
5.个人所得税	240.2	246.8	247.7	278.4	225.8	—	—
二、车辆购置税	—	—	—	—	185.8	—	—
三、其他罚没收入	2.2	1.3	2	1.9	0.6	—	—
四、两费收入	8.7	7.6	5.4	14.9	13.6	—	—
五、防洪安保费	69.5	105.3	105.4	131.3	273.1	—	—
合计	8365.4	10136.3	12255.3	16427.7	22272.2	—	—

说明：表中数据由县国税局提供。由于1994—2000年与2001—2005年两个区间税种改革，中央与地方级次分成不同，故不能做横向总合计

纳税服务

1995年10月，县国税局设立办税大厅，与工商银行联合办公，实行银税一体化服务。大厅共配置5台电脑，实行内部微机联网，设税务登记、纳税申报、税款征收、税务咨询、税款划转（银行专柜）、发票管理等窗口，征收税款时，通过审核纳税户申报资料、税款划转入库等一系列程序，简便、高效地完成税款申报、征收、入库全过程的工作，提高办税效率，增加办税透明度。

1997年，县国税局成立3个征收分局，形成“以纳税人自行申报纳税为基础，以计算机网络为依托，集中征收、重点稽查”的新征管模式。

1998年5月，县国税局平马分局在实行“双定”（定期定额）征收的个体工商户中推行“磁卡纳税同城通存通缴”办法，同时在各乡镇开展农村磁卡纳税试点工作，把原来集中到分局缴税改为各乡镇信用社网点代办缴税。

1999年上半年，县国税局平马分局利用与之合作的金融部门的计算机网络实现税款的批量划缴；由纳税人在办理开户“金穗储蓄卡”，持卡储税，再由信用社代扣代缴税款。

2005年7月1日，县国税局上线运行中国税收征管信息系统（简称CTAIS），CTAIS立足整个税收征管过程，全面整合现有的征管资源，统一国税部门的征管业务流程，规范税收执法程序，使纳税人的观念发生转变。CTAIS与金税工程（增值税专用发票监控应用系统）实现有效融合，推动了税收征管改革的进程。CTAIS的推行，使国税部门征管信息实现总局、自治区局、市局到基层局四级监控格局。与之配套的征管改革相继开展，纳税方式在纳税人纸质申报、银行划缴的基础上，推广应用电话申报、电子申报和网上申报等方式。

2004年，田东县国税局在街头为纳税人提供便民服务
（县国税局提供）

税收征管

1995年，县国税局开展新税制执法检查，完善户籍管理和发票管理制度，实行以票管税制，并将税收指标任务分解到各分局和税所，层层建立责任制，对纳税大户、重点项目、重点行业进行摸底，随时掌握其缴税及入库等情况，全年组织税收入库6026万元，其中“两税”收入5341万元。

1997年，县国税局加强一般纳税人的资格审查，实行源头控制抓收入的办法，强化个体私营业户的税收征管和户籍管理，堵塞税收漏洞。全年组织税收入库7179万元，其中组织“两税”收入7021万元。

1998年，全年组织税收入库7873万元，其中组织“两税”收入7634万元。

2002年，县国税局提出“完善提高，确保质量”的税收征管目标，抓好零散税收的委托代征工作，落实集贸市场和农村零散税收委托代征单位14个。全年组织各项税收入库10022万元，其中“两税”收入9650万元。

2004年，国税系统加强金税系统建设，推行“以票控税，网络比对、税源监控、综合管理”征管模式，推行企业电子数据报送等。全年对14户企业开展所得税汇缴，检查面达100%。全年组织各项税收收入16427.7万元，其中增值税收入13987.5万元，消费税收入1994.3万元，个人所得税收入278.4万元。

2005年，县国税局按照“大力推进依法治税，完善征管体制，夯实管理基础，实施科学化、精细化管理，全面提高税收征管质量和效率”要求，抓好税收工作。全年组织各项税收收入22272.2万元，比1995年增长269.62%。其中增值税收入19243万元，比1995年增长339.7%；消费税收入2329.1万元，比1995年增长141.13%；个人所得税收入225.8万元，车辆购置税185.8万元。

税务稽查

1995年4月，县国税局成立稽查分局，负责中央税的稽查工作，打击偷税、逃税、骗税等税务违法行为，同时受理群众的举报、来信、来访。在开展税收检查工作中，分局依照法律法规享有税务检查权、违章处罚权、查补税款征收权、行政强制执行权、采取税收保全措施等权力。通过重点抽查、常规检查和专项检查相结合的办法，实现以查促管，以查促收。全年稽查58起，查补入库税款、滞纳金、罚款共计685.93万元。

2003年，田东县国税局进行日常税收管理检查　（县国税局提供）

1996年，开展纳税检查103户，查补税款504万元。其中在中央企业所得税汇算清缴中查补税款29.4万元，在中央级汇总企业的税务稽查中查补税款22.77万元，在对辖区内的企业进行日常检查中查补税款209.2万元，开展“两金”检查查补

“两金”154万元，对重点税源大户开展税收大检查查补税款89.2万元。税检室查处涉税案件10起，逮捕1人，追缴税款10多万元。

1997年，县国税局把税务稽查视为税收征管工作的重中之重，充实稽查力量，稽查人员由原来9人增加到31人，狠抓内部管理，按选案、稽查、审理、执行“四分离”的原则设置岗位，税务稽查工作逐步走上专业化、规范化、制度化的轨道。全年共检查企业200户，查补税款360万元，罚款1.2万元，所得税汇算清缴查补所得税134万元。税检室处理涉税案件8起，查补税款9.6万元。

1998年，对各类异常申报企业，对征管上的难点、热点问题和薄弱环节进行专项检查，全年共检查户数1061户，有问题85户，查补税款1201万元，罚款16.18万元，滞纳金1.25万元，所得税汇算清缴查补所得税7.3万元。全年依法严肃查处抗税、偷税等涉税案件28起，追缴税款16.5万元。

1999年，税务稽查工作分行业、分重点地开展日常稽查17次，专项检查4次，检查企业、个体户共1246户，有涉税问题79户，立案查处22户，查补税款、滞纳金、罚款共265.4万元，入库264万元。

2000年，税务稽查工作采取纳税不正常的先查、疑点大的先查、往年有重大偷税行为的先查，纳税先进企业、先进个人后查的办法，共检查企业186户，个体户1096户，有涉税问题68户，立案查处22户，查补税款181.63万元，罚款21.43万元，滞纳金5.25万元。同时，稽查人员严格核查企业出厂产品，防止税款新欠，并清理企业欠税60.48万元。

2001年，建立年纳税10万元以上的企业税源信息档案，并由计财股每月终后10天内，编制全县重点企业税源纳税情况表，将重点企业当月税款入库与同比入库数进行对比，然后由稽查分局利用计算机存储的信息，有针对性地开展稽查工作。全年检查户数522户，有问题14户，立案14户，查补税款35.38万元，罚款2.6万元，滞纳金0.34万元。

2002年，稽查局对各企业的纳税资料进行检查，并对纳税异常企业、欠税企业进行重点稽查，对石油行业、建材行业、跨省的集团公司、企业进行专项检查。全年共检查76户，查处税收违法案件9起，查补税款94.79万元，罚款9.57万元，滞纳金15.87万元。对一起涉嫌收受虚开增值税专用发票案件，依法移送公安机关处理。

2003年，稽查局坚持申报异常的先查，税负偏低的先查，有偷税行为史的重点查的工作原则，全年跟踪稽查纳税户57户，查补税款7.78万元，罚款3.82万元，加收滞纳金0.56万元；追缴税款入库11.4万元，罚款4.71万元，加收滞纳金2.45万元。

2004年，稽查局进一步制定、完善和落实稽查各项工作制度，开展税务稽查工作。全年稽查纳税户137户，查处涉税案件4起，向社会公告税务违法案件3户，查补增值税4.66万元，加收滞纳金0.57万元，罚款2.33万元。

2005年，县国税局建立以分级分类稽查为主要方法的税收专项检查工作机制，严格执行稽查案件反馈制度，推行稽查人员案件查处工作责任制。创建税务稽查质疑约谈工作制度，在实施检查前告知纳税人享有的权利义务和相关的政策法规，提醒纳税人自查自纠，检查过后针对存在的问题提出稽查建议。全年稽查25个企业，查补入库税款79.95万元，缴纳滞纳金8.61万元，罚款7.47万元。

第四节　地方税务

税种　税目　税率

田东县地方税务局征管的税种有营业税、企业所得税、个人所得税、资源税、城镇土地使用税、房产税、土地增值税、印花税、车船使用税、城市维护建设税、屠宰税、滞罚收入、固定资产投资方向调节税等。

营业税 1994年1月1日起开始征收。全县境内提供应税劳务、转让无形资产或者销售不动产的单位和个人，为营业税的纳税义务人。纳税人以提供应税劳务、转让无形资产或者销售不动产的营业额，分不同税目，按相应税率计算缴纳。税率为：交通运输业3%，建筑业3%，金融保险业5%，邮电通信业3%，文化体育业3%，娱乐业5%~20%，服务业5%，转让无形资产5%，销售不动产5%。自2000年起，娱乐业中的电子游戏厅的营业税率一律为20%。2003年月1月，根据自治区人民政府、自治区国家税务局、自治区地方税务局《关于重新确定增值税营业税起征点的通知》精神，全区个体经营及其他个人征税的起点重新确定为营业税，按期纳税的起征点为月营业额1000元，按次纳税的起征点为每次（日）营业额100元。全县营业税税源重点分布在金融保险、建筑安装、交通运输、服务、娱乐等行业，此税种为田东县地方税收入的主体税种之一。1995—2005年，全县营业税共入库19997万元，其中2005年全县营业税入库3055万元，占全年地方税收的27.29%。

企业所得税（地方企业所得税） 1994年1月1日起征收。实行独立经济核算的企业或者组织，为企业所得税的纳税义务人，具体包括国有企业、集体企业、私营企业、联营企业、股份制企业以及其他有生产、经营所得和其他所得的其他组织。全县执行33%的企业所得税法定税率，以及18%、27%的两档优惠税率。此税种为全县地方税收入的主体税种之一。2005年，全县企业所得税入库3555万元，占全年地方税收的31.76%。

个人所得税 1980年9月10日起征收。在中国境内有住所，或者无住所而在境内居住满一年的个人，从中国境内和境外取得的所得；在中国境内无住所又不居住或者无住所而在境内居住不满一年的个人，从中国境内取得的所得，依照个人所得税法的规定缴纳个人所得税。个人所得税的征税范围包括工资、薪金所得、个体工商户生产经营所得、对企事业单位的承包、承租经营所得、劳务报酬所得、稿酬所得；特许权使用费所得、利息、股息、红利所得、财产租赁所得、财产转让所得、偶然所得以及经国务院财政部门确定征税的其他所得。全县个人所得税征收主要来源于行政企事业单位职工工资薪金所得和个体工商业户生产经营所得，占该税种的90%以上，其中个体工商户生产经营所得占比重比较大。随着经济的进一步发展和国家收入分配政策逐步向居民倾斜，工资薪金所得税收入不断提高，此税种逐渐成为田东县地方税收入的一个重要组成部分。其中，2000年征收个人所得税779万元。至2004年，全县共征收个人所得税1727万元。2005年，全县个人所得税入库2105万元，占全年地方税收的18.81%，比1995年增长44.28倍。

资源税 1994年1月1日起征收。凡在县境内开采《中华人民共和国资源税暂行条例》规定的矿产品或者生产盐的单位和个人，为资源税的纳税义务人。资源税实行从量定额征收。原油每吨8~30元，天然气每千立方米2~15元，煤炭每吨0.3~5元，其他非金属矿原矿每吨0.5~20元，黑色金属矿原矿每吨2~30元，有色金属矿原矿每吨0.4~30元，固体盐每吨10~60元，液体盐每吨2~10元。2005年，全县资源税入库331.9万元，比1995年增长1.74倍。

城镇土地使用税 1988年11月1日起征收。在城市、县城、建制镇、工矿区范围内使用土地的单位和个人，为城镇土地使用税纳税义务人。城镇土地使用税以在开征区范围内实际占用的土地面积为计税依据，实行定额税率。每平方米税额如下：大城市0.5~10元，中等城市0.4~8元，小城市0.3~6元，县城、建制镇、工矿区0.2~4元。2005年，全县城镇土地使用税入库343.5万元，比1995年增长19.10倍。

房产税 1986年10月1日起征收。境内拥有房屋产权的单位和个人都是房产税的纳税义务人。其计税依据为房产原值一次减除10%~30%后的余值计算缴纳，房产出租的，以房产的租金收入为计税依据。房产税的税率为比例税率，分为从价计征和从租计征两种。从价计征的房产税税率为1.2%，以房产余值为计税依据；从租计征的房产税税率为12%，依照房产的租金收入计征。2005年，全县房产税入库481.2万元，比1995年增长5.73倍。

土地增值税 1994年1月1日起征收。转让国有土地使用权、地上建筑物及其附着物并取得收入的单位和个人，为土地增值税的纳税义务人。其计税依据为转让房地产所取得的收入减除规定的扣除项目金额后的余额（即增值额）。采用四级超率累进税率计算征收，即增值额未超过扣除项目金额50%，税率为30%；增值额超过扣除项目金额50%，未超过扣除项目金额100%的部分，税率为40%；增值额超过扣除项目金额100%，未超过扣除项目金额200%的部分，税率为50%；增值额超过扣除项目金额200%的部分，税率为60%。对建造普通标准住宅增值额未超过扣除项目金额20%的，以及因国家建设需要依法征用、收回的房地产免征土地增值税。1997年县地税局开始有土地增值税征收收入，年度累计入库7.7万元。2005年，累计入库32.4万元，增长4.21倍。

印花税 1988年10月1日起征收。县境内书立、领受《中华人民共和国印花税暂行条例》所列举凭证的单位和个人，为印花税的纳税义务人。应税凭证包括购销、加工承揽、建设工程承包、财产租赁、货物运输、仓储保管、借款、财产保险、技术合同或者具有合同性质的凭证、产权转移书据、营业账簿、权利、许可证照以及经财政部确定征税的其他凭证。购销合同按购销金额0.3‰贴花，加工承揽合同按加工或承揽收入0.5‰贴花，建设工程勘察设计合同按收取费用0.5‰贴花，建筑安装工程承包合同按承包金额0.3‰贴花，财产租赁合同按租赁金额1‰贴花，货物运输合同按运输费用0.5‰贴花，仓储保管合同按仓储保管费用1‰贴花，借款合同按借款金额0.05‰贴花，财产保险合同按保险费收入1‰贴花，技术合同按所载金额0.3‰贴花，产权转移书据按所载金额0.5‰贴花，营业账簿按实收资本和资本公积的合计金额0.5‰贴花，权利、许可证照（包括政府部门发给的房屋产权证、工商营业执照、商标注册证、专利证、土地使用证）及其他账簿按件贴花5元。2005年，全县印花税入库73.1万元，比1995年增长4.6倍。

车船使用税 1986年10月1日起征收。县境内拥有并且使用车船的单位和个人，为车船使用税的纳税义务人。车船使用税实行定额税率，以辆、净吨位、载重吨位为计税依据。2005年，全县车船使用税入库48.7万元，比1995年增长5.8倍。

城市维护建设税 1985年1月1日起征收。凡缴纳增值税、消费税、营业税的单位和个人，是城市维护建设税的纳税义务人。按照纳税人所在地的不同，税率分为7%、5%、1%三个档次。不同地区的纳税人实行不同档次的税率：纳税人所在地在城市市区的，税率为7%；纳税人所在地在县城、建制镇的，税率为5%；纳税人所在地不在城市市区、县城、建制镇的，税率为1%。2005年，全县入库城市维护建设税1166.4万元，占全年地方税收的10.42%，比1995年增长37.6倍。

纳税服务

1995年，县地税局实行传统的“一员进厂，各税统管”的专管员制度。1998年，实行“以纳税申报和优化服务为基础，以计算机网络为依托，集中征收，重点稽查”的税收征管模式。通过建立办税服务厅并完善其服务功能，为纳税人提供一系列优质快捷的纳税服务。通过推广应用《广西地税信息系统》，与建设银行田东县支行、农业银行田东县支行、工商银行田东县支行联合推出“银税一体化”服务，加强征管信息化建设。2005年，实施机构微调，将各乡镇税务机构的人员全部集中在县城平马税务分局办公，由平马税务分局负责全县地方税收的征收管理，实施“集中征收，分行业划片管理”的征管模式。

税收征管

2003年，田东县地税局开展税收宣传活动　（县地税局提供）

1995年9月，县地税局在统筹分析各乡镇地税机构分设后税源分布、经济发展趋势、税源结构变化的基础上，成立直属征收管理分局（后又改为地税平马税务分局）。将祥周、林逢、思林、义圩、朔良、作登等税所设为中心所，相应加大基础设施建设投资，按区域、片段、行业、所有制性质等，加强县域全方位税收征管。加强对石化、煤炭、水泥、电力、制糖、建筑安装等重点税源监控管理，及时建立改制企业纳税档案并对其生产经营情况进行分析、测算和检查，将其纳入正常征管轨道。当年从国有改制企业征收企业所得税、个人所得税、城镇土地使用税、资源税等共1312.4多万元，其中县级收入1017.8多万元。

1996年，县地税局制定《田东县地方税务局基层税务所（分局）工作目标责任制考核办法》，把征收任务分解到基层，实行任务考核奖罚制度。同时着重优化内部机构，夯实税收征管措施，健全和完善各项税收征管制度，提升税务稽查力量，重点放在税源大户和连年亏损企业。采取成立检查领导小组，组织检查小分队，以分局、所为检查单位重点突破的办法，聘请兼职稽查人员检查监督辖区内纳税户，稽查分局则重点检查纳税大户和抽查部分业户。此外，对汇缴对象进行宣传、辅导、培训，并把纳税申报表等资料及时发放到纳税人手中。是年，共查补地税103.5万元。全年组织税收收入2846.2万元，其中县级税收收入2437.8万元。

1997年，田东县加强对零散税收的征管，规定单位和个人出售不动产、转让土地使用权、个体从事建筑业等实现凭税票管理的有关手续，规定城镇土地使用税调整后的等级及征收税额范围。对个体公路运输业采取部分车辆按所属区域管理办法理顺关系，对全县范围内的屠宰业、电话亭的税收全部实行代征，对全县饮食行业进行全面清理，对个体行医、个体销售房地产等税收实行划片管理、责任到人。全年查处发票违章34起，查补税款2.51万元；清理企业欠税款750万元。

2001年，县地税局对内将税务登记率、申报率、入库率、处罚率、申报准确率、欠税增减率、滞纳金加收率等“七率”以及发票控管、个人所得税管理的具体要求列入年度基层征收单位工作目标责任制量化考核范围，对外从申报质量和申报率两方面抓好个人所得税管理。同年，与农业银行田东县支行商定，在县城及部分税源相对较多、有农业银行营业网点的乡镇实行银税一体化申报缴税方式，对提高全县地方税收征管效率、改善征纳关系起到积极作用。当年，在县公安局经济侦察大队的协助下，县地税局重点整顿交通运输业中的钉子户。

2002年，县地税局通过整顿建筑行业税收秩序，加强代征工作，及时对跨县工程的应纳税款进行催缴。通过检查全县挂靠外地车牌的车辆纳税情况，严堵运输业税收漏洞。加大对2001年已查补但未入库的税款进行清缴。

2005年，县地税局加强与各乡镇农村信用社合作，实现全县范围内“银税一体化”。成立重点税源监控领导小组，对重点税源实施分类台账管理，通过分析预测，动态跟踪及时掌握重点税源单位的生产经营、新上项目、申报纳税和资金运行情况，及时组织税款足额入库。当年，地方税收收入突破1亿元大关。

税务稽查

1995年，田东县地方税务局成立稽查分局，1998年4月改为稽查局。1995—2005年，县地税局持续推进依法治税，规范税务机关、税务人员的税收执法行为，严格打击偷税、抗税，大力清理欠税，落实欠税公告制度，对欠税者及时在新闻媒体予以公告，从而督促其尽快足额缴纳税款。同时把清欠工作同年度目标责任制考评相挂钩，促进清欠工作有效开展。通过开展日常稽查、专项稽查、专案稽查，实现以查促管，以查促收，累计检查纳税户471户，查补税款、罚款共计6430.4万元。1995年开展日常稽查51次，专案稽查34次。1998年，田东县地方税务局稽查局成立，加大稽查力度，全年共开展税收稽查89次，查补税款779万元。2005年，随着依法纳税观念的深入，税收违法犯罪有所下降，全年开展税收稽查71次，查补税款141万元。通过开展税收稽查，有效地打击税收违法犯罪，防止了国家税款的流失。

1995—2005年田东县地方税务局税收情况表

表16-2-3　　　　单位:万元

项目			1995	1996	1997	1998	1999	2000
收税	收税合计		1845	2846	3427	4118	4541	4553
	营业税	小计	735	1071	1254	1541	1932	1794
		金融保险	239	278	248	331	296	313
		交通运输	62	151	235	242	291	456
		建筑安装	326	335	381	684	1,006	701
		服务	92	220	331	233	257	294
		销售不动产	3	85	50	39	9	12
		其他	13	2	9	12	73	18
	企业所得税		657	434	877	897	693	696
	个人所得税		39	224	373	496	645	779
	资源税		191	136	106	125	164	169
	土地使用税		18	14	69	166	127	168
	固定资产投资方向调节税		66	561	135	175	221	134
	城市维护建设税		31	210	290	337	322	359
	印花税		16	15	16	11	16	25
	土地增值税		—	—	8	11	11	1
	房产税		84	103	174	226	268	284
	车船使用税		8	5	12	14	16	19
	屠宰税		—	70	106	119	126	125
	滞罚收入		0	3	7	—	—	—

续表16-2-3

项目			1995	1996	1997	1998	1999	2000
收费	教育费附加		21	160	190	260	253	286
	地方教育费附加		—	—	—	—	—	—
	文化事业建设费		—	—	—	2	2	1
	防洪保安费		—	—	—	—	65	44
总计			1866	3006	3617	4380	4861	4884
其中:查补			—	139	228	779	860	624
项目			2001	2002	2003	2004	2005	合计
收税	收税合计		5423	5884	7190	8742	11193	59762
	营业税	营业税小计	1703	2020	2279	2613	3055	19997
		金融保险	267	239	270	307	384	3172
		交通运输	502	389	246	423	423	3420
		建筑安装	563	881	1026	1103	1182	8188
		服务	322	430	602	652	819	4252
		销售不动产	28	48	56	38	113	481
		其他	21	33	79	90	134	484
	企业所得税		1686	1351	1410	2558	3555	14814
	个人所得税		922	1128	2003	1727	2105	10441
	资源税		174	195	295	328	332	2215
	土地使用税		140	244	245	279	344	1814
	固定资产投资方向调节税		63	—	—	—	—	1355
	城市维护建设税		358	508	548	854	1166	4983
	印花税		16	24	36	36	73	284
	土地增值税		3	2	—	12	32	80
	房产税		222	248	308	299	481	2697
	车船使用税		17	26	29	36	49	231
	屠宰税		119	138	37	—	—	840
	滞罚收入		—	—	—	—	1	11
收费	教育费附加		235	331	397	573	711	3417
	地方教育费附加		—	—	—	137	239	376
	文化事业建设费		1	1	3	7	8	25
	防洪保安费		30	38	35	41	54	307
总计			30	38	35	41	54	307
其中：查补			5689	6254	7625	9500	12205	63887

说明:表中数据由县地税局提供

第三章 金融

1989年，田东县银行金融系统继续贯彻执行“控制总量，调整结构，保证重点，压缩一般，适时调节，提高效益”的信贷方针，大力组织存款，不断壮大资金实力，按照国家产业政策，努力调整信贷结构，支持地方经济健康发展。当年，存款超常增长，贷款控制在规模之内。1993年，金融社、非金融机构的基金会等非银行金融机构出现并陆续增长，银行金融机构与非金融机构之间，以及各银行之间，竞争日趋激烈，出现互相提高存款利率揽储现象。1995年5月，全国国有专业银行向商业转轨，逐渐拓展信用卡、电子银行、通存通兑等新业务。当年，各基金会及银行竞争无序，贷款余额由1989年后首次超过存款余额，现金净回笼大幅下降。

1999年，国有银行开展不良资产剥离工作，银行卡、电话银行、网上银行等新兴业务快速发展。2003年，县内国有商业银行逐步实行股份制，金融秩序也逐渐恢复正常。2005年，各项存款余额198731万元，比1989年各项存款余额11680万元增长17.01倍；各项贷款余额82245万元，比1989年各项贷款余额10403.9万元增长7.91倍。

第一节 机构

监管机构

中国人民银行田东县支行 1989年，中国人民银行田东县支行（简称县人民银行）是国家管理金融的行政机关，不办理工商信贷和储蓄业务，对资金管理采取统一计划、划分资金、实贷实存、相互融通的办法，领导、管理、协调、监督、稽核专业银行的业务活动。办公地址在平马镇东宁西路35号，内设行长室、办公室、会计股、国库股、出纳股、发行股、综合业务股、保卫股、纪检组。全行干部职工共28人。其中行长1人，副行长2人。

1990年，增配副行长1人，全行干部职工共28人。1991年，全行干部职工共30人。1992年，全行干部职工增加到32人。1994年，取消出纳股。1995年，荣获中共百色地委、地区行署授予“文明单位”称号。1997年，内设机构增设农村合作金融管理股。

2000年，会计股、国库股合并为会计国库股。2001年，农村合作金融管理股改为合作金融机构监管股，货币发行股改为货币金银股。2004年，内设办公室、货币信贷与统计股、营业室等3个职能股室。2005年，内设办公室、营业室，年末在职员工19人，其中行长1人，副行长1人。办公地址在平马镇东宁西路191号。

历任行长：

滕光好（1987年10月至1991年12月）、傅继生（1991年12月至1999年6月）、许敏（1999年6月至2003年2月）、刘建新（2003年2月至2007年9月）。

百色银监分局田东办事处 2004年1月起，按照监管职能分设改革，县人民银行对银行业金融机构实施金融监管的职能由中国银行监督管理委员会百色监管分局田东办事处（简称县银监处）履行，其职能是对田东县银行监管，防范和化解金融效率风险，维护金融体系的稳定和安全，保护公平竞争和金融效率的提高，保证金融业的稳健运行和货币政策的有效实施。2004年6月18日，县银监处正式挂牌成立，为百色银监分局的办事机构。办公地址位于平马镇东宁西路21号，田东监管办事处设主任1人，其他员工3人。2005年年末，有员工4人，其中办事处主任1人，其他员工3人。

历任主任：黄华车（2004年1月至2009年6月）。

银　行

中国工商银行田东县支行　1989年，中国工商银行田东县支行（简称县工商银行）是行使货币经营职能的国家专业银行，办公地址位于田东县平马镇中山街89号，内设行长室、人秘股、计划股、信贷股、会计股、出纳股、储蓄股、保卫股、稽核股、信息股、总会计，下设5个储蓄所、1个办事处、1个分理处，全行干部职工共85人。1990年，全行干部职工增到86人。1991年，改置为四股一室一营业部。1992年，撤销营业部。1993年，共有机构网点12个，其中办理储蓄机构10个，全行员工115人。1994年12月底，新建花园所。1997年，县工行进行机构改革，内设办公室、业务部和营业部，撤销龙须河分理处。

2000年，营业网点新增车站储蓄所。2003年10月，撤销平马储蓄所、中山储蓄所、车站储蓄所，业务分别并入支行营业部和花园储蓄所。

2005年，中国工商银行进行股份制改革，成立中国工商银行股份有限公司。股改后，中国工商银行田东县支行名称变更为中国工商银行股份有限公司田东县支行，内设办公室、业务管理部、客户经理部，下辖支行营业部、庆平分理处、新洲分理处、油路分理处、花园储蓄所等5个营业网点，全行有员工81人。

2003年，田东县工商银行办公大厦　（县工商银行提供）

历任行长：

黄保城（1987年10月至1991年8月）、韦日广（1991年8月至1995年2月）、黄汉松（1995年2月至1995年9月）、李军（1995年9月至1996年11月）、黄彪（1996年11月至1998年8月）、苏启文（1998年8月至2000年3月）、徐忠平（2000年3月至2001年1月）、廖志平（2001年1月至2005年6月）。

中国农业银行田东县支行　1989年，中国农业银行田东县支行（简称县农业银行）是国家政策性银行，管理田东县农村信用合作社联合社，办公地址位于田东县平马镇中山路63号，内设行长室、办公室、计划科、信贷科、会计出纳科、资金组织科、人事教育科、稽核审计科、监察室、保卫科，下设1个营业部，8个乡镇营业所。全行干部职工112人。

1996年10月，撤并印茶营业所，将存款贷款业务划转印茶信用社，年末县农村信用社与县农业银行脱离行政隶属关系。

1997年，机构改革，3月县农业发展银行成立，部分人员、财产和业务从农业银行划转到农业发展银行，县农行停止代理农发行业务。7月，撤并农机储蓄代办点和新洲储蓄代办点。

2004年，撤销林逢营业所、新兴分理处营业网点。2005年，内设综合管理部、客户部和资产经营部，下辖营业室、牛行分理处、飞马分理处、思林营业所和合恒营业所5个营业网点，全行员工172人。办公地址位于田东县平马镇东宁西路67号。

2004年，田东县农行营业大厅 （县农业银行提供）

历任行长：

黄寿健（1988年8月至1993年8月）、陆正强（1993年8月至2000年2月）、韦忠康（2000年2月至2004年1月）、黄金花（2004年1月至2008年4月）。

中国建设银行田东县支行 1989年，中国建设银行田东县支行（简称县建设银行）是国有专业银行，负责代办基本建设概算、预算拨款业务，以及储蓄、现金出纳结算业务。办公地址位于平马镇朝阳路3号，内设行长室、办公室、综合股、电脑室、会计股、储蓄股、投资管理股、建设经济股、房地产信贷部、保卫科、储蓄股，下设3个储蓄所，2个分理处，1个储蓄专柜。全行干部职工共29人。

1992年，增设劳动服务公司、广西宏大房地产开发公司田东分公司。1993年，这两家公司与支行脱钩。

2000年，撤销城北储蓄所。2003年内设办公室、综合业务部、会计部、保卫部，下辖建行田东县支行营业部、建行田东县支行朝阳分理处储蓄网点，全行员工61人。2004年，开展竞聘上岗，员工由61人减少到25人。

2005年，内设办公室、综合业务部、会计部、保卫部，下辖建行田东县支行营业部、建行田东县支行朝阳分理处2个储蓄网点，年末有正式员工24人。办公地址位于田东县平马镇油城路207号。

历任行长：

韦恒彬（1976年2月至1991年9月）、覃生勇（1991年9月至1992年7月）、黄松胡（1992年7月至2002年9月）、黄山恒（2002年9月至2005年7月）、黄建华（2005年7月至2008年12月）。

中国农业发展银行田东县支行 根据国务院金融体制改革小组有关文件精神，1997年3月，成立中国农业发展银行田东县支行（简称县农业发展银行），是国有农业政策性银行，主要办理全县粮食购销、存储企业和单位的农业政策性金融业务。办公地址位于平马镇油城路209号。内设机构有行长室、办公室、计划信贷部、会计出

2003年，田东县农业发展银行办公大楼

（县农业发展银行提供）

纳部。县农业银行停止代理县农业发展银行业务，县农业发展银行开始运行。

1998年4月30日，县农业发展银行将8918万元专项贷款划归县农业银行。1998年前，主要办理扶贫贷款、农业综合开发贷款和粮油贷款。1998—2005年，专司粮油等政策性贷款。2005年，业务发展为粮油贷款、农业产业化经营和农村农业中长期贷款，共有在职员工19人。

历任行长：

向秀明（1997年3月至2002年8月）、韦荣华（2002年3月至2008年7月）。

信用社(合作社)

农村信用合作社联合社　1989年，田东县农村信用合作社联合社（简称县联社）是经中国人民银行批准的国家法定金融机构，是田东县农村信用合作社的联合经济组织，坚持为农民、农业和农村经济服务，自主经营，自负盈亏，独立核算。县联社是农业银行的基层机构，县农业银行受县人民银行委托管理县联社。

1996年12月，田东县农村信用合作社及所辖的各农村信用合作社，与县农业银行脱离行政隶属关系。

2000年，田东县信用社营业综合大楼

（县联社提供）

1997年6月1日起，全县11个乡镇农村信用合作社按合作制原则进行规范。1998年10月，田东县农村信用合作社联合社按合作社联合制原则，进一步规范工作，内设主任室、办公室、纪检监察室、稽核科、人教科、财务会计科、综合业务科、电脑室等科室，有员工153人。2001年撤销平马农村信用合作社东海信用分社，祥周农村信用合作社仑圩信用站升级为分社。

2005年，田东县农村信用合作社联合社内设党委办、办公室、财务电子科、综合业务科、稽核科、监察室、人教科、保卫科等8个科室。办公地址位于田东县平马镇油城路213号，辖有县联社营业部、平马信用社、祥周信用社、林逢信用社、思林信用社、作登信用社、印茶信用社、朔良信用社、义圩信用社等9个独立法人核算营业网点；设有上法、银兴、庆平、百谷、小龙、中山、仑圩、新洲、布兵、那拔、祷午、江城等12个分社，在职员工137人。

历任主任：

陆日章（1996年3月至2000年11月）、陆学森（2000年11月至2001年1月）、周明建（2002年3月至2006年11月）。

城市信用合作社　田东县城市信用合作社于1985年1月，由县工商银行分出建立，成立初期称田东县城市信用部。它是县工商银行管理的集体金融组织，实行独立核算，自主经营，自负盈亏，民主管理，具有法人地位。1992年，更名为田东县城市信用合作社，属集体所有制金融企业，主要业务是办理城镇集体、个体工商户的存款、贷款、结算业务，办理城镇居民储蓄存款业务，办理经中国人民银行批准的其他业务。内设理事会、监事会、办公室、营业部、南华储蓄所等机构。1998年，有职员11人。1999年，由县工商银行接收处置。

保险

中国人民保险公司田东县支公司 1989年，中国人民保险公司田东县支公司（简称县保险公司）位于平马镇东宁西路128号，主要经营财产及人身保险业务，受县人民银行监管，内设经理室、办公室、城市业务股、农村业务股、人身险业股、财务股、全公司干部22人。1989—1996年4月，经营业务有：企业财产保险、机动车辆保险、自行车保险、货物运输保险、个体工商户保险、家庭财产保险、农房长效保险、医疗保险、学生平安保险、人身意外伤害保险、简易人身保险、老年福寿保险等保险业务。

1996年5月，中国人民保险公司田东县支公司分设为中国人民财产保险股份有限公司田东县支公司和中国人寿保险有限公司田东县营业部。其中流向中国人民财产保险股份有限公司的职工18名，流向中国人寿保险田东营业部的职员7名。5月26日，公司分设机构组建完成。

历任经理：韦恒崇（1989年7月至1996年5月）。

中国人民财产保险股份有限公司田东支公司 中国人民财产保险股份有限公司田东支公司（简称县财产保险公司）于1996年5月8日成立，经营非寿险业务，包括财产损失保险、责任保险、信用保险、农业保险以及上述保险业务的再保险业务。1996年在职员工有18人。办公地址位于田东县平马镇东宁西路128号。

2003年，田东县财产保险公司营业厅
（县财产保险公司提供）

2000年，进行减员增效改革，员工人数由原来5人减为4人。2003年起，重新经营短期人身意外险和健康险业务。从业人员6人，当年保险费收入1010万元。2005年，设经理室、综合部、营销部、业务部、安全保卫部等5个部门，年末有员工19人。

历任经理：黄继书（1996—2005）。

中国人寿保险有限公司田东支公司 中国人寿保险有限公司田东县营业部（简称县人寿保险公司）于1996年5月8日成立，承担原中国人民保险公司田东支公司的人身保险业务。办公地址位于田东县平马镇东宁西路128号，员工人数为10人。主要经营的业务有：学生平安保险、简易人身保险、老年福寿保险、家庭财产保险、机动车辆保险、自行车保险、农房长效保险等。1999年3月，更名为中国人寿保险田东营业部。2001年11月，经保监会批准，更名为中国人寿保险田东支公司。2003年3月，经国务院批准，成立中国人寿保险股份有限公司，中国人寿保险田东支公司更名为中国人寿保险股份有限公司田东支公司。公司业务由单一渠道向多样化发展，主要经营人寿保险、人身意外伤害保险和健康保险三大类，设有综合部、团体部、个险部、银保部、农网部。公司员工由分业时的7人发展到2005年的16人。

历任经理：

蒙兰秋（1996年5月至2004年8月）、吴平先（2004年9月至2005年7月）。

第二节　体制改革

1989年，中国人民银行田东县支行不再兼办工商信贷和储蓄存款业务，专门行使中央银行职能。田东县形成人民银行与工商、农业、建设三大专业银行共存的银行体系。

1993年12月，国务院作出《关于金融体制改革的决定》。通过金融体制改革，确立中国人民银行作为独立执行货币政策的中央银行的宏观调控体系，实行政策性银行与商业性银行分离的金融组织体系。1994年5月，中国农业银行田东县支行成立中国农业发展银行分账划转协调领导小组，并设立分账划转专柜。当年3—12月，中国农业银行田东县支行与县信用联社对所辖13个营业所、信用社所有的共同财产进行清理划分，各营业所、信用社签订划分财产协议书，对原有共同财产作界定划拨，重新明确产权关系。

1996年8月，国务院作出《关于农村金融体制改革的决定》，要求建立和完善以合作经营为基础，商业性金融、政策性经营分工协作的农村金融体系。同年10月，中国农业银行田东县支行与县信用联社正式脱离行社管理隶属关系，行社的人、财、物按照规定全部分割清楚。信用社的金融监管改由中国人民银行田东县支行承担。1997年3月，成立中国农业发展银行田东县支行，承担国家规定的农业政策性金融业务，代理财政支农资金的拨付。中国农业银行田东县支行结束专业银行“一身三任”的历史，开始向国有商业银行转化。

2003年年底，为适应银行业监管体制改革新形势的需要，将监管职能从中国人民银行田东县支行划出，组建广西银监局田东办事处，专门履行金融监管职能。人民银行田东县支行不再分担金融监管职能，同时增加金融稳定和征信两项职能，强化中国人民银行制定、执行货币政策和防范与化解金融风险的职责。

农业银行与信用社分离后，国家对信用社的行政控制力比以前有所减弱，而中央银行则主要依据金融法规，通过资产负责管理、准备金制度、利率水平控制等制约和规范信用社的经营活动。农村信用社比以前拥有更多的自主权，但没有建立起保证农民参与合作经济组织的机制。2005年3月，田东县启动深化农村信用社改革工作。县委、县人民政府成立深化农村信用社改革工作领导小组，按照国务院提出的“明晰产权关系，强化约束机制，增强服务机制，国家适当支持，地方政府负责”的总体要求，结合县农村信用社的实际，以县信用联社统一法人体制模式和产权制度改革、完善法人治理结构、转换经营机制为目标，开展各项改革工作：一是全辖信用社清产核资取得验资认定，明晰产权；二是完成增资扩股计划，资本充足率得到有效充实，初步形成产权制度框架；三是完成中央银行专项票据申请认购工作，按照国家资金扶持政策，中央银行已认定发行专项票据帮助消化历史包袱。同年4月20日，县深化农村信用社改革工作领导小组召开有各乡镇、县直各机关单位参加的深化农村信用社改革增资扩股工作动员会。股金募集按照入股自愿原则，重点从内部职工、企事业法人、个体工商户、农户、各类经济组织等进行募集，同时发挥信用社员工的改革主体作用，以内部职工物色、预约入股对象为主，扎实有效地开展股金募集各项宣传和发动工作。在增资扩股的同时，对老股金进行规范和清理。全辖在清产核资、明晰现有产权、对历史包袱分清责任的基础上，按照“入股自愿、退股自由”的原则，实行清、转、补、退的方式清理老股金。9月16日，县人民政府召开会议，全面动员和部署清收农村信用社不良贷款工作，下发《田东县人民政府关于清收农村信用社不良贷款依法打击逃废债务的通告》，对党政机关、企事业单位及干部职工拖欠贷款明确“三停五不”（停职、停薪、停工作，不提拔、不调动、不评先、不晋级、不加薪）清收措施，推动清收农村信用社不良贷款工作。

第三节 货币

货币流通

1989年，田东县内流通的货币主要是第三套、第四套人民币。1992年6月1日，开始发行1991年版1角、5角、1元流通金属币。1992年8月20日，发行1990年版带安全线的50元和100元版的纸币。

1996年后，根据全国的统一布置，人民银行田东县支行每年组织辖区内各金融机构集中开展“反假货币宣传周”活动，宣传普及人民币知识，提高城乡居民的识假反假能力，维护人民币流通市场秩序。1998年6月，人民银行田东县支行撤销发行库，全县银行业现金出入库业务到人民银行百色中心支行办理。

1999年9月20日，为庆祝中华人民共和国成立50周年，田东首次发行面值50元纸制流通纪念钞1套（1张）。10月1日，发行第五套人民币，与第三套、第四套人民币在市场上混合流通。

2004年7月1日起，第三套人民币停止流通使用。10月16日起，陆续发行第五套人民币20元版的纸币和1元券、1角券的硬币。2005年起，逐渐加大人民币反假力度，维护人民币流通市场的正常秩序。

现金投放与回笼

“八五”期间（1991—1995年），田东县共投放现金20737万元，其中1991年投放为4211万元，1992年投放为4203万元，1993年投放为4839.4万元，1994年投放为6898万元。

1995年，货币投放量增加，现金回笼不理想，收入向个人倾斜，集团消费大幅度增加，扩大货币投放，信用回笼程度减弱，商品销售收入回笼低。1996年，全年累计现金回笼6902万元，有效地控制在上级规定的现金计划内。1998年，现金净回笼不理想。

1999年，田东全年现金收入28.14亿元，现金支出28.26亿元，净投放现金0.12亿元，现金投放适度，能控制在正常水平内。

2000年，田东县现金回笼主要在储蓄存款和商品销售收入方面增加，全年现金收入32亿元，支出31.33亿元，现金净回笼0.67亿元。2001年，现金回笼较大，回笼渠道主要有三条：一是国有商业银行储蓄回笼，二是商品销售收入、服务收入、税款收入回笼；三是银行机构大力推行电子货币，发行银行卡及代发工资等，促成现金投放少、回笼多。全年现金收入37.2亿元，现金支出38.8亿元。

2002年，现金回笼主要渠道是商品销售收入、服务业收入、城乡个体经营收入和居民还贷款收入。全年现金收入41.14亿元，现金支出41.65亿元。2003年，现金大收大支，回笼势头较强，银行现金收入475918万元。2004年银行现金流入573121万元，净回笼13400万元。2005年，储蓄回笼是现金回笼的主渠道，回笼主要集中在县农业银行、县工商银行，银行现金收入583740万元，现金净投放比上年少4312万元。

纪念币

1989年1月，发行中华人民共和国成立40周年面值1元纪念币1枚。1990年8月，发行第十一届亚洲运动会面值2元纪念币2枚。

1991年3月，发行全民义务植树节面值3元纪念币3枚。7月，发行中国共产党建党70周年面值3元纪念币3枚。11月，发行第一届世界女子足球赛面值2元纪念币1枚。

1993年1月，发行宋庆龄100周年诞辰面值1元纪念币1枚。6月，发行中国珍稀野生动物熊猫特种币面值5元纪念币1枚。12月，发行毛泽东100周年诞辰面值1元纪念币1枚。1994年1月，发行希望工程面值1元纪念币1枚。

1995年4月，发行第43届世界乒乓球锦标赛面值1元纪念币1枚。8月，发行抗战胜利40周年面值1元纪念币1枚、发行联合国第四次世妇会面值1元纪念币1枚。1995年1月，发行联合国成立50周年面值1元纪念币1枚。11月，发行中国珍稀野生动物金丝猴特种币面值5元纪念币1枚。

1996年11月，发行朱德110周年诞辰面值1元纪念币1枚。12月，发行中国珍稀野生动物华南虎特种币面值5元纪念币1枚、发行白鳍豚特种币面值5元纪念币1枚。

1997年7月1日，发行香港回归普制币面值20元纪念币2枚。

1998年3月，发行周恩来100周年诞辰面值1元纪念币1枚。6月，发行朱鹮特种币面值5元纪念币1枚。10月，发行褐币马鸡特种币面值5元纪念币1枚、扬子鳄特种币面值5元纪念币1枚。11月，发行刘少奇100周年诞辰面值1元纪念币1枚。

1999年7月，发行金斑琢凤蝶面值5元纪念币1枚、中华鲟特种流通币面值5元纪念币1枚、全国政协成立50周年面值1元纪念币1枚、中华人民共和国建国50周年面值10元纪念币1枚。12月，发行澳门回归面值20元纪念币1枚。

2000年6月，发行敦煌壁画面值1元纪念币1枚。11月，发行迎接新世纪面值10元纪念币1枚。

2001年5月，发行西藏和平解放50周年面值5元纪念币1枚。9月，发行辛亥革命流通面值5元纪念币1枚。2002年10月，发行万里长城面值5元纪念币1枚、兵马俑面值5元纪念币1枚。纪念币多为珍藏，仅有极少量在县内流通。

第四节　存款

1989—2005年，随着国民经济的发展和居民收入的增加，田东县各项存款余额呈增长态势。1993—1995年保持着高增长的态势，各项存款余额平均增长率为37.6%。1994年，存款余额增长率最高，各项存款余额增长率高达49.8%。受全球性金融危机影响，1998—1999年，各项存款余额增长势头相对较弱，增长率仅为7.25%和7.16%。2005年，各项存款余额198731万元，比1989年各项存款余额11680万元增长17.01倍。

1989—2005年田东县各项存款余额情况表

表16-3-1

年度	各项存款余额（万元）	增长率（%）
1989	11680.1	-18.94
1990	14520.8	24.32
1991	19089	31.45
1992	22365	17.16
1993	31768.2	42.04
1994	47589	49.80
1995	57573	20.98

续表16-3-1

年度	各项存款余额（万元）	增长率（%）
1996	67000	16.37
1997	70300	4.93
1998	75400	7.25
1999	80800	7.16
2000	97600	20.79
2001	116700	19.57
2002	126900	8.74
2003	152752	20.37
2004	163511	7.04
2005	198731	21.54

说明：表中数据由中国人民银行田东县支行提供

居民储蓄存款

这是银行存款的主要来源。1989年2月1日，中国人民银行提高储蓄存款利率，半年期、1年期、3年期、5年期的年利率分别提高到9%、11.34%、13.14%、14.94%，是1989—2005年16年里利率最高的年份。当年，全县城乡居民储蓄存款余额5555.3万元，占各项存款余额的47.56%，其中工商银行储蓄存款3990万元，农业银行储蓄存款1200.5万元，建设银行储蓄存款284.9万元。

1990年，全县城乡居民储蓄存款余额7547.9万元，其中工商银行储蓄存款5242.3万元，农业银行储蓄存款1724.7万元，建设银行储蓄存款491.8万元。

1991年，全县城乡居民储蓄存款余额9472.1万元，其中工商银行储蓄存款6269.4万元，农业银行储蓄存款2261.4万元，建设银行储蓄存款670.4万元。

1992年，全县城乡居民储蓄存款余额11708.5万元，其中工商银行储蓄存款7171.2万元，农业银行储蓄存款2644.2万元，建设银行储蓄存款1080.1万元。

1993年，全县城乡居民储蓄存款余额17990.4万元，其中工商银行储蓄存款9060万元，农业银行储蓄存款4037万元；建设银行储蓄存款3545万元，在全县银行系统所占的比例由年初9%增到20%。

1994—1998年，中国人民银行连续6次下调储蓄存款利率，活期、3个月、半年期、1年期、2年、3年期、5年期的年利率分别由1993年7月11日的3.15%、6.66%、9%、10.98%、11.7%、12.24%、13.86%下调到1998年12月7日的1.44%、2.79%、3.33%、3.78%、3.96%、4.14%、4.5%。虽然受多次下调利率的影响，但全县居民储蓄倾向依然强劲，1994年全县城乡居民储蓄存款余额33928万元，其中定期存款22433万元，相比上年度增长88.6%。1998年，全县城乡居民储蓄存款余额57300万元，相比1994年增长68.9%。连续降息储蓄存款反增的主要原因是高校招生并轨、取消国家包就业分配的教育体制改革及统一参加保险的医疗体制改革，使城乡居民自己承担的费用大幅度提高，家庭用于教育、医疗方面的支出越来越多。为应对改革带来的冲击，防范不可预见的保障压力，城乡居民在满足日常消费后，为培养子女、赡养老人、改善环境及突发性支出进行着更多的预防性储蓄积累，而银行储蓄所具有的安全、便利的特点迎合居民的消费积累需求。

这期间，1994年，工商银行储蓄存款10072.4万元，农业银行储蓄存款7992.7万元，建设银行储蓄存款6843万元。1995年，工商银行储蓄存款10077万元，农业银行储蓄存款11040万元，建设银行储蓄存款10288万元。1996年，工商银行储蓄存款13301.8万元，农业银行储蓄存款11393万元，建设银行储蓄存款9773万元。1997年，工商银行储蓄存款15141万元，农业银行储蓄存款12775万元。1998年，工商银行储蓄存款14756万元，农业银行储蓄存款14175万元。

1999年，全县城乡居民储蓄存款余额60800万元，其中工商银行储蓄存款14973万元，农业银行储蓄存款16775万元，建设银行储蓄存款10312万元。

2000年，全县城乡居民储蓄存款余额70900万元，其中工商银行储蓄存款17293万元，农业银行储蓄存款19056万元，建设银行储蓄存款12693万元。

2001年，全县城乡居民储蓄存款余额85000万元，其中工商银行储蓄存款19673万元，农业银行储蓄存款20170万元，建设银行储蓄存款18358万元。

2002年，全县城乡居民储蓄存款余额93200万元，其中工商银行储蓄存款23175万元，农业银行储蓄存款21950万元，建设银行储蓄存款19104万元。

2003年，全县城乡居民储蓄存款余额106386.4万元，其中工商银行储蓄存款26120万元，农业银行储蓄存款25783万元，建设银行储蓄存款21822万元。

2004年，全县城乡居民储蓄存款余额121706万元，其中工商银行储蓄存款30807万元，农业银行储蓄存款31291万元，建设银行储蓄存款18134万元。

2005年，全县城乡居民储蓄存款余额137229万元，其中工商银行储蓄存款34986万元，建设银行储蓄存款18617.56万元。

企业存款

这是银行存款的第二大来源。1989年企业存款余额4227.3万元，其中工商银行企业存款2191.1万元，农业银行企业存款749.6万元，建设银行企业存款1286.6万元。

1990年，全县企业存款余额4497.8万元，企业存款遭受信贷失控、通货膨胀的考验。1991年，企业存款余额6604.2万元，同比增加46.83%。1992年，企业存款余额7497.7万元，同比增加11.92%。1993年，企业存款余额8489.4万元，增长13.2%。1999年，企业存款余额13100万元，相比1993年增长54.3%。

2005年，企业存款上升为55616万元，相比1999年增长324.5%，年均增长54.1%，增长势头强劲。

财政及机关团体存款

1989—1992年，全县财政及机关团体存款余额分别为977.2万元、971万元、1200万元、1162万元。1993年，全县财政及机关团体存款余额1523.6万元。2005年，全县财政及机关团体存款余额28603万元，整体呈增长态势。

农村存款

1989—1992年，全县农村存款余额分别为668.5万元、1144万元、1441.8万元、1106.9万元。1993年，全县农村存款余额30742万元。2005年，全县农村存款余额34742万元，增长态势良好。

1989—2005年田东县各项存款余额情况表

表16-3-2 单位:万元

年份	合计	储蓄存款	企业存款	财政及机关团体存款	农村存款
1989	11428.3	5555.3	4227.3	977.2	668.5
1990	14160.7	7547.9	4497.8	971	1144
1991	18718.1	9472.1	6604.2	1200	1441.8
1992	21475.1	11708.5	7497.7	1162	1106.9
1993	58745.4	17990.4	8489.4	1523.6	30742
2005	256190	137229	55616	28603	34742

说明:表中数据由中国人民银行田东县支行提供,1994—2004年数据缺

1989—2005年中国人民银行储蓄存款利率变动一览表

表16-3-3 单位:年利率%

调整日期(年月日)	活期	3个月	半年	1年	2年	3年	5年	8年及8年以上
1989年2月1日	2.88	7.56	9.00	11.34	12.24	13.14	14.94	17.64
1990年4月15日	2.88	6.30	7.74	10.08	10.98	11.88	13.68	16.20
1990年8月21日	2.16	4.32	6.48	8.64	9.36	10.08	11.52	13.68
1991年4月21日	1.80	3.24	5.40	7.56	7.92	8.28	9.00	10.08
1993年5月15日	2.16	4.86	7.20	9.18	9.90	10.80	12.06	14.58
1993年7月11日	3.15	6.66	9.00	10.98	11.70	12.24	13.86	17.10
1996年5月1日	2.97	4.86	7.20	9.18	9.90	10.80	12.06	—
1996年8月23日	1.98	3.33	5.40	7.47	7.92	8.28	9.00	—
1997年10月23日	1.71	2.88	4.14	5.67	5.94	6.21	6.66	—
1998年3月25日	1.71	2.88	4.14	5.22	5.58	6.21	6.66	—
1998年7月1日	1.44	2.97	3.96	4.77	4.86	4.95	5.22	—
1998年12月07日	1.44	2.79	3.33	3.78	3.96	4.14	4.50	—
1999年6月10日	0.99	1.98	2.16	2.25	2.43	2.70	2.88	—
2002年2月21日	0.72	1.71	1.89	1.98	2.25	2.52	2.79	—
2004年10月29日	0.72	1.71	2.07	2.25	2.70	3.24	3.60	—

说明:表中数据由中国人民银行田东县支行提供,其中3个月、半年、1年、2年、3年、5年、8年及8年以上利率为整存整取定期率

第五节 贷款

1989—2005年,中国人民银行田东县支行立足于地方发展,多渠道积极向上级争取开发地方经济专项贷款,全县各项贷款余额呈增长态势。

1992年,工业、商业和农业三项贷款在贷款总额中占比为84.7%。1993年,人民银行田东县支行做好全县金融机构贷款规模的监控,引导金融机构用足用活贷款增量。年初,全县经济加速发展,资

金需求日益增加，人民银行及时采取措施，使各金融机构的贷款能合理发放，贷款主要投向工商企业和农业，同时也加大固定资产贷款投放，全力支持全县经济基础设施建设。当年，工业、商业和农业三项贷款在贷款总额中占比为78.4%。

1995年，随着对贷款总量的有效控制，各银行的备付金率均保持在合理水平上，金融形势发展平稳，贷款余额51211万元。

1996年，金融机构贷款发放合理，有力地支持全县国有企业的生产发展，各项贷款余额66000万元。

1998年，由于企业效益差，亏损严重，各金融机构货款权上收，致使年初全县贷款发放呈下滑趋势。下半年，国家提出扩大内需促进经济增长政策之后，人民银行总行改革宏观调控方式，取消贷款限额控制，改革存款准备金制度，指导各商业银行改进金融服务，支持国民经济发展。受宏观金融政策影响，县内贷款逐渐回升。年末，各项贷款余额75700万元，贷款投放虽然趋紧，但突出重点：一是保证农副产品收购，年底，农副产品收购贷款余额为10306万元，全年新发放农副产品收购贷款1981.6万元；二是围绕“抓大放小”的企业改革战略，集中资金保证重点需要；三是加大对农业的投入。

1999年，全县年末各项贷款余额78400万元，比年初增加0.37亿元，增长5%。县工商银行年末各项贷款余额14053万元，比上年增加468万元，增长3.47%，全年累计发放贷款5075万元，其中新增发放贷款1063万元。

2000年，全县年末各项贷款余额65400万元，比年初减少0.8亿元，下降10.96%。2001年，金融机构累计发放贷款2.87亿元，其中农业贷款0.75亿元，工业贷款0.91亿元，消费贷款0.24亿元。全县年末各项贷款余额6.48亿元，比年初减少0.06亿元，下降0.9%。

2002年，金融机构累计发放贷款3.33亿元，其中工业贷款2.16亿元，商业贷款0.16亿元，农业贷款0.62亿元，其他贷款0.39亿元。全县年末各项贷款余额7.46亿元，比年初增加0.98亿元，增长15.1%。

2003年，各项贷款余额91243万元，比上年增22.3万元。人民银行积极引导金融机构优化信贷结构，提高信贷质量，支持地方经济发展。全县金融机构年度对中小企业累计发放贷款27088万元，向民营私营企业发放贷款3500万元，农村信用社发放农业贷款9279万元，小额信用贷款7373万元。

2004年，全县贷款余额112928万元，比上年增长23.77%；不良贷款余额14626万元，比年初减少1518万元，不良贷款率为12.95%，比年初下降4.74个百分点。

2005年，县人民银行认真贯彻实行稳健货币政策，全年召开金融联席会议9次，其中专题联席会议5次，经济运行分析会议4次。强化支农贷款管理，对农村信用社累计发放支农再贷款2500万元。年末，全县各项贷款余额82245万元，比1989年各项贷款余额10403.9万元增长7.91倍。

工业贷款

1992年，全县工业贷款3017万元，在贷款投放中占比21.9%。

1993年，全县工业贷款3679.2万元，在贷款投放中占比19.2%。县工商银行全年累计发放贷款1050万元，年末各项贷款余额5736万元，其中田东油矿、右江矿务局、百色地区田东水泥厂等中型企业增加发放贷款780万元，对田东县冶炼厂等小型企业发放贷款270万元，促进企业生产和商品流通。

1994年，工业贷款4881万元。县工商银行执行贷款“安全性、流动性、效益型”原则，优化资金投向和投量，年内，增加田东油矿流动资金贷款470万元，增加右江矿务局流动资金贷款300万元，增加县邮电局流动资金贷款180万元。

1997年，县建设银行贷款投放2670万元，其中广西东泥股份有限公司700万元，田东南华糖业有限公司二糖厂1500万元，滇黔桂石油勘探百色采油厂400万元，田东县货运站70万元。

1998—2005年，随着田东县工业立县工作的扎实开展，全县的工业贷款额呈逐年增加的态势。

农业贷款

1986年，农业贷款1845万元，在贷款投放中占比17.7%；1992年，农业贷款3486.8万元，在贷款投放中占比25.3%；1993年，农业贷款5183万元，在贷款投放中占27%。

1994年，农业贷款5289万元。1994年，县农行全年累计各项贷款余额为16576万元，比上年末增加3974万元，增长31.5%，其中，农发行贷款余额4804万元，农行贷款余额11772万元，贷款投向：农业贷款1718万元，比上年末增加773万元，增长81.8%。

1995年，县农行全年共发放各项贷款2340万元，其中农业贷款300万元。2000年，农业贷款9342万元，在贷款投放中占比12.44%。2005年，农业贷款18386万元，在贷款投放中占比16.36%。

商业贷款

由于推行市场经济，加之非公有制经济、个体经济快速发展，商贸经济加快发展，商业贷款需求不断增加。1986年，商业贷款4597.1万元，在贷款投放中占比44.2%。1992年，商业贷款5161万元，在贷款投放中占比37.5%。1993年，商业贷款6155万元，在贷款投放中占比32.1%。1994年，商业贷款10353万元。2000年，商业贷款9888万元，在贷款投放中占比13.16%。2005年，商业贷款8919万元，在贷款投放中占比7.93%。

政策性贷款

1999年，县农业发展银行贷款余额9087万元。2000年，贷款余额为6962万元，2001年，贷款余额5711万元，2002年，贷款余额7533万元，2003年，贷款余额5450万元，2004年，贷款余额6454万元。2005年，贷款余额8849万元，其中首次发放150万元流转贷款，作为粮食种子收购的流动资金贷款，为县农业发展银行成立以来第一笔商业贷款。

信用社贷款

1993年，县农村信用合作社累放贷款3592万元，比上年增加1522万元，其中支持农户、个体经济户贷款3480万元，占发放总额的97%。

1994年，农村信用合作社联合社各项贷款年度累放4974万元，各项贷款年度累收3026万元，各项贷款余额5198万元。1995年，农村信用合作社联合社各项贷款年度累放5337万元，各项贷款年度累收3565万元，各项贷款余额6970万元。

1996年，农村信用合作社联合社各项贷款年度累放4301元，其中，农业贷款累放2581万元，占各项累放贷款60%。城市信用合作社各项贷款户数78户，各项贷款余额295万元。

1997年，农村信用合作社联合社各项贷款年度累放4025万元，各项贷款年度累收3117万元，各项贷款余额9462万元，其中，农业贷款累放2328万元，占各项累放贷款58%。城市信用合作社各项贷款户数65户，各项贷款余额308万元。

1998年，农村信用合作社联合社各项贷款年度累放1938万元，各项贷款年度累收2459万元，各项贷款余额8940万元，其中，农业贷款累放798万元，占各项累放贷款41%。城市信用合作社各项贷款户数42户，各项贷款余额227万元。

1999年，县农村信用合作社各项贷款余额10071万元，比上年增加1131万元；全年发放贷款2271万元，比上年增加333万元，其中农业贷款1311万元，比上年增加513万元。

2000年，县农村信用合作社各项贷款余额10603万元，比上年增加532万元；发放贷款2543万元，比上年增加272万元，其中农业贷款1461万元，比上年增加150万元。

2001年，县农村信用合作社各项贷款余额11502万元，比上年增加899万元；发放贷款3718万元，比上年增加1175万元，其中农业贷款2168万元，比上年增加707万元。

2002年，县农村信用合作社各项贷款余额14654万元，比上年增加3152万元：发放贷款7393万元，比上年增加3675万元，其中农业贷款6107万元，比上年增加3939万元。

2003年，县农村信用合作社贷款余额17562万元，比上年增加3528万元，增19%。2004年，县农村信用合作社各项贷款余额达23245万元，同比增长5683万元，增幅达32.36%。

2005年，县农村信用合作社各项贷款余额达28869万元，同比增长5624万元，增幅达24.2%。

基本建设贷款

1995年，县建行全年房贷部贷款余额1276万元，全年累计发放各种住房贷款927万元，住房建设面积达2.8万平方米，解决461户建（购）房资金。

1997年，县农行放贷3186万元，支持平马—么西—朔良35千伏送变电工程等7个项目的新建、续建和改造工程；放贷1000万元支持兴建全国最大的私营水电站——登高电站。

1998年，县农行发放农村小水电3759万元，建设桑洞、龙须河、福星、作登、登高等5座电站，总装机容量2.75万千瓦。县建行投放贷款4150万元，支持田东东泥公司、田东县二糖厂、百色采油厂建设；放贷2060万元，支持田东县金穗农贸市场建设；放贷140万元，支持田东县东风建材市场建设。

老少边穷地区发展经济贷款

1989年，全县发放老少边山穷地区发展经济贷款年末余额584.3万元，1990年为506.8万元，1991年为506.8万元，1992年为225.4万元。资金集中投向中小型企业田东水泥厂、田东县活性白土厂、田东县龙须河电站、田东县酒厂等重点企业，信贷资金大量投入，有力推动了企业的技术进步和产品的更新换代，促进了全县经济的发展，田东水泥厂、田东县龙须河电站等两个单位成为利税大户。

信托贷款

1995年，县工行对有信贷关系的34户工商企业进行信用等级评估，评出AAA类企业1户、AA类企业3户、A类企业8户、BBB类企业3户、BB类企业6户、B类企业14户，为贷款投向提供依据。同时，支持产品不积压、有市场、有效益的企业发展生产，对现有信贷规模进行调整优化，共调剂资金12

笔，金额267万元，申请上级行追加5笔，金额500万元。另外，办理贴现500万元支持县二糖厂。

1996年，县建行利用信贷资金累计发放贷款1730万元，其中县二糖厂800万元，百色采油厂300万元，县地产公司400万元，田东水泥有限责任公司200万元，县烟草公司30万元；房地产信贷部贷款余额1523万元，全年累计发放各种住房贷款4万元，收回122万元。

2002年，全县13个乡镇农村信用社全面推行小额农户信用贷款和创建信用村工作，通过评定授信，核发贷款证15641本，发放农户小额信用贷款4334万元，其中使用贷款证发放贷款的农户12963户，贷款额4285万元。

其他类贷款

1999年，县农行各项贷款余额24812万元，其中常规贷款余额7220万元，专项贷款余额3172万元。县建行各项贷款余额15384万元，比年初减少5403万元。

2000年，县工行各项贷款余额10559万元，比上年减少3494万元，减24.84%，全年累计发放贷款7795万元，其中新增发放贷款3900万元。县农行各项贷款余额22599万元，其中常规贷款余额11487万元，专项贷款余额11112万元；全年累计发放各项贷款8784万元。县建行各项贷款余额14639万元，比年初减少745万元。

2001年，县工行各项贷款余额11752万元，比上年增加1193万元，增长11.3%，全年累计发放贷款8521万元。县农行各项贷款余额21625万元，其中常规贷款余额11635万元，专项贷款余额9990万元；全年累计发放各项贷款8450万元。县建行各项贷款余额14253万元，比年初减少386万元；其中田东县制糖公司贷款8800万元，东泥股份有限公司贷款4150万元。

2002年，县工行年末各项贷款余额17880万元，比上年增加6128万元，增长52.14%，全年累计发放贷款16498万元。县农行各项贷款余额23540万元，其中常规贷款余额13079万元，专项贷款余额10461万元；全年累计发放各项贷款4638万元，其中投放建材行业贷款2600万元，新闻宣传设备改造贷款200万元，个人住房贷款及经营性贷款227万元。县建行各项贷款余额12805万元，比年初减少1448万元。

2003年，县工行年末各项贷款余额31810.9万元，增长77.91%。全年累计发放贷款316笔，发放金额26772万元，其中发放个人住房贷款241笔，金额1617.8万元；发放个人消费贷款69笔，金额944万元。县农行加大公关力度，拓宽筹资渠道，加强信贷管理，落实贷款责任制，累计发放贷款8538万元。县建行累计发放各项贷款100049万元。

2004年，县工行各项贷款余额为56174万元，比上年增加24364万元，其中累计发放法人客户贷款34笔，金额38805万元；累计发放个人住房贷款479笔，金额3582万元；累计发放个人消费贷款25笔，金额134万元。县农行全年累计发放贷款4500万元。县建行年末贷款余额8944万元，比年初下降1195万元。

2005年，县工行年末各项贷款余额48914万元，其中法人客户贷款余额41785万元，比年初减少7977万元；个人住房贷款余额6882万元，比年初增加1015万元；个人消费贷款余额247万元，比年初减少297万元。县农行各项贷款余额为19000万元，比年初增加11000万元，全年累计发放贷款89000万元。县建行向个人发放质押贷款8万元，为东泥公司办理借新还旧3150万元。

1989—2005年田东县各项贷款余额情况表

表16-3-4

年度	各项贷款余额(万元)	增长率(%)
1989	10403.9	4.73
1990	11362.2	9.21
1991	13201.87	16.19
1992	13778	4.36
1993	19161	39.07
1994	36031	88.04
1995	51211	42.13
1996	66000	28.88
1997	73400	11.21
1998	75700	3.13
1999	78400	3.57
2000	65400	–16.58
2001	64800	–0.92
2002	74600	15.12
2003	91243	22.31
2004	112928	23.77
2005	82245	–27.17

说明:表中数据由中国人民银行田东县支行提供

第六节　资金管理

建设资金管理

1989—1992年，全县建设资金的管理，主要由县建设银行组织参加工程项目评估、预算审查。

1989年，共预算审查工程项目76份，审核数1512.47万元，核减各种高估和不合理收费金额24.57万元，核增6.89万元。1990年，共预算审查工程144份，审核数1699.48万元，核减高估多算工程价款29.314万元，核增6.89万元。

1991年，审核数1649万元，核减35.1万元，核增1.82万元。1992年，审核数1233.91万元，核减21.81万元，核增2.45万元。

1989—1992年，继续发展金融市场，搞好企业内部集资的规范化管理，加强企业债券的计划管理和发行工作。这期间，经审查报人民银行百色分行审批，准予右江矿务局多种经营公司发行企业内部债券100万元。

专项资金管理

1993年，人民银行田东县支行加强中央银行再贷款的管理。入夏，成立夏收资金供应领导小组，监督各金融部门做到专款专用，确保夏收和农副产品收购资金按期到位，至年底夏粮入库970万千克，银行累计注入收购资金1036万元。

1993年，县糖厂开榨，农行注入收购资金1100万元。开展专项贷款项目的清理检查，落实年内收贷收息计划，全年代收回贷款31万元，收息41.6万元。同时完成县第二糖厂新建项目的调查评估，并对该项目发放贷款1000万元。县农业银行对粮食部门贷款785万元，使其顺利完成全年粮食合同订购任务；贷款700万元支持第一糖厂收购原料蔗，贷款160万元支持供销部门收购桐果、木薯等大宗农副产品。年内，县农业银行实现利润30万元，全年收回到期、逾期贷款9941万元，比1992年多收回3616万元。全县12个独立核算信用社有4个社盈余共35万元，4个社亏损共23万元，收回到期、逾期贷款2468万元，比1992年多收回793万元。把“两呆贷款”（呆滞贷款、呆账贷款）清收任务层层分解到基层所和信贷人员，并将任务完成情况同年终奖挂钩，做到奖罚分明。利用南（宁）昆（明）铁路占地、征地支付赔偿款的有利时机，外勤人员深入受益村、屯做细致的动员工作，清收陈欠的“两呆”贷款，林逢、祥周、合恒等铁路沿线共收回集体农业旧贷16.8万元。

1993年，转租关停企业，清收陈欠贷款。如祥周砖厂是20世纪80年代兴办的乡镇企业，由于经营管理不善等问题，资不抵债，所欠的贷款无法归还。县农行信贷部门协助祥周营业所与当地党委、政府协商，将该厂转租给右江矿务局，并达成协议，收回该厂1982年以来陈欠贷款本息19.9万元，其中收回本金8.8万元。

1993年，县建设银行建立的田东县建行劳动服务公司和广西宏大房地产开发公司田东分公司同该行脱钩，各公司建立组织管理、经营管理和财务管理三大制度，逐步实现自主经营、自负盈亏、自我约束、自求发展的经济目标。1993年年底，劳动服务公司经营额30万元，创利4万元；宏大田东分公司经营额17万元，创利2万元。年内，田东县房改方案出台，县建设银行积极主动承办房改金融业务，先后出动58人次到35个单位收款，共收1019户，金额291.17万元。

2005年，中国人民银行田东县支行强化支农贷款管理，对农村信用社累计发放支农再贷款2500万元。

收购资金封闭管理

1994年，田东县农副产品收购贷款6742万元。当年，县农行支持县糖厂植蔗贷款450万元，支持思林造纸厂贷款50万元，支持粮食部门购粮贷款1510万元，支持县土产公司收购大宗农副产品贷款600万元，支持县一糖厂收购原料蔗贷款1700万元。全年催收到期、逾期贷款余额1552万元，对18户“赖债户”和“钉子户”依法起诉，清收旧贷，共回收贷款11万元。年末，全行共收回逾期贷款91万元，催收贷款占用率为13.18%。

1997年，县农业银行支持农副产品收购，放贷630万元支持县糖厂收购原料蔗。当年3月31日，县农业银行停止代理县农业发展银行业务工作。

1998年4月30日，县农业发展银行根据总行《关于把农业发展银行扶贫、开发专项贷款业务划归农业银行的通知》精神，将8918万元专项贷款划归县农业银行。该行狠抓贷款发放、使用、收回管理，抓信贷基础管理措施的落实和制度完善。年末，新增库贷比例、贷款回笼率、贷款归行率、贷款收贷率均达到100%以上，其中贷款归行率106.8%，贷款收贷率110.5%，收息率87.7%，完成率97.4%。其他不合理占用贷款下降率为15.2%。

1999年，县农业发展银行围绕粮食收购资金封闭运行工作，抓好粮食贷款的发放、使用和收回。全年发放粮食收购贷款2141万元，贷款余额9087万元。资金运用率完成95.8%，利息收回率完成95.8%，其他不合理占用贷款下降率完成11.8%，贷款收回率100%。新放收购贷款与新收购粮油价值比率、销售贷款回笼率、回笼销售贷款归行率达到100%。

2003年，县农业发展银行加强对粮食收购资金的监督管理，对粮食企业粮食库存数量、品种、性质、成本、占用贷款、内外往来账款、粮油贷款风险等情况进行清查，提高信贷管理水平。年末各项贷款总额5450万元，其中地方储备粮贷款2008万元，收购贷款787万元。当年，发放粮食收购、储备、调销贷款1720万元，支持企业购进粮食1648万千克，销售粮食1873万千克，实现销售收入1366万元。年内新形成的粮食价值与新放粮食购销贷款比率完成100%，信贷资金运用率完成96.4%，贷款收回率完成106.78%，贷款利息收回率完成120.35%。

2004年，县农业发展银行认真贯彻执行粮食收购政策和粮食信贷政策，积极支持粮食企业组织粮源，保证退耕还林补助粮及时足额供应。该行各项存款余额1283万元，各项贷款余额6454万元，其中地方储备粮贷款3391万元，商品粮收购贷款251万元。年内新增贷款物资保证率达100%，贷款收回率达107%，信贷资金运用率达97%，利息收回率达97.39%，不良贷款绝对值比年初下降64万元。保险业务收入0.99万元。

2005年，县农业发展银行协助企业做好储备粮轮换增储和商品粮促销，加强资金供应管理。全年各项存款余额2903万元；各项贷款余额8849万元，其中地方储备粮贷款5731万元，商品粮收购贷款334万元，挂账及不合理占用贷款2784万元。不良贷款比率和余额均为0。

不良贷款管理

县建设银行

1993年，县建行累计收回到期、逾期贷款3055万元，其中拨改贷回收2174万元，信贷资金贷款回收880万元，贷款逾期为3.9%。全年经营收入308.7万元，实现利润104.4万元。

1995年，县建行年末逾期贷款余额483万元，逾期率3.7%。当年累计收回逾期贷款284万元，其中收回呆账呆滞贷款1.6万元，依法回收贷款87.6万元；实现营业收入2375万元，营业支出1760.1万元，管理费用支出264.9万元，利润289.6万元。

1998年，县建行累计回收贷款6198万元，累计回收贷款利息2418万元，实现营业收入2692.3万元，营业支出1808.4万元，实现利润652.6万元。

2000年，县建行收回不良贷款775万元，不良率比年初下降25个百分点，收回贷款利息2159万元。实现营业收入1870万元。

2002年，县建行收回贷款本金4198万元，其中收回不良贷款2942万元，贷款不良率由年初的54.77%下降到38%，实现营业收入1072万元，账面利润863万元。

2004年，县建行继续坚持“改革、发展、管理、安全、质量、效益”的指导方针和“质量、效益、效率和防范风险”的基本原则，以提高经营效益为目标，以提高服务质量，防范风险为保障，以完善激励约束机制为动力，抓住西部大开发带来的发展机遇，开拓负债业务和中间业务新市场。不良贷款余额3350万元，贷款不良率为37.45%，不良率比年初下降58.38个百分点。收回贷款本金1237万元，其中收回不良贷款800万元、核销贷款54.77万元、剥离贷款193.61万元。全年实现营业收入1162万元。

2005年，县建行不良贷款余额2850万元，比年初下降500万元，贷款不良率为56.69%。全年实现营业收入1004万元，实现账面利润645.29万元。

县工商银行

1995年年初，县工行“三项”贷款（逾期贷款、呆滞贷款、呆账贷款）余额2433万元，占总贷款余额的37%，影响了经营效益。后来，通过压缩盘活，年末“三项”贷款压缩到2196万元，占贷款总余额的26%，比年初下降11个百分点。全年实现利润230.8万元。

1999年，县工行压缩“三项”贷款164万元，贷款余额6942万元，不良贷款占比46.5%；全年利息收入572万元，收息率43.72%，实现利润127万元。

2000年，县工行清收不良贷款208万元，年末不良贷款余额2574万元，不良贷款占比28.38%；全年利息收入688万元，收息率56.72%，实现账面利润177万元。当年，该行发行牡丹灵通卡1524张，代发工资9769万元。另外代县电信局收固定电话费、代移动公司收移动电话费、代保险公司收保险费、代劳动保险所发养老保险。11月8日，在“田东县财政统发工资代理银行投标会”上竞中首标，从2001年起代发田东县财政统发工资的60%。

2001年，县工行清收不良贷款300万元，年末不良贷款余额1793万元，比上年下降781万元。不良贷款占比15.26%，比上年下降9.12个百分点；全年利息收入730万元，比上年增加42万元，收息率90%，实现利润177万元。当年，县工商银行代理深、沪证券交易所办理股东代码卡512户，开办“银征通”账户422户，开办灵通卡折卡合一账户2475户，代理国库券销售402万元。

2002年，县工行清收不良贷款173万元，年末不良贷款余额1680.7万元，比上年减少112万元，不良贷款占比9.49%，比上年下降5.76个百分点；全年利息收入980万元，比上年增加250万元，收息率80.18%，实现利润756万元。当年，县工商银行发行牡丹灵通卡折卡合一账户4000户，代理销售国家债券333万元，代理发行鹏华基金、南方宝元基金、华安180基金等45万元。

2005年，县工行清收转化不良贷款本金248万元，年末不良贷款占比为0.94%，比上年下降0.89个百分点；货款收息率为99.58%，比上年提高0.71个百分点。

县农业银行

1995年，县农行制定信贷员责任制，保证贷款利息收回；对关停企业向法院起诉收回贷款，对挤占挪用银行信贷资金的企业实行加罚息，对1990年以前欠贷款1000元以上借款户发出贷款催收通知书。年内，共收回催收贷款208万元，逾期贷款1439万元。

1996年，县农行加强贷前调查和贷后检查工作，防范贷款风险。清理不完善、不合法的贷款合同109项，总金额5511万元。指导欠款1084.5万元、亏损211万元的思林镇水泥厂加强经营管理，使其扭亏增盈，降低贷款风险程度。欠贷352万元、欠息108万元的作登电站并入田东县电力有限责任公司后，该行及时与田东县电力有限责任公司落实债务法律手续，防止贷款悬账。年内，共收回逾期贷款753万元，催收贷款57万元。

1999年，县农行收回各项贷款8292万元。2000年，县农行收回各项贷款10996万元。

2003年，县农行继续抓好贷款回收工作，深入企业、村屯清收不良贷款，累计收回贷款5908万元；全年不良贷款比年初下降（不含逾期后收回）430.8万元，不良贷款占比17.75%，比年初下降5.15%。全年实现利润356万元。

2004年，县农行全年不良贷款比年初下降（不含逾期后收回）430.8万元，不良贷款清收2290万元，其中清收本金2055万元，利息203万元。全年实现账面利润421万元。

县农业发展银行

2000年，县农业发展银行对保护价范围的粮食实行“收一斤粮，贷一斤粮的款”，对非保护价的粮食实行“以销定贷，以产定贷”，全年发放各项贷款1362万元，贷款余额为6962万元。收回各项贷款3477万元，贷款收回率达104%，贷款利息收回率100%，其他不合理占用贷款下降率完成100%。农业发展银行田东县支行会计出纳部被中央金融团工委、中国农业发展银行授予“青年文明号”称号。

2001年，县农业发展银行以收贷收息为业务工作重点，改善信贷服务，保证粮食收购资金及时足额供应。全年发放粮食收购贷款1368万元，贷款余额5711万元。收回各项贷款2619万元，贷款收回率达113%，贷款利息收回率达115%，信贷资金运用率为96%，其他不合理占用贷款下降率为71%。

2002年，县农业发展银行发放粮食收购贷款1192万元，收回各项贷款1091万元，年末贷款余额为7533万元。当年新发放粮油购销贷款物资保证率、挤占挪用贷款下降率、超期结算资金占用贷款下降率、企业其他不合理资金占用贷款下降率、企业消化本息挂账占用贷款下降率均达到100%。粮油贷款收回率达101.96%，贷款利息收回率104.07%，信贷资金运用率达96.48%，不良贷款绝对额比年初下降138万元。

中国人民银行田东县支行

2003年，中国人民银行田东县支行做好辖区内国有商业银行不良贷款下降工作，召开不良贷款金融专题会，通告逃废债企业和拖延造成依法收贷执行难的名单，至11月末，全县国有商业清收不良贷款3054万元，不良贷款总额11348万元，不良贷款率19.16%，比上年末下降3.27%。

2004年，中国人民银行田东县支行适时对辖内金融机构缴存法定存款准备金进行监控。11月，根据田东县农村信用合作社头寸不足，支付较困难的情况，向其发放200万元头寸再贷款用于弥补。

县农村信用合作社

2000年，县农村信用合作社收回各项贷款2010万元，比上年增加42万元。2001年，县农村信用合作社收回各项贷款2820万元，比上年多收810万元。2002年，县农村信用合作社收回各项贷款4246万元，比上年增收1426万元。

2003年，县农村信用合作社联合社累收各种到期、逾期贷款8012万元，较上年多收3771万元，不良贷款绝对下降额522万元，不良贷款率较上年下降12个百分点。

2004年，县农村信用合作社联合社财务总收入1537万元，实现经营利润50万元。2005年，县农村信用合作社联合社财务总收入2095万元，实现经营利润150万元。

第七节　金融监管

1989—2003年，田东县金融监管由人民银行田东县支行负责。2003年年底，为适应银行业监管体制改革新形势的需要，将监管职能从人民银行田东县支行划出，组建广西银监局田东监管办事处，专门履行金融监管职能。

20世纪90年代初起，人民银行田东县支行每年都对辖区内金融机构进行稽核，并对金融机构亮证经营、结算纪律、利率执行、内部财务管理、人员配备、安全防卫、资产负债质量、损益情况等方面进行检查，发现违规行为即提出意见及时纠正，对逾期贷款过重的行、社提出警告并责令其制定压贷收贷计划，防范金融风险。

1991年后，假人民币在流通中时有发现，大部分为第三套人民币10元券。人民银行田东县支行积极协助辖内金融机构建立健全反假币机制，开展反洗钱工作，共同开展反假人民币的知识宣传活动。

1999年年初，县农村合作基金会、供销社社员股金服务部相继出现支付危机，冲击田东县金融机构的资金组织。为确保金融稳定，2000年，人民银行田东县支行积极参与到地方政府借入专项借款，用于兑付股金服务部和基金会的入股资金。

2000年，人民银行田东县支行对国有商业银行现场监管主要有真实性检查、存款实名制检查、年检和各金融机构现金执行情况检查等，非现场监管主要是做好县辖各金融机构的月、季、年度非现场监管报告和货币信贷收支情况分析。对金融机构法人（负责人）的监管，着重监督主要负责人的经营思想、行为和作风，发现问题及时劝诫、警告。同时加大对农村信用社的监管力度，推行监管责任制，督促农村信用社制定各项配套制度，完善内控管理。

2001年，人民银行田东县支行监控辖内国有商业银行不良贷款，检查工行、农行、建行田东县支行资产质量，加强货币信贷管理，防止新的不良贷款发生。清理金融“三乱”（乱集资、乱批设金融机构、乱办金融业务活动），打击金融违法犯罪行为，督促县农行、财政局等及时开立专户，保证资金的专用。关注辖内企业改制，维护金融债权。

2002—2003年，加强银行业监管，防范和化解金融风险，确保辖区金融稳健运行，是人民银行田东县支行工作的重中之重。该行明确监管职责，落实监管责任制，实行领导和监管部门分片包干的办法，将监管责任落实到人，实行A、B制监管。抓好国有商业银行不良贷款比例下降工作，定期约见国有商业银行负责人，听取各行不良贷款降压情况汇报，督促制定行之有效的措施。做好金融机构管理人员任离职资格审查，审查县农村信用合作社适合核准制的高管人员2人，备案制的高管人员0人。提高服务水平，做好所得税分享改革的国库会计核算，及时、准确地完成库款的分成和上报。严格执行结算纪律，及时处理各种结算凭证，确保银行结算汇路畅通。

2003年年底，为适应银行业监管体制改革新形势的需要，将监管职能从中国人民银行田东县支行划出，组建广西银监局田东监管办事处，专门履行金融监管职能。

2004年，是人民银行田东县支行职能调整后的第一年，其职能主要有：督促金融机构改进信贷服务，围绕县委、县人民政府调整农业产业结构工作部署，引导商业银行和农村信用社调整信贷结构和信贷投向；做好金融稳定工作，落实金融稳定岗位人员，重点关注农村信用社完善法人治理结构、转换经营机制、增资扩股，提高资本充足率和降低不良贷款比率的实施进度；加强对县金融机构银行信贷登记咨询系统工作的管理，充分利用咨询系统对增量业务进行查询；加强对反洗钱工作的领导，成立反洗钱工作领导小组，开展反洗钱专项检查；组织辖区金融机构开展反假人民币宣传活动，提高广大群众识假、辨假和防假的能力；有效组织辖内银行支付清算工作，严把账户审批关，完成税制改革后国库会计核算工作，热情服务，严格监管，依法履行国库监督职责。

2005年，人民银行田东县支行鼓励和引导金融加大对非公有制经济的信贷支持，支持地方培育支柱产业。加强监测考核农村信用社增资扩股计划、信用社增资扩股真实性合规性、专项票据发行等等，推进信贷登记咨询系统发卡、年审、数据核对和银行信贷登记咨询系统的档案管理。布置辖区金融机构开展反洗钱工作，进一步完善田东县反假货币工作联席会议机制。完成会计集中核算系统运行，及时办理国家预算的收纳、划分、报解、支拨、退库的国库会计核算。

第八节　银行电子网络建设

1989年，田东县内各银行办理储蓄、会计等业务全部为手工操作。1991年12月，县农业银行营业部和平马营业所电脑储蓄正式开业，标志着田东县金融部门电子网络建设工程开启。1993年，县工商银行也开始利用电子网络建设开展金融服务业务。

县农业银行　1991年12月，县农业银行营业部和平马营业所电脑储蓄正式开业。1993年，相继开通祥周、思林、新洲营业所电脑储蓄业务，成为全县第一家实现电脑储蓄业务通存通兑的金融单位。2004年，营业部ATM（自动柜员机）开通，开通“95599”网上银行、电话银行、手机短信，服务手段从柜台服务、上门服务等传统方式向高科技手段发展。2005年，成立客户部、VIP贵宾室、客户经理室，为客户提供“一揽子”服务，同时大力发展证券、保险、基金业务。

县工商银行　1993年，县工商银行推出电子化服务，全部用电脑微机操作业务，平马储蓄所、中山储蓄所、车站储蓄所的储蓄电脑联网，办理通存通兑业务。1995年11月28日，会计业务实现全国联行电子汇兑。2000年2月，开通网上银行业务，推出企业网点银行、个人网上银行、BTB网上支付、银证转账等业务，开通“95588”网上银行，电话银行不断完善。2000年5月17日正式推出手机银行。

第九节 债券

国务院决定从1981年开始，每年发行中华人民共和国国库券。国库券发行对象是国有企业、集体所有制企业、企业主管部门和地方政府机关、团体、部队、事业单位、农村富裕乡村和城乡个人。1989—1995年，田东县财政局负责国家下达的债券发行任务，发行办法分认购、派购两种。对城乡居民主要是动员认购，对国家机关、企事业单位及职工则采取派购和认购相结合的办法。

1989年，人民银行田东县支行按职能代理国库券发行任务。当年，田东县完成国库券发行253万元，占发行任务239.8万元的105.42%。

1993年，田东县完成国库券发行238万元，占发行任务的100%。自1994年起，田东县各金融机构自行推销债券。2001—2002年，工商银行田东县支行代理销售国家债券735万元。

第十节 农村“一会一部”

1988—1997年，广西各县陆续成立农村合作基金会、乡镇企业发展基金会、供销社社员股金服务部（简称农村“两会一部”）。1996年5月，田东县成立农村合作基金会和供销社社员股金服务部，没有成立乡镇企业发展基金会，因此，简称为农村“一会一部”。

其实早在1994年，田东县供销社系统就开始推行股份制。当年，股金77.76万元，其中职工入股72.64万元，占全部股金的93.42%；农民入股5.12万元，占全部股金的6.58%。

1995年，部分乡镇供销社开设社员股金服务部，扩大吸收社员股金，当年社员股金达373.51万元。

1996年年底，田东县供销社社员股金服务部股金余额1202.48万元。

由于农村“一会一部”呆滞逾期借款不断增加，1999年7月，田东县按照自治区统一部署，对农村“一会一部”进行清理整顿。1999年8月，对干部职工在农村“一会一部”的借款（含担保），不按规定要求归还的，从当年9月1日起实行“三停”（停薪、停职、停工）措施，并公布被“三停”人员名单。2000年3月，撤掉田东县农村合作基金会，由县农村信用社接收相关产权。

第十一节 商业保险

承 保

分营前保险 1989年，人民保险田东支公司经营财产保险、人寿保险业务，开办的险种有：企业财产保险、家庭财产保险、农村房屋长效保险、家庭财产长效还本保险、机动车辆保险、船舶保险、货物运输保险、个体工商户财产保险、团体人身保险、团体人身意外伤害保险、独生子女保险、乡村干部养老保险、医疗意外事故保险、养老金保险、学生团体平安保险、森林火灾保险等28种。当年，全县有61个单位参加保险，保险额固定资产9114.38万元，流动资产3579.22万元，保险业务收入245万元。

1990年，有63个单位参加保险，保险业务收入325万元。1991年，有58个单位参加保险，保险业务收入398万元。

1992年，有67个单位参加保险，保险业务收入719万元。当年，全县农村保险业务总收入12.63万元，占全年城乡保险业务总收入8.93%，农村保险费覆盖面达42%。1990—1992年，全县年农村保险业务总收入分别为29.95万元、34.85万元、23.04万元，农村保险费覆盖面为100%。

1993年，县保险支公司全年保险业务收入为961万元，比1992年增加242万元，增长33.66%。全年上缴县财政各种税款共20.9万元。当年，共承保40个单位，保额达24629万元，保费收入65万元。年内新增母婴安康保险、计生手术安全保险、独生子女两全保险、旅客住宿保险、团身附加住院保险等险种。

1994年，中国人民保险公司田东县支公司，经营财产保险和人身寿保险两大类业务，主要开办险种有机动车辆保险、企业财产保险、家庭财产保险、责任保险、船舶保险、货物运输保险、人身意外伤害保险、健康保险、学生团体意外伤害保险等险种。全年保险业务收入1028.8万元（含储金243.1万元）。新开发综合用电保险和建筑安装工程保险两个新险种，共收入保险费15.9万元。当年1月14日，召开研讨村干部养老保险和全县农户统一保险会议，对全县67000多户农户实行统保，8月收入养老保险13万元，10月底交清村干部养老保险费15万元。

1995年，田东县保险支公司全年财产保险费收入957万元，其中城市财产业务保险收入600万元，人身保险业务保险费收入353.19万元，农村业务保险费收入4.3万元。

财产保险保费

1996年，中国人民保险公司田东县支公司分设为中国人民财产保险公司田东县支公司和中国人寿保险公司田东营业部。中保财产保险有限公司田东县支公司（简称财险田东支公司）于1996年5月8日成立。财险田东支公司经营非寿险业务，包括财产损失保险、责任保险、信用保险、农业保险以及上述保险业务的再保险业务，承担保险金额8.9亿元。

1997年，财险田东支公司保费收入比上年同期增长13.2%，承担风险金额10.25亿元。

1998年，由于企业单位经营困难，资金紧缺，缴保费困难，财产保险业务发展遇到困难，财险田东支公司没能完成上级公司下达的保费任务，承保风险金额14.6亿元。

1999年，财险田东支公司承担保险责任金额15.04亿元，比上年增加4000万元。

2001年，财险田东支公司全年保费收入961.8万元，其中财产保险收入389.4万元，机动车辆保险收入520.2万元，船货保险收入52.2万元。

2002年，财险田东支公司全年保费收入987.8万元。

2003年，财险田东支公司全年保费收入1064.2万元，同比净增77万元，增7.73%。

2004年，财险田东支公司狠抓意外险、学生平安保险等业务，加大质优险附加险种承保面，大力发展摩托车险业务，全年保费收入1267.3万元，同比净增203万元，增长18.90%。

2005年，财险田东支公司拓展其他险种，全年保费收入1332万元，增长5.1%。继续抓好企业财产保险和车辆保险两大险种，企业财产保险费收入263.6万元，车险业务收入926万元，增长8.5%。

人寿保险保费

中国人寿保险有限公司田东县营业部于1996年5月8日成立。当年保险费收入470.8万元。

1997年保险费收入686.88万元，1998年保险费收入844.05万元，1999年保险费收入1071.3万元，2000年保险费收入1243.89万元，2001年保险费收入1475万元，2002年，保险费收入2441万元。

理　赔

分营前理赔　1989年，县保险公司处理赔案612件，赔款或付给保险金73万元。

1990年处理赔案3312件，赔款或付给保险金108万元。3月，朔良乡、那拔乡、祷午乡因遭受冰雹袭击，打烂房屋2453栋，给灾民赔款15万元。

1991年处理赔案862件，赔款或给保险金98万元。

1992年后，建立业务内控制度，坚持“主动、迅速、准确、合理”的理赔原则，逐渐完善理赔程序。是年处理赔案1622件，赔款或付给保险金233万元。

1993年，处理各种赔案2505件，支付赔款或给付人身保险金619万元，短期赔付率为73.02%。

1994年，处理各种赔案2326件，赔付或给付金额457.7万元，短期赔付率为58.26%。全年上缴县财政税款28.8万元。1994年夏季遭到6次洪涝灾害，共赔款11.4万元。

1995年，全年处理赔付案2097件，赔付或给付金额363万元，短期赔付率为37.9%。全年上缴税款36万元。

财产保险理赔

1996年，保险公司业务分营后，财险田东支公司遵循重合同、守信用的原则，全面推出“金牌服务工程”“理赔无忧—车险快捷”服务承诺，实行“通保通赔”与“异地出险，就地理赔”等保险增值服务。当年，财险田东支公司赔付362.9万元。

1997年，财险田东支公司共处理赔案893件，支付赔款466.02万元，其中最大赔案为田东县纸厂火灾案，支付该厂赔款近45万元。1998年，共处理赔案987件，支付赔款634.4万元。1999年，共处理赔案1101件，赔款金额647.3万元。

2000年，财险田东支公司全年处理赔案868件，赔款681.4万元，赔付率为47.5%。最大一张保险单赔案是林逢小煤窑瓦斯爆炸，共赔偿32万元。

2001年，财险田东支公司全年处理赔案850件，赔款654万元，赔付率67.8%。

2002年，赔款金额622万元，赔付率62.97%。2003年，综合赔付率39.17%。2004年，赔款金额339万元，赔付率28%。

2005年，财险田东支公司加强理赔管理，开展以提高理赔质量和理赔速度为主要内容的“理赔质量年”活动，把好承保质量关。当年处理赔案1219件，赔付金额448万元，综合赔付率33.64%。

人寿保险理赔

1996年，保险公司业务分营后，寿险田东营业部赔款支出256.99万元，赔付率50.49%。

1997年，寿险田东营业部赔、给付金额为342.43万元，荣获地区分公司级先进单位，营销业务荣获广西分公司级先进单位。1998年，意外险业务赔付率44.81%，赔、给付金额346.61万元。

1999年，寿险田东营业部赔付案件3828件，赔付金额327.8万元，荣获百色分公司先进单位和广西分公司营销业务先进单位。

2000年，寿险田东营业部处理赔付案件4317件，赔付金额397.41万元。2001年，处理赔付案件4243件，赔付金额772.7万元。2002年，处理赔付案件2822件，赔付金额599.1万元。

田东县志（1989—2005）

第十七篇

政法　军事

第一章　公安

田东县公安机关结合辖区不同时期的治安特点，强化社会治安行政管理，对社会治安问题突出的乡镇和地区、场所进行重点整治，先后开展“查三案”（申诉案、积案、复查案）、“扫六害”（赌博、嫖娼、卖淫、拐卖妇女儿童、传播淫秽物品、利用封建迷信骗财害人）、“反盗窃、保春耕”、“反盗扫丑”、打击“车匪路霸”、打击“盗窃、抢劫机动车”、打击“盗窃、破坏铁路、油田、通讯设备”、开展“严打”整治、“扫黄打赌”、禁毒、收戒吸毒人员、“打黑除恶”等一系列打击违法犯罪专项行动，以破大案，打团伙为主攻方向，为全县经济社会发展营造安全、稳定的社会环境，不断增强人民群众的安全感。

1989—2005年，全县共发生（立）各类刑事案件18367起，破案11088起，破案率60.37%，其中发生（立）重大案件5119起，破案3284起，破案率64.15%。摧毁犯罪团伙1589个6482人，逮捕犯罪嫌疑人4432人。发现受理查处治安案件15166起，查处治安违法人员22102人，追缴回被盗车辆、物品等一大批，缴获赃款赃物折合人民币1113.63万元。

第一节　机构

1989年，田东县公安局内设机构有政工科、办公室、通讯科、政保科、内保科、治安科、刑侦队、预审科，看守所、行拘所等10个。在平马、思林2个派出所的基础上增加合恒、祥周、林逢、印茶、作登、朔良、义圩、祷午、江城、塘坡、那拔、布兵等12个派出所，年底辖区共有14个派出所。在编人数147人，设有局长1人、政委1人，副局长3人、副政委1人、调研员1人。

1990年，县公安局内设机构增设法制科、行政科、户政科。1991年年底，全局在编人员增至164人。

1992年3月，成立田东县缉毒队，定编4名。当年，因违纪不胜任工作的民警被调离5人，年末全局在编人员159人。

1994年，成立田东县公安局巡警大队，编制15名。县公安局通信科、刑侦队、缉毒队分别更名为机要通信科、刑侦大队、缉毒大队。年底在编人员172人。1997年，县公安局“侦审合一”精简了预审科，年底在编人数214人。

1998年，增设出入境管理科。将右江矿务局公安分局划归地方建制，称为田东县公安局新洲派出所，编制9名。将属于田东石化总厂的油矿派出所划归地方建制，改称为田东县大塘派出所，编制5名。由于多种原因，两个派出所未能在当年移交地方管理。2000年年末，在编人员182人。

2002年3月，县乡级机构改革，县公安局部分科室合并或改称，部分人员退休或提前离岗。县公安局内设有办公室、政工科、出入境管理科、信息通信科（挂公共信息网络安全监察科牌子）、法制科、行政计财装备科、纪律检查委员会等7个机关科室，设有警务督察大队、国内安全保卫大队、经济犯罪侦查大队、治安管理大队（户政科合并到治安管理大队）、刑事侦查大队、毒品犯罪侦查大队（挂田东县禁毒委员会办公室牌子）、巡逻警察大队等7个大队，设有平马、合恒、祥周、林逢、思林、作登、印茶、江城、朔良、义圩、那拔、布兵、祷午、坡塘、新洲、大塘派出所等16个派出机构，设有县看守所、治安拘留所、县强制戒毒所等3个下属单位。年内在机构改革中，有32名民警提前离岗或退休，年末在编人员143人。其中局长1人（兼党委书记），政委1人（兼党委副书记），副局长2人，副政委1人。

1990年，县公安局大门　　（县公安局提供）

2005年5月，县人民政府与右江矿务局协商，正式接收新洲派出所人员归地方政府管理。当年底，县公安局内设机构仍与2002年一样，设有7个机关科室、7个大队、16个派出所。年末在编人员186人。

20世纪80年代，县公安局与法院、检察院一起在田东县平马镇庆平路46号的一栋3层楼办公。90年代前期，法院、检察院因另建办公楼，先后搬离该办公楼，只留下公安局继续办公使用。2000年，县公安局在原办公区南侧投资建设一栋6层楼、建筑面积2300多平方米的办公大楼，2002年1月投入使用。地址田东县平马镇庆平路46号。

2002年，县公安局新办公大楼及大门　（县公安局提供）

1989—2005年县公安局历任局长：

凌经福（1987年11月至1990年10月）、邓全书（1990年10月至1994年2月）、陈一平（1994年2月至1994年5月）、覃勇军（1994年7月至1998年9月）、辛安（1998年9月至1999年6月）、金西安（1999年9月至2003年5月）、容世谭（2003年5月至2007年8月）。

第二节　刑事侦查

1989—2005年，县公安机关先后开展“严打”整治、打击“车匪路霸”等一系列打击各种刑事违法犯罪专项行动，破获一批刑事案件，摧毁一批犯罪团伙，抓获一批刑事作案成员，确保田东县社会治安大局稳定。

1989年，县公安机关重点打击现行杀人、抢劫、强奸、放火、爆炸、流氓集团以及其他危害社会治安和人民生命财产安全的犯罪活动，并针对社会治安的突出问题，开展“打击现行、抓流窜、打团伙、捣窝子”等战役，清查取缔暗娼卖淫、拐卖妇女儿童等违法犯罪活动。全县发（立）刑事案件2235起，破获1102起，其中发（立）重特大案件244起，破157起，查处各种违法犯罪人员1278人，其中逮捕340人，收容审查408人，其他治安处罚513人；挖出各种犯罪团伙138个成员459人。缴获电视机7台、收录机17台、电风扇12台、两轮摩托车2辆、自行车248辆及其他赃物一批，价值10多万元。同年在全县范围内开展一次大规模的统一搜捕流窜犯行动，投入力量1431人次，抓获各种违法犯罪分子194人，其中批捕22人，批准劳教7人，收审30人，行政拘留15人，罚款及其他处理150人，摧毁盗窃团伙4个28人，抢劫团伙2个14人。

1990年，全县开展“查三案”“扫六害”及严厉打击刑事犯罪分子等专项活动。全县发生（立）刑事案件1731起，破获刑事案951起，发生（立）大案197起，破143起；全年逮捕191人，挖出犯罪团伙97个642人，其中抢劫团伙12个75人，流氓团伙7个44人，盗窃团伙65个447人，破坏生产团伙1个5人，打击报复基层干部团伙2个7人，拐卖人口团伙3个11人，赌博团伙4个34人，缴获赃款赃物价值10万余元。全县被拐卖妇女儿童60人，解救被拐卖人员15人。是年6月28日至30日，开展打击清查搜捕流窜犯和在逃犯的集中统一行动，投入力量693人，抓获违法犯罪人员81人，缴获长短火药枪6支，雷管64枚，炸药11.5千克，电视机、电动机各2台，自行车9辆，赃款786元及其他赃物一批。

1992年，开展“反盗窃、保春耕”及“反盗扫丑”等专项行动，对贩毒吸毒、卖淫嫖娼、传播淫秽物品、拐卖人口、赌博、封建迷信等社会丑恶现象严格查禁和取缔。全年全县立刑事案件782起，破获560起，其中大案171起，破获138起；查获犯罪团伙82个成员358人。全年缴获沙枪97支，子弹17发，管制刀具282件，雷管459枚，炸药244千克，鸦片2067克，牛、马73头（匹），电视机12台，收录机18台，电风扇16台，自行车134辆，电动机20台等赃物，折款37.02万元，缴获赃款14.37万元。

1994年，开展打击盗窃、破坏铁路、油田、通信设备犯罪活动及保卫春耕生产等行动。共破获各类刑事案件864起，其中破大案203起。通过破案，抓获各类违法犯罪人员1964人。挖出各种违法犯罪团伙218个成员860人；缴获军用枪9支，其他枪8支，子弹160发，管制刀具110件，炸药10千克，雷管38枚，鸦片47克，海洛因338克等一批违禁品。缴获汽车、摩托车、自行车、家电、牛马等一批赃物折款78.4万元，缴获赃款15.7万元，总共94.1万元。在“严打”斗争中，以“破大案挖团伙”为突破口，狠抓大案要案的侦破，破获5起“门面”案件和4起暴力性案件，破获1起影响恶劣的特大绑架人质案。

1995年，开展打击破坏农业生产、打击报复基层干部、打击车匪路霸等专项斗争。全年公安机关破获各类刑事案件627起，其中破大案200起，抓获各类违法犯罪人员1026人。摧毁各类犯罪团伙131个成员530人，缴获赃物折款62.36万元。破获各类毒品案件92起，其中贩毒案件31起，吸毒案件61起。抓获各类毒犯140人，缴获海洛因387.9克。破获“门面”案件9起，破获破坏农业生产、打击基层干部案件12起，抓获20人。抓获车匪路霸犯罪嫌疑人76人，破案38起，摧毁团伙19个成员43人，缴获赃物折款3万元。

1997年，开展春夏严打整治行动、第二次严打整治行动等一系列专项行动。全县发（立）刑事案件486起，破获403起，其中立为重大案件197起，破获160起。从案件分布看，324国道公路沿线4镇发案占总数65%，北片山区发案占11.8%，南片山区占12.5%，田东电厂、右江矿务局、上仑、百采厂、油矿等厂矿生活区发案占总数的10.7%，造成经济损失105.6万余元。当年抓获各类刑事作案成员692人，查获犯罪团伙79个345人。缴获军用枪1支，土制枪72支，子弹3发，凶器96件，海洛因50克，摩托车11辆，牛、马39头（匹），彩电等一批赃物，折合人民币86.7万元，缴获赃款18.9万元。

2001年，以“打黑除恶”为龙头，以破大案、打团伙为主攻方向，集中优势警力，重点侦破放火、爆炸、投毒、杀人、强奸、伤害、抢劫、重大盗窃及毒品犯罪案件。同时，严厉打击车匪路霸，开展打击盗抢机动车、追逃等专项行动。全县公安机关破获各类刑事案件664起，破大案237起。打掉犯罪团伙69个成员252人，涉案138起。其中破获毒品犯罪案件18起，破毒品重特大案件4起，逮捕毒贩17人，缴获毒品海洛因402.22克。破获车匪路霸案件77起，其中大案14起，摧毁车匪路霸团伙7个，抓获车匪路霸违法犯罪嫌疑人员65人，缴获赃款赃物一批。破获盗窃机动车案件32起，抓获犯罪嫌疑人27人，缴获被盗汽车3辆，摩托车35辆。抓获网上逃犯32人，其他逃犯89人，抓获外地警方通缉的逃犯18人。

2002年，以县城、324国道公路沿线、城乡接合部及农村辖区为重点，各警种协同作战，不间断地开展打击“两抢”（抢劫、抢夺案件，简称“两抢”）犯罪、打击偷牛盗马、追逃等一系列有针对性地严打整治专项行动。全年破获各类刑事案件697起。缴获摩托车47辆等赃款赃物一批，折款53.19万元。抓获各类逃犯85人。当年田东县创建无毒社区重点整治工作通过自治区禁毒委检查验收，并以高分获2001—2002年度全区创建无毒社区重点整治先进县。年内破获毒品犯罪案件16起，缴获毒品海洛因1483.2克、罂粟壳822.4克、冰毒0.2克，在百色市名列第三；查处毒品违法案件119起，抓获涉毒违法犯罪人员173人。

2003年，立各类刑事案件1077起，破获各类刑事案件528起，其中破重特大案件255起。逮捕犯罪嫌疑人302人，打掉犯罪团伙抓获各类逃犯32人。对于影响大、群众反映强烈的案件，集中优势警力侦破，破获影响大的“门面”案件10起，其中命案8起，绑架案2起。以县城为重点，组织开展打击“两抢”案件专项行动。全年打掉抢劫、抢夺犯罪团伙16个，抓获其成员73人，破“两抢”案件71起，缴获被抢手机23台等赃物一批，为群众挽回经济损失8万多元。以农村为重点，组织开展偷牛盗马及盗窃、破坏农村电力设施等专项斗争。全年破获偷牛盗马案件32起。继续深入开展禁毒严打整治斗争，加大对毒品的缉查力度，打击毒品地下“零包市场”。年内破获毒品犯罪案件4起，查处毒品违法案件61起62人，强制戒毒141人次，缴获毒品海洛因444.3克。

2004年，加大命案侦破力度，把打击团伙犯罪作为工作重点，以县城为重点，组织开展打击“两抢”专项行动。组织开展遏制毒源、扫毒、满员收戒等专项行动。全县公安机关立刑事案件1068起，破获各类刑事案件568起，其中破大案件248起。打掉犯罪团伙29个，抓获成员118人，依法逮捕犯罪嫌疑人319人，抓获各类逃犯27人。年内发命案7起，破7起，县公安局因此获2004年度全市公安机关命案侦破先进单位。当年破获盗抢机动车案件91起，缴获机动车46辆。打掉偷牛盗马团伙3个，抓获其成员9人，破获偷牛盗马案件25起，缴获耕牛15头。破获毒品刑事案件6起，查处毒品违法案件95起，抓获涉毒违法犯罪人员172人。

2005年，按照“县城稳、全县稳，县城平、全民安”的方针，以侦破命案为龙头，以县城为重点地区，以影响群众安全感的抢劫、抢夺、入室盗窃、盗抢机动车等案件为重点案件，组织各警种联合作战，不间断地开展一系列专项行动。全县公安机关破获各类刑事案件590起，其中破获刑事大案256起；全县立命案9起，破8起；抓获命案批捕网上在逃人员3人，其他在逃人员25人。打掉盗窃机动车团伙18个63人，破获盗抢机动车案件128起，缴获小轿车2辆、摩托车等机动车35辆。开展打击“两抢一盗”专项行动，立抢劫案件55起，破案37起；立抢夺案件76起，破案47起。打掉破坏、盗窃电力设备犯罪团伙4个，破获破坏、盗窃电力设备案件62起，有效遏制了破坏、盗窃电力设备违法犯罪活动高发的势头。

典型案例：1989年3月3日凌晨4时，县公安局组织干警17人，到平马镇小龙村开展抓捕统一行动，抓获陆某某、冯某某、黄某某、董某某等盗窃团伙作案成员。经审讯，供出团伙成员12人，破获案件27起，缴获自制火药手枪5支、长沙枪1支、匕首2把、雷管3枚、火药0.5千克、导火索3米、自行车1辆、收录机3台、录放机1台，赃款440元等赃款赃物一批。

1991年4月20日，县公安局组织义圩派出所、刑侦队联合行动。打掉义圩乡班龙村黄某荣等4人盗窃自行车团伙，破获自行车被盗案23起。同年7月9日凌晨，在邕色公路田东段沿线开展打击流窜犯统一行动，参加行动304人，共收审79人，缴获赃款1100多元和赃物一批。

1994年3月12日，平马镇中山街某汽车配件商店店主潘某某的儿子潘某某（11岁）被人绑架，勒索10万元。案发后，县公安局全体民警全力以赴，经过2天3夜连续作战，于14日凌晨成功破获此案，解救了人质，抓获案犯滕某勇、黄某某、刘某某。后来，首犯滕某勇、黄某某被执行枪决。

1995年10月16日，平马镇庆平街个体商韦某某和罗某某、玉某某驾驶摩托车前往朔良乡收购土特产，到平朔公路9千米处，被4个蒙面歹徒持猎枪、大刀等凶器抢劫现金5.5万多元。县公安局经5天5夜连续奋战，将案犯梁某某、黄某、何某某、李某某抓获归案。梁某某、黄某于1996年3月4日被执行枪决，何某某被判无期徒刑、剥夺政治权利终身。

1997年4月23日凌晨，田东中学教师方某某因喜新厌旧，趁妻子黄某某睡熟之机，用事先准备的洗碗钢丝2块，一块套在颈子，一块套在双脚，接上电源将妻子触电死亡，后移尸厨房伪造触电假象。该案很快被公安机关侦破，方某某于1998年1月4日被枪决。

1999年1月，破获平马镇四平村的黄某某、黄某某夫妇等人，从1998年2月开始以招工为名，先后诱骗25名少女到广东省潮安县浮阳镇、金石镇等地，强迫她们卖淫一案，抓获作案成员黄某某、黄某某、洪某某、龚某某等人并解救被骗少女。同年11月6日，查获一起人体运输毒品案，缴获海洛因1286.9克，犯罪嫌疑人王某某、杨某某、杨某、何某某被依法处理。

2000年7月21日，位于义圩乡安东屯对面的东（田东）巴（巴马）扶贫公路建设工地采石场工棚被人盗走4包共16千克炸药。经过全体参战人员连续4天4夜作战，于7月26日破获此案，抓获作案人班某某，被盗炸药如数缴回。

2003年，田东县公安民警苦练基本功

（县公安局提供）

2002年2月，先后抓获涉嫌蒙面持枪抢劫犯罪团伙成员鲍某、鲍某、吴某，缴获作案凶器自制沙枪3支、匕首2把。经审讯深挖，破获该团伙于2000年1月1日晚持枪抢劫并杀害三轮摩托车司机苏某某、于2001年1月17日在田东大桥附近持枪抢劫驾驶摩托车路过的黄某并开枪击中黄某肺部、于2001年12月2日在布兵镇持枪抢劫钓鱼的梁某并将梁某推入河中、于2002年1月14日晚在田东大桥持枪抢劫一面包车司机方某现金720元和价值600元的小灵通、于2002年2月3日在布兵镇蒙面持枪抢劫并打伤贩羊老板梁某、黄某某等系列蒙面持枪抢劫案件。

2005年，那拔镇派出所交警中队挂牌 （县公安局提供）

2004年6月18日，县公安局缉毒民警在一辆由云南开往南宁方向的大货车上当场查获毒品海洛因6829克，抓获犯罪嫌疑人黄某某、岑某某、马某某。这是田东有史以来破获的最大运输毒品案件。

2005年4月1日，廖某某因其女友在县工会对面酸嘢摊吃酸嘢时被两男青年摸臀部，便与那两人发生口角。廖某某打电话叫来朋友何某钦、何某轼等人，追打那两个男青年。对方跑进“自由空间”迪吧里，也喊来林逢镇林驮村的几个人。双方打起来。李某章当场被打死，覃某席、黄某电经医院抢救无效死亡，黄某师受轻微伤。案发后，县公安局立即成立专案组对此案进行侦查。当晚抓获犯罪嫌疑人廖某某。4月3日，逃到田阳绢纺厂附近的嫌疑人何某钦被抓获。同日，最后一名犯罪嫌疑人何某轼投案自首，至此“4·1”特大命案告破。

第三节　社会治安管理

1989—2005年，田东县公安局强化社会治安管理工作，加强管理和检查旅馆业、印刷业、刻字业、收购废旧金属等特种行业和公共复杂场所治安，强化对爆炸物品和枪支弹药的安全管理，对小煤窑、小石场和修路工地等重点单位、地区进行日常安全检查。对重点治安问题突出的村屯、行业场所进行治安整治，加强对内部单位安全保卫、治保会、治安联防组织的建设和指导。共受理查处治安案件16584起，查处违法人员22102人，其中警告处罚2642人，罚款9165人，行政拘留处罚2165人。

1989年，全县发现受理并查处治安案件565起，处罚违法人员513人、罚款160人，追回赃款赃物4.45万元。对祥周乡仑圩、联福村社会治安进行整治，挖出违法犯罪人员30多名，破获118起案件，缴获对讲机、收录机、电动机、电风扇、自行车、洗衣机等赃物一批，价值2万多元。对作登瑶族乡驮瓜村进行整治，挖出以梁某连为首的盗窃耕牛犯罪团伙，破获案件77起。对思林镇可恒村治安突出问题进行历时两个月的治安整治，共破获各类刑事案件212起，挖出违法犯罪团伙14个，成员56人（其中爬车越货团伙10个，成员42人），缴获电视机、汽车篷布、尼龙蚊帐、手表、自行车、收纱机、电风扇等赃物一批。全县建有企业公安、内部保卫科等内保组织34个，专职保卫干部和企业干警76人，护厂、护校队93个595人，治保会96个473人。开展以落实安全保卫责任制为主要内容的“四防”（防止特务分子的破坏活动、防盗工作、防火工作、预防治安灾害事故）安全大检查。

1990年，全县发现受理治安案件727起，其中发生在城镇244起，查处215起；发生在农村483起，查处438起；送劳动教养48人，治安拘留130人，罚款364人，警告5人。对散存在社会上的枪支弹药，爆炸物品和管制刀具进行收缴统一行动，缴获各种枪支532支，炸药4.2千克，雷管19枚，导火索13米，管制刀具109把，抓获违法人员17人。强化社会治安群防群治工作，全县共有192个治安联防队，成员1275人，形成治安联防网络。

1991年，坚持“打防并举，标本兼治，重在治本”的原则，开展社会治安综合治理。强化对爆炸物品和枪支弹药的安全管理，采取定期检查和不定期抽查方式，对小煤窑、小石场和修路工地等重点地区进行安全检查。对社会上的枪支从严控制，对无证猎枪和各种火药枪，坚持依法收缴，共收缴管制刀具155把。加强对旅馆业、印刷业、刻字业、收购废旧金属等特种行业特种场所和公共复杂场所治安管理和检查工作，控制违法犯罪分子借用特种行业进行盗窃、赌博、卖淫嫖娼、销赃等违法犯罪活动。全年发现受理治安案件973起，查处治安违法人员778人。加强对群防群治队伍管理，全县有治保会成员1068人，161个村（街）均配备治安特派员，建立治安联防队173个，成员1763人；内部单位建立专职护厂、护矿、护校、护院队52个成员374人，专职消防队10个成员119人。有50个村街开展“遵约守法光荣户”评比活动，评出光荣户13210户。举办违法人员学法班38期，参加学法人员452人，落实违法人员帮教小组175个成员659人。

1993年，全县公安机关查处治安案件1048起，人员1620人；罚款19.1万元，缴获管制刀具88把，枪支46支，淫秽图书杂志320本（册），录像带3盒等赃物一批。建立县城巡警大队，加强对社会面巡逻和控制工作，抓获现行违法分子38人，破获各类案件42起，为群众排忧解难办好事25件。

1994年，发现受理查处治安案件1393起，查处违法人员1576人，其中警告处罚188人、罚款处罚1071人、行政拘留54人。建立110报警电话，方便群众报案。在324国道邕色二级公路的思林、林逢路段组织开展4次规模较大的打击车匪路霸活动，抓获车匪路霸分子141人，破获刑事案70起，缴获赃物116种，价值折款4万余元。

1997年，全县公安机关受理查处治安案件1124起，查处违法人员1891人，依法罚款金额72.59万元。全县有特种行业场所237家，与各行业场主签订治安责任书237份，发放管理制度文书210份。全县有出租房屋379间，对出租房的治安管理，实行登记发证、签订治安安全责任状，共发证333间（本），签订安全责任状379份。

1999年，加大治安管理和防范工作力度。巡警大队和110报警服务台履行“有警必接、有险必救、有难必帮、有求必应”的承诺，刑侦部门、县城派出所组织开展反扒禁毒行动，加强街面巡逻防控。全县公安机关发现受理查处治安案件1057起，查处违法人员1926人。对治安相对不太好的26个村（街）进行重点整治，治安状况有明显好转。

2000年，公安机关受理查处治安案件1175起，查处违法人员1558人。组织巡警大队和县城派出所坚持24小时巡逻值班，抓获违法犯罪人员305人，破刑事案件23起，查处治安案件104起。全县有102个村、68个单位评为安全文明村、镇（单位），评为五星级户58953户，评为三星级户3953户。

2001年，全县公安机关受理查处治安案件1391起，查处违法人员1537人。加强巡逻防范工作，聘请17名警校毕业生充实到巡警大队，聘请49名复退军人组建14个治安联防和安全生产共建大队。加大对重点区域和重点部位及节假日期间的巡逻防范力度。开展清理整顿流动人口行动19次，清理整顿出租房屋825间，取缔非法出租房屋35户，清理整顿暂住人口6361人。

2002年，全县公安机关发现受理治安案件831起，查处治安违法人员1243人。对全县的治安状况进行调查摸排，列出治安相对较混乱的43个村屯及33个内部单位为重点整治对象，并组织力量开展专项整治。年内查处毒品违法案件119起157人，年底通过自治区毒品重点县整治检查验收。以县城城区为重点，强化110、巡警大队、刑侦城区中队、县城派出所、平马镇治安联防和安全生产共建大队、各内部单位保安组织“六位一体”的县城治安防范网络。

2003年，结合开展创建右江百里文明河谷活动，以“缉枪治爆”为主线，坚决扫除黄赌毒，整治治安混乱区域和突出的治安问题。全县公安机关受理查处治安案件500起，查处违法人员1168人，缴获各类枪支11支，子弹142发，炸药39.7千克，雷管18068枚，导火索1631米。成立打击整治赌博专门行动小组，加大对赌博的打击力度，捣毁聚众赌博窝点30个、地下“六合彩”28个，查处赌博案件113起，抓

2003年，县公安干警破案后群众送来锦旗(县公安局提供)

获涉赌人员993人。

2004年，投资30多万元，组建“110”“119”“122”三台合一报警服务台，提高接处警快速反应能力。在县城主要路段建6个治安岗亭，招聘24名治安联防队员，全部安排到治安亭实行24小时值班。当年全县公安机关发现受理并查处治安案件408起，查处违法人员872人，查处涉枪涉爆涉毒案件2起，缴获各类枪支8支，炸药313.2千克，雷管143枚，导火索1606.6米，剧毒物品15.8千克；查处“六合彩”赌博案件77起，其他赌博案件19起，捣毁“六合彩”窝点43个、聚众赌博窝点18个，抓获涉赌人员476人。

2005年，针对县城飞车抢夺、赌博、盗窃等治安问题突出，结合开展严打整治斗争，从刑侦、治安、巡警、交警等机关单位及县城2个派出所抽调100多名民警对县城进行综合整治，对治安混乱的印茶镇巴麻村上巴屯、“六合彩”赌博严重的祥周镇新洲村大屯和田东电厂、严重妨碍公安机关执法的祥周镇百渡村祥群屯进行重点整治。为维护校园及周边治安秩序，选派73名民警到全县184所中小学校和幼儿园担任法制副校长。以打击“六合彩”“三公”电子游戏机等聚众赌博为重点，以派出所为主力军，并从治安等部门抽调22名民警成立打击赌博专业队，组织开展打击赌博专项行动，查处“六合彩”等赌博案件124起，捣毁“六合彩”等赌博窝点64个，抓获涉赌人员1101人。抽调警力41人，组建县城治安巡逻队，通过巡逻，县城的治安明显好转。当年，全县公安机关受理查处治安案件449起，查处违法人员974人。

典型案例：1990年1月1日，在林逢乡召开4000多人参加的群众大会，开展“查三案”（申诉案、积案、复查案）、“扫六害”（“六害”指赌博、嫖娼、卖淫、拐卖妇女儿童、传播淫秽物品、利用封建迷信骗财害人）行动，96名道公、巫婆在会上亮相，烧毁道服41件，道书113册。会后组织相关部门捣毁庙堂77座。

1991年7月9日凌晨，田东县在邕色公路沿线开展打击流窜犯统一行动，参加行动304人，收审79人（其中涉嫌卖淫嫖娼5人、人贩子11人、盗窃32人、流窜犯6人），缴获现金1100多元和赃物一批。

1992年8月3日，平马派出所在“么河相”（地址名）查获以黄某丽、岑某某等10人卖淫嫖娼团伙，该团伙成员分别受到治安处罚处理。

2003年6月19日，组织50名民警在平马镇怀民村那料屯捣毁一聚众赌博窝点，当场抓获赌徒43人，缴获赌资19万多元、各类车辆8辆、手机等物品一批。

2004年3月23日，开展打击“六合彩”等非法彩票赌博统一行动，捣毁“六合彩”窝点6个、聚众赌博窝点1个，抓获庄家、票头7人，其他参赌人员14人，缴获赌资2.5万多元、码报479张、杂志15本及其他“六合彩”资料一批。

2005年3月1日，为解决田东县赌博问题突出这一治安顽点，以县城和邕色公路沿线乡镇为重点区，以打击“六合彩”“三公”和电力游戏机聚众赌博行为为重点对象，开展集中打击赌博活动专项行动，查处赌博案件9起，捣毁聚众赌博窝点4个，抓获涉赌人员88人，缴获赌资1万多元。

第四节　经济文化保卫

1995年以前，全县经济案件侦破工作由刑侦部门负责，内部单位安全保卫工作由内保科负责。

1996年，成立经济侦查大队，专门负责侦查破坏社会主义经济秩序案件侦查和打击破坏社会经济秩序活动，同时负责内部单位安全保卫工作的管理和指导。

2002年3月，县级机构改革，内部单位安全保卫工作的管理和指导归口治安部门负责，经济侦查犯罪大队负责经济案件的侦破工作。

1996年，县公安局经济侦查部门与工商等有关部门配合，开展打击传销、打击假药等专项行动，打击食品、农资、建材、药品、医疗器械、烟草等方面的制假售假行为。年内立破坏经济秩序案件22起，破获15起，破案率68.2%；其中立为重特大案件14起，破9起，破案率64.3%。抓获作案成员29人，缴获赃款7.57万元，赃物折款1.18万元。

1999年，继续与工商等有关部门配合，开展打击传销、打击假药等专项行动，打击食品、农资、建材、药品、医疗器械、烟草等方面的制假售假行为，打击经济犯罪查处经济案件6起，追回经济损失685万元。破获祥周镇百银村曾某义在1998—1999年担任村民委小组长职务期间，利用职务之便，侵占村民委资金8.5万元案件。

2002年，开展严厉打击经济犯罪专项斗争，整顿和规范市场经济秩序，加强对内部单位、重点部位的安全检查和监督防范工作，受理经济案件11起，涉案金额50多万元，逮捕6人。对全县84个内部单位360个要害部位进行安全大检查2次。

2004年，与工商、卫生、烟草等有关部门配合，打击食品、农资、建材、药品、医疗器械、烟草等方面的制假售假行为，公安局经侦部门接受群众报案6起，立为刑事案件2起，破2起，破案率100%。抓获嫌疑人7人，逮捕6人。

2005年，开展专项整治行动，打击各类经济犯罪。接受群众报案10起，立为刑事案件3起，破3起，逮捕3人。

典型案件：1997年1月至1998年12月期间，田东县广播电视局服务部职工梁某，利用职务之便把征订《广西广播电视报》报刊费23315元挪用到个人生意上，单位多次催其交款，但梁某拒不归还，被田东县公安局立案侦查，后梁某被逮捕法办。

1997年10月至1999年1月，田东县汽车站、田东县林逢镇以及苍梧县、湖南省株洲市、湖南省邵东市、广西柳州市等货运单位，被人以签订承运合同协议为由，骗走彩电、酱油、面粉、香蕉、橡胶、饲料、瓷具等货物，损失价值200多万元。经田东县公安局立案侦查，证实是田东县平马镇四平村的黄某、黄某进、李某光、李某联所为，这些货物运到广东给凌某新销赃。涉案人员被依法惩处。

2003年6月5日，破获一起特大诈骗案，抓获犯罪嫌疑人赵某某。2002年8月以来，赵某某利用到银行汇款，将电汇凭证回单传真到右江矿务局，立即派车前往右江矿务局拉出原煤，然后又将银行尚未汇出的钱取出。通过这一手段，先后3次骗取右江矿务局原煤939.97吨，总价值14万多元。

2005年7月，破获田东县供销社农业生产公司原思林公路化肥厂销售员邓某自2004年10月以来，利用职务之便挪用该公司资金13.27万元案件。

第五节　户籍管理

1990年，县公安局办理“农转非”户口实行“四公开”（公开政策、公开指标数据、公开评议、公开审批结果）办事制度。凡要求把农业人口转为非农业人口的，都必须向迁入地派出所提出申请，经派出所查实有关情况后，提出意见报县公安局党委集体讨论审批。根据各乡镇所管辖的非农业人口总数按千分之二的指标分配至各乡镇派出所，由各派出所按各基层单位申请农转非人数，再将指标分到有关基层单位。各基层单位组织有关人员进行评议，提出初评名单给所管辖派出所，派出所经审查提出意见后，按指标1∶1.5报县公安局审批。全县非农业人口从1989年的42481人增至2005年的59045人，增加16564人。

随着改革开放的不断深入发展，外地来田东县从事建筑、经商等暂住人口也逐年增多。为更好地管理这些人员，田东县公安局以派出所管辖区为单位进行暂住人口登记并发放暂住证进行管理。暂住人口登记也从1989年564人上升到2005年的5530人，增加4966人，上升89.8%。全县常住人口从1989年的368990人至2005年时达到393811人，增加24581人。

根据自治区公安厅部署，田东县在1987年至1990年集中力量颁发居民身份证。1991年，全县第一次集中颁发第一代居民身份证工作基本完成。

2001年6月，国务院批准同意公安部从2001年起采用非接触式IC卡技术逐步换发第二代居民身份证，要求公安部门有计划、分步骤在全国推进。2004年，田东县公安局认真开展户口核对，对现有的人口信息进行核对、补充和完善。2005年，按时完成了常住人口信息的核对与录入人口信息系统工作，完成第二代身份证人口信息采集的各项准备工作，当年全县换发第二代居民身份证工作顺利启动。

1989年，全县人口总户数70399户，总人口368990人，其中男性183785人，女性185205人，其中农业户口326509人，非农业户口42481人。暂住人口登记564人次，发放居民身份证37257人。

1992年，全县人口总户数78532户，总人口380770人，其中男性191039人，女性189731人，其中农业户口331991人，占总人口数87.19%，非农业户口48779人。公安机关办理户籍迁入手续6812人，办理迁出手续4695人，人口出生登记5732人，死亡登记2240人，办理暂住人口登记978人次，发放居民身份证4502人。当年4月21日，县公安局户政科在办理临时身份证时查获负案在逃犯黄某当。黄犯于1991年10月26日在县城东恒旅社盗窃一旅客现金3300元后外逃。

1994年，全县人口总户数80337户，总人口385851人，其中男性194654人，女性191197人，其中农业户口332793人，占总人口数86.25%，非农业户口53058人。公安机关钉挂门牌36730块，占制好门牌58570块的62.7%。办理农转非1060人，办理户籍迁入手续4406人，办理迁出手续4552人，人口出生登记4316人，死亡登记2470人，发放居民身份证10474人，办理临时身份证2457人。

1995年，全县人口总户数81168户，总人口386448人，其中男性195349人，女性191099人，其中农业户口332270人，非农业户口54178人。公安机关更换新版常住户口登记表292988份，制发户口簿58166本。年内确立为重点人口管理2622人，占人口总数6.78‰，建立帮教小组349个，投入帮教力量1869人，控制率91.6%，帮教率91.9%，改好率80.2%，重点人口提供线索357条，破刑事案件262起，查处治安案件328起。办理农转非1060人，办理迁入手续3321人，办理迁出手续3812人。开展清理整顿暂住人口42次，暂住人口提供线索105条，协查治安案件115起，破刑事案件38起，抓获违法犯罪人员134人。

2000年，全县总人口388880人，其中男性196960人，女性191920人，其中农业户口330435人，非农业户口58445人。公安机关登记暂住人口2049人，已办暂住证2028人，办证率98.9%。列为重点人口管理1205人，占人口总数3.1‰。完成公民身份证号码编制任务，其中已领居民身份证人员编号升位211835人，16周岁以下未发证公民补号数68190人，16周岁以上因故未领证公民补号109190人。制发居民身份证25755人（证）、办理临时身份证2300人（证）。组织清理流动人口、暂住人口110次，通过清理整顿，补办暂住证376人，破刑事案件8起，查处治安案件38起，查获违法犯罪人员76人，抓获批捕在逃人员1人。

2002年，县乡镇机构改革，户政科归口由治安部门统一管理。加大经费投入，进一步规范出租房和流动人口的管理，在河谷四镇派出所建立微机网络管理出租房屋、流动人口和重点人口。把出租房、旅馆业作为监控的重点，对出租房管理做到有治安许可证、治安责任书、出租房门牌、出租房档案，加强对流动、暂住人口的登记、管理工作，不断减少治安防范盲区。当年，有94054户392712人，其中男性199449人、女性193263人，农业人口为334148人，非农业人口为58564人。总人口中壮族

333200人、汉族42465人、瑶族16693人、其他民族354人。全县出生人口为4252人，死亡2070人，人口总数比2001年增加2280人，非农业人口增加153人。全年为群众办理居民身份证23555人（证）。暂住人口申报登记2960人，全部办理暂住证，办证率100%。投入警力715人次，清查出租房屋1567间，清查流动人口2960人。通过清查整顿，破获刑事案件16起，查处治安案件35起，查获违法犯罪人员63人。

2005年，公安户政管理部门做好第二代身份证人口信息采集和各项准备工作。按时完成人口信息的核对与录入工作，田东县换发第二代居民身份证工作启动。全县有1个乡、9个镇，有100385户393811人，其中男性201781人、女性192030人，农业人口为334766人，非农业人口为59045人，其中18岁以下70506人、18~35岁148570人、35~60岁129032人、60岁以上45703人。全县出生人口为3917人，死亡为3690人，人口总数比2004年减少3870人，非农业人口增加1048人。清查出租房屋749户，发证838户，暂住人口5530人，办证5530人，办证率100%。为群众办理无底卡居民身份证4086人（证）、办理特快身份证9699人、办理临时身份证1492人，办理省内外迁入手续4396人、省内外迁出手续6716人。

1989—2005年田东县人口基本情况表

表17-1-1

年份	总户数(户)	总人口(人)	男(人)	女(人)	农业户口(人)	非农业户口(人)
1989	70399	368990	183785	185205	326509	42481
1990	72504	371509	185534	185975	328335	43174
1991	74385	375155	187568	187587	329777	45378
1992	78532	380770	191039	189731	331991	48779
1993	78906	384151	193778	190373	333046	51105
1994	80337	385851	194654	191197	332793	53058
1995	81168	386448	195349	191099	332270	54178
1996	84387	386297	195240	191057	333925	52372
1997	85659	386219	194982	191237	329976	56243
1998	89449	388737	196767	191970	330908	57829
1999	90006	389215	197053	192162	330569	58646
2000	92008	388880	196960	191920	330435	58445
2001	92716	390432	198019	192413	331834	58598
2002	94054	392712	199449	193263	334148	58564
2003	93695	393925	200308	193617	33555	58369
2004	95980	397681	202475	195206	339684	57997
2005	100385	393811	201781	192030	334766	59045

第六节　监所管理

1989—2005年，县看守所位于平马镇庆平街97号，受县公安局和武警的双层管理。

1989年，看守所收押人犯433人，有关领导给在押犯人上课，开展政治教育6次。有24人次检举揭发45条案件线索，破案1起。管教干部分别和人犯谈话教育720多人次，进行12次安全大检查。坚持24小时值班巡逻，做好教育改造感化人犯工作，没有发生人犯逃跑、自杀和行凶等现象。

1990年，看守所关押各类人犯456人，处理出所人犯346人。有关领导给在押人犯上课5次，开展政治教育2次。干警个别谈话教育730次。有3名人犯能认罪服法，主动交代余罪。有6人改变自杀念头，有1人检举揭发其他人犯2起2人，检举揭发违反监规行为38次47人。有9人检举揭发他人犯罪线索10起，破获盗窃自行车案3起4辆。开展文明监舍评比活动，评为文明监舍5个，文明个人92人，表扬98人。

1995年，看守所羁押人犯461人，其中刑事拘留152人，年底在押人犯221人。进行6次双文明评比，评出文明监舍12个，文明人犯367人次，发给奖品折价631元。

1996年，县看守所羁押人犯551人，其中逮捕439人，刑事拘留191人，收审38人，上送劳动改造场所164人，释放109人。年底在押人犯202人，有监舍25间，分成9个管理区。人犯提供破案线索48条，破获刑事案件25起，缴获赃款赃物折价数万元，增加逮捕人犯11人。人犯被评为文明个人467人次，后进个人12人，被禁闭人犯3人。有18名人犯劳动改造表现好获得减刑，有3名人犯严重违反监规被加刑。行拘、收审所关押各类违法人员518人。

1999年，看守工作以严格执法、文明管理、确保安全为目标，完善各种制度。全年关押拘捕人员601人（包括上年末178人），其中刑事拘留238人，逮捕363人。在押人员检举揭发犯罪线索13条，破案2起。

2002年，看守所、治安拘留所、强制戒毒所安全无事故且通过三级所等级评定。看守所关押人员769人，平均月关押248人，关押重刑犯19人。1月31日，及时处置一在押犯以自杀作威胁抗拒监管行为。当天，县看守所准备送在押犯潘某达投劳，民警将潘某达押出监所第一道门时，潘某达突然爬上监所大院内的供水塔顶，以死威胁，抗拒监管。事发后，经耐心细致地教育说服，潘某达爬下塔顶表示愿意接受监管。

2005年，看守所关押人员2400人，平均月关押200人，关押重刑犯9人（判处无期徒刑以上），全年无超期关押和责任事故发生。治安拘留所关押治安、司法拘留人员244人次。强制戒毒所收治戒毒人员338人次。

第七节　道路交通管理

1989年，田东加强交通安全和交通法规的宣传以及上路监控检查工作。全年发生道路交通事故26起，死亡16人，受伤15人，造成直接经济损失1.89万元。检查各种机动车辆16785辆（次），纠正各种违章5281起，扣车4辆（次），扣证414本（次），行政拘留6人。举办违章人员学习班14期，参加学习1250人次，违章罚款7.57万元。

1990年，全县发生道路交通事故64起，死亡23人，受伤22人，直接经济损失14.69万元。与上一年相比，事故数上升146.15%，死亡人数上升43.75%，受伤人数上升46.67%，直接经济损失数上升674.6%。

1992年，开展“百日安全活动”，有85个直属单位与县交警大队签订安全承包责任书，占全县有车单位总数的99.6%。辖区内汽车和摩托车驾驶员按区域系统划分，建立60个安全联组。全县1900名驾驶员，有1800多人向安全联组递交安全行车保证书。全年检查车辆7.85万辆（次），纠正各种违章2.7万人次，扣车149辆（次），扣证840本（次），举办学习班12期，参加人数655人次，违章罚款32

万元。

1995年，县交警大队民警年人均上路285天，全年检查车辆3.02万辆（次），纠正各种违章8051人次，扣车512辆（次），扣证855本（次），办交通规章学习班24期683人次。到学校给学生上安全教育课15次，到单位上课36次。办理检验各类机动车2645辆，审验汽车类驾驶员1459人，摩托车类驾驶员1151人。到边远乡镇举办摩托车培训班5期。处理交通事故297起，处理违章人员265名。

1999年，县交警大队与有车单位和驾驶员签订交通安全保证书1256份，聘请农村交通协管员37人。投入警力9846人次上路检查车辆，查处交通违章8953起9550人，暂扣车辆630辆，暂扣证件5125本，破交通肇事逃逸案6起。完成车辆年检6564辆，驾驶员年审9830人，办理各种新车入户680辆。收缴交通规费168万元。

2001年，以严查“三超”（超载、超速、违章超车）为工作重点，以324国道为重点监控路段，结合创建百里文明河谷，在全县范围内开展整治道路交通秩序专项行动，坚持把80%以上的警力摆到路面上，强化路面巡逻监控，纠正违章。全年纠正交通违章行为1.26万起，暂扣各类机动车1527辆、驾驶证、行车证6029本，吊扣驾驶证294本，吊销驾驶证11本，处理322起交通事故，处罚311个交通肇事者，逮捕涉嫌交通肇事罪的犯罪嫌疑人12人。

2003年，开展“整治摩托车违章专项行动”“打击整治无牌无证假牌假证摩托车”“客车违章超载”“农用车、拖拉机违章”等道路交通专项整治行动。出动警力上路1.97万人次，纠正交通违章2.01万起，处罚1.49万起，暂扣摩托车3318辆，暂扣证件7528本，吊扣驾驶证21本。全年车管部门办理摩托车入户3250辆，各种车辆年检10055辆，驾驶员年审8598人，办理汽车初检1384辆，收缴交通规费300万元。

2005年，组织开展整治“双超”、摩托车违章等道路交通专项整治行动和交通安全“百日竞赛”等活动。10月25日，为加强道路交通安全管理，在田东县公安局印茶、江城、坡塘、作登、义圩、那拔、朔良、祷午等8个派出所设置交警中队，实行一套人马两块牌子。全年出动警力1.09万人次，纠正交通违法1.51万人次，扣留车辆1.42万辆，扣证23本，其中查处货车超载8963起，客车超员490起，卸客1082人，无证驾车1509起，酒后驾车19起，超速行驶110起。收缴交通规费300万元。

主要道路交通事故：1990年4月16日，天等县汽车站司机黄某政驾驶客车由田东开往天等，行至平（马）—江（城）线39千米+800米转弯下坡时，客车坠入37米深的山谷，造成7人死亡（包括司机）、4人重伤、10人轻伤，客车报废的特大交通事故。

1991年12月24日，广西合山电厂汽车司机莫某某驾车往百色，行到思林镇林秀村岔路口时，撞倒村民潘某某、李某某、廖某某3人。潘、李当场死亡，廖重伤。

1993年9月17日，田东县交通局汽车司机谭某良驾车由作登往平马方向，行至平足线6千米+700米处撞到同方向行驶的一辆个体微型客车，造成2人死亡，2人受伤的道路交通事故。

1994年4月26日，田阳县水运公司陈某某驾驶解放牌货车（广西55-10529）往南宁，因违章超车，在祥周乡境内324国道1918千米+700米处，与云南省砚山县建达联营销品厂梁某驾驶的东风牌货车（云南52-5149）相撞，致使梁某的汽车油箱起火，梁某被烧成重伤，一名随车人员被烧死，陈某某的汽车上4人受重伤。

2000年2月9日，在324国道公路思林镇鹧鸪坳坡，一辆贵州大客车因雨天路滑，车速过快翻倒路边，造成5人死亡、多人受伤的特大交通事故。同年5月31日，在324国道公路思林纸厂附近路段，一辆大客车与一辆农用车相撞，大客车翻到山沟，造成3人死亡、多人受伤的特大交通事故。

2001年6月27日，云南省景谷县的罗某某驾驶云A38689号大货车，在324国道1895千米处（林逢镇路段祷午岔路），随尾撞上在前方同向行驶的吉A82005号大货车（该车驾驶员：吉林省九台市杨某

1999年，田东县交警大队办公区 （县公安局提供）

某）。之后，吉A82005号车又尾撞前面的由云南省玉溪市赵某某驾驶的云F15981号大货车。造成罗某某、杨某某及坐在吉A82005号车驾驶室内的董某某受伤，罗某某经抢救无效死亡的重大交通事故。

2002年1月31日，林逢镇林驮村坡龙屯的廖某某驾驶广西LC4077号小型多功能拖拉机由南宁往百色方向行驶，在324国道1893千米+200米处（思林镇良余村下兰屯路段）与从右边岔路驶出的由思林镇良余村下兰屯麻某某驾驶的桂L21690号两轮摩托车（尾坐其妻潘某某、儿子麻某某）发生碰撞后，又与对向行驶的梁某某驾驶的FE4540号多功能拖拉机发生碰撞，造成两轮摩托车上的3人当场死亡，广西FE4540号拖拉机驾驶员梁某某及乘坐车上的另2人受伤的特大交通事故。

2003年4月5日，黄某某驾驶广西L-C4602号“王牌”农用车沿广养线往思林方向行驶，行至广养线3千米＋100米处（思林镇思林村六洋屯路段）时，该车翻倒路边。该车上乘坐的黄某某当场死亡，另有7人受伤。

2004年3月4日，田东县石油钻探二公司梁某驾驶广西L/C3950号“王牌”小型多功能拖拉机，在324国道1830千米+300米处，分别与对向行驶的悬挂为H9580号车牌的“福通”牌红色两轮摩托车（车上驾乘有4人）和由江苏省靖江市杨某某驾驶的桂A73271号“长安”牌微型普通客车发生碰撞，2人当场死亡，2人受重伤后经医院抢救无效死亡，三车不同程度损坏。

2005年12月24日，平果县果化镇山营村山心屯张某某驾驶桂A46209号“时代”牌中型自卸货车，载矿石在324国道1832千米（田东县思林镇路段）同向在前由蒙某驾驶的桂A12340号“解放”牌重型普通货车发生碰剐后，桂A46209号车再与同向在前由平果县黎明乡高桥村塘班屯黄某某驾驶的桂L31185号“桂林”牌大型普通客车和由浙江省缙云县东方镇东湖村杨某驾驶的桂L03581号“云鹤”牌重型罐式货车发生碰撞。桂L31185号车上乘客苏某某、陆某某及一女性3人当场死亡，潘某某、邓某某等14人及桂A46209号车驾驶人张某某受伤，各车辆不同程度损坏。

1989—2005年田东县交通事故四项指标统计表

表17-1-2

年度	交通事故			
	事故数（起）	死亡人数（人）	受伤人数（人）	直接经济损失（万元）
1989	26	16	15	1.89
1990	64	23	22	14.69
1991	66	23	47	12.85
1992	15	16	21	8
1993	110	20	54	8
1994	134	22	61	9
1995	154	27	72	12
1996	12	12	8	4.85
1997	17	7	23	4.96

续表17-1-2

年度	交通事故			
	事故数（起）	死亡人数（人）	受伤人数（人）	直接经济损失（万元）
1998	16	9	16	4.32
1999	15	7	12	12.5
2000	327	42	256	56.6
2001	314	36	286	62.59
2002	338	63	369	96.51
2003	170	40	194	41
2004	163	59	218	54.29
2005	129	42	152	40.2

第八节　出入境及往来港澳台地区管理

1989年，出入境及往来港澳台地区管理工作由县公安局政保科承担，受理公民申请香港定居或探亲5户19人，经上级公安机关审核批准前往香港定居1户3人，双程前往香港探亲1户3人。

1993年，田东先后被列入乙类、甲类地区，外国人无需事先申办旅行证件即可前往。对于入境的外国人，公安机关做到严格管理，热情服务，提供便利，并要求各涉外宾馆、酒店以及基层派出所做好住宿登记工作，与治安部门密切配合，及时掌握入境人员的情况。全年临时入境人员有43人次，住宿登记率达100%；全年受理因私出境申请8人。

1994年，随着改革开放的深入，进出田东县境内旅游、观光、探亲、洽谈贸易的外国人和港澳台同胞越来越多。为做好管理工作，县公安局印发《出入境管理法规汇编》《外国人临时入境住宿登记册》《港澳台同胞临时住宿登记册》等下发各派出所、招待所、酒店、旅馆并派员指导做好申报登记工作。全年临时入境人员106人次，住宿登记率100%。同时做好公民因私出境受理审批工作，受理因私申请出境及赴港澳台7人，其中赴美留学1人、到中国香港探亲3人、到中国台湾探亲2人、到中国台湾定居1人。

1995年，临时入境及港澳台来往人员45人次，其中美国4人、俄罗斯17人、日本2人、法国1人、西班牙1人、中国台湾10人、中国香港7人、中国澳门2人，住宿申报率100%。查处1起非法居留事件，西班牙籍一学生持外国人居留证护照到田东旅游，经查验发现居留证已超期，对其进行批评并限期离开本县返回北京。查处一起越南妇女非法入境到作登瑶族乡居住案件，并按有关规定将非法入境者吴某遣送到广西边防局外管所。同时做好因私出境审批管理工作，受理公民因私出境及赴港澳台申请17人，单程到台湾定居2人，双程到台湾探亲9人，到香港探亲5人，申请到香港定居1人。办理延期加签2人。

1996年，各派出所均设有兼职外管干警，做到组织、人员、任务、制度落实，负责本辖区入境人员管理工作。7月，百色地区第三届芒果节在田东县举行，全县接待外宾20多人次，活动期间的外事、商贸洽谈顺利进行。全年临时入境人员85人次，受理因私申请出境19人。

20世纪90年代后期，田东县放宽出境人员的限制，简化办证手续；增加出入境管理的透明度，对申请出境的条件、程序、审批时间、获批人员名单、证件收费标准和监督举报电话实行公开制度，实现所有的出入境申请实行县级受理、地级审批、自治区公安厅统一制证的三级管理模式，简化办证手续。为此，辖区人员出国及前往港澳台地区旅游、观光、探亲、洽谈贸易，以及外国人、港澳台同胞前来田东县旅游、观光、探亲、洽谈贸易、文化交流等的人员也越来越多。1998年，县公安局增设出入境管理科，承担本县公安机关出入境管理工作。当年受理因私出国出境申请34人，临时到县境旅游、观光、探亲、洽谈贸易的境外人员102人，申报住宿登记101人，登记率99%，其中住宾馆旅社的95人，住农村群众家的6人。当年处理一起台湾商人林某临时入住某单位宿舍没有申报住宿登记案件，对其罚款500元。全年签发办理边境通行证900余张。

2000年，受理公民因私出境及赴港澳台申请33人，其中到美国探亲2人，到越南留学1人，到阿拉伯联合酋长国自费旅游1人，到马达加斯加劳务1人，到中国香港、澳门、台湾地区探亲访友28人。临时入境及港澳台来往人员56人，其中美国10人、英国1人、法国3人、挪威3人、德国2人、菲律宾1人、泰国1人、澳大利亚1人、日本1人、马来西亚1人、中国香港28人、中国台湾4人，申报住宿登记率100%。

2003年，县公安局进一步简化出入境管理程序。受理公民因私出国68人次。境外人员入境考察、观光和探亲访友84人次。进一步简化公民办理前往边境地区通行证手续，方便公民外出务工、旅游、商务活动，年内办理边境管理区通行证2120人次。

2005年，受理公民因私出国95人次，受理申请到香港探亲65人次、到香港商务12人次、到香港定居3人，受理赴台湾探亲7人次、台湾居民停留延期1人次，受理赴澳门就业3人、到澳门探亲2人次、到澳门商务9人次。外国人、华侨、港澳台同胞到田东进行各种交流、考察、旅游和探亲访友70人次，其中外国人25人次、中国台湾居民7人次、中国香港居民38人次。办理公民到边境地区务工、经商、参观、旅游等活动345人次（证）。

第九节　消防管理

1985年9月，县公安局消防科改为现役军队编制，属武警序列，后改称公安消防大队，下辖公安消防中队。县公安局消防科、县消防中队业务上均受百色地区武警消防部门领导。

1989年，县公安局消防科配有专职人员3人，县消防中队配有专职消防人员23人，配有水罐消防车等。县商业局、粮食局、供销社及其下属单位均成立义务消防队，配有消防人员和机动水泵、灭火器械等。1989—1992年，每逢节假日，尤其冬季、春节期间，均组织专项重点防火检查和联合检查。4年里，全县发生火警事故12起，直接经济损失6.19万元，死亡人员3人，受伤人员19人，扑灭火挽回损失21.5万元。

1995年，组织消防、治安、保险、供电等单位在重大节日进行4次安全大检查和5次重点抽查，检查110个单位，发现一般隐患173处，并提出整改意见。

1996年，县城区驻有行政企事业单位118个，个体工商户5820户，还有街道居民。为做好城区消防工作，县消防中队先后举办5期消防基础知识培训班，有186人从事易爆化学物品管理人员参加学习。印发消防宣传资料6500份，张贴消防宣传标语207张。在城区内检查火险29次，发现有易燃易爆物的单位1个，有火灾隐患11处，下发火险隐患通知书11处，督促整改7处。全县发生火灾2起，经济损失9万元。

1998年，田东县个别居民住房简陋，有些厂矿企业单位消防设备差，甚至有的电线安装技术不规范，留下火险隐患。为减少灾害事故的发生，县消防中队举办4期消防基础知识学习班，参加人数280人次。全县发生火灾9起，无人员伤亡，直接经济损失42万元；查处3起，罚款3.95万元。

2000年，加强宣传《中华人民共和国消防法》。在县城新安装16具消火栓，维修13具旧消火栓。

全县发生火灾16起，无人员伤亡，直接经济损失124万元。

2003年，县消防中队推进城镇社区消防建设，以平马镇合恒派出所辖区为社区试点，按照“因地制宜、以点带面逐步扩展、逐步完善”的原则，加强社区消防基础设施建设，落实社区消防安全责任制。加强单位自身的消防安全管理，建立完善消防档案，逐步实现单位消防安全自查，大灾隐患自除，法律责任自负。全年确定消防安全重点单位95个，对石油公司、思林造纸厂、东泥公司等107人进行消防知识和技能培训。加强农村防火工作，积极推广试点村屯的防火工作经验。

2005年，县消防中队接警35次，出动35次，其中抢险救援25起。出动人数215人次，车辆43台次。灭火抢险救援出动率达100%，成功率100%，保护国家财产103万余元。9月2日，田东县南华糖业公司福兰蔗渣堆集场发生火灾，田东消防中队迅速出动2辆消防水罐车、18名官兵赶赴火场。经过5个多小时的扑救，大火扑灭，保住了蔗渣原料600多吨及厂房设备。12月11日，田东县松香厂发生特大火灾。县消防中队出动14名官兵和2辆消防车赶往现场抢救。经过4个小时扑救，大火被扑灭。此次火灾造成1人失踪，2人受伤，烧毁松脂、松香松油一批，直接财产损失约200万元。

第二章 检察

1989年，县人民检察院对刑事、经济、渎职侵权、监所、控告申诉、民事行政监督等方面进行检察，保证移送起诉案件的合法性。与公安机关、人民法院配合，坚决贯彻执行依法“从重从快”惩处的方针，打击各种刑事犯罪活动。全年受理公安机关移送提请批捕281人，审查后决定批准逮捕182人。

1990—2000年，按照“严格执法，狠抓办案”的工作方针，以查办贪污贿赂、渎职等职务犯罪大案要案以及打击严重刑事犯罪活动、开展执法监督等工作为重点，开展各项检察工作。同时，参加全国性的“严打”活动，重点打击车匪路霸、杀人、抢劫、强奸、毒品犯罪、拐卖人口等严重暴力犯罪、流氓犯罪以及破坏电力设备、破坏农业生产、盗窃活动等严重刑事犯罪。

1993年，检察员出庭支持公诉（县人民检察院提供）

2001—2005年，突出“强化监督，公正执法”工作主题，以严厉打击严重刑事犯罪、查办和预防职务犯罪、强化诉讼监督为重点，全力投入“严打”整治斗争和整顿规范市场经济秩序工作，对重大犯罪案件及时介入，依法从重从快惩处。

1989—2005年，刑事案件共批准逮捕1374件2097人；依法查办职务犯罪，立经济案件98件138人，移送起诉37件63人。

第一节 机构

1989年，县人民检察院内设办公室、刑事检察科、经济检察科、法纪检察科、监所检察科、举报中心6个科室。1991年4月，成立控告申诉科，举报中心归入控告申诉科。

1995年，县检察机关独立专用办公用房建成，办公场所搬迁至平马镇庆平路44号。当年，县人民检察院增设民事行政检察科、检察技术科、政工科。

1996年，取消经济检察科，改为田东县反贪污贿赂局。同年6月将刑事检察科分为批捕科和起诉科，12月成立行政装备科。

2000年4月，成立纪检组。2001年，将批捕科更名为侦查监督科，将起诉科更名为公诉科，法纪科更名为渎职侵权检察科。2003年，新设职务犯罪预防科、法律政策研究室。2004年将渎职侵权检察

1989年，县人民检察院办公用房

（县人民检察院提供）

2003年，县人民检察院办公大楼

（县人民检察院提供）

科改为反渎职侵权局。

2005年，县人民检察院内设办公室、反贪污贿赂局、职务犯罪预防科、技术科、控告申诉科、侦查监督科、公诉科、监所检察科、民事行政科、政工科、反渎职侵权局、法律政策研究室（与人民监督员办公室合署办公）12个科局室，编制40名，在编人数39名，其中检察长1人，副检察长3人。

1989—2005年，田东县人民检察院配有检察长1名，副检察长2~3名，各科室局队设负责人1名，为正科级，副职1~2名，为副科级。全院干警人数保持在30~40人。

田东县人民检察院历任检察长：

韦克勋（1987年11月至1993年10月）、宋室安（1993年10月至2001年1月）、黄日康（2001年1月至2002年9月）、李卫生（2002年10月至2006年7月）。

第二节　刑事检察

1989—1992年，县人民检察院与公安机关、人民法院配合，开展打击流氓犯罪、车匪路霸、杀人、抢劫、破坏电力设备、破坏农业生产、盗窃活动。受理批捕案221件700人，审查批捕203件837人，决定不捕7件50人，退回补充侦查10件112人，追捕4人。受理公安机关及本院自侦

2000年，县人民检察院检察员在讨论案件　　（县人民检察院提供）

部门移送审查起诉案件406件688人，审查后向法院起诉406件638人，决定不起诉2件2人，送百色地区检察分院审查起诉17件64人，免予起诉47件93人，追诉3人。

1994—1997年，开展“严打”斗争，从重从快打击各种严重刑事犯罪活动。受理批捕刑事案601件1041人，审查批捕535件886人，决定不捕41件100人，退回补充侦查30件30人。受理公安机关及本院自侦部门移送审查起诉案件548件842人，审查后向法院起诉449件658人，决定不起诉19件26人，送百色地区检察分院审查起诉35件78人，免予起诉19件55人。

1999年6月，批捕起诉分开，成立批捕科和起诉科，分别开展审查批捕、审查起诉工作。

2001年，将批捕科更名为侦查监督科，主要职责是改造审查批捕、立案监督等，将起诉科更名为公诉科，主要职责是依法改造审查起诉、审判监督等。同时，坚持重大、疑难案件的三级通案制度，规定须经主诉检察官办案组、科室、检委会三级通案，方能作出决定，保障案件的质量。坚持对恶性暴力犯罪案件和影响大的重大案件提前介入，通过公安机关对重大案件通报制度，对相关案件在公安机关侦查阶段提前介入。

1998—2005年，县人民检察院受理批捕案1056件2427人，审查批捕897件1321人，决定不捕44件81人，建议公安撤案47件73人，公安机关主动撤案25件59人。受理公安机关及本院自侦部门移送审查起诉案件1364件2049人，审查后向法院起诉1136件1845人，决定不起诉35件48人，送百色地区检察分院审查起诉37件75人，公安机关撤案12件22人，移送其他检察院起诉3件3人。

第三节　反贪污贿赂检察

1978年8月，田东县人民检察院重建时，设立经济检察科，1996年取消经济检察科，改为田东县反贪污贿赂局。

1989—1992年，开展反贪污、贿赂斗争，在办案中主动出击，到各乡镇及有关单位收集经济犯罪线索。同时，从群众举报中认真分析，选准目标，细查深挖犯罪分子，把查办贪污贿赂大案要案作为打击重点，并注意深挖案中案，做到查一案，挖一批。四年间立案受理经济案件155件143人，受理贪污、贿赂案件15件21人，立案侦查30件40人，移送起诉6件11人，免予起诉6件7人，抗诉2件2人，偷税罪案9件12人，挪用公款罪案4件5人。

1993—1997年，受理经济案件80件，受理贪污、贿赂案件20件26人，立案侦查28件32人，移送起诉7件13人，行贿罪案1件1人，巨额财产来源不明罪案1件1人，挪用公款罪案2件。其中，1995年立案侦查田东县交警大队原大队长黄某某受贿案（受贿10万元），法院判处有期徒刑10年。

1998—2005年，受理经济案件42件，受理贪污、贿赂案件7件12人，立案侦查32件52人，移送起诉24件39人，巨额财产来源不明罪案1件1人，挪用公款罪案4件4人。其中，立案侦查田东县畜牧水产养殖局原局长凌某某、副局长黄某某伙同会计潘某、出纳员黄某、县兽医站原站长廖某贪污公款19万余元，社会影响强烈。

1989—2005年，在注重查办职务犯罪的同时，县人民检察院坚持反腐败要标本兼治的工作方针，开展预防职务犯罪工作。县人民检察院与田东县电力有限责任公司等38个单位共同开展预防职务犯罪工作的网络建设，成立预防职务犯罪小组，制定预防职务犯罪工作方案，明确检察机关与有关部门在职务犯罪查办、信息交流、预防对策、检察建议落实、预防宣传、教育与咨询以及建立有效的预防工作机制等方面的职责任务。同时还到65个单位上法治课76次，近2万人次接受教育。此外，向114个县直部门和13个乡镇发放《预防职务犯罪读本》。

第四节　反渎职侵权检察

1989—1992年，田东县人民检察院对国家工作人员严重侵犯公民民主权利、人身权利和渎职犯罪行为进行检察。受理各类法纪案件53件，立案4件，玩忽职守案件1件8人，重大责任事故案件2件。

1993—1997年，受理各类法纪案件35件，立案2件，其中诬告陷害3件，非法拘禁6件，非法搜查4件，刑讯逼供2件，责任事故案件8件，提出检察建议10次。

1998—2005年，受理各类法纪案件54件76人，立案2件2人，其中非法拘禁8件12人，非法搜查2件2人，刑讯逼供6件11人，责任事故案件6件10人，徇私舞弊案件2件2人，徇私枉法5件6人，玩忽职守案件6件8人，滥用职权案件1件3人，民事枉法裁判案1件4人。

第五节　监所检察

1989—1992年，县人民检察院坚持监所检查细则制度，对监所检查做到经常性、及时性。通过检查纠正关押人犯不安全因素16起，对刑拘超时限提出违法纠正意见29人，纠正不及时上送劳改的审决犯1人，提出监所检察建议25条，进行安全检查33次，对监外罪犯进行考察和帮教45人，对在押人犯进行谈话教育、集体上课177次。

1993—1997年，县人民检察院提出监所检察建议75条，进行安全检查65次，召开联席会议41次，对在押人犯进行谈话教育、集体上课34次，追办超期案件10件，进行法律知识和监规知识考试2次。

1998—2005年，县人民检察院提出监所检察建议140条，进行安全检查111次，召开联席会议70次，对在押人犯进行谈话教育、集体上课454次，追办超期案件128人次，发现存在安全隐患19起，提出检察建议19次，在押犯人无超期羁押现象。

第六节　控告申诉检察

1989—1992年，县人民检察院受理申诉、控告、举报类案件247件，经济犯罪案7件，来信来访327件。

1993—1997年，开展举报宣传，提高举报质量。每年6月，均组织人员到各乡镇开展宣传活动，将法律知识送到乡下，回答群众的法律咨询。受理来信来访625件，其中来信541件，来访35件。

1998—2005年，县人民检察院建立检察长接待日制度，实行控告申诉首办责任制和举报线索统一评估制度，着力解决长期申诉、久拖不决和群众反映强烈的实际问题，推动控告申诉检察工作基本实现“由转到办，随来随办”的转变。受理来信来访840件，申诉、控告、举报类案件310件，经济犯罪案129件，检察长接待154件206人次，均在规定期限内办结。

第七节 民事行政检察

1990年10月1日《中华人民共和国行政诉讼法》和1991年4月9日《中华人民共和国民事诉讼法》实施后，田东的民事行政检察工作开始起步。县人民检察院根据民事行政检察工作的性质、任务、受理案件范围和申诉办法，扩大案件来源，加强对民事行政诉讼活动的法律监督。

1995年，县人民检察院成立民事行政检察科，主要承办对人民法院已经发生法律效力的民事、行政判决、裁定，发现确有错误或有违反法定程序、可能影响案件正确判决、裁定的，依法提出抗诉等工作。受理群众来信来访137件281人，其中受理经济案件线索26件56人，受理法纪案件线索7件12人；受理重婚案件线索2件，立案1件1人；受理申诉案件30件52人，受理赔偿案件2件2人。信访件中，转有关部门信件71件121人次。

1997—2000年，受理民事案53件，其中婚姻纠纷4件，债务纠纷6件，房屋纠纷10件，行政纠纷4件，合同纠纷5件，财产损害赔偿2件，经济损害赔偿5件，工程款纠纷1件，移送百色地区检察分院受理1件。

2001—2005年，执行最高人民检察院制定的《民事行政抗诉案件办案规则》，增强受理、审查申诉案件的透明度。利用抗诉、检察建议等方式，加强对同级人民法院民事行政审判案件的监督。受理民事案16件，立案3件，不予立案1件，提请抗诉3件。2005年，为进一步做好民事行政工作，县人民检察院从乡镇司法所和律师事务所聘请11名司法联络员，开展司法联络制度，年内有2名联络员向县人民检察院提供民事申诉案件2件。

第八节 检察技术 信息化建设

20世纪90年代，检察信息化建设逐步实现，利用电脑办公办案，实现网络化、自动化办公系统应用。1995年，设立检察技术科，配备法医工作人员，从事文证审查、现场勘验、司法会计和法医检验鉴定等工作。

1992—1998年，受理刑事技术案件301件，文证审查96件，司法会计鉴定10件，法医检验鉴定111件，物证照相274件，现场勘验89件，复核现场勘查1件，制作现场勘查笔录9份，绘现场图3份，文件检验鉴定2件，视听技术416次，出具检验鉴定文书7份，提供定案证据19件，提供侦查线索12件。

1999—2005年，受理刑事技术案件534件，文证审查336件，司法会计鉴定8件，法医检验鉴定47件，物证照相29件，现场勘验29件，制作现场勘查笔录3份，绘现场图2份，视听技术9件，技术协作9件，检验鉴定10件，出具检验鉴定文书3份，通过法医文证审查改变原鉴定结论2件。

2005年，县人民检察院召开“转变干部作风，加强机关行政效能建设”学习会　　（县人民检察院提供）

第三章　审判

1989—2005年，县人民法院受理刑事案件2693件，审结2675件，结案率99.33%；受理民事案件20529件，审结20309件，结案率98.93%；受理经济案件2849件，审结2817件，结案率98.88%；受理行政案件563件，审结561件，结案率99.64%；受理执行案件5821件，执结5301件，执结率91.07%。2002年，县人民法院被最高人民法院评为“全国法院系统指导人民调解工作先进集体”。2004年，思林人民法庭被最高人民法院、司法部授予“模范法庭”称号。

第一节　机构

县人民法院

1989年，县人民法院内设办公室、刑事审判庭、民事审判庭、行政审判庭、经济审判庭、执行庭、义圩人民法庭、思林人民法庭、印茶人民法庭、祥周人民法庭、平马人民法庭。编制61名；配有院长1人，副院长2人。

1992年，成立稽征人民法庭、告诉申诉庭。1996年4月，祥周人民法庭并入平马人民法庭。1997年1月，成立司法警察大队。1998年1月，告诉申诉庭更名为审判监督庭，撤销稽征人民法庭，成立政工科、立案庭。核定编制45名，实有40人。

2002年3月，县人民法院成立监察室，内设机构15个，其中理赔组办公室与行政审判庭合署办公，监察室与纪检组合署办公，执行庭含执行局。核定行政编制65名，其中院长1人，副院长3人，政工科长可由副院长兼任或专任。

2003年6月，撤销经济审判庭，成立民事审判第一庭、民事审判第二庭。

2005年，县人民法院内设机构有15个，即办公室、政工科、监察室、立案庭、刑事审判庭、民事审判第一庭、民事审判第二庭、行政审判庭、审判监督庭、执行庭、法警大队、平马人民法庭、思林人民法庭、印茶人民法庭、义圩人民法庭。核定编制40名，实有39人。

1989—2005年，县人民法院审判楼位于平马镇庆平街502号（平马镇庆平路东园巷1号），占地面积2378平方米。1989年，建有一栋审判综合楼，面积918平方米，投资28万元，其中一楼设大审判庭，面积270平方米，有座位260个。1999年，国家计委扶助县人民法院100万元，建起一栋高6层的审判综合楼，其中一楼设立案服务大厅。

县人民法院历任院长：

刘忠福（1987年11月至1990年9月）、黄盛慈（1990年9月至1993年10月）、黄庭年（1993年10月至1999年1月）、李卫阳（1999年1月至2005年1月）、潘梓田（2005年1月至2006年10月）。

人民法庭

1989—2005年，县人民法院设立平马、思林、义圩、印茶等4个人民法庭。

1994年，思林人民法庭起建审判综合楼，面积380平方米，投资28万元。1995年，义圩人民法庭和印茶人民法庭同时起建审判综合楼，面积各382平方米，分别投资32万元和30万元。当时，义圩人民法院与义圩粮所互换地皮。1999年，思林人民法庭建新的审判综合楼，面积485平方米，投资30万元。

第二节　刑事审判

1989年，县人民法院受理的刑事审判审结案件，主要有盗窃、抢劫、故意伤害、故意杀人、强奸、诈骗、敲诈勒索、引诱容留妇女卖淫、受贿、贪污、挪用公款、交通肇事、赌博、贩卖毒品等案件，重点打击杀人、抢劫、强奸、毒品、重大盗窃等犯罪分子特别是涉枪犯罪、黑社会性质的团伙犯罪、流氓恶势力、车匪路霸等。是年，县人民法院受理刑事案件140件，审结127件，审结率为90.7%。判处15年以上有期徒刑3人，10年以上不满15年23人，5年以上不满10年39人，5年以下142人，缓刑4人，拘役3人，免刑4人，退查13件28人。

1990年，受理刑事案件121件235人，审结121件235人。在开展“查三案”（申诉案、积案、复查案）和“扫六害”（“六害”指赌博、嫖娼、卖淫、拐卖妇女儿童、传播淫秽物品、利用封建迷信骗财害人）的专项斗争中，派出96人次参加统一行动，共审结破坏电力设备案件5起，盗伐林木2件，容留妇女卖淫4起；受理刑事申诉案24件，审理结案19件，均予维持原判。在刑事审判工作中选择典型案例62件124人，到各乡镇、厂矿以及发案地召开宣判大会21次，听众6.06万人次，实现了以案释法、以案说法、以案示警的作用。

1991年，受理刑事案件96件146人，结案95件145人，退查6件11人，有罪审结89件134人。其中，判处5年以上有期徒刑49人，不满5年65人，拘役5人，缓刑12人，管制2人，免刑1人。所审结的刑事案件，青少年占一半以上。设立少年法庭，配备审判干部2人，聘请学校、共青团、工会等特邀陪审员6名，专门审理少年刑事犯罪案件。还选择典型案例，到各乡镇、厂矿等召开宣判大会12场，宣判案件44件69人，旁听群众5.95万多人次。

1994年，受理刑事案件101件，审结101件，结案率100%，二审维持80%。其中退查7件13人，检察院撤诉1件1人，自诉案2件4人，有罪判决91件142人。发生法律效力114人，占结案总数71.25%。在审结的案件中，判处5年以下有期徒刑72人，判5至10年有期徒刑25人，判处5至15年有期徒刑5人，拘役2人，缓刑并处罚金10人。召开万人宣判大会4次，执行死刑命令5人。

1996年，受理刑事案件182件，审结182件，结案率100%。其中，受理严打案件122件，审结122件，结案率100%。深入厂矿、学校、乡镇召开严打宣判大会6场（次），宣判案件28件56人，受教育群众7万余人。通过审理刑事案件，有力地配合开展社会治安综合治理，维护社会稳定。年内，刑事案件下降16.8%，大案要案下降2.5%。

2000年，受理刑事案件181件286人，审结181件286人，结案率100%。其中，盗窃55件，故意伤害38件，抢劫24件，强奸8件，贩卖毒品5件，交通肇事11件，诈骗4件，其他35件。所审结的案件中，判决发生法律效力271人。判处10年以上有期徒刑16人，判处5至10年有期徒刑31人；判处5年以下有期徒刑217人，拘役6人，宣告无罪1人。刑事案件上诉14件，二审审结8件，维持6件，维持率75%。公开审理刑事案件164件，参加旁听人数3万多人。同时，还选择典型案件到祥周镇仑圩村等地召开宣判大会2次。

2003年，受理各类刑事案件230件319人，已全部审结并发生法律效力。其中，判处3年以下有期徒刑283人，3至5年有期徒刑22人，5至10年有期徒刑14人。审结未成年人犯罪20件，判处有期徒刑21人。对构成犯罪的未成年人实行教育、感化、挽救的方针，寓教于审，惩教结合，促进未成年人犯罪及时得到矫治。对罪行较轻，确实不再危害社会的，判处缓刑，全年判处缓刑10人，促进犯罪分子的悔改。针对审判中发现的治安隐患问题，开展法治宣传教育活动，参与社会治安综合治理。全年公开宣判案件200件290人，召开宣判大会2次，宣判案件20件25人。

2003年，田东县人民法院审判庭　（县人民法院提供）

2005年，受理刑事案件154件209人，审结153件208人，结案率99.35%。同时，结合审判工作，开展法治宣传教育活动。通过公开开庭、召开宣判大会、执行死刑命令、选择典型案件公开报道、到学校及有关单位上法治课等形式，以案说法，以案普法，对预防和减少犯罪发挥积极作用。

第三节　民事审判

1989年，县人民法院在审结的民事案件中，婚姻家庭、合同纠纷、权属纠纷等民事案件占很大比重，财产损害赔偿案件在侵权纠纷中也占一定比例，其中包括因合同、相邻关系、婚姻家庭关系、人身损害和交通事故等引发的财产纠纷。是年，受理民事案件353件，审结329件，结案率93.2%。在审结的329件中，调解140件，占结案总数的42.6%。

1990—1995年，受理民事案件7076件，结案6986件，结案率98.7%。其中调解结案4296件，调解率61%。在审结民事案件中，为计生部门收回罚款金5200元，为水电部门收回拖欠水费9010.7元，为交通征费稽查所收回公路稽征规费3.41万元，为金融部门收回农业贷款12.75万元。其中调解结案1015件，占结案总数的75.5%。

1996—1999年，受理民事案件（含交通规费案件）9760件，审结9719件，结案率99.57%。其中，受理交通规费案件272件，审结272件。

2000年，受理民事案件605件，审结605件，结案率100%。其中，审理债务纠纷246件，婚姻纠纷197件，损害赔偿98件，名誉权纠纷10件，房屋纠纷2件，其他纠纷52件。在审理案件中，运用调解方式结案232件，占结案总数的38.47%。

2001年，受理民事案件439件，审结437件，结案率99.54%。在民事审判工作中，注意加快办案速度，当庭宣判率有明显提高。义圩人民法庭当庭宣判率90%，思林人民法庭当庭宣判率82.2%，平马人民法庭当庭宣判率75.5%。

2003年，受理民事案件427件（含审查、申诉、再审），审结424件，结案率99.3%。其中，受理婚姻家庭、继承纠纷案件144件，结案率100%；受理权属、侵权纠纷案件158件，审结156件。

2004—2005年，受理民事案件1430件（含商事案件），审结1371件，结案率95.87%。

第四节 经济审判

1989年，受理经济纠纷案件31件，结案28件（包括移送4件，撤诉1件），结案率90.32%，诉讼标的51.3万元。其中购销合同纠纷9件，借款合同纠纷6件，农村承包合同纠纷5件，联营合同纠纷2件，其他经济纠纷6件。在办理经济纠纷案件中，调解结案13件，调结率46.42%。

1991年，受理经济纠纷案件95件，审结91件，结案率95.78%，诉讼标的92.73万元。其中购销合同12件，借款合同10件，农村承包合同纠纷2件，联营合同纠纷4件，其他合同纠纷67件。因债权债务明确而发出支付令的42件3.52万元。调解结案69件，调解率75.8%。

1993—1995年，受理经济纠纷案件781件，审结768件，结案率98.33%，为金融部门追回逾期贷款150万元。

1996—1998年，受理经济纠纷案件1179件，审结1175件，结案率99.66%。

1999年，受理经济纠纷案件135件，审结135件，结案率100%。调解结案88件，作出判决37件。上诉1件，二审维持原判。成立以院长李卫阳为组长的农村合作基金会现场办案工作组，选派4名审判人员负责审理基金会案件，促进了全县金融秩序、金融环境的好转。

2001年，受理经济纠纷案件89件，全部审结，诉讼标的1090.8万元。所受理的案件中，借款合同纠纷59件，农业承包合同纠纷8件，财产租赁合同纠纷6件，买卖合同纠纷5件，建筑工程、承揽合同、客运合同纠纷各1件，其他合同纠纷8件。在判决结案的案件中，当事人无一人提出上诉，服判率达100%。当年受理农村合作基金会借款和财政周转金借款合同纠纷案件55件，诉讼标的金额277.94万元，全部审结。

2003年，受理合同纠纷案件125件，审结124件，结案率99.2%。对经济确有困难的当事人，开展司法救助工作，尤其是涉及妇女、老人、未成年人、残疾人和追索赡养费、抚养费、抚恤金、养老金等诉讼案件，实行缓交、减少、免交诉讼费27件，金额6.61万元。

2004—2005年，经济审判（民商事审判）案件归入民事审判。

第五节 行政审判

1989年，受理行政案件7件，审结7件，结案率100%。

1990年，受理治安行政案件5件，全部结案。1991年，受理行政案件7件，审结7件，其中维持行政处罚决定4件，撤销行政处罚决定2件，撤诉1件。

1992—1998年，受理行政案件371件，审结371件，审结率为100%。

1999年，受理行政案件26件，审结26件，结案率100%。8月10日，组织一个示范庭，邀请县人大、百色地区中级人民法院领导以及辖区行政机关执法人员到庭旁听，开创全地区法院行政审判的先例。是年，行政案件质量评比居百色地区第一。

2001年，受理行政案件25件，审结25件，结案率100%。其中，判决维持行政处罚决定6件，判决撤销行政机关处罚决定15件，其他处理4件。此外，还受理建设、计生、工商、土地、林业等部门申请的非诉行政执行案件111件，全部审结。为配合全县计生大清理活动，及时受理计生非诉行政执行案件97件，收回计生罚没款12.8万元。受理县建设局、思林镇、平马镇、祥周镇等行政部门申请的非诉行政执行案件，为开展“百里文明河谷”活动排除障碍，确保行政机关依法行政。

2005年，受理行政案件33件，审结31件，结案率93.93%。此外，审查非诉行政案件首次突破1000件，达到1245件。

第六节　案件执行

1989年，受理执行案件78件，执行标的1598.68万元，执结52件，执结标的636万元，执结率66.67%。在结案的52件中，属于教育后能自动履行义务的有28件，占结案总数的53.8%，标的金额2.9万元，标的物19件；属于无动于衷而采取强制执行的8件，占结案总数15.4%，标的金额8529元，标的物3件；属于中止执行的14件（因被执行人在短期内无偿还能力而中止），占结案总数的26.9%，标的金额2.6万元。撤回申请执行的2件，占结案总数的3.84%，标的金额为60元。

1990—1992年，受理执行案件310件，执结272件，执结率87.7%。1994—1996年，受理执行案件683件，执结594件，执结率86.96%。

1997年，受理执行案件174件，执结174件，执结率100%。其中，受理行政机关申请执行案件130件，结案率100%。对擅自在县境内国道两旁搭棚建房，经多次教育仍不拆迁的违章户，强行拆迁。强制执行拆迁41件，面积1640平方米。违章户自动拆除65件，面积2560平方米。同时，清除各种非公路标志、广告牌、堆积物等。

1998年，受理执行案件212件，申请标的752万元，执结127件，执结标的236万元。其中，执行行政机关申请执行处罚决定17件，非诉讼案件执行率100%，执结标的21.16万元。

1999年，受理执行案件306件，执结260件，执结率84.97%。执结案件数排自治区第二，完成执结率排自治区第三。

2000—2004年，受理执行案件2547件，申请执行标的金额5745.93万元，执结2373件，执结率93.16%；执结标的金额4983.19万元，执结标的率86.72%。

2005年，受理诉讼执行案件和非诉执行案件1388件，申请标的金额774.95万元，执结1329件，标的总金额568.15万元。此外，召开2次执行款和国家赔偿款兑现大会，兑现执行款和国家赔偿29人近70万元。

第七节　申诉复查

1993年，受理告诉申诉案件5件，审结5件，全部维持原判。

1994—1998年，受理告诉申诉案件90件，审结90件，结案率100%。

2002年，受理民事、刑事和其他重审、再审等案件11件，审结11件，结案率100%。其中，上诉9件，二审全部维持。

1999—2005年，再审案件实行归类统计，即刑事再审案件归刑事审判统计，民事再审案件归民事审判统计，商事再审案件归经济审判统计，行政再审案件归行政审判统计。

第四章　司法行政

1989年，县司法局在全县建立健全基层调解组织和法律服务组织，在开展民间纠纷调解的同时为群众提供法律公证、法律顾问、法律援助等法律服务。人民调解工作坚持“调防结合，以防为主”的方针，根据民间纠纷发生的特点，适时组织排查，有针对性地开展专项治理活动，防止纠纷激化，当年全县各级人民调解组织受理各类民间纠纷1491件、调解1346件，办理各类公证1071件，解答法律咨询300件。

1991—2005年，每年在重要节日、重要农事和重大政治活动期间均进行纠纷大排查、大调处工作，把大量矛盾纠纷解决在基层。采用广播、电视、宣传车、宣传板报、印发法律资料、法律知识考试等形式，开展各种法治宣传教育活动。开展法律服务工作，为各单位提供司法建议，办理各种抵押、担保、借款合同公证。对服刑、在教人员刑满释放、解除劳教人员进行法律知识培训和实用技术培训，安置帮教，增强他们遵纪守法意识，提高劳动致富能力。2004年，成立法律援助中心，为贫穷、残疾、老弱等弱势群体以及下岗企业困难职工提供法律援助。

1989—2005年，全县各级人民调解委员会共调解民间纠纷案件19811件，办理各种法律援助案件52件，办理国内公证20261件。

第一节　机构

县司法局

田东县司法局于1981年成立，成立之初在平马镇人民路66号县人民政府院内挂牌、办公。1992年，业务办公楼投入使用，办公地址是平马镇油城路205号。

1989—1992年，县司法局设置办公室、公证处、法制宣传股（后改普法办）、律师事务所、调解室等5个股室。全局定编21名，实有人数21人。每个乡镇均配备1~2名司法员。

1999年，收编13个乡镇司法助理员为县司法局行政编制，全局编制38名。

2002年，机构改革，司法局编制从38名减为34名，配局长、书记各1人，副局长2人，纪检组组长1人，设有办公室、法制宣传股（负责田东县普法依法治理领导小组办公室日常工作）、基层工作股、安置帮教股（负责田东县刑释解教人员安置帮教工作协调小组办公室日常工作）、公证处等5个职能股、室（处）。

2005年，县司法局内设办公室、法制宣传股、基层工作股、刑释解教人员安置帮教股、法律援助中心、公证处等6个股室。全局编制39名，在编39人，其中机关行政编制14名，在编14人；事业编制2名，在编2人；基层司法所编制23名，在编23人。配局长1人、党组书记（兼副局长）1人，副局长2人，纪检组组长1人。

县司法局历任局长：

黄日宽（1987年11月至1993年12月）、黄龙南（1993年12月至1999年8月）、黄选杰（1999年8月至2006年12月）。

派出机构　二层机构

1989—1997年，13个乡镇人民政府设立司法办公室，每个乡镇均配有1~2名司法助理员。1998年年底，各乡镇人民政府司法办公室改建为司法所，并配备所长，为县司法局派出机构，配有司法员15名。2005年，乡镇基层司法所编制23名，在编23人。

2004年1月，成立县法律援助中心，为县司法局的二层机构。2004—2005年，县法律援助中心编制2名（事业编制），在编2人。

第二节　法治宣传教育

法治宣传

1989年，采取灵活多样的形式，对公民进行法治宣传教育。全县共印发各种法治宣传材料2010份。拍摄犯罪照片159幅，出宣传橱窗、黑板报、墙报195期，书写张贴大小标语115条。上法治课104场次，受教育16.3万人次。

1990年，广泛宣传《中华人民共和国行政诉讼法》和《中华人民共和国集会游行示威法》，印发各种法治宣传材料1361张，编写案件材料78份。出动宣传车下乡镇宣传67辆次。上法治课88场次，受教育人数11万余人。举办违法人员学习班25期，人数800多人。群众提供案件线索200多条，送违法人员到公安机关7人，主动投案自首58人，缴获赃款赃物折价6万多元。

1992年，印发各种宣传资料2905份，编写案例12份，制作录音广播宣传带8盒，出宣传橱窗8期，墙报14期，出动宣传车50辆（次）。上法治课15场，听课人数7115人。放映宣传28场次，受教育人数13万人次。

1996年，结合“严打”专项斗争，加强法治宣传力度，主要宣传《中华人民共和国刑法》《关于禁毒的决定》《严惩拐卖、绑架妇女、儿童犯罪分子的决定》，以及“严打”斗争取得的重大成果。同时，举办《中华人民共和国消费者权益保护法》《中华人民共和国农业税收法律法规》有奖知识竞赛活动。法宣股（又称普法办）被评为自治区“二五”普法先进单位。

2000年，配合县广电局办好“法制之窗”栏目。深入各学校上法治课10场次，受教育人数5750人次。

2005年，出动宣传车27车次175人次，散发普法、“禁毒”等法律法规宣传资料3.6万多份，张挂“严打”等宣传挂图1100多幅（次）。接受群众咨询560人次，受教育人数5.8万人次。深入各中小学校开展法治讲座56场次，受教育人数2.6万人次。

普法教育

“二五”普法　1991年，制定全县“二五”普法规划的实施细则。举办乡镇领导、司法员以及县直各单位、上级驻县单位领导培训班，有87人参加学习。全县发行“二五”普法教材28410册。

1992年，以学习宪法、宣传宪法为主，带动整个法治宣传教育工作。组织参加宪法颁布十周年法律知识竞赛活动，发竞赛试卷2万多份，5个单位获优秀组织奖、150名获优秀个人奖。“二五”普法第一单元考试有244个单位参加，应参加考试人数7876人，考试及格率99.9%，平均分数89.8分。

1994年，举办普法培训班37期，参加培训人数2500人，其中县级普法班举办1期107人。全县党政机关事业单位普法对象应普8680人，厂矿企业应普对象16248人，农村应普对象16.95万人。

1995年，田东县基本完成“二五”普法的学习和考试任务，通过百色地区“三五”普法验收。

“三五”普法　1996年，“三五”普法工作启动，印发《田东县依法治县工作意见》，出台《田东县人大常委会关于继续开展法制宣传教育的决定》。

1997年，举办领导骨干培训班112人，法治讲座4期，受教育人数350人。“三五”普法第一单元考试，参考人数12267人，参考率95%，及格率98%。

1999年，全县征订普法教材5806套，填写干部职工学法用法登记卡2.2万多份。全县副科级以上干部有718人参加“三五”普法考试，参考率99%，及格率100%；一般干部职工参加考试11238人，参考率95%，及格率100%。

2000年，全县参加“三五”普法考试的干部职工有9075人，参考率及考试合格率100%。是年，顺利通过百色地区“三五”普法验收。

“四五”普法　2001年，举办“四五”普法专业培训班9期，参加培训的领导干部771人。全县征订“四五”普法教材5080套。以平马、祥周、林逢、思林河谷4镇部分村屯作为示范点，开展“法律服务进万家”活动，对试点的13个村屯（组）565户共2098人作为法律服务对象，发放联系卡555张，为服务户和服务对象提供各种法律服务。

2002年，全县“四五”普法第一单元普法对象有11600人，参学率为95%，参考率为95%，及格率为98%，三率达标。

2004年，征订“四五”年度普法教材《普法读本4》和《道路交通安全法读本》各4800多本。先后组织开展《中华人民共和国行政许可法》和普法考试，全县12000多名干部职工参考，参考率98%。

2005年，全县征订《普法读本5》7200本，12000多名干部职工参学率达100%，参考率97%，合格率97%，全县普法三率达标，通过市、自治区两级的普法验收。

第三节　公证事务

1985年4月，县司法局成立县公证处，配主任、副主任各1人，有工作人员2人。1989—2005年，县公证处配有公证员2~4名。

1989年，办理各类公证1071件，制止不法经济活动6件，涉及金额21万元。1990—1995年，办理各类公证8798件。证后发生纠纷68件，调解成功65件，诉讼到法院3件。

1996—1999年，办理各类公证29668件，其中民事公证28297件，经济公证1371件；拒办公证37件，制止违法行为21件，避免经济损失96.9万元，公证业务收费31.86万元。

2000—2005年，办理各类公证3889件，其中民事公证3358件，经济公证531件；防止错证14件，拒绝出证28件，撤销公证1件，制止不法经济活动4件，涉及金额400多万元。

第四节 律师事务

1989年，县律师事务所代理民事案件和非诉讼案件71件，其中经济案件和经济纠纷案件11件，帮助委托人（单位）避免经济损失13万元；办理刑事案件44件，解答法律咨询300件，代写文书36件，担任企事业单位和其他经济实体的常年法律顾问12家，帮助聘请单位办理经济法律事务4件。

1993—1995年，县律师事务所办理刑事案件辩护253件，经济案件代理39件，民事案件代理案件163件，行政诉讼代理案16件，为7家企事业单位担任常年法律顾问，参加其经济合同的谈判、草拟、审查、修改，为聘请单位追债，办理土地使用证等非诉讼法律事务。

1998年，县律师事务所进行内部管理体制改革，实行承包责任制，律师积极开拓业务，全年办理各类法律事务165件，其中刑事案件辩护及代理49件，经济案件代理21件，民事案件代理61件，行政诉讼代理13件，非诉讼法律事务代理21件。担任常年法律顾问8家，避免和挽回经济损失35万元。

1999年，田东县律师事务所更名为春草律师事务所，并创办田东县龙翔律师事务所。全年办理各类诉讼案件206件，其中刑事辩护代理45件，民事、经济诉讼代理123件，办理行政诉讼代理10件，办理非诉讼案件28件。担任常年法律顾问13家，业务收费8.72万元。同时，办理法律援助案件8件，义务解答法律咨询518人次，义务代写法律文书130份，减免收费6800元。

2000年年底，春草律师事务所实行脱钩改制，成为百色地区第一家县级合伙制律师事务所。春草、龙翔2个律师事务所办理各类案件165件，其中刑事辩护及代理61件，民事诉讼代理65件，经济诉讼代理19件，行政诉讼代理8件，非诉讼法律事务代理12件。担任常年法律顾问13家，业务收费10万元，避免和挽回经济损失48.3万元。

2001—2005年，全县有律师事务所2家，专职律师5~8人。办理各类案件381件，其中刑事辩护代理134件，民事诉讼代理185件，行政诉讼代理23件，经济诉讼代理17件，办理非诉讼法律事务22件。同时，无偿办理法律援助案件11件，免收律师服务费2万元。为11家国家机关、企事业单位提供常年法律顾问，并为重大项目提供法律服务。

第五节 人民调解

1989—1990年，全县各乡镇配备司法助理员，建立村级人民调解委员会167个，调解委员835人。共调解各类民间纠纷2624件，调解成功2317件，调结率为88.3%；其中防止纠纷激化21件，避免非正常死亡137人，帮助教育失足青年48人。

1994—1995年，全县发生土地纠纷、山林、地界纠纷、水利纠纷案件122起，人民调解委员会调结106起。受理各种民事纠纷案件1407件，调结1281件。处理来信112件，接待群众来访887人次。防止民间纠纷转化为刑事案件140件，1378人次，防止民间纠纷引起自杀案28件31人次。

1996—1999年，全县设调解委员会167个，其中规范化调解委员会86个。担任调解工作的人员483人，调解各种纠纷5643件，调解成功5232件，成功率92.71%。各乡镇法律服务所（司法所）受理各种纠纷案2008件，调解处理1949件，协助调委会调解416件，协办公证事务7152件，民事诉讼代理217件，代理非诉讼事务82件，担任法律顾问102家，代书462份，见证219件。揭发犯罪线索12条，防止群众械斗争端10件（次），防止群众上访9件100人次，防止民事转刑事案1件3人。

2000—2002年，建立基层人民调解委员会167个，调解委员会委员1433人，其他调解人员98人。调解各种民间纠纷2045起，调解成功1947起，成功率95.2%。乡镇司法所和法律服务所（中心）调解民间纠纷1024件，其中协助调解委员会调解纠纷595件，制止群众上访6起63人，制止群众性械斗4起150人，防止矛盾激化6起。为基层政府提出司法建议32件，采纳32件。

2003—2004年，全县有调解委员会180个，下设调解小组1535个，调解人员2325人。人民调解委员会受理民间纠纷1014件，调解1014件，调解率100%；调解成功974件，调解成功率96%。司法所（含法律服务所）开展矛盾纠纷排查50次，协助基层政府处理社会矛盾纠纷案件276件，处理成功261件，调解成功率94.5%。

2005年，全县有人民调解委员会177个，属一类调解委员会105个，二类调解委员会62个，三类调解委员会10个。规范化调解委员会104个，占调解委员会总数的58.76%，有调解人员2248人，下设调解小组1535个。各级调解委员会受理调解民间纠纷502件，调解成功490件，成功率97.6%，其中婚姻家庭纠纷91件，邻里纠纷107件，合同纠纷21件，赔偿纠纷81件，劳动纠纷1件，村务管理纠纷1件，土地承包纠纷17件，征地拆迁纠纷19件，计划生育纠纷1件，宅基地纠纷58件，其他纠纷105件。司法所（含法律服务所）受理民间纠纷案件216件，调解216件，调解率100%，调解成功208件，调解成功率96.3%。当年，全县10个司法所全部达到达标所以上等级，其中一级所3个，二级所3个，达标所4个。

第六节　安置帮教

1998年起，县司法局对刑满释放、解除劳教人员进行安置帮教。

1998—2000年，刑释解教回归人员541人，其中刑满释放人员434人，解除劳教人员107人；安置530人，待业11人，安置率97.9%；落实帮教人员1060人，重新违法犯罪率1.8%。2000年11月23日，在思林纸厂挂牌成立田东县两劳回归人员安置示范点。

2001年，田东县第一个村级刑解人员安置点——林逢镇平洪村“两劳”（劳改劳教）回归人员安置点挂牌成立。年内，全县接收刑释解教人员238人，其中刑满释放人员209人，解除劳教人员29人；安置232人，待业6人，安置率97.4%；落实帮教人员476人。

2002年，全县成立14个安置帮教工作站，在村（街）成立安置帮教小组167个，落实帮教人员1344人，形成三级帮教网络。全年有304名“两劳”回归人员，其中刑满释放人员199人，解除劳教人员105人；落实帮教释解人员912人，安置帮教率100%；重新犯罪1人，重新犯罪率为0.33%。

2003—2005年，全县“两劳”回归人员649人，其中刑满释放554人，解除劳教95人；安置649人，安置率100%；帮教释解人员649人，帮教率达100%，落实帮教人员780人，无一例刑释解教人员重新违法犯罪，重新违法犯罪率为0。

第七节　法律援助

2004年11月30日，田东县法律援助中心在县司法局挂牌成立，结束田东县没有法律援助机构的历史。当年，律师、公证员、司法助理员和法律工作者为社会弱势群体办理法律援助事务31件，免收服务费6万多元。

2005年，调入2名符合条件的人员到县法律援助中心工作，县财政落实法律援助业务经费。全年县法律援助中心为社会弱势群体办理法律援助事务21件，免收服务费5万多元。

第八节 “三大纠纷”调处

机 构

1989年，县人民政府设调解处理土地、山林、水利纠纷办公室（简称“县调处办”），属正科级行政单位，单位地点设在平马镇人民路66号县人民政府院内。编制5名，设主任1人，副主任2人。1994—2000年，编制5名，设主任1人，副主任1~3人。2001—2005年，编制5名，实有在职人员6人，其中主任1人，副主任2人，科员2人，司机1人。2005年办公地址不变。

1990—2005年县调处办历任主任：

潘就尊（1990年10月至1997年8月）、黄道（1997年8月至2002年2月）、邓汉科（2002年2月至2005年12月）。

土地山林水利纠纷调处

1989—1992年，全县发生土地、山林、水利纠纷513起，调结402起，调结率78.3%，调结争议面积2142公顷。

1994—1995年，全县发生土地、山林、水利纠纷案件196起，其中土地143起、山林45起、水利8起，调结185起，调结率94.4%。处理来信402件，接待来访2442人次。制止和避免群众性械斗14起，挽回经济损失61.8万元。

1996—1999年，全县发生土地、山林、水利纠纷543起，其中土地368起、山林133起、水利42起，调结503起，调结率92.6%。处理来信666件，接待来访3821人次。制止和避免群众性械斗10起，挽回经济损失91万元。

2000年，全县发生土地、山林、水利纠纷185起，其中土地117起、山林48起、水利20起，调结163起，调结率88.1%。处理来信68件，接待来访323人次，挽回经济损失32万元。是年8月，从县调处办、司法局、土地局、林业局、水电局等单位抽调人员组成调处“三大纠纷”工作组，以大会战形式对全县纠纷案件进行排查，集中力量调处一批疑难杂案，大会战共调处12起，其中县人民政府下文处理6起，双方达成协议4起，撤回诉讼2起。

2001—2005年，全县发生土地、山林、水利纠纷243起，其中土地103起、山林124起、水利16起，调结204起，调结率83.9%。处理来信490件，接待来访2035人次。制止和避免群众性械斗25起，挽回经济损失442万元。

第五章 军事

1989年，县人民武装部属地方建制，接受军队和田东县委、县人民政府的双重领导。1996年4月改为军队建制，由百色军分区和田东县委、县人民政府双重领导，工作人员分为部队干部和地方职工，县委书记兼武装部党委第一书记。县人民武装部开展兵员征集、兵役登记、民兵组织建设和军事训练工作；组织民兵开展以劳养武、救灾和扶贫帮困活动，参加地方经济和精神文明建设，协助维护社会治安稳定。

2005年，田东军事组织主要有县人民武装部和13个基层人民武装部和1个县直属机关工委武装部，以及武警田东县中队和武警田东县消防大队。

第一节 机构 驻军

田东县人民武装部

1989年，县人民武装部隶属地方建制，设办公室、军事科、政工科。

1991年3月，增设基地管理科。

1996年4月，县人民武装部收归军队建制，称中国人民解放军广西田东县人民武装部，隶属广西军区百色军分区和田东县委、县人民政府双重领导，工作人员改归部队干部和地方职工相结合的体制。辖全县13个乡镇武装部。

2005年，县人民武装部内设军事科、政工科、后勤科。6月，田东县撤并布兵、祷午、坡塘3个乡镇，全县辖10个乡镇武装部。

县人民武装部历任部长：

钟国营（1989年1月至1998年10月）、汪灯明（1998年11月至2004年3月）、范远飞（2004年4月至2005年12月）。

征兵工作机构

1989年，县征兵工作领导小组由县人民政府县长担任组长，副组长由一名副县长、武装部部长及政委组成，成员由县直各单位负责人、乡镇主要领导组成。征兵领导小组下设征兵办公室，县级征兵办公室为常设办事机构。县级征兵办公室主任由县人民武装部部长兼任，副主任由县人民武装部副部长及相关单位联系武装工作负责人兼任。办公室人员由县人民武装部干部及县直相关单位人员组成。办公室下设宣传组、政审组、纪检组、体检组和后勤保障组。各乡镇均相应成立征兵工作领导小组和工作机构。

2005年，田东县成立县、乡镇两级征兵工作领导小组，领导小组组长分别由县长、乡镇长担任，并从公安、宣传、教育、纪检、团委、卫生等部门抽调78名业务熟、作风好、责任心强的人员到征兵办公室工作。

基层人民武装部

乡镇人民武装部为地方行政编制，接受同级党委、政府领导和上级军事机关的领导。乡镇人民武装部设部长、副部长和干事。干部任免由中共田东县委组织部、县人民武装部联合考核，由县人民武装部部长、政委共同签署任命。乡镇人民武装部部长为同级党委委员，享受副乡（科）级干部待遇。

1989年，全县13个乡镇人民武装部设部长、干事各1人。2005年7月，田东县进行乡镇体制改革，13个乡镇改为10个乡镇，全县有9个镇1个乡人民武装部。10个乡镇人民武装部设部长、干事各1人。

国防动员委员会

1996年以前，国防动员工作由县人民政府、县人民武装部领导，县直有关部门参与，但没有落实专门领导机构。

1996年7月26日，根据《中华人民共和国国防法》（以下简称《国防法》）及有关法律法规和上级有关文件精神，田东县建立国防动员领导机构，即田东县国防动员委员会。同年，各乡镇人民政府也相应成立乡镇国防动员委员会。县国防动员委员会是在县人民政府、县人民武装部领导下主管全县国防动员工作的议事机构，办公地点设在县人民武装部。当年，县国防动员委员会的办事机构为秘书组，秘书组下设人民武装动员办公室、国民经济动员办公室、交通战备动员办公室。

1998年8月，县国防动员委员会增加1个办事机构，即增设县国防动员委员会人民防空办公室，同时更改原来的办事机构名称，县国防动员委员会秘书组改为县国防动员委员会综合办公室，县人民武装动员办公室改为县国防动员委员会人民武装动员办公室，县国民经济动员办公室改为县国防动员委员会经济动员办公室，县交通战备办公室改为县国防动员委员会交通战备办公室。

2004年下半年，成立县国防动员委员会政治动员办公室，开展政治动员潜力调查。

2005年，田东县落实和完善国防动员机构、人员编制，做到国防动员机构建设有人管，日常工作有人抓。

1996年7月，县国防动员委员会第一主任由中共田东县委书记、县人民武装部党委第一书记文明担任，主任由县委副书记、县人民政府县长罗凤鸣担任，副主任由县人民武装部部长钟国有、政委梁红生、副部长黄绍儒及县人民政府副县长黄灿辉担任。委员由县委办、政府办、县人武部、组织部、宣传部、计委、经委、人事局、财政局、公安局、民政局、劳动局、建委、交通局、教育局、总工会、体委、卫生局、邮电局、粮食局、团县委、妇联、武警中队等单位主要领导担任。1996年年底，县国防动员委员会第一主任韦祖汉，主任罗凤鸣。1998年，第一主任凌志勇，主任谭锡春。2001年年底，第一主任谭锡春，主任谭峰。2002—2005年，县国防动员委员会第一主任谭锡春，主任王西冀。

人民武装动员机构

田东县国防动员委员会人民武装动员办公室是田东县国防动员委员会下属机构，成立于1996年，办公地点设在县人民武装部军事科，办公室主任由县人民武装部一名副部长兼任，副主任由县人民武装部军事科长担任。当年，县人民武装动员办公室主任黄绍儒，副主任覃建业。2002年，办公室主任刘友生，副主任方朝晖。2005年，办公室主任由县人民武装部军事参谋舒晓明兼任。

国防教育机构

20世纪80年代中期以后，国防教育体制逐步建立和健全，田东县成立了以宣传部、武装部为牵头，教育、文化、公安、工会、共青团、妇联等部门参加的国防教育领导小组，乡镇、村也相应成立国防教育领导小组。

1996年，县、乡镇人民武装部都建有国防教育室、村建有“民兵之家”。全县有13个乡镇国防教育室，152个“民兵之家”。2005年上半年，田东县进行乡镇撤并，全县有10个乡镇国防教育室，152个“民兵之家”。

武警田东县中队

1983年5月，中国人民武装警察部队田东中队组织成立，隶属于中国人民武装警察部队百色地区支队。2003年3月，随百色撤地设市，改称为中国人民武装警察部队百色市支队田东县中队。

1989—2005年，该中队被自治区评为“文明庭院”“全区拥政爱民”模范单位，多次被中共百色市委、中共田东县委、田东县人民政府评为“拥政爱民”模范单位。

武警田东县中队历任中队长：

黄善武（1987年1月至1989年5月）、吴天机（1989年5月至1992年9月）、李醒川（1992年9月至1995年12月）、黄荣（1995年12月至1998年5月）、范才贵（1998年5月至2002年5月）、魏杰（2002年5月至2003年8月）、张小兵（2003年8月至2004年8月）、凡德文（2004年8月至2008年9月）。

武警田东县公安消防大队

1965年4月，成立武警田东县公安消防大队，大队下辖田东消防中队，主要担负田东县城的消防安全监督管理和执勤灭火、抢险救援等保卫任务；同时还担负着祥周、新洲、思林等乡镇的消防安全保卫任务。1989年，县消防大队配有专职消防人员23人，配有水罐消防车等。

武警田东县公安消防大队历任大队长：

韦振基（1996年12月至1997年12月）、韦喜伦（1997年12月至1999年8月）、杨自堂（1999年8月至2001年10月）、吕祖华（2001年10月至2006年3月）。

第二节　民兵

县人民武装部每年均开展民兵整组工作，定期组织基干民兵进行军事训练。

民兵整组

民兵分基干民兵和普通民兵两种。基干民兵为年满18~35岁的复退军人和经过军事训练合格、地方专业对口的公民。普通民兵为18~35岁的公民。女性公民只编基干民兵。在全县的乡、镇、村、厂、场建立民兵组织，民兵编组与生产、行政组织适应。

1989年，开展民兵整组、兵役登记、兵员预征和退伍军人预备役登记统计核对工作。

1990年，经过民兵整组，把参加军事训练合格的适龄青年和当年退伍回乡的退伍军人吸收为基干民兵，把超龄基干民兵转为普通民兵，把年满18岁的适龄青年编入普通民兵。对年满18岁的男性公民全部进行登记。

1995年，民兵整组着重抓好三个重点工作：重点抓好民兵队伍的质量，把政治素质和现实表现放在首位；重点抓好民兵应急分队组织建制的调整，即由原来的民兵应急分队放在乡镇改为把民兵应急分队组建任务放在县直厂矿，落实应急方案和活动制度；重点选拔有组织能力、有文化、年轻力壮又有开拓精神，能带领民兵脱贫致富的人担任民兵干部。

1998年，按照“规模适当、布局合理、重点突出、可靠管用”的原则，调整改革民兵整组，组织布局调整做到减少数量、提高质量、合理布局、突出重点、分类建设。基干民兵的编组本着有利于领导、有利于提高质量、有利于开展活动、有利于执行任务、有利于平衡负担的原则进行调整。民兵整组工作中，按民兵条件和《应征公民服现役政治条件》，加强民兵队伍和预征人员的政治审查。

民兵训练

按照《民兵训练大纲》的要求，全县每年分期集中训练1~2次。1989年，先后分期分批训练民兵。

1994年，民兵军事训练重点抓好思想教育和军事素质训练相结合，采取分期组训的方法。第一期军训从1月11日至2月3日，组训共55人。第二期从8月3日至25日。第三期从8月23日至9月16日，到训率100%。

1995年，将县基干民兵应急连由农村建制改为城镇建制，抓好新入队基干民兵军训。

1996年，落实民兵规范化训练，继续重点抓好企业单位基干民兵的组训工作。对田东二糖厂的基干民兵进行分列式、阅兵式、军体拳、捕俘拳、捕俘刀、防爆盾牌、警棍术、射击等内容的训练。同时，对农村新入队基干民兵进行军事训练，利用农闲时节集中训练。

1999年，对13个乡镇武装部长、干事及部分民兵营长进行业务轮训。2001年7月，田东县民兵应急连以良好的军姿和过硬的军事素质，在百色地区武委会民兵军事训练成果汇报会上得到与会领导的赞扬。

2005年，组织民兵进行共同训练和本专技术战术基础训练等。

2003年7月，田东县组织民兵训练　（县人民武装部提供）

第三节 兵役登记 兵员征集

适龄公民登记

田东县于1985年恢复适龄公民兵役登记工作。

1989—2005年，对年满18岁的男性公民进行登记，明确应征公民人数、缓征人数、免服兵役人数和不得服兵役人数。

预备役登记

预备役士兵登记 1989年，全县把基干民兵和经过预备役登记的28岁以下的退伍士兵和专业技术人员编入第一类预备役士兵。把普通民兵、经过预备役登记的29~35岁的退伍士兵，以及其他符合预备役条件的男性公民，编入第二预备役士兵。第一类预备役士兵年满28岁转入第二类，第二类预备役士兵年满35岁退出预备役。

1990年，各乡镇武装部、村民兵营组织动员年满18岁的男性公民进行年度兵役登记。

从1998年起，全县实行义务兵与志愿兵、民兵与预备役相结合的兵役制度。《中华人民共和国兵役法》第二十四条规定士兵预备役分为第一类和第二类。全县编为第一类士兵预备役的人员为：经过登记服士兵预备役的35岁以下的退出现役的士兵、经过登记服士兵预备役的35岁以下的地方与军事专业对口的技术人员，以及其他编入预备役部队和预编到现役部队、28岁以下的预备役士兵。编为第二类士兵预备役人员是指除服第一类士兵预备役的人员外，编入民兵组织的人员、其他经过登记服士兵预备役的35岁以下的男性公民。

预备役军官登记 1992年，县武装部政工科对1988年7月至1992年3月转业干部进行普查登记。

1993年，政工科对1992年度的登记工作进行认真查对，错登的及时纠正，漏登的进行补登，对身体和政治上原因等情况不予登记的，严格按规定上报、审批，完备手续。从1993年起，转业干部到百色地区转业干部安置办公室报到后，持预备役登记介绍信到县人民武装部进行预备役登记，由县武装部出具证明到人事部门报到，公安部门则凭登记证明办理落户手续。

1996年，对1988年9月以后从军队和武警部队转业的干部进行一次调查摸底，并与档案核对，填写好调查摸底表，上报百色军分区、广西军区。同年12月，百色军分区批准田东县预备役军官改授预备役上尉军衔××人，改授预备役空军上尉军衔×人，改授空军预备役专业技术上尉×人，改授预备役中尉军衔×人。广西军区批准田东县预备役军官改授预备役少校军衔×人，授予预备役中校军衔×人，改授预备役空军少校军衔×人，改授预备役专业技术空军少校军衔×人。

义务兵征集

20世纪80年代，田东县征集义务兵新兵工作分为成立机构、宣传发动、初检初审、总检总审、复检复审、定兵、家访、新兵集中及送兵等8个程序。县和乡镇均成立征兵工作领导小组和征兵办公室，县人民政府征兵办公室主任由县人民武装部部长担任，乡镇征兵办主任由乡镇人民武装部部长担任。县、乡利用电视讲话宣传、广播宣传、电影宣传、出动宣传车、出板报、贴标语、挂横幅、散发传单、文艺宣传、举办国防教育歌咏比赛等形式进行宣传动员。同时，还采取边宣传、边动员、边报名、边政审的办法，提高适龄青年的报名率。县人民武装部严格把好身体检查关、政治审查关和定兵复查关，确保兵员质量。每年全县都按时完成新兵征集任务。1989—2005年，每年春季或冬季征兵1~2次。

1989年，加强对春季征兵工作的组织领导，制定征兵工作计划，实行“两位一体”（征兵工作与春耕生产一起抓），做到两不误。为激发广大适龄青年应征热情，召开专场国防教育报告会。印发各种宣传资料5500份，张贴宣传标语7800份，出墙板报141期，用有线广播宣传160次。放国防教育题材影片21场，影前宣传180场次。

1990年，田东执行春、冬两季征兵。下发以征兵内容为主的《田东民兵》小报。结合本县的群众爱好，编唱有关征兵山歌。出动宣传车深入乡村宣传，提高宣传覆盖面。

1991—1997年，均为冬季征兵，征兵宣传工作活跃，宣传内容做到“八突出”，即突出宣传《中华人民共和国国防法》，突出宣传《中华人民共和国兵役法》，突出抓好爱国主义的宣传教育，突出中国人民武装警察部队的丰功伟绩，突出宣传部队培养军地两用人才的丰硕成果，突出宣传艰苦奋斗思想，突出宣传各级政府和人民群众拥军优属的先进事迹，突出宣传老区的革命光荣传统。

1998年12月29日，新《中华人民共和国兵役法》颁布，实行义务兵与志愿兵相结合，民兵与预备役相结合的兵役制度。按照“严把关、求质量、征精兵”要求，田东采取措施开展征兵工作。深入宣传《中华人民共和国兵役法》《中华人民共和国国防法》，强化适龄青年依法服兵役的法纪观念。坚持以预征对象和高学历适龄青年为重点宣传对象，做到“四个结合”即把平时教育与征兵期间的教育结合起来，把深入细致的思想工作与解决实际困难结合起来，把政策宣传与落实政策结合起来，把普遍宣传教育与个别谈心帮助结合起来。

2001年，是新的《中华人民共和国征兵工作条例》颁布实施的第一年，田东县把它当作冬季征兵宣传的重中之重。县有线电视台开设栏目，专题播放新条例。张贴标语8769张，悬挂横额67条，出墙板报42期，登门宣传631次（户）。给在外打工适龄青年写信459封，发电报、打电话412次。

2002—2004年，在征兵办增设预征对象管理教育小组，专门负责预征对象的宣传教育和管理工作。采取县、乡镇、村民兵营三级结合、分片集中的方式，开展三项工作。一是召开一次预征对象座谈会，全面了解掌握预征家庭情况、家长心态、本人的服役态度、入伍动机等。二是上好三堂课，即上好一堂法治课、国防知识课、革命传统教育课。三是组织开展为“百里文明河谷建设”作贡献活动。通过这些举措，强化了预征对象法治观念和国防观念，端正入伍动机，提高他们依法履行兵役的自觉性。

2005年，加强对征兵工作的领导。采取专题电视讲话、电视新闻报道、广播、影前宣传、挂横额、贴标语、出墙板报、宣传车巡回宣传广播等形式，广泛宣传发动。对预征对象的文化、现实表现和外出务工情况进行调查摸底，掌握预征对象的动向，做到一季征兵，四季准备。从体检医生、体检项目、体检标准、体检场入手，严格把关，责任到人，保证输送新兵的身体合格。定兵时，充分听取体检组、政审组、乡镇及征兵干部的意见，实行公开、民主、集体定兵。定兵后，在县城张榜公布，广泛接受群众监督，做到接兵部队、兵役机关、应征青年三满意。

第四节 国防动员与教育

1989年，田东县国防动员和人民武装工作执行双重领导，党委议军。机构实行一套人员，两块牌子，两项职责。

1990—2005年，田东县将政治动员、人民武装动员、国民经济动员、人民防空动员、交通战备动员等国防动员准备工作纳入总体发展规划和计划，完善动员体制。

国防教育

田东县的国防教育对象为全县全体人民群众，以干部为重点，民兵、预备役人员为主体，广大青少年为基础，开展国防理论、爱国主义、革命英雄主义、国防法制、国防知识、国防形势、军事体育等教育。国防教育以慰问军烈属、访问红七军战士、欢送新战士入伍、开展双拥共建、举办图片展览、国防歌咏比赛、英模报告会等形式宣传，还利用烈士陵园、右江苏维埃工农民主政府旧址、博物馆等场所进行教育。国防教育主要有国防精神、国防知识、国防实践活动三个部分，包含国防理论、国防历史、国防战略、国防建设与经济建设、国防科技、国防领导体制与国防外交、国防动员、国防法规、疆域形势等内容。

方案 1989年，印发《田东县开展国防教育实施方案》，由各乡镇、各单位根据方案组织开展国防教育工作。1990—2005年，各乡镇、各单位认真贯彻落实《中华人民共和国国防法》和《中华人民共和国国防教育法》，在群众中开展国防教育，重点是机关工作人员、企事业单位职工、民兵、预备役人员、青少年学生。

计划 1989—2005年，县直各单位将国防教育列入干部、职工教育计划，结合理论学习、政治教育、业务培训、文化体育等活动，对干部、职工进行国防教育。县、乡镇人民武装部结合政治教育和组织整顿、军事训练、执行勤务、征兵工作和重大节日、纪念日活动，对民兵、预备役人员进行国防教育。城镇社区委员会、农村村民委员会将国防教育纳入社区、农村社会主义精神文明建设的内容，结合征兵工作、拥军优属、重大节日、纪念日活动，对居民、村民进行国防教育。县教育局、乡镇教委办和学校将国防教育列入工作计划和教学计划，对学生进行国防教育；有条件的小学和初级中学，聘请校外辅导员，组织学生开展以国防教育为主题的少年军校活动。县电视台开设国防教育节目，普及国防知识。右江苏维埃政府纪念馆、烈士陵园、百谷红军村陈列室、红军亭、红军码头等爱国教育基地则为开展国防教育提供便利。

活动 1989年，举办9场国防教育报告会，举办国防教育歌咏比赛1次，开展国防教育板报比赛1次，放国防教育题材影片21场。

1990年，组织领导干部、干部职工、人武干事、专武干部学习“国防理论”知识。1992年，在县直机关、厂矿企业、学校等单位开展国防歌咏比赛、国防知识板报比赛、国防征文比赛，有21个单位参加歌咏比赛，23个单位参加板报比赛，收到国防征文500余篇。

1995年10月，开展“国防教育活动月”，组织3800多名干部职工、学校师生到右江苏维埃政府旧址开展“讲历史，讲英雄，讲光荣传统”的国防教育。

1996年4月，县人民武装部收归军队建制，田东把收归军队建制交接仪式作为对人民群众进行国防教育的好机遇，组织1.2万人参加交接仪式。是年，国防教育主要围绕县人民武装部收归军队建制的重要性和意义进行宣传。组织师生、干部、群众1.27万人参观右江苏维埃政府旧址，请老红军到校上课6次。

1997年，以开展迎香港回归系列活动为契机，开展“迎回归，红五月”活动，举行《中华人民共和国香港基本法》《中华人民共和国驻军法》知识竞赛，组织开展冲锋枪、半自动步枪、手榴弹投掷比赛，全县有41个代表队3000多人参加。

2000年，围绕新《中华人民共和国兵役法》《中华人民共和国国防教育法》的实施，在全县范围内开展国防教育月和征兵宣传月活动。县城还专门设国防教育和征兵宣传一条街，组织舞龙舞狮队在县城5条街上巡回表演宣传两法，金穗商场门前还摆起以《中华人民共和国兵役法》《中华人民共和国国防教育法》为内容的山歌对唱歌台。

2002年，利用百谷红军村、红军船、红军码头、红军亭、红军路、红军学校、红军陈列室等“红”字系列爱国主义基地，开展国防教育。

2005年，播放国防教育电影专题片，开展国防知识竞赛，建立国防知识咨询点。

学生军训　1989年，县人民武装部派出8名干部到田东中学进行军训，受训学生500多人。

1996年，对6所中学学生进行军训。1999年，对县城2所中专学校、3所中学2180名学生分别进行为期7天的军事训练。

2001年，在田东一小、作登大板希望小学组建少年军校。对县城2所中专学校和3所中学共2856名学生进行为期7天的军训。

2013年，印发《全县学生军训工作2003—2005年发展规划》，全县中小学生的军训工作进入新的阶段。2003—2005年，全县共对2570名学生进行军事训练。

人民武装动员

1989年，县国防动员委员会人民武装动员工作在坚持党管武装的原则，坚持人民战争思想、坚持民兵制度和人民武装工作领导体制的基础上，调整民兵组织，加强政治教育，改革军事训练，改善武器装备，突出抓好基干民兵特别是民兵应急分队、专业技术兵的建设。

县人民武装兵员动员根据战时需要而定。1996—2005年，根据全县兵员动员潜力情况调查，设计战时兵员动员方案，确保兵员的首批动员、应急动员和后续动员的落实。每年对民兵预备役进行整组、登记，做到组织落实、兵员数量准确，为战时快速兵员动员提供依据。按计划每年组织民兵、预备役人员进行军事训练，组织民兵预备役人员完成战备执勤、抢险救灾、维护社会治安等任务。紧急征召退伍军人、民兵对口专业分队人员进行首批动员，任务根据战时需要而定。此外，做好保障准备，随时满足军兵种作战部队的需要。

经济动员

1996年，县国防动员委员会经济动员办公室设在县发展计划局，由发展计划局长兼办公室主任。经济动员为战时后勤补给做准备，包括给养、建材、油料、医疗卫生、营房设施等物资保障。

1996—2005年，每年在编制全县国民经济和社会发展计划的基础上，制订经济动员规划。煤炭、石化、冶炼、建材、交通、电力等重大项目建设都贯彻“军民结合，平战结合”的方针，使国民经济动员工作与经济建设有机结合起来，提高经济动员的平战转换能力。

第五节 人民防空

1997年1月1日，《中华人民共和国人民防空法》施行。自1997年后，田东县先后制定《田东县军警民联防方案》《田东县防空袭方案》，按照人民防空实行长期准备、重点建设、平战结合的方针，贯彻与经济建设协调发展、与城市建设相结合的原则，明确计划、建设、国土、交通、供水、供电、通信等部门的职责任务，动员全社会力量共同做好人民防空工作。

2005年，根据现代战争防空作战特点，田东采取自然溶洞建设人民防空工程与地下室建设人防工程相结合的方式，加强人防工程建设，在城镇建设中，完善人防配备设施建设，增强城乡人民防空能力。

第六节 拥政爱民

救灾与协助维护社会治安

1994年，成立田东县民兵情报网。当年，全县多次遭受暴雨袭击，洪水泛滥。县人民武装部组织民兵出动车辆22台（次），参加抢险救灾，挽回经济损失9.8万元。组织民兵参加护村、护屯、护厂和严打行动，拘捕犯人44人，没收赃物赃款折合人民币2.19万元。

1995年，组织民兵配合公安部门破案53起，追捕犯人49人，没收赃物赃款折合人民币5.8万元。当年8月，平马镇怀民村发生森林火灾，县武装部组织民兵奔赴灾点灭火。

1996年，组织民兵配合公安部门协助破案27次，追捕犯人31人，没收赃物赃款折合人民币1.3万元。组织民兵抗洪抢险，抢收稻谷116公顷，抢救群众物资近300吨，折合人民币11.5万元。洪水过后，发动民兵帮助群众开展生产自救，重种玉米21公顷，水稻75公顷，甘蔗11公顷。

1997年，全县动用民兵参加维护社会治安，协助配合公安部门破案39次（件），抓获犯人84人次，没收赃款2.96万元，没收赃物折款3.86万元。动员民兵参加抢收受淹水稻1092公顷，抢救受灾物资1179吨，抢修公路91处，搬运土方397立方米。当年6月3日，县福利厂受到洪水围困，组织县应急分队120人参加抢险。经过2个小时苦战，从洪水中抢出物资30吨，转移人员39人，生猪21头。在南昆铁路通车后，组织民兵参加南昆铁路试营期间的爱路护路活动，13个乡镇成立13个爱路护路工作小组，确保了南昆铁路通车后的安全行驶。

1998年，组织和发动民兵参加治安行动735人次，没收赃物折款6.3万元，没收赃款2.2万元。当年7月3日，平马镇百林村发生森林火灾，组织民兵参加灭火，迅速控制了火情。

1999年，县人民武装部出资购买300千克炸药，对布兵乡民安村更木屯山上2块摇摇欲坠、严重威胁山下群众的生命和财产安全的巨石实施爆破。当年9月底，布兵乡均宁村发生山体滑坡，10多户群众房子被推倒，组织民兵前去抢救，救出遇险群众36名，搬运各种物资18吨。灾后，县人武部从以劳养武经费中拨出经费，用于购买生活用品送给受灾群众和补助受灾群众修建房子。

2001年4月25日凌晨，县人民武装部组织民兵应急分队开赴平果县城关乡龙来村必罗屯协助公安机关开展“打黑除恶”专项斗争，抓捕犯罪嫌疑人30人，缴获自制土枪、雷管、炸药、管制刀具等一批。7月初，全县遭受特大洪涝灾害，组织民兵抢救转移群众2.2万人，抢运物资5875吨，构筑堤坎380米，清理街道5条，抢修公路5处480米。9月17日，林逢镇林驮村境内的324国道邕色二级公路上，一辆装载16吨剧毒物品（氰化钾、氰化钠）的大东风车翻车，组织应急分队前往现场协助有关部门搬装剧毒物品，排除安全隐患。

2002年3月6日，一辆货车在思林境内翻车，车上20.9吨氰化钠（剧毒物品）被抛落，县人民武装部组织民兵参加抢险，及时排除险情。4月，组织民兵参加发生在祥周、平马、作登境内的3场森林大火扑灭行动，挽回直接经济损失100多万元。

2003年1月，县人民武装部到作登瑶族乡陇穷村陇敏屯，用350千克炸药销毁已脱离山体1米多的特大危石，消除隐患。4月，祥周、作登发生山林火灾，组织民兵应急分队参加扑灭。县人民武装部捐资2000元、协调资金6000元，帮助思林镇居民进行旧房改造。

2004年9月，广州开往昆明的一辆油罐汽车在思林镇出现险情，民兵应急分队连夜看守，保证油罐车安全导油换乘成功。

2005年9月2日，田东县南华糖业有限公司福兰蔗渣堆集场发生火灾，县人民武装部组织官兵奋力灭火，保住了蔗渣原料600多吨及厂房设备，折合人民币约15万元。同年12月11日，田东县松香厂发生一起特大火灾，县人民武装部组织官兵赶往参加灭火。

扶贫帮困

1994年11月，县人民武装部组织布兵、作登、坡塘等乡的民兵参加田东大桥至升太村4千米路桥的施工。该路于1995年10月竣工通车。当年，县人民武装部还参与万亩芒果基地开发项目，开荒8.67公顷，建立民兵以劳养武芒果基地示范场。

1997年，县人民武装部率领成建制民兵连，参加江山移民开发区建设大会战，开垦荒山240公顷，帮助贫困户种植甘蔗106公顷，修建公路15.3千米。

1998年，动员和组织民兵参与乡村公路大会战。县人民武装部担负作登瑶族乡陇穷村至印茶乡陇贵村、思林镇三百村至龙邦村的路障爆破和路面施工任务，先后实施4次6200多个爆眼连续爆破，成功率100%。在布兵乡均宁村修建家庭水柜16个共96立方米。同时，大力创办“青年民兵之家”，进行智力扶贫。新洲村“青年民兵之家”在1997年被广西军区评为先进单位的基础上，1998年又被广州军区评为“优秀青年之家”。

2003年，田东县直单位慰问县人民武装部

（县人民武装部提供）

共建精神文明活动

1994年，县人民武装部组织和发动民兵为当地军烈属、五保户、困难户做好事办实事2804件，帮耕帮种112公顷，收割145公顷。

1995年9月，在组织田东师范学生军训期间，组织师生一起上街打扫卫生和开展义务为民活动。

1997—1998年，县人民武装部与共建单位田东卫校，开展精神文明创建活动。

2003年，县人民武装部广泛开展学雷锋、李向群活动，组建由150个民兵组成的学雷锋小组，带

2005年12月，县人民武装部获奖（县人民武装部提供）

头参加创建文明街道、文明村镇、文明行业活动，带头树立社会公德、家庭美德，搞好社区文化、村镇文化、企业文化，为社会、群众做好事1000多件。当年，全县有400多个民兵家庭被各级评为“双文明户”。

2004年，县人民武装部组织民兵参加异地开发、水柜（家庭、地头）建设、村村通公路建设、通电建设、村村通广播电视建设及“右江百里文明河谷”建设。尤其在右江百里文明河谷田东段建设中，先后组织民兵参加，执行拆除违章建筑物28间，搬运垃圾50吨。当年，全县有XXX民兵参加“千人道德建设宣传队”“十星级文明”“文明家庭”“民兵宣传文明户”的评选活动。

2005年，县人民武装部结对帮扶平马镇百谷村、祥周镇新洲村、林逢镇合同村、思林镇可恒村、作登瑶族乡江那移民开发区、布兵镇均宁村，帮助群众搞好生态建设和农业生产结构调整，组织民兵下山进城入谷和劳务输出。

第七节　以劳养武

1989年，全县每个乡镇人民武装部都有以劳养武经济实体，主要是种植甘蔗，面积最大的有5公顷多。

1994年，县武装部以劳养武活动项目有芒果场2个、民兵训练基地招待所1个、承包田东大桥至升太村4千米的施工工程、房地产平基工程、冬菜开发等项目，年内收入10多万元。

1995年，县武装部主要经营果场、基地招待所和基础工程等项目，全年纯收入约26万元。县武装部拿出3.8万元，支持乡镇开展以劳养武发展项目。

1996年，县武装部以劳养武收入10万多元，乡镇武装部以劳养武纯收入0.6万~2万元。

1997年，县武装部经营3个项目，副食品加工基地已见成效，10个乡镇落实28个集体经营项目，全县三级武装机构以劳养武基本形成规模。乡镇以劳养武纯收入最多的是思林镇，2万多元；最少的是印茶乡，6000多元。

1998年，县武装部根据中央军委关于军队不允许经商的指示和广西军区、百色军分区关于“菜篮子”工程建设的要求，制定本部“菜篮子”工程建设三年规划，发展种养，逐步扩大规模。

2000年，县武装部有菜地0.17公顷，种植蔬菜品种16种以上。有鱼塘0.05公顷，放养鱼苗1200尾。饲养生猪20头，三鸟120只，养兔15只。产菜4150千克，腌干菜228千克。产肉类969千克，月均3.8千克/人。鱼禽蛋458千克，月均1.9千克/人。人均日补助伙食2.21元，基本上实现肉菜自给。当年，民兵训练基地创收16万元。

2002年，县武装部在原有8间猪圈的基础上扩建5间，饲养肉猪25头，母猪2头，三鸟238只，养兔38只，放养鱼苗8500尾。全年产蔬菜3850千克，腌制晒干菜185千克，产肉类2146千克，每人每月平均补助3.8千克，每人每日平均补助伙食3.36元，基本实现肉菜自给。民兵训练基地创收17.65万元。

2005年，县武装部有菜地0.17公顷，种植蔬菜20多种；鱼塘0.25公顷亩，放养鱼苗9000多尾；生猪存栏30头，三鸟328只，养兔36只，种养收入平均每人每天补助伙食3.2元。民兵训练基地创收15.5万元。

田东县志（1989—2005）

第十八篇 民政 信访 侨务

第一章 民政

1989年，根据“上为中央分忧，下为百姓解愁”的指针，民政工作专司救灾救济、城乡低保、五保供养、医疗救助、社会福利、优抚、“双拥”（拥军优属、拥政爱民）、退伍安置、民间组织管理、行政区划和地名管理、基层政权和基层自治组织建设、婚姻登记、收养登记、殡葬管理、救助管理、福利彩票发行、老年人服务、伤残人员服务、优抚对象服务等社会行政事务，修建福利院、敬老院、五保村等养老场所，健全城乡居民最低生活保障制度。同时，依法推进基层民主政治建设。

1992年，田东县开始开展社会福利有奖募捐活动，为社会福利事业筹集资金9.6万元。同年，投资22万元修建建筑面积430平方米的平马镇敬老院。1994—2005年，共发行社会福利彩票1946万元，筹集到社会福利资金345.7万元。利用此项资金，建设福利机构设施，2005年，全县有11个敬老院、72个五保村，有五保户5200人。

1989—2005年，社会救济人员的生活费标准得到保障，逐年提高，生活费标准由1989年的144元，提高到2005年的360元，年均提高7.4%。城乡居民最低生活保障基本实现应保尽保，社会福利、优抚政策也得到落实。1999年后，县人民政府逐步推行村务公开，开展乡镇人民政府和村（社区）办公用房建设，不断改善基层政权办公条件。

第一节 机构

县民政局

1989年，县民政局主要负责全县救灾救济、优抚安置、城镇低保、社会事务、区划地名、基层政权和社区建设等工作，正科级行政单位，位于平马镇人民路光荣巷3号，内设秘书股、优抚股、计财股、农村基层政权建设办公室，领导职数设置局长1人，副局长2人，编制13名。二层机构有光荣院，配备事业编制3名，其中干部1人，工人2人；烈士陵园管理员1人；各乡镇民政助理18人。

1990—1995年，随着管理权限的扩大和功能的增加，县民政局在编人员13人，局长1人，副局长2人，科员、办事员10人。机关内设有办公室（含计划财务），民间组织管理、社会福利和社会事务股，优抚和退伍军人、军队离退休干部安置股（县双拥工作领导小组办公室），救灾救济股（县抗灾救灾领导小组办公室），基层政权、社区建设和区划地名股。1990年，田东县残疾人联合会成立，属县民政局管理，编制3名，其中理事长1人，副理事长1人（兼职），工作人员2人。

2004年，新设立城乡居民最低生活保障股和婚姻登记处，全县婚姻登记集中办理，乡镇民政办不再办理婚姻登记。

县民政局历任局长：黄德标（1989年10月至1990年10月）、班佩贤（1990年10月至1996年8月）、岑贞雄（1996年8月至2003年1月）、黄忠益（2003年1月至2005年12月）。

县老龄办

1989年，老龄委称老龄问题委员会，下设办公室。1990年，改称“田东县老龄工作委员会办公室”（简称县老龄办），定为行政正科级单位，配备专职干部2人。1992年，县老龄办在编2名，设专职副主任1人，科员1人。

1996—1998年，县老龄办在职4人，设主任1人，副主任1人，秘书1人，科员1人。

1999—2000年，田东县老龄工作委员会有委员17人，县老龄办配有主任1人，副主任2人，干部2人。

2001年，田东县老龄工作委员会有委员17人，县老龄委主任由县人民政府副县长罗冬印兼任。

2003—2005年，县老龄办编制2名，在编2名，其中主任1人，副主任1人。

乡镇民政机构

1989年，全县13个乡镇均设民政办，配备有专职民政干部18人。同年，各乡镇民政工作主要负责辖区内救济救灾、低保、五保工作和管理发放上级下拨的各项民政款物，工作人员在乡镇编制内调剂解决，不增加人员、经费。乡镇民政办公室行政上由乡镇党委、政府领导，业务上接受县民政局指导。2002年乡镇机构改革后，取消原单独设置的民政办公室，只在乡镇党政办公室中设民政助理或民政干事。2004年，各乡镇不再办理婚姻登记事宜。

第二节　基层政权与自治组织建设

基层政权建设

乡镇人民政府　1989年，全县有2个镇（平马镇人民政府、思林镇人民政府）、10个乡（祥周乡人民政府、布兵乡乡人民政府、林逢乡人民政府、祷午乡人民政府、坡塘乡人民政府、印茶乡人民政府、江城乡人民政府、朔良乡人民政府、义圩乡人民政府、那拔乡人民政府）、1个民族乡（作登瑶族乡人民政府），155个村公所，6个居委会，1008个村民委员会，2301个村民小组，1463个自然屯。乡镇人民政府由乡镇人民代表大会选举产生，配乡镇长1人、副乡镇长3~5人，内设民政、司法、武装部、农业、统计、经营管理、文教卫生、计划生育助理及文书、会计等。

1996年1月，祥周乡、林逢乡改镇建置，称祥周镇、林逢镇。1998年11月，江城乡、朔良乡改镇建置，称江城镇、朔良镇。2000年，祷午乡、布兵乡、印茶乡改镇建置，称祷午镇、布兵镇、印茶镇。

2002年，义圩乡、那拔乡改为镇建制，称义圩镇、那拔镇。至此全县共有11个镇1个乡1个民族乡，即平马、思林、林逢、祥周、江城、朔良、印茶、祷午、布兵、义圩、那拔镇，坡塘乡和作登瑶族乡。设置有13个乡镇人民政府。

2002年2月，对乡镇机关、事业单位进行机构改革。乡镇党委、政府设党政办公室；乡镇政府设乡镇长1人，副乡镇长2~3人；实行助理员制，设民政、扶贫、司法、计生、文教卫、农业、财税等助理。事业单位（不含中小学、卫生院）设农业服务中心、计划生育服务所（挂计划生育办公室牌子）、国土资源管理所、财政所、文化广播电视站、林业站、水利站、农村经营管理。乡镇一级设人大机构，不设政协机构。群团组织按有关章程规定设置。人民武装部、法庭、公安派出所、司法所、税务所、工商所等机构按有关规定设置。

2005年6月，撤销布兵镇，整建制并入祥周镇；撤销祷午镇，整建制并入林逢镇；撤销坡塘乡，整建制并入思林镇。同年底，全县共有9个镇、1个瑶族乡。

乡镇政务公开 1999年，田东县开展推行乡镇政务公开、促进基层民主建设活动，全县13个乡镇均建立乡镇政务公开栏。乡镇政务公开栏公开的内容包括静态和动态两部分。静态主要是国家有关农村方面的方针、政策、法律法规；动态主要是群众普遍关心的热点、疑点问题，包括乡镇财政收支、接待费开支、基建项目及收费开支、土地征用和宅基地审批情况、农民负担项目及收费开支、计划生育经费使用、乡镇干部的计生情况、中小学校收费情况、乡镇领导的工作目标、任务完成情况、重大政务活动情况等，做到凡涉及农村工作和农民利益的大事，都向群众公开，接受群众监督。为保证乡镇政务公开能健康、持久地开展下去，乡镇都成立由乡镇人大、纪委、退休老干部、村（居）民代表组成政务公开监督组，对乡镇政务公开实行有效监督，确保政务公开规范化。

2005年，乡镇政务公开在内容上突出办事指南、财政财务、农民负担、乡镇站所办事程序、法律依据及收费标准。

村公所 1984年政社分开建立乡镇政府时，大队管委会改为村（居）民委员会，村（居）民委员会正式成为国家统一制度安排的依照宪法、政策组建的农村基层群众性自治组织。全县村（居）民委员会有160个。村委会有正副主任、支书、民兵营长及妇女主任、治保主任等，下设村民小组。

1987年，为解决多数村民委员会管辖范围过大，不便于群众自治和管理等问题，田东县根据自治区人民政府《关于村民委员会改设在自然村的通知》精神，将原来大队设立的155个村委会改设为155个村公所，6个街道居民委员会称谓不变。村公所受乡、民族乡、镇人民政府的领导，行使乡、民族乡、镇人民政府赋予的部分行政管理职能，代表乡镇人民政府直接指导村民委员会的工作。内设人民调解、治安保卫、社会福利、民兵、妇女等组织。村公所的村长、副村长和其他干部由乡镇人民政府聘任，仍属集体干部。改设村公所后，原村民委员会承包的土地、山村、果园、水田等维持现状，其所办的各种企业和集体财产由村公所管理，所有权不变。是年，全县设155个村公所、6个居民委员会、935个村民委员会。

根据中共中央关于“为减少管理层次，乡镇不再设置派出机构村公所”的决定和自治区党委的统一部署，1995年田东县全部撤销村公所建制，改设村民委员会，街道居民委员会保持不变。

村民自治

村民委员会 1995年6月，田东县开展“撤所改委”（撤销村公所改设村民委员会）工作。撤销村公所和原村公所以下的村民委员会，改在原村公所管理区域设立村民委员会，村民委员会名称仍按原村公所地名不变；原村委会下设的村民小组仍按原规模设置不变，名称不变；原村民委员会的经济合作组织，仍由原管理人员继续管理。同年，祥周镇增设联合村民委员会。当年，全县设156个村委会、6个居民委员会（平马镇德新街、平马镇庆平街、平马镇乐善街、平马镇南华街、平马镇中山街、思林镇思林街）、1451个自然村、2308个村民小组。1997年10月，思林镇增设江山村村民委员会。

1999年，开展村委会换届选举工作。当年增设思林镇新隆村民委员会、祥周镇那达村民委员会、平马镇新乐村民委员会、那拔乡六鲁村民委员会。

2002年，开展第三届村委会换届选举工作。平马镇撤销中山、庆平、南华、乐善、德新5个街道居民委员会，成立古城、广场、油城、文教、城西5个社区，并完成居委会选举工作。

2003年，各村委会规范和完善基层群众自治组织建设，各社区规范和完善社区建设的各项工作制度。百银村、百谷村、平王村等15个村被评为“广西村民自治模范村”。

2005年，做好全县第四届村民委员会换届选举工作。全县设162个村（居）民委员会、5个社区，

1451个自然屯，2319个村民小组。

民主选举 1995年11月，田东县开始第一届村民委员会选举，依法民主选举产生村民委员会干部。村民委员会干部仍属集体干部，其补贴、报酬按原村公所的办法和标准执行。村民委员会的成员，由该村有选举权的村民直接选举产生，每届任期3年，可连选连任。村民委员会由3~7人组成，设主任、副主任和委员，下设村民小组。原以自然村为单位的村民委员会全部撤销。

1999年6月，田东县开展第二届村民委员会换届选举，全县166个村（居）委会，选举产生村（居）委会成员841人，其中：主任166人、副主任205人、委员470人；共选出村民代表5643人，村民小组长2285人。

2002年5—6月，田东县开展第三届村委换届选举。通过组织准备、宣传发动、选民登记、民主选举程序，依法选举产生新一届村民委员会。选出新一届村委成员825名，其中主任160名（连选连任86名、新任74名），副主任208名，委员457名。

2005年6—8月，全县167个村（社区）开展第四届村委换届选举圆满完成换届选举工作。通过推行交叉任职，村党组织书记、村委会主任“一肩挑”的有94个村，占全县行政村的58.4%；村“两委”成员交叉任职的村干部有576人，交叉任职比例为76.5%。

民主决策 1989年，村公所主要负责办理本村的公共事务和公益事业、调解民间纠纷，协助维护社会治安，向各级人民政府反映村民的意见、要求和提出建议，村规民约等重大事项需召开村民大会决定。

1995年，普遍建立和完善村干部值班制度、村规民约、村民议事制度、财务管理制度、村民选举制度等等，以制度管人、管事。

1996年，开展村民自治工作，凡涉及村民利益的重大事项，如土地承包、宅基地使用、集体经济项目承包、村办公益事业等，全县各村民委员会均能做到实行民主决策，提交全体村民或村民代表会议讨论，按多数人的意见作出决定。

1998年，全县农村推行民主管理制度。村民委员会民主制定村规民约并严格执行，依法治村，实行民主管理，实现村民自我管理、自我教育、自我服务，有效地管理好村里事务。建立村民代表会议、群众“一事一议”等制度。每季度召开一次村民代表会议，村里重大事务由村民代表讨论决定。开辟村务公开栏，实行按季度公开，公布村民普遍关心的涉及其利益的事项，以财务公开为重点。

2004年6月，根据中共中央办公厅、国务院办公厅《关于健全和完善村务公开和民主管理制度的意见》精神，明确凡是与农民群众切身利益密切相关的事项，如村集体的土地承包和租赁、集体企业改制、集体举债、集体资产处置、村干部报酬、村公益事业的经费筹集方案和建设承包方案等，都要实行民主决策，不能由个人或少数人决定。村民委员会的设立、撤并、范围调整，由乡级人民政府提出意见后，必须经村民讨论同意，并报县级人民政府批准。

2005年，农村税费改革后，由村民出资出力实施的“一事一议”项目，必须召开村民会议讨论，只有半数以上到会人员表决通过，方可实施。选举、罢免或增补村委会成员时必须召开村民会议，村民会议应当有本村18周岁以上村民的过半人数参加，或者有本村三分之二以上的户代表参加，所作决定应当经到会人员的过半人数通过。

村(居)务管理

村务公开 1998年，田东县委、县人民政府制定《关于在全县农村推行村务公开，民主管理制度》和《关于在全县农村推进村务公开，民主管理制度的实施方案》，全县部分村委会开展村务公开、民主管理制度试点工作，带动各乡镇机关的政务公开、村民小组的财务公开，并在村务公开栏附近设村务公开意见箱，由乡镇纪委加锁管理。村务公开的主要内容有财务收支情况、农民负担情况、计划生育管理情况、上级下拨的各种款物的发放，使用情况、征用土地和宅基地审批情况、集体土地承包，村集体经营项目承包及经营情况、征兵、招工以及乡镇中学或村办小学收费情况、上级党委政府的有关政策和规定等情况、村干部工作责任目标和完成情况。

1999年，田东县全面开展村务公开活动，把村务公开和民主管理工作摆在各级党委、政府的重要议事日程，作为扩大基层民主，保障农民群众的知情权、决策权、参与权和监督权的重要方式，作为加强农村基层组织和党风廉政建设建议，密切党群干群关系，推进农村基层民主的制度化、规范化、程序化的重要途径。田东县成立由县委分管领导任组长，政府分管领导任副组长，组织、宣传、监察、民政、财政、计生、教育、农业等部门负责人为成员的村务公开管理工作领导小组，设立专门办公室，负责进行全县村务和民主管理工作。10月，全县所有村民委员会都建起村务公开栏。12月，田东县村务公开通过自治区验收，被自治区评为“村民自治模范县”。

2000年，继续宣传修订后的《村民委员会组织法》，推进村民自治活动向深层次开展。先是在布兵镇陇造村开展村委会各项制度建设试点，然后在全县全面铺开。

2003年，田东县扎实开展争创新一轮村民自治模范县活动，每个村（街）民委员会均建立村务公开制度，定期公开村务，接受群众监督，蝉联自治区“村民自治模范县”称号。

2005年，全县村务公开和民主管理工作由县委组织部、民政局、监察局主抓，其他成员单位协调配合。各有关职能部门各司其职，各负其责。县人民政府把村务公开工作纳入乡镇年度目标管理，由县民政部门负责对全县的村务公开进行检查督促，年内全县村（居）民委员会均开展以村级财务、乡村提留、计生、民政救灾、五保供养等为重点的村务公开活动。

办公用房建设　2002年，全县筹集资金184万元用于乡村办公用房建设和改造，其中60万元用于建设思林镇、印茶镇、义圩镇人民政府的办公用房，18万元用于维修扩建江城镇、那拔镇人民政府办公用房，106万元用于30个村委会办公用房，以及维修、扩建61个村委会办公用房。

2003年，投资50万元用于改造10个村委会办公用房。

社区建设

社区设立　1989年，全县设有平马镇德新街、平马镇庆平街、平马镇乐善街、平马镇南华街、平马镇中山街、思林镇思林街6个居民委员会。

2002年7月，撤销平马镇德新街、庆平街、乐善街、南华街、中山街居民委员会，设立平马镇油城、广场、文教、古城、城西社区5个社区居民委员会。依法选举产生田东第一届社区居委会成员。之后，社区居委会制度逐步建立，社区服务活动逐步走向正常。

社区服务　2002年，社区服务范围局限于居民户口迁移、计生手续的初审、治安调解之类的简单服务。

2003年，社区以社区党组织为核心，以优质服务为突破口，社区与社区单位联合共同为社区群众提供医疗咨询、科普宣传等便民利民服务，完善社区管理和服务网络。2005年，社区可办理困难居民最低生活保障、发放避孕药具等便民服务。

第三节　优抚安置　拥军优属

优　抚

优待　1989—1998年，田东县实行由各乡镇统筹优待金的办法，优待金补助标准随着经济社会的发展而不断提高。

1988—1990年，共统筹得优待金212403.83元，及时发放到1944户优抚对象手中。1990年，农村义务兵家属户均优待金200元，烈属家属户（人）均100元，残废军人、带病回乡军人人均50元。

1995年，各部门、各乡镇按责任状的要求完成优待金统筹任务，全年优待金收缴及兑现给全县义务兵家属优待金达到当年田东农民人均收入70%的水平。

1997年，田东县优待金筹集办法规定，机关、事业单位、国企干部职工每人每年10元，村干定工干部、民办代课老师每人每年5元，城镇和农村非农业人口每人每年3元，个体工商户（不含运输户、残疾户）每年5元；从事营运业的国有、集体、个体大小客车、货车，每辆每年50元；从事水运经营的船舶，50吨以上的每艘每年50元，渡船每艘每年5元；经营推土机和大中型拖拉机的，每台每年20元；手扶拖拉机经营运输的每台每年5元。此后，多次调整统筹标准。当年，全县优待金统筹63.84万元，兑现优待金61.89万元，对农业户口和城镇户口的义务兵家属给予优待，每户优待金1120元；对烈属、因公牺牲家属、残废军人、带病回乡军人户（人）均1000元左右。

2000年起，优抚对象优待金改为县级地方财政预算列支。对义务兵家属实行普遍优待。对革命烈士遗属、因公牺牲军人遗属、病故军人遗属、革命伤残人员（伤残军人、伤残警察、伤残民兵民工、伤残国家工作人员，下同），按规定给予定期生活抚恤补助。对1954年10月31日以前入伍的在乡老复员军人和历年带病回乡退伍军人，则给予定期定量生活补助。

2002年，发放现役军人家属优待金48.6万元，发放标准达上年农民人均纯收入的75%以上，优待面100%。

2005年，把优待金列入县级财政预算，共发放义务兵优待金41.86万元，发放标准是按全县上一年度农民人均纯收入的75%，优待面100%。

抚恤补助 1989年，全县抚恤革命烈士遗属、因公牺牲军人遗属、病故军人遗属共72人、伤残军人90人。发放烈属和牺牲病故人员家属抚恤金共942人次，共25938元。发给烈属、复员军人定期补助和临时救济费共10065人次，共17.65万元。

1994年，全县领取抚恤金的“三属”（军属、烈属、遗属）共有73人，取得生活补助的在乡复员军人及带病回乡退伍军有589人。1996年，全县共发放定抚金8.2万元，定补金38.1万元。

1999年，开展“爱心献功臣行动”活动，推倒重建和维修“三老”（在乡退伍老兵、老红军战士、在乡二等级以上伤残军人）住房128间3005平方米。落实在乡退伍红军战士和在乡二等级以上伤残军人享受公费医疗政策，对“三老”治病问题采取上门服务和适当减免医药费的办法。把全县原有生活困难的137位“三老”列为农村“低保”对象。

2001年，给革命烈士遗属、因公牺牲军人遗属、病故军人遗属186人，伤残军人84人，发放抚恤金。

2005年，全县有烈士遗属、因公牺牲军人遗属、病故军人遗属64人，伤残军人100人。全县有889名重点优抚对象都能享受定期定量补助。另外，给97户优抚对象困难户发放救济粮1.54万千克，发放救济衣服、棉被105套（床），减免医药费5000元。群众捐资6720元，捐物一批，维修或改建14户优抚对象住房。

烈士、牺牲军人、病故军人及伤残军人的抚恤金由中央财政每月拨给，1989—2005年，全县累计发放遗属及伤残军人抚恤金1315.4万元。

烈士褒扬

田东县革命烈士陵园 位于平马镇东宁西路98号。1950年3月，县人民政府在原中山公园建立田东县革命烈士纪念碑。1954年9月，纪念碑移到平马镇城西大体育场（县文体局）西侧，邕（南宁）色（百色）二级公路旁，占地约1公顷。1956年重新修建，碑高11米，坐北向南，门前有150米宽的平台，台下有两层阶梯共20级。

1989—1996年，因几次修建邕色二级公路，占去陵园面积约484平方米，造成平台、门面、通道不复存在。

1999年12月，对革命烈士陵园进行了重新修建，建起了雄伟肃穆的革命烈士陵园大门，大门前建25级阶梯。园内中间有一“百色起义第一枪”造型雕像，红七军战士手握钢枪站立在用红色大理石修建的四方碑上面，碑高16米，寓喻打响了百色起义第一枪，碑体正面是县委、县人民政府重修的碑文。碑后刻录着田东县历次革命斗争中牺牲的537名烈士的名单。园内绿树成荫。

陵园内大门右边有一圆顶墓穴，里面存放有少部分烈士遗骨，墓碑上刻录在广西历次战斗中牺牲的85名烈士名单。圆顶墓后面有一座为保护人民群众财产安全而牺牲的刘道友烈士之墓。

其他烈士纪念设施 分别是平马镇百谷村红军烈士纪念碑、平马镇合恒村烈士陵园、平马镇上法村革命烈士纪念碑、林逢镇革命烈士纪念碑、思林镇革命烈士纪念碑、印茶镇革命烈士纪念碑、印茶巴麻村革命烈士纪念碑、江城镇果柳村革命烈士纪念碑、朔良镇革命烈士纪念碑。

安 置

农村退伍义务兵安置 按照“从哪里来，到哪里去”的安置原则，农村退伍兵一般安置回农村参加农业生产，大批老兵成为农村科技致富的领头雁和维护社会治安的生力军。

1989年，回农村参加农业生产、安家有困难的退伍军人，每人发给困难补助费1500元。

1989—1993年，全县接收安置农村退伍军人，全部落实安置。同时，县人民政府发出《关于做好义务兵家属、烈属、伤残军人、带病回乡复员军人统筹优待金的通知》，要求各乡镇政府及县直和驻县的上级单位给烈军属和退伍军人予优待，兑现给义务兵家属每户250元，直系烈属50元，带病回乡复员军人50元。

1994—1999年，全县接收安置农村退伍军人，安置回农村的503人，全部安置完毕。

2000年，全县接收安置农村退伍军人，安置率100%。推荐军地两用人才到县外、省外企事业单位工作，使军地两用人才开发使用率达85%以上。

2005年，接收退役士兵，除了符合安置就业的，其余回农村安置。

城镇退伍义务兵安置 城镇退伍兵由民政部门与劳动人事部门共同做好安排。1989—1993年，田东安排工作的城镇退役士兵，安置率100%。

1994—1999年，安排工作的城镇退役士兵，全部安置完毕。2001年，需要政府安排工作的城镇退役士兵和志愿兵，分别安置到田东火电厂等25个企事业单位，安置率100%。

2003年，需要政府安排工作的城镇退役士兵和转业士官共有41人，但只能安置34人，其余7人无法安置。对于符合安置而又尚未安置的退役士兵列为城市低保对象，按月给他们发放城市低保金。

2005年，对于无法安置的47名城镇退役军人，从财政拿出58.9万元给予他们一次性安置补偿金，鼓励自谋职业。

双 拥

拥军优属 从1989年起，每年春节、“八一”建军节等重大节假日，县委、县人民政府都开展拥军优属慰问活动，慰问县武装部、县武警中队、县消防大队、烈士军属、复原退伍军人和伤残军人。

慰问方式有召开座谈会、举办联欢会、走访慰问等形式。节日走访慰问驻军部队和军烈属形成一项制度，同时从县财政中拨出一定经费支援驻军部队建设。

1991—1995年，批准享受红军失散人员待遇8人，批准享受在乡老复员军人待遇54名，同意追认为革命烈士1名。批准军属住房困难补助8户，每户补助金1070元。

1997年，田东县新增在乡老复员军人生活困难定期补助32人，慰问军属、烈属等优抚对象723户，送慰问品、慰问金36.88万元。慰问驻军5处共10次，送慰问品、慰问金1万多元。

1999年，开展创建自治区级“双拥模范县”工作。开展军民共建单位活动，在公共汽车、各公共场所和服务行业橱窗等挂起“军人免费”“军人优先”的牌子，全县上下呈现浓厚的创“双拥模范县”氛围。田东县被全国双拥工作领导小组、民政部评为“爱心献功臣行动先进单位”。

2000年，全县共慰问军、烈属等优抚对象1013户（人），送慰问品1013件。慰问驻军点5处共2次，送慰问品、慰问金7.2万元。

1999年建军节时，田东县开展“双拥”活动慰问驻军
（县民政局提供）

2001年，县财政拨款65万元给县人武部建宿舍楼，拨10.88万元给县武警中队购买装备器材。双拥共建单位共捐8台空调机给驻军，捐13.2万元给县人武部搞院内绿化美化。是年，田东县被自治区双拥领导小组评为“双拥先进县”。

2003年，春节、“八一”期间，县四家班子领导亲自率双拥领导小组成员走访慰问驻地官兵和各类优抚对象及家属148户，给他们赠送彩电、冰箱、空调、电脑以及慰问金等。

2005年，全县281个拥军优属服务小组不定期为优抚对象提供义诊、收割、打柴、打扫卫生等服务，为优抚对象办实事好事328件。

拥政爱民 1989—2005年，县人民武装部组织、发动民兵开展“一兵带一家、一排带一村”的精神文明和物质文明建设活动，把建设精神文明和物质文明结合起来，促进文明村（镇）的建设。以民兵组织为单位，加强村风民风的综合治理，引导民兵带头扶贫，走共同富裕的道路。组织民兵为军属做好事、办实事，在农村建立助耕组、技术咨询服务组、法律咨询、便民服务组等。组织民兵参加乡、村三四级道路的修建，以及冬修水利设施的巩固、茅草房的改造、人畜饮水等重点工程的建设。

与此同时，驻军部队积极参与田东经济社会建设。比如2001年发生水灾，驻军各单位积极参加抢险救灾工作，抢救被洪水围困群众3.2万人，为国家和人民群众挽回财产损失300多万元。

第四节　救灾救济　社会救助

救灾救济

1989年，田东多次遭受洪涝、大风、干旱、霜冻等自然灾害，给群众的生产生活造成一定的困难。县委、县人民政府组织发动人民群众开展生产自救的同时，向33227户次，168732人次，发放救灾救济款320668元。

1990年，向受灾群众12443户次，54776人次，发放救济款146288元。为瑶族农户房屋投保险3391户。

1992年，发放口粮救济22868户次，103439人次，粮食共585.51吨，救济款294685元。当年，开展社会福利有奖募捐活动，为社会福利事业筹集得资金9.6万元。兴建平马镇敬老院，总投资22万元，占地面积0.67公顷，建筑面积430平方米，安排24位孤寡老人养老。

1994年，县境内遭受春旱、夏涝等自然灾害。全年累计救济群众共6850户，25051人次，发放救灾粮食390吨，救灾款43万元。从机关干部捐款中拿出11万多元，解决水毁民房修复。同时，对五保户522户557人，特困户239户312人定期定量发放救济款14.5万元。

1995年，全县发生3起重大民居房屋火灾。一是林逢乡关国村交灵屯有51户房屋全部被烧光，受灾人数236人，直接经济损失35万元。二是坡塘乡丰马村陇敢屯有11户33开间房屋被烧，受灾人数65人，直接经济损失18万元。三是思林镇内油村那含屯，有9户25开间房屋被烧，受灾人数58人，经济损失7万多元。灾情发生后，县委、县人民政府均组织力量深入灾区，做好灾民临时安置和解决衣食问题，稳定灾民情绪。同时，发动社会各界人士捐款捐物。

1996年，全县有19873户遭受到洪涝灾害，受灾人口8948人，民房倒塌103间，人员死亡4人，造成直接经济损失131万元。有55户被火烧光，受灾人口241人，造成直接经济损失46万元。全年接收广东省和县直机关干部职工捐赠衣物5万件，救济14800户（次），6万人次，救灾粮食450吨，救灾金额77万元。

1999年，县内主要发生旱灾、风灾、牲畜“5号病”、山石滑落等灾害，受灾10212户，51206人。全年共救济灾民6376户次，23412人次，发救济粮218.06吨，发救济款340184元，解决群众生活生产困难。

2001年，全县先后发生低温冷冻、旱灾、洪涝灾等自然灾害。全年共发放救灾救济粮2812吨，救灾款449.7万元，棉被、蚊帐各700床，衣物15万件，使88392个受灾群众基本生活得到保障。对因水灾而倒塌的民房，采取集中建设灾民新村和面上恢复重建相结合的办法。面上恢复重建3129户。规划集中建设17个灾民新村，其中的平马镇小龙、局兰屯，祥周镇沙东屯，林逢镇的东务屯，思林镇的可恒，布兵镇的陇彭等7个新村在2002年春节前建设完成。当年，上级拨给田东的特大自然灾害救灾专项资金230万元，为历年之最。

2003年，全县遭受低温冷冻、高温干旱少雨、山体滑坡、危石滑落等自然灾害，造成直接经济损失9895万元，造成12168户55000人缺粮，有6597户34366人需要国家救济。全县共发放救济粮221.52吨，棉被900床，蚊帐1000床，衣服11万件。由于工作做得细，保证灾民有饭吃、有衣穿、有房住，生活稳定，生产正常，没有发生流浪乞讨、越级上访或非正常死亡现象。

2005年，全县因灾需国家救济5200户，21000人，缺粮食600吨，缺钱120万元。当年，全县安排农村困难群众生活6600户35032人，粮食620吨，救灾款124万元。

1989—2005年，累计发放救灾款1354.64万元，救灾粮8586.98吨，救灾棉被4100床、衣物28.8万件、蚊帐4500床。此外，社会各界积极捐款捐物支援灾区，民政部门累计接收救灾捐款152万元、衣物189500件。

五保户供养

“五保”特指保吃、保穿、保医、保住、保葬（孤儿为保教）。五保对象指农村中无劳动能力、无生活来源、无法定赡养扶养义务人或虽有法定赡养扶养义务人，但无赡养扶养能力的老年人、残疾人和未成年人。有五保对象的农户，称为五保户。

1989年，以乡镇为单位，开展五保户供养统筹，形成乡镇统筹、村提留、协议承包、辅以国家定救、临救相结合的五保供养保障方式。对五保户的基本生活费实行以乡镇为单位的方法统筹解决。

1990年，全县有五保户432户473人，由县民政部门给予定期定量救济，月定量救济12元/人。

1995年，根据自治区的统一要求，提高救济对象定补定救标准，救济对象定补达30元/月，其中五保户每人增加18元，逐步实现与国民经济发展相适应的救济标准。

2003年，田东县进行农村税费改革，取消“五保统筹费”，五保老人基本生活费全由财政预算转移支付。

2005年，全县有五保户4052户4247人。

城镇居民最低生活保障

1999年，田东县开始实施城镇居民最低生活保障政策。保障对象是家庭人均收入低于城镇居民最低生活保障标准（110元/月·人）的持有非农业户口的城镇居民，主要有三类人员：无生活来源、无劳动能力、无法定赡养人或抚养人的居民；领取失业救济金期间或失业救济期满仍未重新就业，家庭人均收入低于最低生活保障标准的居民；在职人员下岗人员在领取工资或最低工资、基本生活费以及退休人员领取退休金后，其家庭人均收入仍低于最低生活保障标准的居民。是年，有城镇居民36户117人。

2000—2003年，享受城市低保的有4498户11595人，月人均补助50.8元。2004年，全县有城市低保对象2174户5455人，全年累计发放城市低保金333.8万元，低保对象人均月补助达56.3元，高于全区人均月救助55元标准。

2005年，城镇居民最低生活保障标准由原来的月人均收入110元提高到月人均收入130元。当年全县城市低保对象有5100人，全年人均月补助65元。

农村低保是2006年10月1日起开始实施。

第五节　社会福利

养老福利

敬老院　1992年，县委、县人民政府无偿划拨建设用地，投资22万元，由县民政部门负责兴建平马镇敬老院，建筑面积430平方米，安排孤寡老人24人，配备2名敬老院管理人员。

1996年，兴建思林敬老院、作登敬老院、布兵敬老院；维修县福利院和县光荣院，增设床位，新接纳11名优抚对象入院供养。

1997年，那拔、义圩、江城、朔良、印茶、祥周等乡镇扩建或新建乡镇敬老院，全县共接收40多位五保老人入住。引进150多万元，兴建2栋社会福利楼房，扶持县光荣院、县敬老院。当年，县光荣院被国家民政部评为“全国文明光荣院”。

1999年，扶持祷午、坡塘2个乡镇新建敬老院，至此全县13个乡镇都建立敬老院，共收养42位孤寡老人入院供养。

2000年，自治区民政厅拨给专项经费7万元，扶持作登瑶族乡搬迁敬老院。广州市民政局支持30万元建设县老人公寓。

2001年，新建县社会福利院和县光荣院，建筑面积4300平方米。于2003年投入使用、运营，结束了县城社会福利基础设施滞后的局面，为革命荣誉军人、孤寡老人、离退休人员和市民提供了颐养天年、休闲活动的场所。当年，全县13个乡镇敬老院设有116个床位，年内共收养62位老人入院，住院率占床位的53%，超过上级提出住院率要占现有床位40%的要求。

2005年，全县有11个敬老院。

五保村 2001年，全县11个乡镇敬老院设有116个床位，共收养62位老人入院。

2003年，自治区民政厅作出建设农村五保村，集中供养五保对象的决定。田东县争取到上级给予建设14个五保村（合恒、四平、怀民、中平、祥周、百银、甘莲、仑圩、林驮、桥礼、和同、坛河、良余、思林）的任务，建筑总面积455平方米，总投资195万元，可集中供养209个五保对象。

2005年，建设30个五保村，其中上级拨款建设27个，县拨款建设3个。县民政局根据五保对象分布情况，以及交通、水电、人口、集居等情况来选址。当年竣工26个，入住10个，安排145位五保老人入住。当年，全县有72个五保村。

2005年，平马镇敬老院 （县民政局提供）

社会福利彩票

发行销售 为筹集社会福利事业资金，自1992年起，田东开展社会福利有奖募捐活动。当年筹得资金9.6万元。

1996年，完成400万元福利彩票销售任务，筹得74万元的社会福利基金。

1997年，完成520万元大奖组福利彩票销售活动，筹集到96.33万元的社会福利基金。

1999年春节期间，开展社会福利大抽奖销售活动，销售350万元福利彩票，筹得71.8万元的社会福利基金。

2001年元旦期间，举办福利彩票亿元大联销活动，由于市场疲软，只销售福利彩票560810元，只筹得福利基金106578.65元。

1994—2005年，共发行社会福利彩票1946万元，筹集到社会福利资金345.7万元，主要用于建设作登敬老院、布兵敬老院等，新接纳一批五保老人和优抚对象入住。

资金管理 福利彩票销售收入的福利基金由县有奖募捐委员会保管，存入县财政专用账户，实行收支两条线管理。凡使用福利基金必须由使用单位提出项目申请，经县有奖募捐委员会审批，同时经县人民政府分管领导审批后方可使用。

社会福利企业

1996年，田东县福利企业产值达673万元，解决57名残疾人员劳动就业。是年，田东被百色地区行署评为“民政工作先进县”。

1997年，落实国家对福利企业的扶持保护政策，全县社会福利企业实现产值达893万元，实现利税57.21万元，解决残疾人劳动就业101人。县福利厂厂房4次遭到洪水淹没，得到上级扶持2.5万元，恢复生产。

1998年，全县福利企业实际生产销售（营业）收入563.5万元。

2000年，全县福利企业实际生产销售（营业）收入224万元。

社会福利生产

1995年，县民政局拥有怀民农场、桥头加油站、作登联营扶贫农场、梅桑果场、东云阁酒店、民政福利钢球厂、天生防水塑料厂、扶贫服务公司杂货批发部等经济实体，形成一二三产业全面开花的格局，并取得了一定的社会效益和经济效益。

1997年，县民政局把梅桑果场、桥头加油站发包给社会上善经营的人士承包，提高经济效益。对怀民农场采取利润分成的方式，灵活多样开发农场，仅种甘蔗一项，当年就有30多吨原料蔗进厂，纯收入5000多元。

之后，由于形势变化、政策变动等原因，社会福利生产逐渐衰退，乃至停办。

第六节　社会事务

婚姻管理

1989年，田东县继续开展婚前健康检查，由各乡镇卫生院对辖区内准备结婚的人员进行检查。婚检医师未经过系统培训，检查的项目及记录也没有统一。

20世纪90年代初，田东县根据社会普遍存在的早婚早育、结婚不办理登记等违法婚姻现象，开展婚姻法宣传，倡导婚俗改革，并运用思想教育、经济、法律等手段对违法婚姻进行综合治理。按规定，县内居民达到法定婚龄、自愿结婚的，可在其中一方户口所在地的乡镇人民政府办理婚姻登记。结婚登记须男女双方同时到场，除身份证、户口本外，还需双方单位或村（居）委会开具的证明。

20世纪90年代，县内农村仍有以举行结婚仪式认可婚姻的习惯，以及因男女一方或双方未到法定结婚年龄、未能办理结婚登记而先举行结婚仪式的现象。这些男女一旦符合条件，一般都补办结婚登记，以便办理子女的户口。补办结婚登记的实质要件、形式要件与结婚登记相同。

1993年，县民局利用“宣传长廊”固定宣传《中华人民共和国婚姻法》，对乡镇婚姻登记管理进行不定期抽样检查指导，理顺各种登记手续，并对13个乡镇婚姻登记管理人员进行培训。批准各乡镇增设婚姻登记管理档案专柜，使婚姻登记工作走上法律化、制度化。当年，全县履行结婚登记共3730对，补办登记手续1409对。

1994—1996年，继续宣传《中华人民共和国婚姻法》，发放宣传资料100份，加强对各乡镇婚姻登记员的业务培训，通过以会代培的办法，对全县婚姻登记管理员（含民政助理员）进行系统性培训一次20人，提高他们执行水平。全县有7796对申请结婚登记的公民，依法给予结婚登记5831对，同时，依法清理违法婚姻123对，给予补办登记手续322对。

1997年，由县妇幼保健院统一负责全县的婚前健康检查。县妇幼保健院派出经过自治区卫生系统培训、考试考核合格并取得婚检医师资格的医生担任婚检医师。婚前医学检查是预防胎儿出生缺陷的第一道关口，可以避免和减少重大传染病和遗传病影响下一代，提高出生人口质量。当年，全县共有2734对申请结婚登记，准予结婚登记2677对，其中城镇结婚登记率达89%，农村达66%。

1998—2000年，依法准予办理结婚登记5087对，调解复婚68对，实现城镇、农村综合结婚登记率达82%，结婚登记合格率达100%。

2003年10月起，国家实行自愿婚前健康检查制度，此后几年全县的婚前健康检查寥寥无几。

2004年1月1日起，田东县在百色市率先建成县级民政局办证大厅，全县婚姻登记工作统一集中在县民政局婚姻登记处办理，乡镇政府不再办理婚姻登记，全县婚姻登记工作真正走上了法律化、制度化、规范化的轨道。当年，全县办理结婚登记3064对，合格率达100%。

2005年，加大宣传新的《中华人民共和国婚姻法》，深化婚姻登记体制改革。当年，全县共办理结婚登记3497对，登记合格率达100%。

1993—2005年田东县婚姻登记情况表

表18-1-1

年份	1993	1994	1995	1996	1997	1998	1999	2000	2001	2002	2003	2004	2005
结婚登记	5139	2000	2753	3300	2677	2235	2524	3340	2886	2206	4671	3209	3497
离婚登记	23	100	35	29	39	41	80	83	118	96	300	211	186

婚俗改革 20世纪80年代改革开放初期，县境内婚事仍有请媒、定亲、下彩礼、送日子之说，随着人们观念的更新，此类礼节逐步退出。但仍存在早婚、结婚不登记等违法行为，边远贫困山区结婚登记率相对较低。

从20世纪90年代起，县民政部门广泛开展以移风易俗、婚事新办为主要内容的婚姻法律法规宣传和家庭美德教育，将婚俗改革作为社会主义精神文明建设的重要内容纳入婚姻管理。许多违法婚姻当事人主动前往登记机关补办婚姻登记。通过媒婆介绍或经父母亲戚介绍成功的婚姻比重开始下降，通过自由恋爱或通过婚介所介绍的婚姻越来越多。婚嫁之事亦多为男女双方及家人直接协商确定，繁文缛节减少，但置办酒席宴请宾朋仍是必不可少的仪式。城镇居民多在饭店举办酒席，农村居民大多仍是请亲友帮忙置办。宾客贺礼中家用电器、床上用品等实物逐渐减少。县民政部门组织计生、妇联、司法、公安、民政等部门密切配合，组织工作组，进村入户进行摸底调查，开展婚姻法宣传，倡导婚俗改革，对违法婚姻进行全面清理，早婚、早育和违法婚姻现象不断减少。

婚姻服务 20世纪90年代起，除政府提供的婚姻登记服务和医疗机构提供的婚检服务外，社会上陆续出现婚纱摄影、装扮花车等服务，并逐步形成时尚。2004年，成立田东县婚姻登记处，负责婚姻登记管理工作，内设婚前教育厅、婚姻家庭辅导室、婚姻领证厅、婚姻介绍室、法律咨询室、婚姻服务收款处。

离婚登记 1989年后，县内居民自愿离婚，当事人双方必须具有完全民事行为能力，共同到一方的户口所在地乡镇人民政府办理离婚登记，申请离婚登记的当事人还需双方单位或村（居）委会开具证明以及调解书。1993年，准予办理离婚登记23对。

1994年起，对于一方要求离婚或双方要求离婚、但对子女抚养等事项未达成协议的，一方或双方当事人为限制民事行为能力或者无民事行为能力的，未办理过结婚登记的，婚姻登记机关不予受理。这3种情况主要通过法院调解或判决离婚。是年，准予办理离婚28对。

1995—1999年，依法清理违法婚姻244对，办协议离婚29对。

2000年，清理违法婚姻187对；申请离婚113对，办理83对，调和30对。

2001—2005年，协议离婚118对，办理登记离婚474对。

1989—2005年，全县通过人民法院审结的离婚案件绝对数逐年上升。在人民法院调解或判决的离婚中，由于包办买卖婚姻而提出离婚的仍占一定比例，男方有严重夫权思想、打骂虐妻提出离婚的也相当严重，因喜新厌旧或因第三者介入引起离婚的增多，因重婚而引起离婚的时有发生。县人民法院根据新修改的婚姻法，以感情是否破裂作为离婚的界限，调解无效后准予离婚，较好解决一些长期遗留下来的名存实亡的婚姻关系。

2003年10月1日之后，办理离婚登记的除提交常住户口簿、身份证外，申请离婚登记不再需要双方单位或村（居）委会开具证明以及调解书，持本人常住户口簿、居民身份证、结婚证、离婚协议书（协议书中须载明双方自愿离婚的意思表示以及对子女抚养、财产及债务处理等事项协商一致的意见）即可办理。由于居民传统婚姻观念转变以及结婚、离婚手续简化等原因，县内离婚登记呈上升趋势。

2005年，办理离婚登记186对，登记合格率达100%。

收养登记

田东县民间收养婴儿和儿童，一般是没有生育能力的夫妇收养生育较多家庭的孩子，双方大多有亲戚关系，办理收养时双方立书面契约，并有其他亲属为证。20世纪90年代初，田东县对收养孩子未进行登记。

1993年，县民政部门开始依法主管儿童收养登记工作。在公安部、民政部等相继发布有关收养问题的规定办法后，县民政局对申请建立（或解除）收养关系的当事人，依照收养法规定的收养条件进行审查，对符合法定条件的，发给收养证（或解除收养关系证明），收养关系（或解除收养关系）即成立。同年，田东县社会弃婴问题比较突出，全县收养人数不断增多，为解决收养社会弃婴带来的社会问题，县人民政府研究决定由县民政局对事实收养孩子开展登记并出具证明。

1999年5月，全国统一规范收养登记工作，使用统一的申报表格、证明材料和收养登记证。当年，全县办理收养登记9件。

2002年12月，自治区民政厅、公安厅、司法厅、计划生育委员会四部门联合下文《关于解决我区公民事实收养问题的处理意见》，给予1年时间内（2003年12月）事实收养家庭到县民政部门收养登记机关办理事实收养登记。2000—2002年，共办理收养登记56件。

2003—2005年，共办理收养登记105件。

殡葬管理

田东殡葬习俗自古以来为土葬。1989—2005年，田东县没有建设殡仪馆，需要火化的尸体要送往县外殡仪馆进行火化。2005年，县民政局在清明前后，开展殡葬改革宣传活动，宣传改变土葬旧习俗，不断推进殡葬改革步伐，提高火化率。

民间组织管理

社会团体登记 1990年起，社会团体登记开始由县民政部门负责。1994年，完成13个社团年检工作和社团法人资格认定工作，完善社团印章及代码的管理。

1995年，对1990—1992年全县33个社团进行清理整顿，注销、合并社团20个。依法审核和给予登记注册13个社团，监督各个社团的运行情况，加强对各个社团活动的管理，引导各社团为经济建设服务。

1996年，依法对全县16个社团进行年检和监督，较好地发挥社团活动对全县经济建设的促进作用。1998年，完成对全县19个社团的清理整顿初审工作，自行解散社团5个。

1999—2000年，对全县17个社团进行清理整顿，重新编排登记证号，换发新证。全县换证保留12

个，新登记2个，注销3个。

2003—2005年，做好全县农村经济协会摸底调查和登记管理工作，培育农村经济组织，以带动农村产业发展。建立农村示范经济组织——田东县祥周镇中平村无公害蔬菜协会，经自治区检查验收，批准为全区示范点之一。

民办非企业单位登记 2000年起，县民政部门担负全县民政非企业单位的登记管理工作，由县民政局按照《社团登记管理条例》进行登记，有关部门在技术和政策方面予以重点支持和指导。当年，开展民办非企业单位复查登记工作，对全县民办非企业单位进行复查登记，县民政局获全区开展民办非企业单位复查登记先进单位。

2001—2005年，成立3家民办非企业单位，即田东县东慧学校、田东县汇智学校、田东县新力初中。

第七节 勘界 地名管理

行政区勘界

1997年，加强与河池地区、巴马瑶族自治县的联系、协商，完成了田东县与巴马共57.95千米长的边界勘定。

1998年，完成江城、朔良撤乡建镇的实地调查及材料上报工作，得到自治区批复同意。完成了田东与南宁地区天等县38.9千米的边界勘界，并对有争议的地段进行调查取证，收集材料，解决好边界争议。

1999年，田东与德保、田阳、巴马县边界贯通率100%，与平果县贯通率为87.62%。

2000年，田东县与周边5个县基本完成勘界工作，保证了边界地区稳定，促进了边界地区经济发展。

2002年，完成全县13个乡镇地名普查和资料更新，以及行政区域界线勘定调查摸底工作，全县待勘定的乡镇行政区域界线约有475千米。2003年，田东在百色市率先完成乡级行政区域界线勘定工作。

2005年，继续抓好乡级行政区域界线勘界扫尾工作，抓好地名补查和资料更新工作。

区划地名

1999年，自治区人民政府同意把祾午乡、布兵乡、印茶乡改为祾午镇、布兵镇、印茶镇。

2000年，搞好田东县行政交通地图的地名审核工作和县境边界测绘工作。对县城城区街道重新命名，由原来的5条街道重新划分为11条路、3条街、19条巷，并制作了新的街道牌。

2001年，搞好县级地图的发行工作。开展乡村屯行政区划调查和行政区划名称用字读音调查，完成县城城区3条街道、11条路、34条巷的牌子制作和6813户居民及195个机关企事业单位门牌的登记更换工作，完成国道二级公路两边4个镇21个村地名标志的规范设置工作。

2002年，完成全县13个乡镇地名普查及资料更新的前期准备工作，做好义圩、那拔撤乡建镇工作。

2004—2005年，成立田东县地名补查和资料更新工作领导小组，制订实施方案，做好前期准备工作。

革命老区划定

1997年，开展补充划定田东县革命老区工作，百色地区行署同意将那拔、坡塘、祾午、布兵等4

个乡划定为第二次国内革命战争时期百色起义革命根据地，将上法等51个村认定为革命老区。

第八节　老龄事业

老龄结构

据1990年第四次全国人口普查统计，全县55~60岁的老年人口为37900人，占全县总人口数10.1%，61岁以上的老年人口共27190人，占总人口数7.3%。

1994年，全县60岁以上老年人37980人，占全县总人口386018人的9.8%。老年人口中，离休干部99人，退休干部1760人，行政事业退休工人211人，企业退休工人930人，农村五保老人1125人。百岁以上老人6人。老年人口比例最高的村是祥周乡仑圩村，该村60岁以上老人为1568人，占村总人口的43.95%；最低的是祥周乡新洲村，该村老人占全村总人口3.8%。

1995—1997年，全县百岁老人14人，男2人，女12人，年纪最大的120岁（灵龙村农中屯人）。

1998年，全县60岁以上老年人口有36581人，其中男性15526人，女性21055人。当年存活百岁老人19人。老年人口占全县总人口的9.5%。

2000年，全县有百岁老人22人，其中男性3人，女性19人；壮族20人，汉族2人；最年长者黄妈炳友（壮族）106岁。

2002年，全县尚健在的百岁老人有25名，其中男6人，女19人，年龄最高李章107岁，男性，系平马镇乐善街人；全县贫困老人为860户，3970人。

2005年，全县有百岁老人20人，其中男性3人，女性17人；最年长者女，张亚恩，壮族，110岁。

2005年田东县百岁老人统计表

表18-1-2

姓名	性别	民族	出生年月	健康状况	经济状况	住址
刘干英	男	汉	1901年4月	健康	贫困	平马镇乐善街
梁妈補	女	壮	1902年8月	体弱	贫困	祥周镇百银百西屯
黄妙英	女	壮	1901年1月	体弱	贫困	祥周镇街上
陆妈现	女	壮	1897年11月	体弱	贫困	布兵镇均宁2组
陆妈业	女	壮	1902年5月	体弱	贫困	布兵镇模范村6组
韦金祥	男	壮	1900年1月	体弱	贫困	朔良镇定坛村能方屯
黄娅愿	女	壮	1899年2月	体弱	贫困	朔良镇朔良村新民屯
张亚恩	女	壮	1895年5月	体弱	贫困	朔良镇那娄村新兴屯
罗妈烈	女	壮	1898年1月	体弱	贫困	朔良镇灵龙村街上
向妈蜜	女	壮	1900年7月	体弱	特困	祥周镇百银村银匠屯
蒙妈华	女	壮	1902年8月	病弱	特困	那拔镇那练村平光屯
黄公响	男	壮	1900年6月	病弱	特困	那拔镇那拔村龙地屯
覃婆秋	女	壮	1902年1月	病弱	特困	那拔镇那拔村六鲁屯
李文香	女	壮	1902年	病弱	特困	思林镇民生街
唐妈信	女	壮	1900年4月	病弱	特困	思林镇百笔村同均屯
李娅壮	女	壮	1901年11月	病弱	特困	思林镇广养村内养屯

续表18-1-2

姓名	性别	民族	出生年月	健康状况	经济状况	住址
农妈寿	女	壮	1901年1月	病弱	特困	思林镇三百村马上屯
黄妈友	女	壮	1895年11月	病弱	特困	林逢镇桥礼村上屯
黄妈世	女	瑶	1901年	病弱	特困	林逢镇关国村龙国屯
蒙爱珍	女	汉	1900年12月	病弱	特困	右江矿务局技工学校(宾阳、黎塘)

关爱老龄

1994年敬老节，县老龄办、县老干局等部门，召开田东县敬老座谈会。慰问县光荣院的10位烈士遗孀，最大年龄103岁，最小的82岁。为平马镇四平村380个老年人体检。

1996年春节，县委、县人民政府举行离退休老干部通报会，并慰问了部分离退休老干部。敬老节时，13个乡镇的党政领导及教委办都举行离退休干部、教师座谈会和慰问敬老院等活动。

1998年，在春节、中秋节和敬老节期间，许多机关单位举行迎春茶话会敬、老座谈会，给老干部发慰问金、慰问品。县老龄委、老干局、民政局在节日期间代表县党委、县人民政府慰问离退休老干部、烈属、百岁老人和孤寡贫困老人。

1999年，全县在春节、中秋节、重阳节分别开展敬老座谈会、老干部座谈茶话会、慰问退休干部、慰问老人、举行游园活动等等，经费开支达45.46万元。

2002年，邀请各界老人代表共60人参加敬老座谈会，县四家班子领导到会与老干部亲切交谈。与会老人畅所欲言，为田东县经济工作和老龄工作提出了许多宝贵意见。县老龄办慰问部分百岁老人，向老人发放慰问品和慰问金。

2003年，举办田东县第一届“珍奥”杯老年运动会。2004年敬老节时，田东先后举办敬老座谈会、文艺表演、慰问百岁老人和门球、象棋、麻将等比赛。

2005年敬老节时，县四家班子领导深入乡镇慰问百岁老人，并召开敬老座谈会。

老龄服务设施

1992年，全县155个村公所及6条街道全部建立老年人协会组织，形成比较完整的老年人工作组织网络，解决了基层老年人无组织、无管理的问题，老年人开展各种有益活动有了组织保证。

2003年，全县调整和充实13个乡镇的老龄工作委员会成员和老年人协会，在各村、社区成立相应的老年人协会组织167个。

2004年，县财政拨给资金1万多元，维修2个门球场。2005年，县老龄办对全县老年人情况进行全面调查摸底。结果显示，老年人服务设施越来越完善。

1990—2005年田东县老年人服务设施建设统计表

表18-1-3

设施名称	总投资（万元）	占地面积（平方米）	建筑面积（平方米）	绿化面积（平方米）	床位数（张）	主要生活设施及娱乐
平马镇敬老院	40.6	7330	1015	6315	30	伙房、食堂、家用电器(含饮器)卫生室、电视室
祥周镇敬老院	8.64	216	216	—	6	伙房、电饮具、卧具

续表18-1-3

设施名称	总投资（万元）	占地面积（平方米）	建筑面积（平方米）	绿化面积（平方米）	床位数（张）	主要生活设施及娱乐
布兵镇敬老院	7.776	392	194.4	—	9	伙房、电饮具、卧具
林逢镇敬老院	11.52	4666	288	2189	21	伙房、电饮具、卧具
祷午镇敬老院	6.4	600	160	20	4	伙房、电饮具、卧具
思林镇敬老院	9.6	2107	240	1860	5	伙房、电饮具、卧具
坡塘镇敬老院	5	200	117	—	3	伙房、电饮具、卧具
作登瑶族乡敬老院	16.8	1322	420	—	10	伙房、电饮具、卧具
印茶镇敬老院	7	400	200	—	6	伙房、电饮具、卧具
江城镇敬老院	12	300	300	—	5	伙房、电饮具、卧具
朔良镇敬老院	4.352	108.8	108.8	—	21	伙房、电饮具、卧具
义圩镇敬老院	9	710	210	250	5	伙房、电饮具、卧具
那拔镇敬老院	10.24	765	256	—	8	伙房、电饮具、卧具
田东县光荣院	110	3800	1086	—	20	配套卫生间、伙房、家用电器、卫生室、电视室
田东县人民政府院内老年活动场	3	600	540	—	—	门球场、娱乐室、阅览室
田东县老干局活动中心	7	675	300	25	—	棋类活动室、娱乐会议室、阅览室、门球场
田东县南华公园门球场	3.4	2682	500	2182	—	—

老龄余热

1993年年初，田东引导和鼓励老年人发挥余热，开展老有所为活动。本着自愿组合、自筹资金、自主经营、独立核算、自负盈亏、民主管理、集体积累、按劳分配、按股分红的原则，根据其健康状况和经济能力来组织兴办老年福利经济实体。当年，共组建有田东县老年经营服务部、田东县粮联服务部、田东县金秋服务部、田东县桥虹中介经纪行等经济实体。年内，有317名老年人种长寿树5916株，种长寿果9714株，种植杉木344.27公顷，松木7.67公顷，各种果树142.33公顷。有305名老年人养山羊1477头，养牛535头，养猪1157头。

1994—1998年，继续引导和扶持有劳动能力的老人参与农业综合开发，829名老人兴办养老果场、养老林场和养老商店，占全县老年人口37275人的2.2%。那拔乡和江城乡老人兴办老人企业45个，经济收益不错。

2003—2005年，组织老年文艺团体编演节目，深入乡镇宣传计划生育、安全生产、税收、新型农村合作医疗等工作，共演出41场次，为全县各项事业的发展发挥余热。

老年人权益保障

1989—1995年，县老龄办及时处理老人来信来访，维护老人权益。比如，1995年，平马镇合乐村谭妈姨（85岁）有7个子女，但无一人照料赡养，生活没有保障。县老龄办和平马镇政府向其子女宣传《广西维护老年人合法权益的规定》，耐心做思想政治工作。后来，其子女同意轮流赡养谭妈姨，使谭妈姨在经济上获供养、生活上得以照料，精神上得到慰藉。

1997—1998年，田东多渠道、多层次贯彻《中华人民共和国老年人权益保障法》，指导基层老年人协会按照《中华人民共和国老年人权益保障法》的规定，搞好自我管理、自我维护、自我服务。在西南六地州市老龄工作协会交流会上，田东老龄工作经验做法《树立社会新风，创文明街道》得到肯定。

2004年7月，给符合条件的老年人办理“高龄爱心卡”和“敬老爱心卡”，持有“爱心卡”的老年人到右江民族医学院附属医院就医可享受优待服务，解决了老年人就医难、费用高的问题。组织医务人员深入村屯，开展老年人心脑血管疾病普查、咨询和预防、保健工作，检查咨询项目一律免费，深受老年人的欢迎。

2005年，为符合条件的老年人办理“优待证”。持有“优待证”的老年人在百色城内的医院就医，免缴挂号费和享受有关优待等服务；进入公园、公厕等公共场所，免缴门票、免费乘坐市内公共汽车。同时组织老年人参加有关健康知识讲座和义诊检测活动。

老年人文化娱乐

1994年重阳节，举行“田东县老年人运动会”，报名参加活动的离退休老干部有200余人。平马镇老龄委在镇养老院和四平村举行了敬老电影晚会和老年棋艺比赛。思林街老人协会在思林小学举行敬老电影晚会。

1995年，多次举行有益老年身心健康的活动。举行“春季老人环城健步走”运动会，举行“田东县首届门球赛”，举办“夕阳红晚会”。四平村和思林街老协举行老人座谈会，举办棋艺比赛。甘莲村老协在春节组织舞狮队给农户拜年，组织老年人乐器队在村部娱乐室弹拉说唱。祥周村老协把以往“打斋节”变为“歌节”，请外地民间歌手和艺人一起唱山歌。

1997年，举行老年人环城健步走、老年门球赛、象棋赛、书法展览等文体活动。田东县新园酒家韦老板资助举办敬老新园杯运动会。县人民政府大院内的门球场于5月竣工启用。

1998年，全县门球场已达3个，基本满足了县城内离退休老干部的活动需要。多次组织老年人门球队到巴马、靖西、平果等县参加门球赛，促进老年人的友好往来。此外，还举行了老年人山歌赛。

2000年，在重大节日中，组织老年文艺队到外县开展形式多样的文体活动，到祥周、林逢等乡镇演出，送戏下乡，丰富群众的精神文化生活。

2002—2003年春节、敬老节期间，举办老年文艺表演、老年门球、象棋、麻将等比赛活动，体现老有所乐精神。

2005年，田东县成功举办第五届右江河谷老年门球协作赛，有右江区、田阳、田东、平果等县（区）和市直单位的14个代表队，是历届参赛队数最多、参赛人数最多的一届。

第二章　信访

20世纪80年代，随着民主意识和维权意识的增强，人民群众通过写信、上访等方式，或反映利益诉求，或检举揭发，或提出意见建议。1987年后，田东县信访工作机构和基层信访网络逐步健全，信访工作制度日臻完善。信访部门按照信访工作“分级负责、归口办理”的原则，及时、妥善处理好人民群众来信来访。1989—2005年，全县共受理人民来信3728件，接待来访5765人次。办理信访案件9493件，其中自办3564件、转办5929件。

第一节　机构

县信访办公室

1987年12月，县信访科改为县信访办公室（简称县信访办），县委和县人民政府配备人员合署办公，设主任1人，工作人员3人。

1989—1993年，县信访办是田东县委、县人民政府合署办公的工作机构，为正科级行政单位，配备信访专职干部4人，其中主任1人，副主任1人，干部2人。

1996年，县信访办在编4名，政府归口编制1名，县委编制3名，设主任1人，副主任1人，调研员1人，干部1人。

1997年后，县信访办归属县委管理，在编3名，配备主任1人，副主任1人，正科级干部1人。2002年，增设副主任1人。

2004—2005年，县信访办在编人员4名，其中主任1人，副主任2人，综合股股长1人。

1989—2005年县信访办历任主任：

韦立权（1987年12月至1989年10月）、黄继秋（1989年10月至1993年11月）、凌汉明（1993年11月至1995年5月）、黄大忠（1995年5月至2002年2月）、黄世教（2002年2月至2010年10月）。

信访网络

1987年，着重建立健全基层信访网络和工作制度，完善乡镇信访领导小组，一名副书记或副乡镇长担任领导小组组长，由党政、司法、民政助理组成领导小组成员。同年，在村民委员会中建立健全人民调解委员会。

1991年，各机关事业单位分别落实分管信访工作的领导和信访办理工作人员，逐步构建了县、乡镇、村（居）三级信访网络。

第二节　信访办理

信访案件查办

信访部门按照《信访条例》“属地管理，分级负责，谁主管，谁负责”的原则开展工作，对于纠纷案件以调解为主，对于涉及政策的，按政策规定执行；该解决的解决，不能解决的，做好思想工作，妥善处理。处理人民群众来信来访，分为三个层次办理：重要的，由县领导亲自处理或批阅；一般性的，由县信访办自行处理；属乡镇或县直有关单位、部门的，按照信访工作原则转送归口单位办理。

1989—1993年，县信访办共受理人民群众来信来访2730件次，其中来信1673件，接待来访1057人次。受理信访立案84件，其中上级交办案件26件，县本级立案58件，结案率100%。

1994—1997年，县信访办共接待人民群众来信来访1284件次，其中来信680件，来访604人次。受理信访立案96件，其中上级交办案件33件，县本级立案63件，结案率100%。

1998—2002年，县信访办共受理人民群众来信来访2703件次，其中来信767件，来访1936人次。信访立案109件，其中上级交办案件31件，县本级立案78件，结案率100%。

2003—2005年，县信访办共受理人民群众来信来访3184件次，其中来信608件，来访2576人次。信访立案152件，其中上级交办案件35件，县本级立案117件，结案率84.82%。

1989—2005年，县信访办信访立案525件，其中上级交办125件，到期办结125件，到期结案率100%；本级立案400件，到期办结382件，到期结案率95.5%。

1989—2005年田东县信访办接待及办理来信来访事项情况表

表18-2-1

年份	总数(件次)	其中		立案总数(件)	其中			
		来信(件)	来访(人次)		上级交办	到期办结率(%)	本级立案(件)	到期办结率(%)
1989—1993	2730	1673	1057	84	26	100	58	100
1994	486	279	207	46	20	100	26	100
1995	201	136	65	21	7	100	14	100
1996	251	131	120	14	1	100	13	100
1997	346	134	212	15	5	100	10	100
1998	445	142	303	30	6	100	24	100
1999	229	132	97	13	2	100	11	100
2000	406	139	267	19	6	100	13	100
2001	535	180	355	15	6	100	9	100
2002	1088	174	914	32	11	100	21	100
2003	1192	208	984	52	7	100	45	89
2004	753	183	570	52	15	100	37	82.14
2005	1239	217	1022	48	13	100	35	83.33
合计	9901	3728	6173	441	125	100	316	95.5

信访联席会议

进入21世纪后，信访案件和群体性事件呈不断增多的趋势，信访工作出现了许多新情况，碰到了许多新问题，为切实维护改革发展稳定大局，2004年10月，县委、县人民政府决定建立处理信访突出问题及群体性事件联席会议制度（以下简称联席会议）。

联席会议主要负责了解、掌握信访突出问题及群体性事件的情况和动态，分析、研判社会稳定形势，针对信访突出问题及群体性事件提出对策建议。组织协调处理跨部门、跨行业、跨地区的信访突出问题及群体性事件，总结交流各乡镇和有关单位处理信访突出问题及群体性事件的成功经验，推动相关工作的有效开展。此外，督促检查各乡镇和有关单位处理信访突出问题及群体性事件各项措施的落实。

县委副书记、县人民政府副县长、政法委书记、县委办公室主任为联席会议召集人，联席会议由县委副书记牵头，设办公室（设在县信访办）具体承担联席会议的日常工作，督促落实联席会议决定的事项。下设土地征用及土地纠纷问题工作小组、城镇房屋拆迁问题工作小组、国有企业改制问题工作小组、再就业及离退休人员社会保障及企业军转干部问题工作小组、山林纠纷问题工作小组、库区移民问题工作小组、环境污染问题工作小组、工商市场管理人员分流问题工作小组“八个专项”工作小组，其中工商市场管理人员分流问题工作小组由县工商局牵头负责。工作小组的设置根据信访工作形势和任务的变化适时进行调整。

第三节　领导信访活动接待日

为密切党群、干群关系，直接听取群众意见和呼声，田东县委、县人民政府于1985年开始执行领导接待日制度，领导接待日定为每月的15日。1989—2005年，县领导共接待来访群众1119人次，阅批信访件242件，协调推动办结信访问题176个。

1989年，那拔乡某屯10户群众反映，他们从田阳县搬迁到该屯居住已达十多年时间，曾要求解决户口问题，但始终得不到解决，影响了子女就学、参军等实际问题。副县长罗琼政接待后，带领信访办干部到那拔乡与当地乡、村干部调查了解，向群众宣传党的民族政策等，终于解决该信访问题。

1994年4月21日晚，有3名歹徒窜入县金秋中学殴打学生全祥贤，学生梁志警见状，过去劝告反被歹徒拳打脚踢，梁志警出于防卫，挥起水果刀刺中一歹徒。后来歹徒恶人先告状，到公安机关报案，梁志警被拘留，其父母被交出2000元作医药费。师生和家长认为此案处理不公平，要求伸张正义。接访后，县委分管信访工作的副书记罗琼政指示县公安局认真调查，依法处理。后经县公安局查实，案情真相大白，凶手被抓获归案。

1994年，江城乡那蒙小学教师反映该乡政府因个别教师不完成征粮任务，被停发10月全乡教师工资，影响了教师生活。接访后，县委书记文明指示江城乡及时解决好该问题。很快，问题得到解决。同年，作登瑶族乡新安村群众反映，该村群众上山打石头卖给铁路施工部门，由于安全施工不力，有些石子滚撞到水利渠道，造成渠道震裂。群众已对受损水利进行修补，但作登瑶族乡派出所借以毁坏水利为由，要求群众每人交维修费500元，哪个不交就抓到派出所。县长罗凤鸣接访后，到该乡调查了解，并妥善处理，群众心服口服。

1995年，退休人员陈某开上访，称县烟草公司6名退休人员生活、山区、物价三项补贴等得不到落实。接待后，县委书记文明召集县委办、劳动局、信访办、老干局等单位及陈某开召开座谈会，听取各方面汇报，并向陈某开耐心做好政策解释工作，陈某开表示满意，不再上访。

第三章　侨务

第一节　机构

1988年11月，成立田东县侨务办公室（简称县侨办），与县统战部合署办公，编制1名，设副主任1人。其主要职责是开展港澳台胞联谊工作，使港澳台同胞和海外侨胞进一步认识田东，了解田东，支持田东，为田东经济社会发展作出贡献。同时，依法管理区域内归侨、侨眷，维护华侨、华人、归侨、侨眷的合法权益。

1989—2001年，县侨办归属中共田东县委统战部的内设机构，配副主任1人，主任由县委统战部副部长兼任。1995年，县侨办被评为国家、自治区先进单位。

2002年2月，机构改革，县侨办划归县人民政府管理，在县人民政府办公室挂牌，编制1名，配副主任1人。2005年，配副主任1人。

县侨务办历任主任：赵振辉（兼1987年10月至1990年11月）、韦凤娇（兼1990年12月至2002年2月）、李祖进（兼1999年3月至2007年4月）。

第二节　管理与服务

1989—1992年，全县共接待港澳同胞、侨胞64人次回乡探亲、访友、旅游，其中港澳同胞10人次，侨胞54人次。

1993年，全县共有华侨318人，分布在20个国家和地区。当年，共接待华侨、港澳同胞5人次。其中，港胞陈平明捐款116万元，用于修建作登瑶族乡小学教学楼和新建人畜饮水工程。把15人吸收为百色地区归国华侨联合会会员，帮助解决侨眷林美兰、陈维林就业问题。

1994年，全县有归侨、华侨和港澳同胞81户301人，其中归侨22户89人，华侨27户眷属195人，港澳同胞32户106人，分布在12个国家和地区。香港同胞陈平明、江慧玲捐款6.6万元，支持作登瑶族乡和平马镇游昌村修建人畜饮水工程，建设村级教学楼和学生宿舍等。有5名归侨侨眷兴办私营经济实体，每年上缴利税5万元。

1995年，县侨办开展“爱心工程”活动。澳门爱心工程基金会蓝钦文多次到田东县考察，多次捐款捐物给思林镇可恒村小学、作登瑶族乡新安小学、祷午乡中心小学。当年，林逢乡关国村（瑶族）遭火灾，澳胞温馨文捐资1万元，港胞谢俗增、黄忠干各捐1000港币救济该屯灾民。当年，全县有归侨侨眷60户，侨属232人，有8户侨属企业新投资200多万元扩大营业项目，对发展繁荣田东市场经济起到了促进作用。

1999年，全县累计有移居海外的侨胞140多人，主要分布在日本、美国、加拿大等12个国家和地区，有归侨24人（户），有侨眷230人。当年因移居海外新增移民眷属28人。县侨办先后接待和处理海外侨胞、归侨、侨属来信8件，来访17人次，调查有关落实侨眷侨属财产政策案件4起（次）。

2000年，县侨办为侨属侨眷和归侨开展“送科技、送希望、送温暖”服务，让他们感受到党和政府的关怀。联系广州市侨务办公室援建林逢镇林驮中心小学综合楼30万元，援建思林镇三新小学第二教学楼10万元。

2004年，通过县有线电视台，向全县干部群众宣传《中华人民共和国归侨侨眷权益保护法》。为解决归侨人员陈汝国、谢文森退休金不能全额领取问题，协调县供销社、县人事局、县财政局共同维护归侨权益。接待美国、日本、新加坡侨胞及港澳同胞等友好人士到田东县考察投资、旅游观光、探亲访友7批67人次。

2005年，全县有归侨、侨眷、华侨华人、港澳同胞亲属700多人，分布在7个乡镇40多个单位。筹措资金4000多元，慰问8户生活困难归侨。对归侨侨眷发展非公有制经济情况、海外侨胞和港澳同胞捐助公益项目、国有企业退休归侨职工统计、归侨难民子女基本情况等专项进行全面普查，系统地收集全县侨情资源。邀请和接待友好人士共60多人次到田东考察投资，港澳台同胞捐款60多万元扶助困难学生。

田东县志（1989—2005）

第十九篇

机构编制　人事劳动　社会保险

第一章　机构编制

田东县机构设置和人员编制由县编制委员会统一管理，县编制委员会主任由县长担任，副主任由县委分管组织人事的副书记、县委组织部部长、县人民政府分管人事的副县长等担任。

1989年，县编制委员会按照上级下达的有关机构设置和人员编制的指标和名额，安排全县县直机关、各乡镇、各事业单位的机构编制，对机构和人员编制进行管理，机构设置和人员总数基本控制在指标范围内。为改变党政机关职能配置不合理、部门之间职责不清、机构臃肿等弊端，转变政府职能，1996年、2001年和2004年，田东县先后3次对党政机关机构设置和人员编制进行调整。2005年，全县有行政编制1147名，在职人数1136人；事业编制6834名，在职人数6612人。

第一节　机构

1984年11月，成立田东县机构编制委员会办公室，配副主任1人，核定行政编制3名。1986年8月，田东县机构编制委员会办公室增加行政编制 1 名。1987年3月，田东县编委办公室更名为田东县编制办公室，列为县人民政府直属机构，为田东县编制委员会办事机构，行政事务归县人民政府办公室。

1989年5月，田东县编制办公室改为田东县编制局，是县委、县人民政府管理机构编制的职能部门。1990年7月，田东县编制局内设秘书股、综合编制股等两个股。1994年12月，成立田东县事业单位法人登记管理所，为事业单位，归田东县编制局领导，所需人员由编制局内部调剂解决。

1996年10月，田东县机构编制局更名为田东县机构编制委员会办公室，为机构编制委员会常设办事机构，与县人事局合署办公，由县机构编制委员会领导。

2000年11月，成立田东县事业单位登记管理局，相当于副科级事业单位，核定编制1名，实在职2人。所需经费列入同级财政预算，隶属县机构编制委员会办公室领导。

2001年12月，县机构编制委员会办公室列为县委工作机构系列，为县机构编制委员会常设办事机构，既是县委工作机构，又是县人民政府工作机构。

2002年3月，田东县机构编制委员会办公室为田东县机构编制委员会常设机构，列入县委机构系列。设有2个职能股，核定行政编制4名，实在职5人。设主任1名，副主任2名。2003年12月，县事业单位登记管理局与县编委办合署办公，实行一套人马两块牌子，相当于副科级事业单位。

2005年，田东县机构编制委员会办公室内设机构不变，核定行政编制4名，实有4人。下设的田东县事业单位登记管理局编制2名，在职2人。

县编制委员会办公室（县编制局）主任（局长）：周海南（1988年2月至1993年12月）、滕炳光（1993年12月至1999年3月）、蒙光川（1999年3月至2002年2月）、韦世强（2002年2月至2005年12月）。

第二节 行政机关和事业单位机构改革

党政群机关设置

1989年，田东县党政群工作机构共设置54个，其中县委工作机构7个，县人民政府工作机构33个，军事组织机构1个。

1996年，田东县实施县、乡党政机构改革。全县设乡镇机关13个：平马、祥周、思林、祷午、林逢、布兵、义圩、那拔、坡塘、朔良、作登、印茶、江城。县委和县人民政府工作机构29个，其中县委工作机构6个：县委办公室（机要局、信访局、保密局设在县委办公室）、纪律检查委员会机关（与县监察局合署办公，一个机构两块牌子）、组织部（含老干部局、县直机关工委）、宣传部（含文明办）、统一战线工作部（含对台办）、政法委员会（保留社会治安综合治理委员会办公室）。县人民政府工作机构23个：县人民政府办公室、计划局、农业局、教育局、公安局、民政局、财政局、卫生局、计划生育局、审计局、工商行政管理局、统计局、人事局、交通局、司法局、建设局、林业局、水利电力局、劳动局、科学技术局、经济贸易局、乡镇企业管理局、粮食局、地方税务局（不计机构个数）、监察局（不计机构个数）。县人大机关、政协机关、法院、检察院及总工会、团县委、妇联、科学技术协会、工商业联合会等社团组织机构改革与党政机构改革同步进行。改革后，原有机构从67个减少到38个，精简56.7%。县委、县人民政府工作机构内部不设科，业务范围比较大、人员编制较多的可设股（股不定级）。同时，对非常设机构大幅度裁减，确需保留的改为议事机构或临时机构。保留的议事协调机构或临时机构，一般不设实体办事机构，其具体工作由有关部门承担。

2001年，田东县进行新一轮机构改革，改革后县直党政机构有28个。其中县委机构8个：办公室、组织部、宣传部、统一战线工作部、政法委员会、机构编制委员会办公室、直属机关工作委员会、纪律检查委员会机关（与监察局合署办公，一个机构两块牌子）。县人民政府工作机构20个：县人民政府办公室、发展计划局、经济贸易局、教育局、科学技术局、公安局、监察局（与县纪律检查委员会合署办公，不占机构个数）、民政局、司法局、财政局、人事劳动和社会保障局、国土资源局、建设局、交通局、农业局、林业局、水利电力局、文化体育局、卫生局、计划生育局、统计局。议事协调机构1个：县扶贫开发领导小组办公室。县人大机关、县政协机关、法院、检察院等机构改革同步进行。群团机关6个：总工会、妇联、团县委、工商业联合会、科学技术协会、文学艺术界联合会。设13个乡镇机关：平马、祥周、思林、祷午、林逢、布兵、义圩、那拔、坡塘、朔良、作登、印茶、江城。乡镇党委、政府机关设党政办公室。乡镇政府实行助理员制，助理员职位的设置是根据实际需要和编制数量进行确定。乡镇设人大机构，不设政协机构。群团组织按有关章程设置，田东县人民武装部、法庭、公安派出所、司法所、税务所、工商所等按有关规定设置。乡镇事业单位设置（不含中小学、卫生院）农业服务中心、计划生育服务所（挂计划生育办公室牌子）、文化广播电视站、国土资源管理所、财政所、教育站、林业工作站、水利水土保持管理站等8个。水产畜牧兽医站为自收自支事业单位，不计机构个数。

2004年下半年，田东县进行县级党政机构改革。9月中旬，完成实施“三定”（定机构、定职能、定人员编数）方案。社会治安综合治理委员会办公室由在县委政法委员会挂牌改为与县委政法委员会合署办公。原在县委统一战线工作部挂牌的县宗教事务办公室更名为县人民政府宗教事务局，仍在县委统一战线工作部挂牌。将县发展计划局改组为县发展和改革局，在县发展和改革局保留县物价局牌子及印章。将县经济贸易局的工业产业政策组织实施、技术改造投资管理、推进技术进步、重要工业品和原材料进出口计划编制等职能，以及县人事劳动和社会保障局的分配、社会保险政策研究和体制改革职能，划入县发展和改革局，县发展和改革局增加研究全县性经济体制改革和对外开放的重大问题、组织拟订全县综合性经济体制改革方案、指导和推进全县经济体制改革等职能。保留完善县经济贸易局，不再保留在县农业局挂牌的县乡镇企业管理局，其职能、人员并入县经济贸易局，将经济贸易局原承担的部分职能以及农业局的乡镇企业管理职能进行整合，组建新的经济贸易局。调整后的经济贸易局主要承担工业规划、技术改造组织实施、经济运行调节、促进中小企业发展、内外贸管理、对外经济协调以及重要工业品、原材料进出口计划组织实施等职能。县安全生产监督管理局由县经济贸易局管理部门改为县人民政府工作部门，机构规格由副科级升格为正科级。县计划生育局更名为县人口和计划生育局，县水利电力局更名为县水利局，县文化体育局更名为县文化和体育局，县侨务办公室在县人民政府办公室挂牌，县新闻出版管理办公室在县文化和体育局挂牌。设置县人民防空办公室，为县国防动员委员会的常设办事机构，是县人民政府主管人民防空工作的职能部门。设置县信息化工作办公室，为县信息化工作领导小组的常设办事机构，是县人民政府信息化工作的主管部门。改革后县人民政府工作机构设置21个，议事协调机构设置3个，共24个。改革前列入县人民政府工作机构但不计机构个数的3个保持不变。

2005年，全县共有党政群工作部门34个，其中县委工作部门10个，县人民政府工作部门24个。

事业单位设置

1989年，全县设置事业单位428个，其中教育事业单位184个，科研设计、文化艺术、新闻出版、卫生体育、农林水等事业单位244个；属正科级的14个，副科级11个，其余不定级别。

1993年，县乡事业单位增至458个，其中教育事业单位191个，其他事业单位267个；属正科级的15个，副科级25个。

1997年，机构改革。档案局与档案馆合并为一个机构，两块牌子，改为县委直属事业单位。体育运动委员会改为体育运动事业局、农业机械化管理局改为农机事业局、广播电视局改为广播电视事业局、矿产局改为地质矿产管理局、文化局、畜牧水产养殖局、技术监督局均列入县人民政府直属事业单位。

1999年，县乡事业单位增至510个，其中教育事业单位213个，其他事业单位297个。

2001年，再次开展机构改革。县畜牧水产养殖局改为畜牧水产管理中心、农业机械化管理局改为农业机械化管理中心，均为县人民政府直属事业单位，对外保留牌子和印章。组建蔗糖水果蔬菜生产服务中心，广播电视事业局、档案局、经济技术协作办公室、经济研究中心、县志办、民语办、二轻城镇集体工业联合社、残联、文联仍为县人民政府直属事业单位。此外，对乡镇事业单位进行改革，大类乡镇事业单位控制在9个以下，中等类乡镇控制在8个以下。在机构限额内统一设置的事业单位有农业服务中心、计划生育服务所（挂计划生育办公室牌子）、国土资源所、财政所、文化广播电视站、林业站、水利站、小城镇规划建设交通管理站。

2004年，又继续机构改革，县人民政府直属事业单位机构调整有：县水产畜牧事业局更名为县水产畜牧局，仍为县人民政府直属事业单位；县招商中心（挂县招商局牌子）更名为县招商促进局，仍为县人民政府直属相当正科级事业单位。

2005年，全县有事业单位533个，其中教育事业单位304个，其他事业单位229个。

第三节 机构编制管理

1989年，田东县机构编制的核定在自治区编制办公室总量控制下，实行动态管理。全县党政机关有行政编制543名，另核公检法司专项行政编制282名，乡镇机关行政编制486名。县乡事业单位编制5601名，其中教育事业编制3253名，其他事业编制2348名。

1990年，田东出台《关于认真贯彻国务院关于加强机构编制管理的通知》，规定严格控制机构编制增长，压缩超编人员，加强机构编制的集中统一管理，执行"一支笔审批，一个部门承办"的管理制度。行政、事业单位统一使用机构编制管理证，凡超过机构编制管理证审核的编制人数，编制部门不予认可，组织人事部门不予调配人员，财政部门不予拨款，卫生部门不予办理公费医疗，银行部门不予支付工资。

1991年，党政机关行政编制558名，公检法司专项行政编制293名，乡镇机关行政编制498名，县乡事业单位编制5622名，其中教育事业编制3422名，其他事业编制2200名。

1997年，实施机构改革精简分流人员，党政机关人员编制按上级分配指标控制使用。县直党政机关设行政编制611名，另核政法系统专项行政编制347名。党政机构编制分配比例：县委工作机构占总编制的15%，县人民政府工作机构占75%，人大、政协、工青妇等其他工作机构占9.7%。县直党政机关部分人员成建制转为事业单位或经济实体单位，共分流人员69人。一类乡镇行政编制控制在34名内，二类乡镇行政编制控制在30名内。全县乡镇共核定行政编制480名，实有人员517人，分流人员90人。核定事业编制6370名。

2001年年末，党政机关和乡镇事业单位再次精减人员编制。县直党政机关行政编制由577名（不含民主党派工商联和物检所5名）减为441名，精简率23.6%。政法专项编制由353名减为328名，精简率10%（不含基层公安派出所、司法所）。乡镇机关行政编制由480名减为394名，精简率18%。全县13个乡镇的事业单位分为大、中两类，其中大类乡镇设6个，每个乡镇核定事业编制29~32名；中类乡镇设7个，每个乡镇核定事业编制24~25名。乡镇事业单位（不含卫生院、中小学校）事业编制由734名减为514名，精简率30%。

2003年，田东县贯彻落实《中共中央办公厅、国务院办公厅关于进一步加强机构编制管理工作通知》精神，除中央、自治区党委、政府有明确要求外，不再增加新的机构和行政编制，事业单位确因工作需要调整的，也从严控制。年内实现了空编控制。机构改革后，县直行政机关共设置37个工作部门，核定行政编制数777名（含工商联4名），核定机关后勤服务事业编制47名，实有在职人数761人，空编63名。其中县委工作部门设置7个机构和纪律检查委员会机关（与监察局合署办公），核定行政编制数100名，占县直党群机关编制数22.5%，核定后勤服务事业编制9名，在职人数99人，空编10名；县人民政府工作部门设置20个，核定行政编制数296名，占县直党政群机关编制总数66.2%，核定后勤服务事业编制34名，在职人数318人，空编12名；人民团体政协人大机关设置6个工作机构，核定行政编制数49名，占县直党政群机关总编制数11%，核定后勤服务事业编制4名，在职人数49人，空编4名。公检法司核定编制数332名，在职人数295人，空编37名。13个乡镇行政机关核定行政编制数394名，核定后勤服务事业编制32名，在职人数314人，空编12名。全县共设有事业单位453个（不含农村小学教学点），核定事业编制6180名，在职人数6665人。安排机构改革分流待岗人员127人，其中人事部门对分流待岗人员进行公示后安排36人到县乡事业单位工作。

2005年，全县有行政编制1147名；事业编制6834名，其中教育事业编制4206名。

第四节　事业单位登记管理

1995年，田东县开展事业单位法人和非法人注册登记。县机构编制部门为事业单位登记主管机关，推行事业单位法人和非法人登记及年检制度。申请设立事业单位法人登记须具备以下条件：经审批机关批准设立，有规范的名称、组织机构，有固定的办公或者活动场所和必要的设施，有明确的职责或者服务范围及与之相适应的从业人员，有必要的资产、健全的财务制度和与其业务活动相适应的经费来源，能独立承担民事责任。对符合事业单位法人登记条件的发给广西壮族自治区事业单位法人登记证，不符合条件的发给广西壮族自治区事业单位登记证（非法人单位使用）。经审批，县机构编制局共登记法人单位336个，非法人单位218个。

2001年2月，县机构编制委员会办公室正式开展全国统一的事业单位登记管理工作。此后每年1月1日至3月31日，对已登记的事业单位法人进行年度检验，并依法开展对事业单位法人的相关监督管理工作。截至2005年，全县共有460个事业单位，符合条件依法登记268个。

第二章　人事劳动

20世纪80年代中后期，县人事劳动部门主要负责干部人事调配管理、劳动就业和劳动管理工作。

20世纪90年代，人事劳动工作不断深化改革，步入制度化、规范化、法制化管理轨道。推行公开聘用干部制，定期对干部进行考核，建立健全领导干部交流和回避制度、任职公示、考察制度等。加强对劳动就业人员管理，推行劳动合同制。建立劳动培训基地，对待业人员、下岗职工和在职员工进行劳动技能培训。开展劳动安全生产宣传活动，建立安全生产目标管理责任制。

21世纪中前期，国有企业改制使部分企业职工身份置换为社会人，事业单位推行聘用制使其职工亦不再拥有“铁饭碗”。为解决干部职工后顾之忧，逐步完善了养老保险、医疗保险、失业保险、最低生活保障等社会保障机制，逐渐健全社会保障体系。2005年，全县共征缴养老保险费1272.11万元、失业保险费132万元。

第一节　机构

县劳动局

1989年，县劳动局主要负责劳动就业和管理工作，属于正科级行政单位，办公地址位于平马镇人民路66号。县劳动局在编人员9人，其中正副局长各1人，科员办事员7人。内设秘书股、劳动计划调配股、劳动工资福利股、劳动争议仲裁股、劳动安全监察股、培训股、锅炉压力器检验所。下辖劳动服务公司、社会劳动保险事业管理所、劳动就业培训中心。

1990—2001年，县劳动局内设机构不变，人员有增有减。2001年，局机关在职干部14人。2002年，县劳动局与县人事局合并，组建县人事劳动和社会保障局。

县劳动局历任局长：刘俊英（1987年11月至1993年12月）、李林成（1993年12月至1999年3月）、罗里宁（1999年3月至2002年2月）。

县人事局

1989年，县人事局主要负责承办招干、吸干、干部调整、干部工资福利、干部统计、干部奖惩，以及负责退休干部、军队转业干部安置、国家计划的大中专毕业生调配等工作，属于正科级行政单位，办公地址位于平马镇庆平路66号县人民政府大院内，在编人员9人，其中正副局长各1人，科员办事员7人。

1992年后，全县13个乡镇设劳动人事助理1人。1993年，县人事局内设秘书股、综合调配股、退休管理股、工资福利股、人才交流服务中心，有干部9人。

1994—1998年，县人事局内设机构增加考核奖惩股、专业技术人员管理股、机关事业养老保险所。

1999—2001年，县人事局内设办公室、考录股、调配股、工资福利股、职称股、奖惩股；下辖机关事业养老保险所、人才交流服务中心。核定编制16名，其中行政编制11名，事业编制5名。

县人事局历任局长：班佩贤（1987年10月至1990年10月）、陆汉章（1990年10月至1993年12月）、谢贵生（1993年12月至1999年4月）、黄德生（1999年4月至2002年2月）。

县人事劳动和社会保障局

2002年，县人事局、县劳动局合并，组建县人事劳动和社会保障局，内设办公室、规划财务股、公务员管理股、专业技术人员管理股、人才流动开发和劳动培训就业股、工资福利与离退休管理股、社会保险股、劳动保障监察和仲裁股，核定行政编制18名、后勤事业编制2名，局机关有19人，其中局长1人、副局长2人。2005年，县人事劳动和社会保障局增设纪检组组长1人，局机关人员20人，二层机构人员35人。

2002年，二层机构有人才交流服务中心、机关事业单位养老保险所、医疗保险管理中心、社会劳动保险事业管理所、劳动服务公司和失业保险所，人员有26人。

1992年3月，县劳动服务公司在田东二中附近新建1栋3层培训楼，投资70万元，建筑面积1590平方米。2003年10月，原县劳动服务公司和就业培训中心合并为县就业服务中心，定编12人。全县12个乡镇和15个社区全部设立劳动保障所，定编30人。2003年年底，县就业服务中心投资190万元，在原培训楼的基础上加建3层，将培训楼改建成办公楼，建筑面积达3180平方米。2004年10月，县就业服务中心随县人事劳动和社会保障局迁入该楼办公。

2004年，成立田东县劳动保障监察大队，为财政全额拨款事业单位，配备全额拨款事业编制4名。

县人事劳动和社会保障局历任局长：黄德生（2002年3月至2005年12月）。

2005年5月，田东县人社局开展转变干部作风加强行政效能建设动员大会　（县人社局提供）

第二节　公务员制度管理

公务员过渡

1993年8月14日，国务院颁发《国家公务员暂行条例》。在实施的过程中，又陆续制定与之相配套的具体法规，如辞退制度、回避制度等。

1995年，宣传《国家公务员暂行条例》，对全县党政机关干部进行公务员考试（前五科）和公务员知识竞赛，参加人数985人，为过渡公务员制度打下基础。

1996年，田东县推行国家公务员制度领导小组和办事机构成立，执行《国家公务员暂行条例》，认真做好1995年行政机关、事业单位的年度考核工作，全县8200人全部参加年度考核，被评为称职以上的99.5%，并全部兑现工资。举办公务员过渡考试2期，参加考试的干部有1400人。举办公务员骨干培训班1期，参加培训人员有各单位和乡镇的领导干部共78人，培训结束经考试成绩都在90分以上。

1997年，深化改革人事制度，推行国家公务员制度。以县工商局和林逢镇两个单位作试点，以点带面，全力推进公务员制度。举办全县推行公务员制度培训班，参训人员65人。对1996年度公务员进行考核评定，共考核评定8857人，优秀1326人，称职7508人，不称职23人，不称职占考核总数的0.26%。

1998年，公务员制度全面运行，完成职位分类和人员过渡工作。按公务员条件和要求，进行资格审查，完成全县县直27个机关行政单位和13个乡镇行政机构工作人员向公务员过渡的审批工作，完成公务员的定职定位工作。县直机关行政单位行政定编905人，其中公、检、法、司294人；人员分流173人，其中成建制转为专业69人，转为经济实体13人，机关使用事业编制59人。13个乡镇行政定编480人，乡镇机关分流120人。为确保全县推行国家公务员制度工作质量，组织验收小组到各单位各乡镇就公务员制度情况进行检查验收。当年，对1997年度公务进行考核，共考核8550人，优秀1200人，称职7300人，不称职50人，不称职的占考核总数0.58%。当年辞去公职14人，自动离职2人。

1999年，加快公务员制度入轨运行。对全县机关事业单位副科级以上职务的干部进行全面考核，对考核优秀的人员提拔重用，对考核不合格、群众意见大的干部进行就地免职，真正体现能者上、平者让、庸者下的公正用人原则。经过严格的笔试、面试、考核，完成县人民政府办公室秘书竞争上岗5人，广电局公开招聘播音员及记者竞争上岗5人，田东县第一小学公开招聘教师6人，公开招聘县汽车总站站长1人。

2000年，根据百色地委组织部、百色地区人事局《关于组织党政机关进人考试的通知》精神，组织1999年1月1日以来调进国家行政机关担任主任科员以下的25名人员参加全区统一考试，全部录用为国家公务员。

2001年，严格执行《国家公务员暂行条例》，做到“凡进必考”，从严掌握。凡是从乡镇调到县级行政单位、企事业单位调到行政单位、行政单位急需补充的人员，坚持“公开、公正、公平、竞争”的原则，通过公开考试，择优录用。全年事业单位调入行政24人。

2002年，继续推行公务员制度工作。加强干部职工队伍建设，坚持考勤制度，完善考核制度，实行平时考核与年度考核相结合，严格审核各单位的年度考核表、考核卡，做好存档备案，全年审核8466人，其中优秀1241人，称职（合格）6993人，基本称职（基本合格）83人，不称职（不合格）62人，不确定等次22人，不参加考核65人。同时对全县1314名公务员进行“WTO”基础知识考试，发放公务员WTO教材1292册。

2005年4月27日，第十届全国人大常委会第十五次会议审议通过《中华人民共和国公务员法》，2006年1月1日起施行。全县公务员制度工作走上法治化轨道。

公务员录用与调配

2003年，对通过全区公务员录用统一考试的63名公务员，充实到全县各党政机关。2004年，全县有172人报名参加公务员考试，达到百色市统一划定的录取分数线98人，录用43人，分别充实到县直和乡镇机关中去。2005年，全县公开录用公务员15人。

公务员管理

2003年，加强对公务员的培训，举办公务员普通话培训9期964人，举办其他技能培训3期260人。

认真抓好公务员平时考核和年度考核工作，全县1288名机关单位工作人员中，实际参加考核的有1282人，占99.5%，不参加考核6人，占0.5%。其中，评为优秀180人，占14%；称职1093人，占82.25%。对年度考核评为优秀的，颁发优秀证书，给予表扬，提前晋升一个级别工资。对不称职的公务员执行处罚。

2004年，在全县实行全员培训计划，组织1148人次参加全市公务员依法行政和行为规范统一考试，参考率达100%。参加年度考核人员数1395人，实际参加考核人数1388人，评为优秀的179人，占总人数的12.8%；称职的1206人，占86.5%；基本称职的1人，占0.1%；不称职的2人，占0.14%。

2005年，做好全县公务员2004年的考核评审工作。参加年度考核的工作人员有1244人，其中评为优秀的有180人，占参加考核人数的14.5%。

公务员调研

2005年，对全县1267名公务员进行调研，重新登记、审核。全县公务员单位共有85个，总编制数为1074个，其中县直机关75个单位共762个行政编制和5个机关事业编制，乡镇机关10个单位共307个行政编制。全县实有在编总人数1035人，缺编39人，其中县直机关75个单位789人，超编22人，乡镇机关10个单位246人，缺编61人。

全县符合公务员登记“三要素”（依法履行公职，纳入国家行政编制，由国家财政负担工资福利）人员共85个单位1000人，其中县直机关有75个单位760人，乡镇机关10个单位240人。

不符合公务员登记“三要素”的人员有21个单位35人，其中县直机关16个单位29人，乡镇机关5个单位6人。按规定配备的领导职数321个，其中县直机关212个，乡镇机关109个；实有领导人数365人，超编44人，其中县直机关261人，超编49人，乡镇机关104人，缺编5人。

第三节　干部管理

干部来源

大中专毕业生接收分配　田东县的大中专毕业生分配制度改革，大体经历了以下3个阶段：

1993年（含1993年）以前为计划分配阶段。主要是下达指令性计划，安排落实毕业生工作单位。其中的1989年，全县大中专毕业生报到人数为498人，共安置334人。

1994—1999年，为计划与市场两种手段兼用落实毕业生就业阶段。主要是在计划分配指导下，先实行“双向选择”（用人单位选择毕业生，毕业生选择单位），后政府保底。1995年，全县大中专毕业生报到人数为555人，共安置353人。1999年，共安置66人。

2000年开始，大中专业毕业生就业政策开始转轨，从原来的统分统配制度转为双向选择和自主择业。把毕业生资源全面推向市场，由人才市场配置毕业生资源，政府人事部门对毕业生实行推荐就业，推荐毕业生进行双向选择、参加招聘、到经济发达地区和私营企业就业。

干部招聘录用　1989—2002年，按照“公开、平等、竞争、择优”的原则，面向乡镇聘用制干部、闲散科技人员、工人岗位、林业系统、财政系统、税务系统、乡镇计生站专干、“五大”（电大、业大、职大、夜大、函大）毕业生、民办教师等招聘录用干部。

1989年，从闲散科技人员中考试录用2人，从工人岗位中录用15人，从林业系统中录用3人，乡镇聘用2人，共22人。1990年，全县录用林业公安系统1人，录用财政系统9人，乡镇干部聘用转录用9

人，乡镇计生站录用2人，民办教师转公办21人，自费大、中专毕业生录用13人，以工代干录用15人，财政系统聘用7人，聘用转录用副乡长3人，税务系统聘转录用10人，乡镇干部聘用56人，计生干部聘用2人。

1992年，全县共聘、录用干部110人，其中工人录干7人，乡镇“五站”（兽医、农技、种子、统计、计生）录干8人，聘用转录用22人，乡卫生院录用5人，调剂4人，民办转公办教师16人，乡镇聘用43人，乡镇企业聘用5人。

1993年，严格依照招干简章要求，做好报名登记，进行文化考试，撰写考核材料，办好录用手续，共录用聘用和民办转公办187人。1994年，全县录用干部111人，其中企事业单位40人，民办教师转公办教师22人，定向培训读书转录32人，聘用乡镇副职干部转录用干部8人，乡镇聘用干部转录用干部9人。

1995年，全县录（聘）用干部179人。其中企业单位20人，推荐“五大”毕业生录用2人，社会青年中招聘15人，民办教师转公办教师82人，代课教师转公办教师3人，乡镇各所站聘用干部转录用干部3人，定向培养录用干部41人，计划内自费毕业生录用干部13人。

1997年，全县招干131人，其中优秀工人类15人，乡镇聘干类69人，民办转公办32人，代课教师转干8人，经人才中心聘用到企业工作的“五大”毕业生聘转录7人。

1999年，经笔试面试和严格的考核后，从1998年大中专毕业生中和时任村干中，公开选拔录用34人，分配到乡镇经管站及贫困村任职，其中8名中专生分配到乡镇经管站工作，其余20名大中专生及6名村干安排到作登、坡塘、思林、布兵等乡镇贫困村工作。

2000年，组织全县民办教师44人参加民办转公办考试。通过严格考核，录用43人。同年公开招考22名大中专毕业生进司法、畜牧、林业等系统工作。

2002年，全县有697名大中专毕业生报名参加公开录用考试，其中报考中小学教师职位665人，报考计生技术员职位32名。通过严格的考试、考核，最后录用中小学教师100名，计生技术员13名。

军转干部安置 1989年，对部队转业团级以下干部原则上仍由原籍或入伍所在地负责安置，主要安置在党政机关、政法、工商、税务等基层单位。当年，全县安置军转干部100%，其中安排在机关单位99%、事业单位1%。

1990—1995年，全县安置军转干部100%，其中安排在机关单位80%、事业单位20%，安置随调家属2人。

1996—2001年，安置军转干部100%，其中安排在机关单位90%、事业单位10%。

2002年，政府鼓励军转干部自主择业，对选择自主择业的军转干部在政策上给予扶持，每月发放退役金，统一参加县基本医疗保险，经费由县财政拨款。当年自主择业的军转干部极少，安置随调家属1人。2003—2005年，田东县军转干部安置率100%。

干部结构

行政机关干部 1989年，田东县共有干部3576人，其中女性764人，占干部总数的21.36%；少数民族干部143人，占干部总数的3.99%；中共党员1765人，占干部总数的49.36%；大专以上564人，占干部总数的15.77%。

1997年，田东县推行公务员制度。全县有行政机关干部2805人，其中女性473人，占行政机关干部总数的16.86%；少数民族690人，占总数24.59%；中共党员1694人，占总数60.39%；大专以上学历302人，占总数的10.77%。

2001年，全县有公务员807人。其中女性172人，占21.3%；少数民族662人，占82%。其中大专以上学历458人，占56.8%；中专学历214人，占26.5%；高中88人，占10.9%；初中及以下44人，占5.5%。其中中共党员618人，占76.6%；无党派189人，占23.4%。其中30岁及以下113人，占14%；31~35岁200人，占24.8%；36~40岁166人，占20.6%；41~45岁114人，占14.1%；46~50岁94人，占11.6%；51~55岁66人，占8.2%；56~60岁52人，占6.4%；61岁及以上2人，占0.2%。其中县直机关612人、乡镇机关195人。

2004—2005年，全县有公务员1050人。其中女性232人，少数民族860人。其中35岁以下408人，占39%；36~40岁341人，占32%；41~45岁151人，占14%；46~50岁134人，占13%；51~54岁12人，占1.6%；55岁以上4人，占0.4%。其中研究生学历9人，占0.9%；本科学历239人，占23%；专科学历623人，占59%；中专学历136人，占13%；高中以下学历43人，占4.1%。

专业技术人员　1992年，全县事业单位专业技术人员有4486，其中高级专业技术人才31人，中级专业技术人才704人，助理级专业技术人才1500人，员级专业技术人才1986人，未定职人员265人。

1993年，全县事业单位专业技术人员共6235人，其中高级专业技术人才66人，中级专业技术人才1352人，助理级专业技术人才2385人，员级专业技术人才2109人，未定职人员323人。

2000年，全县事业单位专业技术人员有5129人，其中高级专业技术人才86人，中级专业技术人才1395人，初级专业技术人才3648人。

2004年，全县事业单位专业技术人员共6204人，其中高级专业技术人才91人，中级专业技术人员1538人，初级专业技术人员3669人，未聘任专业技术职务906人。

2005年，全县事业单位专业技术人员共5347人，其中高级专业技术人才98人，中级专业技术人员1571人，初级专业技术人员3678人。

干部调配

干部调配就是对全县行政、事业单位人员的调配，就是对公务员的考试录用、军转干部及家属的接收安置、人事计划管理等工作。干部调动的主要形式有：个人申请调出（调入），经单位同意、报组织（人事）部门审核批准；根据工作需要，由调入（调出）单位申请报组织（人事）部门讨论决定。

1989—1992年，全县办理调进干部106人，调出干部154人，县内调动348人次。在调进干部中，科技人员50人，解决夫妻两地分居32人，本人要求调动61人，解决家庭困难调动50人。调出干部中，科技人员85人，夫妻两地分居23人，本人要求27人，工作需要调动22人，解决家庭困难调动23人。

1993—1995年，根据社会变化和干部特点，县人事部门深入调查了解，按照个人要求与组织需要相结合的原则，共办理干部调动580人，其中从外地调进52人，调出县外138人，县内调动390人。

1996年，全县干部调配权由县6人小组决定。按照严格控制，灵活机动的调配原则，全年办理调出县外干部33人，外县调入干部21人，县内干部调动109人。

1999年，对由财政全额、差额拨款的机关事业单位和靠政策性收费的事业单位人员调动，须在用人单位有空编制情况下，填写人事调配申请表、编制使用审批表，经县机构编制委员会审批同意后，由人事劳动部门办理调动手续。全年办理外县调入到田东企业事业单位16人，调出外县22人，县内干部调动32人。

2000年起，田东县严格控制行政机关、事业单位增员，坚持没有编制的单位原则上不予调入人员，满编单位空一补一。干部调动由个人提出申请，经所在单位同意、报组织人事部门审批，经县机构编制委员会讨论决定。2003年，调配干部63人次，其中县外调入7人、调出县外13人、县内调动43人。2004年，调配干部172人次，其中县外调入17人、调出县外15人、县内调动140人。2005年，全县干部调配115人次，其中县外调入16人、调出县外24人、县内调动75人。

干部培训

干部培训主要分为党员领导干部、基层干部培训和在职国家干部、在职企事业职工的培训。县处级领导干部的培训由上级党委负责，科级干部、农村基层组织领导由县委组织部和县委党校负责培训，在职干部培训工作由县人事劳动部门负责。

县人事部门主要负责国家公务员过渡考试、职称评聘的技术人员基础培训等。1989—1992年，县经济开发办会同县科委、县科协、农业局、畜牧局、团县委、县妇联等单位，采取各种形式，在县城和各乡镇举办各种技术培训班406期，参加培训达40038人次，为城乡培养了一批科学技术人才。1993年起，对新录用干部，开展岗前培训。当年，开设两个培训班共91人。培训时，严格考勤，严格考试，使新招对象能增长知识，掌握真本领。

1998年，根据干部教育培训规定和《国家公务员培训暂行规定》的要求，为逐步实现机关管理和科技工作现代化、自动化，进一步提高工作的质量和效率，对全县公务员及科技人员进行计算机基本知识与技能培训，使培训对象了解计算机基本知识和掌握计算机操作的基本技能，并运用计算机处理日常业务工作。全年举办培训班11期，培训公务员和科技人员675人次。

1999年，协助国家计委在田东县举办对口帮扶贫困县领导干部培训班，有500多名县乡干部参加培训学习。

2004年，有766人共1145人次参加各种知识培训，其中参加政治理论培训有138人次，参加专门业务培训有493人次，参加更新知识培训有427人次，参加学历学位教育培训87人次。

2005年，继续举办新录用干部岗前培训班，支持干部参加上级举办的业务培训班，推行干部全员培训。

干部考核

1989—1993年，县组织部和人事局对干部的考核主要是实行定期考核。考核范围是全县各级党政机关工作部门、人民团体，考核对象为全县除四大班子成员以外的党政机关工作部门、人民团体机关正副职领导及工作人员、乡镇除党政领导班子以外的机关工作人员（含聘用制干部）。考核以工作人员履行岗位职责目标任务完成情况为标准，注重考核德、能、勤、绩4个方面，考核分为优秀、称职、不称职三个等次，优秀等次控制在参加考核人员总数的20%以内。

1996年，全县8200名干部全部参加年度考核，评出优秀等次1136人，称职（合格）等次6982人，不称职等次82人。1997年，对全县公务员进行考核评定，共考核评定8857人，评出优秀等次1326人，称职（合格）等次7508人，不称职等次23人，不称职占考核总数的0.26%。1998年，对全县公务员进行考核，共考核8550人，优秀1200人，称职7300人，不称职50人，不称职的占考核总数0.59%。

2000年，审核机关事业单位年度考核9200人，确定优秀的1100人，称职7960人，不称职60人，不定格80人。

2002年，全县应参加考核的8466名干部当中，考核了8296人，评出优秀等次1241人，称职等次（合格）6993人，不称职等次62人。

2005年，对2004年度考核中评为优秀的180名干部，给予通报表扬，并提前晋升一个级别工资；对不称职的5名干部，进行约谈，并责令限期改正。

人才交流

2005年3月，县人社局举行人才招聘现场会
（县人社局提供）

从2000年起，大中专毕业生不实行统分统配后，县人才交流服务中心对大中专毕业生给予办理人事代理。

2003年，组建县人力资源市场，接收大中专毕业生报到408人，办理人事代理170人，档案托管335份。为县内外15家用工单位举办用工招聘，向求职者提供215个就业岗位，推荐143人就业。

2004年，接收大中专毕业生报到244人，办理人事代理117人，档案托管395份。举办大型招聘会1场，有20多家企业进场招聘，提供就业岗位450个。

2005年，接待大中专毕业生报到361人，办理人事代理38人，为大中专毕业生办理求职登记206人。接收大中专毕业生档案507宗，档案转递42份。办理企事业单位技术人员和管理人员合同鉴证6份，为大中专毕业生查询档案180多宗。

第四节　用工制度

20世纪80年代后期，企业不再招收固定工，新招收的工人实行合同制。招收合同制工人实行“面向社会、公开招收、德智体全面考核、择优录取”的原则，由劳动行政部门按照上级劳动部门下达的劳动计划指标从城镇待业青年中招收，招收后由用工单位进行培训，对培训合格者正式录用为合同制工人并签订劳动合同。

1989年，田东县全面推进固定工制度工作。当年国有、集体企业用工由县劳动管理部门统一审批管理。

1992年，国务院发布《全民所有制工业企业转换经营机制条例》，企业在核定人员编制基础上除接收国家统配人员外，企业有权决定自主招工，即对用工计划实行放开的重大改革。企业根据生产经营的需要招收工人，只需到劳动部门办理招工手续，劳动部门不再干预企业的用人计划。在行政事业单位工作多年表现好的计划外用工，符合招工条件的给予办理招工手续。

1993年，自治区人民政府发布《广西壮族自治区全民所有制工业企业转换经营机制实施办法》，田东对全民所有制企业劳动用工权进行细化，企业可根据生产经营状况自主用工，报县劳动局备案。如到县外招工，由县劳动局联系办理。把用工权力完全归还给企业，全民所有制企业用工权完全放开。在转换工业企业经营机制过程中，落实企业劳动用工权，经县以上劳动部门批准，企业可从农村招收国家承认学历、不包分配的大中专（含“五大”）毕业生以及矿山企业从农村招收农民合同制工人；经自治区劳动厅批准，全县乡镇计生、土地和林业等部门从农村招收部分农民合同制工人；大集体单位为解决基层用工问题，从农村招收一部分农民合同制工人。当年，田东县共招收国家合同制工人299人。

1995年，根据1月1日实施的《中华人民共和国劳动法》，在全县企事业单位中全面推行全员劳动合同制，打破干部与工人、固定工与合同工的身份界限，统称为企业员工，每个企业职工均与企业签订劳动合同。机关、事业单位的合同制工人也根据《中华人民共和国劳动法》的内容重新签订劳动合同。年末与企业签订劳动合同的有4854人，达到应签人数的80%以上。

1996年，通过深入企业宣传《中华人民共和国劳动法》政策，全县集体企业、私营企业和个体工商户开始与职工签订劳动合同，当年签订劳动合同的企业单位224家，职工10117人，占应签订劳动合同人数的95.5%，其中国有企业56家，职工4681人，占应签人数的96.4%；城镇集体企业17家，职工891人，占应签人数的92.2%；乡镇企业97家，职工4266人，占应签人数的93.6%；私营企业22家，职工279人，占应签合同人数的95.6%；个体经济组织32家，占应签个体经济组织的50.7%。实行劳动合同制度后，用人单位能够按照高效、精简、合理的原则，安排职工的生产和工作，进行定员和定额。但仍有少数用人单位的职工没有签订劳动合同。

1997年，用人单位需要招用县内外城乡流动就业的劳动力或县外用人单位到县内招聘劳动力，要求报请劳动行政部门审批并接受劳动行政部门的监督管理，并在县劳动服务公司的协助下招收雇用。

2003年，用工制度进一步改革，用人单位和劳动者通过劳动力市场实行双向选择，确立劳动关系。临时工和季节工由企业自招或者劳动部门协助招用（职业介绍），当年全县用人单位与员工签订劳动合同225人。

2004年，县国有企业实行企业产权制度改革，职工退出全民，置换身份，企业退出国有。原企业兑现职工置换身份补偿金，将离退休人员安置费转入社会保险部门后，企业与职工解除劳动关系。提供76个公益性岗位给大龄就业困难群体，全年为符合享受再就业优惠条件下岗职工发放再就业优惠证288本。城镇新增就业人员1415人。

2005年，按《中华人民共和国劳动法》规定，企业自主与招收员工签订劳动合同。

第五节 劳动就业

工人结构

1989年，全县有工人11093人（县属企业工人合计），其中全民所有制单位工人9062人，集体所有制单位工人2031人。

1991年，全县有工人12571人，其中全民所有制单位工人10053人，集体所有制单位工人2518人。1993年，全县有劳动合同制工人2637人，其中全民所有制单位2027人，集体所有制单位工人610人。

1996年，全县有劳动合同制工人3489人，其中全民所有制单位2875人，集体所有制单位工人614人。1999年，全县有劳动合同制工人4394人，其中全民所有制单位2786人，集体所有制单位工人1608人。

2000年，全县有工人4142人，其中全民所有制单位3037人，集体所有制单位工人1105人。2004年，全县有工人4669人，其中全民所有制单位3307人，集体所有制单位工人1362人。2005年，全县有工人6270人，其中全民所有制单位4486人，集体所有制单位工人1784人。

就业安置

劳动合同制工人 1989—1993年，企业招工都是在上级劳动部门下达的劳动计划指标内进行，主要是保证新建扩建投产的企业急需的劳动力，招工来源原则上从城镇非农业人口年满16~35周岁的待业青年中招收；个别特殊行业、工种确需从农业人口中招收的，须经自治区人民政府批准，招工指标要求在年度内完成。招工办法是面向社会，实行德智体全面考核，公开招收，择优录用。即首先面向社会公布招工简章、招工单位、招工指标、招工条件、具体要求、报名考试时间地点、考试内容范围等。其次是进行“德智体”全面考核。“德”即为考核思想政治觉悟和道德品质。“智”即为文化考试，题目以初中毕业文化水平命题；对少数特殊工种或使用计划外用工的企业招工，加考业务知识和实际操作能力。“体”即身体检查符合健康标准。1989—1993年，安置城镇待业人员3630人。新招收的劳动合同工人实行试用期，签订劳动合同，合同期按规定参加养老和失业保险。合同签订后，报送劳动行政部门进行签证和备案。

1992年，企业招工不受劳动计划指标的限制，企业根据生产经营需要自主决定招工。企业招工后只需到劳动部门办理招工录用手续，签订劳动合同，办理合同签证和养老保险、失业保险、医疗保险和生育保险。1992年是招工人数是最多的一年，当年招工共计1421人。1993年后，企业招工逐渐减少。

按照自治区供销社、劳动厅《广西壮族自治区供销合作社系统实行劳动合同制的实施办法》文件规定，供销社招收工人，面向社会，公开招收，全面考核，择优录用，实行集体合同制。1992年，供销社试行“四放开”（用工放开、经营放开、分配放开、价格放开），1995年后不再招集体合同制工人。

1998年6月，在县财政局开设“田东县下岗职工生活保障及再就业”专款专用账号，年内筹集到金额21.9万元，并且将下岗职工8—12月的生活费12.5万元下拨到各企业的再就业服务中心。

1998—2003年，发放下岗职工基本生活费和代缴社会保险费累计166.5万元。

2004—2005年，没有实现再就业的下岗职工，与原企业办理解除劳动关系手续，并进入失业保险，领取失业救济金。

技工学校毕业生　1989—1991年，技工学校在劳动指标计划内招收学生，毕业后分配到单位参加工作，实行固定工制度，为全民所有制的固定工人。1992年毕业的学生分配到单位参加工作的，实行劳动合同制。1993年6月后，技校毕业生分配，实行学校推荐、用人单位择优录用的制度。1999年5月起，技工学校毕业生不再实行统包分配，学生毕业后自主择业或自谋职业。1989—1998年，田东县安置技工学校毕业生共594人。

城镇退伍军人安置　1989年，田东县按照1987年《退伍义务兵安置条例》规定，妥善安置城镇退伍军人，安置率100%。1990—1992年，全县将符合政策的退伍军人，全部安排到机关单位工作。1997—2001年，安排符合政策要求的城镇退伍军人100%。2004—2005年，安置城镇退伍士兵和转业士官90%，对无法安置的城镇退役士兵给予一次性安置补偿金，鼓励他们自谋职业。

林场和家居农村的老工人子女招工　田东县林场招收的工人一般是从本系统职工家庭中自然增长的16岁以上子女中招收，很少从外部招录工人。1989—2005年，全县招收的林场工人有84人。

1986年10月1日起，田东县按照国家实行新的劳动制度，除煤矿井下特殊行业外，其余行业均废除子女顶替制度。但根据劳动人事部1988年3月3日“关于解决老工人夫妻长期两地分居有关问题的通知”的政策，对于1957年以前参加工作的家居农村的老工人男50岁、女45岁以上，由本人申请，单位批准，可以退养回乡，允许其1名16~25周岁符合招工条件的未婚子女到企业顶替当合同制工人。1993年和1994年分别有家居农村的老工人退休子女顶替2人、3人。

农民工“农转非”　农民合同制工人是指从农村招用的不转户口、不改变农民身份，使用期限在一年以上、实行劳动合同制的工人。1994—1996年，按照自治区人民政府关于在劳动部门办理农民合同制工人“农转非”的政策规定，全县共办理“农转非”人员411人。

临时工 季节工 临时工是指企事业单位根据工作需要使用期限不超过一年的临时性、季节性用工。1992年以前，临时工和季节工主要是由县劳动服务公司根据登记的待业人员进行调配。1993年后，这部分人可由单位自招，也可以通过劳动服务公司调配（职业介绍）。随着市场经济的建立和发展，用工制度放开后，临时工和季节工由企业自主招用或由劳动部门协助招用。

1989—1996年，全县从城镇待业及农村富余劳力中调配、招用1104人，作为一年制的临时工。

劳动培训

就业前培训 县劳动局根据“先培训、后就业”“先招生、后招工”的用工原则，加强政治思想教育、职业道德教育和法治教育，加强岗前技术培训。

1989年，举办1期矿长资格认可培训班，对49名合格的煤矿厂长颁发合格证书。1990年，举办3期特殊工种人员技术培训班，参加培训190人，合格率100%，并颁发上岗合格证书。

1992年，举办培训班6期，参加培训856人。开展专业技术定向、特殊工种、电工、司炉工的技术培训，经培训后审定合格技术工人158人，初级技术工人49人，并发等级证书。

1994年，县劳动服务公司为县二糖厂举办2期待业人员培训班。培训内容有制糖工艺、就业指导、职业道德、法律常识、生产安全常识等公共课，参加培训人员292人。为县酒精厂培训新的技术工人，录取培训工164人。开办水泥专业技术培训班，培训结业人数108人，全部进厂工作。1995年以后，各类企业用工逐步走上规范化、市场化，县内国有企业、集体企业不再实行指令性计划招工，因此，待业人员就业前培训工作由各国有企业、集体企业、民营企业以及个体户自主培训。

2000—2002年，县劳动培训中心和社会办学机构培训行业人员、下岗职工和失业人员1067人，其中下岗职工转岗培训222人、失业人员695人、技术等级培训150人。全县举办科技培训、职业技术和岗前培训380多期，参加人员4万多人，对职业教育合格的学生发放职业教育培训“绿色”证书近7000人。县职校举办电子电器、电焊、幼师、餐饮、家政服务、摩托车维修等培训23期，向广东输送976名合格务工人员。

职业技能培训 2004—2005年，全县共举办汽车驾驶员、保育员、中式烹调、家禽家畜饲养员、果树工、电工、电焊、挖掘机、创业培训等各类职业技能培训班387期，参加培训40738人次。

2000年6月，县人事局举办下岗职工技能培训
（县人事局提供）

下岗失业人员再就业技能培训 1999年以后，县内国有企业实行机制体制改革，部分国有企业进入停产、半停产的瘫痪状态，一些职工下岗。为了帮助下岗职工掌握新的技能，尽快实现再就业，县劳动保障部门开展下岗失业人员再就业技能培训，培训内容有面点制作技术、烹饪技术、电脑操作、创业培训等。2000—2005年，共举办各类职业技能培训班1634期，参加培训人员21.18万人次。

第六节　工资　福利

工　资

企业职工工资　1986—1993年，企业劳动工资发放由两部分组成，一部分是国家分配到工厂的技术人员和政府委派的领导人员，由县财政发放工资；一般工人由企业自发工资，工资标准参照县级事业行政人员工资档次。1994年调整企业工资标准后，国家不再统一安排企业职工进行工资调整。企业职工工资由企业效益来定，而且逐步建立企业正常的工资增长机制。1995年5月1日，全面实行最低工资标准办法，规定最低工资为每月170元。2005年，最低工资标准为每月320元。

机关、事业单位职工工资　1985年，田东县进行工资改革，国家机关、事业单位职工工资由基础工资、职务工资、工龄津贴、奖励工资4个部分组成，中小学教师与幼儿园教师、医院护士分别加发教龄津贴、护龄津贴。

2000年，全县职工年末人数9799人，年平均工资6003元。

2001年1月，为9712人办理工资调标，月增资总额92.2万元；同年10月，为9702人办理工资调标，月增资总额73.7万元。2003年，为8844人办理工资调标，月增资总额48.4万元。

2000—2005年田东县机关事业单位工作人员工资统计表

表19-2-1

年度	年末职工数(人)		工资总额(万元)		平均工资(元)	
	合计	其中固定职工	合计	其中固定职工	每人每年	每人每月
2000	9799	8544	5916	5129	6003	500
2001	9712	8457	8581	7479	8844	737
2002	8773	7827	10082	9237	11801	983
2003	8844	8072	9948	9100	11273	939
2004	8670	7968	11424	10578	13275	1106
2005	8361	7825	13435	12244	15642	1304

说明：表中数字来源于县人事劳动和社会保障局工资统计报表

福　利

劳保医疗　1986—2001年，各企业对门诊看病取药实行定额包干、住院治疗按一定比例报销的办法。2002年起实施基本医疗保险制度。

公费医疗　1953年起，党政机关、群众团体和文教卫生单位的职工开始享受公费医疗待遇。1986年，全县享受公费医疗职工5520人，财政拨款17.94万元，实际开支29.34万元，超支11.4万元。

1995年，全县享受公费医疗职工7090人，财政拨款133.6万元，实际开支109.38万元，结余24.22万元。

2001年，全县享受公费医疗职工9415人，财政拨款220万元，实际开支265.96万元，超支45.96万元。2002年1月1日起，取消公费医疗制度，实施基本医疗保险制度。

1986—2001年田东县公费医疗统计表

表19-2-2

年度	享受人数(人)	财政拨款(万元)	实际开支(万元)	结余(万元)	超支(万元)
1986	5520	17.94	29.34	—	11.4
1987	5981	27.60	28.82	—	1.22
1988	5985	38.90	40.81	—	1.91
1989	5996	44.97	46.81	—	1.84
1990	6084	47.89	53.81	—	5.92
1991	6489	71.30	69.30	2.00	—
1992	6586	70.03	77.19	—	7.16
1993	6730	87.49	105.73	—	18.24
1994	7040	95.00	102.50	—	7.50
1995	7090	133.60	109.38	24.22	—
1996	7659	117.00	128.00	—	11.00
1997	8112	123.00	135.41	—	12.41
1998	8365	169.00	194.65	—	25.65
1999	8756	180.00	208.78	—	28.78
2000	9046	200.00	234.15	—	34.15
2001	9415	220.00	265.96	—	45.96

休　假

主要有法定休息日和节假日、年休假、探亲假、生育假、婚假。

休息日　1994年以前，实行职工每日工作8小时，每周工作6天，休息1天的工作制度。

1994年3月1日起实行职工每日工作8小时，平均每周工作44小时的工时制度。从3月1日起第一周星期六、星期日为休息日，第二周星期日为休息日，依此循环。

1995年3月25日，国务院下发《关于修改〈国务院关于职工工作时间的规定〉的决定》，规定从当年5月1日起改为每周工作40小时，每周休息2天的工作制度。

节假日　1999年以前，统一执行1949年政务院发布的《全国年节及纪念日放假办法》，属于全体公民节日的假期共7天，其中新年放假1天（1月1日），春节放假3天（农历正月初一、初二、初三），劳动节放假1天（5月1日），国庆纪念日放假2天（10月1日、2日）；属于部分公民放假的节日有妇女节、青年节、儿童节、人民解放军建军纪念日。

1999年9月，国务院重新修订并发布《全国年节及纪念日放假办法》，属于全体公民节日的假期增加到10天，其中劳动节假日增加2天，国庆节假日增加1天。同时决定将春节、“五一”、“十一”的假期与前后的双休日拼接，从而形成3个7天的长假。2000年起，人们将其称为“黄金周”。法定节假日适逢双休日时，顺延补假。

年休假　是指职工依法每年应享受的带薪连续休假。一般根据工龄长短计算假期。1986年自治区党委组织部、自治区人事局印发《关于我区党政群机关工作人员实行年休假制度的暂行规定》，凡参加工作满10年者均可享受年休假待遇，按工龄长短划杠。参加工作满10年不满20年者，每年休假10

天；工作满20年不满30年者，每年休假15天；工作满30年以上者，每年休假20天。

1989年7月，中共中央、国务院规定党政机关当年不安排年休假。1991年6月15日，中共中央、国务院印发《关于职工休假问题的通知》，规定各地区、各部门在确保完成工作、生产任务，不另增加人员编制和定员的前提下可以安排职工的年休假。同年7月14日，自治区党委、自治区人民政府印发《职工公休假暂行办法》，规定工作年限满5年不满10年的，每年休假7天；满10年不满15年的，每年休假10天；满15年以上的，每年休假14天。年休假时间不含法定休息日和节假日。

探亲假 是指职工探望与自己分居两地的配偶、父母而享受的假期。1981年3月，国务院颁布《关于职工探亲待遇的规定》，凡在国家机关、人民团体和全民所有制企业、事业单位工作满一年的固定职工，与父母、配偶不住在一起，又不能在公休假日团聚的，可以享受探望父母、配偶的待遇。职工探望配偶的，每年给予一方探亲假一次，假期30天。未婚职工探望父母，原则上每年给假一次，假期20天；两年给假一次的，假期45天。已婚职工探望父母，每4年给假一次，假期20天。探亲假、路程假均包括公休假日和法定节日在内。职工在规定的探亲假期和路程假期内，按照本人基本工资标准发给工资。职工探望配偶和未婚职工探望父母的往返路费，由所在单位负担。已婚职工探望父母的往返路费，在本人月基本工资（包括职岗津贴、省直补贴）30%以内的，由本人自理，超过本人月基本工资30%部分由所在单位负担。

生育假 1988年，国务院颁布《女职工劳动保护规定》，劳动部印发《关于女职工生育待遇若干问题的通知》，规定女职工的产假为90天，其中产前休假15天，难产的增加产假15天。多胞胎生育的，每多生1个婴儿，增加产假15天。女职工怀孕不满4个月流产时，应当根据医务部门的意见，给15~30天的产假；怀孕满4个月以上流产时，给予42天产假。对实行晚育（指女24周岁生育第一胎的）并领取独生子女证的，可在法定产假基础上增加产假44天。产假期间工资照发。

婚假 根据《中华人民共和国婚姻法》和《计划生育条例》的规定，职工按法定结婚年龄（女20周岁，男22周岁）结婚的，可享受3天婚假；符合晚婚年龄（女23周岁，男25周岁）的，可享受晚婚假15天（含3天法定婚假）；结婚时男女双方不在一地工作的，可视路程远近，另给予路程假。婚假包括公休假和法定假。

补贴　津贴

加班费 国务院规定的节假日仍继续生产工作的，按规定发给加班费。平常日每日工作超过8小时，加班费为本人工资的150%。休息日安排加班的，加班费为本人工资的200%。法定休假日工作的，加班费为本人工资的300%。1986—2005年，企业单位均实施加班费，机关和事业单位一般不执行此制度。

降温费 1981年起，国家机关和企事业单位职工，每年5—9月，发给每人每月降温费2.5~3元。1990年，党政机关、事业单位工作人员夏季防暑降温补贴费标准调整为每人每月8元。1993年，取消该项补贴。

粮差补贴 1986年6月起，全县机关事业单位人员享受粮差补贴，每人每月2.5元。1993年取消该项补贴。

独生子女保健费 自愿终身只生一个子女的夫妻，领取了独生子女优待证或独生子女父母光荣证的，可按规定发给独生子女保健费至子女年满18周岁，1986年以前50元，1987年以后保健费70元，2000年调至120元。2005年标准不变。

物价福利性补贴 1993年10月1日起，全县机关事业单位人员享受物价福利性补贴，每人每月52元。2005年标准不变。

艰苦边远地区津贴 2001年1月1日起实施。按各地艰苦程度的不同划分，共划分为4类，田东县被列入第一类，执行津贴标准为：县处级60元，科级、技师以上47元，科级以下及高级工以下40元。2005年标准不变。

第七节 离休 退休 退职

离 休

按政策规定，凡1949年9月30日以前参加革命工作的，享受供给制待遇的干部，男年满60岁、女年满55周岁的，可办理离休手续。2000年，全县共有离休干部41人。2005年年底，有离休干部33人，其中享受县处级待遇10人。1986—2005年，全县完善离休干部离休费和医药费保障机制，对离休干部政治上予以尊重、生活上予以照顾。

退 休

凡1949年10月1日后参加革命工作的干部，男年满60周岁、女年满55周岁的可办理退休手续，其退休费按国家政策统一核发。国务院关于安置老弱病残干部的暂行办法和关于工人退休、退职的暂行办法规定：全民所有制单位工人，男工人年满60周岁、女工人年满50周岁，参加工作满10年的都应及时办理退休手续，不需本人提出申请，在其达到退休年龄的前一个月通知本人，在其达到退休年龄后一个月内办完有关手续，不再列为在编人员；男年满50周岁、女年满45周岁，参加工作满10年，本人申请，经过医院证明并经劳动鉴定委员会确认完全丧失工作能力的可以办理退休手续。

2002年机构改革，县乡机关和乡镇事业单位（不含中小学、卫生院），计算至2004年12月31日止，不论男女、工作年限满30年的或男年满55周岁、女年满50周岁且工作年限满20年的人员，以及到2004年底前达到退休年龄的人员，可由个人提出提前退休申请，并经单位同意后，按干部管理权限报组织、人事部门审批，办理提前退休手续。是年全县办理退休人员393人，其中属提前退休人员367人；符合条件提前退休的干部提前6年以上退休的，可提高4个职务工资档次和1个级别工资档次，工龄工资计算到法定退休年龄。2005年，办理退休126人，其中干部84人，工人42人。

根据自治区人民政府《关于贯彻执行国家计划生育政策的若干规定》，终生只生育一个孩子或者终身无孩的职工退休时，增发退休时月工资额5%的退休金，符合生育二孩条件、自愿终身只生育一个子女的职工退休时提高退休金计发比例的10%。

1949年10月1日至1949年12月11日，参加革命工作的退休人员可享受离休增资待遇，执行时间从1999年1月起。

退 职

国务院关于安置老弱病残干部的暂行办法和关于工人退休、退职的暂行办法规定，经过医院证明完全丧失工作能力，又不具备退休条件的干部、工人，应当退职。退职人员退职费为：实行职级工资制的退职人员，退职时基础工资和工龄工资全额发给，工作年限满30年及以上的职务工资和级别工资两项之和按75%计发，满20年不满30年的职务工资和级别工资两项之和按70%计发，满10年不满20年的职务工资和级别工资两项之和按60%计发，不满10年的职务工资和级别工资两项之和按40%计发。

事业单位工作人员和机关工人，工作年限满30年及以上的按本人原职务工资（含活津贴，下同）的80%计发，满20年不满30年的按原职务工资的75%计发，满10年不满20年的按原职务工资的65%计发，不满10年的按原职务工资的45%计发。

1986—2005年，机关事业单位办理退职的人员共有31人，主要是完全丧失工作能力的职工。

第八节　职称管理

干部职称评定

1989年，县职称改革办公室审批同意，上报百色地区职改办最后审定，同意田东县中级职务资格215人，初级职务资格729人。还会同县科协、县农业部门对农村技术能手进行职称评定，评农民技术员职称266人。

1990年，推荐申报高级职务资格1人，副高级职务资格20人，中级职务资格195人中，初级职务资格1713人。同时做好科技人员家属农转非工作，全年共有45户97人转非农业户口。

1991年，对县内企事业单位专业技术职务评聘进行复查验收和续聘。共复查35个主管单位、18个专业系列、4741位专业技术人员，其中高级52人，中级973人，助理级1934人，员级1782人。通过复查，有4718人合格，占总人数的99.51%，不合格23人，占0.49%。当年办理科技干部农村家属“农转非”共75人。

截至1992年，全县获得高级职称资格共69人，中级职称958人，助理级1830人，员级1929人。当年，对全县聘任的企事业单位专业技术人员的德、能、勤、绩等方面进行全面登记考核。通过考核，全县事业单位高级专业技术人员考核为优秀10人，占事业在岗高级人数的25%；考核为称职29人，占74%。中级技术人员考核为优秀99人，占事业在岗中级人数的14%；考核为称职563人，占81%；考核为基本称职31人，占4%；不称职2人，占0.3%。初级技术人员优秀767人，占23%；称职2423人，占71.4%；基本称职184人，占5.4%；不称职10人，占0.3%。企业单位中级技术人员考核为优秀8人，占企业在岗中级人数的36%；称职13人，占59%；基本称职1人，占4.5%。初级技术人员优秀37人，占12.9%；称职216人，占75%；基本称职25人，占8.7%；不称职7人，占2.4%。当年，全县共有104户206个科技人员家属由农业人口转为非农业人口。

工人技术等级评定

1996年，成立田东县机关事业单位工作技术等级岗位考核工作办公室，行政事业单位成立8个考核站，对10个行业部门65个生产单位集中培训9期，参加培训人数938人，其中评定高级工128人，中级工285人，初级工330人。

1997年，田东县在推行国家公务员制度的同时，开始对行政、事业单位工人进行技术等级评定。成立事业单位8个考核站进行培训，参加培训人数824人，评定为中级240人，初级334人，其他250人。

专业技术职称管理

1996年，县人事局接管原由县科委办理的职称改革办公室工作。

1997年，职称改革工作配备2人专门负责，完成1996年度取得职称资格的办证审核工作，办好

1996年获得职称资格的聘任工作。举办了2期外语补习班，参加人数170人。

1998年，办理发放专业技术职务资格证书630人，其中高级16人，中级132人，初级482人。办理专业技术人员续聘1052人，其中高级3人，中级260人，初级789人。办理指标内聘任高级6人，中级34人。

2000年，审核审批1999年度初级职称541人，审核审批2000年度初级职称453人，审核推荐报评中级职称207人，高级职称17人。办理各类专业技术职务资格证书717份，办理全国经济专业职务资格考试190人，全国职称外语等级考试176人。开办中级职称英语、日语培训班各一期，参加培训人员59人。办理专业技术人员聘任1268人。

2001—2002年，举办2期外语培训班，参加培训人员235人。发放专业技术资格证书494本，其中高级职称5本，中级职称105本，初级职称384本。办理专业技术人员聘任1268人。对全县126个专业技术人员的资格证书进行验证登记。

2003年，办理调出县外的专业技术人员11人，外县调入专业技术人员4人。

2004年，全县考取卫生专业初级、中级专业技术资格专业技术人员分别为86人、16人。考取经济专业中级技术资格的专业技术人员12人。申报中高级职称总人数164人，其中中级职称156人，高级职称8人。

2005年，组织开展专业技术人员技术职务聘任工作，共聘任800人，其中新聘任80人，续聘720人。

第九节　劳动保护

劳动保护监察

劳动保护监察是劳动保障行政部门受托依法行使劳动保障监察职能，宣传劳动保障法律、法规和规章，督促用人单位贯彻执行，检查用人单位遵守劳动保障法律、法规和规章的情况，受理对违反劳动保障法律、法规或者规章的行为的举报、投诉，依法纠正和查处违反劳动保障法律、法规或者规章的行为。

1995年，县劳动局对330份劳动合同没有按《中华人民共和国劳动法》规定签订进行纠正，查处使用童工1名。责令有关单位补发职工工资及各项补贴给547人。对少数单位因贯彻执行《中华人民共和国劳动法》不力，经济效益差，职工的工资不能按最低工资标准发放，以及欠缴养老保险金的，责令其整改。

1996年，对116个用工单位进劳动监察，并发放劳动监察年审合格证。接待来访职工4人，对违反《中华人民共和国劳动法》的举报申诉案件及时作出处理。

1999年，劳动监察工作主要对全县企事业单位遵守劳动法律法规情况进行劳动监察审查。重点监察外商投资企业、私营企业。共监察审查251个单位。

2003年，劳动监察年审数为268个单位，涉及人数11811人。主动监察和巡视监察132个单位，涉及人数6557人。处理劳动保障监察9件，挽回拖欠工人工资24279元。

2004年，开展《中华人民共和国劳动法》执法大检查，发现一些企业不能按时发放甚至拖欠职工工资，一些企业没有与工人签订劳动合同。帮助追回拖欠农民工工资62371元。

2005年，劳动监查主动监查单位113个，合格97个。日常巡视单位480家，涉及5228人，督促用人单位685人补签劳动合同。立案处理拖欠农民工工资14件，结案14件，为132名员工讨还清欠工资3.13万元。

劳动合同鉴证

劳动合同鉴证是指劳动行政主管部门审查、证明劳动合同真实性、合法性的一项行政监督措施，劳动行政主管部门鼓励和提倡用人单位和劳动者进行劳动合同鉴证。

1989年，田东县根据《广西壮族自治区劳动合同鉴证暂行办法》规定，开展劳动合同鉴证工作，即对劳动合同制工人的劳动合同，对企业固定职工、临时工、季节工、农民合同工的合同，对企业单位的集体劳动合同进行鉴证。全年鉴证劳动合同857份，鉴证率45%。1990年，鉴证劳动合同1326份，鉴证率67%。1992年，鉴证劳动合同1390人，新招工人鉴证率100%。

1993—2005年，鉴证劳动合同制工人19164人，其中合同制工人15332人，临时工3832人。

劳动争议仲裁

劳动争议仲裁是指劳动争议机构根据当事人的申请，依法对劳动争议在事实上作出判断，在权利义务上作出裁决的一种法律制度。1992年，县劳动局设立劳动仲裁股，主要负责处理国有企业与职工之间发生的因不履行劳动合同、开除、辞退等违纪职工以及其他争议。

受理案件 1992—2000年，受理劳动争议案件41件。2001年受理劳动争议案件4件，2002年受理劳动争议案件4件，2003年受理劳动争议案件10件。2004年，立案受理劳动争议案件4件，其中通过仲裁裁决处理2件、调解处理2件。2005年，立案受理劳动争议案件5件，其中通过仲裁裁决3件、调解处理2件。

典型案例 1988年4月22日，田东县糖厂给职工周某作出“周某的死亡属于猝死，应视为非因工死亡”的处理意见。1989年6月5日，周某的家属不服田东县糖厂作出的处理意见，向田东县劳动争议仲裁委员会提起仲裁申请，仲裁委员会按有关规定立案受理并组成仲裁委工作组进行讨论、评议，最后作出“因工死亡”的决定。这是田东县劳动争议仲裁委员会成立后受理的首例劳动争议案件，它遵循合法、公正、及时的原则，依法保护了当事人的合法权益。

2000年，田东县劳动争议仲裁委员会开庭审理劳动争议案件（县人事局提供）

第三章 社会保障

社会保障主要项目包括养老保险、医疗保险、失业保险、工伤保险、生育保险。1993年以前实施的只有养老保险和失业保险，1月起实施工伤保险，1998年7月起实施生育保险，2001年9月起实施医疗保险。

第一节 养老保险

企业职工基本养老保险

1986年开始实施企业职工基本养老保险，至1989年参保单位62个，参保人数3279人，征缴养老保险费50.63万元。

按照“以支定筹，略有结余，留有部分积累”的原则，1991年11月以前由单位缴费，个人不用缴纳。1991年11月以后是用人单位和职工个人共同负担，由国家财政兜底。其中职工个人缴费基数为本人上年度月平均工资（低于上年度全区月平均工资的，按上年度全区月平均工资的60%作为缴费基数；高于上年度全区月平均工资的、按上年度全区月平均工资的300%作为缴费基数），单位缴费基数为全部参保职工缴费基数之和。企业缴费比例分别为：1990年7月至1991年6月，工业为7.6%，其他为14.2%；1991年7月至1992年6月，工业为8.5%，其他为15%；1992年7月至1993年6月，工业为7.8%，其他为18%；1993年7月至1994年6月，工业为9%，其他为21%；1994年7月至1995年6月为22%，1995年7月至2000年6月为19.5%，2000年7月至2005年12月为20%。个体工商户缴费基数是由业主在上年度全区职工月平均工资的60%~300%范围内自行确定，全部由个人自己负担。

2005年年底，参加基本养老保险的单位有69家，参保人数4908人，离退休人员1336人，征缴基本养老保险费1417.8万元，财政补贴17.01万元，支付离退休人员基本养老金988.95万元。

1989—2005年，累计征缴基本养老保险费7209.78万元，财政补贴675.93万元，支付离退休人员基本养老金6871.96万元，确保企业离退休人员基本养老金按时足额发放。

1989—2005年田东县企业职工基本养老保险基本情况表

表19-3-1

年份	征缴养老保险费(万元)	国家财政补贴(万元)	基金支付(万元)	参保单位数(个)	在职参保数(人)	离退休数(人)
1989	50.63	—	72.15	62	3279	537
1990	41.72	—	84.16	62	4644	645
1991	51.58	—	102.16	64	5002	670
1992	41.39	—	111.19	64	5060	682
1993	46.99	—	120.88	64	4030	691

续表19-3-1

年份	征缴养老保险费(万元)	国家财政补贴(万元)	基金支付(万元)	参保单位数(个)	在职参保数(人)	离退休数(人)
1994	372.99	—	301.48	92	6757	953
1995	452.39	—	314.24	64	4736	966
1996	373.68	—	320.35	65	4585	892
1997	333.87	—	331.58	65	4341	917
1998	348.73	—	352.10	66	4232	935
1999	406.86	46.58	409.86	66	3951	973
2000	436.14	62.50	510.66	66	4145	995
2001	473.66	110.20	560.32	67	4213	1060
2002	565.43	191.38	734.59	67	4264	1134
2003	887.05	147.06	757.63	67	4400	1202
2004	908.87	101.20	799.66	69	4654	1269
2005	1417.80	17.01	988.95	69	4908	1336

说明:表中数字来源于原县社会劳动保险事业管理所

机关事业养老保险

1996年4月开始实施，参保对象是机关、事业单位（含实行企业化管理的事业单位）的国家干部、聘用制干部、劳动合同制工人和按国家政策规定办理的离休、退休、退职人员。养老保险费按照“以支定筹、略有结余、留有部分积累”的原则进行筹集，不建立个人账户。养老保险基金单位负担部分按基数的24.5%缴纳，个人负担部分统一按基数的2%缴纳。全县所有在职人员按工资总额的2%缴纳个人负担部分，全额拨款单位的单位负担部分由财政发放全额拨款单位退休人员养老金和差额拨款单位退休人员部分养老金相抵扣，差额拨款单位按自付差额工资部分来缴纳单位部分，自收自支单位按在职人员月工资总额和离退休费总额之和的24.5%缴纳单位部分。当年，收上基本养老保险费373.1万元，财政补贴117.3万元，发放离退休人员离退休费320.3万元，拨付率为100%。

1997—2005年，财政发放全额拨款单位养老金和差额拨款单位部分养老金抵扣单位负担部分，这部分的离退休人员的退休费都由财政统一发放。自收自支单位的离退休人员的退休费，由单位缴纳单位负担部分后，由养老保险所拨付。自收自支单位未达到正常退休年龄而提前退休的人员，其退休养老金由原单位支付，并按规定继续缴纳养老保险统筹金，待其达到正常退休年龄后，再由养老保险所拨付退休费。离退休人员死亡后，由单位向县人事劳动局、养老保险所申报核定后，按规定拨给丧葬费、抚恤金，属于全额拨款和差额拨款的退休人员死亡后由财政拨付，自收自支的退休人员死亡后由养老保险所拨付。参保人员在职期间死亡的，其个人缴纳的养老保险统筹金退还给法定继承人或指定受益人，死亡丧葬费、抚恤金和遗属生活补助由单位按有关规定支付。

1999年，全县有机关事业单位297个，在职干部8860人，离退休人员2121人，全部参加养老保险。全年养老金总收入1256万元。办理死亡及离退休人员47人，新增退休人员78人。

2000年11月底，全县养老金总收入1669万元，其中财政拨入1283万元，单位交纳150万元，个人交纳81万元。全县机关事业单位离退休人数2010人，共发放离退休人员工资1370万元。

2001—2005年，累计收上基本养老保险费5774.16万元，财政补贴1843.37万元，发放离退休人员离退休费金3017.4万元。

农村社会养老保险

1995年9月，在县民政局设立农村社会养老保险管理处，由县民政局管理，负责全县农民养老保险金的筹集、管理和兑付工作。农村社会养老保险资金筹集坚持以个人自愿交纳为主，集体补助为辅，国家给予政策扶持的原则。12月，田东县开始实施农村社会养老保险（即老农保）。参保对象为县内16~60岁的公民。重点对象是乡村集体干部、现役义务兵、乡镇企业工人、代课教师、个体工商户、纯二孩结扎户、外出务工人员、司机等。投保起点为一次性交纳200元，多投不限。业务于1998年因群众参与积极性不高而停办。期间，全县参保628人，保费收入13.22万元。

2002年10月，县农村社会养老保险职能归县人事劳动和社会保障局，其编制人员、业务等由县民政局成建制移交给县人事劳动和社会保障局，撤销设在县民政局的农村社会养老保险管理处。当年，全县农村社会养老保险参保人数20900人，共收取保费418.25万元。2005年，全县农村社会养老保险运行保持平稳状态，管理体制进一步理顺，基金管理更加规范。

第二节　医疗保险

1989—1999年，县直机关、事业单位的职工治病，实行公费医疗，企业和自收自支事业单位的医疗费用由职工所在单位参照公费医疗办法执行。

2000年10月，成立田东县城镇职工基本医疗保险管理中心，核定编制5名，实有职工5人。县卫生局所属的公费医疗办公室把公费医疗业务转交县劳动局，负责原县公费医疗办公室各项工作职责。

2001年9月18日起，田东县实施城镇职工基本医疗保险制度。医疗保险覆盖全县所有用人单位（含各类企业），医疗保险费由用人单位和个人共同负担，单位缴费率为职工工资总额的6%，个人缴费为本人收入的2%。采用“统筹基金和个人账户”相结合的模式，单位缴费中的30%和个人缴费的2%为个人账户，单位缴费中的70%为统筹基金。个人账户用于支付门（急）诊医疗费，用完后个人自付。统筹基金用于支付住院医疗费、特定慢性病门诊医疗费、家庭病床医疗费和门诊特检特治医疗费。同时建立“大病统筹金”制度，按上年度职工平均工资的0.7%缴纳，报销最高限额为上年度职工平均工资的4倍。此标准至2005年不变。2001年，全县有205个单位9138人参加基本医疗保险，全年缴纳基本医疗保险费376.62万元，其中单位缴纳264.24万元、个人缴纳112.38万元。

2002年，收缴职工医疗保险基金426万元，收缴用人单位缴纳职工医疗保险基金（包括财政预算拨款）294万元，支付职工医疗保险金361.68万元，拨付率为89.4%。

2005年，全县基本医疗保险参保人数14012人，全年缴纳基本医疗保险金720万元。

第三节　失业保险

1986年10月，田东按照国务院颁布的《国有企业职工待业保险暂行规定》，开始对宣告破产的企业的职工、濒临破产的企业法定整顿期间被精简的职工、企业终止和解除劳动合同的工人、企业辞退的职工实行失业保险制度。失业保险基金（当时称“国有企业职工待业保险基金”）由企业按照全部职工标准工资总额的1%缴纳。上述人员在待业期间，按照规定的标准享受待业救济。参保单位除国有企业、集体企业外，企业化管理的事业单位依照执行。

1990年，继续稳定国有企业职工待业（失业）保险金统筹。全年有125个使用合同制工人的单位参加投保，参加投保人数1330人，收缴职工待业（失业）保险基金12.62万元。1992—1998年，全县累计收缴失业保险基金117.93万元，支付失业金15.37万元。

1999年1月，国务院颁布《失业保险条例》，把国有企业、城镇集体企业、外商投资企业、城镇私营企业和其他城镇企业、城镇事业单位及其职工，列入参保范围。城镇企业事业单位按照本单位工资总额的2%缴纳失业保险费，城镇企业事业单位职工按照本人工资的1%缴纳失业保险费。

1999—2005年，全县参加失业保险登记单位307个，参保人数1.02万人，累计收缴金额515.63万元，参加失业登记人数178人，支付失业保险金44.05万元，确保了国有企业下岗职工基本生活保障。

1995—2005年田东县失业保险情况表

表19-3-2

年度	参保单位数（个）	参保人数（万人）	征缴额(万元)	累计滚存(万元)	失业登记数（人）	支付失业金(万元)
1995	133	0.50	13.10	49.68	42	0.36
1996	133	0.51	15.99	63.59	50	0.58
1997	133	0.47	14.06	75.80	43	0.50
1998	134	0.65	25.17	82.68	105	11.35
1999	195	1.07	47.58	97.63	126	17.82
2000	202	1.09	48.03	138.45	117	10.40
2001	213	1.12	51.4	185.54	116	6.48
2002	306	1.10	56.16	216.55	120	22.30
2003	316	1.09	105.00	307.33	21	10.90
2004	321	1.13	132.51	424.62	176	11.37
2005	307	1.02	143.04	515.63	178	44.05

第四节　工伤保险

1993年1月开始实施。由于工伤事故的不可预见性，工伤保险基金是根据国家规定不同行业的工伤风险程度确定行业的差别费率进行征缴，用人单位以本单位全部职工工资总额作为缴费基数，按一定的收费比例缴纳工伤保险费，职工个人不缴费。

1993—1998年，全县参加工伤保险单位52家，参保人数4058人，累计征缴工伤保险基金46.68万元，支付工伤保险金22.37万元。共受理工伤事故38起，结案38起，其中死亡3起，进行伤残等级鉴定18人。

2004年1月起，参保范围扩大到各类企业、有雇工的个体工商户，行业差别费率分3个档次，分别为0.5%、1%、1.3%。

2005年，全县参加工伤保险25家，参保人数4233人。累计征缴工伤保险费27.54万元，支付工伤保险金8.68万元，工伤保险基金结余18.86万元。

第五节 生育保险

1998年7月开始实施对县企业职工生育保险基金统筹，筹集是按企业职工工资总额的1%缴纳。当年，全县参加生育保险的用人单位45家，参保人数2786人，征缴女工生育保险基金11.54万元，支付生育费用2.42万元。1999年，全县收缴生育保险金10.82万元，支付生育费用8.08万元。2000年，收缴生育保险金10.49万元。

2001年10月1日起，根据《百色市人社局 财政局关于适当降低生育保险费费率的通知》将企业单位生育保险费率降低至0.5%，由企业负担，职工个人不用缴费。

2003—2005年，全县参加生育保险的用人单位84家，参保人数3742人，征缴生育保险基金29.94万元，享受生育保险待遇人数62人，支付生育保险金9.9万元。

田东县志
（1989—2005）

第二十篇

教育　科技

1989—2005年，田东县认真贯彻落实科教兴国战略，制定《田东县科教兴县战略》，把科技和教育摆在经济社会发展的重要位置来抓。

确立教育优先发展地位，推进办学体制改革，继续扩大教学规模，改善教育结构，继续巩固和提高学前教育、基础教育，扫除青壮年文盲，全面提高全民文化综合素质。多渠道筹措资金，着力改善办学条件，九年义务教育、幼儿教育、职业教育和成人教育得到全面发展。扫盲工作通过自治区验收，成为广西49个贫困县实现“单基”（基本扫除青壮年文盲）达标的第一个县。在百色地区率先通过了自治区“普九”（九年义务教育）达标验收，得到国家教育部的确认。

把新产品试制费、中间试验费和重大科研项目补助费（简称“科技三项经费”）列入县财政预算，落实科技人才政策，大力实施科技项目，加大科技成果转换力度。以实施科技兴农为重点，发挥科技对农业发展的支撑作用。坚持引进实用科技成果和自主研发相结合的方针，提升了农业生产的科技含量。健全县乡科普网络，建设科技示范基地，加快科技普及转化，提高了农民的科技素质和科技应用水平。2005年，科技对经济增长的贡献率达48%。

第一章　教育

1989年秋季学期，田东县共有幼儿园2所，中学22所（其中完全中学2所，初中16所，小学附设初中3所，职业中学1所），普通小学701所（其中完小158所，教学点543所）。中学专任教师598人，小学专任教师2682人。在校生人数68628人，其中中学生在校人数13251人、小学生在校人数51831人，幼儿园在园3546人，学龄儿童入学率91.5%。

1995年以后，田东县中小学基础设施建设经费投入的指导思想由“人民教育人民办”向“人民教育政府办”转变。各级政府加大对教育的投入，通过多渠道筹措资金和实施世行贷款工程，加大全县中小学基础设施建设。1995年，筹集教育经费928万元，其中农村教育费附加136.3万元；全县新建、扩改建校舍19863平方米，新建校门10个，新建围墙1056平方米，添置课桌椅2489套，新增图书21906册，新增教学仪器1300件。

2005年，全县有幼儿园97所，其中公办15所、民办82所。专任教职工364人，在园幼儿共13185人。全县小学155所，教学点93个，教学班1255个，教职工4127人（其中公办教师3715人，工人412人）；在校生29764人，全县小学适龄儿童27396人，入学率99.8%。小学辍学率0.1%。全县初中26所，专职教师1310人，教学班308个，在校初中学生18808人。年内，初中招生117个班6175人，录取中专（含中师、百高）学生328人。全县在校高中生5364人，在外借读普通高中生1000人，每万人中有普通高中在校生170人，高于百色市、自治区（143人/万）的平均水平，低于全国（187人/万）平均水平，教职工495人。是年，高中会考合格率达97%，高考本科上线660人，本科上线率为33.4%，专科上线率为78.2%；体育艺术类上线率为82%，上线人数为百色市第一；高考本科录取454人，专科录取771人，录取率为76.2%，成绩列百色市各县（区）前列。田东县职业学校在校生1009人，教职工95人，专任教师68人，“双师型”教师16人，聘请教学经验丰富的教师和技师任教5人。

1989—2005年，全县教育工作获得的荣誉主要有：1996年被评为“全国幼教工作先进县”，2001年被评为“自治区‘两基’（基本实施九年义务教育和基本扫除青壮年文盲）工作先进单位”，2004年被评为“自治区中小学信息技术教育先进单位”，2005年被评为“自治区职业教育先进集体”。

第一节　管理机构

田东县教育局

1989年，田东县教育局为县人民政府主管全县教育事业的职能部门，主要负责对全县教育事业的统筹规划、组织协调、调研指导和监督检查等宏观管理工作。为正科级教育行政主管机关，办公地址位于田东县平马镇东宁东路52号，内设机构有办公室、人事股、普教股、成教股、计财股、教研室（分中学组、小学组、电教仪器组）、监察股、勤工俭学办公室、招生委员会办公室。编制58名（行政编14名，事业编制44名），实有65人。

1990年监察股更名为监察审计股，1994年增设教育督导室、改善办学条件办公室。

1999年，开始增设党组书记1名，纪检组组长1名，实行局长负责制，增设电教仪器站。教育行政管理机构及其职能不断完善，主要负责贯彻落实国家教育方针、政策、法规，制订教育改革与发展规划，管理教育系统人事和经费，发动集资办学，开展勤工俭学，筹措经费改善办学条件，逐步扩大各级各类学校办学规模；加强对学校教育、教学工作的管理，开展基本普及九年义务教育和基本扫除青壮年文盲及成人文化技术教育工作，抓好各级各类学校的招生工作，推进素质教育，提高教育教学质量，创办人民满意教育。

2005年，共有编制65名（行政16名，事业编制49名），在编55人（干部53人，工人2人），其中局长1人，党组书记（兼副局长）1人，副局长3人，纪检组组长1人，其他干部职工49人。内设机构有办公室、督导室、教研室（分中学组、小学组）、人事监察股、基教股、职成股、计财审计股、改善办、勤工办、电教仪器站。

历任局长：韩元利（1989年4月至1991年2月）、黄建益（1991年7月至1993年12月）、覃玉林（1993年12月至1999年3月）、黄尚升（1999年3月至2006年12月）。

乡镇教委办

1989年，全县各乡镇均成立了教育管理委员会，由分管教育的党委副书记或政府副乡镇长任主任，乡镇有关部门领导为成员，下设办公室（简称教委办）为专门办事机构，配备专职干部7~11人，设有办公室主任1人，有文书、普教专干、成教专干、勤工俭学专干、会计等人员。各村公所亦成立教育工作领导小组（后改称办学董事会），由村党支书、村长、小学校长、村干、教师和群众代表等组成。

2004年4月，根据《国务院办公厅关于完善农村义务教育管理体制的通知》《广西壮族自治区人民政府办公厅关于完善农村义务教育管理体制的通知》和《百色市人民政府关于完善我市农村义务教育管理体制的意见》的要求，实行“以县为主”的教育管理体系，乡镇人民政府不设专门的教育管理机构，撤销乡镇教委办，全县中小学校的人事、经费、设施设备和教育教学管理由县教育行政部门统一管理。

临时机构

1978—2005年，为了全面搞好教育工作，田东县成立以下临时机构：

县招生委员会 恢复高考制度后，1978年成立田东县招生委员会，由分管教育的副县长任主任，县人大、县政协联系教育的领导和教育局长任副主任，有关部门领导任委员。招生委员会下设办公室，地点设在田东县教育局，办公室主任由一名副局长兼任。招生委员会及其办公室负责宣传贯彻上级有关招生工作的方针、政策、规定，协调各有关单位，共同完成全县普通中考、高考和成人高考、自学考试的考务、政审、体检工作及初中、高中的招生录取工作。1986年，设立自学考试办公室，与招生办是一个机构、两块牌子。

职称改革领导小组 1987年，中小学开展教师职称评聘工作。教育系统成立职称改革领导小组，组长由分管教育副县长担任，副组长由科委主任和教育局局长担任，下设办公室和初级职称评委会（分中学评委会和小学评委会，人员每年从评委库随机抽取），负责全县中小学教师初级职称评审工作和中级、高级职称材料的审核和推荐上报工作。各乡镇各中学也成立相应的领导机构。

田东县教育督导室 1994年3月，根据国家教委《教育督导暂行规定》和《广西壮族自治区实施

〈教育督导暂行规定〉的办法》，成立了田东县教育督导室，办公地点设在县教育局。其性质是代表政府行使教育督导职权的行政职能机构，受本级人民政府及教育行政部门的领导。其任务是对乡镇人民政府的教育工作和乡镇教育行政部门、学校的工作进行监督、检查、评估、指导，保证国家教育方针、政策、法规的贯彻执行和教育目标的实现。

“两基”达标领导小组 1996年，为了促进全县基本普及九年义务教育和基本扫除青壮年文盲工作，县人民政府成立田东县“两基”达标领导小组，组长由分管教育副县长担任，副组长由教育局局长担任，成员由各职能部门领导组成，负责全县“两基”工作的组织领导，下设“两基”达标办公室，办公地点在教育局，负责全县“两基”工作的实施。各乡镇也成立相应的机构。

第二节 教育体制改革

普及九年义务教育

1996年，全县各乡镇各学校继续实施义务教育入学通知制度、流动生报告制度、义务教育证书制度，依法实施九年义务教育，严格中小学学籍管理制度，努力控制中小学流失率。1997年年底，平马、祥周、林逢、布兵4个乡镇“普九”通过百色地区验收，思林、祷午、义圩3个乡镇通过县级复检，朔良、那拔、作登、印茶、江城、坡塘等乡镇也通过县级检查评估。1998年11月中旬，自治区“两基”工作评估验收团对田东县进行验收，验收团经过认真细致的检查评估后认定田东县“普九”工作达标。

撤销乡镇教委办

2004年4月，根据国务院、自治区人民政府办公厅和百色市人民政府的文件精神，实行“以县为主”的教育管理体系，乡镇人民政府不设专门的教育管理机构，撤销乡镇教委办，全县中小学校的人事、经费、设施设备和教育教学管理由县教育行政部门统一管理。乡镇有关教育工作由乡镇长直接负责，其主要职责是负责组织适龄儿童少年入学，严格控制义务教育阶段学生辍学；维护学校的治安、安全及正常教学秩序，治理校园周边环境；依法提供新建、扩建校舍所必需的土地；根据国家的规定，在县级人民政府统筹安排下，维修校舍，改造危房。经济条件较好的乡镇积极筹措经费，加大教育投入，改善办学条件，支持农村义务教育发展。乡镇初中、小学的教育教学业务管理由县教育局和乡镇中心校负责。

2004年，实行县、乡、村三级办学，县、乡两级管理的体制，县负责领导管理县直中小学、幼儿园、职业技术学校、教师进修学校和各乡镇中学；各乡镇指定一名领导分管教育工作，负责领导管理本乡镇的幼儿教育、小学教育、初中教育和成人教育。

第三节 学前教育

1989—1994年，县直幼儿园有机关一幼、二幼，各乡镇中心小学和部分村完小附设幼儿学前混合班。教职工由1989年的86人增至1994年165人，学前班班数由原来的56个增至198个，幼儿园从5所增至15所，在园在班幼儿由原来的3546人增加到7447人。

1989—1994年，全县幼儿学前教育以混合形式办班。1995—1998年，全县学前班发展较快，每个村均开设学前及学前混合班。学前班从1995年的213个班增至1998年的480个班，在班幼儿7312人。

1995—1998年，学前一年的教育从1995年的213个班增至1998年的480个班，1998年全县在园在班幼儿11652人，入园（班）率为62.8%。1996年，被国家教育部评为全国幼教先进县，县一幼被评为“百色地区示范性幼儿园”。

1999年，由于撤并部分教学点，集中教育资源办学，加上学前适龄人数减少，学前班也随着撤并。从1998年的480个班减少至1999年128个班。

2000年，田东县加大对幼儿教育的管理力度，加强对幼儿教师的学习培训，鼓励幼儿教师在职参加函授学习，全县幼儿教师的综合素质和业务水平得到不断提高。教职工由1999年的176人增加到2000年的259人。

2001—2004年，县教育行政部门对照标准要求，严格把好幼儿园和学前班办园办班关口，加大对各级各类幼儿园及学前班的教育、保育、教研管理力度。每年都组织幼儿教师参加自治区、市、县举办的适应性课程改革培训班学习，保育员、保健员、后勤人员都要参加每年规定的学习培训，并持证上岗。严格要求各幼儿园配足配齐各类人员，使幼儿教育各项工作逐步走向规范化、制度化。

2002年以前，田东县的民办幼儿教育基本空白，直至2003年全县才开设2所民办幼儿园。

2005年，全县幼儿园共有97所，其中公办15所，民办82所，学前班124个班（其中在联合小学、江城小学、联福小学、九合小学、坡塘小学、布兵学校、百银小学等开办民办学前班7个班）。专任教职工364人。为安置代课教师再就业，县教育行政部门鼓励代课教师开办幼儿园，并向代课教师提供业务指导。教育部门加强对各幼儿园的督查，每个学期开学初、期中、期末，组织人员到全县各幼儿园进行专项工作综合评估，并组织公办教师97人次分别到百色、桂林、南宁、南京、上海、北京等地学习考察或跟班学习。在桂林举办的全国“唱响主旋律、创办高质量幼儿教育”活动中，县一幼的专题发言及展板得到全国各地专家一致好评。幼儿教师撰写的论文在各级比赛中获奖，其中获国家级8篇，自治区级19篇。是年，县一幼被评为“自治区示范性幼儿园”，成为自治区三所县级的自治区示范性幼儿园之一。

1989—2005年田东县幼儿教育情况一览表

表20-1-1　　　　单位：人

年度	幼儿园数			学前班数(班)			在园幼儿数	教职工人数(专职)		
	合计	公办	民办	合计	公办	民办		合计	教师	保育后勤人数
1989	5	5	0	56	56	0	3546	86	75	11
1990	10	10	0	73	73	0	5532	96	82	14
1991	10	10	0	73	73	0	5532	96	77	19
1992	10	10	0	90	90	0	4080	102	75	27
1993	15	15	0	107	107	0	7913	167	140	27
1994	15	15	0	198	198	0	7447	165	138	27
1995	29	29	0	213	213	0	8857	163	137	26
1996	42	42	0	471	471	0	10084	146	121	25
1997	48	48	0	478	478	0	10756	197	169	28
1998	50	50	0	480	480	0	11652	199	170	29
1999	31	31	0	128	128	0	10069	176	161	15
2000	34	34	0	129	129	0	10201	259	210	49

续表20-1-1

年度	幼儿园数			学前班数(班)			在园幼儿数	教职工人数(专职)		
	合计	公办	民办	合计	公办	民办		合计	教师	保育后勤人数
2001	38	38	0	157	157	0	10545	183	103	80
2002	24	24	0	130	130	0	8218	144	82	62
2003	31	29	2	116	116	0	7065	155	84	71
2004	32	24	8	126	126	0	7154	153	83	70
2005	97	15	82	124	118	6	13185	364	275	89

说明:表中数据由县教育局提供

第四节　小学教育

学校设置

1989年，全县小学701所（点），其中村完小158所，教学点543个，在校生51831人，其中秋季招生8845人，小学毕业生7157人；小学毕业率96.7%，7~12周岁儿童入学率95.7%，巩固率97.1%，普及率96.3%。

1990年，县教育局修订《田东县合格小学规划》，在全县各所小学开展定点、定办学规模、定教职工编制、定办学形式的调整充实工作。全县各类小学693所，其中完小158所，教学点535个；在校生54426人，其中秋季招生9611人，小学毕业生7758人；小学毕业率95.7%，小学适龄儿童入学39309人，入学率96.2%，年巩固率97.4%，普及率96%。

1993年，全县小学159所，教学点623个，在校生59400人，全县少数民族学生占学生总数85%。作登瑶族乡小学开办寄宿制民族小学班100人，平马镇中山小学开办一个弱智班，招收学生8人。全县普及小学教育通过自治区人民政府复检并获普及小学教育合格证书。

1995年，全县小学686所（点），其中村完小158所，高小点62个，教学点451个，特教学校1所，民族体育小学1所，在校小学生55683人。年初，对全县13个乡镇的161个村（街）实施初等义务教育进行评估验收，达标161个村（街），达标率100%。当年小学入学率99.2%，巩固率98.8%，毕业率98%，普及率98.3%，按时毕业率70%，各率均超过国家教委颁布的标准。

1998年，全县小学571所（点），教学班1855个，在校学生43437人，小学适龄36568人，入学36451人，入学率99.68%，小学辍学率1.95%，15周岁完成率97.9%。全县“两基”工作通过自治区验收，成为百色地区第一个实现“普九”的县份。

1999年，全县小学171所，教学点311个。教学班1855个，在校生41736人，全县小学适龄儿童42071人，入学率99.7%，小学辍学率0.3%。全县小学教职工3259人，其中公办教师2417人，代课教师751人。当年，全县小学学制由五年制改为六年制。

2000年，全县小学176所，教学点285个。教学班1773个，在校生40327人，全县小学适龄儿童40531人，入学率99.5%，小学辍学率1.4%。全县小学教职工3057人，其中公办教师2261人，代课教师747人，工友49人。

2005年，全县小学155所，教学点93个。教学班1255个，在校生29764人，全县小学适龄儿童27396人，入学率99.8%。小学辍学率0.1%。全县小学教职工4127人，其中公办教师3715人，工人412人。

2005年田东县小学分布表

表20-1-2

坐落乡镇	小学校名称	班级数(个)	在校学生数(人)	教职工人数(人)
平马镇	平马镇各村小学	114	2375	282
祥周镇	祥周小学及各村小学	79	1708	211
祥周镇	布兵小学及各村小学	26	458	61
林逢镇	林逢小学及各村小学	109	2801	202
林逢镇	祷午小学及各村小学	45	894	73
思林镇	思林小学及各村小学	118	2953	192
思林镇	坡塘小学及各村小学	55	1103	73
江城镇	江城小学及各村小学	66	1444	109
印茶镇	印茶小学各村小学	71	1901	102
作登瑶族乡	作登小学及各村小学	113	2989	166
朔良镇	朔良小学及各村小学	116	2267	159
义圩镇	义圩小学及各村小学	82	2002	103
那拔镇	那拔小学及各村小学	55	1241	66
平马镇	田东一小	31	1470	78
平马镇	田东二小	13	570	39
平马镇	田东四小	7	288	20
祥周镇	右矿小学	14	391	45
祥周镇	塘内小学	6	189	15
平马镇	小龙矿小学	6	253	13
平马镇	百采厂学校	12	75	34
平马镇	石化学校	6	24	9

说明:表中数据由县教育局提供

1989—1994年全县小学教育基本情况统计表

表20-1-3

年份	适龄儿童总数(人)		适龄儿童入学率			在校学生数(人)			学校数(个)		教职工数(人)				
	合计(人)	其中女生(人)	合计(人)	其中女生(人)	入学率(%)	人数(人)	班数(人)	其中女生	村完小(个)	教学点(个)	公办(人)	民办(人)	代课(人)	工友(人)	合计(人)
1989	40043	19238	38026	17763	95	51831	1932	22567	158	543	1956	333	285	22	2596
1990	40858	19804	39309	18708	96.2	54426	1943	24523	158	535	1831	407	262	21	2521
1991	38910	18565	37576	17667	97.5	51048	1818	23293	158	536	1887	406	308	22	2623
1992	43042	20700	41675	19836	98.3	56172	1983	26025	158	536	1809	343	480	20	2652
1993	45086	23444	44522	22741	98.75	57866	1995	26618	162	644	—	—	—	—	—
1994	44312	24814	43793	23822	98.83	55860	1995	25695	162	644	—	—	—	—	—

说明:表中数据由县教育局提供

1995—2006学年全县小学教育基本情况统计表

表20-1-4

学年度	适龄儿童总数（人）		适龄儿童入学情况			在校学生数（人）				学校数（个）			教职工数（人）					
	合计	其中女生	合计	其中女生	入学率（%）	人数	班数	其中女生	毕业班学生数	合计	村完小	教学点	公办	专任	民办	代课	工友	合计
1995—1996	40747	24361	40043	24268	99.2	48838	1921	26211	9636	623	174	449	1894	2191	146	640	246	2926
1996—1997	43673	23964	42988	23921	99.4	51139	1978	25661	9239	625	174	451	1723	2135	83	637	54	2497
1997—1998	36568	22454	36451	22247	99.68	43437	1855	23880	9084	577	176	401	2497	2197	—	637	—	3134
1998—1999	42071	21851	41736	21627	99.7	47550	1855	22327	8501	594	171	423	2417	—	47	751	44	3259
1999—2000	40531	20156	40327	19932	99.5	45290	1733	21612	6682	547	172	375	2261	—	—	747	49	3057
2000—2001	40531	19155	40327	19041	99.5	41237	1773	20235	6940	456	171	285	2559	2261	—	747	49	3355
2001—2002	37689	17907	36784	17360	97.6	38426	1619	18071	6675	363	166	197	2284	2013	—	652	40	2976
2002—2003	35700	16610	34890	16218	97.7	32567	1485	16829	6335	316	164	152	2202	1951	—	632	40	2874
2003—2004	31621	15415	31522	15386	99.7	31836	1321	15845	6328	258	155	103	2152	1915	—	578	34	2764
2004—2005	27396	14644	27114	14587	99.8	29764	1255	14695	5391	252	155	97	2156	1853	—	557	37	2750
2005—2006	23617	13659	23387	13602	99.86	26982	1147	13822	5991	211	153	58	2500	1789	—	—	23	2523

说明：表中数据由县教育局提供，教职工数合计包含公办、民办、代课教师及工友数

课程设置

1989—2005年，小学阶段以综合课程为主。小学低年级开设品德与生活、语文、数学、体育、艺术（或音乐、美术）等课程；小学中高年级开设品德与社会、语文、数学、科学、外语、综合实践活动、体育、艺术（或音乐、美术）等课程。

小学学校选介

田东县第一小学　该校创建于1876年。前身是经正书院，1999年更名为田东县第一小学，有31个教学班，在校生1688人，教职工86人，其中小学高级教师59人。校内设有电脑室、多媒体教室、图书室、阅览室、仪器室、实验室和少先队活动室等，各功能室设备配套齐全。

2005年，田东一小举办首届艺术节
（县教育局提供）

田东县第二小学　该校创建于1942年，校名为田东县南德庆小学，1966年更名为田东县红卫小学，1978年更名为田东县平马镇庆平小学。学校于1999年更名为田东县第二小学，归属县直学校。当年学校占地面积2920平方米，在校生815人，教职工39人，其中小学高级教师33人。校内设有电脑室、多媒体教室、图书室、阅览室、仪器室、实验室和少先队活动室等。

2002年，田东二小校园校貌　（县教育局提供）

田东县第三小学　该校创建于1989年。前身是田东县民族体育小学，1999年更名为田东县第三小学。后来，因体育生源不足，2003年8月撤并入田东县第一小学。

田东县第四小学　该校创建于2001年，是自治区政协澳门籍委员蓝钦文资助兴建的一所公立全日制小学，学校创办后为全县下山进城入谷农民工子女入学提供方便。

右矿小学　该校创办于1982年，前身是右江矿务局第一小学，属于厂矿子弟学校。2003年，更名为田东县右矿小学，归属田东县管辖。同年，塘内矿小学等厂矿学校都归田东县管辖。

田东县油城学校　该校位于田东县城油城路，是百色油田勘探开发指挥部所在地。学校创办于1979年9月，原名为中国广西石化集团滇黔桂石油勘探局百色采油厂职工子弟学校，设有小学部和初中部。2004年，移交给田东县管理，更名为田东县油城学校。当年，在校学生1250人，其中小学生640人，学前142人，初中生468人；教师70人，其中高级职称4人，中级职称48人。学校基础设施齐全。

第五节 中学教育

初中教育

学校设置 1989年，全县公办中学有田东中学、田东二中2所完全中学，初中16所，小学附设初中3所，在校学生13251人。

1990年，公办中学有初中1199个班11636人，厂矿办初中27个班1199人。

1993年，全县普通中学23所，其中完全中学2所，厂矿办职工子弟中学7所（其中完全中学1所），私立中学1所。全县初中计划招生5750人，完成计划103%。在校初中生1.52万人。

1994年，全县初中32所，初中招生118个班5873人，小学毕业升初中的升学率72.4%。全县初中316个班，16023人，其中女生7186人，占44.85%；厂矿学校初中57个班，2027人，其中女生1181人，占58.26%。

1995年，全县初中31所，教职工1446人，其中专职教师1072人，教学班316个，在校初中学生18220人。年内，初中招生149个班7495人，比上年多招生1253人，适龄少年升初中的升学率83.1%。年初，平马、祥周、布兵3个乡镇38个村宣布依法实施九年义务教育。后来，县人民政府组团对这3个乡镇“普九”工作进行评估验收，各项指标均达标。

1998年，全县初中31所，全县“普九”适龄人口25070人，在校初中生24928人。年内，初中招生8405人，入学率为99.4%，在校初中生辍学率2.3%，17周岁教育完成率87.6%。在百色市率先通过自治区普及九年义务教育的验收。

1999年，全县初中29所，教职工1472人，教学班530个，在校初中学生24207人。年内，初中招生122个班6645人。

2003年，全县初中26所，专职教师1328人，教学班348个，在校初中学生17839人。年内，初中招生119个班6335人。通过自治区普及九年义务教育的复检和普及实验教学的验收。

2004年，全县初中27所，专职教师1305人，教学班333个，在校初中学生18337人。年内，初中招生113个班6039人。

2005年，全县初中26所，专职教师1310人，教学班308个，在校初中学生18808人。年内，初中招生117个班6175人。

2005年田东县初级中学分布表

表20-1-5

坐落乡镇	学校名称	班级数(个)	在校学生数(人)	教职工人数(人)
平马镇	平马初中	15	753	56
平马镇	上法初中	21	1155	72
祥周镇	祥周初中	14	687	96
祥周镇	布兵初中	4	185	23
林逢镇	林逢初中	29	1466	—
林逢镇	祷午初中	8	335	—
思林镇	思林初中	30	1867	92
思林镇	坡塘初中	11	601	38
作登瑶族乡	作登初中	10	512	34

续表20-1-5

坐落乡镇	学校名称	班级数(个)	在校学生数(人)	教职工人数(人)
作登瑶族乡	大板初中	9	455	51
江城镇	江城初中	20	1016	—
印茶镇	印茶初中	19	984	52
朔良镇	朔良初中	17	762	42
朔良镇	灵龙学校	5	205	—
义圩镇	义圩初中	15	729	45
那拔镇	那拔初中	10	518	27
平马镇	慧智初中	4	109	—
平马镇	田东二中	13	718	169
平马镇	田东四中	13	649	48
平马镇	小龙矿学校	6	289	15
平马镇	油城初中	7	359	29
祥周镇	右矿初中	16	750	89
平马镇	新力初中	4	160	—
平马镇	东慧初中	6	432	—

说明:表中数据由县教育局提供

课程设置 1989—1998年，全县严格执行国家义务教育的课程标准设置，开足开齐课程，开设有政治、语文、数学、英语、物理、化学、历史、地理、生物、体育、音乐、美术。

1999年6月，中共中央、国务院印发《关于深化教育改革全面推进素质教育的决定》，提出全面推进素质教育，培养适应21世纪现代化建设需要的社会主义新人。田东县在原来国家课程标准的基础上，增设综合实践课，开设音乐、美术、书法兴趣班，以提高学生的综合素质。

2000年，根据《中共中央国务院关于深化教育改革全面推进素质教育的决定》，田东县在原来国家课程标准的基础上，从实际出发，积极创造条件，开设初中信息技术课，每周2节，有专门的电脑室和电脑老师，大力推进中小学信息技术课程建设。

2001年，为逐步消除体力劳动和脑力劳动的差别，田东县在原来国家课程标准的基础上，增设初中劳动技术课，向学生传授劳动技术教育，各学校根据地域情况，开设农作物栽培、管理；家禽、家畜和其他经济动物饲养等农村实用课程。

2005年，课程开设齐全，有思想品德、语文、数学、英语、物理、化学、历史、地理、生物、体育、音乐、美术、信息技术、劳动技术等课程。

中　考

1989年，中考由自治区统一命题，统一考试，科目有政治、语文、数学、英语、物理、化学共6科。文化科考试时间没有相对固定，大多为每年的6月18日—20日、6月24日—26日或7月2日—4日。考生中考的各学科考试成绩及总成绩均以分数形式呈现。

1989—1997年，属于国家指令性计划招收的中师、中专类毕业生由国家实行统一安排分配工作。这一时期的初中毕业生中考升学有中师、中专、普通高中、职业高中四种途径，但每年的中师、中专类招生名额比较少，竞争激烈。全县各初中的中考升学主要是竞争中师、中专的录取率，当时部分初中毕业生补习多年就是为了考上中师或中专。此后，各行各业对毕业生的学历要求逐年提高，国家也取消中师、中专类的统招统分政策，中师、中专类学校在初中毕业考生中的吸引力逐年下降。1993年，全县有3584名初中毕业生参加中考，考上普通高中700人，职高412人，百色高中33人，中师75人，中专95人，共1315人，升学率36.69%。1994年，全县初中毕业升高中的升学率为21.4%。2000年，大部分初中毕业生开始报考普通高中或职业高中，报读中专、中师类的学生相对减少。2001年，中考科目增加体育科（考试项目为50米跑、立定跳远和掷实心球），由县组织体育监考员于每年的5月到各学校完成测试考评，故此期间的中考科目由原来的6科增加到7科。

2003年后，全县高中教育快速发展，田东高级中学高考成绩显著，田东县职业技术学校办学规模越来越大。从2004年开始，自治区将中考命题权下放到各地级市，由各市统一命题，统一考试。因此，百色市将全市中考文化科考试时间统一规定为每年的6月24日—26日。2005年，中考科目增加历史科，与政治科目一起同堂分卷考试，中考科目为语文、数学、英语、政史、物理、化学、体育。

初级中学选介

田东县第四中学 田东县第四中学坐落在县城油城路中段，学校创建于1990年，前身为田东县民族中学，1999年改为田东县第四中学，占地面积15920平方米，面向全县13个乡镇招生。2005年有13个教学班，学生649人，教职工48人。学校规模不断扩大，教学设施日趋完善。2003年以来，学校以提高教学质量为中心，以改善办学条件为基础，狠抓“三风”建设，成绩突出，曾荣获县科学管理奖、教学贡献奖，先后被评为“文明学校”“普九先进单位”“无毒小区达标单位”及自治区“爱国卫生先进单位”“体卫工作先进单位”；有165名学生在全国、自治区竞赛中获奖，有30多篇教师论文获全国三等奖，中考成绩连续居全县同类学校前列。

田东县平马黄埔希望中学 田东县平马黄埔希望中学（原平马中学）位于田东县中和路（原中山街），创办于1978年。2001年5月，经上级牵线搭桥，学校争取到广州市黄埔区74万元专项助学资金，兴建1栋学生公寓楼和改建学校大门。学校教学区、生活区、运动场布局合理、环境优雅。学校占地面积12676.63平方米，校舍建筑面积4432.63平方米。2005年，教学班15个，在读生753人，教职工56人。学校硬件设施方面：科技综合楼1栋，设图书室1间，物理、化学、生物、实验室及仪器室各1间。学生食堂1间，学生公寓楼1栋。配备58台电脑的微机室2间，138个座位的多媒体教室1间和教师电子备课室1间，安装一套远程系统辅助教学。学校注重教学常规管理，教学质量迅速提高，被确定为“田东县教学教研实验示范学校”和“田东县教育教学常规管理学校”。2003年以来，学生参加各类学科知识竞赛，获国家级一等奖2人次，二等奖11人次，三等奖13人次；获自治区级一等奖13人次，二等奖23人次，三等奖23人次。教师撰写论文获国家级一等奖2人次，二等奖2人次，三等奖4人次；获自治区级一等奖3人次，二等奖4人次，三等奖6人次。

田东县林逢希贤中学 田东县林逢希贤中学是一所规模较大的乡镇初级中学，1960年建校。学校占地3公顷，建筑面积13080平方米。2003年，通过自治区的“普九”和“普实”验收。2005年，学校教学班29个，在校生11466人。教职工130人，其中本科毕业10人，本科在读32人，学历达标率98%。学校实验教学配套齐全。

田东县思林初级中学 田东县思林初级中学始创于1946年，坐落在右江河岸，是1999年“义教”工程项目学校。学校占地面积44920平方米，校舍建筑面积12979平方米。2005年，学校教学班30个，在校生1867人，教职工92人。教学功能齐全，各种仪器设备达二类标准。2003—2005年，先后被评为百色市“文明单位”“爱国卫生先进单位”“花园式单位”“教育科研示范学位”等。

高中教育

学校设置 1989年，全县有2所高中，即田东中学、田东二中，在校学生1803人。

1993年秋，私立田东金秋中学设高中部，每年招收新生一个班，50人。1996年，田东金秋中学停止高中招生，停办高中，未毕业的高中生转到田东县二中就读。

1997年，全县有田东中学和田东第二中学2所公立高中。

2003年9月，右江矿务局中学收归田东县管辖，当时高中9个班。2003年，全县有高（完）中4所，在校生4222人，田东二中、右矿中学等学校通过自治区素质教育等级评估，达到一级标准。全县高考报名2875人，录取887人，其中本科153人，专科734人，录取率为30.85%，排百色市第三。

2004年，全县有高（完）中4所，在校生4792人，是百色市每万人口高中在校生比例最高的县份。是年，高考报名1848人，被录取1423人，其中本科399人，专科1024人，录取率为77%。上大学本科线399人，首次突破300人大关，其中上重点大学分数线43人。

2005年秋，右江矿务局中学停止高中新生录取，同时停办高中，未毕业的高中生转到田东实验高中就读。

2005年12月，百色第三高中（原百色地区田东民族师范学校）归田东县管辖，更名为“田东实验高中”，有27个班，学生1511人，教职工118人。从此，田东县有3所高中，即田东县高级中学、田东县第二中学和田东实验高中。是年，全县在校高中生5364人，在外借读普通高中生1000人，每万人中有普通高中在校生170人，高于百色市、自治区（143人/万）的平均水平，低于全国（187人/万）平均水平；教职工495人。

2005年田东县高级中学情况表

表20-1-6

坐落乡镇	学校名称	班级数(个)	在校学生数(人)	教职工人数(人)
平马镇	田东高级中学	39	2691	243
平马镇	田东县第二中学	23	1162	134
平马镇	田东实验高中	27	1511	118

说明:表中数据由县教育局提供

学制设置 1989年至2005年，全县高中一直实行三年学制，即高中一年级、高中二年级、高中三年级。

课程设置 1989年，高一年级开设的课程为语文、数学、英语、物理、化学、政治、历史、地理、信息技术（电脑）、体育、劳动技术、音乐；高二年级开始实行分班，称为文科班、理科班，文科不开物理、化学、生物课，理科不开地理、历史课，政治、语文、数学、外语、体育、劳动技术、音乐为公共课；高三年级仍延续高二年级所开课程。

2002年秋季起，高中一年级全部执行新的课程计划，使用《普通高级中学新课程方案》中规定的教材；高二、高三年级仍执行原普通高中教学计划，但已使用新大纲和新教材的学科须更新使用，高中二年级语文、外语、生物课使用《普通高级中学新课程方案》中规定的新教材。

1989—2005年，高中的课程设置比较稳定，只有少量的课程进行增减，如原有的生理卫生课已经从课程表中删除，而信息技术课、心理学等课程却随着时代的发展而进入课程表。此外课程设置还根据高考分文科、理科的情况分必修课和选修课两大类。

高考与会考

高考 1989—1994年，高考科目分为两大类，即理工农医类和文史地类，简称理科类、文科类。理科类的高考科目有语文、数学、外语、物理、生物、化学、政治共7门，文科类的高考科目有语文、数学、外语、历史、地理、政治共6门。1995—2001年，田东县实行“3+2”高考模式，高考科目分为两大类，即理科类、文科类。理科类的高考科目有语文、数学、外语、物理、化学共5门。文科类的高考科目有语文、数学、外语、历史、政治共5门。2002—2004年，田东县实行“3+X”高考模式，规定语文、数学、外语三门为必考科目，“X”是指物理、化学、生物、历史、地理、政治等，考生可以从这6门解目中任选一到两门作为高考科目。2005年，田东县实行“3+综合”（文科综合、理科综合）的高考模式，分两大类：文科类的高考科目有语文、数学、外语+文科综合（历史、地理、政治），理科类的高考科目有语文、数学、外语+理科综合（物理、化学、生物）。

1989—2003年，每年的7月7日—9日为全国高考时间。2004—2005年的高考时间统一调整为6月7日—9日。

2003年，全县高考报名2875人，其中报考本科1547人，报考专科1328人；录取887人，其中本科153人，专科734人，录取率为30.85%，排百色市第三。

2004年，全县高考报名1848人，被录取1423人，其中本科399人，专科1024人，录取率为77%。上大学本科线399人，首次突破300人大关，其中上重点大学分数线43人。

2005年，全县高考本科上线660人，本科上线率为33.4%，专科上线率为78.2%，体育艺术类上线率为82%，上线人数为全市第一。高考本科录取454人，专科录取771人，录取率为76.2%，成绩列百色市各县（区）前列。

会考 1991年，自治区下发《广西普通高中毕业会考实施方案》，从1992年开始，田东县执行高中毕业生会考制度，试题由自治区统一命题。会考合格者方可取得高中毕业证书。会考时间：高一、高二为每年的6月16日—18日，高三为每年的1月。会考由各地、市组织教师统一评卷。会考成绩划分为A、B、C、D四个等级，其中D级为不合格，需来年补考。高一会考科目有地理、历史；高二会考科目有物理、化学、生物、政治、信息技术；高三会考科目有语文、数学、外语。

2005年，全县高中会考合格率达97%。

中学学校选介

田东高级中学 田东高级中学是百色市33所普通高中学校之一，前身是田东县立国民中学，创办于民国26年（1937年），中华人民共和国成立后改称为田东中学。1978年被确定为田东县重点中学，1999年10月更名为田东县第一中学，2005年4月正式更名为田东高级中学。校址在田东县平马镇东宁西路70号。

2005年，学校占地8.87公顷。建有教学楼4栋，62间教室；田东县青少年活动中心1栋；科技楼1栋，各种功能室齐全；图书楼1栋，藏书15万多册；教研办公室1栋，36间；学生公寓楼5栋，教师宿舍楼8栋；400米跑道田径运动场1个，篮球场9个，排球场10个，乒乓球台14张；有4000平方米的学生饭堂，4间公共卫生间。学校设有校长室、办公室、教导处、政教处、总务处、科研处、电教处。

2002年在校生1600多人。专任教师129人，全部本科以上学历，其中中级以上职称96人，占75%，高级教师33人，占25.8%。是年，学校立项建设自治区示范性普通高中，深化教育教学改革，教育教学成绩一年上一个台阶，高中会考过关率居百色市同类学校前列，各科一次通过率95%以上；高考上本科线130人。2004年高考上本科线突破300人。2005年在校生2691人，高考上本科线突破400人。

1997年，田东中学图书馆　　（县教育局提供）

学校秉承“挖掘红土文化，发展学生特长，为社会培养合格人才”的办学理念，教育教学质量稳步提高，曾荣获县级以上荣誉200多项。

田东县第二中学　田东县第二中学创建于1983年9月，是一所普通完全中学。位于县城北部油城路223号，校园总面积8.7公顷，建筑面积3.6万平方米。

1998年，田东二中微机室一角　（县教育局提供）

2005年，学校有教学楼3栋；多功能科技楼1栋，总建筑面积3483平方米，有364个座位的多媒体阶梯教室、图书阅览室等，各种功能室齐全；篮球场4个，排球场3个，羽毛球场1个，乒乓球台8张，400米跑道体育场1个；教师办公室1栋，学生公寓楼3栋，教师宿舍楼2栋，教工安居工程79户；学校生产实践基地1.33公顷。是年，学校高中23班，学生1162人，壮族、瑶族等少数民族占85%。教职工134人，其中中学高级教师15人，中级职称教师70人，占专任教师80%，本科学历占95%。

学校设校长室、办公室、教导处、政教处、总务处。学校的办学目标是“努力把学校办成县、市同类学校一流办学水平的有特色的普通高中”。

学校在教育教学上形成两大优势：一是文史、外语学科教学实力较强，二是体育、艺术教学有特色。2001年，被定为百色市示范性普通高中立项建设学校。2003年，顺利通过评估成为自治区普通高中一级学校。2005年高考上本科线人数超过50人大关。先后荣获自治区“文明单位”“民主管理学校先进单位”“贯彻体育卫生两个条例优秀学校”等荣誉。

田东实验高中　该校是在田东民族师范学校、百色第三高中基础上创办的一所普通高中。2001年秋，为适应高中教育的需要，创办“百色第三高中”，归百色市管辖。2005年4月，正式归田东县管辖，更名为“田东实验高中”。田东实验高中校址在平马镇油城路平安巷110号。

2005年，学校占地面积46690平方米，建有办公楼、教学楼、艺术中心楼、实验楼、电教楼、图书楼、饭堂和礼堂、教师宿舍楼、学生公寓楼等基础设施；建有校园网络，各种功能室齐全。在校学生1511人。有教职工118人，专任教师86人，其中高级教师14人，中级教师41人。

学校实行封闭管理，严格治校，探索出“四严”的管理模式，即“管理严格、纪律严明、教学严紧、环境严治”，形成“培养特长，全面发展”的办学特色，教育教学质量稳步提高。2003年上本科线14人，2004年上本科线30人。2005年上本科线123人，获得百色市普通高中教学质量一等奖。学校被评为自治区普通高中一级学校，被确定为“广西艺术学院后备人才培养基地”。

民办中学教育

1993年秋，私立田东金秋中学成立，校址在原田东卫校内，租用田东卫校的教舍。每年招收高中新生一个班，50人。1994年秋开始招收初中生，每年招收2个班，每班50~60人不等；教职工13人，多是已经退休的中学教师。1996年停止高中招生，停办高中，未毕业的高中生转到田东县二中就读。

1997年秋，私立田东县东慧初中创办，校址于油城路平安巷149号（原来校址在田东县委党校内，租用党校的教舍）。学校基础设施比较完善，教职工23人。2001年秋，该校停办。累计招收17个班，为社会培养900多初中毕业生。

2005年秋，私立田东县新力初中创办，校址于田东县城环城东路原百采油厂生产基地旧址（租用百采油厂生产基地的房子）。学校基础设施比较完善，教职工25人。是年，招收新生4个班200多人。学校实行封闭式管理，规定所有教职工一律住校。

第六节　特殊教育

1992年9月，田东县教育局在平马镇中山小学办弱智班1个，招收学生8人，专任教师2人。1993年，继续按此规模办学。

1994年，田东县人民政府下发了《关于创办“田东县特殊教育学校”和“田东县残疾人职业技术培训中心”的通知》，明确田东县特殊教育学校、田东县残疾人职业技术培训中心校址定在平马镇中山小学，实行一校两牌、两套人马办学体系，隶属县教育局、县残联、平马镇人民政府管理，以县教育局为主。县教育局普教股设一名特殊教育专干，专抓特殊教育工作，各乡镇教委办由普教专干兼抓特殊教育，对全县三类残疾儿童少年进行调查摸底，分类造册登记，同时组织三类残疾儿童少年在小学随班就读。是年，全县7~15周岁“三残”儿童少年417人，入学155人，入学率37.2%。

1995年，中山小学招收弱智班2个，学生28人，专任教师4人。祥周、布兵2个乡中心小学附设特教班招生20人。其余各乡镇所属小学残疾、弱智儿童随班就读281人。是年，全县残疾、弱智适龄儿童656人，进特教班或随班就读329人，入学率50.2%。

1996年，田东县通过组织教师、教委办普教专干参加上级举办的“三残”简易检测培训班、盲童随班就读辅导教师培训班、低视生随班就读辅导教师培训班等方式，加强对特殊教育的师资培训。同时，设立田东县特殊教育学校。当年，全县残疾、弱智适龄儿童少年应入学457人，已入学350人，入学率76.59%；其中视残38人，入学37人，入学率97.4%；听力语言残疾64人，入学26人，入学率40.6%；智力残疾357人，入学207人，入学率57.98%。

1998年，除继续抓好三类残疾儿童、少年入学率，重点抓视残儿童少年的随班就读工作外，继续在全县实施“金钥匙工程”。全县“三残”儿童、少年351人，因故缓学51人（缓学的“三残”儿童，不列入当年应入学人员的人数），入学271人，入学率90.3%。这其中，智残248人（缓学28人），入学198人，入学率90%；视残44人（缓学5人），入学39人，入学率100%；听残59人（缓学18人），入学34人，入学率82.9%。

2005年，田东县教育工作以抓“普九”成果的巩固和提高为重点，残疾儿童少年入学是其中内容之一，特殊教育得到稳步发展。当年，中山小学特殊教育新招生7人，全县“三残”儿童340人，有309人在校接受特殊教育，入学率90.8%；全部发放免费教科书，义务教育助学金扶持特殊教育生202人。

1999—2005年田东县残疾儿童入学情况统计表

表20-1-7

年度	总人数（人）	入学人数（人）	办缓免学人数（人）	入学率（%）	其中（%）			毕业人数（人）	其中（人）	
					盲	聋哑	弱智		小学	初中
1999	481	388	48	80.7	95	78	86.2	10	7	3
2000	407	344	43	84.5	91.9	80	86.2	5	4	1
2001	311	258	38	88.7	90.9	75.6	85.9	41	38	3
2002	376	317	30	84.3	94.1	77.1	89.5	26	25	1
2003	397	333	24	89.3	91.9	79.3	91.1	28	22	6
2004	313	279	15	89.1	85.2	87.5	92	30	25	5
2005	340	309	14	90.8	95.5	89.3	92.5	19	14	5

说明：表中数据由县教育局提供

特殊教育学校　1996年9月，设立田东县特殊教育学校，校址设在平马镇中山小学校内，实行一校两牌。

1998年6月，自治区教育厅投入15万元，田东财政配套投入1万元，兴建特殊学校教学楼，占地面积211.5平方米，校舍建筑面积423平方米。因学校在建设中，第一批学生于7月学修完六年级课程准予毕业，学校停办一年。

1999年6月，该校教学楼落成，于当年9月重新招生弱智班学生1个班8人。至2005年，每年在校弱智生9人，专任教师2人，学校领导由平马镇中山小学领导兼任。

该校依靠政府拨款和社会力量的支持，努力改善办学条件，不断充实教学设备，上级能及时拨下经费作为校舍维修及办公费用。每年的儿童节、助残日，均有社会爱心人士向学校残疾学生捐赠学习用品。学校设施除了有一栋教学楼和配备了特殊教育教学设备外，学校教学上所用的教具均与中山小学共享。

该校注重对学生进行听力、语言、行为康复训练，强化文化基础教育及基本生活技能培训。有20多名重度智残学生生活能够自理，学会生活。在校的9名学生能较为清晰地发音和朗读课文，会书写绘画。2004年8月，腾秀梅同学的作品《音乐课》、陆秋学同学的作品《海底世界》、欧小美的《吹泡泡》获百色市特殊教育学生美术作品大赛三等奖。

2005年，4名残疾考生考上大学，并享受助学金补助政策。

第七节　职业教育和成人教育

师范教育

教师进修学校　田东县教师进修学校位于田东县平马镇东宁西路教育巷，学校成立于1985年，是田东县唯一一所县属师范学校，主要任务是培养小学师资，每年按计划招收中师进修班和业余函授班。1985年，学校教职工12人，其中专任教师8人（高级职称1人，中级职称4人），职工4人。占地面积760平方米，建有教师宿舍楼1栋，教学综合楼1栋，校舍总建筑面积398平方米。

1989年，学校招收中师函授生44人。1991年，招收中师函授生24人。

1993年，学校教职工24人，其中高级讲师5人、讲师6人，助理讲师6人。年内招中师进修班和中师卫电班各1班，在校生98人。承办广西教育学院教育、理工和中文系3个大专自考函授班，学员211人。

1995年，全校教职工24人，其中教师16人。全校学生325人，其中中师生98人。当年大专函授毕业96人，进修班毕业52人。

1997年，学校举办小学语文、数学骨干教师培训班，图书舞蹈培训班，新教师岗前培训班，小学校长培训班等，培训266人。增设电脑课，购置486微机12台。新设音乐室，内有高级音响1套、电子琴11台以及各种乐器。在校学员175人，教职员工23人。

1997年，百色地区田东民族师范学校正门

（县教育局提供）

1998年，学校承担“国家贫困地区义务教育工程”师资培训项目，获中央、自治区拨款5万元。开展全县教师“三笔字”培训工作，培训2876人。举办中小学教师继续教育管理人员培训班，培训51人。与县教育局、田东民师联办校长培训提高班，培训50人。年内，在校学员434人。

2000年，学校的主要工作任务由小学教师学历补偿教育转移到开展小学教师继续教育上来。全年培训1999年新分配教师159人，举办1期小学（幼儿园）教师教材教法培训班，培训165人；举办3期小学音乐、舞蹈骨干教师培训班，培训101人；举办1期小学教师简笔画技能培训班，参加培训229人。实施国家教育部“民族贫困地区中小学教师综合素质培训计划项目”，开展“中小学教师职业道德的建构与修养”“中小学教师教育观念转变与更新”2个专题的培训，参训3008人。

2002年，举办校长培训班5期，培训38人；教师培训62期，培训5637人；中小学教师计算机全员培训6期，培训328人次。年内，组织教师参加专科、本科函授考试和自学考试1000多人，全年获单科合格证书1491人次，通过全部课程考试取得专科毕业证68人。

2002年后，因小学师资学历的普遍提高，县进修学校停招中师普通、函授进修班，已没有在校生。2004年，学校的许多教职工被抽调到其他学校工作，各类培训班锐减。

民族师范学校 田东民族师范学校位于田东县平马镇东宁西路教育巷。学校创办于1958年秋，原名“田东师范学校”“田东县联合师范学校”。学校占地面积46690平方米，校舍建筑面积26216.8平方米。有办公楼、教学楼、艺术中心楼、实验楼、电教楼、图书馆、学生公寓楼等基础设施，有校园网络、多媒体教室、语音教室、电子琴房、微机室等现代先进教学设施，有田径场、篮球场、排球场、羽毛球场等训练场地。1989年，教职工124人，专任教师93人，其中高级教师11人，中级教师46人。获得全国优秀教师1人，被评为自治区特级教师1人，被评为自治区级优秀教师和先进个人3人。

1989—2001年，学校先后荣获“田东县文明单位”“花园式单位”“百色地区文明单位”“自治区文明单位”“爱国卫生先进单位”“文明庭院”“全国民族团结进步模范单位”等荣誉。

1993年，学校更名为“百色地区田东民族师范学校”，为百色地区行署直辖的全日制普通中师学校，办普通师范专业，学制3年，面向百色地区12个县（市）招收初中毕业生，培养小学教师。

2001年8月，经百色地区行署批准，学校在百色地区田东民师的基础上创办“百色地区第三高级中学”（地直）。执行“一校两制”的形式，挂“百色地区田东民族师范学校”和“百色地区第三高级中学”两块牌子，由百色地区行署直辖，百色地区教育局主管。2002年，百色地区撤地建市，学校校名改为“百色市田东民族师范学校”“百色市第三高级中学”。学校设置普通师范和普通高中两种专业，执行两种教学计划。普通中师学制3年，面向百色市12个县（区）和河池、柳州、南宁部分县招收初中毕业生，培养小学教师。中师毕业后，可报考小教大专班，也可以参加普通高考。普通高中面向全市12个县（区）招收初中毕业生。

1998年，国家民委和自治区人民政府授予百色地区田东民族师范学校“民族团结进步模范单位”称号　　（县教育局提供）

2003年，学校被确定为“广西艺术学院艺术后备人才培训基地”。2004年，师范教育体制改革，该校于当年停招师范生。12月31日，百色市人民政府与田东县人民政府签订协议，把“田东民族师范学校（市三高）”交由田东县人民政府管理。2005年4月，学校更名为“田东县实验高中”，面向田东县招收初中毕业生，培养普通高中毕业生。

职业技术教育

田东县职业技术教育学校（简称田东职校）于1978年在原平马镇合恒中学的基础上创办起来，实行一所学校两套人马。初中部为普通初中性质，高中部为职业高中性质。当年原计划招收职高2个班100人，但是由于家长、学生观念等原因，结果仅招果树园艺专业班学生37人。

1989年，为加强对各类职业技术教育的协调和指导，县成立职业技术教育领导小组，下设办公室，办公地点在县教育局。主要工作是管理指导全县职业技术教育工作，并将职业技术教育纳入县域经济发展总体规划。

1990年，县教育局在田东职校开办首届中小学劳技教师培训班，参训62人，为期3个月，解决全县中小学职教师资紧缺问题。同年6月，对全县初、高中毕业生进行离校前职业技术培训，实行“红绿双证”齐发，走在百色地区各县之首，得到自治区、地区领导、专家的好评。百色地区农村职业技术教育现场会在田东县召开。

1991年，全县各中小学普遍引进渗透职业技术教育因素，根据学生的不同年龄加深渗透职业技术教育的深度和广度，让学生掌握1~2门实用技术。年底参加百色地区职教展览会，荣获二等奖。

1992年，县职校办果树园艺、畜牧兽医、幼儿师资、机电维修等专业15个班，举办劳技教师等8个短训班，参加培训76人。

1993年，县职校有教职工76人（其中专任教师44人），其中高级教师职称1人，一级教师10人，二级教师12人，三级教师5人。学校开设果树园艺、畜牧兽医、幼儿师资、家电维修、制糖专业、建筑专业6个班，学生292人。此外，举办芒果、甘蔗、沙田柚短期培训班，培训250人次。

1995年，县职校招收职业初中2个班100人，招收职业高中4个班202人（含与有关院校联合办学）。在校生682人，其中职业初中4个班200人，职业高中8个班482人。教职工81人（专任教师47人），开设果树园艺、畜牧兽医、幼儿师资、家电维修等4个专业，坚持教学与生产相结合的办学方针。当年校办产业收入获利14万元，成为百色地区各县（市）职校办学效益最好的学校。

1996年，县人民政府落实国务院《关于大力发展职业技术教育的决定》，从人、财、物等方面扶持县职校的办学。当年，招收职业初中班3个班146人，招收职业高中5个班238人（含职校与区内有关学校联合办学）。年内，田东县接受自治区教育厅交给实施基础教育渗透职教因素课题实验的任务（全自治区4个县之一），选定田东县二中、祥周二中、祥周镇中平、仑圩、甘莲、新洲、九合、作登瑶族乡大板希望小学等8所学校作为实验学校，丰富这些学校劳技课教学内容，提升学生劳动技术水平。

1999年，县职校新招收职业初中生236人，职业高中生210人。开设种植、养殖、畜牧、家电等专业，在校学生840人。教职工91人，其中专业课教师61人，专任教师与在校生之比为1∶13.7。当年，考取广西艺术学院3人，考取广西职业大学2人，高考成绩名列全自治区同类学校第二名。全县初中生毕业前职业培训5680人，参训率93.1%。

2000年，县职校改革招生办法，调整办学模式，面向农村开门办学，只要有志于学习专业技术的应历届毕业生都可以免试入学。同时，走出校门，到各乡镇初中对应届初中毕业生进行技术培训。实行“2+1”教学模式，即高一、高二主学高中文化课，高三实行分流，按自愿为原则选学专业技术课。当年，新招职业初中生173人，职业高中151人。增设计算机、花卉2个专业。在校生856人。教职工90人（其中专任教师66人）。学校实习基地30亩，花卉实习场2亩，校办工厂（酒厂），养殖场3个，家电维修部1个，畜牧兽医门诊1个。县教育局在县职校举办4期中小学劳技课教师培训班，参训教师175人，编写《农村家用技术教材》供广大师生使用。当年，初中毕业前职业培训7928人，参训率99.1%；高中毕业生职业培训1023人，参训率97.5%。

2002年，县委、县人民政府组织各乡镇书记、乡镇长、各部门领导、教育局、职校领导等2次到广东考察职业教育。县教育局首次组织2002年毕业的学生120名到广东开平六中与帛汉电子厂校企合作就读，走在百色各县之首，带动田东职校乃至百色市各县职业学校走校企合作，联合办学之路。县职校申请立项建设省级中等职业学校获得自治区教育厅批准，基础建设得到加强，投入资金180万元。当年全校7个班350人，开设种植、花卉、机电、计算机等专业。此外，实施联合国教科文组织“女童职业教育”项目，招收特困女生为职业初中班学生40人，毕业后对口升入广州29中就读或回乡自主创业。对全县初、高中毕业生进行职业培训5400人。

2005年，县职校基础设施得以进一步完善，学校占地面积4.19公顷，总建筑面积47034平方米，图书11210册，教学用计算机65台，多媒体教室178个座位，固定资产总值3400万元。当年招生职高603人，在校生1009人，教职工95人，专任教师68人，“双师型”教师16人，聘请教学经验丰富的教师和技师任教5人。深化职业教育改革，实行多层次、多形式的一校多制办学路子，推行长班与短班相结合、学历教育与非学历教育相结合，自办与联办相结合、培训与就业相结合的新体制，积极探求“工学交替”的人才培养模式。大胆调整和开辟专业设置，主要开设有计算机应用、机电、电子电器、汽车维修、模具设计与制造、园林、畜牧等专业，初步形成较合理的办学格局。加强基础设施建设，建有教学楼、实验楼、办公楼、学生公寓、篮排球场、制冷工艺实训室、汽车摩托车维修实训室、模具实训室、电机实验室、

2004年，田东县职业学校学生参加机电培训（县教育局提供）

模具技术实训室等教学设施，建有花卉园、芒果园、七里香猪养殖场等实践基地，为教学、培训工作提供条件。优化管理机制，打造教育教学品牌，为自治区内高等院校输送优秀生10多人，为社会培养有一技之长的职高毕业生500多人，大部分毕业生成为广大农村科技兴农、脱贫致富的带头人。此外，该校参与田东县“农民下山进城入谷”培训工作，年培训学员2000多人，就业率90%以上。该校成为广西合格职业学校、自治区级示范性职业中心、国家星火计划农民科技培训星火学校、广西扶贫办贫困村农民转移就业培训基地。

县职校先后获全国、自治区“教育系统先进集体”“全国青少年科技活动先进单位”“自治区扶贫办示范培训基地”“广西科技教育示范学校”“广西体卫工作先进单位”等荣誉称号。

成人教育

县职工业余夜校　由县总工会主办，校址设在县总工会内，学员是新参加工作的青年干部或工人，曾开设初中、高中文化复习班，经考试合格，发给初、高中毕业证书。1989—1992年举办各种职业技术短期培训班36期，参加培训1372人。

函授教育　这是在职干部职工及社会青年提高学历层次的一个重要手段，各级各类人员通过参加函授教育，获取相应的专业文凭，等同于全日制教育毕业学历。1984年秋，田东县中师函授站成立，当年在教师队伍中招收中师函授生53人。1985年，田东县教师进修学校成立，中师函授站办的中师函授班并入该校。之后，中师函授由县教师进修学校负责。1989—1999年，教师进修学校举办的中师函授7期，学员648人，全部获得中师毕业文凭。1989—2005年，全县参加成人高考函授学习11090人，录取8992人，其中本科1649人，专科7343人；全部获得毕业。

自学考试　1986年，田东县开始开设全国成人教育自学考试，报名专业有汉语言文学等34个，报考652人，当年毕业3人（专科）。1989—2005年，全县有747人通过自学考试获得各类高校毕业文凭，其中本科文化30人，大专文化713人，中专文化4人。2005年，报考专业发展到88个。

扫盲教育　1989年，全县13个乡镇都成立农民文化技术学校，并试办1所村级农民技术学校。全县农村普遍办有业余小学或扫盲班，招收农村中的文盲、半文盲者。全县121770名15~40周岁文盲农民，经过业余学习，脱盲率96.63%。

1990—1992年，农民业余教育和扫盲工作实行“政府负责，规划办学，责任到村，学校包教，各部门齐抓共管”的工作机制。县成立扫盲工作领导小组并下设办公室，各乡镇人民政府和村公所相应成立扫盲机构。全县配备扫盲专职干部16人，小学教师下村上户进行文化普查780人。全县累计开办农民夜校23所（班），其中业余小学26个，学员510人；扫盲班205个，学员2180人，1971人脱盲，脱盲率90.4%。

1993年，全县乡、村农技校举办政治学习班171期，参加学习10615人次；实用技术培训704期，参加学习39919人次，占任务120.9%。全县13个乡镇建立村级农技校136所，其中作登、祥周两所乡农技中心校建有单门独院，作登瑶族乡农技中心校经自治区教委组团验收达到自治区规定的办学标准。农民参加实用技术培训的人数达69%，回乡初中、高中毕业生受训80%以上。全年扫盲完成821人，占任务69.4%；业余班完成32个班，学员559人，占任务111.8%。

1996年，田东县继续贯彻执行国务院《扫除文盲工作条例》坚持一手抓扫除剩余文盲，一手抓扫盲后的巩固提高和农村实用技术培训。当年，开办扫盲提高班11个班，被国家教委、财政部授予“全国扫盲工作先进单位”称号。同时，各乡镇农技校坚持围绕当地经济支柱产业如甘蔗、水稻、玉米、芒果、香蕉、冬种蔬菜等开展培训，提高广大农民文化科技素质，促进农民脱贫致富，接受农科技术培训18068户53035人次。

1997年，全县抓紧抓好扫除剩余文盲，做好脱盲学员的巩固提高工作，实际扫盲1006人，组织3年来脱盲学员参加扫盲提高班840人。同时积极办好乡镇、村级农民文化技术学校，广泛开展各种形式的政治、文化技术教育，组织接受各种农村实用技术培训215户，参加培训55775人次。当年，自治区人民政府教育督导团对田东县扫除青壮年文盲进行评估验收，认为田东县的扫盲工作基本达到验收标准，在全区很有代表性。

1999年，全县扫除青壮年文盲142人。举办农村实用技术培训9.6万人次，农村党员干部技术培训1500人次，新建乡镇成人技校2所。祥周镇实现扫除青壮年文盲后开展继续教育和实用技术教育成绩突出，荣获1999年全国“中华扫盲奖”。祥周镇、布兵乡继续实施联合国教科文组织教育扶贫项目，完成农村实用技术培训13790人次。

2003年，参加扫盲巩固提高班4900人，参加农村实用技术培训有6.9万人次，参加农函大学习156人，农民职称评定697人，发放绿色证书597本。12月，自治区人民政府教育督导团对田东县“两基”工作进行复查，定为复查合格。

农民技术培训 2004年，田东县成人教育工作的重点转移到农村实用技术培训，提高广大劳动者技术素质上来。把县职校定为田东县农民下山进城入谷培训中心，组织农民工到县农民下山进城入谷培训中心培训后推荐就业，当年有1800人次参加培训。此外，县教育局与有关部门组织开展农村实用技术培训，70723人次参训。

2005年，继续发挥县农民下山进城入谷培训中心的龙头作用，首批免费培训308人，每月给一定的生活补贴，培训后全部推荐就业。此外，县教育局与有关部门组织开展香米栽培、网箱养鱼等农村实用技术培训，6.78万人次参训。

第八节 教育资源

教育经费

1989—2005年，田东县教育经费主要来源于中央财政拨款与地方财政支出、学校收费收入、群众和华侨捐款以及企事业单位赞助、勤工俭学收入、征收教育费附加等。私立或民办学校的经费来源主要有学费收入、乡村集体等集资、地方热心教育者和爱国华侨捐助、勤工俭学收入等。

1989年，全县教育事业费拨款1121万元。1992年，财政预算内经费拨款1459万元，基本建设投资9万元，全县开展勤工俭学和社会服务收入用于教育78.3万元。1995年，财政预算内教育经费拨款2523万元，财政总支出8349万元，预算内教育经费拨款占财政支出的30.22%。1996年，全县财政收入10879万元，财政支出9075.5万元，财政预算内教育经费拨款2897万元，占财政支出的31.9%。

1997—2000年，全县财政支出48253万元，预算内教育经费累计拨款13196万元，占财政总支出的27.35%。

2001—2005年，全县财政总支出105608万元，预算内教育经费累计拨款38106万元，占财政总支出的36.08%。其中2005年，教育事业拨款10210万元，教育费附加收入711万元，事业收入2153万元，学校开展勤工俭学收入26.5万元，社会捐集等其他收入98.2万元。

2001年以前，教职工工资、学校公用经费等教育经费由各乡镇财政所统一管理，教职工工资由学校造好名册后，统一拿到乡镇教委办领取。2001年开始，全县教职工工资由县财政局国库统发中心统一发放到个人存折账户。

2004年，全县教育经费归集到县教育局统一管理。全县享受国家级免费教科书44.1万元。

2005年5月，县教育局设立田东县中小学财务核算中心，直接负责全县各中小学学校资金收支的财务核算工作，接受县教育行政部门的领导和财政部门的业务指导，接受财政、监察、审计部门的监督。当年，全县干部职工捐资助学120万元，中小学享受国家级县级免费教科书250万元，享受免学杂费200万元。每年县级财政预算安排农村中小学公用经费，拨款标准为：幼儿园、小学、高中10元/（生·年）、初中15元/（生·年）。学校公用经费严格控制开支范围，不得用于发放教职工工资、津贴、福利和基建等方面支出，其开支范围包括学校维护正常运转所需开支的业务费、公务费、设备购置费、修缮费、其他属于公用性质费用，等等。

教育设施

1989—2005年，田东县的中小学基础设施建设大致可分为两个时期，即1989—1994年、1995—2005年。

1989—1994年，全县的中小学基础设施建设经费投入的指导思想是“人民教育人民办”，实行“县、乡镇两级管理，县乡村三级办学”的教育体制。这一时期，上级对田东县中小学基础设施建设的投入较少，而本级财政困难，对学校建设的投入有限，学校的基础设施建设慢。1989年，全县中小学新建的校舍面积3000平方米。1990—1993年，全县中小学新建的校舍面积12116平方米。1994年，全县中小学新建的校舍面积12986平方米，建设一个教学闭路电视网，有32个电教放像点，放像设备37套。

1995—2005年，全县中小学建设由“人民教育人民办”变为“人民教育政府办”。为了实现“普九”达标，各级政府多渠道筹措资金，加大对教育的投入，全县中小学基础建设掀开新的一页。

1995年，全县中小学新建和扩建校舍面积19863平方米，新建校门10个，新建围墙1056平方米。实施世行贷款工程16项，建设面积1710平方米。广州军区资助兴建大板希望学校教学楼和教职工宿舍楼。添置课桌椅2489套，新增图书21906册。5所学校（含教委办）建立卫星电视接收站和教学闭路系统，1所小学在原有闭路系统的基础上添置一个卫星地面接收站，1所学校添置第二套64座的语言学习系统并购买1台M9000摄像机。全县学校添置21台电视机、3台录像机、12台投影仪、35台收音机、1台电影机。

1996年，全县中小学新建和扩建校舍面积2043平方米，实施世行贷款工程15项，建设面积6440平方米。新建卫星地面接收站5个，新建放像点7个，新建微机室3个，教学闭路电视网4个，微机室3个，64座语言学习系统1个，录像设备4套，电视机23台，投影仪140台，新购置课桌椅2581套，新增中小学图书13.32万套。

1998年，全县中小学扩建校舍15800平方米。实施国家计委工程7项，建设面积4718平方米。实施一期义教工程20项，建筑面积12470平方米。添置投影仪335台、银幕150幅、自动幻灯机32台、录音机236台，价值30.68万元。

2000年，实施义教工程22个，建筑面积13550平方米。投资553.1万元，实施国家计委工程7个，建筑面积2940平方米。投资140万元，实施村村实现教学楼工程15个，建筑面积5413平方米。投资244.1万元，实施广州帮扶工程5个，建筑面积2897平方米。投资102.8万元，维修危房3910平方米。全县投入32.69万元，购买电教设备及图书资料，新增多媒体教学6所，建成5个多媒体教学网络，6个放像点。全年新增设备达标21所学校。年内，全县的实验教学工作开始启动，将实验教学列入教改、教研计划，做到优质课、示范课有实验内容，使实验教学真正落实到课堂，收到良好效果。

2000年，田东第一中学学生公寓楼 （县教育局提供）

2003—2004年，实施二期危改项目工程16项，工程总建筑面积76400平方米。实施广州对口帮扶项目1个，建设面积1200平方米，总投资70万元。实施教育部、李嘉诚基金会“西部中小学现代远程教育项目”109所，投资329.18万元。通过实施“普及实验室”工作，当年12月，全县中小学“普实”工作取得显著成效。一类中学有仪器室8间，面积742平方米；有实验室19间，面积2205平方米；有实验桌凳576套，仪器柜199个333立方米。二类中学有仪器室53间，面积2342.6平方米；有实验室46间，面积3445.4平方米；有实验桌凳756套，仪器柜356个448.5立方米。三类中学有仪器室8间，面积348.8平方米；有实验室6间，面积445.2平方米；有实验桌凳64套，仪器柜46个59立方米。全县小学有仪器室159间，面积4913平方米；有实验室158间，面积8177.4平方米。各校均按要求设有图书室、阅览室、电教室、体育室，部分小学还设有劳技室、音乐室、美术室、卫生室、少先队活动室等。一类中学有图书106903册、二类中学有图书245366册、三类中学有图书10929册，小学有图书322490册，达到验收标准要求，“普实”通过自治区的评估验收。2004年，田东县教育局被自治区评为“广西中小学教育信息化建设先进集体”。

2005年，实施二期危改工程7个，工程的建筑面积2300平方米；实施国家发展改革委帮扶项目1个，建筑面积929平方米，投资160多万元。当年，174所学校实施年度“农村中小学现代远程教育工程”项目，其中模式一88所，模式二66所，模式三20所。资金总投入432万元，其中中央投入288万元，自治区投入72万元，县财政投入72万元。全县项目学校投入项目配套设施经费52.8万元。

教职工队伍

1989年，全县中学教师575人，其中中学高级教师20人，中学一级教师184人，中学二级教师169人，中学三级教师98人，未定级教师104人。小学教师2149人，其中小学高级教师276人，小学一级教师788人，小学二级教师472人，小学三级教师123人，未定级教师490人。大中专毕业生新分配103人，其中大学本科文化5人，大专文化24人，中专文化74人。民办转公办教师19人。

1990年，新增加大中专毕业生110人，其中大学本科文化8人、大专文化24人、中专文化78人。民办转公办教师21人，招聘中小学代课教师59人。

1992年，全县教职工4020人，专任教师3779人，其中公办教师2858人，民办教师403人，代课教师518人；行政人员59人，工人182人。年内，新分配大中专毕业生127人，从民办代课教师中招收国家合同制工人（以工代教）245人，民办转公办教师16人，招聘中小学代课教师136人。全县教职员工中，男性2870人，占总数的71%，女性1150人，占总数的29%。专任教师中，25岁以下1089人，26~40岁1396人，41~50岁744人，51~60岁550人，分别占专任教师总数的28.82%、36.94%、19.69%和14.55%；中学高级教师23人，中学一级教师154人，中学二级教师246人，中学三级教师161人；小学高级教师164人，小学二级教师905人，小学三级教师204人。

1997年，全县小学教师2197人，中学教师1143人，其中小学民办教师126人，小学代课教师637人，中学代课教师121人。年内，新分配大中专毕业生156人，民办代课教师转公办教师50人。根据自治区教委《关于印发〈广西壮族自治区教师资格过渡实施办法〉的通知》精神，经上级审批，确认高中教师资格195人，初中教师资格674人，小学教师资格3234人。

1999年，全县小学教职工3259人，其中公办教师2417人，民办教师47人，代课教师751人，工人44人。初中教职工1472人，其中公办教师1338人，民办教师1人，代课教师133人。高中专任教师138人，新分配大中专毕业生158人。全县高中、初中、小学教师学历达标率分别为73.9%、76.5%、95%。

2001年，全县教职工4635人，其中公办教师3644人，代课教师779人，工人212人。在教师队伍中，小学公办教师2172人，代课教师684人；初中公办教师1282人，代课教师95人；高中公办教师190人。年内，办理教师调动126人，办理教职工退休51人，辞退不合格代课教师77人，录用师范院校毕业生7人。年内，教师通过申报获高级职称15人，中级职称124人，初级职称160人，定职99人，聘任中高级专业技术人员48人，初级专业技术人员300人。

2005年，全县教职工4127人，其中公办教师3715人，工人412上（含以工代教180人）。在职教师中，小学（含幼儿教师）教师2085人，初中教师1215人，高中教师415人，年内教师调配101人，任免中小学校领导172人次，招聘录用代课教师100名，清退代课教师540人。完成年度专业技术人员职务资格评聘179人，其中高级7人，中级110人，初级62人；办理续聘1005人，新聘初级教师职务资格230人；教师资格认定38人，办理职务晋升187人。

师资培训

1989—1996年，学龄前教师业务培训5期，参训178人，少先队辅导员业务培训45人，小学代课教师培训（教育学、心理学）108人，中小学骨干教师培训680人。中小学校长培训318人，其中中学校长到南宁市培训66人，小学校长到南宁市培训138人；中小学骨干教师培训680人。1996年，中小学校长第一轮培训任务完成。

1997—2000年，组织小学新教师岗位培训150人，中小学骨干教师“园丁工程”培训306人，小学教材教法培训433人，中小学校长第二轮岗位培训232人，中小学教师普通话水平测试前培训1154人，选派5名中小学校长、骨干教师到广州市跟班学习，中小学教师职业技能培训2835人。

2001—2005年，小学教师课程改革培训3275人次，小学英语教师培训125人，中小学教师英特尔未来教育项目学科教师培训125人。中小学教师计算机全员培训22期，605人取得自治区教育厅颁发合格证书。农村小学计算机远程教育项目培训156人，中小学教师普通话水平测试前培训1320人。

职改和待遇

1988年起，中小学教师职称评定和聘任改革工作（简称“职改”）在田东铺开。1988—1989年为首次评聘，1989—1993年过渡微调，1993年以后，转为正常化、制度化、规范化评聘。

1993年10月1日起，中小学教职工（含离退教职工）与国家机关工作人员同时实行工资制度改革，由结构工资制改为职员职务等级工资制。中小学教职工当年考核优秀并作出突出贡献的，在原职务工资标准内提高一个档次，并从下一考核年度的第一个月起兑现增资。编内代课教师工资从1993年起，提高至每月84元。

1996年，根据国家教委《关于实施〈教师资格认定的过渡办法〉的通知》，开展教师资格过渡认定工作。

2000年起，国家并轨招生的师范类大中专毕业生不再实行统一分配，实行双向选择，由县人事部门和用人单位根据缺编缺员情况择优聘用。

2001年起，中小学教师教职工工资收归县管，由县级财政国库统一发放。当年首次开展全面实施教师资格制度，2002年起教师资格认定制度实施工作转入正常化、规范化。至2005年年底，全县各级各类学校在职教师均办理相应的教师资格，在职中小学、幼儿教师和职业学校教师具有教师资格3059人，其中幼儿教师34人，小学教师1919人，初中教师750人，高中教师308人，职业学校教师48人。当年，中小学教师教职工工资人均1387元。

2005年5月前，田东县在职代课人员共有640名。当年5月，县人民政府从在职的640名代课人员中公开招考录用了100名。当年10月，全县共清退代课教师540名（另按百色市相关政策，田东县于2006年安排8名属于1998年以前职业师资班毕业生的代课教师到农村小学任教），补偿540名被清退代课教师工资总额为4042864.55元。

第二章　科学技术

田东县把新产品试制费、中间试验费和重大科研项目补助费（简称“科技三项经费”）列入县财政预算，大力实施科技项目，加大科技成果转换力度。建立县、乡镇、村三级科技推广网络，开展科技培训、科技示范、科技普及、科技创新等科技活动，为全县经济发展提供智力支撑。

1991年，县人民政府设置科技副县长。1996年，全县13个乡镇全部配备科技副乡镇长。乡镇设有技术推广站、管理站等72个。

1999年出台《田东县（乡）镇科技进步考核办法（试行）》。2003年，出台《田东县科技进步奖励办法》。全县13个乡镇通过1999—2000年广西镇（乡）科技进步考核。祥周镇获“广西科技进步先进镇（乡）”称号。1999—2004年，田东县连续6年被科技部评为“全国科技进步（工作）先进县”。

第一节　机构　队伍

机　构

田东县科学技术局　1959年，成立田东县科学技术委员会（简称县科委）。1989年，县科委内设办公室、科技干部股、农业科技股、工业科技股、情报所、推广站，共有干部职工14人，办公地址位于田东县平马镇朝阳路6号。

1996年，县科学技术委员会更名为县科学技术局（简称县科技局），行政编制10名，事业编1名。

2002年机构改革，保留县科学技术局，核定行政编制11名，其中局长1人，党组书记1人，副局长2人，纪检组组长1人。

2005年，增加机关后勤事业编制1名，在职人员11人，其中局长1人，党组书记1人，副局长2人，纪检组组长1人。

历任主任：

黄汉铎（1987年10月至1991年1月）、梁秉荣（1991年1月至1995年9月）。

历任局长：

韦振廷（1995年9月至1999年8月）、农鸿飞（2001年3月至2006年12月）。

技术推广机构　1989年开始，县科学技术局下属有县科技情报研究所及县科技推广站两个机构，编制数分别为2名。2005年，事业编制4名，在职人员4人，均为技术人员。

1989—2001年，全县科技推广机构有县科学技术协会、县农业局、县农机局、县畜牧水产养殖局、县糖办、县林业局、县水果办、县科技情报研究所、县农业技术推广站、县农机技术推广站、县农业经作站、县林业技术推广站，各乡镇设有相应的技术推广站和管理站72个。

2002年，党政机构改革，县水果办并入县农业局，各乡镇的农业、农机站撤并为各个乡镇的农业服务中心。

队 伍

田东县科技队伍由各行业高、中、初级职称的各类专业技术人员及乡土人才、农民技术员组成。

1987年，成立田东县职称改革领导小组和评审委员会，有农业、经济、工程、教育、文化、卫生、会计、统计等8个系列职称改革领导小组和评委会，负责科技人员职称改革和处理职称遗留问题工作。当年，为科技干部补评职称3245人，任职时间从1985年7月1日起，其中获高级技术职称32人，中级技术职称523人，初级技术职称2816人。

1988年，职称评定需要参加外语考试合格，方能申报相应职称档次。1989年，全县新增初级职称729人，中级职称215人。1990年起，田东县职称评定工作按上级有关政策、条件要求申请评定。

1992年起，实行评定技术职称资格和聘任技术职务分开，即只评定职称资格，不一定与工资挂钩。在上级下达的聘任指标内综合考核过关的聘任人员，才能办理职称资格与工资挂钩手续。

2005年，全县有高级专业技术职称人员93人、中级专业技术职称1586人、初级职称3236人。登记在册的企业人才326人、农村乡土人才243人、农民技术员2432人。

第二节　科技经费　科技项目

科技经费

1989—2005年，田东县科技经费实行以企业投入为主体，以县财政投入为引导的多元化投入机制，科技三项费用列入财政年度预算逐年增加。

1989—2000年，全县投入科技项目经费926万元。

2001—2005年，全县科技三项经费累计投入1253万元，其中2004年度科技三项费用投入270万元，科普经费41万元。2005年度科技三项费用投入330万元，科普经费47万元，均占年度本级财政决算支出的1%以上，达到国家、自治区、百色市关于“本级科技三项经费拨款数，占年度本级财政决算支出比例不低于1%”的规定。

科技项目

1989—2005年，全县科技项目的选题主要是围绕全县经济发展目标，结合经济发展的重点和产业优势进行。通过实施科技项目，解决优势主导产业发展中的关键性技术问题，进一步提升产业技术水平，农业产业结构得到进一步调整和优化，新技术新品种得以广泛推广应用。

1989—2000年，全县共实施科技项目39项，其中自治区科技厅、百色地区科技局下达的科技项目共17项，田东自行安排科技项目22项。

2001—2005年，全县共实施科技项目13项，其中农业科技项目10项、工业科技项目3项。自治区级项目11项、市级项目2项，结题验收（鉴定）项目52项。

1989—2000年田东县实施科技项目统计表

表20-2-1

项目级别	项目名称	实施年度
自治区级	田东县芒果“星火计划”项目技术	1986—1989
	大面积粮食增产综合技术推广应用	1989—1991
	55万亩粮食增产综合技术开发	1990—1992
	科技扶贫1211工程	1995
	山羊良种繁育基地及养殖综合技术开发	1996
	优质香米白香2号试种	1997
	贫困石山区粮食高产品种引种及搭配栽培示范	1997—1999
	水稻旱育稀植抛秧技术	1997
	甘蔗高产示范	1998—2000
	广西农村科技创新科普示范基地建设—田东示范基地	2000—2002
百色地区级	科技扶贫133工程星火项目	1990
	网箱养鱼示范	1990—1991
	乡镇科技“创先”试点示范	1997—1998
	田东县石山地区生态农业结合开发示范	1998
	田东县植物快繁育苗技术开发	1998
	优良月鳢保种及养殖示范	1999
	农村科普“1115”示范工程实施研究	1998—1999
县级	山区吨粮田开发试验技术	1989
	利用“琇蛾器”对稻纵卷叶虫测报技术	1989
	微机在25吨工业锅炉和地中衡上的应用	1990
	田东县HJ09口型长、市、农程控交换机的应用	1990
	玉米地膜覆盖一膜两用技术推广	1990
	两系杂交稻桂光一号示范	1990
	大面积粮食增产综合技术开发	1990
	新产品—粉末冶金摩擦材料制品	1990—1992
	良种香蕉威廉斯容器育苗技术开发	1990
	木薯作肉猪中后期能量饲料试验	1991—1997
	良种香蕉组培苗二级育苗技术应用	1991—1992
	桃形李的引进试种	1992—1994
	田东县农业地面动态监测单千米网布点工作	1992
	杂交水稻免割叶制种技术试验及应用	1992
	板栗苗木快育试验项目	1992
	“三九”精锑新产品的开发	1992
	芒果稳产及采前防护综合技术试验	1997—2000
	田东县农作物良种生物技术开发	1998—1999
	甘蔗使用EM技术高产栽培试验	1998—1999
	田东县野生动物驯养繁殖试验示范	1998—2000
	优质商品芒果	1999—2001
	科技信息网县级节点建设项目	2000

说明：表中数据由县科技局提供

2001—2005年田东县实施科技项目一览表

表20-2-2

年度	项目名称	项目下达单位	实施年限
2001	田东县优质香蕉产业化技术开发示范	广西科技厅	2001—2004
	优质高产芒果产业技术开发示范	广西科技厅	2001—2003
	智能化农业信息技术应用示范工程示范区	广西科技厅	2001年12月
2002	田东县农村信息服务体系化	广西科技厅	2002年6月
	农业专家系统种养及基础资源信息平台建设研究与应用	广西科技厅	2002年12月
2003	田东县优质香米精加工技术开发	广西科技厅	2003—2005
	山茶油加工技术开发	广西科技厅	2003—2005
2004	农产品加工产业化基地	广西科技厅	2004—2005
	农村信息服务体系及培训基地	广西科技厅	2004—2006
2005	现代农业园区科技信息服务体系建设与示范	广西科技厅	2005—2006
	农村科技培训工程	百色市科技局	2005—2006
	田东县农村科技培训星火学校	百色市科技局	2005—2006
	广西生态地区智能信息系统技术	广西科技厅	2005—2006

说明：表中数据由县科技局提供

第三节　技术推广与运用

田东县的科技、农业、水产畜牧、农机、林业、卫生、糖办、水电、经贸等部门，通过引进新技术、新品种，把先进适用技术普及到千家万户和工矿企业。

1990年，县农业局引进推广玉米地膜覆盖“一膜两用”技术，推广地膜旱中玉米1680公顷，占玉米播种面积22%；总产量达到8554吨，占玉米总产的41.74%；平均亩产0.34吨，比同样管理水平的露地玉米每亩增产0.14吨，增产68.2%。“一膜两造”晚玉米验收4个点，面积15.87公顷；盖膜平均亩产0.11吨，露地玉米栽培亩产0.04吨，盖膜比露地栽培每亩增产0.07吨。合计全年每亩增产0.21吨。

1991年，县饲料牧草站引进的木薯作肉猪中后期能量饲料试验在全县推广。本技术措施和实验方法及饲料配方科学合理，在中等营养水平条件下，实验结果头均日增至0.6~0.63千克，增重较为显著，日粮中干粉用量50%，肉猪无中毒和不宜现象。县科技情报所引进良种香蕉威廉斯容器育苗技术开发，该项目移栽成活率在90%以上，成苗率80%以上，出圃幼苗6~8张真叶，高度20厘米左右，幼苗不带病虫害。

1992年，县糖厂引进“微机在25吨工业锅炉中地中衡上的应用”项目。通过利用对地中衡微机的改造，该项目实施应用结果完全符合国家二级计量标准，缩短了标重周期，加快了统计、结算时间，工作效率大提高。每位蔗农可节省30分钟左右，全县最少有蔗农5万人，可节省2.5万小时。按每个工时0.5元计算，可折合人民币12.5万元。过磅速度快，准确度高，结算、统计的速度比传统的方法快至6~8倍。

1995年，县科技情报所引进“桃形李的引进试种”。引进试种6000株，定植成活率95%，即成活5700株。1998开始挂果，平均株产量4千克，总产量22.8吨，按每吨果1600元计，总产值达36.48万元。

1998年，县农业局实施“水稻旱育稀植技术推广”“水稻旱育抛秧技术推广”“水稻塑料软盘抛秧技术推广”项目，在全县共推广旱育稀植17466.67公顷，占水稻面积87%；推广抛秧面积7733.33公顷，占种植面积38.7%。全县水稻总产达11.9万吨，亩产0.4吨，分别比1997年增4400吨和0.02吨，新增利润616万元。

2001年，县科技局实施“优质商品芒果”项目，高位嫁接台农1号、凯特、金煌芒等芒果新品种133.33公顷。同年6月21日，经自治区科技厅组织有关专家组成的测产组验收，平均亩产0.53吨（测产面积3.33公顷，总产量18.73吨），商品果率98.26%，均超过合同规定指标。

2002—2005年，县科技局实施“田东县优质高产香蕉产业化”“优质芒果产业化”项目，生产香蕉组培瓶苗300万苗，建立香蕉优质生产示范园200公顷（全部引用微喷技术），组装香蕉果收专用车10辆，香蕉保鲜、包装流水线5条，项目吸纳550名农民就业，辐射带动1500户农民致富。

第四节　科普宣传　科技情报　科技交流

科普宣传

1989—1992年，县科委积极开展科普宣传活动。举办《中华人民共和国技术合同法》《中华人民共和国专利法》培训班两期，参加培训50人次。举办全国经济员资格考试报考人员培训班2期，参加学习100人次。举办芒果栽培技术培训班1期，参加学习30人次。举办山区甘蔗高产栽培技术培训班15期，参加人员1000人次。

2000年，县科技局共接待来访、信函咨询等科技服务1400人次。在“十月科普大行动”中，会同有关部门到各乡镇开展送科技下乡活动，提供科技咨询服务，咨询2万多人，发放技术资料达2万多份（册）。

2005年，县科技局协同各技术业务部门，围绕“育项目、扶企业、建基地、强体系”和实施“科技成果转化、技术标准战略、专利战略、科技环境建设、科技平台建设、机关自身建设”六大科技工程的要求，开展以产品创新为核心，以科技项目为载体的科普宣传、科技培训、科技试验示范活动。利用每年广西科技活动周、全国科技活动周、十月科普大行动，采取走出去、请进来、集中培训、田间地头指导的办法，加大农村实用技术培训。组织37人次到乡镇、厂矿开展科技下乡服务，举办农业、林业、畜牧业、冬菜开发、香蕉等种养技术培训班共26期，培训群众3.5万人次、授课讲座15场、咨询16场（次）；发放各种技术资料3.8万多份。

科技情报

1989—1991年，通过科技项目的实施，开展经常性的技术培训和技术咨询服务。县科委与县科协联合出版《田东科普》，年出版2~3期，每期印刷1000~1300份。县科学技术情报研究所不定期出版《田东科技信息》，年出版2~3期，每期印刷1000份左右。设立有科技图书阅览室，年收订广西区内外科技刊物30多种，科技小报16多份，科技图书15000多册。科技情报研究所长期与自治区、地区科技情报所索取“科技与决策”“企业快讯”“市场信息快讯”“百色科技信息”等8种内部科技信息，为科技人员与广大用户增加知识库源。开通田东科技信息网站，把县内的基本情况、经济现状、资源优势、名优产品、市场供求信息、实施西部大开发的有关优惠政策等上网发布，并开展网上技术咨询、专家答疑活动。创办《科技信息》《企业资讯》《果树专栏》等月刊，编辑相关技术信息，分发到全县12个科技协会、特色产业村和民营企业。建立25个企业的技术信息需求档案，为企业技术创新提供技术信息平台。根据农时季节农副产品供求信息，分阶段上网发布、查询供求信息，帮助机关、企事业单位、个人提供上网发布、查询服务。

1992—1993年，县科技局通过创办《科技信息参考资料》《科技工作信息》《科技园地板报》等来传递科技信息，引进良种鸡苗、良种果苗等，提供阅读科技资料161册60人次。

1994—1995年，完成了收集、整理、分编、上架的科技图书2000册，公开期刊8600册，内部期刊1000册，摘题8000题（其中农业科学4000多题、工业技术2000多题、医疗卫生等技术2000题），印发专题资料14种、13800多份，传递各种科技信息28期、1500多刊，为各级领导、科技人员指导经济建设提供科技服务。

2000年，科技情报摘卡、上架资料共2000多份（册），其中公开期刊300期，资料6种600多份。摘题六大类2800题，其中农业800题，工业350题，卫生250题，其他1400题。

2001—2002年，科技情报分编的资料共1252期（份），公开期刊10种1000期，资料220期。摘题六大类17600题，其中农业6200题，工业2500期，卫生1700题，其他7200题。

2005年，县科技局收集和分编科技情报资料5册，为种养、加工专业户提供科技信息1100份。

科技交流

1997年1月，广西百色地区佳微生物工程有限责任公司在田东县挂牌成立。该公司与田东县人民政府合作，以县科技局为牵头单位，在全县种养业广泛应用EM技术。项目选定技术的提供与培训、资金筹措、产品的供应等，由公司运作。计划制定、宣传发动、政策保障、部门配合等，由政府来负责。这是科技推广交流应用方式的新突破，它使高新技术的推广更为迅速，更为广泛。EM技术在平马、祥周、林逢、思林四个镇的推广交流取得初步成果。

2005年1月，田东县组织有关部门代表45人和右江河谷乡镇农民代表50人，参加在南宁举行的2005年广西科技活动周。精心组织田东大热门香蕉集团、增年山茶油公司、田东香米、田东七里香猪、田东野香猪、田东中草药（左旋多巴）、金荣纸业高强瓦楞纸、田东无公害蔬菜等实物到会展示。田东大热门香蕉凭着果实饱满、长相好看、产量高等优势，吸引来广西电视台宣传报道。

第五节　科研成果

农林技术科研成果

1990年，县农业局在作登、印茶、江城、坡塘、布兵、义圩、朔良、思林等乡镇开展玉米地膜覆盖推广试验，试验面积666.67公顷，总产1383.5吨，增产值91.31万元。该项目获1991年度百色地区科技进步三等奖。

1991—1992年，县饲料牧草站实施木薯作肉猪中后期能量饲料试验。经实验，玉米粉和木薯粉的消化水平相近，两者对猪的饲喂效果并无差异，而玉米的价格高于木薯价值0.6~1倍，这证明使用木薯饲料可以降低养猪成本，以杂粮代替主粮养猪是个好办法。这两年，田东县生猪饲养量达26万头，其中利用木薯饲喂10万~13万头，每头喂0.3~0.4吨混合料，以该配方混合料中木薯50%计，每头猪的木薯用量0.15~0.2吨，每年全县用木薯2万吨以上喂猪，相当于减少2万吨主粮养猪，缓解了人畜争粮的矛盾。该项目达到当时的先进水平，获百色地区科技进步成果三等奖。

1992年，县科技情报所承担实施良种香蕉威廉斯容器育苗技术开发项目，采用优良香蕉的幼嫩组织作母体，经严格的脱毒、灭菌、细胞分裂、分化和试验培养等生物工程培养成瓶苗后，再移植到营养杯中培育成大苗，供生产大田用种。其移栽成活率达90%以上，成苗率80%以上，出圃幼苗6~8张真叶，高度20厘米左右，幼苗不带病。该技术水平达广西先进水平，获1992年度百色地区科技进步三等奖。

1997—1998年，县种子公司承担的“杂交水稻制种应用抛秧技术的示范推广项目”应用大面积推广，完成434.23公顷。按两年对比试验结果，抛秧平均亩产0.19吨，比对照（半水秧手稻）亩增0.03吨。按2年共增产杂优种子196.5吨。按两年实际综合单价每吨11410元计，新增产值224.18万元。抛秧制种节本省工，亩节约投产40.84元，434.23公顷共节约投资26.6万元。两项合计，增收节支共250.78万元。该技术水平达广西水平，1999年获百色地区科技进步二等奖。

2001年，县科技局与平马、思林两镇人民政府共同实施“田东县‘电脑农业专家系统’应用示范”项目，总投资136万元。实施的“优质商品芒果”项目，经自治区科技厅组织有关专家组成的测产组验收，平均亩产0.53吨（测产面积3.33公顷，总产量18.73吨），商品果率98.26%，均超出合同规定指标。

2002年，县科技局实施“田东县农村信息服务体系化”项目，建立信息中心站1个，信息工作站10个，乡镇工作站6个，村级示范站12个，种植示范户信息网点25户。全年提供科技信息7000多条，发布市场需求信息3800多条次，介绍新产品、新品种、新技术405条次，实现网上促销5000万元。同年，田东县承担自治区重点项目——智能化农业信息应用示范，完成应用示范面积2200公顷（其中水稻666.67公顷，芒果1333.33公顷，香蕉200公顷），增产效果为水稻亩增0.04吨，芒果亩增0.2吨，辐射面积7666.66公顷（其中水稻3333.33公顷，芒果4000公顷，香蕉333.33公顷）。项目新增农业产值2000多万元，新增工业产值1200多万元，农民通过项目人均增收100元。当年，田东县被科技部评为“1999—2000年度全国科技进步先进县”。

2003年，全县主要实施“田东县优质高产香蕉产业化”项目和“田东县农村信息服务体系”等2个项目，推广引进的科技成果6项，引进新品种10个。完成香蕉节水喷灌、微灌工程266.67公顷，建成占地面积1公顷，年可培育800多万株的香蕉组培苗的基地1个。建立县、乡镇科技信息网络和培训基地，拥有电脑15台、投影仪2台、电视机20台、VCD15台灯配套设备。田东县优质高产香蕉产业化项目完成新建组培楼1栋，建筑面积1000平方米，生产香蕉组培瓶苗300万苗，建立香蕉优质产业示范园200公顷，全部采用微喷灌技术，按农艺流程进行管理。经组织有关专家验收亩产3吨，亩产值达6000元。田东县农村信息服务体系化项目建立信息中心站1个，信息工作站10个，乡镇工作站6个，村级示范站12个，种植示范户信息网点25户，初步形成县、乡、村、户的科技信息传播网络，提供科技信息5500多条，介绍新产品、新品种、新技术450条（次），实现网上促销5000万元。

2004年，全县继续实施和管理优质香蕉产业化示范项目、优质芒果产业化示范项目、农产品加工产业化基地项目。实施“农村信息服务体系及培训基地”项目，完成县级中心站配备电脑10台，设立右江河谷5镇分站、20个村工作站和种植示范户25户，各个站点、户配备电脑1~2台。从而搭建了技术、知识传输的桥梁，疏通了技术、成果供求的渠道，促进了科技成果的转化、转移，为农民致富发挥了媒介作用。平马镇百谷村村民委主任韦英念在网上发布果菜销售信息，当年，销售收入8万多元。田东新洲香蕉组培中心、南宁大热门工贸易有限公司实施“优质香蕉产业化示范”项目。田东新洲香蕉组培中心在祥周镇新洲村新建组培楼1栋，面积1000平方米，具备年生产香蕉组培瓶苗300万苗的规模。南宁大热门工贸有限公司实施的香蕉核心示范区投入5500万元，示范面积666.67公顷，项目辐射面积6666.67公顷，带动项目区农民人均增收120元。项目全部采用微喷灌技术，按农艺流程进行管理，经专家验收，均亩产2.9吨，亩产值5519.5元。“优质芒果专业化”项目由田东县琪丰有限公司、田东万桂农业综合开发有限公司和平马新乐芒果示范场具体实施，芒果示范园核心区位于祥周镇新洲村和平马镇上法村、新乐村，示范面积133.33公顷。全部采用金煌芒、台农1号、玉文6号、文心芒、衬衫1

号、黑香、甜蜜、红姑娘、金兴芒等品种进行高位、低位嫁接。经专家验收，示范区的参试品种金煌芒平均亩产1.53吨，好果1.33吨，好果率86.83%。对照参试品种象乐22号芒果平均亩产1.15吨，好果0.98吨，好果率84.56%。示范品种比对照参试品种亩产增产0.37吨，增产32.35%，好果率增长2.27%。

2005年，继续组织实施和管理优质香蕉产业化示范、优质芒果产业化、现代农业园区科技信息服务体系建设与示范、农村科技培训工程、广西生态地区智能信息系统技术研究与示范、特色农产品专业技术协会建设、农业科技专家大院建设等7个项目。优质高产芒果产业专业化项目经专家验收，金煌芒苗亩产达2.01吨，比2004年同期增产0.48吨，增长31.4%；优果率达90.3%，比2004年同期提高3.5%。广西生态脆弱地区智能信息系统技术研究与示范项目建立县级网络服务中心1个，在平马、祥周、林逢3个镇5个村建立智能信息网络服务节点，进行智能信息系统推广应用示范。选择百渡村、升太村、英和村进行优质高产香蕉应用示范，选择新洲村进行优质高产芒果生产应用示范，选择百谷村进行特色蔬菜生产应用示范，建立康林、黄文初、韦应念等户智能信息系统推广应用示范户。

工业技术科研成果

1991—1992年，县糖厂承担的“微机在25吨工业锅炉和地中衡上的应用”项目技术，对工业锅炉进行微机控制。通过控制锅炉的蒸汽压力、蒸汽温度、蒸汽流量、气包水位、给水流量等参要，使锅炉达到安全、可靠下合理燃烧，从而达到节能目的。该项目在年度榨季正式使用，煤耗明显下降，每榨百吨甘蔗可节约标准煤约1吨（1989/1990年榨季为7.75，而1991/1992年榨季约6.75），一榨季可节约能源在22万元以上。1993年获百色地区科技进步二等奖。

2003年，主要实施山茶油加工技术开发项目和田东优质香米精加工技术开发项目。前者由增年山茶油有限公司实施，项目总投资586万元，其中国家科技拨款30万元，地方拨款30万元，自筹250万元，贷款276万元，年产高级山茶油300吨。2003年10月，完成机械安装并投入生产，试产产品经初步检测，达到国家一级标准，并符合国家GH11765-203标准。后者由登高集团田东福东香米有限公司实施，总投资496万元，其中，自治区科技厅拨款科技经费40万元，单位自筹256万元，贷款200万元，年生产（加工）田东香米5600吨，米糠饲料3000吨。2003年3月进入投产运行，日加工量达50吨，产品达到国家一级标准，精香米保持特色风味，理化及微生物指标经自治区疾病预防控制中心检测，产品符合GB2725-1981标准。

第六节　防震减灾

机　构

田东县地处右江断裂带，历史上曾经发生过多次地震，被列为广西壮族自治区地震重点监测防御区之一。

1989年至2004年3月，由县科学技术局负责全县的防震减灾工作。2000年4月12日，成立田东县防震工作办公室，隶属县科技局，赋予防震减灾工作行政管理职能。

2004年3月，防震减灾工作剥离县科学技术局，成立田东县地震局，隶属县人民政府，负责开展防震减灾工作，是依照公务员制度管理的副科级事业单位。办公地址位于平马镇朝阳路6号。核定编制3名，在编3人，其中局长1人、工作人员2人。2005年，编制3名，在编人员3人，其中局长1人、工作人员2人，设有办公室、科技监测股（地震监测信息中心）和综合管理股。

地震观测与防震

1999年，田东县地震观测工作主要是对平马镇的平一井和祥周镇的香炉井两个观测点进行观测。观测的主要内容有地下水位、气温、气压等三个要素，每个观测井每三天向广西地震局寄一次观测资料。当年，在全区各观测点的观测资料评比中，田东县两个观测点均获得优秀奖。

2000年，除了继续做好祥周镇香炉、田东县城平一井两个地震水位观测点的观测工作外，还积极开展工程建设项目抗震防震工作。县计划局、县防震办联合印发《关于将工程建设项目地震安全性评价和抗震设防要求管理纳入基本建设管理程序的通知》，明确将各类建设纳入基本建设管理程序。年内审批同意中国建设银行田东县支行城东分理处办公楼等15个项目的抗震设防方案。

2001—2002年，继续做好祥周香炉、田东县城平一井两个地震水位观测点的观测工作，没有发现地震前兆异常现象。审批同意田东二中实验楼、县档案局职工宿舍楼等26个建设项目的抗震设防方案。同时做好县内地质灾害调查工作，编写《田东县地震应急预案》和各年度汛期地质灾害防治预案。

2003年，县防震减灾工作办公室进行地质灾害调查工作4次。对思林镇定阳村那乱屯的地质灾害进行多次实地勘察，向县人民政府提出定阳村那乱屯进行全屯搬迁意见书。县人民政府采纳此意见，动员那乱屯全部搬迁到安全地带，消除地质灾害隐患。全年审批建筑抗震设防5项，开展地震常识宣传工作3次，印发宣传资料2000多次。

2004年，田东县地震局成立后，贯彻落实《中华人民共和国防震减灾法》和《广西壮族自治区防震减灾条例》，逐步建立健全地震监测预报、震灾预防、紧急救援三大工作体系，完善地震灾害管理机制，强化防震减灾主体责任，不断提高全县综合防震减灾能力。当年，田东县地震监测主要是对地下水位进行观测。

2005年，全县设有2个地震宏观观测点（祥周香炉、田东县城平一井），实行节假日或正常工作日全天候24小时运转。当年，成立田东县防震减灾工作领导小组及防震指挥部，出台《田东县破坏性地震应急预案》，明确各乡镇落实防震减灾分管领导和助理员，对定点观测的水位、地下水、鱼塘、大户养殖场等与地震前兆有关的项目，逐一登记备案上报百色市地震局。制定《田东县地震行政许可审批操作规范》《田东县地震行政许可服务指南》，依法对新建、扩建、改建工程项目进行场地调查，搜集相关地震地质资料，给建筑工程的抗震设计和施工提供《建设工程抗震设防要求技术咨询报告》，在办理审批的48个项目中，有32项出具了抗震设防要求技术咨询。10月27日，平果县境发生4.6级地震，县地震局将上级地震部门对地震趋势的判断及时告知民众，稳定生产生活秩序。此外，县地震局联合县教育局、县规划建设局到有关乡镇，对各中小学校的地震应急工作进行检查，落实抗震设防应急的组织、领导、设施、制度等工作预案，并联合开展科普宣传活动12次，印发防震减灾法律法规、基本知识读本15000多份，悬挂宣传横额20幅，现场接受群众咨询1200多人次。

第七节　气象测报

大气探测

地面测报　田东县地面气象观测主要由田东县气象局负责。1989—2005年，进行白天地面气象要素观测，每3小时观测一次，其中8时、14时、20时的观测资料上传百色气象台和广西气象台进行填图分析，11和17时补充观测，夜间不守班。观测项目有云状、云量、能见度、风向风速、天气现象、降水量、气温、气压、湿度、蒸发量、雪深、日照时数、地面温度、浅层（5厘米、10厘米、15厘米、20厘米）地温，深层（40厘米、80厘米、160厘米、320厘米）地温观测等。天气加密报送的内容有云、能见度、气压、气温、湿度、风向风速、降水、雪深、地温等，重要天气预报的内容有暴雨、大风、冰雹、龙卷风等。观测数据编制地面气象报表报送广西气象局、中国气象局。

1989年，使用日本夏普PC-1500袖珍计算机进行气象编报。1999年4月，换用微型计算机编发报，同时通过气象内部网络传输报文。2001年，采用安徽气象业务软件进行编报。2004年1月1日，开始用OSSMO业务软件进行编报，通过电信电话拨号FTP上传报文及传收文。编制的报表有4份气表-1和4份气表-21，其中向中国气象局、区气象局、地（市）气象局各报送1份，本站留底本1份。

1999年4月之前，用手工抄写方式编制报表。1999年4月，开始换用微型计算机制作报表，停止手工编制报表。

2005年起，执行广西气象局《广西突发气象灾害预警信号发布实施办法（试行）》，开始发布暴雨、高温等预警信号，取得了较好的社会和经济效益。

气象观测手段 自1989年起，使用传真接收天气图像，进行人工传递气象信息。1995年1月，有了第一台电脑，建立了田东县气象业务系统，实现地（市）—县计算机联网并投入业务运行。1998年，建成地面卫星接收小站。

1999年1月，传真图停收，预报所需资料全部通过县级业务系统进行网上接收。1999年4月，建成VSAT单收站，预报业务使用气象信息综合分析处理系统（micaps），方便预报员调用各种地面观测资料、探空资料、卫星云图、雷达回波等，提高天气预报水平。

1999年6月，建立县减灾防灾天气预警系统，通过网络能够迅速地调用云图、雷达回波、森林火点等资料以及上级的各种指导预报产品，提高工作效率和预报准确性。

由于气象信息技术的发展，2000年11月，通过162分组网向自治区气象局传输原始资料。2003年4月，安装了宽带网，接通了Notes网络。

气象服务

天气预报 1989年，县气象局在开展公益性气象服务的基础上，为部分行业提供有偿气象服务，以提供天气预报和气象资料为主。

1989—1992年，对某种天气做出长、中、短、超短时的天气预报。长期预报主要有年、季度、月天气预报，准确率65%~70%。中期预报主要有寒露风、低温阴雨天气等，准确率达70%左右。短期预报主要有24小时晴雨、暴雨、大风等，准确率达70%~80%。超短期（雷达跟踪）预报主要有冰雹、大风等，准确率达80%以上。

1996—1998年，主要预报未来天气演变情况和重要天气现象，按预报时间的长短分为长、中、短期预报。其项目包括：降水量、降水日数、气温、风向、风速；生产季节性的春播期低温阴雨、汛期降水、秋季寒露风及强冷空气天气；灾害性天气的大风、冰雹、暴雨、霜冻等。

1997年6月，开通“121”天气预报自动答询电话，内容主要有全县24小时天气预报，前一天的天气实况。2001年10月，开始在田东有线电视台播放田东天气预报。2002年，天气预报开始通过手机、小灵通等现代通信手段传递气象信息。2005年1月，“121”电话升位为“12121”。自2005年起，为了更及时准确地为县、镇、村领导服务，通过移动通信网络开通了气象商务短信平台，以手机短信方式向全县各级领导发送气象信息，以有效应对突发气象灾害，提高气象灾害预警信号的发布速度，避免和减轻气象灾害造成的损失。

除发布常规的天气预报外，还作年度趋势预报、汛期趋势预报、月趋势预报等短期气候预测，通过报送“气象服务信息”“重大气象专报”“气象服务专报”“气象服务专题”等方式，向田东县委、县人民政府提供决策气象服务。2004年发布气象服务信息18份。2005年发布3份气象服务专报和16份气象服务信息。

农业气象 1989—2005年，观测、分析气象与农业的关系，并根据气象条件作出农作物产量预报，如玉米、早稻、晚稻等的早、中期产量预报，每年准确率达95%以上。

气象科技开发 1989—2005年，主要开展防雷技术咨询和安全检测等工作，每年检测25单位的防雷设施。还开展人工降雨和飞机造林气象服务等。

人工增雨

专业人员 1989年5月，田东县开始开展人工增雨。1989年6月，经县人民政府同意，投入7万元，建设一个人工影响天气基地（炮库），为人工影响天气作业提供了可靠的安全保证。

人工增雨工作由县人工降雨办公室统一指挥，办公地点设在县气象局。县人工增雨工作由固定的专业人员负责。每炮点设炮长1人、记录员1人、通讯员1人、炮手1人、气象员1人、民兵2人。炮手从退伍军人中挑选，炮长负责总指挥。气象员在办公室负责把好作业关，分析天气，观察云层，捕捉战机。记录员负责及时准确记录气象资料、数据、发射炮弹、效果、上级指示、通知、时间。通讯员及时准确地上传下达信息、通知、指示，且有文字记录存档。炮手负责发射炮弹，保护设备和弹药。民兵负责传递炮弹、保卫和后勤工作。作业结束后，抽调的人员回原单位工作，随时待命下次人工增雨作业。

设备 主要设备有自治区人工降雨办公室1989年5月配给田东县37高炮2门，以及2003年2月田东县自筹购进3套WR-98型增雨防雹火箭作业系统。1989年5月至2002年9月，人工增雨是利用37高炮发射催化剂进行作业，37高炮最大射高6000米，射速160~180发每分钟，一颗炮弹携带碘化银1克，成核率为2×109个/克。2003年3—4月，田东县首次使用WR-98型增雨防雹作业系统。这种火箭作业系统比37高炮威力大，其覆盖面积相当于6个37高炮作业点的累加覆盖面积，但造价相对较高。原则上，根据旱情和云层的具体情况来选定使用37高炮或火箭作业系统。从2004年起，全县停止使用37高炮，使用WR-98型增雨防雹火箭作业系统开展人工增雨作业。

领导小组 县人工影响天气工作领导小组成员由分管农业的副县长、县人民武装部、县气象局、县水利局、县防汛抗旱指挥部的领导组成。县委、县人民政府根据各时期的旱情及时召开领导小组会议，部署制定人工增雨作业方案，做好各方面协调工作，及时拨给作业专项经费，解决各种实际问题，实施增雨作业。

田东县志
（1989—2005）

第二十一篇

文化　体育

第一章　文化

1989—2005年，田东县文化事业发展较快，群众文化活动一直比较活跃，电子游戏室、歌舞厅、卡拉OK厅、网吧等文化娱乐场所迅速兴起，群众文化娱乐活动由单一走向多元化，戏剧、电影放映等受到较大冲击。而文艺创作活跃，诗词、楹联、美术、书法、摄影、音乐、舞蹈等文学艺术创作屡获奖项。嘹歌手代表队参加全区少数民族歌王大奖赛，获表演一等奖。彩调戏《杨老七》参加广西第六届剧展获优秀剧目奖、编剧奖和导演奖，小品《狗食罐头》代表广西参加第六届曹禺戏剧奖获表演金奖，音乐作品《想你好多年》《咱们的农民兄弟》获全国第六届《歌海》采风杯一、三等奖。此外，林逢镇檀河村高岭坡遗址被认定为距今80.3万年前的古人类遗址，右江工农民主政府旧址被列为全国重点文物保护单位、全国爱国主义教育示范基地。

第一节　机构

县文化局（县文化和体育局）

1989年，县文化局属县人民政府主管文化事业的正科级行政部门，办公地址设在平马镇庆平路51号，核定编制7名，实有人员7人。下设文化馆、图书馆、右江革命纪念馆、博物馆、文艺队、电影发行放映公司和全县13个乡镇文化站。全县文化系统总人数161人，其中高级职称1人，中级职称9人，初级职称34人。

1992年，县文艺队改称县民族艺术团。1994年10月，县文化局增设文化市场管理股，对外称县文化市场管理办公室。

1996年4月30日，成立县文化市场稽查大队，编制3名，属文化局管辖自收自支的事业单位。

1997年7月，县文化局更名为田东县文化事业管理局，为县人民政府直属事业单位，设局长、党组书记各1人，副局长2人。

2000年，县文化局人员编制6名，在职8人，设局长1人，党组书记（兼副局长）1人，纪检组组长1人，内设政秘股、文化市场管理办公室。

2002年，机构改革，原县文化局和原县体育局合并为田东县文化和体育局（简称县文体局），为主管全县文化和体育事业的行政职能局，办公地址在平马镇东宁西路128号，核定编制11名，其中行政编制10名，事业编制1名，实在职人员11人。内设办公室、社会文化体育股、文化体育市场管理股。乡镇文化站划归乡镇管理。

2005年，县文体局设局长（兼党组书记）1人，副局长5人（其中有3个副局长分别兼任文化馆馆长、右江革命纪念馆馆长、民族艺术团团长，不列入局行政编制），纪检组组长1人，其他干部职工7人。

县文化局历任局长：潘善英（1988年9月至1993年12月）、辛荣师（1993年12月至1999年3月）、钟学基（1999年3月至2001年3月）、潘仕师（2001年4月至2002年2月）。

县文体局历任局长：林行（2002年3月至2003年1月）、黄国选（2003年1月至2005年6月）、陆学行（2005年6月至2006年12月）。

二层机构

县文化馆 1951年11月成立，隶属县文化局，是全额拨款事业单位，是组织辅导群众文化活动的事业单位，分设文学、戏剧、舞蹈、美术、摄影、表演等专业创作人员，主要职能是举办各种艺术辅导班，下乡辅导业务作者搞文艺创作，组建和指导城乡业余文艺团队，组织开展各个重大节日的文化娱乐活动和各种文艺会演比赛活动。办公设在平马镇南华街5号，全馆建筑面积1706平方米，业务用房963平方米。

1989年有干部职工11人，1996—1998年，编制11名，在编11人。1999—2000年，编制11名，在编10人。2005年在编事业人员11人。

县图书馆 田东县图书馆前身是县文化馆的一个图书室，图书管理员2人。1978年3月独立建馆，地点位于平马镇庆平街603号，编制5人。

1990年4月，县图书馆楼建成并投入使用，馆楼具有民族建筑艺术特色，建筑总面积为1282平方米，馆藏书刊7.8万册。1999年，先后建立平马、思林、印茶、江城、作登、坡塘、义圩、那拔、祷午9个乡镇图书馆，全县13个乡镇图书馆藏书信息联网。

2005年，在编事业人员8人。馆内设有办公室、采编室、馆藏图书室、成人报刊阅览室、少儿书刊借阅室、留守儿童书刊阅览室、参考工具室、电子阅览室、过刊借阅室、过报查阅室、盲人阅览室、政府信息公开查阅点等12个对外服务窗口，总藏书刊12.18万册。

2005年4月，田东县图书馆阅览室 （县图书馆提供）

县文艺队（民族艺术团） 隶属县文化局，1989年，县文艺队（团）属差额拨款事业单位，办公地点位于平马镇南华街49号，核定事业编制20名，实有职工30人。1995年，核定事业编制25名，实有职工35人。2000年，实有职工40人。2005年，核定事业编制25名，实有职工40人。

县文化市场管理办公室（文化稽查大队） 于1994年10月成立，编制3名，办公室设在县文化局。具体管理全县文化市场、体育市场、书报刊市场、印刷市场。1996年成立田东县文化稽查大队，与文化市场管理办公室实行一套人马两块牌子，人员编制3名，实有人员3人，至2005年不变。

县新华书店

于1952年8月成立，负责县城内图书发行工作，对图书市场进行监督。书店设经理室、业务室、财务股，下辖仓储部、南华门市部、庆平门市部、上法门市部、新洲矿区门市部、服务部。

1987年以前，财权、物权归属自治区新华书店管理，人事调配权、人事任免权归属县人民政府管理。1987年8月至1991年2月，财权物权下放县统一管理。

1989年4月，在百色工商局注册成立，注册资本为60万元，经济独立核算，自负盈亏，设经理室、业务室、财务股，有综合门市部3个，农村发行网点14处，图书发行网点14处，图书发行网遍布全县各乡村集镇。

1991年3月之后，百色地区各县新华书店的人、财、物三权统一收归百色地区新华书店管理。

1992年，从业人员20人，主要经营图书、课本批发、零售、教学磁带批发、零售，办公地址位于平马镇南华街79号。

2005年，内设经理室、财务股、业务股，下辖南华门市部、新洲矿区门市部、教材计划发行部，在职员工19人。

县广播电视事业局

1989年，县广播电视局（简称县广电局）属正科级行政单位，办公地址在田东县平马镇油城路31号。编制11名，实有人员11人。全县广播系统共有干部职工65人，其中乡镇站26人。下辖县广播站、电视转播站、农村广播电视网管理站、有线电视站，13个乡镇广播站。1993年，乡镇广播站改为乡镇广播电视站。

1995年，县广电局内设办公室、总编室、社会科技事业股，领导职位设一正三副，核定编制36名，在职40人，其中中级职称3人，初级职称13人，大专以上文化11人。下辖县人民广播站、县农村广播电视网管理站、县电视转播站、县有线电视站等四个单位，实行局站合一的管理体制。

2000年，编制36名，在职60人，其中局长1人，副局长2人，其他干部职工57人。在职干部职工中，大专以上学历30人；有中级职称以上8人，初级职称16人。

2001—2002年，编制36名，在职62人，其中局长1人，副局长2人，纪检组组长1人，其他干部职工58人。

2005年，编制36名，有干部职工44人，其中局长1人，党组书记1人，副局长3人，纪检组组长1人，其他干部职工38人。在职干部职工中，有中级职称以上10人，初级职称15人。下辖县人民广播站、县农村广播电视网管理站、县电视转播站、田东县有线电视站等4个单位，实行局站合一的管理体制。

县广电局历任局长：李玉送（1987年10月至1991年1月）、刘忠庆（1992年4月至2003年1月）、黄彩妹（2003年1月至2006年12月）。

县人民广播站 1950年11月成立县人民政府收音站，1956年成立县人民广播站。1989年有干部职工21人（含电视转播工作人员）。2005年在职人员12人。

县电视转播站 于1987年1月成立，办公地址设在县广电局大院内。1995年，人员编制9名，主要是进行中央电视1台、广西电视1台的收转工作。2005年，县电视转播站并入县有线电视站。

县农村广播电视网管理站 于1987年1月成立，办公地址设在县广电局大院内。1995年，人员编制7名，主要是管理全县各乡镇广大农村广播和电视网络管理工作。2005年，人员编制7名，实有人数16人。

县有线电视站 于1992年10月成立，主要职能是转播中央电视台、广西电视台新闻综合频道和自办节目，负责辖区网络建设与维护。2005年，县电视转播站并入，有编制17名，实有人员16人，设有总编室、新闻采编部、专题文艺部和广告部。

广西广播电视信息网络股份有限公司田东分公司 2004年8月，广西广播电视信息网络股份有限公司田东分公司挂牌成立，从县广电局剥离出去，原主要从事有线电视维护、安装的人员平移过渡到该公司，人员编制13名。其人、财、物属广西广播电视信息网络股份有限公司垂直管理，网络资产767万多元。2005年，与县广电局分开办公，公司采取企业管理的经营方式。

乡镇文化广播电视站 1989年全县有平马、祥周、林逢、思林、作登瑶族乡、印茶、江城、朔良、义圩、那拔、布兵、祷午、坡塘等13个乡镇文化站、广播站，每个乡镇文化站配事业编制人员1~2名，13个乡镇广播站共有干部职工21人。

1993年，乡镇广播站改称乡镇广播电视站，每个站配管理人员2~3人。1989—2002年，乡镇文化站由县文化局管理，乡镇广播电视站由乡镇政府管理，业务上受县广电局指导。2002年，乡镇文化站和广播电视站合并，更名为文化广播电视站，每个站编制2名，归乡镇管理。

2005年，祷午镇并入林逢镇，撤销祷午镇文化广播电视站；布兵镇并入祥周镇，撤销布兵镇文化广播电视站；坡塘乡并入思林镇，撤销坡塘乡文化广播电视站。

电影发行放映公司 由县文化局主管，1989—1992年，下辖有县电影院及各乡镇村电影院（站），公办队14个，民办队49个。电影队伍102人，其中公司职工43人，工矿系统放映员10人，农村民办放映员49人。

1994年至1998年上半年属企业单位，1998年下半年改属事业单位，企业管理，财政自收自支。

1994年，辖有县电影院、县剧场及13个乡镇村电影院（站），放映队有公办队10个，民办队17个，工矿队10个。电影队伍82人，其中公司职工36人，工矿系统放映员10人，农村民办放映员36人。

第二节 群众文化

节日文化

1989—2005年，田东县群众文化活动围绕节日举行粤剧、师公戏、壮戏、彩调、曲艺唐皇、木偶、山歌等文艺会演、调演，以及开展歌咏、迪斯科、卡拉OK演唱、征联、书画、板报比赛。

1989年纪念百色起义60周年，举行业余和专业文艺晚会2台。

1992年春节期间，组织平马镇粤剧团和四平村文艺队在县工会露天剧场演出2晚，为县城群众欢度新春佳节增添了节日气氛。纪念毛泽东同志《在延安文艺座谈会上的讲话》发表50周年时，组织10个单位业余文艺人员、县民族艺术团在电影院演出文艺节目，观众400人。举办全县卡拉OK演唱“十大歌星”选拔赛，选出10名优秀歌手。

1994—1998年，组织大、中型群众文艺活动140场次。其中，1996年承办百色地区第三届芒果节，1997年举办全县迎香港回归歌咏比赛。

1995年，田东举办迎“七一·党在我心中”红歌大合唱比赛，有28个代表队参加 （县广电局提供）

1999年，全县举办“右江之春”春节文艺晚会、“文化杯”十大歌星大奖赛、壮族“三月三”晚会、“白衣天使之春”文艺晚会、“七一”歌咏比赛、“禁毒”专场晚会、纪念百色起义70周年文艺晚会、第三届体育运动会大型文艺节目等群众性文艺活动30场次，观众19.26万人次。

2000年，全县共举办大型节庆文艺活动34场（次），观众18.54万人次，其中在县城举办的主要有迎澳门回归暨庆祝2000年元旦大型文艺晚会、迎春文艺晚会、春节粤剧专题晚会等；在乡镇举办的有布兵、印茶撤乡建镇专题晚会，节目有壮戏、彩调、山歌、采茶拜年歌等。

2002年，举办春节文艺晚会（邀请武警广西总队、北海环卫处歌舞团来演出）、粤剧专场迎春会、山歌专场迎春会、国庆文艺晚会等65场（次）群众性文化活动，观众6.91万人次。

2003—2004年，举办各种形式群众文化活动55场（次），观众16万人次，其中2004年各乡镇文化站举办25场（次），观众10万人次。

2005年，全县开展各类群众性文化活动125场（次），观众15万人次。其中田东一中、田东二中、职业中学等分别举行庆祝“五四”青年节文艺晚会。

文艺会演

1989—2005年，县文化馆每年都组织文艺会演，还适时外出交流。

1990年，举行全县文艺会演，有13个文艺代表队参加，共演出70多个节目，其中戏剧21个，曲艺7个，舞蹈13个，歌曲29首。1991年，举办全县中学生文艺会演，共有12个文艺代表队参加，共56个剧目，其中戏剧14个，曲艺6个，舞蹈12个，歌舞6个，歌曲18首。

1992年，第三届全国老区文化发展战略研讨会在田东举办，组织小歌剧《赶歌圩》和组歌《马鞍之春》等文艺节目向代表汇报演出。

1993年，举行全县“职工之花”文艺会演，有驻县城中央、区、地直单位和县机关、学校、厂矿、乡镇等21个代表队，318人参加，共109个节目，其中戏剧8个，曲艺9个，舞蹈43个，歌曲49首。

1998年，举办全县农村文艺会演活动，各乡镇组织业余文艺团队共25个队参加演出。

1999—2001年，全县有“夕阳红”艺术团、石化总厂艺术团、东泥艺术团、“白衣天使”艺术团、百采厂音乐队、田东一小民乐队、平马越剧团、平马龙狮队、“丽园”艺术团、作登瑶族唢呐队、祥周仑圩农民文艺队等30多支业余文艺队，共参加会演120场（次）。期间，田东县文艺代表队参加2000年广西《八桂群星》农村文艺会演，共获得7个奖项。

2005年，县民族艺术团下乡举行文艺会演11场（次），观众达1.2万人次。

馆文化建设

培训指导　1989—2005年，县文化馆设有文学、戏剧、舞蹈、美术、书法、摄影、山歌创作等文艺创作辅导员。每年根据实际举办各种艺术辅导培训班，下乡辅导业余作者搞创作，组建和指导业余文艺团队，组织各大节日文化娱乐和各种比赛活动。共举办各种文艺培训班167期，培训各种业余文艺队伍3570人。组织专业和业余文学创作小组16个260人；美术、书法创作小组52个280人；山歌队46个420人。协助组建并指导30个农村业余剧团和业余文艺队（团），指导筹建成立平马、林逢、祥周、思林等乡镇文化活动中心。

比如1994年，与县民族艺术团共同指导有关单位举办首届“交通稽征杯”卡拉OK大奖赛、首届“工行杯”电视卡拉OK大奖赛、首届金融系统卡拉OK大奖赛等，丰富群众精神文化生活。

比如2000—2003年，指导组建百采厂子弟学校学生管乐表演队、田东一小学生民乐表演队和西洋乐器表演队，指导平马镇龙狮艺术团发展成集舞龙舞狮、粤剧演唱为一体的民间艺术团体，指导协助老年大学艺术团、平马粤剧团先后到南宁、北海、隆安、德保、田阳、百色等地进行交流演出。

参加赛事　1989年，选送选手参加百色地区十大歌手选拔赛，获第一名。1992年4月，组织县嘹歌代表队参加全区少数民族歌王大奖赛，获表演一等奖。

1995年，组织指导作登瑶族乡瑶族农民唢呐队与礼仪表演队，参加广西电视台1995年新春文艺晚会开台节目演出，获得好评。选送节目参加百色地区首届艺术节，田东获得6个项目奖励，分别为2个一等奖、3个二等奖、1个三等奖。

1999年，在广西国际民歌艺术节“中华民歌暨广西民族歌手邀请赛”中，选送节目“田东嘹歌”获金奖。

2003年，组织18名业余歌手参加广西微米粤曲演唱大赛百色赛区预赛选拔赛，获组织一等奖。

2003年，县老年大学艺术团到隆安县交流演出

（县老干局提供）

广场文化活动

2000年2月，占地2.58万平方米的县人民广场竣工后，成为县城居民休闲娱乐的主要场所，大型文艺晚会、活动都在广场舞台举行。

清晨，喜欢晨练的中老年人，从县城的四面八方聚集到广场开展活动，人员由2000年10月的百余人，逐渐增加到2005年的千余人，均为自发组织。后逐步形成了几个队别，有太极拳队、太极剑队、健身舞队、红绸舞队、剑舞队、扇舞队等，每队都有队长、教练，备有音响设备，人员以中老年人为主，活动经费自行筹集，所需道具自己置办，一直练到早上9时许才陆续离去。

晚上，市民自发到广场或散步，或唱嘹歌、依歌等等山歌，或唱卡拉OK，或吹拉弹唱，或自编自演节目。

2001年开始，一些喜欢交谊舞的人员在广场跳交谊舞，起初只有50~60人，后来人数越来越多，2005年达到300~600人。交谊舞均在夜幕降临后开始，至晚上10时前结束，参加人员以中老年人为主，也有部分年轻人。跳交谊舞有专人管理和组织，音响设备的购买、维修、舞曲影碟的更新等所需经费由参与者出资。

2005年，县委宣传部、县文化局因势利导，重新装修广场灯光背景，推动广场文化活动开展，成为群众休闲娱乐的好去处。

第三节　文学艺术

文艺创作

1989年，全县作者发表文艺作品30篇。

1990年，田东出台《田东县文艺创作评奖条例》，对创作成绩显著作者给予奖励，评奖办法从发表作品刊物级别和作品数量评定，获奖者颁发给证书和奖金。硬笔书法作品《心静延年》被选入全国首届硬笔书法作品展览，戏剧研究论文《从传统剧目看傩与师公戏渊源关系》入选中国艺术研究院召开的“广西傩戏国际学术研讨会”。全县作者共发表文艺作品93篇。

1993年，全县作者发表小说12篇，其中省级4篇，地区8篇；诗歌发表18首，其中省级13首，地区5首；发表美术、书法作品16幅，其中省级3幅，地区级13幅。县文化馆的《壮族木偶戏脸谱的审美特征》《壮族唐皇的艺术特色》分别在《民族艺术》和《广西当代艺术理论从书曲艺卷》上发表。《在茫茫林海》《音乐》《面对事物的思考》等诗歌辑入香港世界出版社出版的《当代青年诗选》一书。

1995年，全县作者发表文艺作品116篇。论文《传统剧目与师公戏的关系》和《桂西壮族乡傩艺术初探》入选国际傩文化成果展，戏剧论文《〈太平春〉是壮剧雏形的唱本》在国家民委主持召开的“全国少数民族戏剧发展研讨会”上宣读，同时发表于学术季刊《民族艺术》1995年第2期。

1999年，组诗《大编钟》发表在《广西文学》。

2001年，全县作者发表文学艺术作品53件，其中国家级刊物刊用3篇（首、幅），省级刊物刊用14篇（首、幅），地区级刊物刊用36篇（首、幅）。

2004年，实施艺术创作“精品工作”，创作出一批有较高艺术水准的作品，有些还在比赛中获得名次。创作《三老汉谈发展》《交通安全大家学》等2个快板及唐皇《科技进农家》，编导《天地喜洋洋》《心想事成》《人民公仆》《壮族铜鼓舞》《欢天喜地》《剑出鞘》等6个舞蹈。

2005年，《歌海生涯尽风流》《龙须河观瀑》参加全国第五届“新世纪之声”征文比赛分别获得银奖、铜奖。全县文艺工作者在各级刊物发表的文艺作品有短篇小说6篇、音乐作品5个、小品4个、散文诗歌10篇（首）、美术书法摄影作品8幅、山歌100多首。

专业文艺表演

县民族艺术团是专业艺术表演团队，以声乐、歌舞、戏剧、曲艺等节目为主。1989年，编排反映右江革命斗争历史的小歌剧《赶歌圩》，参加纪念百色起义60周年文艺晚会做专场演出，并获演出奖。

1991年，排演反映右江革命老区新风貌的大型组歌《马鞍山之春》。它由七个乐章组成，在县城连演七场，深得干部群众好评。

1994年，排演舞蹈《同龄人》代表百色地区参加广西文体计划生育文艺会演获特别奖，小品《拔牙》在参加百色地区外贸系统文艺会演中获一等奖。

1995年，舞蹈《唢呐催春》《唢呐金锣舞》分别参加广西电视台新春文艺晚会、广西民运会体育表演选拔赛。其中的《唢呐金锣舞》获三等奖。

1996—1998年，创作了《军营来信》《多就好吗》《家事、国事、大好事》《同走黄泉路》《富民政策人人夸》《党指致富路》《贫困瑶山大变样》等节目，演出300多场，观众54万人次。作登瑶族乡瑶族唢呐队在参加广西桂南地区八音比赛中获得优秀编曲和表演金奖。

2001年，《疑云》《改名》《悔过书》等小品在百色地区首届“工行杯”相声小品大赛中均取得较好的名次。当年，送戏下乡75场，观众9.1万人次。

2002年，新创作《说情》（小品）、《山中有只藤缠树》（歌舞小品）、《所长请客》（壮语快板）等三个节目深受广大群众喜爱和欢迎。当年，送戏下乡85场，观众9.5万人次。

2004年春节，举办山歌演唱会，从那拔、思林、江城等乡镇邀请8对山歌手以嘹歌、排歌、依歌、蔗园山歌等形式歌颂党的富民政策，咏赞党的十六大精神。举行专业文艺会演98场，观众达4万多人次。

2005年，创作舞蹈《红旗颂》《创造者》《小河淌水》《踩云彩》，情景老剧《老王》《红歌连唱》，独角戏《流浪汉》，小品《一张火车票》《原因》《行车记》《一份自留地》等节目，在节日和重大活动进行表演。

第四节 民间文艺

壮族民歌

排歌 主要流行于田东、田阳，用北路壮话演唱。它比任何一种壮族民歌都较长、较大、较自由，是壮族民歌歌式里的自由体。无论是在句数、行数，韵脚上，排歌与其他山歌相比，都是相对要自由一些。排歌的句数行数，是由内容来决定的。其每行的字数虽基本上以五言或七言为基础，但伸缩性比较灵活，可短至一个字或三个字，长至十几个甚至二十个字，这在其他的壮族山歌里很难见到。

排歌的内容量比任何一种壮族歌式的内容容量要巨大得多、丰富多彩得多，可以说它是壮族生活的百科全书。排歌富于刻画性格，形象、细节描写特别深刻。它的心理描写细腻，环境描绘一气呵成，常让人叹为观止。从叙事方面来看，有送鞋排歌、接绣球排歌、送绣球排歌、接送壮锦排歌以及接送各种各样爱情信物的排歌；还有一部分是传授历史知识、生产生活知识的排歌，如布火（即穷人）的排歌，布洛陀创天地排歌等，还有哭嫁歌、送丧歌、逃婚歌、儿歌等人们生活习俗和生活知识的排歌。从抒情的角度看，假若是男女二人结伴一生的排歌，它会从初会唱起，唱到试探、交心、定情、结义、离别、相思、诉苦、出走、安家等许多种不同的环节。每一种同一类项里，又分有许多形式长短不一、内容参差不齐的细目。这种排歌一般是男女对唱的形式出现，其所展现的思想内容的丰富多彩，艺术形式的绚丽，结构的善变、灵活、多样等，说明了排歌具有比较丰富的内容和灵活的形式特点。

嘹歌 “嘹歌”，壮族山歌的一种，流行于田东的思林、林逢、朔良及平果的太平、城关等乡镇。嘹歌是因其在每唱完一句，要拉长一声“嘹——”的尾音而得名；另一种起源传说是因此歌最早流行于田东思林的那料（音同“嘹”）屯，故而称为“嘹歌”。

“嘹歌”大体上可分为“日歌”和“夜歌”两大部分，其中包括日歌、三日歌、入寨歌、贼歌、建房歌等六种，另外还附加有十年天旱、十年大雨、季节歌、时辰歌等“散歌”。“散歌”是一种可唱可不唱的零散小插曲。“日歌”和“夜歌”唱的却是完整的故事，有情节，有人物，有事件，故事曲折动人，诗意浓厚。

“嘹歌”的内容各种各样，但多以男女爱恋的悲欢离合为题材，如《贼歌》，唱的就是一对男女青年恋爱的故事，正当他们恋爱定情时，男方突然被土司抓去充军，三年后逃跑回来，因路途遥远曲折，男子一路讨饭回家，到家时一贫如洗，只剩下一条扎腰的绳子，他担心自己心爱的姑娘再也不爱他了，便心情忧郁地来到女方家门外唱道：“情断三年忘雷公，情断五年忘水神，在饥在寒苦楚时，妹还念哥否?”姑娘听后悲喜交集，也唱道：“别了三年连酒味也忘了，别了五年连肉味也忘了，头发长得像毛贼，头发白似漂白麻嘹。”于是两人永结同心，重建家园。

“嘹歌”音调高亢嘹亮，采用二声部演唱，对歌时须两男两女，是当地各式壮族山歌中较为少见的一种。

田东嘹歌有很高的艺术价值和研究价值。1964年，田东歌手黄大力，第一个把嘹歌唱到了北京。当年，他代表广西到人民大会堂演唱嘹歌，引起了轰动，成了当时的热点，得到了党和国家领导人的亲切接见和高度评价，也得到了文艺界的好评，引起了媒体的关注。2001年，歌手农正甫、黄汉章、覃忠礼，参加广西歌王大赛，三人同时获得自治区党委宣传部、文化厅授予的“壮族歌王”称号。中华人民共和国成立以来，田东有关部门重视对嘹歌的开发、保护和利用，不断进行挖掘整理，出版了许多有关嘹歌的专著。在历次地区（市）县级的各种重大活动中，田东嘹歌成为保留节目。在历次全区、全国等各种文艺活动中，田东嘹歌一直代表百色参加活动并取得了优异成绩。2001年，被著名音乐家王佑贵先生采用为电视剧的音乐素材。2003年1月，联合国教科文组织专家专程到田东采录嘹歌作为其收藏和研究对象。曾先后有日本、德国、韩国等多国专家到田东收集、考察田东嘹歌。中国社会科学院的罗汉田教授翻译、整理嘹歌中的“贼歌”，供联合国教科文组织作为民间文化遗产存档。

已经正式出版的关于田东嘹歌的出版物共有三种（版本）。其一是黄耀光、黄勇刹用汉文翻译的《贼歌》，以《唱离乱》为名，首发在《广西文艺》上，1964年被收入上海文艺出版社《中国民间叙事长诗选》第二集。其二是由何承文、李少庆、莫非、黄琼柳整理，广西民族出版社出版的壮文版《嘹歌》。其三是1993年广西民族出版社出版的，由张声震主编的《壮族民歌古籍集成》。

21世纪之前，田东嘹歌比平果知名度高。但是21世纪后，平果的知名度超过田东的，原因有三：一是2004年平果嘹歌列入广西民族民间文化保护工程；二是2008年平果县嘹歌被列入国家级非物质文化遗产名录；三是平果县善于包装，善于推介。

嘹歌王李少庆　李少庆出生在林逢镇福兰村，从小就爱唱嘹歌，而且出口成歌。比如孩童时代，他触景生情地唱：“砍柴排连排，头来尾也来，山歌不用买，肚转就出来”。“天天捡猪菜，帮富家发财，日日穿烂衣，时时裤裆开”。1949年11月，他投笔从军，高唱嘹歌鼓士气：“不怕密林丛山高，拼命打匪杀土豪，跋山涉水穿山洞，打得豺狼如山倒”。“山歌唱到军营中，战士练兵心火红，摸爬滚打炼本领，日演夜习争立功”。1955年夏，他复员回乡当教师，他唱：“以歌当作蜜蜂糖，干一行来爱一行，走村串寨找生源，甜言蜜语访家长。”“办学依靠瑶寨王，小茅舍变大学堂，十个学生增百个，书声琅琅震山庄。”1968年，他调到田东县文化馆工作，整理出版十部山歌书籍，140多万字，其中《右江排歌三》《壮族排歌选》荣获自治区优秀作品奖，《壮排选》又获自治区人民政府“振兴广西文艺创作铜鼓奖”。1979年，中华人民共和国30周年大庆期间，他参加全国少数民族民间诗人歌手座谈会，他在会上唱嘹歌《高歌太阳永不落》：

从小我就爱唱歌，唱得穷人乐哈哈；
逗得财主打颤抖，气得把我踢一脚。
长大我也爱唱歌，唱得金银堆满坡；
毛主席请我上北京，高唱祖国红山河。
不料天降四妖魔，水牛生蛋马生角；
胡说山歌是下流，堵我咽喉卡我脖。
清除四害我欢乐，心花怒放红似火；
党中央又请我上京，高唱太阳永不落！

侬歌　主要流传在田东县的印茶、江城、作登、坡塘等南部地区，还有天等的向都、进结等地。南路山歌叫作“西”。唱山歌，壮话叫“谷西”。作登瑶族乡坡圩村唱的侬歌唱腔最正宗、最侬。

壮族侬歌的内容非常丰富，可分为情歌、流浪歌、智斗歌、四时风俗歌、孝儿歌等，充分反映壮族人民的劳动生活、风俗习惯、男女爱情故事等。其中大话歌风趣，幽默，充分反映壮族人民乐观、自信和不服输的性格，是壮族人民感情和智慧的结晶，也是田东南部壮族人民的一部百科全书。如《十二生肖歌》唱道：“今天我俩上歌台，子丑寅卯唱出来；子时列生哪一肖，你如知道讲出来。”“子时回生鼠尾巴工，哪里有米哪里穿；生来会偷成习惯，只管肚子吃饱。”把十二生肖的习性和当地人的生长生活习惯结合起来，充满趣味。又如《十二月花歌》唱道：“正月来到梅花开，多少喜事跟随来；小孩就能穿新衣，老人就盼能发财”“可算你俩想得出，二月花开是哪样？如果哥俩猜得对，帮哥把水挑满缸。你讲那句我才知，二月梨花正当时；老人小孩心都乐，鸟在枝头叫吱吱。”把十二月花的生长习性和人们的生产生活、男女爱情结合起来，唱起来情深意切，内涵丰富。如流浪歌开头唱道："我俩饭后就出来，走几多垌几多田；走几多田几多地，来到此地歇歇脚。""来到此屯就停下，老人吃饭也不曾；老人可曾吃了饭，允许我俩唱歌否？"这是走村串户时要求对歌，既有悠闲的心情，又有礼貌的问候。再如智斗歌："泥鳅还小过牛蹄，钻进烂泥当安居；海深有它乐自在，你说它是笨或痴。""打铁才会留火星，洞黑才有蝙蝠临；母鸡虽然没有奶，还有成群小鸡跟。"充满生活动情趣和智慧。

依歌的形式是七言四句，讲究押韵，都是押脚韵，每四句之间可以连韵，也可以独立押韵。依歌旋律优美、音调高亢嘹亮，双声和唱，高低有致，音韵和谐，是原生态音乐的好素材。在表现形式上，大量采用生动形象的比喻、起兴、夸张等手法，具有很强的感染力。

壮族唐皇

林逢镇群众传唱唐皇已有上千年历史。壮族唐皇歌调是当地群众自古一直承袭流传下来的一种民间坐唱形式艺术，用当地壮语吟咏演唱歌词，俗称"唱唐皇"或"唱唐皇调"。壮话意思是讲述唐朝历代皇帝的故事，"壮族唐皇"名称由此而来。

流传至今的林逢壮族唐皇口传歌词、手抄唱本都是用本地生僻壮话记录，"唱唐皇"的内容跨度从隋末皇帝杨坚唱起，叙至唐玄宗（李隆基），是一部歌颂唐太宗李世民多桀身世、治世有功、开创太平盛世、赐福于民的长篇叙事史诗。

1998年3月，广西民族古籍办公室根据广西歌王、田东县文化馆著名民间艺人李少庆搜集提供上送的林逢壮族唐皇传承家族手抄歌本，编印了1500册《唱文隆·唱英台·唱唐皇》壮汉对译读本，从此，盛传于林逢镇民间的壮族唐皇文化开始摆上书架。

林逢壮族唐皇调，大多是长篇的七言诗，传承世家后人述唱，壮族唐皇调有七字句、五言句等，因传承久远，原始格式和唱腔用法保存不多，有的甚至失传。壮族唐皇歌调讲究押韵，主要有押腰韵、首尾押韵等，变韵要求自然接韵，容易记忆，读唱朗朗上口，优美动听，比如"晚女云赖申对昂，娄唱唐皇给旦听；唐皇夜日多性唱，宁贝盆半闷中国"（汉语意思是今晚众人齐欢庆，咱唱唐皇当好茶；闲时多唱唐皇调，古风神韵传天下）。

每逢工余闲暇或金秋收获时节，群众尤其喜欢演唱唐皇，抒发情感。若逢民间节日、办喜事、相聚等，亲友也会即兴唱唐皇，以渲染喜庆气氛。唐皇曲艺具有浓浓的乡音、乡情和乡韵，历史悠久，源远流长，老唐皇迷们会唱唐皇、爱唱唐皇，以表达对美好生活的向往。

瑶族金锣舞

瑶族金锣舞流传于作登瑶族乡的梅林、平略等村，无文字记载，据说与从猿到人的进化时代有关。

《金锣舞》先前只限用于酬神、祭祀、驱邪等民俗活动，后来随着岁月的流逝和时代的变迁，金锣舞已演变为一年一度瑶族庆丰年、贺新春的主要祭祀舞蹈。每年的正月初一，金锣声就会在瑶寨响起，人们如痴如狂唱歌跳舞，金锣舞是瑶族人民情感渲泄的主要活动形式。

《金锣舞》多以集体舞为主，人数可为三五人，也可几百上千人。舞时在活动场院地中拉起一条藤蔓或一根绳索，把金锣串起、悬挂起来，也可将金锣吊于竹架或木杈上，金锣离地面为1.5米左右，以求不妨碍动作为准。

瑶族多居住在高山上，长期生活、劳动在山地使他们适应了自然环境，如在崎岖的山路行走时，必须抬高脚步，脚尖用力，以及腰部扭摆并含胸等。这种习惯体现在舞蹈动作里的"抬腿击锣""靠步点锣”“双槌过头”“双槌背击”“急转点锣”等。

2005年12月，作登瑶族乡梅林村表演金锣舞
（县委宣传部提供）

金锣舞是作登瑶族独有的一种民间舞蹈，梅林村是其起源地，是一种原生态艺术，带有浓郁的地域特色。其一，它的舞步除了带有当地色彩，与当地劳动生产生活息息相关外，其节奏也带有瑶歌自由式的节拍，一、二、三、四拍交替进行，快慢随舞者情绪而定，它就像山里的风，来去自由。其二，有当地特色的唢呐作为伴奏。但是，唢呐虽为伴奏，却可自由发挥，不一定按锣点吹奏。其三，歌舞结合，每当瑶寨跳起金锣舞时，正是村里最热闹的时候，此时，男女老少且歌且舞，他们所唱的一种瑶族古歌，节奏十分鲜明，很像现代的摇滚。

20世纪80年代，田东的文艺工作者已将金锣舞整理，并收入了《中国舞蹈集成（广西卷）》。

2006年，由作登瑶族乡梅林村的110名村民组成了一个民间体育舞蹈队，参加首届百色市少数民族传统体育项目比赛，并获得二等奖。之后，金锣舞成了田东县重大节庆活动必不可少的保留节目。

传统戏剧

田东戏剧有壮剧、粤剧、邕剧、师公戏、彩调剧等五种，主要流行于壮、汉两个民族之间，尚未发现瑶族等其他民族有原生或传入的剧种。壮、汉两个民族之间流传的剧种，均为外来文化。

壮剧　最早传入田东的剧种是壮剧，于1877年传入。田东壮剧属南路壮剧，主要流行于江城一带。

壮剧过去被称为江城土戏，是从天保（今德保县）的马隘乡流传过来的。1877年，马隘戏班到江城演出，大受欢迎。江城人黄锡文遂拜马隘人为师学艺，学成后便召集人马，组成江城第一个土戏班，名为“富贵班”。

自此，壮剧便在江城流行开来。从黄锡文开始，江城上演壮剧已有五代人了。黄锡文为第一代，第二代代表人为黄植青、黄槐榜，第三代代表人为黄植菊、卢振英、黄植英、黄焕章、赵芳，第四代代表人为黄清野、黄长案、黄晋汉，第五代代表人为黄焕滔、邹职民、黄胜三、黄炳坤等。

壮剧初期是唱、做分开，演出时，台中放一长桌，桌上架起八字形蚊帐帘，师傅端坐帘内面向观众。演员出台只做各种表情动作，唱白由师傅一人承担。后来，大家觉得这样演出不够生动，于1939年把戏改为唱做合一，即唱做全由出台演员承担，不但戏演得生动好看，表演艺术上也有了进一步的发展。在音乐唱腔方面，田东壮剧主要有马隘调、平板、喜调、哭调、叹调等。

壮剧剧目流传下来并有代表意义的有《秦香莲》《孔雀东南飞》《武松打虎》《张四姐下凡》《长板坡》《梁山伯与祝英台》《双贵图》《全家福》等。

邕剧　1908年，邕剧传入仑圩。当时，邕剧艺人小金师傅到仑圩传授邕剧，仑圩人岑世文向小金师傅学习邕剧的各种唱腔及表演程序，学成之后便在本屯组织了第一个戏班——恒乐社，主要演员有岑伯从、韦光光、岑善哲等18个。戏班得到了当地群众的募捐支持，到广东购置了一批戏服、砌末和乐器。恒乐社在仑圩首演剧目是《三气周瑜》，接着有《文龙与俏妮》《梁山伯与祝英台》。

1920年，岑世文把自己的良田、塘圩和三间瓦房拍卖，用来解决恒乐社面临买道具、买服装、来回马托费等经济困难。戏社除了在当地演出外，还到巴马、东兰、凤山、田阳等地演出。当时，恒乐社每年春节后都要外出巡回演出，到四月农忙才回家。按当时习惯，戏社演出除了演出时的灯油由当地负担外，每演出一天一夜，得1000千克大米的报酬。开始时演员演出不领报酬，后来演出多了，戏社就每人每月发给三至五元钱的零花钱。

1935年，有一批优秀演员加入该社，主要演《李旦与凤姣》《薛刚反唐》等。1936年，革命领袖韦拔群带领东兰县农民运动宣传队到仑圩演出，并帮助培养了仑圩的岑翠仙、陆美玉、韦素峦、黄彩新、李金清等五个女宣传员，弥补了女演员的空缺，剧团壮大起来，经常到田阳、巴马、东兰、义圩、百色演出。之后，该社主要表演以新民主主义革命为题材的《红军歌》《旧社会筑公路歌》《东军西军》等剧目。

中华人民共和国成立后，该社更名为仑圩剧团，出名的剧目有《王佐断臂没文龙》《武松杀妓》《八仙下凡》《白毛女》等。20世纪60年代，该社更名为仑圩俱乐部，当时最出名的剧目是《西山红莺》，反映少年队员如何把信传给红军，然后取得革命胜利。剧目《一条大鱼上北京》反映人民得到解放，如何感恩共产党，如何感谢毛主席，深受群众喜爱。20世纪70年代，该社建起了自己的剧场，也叫仑圩电影院，可容纳2000名观众，月月有文艺表演。后又更名为“毛泽东思想宣传队”，经常到外地去演出。20世纪80年代，该社更名为仑圩业余剧团，老中青三搭档，经常到田东县剧场演出。后来，由于观众爱看影视剧，戏剧失去了市场，该剧团渐渐淡出人们的生活。

邕剧在仑圩共传了七代艺人，分别是第一代岑世文，第二代黄文贵、黄广兴，第三代李坚、黄新文，第四代罗克体，第五代岑笃才，第六代岑忠义、黎有华、岑笃常、黄炳良，第七代罗美芬、罗秋林、黄丽娟等。邕剧传统剧目有《三气周瑜》《错赠袍》《平贵别窑》《征东》《金兰结义》《满堂福》《二度梅》《双结缘》《黄花山》等。

粤剧 粤剧在田东是除了壮剧之外的另一大剧种，主要流行于平马、思林、祥周等，各地曾组织过多个剧团。

1920年，平马镇组建第一个戏社叫“汉升平”，并请南宁艺人添仙到平马教戏。

1944年，平马镇有国乐、民乐、玩乐、安乐和文化剧团等多个戏班。同期，祥周、思林等也组建了多个粤剧戏班并排演剧目。

1949年以后，平马镇的几个粤剧团曾到靖西、化洞、德保、大新、天等、凌云、百色、田林、田阳、那坡、平果、果化等地演出，还多次代表田东参加百色、广西文艺会演，并取得了较好的成绩。粤剧有名的剧目有《黄花山》《定军山》《红拂女私奔》《郭子仪祝寿》《红桥错》《天师印》《女驸马》《张飞审瓜》《三凤求凰》《宝莲灯》《搜书院》《山乡货郎》《雨夜出诊》《山寨孤光》《向北斗》等。20世纪70年代后，因为受到影视剧的冲击，粤剧失去了市场。

师公戏 师公戏初始是在巫师跳神的基础上发展而成，最初流行于河池、柳州、南宁一带。师公戏流行在壮族地区的，称“壮师”，用壮话演唱；流行在汉族地区的，称“师公戏”，用当地汉话演唱。

田东师公戏主要流行于讲蔗园话、右江河岸的祥周镇中平村、平马镇四平村等，用平话演唱，属汉族“师公戏”。师公戏最初传入地为祥周镇中平村，因此，田东师公戏即以中平村为代表。1904年，南宁沙井马村师公戏艺人黄奉山到中平村传艺，并组建第一个中平师公戏班。

中平师公戏的表演形式为唱、念、做、舞相结合，拿扇、手帕等都有一定的规定。在行当方面，有生、旦、净、丑等角色，各行当都有自己的表演特点。师公戏的打击乐主要有岳鼓（又称蜂鼓）和高边锣（又称丁锣），此外还有大锣、大钹和木鱼。岳鼓和高边锣由乐师一人掌击，演奏时，乐师背挂上鼓带，将高边锣系于岳鼓腰中，乐师右手执杖击锣，左手以掌击鼓，交替混合，铿锵协调。唱腔有〔插田赞一〕〔插田赞二〕〔鲁班腔〕〔金花仙女赞〕〔八娘赞〕〔功曹腔〕〔行马腔〕〔土地赞〕〔男打草腔〕〔女打草腔〕等。

演出习俗方面也有传统规矩，如在首场演出正本之前，旁边锣鼓一律不得敲打，保持静场，待扮演鲁班的人物登场，锣鼓方可大作。鲁班一手挥马鞭，一手提长枪，枪尖挑一串点燃的鞭炮，跑几圈圆场，待鞭炮鸣放完毕，鲁班喝令道："神将两边排，鲁班下楼台，今晚唱师来庆贺，妖魔鬼怪快滚开……"念完赶鬼驱邪口诀之后，开场仪式即告结束，接下来才演出正本戏。

彩调　彩调剧主要流行于义圩、那拔、思林等乡镇。1920年，义圩的福旺村组织了第一个彩调戏班——调子班，并请宾阳县艺人陈师傅和忻城艺人杨师傅到福旺教戏，当时的主要演员有凌云腾、朱引兴、黄卜益、班卜团等人，此后便代代相传，共传了四代艺人。

福旺调子班除在田东演出之外，还到田林、田阳、巴马等地演出。1951—1963年，戏班继续演出，到1964年逐渐冷落。1978年后，戏班恢复演出活动。1984年后又停演。

福旺调子班还派人到那拔等地教戏，指导那拔、思林等组建剧团并排演剧目。1955年，思林彩调团的黄德荣编写的彩调《五姐游园》参加广西会演，获得优秀节目奖。

田东彩调传统剧目有《双贵图》《九连杯》《一枝花》《金水桥》《打刀救母》《双开店》《王三打鸟》《王二报喜》《三看亲》《铁树开花》等近50个。20世纪70年代末至80年代初，田东县文工团曾排演过彩调剧《刘三姐》。2004年，田东创作排演新剧目《杨老七》，参加广西曲戏大赛，获得优秀剧目奖（创作类最高奖）。

非物质文化遗产项目申报

进入21世纪后，田东重视非物质文化遗产的传承和保护，按照上级文化部门的要求做好项目的申报工作。申报的民间音乐有壮族排歌、壮族嘹歌、壮族侬歌、瑶族山歌、蔗园山歌、壮族唐皇，申报的传统戏剧有邕剧、师公戏、粤剧、彩调剧、壮剧，申报的传统舞蹈有瑶族金锣舞等。其中田东壮族排歌、瑶族金锣舞等被收录为国家级非物质文化遗产，汉族师公戏、壮族唐皇、田东敢养歌圩等被收录为自治区级非物质文化遗产。

第五节　图书

图书发行销售

田东图书发行主要机构是新华书店，以发行中小学课本为主。农村图书发行网点主要有供销社，发行农村中小学教学图书。

1989年，县新华书店销售图书157.99万册，实际销售金额140.42万元，其中实际批发金额75.45万元。

2000年，有个体参与图书经营，但中小学课本发行工作仍由县新华书店负责。从当年春季起，农村中小学教学图书由各乡镇教育管理委员会办公室发行。

2002年，县新华书店销售图书122.6万册，实际销售金额536万元，其中实际批发金额217.51万元。

2003年后，县新华书店由于体制改革，仅经营图书的零售业务。

2005年，县新华书店图书发行涉及社科、科技、教育、文艺、少儿、音像、文体用品等10种大类共1万多个品种。全年销售图书115万册，实际销售金额618.5万元，其中中小学课本98.7万册，金额528万元；文化教育类13.7万册，金额66.1万元；一般图书2.6万册，金额24.4万元。2005年销售金额是1989年的3.77倍。

1989—2005年田东县新华书店图书发行统计表

表21-1-1

年度	销售总册（万册）	销售总额（万元）	中小学教材（万册）	销售额(万元)	其他图书（万册）	销售额（万元）
1989	157.99	140.42	21.49	79.81	136.50	60.61
1990	161.78	163.51	23.31	86.56	138.47	76.95
1991	197.39	216.29	28.23	104.85	169.16	111.44
1992	199.40	234.56	35.17	130.59	164.23	103.96
1993	203.20	239.00	39.40	146.32	163.80	92.68
1994	209.18	378.00	62.48	232.00	146.70	146.00
1995	184.00	447.00	71.39	265.10	112.61	181.90
1996	227.60	653.40	104.24	387.10	123.36	266.30
1997	246.50	774.90	128.24	476.20	118.26	289.70
1998	211.90	790.20	134.65	500.00	77.25	290.20
1999	196.20	752.50	129.50	480.90	66.70	271.60
2000	134.30	636.70	100.80	460.20	33.50	176.50
2001	129.50	632.90	103.00	470.10	26.50	162.80
2002	122.60	536.00	100.50	403.20	132.80	22.10
2003	116.80	573.10	92.80	433.90	24.00	139.20
2004	115.80	577.40	101.20	489.90	14.60	87.50
2005	115.00	618.50	98.70	528.00	16.30	90.50

图书阅览

县图书馆 1989年，县图书馆藏书6.82万册，杂志3743本，发出借书证累计达1744本，图书流通量3.36万册次，阅览室全天开放，订报刊141种共220份，每天阅览读者约350人次。

1991—1992年，总藏书数7.8万册，年订阅杂志310份，报纸64份。

1994年，图书阅读平均流通人数8.35万人，流通册数为8.68万册。完成旧图书重新分类和目录分类3.46万册。

1996—1998年，藏书总量为8.99万册。图书阅读年平均流通流通人数和册数分别为8.46万人、9.27万册。开展“知识工程”活动2次，开展“捐书助农献爱心”“科技书刊科技信息下乡”活动17次，共捐书1.2万册，捐款0.3万多元。县图书馆先后获“广西壮族自治区百日优质服务活动先进单位”“自治区知识工程活动先进县”称号。

1999—2000年，新购图书0.35万册，价值2.3万元，图书馆平均流通人数6.17万人，流通册书8.63万册。县图书馆被国家文化部评为三级图书馆。

2002年，为种养专业户提供技术咨询和信息服务，先后为83名种养专业户进行科技咨询132条，提供科技图书86本，印发信息资料839张。全年办理读者借阅证896本，借阅人次5.87万人次，借阅图书7.87万册。

2003年，县图书馆加强公共图书管理，开展图书馆主题宣传活动和“图书下乡”活动。在全国公共图书馆评估活动中，以690分的高分，排在百色市公共图书馆前三名。

2005年8月，田东新华书店图书销售
（县新华书店提供）

2005年，馆藏图书达到8万册。阅览室全年借阅人数2.27万人次，借阅书刊41916册次。开架借阅办证年审人数148人，外借人数4.1万人次，外借书籍6.14万册次。闭架借阅室借4.33万人次，借阅书籍5.46万册次。深入乡镇开办书展0.5万多册，发宣传资料3000多份，受益群众达1.7万多人次。

学校图书馆（室） 1989—2005年，一般村完小学校都设有图书室，有小学课外图书，全县小学生课外图书人均11册，总量32.74万册；初中、高中学校都设有图书馆、图书阅览室，有专职老师管理，学生办理借书卡，全县中学校图书总量187.99万册；县委党校、县进修学校、田东师范学校、县卫校总藏书数6.8万册。2005年，全县各学校总藏书数159.54万册。

乡镇图书馆（室） 1989年，13个乡镇文化站总藏书量为5.85万册，平均藏书量为4500册，各乡镇文化站均有书刊报供群众阅览，阅览室读者每天共约450人次。当年，为扶植乡村图书室，县图书馆开展“捐书助农献爱心”活动，接受捐赠图书4980册，将其中的4000多册赠送给林逢、布兵两个乡文化站。

1998年，县委、县人民政府把乡镇图书馆建设列为“一把手工程”，与各乡镇党委、政府签订责任状，要求两年内各乡镇全部建立图书馆，图书馆与文化站实行两块牌子、一套人马。当年，祥周镇、林逢镇、布兵乡和祷午乡在文化站图书阅览室的基础上建立图书馆，共藏书3.63万册。

1999年，先后建立平马、思林、印茶、江城、作登、坡塘、义圩、那拔、祷午9个乡镇图书馆。全县13个乡镇图书馆藏书信息联网。从1999年起，县财政每年拨给每个乡镇图书馆经费1923元。

2000年，祥周镇图书馆被自治区文化厅评为全区乡镇图书馆一级馆，林逢镇图书馆、布兵镇图书馆被评为全区乡镇图书馆二级馆，江城镇图书馆、祷午镇图书馆被评为全区乡镇图书馆三级馆。

2004年，做好“图书信息资源共享工程”基层中心点申报工作，其中平马、祥周、思林镇文化站为国家级基层中心点，林逢镇文化站为自治区级基层中心点。

2005年，全县13个乡镇图书馆馆舍面积为2150平方米，平均馆舍面积为156平方米，总藏书量为6.91万册，平均藏书量为5315册，每个乡镇图书馆有专职管理人员1人。外借图书3.42万册，接待读者6.49万人次。每个乡镇图书馆藏书都有财产登记，都采用“中图法”进行分类，建立起书本式分类目录和各项规章制度，实行规范化、标准化管理。

第六节　文化市场管理

文化市场

1989年，田东县文化市场以电影院、投影（录像）放映场（厅）、书报刊零售等为主。

1990年，卡拉OK厅、桌球室、录像放映厅、电子游戏室、音像制品店、旱冰场开始兴起、盛行，每个乡镇都设有录像放映室（厅），香港武打片居多，由乡镇文化站经营管理。全县文化经营单位（摊点）80个。

1995年，全县文化经营单位（户）有248个（点）。其中歌舞娱乐场所53家，台球45家，电子游戏28家，录像室18家，音像制品租售46家，书报刊销售43家，打字复印13家，演出队1个，溜冰场1个。

1998年，全县文化经营单位有312家，其中歌舞厅9家、酒家卡拉OK厅30家、露天卡拉OK茶座26家、电子游戏厅30家、台球50家、溜冰场2个、儿童娱乐跳场（床）1个、书报刊亭44家、打字复印23家、印刷7家、美术装潢工艺2家、书画店（摊）3家、音像制品零售出租71家、录像放映场（室）14家。

2000年，全县有文化经营单位（户）256家，其中电子游戏厅（室）9家、网吧30家、音像制品66家、录像放映4家、图书报刊和电子出版物54家、歌舞娱乐场所36家、桌球娱乐厅（室）37家、印刷业17家、其他3家。

2005年，由于录像放映厅、旱冰场逐渐退出文化市场的舞台，全县文化经营点减到245家，其中网吧31家、电子游戏8家、音像57家、桌球26家、录像放映1家、溜冰娱乐1家、音乐茶座（KTV）22家。全县文化市场固定资产投资1000多万元，流动资金600多万元。在文化经营摊点所有制比例中，国有企业占5%，集体所有制占2%，个人独资占93%。全县文化市场从业人员约800人，人均年收入约9800元。

文化市场监管

田东出台《关于加强全县文化市场管理的规定》，通过行政管理、经济管理、法律管理、教育引导管理四个方式，加强县文化市场管理，并对主要文化市场作出规定：不得允许18周岁以下的未成年人进入歌舞娱乐场所，禁止中小学生进入电子游戏场所和观看少儿不宜电影及录像片；电子游戏厅、网吧距中小学校周边200米以外，露天台球娱乐距民宅100米以外。县文化市场管理办公室、文化稽查大队组织召开业主培训班，学习有关法律、法规，增强业主守法经营意识。实施歌舞厅、卡拉OK厅、桌球室、电子游戏室、音像制品零售、出租、网吧等互联网上网服务营业场所等管理规定，建立岗位制度，严格审批，规范化管理。公布举报电话，及时查处各种违法违规经营行为。

1989—2000年，举办文化市场从业人员培训班、召开会议56次，参加人数1550人次，查处违法违规经营摊点118家，行政罚款46家次，共计罚款27.62万元，警告72家次，收缴非法音像制品12.7万张（盒），非法书报刊1.46万本（册），停业整顿17家次，取缔4家。

2001—2004年，文化市场管理办公室、文化稽查大队会同宣传、公安、消防、工商、安监、卫生、环保、电信等有关部门，开展“扫黄打非”等集中整治活动12次，印发文化市场管理宣传资料1.46万份。严厉打击文化市场中的违法违规经营活动，规范文化市场经营管理。

2005年，开展文化市场法规宣传活动，上街设摊宣传、接受咨询，接待咨询群众1000余人次，发放宣传资料5000余册。举办经营者培训班6期，参训人员350多人次，参训率97%。与娱乐、网吧、迪吧、电子游戏签订安全生产责任书，落实安全生产责任人和安全联络员，做好安全防范。当年，对娱乐、网吧、迪吧、电子游戏场所等文化经营单位检查511家次，行政处罚15家，取缔网吧2家；收缴盗版光盘（压缩碟）728盘，查处非法“六合彩”资料302份。

第二章 档案 地方志

1989—2005年，田东县档案机构日臻完善，形成以县档案局为中心，县档案馆为主体，机关档案室为基础的档案管理体系，对馆藏档案进行系统整理，制定编目，理顺档号，抢救破损档案、接收档案进馆。2003年5月，投资建设县档案馆，总建筑面积1285平方米，其中库房面积622平方米。至2005年，县档案馆馆藏档案达3.38万卷，档案管理事业步入法治化、规范化、信息化轨道。县档案馆多次荣获自治区档案工作先进集体和百色地区档案工作目标管理评比一等奖。

《田东年鉴》是在县委领导下，由县人民政府主办，县地方志编纂委员会办公室负责编纂、公开出版的地方综合年鉴，是记载、宣传田东经济建设、政治建设、文化建设、社会建设和生态文明建设发展进程的重要图书。1992年开始编纂《田东年鉴》，于1996年公开出版全县第一本地方综合年鉴《田东年鉴（1989—1992）》。1998年，公开出版《田东县志》。1999—2002年，先后完成《田东县土地志》《田东县邮电志》《田东县烟草志》《田东县技术监督志》等编纂工作。2005年，《田东县地名志》出版发行，启动《田东县志（1989—2005）》修编。

第一节 机构

县档案局（县档案馆）

1949年12月5日，田东宣布全县解放，档案执行军事管制。1958—1963年，县档案科属县人民委员会工作机构。1966年5月，“文化大革命”运动开始，县人民委员会下属机构处于瘫痪状态。1968年，田东县革命委员会成立，县档案科归属县办事组下辖工作机构。

1980年，县革委会设立档案科工作机构。1984年，县级机构改革，设县档案局。

1989年，县档案局、档案馆是县人民政府正科级事业单位，一套人员，两个机构，合署办公，办公地址于县委大院内，编制10名，实有人数9人，配备局长兼馆长1名，副局长1人，副馆长1人，科员、馆员6人。内设办公室、业务指导股、保管般、编研股等工作机构。

1996年，县档案局（馆）隶属县人民政府文化事业机构，局、馆合署办公，一套人马，两块牌子，设立保管股、编研股、业务指导股和办公室。在编人数9人，其中档案局行政编制3名，设局长1人，副局长1人，科员1名；档案馆事业编制6名。

1997年，机构改革，核定档案局、档案馆编制9名，配备局（馆）长1名，副局（馆）长2名。实际在编10人，其中局（馆）长1人，副局长2人，副馆长1人，馆员4人，助理馆员2人。

2003年，县档案局、县档案馆属县人民政府文化事业机构，划归县委办口，属事业编制，行政管理，工资待遇按行政机关国家公务员套发。核定编制9名，设立办公室、业务指导股、管理编研股。实在职人员8人，其中局长1人，党组书记1人，副局长2人，纪检组组长1人，馆员2人，助理馆员1人。

2005年，县档案局、县档案馆内设业务指导股、管理编研股和办公室。人员编制9名，实在职人员10人，其中局长1人、党组书记1人、副局长3人、纪检组组长1人，其他干部职工4人。

县档案局（馆）历任局长（馆长）：罗道杰（1987年11月至1997年6月）、廖坚荣（1997年6月至2001年3月）、黎维佳（2001年3月至2002年2月）、黄光汉（2002年3月至2006年12月）。

县地方志编纂委员会办公室

1980年，党史和县志办公室属县人民政府工作机构。

1983年，党史和县志分开，分别设中国共产党田东县委员会党史资料征集领导小组办公室、田东县县志编纂委员会办公室（简称县志办），前者属县委办事机构，后者属县人民政府工作机构。

1983年，县志办为县人民政府直属正科级事业单位。1989年，定编8名，不设内层机构，配正、副主任等干部8人，办公地址设在县人民政府大院内。1993年配正、副主任等干部7人。

2002年，编制8名，在职9人，其中主任1人，副主任3人，干部4人，工人1人。

2005年年底，编制8名，在职8人，其中主任1人，副主任3人，干部3人，工人1人。

县志办历任主任：卢伟（1990年10月至1998年6月）、罗忠良（1998年6月至2002年2月）、黄辉（2002年2月至2005年12月）。

第二节　档案

档案设施

1989年，县档案馆建筑面积600平方米，有4个库房，每个库房安装有排风器、去湿机、通风防火等设备，能开展馆藏档案整理、档案检索等工作。

1990年，档案馆改造库房，添置去湿机3台，复印机1台，翻拍机1个，吸尘器1个，温湿度自动记录仪1个，灭火器8台，排风器12个。馆内设置有档案柜436个，其中铁皮柜341个，木制柜95个，资料架20个，防火、防盗、防鼠、防虫、防霉安全设施齐备。

1992年，建立和完善档案检索工具，编写各种资料80万字。被自治区评为二级档案馆。

2005年，档案基础设备基本完善，安装防护窗帘18个、排气扇12个、空调机2台、去湿机2台、摄像头监视系统1套、防火系统1套、计算机8台、复印机2台、扫描仪1台、摄像机1台、照相机2台。全年编排档案资料19万字，重新整理馆藏照片档案16本，翻拍旧照片、奖状、证书等1400张。

档案管理

馆藏档案　1989年，县档案馆馆藏档案共有99个全宗，其中，中华人民共和国成立前11个，2910卷；中华人民共和国成立后88个，26.6万卷；资料共9240册，全部整理上架。当年编写了《田东县档案馆指南》《档案馆馆藏全宗介绍》《档案馆库房档案存放地点索引》《文件全引目录》《专题目录》《田东县会议文件汇编》《田东县劳模名单汇集》，修改和补充《田东县历届党代会简介》《田东县历届人代会简介》等10种内部参考资料。2005年，馆藏档案3.38万卷，馆藏资料9534册，照片档案20册1400张，音像51盘，排架总长度487.5米。

接待利用和档案开放　1989年，县档案馆共接待查阅档案1778人次，利用档案4486卷。县档案馆档案开放范围为全部民国档案，以及馆藏田东县委、县人民政府各部门、部分企事业单位已满30年的全部文书档案，主要内容包括上级有关部门的文件、通知，以及县机关有关部门机构合并、职责、工作计划、总结、专题工作总结、大事记等。这些档案，为解决土地纠纷、生产计划、经济效益、干部技术职称评定、职工冤假错案平反、家庭成分、姓名、年龄确定等提供了依据；为编纂《田东县志》《田东县土地志》《田东县卫生志》等志书提供第一手资料。

1989—2005年，县档案馆共接待查阅档案人员1.11万人次，利用档案4.11万卷，共向社会开放馆藏档案11个全宗2909卷。

1989—2005年田东县年档案利用情况统计表

表21-2-1

年度	阅读人(次)数	阅读卷(份)数
1989	1778	4486
1990	1492	3760
1991	1220	7075
1992	1496	3770
1993	1454	7589
1994	591	4714
1995	519	2919
1996	252	1233
1997	117	548
1998	79	217
1999	102	203
2000	91	395
2001	112	291
2002	110	554
2003	289	825
2004	516	1136
2005	819	1385
合计	11037	41100

档案室（馆）定升级工作　1989年，县档案馆开展档案馆升级活动，12月，经广西壮族自治区、百色地区档案局（馆）定升级评审小组评审，县档案馆定为自治区三级档案馆。1992年12月，晋升为自治区二级档案馆。1997年1月，县档案局综合档案室定为广西壮族自治区三级档案室。

1989年12月，县公安局、县人民医院、中国人民银行田东县支行等档案室被评为广西壮族自治区县直机关三级档案室。之后继续开展档案局（馆）定升级工作。1995年，全县定级、升级机关综合档案室累计22个，其中一级档案室3个，二级档案室9个，三级档案室10个。

1998年，全县定级、升级机关档案室累计35个，其中一级档案室4个，二级档案室15个，三级档案室16个；另有合格档案室5个，其中，被定为自治区级的企业事业单位档案室有4个。全县13个乡镇机关全部完成建档任务。

2000年，县定升级的档案室有：田东县地税局平马分局（三级）、地税局林逢分局（三级）、公安局林逢派出所（二级）、平马派出所（升一级）、田东县人民医院（省部级）、农发行田东县支行（升一级）。全县13个乡镇档案室达到合格档案室条件以上，其中平马镇、布兵镇档案室为三级综合档案室。

2005年，全县建立综合档案室69个，经百色市、县档案局组织考评，达到县直机关综合档案室等级标准的单位共有54个，其中祥周农业站、电力公司、火电厂、石化总厂、县人民医院等5个单位被定为自治区级档案室；县公安局、法院、地税局等9个单位被定为一级档案室；县人大等14个单位被定为二级档案室；有26个单位档案室被定为三级档案室。

档案宣传和培训 县档案局每年利用广播、电视、报刊等媒体宣传档案法律法规，1989—2005年，利用广播、电视宣传报道档案工作64篇，举办专题展6期。

与此同时，加强常规业务培训。1989年3月，举办档案标准化培训班1期，参加培训人员86人，主要学习档案法、中国档案分类法和档案著录、档案主题标引、档案工作标准化等内容。

1994年8月22日，百色地区档案业务知识培训班在田东召开，田东县部分单位的档案分管领导和档案员参加培训。

1997年，召开全县信访、保密、档案工作联席会议暨档案员业务培训，参训人员80多人。是年，组织档案员到武鸣、平果等地参观学习。

1994年8月，百色地区档案干部培训班（田东班）第一期举办（县档案局提供）

2000年12月，举办新修订《中华人民共和国档案法》《中华人民共和国档案法实施办法》培训班1期，全县各单位分管档案工作领导和办公室主任参加培训。

2001—2005年，举办3期档案干部培训，165人次参加培训。学习内容有文书材料立卷知识、科技文件材料立卷知识、档案管理基础知识、档案保护技术基础知识、档案室编研工作基础知识、档案室定升级基本知识等。

“三农”档案工作 1999年，县财政一次性拨款2万元用作乡镇、村级建档经费，县、乡镇、村齐抓共管，全县的乡镇、村级档案工作走在全区前列；全县第二轮土地延包档案规范化管理成为全区试点单位。2004年，田东县赴贺州参加全区“三农”档案经验交流会并在会上作典型发言。《广西档案》《右江日报》多次刊登田东县“三农”建档的经验和做法。

档案指导和监督 县档案局每年对县直机关、乡镇机关、团体、企业事业单位和其他组织档案工作实行监督和指导，检查部分单位贯彻落实《中华人民共和国档案法》的情况，对存在的突出问题限期整改，如期复检。1989—2005年，共对110多个单位进行档案执法检查，提出整改意见400多条，并限期整改。

2005年，县人民政府审核确定了县档案局的行政执法主体资格，配备3名执法人员，建立执法责任制和违法责任追究制。通过深入学习贯彻实施《中华人民共和国档案法》，各机关、企事业单位和社会各界档案意识明显增强，基本形成依法治档格局。

第三节 地方志

1989年，县志办开始编纂《田东县志》。1991年，编纂出《田东县志》初稿，并报送专家、县四家领导班子和有关部门审阅修改。

1992年，成立《田东年鉴》编纂委员会和《田东年鉴》编辑部，开始编纂《田东年鉴》。

1996年，《田东县志》总纂完成后报送上级方志办复审，并公开出版全县第一本地方综合年鉴《田东年鉴（1989—1992）》。

1998年，出版《田东县志》，2005年出版《田东县地名志》（县志办提供）

2005年，县志办获评为2003—2005年度广西地方志系统先进集体（县志办提供）

1998年，《田东县志》通过自治区通志馆终审后，由广西人民出版社出版发行。全书共26篇，110章，150余万字。上限为清光绪元年（1875年），部分章节内容追溯至秦汉期，下限到公元1988年，部分篇章延伸到20世纪90年代初。它集田东县古今历史文化、天文地理、民族风俗、社会经济、矿产资源、政治军事、人物趣事于一书，是田东县有史以来出版的第一本志书，是各界人士研究田东县情必不可少的资料工具书。2000年，《田东县志》被自治区人民政府评为“1996—1999年度广西壮族自治区地方志优秀成果三等奖”，县志办被自治区地方编纂委员会评为1997—1999年度全区方志系统“先进集体”奖。

1999—2002年，编纂出版综合年鉴《田东年鉴1993》《田东年鉴（1994—1998）》，与相关单位联合修编部门志书《田东县土地志》《田东县邮电志》《田东县烟草志》《田东县技术监督志》等。

2003—2005年，编纂、出版《田东年鉴（1999—2002）》《田东县地名志》，承编《田东县军事志》。2005年8月26日，县委、县人民政府召开第二届《田东县志》编纂工作动员暨培训会，对第二轮修志工作作了全面动员和部署。这表明田东县第二轮《田东县志》编纂工作正式启动。

第三章 文物古迹

1989—2005年，县博物馆配合中外考古专家对田东文物古迹进行考古和发掘。至2005年年底，田东公布文物保护单位古遗址33处，古墓葬8处，石窟1处，古建筑7处，石刻1处，古庙古树等10处，革命遗址10处，出土文物上万件。田东历史悠久，文化灿烂，有广西年代最早的旧石器时代人类遗址，有战国墓及早期类型万家坝铜鼓，有宋代交易场百银古城遗址，还有右江工农民主政府旧址、恩隆县农民运动办事处旧址等革命遗址等，既是研究早期人类起源迁徙与演化的基地，也是研究古代中原经济文化与壮族地区经济文化交流基地，更是中国革命史研究和爱国主义教育基地、红色旅游景点。

第一节 机构

县博物馆 1984年成立，隶属县文化局，是国家三级博物馆。1989年，属事业单位，办公地址位于平马镇南华街1号，实有职工4人。1995年，核定事业编制5名，实有职工5人。2000年，核定事业编制4名，实有职工4人。2005年，编制9名，设有办公室、陈列部、宣教部、保管部、考古信息部、保卫科六个部门。

2005，田东县博物馆 （县博物馆提供）

县右江革命纪念馆 成立于1963年2月，隶属县文化局，是全额拨款事业单位，办公地址位于平马镇南华街1号。2005年，编制7名，实有人数10名。该馆旧址原为经正书院，始建于清代光绪三年（1877年），辛亥革命后改为经正学堂。是当时浙江人陈如金到恩隆县（1934年改为田东县）做知事后，发动平马各界人士捐资兴办的一所学堂。书院分前、中、后三院，各院自成体系，整座建筑古香古色。该馆占地面积7336.25平方米，建筑面积2107平方米，有550余幅照片、珍贵的革命文物及油画、图表、场景复原等，形象、生动地再现中国共产党领导右江人民进行艰苦卓绝的革命斗争，并取得胜利的光辉历程，讴歌了邓小平等老一辈无产阶级革命家在右江地区领导革命斗争的光辉业绩。

第二节 文物普查与挖掘

文物普查

田东文物普查始于20世纪50年代初，至1988年，共发现文物点57处。1989—1992年，县博物馆对全县13个乡镇的文物及文物点（不可移动文物）进行普查，普查覆盖率100%；对161个行政村普查，普查覆盖率85%，共普查出文物点80处，整理上报自治区文物部门审理并审定70处，其中古遗址33处，古墓葬8处，古建筑遗址7处，革命遗址10处，摩崖造像、摩崖提书各1处，宋窑遗址、古庙、古井、古桥、古树等10处。

2003年9月，自治区、百色市文化局文物工作队到田东进行文物普查，对南宁至百色高速公路田东段建设涉及的文物遗址提出保护和建议。

至2005年年底，田东列为国家文物保护单位的有7处，即布兵盆地洞穴遗址群—么会洞、布兵盆地洞穴遗址群—雾云洞、布兵盆地洞穴遗址群—陆那洞、布兵盆地洞穴遗址群—鲤鱼洞、布兵盆地洞穴遗址群—定模洞、高岭坡旧石器遗址、右江工农民主政府旧址。列为自治区文物保护单位的6处，即陆氏将军夫妇墓、百银古城、岑氏土司墓、广西省田南道农民运动办事处旧址、八仙山摩崖造像、恩隆县农民运动讲习所旧址。列为县文物保护单位的37处，即内局古井群、达拉遗址、六林岭遗址、长蛇岭遗址、把达遗址、百发遗址、平马遗址、巴麻革命活动旧址、六柳古树、锅盖岭墓群、白山岩洞葬、平马镇关帝庙、龙燕寨闸门、靖逸大小井、《向阳关》摩岩提书、那恒窑址、下铺遗址、小龙扁桃树四棵、塘榜榕树、德新桥头大叶榕树、鲤鱼地路边大榕树、中山街小叶榕、庆平街榕树三棵、牛行大榕树两棵、四平村大叶榕树、思林小叶榕树、那玩遗址、祥群遗址、定练遗址、红七军平马被服厂旧址、右江总工会旧址、平马二牙码头、思林县苏维埃政府旧址、右江下游革委会旧址、黄嵩衣冠墓、远街土司寨、那恒乡苏维埃政府旧址。

考古挖掘

1989—2005年，县博物馆配合中外考古专家对田东文物古迹进行考察论证和发掘，取得了一定成果。

1994—1995年，自治区文物考古队到思林镇旧石器文物点进行考察并组织挖掘。中、美、韩三国专家到檀河古人类遗址考察论证，对檀河古人类遗址范围和监护进行了划定。

1996—1998年，先后有美国、日本、瑞士、中国香港地区及中国科学院等考古学专家到檀河古人类遗址、南山遗址、布兵定模洞遗址进行考察。

1994年，林逢镇大岑坡出土的战国兽面纹铜编钟，为国家一级乙藏品　　（县博物馆提供）

1999—2000年，中国科学院（以下简称“中科院”）古脊椎动物与古人类研究所、广西自然博物馆对布兵镇吹风洞、么会洞、雾云洞等10多个洞穴遗址进行考古挖掘，挖掘出土动物群化石20多种。

2001年，美国、挪威、中国科学院、广西自然博物馆和太原理工大学矿业工程学院的考古专家对林逢檀河高岭坡旧石器遗址、布兵定模洞古人类遗址等几处遗址进行考古发掘，在定模洞古人类遗址发掘出土了古人类猿人牙齿化石。

2002年，挪威、太原理工大学矿业工程学院、中科院地球化学研究所、广西自然博物馆考古专家组成考古考察队，对林逢檀河高岭坡旧石器遗址地层和古地磁年代进行发掘研究，并对石器、原料数据进行测量。广西文物工作队、广西博物馆、广西自然博物馆的考古专家，对祥周镇百渡村大渡屯以西1千米的早期人类遗址进行抢救性发掘，发掘28个探方，发掘面积700多平方米，发掘出土旧石器时代石制品1000多种，出土了手镐、薄刃斧、砍砸器等具有百色旧石器遗址典型特征的打制石器以及古人类制作石器时剥落的石英碎片。

2003年，中国科学院地质与地球物理研究所朱日祥院士、广西自然博物馆有关专家到布兵么会洞遗址进行考古发掘，出土的化石种类有鹿、熊、犀牛、大象、猩猩等20多种动物化石，新出土人类猿人牙齿化石2枚、古猿牙齿化石13枚、巨猿牙齿化石16枚、大型哺乳动物牙齿化石621枚、小型哺乳动物牙齿和骨骼化石近1000件。发掘出土石制品2件，采集6件。

2003年，布兵盆地洞穴遗址群么会洞古人类遗址发掘现场（县博物馆提供）

2004年3月，中科院古脊椎动物与古人类研究所研究员侯亚梅、黄慰文，中科院地质与地球物理研究所研究员袁宝印、美国史密森研究院鲍博士、广西自然博物馆副研究员王頠等组成联合考古专家组到布兵盆地进行考察、发掘和研究。7—8月，广西自然博物馆副研究员王頠、中山大学岭南考古中心张某某教授、百色博物馆、县博物馆联合组成考古队，对布兵陆那洞进行考古发掘，出土古人类化石2枚、动物化石近千颗、旧石器石制品20件、新石器石锛2件、石钱币1枚。

2005年5—10月，中国社会科学院考古研究所、自治区文物队、柳州市博物馆考古专家到林逢高岭坡、坡洪、那平，以及祥周百渡等遗址进行发掘，共发掘7000平方米，出土文物8000多件。

第三节　石器时代遗址

高岭坡遗址

位于田东县林逢镇檀河村坡算屯50米的高岭坡，西距田东县城9千米，北到右江南岸3千米，遗址较为平坦，最高点海拔152米。属于右江沿岸的第四阶地，下部为厚约10米的河流砾石层，上部为厚7米的含有丰富旧石器和玻璃陨石的网纹红土层。

该遗址是百色遗址群中较早进行系统研究的一个遗址。经过中外考古专家进行了漫长的考察和研究，取得了突破性的进展和成果。1988年冬，考古专家在该遗址做首次发掘，出土石制品一批，这些石器的原料主要来自当地的河流砾石层，石器类型主要有手斧、砍砸器和粗大的刮削器，石制品主要埋藏于遗址内的网纹红土中，是迄今为止在东亚所发现的数量最多的饱含阿舍利因素的石器工业组合的古人类文化遗址群，它展示了东亚早期直立人的行为能力和高超的石器工业技术。

2000年3月3日，中美科学家对百色盆地田东高岭坡旧石器的研究报告，在美国《科学》杂志以彩封的形式发表，并公布了美国伯克利地质年代学研究中心将田东旧石器测出最新同位素年龄为80.3万年，在学术界引起了强烈的反响。百色田东手斧的发现和过硬的年代测定，从根本上纠正了哈佛大学人类学家莫维斯人为地将早期的非洲、中东和欧洲的人类同亚洲人类分隔开来，把亚洲大陆贬低为一个“文化滞后的边缘地区”的错误观点，动摇了“莫氏线”理论。

2001年1月，科技部将广西百色田东旧石器的发现研究评为“2000年中国基础科学研究十大新闻”

1993年，中国科学院古脊椎动物与古人类研究所和广西文物考古研究所会同百色市、田东县文物部门对檀河高岭坡遗址进行考古发掘　（县博物馆提供）

之一。同年6月，高岭坡遗址被国务院公布为全国重点文物保护单位。

布兵盆地洞穴遗址群

布兵盆地洞穴遗址群发现于2002年。位于田东县祥周镇布兵村、保利村等8个村内的布兵盆地，离县城12千米，海拔高度124.6~265米。属于百色盆地东南部边缘的一个小型附属盆地，盆地内部及其南部边缘发育11层喀斯特洞穴，洞穴堆积物中保存大量的哺乳动物化石、人类化石以及石器品，年代涵盖200多万年来的多个时期。盆地内还发育4级河流阶地，第四级阶地堆积物中含有旧石器及玻璃陨石。布兵盆地的发育始于白垩纪末、古近纪初喜马拉雅运动阶段，至少自第四纪以来，盆地处于间歇性抬升时期，形成多层洞穴和阶地。这些洞穴和河流堆积物对于研究华南第四纪环境变迁和生物演化等具有重要意义。

布兵盆地洞穴群从高到低大约分为11层，涵盖了第四纪（250万年）以来的多个时期，初步研究成果已经被学术界高度关注。2005年，在百色召开“百色盆地旧石器研究暨旧大陆早期人类迁徙与演化国际学术研讨会”，来自20多个国家和地区的科学家考察了么会洞遗址，并给予高度评价。该洞穴发现大型哺乳动物化石25种，属于华南典型的大熊猫—剑齿象动物群。其中的巨猿化石，可能归属为早期人类的化石和一种新的古猿化石，对于研究中国南方哺乳动物的演化和东亚人类的起源，具有重大科学价值。在美国国家科学基金、中国国家自然科学基金和国家文物局支持下，由广西自然博物馆、田东县博物馆、中国科学院古脊椎动物和古人类研究所、中国科学院地质与地球物理研究所、美国国家自然博物馆、加拿大麦克马斯特大学等组成的联合研究小组，经过3次科学发掘，共获得各类化石近千件。同时还发现旧石器时代早期的打制石器10件。是中国南方第四纪早期迄今为止最为重要的化石地点之一。有关么会洞等洞穴化石的研究成果发表在国际古人类学权威学术刊物——美国*Journal of Human Evolution*（人类进化杂志）、*American Journal of Physical Anthropology*（美国体质人类学）、*Quaternary Research*（第四纪研究）、中国的《科学通报》和《人类学学报》等。

2005年12月，广西自然博物馆到布兵盆地么会洞调查　（县博物馆提供）

利老遗址

利老遗址位于作登瑶族乡大板村大勤屯东南面约50米的利老坡，属于自治区文物保护单位。遗址为一处较平缓的坡地，地势为中间高，四周低，属于龙须河沿岸的二级阶地，高出龙须河河面约20米。遗址南北长约300米，东西宽约200米，分布面积约为6万平方米。遗址东面坡脚下为龙须河，西、南两面为连绵的高山，南面约50米为利老沟，东部边缘是南北向的田东—德保三级柏油公路。遗址地表植被茂盛，种植有甘蔗、玉米等农作物。

该遗址地层堆积可分为三层，第一层为表土层，为灰褐色黏土，厚约20厘米；第二层为灰褐色沙质黏土，厚约1.2米；第三层为砖红壤，黄红色黏土，厚约1米，未见底。地表未见砾石层出露。在遗址地表采集物有较多的石制品，包括石砧、砺石、石锤、砍砸器、磨刃石锛、大石铲毛坯等，其中大石铲毛坯数量较多，同时在遗址西南面地表出露的堆积层中，发现有大石铲毛坯层叠现象，很可能为大石铲的制造场所，初步推断其年代为新石器时代晚期。

利老遗址出土的石铲，磨制精美、造型独特，具有强烈的礼器特征，是广西发现的一种新型石铲形态（县博物馆提供）

第四节　其他遗址

百银古城（横山古寨）　横山古寨是田东县800多年前南宋的一个著名城镇，曾被称为“中国西南最大的贸易市场”和重要兵寨。呈长方形，东北面城墙长约200米，东南面城墙长约130米，全城面积约2.6万平方米，城北保存较好。据古城现存遗迹看，除西南面未见有墙城及护城河痕迹外，其余三面均有城墙和护城河，其中东北、东南面护城河保存较好，宽约20~30米不等，西北面有一条宽约5米的自然小河，直通右江及护城河。西南面为右江一级台地和二级台地之间自然形成一个断坎，当时可能利用天然断坎及右江河作为城防工事。墙内地表上仍有陶瓷残片、青砖、瓦等。

为了对城址进一步研究，1989年，广西文物考古研究所会同田东县博物馆对古城进行考古发掘，出土了一批陶、瓷器，瓷器种类繁富，有瓷碗、瓷碟、瓷盘、瓷杯、灯盏、瓦当、瓦筒、古钱币等，窑口众多，有景德镇、江西吉州窑、福建莆田窑、浙江龙泉窑和仿龙泉窑、广西藤县中和窑、北流岭洞窑、浦北土东窑等。出土这些器物，能够想象百银古城（注：横山寨的古城遗址就是现在百银村的上寨、下寨和银匠三个屯，称百银古城。传说所谓的银匠屯，就是当年打造金银首饰、铸造钱币工匠集中的社区。现在的田东县城所在地——平马镇，就是当年横山寨的马匹交易场所。平马，评马，评价马匹的地方，镇名由此而来。而平马镇上法村就是锻造马掌、制造兵器的铁匠集中的地方。因为“上法”，壮语就是铁匠的意思）当时的繁荣景象，为研究广西宋代的社会经济情况及与周边地区的贸易往来提供了重要的物证。从发掘情况看，百银城址最早堆积为北宋中晚期，最晚文化层堆积为南宋，显然其文化层堆积与历史记载的横山寨存废时间相当。

南宋时期，横山寨博易场的发展逐渐达到了顶峰。由于传统马源地西北沦陷，广马遂成为南宋战马的重要来源，而广马的唯一交易场所就在横山寨博易场。横山寨博易场逐渐演变成以马匹贸易为核心的博马场，常年可市良马1500匹，多时可达3500匹。通过马市的设置亦带动其他商品贸易的繁荣，宋方“以银、盐、彩弋锦相参而行”，“岁费黄金五镒，中金（白银）二百五十镒，锦四百，绝四千，廉州盐二百万斤”，以及文书、奇巧之物，其中，盐是主要商品。“蛮马之来，他货亦至”，蛮方商品除了马匹外，尚有麝香、胡羊、长鸣鸡、披毡、云南刀、药物等。该博易场逐渐成为广西贸易中心，贸易规模相当可观。

百银古城在宋代是桂西地区重要的政治、军事、经济文化中心，又是桂西地区贸易的重要场所，是水陆交通枢纽，且地势险要，可直接控制右江水道，在当时发挥着军事、贸易等重要的作用。南宋末年，蒙古大军从西南迂回攻打南宋，一代名城百银古城被战火夷为平地。

战国墓与万家坝型铜鼓　在田东县境内曾先后发现多处战国墓。1993年，在祥周联合小学门前的南哈坡出土两面万家坝型铜鼓，伴出器物有夔纹铜罍1只，还有玉管、玉钏、玉玦、铜鎏钉等，经鉴定，该墓葬时代当属春秋晚期或战国初期。

1994年，在林逢和同村大岭坡征集到万家坝型铜鼓1面，铜编钟1件，再次说明右江地区是早期铜鼓的分布地区之一。此墓葬亦属春秋晚期或战国早期。

1995年，在祥周乡仑圩村南1千米的梁好岭发现战国墓1座，出土铜鼓1面、四轮铜车1辆，玛瑙筷、贝壳若干，容器铜把手1对。

1997年，在祥周甘莲村江峒屯北的锅盖岭上发现了战国墓2座，均为土坑墓。这两座墓中出土的铜器有铜鼓1面，铜剑2件，铜戈1件，铜矛2件，铜镦1件，铜斧4件，叉形器3件等。两座墓出土的铜鼓铜质锈色相同，铜斧、叉形器等形制也无大的区别，时代应相同。与云南等地出土文物比较，其时代应属战国晚期。其中铜戈是典型的中原器物，从器形看，时代还要早一些。一号墓的铜矛接近楚式，和广西平乐银山岭战国墓出土的铜矛也很相似。铜鼓是石寨山型的，扁身剑、玉环等见于云南晋宁石寨山和江川李家山滇族墓中，而铜叉形器、铜镦又有自己的特色。由此可见，远在战国时代生活在右江河谷地区的骆越族已同中原地区有着密切的联系，同西南滇族、濮人等其他民族关系则更为密切。

1998年，在祥周联福村陀塑屯北土岭又发现两座战国墓，出土铜鼓1面，亦为石寨山型，还有“十”字镐状铜器、铜剑4件，铜门型器8件，玉环1个，陶器碎片1块等。

到2005年，田东挖掘或征集到铜鼓6面，其中万家坝型铜鼓3面，石寨山型的2面，说明居住在田东的骆越族已有较发达的经济文化。因此，田东众多青铜器的出土，具有重要意义。首先，为研究万家坝铜鼓的形制与演变、铜鼓的起源地与传播路线提供了新的资料证据。其次，为研究西南少数民族特别是古句町国的历史和文化提供了重要价值的资料。再次，田东万家坝型铜鼓的出土，填补了广西铜鼓发展系列的空白。

陆氏将军夫妇墓　位于祥周镇保利村瀑布屯西面200米处的朝天蜡烛山，该墓于1982年第二次文物普查时发现，属于自治区级文物保护单位。墓坐南朝北，四面环山，北面50米是一片开阔平坦的小平原，视野开阔，西北面500米是响水河缓缓流绕山脚。东面、西面和南面是典型的石灰岩喀斯特峰林地貌的石山，墓周围长满杂草，灌木丛生。该墓无封土堆，无墓碑，墓结构不祥。陆氏将军夫妇墓在朝天蜡烛山北面山腰上，有一条宽约1~1.5米石头铺砌的小道，有石人、石马、石狮等分列两旁，墓原规模较大。石人、石马在“文化大革命”时被打碎推翻，原形已被破坏。根据墓的规模推断，墓主是有一定社会地位的官吏，应是明代时期的将军夫妇墓。该墓具有很高的历史研究价值。

岑氏土司墓　位于田东县祥周镇保利村瀑布屯西面300米处。墓的形状是封土堆，外加石块护维圆包形墓塚，是一个雕饰精美的八面型古墓。古墓正面墓壁上的浮雕刻的是一个端坐太师椅的贵妇人，贵妇人的右侧站着一名手捧官印的丫鬟，左侧还有一名打着大罗伞的兵。其余的浮雕分别为麒麟、鳄头蛙、马、羊、鹿，麒麟和羊的浮雕各有两面。每一面浮雕的形象都非常丰满飘逸。从古墓上浮雕的形象、雕刻技术以及墓基台阶和石亭残柱来分析，古墓规模相当大，从古墓的图案来讲，就说明这个墓

2005年，岑氏土司墓　　（县博物馆提供）

的主人是个女的，而且是一个有一定官位的女人。另外墓的两边是两个对称的麒麟，按明、清两代的官制来讲，只有二品的大官才能用麒麟装饰，所以说明这个墓的主人极可能是二品官位。广西被封为二品以上的女士官只有瓦氏夫人一人而已，因此专家经过多次实地考察，认为这是瓦氏夫人的二次墓葬，具有很高的历史研究价值，于1989年公布为县级文物保护单位。

八仙山摩崖造像 位于江城镇江城村六瓦屯南面约150米处。造像始建于宋代，面积约3平方米，位于200平方米峭壁正中顶部，造像距地面平台4米，成一排浮雕式。造像面高0.9米，宽约3米，像高约0.8米，采用浮雕手法刻制。左一手持葫芦为八仙中的铁拐李；左二肩扛长笛像为韩湘子；左三长须，双手置胸前怀抱鱼鼓为张果老；左四头梳"总角"、满面胡须为汉钟离；右侧最外一像双手供胸前怀抱花篮为蓝采和；右二右物置于胸前为何仙姑；右三头戴官帽为曹国舅；右四佩剑于身后为吕洞宾；居中的造像较高，面目清秀，属女像，为观音菩萨，其身旁幼童为善财童子。全幅像是众仙供神，人物形态各异，形神兼备，栩栩如生，是古代摩崖造像艺术的精品。1981年后，公布为广西壮族自治区文物保护单位。

向阳关摩岩提书 位于江城镇政府向东约3千米处，地势险要，它上至江城、天等，下通坡塘、思林，有一夫当关、万夫莫开之形势，自古为兵家必争之地。在200多米高陡峭的山崖上，书写上三个刚劲有力的正楷繁体大字"向阳关"。有人说，此书为明代书法家、理学家、军事家王阳明（王守仁）所书，王阳明在嘉靖六年（1527年）被命为两广总督兼巡抚，率兵讨伐广西田州卢苏的反叛。向阳关作为军事险关，督师将领请王阳明题名。但这悬崖上如何把王阳明的手迹描写上去，且其书写的丹书，历经五百年，依然清晰可辨，为啥？这是向阳关留给后人的一个难解之谜。

苍日岭古战场 位于江城镇桑洞村感怀屯东面，是感怀屯的后山，为江城第一高峰。东西两面是两条东西延伸的山脉，南、北两面是绝壁，不易行走，山顶上有一道战壕，分南北两面，北长约300米，南长约50米；从岭顶至半山腰有一道一道深浅不同、长短不一的壕沟。据传元代时有一位土司叫黄九霄，拒绝向皇上进贡，试图造反，受到元兵的围剿。由于元兵人多势众，黄九霄抵挡不住，便在苍日岭修筑战壕与元兵决一死战。不久，被元兵攻破，黄九霄只好突围，逃到现在的作登瑶族乡东江村，不久被害。现仍存的就是当年留下的战壕。

平马关帝庙 位于平马镇中山路古庙巷56号东面，修建于清道光九年（1829年）。坐北朝南，面积127.69平方米。原为四合院式建筑布局，面阔三开间，硬山顶，抬梁式架构。原有建筑布局被破坏，仅剩的正殿也被拆得面目全非，只有梁柱和部分柱础保留原构件，梁架所用木材是较珍贵的铁树，月梁部分的构雕做工精美，对现代的雕刻工艺有一定的借鉴作用。该庙于1982年第二次文物普查时发现，1989年公布为县级文物保护单位，1997年进行全面维修，2009年进行第二次维修，现保存较好。

龙燕寨闸门 位于思林镇双燕村双燕屯北面100米处的石坡上，东西两面是两座相对立的石高山，南面约500米是一座石山，北面100米处是一片开阔地。寨闸门坐西南朝东北，全长22米，高4米，厚1.6米，石门高2米，宽1.6米，石墙全部用石块砌成，石门两边坡是石阶，也是用石块砌成，一共有140个台阶，全长83米，宽3.8米。修建于清代年间，闸门原是为保护龙燕屯群众避免外人侵扰而修建的，该闸门是龙燕屯群众与外面来往的必经之地，易守难攻，具有很好的防御功能。于1982年发现，1989年公布为县级文物保护单位。

岭南会馆 位于祥周镇祥周街上，修建于乾隆五十九年（1794年），坐南朝北，建筑面积约156平方米。为四合院式建筑布局，面阔三开间，硬山顶，抬梁式架构，门面宽约13.6米，深约11.5米，房高约8米。天井长约40米、宽约12.5米，墙高2.6米，天井最里端设一座舞台。乾隆年间，到这里置业经商安居的各地人士，在广东和福建商人的倡议下，捐资建造岭南会馆，请来了东岳仁圣帝、关圣帝、岑三爷等福神，专门保佑商人生意兴隆，保境安民，福祉百姓。会馆成为清代往来的商人在祥周议事聚集、联络乡谊的场所，同时兼作交易、情报、住宿、娱乐之用。据有关史料记载，在当时全国仅建有的扬州岭南会馆、苏州岭南会馆、广西田州岭南会馆等三个会馆中，唯独田州岭南会馆设有福神供奉，历史最为悠久。会馆后壁有9个小窗口且嵌有两块石碑，一块为乾隆五十九年立的“建岭南会馆碑记”，一块为“重建岭南会馆碑记”，基本保存完整。所存老屋和碑刻有一定的史证、史艺价值。

靖逸大小井　位于平马镇靖逸村靖逸屯7队东面150米处，南面200米是右江，修建于清代时期。两口井相距约50米，均用条石砌井口，呈正方形，其中大井边长6.3米，宽6.3米，深1.5米，面积为39.69平方米；小井边长2.9米，宽2.9米，深1.5米，面积为8.41平方米。两口井历史上是当地群众生产生活用水的来源，井水可饮用，目前小井保存基本完好，当地群众还在使用。1997年，大井已被洪水填埋。该井于1982年第二次文物普查时发现，1989年被列为县级文物保护单位。

远街土司寨　位于思林镇坛乐村远街屯，始修于清乾隆十二年（1747年）。土司寨座于一块高台地上，东约400米处是右江，该寨原来是青砖砌成。原东面中部有一寨门，门宽约3米，原有两只石狮。原北面保存三开间二层楼的瓦房，且屋檐下有一只石狮，后来被拆重建。寨门与码头相连，码头建于嘉靖年间，码头长34米，宽2.4米，码头北侧立有嘉靖凭据碑一块，码头还在使用。土司寨北面是土坡，东、南和西三面有护城河，全长3000米，宽30米，现在已开垦为农田。土司寨行署是当时上林县政治、经济和文化的中心，对研究思林镇的历史具有很高的历史价值。该寨于1982年第二次文物普查时发现，于1983年被列为县级文物保护单位。

此外，还有42处新民主主义革命时期的遗址遗迹。

第五节　馆藏文物和文物保护单位

石　器

20世纪70年代以来，考古学者在右江沿河流域及支流河谷地貌和喀斯特地貌的岩溶洞穴中广泛发现了新、旧石器时代的文化遗存，旧石器分布广，数量多，个体硕大，在国内外少见。百色、田阳和田东已发现的旧石器遗址和旧石器地点近100处，采集和出土的旧石器达8400多件。石器的类型主要有手斧、手镐、砍砸器、薄刃斧、刮削器、石片、石核、石锤等，原料为石英岩、砂岩、硅石岩等。

田东发现旧石器分布点30多处，1988年由中国科学院古脊椎动物与古人类考古研究所黄慰文研究员主持的考古发掘队首次在田东檀河高岭坡遗址作发掘，在没有扰乱的地层里发现了60多件的石器，1989—1993年，又挖掘出土600多件旧石器。至2005年，采集和出土石制品近1000件。这些石器的原料主要来自当地的河流砾石层，石器类型主要有手斧、砍砸器和粗大的刮削器等，石制品主要埋藏于遗址内的网纹红土中。田东手斧，在制作技术、器物形状和年代方面都与非洲的部分手斧有很多相同之处，展示了80万年前生活在东亚早期直立人的行为能力和高超的石器工业技术。

1989年，檀河高岭坡遗址出土的手斧（手斧两面的对比图），是旧石器时代早期流行的一种双面打制的重型劳动工具　　（县博物馆提供）

古动物化石

田东布兵盆地古人类洞穴遗址群的考古发掘与研究，取得突破性进展。1980年，中国科学院古脊椎动物质与古人类研究所和广西博物馆组成的野外队，在布兵盆地中部的定模洞采集到人类化石1枚。1998年，广西自然博物馆组织调查组在布兵盆地南部边缘发现多个洞穴，部分保留原始堆积物以及哺乳动物化石。同时在阶地上发现石制品。1999—2004年，广西自然博物馆会同田东县博物馆文物工作队在布兵盆地雾云洞、瀑布洞、陆那洞、么会洞、吹风洞等进行考古发掘，出土古人类化石和20多种动物化石。么会洞遗址于2002年发掘出土的高等灵长类化石和大量的哺乳动物化石，经国内外考古专家测定，么会洞遗址年代距今已有200万年的历史，把广西古人类的年代提早近百万年。

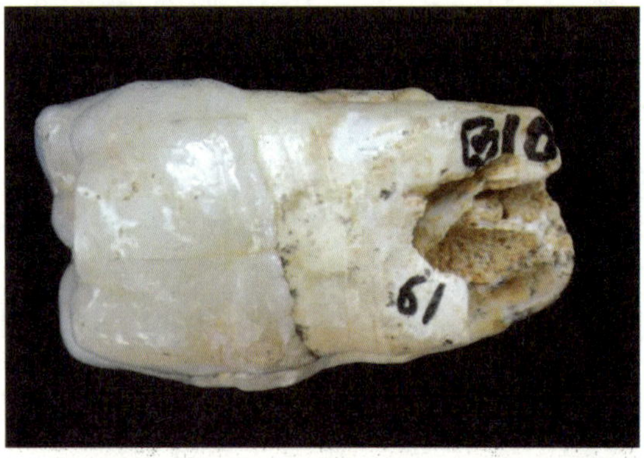

2003年，布兵盆地洞穴遗址群——么会洞古人类遗址发掘出土的古人类猿人牙齿化石　　（县博物馆提供）

青铜器

告别了石器时代，人类的历史就进入了青铜器时代。商周时，岭南地区与中原、滇池地区的交流不断增多，青铜文化也于这一时期传入岭南地区。田东县青铜时代文物的考古发现，始于1977年，是年6月，广西文物工作队接到祥周镇甘莲村群众在锅盖岭发现一批青铜器的报告后，派员到现场调查并随之发掘，证实为2座战国土坑墓。一号墓位于岭顶，地面仍存封土堆，墓内残存人肢骨，出土铜器8件；二号墓位于岭西坡，距一号墓约30米，发掘出土人骨架1副，铜器6件，玉饰5件。铜器有鼓、剑、矛、戈、斧和叉形器。玉饰分块、环、管三种。

1982年，祥周镇联福村陀朔屯北土岭发现2座战国墓，出土铜鼓1面，铜剑4件，铜门型器8件，玉环1件。还有“十”字镐状铜器。

1984年2月，祥周镇联福村虎头山发现2座战国墓，出土铜剑、铜矛、铜叉形器。

1993年3月，祥周镇联福村联合小学门前南哈坡发现1座战国早期墓葬，铜鼓2面、铜罍1件，还有铜钉、玉管、玉块、玉钏等。

1994年6月，林逢镇和同村小沙屯大岭坡发现1座春秋晚期或战国早期墓葬，出土铜鼓1面，兽面纹铜钟1件。在林逢镇右江河段中渔民打捞出水1件曲刃——字格剑。

田东古代青铜文化多使用青铜器及玉器和崇尚铜鼓来体现特质，明显有异于武鸣县元龙坡、安等秧山的那一处骆越文化，这就说明春秋战国时期，在以今祥周镇为中心的这块土地上，生活着骆越支族中一个部族或部落，他们创造了有自身特色的青铜文化支派，使骆越文化变得丰富多彩，也彰显了广西青铜文化的博采众长的特色。

铜　鼓

铜鼓是中国南方古代民族具有代表性的历史文化遗物。1993年3月在田东祥周镇联合小学门前出土2面铜鼓，分为AB鼓，2面铜鼓均出自同一墓葬，伴出器物有铜莹1只，还有玉管、玉钏、玉块等。

1994年6月，在田东县林逢镇和同村大岭坡又出土了铜鼓和铜编钟。

田东所出土的4面铜鼓，在中国古代铜鼓分类中，属万家坝型和石寨山型。南哈坡鼓和大岭坡鼓为万家坝型。南哈坡A鼓高32厘米、面径50厘米、胸径60.5厘米、足径66厘米，重33.5千克。器形矮胖、胸部鼓凸，最大径偏上；鼓面中心太阳纹凸起，周围布置15道不规整的光芒，腰部以竖条双行角形纹纵分为6个空格，格内光素无纹，足部近底处饰底端开叉的纵线和雷纹纹带。B鼓高38厘米、面径48厘米、胸径60.5厘米、足径66厘米，重41千克。胸部最大径明显偏上，腰壁曲弧度较大，器形显得比A鼓瘦高一些，鼓面中心太阳纹二十三芒，芒外晕圈不规则，腰部以纵向曲折纹分格，格内空白，足部饰半菱形格子纹和勾连雷纹。大岭坡鼓高29厘米、面径34厘米、胸径40厘米、足径50厘米，重18.5千克。鼓面中心太阳纹十一芒，胸部光素，腰部以竖条几何纹分格，格内光素无纹，足部有雷纹纹带。这3面铜鼓的共同特征是形制不规整，装饰简单，它们是广西迄今所发现的铜鼓中年代最早的标本。锅盖岭铜鼓，鼓面中心太阳纹8芒，芒间饰斜线纹，外围有3圈纹带，主纹带为4只翔鹭，等距离分布，作逆时针旋转飞翔。另外的2圈纹带饰锯齿纹和同心圆圈纹。胸部饰回形纹和弦纹。这面铜鼓尽管器型比较规整，然而制作欠精良，装饰的花纹种类偏少，在广西发现的这类铜鼓中属于早期鼓。

1993年，在祥周镇联合小学出土的两面万家坝型铜鼓（县博物馆提供）

革命文物

原样保留 右江革命纪念馆珍藏着当年红军、赤卫队使用过的长枪、短刀、马灯、水壶等珍贵实物和照片，馆藏文物、展品800余件。按照原样保留了右江苏维埃政府和中共右江工委的会议厅，赤卫队和警卫排营房，邓小平、雷经天、陈洪涛同志的住室等。

展厅陈列 纪念馆陈列分为四大部分：第一部分为旧址复原陈列，第二部分为邓小平在恩隆展厅，第三部分为右江革命根据地展厅，第四部分为田东县科学发展成就展厅。展览形式新颖，采用声、光、电、多媒体等现代科技展示手法，以1000余幅照片、珍贵的革命文物及油画、图表、场景复原等陈列，生动地再现中国共产党领导右江人民进行艰苦卓绝的革命斗争并取得胜利的光辉历程，讴歌了邓小平、张云逸等老一辈无产阶级革命家在右江地区领导革命斗争的光辉业绩。

2005年11月20日，右江工农民主政府旧址被中共中央宣传部列为全国爱国主义教育示范基地。其先后成为广西壮族自治区廉政文化教育基地、中共广西区委党校革命传统教育教学基地、广西中共党史教育基地。

赤卫军特务营一连二排营房
（右江革命纪念馆提供）

当年，邓小平的办公室兼卧室
（右江革命纪念馆提供）

文物保护单位

县博物馆自1984年成立以来，先后调查征集、收藏、挖掘发掘、整理、展出一大批具有历史、艺术、科学价值的文化遗址、文物和史料，保护了田东乃至世界历史文化遗产，促进了科学研究、爱国主义和革命传统教育，推动了田东县精神文明、物质文明建设。按公布时间上限至1983年，下限至2018年末，全县有国家级文物保护单位14处，自治区级文物保护单位7处，县级文物保护单位56处。

田东县国家级重点文物保护单位一览表

表21-3-1

序号	名称	时代	级别	普查时间	公布时间	文物地点
1	布兵盆地洞穴遗址群——中山洞	新旧石器	国保	2007年	2009年	祥周镇布兵村和塘屯南面20米（2009年2月为县保,2013年为国保）
2	布兵盆地洞穴遗址群——吹风洞	旧石器	国保	2007年	2009年	祥周镇布兵村和塘屯东南面约500米（2009年2月为县保,2013年为国保）
3	布兵盆地洞穴遗址群——小山洞	旧石器	国保	2007年	2009年	祥周镇布兵村和塘屯北500米（2009年2月为县保,2013年3月为国保）
4	布兵盆地洞穴遗址群——么会洞	旧石器	国保	1999年	2009年	祥周镇布兵村和塘屯西面500米（2009年2月为县保,2013年为国保）
5	布兵盆地洞穴遗址群——雾云洞	旧石器	国保	1999年	2009年	祥周镇布兵村布兵小学北面100米（2009年2月为县保,2013年为国保）
6	布兵盆地洞穴遗址群——瀑布洞	旧石器	国保	2007年	2009年	祥周镇保利村瀑布屯东南面150米（2009年2月为县保,2013年为国保）
7	布兵盆地洞穴遗址群——宝来洞	旧石器	国保	2007年	2009年	祥周镇保利村保利屯东北面200米（2009年2月为县保,2013年为国保）
8	布兵盆地洞穴遗址群——感仙洞	旧石器	国保	2007年	2009年	祥周镇保利村那豆屯南面约300米（2009年2月为县保,2013年为国保）
9	布兵盆地洞穴遗址群——陆那洞	旧石器	国保	2000年	2009年	祥周镇模范村模范屯西南约500米（2009年2月为县保,2013年为国保）
10	布兵盆地洞穴遗址群——村空洞	旧石器	国保	2007年	2009年	祥周镇保利村瀑布屯西面300米（2009年2月为县保,2013年为国保）
11	布兵盆地洞穴遗址群——鲤鱼洞	旧石器	国保	1982年	1989年	祥周镇保利村那驮屯北面约500米处（2009年2月为县保,2013年为国保）

续表21-3-1

序号	名称	时代	级别	普查时间	公布时间	文物地点
12	布兵盆地洞穴遗址群——定模洞	旧石器	国保	1982年	1989年	祥周镇模范村模范屯东北面约1.2千米（1989年3月为县保，2001年6月为国保）
13	高岭坡旧石器遗址	旧石器	国保	1982年	2001年	林逢镇檀河村坡算屯南约50米（1989年3月为县保，2001年6月为国保）
14	右江工农民主政府旧址	1929年	国保	1982年	1996年	平马镇南华街1号（革命遗址）

田东县自治区级重点文物保护单位一览表

表21-3-2

序号	名称	时代	级别	普查时间	公布时间	文物地点
1	陆氏将军夫妇墓	明代	区保	1982年	1983年	祥周镇保利村瀑布屯西面200米（1983年4月为县保，2017年12月为区保）
2	百银古城	宋代	区保	1982年	1983年	祥周镇百银村上寨屯西面800米（1983年4月为县保，2017年12月为区保）
3	岑氏土司墓	明代	区保	1982年	1989年	祥周镇保利村瀑布屯西面300米（1989年3月为县保，2017年12月为区保）
4	利老遗址	新石器	区保	2009年	2012年	作登瑶族乡大板村大勤屯东南面约50米的利老坡（2012年4月为县保，2017年12月为区保）
5	广西省田南道农民运动办事处旧址	1929年	区保	1982年	1994年	平马镇乐德路德新巷37号东面（革命遗址）
6	八仙山摩崖造像	宋代	区保	1980年	1981年	江城镇江城村六瓦屯南面1000米
7	恩隆县农民运动讲习所旧址	1929年	区保	1982年	1981年	平马镇人民路古榕街146号（革命遗址）

田东县县级文物保护单位一览表

表21-3-3

序号	名称	时代	级别	普查时间	公布时间	文物地点
1	兰芳革命活动遗址	1930年	县保	2009年	2018年12月17日	思林镇真良村弄邓屯邓昌利家
2	右江赤卫军兵工厂旧址	近现代	县保	2012年	2018年12月17日	思林镇真良村陇壳山
3	那叽医疗站	近现代	县保	2012年	2018年12月17日	思林镇广养村那叽屯西北面山脚下
4	祥周古城	元代	县保	2012年	2018年12月17日	祥周镇祥周村祥周街
5	内局古井群	清代	县保	1982年	2018年12月17日	作登瑶族乡梅林村内局屯
6	莲花山岑氏土司墓	明代	县保	2009年	2018年12月17日	那拔镇莲花山
7	岭南会馆	清代	县保	2009年	2012年4月24日	祥周镇祥周街
8	达拉遗址	旧石器	县保	1982年	2012年4月24日	平马镇东达村达拉屯的北面约1500米
9	六林岭遗址	旧石器	县保	1982年	2012年4月24日	祥周镇百渡村祥群旧屯南面400米
10	巴龙遗址	旧石器	县保	2008年	2012年4月24日	祥周镇布兵村布兵屯北面200米
11	长蛇岭遗址	旧石器	县保	1982年	2012年4月24日	祥周镇新洲煤矿西面1千米
12	把达遗址	旧石器	县保	1982年	2012年4月24日	祥周镇百渡村把达屯西面约200米
13	百发遗址	旧石器	县保	1982年	2012年4月24日	思林镇百笔村百发屯西面200米处
14	红土坡遗址	旧石器	县保	2009年	2012年4月24日	思林镇坛乐村远街屯南约150米
15	绿马遗址	旧石器	县保	2008年	2012年4月24日	思林东龙村达龙屯南面300米
16	大板遗址	旧石器	县保	2009年	2012年4月24日	作登瑶族乡大板村大勤屯所在的大勤坡
17	平马遗址	新旧石器	县保	1982年	2012年4月24日	平马镇合乐村达拉屯南面约200米

续表21-3-3

序号	名称	时代	级别	普查时间	公布时间	文物地点
18	麻逢遗址	旧石器	县保	2008年	2012年4月24日	林逢镇檀河村绿洪屯南面约500米
19	独山遗址	新旧石器	县保	2009年	2012年4月24日	林逢镇永龙村龙西屯南面500米
20	王受墓	清代	县保	2009年	2012年4月24日	思林镇三百村农下屯西北面1千米
21	潘成润墓	清代	县保	2009年	2012年4月24日	印茶镇印茶村印茶街北面600米
22	江州遗址	明代	县保	2009年	2012年4月24日	那拔镇六洲村江州屯内的南面
23	平圩窑址	宋代	县保	2007年	2012年4月24日	那拔镇福星村凡屯西面约150米
24	田东烈士陵园	近现代	县保	2009年	2012年4月24日	县文化和体育局西面20米处
25	合恒革命烈士陵园	近现代	县保	2009年	2012年4月24日	平马镇合恒村合恒小学西北面100米处
26	塘潭洞遗址	旧石器	县保	2007年	2009年2月27日	印茶镇印茶村东面2000米
27	巴麻革命活动旧址	1930年	县保	2003年	2004年3月8日	印茶镇巴麻村下巴屯的黄绍谦故居
28	六柳古树	宋代	县保	2003年	2004年3月8日	那拔镇六柳村六柳屯西面50米
29	锅盖岭墓群	战国	县保	1982年	1989年3月22日	祥周镇甘莲村仗同屯北面500米
30	白山岩洞葬	明、清代	县保	1982年	1989年3月22日	印茶镇白城村白山屯东面约300米
31	平马镇关帝庙	清代	县保	1982年	1989年3月22日	田东县平马镇中山路古庙巷56号东面
32	龙燕寨闸门	清代	县保	1982年	1989年3月22日	思林镇双燕村龙燕屯北面100米处
33	靖逸大、小井	清代	县保	1982年	1989年3月22日	平马镇靖逸村靖逸屯7队东面150米
34	向阳关摩岩提书	明、清时代	县保	1982年	1989年3月22日	江城镇供固村那固屯东面500米处
35	那恒窑址	北宋	县保	1982年	1989年3月22日	平马镇合恒村那恒屯南面800米处右江南岸
36	下铺遗址	旧石器	县保	1982年	1989年3月22日	林逢镇林驮村下铺屯北面0.5千米
37	小龙扁桃树四棵	宋代	县保	1989年	1989年3月22日	平马镇小龙村西油屯北面20米
38	塘榜榕树	清代	县保	1989年	1989年3月22日	平马镇小龙村塘榜屯南面50米
39	德新桥头大叶榕树	清代	县保	1989年	1989年3月22日	平马镇中山路96号民房西面2米处
40	鲤鱼地路边大榕树	清代	县保	1989年	1989年3月22日	平马镇合乐村村部西侧
41	中山街小叶榕	清代	县保	1989年	1989年3月22日	平马镇中山路古庙巷55号门前
42	庆平街榕树三棵	清代	县保	1989年	1989年3月22日	平马镇南华路197号民房东面
43	牛行大榕树两棵	清代	县保	1989年	1989年3月22日	平马镇牛行街与东宁路、油城路交汇处
44	四平村大叶榕树	清代	县保	1989年	1989年3月22日	平马镇四平村西15米
45	思林小叶榕树	清代	县保	1989年	1989年3月22日	思林镇思林小学院内
46	那玩遗址	旧石器	县保	1982年	1989年3月22日	思林镇坛乐村那玩屯北面300米
47	祥群遗址	旧石器	县保	1982年	1989年3月22日	祥周镇百渡村祥群旧屯南面200米
48	定练遗址	旧石器	县保	1982年	1989年3月22日	祥周镇模范村模范屯北面约1.5千米
49	红七军平马被服厂旧址	1929年	县保	1982年	1989年1月	平马镇中山街19、21号
50	右江总工会旧址	1929年	县保	1982年	1983年4月15日	平马镇南华路平马小学校园内
51	平马二牙码头	1929年	县保	1982年	1983年4月15日	平马镇乐港路南面转折处右江北岸
52	思林县苏维埃政府旧址	1929年	县保	1982年	1983年4月15日	思林镇思林镇民生巷
53	右江下游革委会旧址	1933年	县保	1982年	1983年4月15日	思林镇思林镇东隆村果芬屯东北面约1000米
54	黄嵩衣冠墓	清乾隆十二年	县保	1982年	1983年4月15日	思林镇东隆村达隆屯南面2.5千米
55	远街土司寨	清乾隆十二年	县保	1982年	1983年4月15日	思林镇坛乐村远街屯15和16组内
56	那恒乡苏维埃政府旧址	1929年	县保	1982年	—	平马镇合恒村合恒小学西侧

第四章　广播　电视　电影

1989年，全县广播使用有线广播和无线广播相结合的方式，县到乡镇用调频信号传输，乡镇到村屯用专线传输。县境内有12座卫星地面接收站，广播专线146千米，通响喇叭5727只。1992年建成县有线电视站，传送节目7套，全县有电视机2.73万台。1995年，县城有线电视用户终端有8000户。1997年，全县13个乡镇都建立广播电视站，全县有线电视用户达1.5万户。1999年，完成“村村通”广播电视工程建设，农村广播电视覆盖率扩大。2003年，全县有线广播逐渐消失。2005年，全县广播、电视人口综合覆盖率分别提高到76%和86%。与此同时，由于电视事业兴起，录像播放机、影碟机的普及，电影发行放映业逐年滑坡，走入低谷。

第一节　广播

有线广播

1989年，自治区广播电视厅和县人民政府各拨款2万元，更新县广播站设备。全县广播专线146千米，49个行政村通广播，喇叭入户数5727只，入户率7.9%。

1990年，县人民政府划拨3万元作农村广播网专项经费，由县广播电视局向各乡镇提供水泥杆、铁线，剩下的喇叭款则由各乡镇出一部分、用户出一部分的办法发展农村广播，当年架设标准化水泥杆线路230千米；石山杆线路153千米，喇叭入户数7922只，入户率11%，有线广播通村率36.7%，音响率95%。布兵乡财政出资6000元，借资集资8600元作农村广播网经费，全年拉新水泥杆180条，线路107千米，新增喇叭1042只，广播通村率100%，入户率达到81%，广播覆盖人口率45%。当年，县广播电视局、布兵乡广播站分别被自治区广播电视厅和百色地区广播电视局评为“农网建设先进县”“先进乡镇”。

1991年，县人民政府拨农网经费2万元，各乡镇投资1.9万元，全县新增喇叭6452只，入户率21%，音响率95%，新通广播12个村，新建村广播室3个，高音喇叭22只，增加标准化水泥杆线路773条，共452千米。布兵乡达到自治区广播电视厅三项标准：机房播音室标准化；100%村公所和100%村民通广播；84.5%以上农户通响。

1993年，全县有线广播分布13个乡镇，有980千米线路，完成喇叭入户1.91万只，建成22个农村大队广播室。

1995年，全县村级广播喇叭总数为1.98万只，比1989年增加1.41万只。

1999年，投资3.6万元装修县人民广播站机房和播音室。全县13个乡镇装有线广播144台，所有装上有线广播的村屯都正常收到信号。

2001年11月起，由于电视的覆盖面不断扩大，各乡镇有线广播投入少，设备老化，维护困难，全县有线广播逐渐萎缩。2003年，全县有线广播停播。

调频广播

1984年下半年，经国家广播电视电影部批准，在田东县建立调频广播电台，县财政拨款筹建广播调频发射台，发射机功率为50瓦，频率87.5兆赫兹。1985年5月，试播成功，标志着田东县调频广播的正式开始，全天播出时间6个小时。

1989年，田东县站至乡镇站的广播为无线调频广播，广播讯号除朔良乡较弱外，其余乡镇广播站都能收到县站讯号。1995—1996年，因为修理调频机，停播两年。

1997年，自治区广播电视厅扶持田东县两台100瓦调频机在坡勇山落户，恢复调频机开播，全县南北山区群众重新收到广播信号，广播调频讯号覆盖率由原来的82%提高到95%，当年制作节目450小时。

2003—2005年，县自办广播节目播出时间比以前有所增加，每年累计超1350个小时。2005年，县调频广播一直采用1997年调频设备进行广播。

播　音

全县广播使用有线广播和无线广播相结合的方式，县到乡镇用调频信号传输，乡镇到村屯用专线传输。

1989年，县广播站每天播出的时间主要分为三段：早上7:30—8:30，中午11:30—12:45，晚上19:30—20:30。县广播站每天播出的时间为6小时。广播节目有《新闻和报纸摘要》《各地电台联播》《午间半小时》《对农村广播》《专题广播》《科技之窗》《为您服务》《天南地北》《每周一歌》《周末文艺》等专题节目。自办节目开设《田东新闻》《学习与法制》《计划生育》《科技》《市场信息》《广告》《天气预告》等栏目。是年，广西人民广播电台民族部与县广播站建立协作关系，县广播站正常转播广西人民广播电台第二套节目中的新闻和专题节目，平时县广播站通讯员积极向广西电台投稿，电台择优采用，并帮助县广播站培训通讯骨干和业余通讯员。县广播站报送稿件《老万斤麻克利今年又卖万斤爱国粮》获自治区广播稿二等奖；《富了不扩大再生产，大吃大喝挥霍浪费——一个十万富翁重陷贫困境地》获全国新闻三等奖。

1992年，县广播站每天除转播中央人民广播电台的《新闻和报纸摘要》《各地电台联播》《午间半小时》等节目以及广西广播电台的《对农村广播》节目之外，用90分钟的时间播出自办节目，在自办节目中新开辟《每周一歌》《快讯》《致富》等栏目。

1995年，共开辟《新闻》《经济信息》《科技天地》《转变观念》专题栏目。全年播稿3100篇，新闻980条，播时1000分钟，每天确保三段播出时间。《甘蔗的事业甜滋滋》广播稿获广播新闻奖三等奖。

2005年，田东县广播电视局综合办公大楼
（县广电局提供）

1997年，新开辟《计生专栏》《芒果致富经》《金色年华》等栏目。全年广播稿

2250篇，其中广播新闻839条。稿件《世界冠军杨斌回乡连续报道》《闹市场的小龙人》分别荣获广西广播电视学会颁发广播新闻类二等奖和社教类二等奖。

2000—2005年，每年制作广播节目1500小时，其中新闻节目250小时、文艺节目500小时、专题节目250小时、教育类节目250小时、服务类节目250小时；平均每周播出时间31.5小时，广播人口覆盖率95%。2000年，被广西人民广播电台采用稿45篇，其中稿件《一场霜冻，几多思考》《田东县500农户积极投资办水利》分别获广播好新闻二等奖、三等奖，《敲门声》获广播文艺类三等奖。2001年，为广西人民广播电台送新闻稿件60篇，其中《田东出现一批领工资农民》获广播新闻三等奖，《素质教育》获广播评论三等奖。

1989—2005年田东县广播站来稿用稿统计表

表21-4-1

年度	来稿（篇）	用稿（篇）	年度	来稿（篇）	用稿（篇）
1989	9637	5747	1998	4660	2341
1990	11695	6154	1999	2386	2042
1991	11280	6343	2000	2454	2100
1992	10352	6613	2001	2278	1950
1993	10400	5803	2002	1760	—
1994	8000	4687	2003	—	—
1995	7500	3100	2004	—	—
1996	6678	2760	2005	—	—
1997	5220	2250	—	—	—

第二节　电影

1989年，县电影发行放映公司作为县人民政府的直属企业，经济独立核算，财务归县企业主管部门管理，盈亏纳入县财政预算、决算。全县拥有电影院2座（其中乡级电影院1座），有国有电影放映队14个43人，民办电影队49个49人，工矿队10个10人。全年放映电影6399场次。1990年，全年放映、录像宣传7628场次。

1994年，重新定性县电影公司为事业单位，实行企业管理，自收自支。1995年，取消乡镇派驻电影机构。1998年，县电影公司改属事业单位，企业管理，财政自收自支。

20世纪90年代，随着闭路电视、录像播放机、影碟机的全面普及和舞厅、卡拉OK等娱乐业全面兴起，电影放映业逐年滑坡。1992年，放映6335场次，观众216.31万人次。1995年，放映4246场次，观众144.26万人次。1999年，放映976场次，观众31.28万人次。

2000年，田东县电影发行放映公司
（县电影发行放映公司提供）

2000年，由于家庭影音系统增多和电脑网络的发展，由于电视频道增多和播出时间增加，严重冲击电影业的发展和生存。加之影片匮乏，放映只能靠联营和租借，电影行业发展进入低谷。

2001年，县电影公司停止影院播放电影，靠出租门面和出租场地等第三产业维持职工的基本生活。之后，配合政府相关部门放映相关电影或到农村放映公益电影。

2005年，县电影公司到农村放映电影229场，观众5.3万人次。

1989—2005年电影发行放映公司放映情况表

表21-4-2

年份	放映场数(场)	观众人数(万人次)	收入(万元)	备注
1989	6399	284.14	57.83	其中发行收入16.31万元
1990	7628	284.15	62.88	其中发行收入17.89万元
1991	8793	310.89	65.44	其中发行收入19.50万元
1992	6335	216.31	41.72	其中发行收入15.60万元
1993	5629	169.58	63.71	其中发行收入18.58万元
1994	4705	148.59	70.93	其中发行收入20.36万元
1995	4246	144.26	84.05	其中发行收入23.98万元
1996	3446	199.14	98.46	其中发行收入24.48万元
1997	2080	115.10	67.65	其中发行收入19.09万元
1998	2189	58.32	42.23	其中发行收入12.26万元
1999	976	31.28	55.94	其中发行收入3.34万元
2000	661	23.05	47.02	其中三产收入34.51万元
2001	645	6.00	40.71	其中三产收入28.82万元
2002	574	4.70	38.00	其中三产收入26.00万元
2003	572	28.00	34.87	其中三产收入31.67万元
2004	345	17.70	53.00	其中三产收入29.78万元
2005	229	5.30	33.43	其中三产收入29.78万元
合计	55452	2046.51	957.87	—

第三节　电视

卫星地面接收

1981年，县财政拨款1万元在县广播站小楼顶建机房、接收铁塔及转播天线，建成电视转播台，转播面仅为县城及附近村屯，全县有黑白电视机80台左右。

1982年年底，电视转播台迁到平马镇四平村椅子岭上，转播面扩大到祥周乡、林逢乡的部分村屯。

1987年，县财政拨款10万元建卫星电视地面接收站，在县广播站试播成功，县城及右江河谷广大观众可以看到中央电视台和广西电视台播放的节目。之后，县财政又拨款15万元建电视卫星地面接收站机房及职工住宅楼，楼高5层，面积966平方米，成为全县电视接收和发射中心。同年，由自治区管辖的田东坡勇山微波分台兴建，总投资144万多元，是南宁到百色广播电视微波干线的中继站。

1989—1993年，全县境内有12座卫星电视地面接收站，3座差转台，4座调频发射器，4台调频发射机。全县均可看到图像清晰的中央电视一台和广西电视台节目，县城及郊区还可以看到中央电视二台节目。电视转播站坚持每天按时转播和全天转播。

1989年，在坡塘乡、印茶乡、百笔林场安装卫星电视地面接收站和差转台。1990年，江城、朔良、义圩三个乡相继完成安装卫星电视地面接收站。1992年全县有电视机2.73万台。

1993年，县广播电视综合大楼落成，电视差转机房面积扩大，提高转播质量，扩大覆盖面。全县13个乡镇建立了8个电视卫星地面接收站和3个差转站，其中有5个乡镇能收到中央电视一台和广西电视台等2个频道以上的电视节目。

1995年，县广电局和作登瑶族乡大板村群众共同投入3万多元，建成卫星电视地面接收站。1998年，完成扶贫卫星电视地面接收站工程49个74面天线地面安装任务，全县村级卫星地面接收站区达58个，全县广播电视综合人口覆盖率达80.2%。

1999年完成“村村通”广播电视工程建设，使全县村级电视卫星地面接收站（区）达到131个，初步形成比较完备的县、乡、村广播电视网络，广播电视综合人口覆盖率达85%。除对卫星接收独立建网外，还利用原有的多向微波扩大覆盖，全县传输传送电视节目22套。

1993年，安装在县广播电视综合大楼上的卫星电视地面接收站和差转台　　（县广电局提供）

2002年，解决农村偏远地区收看电视难问题，推进农村家庭型电视接收小天线建设，全年为偏远山村用户安装160面家用卫星地面接收设备。

2005年，全县有卫星电视差转台25座，卫星电视地面接收站145个，全县广播、电视人口综合覆盖率分别提高到76%和86%。

有线电视

1989年，全县电视机增多，城乡居民电视机增加至1万台。县城内有11个单位安装闭路电视网络，县广电局采用同轴电缆传输，传送节目4套。1990年，传送6套电视节目。

1992年，县广电局自筹资金30万元，建成县有线电视站，传送7套电视节目：中央台1、2频道，广西台1、2频道，南宁台、云南台、贵州台。城区有2645户安装有线电视，城郊的合恒村、百谷等村屯的一些农户也相应安装，共有用户3445户。

1993—1995年，思林镇、林逢乡、祥周乡、作登瑶族乡、布兵乡、祷午乡等乡镇相继建立了有线电视站。1993年，全县有线电视拥有5500个用户联网，电缆线路共18千米。1994年，有线电视终端用户发展到7890户，县有线电视站转播节目有中央1、2、3台，广西1、2台，云南台、贵州台、浙江台、山东台、田东台等9套节目信号。布兵乡广播电视站安装的设备居百色地区一流，祥周乡仑圩村是田东县第一个村级有线电视分站。1995年，思林水泥厂、那读煤矿等企业有线电视联网，全县有线电视用户终端超万户，电缆线路46.7千米。随着南北山区乡镇相继建立有线电视站，全县共有13个乡镇、28个村级有线电视站。

1996年，县有线电视站与百色微波站联网，开通中央台加密频道节目，全县可收视到17套节目。1997年，全县有线电视用户达1.5万户，全县共有电视机4万台，电视节目收到18个频道。

1998年1月起，开始对县城有线电视线路进行改造升级，使用光缆传输，当年接通了县城至小龙矿、二糖厂、公路收费站等3条光缆传输线路，共20千米。

1999年，县有线电视站接通县机房至小龙矿、东星村、二糖厂、东泥股份有限公司、火车站、田东收费站的光纤传输线路；当年，农村有线电视用户达1.8万户，县城电视用户达8200户，村屯建网入户率23%，县城内可收视到22套电视节目。县广电局被自治区党委、自治区人民政府授予全区“村村通工程完成任务奖”。

2002年，县广电局多渠道筹集资金，投入100万元建设县城至祥周新洲村的有线电视光缆干线（15千米），以及县城到平马镇四平村、升太村和上法村马鞍山屯的有线电视光缆线路。

2003年，在县城有线电视网络升级改造和乡镇有线电视网联网工作中，在县城区域内完成有线电视光缆铺设9千米，杆线架设6千米，县乡有线电视联网迈出坚实一步，河谷四镇实现联网目标，用户收看到与县城同样多的电视节套数。

2004年8月15日，广西广播电视信息股份有限公司田东分公司正式在田东挂牌营运。之后，该公司利用原有线电视的人员13名和设备（767万元网络资产）去建设50户以上“村村通”广播电视，在光缆干线开设节点，在50户以上自然村屯独立建网，利用原有MMDS微波信号覆盖。在巩固和恢复原有行政村“村村通”广播电视的基础上，开展自然村广播电视“村村通”工作，按国家要求保证用户能收看到中央一套、中央七套、少儿频道和广西一套电视节目。

2005年，全县广播电视工程的建设以建设光缆干线为主，以微波传输和小片联网为辅。投资120万元，在自治区广播电视光纤主干线经过的思林、林逢、平马、祥周等乡镇，开设13个光信号，实施42个光节点；利用多向微波设备，再增加4套电视节目；在义圩、朔良、印茶、江城等边远山区乡镇村屯，采取独立建网方式进行广播电视覆盖，最后完成50户以上123个自然村“村村通”广播电视任务。

节目与用稿

节目 1989年，县广电局购置摄像机3台、编辑机1台、汽车2辆，开始向录音报道、录音通讯、配乐通讯、现场报道、制作电视专题片报道等方向发展。

1989年，县有线电视站开始录制《田东新闻》，每天晚上19时30分报道全县的时事政治，节目长度一般10~15分钟。每天播出新闻3~5条，每天晚21时30分重播一次。1995—2005年，《田东新闻》做到主要新闻当天播出，以提高新闻的时效性。

1993年，县广播电视综合楼落成，开设机房、演播室、播音室、编制室等，有线电视站有较好的编制节目环境。全年电视新闻报道平均每周播出时间28小时，专题报道24片（240分钟）；配合各单位宣传报道20次，县领导电视讲话10次；电视采访9次，摄播县文艺节目4次，举办元旦电视文艺晚会。当年设《观众点播》节目。

1994年1月，县有线电视站开播《广告》节目，每天20时《田东新闻》后播出，主要承揽广告业务，以增加本地知名度与广告收入。

1996年，播出有线电视专题片4部，约120分钟。开设《“三严四自”系列报道》《夏粮入库》《向麻克利同志学习》《十四届六中全会》专题等4个专栏，播出文艺节目共144期。现场直播“百色地区芒果节大会”的开幕式和闭幕式，直播县人民政府举办的民政福利抽奖活动、社会治安综合治理等4场次。当年，将《天气信息》栏目更名为《天气预报》，每晚在《田东新闻》后播出。

1997年7月，开设、开播《经济信息》节目，每晚于《田东新闻》后播出。1999年《经济信息》全部融入《田东新闻》中播出。

2000年，县有线电视站被广西电视台授予“电视报道先进单位”称号。当年11月8日是首届记者节，田东县有线电视站1名记者被百色地委、行署授予“先进记者”称号。

2003年，平均每周播出时间35小时，电视人口覆盖率85%，制作电视节目320小时/年，其中新闻节目52小时/年、文艺节目120小时/年、专题节目28小时/年、服务性节目120小时/年。

2004—2005年，县电视台坚持为观众服务，加强医药卫生和生活知识的宣传，介绍人民群众所关心的物价、房屋装修、环境保护、防治常见病、日用电器维修与保养等方面的生活知识；传播历史文化知识，主要包括名胜古迹、土特名产、风土民情、民间艺术、古今名人、影视、“村村通”广播电视等。开辟有《县域经济》《人大代表风采》《政协委员风采》《作登瑶族乡庆》《实践三个代表，保持共产党员先进性》《推行新型农村合作医疗，保障农村群众身体健康》《抓县域经济，建桂西强县》《家庭影院》《每日一歌》《点歌台》栏目。2005年，恢复服务性节目和文艺节目，制作电视节目545小时/年，其中新闻节目190小时/年、文艺节目15小时/年、专题节目180小时/年、服务性节目160小时/年。

用稿 1989年，县电视广播站加强通讯员队伍建设，加强新闻知识培训，新闻投稿数量越来越多。1993年，全年来稿728篇，播出639篇，其中上送百色地区电视台电视新闻82条。

1994年，全年采编播出图像新闻稿1120条（篇）。有线电视站制作专题片36片，播出时长达360多分钟。为扩大田东县对外的知名度和美誉度，开始上送电视新闻稿件，当年上送中央电视台新闻3条、广西电视台新闻8条、百色电视台新闻86条。

1995年，有线电视站播出电视新闻1227条，其中上送广西电视台新闻21条，上送百色电视台新闻38条，全部被采用播出；制作电视专题片4部。

1999年，县广电局到全县13个乡镇，对398位专业和业余通讯员进行业务培训，通讯员业务水平明显提高，来稿量明显增加，质量也有较大提高。全年新闻来稿1780条，采纳播放电视新闻1358条，制作专题片6部，上送百色地区电视台173条，上送广西有线电视台58条，上送广西电台58条。其中《一口井吞噬五条人命》和《田东农民新观念：500多户群众投资兴建电灌水电站非同凡响》分别获得广西新闻一等奖、百色地区优秀电视作品大赛一等奖；《田东个体潇洒走市场》和《山乡架“富民桥”，村添富户镇添楼》分别荣获“百色四十年国税新闻大赛”一等奖和三等奖。

2000年，县有线电视站播出电视新闻1480篇，制作专题录像片20部，上送百色电视台播出新闻稿件237篇，在广西电视台（卫视）发稿9篇。其中《霜冻来了我们怎么办》《一条发展的通道》《一周新闻回顾》等3条新闻荣获广西电视好新闻三等奖、播音作品类三等奖。

2002年，全县电视用稿1600篇，上送广西电视台新闻稿件60篇，送广西人民广播电台新闻稿件70篇，送百色市电视台新闻稿件250篇。其中《田东县出现领“工资”农民》获广西电视台新闻二等奖，《筑造人心钢铁城，孤岛冒险救亲人》获广西人民广播电台新闻三等奖；《收藏心情》获广西电视台社教类新闻二等奖，《田东农民“借站”兴家》获广西人民广播电台社教类新闻三等奖；《一只大鸟从天降，千金难买护鸟心》获广西电视台通讯员好新闻一等奖。

2004年，上送百色广播电视台用稿310篇，上送广西电视台用稿50篇，其中《春旱人更勤》《田东发现第二个古人类遗址》等3篇上送新闻稿被中央电视台采用播出。

2005年，在百色电视台、百色电台播出新闻稿356篇，在广西电视台、广西广播电台播出稿件46篇，中央电视台播出稿件5篇。在自治区、百色市两级年度广播电视好稿评选活动中，选送的参评稿获自治区级奖3篇，获市级奖4篇。县有线电视站被广西电视台评为“电视报道先进单位”，被百色电视台评为“先进记者站”。

第五章　体育

田东采取民办公助增添设施的办法建设体育场地，1989年，全县有252个篮球场、13个田径场等一批设施。随着体育设施不断完善，群众的体育意识日益增强，参加体育锻炼的人数不断增加，全民健身活动得到积极响应。1990年，举行田东县首届农民运动会，全县13个乡镇565名运动员参加篮球、田径、射击、象棋比赛。同年，田东县获“全国体育先进县”称号。

之后，许多单位因地制宜在大院内建起羽毛球场、乒乓球室、健身房、气排球场等体育活动场所，农村自发建设篮球场、乒乓球台等场地，自发组织开展足球、羽毛球、乒乓球、象棋、散步、晨跑等体育活动。活动经费有的是财政拨款，有的是个人赞助、社会筹资。1995年、1999年和2003年分别举办了第二届、第三届、第四届全县体育运动会，每届参与比赛的干部职工和农村群众5000多人。2005年，全县有固定看台灯光球场15个、篮球馆1个、标准篮球场378个、排球场35个、室外游泳池4个。

群众性体育发展的同时，竞技体育也得到发展。1989—2005年，田东籍运动员参加世界、亚洲、全国各类体育竞技比赛获得金牌78枚；田东承办国家级、自治区级、地市级体育项目比赛活动11次。

第一节　机构

1989—1992年，县体育运动委员会（简称县体委）共有编制8名，在编人数8人（干部6人，工人2人），配主任、副主任各1人，秘书1人，专职教练3人，兼职教练2人；在编人员中国家一级裁判员3人、二级裁判员2人、三级裁判员3人。办公地址位于平马镇东宁西路36号，设体育竞赛股、群众体育股、后勤股和体育技术辅导中心，全县13个乡镇成立体育领导小组和农民体育协会，配备1名体育专干。县直机关、厂矿、学校也成立了体育领导小组或单项体育协会。

1996年，设主任1人，副主任1人，编制9名，在职10人，其中干部7人、工人3人。

1997年，更名为田东县体育运动事业局（简称县体育局），设正副局长各1人，编制10名，在职11人。

1999年，县体育局内设办公室、群体股、业余体校。编制10名，在职11人，其中局长1人，副局长1人，其他干部职工7人。

2002年，机构改革，县体育局和县文化局合并，成立田东县文化和体育局（简称县文体局）。

县体委下辖县业余体校。县业余体校成立于1989年9月，校址在县体委，专门招收县、乡小学中有体育特长的体育苗子入读。采取半天学习文化课，半天体育专业训练教学制度。主要培养青少年运动员，促进竞技体育发展，为地区（市）、自治区体校、自治区体工大队输送体育后备人才，无编制，由县体委体育技术辅导中心管理。1990年，核定事业编制3名，实有职工3人。1997年，县业余体校属县体育局的内设机构，编制3名，实有职工4人。2005年，县业余体校实有职工4人。

县体委（县体育局）历任主任（局长）：朱新伟（1987年10月至1993年12月）、林行（1993年12月至2002年3月）。

第二节　体育设施

1989年，田东县城区的体育设施主要集中在县人民体育场和各学校。当年，全县争创全国体育先进县，采取民办公助增添设施的办法建设体育场地，县直和乡镇共建篮球场252个，其中灯光球场31个，200~300米田径场13个，400米田径场1个，乒乓球室13个，游泳池2个。当年9月，县体育训练活动中心建成，总投资76.8万元，总面积2.4万平方米。建成后，田径场有4000人座位看台，有8条正规跑道，有足球场、灯光球场、排球场、羽毛球场、门球场、单双杠、游泳池、训练房、举重房，配备有各种田径、栏杆、球类、用具和器械。

1990年2月，国家体委到田东县检查验收开展群众性体育活动和体育设施情况，先后到右江矿务局、田东油田、林逢乡、印茶乡、作登瑶族乡、林逢初中、印茶小学、作登小学等进行实地检查验收。9月28日，在中南海召开的全国体育先进县表彰会上，国务委员李铁映宣布田东县为全国体育先进县。

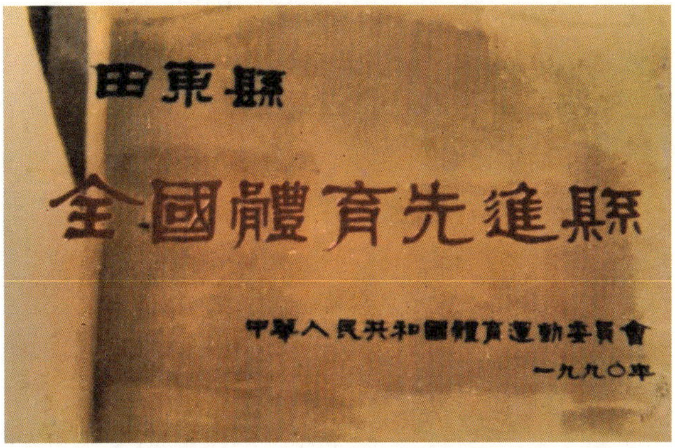

1990年9月，田东县获全国体育先进县

（县文体局提供）

1995年，开展全国第四次体育场地普查，全县有篮球场532个、排球场28个、门球场3个、灯光球场有固定看台的9个、运动场1个、小运动场　6个、篮球训练馆1个、举重房1个、室外游泳池4个。其中分布在全县各中小学校的篮球场443个、排球场20个、小运动场6个，分布在乡镇政府内有固定看台的灯光球场有13个。

2005年，全国第五次体育场地普查结果显示，全县有固定看台的灯光球场15个、篮球馆1个、标准篮球场378个、排球场35个、非标准羽毛球房1个。其中分布在全县各中小学校的篮球场245个、排球场30个、田径运动场2个、小运动场7个，分布在各乡镇政府内有固定看台的灯光球场13个。

第三节　群众体育

职工体育

1989年1月，县人民政府举行第三届“系统杯”男子篮球锦标赛，全县12个系统派队参赛。县妇联举行“三八”妇女节运动会，比赛项目有篮球、拔河、田径，446名妇女参赛。4月30日至5月1日，县总工会、县体委联合举办第九届职工运动会，项目有男女篮球、中国象棋、拔河、乒乓球。5月4日，县体委举行全县规模最大的环城赛跑活动，县四家班子主要领导和7000多名长跑爱好者参加。5月8日，县财委、县体委联合举办县首届“财贸杯”运动会，32个男女代表队404名运动员参加了篮球、中国象棋、拔河比赛。

1990年1月，县体委举办第三届足球大奖赛，10个队参加。3月，县农行和县体委联合举办县农行首届“储蓄杯”篮球邀请赛。4月，县个体协会、平马镇工商所、县体委联合举办“个协杯”篮球赛，9个男队和6个女队参赛；县供销社、县体委联合举办供销系统篮球选拔赛。8月，举行县农口首届篮

1989年1月，县人民医院开展拔河比赛

（县文体局提供）

球锦标赛，6个男队和2个女队参加比赛。

1994年元旦、春节期间，举办“农行杯”迎春环城赛跑、“冶炼杯”足球大奖赛、“中国象棋锦标赛、擂台赛”等。2月，举办首届“吴川杯”篮球联谊赛，有2个地区5个县10个队，共250名运动员参加比赛。3月，举办“三八”妇女节田径锦标赛、拔河赛。5月，举行县第十四届工人运动会，开设篮球、拔河、乒乓球、象棋等项目，800名运动员参加比赛。6月，举办“农行杯”龙舟大赛，有14支龙舟队参加比赛。

1995年6月，举办田东县田径锦标赛，有13个代表队，150多名运动员参加比赛；举办田东县游泳选拔赛，有6个队80多名运动员参加比赛。9月，举办中秋节“建行杯”中国象棋赛，有80多名运动员参加了比赛；举办“文明杯”篮球赛，有32个男、女篮球队，共320名运动员参加比赛。

1999年，县体育局多渠道筹集资金开展群众性体育活动。全年举办“石化杯”男子篮球四强对抗赛、“华瑞杯”春节足球大奖赛、“建行杯”中国象棋大奖赛、“五一”职工运动会、“富怡杯”龙舟比赛、“峰源杯”钓鱼比赛、田东县第三届体育运动会等12次规模较大的体育比赛（含运动会）。

2000年，全年举办迎新春足球、乒乓球、门球、象棋、麻将比赛，“三八”节篮球、拔河比赛，“穗丰杯”钓鱼比赛，“乌金杯”足球对抗赛，“迎国庆”乒乓球锦标赛等体育比赛。

2002年，举行田东南宁业余足球对抗赛、田东北海男子篮球迎春联谊赛、“建安杯”保龄球比赛、“三八”国际妇女节门球比赛、“同志杯”五人制足球锦标赛、“东体杯”保龄球擂台赛、“体彩杯”男子四强篮球邀请赛等。

2004年，贯彻《全民健身计划纲要》，促进群众体育发展。右江矿务局、田东石化总厂、田东电力公司、田东县地税局分别举办职工运动会。

2005年，建立县体育指导服务中心，培训三级社区体育指导员30多人，群众性文体队伍120多支。县文体局举办“石化杯”篮球联赛，18个代表队258名运动员参赛。

农民体育

1989—2005年，全县各乡镇人民政府在每年的春节、“五一”期间均组织农民参加全民健身活动，主要开展篮球比赛。参赛对象是本辖区内各单位的干部职工、居民和农民，以镇直单位、行政村为单位。村级体育活动主要有篮球、乒乓球、象棋等比赛。较为活跃的有平马镇的四平村、合恒村、百谷村，思林镇的思林村，祥周镇的新洲村、仑圩村，林逢镇的和同村、英和村，印茶镇的新建村，江城镇的大诺村，那拔镇的那拔村，义圩镇的福旺村、作登瑶族乡的登高村。龙舟赛是县内群众喜闻乐见的传统体育项目，每逢端午节，右江河谷的祥周、平马、林逢、思林等乡镇均有举办龙舟大赛的习惯。

1990年2月1日至4日，田东县在县城举行首届农民运动会，有13个乡镇565名运动员参加，比赛项目有篮球、田径、射击、象棋等4项。

1991年春节期间，举行斗鸡赛和中国象棋擂台赛，祥周乡仑圩村和平马镇居民参加较多。举办第六届“屈原杯”龙舟赛，有百谷村、合恒村等10个队参赛。当年，林逢乡、祥周乡被自治区体委命名为广西体育先进乡。

1992年，全县13个乡镇党委、政府把体育列入岗位责任制和两个文明建设中的重要内容，落实1名副书记、1名副乡镇长和宣传委员主管体育，成立乡镇体育运动委员会和村体育领导小组，逢重大节日组织群众开展4~6次的体育比赛活动。举行了首届基层“冠军杯”篮球赛，全县30个单位派队参赛。当年，思林镇被自治区体委命名为广西体育先进镇。

1999年，田东县第三届体育运动会举办，13个乡镇组队参加。当年，那拔乡被命名为第五批全区体育先进乡镇。

2004年，组织运动员参加百色市首届农民运动会获自行车载重团体总分第一名。在百色市“端午节”龙舟赛中，百谷村男子龙舟队获第一名。在广西第五届农民运动会女子龙舟赛上，百谷村女子龙舟队获体育道德风尚奖。

2005年，农村体育以乡镇为重点，推进全民健身开展。邀请南宁、柳州、百色等地游泳爱好者近200人到田东龙须河开展活动。

2001年10月，江城镇江那村开展文体活动（县文体局提供）

老年人体育

1989—2005年，老年人体育活动由县体委、县老龄办、县老年人体育运动协会和县老干部局共同管理，其他部门支持配合。每逢元旦、春节、重阳敬老节、国庆节，均组织老年人开展体育活动或体育比赛。主要体育活动项目有篮球、门球、健身操、气功、太极拳、太极剑、太极扇、中国象棋、乒乓球、书法、麻将等。活动场所主要集中在县体育场、县老干部活动中心、县人民广场、右江矿务局生活区、石化总厂生活区、油矿生活区等。

1990年1月1日，举办全县中老年首届男子“健康杯”篮球比赛，15个队参赛。1991年1月5日，举办全县首届中老年迪斯科比赛，10个单位派员参加。

2000—2002年，开展迎春老年门球赛、中国象棋、麻将等比赛，举办离退休干部体育运动会。

2003年，先后组织老年人参加首届老年“广西移动通信杯”门球赛，参加贵港市第二届老年人运动会，参加贵港市“珍奥杯”乡村中老年乒乓球团体赛。当年，承办广西老年人乒乓球赛，来自全区14个地级市17支男队、14支女队共130名老年乒乓球运动员参加比赛。

2005年，组织老年人参加县第四届体育运动会中老年门球赛，举办田东“商都杯”老年门球协作赛。举办老年运动会，设有门球、气排球、麻将、扑克、中国象棋等项目。

青少年体育

1989年，县体委和县教育局联合举办全县中小学生田径锦标赛、部分小学游泳锦标赛。

1990年8月，承办全区性男子少年乙组足球赛，来自南宁市、北海市、梧州市、南宁地区、百色地区等5支队伍160名运动员参赛。

1992年7月，承办广西少年射箭选拔赛，全区10个地市代表队100多名运动员参加。

1994年，举行县第二届“共青杯”篮球赛，有15个单位180名运动员参加比赛。举办县城中专、中学生篮球赛，有男、女20个队，共200名运动员参加比赛。举办全县田径传统项目学校达标赛和游泳传统项目学校达标赛，有20个代表队，200名运动员参加比赛。

1997年，举办全县中小学田径锦标赛；举行万人环城跑活动，县城内中小学均派学生参加。举行万人第八套广播体操比赛，县城内中小学校参加。

2000年，承办百色地区首届小学生“达标”通讯赛田东赛区分区赛，全地区2204名学生参加。邀请越南河内市女子篮球队和广西男子青年队到田东县进行友谊比赛。

2001年，举办小学生篮球锦标赛、全县中小学生体育运动会和小学生足球比赛。2004年，在百色市体育运动会少年组第一阶段比赛中，田东获6枚金牌，团体总分第三名。

2005年，组队参加百色体育运动会少年组田径、举重、摔跤、乒乓球项目比赛，获得较好成绩。

第四节　学校体育

中小学校体育

1989年，全县各级各类学校都建立体育教研组，按照国家教委颁发的体育教学大纲，每周2节体育课、5次早操、5次课间操、5次眼保健操以及2节课外活动课为各学校体育常规教育与锻炼时间。体育课主要教学内容有田径、球类、体操、武术等。期终鉴定、评定“三好学生”时，按德、智、体全面考核的原则考核体育成绩。当年，全县中小学校开始推行体育达标活动，在校适龄推标人数4.58万人，达标人数3.86万人，达标率84.28%。1991年和1992年，连续被自治区评为推标先进县。

1994年，全县各中小学继续推行《国家体育锻炼标准施行办法》，参加推标学校211所，推标面达100%。全县学生适龄推标人数4.65万人，达标人数4.58万人，达标率98.5%，优秀人数1.45万人，优秀率31.2%。国家实施普及九年义务教育后，各中小学按要求逐年增加体育器材配备，坚持开展达标训练、测试、评比活动，进一步提高学生身体素质。

2002年，依照《国家体育锻炼标准施行办法》，全县推标面达100%，达标率99.49%，优秀率42.23%。

2005年，县教育局发出《关于举办中小学生文体比赛活动有关规定的通知》，规定此后每两年举办一届中学生、一届小学生运动会。当年，依照《国家体育锻炼标准施行办法》全县学生适龄推标人数4.95万人，达标人数4.93万人，达标率99.6%。

业余体校

1989年，县业余体校开设有初中、小学各1个班，开办的项目有田径、举重、射箭、游泳、篮球等，参加训练的学生由国家补助伙食费。

1990年，停止伙食费补助，改为自费有偿训练。当年，县业余体校有运动员30人，其中田径队10人、举重队9人、游泳队11人。

1997年，县业余体校被国家体委授予“全国群众体育先进集体”称号，获自治区体育先进单位称号。

1999年，设田径、举重、摔跤、游泳、篮球5个训练项目，有运动员40人。

2003年，重点抓优势竞技体育项目——举重和田径的训练和管理。教练员制订了严密的训练计划，针对运动员的特点因材施教，进行严格、科学的训练。

2005年，在全县各学校选拔体育苗子2次，选送8人到百色市体育中学试训，常年专项训练运动员50余人。

1989—2005年，县业余体校输送到自治区体工大队7人，自治区体校9人，地区体校84人，体育院校125人。

第五节　体育竞赛

参加国家级比赛

1989年，田东籍选手和代表队参加国家级各种竞赛共获得金牌10枚。黄新在南宁举行的全国青年蹼泳锦标赛上荣获50米潜泳、100米蹼泳、4×100米和4×200米蹼泳接力赛4枚金牌。在山东泰安市举行的全国少年举重分龄赛上，黄原忠获得13岁组抓举、挺举、总成绩3枚金牌，杨斌获得14岁组抓举、挺举、总成绩3枚金牌。

1990年，参加全国级各项比赛共夺得金牌4枚、银牌1枚、铜牌1枚，第五名1枚、第六名1枚。黄原忠在沈阳市举行全国少年举重分龄赛上，荣获男子14岁组抓举、总成绩、总得分3项第一名。在南宁举行的全国青年举重锦标赛上，杨斌荣获抓举第一名，总成绩第三名。

1991年，参加全国各类比赛共夺得金牌5枚、银牌1枚、铜牌5枚、第四名1枚。在北京举行的全国青年举重锦标赛上，杨斌荣获抓举、挺举、总成绩3项第一名。李连青在吉安举行的全国少年游泳分龄赛上，获50米蝶泳第一名，个人全能第三名。

1992年，参加全国级各项比赛获金牌15枚、银牌6枚、铜牌2枚，第四至第八名6枚。杨斌在温州市举行的亚洲青年举重锦标赛上，获抓举第一名，总成绩第二名，夺得金牌、银牌、铜牌各1枚。在江西新余市全国青年男子举重锦标赛上，杨斌获抓举、挺举总成绩3个第一名。在广州市举行的全国第四届伤残人运动会上，县残疾女运动员马彩桃，夺得50米、100米蛙泳2项冠军。黄农芬在江苏徐州市举行的全国少年13~15岁组田径分龄赛上，获100米、200米、四项全能3项第一名。杨斌在苏州市举行的全国举重冠军赛上，获抓举第一名，总成绩第一名。梁忠吉在武汉市举行的全国田径冠军赛上，获4100米跑第一名。胡国敏、廖庆深在南宁举行的全国少年男子举重分龄赛上，分别获13岁组、14岁组抓举、挺举、总成绩3项第一名。

1993年，参加全国一级比赛中获金牌12枚、银牌4枚、铜牌3枚；有1人1次破1项全国少年田径纪录。

1995年，黄农芬在参加全国中学生田径运动会上获得女子100米冠军，并打破全国少年纪录。黎旭欣在参加全国少年田径锦标赛中，取得男子100米、200米、4×100米三项第一名。

1997年，黄秋艳在全国第八届运动会中夺女子三级跳远冠军，杨斌在参加第68届世界举重锦标赛中荣获抓举第一名、总成绩第二名。

1998年，参加全国比赛共获金牌15枚、银牌12枚，破三项全国纪录。

1999年，在全国青少年蹼泳锦标赛上，岑金龙获4×100米蹼泳第一名、50米蹼泳第二名。在全国少年男子举重分龄赛上，农有壮获挺举第一名，个人总分第二名。

2000年，在全国田径大奖赛上，黄秋艳获女子三级跳远金牌，4×100米接力赛第二名。在全国少年女子举重锦标赛上，农民惺获抓举第一名，挺举第二名，总成绩第一名。岑金龙2次参加全国蹼泳比赛获1个第二名，3个第三名。

2002年，参加全国性项目比赛获金牌9枚、银牌10枚、铜牌6枚；参加亚运会获金牌1枚，世界级比赛金牌1枚。

2005年，在第十届全运会上，黄秋艳勇夺女子三级跳远冠军，实现全运会女子三级跳远“三连冠”。黄秋艳在澳门第四届东亚运动会上夺得女子三级跳远冠军，为广西、为百色、为田东争光。

1989—2005年田东籍运动员获得国家级体育竞赛金牌简表

表21-5-1

年份	姓名	比赛名称	地点	项目	名次
1989	黄新	全国青年蹼锦标赛	广西南宁	50米潜泳	冠军
				100米蹼泳	冠军
				4×100米蹼泳接力	冠军
				4×200米蹼泳接力	冠军
	黄原忠	全国少年举重分龄赛	山东泰安	13岁组举重抓举	冠军
				13岁组举重挺举	冠军
				13岁组举重总成绩	冠军
	杨斌	全国少年举重分龄赛	山东泰安	14岁组举重抓举	冠军
				14岁组举重挺举	冠军
				14岁组举重总成绩	冠军
1990	黄原忠	全国少年举重分龄赛	辽宁沈阳	14岁组举重抓举	冠军
				14岁组举重总得分	冠军
				14岁组举重总成绩	冠军
	杨斌	全国青年举重锦标赛	广西南宁	举重抓举	冠军
1991	杨斌	全国青年举重锦标赛	北京	举重抓举	冠军
				举重挺举	冠军
				举重总成绩	冠军
	李连青	全国少年游泳分龄赛	江西吉安	50米蝶泳	冠军
1992	杨斌	亚洲青年举重锦标赛	浙江温州	举重抓举	冠军
		全国青年男子举重锦标赛	江西新余	举重抓举	冠军
				举重挺举	冠军
				举重总成绩	冠军
	马彩桃	全国第四届伤残人运动会	广东广州	50米蛙泳	冠军
				100米蛙泳	冠军
	黄农芬	全国少年13~15岁组田径分龄赛	江苏徐州	田径100米	冠军
				田径200米	冠军
				田径四项全能	冠军
	杨斌	全国举重冠军赛	苏州	举重抓举	冠军
				举重总成绩	冠军
	梁忠吉	全国田径冠军赛	武汉	田径4100米	冠军
	胡国敏	全国少年男子举重分龄赛	广西南宁	13岁组举重抓举	冠军
				13岁组举重挺举	冠军
				13岁组举重总成绩	冠军
	廖庆深	全国少年男子举重分龄赛	广西南宁	14岁组举重抓举	冠军
				14岁组举重挺举	冠军
				14岁组举重总成绩	冠军
	杨斌	亚洲青年举重锦标赛	上海	举重抓举	冠军
1993	杨斌	第66届男子世界举重锦标赛	澳大利亚墨尔本	54公斤级抓举	世界冠军
		首届东亚运动会	上海	举重54公斤级抓举	冠军

续表21-5-1

年份	姓名	比赛名称	地点	项目	名次
1995	黄农芬	全国中学生田径运动会	北京	女子100米	冠军
				女子双打	冠军
	黎旭欣	全国少年田径锦标赛	北京	男子100米	冠军
				男子200米	冠军
				男子4×100米	冠军
1997	黄秋艳	全国第八届运动会	北京	女子三级跳远	冠军
	杨斌	第68届男子世界举重锦标赛	泰国	54公斤级举重抓举	世界冠军
1999	岑金龙	全国青少年蹼泳锦标赛	广西南宁	4×100米蹼泳	冠军
	农有壮	全国少年男子举重分龄赛	广西南宁	举重挺举	冠军
2000	农民惺	全国少年女子举重锦标赛	广西南宁	举重抓举	冠军
				举重总成绩	冠军
2000	黄秋艳	全国田径大奖赛	辽宁锦州	女子三级跳远	冠军
2001		全国第九届运动会	广州	女子三级跳远	冠军
2002		国际田联黄金联赛罗马站	意大利罗马	女子三级跳远	冠军
		第十四届亚运会	韩国釜山	女子三级跳远	破亚运会纪录
		全国室内田径锦标赛	天津	女子三级跳远	冠军
		全国田径锦标赛	石家庄	女子三级跳远	冠军
2003		全国田径锦标赛	上海浦东	女子三级跳远	冠军
2005		全国第十届运动会	南京	女子三级跳远	冠军
		第四届东亚运动会	澳门	女子三级跳远	冠军

参加自治区级比赛

1990年，参加自治区级各项比赛共夺得金牌27枚、银牌25枚、铜牌27枚。

1992年，参加自治区级各项比赛获金牌32枚、银牌20枚、铜牌11枚。在象州县举行的全区全国体育先进县篮球锦标赛中，县女子篮球队首次获全区性篮球赛第一名。

1993年，在参加自治区一级少年各项比赛中，有2人2次破2项自治区少年纪录。

1994年，黎旭欣、马吉战、黄秋艳在南宁市举行的全区少年田径锦标赛，共获得2枚金牌，2枚铜牌，破一项广西少年纪录。

1993年11月，杨斌在第66届男子世界举重锦标赛中，获得抓举54公斤级世界冠军。图为杨斌载誉凯旋与县领导留影　（县文体局提供）

1997年，参加全区比赛获得金牌16枚、银牌8枚、铜牌6枚。

2000年，在自治区第九届运动会上，杜炳好获男子52公斤级抓举第一名、挺举第一名、总成绩第一名。王冬娜获女子甲53公斤级总成绩第一名，农民惺获女甲48公斤级总成绩第一名，杨英获女甲42公斤级总成绩第一名，班艳珍获女甲46公斤级第一名，何冰获女子45公斤级跆拳道第一名。岑金龙获男子400米蹼泳第二名、800米蹼泳第一名、4×100米蹼泳第二名。黄政刚获男甲铅球第一名，李鸿南获男子自由式42公斤级摔跤第二名。

2003年，在自治区第十届运动会上，黄月秀以40.79米的成绩获女子标枪金牌。

2005年，参加自治区各项比赛获得金牌6枚、银牌1枚、铜牌6枚。

地市级比赛

1990年，县体育代表队参加百色地区的游泳、田径、举重三项比赛，获得少年儿童游泳乙组团体总分第一名，获得少年儿童田径比赛男子团体总分第一名，获得少年儿童举重比赛男子团体总分第一名。三项比赛共获得金牌65枚、银牌56枚、铜牌27枚。

1993年，县举重队参加百色地区中小学生举行举重锦标赛，获团体冠军，获单项金牌27枚。县田径队参加百色地区中小学生田径锦标赛，获甲组团体冠军，获单顶金牌31枚，有7人7次破7项地区少年儿童田径赛最高纪录。

1995年，县举重队参加百色地区中小学生举重锦标赛中，有8人38次破19项地区少年、儿童纪录。县田径队参加百色地区中、小学生田径锦标赛中，甲、乙组双双获得团体总分第一名，有15人破6项地区纪录。县游泳队参加百色地区中、小学生游泳锦标赛中，共获金牌29枚、银牌24枚、铜牌12枚。

1997年，举重队参加百色地区中、小学生举重锦标赛中，获男子团体总分第一名，6人打破16项地区少儿纪录。游泳队参加百色地区中小学生游泳锦标赛，男、女队双双获团体总分第二名。摔跤队首次参加百色地区摔跤锦标赛就获团体总分第三名。

2000年，在百色地区比赛中，县业余体校运动员获金牌82枚、银牌66枚、铜牌21枚。

2003年，在百色市庆祝成立一周年的全民健身运动会上，田东县获得田径比赛团体总分第二名，女子篮球比赛第一名，男子篮球比赛第二名。

2005年，在百色市首届体育运动会上，田东县派出124人，参加少年组田径、举重、摔跤、乒乓球，成年组篮球、足球、乒乓球、羽毛球等8个项目比赛，获金牌12枚、银牌22枚、铜牌16枚。

县级比赛

第一届体育运动会　1959年9月26日至10月1日，举办田东县第一届体育运动会。县直机关单位代表队、公社代表队1000多名运动员参加，比赛设篮球、自行车、乒乓球、体操等项目。比赛共产生金牌50枚、银牌43枚、铜牌40枚。

第二届体育运动会　1995年11月18日至11月23日，举办田东县第二届体育运动会。全县有21个体育代表团、1600名运动员参加比赛，比赛设篮球、中国象棋、射击、乒乓球、羽毛球、门球、田径等7个项目。比赛共产生金牌80枚、银牌68枚、铜牌64枚。当年，发行5万张体育彩票，筹资10万元，解决了本届运动会资金不足问题。

第三届体育运动会　1999年12月10日至15日，举办田东县第三届体育运动会。有28个代表团、1800多名运动员参加比赛，比赛设篮球、乒乓球、中国象棋、射击、拔河、门球、田径等7个项目，比赛共产生金牌91枚、银牌77枚、铜牌72枚。

第四届体育运动会　2003年12月18日至23日，举办田东县第四届体育运动会。全县共有29个体育代表团、2000名运动员参赛，比赛项目有篮球、乒乓球、保龄球、田径、门球、中国象棋、射击、中老年门球八大项目，分县直、乡镇、上级驻县单位三个组进行角逐，产生266枚奖牌，其中金牌101枚、银牌85枚、铜牌80枚。县科教文卫代表团获县直组团体竞赛第一名，印茶镇代表团获乡镇组团体竞赛第一名，右江矿务局获上级驻县组团体竞赛第一名。

田东县志（1989—2005）

第二十二篇

卫生

1989年，田东县有县级医疗卫生机构3个、乡镇卫生院13个，床位362张，全系统共有职工754人，其中卫生技术人员604人（包括乡镇卫生院卫生技术人员254人）。县内医疗诊治以西医为主、与中西医相结合为治疗手段，初步形成基本适应医疗保健需求、覆盖全县的县、乡、村三级医疗服务体系。

20世纪90年代，县卫生系统推行综合目标管理责任制，有计划地组织开展爱国卫生、群众健康教育、妇幼保健、儿童计划免疫工作，加强卫生食品、劳动卫生、饮用水监测等工作和医疗机构的管理。在全系统全面推行承包经营责任制和院长任期目标责任制，每年按业务管理、社会卫生、经济效益三项指标进行考核。进一步加强农村卫生工作，推行预防保健目标管理责任制，重点加强脊髓灰质炎、伤寒、痢疾、白喉等主要传染病的防治。1992年10月，自治区卫生厅对消灭丝虫病进行考核鉴定，田东县被确定为已阻断丝虫病传播，达到卫生部制定的消灭丝虫病的暂行标准。1992年起，田东县启动初级卫生保健工作，创建广西农村初级卫生保健达标县。1995年，县医疗卫生单位对内部管理体系、运行机制、服务价格体制等进行一系列改革，并扩大医疗卫生单位的自主权，不断完善多种形式的综合管理责任制。1996年，县人民医院启动二甲医院创建工作，并于2000年12月通过自治区卫生厅的评审；同时各医疗卫生单位和非防保类乡镇卫生院也相继成功创建等级医院工作，并陆续通过上级评审，全部达到等级医院目标相应等级。1996年9月，田东县通过自治区验收，达到基本消灭麻风病指标。1998年，县妇幼保健院通过“爱婴医院”验收。

2001—2005年，县人民政府加快疾病预防控制体系和卫生监督体系改革，建设公共卫生突发事件处理“三网”（即公共卫生突发事件处理责任网、信息报告网、医疗紧急救助网）工程，全县基本形成覆盖城乡、功能完善、反应灵敏的突发公共卫生事件网络，在应对2003年非典型肺炎疫情中发挥重要作用。稳步推进新型农村合作医疗，逐步解决农民看病难、看病贵问题。以实施“降消项目”为契机，以创建爱婴医院为载体，全面推行“广西母婴安全工程行动计划”。5年间县财政投入卫生经费2696.78万元，比“九五”计划期间增加1285.57万元；县财政对农村卫生事业的投入逐年递增，连续5年卫生投入增长比例大于财政经常性支出增长比例。

2005年，全县医疗卫生服务体系进一步健全，消灭一批危害人民健康的传染病，医疗保障制度逐步建立完善，居民平均期望寿命等主要健康指标明显提高。通过实施“降低孕产妇死亡率和消除新生儿破伤风”项目，婴儿死亡率、孕产妇死亡率明显降低。此外，通过“两纲”（《中国妇女发展纲要（2001—2010年）》《中国儿童发展纲要（2001—2010年）》）达标验收。全县有各级各类医疗机构224个，其中田东县人民医院1个、县中医医院1个、乡镇卫生院13个（中心卫生院3个）、县疾病控制中心1个、县卫生监督所1个、县妇幼保健院1个、个体诊所52个、村卫生室143个、厂矿学校医务室11个，实有病床692张，其中乡镇（中心）卫生院82张，占病床总数的11.85%。有二级甲等医院1个、“爱婴医院”16个，全县每千人拥有病床1.73张，每千人拥有医生1.07人。全年总诊疗46.72万人次，其中门诊38.82万人次。

第一章　管理机构

县卫生局执行国家、部委和自治区颁布相关的法律、规章与政策，加强全县医疗卫生机构的监管。1992年，在医疗卫生单位推行年度卫生工作综合目标管理责任制，抓好医德医风建设，树立“以病人为中心”的服务理念，提高医疗质量，确保医疗安全。1993年，制定卫生系统综合目标管理方案，实行院长责任制，根据职能单位的各项工作职责、内容、指标进行量化分解，制成考评分数进行评比。各单位签订综合目标管理责任状、单位领导交目标管理责任风险抵押金，各责任单位将各项量化指标落实到二层各科室，做到层层落实、各自有责。年初督察抓落实、年终组织实施综合目标管理考核评分排位，根据排位结果依照综合目标管理责任的承诺进行奖惩。到2005年，一直使用该目标管理方案。

第一节　行政机构

田东县卫生局

1989年，县卫生局为主管全县卫生工作的正科级工作部门，主要负责组织、计划、实施、控制和协调各项防病治病的有关活动，位于平马镇朝阳路2号，内设办公室、人事股、财务股、公费医疗办公室、爱卫办、药检所，核定行政编制9名，实有职工15人。

1997年机构改革，根据《田东县党政机构改革方案实施意见》，职能转变为强化对全县卫生工作的宏观管理和业务指导。围绕卫生工作战略重点，统筹兼顾，协调发展全县卫生事业，防病治病，提高人民健康水平。重点加强政策法规、综合规划，监督执法和信息服务等工作，逐步过渡到目标管理。县卫生局内设办公室、人事股、县爱国卫生运动委员会办公室、财务股，行政编11名，事业编1名，其中：局长1名，副局长2名，实有13名。

2001年4月，县公费医疗管理委员会办公室撤销，其职能转入县医保中心。

2002年4月，县人民政府机构改革，保留县卫生局，为主管全县卫生工作的县人民政府工作部门和全县卫生工作的领导机关。县卫生局内设办公室、综合业务股、规划财务信息股、县爱国卫生运动委员会办公室。核定编制9名，其中行政编制8名、后勤事业编制1名，其中：局长1名，副局长2名，实有职工13人。

2005年9月，县卫生局撤销综合业务股，成立医政股、疾病控制股、妇幼保健股。年末编制9名，其中行政编制8名、后勤事业编制1名，其中：局长1名，副局长2名，实有职工13人。

1989—2005年田东县卫生局历任局长：

苏有斌（1987年10月至1990年4月）、黄大文（1990年10月至1995年3月）、苏翔（1995年3月至2002年8月）、谢秀斌（2003年1月至2004年2月）、陆保红（2004年2月至2005年6月）、冯雪梅（2005年

6月至2006年12月）。

1991—2005年田东县卫生局历任党组书记：

黄大文（1991年10月至1994年2月）、青松（1994年2月至1999年3月）、李树铮（1999年3月至2002年2月）、苏翔（2002年2月至2002年8月）、李濯忠（2002年8月至2006年8月）。

田东县爱国卫生运动委员会办公室

1989年起，县爱国卫生运动委员会办公室落实专职人员2人，正常开展爱国卫生工作。县农村改水工作领导小组，下设办公室并挂在县爱卫办内，爱卫办与县改水办其实是两块牌子一套人马。1997年，党政机构改革时，并入县卫生局，由业务股兼任爱卫办工作。

爱卫办历任主任（局长兼任）：

苏有斌（1987年10月至1990年4月）、黄大文（1990年10月至1995年3月）、苏翔（1995年3月至2002年8月）、谢秀斌（2003年1月至2004年2月）、陆保红（2004年2月至2005年6月）、冯雪梅（2005年6月至2006年12月）。

直属事业单位

田东县红十字会医院　成立于1989年10月13日，1991年4月22日县编委明确红十字会医院人员编制1名。1996年4月至2005年12月，田东县红十字会医院挂靠县卫校附院。

田东县药品监督检验所　1989年，县药品监督检验所位于平马镇朝阳路2号，属县卫生局直属事业单位，核定编制3名，实有职工1人，无实验室和药品检验仪器。1997年，县药品监督检验所核定编制3人，开展市场药品流通监督管理工作，实有职工3人。1999年核定编制4名，2000年，县药品监督检验所新核定编制5名，实有干部职工5人（后勤人员1人、技术干部4人）。2000—2002年，平均每年完成约270个批次的药品进行监督检验任务。2003年年初，实有干部职工5人。

2003年2月11日，按国家药品监督管理体制改革要求撤销县药品监督检验所，重新组建百色地区药品监督管理局田东县分局，县药品监督检验所因机构改革解散。

田东县卫生监督所　1989年，全县卫生监督员7人，兼职人员2人。1990年，设食品卫生科，有专职食品卫生监督员6人。2005年4月，根据卫生监督体制和疾病预防控制改革的需要和要求，县人民政府决定撤销县卫生防疫站，在原县卫生防疫站基础上组建田东县疾病预防控制中心；同时，将原卫生局食品监督检验所、药品监督检验所和田东县卫生防疫站综合监督科合并组建田东县卫生监督所，将县卫生局的疾病控制、医政法监、妇幼卫生等卫生执法职能和县卫生防疫站的卫生执法职能归并到新组建的县卫生监督所，县卫生监督所设编22名。原县卫生防疫站房屋和资产三分之一划归田东县卫生监督所，三分之二划归田东县疾病预防控制中心。县卫生监督所作为县卫生局的下属执法机构，依法监督管理食品、化妆品、消毒产品及生活饮用水卫生安全产品，依法监督管理公共场所、职业、放射、学校卫生等工作，依法监督传染病防治工作，依法监督医疗机构和采供血机构及执业人员的执业活动；依法整顿和规范医疗服务市场，打击非法行医和非法采供血行为。属相当副科级事业单位，实行财政全额拨款，核定编制22名，实有职工22人。

田东县红十字会　田东县红十字会成立于1989年7月25日，与县卫生局同一办公区并由其代管，1993年4月5日县编委明确红十字会人员编制2名。红十字会作为人道主义工作的社会救助团体，每年在世界红十字日开展红十字博爱周活动，普及应急救护、防灾避险和卫生健康知识，对困难弱势群体进行救助，参与、推动无偿献血，协助政府开展与其职责相关的人道主义服务活动。

历届会长、秘书长 第一届（1989—1995）会长：徐应标（1989—1992）、田清（1992—1995），秘书长：黄炳界；第二届（1995—2010）会长：韩元利，秘书长：马珠绍。

第二节 队伍 经费

人员结构

1989年，全县卫生系统实有职工754人，其中卫生技术人员604人（包括乡镇卫生院卫生技术人员254人）。

1990年，全县卫生系统实有职工762人，其中卫生技术人员612人（包括乡镇卫生院卫生技术人员243人）。1992年，全县卫生系统实有职工802人，其中卫生技术人员642人。各乡镇卫生院实有职工285人，其中卫生技术人员255人。

1997年，按学历统计，田东县卫生系统共有大学本科74人、大专216人，其中各乡镇卫生院有大学本科5人，占大学本科总数的6.75%；大专48人，占大专总数的22.22%。按职称统计，全县卫生系统共有副高职称18人、中级职称256人，其中乡镇卫生院无高级职称人员，有中级职称39人，占15.23%。从统计数字看，高学历、高层次的卫生技术人员绝大部分都集中在县城的医疗卫生单位。2000年，全县卫生系统共有职工1019人，其中卫生技术人员815人，占79.98%；有高级职称16人、中级职称295人、初级职称362人。

2005年，全县实有卫生工作人员1250人，其中卫生技术人员1025人（包括执业医师315人、执业助理医师114人、注册护士345人、药剂人员60人、检验人员47人、其他人员144人）、其他技术人员39人、管理人员56人、工勤人员130人。

人员培训

1989—2005年，做好县直、各乡镇医疗卫生单位在职人员的业务培训工作计划，根据新增设临床专业或提高专业水平的需求，每年定期上送各专业技术人员到自治区或东部省市医技较先进的医院（乡镇卫生院的到县、市二、三甲医院）进修学习。与上级医院进行技术合作，邀请临床经验丰富、技术先进的专家教授到县直医疗单位进行传帮教。各医疗单位每年组织卫技人员开展基础理论、基本知识、基本技能等训练考试，巩固卫生技术人员的医学基础知识。全县医疗卫生单位累计派出200多人，参加各类临床专业技术的进修学习、技术研讨、技能操作短训班等；累计邀请市级以上三甲医院和各类临床专业、学术者、科研等专家教授100人次，前来讲学或作技术指导。

经 费

1989年，县财政投入卫生经费120万元，其中中医项目经费8.1万元、卫生院补助经费50.5万元、预防经费6.8万元、妇幼保健经费7万元、其他卫生事业经费47.6万元。

1990—2002年，全县卫生事业经费投入逐年增长，由1990年投入139万元增长到2002年564.26万元。到2003年“非典”后，县财政投入卫生经费大幅度增加，有效保障全县卫生事业的发展和提高医务工作者待遇，提高全县医疗水平。

2005年，县财政投入卫生经费795.25万元，其中中医项目经费99.25万元、卫生院补助经费265.2万元、预防经费105.25万元、妇幼保健经费85.6万元、其他卫生事业经费239.95万元。

1989—2005年田东县卫生事业经费投入情况表

表22-1-1　　单位：万元

年度	合计	中医医院经费	卫生院补助	卫生防疫	妇幼保健	其他卫生事业
1989	120.00	8.10	50.50	6.80	7.00	47.60
1990	139.00	9.40	58.52	7.90	8.31	54.87
1991	150.38	10.23	63.32	8.63	9.01	59.19
1992	164.23	11.12	69.13	9.56	9.83	64.59
1993	180.53	12.30	76.01	10.26	10.61	71.35
1994	200.39	13.56	84.36	11.37	11.82	79.28
1995	224.44	15.17	94.51	13.11	13.17	88.48
1996	246.39	16.83	103.88	14.03	14.56	97.09
1997	283.35	19.26	119.34	17.01	16.79	110.95
1998	325.85	22.13	137.28	18.63	19.28	128.53
1999	381.24	25.76	161.02	21.72	22.81	149.93
2000	446.05	30.12	187.79	25.83	26.53	175.78
2001	512.96	35.00	216.11	29.26	30.22	202.37
2002	564.26	38.19	237.65	32.09	33.09	223.24
2003	648.9	43.92	273.32	36.95	38.13	256.58
2004	742.67	50.23	312.67	42.31	43.51	293.95
2005	795.25	99.25	265.20	105.25	85.60	239.85

第三节　农村合作医疗

1998年，田东县根据中共中央、国务院《关于卫生改革与发展的决定》提出的“积极稳妥地发展和完善合作医疗制度”精神，3月30日，县委、县人民政府召开全县农村合作医疗工作会议，部署农村合作医疗建制工作，各乡镇人民政府与县人民政府签订责任状，全县恢复农村合作医疗，每人收取参合费2元/年。当年，有平马、祥周等13个乡镇50多个村重建农村合作医疗，但参合人数比例很低，全县参加合作医疗只有2000多人。由于各种原因，农村合作医疗无法运行。2005年，开展新型农村合作医疗试点工作时，有的乡镇卫生院退回1998年每个农民交的合作医疗费2元。

2004年12月21日，田东县新型农村合作医疗工作会议召开　（县卫生局提供）

2005年，全县参加新农合人数为193657人，参合率为57.1%。新型农村合作医疗筹集基金为580.97万元，其中，中央财政配套193.66万元，自治区财政配套96.82万元，百色市级配套48.41万元，县财政配套48.41万元（县民政局全额代缴登记在册的农村五保对象、百岁老人、民政在册抚恤对象、农村低保对象等农民个人参合费共17030人，全额代缴17.03万元），个人缴费193.67万元。2005年1月1日，那拔镇那拔村那劳屯黄美兵和六洲村那月屯李金花等2位参合农民孕产妇，在镇卫生院住院分娩，住院费分别为298元和318元，当天出院各获新农合基金补偿费100元，为田东县首例获参加新型农村合作医疗基金补偿受益者。是年，全县共有5.49万人次享受到新农合补偿，补偿金额共170.99万元，其中普通住院补偿1.08万人次，补偿金额147.15万元；门诊补偿4.41万人次，补偿金额23.84万元。资金使用率为29.43%，参合群众的受益率为28.37%。

2005年田东县新农合医药费补偿标准表

表22-1-2

医疗机构	起付线(元)	补贴比例(%)	封顶线(元)
县、乡机构门诊	0	20	家庭账号资金
乡镇卫生院住院	50	45	3000
县级医院住院	200	25	3000
县以上医院住院	500	20	3000
大病医疗救助	15000	按规定定比例	15000
住院正常分娩	—	乡镇卫生院补偿100元	—
	—	县级医院补偿50元	—

第四节　医疗管理

院务管理

1989年，制定《深化卫生改革，实行目标管理方案》和执行自治区卫生厅下发《关于医院实行全面综合承包责任制的管理办法》的相关规定，在各医疗卫生单位管理中执行院长、站长、校长负责制。

1990—2005年，实行卫生综合目标管理责任考核制度，每年各医疗卫生单位与县卫生局签订综合目标管理责任状，各责任单位将综合目标管理方案中的“精神文明建设、行政管理、行风建设、业务工作”等工作指标，分解到本单位二层科室相关责任人，按综合目标管理方案中的各项量化指标做好相关工作。年终，县卫生局组织综合目标管理考核小组，对各医疗卫生单位综合目标的各项指标完成情况进行考核评分。各医疗卫生单位根据相关管理制度规定，对各岗位责任人完成的工作任务、思想表现进行年度综合考核，做到奖惩分明、按劳分配、多劳多得，打破平均主义。

这期间，贯彻卫生部、自治区卫生厅《关于加强卫生行业作风建设的意见》《广西卫生系统加强廉政建设切实纠正行业不正之风暂行规定》，在各医疗卫生单位中执行“八不准”：一是不准在内部实行各种医学检查等方面开单提成，作为增加个人收入的计算方法；二是不准在内部各科室（外来人员）实行经济指标承包办法和设立小金库；三是不准医务人员在医疗服务活动中收受患者及其亲友的“红包”物品和宴请；四是不准接受与单位有业务来往的相关的企业或人员以各种名义、形式给予的回扣、提成和其他不正当利益；五是不准医务人员通过介绍患者到其他单位检查、治疗或购买药品、医疗器械等收取回扣或提成；六是不准医疗机构和医务人员在物价局核定收费项目和标准之外，另立项目收费或提高收费；七是不准在采购药械中违反国家有关药品集中招标采购政策规定，对中标药品必需按合同采购，合理使用；八是不准使用各种假劣药品或生产、销售、使用无生产批准文号的自制药品与制剂。

这期间，在各医院开展“以病人为中心，以提高医疗服务质量为主题”的医院管理年活动。加强行风建设，大力提倡医风医德，向社会聘请单位行风监督员，平时收集群众的意见和建议，年终请行风监督员、群众代表到单位参加座谈会和开展行风民主评议活动。有的县直医院成立药事管理委员会，根据各临床科室诊治需要的临床药械，做好相应的药械采购计划，按医院采购程序进行订购；乡镇卫生院的医用药物采购基本由单位领导审定按程序采购。2005年，开展新型农村合作医疗试点工作，上级虽然没有要求定点的医疗机构统一采购新农合的用药目录的药品，但是为缩小参加新型农村合作医疗农民患者同一病种的报销金额的差别，田东县选择几家资质合格的药品销售公司，作为乡镇卫生院药品供应商。

创建等级医院

1998年，自治区卫生厅印发《等级医院评审标准》，并开展等级医院评审，凡是医疗设备、医疗业务用房面积、院容院貌等硬件，以及规章制度、组织机构、医疗质量管理、医疗业务培训、医德医风等软件，到相应级别的医疗单位，可以提出申请。之后，自治区组织评审组，按程序对上报单位进行材料初审、现场考核等进行评估，达到标准要求的，下文件通告批准。批准的等级医院，仅在本等级范围内进行业务活动。

当年，全县各医疗单位积极开展创建等级医院活动。2000年12月21日，自治区卫生厅正式下文批准田东县人民医院为国家二级甲等综合医院，并于次年5月18日正式挂牌。

护士执业注册和医师资格认定

1994年1月1日起，开始实施《中华人民共和国护士管理办法》，未经护士注册者，不得从事护士工作。凡1995年1月30日前在岗并转正的护理人员，可直接申请办理护理执业注册。凡1995年2月1日以后参加工作的，须参加护理执业资格考试合格，才能申请办理护理执业注册。1995年1月起，全县实行护士执业准入考试制度，参加全国统一考试，每年考试1次，护士注册的有效期为2年，获得中华人民共和国护士执业证书者，方可申请护士执业注册。

2005年5月12日，田东县举办纪念“5·12”国际护士节文艺晚会　　（县卫生局提供）

1999年5月1日起，开始实施《中华人民共和国执业医师法》，实行医师资格考试制度，每年全国统一考试1次。医师资格考试分为执业医师资格考试和执业助理医师资格考试。医师资格考试成绩合格，取得执业医师资格或者执业助理医师资格。未经医师注册取得执业证书的，不得从事医师执业活动。2005年，全县卫生执业人数为881人，其中执业医师315人，执业助理医师114人，注册护士345人，药剂人员60人，检验人员47人。

评定卫生技术人员

根据国务院颁布的《卫生技术人员职务试行条例》，田东县成立卫生系列技术职称评定小组，对从事医疗卫生工作的在职卫技人员，进行专业技术职称评定。至1990年，全县卫生系统共有578人获卫生专业技术职称，其中高级职称的副主任医师8人、中级职称137人、初级职称433人。2005年，全县卫生系统共有881人获卫生专业技术职称，其中执业医师315人、执业助理医师114人、注册护士345人、药剂人员60人、检验师47人。

评定卫生系列专业技术职称的程序为：由各医疗单位（国有事企业单位）对在岗的卫技人员进行综合考评，然后推荐上报，逐层审批，其条件主要有学历、职业工作年限、技术理论学术水平、中级职称要考取外语水平合格证等，符合条件的可列入相关的技术职称评定。卫生专业技术职称分为初级、中级、高级等3个级别，审批权限由县、地、自治区等相应的职称评审组织负责。申报初级职称由县卫生系列专业技术职务评委考核评审，县职改工作领导小组审批；申报中级职称由百色地区职改部门组织评定；申报副高、正高级职称由自治区职改部门组织评定。卫生系列初级职称有医士、药士、护士、技士及医师、药师、护师、技师，中级职称有主治（主管）医师、主管药师、主管护师、主管技师，高级职称有副主任医师、主任医师、副主任药师、主任药师、副主任护师、主任护师、副主任技师、主任技师等。

个体行医的从业人员由县、地的科协、企业、社会团体等机构组织相关专业人员进行评定。

个体医疗管理

1989年，田东县卫生局按照《广西壮族自治区个体开业医务人员和联合医疗机构管理暂行规定》，共审批设置个体医疗机构25个。1993年，全县个体医疗整顿换证37个。1998年，全县共审批设置个体医疗机构42个。1999年5月1日《中华人民共和国执业医师法》施行以后，依照《中华人民共和国执业医师法》《医疗机构管理条例》和上级部门的相关文件，对全县个体医疗机构进行核发换证工作，不符合条件的停止诊疗，并限期整改。

全县医疗机构执业许可证的审批与效验，由县卫生局医政与卫生法制监督股负责办理。个体医疗机构由个人申请，经审核符合设置医疗机构的，颁发给医疗机构执业许可证，2002年核发新证3张，2003年核发新证5张，2004年核发新证3张，2005年核发新证5张。

乡村医生管理

1989年，全县乡村医生实行合同制管理，共有205名乡村医生和86名接生员与村公所签订医疗、防疫、妇幼保健等工作合同，承担村级基本医疗、防疫、妇幼保健等工作任务。1996年，全县共有乡村医生237名，实行乡村医生执业许可制度。2001年，全县共有乡村医生247人，接生员68人。2002年起，全县原有的接生员经培训考核合格后，其职能转变为村级母婴保健员。2004年1月起，全县对符合条件的322名乡村医生颁发乡村医生执业证书。2005年，全县共有乡村医生326人经注册取得执业证书后，在聘用其执业的村医疗卫生机构从事预防、保健和一般医疗工作。

第五节　药政管理

1989年，全县各医疗机构基本到县医药公司批发进药。1992年，成立田东县卫生系统制剂中心，县人民医院设有制剂科室，右江矿务局工人医院设置制剂厂。1992—2004年，县卫生系统制剂中心、县人民医院自制10%葡萄糖、5%葡萄糖氯化钠、0.5%普鲁卡因等注射液和注射用水等。县卫生系统制剂中心生产的医药液体供应各乡镇卫生院，县人民医院生产的医药液体为院内各临床科室使用。2004年，南宁至百色高速公路规划建设，县卫生系统制剂中心因在规划红线内，需拆迁，为此停办。

1996—2001年，随着市场经济不断深入发展，医用药品行业不断改革，医用药品的生产、批发、市场流通逐步开放，南宁市内的2~3级医用药械批发商多达数百家。全县大多数的医疗机构，逐年到南宁与各个药械批发商签订药械购销计划，使县级的医用药品批发公司受到严重冲击，批发运营无法维持。由于医疗机构、医用药品经营店增多，各种医疗药械的使用数量逐年增大，卫生行政监督部门的监管工作增加了难度。一些个体医疗诊所、村医家中一度出现各种伪劣药品和伪劣医疗一次性针管用品，有个别乡镇卫生院药房药架上有过期的药品存放。为此，县人民政府多次组织县医药管理局、工商局、卫生局等部门，到各乡镇医药市店、医疗机构开展联合大检查，注销、取缔13家，收缴伪劣、过期药品20多种。

2002年，根据《中华人民共和国药品管理法》，更改了卫生行政部门对药品管理的执法主体，全县医用药品的监督管理权由百色市药品监督管理局田东县分局负责。2002—2005年，该局对全县药品市场进行监管。一是开展GSP认证、换证工作。对已通过GSP认证的药店，换发药品经营许可证。对经整改仍不达标的，责令停业，不予换证。对新开药店，除符合开办条件外，要求按照GSP条款进行筹建和运作。二是监管中药市场。对无证经营中药摊点、非法加工炮制中药饮片、违规购进药品，以及中药包装、标签不符合规定的，坚决查处。三是药品技术监督。对医疗单位、药品经营企业、个体诊所经营使用药品进行抽验。四是监督保健品、药品广告。对全县药品零售企业经营的保健品、性保健品店进行全面检查，同时对药店前的宣传广告牌进行清理。五是对医疗单位使用的特殊药品进行监管，严防特殊药品流入非法渠道。六是推行药品集中招标采购。

第二章　医疗

1989—2005年，全县中西医医疗服务规模不断扩大，服务条件不断改善，服务水平不断提高，形成了基本适应医疗保健需求，覆盖全县的县、乡、村三级医疗服务体系。田东县人民医院、县中医医院、县妇幼保健院、县皮肤病防治站，以及企事业、社会团体、个体等所创办的医疗机构，在诊治各类疾病中，基本以西医为主，部分采用中医为辅的诊治手段。心血管、呼吸、肾内、神经、消化、血液、内分泌及肺结核、乙型肝炎、慢性肝炎、肝硬化腹水、非典型性肺炎、艾滋病等治疗水平不断提高，普外、泌尿、儿外、胸外、骨科、颅脑外科、烧伤、妇产科、五官科等各种临床高难度手术取得突破性成果。2005年，全县医疗门诊36.89万人次，住院2.11万人次，疾病治愈好转率95.6%，病床使用率74.1%，出院者平均住院日6.3天，入院与出院诊断符合率90.12%，住院病历甲级率88.6%，处方合格率91.2%，基础护理合格率93.62%，业务收入5108.05万元。

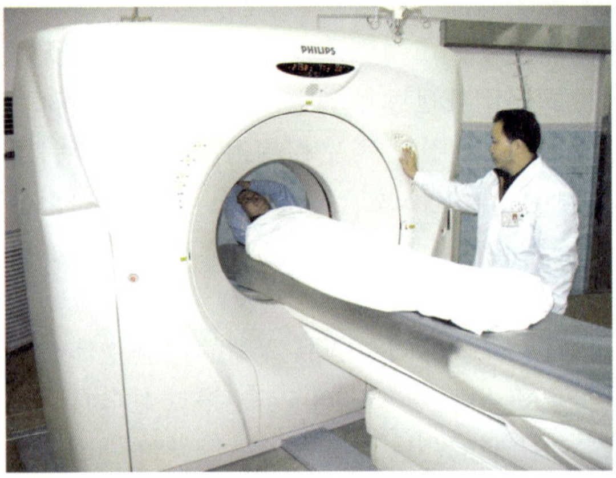

1996年12月8日，田东县人民医院首台CT机投入使用　　（县人民医院提供）

第一节　医疗机构

田东县人民医院

1989年，田东县人民医院（简称县人民医院）位于平马镇庆平路879号，设有职能科室医院办公室、医务科、护理部、预防保健科、财务科、后勤科、保卫科。临床有门诊部、急诊室、内科、外科、妇产科、儿科、五官科、传染科。医技科室有药剂科（包括制剂室）、麻醉科、手术室、放射科、检验科、病理室、消毒供应室、心电图室、B超室、胃镜室、理疗室等科室。隶属于田东县卫生局管理。全院占地面积26261.79平方米，建筑面积为10238平方米，其中业务用房5326平方米。全院在职职工261人，其中卫生技术人员189人，占职工总数72.4%；副高级职称5人、中级职称42人、初级职称141人、其他卫技人员1人；行政管理人员12人；工勤人员60人。编制床位和实际开放床位190张，全年完成门诊量146949人次，急诊量12512人次，住院量7696人次。1989年手术总数1059例（不含门诊小伤口缝合等），其中：大手术245例，中手术575例，小手术239例。疾病治愈率61.5%，好转率31.8%，病床使用率96.6%，出院者平均住院日8.8天。业务总收入207万元，比上一年增长10.11%。

1991—1992年，建筑面积5700平方米的住院部、建筑面积390平方米的制剂楼和建筑面积470平方米的消毒供应室（楼）投入使用。

1995年，在职职工334人，其中卫生技术人员231人，占职工总数69.2%，副高级及以上职称15人，中级职称66人，初级及其他卫技人员150人，工勤人员103人。开放病床295张。全年完成门诊量132566人次，住院量7557人次，大中手术950例，病人治愈率68.5%，好转率26.4%，抢救成功率76%，平均住院日9.5天，业务总收入954万元。

1997年9月通过国家级抽查评估，被国家卫生部、联合国儿童基金会、世界卫生组织授予“爱婴医院”称号。

1998年，兼并占地面积8466.54平方米、建筑面积12237.37平方米的田东县钢木家具厂。是年，设置第二综合门诊部，建设门诊楼、传染病区楼，建筑面积5028.4平方米，增加病床115张。

2000年11月，顺利通过自治区医院评审委员会“二级甲等院”评审验收。是年12月，被评为国家“二级甲等医院”。2002年，建筑面积1426平方米的传染病病房大楼投入使用。2003年，被定为“非典”（非典型性肺炎）定点医院，收治的1例疑似病人和23例留院观察病人全部治愈出院。

1999年，田东县人民医院住院大楼

（县人民医院提供）

2005年，建成医技业务综合楼，建筑面积5270.76平方米。当年，县人民医院院占地面积达18688平方米，建筑面积52871平方米，其中业务用房面积28446平方米。全院共建有门诊楼，医技综合楼、住院楼、传染科楼和第二综合门诊部（含传染病区楼）等。各功能科室设置齐全，门诊楼设有内、外、儿、妇产、五官、口腔、皮肤、中医特色等诊室。急诊医技综合楼内设急诊科、抢救室、急诊观察室、检验科、放射科、DR室、CT室、彩超室、心电图室、脑电图室、体外震波碎石室、胃肠镜、手术及麻醉等科室。住院楼设内一科、内二科、外科、妇产科、儿科、五官科、骨科、重症医学科等临床科室。各科室医疗设备配置齐全，还购置了德国西门子CT机、体外震波碎石机、彩色多普勒超声诊断仪、全自动血细胞分析仪、半自动生化分析仪、多参数心电监护除颤仪、多功能呼吸机等一批先进医疗仪器。

2005年，全院职工总人数547人（医院405人、家具厂35人，外聘人员107人），其中退休人员113人（医院退休人员83人，内退8人；钢木家具厂退休17人，内退5人）。医院病床编制240张，实际开放282张，设有8个临床、19个医技科室，11个职能科室，15个专门辅助管理机构。全年门诊人数119966人次，急诊16074人次，住院12457人次，健康体检8179人次，手术1993例次，疾病治愈率55.8%，好转率41.8%，危重病人抢救成功率88.8%；平均住院日6.1天。业务总收入2902.22万元。

田东县人民医院为国家二级甲等综合医院，已发展成为一所医疗、教学、科研、综合性医院，是全县最大的医疗技术指导单位，是“120”急救和孕产妇抢救中心，也是结核病预防与控制项目实施单位。

1989—2005年田东县人民医院门诊与住院治疗年报情况表

表22-2-1　　单位：人次

年份	门诊治疗	住院	出院	出院人员分类							
				治愈	好转	未愈	死亡	正常分娩	人流	节育	其他
1989	146949	7696	7696	2895	1489	234	79	917	1219	854	—
1990	162509	7093	7093	2742	1383	220	69	431	1747	501	—
1991	161409	11382	11382	4030	1510	286	101	431	671	4353	—
1992	152358	9738	9738	4395	1572	328	96	527	672	2148	—

续表22-2-1

年份	门诊治疗	住院	出院	出院人员分类							
				治愈	好转	未愈	死亡	正常分娩	人流	节育	其他
1993	134687	8392	8392	4327	1420	261	71	284	724	1305	—
1994	127882	8291	8291	4404	1706	273	67	506	794	541	—
1995	132566	7557	7558	4019	1587	241	64	448	575	534	—
1996	158911	6806	6813	4005	1469	174	57	394	693	21	—
1997	118750	7192	7186	3556	1943	203	47	413	688	—	336
1998	115550	6645	6662	3628	2033	199	49	351	402	—	—
1999	119239	6701	6709	3713	2109	225	53	346	263	—	—
2000	104603	6064	6061	3103	2259	174	34	357	130	—	4
2001	103306	6889	6879	3578	2518	139	41	474	118	—	10
2002	112393	8191	8193	4415	2865	174	43	541	140	—	15
2003	111181	8826	8777	4366	3590	134	58	515	96	—	18
2004	108117	10225	10250	4588	4587	186	58	653	155	—	23
2005	119966	12457	12412	5709	5190	230	71	976	179	—	57

田东县中医医院

1997年，田东县中医医院门诊部
（县中医医院提供）

1989年，田东县中医医院在册职工28人，其中主治医师6人、医师3人、医士2人、护师4人、护士3人、药剂4人、检验1人、B超1人、放射1人，后勤3人；除原设有的中医内科外，增设推拿科、针灸科和西医科，设置X光室和检验室。

1992年，集资建设职工楼10套间，面积为630平方米。

1995年，在芒果街旧址门诊部职工联合诊所（庆平路75号）建第二门诊部，设有内科（3个）、推拿科、针灸科、妇产科、口腔科、骨伤科、皮肤科、注射室、办公室、收费处等，增设留医部，设有病床30张，收治内儿科、妇产科、外科骨伤科等病种。1998年5月，第二门诊楼落成，2004年，引进设备代患者煎药，深受群众欢迎。

2005年，县中医医院与县卫校合并，合并后医院占地面积2.17万平方米，建筑面积3800平方米，其中业务用房面积3000平方米，开放病房增加100余张。设有5个临床科室、17个医技科室，添加日本阿洛卡B超诊断仪、日本奥林巴斯电子胃镜、数字化X光机（DR）等先进医疗器械设备。

乡镇卫生院

1989年，在平马镇、祥周镇、布兵乡、林逢镇、祷午乡、坡塘乡、作登瑶族乡、江城乡、朔良乡、那拔乡设立10个卫生院和印茶、思林、义圩等3个中心卫生院，主要承担预防保健和基本医疗两项重要职能，实有职工251人，其中卫生技术人员209人。1990年，全县乡镇卫生院实有职工285人，

1997年,平马镇卫生院外景 （平马镇卫生院提供）

其中卫生技术人员255人。

1991年，乡镇卫生院的人事权和财政权，由县卫生局管理下放给乡镇人民政府管理。1995年11月，乡镇卫生院的人事权、财政权收归县卫生局管理，当年全县乡镇卫生院实有职工305人，其中具有本科学历1人、大专学历18人、中专学历232人，具有中级职称28人、初级职称198人。1998年，思林、印茶、义圩中心卫生院通过一级甲等卫生院评审。

2001年，全县乡镇医疗单位实有职工312人（含编制内职工275人），当年祥周镇卫生院、林逢镇卫生院、平马镇卫生院通过一级乙等卫生院评审。各乡镇（中心）卫生院内设立防保所，实行人、财、物相对独立，各所配备3~5人专职从事农村防疫保健工作。2004年4月，祥周镇卫生院、林逢镇卫生院、平马镇卫生院升格为中心卫生院。

2005年，全县有祥周镇中心卫生院、平马镇中心卫生院、林逢镇中心卫生院、思林中心卫生院、印茶中心卫生院、义圩中心卫生院、那拔镇卫生院、朔良镇卫生院、江城镇卫生院、作登瑶族乡卫生院、布兵卫生院、祷午卫生院、坡塘卫生院等13家乡镇卫生院，实有职工325人（含编制内职工276人）。

村级卫生所

1989年，全县161个村公所有120个办起村级卫生所，设村级医疗点152个，共有205名乡村医生、卫生员和86名农村接生员与村公所签订医疗、防疫、妇幼保健等工作合同。

1994年，全县的行政村原则上均设立有村级卫生所。1996年，全县有村级卫生所128个，乡村医生237人，实行乡村医生执业许可制度。2001年，全县有村级卫生所（室）140个（有21个村委未设），有村医、卫生员247人，农村接生员68人，其中取得中专学历村医35人，中专水平280人。

2002年起，全县原有的接生员经培训考核合格后，其职能转变为村级母婴保健员。2004年1月起，对乡村医生实行执业资格管理，对符合条件的322名乡村医生颁发乡村医生执业证书，凭资格从事乡村医生工作。2005年，有村级卫生室143个，共有乡村医生326人。全县乡村卫生所均可进行预防、医治季节性常见病等轻微病痛的医治，并及时上送重病、疑难杂症患者到乡镇或县级以上医院治疗。

单位医务室

1996—2005年，经县卫生局批准，田东一小、田东二小、平马中山小学、田东一中、田东二中、田东四中、田东职业中学、田东师范学校、田东一糖厂、田东二糖厂、田东石化总厂先后设立医务室或卫生室，共11家，方便了学生、干部、职工看病治病。

个体诊所

随着医疗需求的增加，个体诊所不断涌现。1989年，全县有个体诊所27个，有个体卫生技术人员40人。1990年全县有个体诊所35个，有个体卫生技术人员60人。1995年，全县个体诊所40个。2000年，全县有个体诊所47个。2005年，全县个体诊所52个，个体医生100人。1989—2005年，全县无私营医院。

第二节　设施设备

1989年，全县共有各级各类医疗机构178个，其中县级3个，即田东县人民医院、田东县皮肤病防治站、田东县妇幼保健院，乡镇卫生院13个、个体诊所27个、村卫生室120个。乡镇卫生院基本为砖混结构兴建楼房，全县卫生业务用房13950平方米，其中，县人民医院5326平方米，县妇保院985平方米，县卫生防疫站552平方米，县皮防站50平方米，平马镇卫生院1000平方米，祥周中心卫生院300平方米，布兵卫生院361平方米，林逢中心卫生院800平方米，祷午卫生院44平方米，思林中心卫生院890平方米，坡塘卫生院450平方米，江城镇卫生院389平方米，印茶中心卫生院989平方米，作登瑶族乡卫生院630平方米，朔良卫生院84平方米，义圩中心卫生院800平方米，那拔镇卫生院300平方米。全县共有病床520张。全县卫生设施仍较简陋，乡镇卫生院有简单的检查床、产床、听诊器、体温计、显微镜、尿液分析仪、血球分析仪等，县级医院有手术床、产床、手术包、产包、X光机、黑白B超机、显微镜、水育箱、离心机、投影显微镜、无影灯等。

1990年后，国家建设补助项目增多，各医疗单位借机兴建业务用房，极大改善了医疗卫生环境。

2005年，全县共有各级各类医疗机构324个，其中县级5个，即人民医院、中医医院、疾病控制中心、皮防站、妇幼保健院，乡镇卫生院13个、单位医务室及卫生室11家、个体诊所52个、个体医100个、村卫生室143个。有二级甲等医院1个、一级甲等妇保院1个、爱婴医院15个。

2005年，全县业务用房55123平方米，其中县人民医院28446平方米，县中医医院4718平方米，县妇保院2085平方米，县疾控中心1176平方米，县皮防站120平方米，平马镇卫生院3360平方米，祥周中心卫生院1448平方米，布兵卫生院708平方米，林逢中心卫生院938平方米，祷午卫生院200平方米，思林中心卫生院2992平方米，坡塘卫生院1432平方米，江城镇卫生院1219平方米，印茶中心卫生院1139平方米，作登瑶族乡卫生院1046平方米，朔良卫生院1634平方米，义圩中心卫生院1316平方米，那拔卫生院1146平方米。全县各医疗单位共有病床692张。医疗设备极大改善，县人民医院已购置了德国西门子CT机、体外震波碎石机、彩色B超、全自动血细胞分析仪、半自动生化分析仪、多参数心电监护除颤仪、多功能呼吸机等一批先进医疗仪器，成为百色地区首家开展CT诊断技术的县级医院。县中医医院添加日本阿洛卡B超诊断仪、日本奥林巴斯电子胃镜、数字化X光机（DR）、双目显微镜、水育箱、离心机、肝化学尿液分析仪、三分类血球仪、电解质分析仪、血流片分析仪等先进医疗器械设备。县妇幼保健院有阴道镜、微量元素检测仪、心电监护仪、进口彩色B超、阴道B超、无痛激光采血仪、进口血球分析仪、血凝分析仪、生化分析仪、无创伤黄疸测定仪、新生儿黄疸治疗箱、多功能麻醉机、高频电刀、妇科多功能电脑微波治疗仪、电子数码阴道镜、无痛分娩设备等先进医疗设备。县疾控中心配置有生物安全柜、酶标仪、洗板机各1台。各乡镇卫生院随着业务量的增多，也逐步完善硬软件设施，主要配置200MA X光机、黑白B超机、心电图机、血细胞分析仪，尿液分析仪、半自动生化分析仪、洗胃机、牙科床等医疗设备。

第三节　中医

机构和门诊

1989年，田东县中医医疗机构1家，即县中医医院。在册职工28人（其中主治医师6人、医师3人、医士2人、护师4人、护士3人、药剂4人、检验1人、B超1人、放射1人，后勤3人）。没有设留医部，全年门诊人数60788人次。

2000年，全年门诊人数91248人次，入院人数3652人，出院人数3652人，治愈人数3416人，好转236人。

2005年，田东县中医医疗机构1家，即县中医医院；有20家医疗机构设有中医科。全县有中医医生51人，其中中医师45人，中医医士4人，中药师2人。全年门诊人数109392人次，入院人数2262人，出院人数2259人，治愈人数1987人，好转272人，死亡3人。

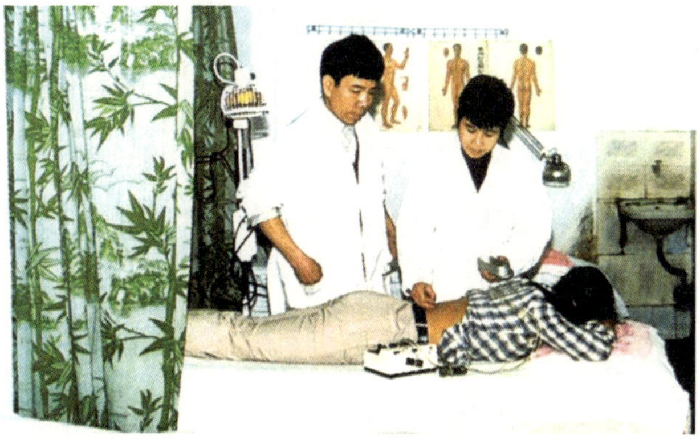

1997年，县中医医院开展中医针灸治疗

（县中医医院提供）

全县中医药事业以县中医医院为中心，在治疗慢性乙型肝炎、慢性肾炎、糖尿病、泌尿系统结石、上消化道溃疡并发症、再生障碍性贫血、神经官能症等疑难病症中，以西医诊断、中医辨证施的中西医结合对患者进行治疗，开展针灸、推拿、拔罐、理疗等治疗项目，取得了独特疗效。1989年上半年，因治好台胞麻某某半身不遂之症，麻某某曾在《右江日报》刊登了一封感谢信。1994年12月15日，广西石油钻前队丁某某送锦旗到县中医院推拿室致谢，感谢黄昌来主治医师通过推拿按摩手法治好他患多年的腰椎病。

1989—2005年田东县中医医院门诊与住院治疗年报情况表

表22-2-2

年份	门诊治疗人次	住院动态						
		入院人数	出院人数	出院病人数				
				合计	治愈人数	好转人数	未愈人数	死亡人数
1989	60788	—	—	—	—	—	—	—
1990	63950	—	—	—	—	—	—	—
1991	65657	—	—	—	—	—	—	—
1992	77728	—	—	—	—	—	—	—
1993	77984	—	—	—	—	—	—	—
1994	79054	—	—	—	—	—	—	—
1995	78972	3111	3111	3111	3111	0	0	0
1996	80215	3208	3208	3208	3031	177	0	0
1997	82241	3302	3302	3302	3121	181	0	0
1998	85643	3341	3340	3340	3218	122	0	1
1999	88417	3536	3536	3536	3335	201	0	0
2000	91248	3652	3652	3652	3416	236	0	0
2001	93457	3545	3543	3543	3340	203	0	2
2002	99848	3996	3995	3995	3818	177	0	1
2003	106641	4110	4110	4110	3912	198	0	0
2004	108837	3842	3840	3840	3619	221	0	2
2005	109392	2262	2259	2259	1987	272	0	3

说明：1989—1994年没有设留医部，无住院情况

县中医医院中医方剂选载

方一

功效：生津止渴

主治：产后口渴

方药：太子参、沙参、益母草、花粉、川芎、桃仁、泽兰当归、玉竹、西洋参、炮姜、甘草

方二

功效：疏肝和胃止痛

主治：胃脘痛（胆汁反流性胃炎、慢性胆囊炎、慢性胃炎）

方药：柴胡、白芍、枳实、黄芩、半夏、香附、延胡、陈皮、山栀子、郁金、茵陈、厚朴、救必应海螵蛸、甘草

方三

功效：祛湿通络止痛

主治：漏肩风（肩周炎）

方药：羌活、当归、白芍、海桐皮、姜黄、白术、桂枝、葛根、全蝎、地龙、秦艽、防风黄芪、威灵仙、甘草

方四

功效：平肝熄风、通络止痛

主治：头痛（神经性头痛）

方药：钩藤、柴胡、白芍、丹参、川芎、白芷、羌活、天麻、葛根、菊花、夏枯草、全蝎僵蚕、甘草

方五

功效：健脾益气，升阳利湿

主治：带下病（阴道炎、宫颈炎）

方药：白术、陈皮、荆芥、苍术、山药、柴胡、车前子、党参、海螵蛸、芡实、白芍、甘草

民间传统医疗方法

有刮痧、夹痧、挑痧、拔罐疗法、推拿按摩疗法、草药外敷等，治疗伤风感冒、风湿骨痛、跌打损伤等病痛。轻微病痛者一般在家治疗，有的跌打损伤者先经过X光机监视复位是否对接后用药效果最佳。病情稍重或民间方法治疗无效的情况下，都到乡镇卫生院或县级医院医治。

第四节　西医

田东县西医医疗单位有田东县人民医院、田东县妇幼保健院、13个乡镇卫生院，以及企事业、社会团体办的医疗机构（除中医诊所外）均以西医为主，县中医医院西医的临床诊疗占本院临床诊疗75%。1989年，全县有西医医师171人，西医医士73人，西药师8人，西药剂士9人，西药剂员5人。

1989—2005年，县人民医院、县妇幼保健院及乡镇中心卫生院等医疗机构充分运用西医技术优

势，开展各科临床诊疗活动，取得较大成效。

心血管 呼吸 肾内等内科临床技术应用

在心血管疾病临床诊治中，引进心肌钙测定仪，开展心肌钙蛋白检查，为冠心病和急性心肌梗塞快速诊断提供依据。开展急性心肌梗塞溶栓治疗，应用倍他乐克治疗慢性心衰等各种药物，治疗各类病因引发急性心肌梗塞、伴重度休克、心律失常、心衰的危重病人，病例多达20多例。1991年，开展“尼莫地平”治疗缺血性脑血管病的前瞻性研究和颈动脉加压治疗脑梗塞。开始应用瞬间心电图检测心律失常病人，结合B超检查，明确诊断主动脉窦破裂多名病例。1995年，临床应用食道心房调搏技术，为各种心律失常、病窦综合征、房室折返所致的心律失常、旁路折返所致的预激综合征及其他隐匿性心律失常的初步定位诊断，填补了该项技术空白。“瞬间心电监测心律失常的临床应用”科研项目，引进双波导+平衡调节治疗仪，用于治疗冠心病、肺心病、心绞痛、高黏血症、脑供血不足、药物中毒等，均收到较好的疗效。救治210例各种心瓣膜病、扩张型心肌病、高血压心脏病，应用心酰胺治疗冠心病合并心功能不全等取得较好疗效。纠正3例长期误诊为“风湿性心脏病”的房室缺损病人，开展多巴酚汀胺用于治疗重度心衰和镁剂（门冬氨酸钾镁）治疗阵发性房颤。1995年，引进新药“康可”治疗顽固性高血压和心衰，效果良好。2005年8月，开展支气管镜检查和心脏介入治疗（安装心脏起搏器）项目。

在呼吸系统疾病临床诊治中，配备呼吸机、多功能监护仪、除颤起搏器等先进仪器，并应用新药舒喘灵、喘乐宁、爱乐喘等雾化吸入治疗支气管哮喘持续状态。与五官科医生合作，及时施行气管切开，成功救治1例呼吸肌麻痹所致突然呼吸骤停的濒死病人，1例肺心病病人，1例恶性疟疾与重症病毒性心肌炎病人。成功抢救1例心跳呼吸骤停和3例酮症酸中毒、高渗性昏迷病人，成功抢救3例银环蛇咬伤致呼吸停止，1例毒蛇咬伤致呼吸衰竭而使用呼吸机辅助呼吸60多个小时的病人，3例重度农药中毒致心衰休克、心跳呼吸停止的病人。

神经 消化 血液 内分泌等临床诊疗

1991年，开展脑电图检查。1992年，开展脑血流图检查。同年7月，抢救一名昏迷49天、卧床79天的重危脑梗塞病人，好转出院。

1993年，开展自血光量子新技术治疗脑血管疾病。同年，对神经系统某些少见的疾病如结节性硬化、视神经脊髓炎和左下肢动脉闭塞的诊断有所提高，其中对1例误诊达20余年结节性硬化病人纠正了诊断。

1995年，引进国产康可、妥布、迪克等新药应用于临床，取得一定疗效。同年，开展新药凝血酶疗效观察，开展中西医结合治疗慢性结肠炎、慢性肾炎和肾病综合征，取得较好效果。此外，还采用针灸、中药和偏瘫治疗机等综合措施治疗脑血管意外的康复治疗。

1996年，开展血液专科骨髓细胞学检查、白血病化疗、再生障碍性贫血的综合治疗和内分泌微量血糖测定等新的专科诊疗项目。

1997年，开展骨髓铁染色新技术项目和开展神经系统疾病定位定性检查以及阿尔茨海默症发病机理的分析与探讨。

1998年，应用针灸和新药，中西医结合治疗瘫痪和慢性胃炎。同年，开展蛛网膜下腔灌流术（脑脊液置换术）治疗脑出血病人，取得一定疗效。

1999年，开展应用三腔二囊管压迫止血及中医补肾活血方法治疗食道胃底静脉破裂出血，采用中西医结合治疗顽固性十二指肠溃疡并出血，均取得较好疗效。同年，开展应用药物氧氟沙星治疗中枢神经系统疾病临床观察，结论认为对化脓性脑膜炎疗效较佳。

2000年，首次开展床边锥颅清除血肿和侧脑室引流治疗脑出血，到2001年底共实施200多例，成功率达87%。

2001年，开展急性脑梗死溶栓治疗新技术。同年，开展胃镜镜下止血新技术项目，并引进微量血糖测定仪、胰岛素诺和笔，提高糖尿病监测和疗效。

2004年后，开展微创颅内血肿清除、脑血管意外康复防残治疗、血液病短期化疗等新技术项目。

传染病等临床诊疗

1989年，开展肝必复、乙肝宁冲剂治疗乙型肝炎阴转观察。同时，与妇产科、儿科、检验科合作，开展母婴阻断预防新生儿乙型肝炎及乙肝病毒携带者药物治疗转阴的临床观察。

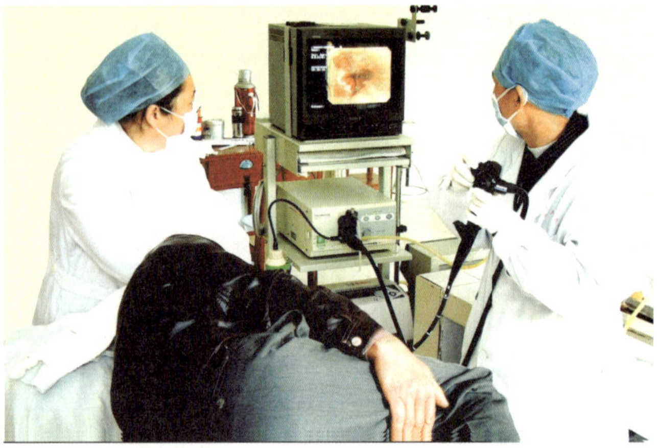

2002年，县人民医院启用CV70型电子胃镜

（县人民医院提供）

1990年，开展小剂量阿托品治疗咯血的临床研究。1991年，采用人为粘连方法治疗难治性气胸，成功救治4例患交通性气胸的垂危病人。同年，应用新药乌洛替酯治疗慢性肝炎临床观察。

1994年，引进新药“肝乐宁”治疗慢性肝炎和肝硬化腹水。

1995—1996年，尝试“短程疗法”治疗肺结核，获得良好效果，不仅为患者节约开支，且复发率低。同时，还应用皮质激素治疗肺结核大咯血、新药“五灵丸”治疗乙型肝炎等，均取得良好疗效。

1997年，成功抢救1例呼吸、心跳停止5分钟的病人，并康复出院。

1999年，应用氧氟沙星配合抗结核药治疗肺结核198例临床观察，应用高频雾化启动氧治疗肺结核痰黏稠的病人，均取得较满意的效果。

2003年，非典型性肺炎流行，县人民医院内三科成为“非典”隔离病区，收治留观病人24例、疑似病人1例，全部治愈出院。

普外　泌尿　儿外　胸外　烧伤等临床专科技术应用

1990年，开展后尿道修补手术，开展胃底静脉结扎、脾切除手术治疗门脉高压、上消化道大出血病人。先后为2例桡动脉、2例足背动脉、1例肱动脉断裂伤的患者施行血管吻合术均取得成功。

1991年，成功抢救1例心脏、肝脏贯通伤重症病人,为1例颈椎骨折病人行颈髓探查减压手术，为1例胸椎骨折病人行椎板咬除、椎管探查减压、哈氏棒内固定手术。

1992年，成功抢救1例胸、腹多脏器（肝、脾、胃、肾、心脏）损伤重危病人。对多例动、静脉及神经断裂伤的病人进行血管吻合和神经修复均取得成功。

1993年，开展切开复位、自动加压内固定以及Y型针、C型针内固定等方法治疗股骨骨折。对2例股动、静脉损伤的病人行血管吻合及血管搭桥手术取得成功，并开始推广湿润暴露疗法治疗烧伤。

1995年，开展胃癌根治术5例，胃大部分切除手术改用胃钳操作，既省时又方便。使用三磺珍珠膏和烧伤薄膜治疗大面积烧伤，效果良好。

1996年，采用十二指肠空肠端侧吻合术治疗空肠近端绞窄坏死的病人1例。开展剖胸行纤维板剥离术治疗支气管胸膜瘘。抢救1例外伤性心包损伤、心脏骤停3次的病人，在剖胸直视下行心脏按压、心包开窗及胸腔闭式引流术，获得成功。采用胸外阻断大血管方法阻断肾蒂行肾部分切除，取得成功。

1997年，开展肛门形成术治疗混合痔、胰十二指肠切除治疗胰腺癌、自体颅骨修补颅骨缺损、脑膜瘤、脑胶质瘤切除等手术。

1998年，开展后颅窝肿瘤切除术、肝癌切除置泵化疗术。

1999年，开展低位直肠癌切除、拉下吻合术（低位直肠癌根治拉下术）、脑室出血引流术、血管带蒂转移皮瓣血管移植术。

2000年，开展先天性肛门闭锁直肠瘘转移肛门成形术、先天性肌性斜颈矫正术、外伤性多发性脑血肿清除术。此外，开展心脏外伤基层医院救治临床研究。

2001年，成功为1名重症颅脑外伤（硬膜外血肿、脑疝、脑挫裂伤）病人行开颅血肿清除、去颅骨瓣减压术，术后恢复良好。

2002年，开展食道癌切除——胃代食管术，为1例先天性尿道下裂病人施行Ⅰ期尿道动手术，均获得成功。是年，开展肾癌根治术8例，以及输尿管切开取石、双T管内支架引流术8例。

2003年，开展经尿道前列腺电切术（TURP），规则性半肝切除术，经尿道膀胱肿瘤电灼术。

2005年，开展无张力疝修补、低位直肠癌保肛根治、大脑半球凸面肿瘤切除、脑膜瘤切除、脑室腹腔分流术。

骨科　颅脑和五官科等临床专科技术应用

1995年，应用颅内血肿微创抽吸术，开展慢性硬脑膜下血肿穿刺抽吸术、胫骨骨折矩形针内固定术。

1996年，开展股骨颈骨折切开复位内固定、长骨骨折安特氏钉内固定。

1997年，开展脊柱骨折DIKE氏钉内固定、克氏钉经皮单向固定治疗肱骨髁上骨折。

1998年，开展胸腰椎骨折椎弓根螺钉系统（DICR、SF、RF）内固定术。采用滑动鹅头钉治疗股骨粗隆骨折、克氏针内固定治疗髋臼横骨折、骨囊肿病灶清除植骨融合、椎间盘突出症切除等手术。是年，小儿麻痹后遗症矫形手术项目“骨延长矫治小儿麻痹后遗症短EFC畸形”获百色地区科技进步三等奖和县科技进步二等奖。

1999年，应用矩形髓内钉治疗胫腓骨折，疗效良好。

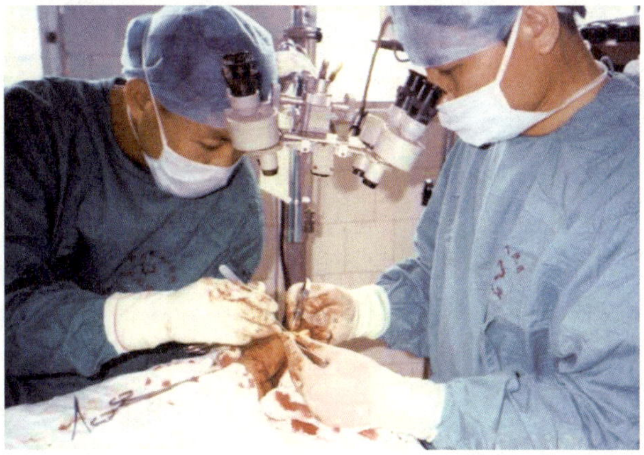

2003年，县人民医院做左手上臂断离断肢再植手术

（县人民医院提供）

2000年，开展胫、股骨交锁髓内钉内固定术、单臂交架固定术治疗各部位骨折、胫骨上端复杂骨折解剖型钢板固定、股骨下端复杂骨折DCH固定术。

2001年，开展全髋置换术治疗老年股骨颈骨折2例、S—F椎弓根螺钉内固定治疗腰椎滑脱5例、形状记忆钢板治疗严重粉碎性髌骨、锁骨及尺桡骨骨折12例。开展腰椎间盘突出症开窗术研究，开展腰椎间盘突出开窗后护理研究等。

2002年，开展解剖型钢板固定术治疗严重胫骨平台骨折2例、髋臼严重粉碎性骨折切开复位钢板内固定术2例、腰椎间盘突出症开窗髓核摘除术13例、股胫骨骨折交锁髓内钉内固定20例、胸腰椎骨折S—F钉固定术23例。采用交锁髓内钉内固定加取同侧腓骨植骨方法治疗股骨干骨折并严重骨缺损病人1例，并取得成功。

2003年，开展胸腰椎前路手术，为1例手臂高断患者，行断臂再植取得成功。

2004年，开展颈椎间突出症前路减压植融合术、颈椎骨折脱位内固定术、骨盆骨折内固定术、膝关节表面置换术。2005年，开展PFN治疗股骨转子间骨折、为1例右腕关节高断伤患者行再植手术，获成功。

妇产科临床专科技术应用

1989年，开展宫腔镜检查、输卵管造影新技术，应用电灼方法治疗宫颈炎。

1992年，开展抢救羊水栓塞并发DIC、产后大出血休克、子宫穿孔感染性休克等方面的临床研究，取得较好成果。

1993年，开展绝育术后显微复通技术，治疗输卵管闭塞病人，取得成功。同年，开展无痛分娩新技术。

1994年，开展药物人工流产新技术。

1995—1997年，开展母乳喂养、孕妇学校、医护人员全员培训等创建“爱婴医院”活动，顺利通过国家、自治区级评审。

1998年，开展输卵管通液、新式剖宫产、新式全宫摘除等新技术。应用激光治疗宫颈炎、米索前列腺治疗过期妊娠、计划分娩、中晚孕引产等，取得较好疗效。

1999年，应用口服米非司酮治疗异位妊娠、肌注安甲喋呤综合治疗过期妊娠及计划分娩，疗效较好。

2000年，开展无痛性人流、中药灌肠治疗急慢性盆腔炎、蓖麻油炒蛋晚孕引产及晚期妊娠催产、注射安甲喋呤保守治疗宫外孕等新技术、新方法，取得比较满意的效果。

2001年，开展微波和药物“爱宝尔”治疗宫颈炎、盆腔炎，取得良好效果。

2003年，开展用米非司酮+伍米索前列醇终止妊娠新疗法，减少并发症和后遗症。应用无痛分娩仪进行无痛分娩和无痛人流，效果良好。

2004—2005年，开展宫腔镜检查和宫腔镜电切手术，对妇科子宫异常出血及不孕症的患者进行检查和治疗。

新生儿和儿内科各系统疾病的诊治技术

1990年，应用东莨菪碱等药物治疗新生儿破伤风。

1992—1995年，用大剂量东莨菪碱，成功抢救1例因破伤风、抽搐频繁而用大剂量领静剂后引起呼吸抑制的重症新生儿，突破了这种病人的死亡率100%的历史。用心痛定治疗小儿急性肾炎合并高血压，取得满意效果。通过左旋咪唑与葡萄糖酸辛联合应用，增强小儿免疫功能，取得良好的效果。对首例先天性食道闭锁的患儿能作出正确的诊断。

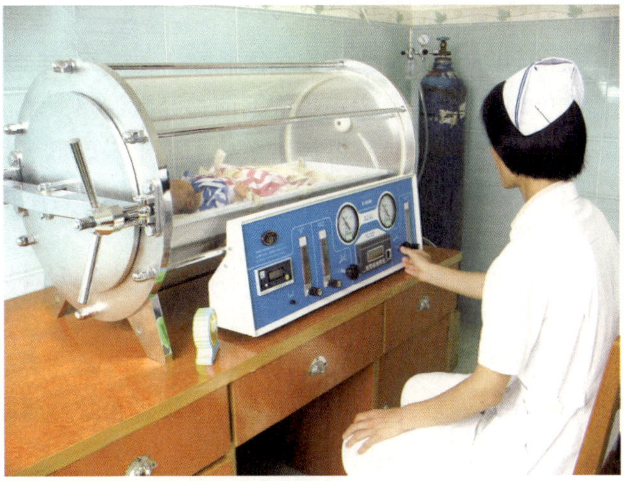

1999年，县人民医院婴幼儿高压氧舱治疗室
（县人民医院提供）

1996—2000年，出台《儿科疾病的诊治常规》，规范了新生儿治疗行为，严把医疗护理质量，并增加电动吸引器、自动调湿婴儿保育箱、雾化吸入器、蓝色灯等医疗设备，给诊疗病人带来很大方便。抢救新生儿颅内出血、乙脑、肺炎心衰、新生儿缺氧缺血性脑病、迟发性维生素K缺乏症等各种危重病儿500多例，抢救成功率85%。

2001—2005年，增加了医疗设备，婴儿培养箱4台，新生儿黄疸治疗箱6台，多参数床边心电监护仪1台，多参数中央心电监护系统1套，心电图机、微量血糖测定仪及经皮胆红素测定仪各1台，微量输液泵1台，微量推注泵14台，红外线辐射抢救台1台，婴幼儿高压氧舱1台。开展这些新技术：简易水封瓶持续气道正压给氧（CPAP）治疗小儿急性呼吸衰竭，应用微量血糖测定仪监测小儿血糖；多参数监护仪监测危重病人的生命体征变化，应用微量输液和微量注射泵调节补液速度，高氧驱动雾化吸入疗法治疗小儿呼吸道疾病。对早产儿、新生儿黄疸、窒息新生儿、新生儿缺血缺氧性脑病及颅内出血及儿内科各系统疾病和各种的重症病儿进行诊治与抢救，治愈率、抢救成功率的平均率分别为99.8%、75%。

儿科是集新生儿、神经、呼吸、心血管、感染、泌尿、血液及儿童保健专业为一体的综合性科室，人才梯队合理，技术全面，设有新生儿缺氧缺血性脑病、早产儿、病毒性脑膜炎、癫痫、小儿肺炎、毛细支气管炎、各种感染性疾病等。拥有新生儿培养箱、兰光治疗仪、红外线辐射抢救台、电动吸引器、超声雾化器、空气压缩吸入器、电子输液泵、心电监护仪等先进的仪器设备。主要开展治疗项目有：儿科常见病、多发病及疑难病症，各种小儿的危、重、急症的抢救，儿童保健咨询、喂养指导、建立儿童保健片，儿童智力测定、儿童骨龄测定、预测儿童成年后的身高，儿童心理咨询多动症、孤独及学习困难等。

五官科技术运用

1992年，应用支撑喉镜行声带息肉切除术。同年，开展鼓膜切开中耳冲洗、上颌窦置管冲洗、鼻中隔黏膜下剥离止血、鼻中隔黏膜化学烧灼、药物贴敷等先进技术，临床上取得较好效果。

1993年，采用冷光源进行咽喉镜检。

1996年，引进纯音测听器，建立电测定室。引进鼻窦内窥镜和微波热凝器，建立鼻功能室，开展中、下鼻甲形成术、筛窦开放术、全筛切除术、上颌窦自然开口扩大术、鼻窦镜下腺样体热凝摘除术、下鼻甲热凝术、口咽壁滤泡热凝术等。

1998年，引进耳内窥镜及耳显微外科器械，开展耳内显微手术。

2000年，开展下鼻甲电灼联合硝酸银局部治疗变应性鼻炎、鼻腔药液浸泡治疗儿童副鼻窦炎等新技术。

2004年，开展全麻下扁桃体摘除、腺样体铲除等手术。

2005年，开展鼻内窥镜下筛前神经微波热凝术治疗过敏性鼻炎、鼻出血；开展鼻腔置换疗法治疗小儿急、慢性鼻窦炎；开展鼻窥境下鼻中隔成形、鼻窦开放、鼻息肉摘除等手术；开展电子纤维镜下声带检查、声带肿物切除术；开展鼓膜切开置管术治疗顽固性中耳炎等。

口腔科技术应用

1989年，开展上颌骨骨折切开复位、内固定手术4例。

1990年4月，为1例枪伤患者行下颌骨粉碎性骨折切开复位、内固定手术。同年，开展甲硝唑治疗口腔疾病及口腔颌部损伤临床观察。

1991年3月，开展面神经解剖、腮腺混合瘤切除手术。

1992年，对颌下腺切除、全员骨骨折复位固定、颌面肿瘤摘除、唇裂修补手术方法进行改进。

1997年，开展BEQQ固定矫治器矫治错牙合技术，该项目获得田东县科技进步三等奖。

1998—2005年，口腔科已全面开展根管治疗、牙齿正畸、颌骨骨折内固定、唇腭裂修复、腮腺全叶切除及面神经分离等各类手术，技术日趋成熟。

眼视部技术应用

1989年，开展泪管断裂吻合术。

1990年7月，开展显微技术，在镜下行角膜修补、小梁切除、虹膜嵌置术、硅胶摘除术、囊内摘除等手术。同年，开展安装义眼手术。

1993年，成功开展人工晶体植入手术。

1998年，开展眼结膜刮片脱落细胞检查。

思林中心卫生院、义圩卫生院能够进行一般损伤性清创缝合、阑尾切除术、剖宫产术、修补及骨折内固定等手术，其他卫生院基本能开展一般引产、放环等技术。

血液采供与管理

县红十字会按照《中华人民共和国红十字会法》《中华人民共和国献血法》《广西壮族自治区献血条例》推动无偿献血。每年组织会员、红十字志愿者协助百色市血站、县卫生行政部门做献血宣传，并带头无偿献血。田东县在百色市率先实现本县辖区临床用血100%来自无偿献血，2005年12月荣获自治区卫生厅、红十字会、广西军区后勤部授予2003—2004年度无偿献血促进奖。田东县不设血站，临床用血由百色市血站提供。

第五节　护理

中医护理

中医护理常用技术包括针灸护理技术、拔罐与刮痧护理技术、推拿护理技术、其他护理技术。县内医疗卫生机构，除了县中医医院，其他医院、卫生院较少运用中医护理技术，普通科室偶尔应用。

县中医医院重视中医护理技术运用。1989年，有护理人员6人，其中主管护师1人、护师3人，护士1人。1993年，护理人员增至10人。2005年，有护理人员16人。1989—2005年，县中医医院各临床科室开展2项以上的中医外治，护理人员基本掌握中医基础理论及技术操作，掌握拔火罐、刮痧、熏洗、穴位注射、敷帖、中药灌肠、药熨、中药换药等操作方法，并运用于临床，病人的满意度达96%以上。

西医护理

全县各医疗机构均重视西医护理。1989年，县人民医院有护理人员94人，其中主管护师13人、护师27人、护士54人；乡镇卫生院有护理人员69人。全县各医疗单位护理人员基本掌握医学基本理论、基础护理知识，掌握血压测量、各种皮试液的配制、肌肉注射、输血、静脉输液、灌肠、无菌技术操作、穿隔离衣、口服给药、导尿、胸外心脏挤压术、输氧等常用的技术操作。护理业务重点执行三级护理制、岗位责任制、交接班制、查对制度、差错登记制度等，注重“三查七对一注意”工作（“三查”即服药、处置、操作前查，服药、处置、操作中查，服药、处置、操作后查；“七对”即床号、姓名、药名、浓度、时间、剂量、用法；“一注意”即用药后反应）。当年，县人民医院护理部副总护士长曾玉基参加《健康报》和中国人民解放军南方药厂联合举办的“三九胃泰杯”全国护理技术能手大赛第一阶段笔试取得98分，成为广西唯一一名护理人员赴京参加技术操作比赛，并获优秀奖。

20世纪90年代，全县西医护理业务执行自治区卫生厅制定的《护理技术操作规程与质量管理评分标准》，各乡镇卫生院、县人民医院等医疗单位护理查房执行严格查对制度和无菌操作，并进行电化教育和临床考核；对新调入医院的护理人员举办护理技术操作和规范学习班，进行上岗培训。

1990年，县人民医院开展“颈外静脉穿刺插管”新技术8例，留管最长时间35天，没有发生交叉感染。

1992年起，县人民医院护理部开始执行护士长工作手册制，每月对护士长进行考核，内容包括人员管理、工作计划、科室工作量、业务学习与技术培训、护理查房、工作小结等。各科室每月进行业务小讲课和护理查房各1次，开展晨会护理知识提问，护士长对科室护理人员进行专科技术培训和考核。

1996年开始，县人民医院以创建二级甲等综合医院为契机，加强护理人员的“三基”（指基础理论、基本知识、基本技能）和“三严”（指严格要求、严密组织、严谨作风）培训，提高护理人员的专业理论和专业技术。是年，县人民医院有护理人员121人，其中主管护师67人、护师39人、护士15人；各乡镇卫生院共有护理人员88人，其中主管护师3人、护师32人、护士53人。

1997年，县人民医院开展深静脉穿刺置管术，运用高流量氧气吹气法成功治愈1例三处入院前已形成的Ⅳ度褥疮患者。

1998年1月，县卫生局执行自治区卫生厅《关于进一步加强护理管理工作的通知》《整体护理工作质量评价标准（试行）》《护工管理暂行办法》《差错事故管理制度》等文件精神，对护理管理行为进一步规范，将传统的功能制护理衍变为以病人为中心、以护理程序为基础的整体护理，开始对护理模式进行转型改革。同年8月，县人民医院医院启动整体护理工作，护理部制定《整体护理工作制度》《整体护理质量评价制度》，选择外一科、内一科、内二科3个科室建立模式病房试点，开展以病人为中心的整体护理模式，为患者提供全面、全程、连续的护理服务。整体护理要求责任护士对病人的身心健康实施有计划、有目的护理，深入病房一对一进行健康教育，对病人的生理、心理、社会和家庭生活等全面了解，调动病人主观能动性，使病人在生理、心理方面都处于接受治疗的最佳状态。责任护士主动解决病人的实际问题，基础护理合格率明显提高，并收到良好的社会效益，密切了护患、医护、护护关系。是年，引进推广静脉留置针和深静脉穿刺置管法，实行15例，置管最长时间为57天，均无并发症发生。这两项技术的应用，提高了护理工作效率，标志着县人民医院护理技术水平又上了一个台阶。

2000年，县人民医院内二科开展降纤酶治疗脑梗塞疗效观察与护理，外一科开展直肠肛门成形术的护理，外二科开展腰椎间盘突出开窗减压术后护理，手术室开展椎间盘髓核摘除术配合。同年11月，县人民医院通过自治区二级甲等综合医院评审，其中护理理论和护理技术操作考核成绩优异。

2002年，县人民医院开展左臀与右臀肌内注射疼痛反应的临床观察、脑血管病男性患者尿失禁护理方法的效果比较、使用留置针两种封管方法的比较。开展外科病人术前以冰致蝇压力源及应对方式的调查研究、骨折病人日常生活动作（ADL）测试、人工全髋关节置换术的配合、院前失血性休克病人快速建立静脉通路方法的应用、B—D头皮式留置针在儿科的临床应用效果观察、笑气用于镇痛分娩的临床观察、应用安痔液治疗痔疮的临床观察及护理等多项临床护理研究。同时各乡镇卫生院也开展整体护理和健康教育工作，建立整体护理模式病房，以病人为中心、以现代护理观为指导，以护理程序为基础框架，把护理程序系统地运用到临床护理和护理管理，为病人提供生理、心理、社会、文化等护理服务，取得良好的社会效益。

2003年，县人民医院在“非典”流行期间，护理部组织学习卫生部《非典型性肺炎防治技术方案》，加强对重点科室如发热门诊、“非典”隔离病区的消毒隔离知识培训工作，内容主要有消毒隔离措施、病区内区域划分、医务人员防护知识和措施、工作流程，同时进行防“非典”演练。

2004年3月，县人民医院在内一科和妇产科开展规范化护理服务试点，制定质量评价标准跟进，规范了病人“入院—住院—出院”全程人性化护理服务行为，在病房内备有《住院服务指南》、微波炉、雨具、针线包、报纸杂志等便民物品，以满足患者的需求，提高患者的满意度。内一科、妇产科在日常护理工作中融入人文关怀服务，开展了“温馨穿刺”季和“人文关怀”年活动，使患者与产妇倍感亲切，缩短了护患距离，减少了医患纠纷。此外，骨科成功护理1例上臂断离再植术后患者。

2005年，县人民医院组织编写护理病历书写评价标准，制定专科疾病谱病历书写模块，便于临床参考。调整健全一、二级质控网络，对全院护理质量实施全程控制。同时，加强抗风险意识，制定各种紧急风险预案、护理工作关键流程及护理操作告知程序等。通过发放服务指南和护士口头，告知病人的权利义务，指导教育病人掌握健康知识。加强归档病历质量检查，改变多年来单独由护理部负责抽查的办法，扩大为护理部和护理病案质量管理小组成员参与，每月不定期抽查临床科室一定比例的护理病历质量。此外，通过采取不定期月重点抽查与季全面检查相结合的办法，从不同角度综合评价护理质量，对存在的护理质量问题，限期整改，并跟踪落实情况。是年，县人民医院有护理人员146人，其中副主任护师4人、主管护师90人、护师18人、护士34人；乡镇卫生院有护理人员124人，其中主管护师13人、护师39人、护士72人。

第三章　疾病预防控制

1989—2005年，田东县完善儿童计划免疫、各种传染病监测等各项管理制度，扎实推进疾病预防、食品卫生、公共场所卫生、职业卫生等工作，多种儿童可免疫性疾病基本得到有效控制，传染病发病率明显降低，白喉、脊髓灰质炎、百日咳病无一病例。

第一节　机构

1989年，县卫生防疫站编制38名，有卫生技术人员34人，其中西医师26人、西医士1人、检验师5人、护士2人，站长邓锦达。内设流行病科、计划免疫科、疾病控制科、卫生科、检验科、寄生虫病防治科、财务科、行政后勤等职能科室，其中卫生科分管食品卫生监督员7人，兼职人员2人。1990年，设食品卫生科，有专职食品卫生监督员6人。

2003年，县疾控中心综合楼列入疾控机构国债建设项目，由自治区财政本级配套投资50万元。2004年5月，在原田东县卫生防疫站旧职工宿舍楼址上动工新建疾控综合楼。当时为了充分利用土地资源，决定在原国债项目基础上加层扩建，总建筑面积2579平方米，1~3层为单位业务用房（1207.6平方米），4~6层为职工集资建房（1371.5平方米）。

2005年4月28日，以田东县卫生防疫站为基础，划分为田东县疾病预防控制中心和田东县卫生监督所两个独立运作的职能部门。为了保证卫生防疫工作的连续性，人员一直以原卫生防疫站的职能编制，行使卫生防疫工作使命。中心的事业编制数为37名，实有职工36人，各类卫生专业技术人员31人，工勤人员5人，其中高级卫生专业技术人员1人、中级卫生专业技术人员14人。防控制中心主任为潘祥奋。

第二节　儿童计划免疫

自1989年起，田东县开展儿童计划免疫工作。县人民政府成立了冷链领导小组，各乡镇也成立了相应机构，加强扩大免疫规划（简称EPI）工作的领导。开展了卡介苗、脊髓灰质炎疫苗、百白破疫苗、麻疹疫苗四种疫苗（简称“四苗”）计划免疫接种工作，能够有效地预防结核病、脊髓灰质炎、白喉、百日咳、麻疹等可免性传染病。县级计免科人员能按人口数的1人/10万人配置，基本满足一般的常规工作。在乡镇卫生院内设有独立的防疫组，防疫人员由20世纪80年代的兼职逐渐过渡到专职，至2005年基本达到1人/万人的人员配置。全县13个乡镇卫生院均完成预防接种门诊“四室”建设，开展定点接种服务工作，每月开展1次常规冷链运转。全县每个行政村至少有1名乡村医生从事免疫规划工作。

接种疫苗时，接种人员持证上岗，接种前进一步核实接种对象，向儿童家长或监护人详细询问儿童近期的健康状况、既往病史、过敏史及接种疫苗的反应史，凡有禁忌证的应不予接种或暂缓接种，并做好记录。接种时，做到“三查七对”（“三查”是指接种前、接种中、接种后检查，“七对”是指核对接种者姓名、年龄、疫苗名称、疫苗规格、疫苗剂量、接种部位、接种途径），实行“一人一针一管一苗”（每注射一支疫苗使用的针头和针管都是一次性的，不能重复或交叉使用）接种。正确选择接种方式，脊髓灰质炎疫苗口服，卡介苗皮下注射，麻疹疫苗皮内注射、百白破疫苗及乙肝疫苗肌肉注射，注射部位选择儿童上臂外侧三角肌。接种完毕后，让接种对象在观察室内观察30分钟，无反应后方可离开。

2002年，国家正式将乙肝疫苗纳入儿童计划免疫，但田东县在肝炎基金会的乙肝扶贫项目援助下，2000年已经在儿童计划免疫中使用乙肝疫苗，并列入计划免疫规定接种的疫苗。注射乙肝疫苗一般一个半月就可以生效，晚点的需要等到打完三针后的半个月才生效。一般只能保护5年左右，5年后还是需要打一次加强针。

1989年，县卫生防疫站接种卡介苗6603人次、接种率97.15%；糖丸6476人份、接种率95.28%；百白破6448人次、接种率94.87%；麻疹6555人次，接种率96.44%。

1990年，全县接种卡介苗4888人次，接种率93.4%；糖丸4543人次，接种率87.74%；百白破4391人次，接种率84.87%；麻疹4604人次，接种率90.3%。

1993年，田东县卫生防疫站共计免监测13个点、12月龄内儿童123名，建卡率95.12%，卡介苗接种率82.11%、小儿麻痹糖丸接种率37.39%、百白破接种率28.46%、麻疹接种率22.76%；12~24月龄儿童122人，建卡率为97.54%，卡介苗接种率95.9%、小儿麻痹糖丸接种率82.79%、百白破接种率77.05%、麻疹接种率77.05%。全年儿童发生麻疹92例，发病率23.99/10万，发生小儿麻痹症病例为0例，发病率为0。

1997年，全县累计接种6.99万人次，“四苗”接种率95%以上；全程接种乙肝疫苗1020人，接种糖丸4.77万人次。

1999年，全县共接种4.95万人次，卡介苗、脊髓灰质炎疫苗、百白破疫苗和麻疹疫苗“四苗”的接种率分别为88.23%、98.57%、98.48%和97.16%，全部超过85%的标准要求，全县13个乡镇接种率全部达标。2000年，全县开展2轮消灭脊髓灰质炎强化免疫活动，儿童服苗实种数为29561人，接种率97.71%以上。

2004年起，全县各乡镇卫生院实行每月1次常规冷链运转定点接种服务。县卫生防疫站开展AFP病例主动搜索及查漏补种工作，对全县2001年1月1日出生后未服苗或未服足3次糖丸的儿童，以及计划免疫薄弱村屯5岁以下的儿童，一律接种一次糖丸疫苗。儿童“四苗”接种率94.94%，乙肝疫苗接种率98.42%，乙肝疫苗24小时及时接种率65.26%。在AFP主动监测中，未发现AFP病例报告。全年儿童计划免疫上卡6691人，建卡率97%。

2005年，全县在“四苗”基础上增加乙肝疫苗接种。全县所有乡镇卫生院全年冷链运转均12次，卡介苗接种率96.24%、脊髓灰质炎疫苗97.95%、百白破97.59%、麻疹疫苗95.56%、乙肝96.22%，其中24小时及时接种率78.08%，“四苗”全程合格接种率95%，可免性疾病控制在国家标准内。全县13个乡镇接种点基础免疫“四苗”全部采用一次性自毁型注射器，其他疫苗全部使用一次性注射器。开展儿童计划免疫漏卡率调查1次，全县平均漏卡率3%；全年儿童计划免疫上卡6737人，建卡率96.5%。

1994—2005年田东县儿童计划免疫疫苗接种率情况表

表22-3-1

年份	上卡人数(人)	上卡率(‰)	免疫各苗接种率(%)
1994	4628	11.99	BCG98.50%,$OPV_3$96.30%,$DPT_3$97.16%,MV96.45%,四苗覆盖率94.53%
1995	3805	9.85	BCG97.75%,$OPV_3$97.86%,$DPT_3$98.65%,MV95.32%,四苗覆盖率95.16%
1996	4077	10.55	BCG98.71%,$OPV_3$98.59%,$DPT_3$98.30%,MV97.66%,四苗覆盖率96.94%,$HBV_3$39.14%
1997	4074	10.55	BCG98.71%,$OPV_3$98.59%,$DPT_3$98.30%,MV97.66%,四苗覆盖率96.94%,$HBV_3$39.14%
1998	4117	10.59	BCG97.79%,$OPV_3$97.74%,$DPT_3$95.25%,MV95.58%,四苗覆盖率93.84%,$HBV_3$39.72%
1999	4264	10.77	BCG98.02%,$OPV_3$97.74%,$DPT_3$96.14%,MV96.64%,四苗覆盖率95.39%,$HBV_3$45.30%
2000	4246	10.06	BCG94.97%,$OPV_3$94.70%,$DPT_3$93.15%,MV93.64%,四苗覆盖率94.41%,$HBV_3$43.89%
2001	4696	10.10	BCG95.16%,$OPV_3$94.39%,$DPT_3$92.05%,MV91.41%,四苗覆盖率90.20%,$HBV_3$82.61%
2002	5458	11.70	BCG96.88%,$OPV_3$95.24%,$DPT_3$92.62%,MV91.66%,四苗覆盖率90.08%,$HBV_3$87.59%
2003	6306	13.10	BCG94.28%,$OPV_3$93.77%,$DPT_3$91.63%,MV91.13%,四苗覆盖率85.11%,$HBV_3$85.60%
2004	5760	12.60	BCG95.43%,$OPV_3$91.86%,$DPT_3$90.49%,MV90.43%,四苗覆盖率88.35%,$HBV_3$86.66%
2005	6668	14.70	BCG96.42%,$OPV_3$94.62%,$DPT_3$93.01%,MV91.94%,四苗覆盖率86.56%,$HBV_3$92.47%

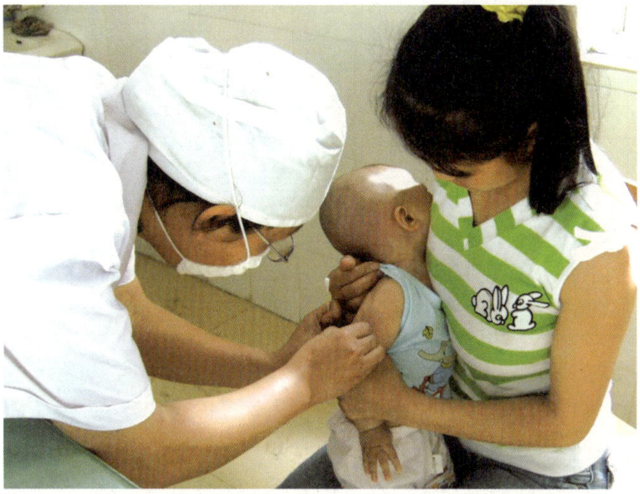

1999年,县疾病控制中心医生给儿童接种疫苗

(县疾病控制中心提供)

1991—2005年田东县计划免疫儿童建卡率和接种情况表

表22-3-2 单位：人次，%

年份	人口数	儿童建卡数	卡介苗			小儿麻痹糖丸			百白破			麻疹			乙肝		
			应种数	实种数	接种率	应种数	实种数	接种率	应种数	实种数	接种率	应种数	实种数	接种率	应种数	实种数	接种率
1991	375734	5763	5763	4786	83.04	5763	5075	88.06	5763	4778	82.91	5763	5279	91.60	0	0	0
1992	379923	6551	6551	5348	81.64	6551	5326	81.30	6551	4795	73.19	6551	5070	77.39	0	0	0
1993	383417	5721	5721	4445	77.70	5721	4396	76.84	5721	4176	73.00	5721	4475	78.22	0	0	0
1994	385851	5024	5024	4125	82.11	5024	4699	93.53	5024	4125	82.11	5024	4399	87.56	0	0	0
1995	386448	4084	4084	3515	86.07	4084	3902	95.55	4084	3745	91.70	4084	3807	93.22	536	364	67.91
1996	386297	4076	3740	3108	83.10	3249	3119	96.00	3060	2968	97.00	3563	3324	93.29	717	671	93.58
1997	386219	4139	4139	4001	96.67	4060	4020	99.02	3707	3632	97.98	3639	3495	96.04	1046	1020	97.52
1998	388737	4117	4241	3795	89.48	3445	3348	97.18	3455	3318	96.04	3549	3440	96.93	1500	1468	97.87
1999	389215	4215	4399	3881	88.23	3641	3589	98.57	3614	3559	98.48	3597	3495	97.16	1550	1509	97.35
2000	388880	4246	4107	3784	92.14	3514	3467	98.66	3367	3305	98.16	3413	3334	97.69	2931	2760	94.17
2001	390433	4696	4443	3800	85.53	3690	3642	98.70	3626	3575	98.60	3680	3515	95.52	3420	3342	97.72
2002	390015	5087	5087	4479	88.05	4468	4404	98.57	4409	4331	98.23	4612	4453	96.55	3897	3817	97.95
2003	393925	6508	6121	5615	91.73	5401	5312	98.35	5227	5130	98.14	5255	5040	95.91	5047	4878	96.65
2004	391074	6691	6577	6244	94.94	5855	5813	99.28	5777	5706	98.77	6142	5998	97.66	5617	5528	98.42
2005	393811	6737	6641	6391	96.24	6153	6027	97.95	6109	5962	97.59	6423	6138	95.56	5891	5668	96.22

第三节　传染病报告管理

1989年，随着《中华人民共和国传染病防治法》的颁布实施，国家将传染病报告正式纳入法治管理，法定报告管理传染病24种。2003年全国实行网络直报之前，甲乙类传染病报告病种共有27种。2004年8月国家重新修订传染病法，同年12月1日颁布实施。是年，全县有19个疫情报告单位，其中有条件进行网络直报的有17个，报告的方式是利用电子计算机进行月报、旬报、年报。2005年底，全县19家医疗卫生单位均配备有专用电脑网络和专职人员，全面实施传染病网络直报工作。

1989—1992年，传染病总发病率由24.7/10万降到18.6/10万，死亡率为零，至1990年连续26年不发生白喉，2000年小儿麻痹症发病率0。1989年后，田东县无甲类传染病发病报告，常见多发的传染病种类有痢疾、肝炎、肺结核、麻疹、淋病、新生儿破伤风、疟疾、流行性感冒、流行性腮腺炎、出血性结膜炎、感染性腹泻等，发病率逐年下降。1999年后各年度传染病发病情况如下：

1999年，报告乙类传染病11种907例，发病率231.91/10万，死亡7例，死亡率1.79/10万，病死率0.77%。报告丙类传染病4种76例，发病率19.43/10万，无死亡病例。

2000年，报告乙类传染病12种882例，发病率226.33/10万，死亡2例，死亡率0.51/10万，病死率0.23%。丙类传染病3种77例，发病率19.76/10万，无死亡病例。

2001年，报告乙类传染病12种937例，发病率240.59/10万，死亡1例，死亡率0.26/10万，病死率0.11%。丙类传染病4种238例，发病率60.11/10万，无死亡病例。

2002年，报告乙类传染病792例，发病率201.67/10万，死亡2例，死亡率0.5/10万，病死率0.25%。丙类传染病4种288例，发病率73.34/10万，无死亡病例。

2003年，报告乙类传染病10种970例，发病率246.99/10万，死亡2例，死亡率0.5/10万，病死率0.21%。报告丙类传染病6种1739例，发病率442.82/10万，无死亡病例。

2004年，报告法定传染病22种1899例，发病率479.78/10万，死亡132例，死亡率3.28/10万，病死率0.68%。

2005年，报告法定传染病19种2087例，发病率529.95/10万，死亡7例，死亡率1.78/10万，病死率0.34%。

1999—2005年田东县法定报告传染病发病情况表

表22-3-3

年份	总合计		甲类		乙类																																						丙类							
			鼠疫	霍乱	乙类合计	病毒性肝炎		痢疾		伤寒副伤寒		艾滋病		淋病	梅毒	脊质	麻疹		百日咳	百喉	流脑		猩红热	出血热	狂犬病		钩体病	布病	炭疽病患病		斑疹伤寒	乙型脑炎		黑热病	疟疾		登革热	新生儿破伤风		肺结核		非典	丙类合计	麻风病	流感	腮腺炎		风疹病	急性结膜炎	感染性腹泻
	患病	死亡	患病	患病	患病	患病	死亡	患病	死亡	患病	死亡	患病	死亡	患病	患病	患病	患病	死亡	患病	患病	患病	死亡	患病	患病	患病	死亡	患病	患病	患病	死亡	患病	患病	死亡	患病	患病	死亡	患病	患病	死亡	患病	死亡	患病	患病	患病	患病	患病	死亡	患病	患病	患病
1999	983	7	0	0	907	151	—	129	—	47	1	—	—	93	4	0	152	1	—	0	2	1	—	0	—	—	—	0	1	—	—	5	2	—	2	—	0	20	2	301	—	0	76	—	29	37	—	—	1	9
2000	959	2	0	0	882	233	—	95	—	21	—	—	—	97	2	0	61	—	—	0	—	—	—	0	—	—	1	0	1	1	—	5	—	—	1	—	0	21	1	344	—	0	77	—	12	47	—	—	—	18
2001	1175	1	0	0	937	224	—	75	—	34	—	—	—	81	4	0	155	—	—	0	—	—	—	0	—	—	2	0	2	—	—	4	—	—	2	—	0	17	1	337	—	0	238	—	18	105	—	—	12	103
2002	1080	2	0	0	792	233	—	59	—	30	—	—	—	64	10	0	15	—	2	0	—	—	—	0	1	1	—	0	—	—	—	7	—	—	—	—	0	14	1	357	—	0	288	—	144	52	—	—	13	79
2003	2709	2	0	0	970	210	—	174	—	15	—	—	—	64	12	0	120	—	—	0	—	—	—	0	1	1	—	0	—	—	—	4	—	—	—	—	0	16	1	354	—	0	1739	3	1255	234	—	140	4	103
2004	1899	13	0	0	1010	203	—	142	—	10	—	1	—	42	23	0	14	—	1	0	1	—	1	0	5	5	1	0	—	—	1	2	—	—	3	—	0	16	4	544	3	0	889	—	168	405	1	22	3	291
2005	2087	7	0	0	1539	188	1	379	—	27	—	4	—	34	25	0	32	—	1	0	1	—	—	0	6	6	—	0	1	—	—	8	—	—	—	—	0	4		829	—	0	548	—	1	158	—	32	1	356

第四节　疾病防治

艾滋病防治

1989—1996年，广西境内没有发现艾滋病病例。1997年，广西发现首例艾滋病感染者。自1998年起，田东县组织实施艾滋病防控工作，当时由于思想保守，艾滋病防控工作的开展一直是“做而不宣”。

2000年，县人民政府成立田东县艾滋病性病预防与控制项目领导小组，由分管领导担任组长，成员单位有财政、公安、计生、卫生、物价、交通、审计等部门，初步建立以政府为主导、多部门协作的防控体制。2004年，成立田东县防治艾滋病工作委员会，主任由县人民政府分管领导担任，成员有公安、财政、卫生、民政、发改委、工商、交通等20个部门的主要领导，并设工作委员会办公室，明确委员会中各个部门的职责和联席会议制度，逐步形成一个由政府牵头、多部门协作、全民参与的防治艾滋病体系。至2005年12月底，全县累计报告HIV感染者和病人271例，主要分布在右江河谷的4个镇（平马、祥周、林逢、思林），是全市报告HIV感染率最多的3个县份之一，居全市第二位。传播途径以静脉吸毒为主，共用针具吸毒感染占75.28%，经血液或血制品感染0.4%，经性途径传播占6.27%，不详占18.05%。

2005年，自治区防治艾滋病办公室将田东县列为全球基金第四轮中国艾滋病防治项目备选县之一。为了开展这项工作，县卫生防疫站于2005年初成立艾防科，负责艾滋病防治项目的管理和实施。田东县从2005年7月1日开始实施全球基金第四轮中国艾滋病防治项目，其主要目的是降低主要由吸毒和卖淫等高危行为导致HIV/AIDS的传播和不良影响，项目实施周期为5年，项目资金采取赠款形式。其措施有：创造支持性政策环境，加强领导能力，在各级政府的领导下，开展多部门协作，以人的基本权益为基础，实施减少艾滋病危害措施；通过制定和实施策略性的信息、教育和交流（IEC）或行为改变（BCC），提高吸毒人群、暗娼和青少年对HIV的认识；实施减少危害措施，控制HIV/AIDS在静脉吸毒者中的传播，并降低其性伴和其他人群对HIV/AIDS的易感性；应用综合预防方法，减低危险系数，控制HIV在暗娼及其性伴/嫖客中的传播，并降低HIV在其他易感人群中的进一步蔓延；提供、推广艾滋病自愿咨询检测（VCT）服务，确保VCT服务的可获得性和可负担性；建立包括预防母婴传播在内的服务网络，为艾滋病病人和感染者提供治疗、关怀和支持等相关服务。

根据项目要求，2005年11月15日至22日和11月24日至12月3日，分别开展吸毒人群、暗娼人群的规模调查（基线调查）工作。与此同时，搭建综合防治艾滋病的干预平台，比如设立针对吸毒人群的针具交换中心，设立针对暗娼人群行为干预的妇女健康中心，设立以服务高危人群为主的自愿咨询检测门诊等等，为艾滋病的防治工作打下良好的基础。

2005年4月，国家督导组到田东县对艾滋病项目工作进行检查　　（县疾病控制中心提供）

脊髓灰质炎防治

1989—1994年，全县每年均有病例发生，年均1~2例。1995—2005年，全县加大计划免疫工作力度，每年开展两轮强化免疫活动，所有0~4岁儿童服用脊髓灰质炎糖丸，发病随之得以控制，全县均无脊髓灰质炎传染病发生。

白喉防治

1989年后，全面开展计划免疫冷链运转工作以后，全县白喉基本得到控制。至2005年全县无白喉病例发生。

百日咳防治

百日咳病发生断断续续，但总体上呈现下降趋势。1989年、1992年、1993年和1997年均有百日咳病例发生，其中1997年发病率最高，发病率为10.30/10万。1999—2000年，全县无百日咳病例发生。2001—2003年，全县共发病13例，发病率维持在2/10万以下。2004—2005年，又无百日咳病例发生。

麻疹防治

预防接种麻疹减毒性疫苗可有效控制麻疹的流行。县人民政府把接种率高低纳入考核各乡镇计划免疫的一项重要指标，全县对麻疹疫苗的接种从未间断过，但是1989—2005年，全县每年均有病例发生。超标年度有1995年、1997年、1999年、2001年，发病率分别为43.9/10万、51.2/10万、37.07/10万（死亡1例）、37.8/10万，麻疹发病存在明显隔年暴发的趋势。2002年，麻疹报告15例，采样送检15例，麻疹IgM抗体阳性12例，这表明全县确实存在麻疹的局部流行。2003年，上半年麻疹报告120例，下半年开展易感儿童普种麻疹疫苗，疫情得以控制。2004年后，全县麻疹发病呈逐年减少。

病毒性肝炎防治

1989—2005年，全县均有病例发生，每年发病在150~250例，但是无大流行，发病率在60/10万以下。

结核病防治

结核病是因病致贫、因病返贫的疾病之一，过去结核病作为乙类传染进行管理。2000年，县人民政府按照《中国结核病防治规划实施工作指南》，制定《田东县结核病防治十年规划（2001—2010年）》，积极推行现代结核病控制策略——DOTS策略。2004年3月，田东县防疫站成立结防科，负责结核控制项目的管理和实施。2004—2005年，实施世行贷款结核病控制项目、第一轮中国全球基金结核控制项目（基本DOTS策略）、第一轮和第四轮中国全球基金广西结核病项目，规范结核病治疗，结核病患者的治愈率得到了进一步提高。

2004年，举办县乡医疗机构分管领导、临床医生、结核病项目管理员、防保医生培训班共13期，培训人员988人次；举办2期村医培训班，培训666人次，村医培训率100%。门诊结核病就诊544人，确诊372人，其中，新涂阳肺结核病人104例，复治涂阳病人95例，涂阴肺结核病人173例。涂阳肺结核患者199例，治愈174例，治愈率87.44%。

2005年，举办12期县乡村医疗机构结核病培训班，参加培训1602人次。当年就诊结核病829例，发现结核病人375例，其中新涂阳肺结核病人110例，复治涂阳病人28例，涂阴肺结核病人237例。涂阳肺结核患者138例，治愈119例，治愈率86.23%。

1997年10月，田东县召开消灭疟疾经验汇报会
（县疾病控制中心提供）

疟疾防治

经过广大医务工作者艰苦卓绝的努力和几十年的综合防治，全县疟疾疫情得到有效控制，疟疾发病率大幅度下降。从1959年的154.91/万下降到1982年的3.83/万，1983—1993年疟疾发病率控制3.43/万~0.32/万。1993—1997年，连续多年疟疾发病率控制在1/万以下。1998—2005年，县防疫部门对常住居民发热病人和健康人群血检监测20.08万人，血检率2.56%，没有发现阳性病人；流动人员发热病人血检监测1.05万人，未发现阳性病人。

1989—2005年田东县疟疾发病率一览表

表22-3-4

年份	总人口数（人）	疫情报告病例数（件）	发病率（万）
1989	368900	91	2.47
1990	370536	128	3.45
1991	371553	200	5.38
1992	375732	70	1.86
1993	380577	14	0.37
1994	383417	6	0.16
1995	385851	5	0.13
1996	387648	2	0.05
1997	387047	6	0.16
1998	382467	0	0
1999	388737	0	0
2000	389215	0	0
2001	388880	0	0
2002	390425	0	0
2003	390015	0	0
2004	393925	0	0
2005	397681	0	0

肠道寄生虫病防治

2002年8月，为了解全县人体肠道寄生虫分布情况，县防疫部门制定《田东县华支睾吸虫病调查实施方案》。9月，开展以华支睾吸虫（也称肝吸虫）为主的人体肠道寄生虫分布调查。根据地理环境和群众的生活习惯，抽样检查祥周镇新洲村、林逢镇英和村与布兵镇保利村，共调查1552人，查出虫种5种，其中华支睾吸虫阳性304人，阳性率19.59%；钩虫阳性199人，阳性率12.82%；蛔虫阳性10人，阳性率0.64%；鞭虫阳性25人，阳性率1.61%；毛圆线虫阳性1人，阳性率0.06%。根据检测结果，开展防治工作，治愈率100%。2003—2005年，没有开展人体肠道寄生虫病的检查、防治工作。

狂犬病防治

1999—2001年，连续3年无狂犬病发生。2002—2005年，共报告病例13例，病死率100%；疫情呈上升趋势，疫情基本维持在较高的发病水平，发病人群主要为农民、儿童，发病年龄以儿童和老年人为主。之后，加大预防宣传力度，引导群众及时治疗，治愈率不断提高，病死率急剧下降。

第五节　抗击“非典”和流感

“非典”防治

2002年11月开始，广东等地区陆续有传染性非典型肺炎（简称“非典”）病例报道，继而逐渐波及其他省市，世界卫生组织于2003年3月将其命名为严重急性呼吸综合征（SARS）。2003年春，全国发生传染性非典型性肺炎疫情。

根据百色市《关于进一步加强对传染性非典型肺炎预防控制工作的紧急通知》，田东成立了非典型肺炎防治工作指挥部，指挥长由县委书记谭锡春、县长王西冀、县人大主任丁德贵、县政协主席罗有助四位主要领导担任，副指挥长由县四家班子副职领导担任，指挥部成员由县委办、县政府办、各部委（室）、各个局、院、站等29个单位主要负责人组成，下设“非典”防治指挥部办公室和7个工作小组，办公室设在县卫生局，其工作小组为防治组、卫生检疫组、后勤保障组、社会治安组、督查组等。成立县流动人口管控领导小组和由公安、交警、交通、卫生、防疫等10多个部门人员组成的多个执行小组。

启动全县卫生“三网”系统，对疫情实行零报告制度，做到早发现，早报告，早隔离，早治疗。县人民医院、县中医医院、县妇幼保健院和各乡镇卫生院设立发热门诊，统一填写《广西近期外出返乡重点人群非典监测调查登记一览表》《广西重点发热病人诊疗登记专用册》。

指定县人民医院为传染性非典型肺炎救治定点医院，落实2辆救护车专用接诊重点发热病人和疑似病人。该院成立了抗击非典领导小组、抢救应急小组、感染管理小组、后勤保障小组等机构，制定了一系列防范措施和规章制度，对医务人员强化培训，对发热病人动态监测，对疑似病人隔离治疗。

在抗击“非典”战役中，全县累计对4645名从疫区返乡人员进行医学观察，均没有发现“非典”可疑病例。发热门诊累计诊治发热病人7270人次，排除“非典”可疑病例。对返乡发热病人留验84人，全部排除“非典”可疑病例。累计检测车辆8719辆次，消毒车辆4845辆次。健康人群监测43968

人次，未发现“非典”可疑病例。累计监测学生187411人次，未发现“非典”可疑病例。累计出动5750人次进行消毒，消毒面积4037184平方米，所用消毒剂共计3吨。据统计，全县“非典”防控工作经费共支出19.3万元。

“非典”时期，全县无一例SARS病例发生。县人民医院分别被评为市、县抗击非典工作先进集体。平马、祥周、布兵、江城、朔良、义圩等6个卫生院获县级防治非典型肺炎先进单位。

流感防治

在抗击“非典”的同时，一些乡镇有散发性流感疫情。6月中旬，平马、江城、坡塘等乡镇中小学局部爆发流感，其中上法初中和坡塘乡初中的一二年级流感疫情较为严重。6月，全县流感病人为1089例。

疫情发生后，县人民政府派出医疗卫生防治应急小组，到发生疫情的乡镇，开展防治工作。比如，为防止流感疫情向外扩散，上法初中和坡塘乡初中停课，对学生采取在校隔离观察治疗的办法，人数达500多人次。由于措施得当，各乡镇的流感疫情得到有效控制，7月、8月流感病人分别降至125例、4例。

由于个别乡镇中小学校和乡镇卫生院没有按“非典”防控预案来落实责任，对在校生陆续发病疫情没有及时上报，致使该疫情蔓延，学校被迫停课，造成一定的社会影响。为此，个别乡镇政府、教委办、学校和卫生院的相关责任人，被县纪检部门问责、追责，给予相应的处分。

第六节　卫生监督

开展爱国卫生工作

1989—1991年，全县爱国卫生运动持续开展，但城镇和乡村的活动内容不一样。县城仍继续实行“门前三包（包卫生、包秩序、包绿化），门内达标”的卫生清扫责任制，坚持“每天一小扫，周末一大扫，节前突击扫”制度，从治理“脏、乱、差”向绿化、美化、香化和果树园林化发展。乡镇重点抓改造、扩建、新建集贸市场，铺设街道水泥路面，解决集贸摊位乱摆卖问题。城镇居民和乡村农民都参与除“四害”（苍蝇、蚊子、老鼠、蟑螂）活动。

1992—2005年，全县爱国卫生运动围绕创建文明庭院和爱国卫生先进单位活动开展。各级通过筹措资金、发动群众投工投劳等方式，整顿市容市貌，进行农村改水改厕，消灭害虫，清理垃圾等等。每年都有近万人次参与爱国卫生活动。期间，有7个单位荣获“自治区爱国卫生先进单位”称号。

农村改水

全县农村改水的供水方式大多为集中式，集中式供水水源来自深井水或来自沟、塘、河等地面水。深井水绝大部分由地面打出，不经处理直接供给用户，少部分供水单位也将不处理的地面水输入供水管网。

县卫生部门加强对农村集中式供水的管理，与县水电部门通力合作，通过新建或改建自来水厂、手压水井等途径进行改水，防止传染性疾病及其他污染事故的发生。1989—2005年，先后在平马、印茶、江城、朔良、义圩、祥周、林逢等乡镇15个村50多个屯（组）进行改水工作，完成53个改水工程。

农村改厕

1993年开始开展农村改厕工作。推广使用三联式沼气池厕所，将卫生厕所与猪圈、沼气发酵池结合在一起修建，及时将粪便进行无害化处理，发挥了预防肠道传染病和寄生虫病，增加肥源，提高肥效，促进农业生产的作用。至2005年，全县共完成改厕2500个，累计发放2500便盆、补助材料等，总投资75万元，受益人口1.5万人。

除“四害”

自从1989年，县爱卫办每年拟定除“四害”的措施和目标，按照以块为主、条块结合的原则，要求各乡镇、各单位负责辖区“除四害”的“清、投、防、堵、查”等工作。每年的4月和8月，分别开展春季、秋季以灭鼠为重点的全民性爱国卫生除害灭病活动。每年11月，开展冬季灭“四害”活动，以毒饵诱杀老鼠、灭蟑螂为主，以整治和消杀蚊子、苍蝇孳生地为辅。活动统一时间，统一行动，统一药物。每个单位投放蝇蟑净、杀特灵、溴敌隆等药物3~10千克，主要公路沿线的餐厅酒楼、旅社等由县爱卫办组织人员送药物上门并技术指导，使用低毒高效的敌鼠钠盐配制的抗凝血毒饵谷，连续投药5天。截至2005年，全县农村每年鼠密度控制在10%以下。

食品卫生监督

县卫生防疫站根据《中华人民共和国食品卫生法（试行）》有关规定，对全县食品生产经营单位进行了监督检查，组织食品生产经营从业人员每年进行健康体检，对体检中发现患有“五病”的从业人员进行调岗。同时，加大食品卫生监督监测力度，打击各种违法行为，对查没的不合格食品进行公开销毁，有效地保证食品卫生，防止食源性疾病的发生，保障人民群众的人体健康和生命安全。

2001年起，县卫生防疫站执法队伍得以充实，职能进一步完善，执法成效凸显。当年，食品从业人员体检2729人，卫生知识培训2729人，“五病”调离21人。食品抽检248份，合格215份，合格率86.7%。食品送检239份，合格221份，合格率92.47%。食具监测520份，合格398份，合格率76.54%。年内辖区发生食物中毒事件3起，中毒人数44人，无人员死亡，中毒原因查明率100%。

2002年，食品从业人员体检2926人，体检合格人数2898人，体检合格率99.04%，培训2926人，“五病”调离28人。食品监测检验385份，合格367份，合格率95.32%。食品销售服务业抽样监测16份，合格12份，合格率75%。年内辖区发生食物中毒事件1起，中毒人数14人，无人员死亡，根据流行病学调查及实验室检验结果，确定为食源性有机磷农药中毒。

2004年，食品从业人员体检3556人，体检合格人数3549人，体检合格率98.8%，培训3556人，“五病”调离7人。食品监测检验420份，合格413份，合格率98.33%。食品销售服务业抽样监测18份，合格15份，合格率83.33%。

2005年，食品从业人员体检应检人数4100人，实检人数3800人，体检率92.68%，“五病”调离42人。食品监测438份，合格420份，合格率95.89%。食具监测718份，合格611份，合格率85.1%。年内共发生食物中毒9起，中毒人数82人，死亡1人。

公共场所卫生监督

1989年，县卫生防疫站根据《公共场所卫生管理条例》，负责公共场所从业人员健康体检及发证工作。当年，国有单位体检183人、个体经营者体检76人，检出阳性28人，阳性率12.27%。对阳性者，要求进行治疗或调离岗位。对健康者，发给健康合格证。对符合卫生要求的场所，发给卫生许可证。

1994年，初次对县城77家公共场所进行微小气候、二氧化碳、细菌总数及噪声测定。绝大部分场所都符合规定的指标，对少数指标超标的场所，要求限期整改。

2001年，公共场所从业体检应检279人，实检277人，体检率99.28%，检出“五病”调离1人。公共场所监测139户次，监测609项次，合格586项次，合格率96.22%。

2004年，公共场所从业人员体检358人，体检率98.65%，体检合格人数355人，体检合格率99.16%，“五病”调离3人。公共场所监测110户，监测520项次，合格516项次，合格率99.23%。

2005年，公共场所从业人员应检人数295人，实检人数291人，体检率98.64%，因患“五病”调离10人。

生活饮用水卫生监督

2001—2005年，县卫生防疫部门每年均对县自来水公司及部分水厂的水源水、出厂水进行日常检查、检测。除了县自来水公司，全县其他供水单位在水源卫生防护、水质净化消毒方面存在诸多薄弱环节，二次供水单位普遍存在管理人员和管理制度不落实，蓄水池、水箱未定期清洗消毒等问题，留下卫生安全隐患。针对发现的问题，责令相关单位限期整改，并跟踪落实情况。

2001年，供水从业人员体检83人，共监测水样27份，合格22份，合格率81.48%。

2003年，供水从业人员体检75人，合格73人，合格率97.33%，患“五病”调离2人。共监测水样50份，合格46份，合格率92%。

2005年，供水从业人员健康检查40人，合格39人，合格率97.5%，患“五病”调离1人。水质检验38份，合格25份，合格率65.79%。

职业卫生监督

1989年，根据《中华人民共和国劳动法》，县卫生部门依法对全县企事业单位开展劳动卫生和职业病防治工作。

1994年，对思林水泥厂进行职业病危害因素监测。

2003年，对3家单位职业病危害因素进行监测，共监测16个点的粉尘和噪声。同时，对394名接触有毒有害场所作业的劳动者进行健康体检。

2005年1月4日，思林镇金荣纸业公司污水处理车间职工清洗该厂总污水排放口时，发生6人中毒事件，其中死亡2人，1人病危昏迷。

学校卫生监督

县卫生防疫站根据《学校卫生工作条例》开展学校卫生工作，对在校中小学生进行生长发育及现实营养状况的评价，开展教室采光照明及课桌椅就座监测，大部分学校教室的采光照明不符合卫生要求，学生课桌椅就座不标准。学生体检视力不良和龋齿患病率呈上升趋势，沙眼、脊柱异常侧弯和皮肤病的患病有所减少。

1992—1999年，县卫生部门与县教育局联手发放肠道寄生虫驱虫药给全县中小学生服用，肠道寄生虫防治取得明显效果。

2003年，对田东县第一小学565名学生进行健康检查，其中视力低下245人，占39.9%；沙眼24人，占3.9%；龋齿117人，占19.06%；贫血2人，占0.35%；红绿色弱15人，占2.42%；扁桃体肿大105人，占17.1%；淋巴结肿大1人，占0.16%；HBsAg阳性56人，占9.12%。

2004年，对田东县第二中学的668名学生进行健康体检，其中视力低下337人，占50%；沙眼13人，占1.93%；龋齿105人，占15.58%；贫血33人，占4.9%；红绿色弱14人，占2.08%；扁桃体肿大70人，占10.39%；HBsAg阳性70人，占10.39%；耳炎4人，占0.59%；血压偏高17人，占2.52%；鼻炎1人，占0.15%；心脏异常4人，占0.44%。

2005年，全县只有县城的4所学校设有校医和卫生室，其他学校卫生保健设施简陋，校舍环境大多不符合卫生标准；县城小学和部分乡镇小学普遍存在大班额现象，乡镇寄宿小学宿舍不足，普遍存在多人共铺等问题。

放射卫生监督

1989—2005年，县卫生部门每年对开展放射诊疗工作的医疗卫生机构进行放射卫生监督，对放射人员进行健康体检，监测放射量，并要求放射人员持证上岗。同时，配合百色地区防疫站，对放射人员进行健康检查及剂量监测，对全县的医疗卫生单位诊断用X光机进行放射防护监测。

医疗服务监督

1989—2005年，县卫生部门每年都清理整治医疗服务市场，打击非法行医，取得一定成效。然而由于执法人员少，监管不到位，无证行医现象还不时出现。

1994年，根据国务院《医疗机构管理条例》、国家卫生部《医疗机构设置标准》、《广西医疗机构管理细则》等规定，县卫生局严把社会申请设置医疗机构审批关。

1997年，国家出台《中华人民共和国执业医师法》。县卫生部门对原持有医疗机构许可证的各类诊所进行校验，不符合条件设置的诊所给予依法注销医疗机构许可证。1999—2002年，吊销和取缔不符合条件的诊所15家。

2003—2005年，县卫生部门认真贯彻落实卫生部等七部门联合制定的《打击非法行医专项行动方案》，深入开展打击非法行医专项行动，对35例违法违规的医疗机构进行立案调查，举行听证1例，处罚15例，罚款金额3万多元，取缔非法行医案件5例，全县医疗市场秩序不断好转。

2003年，县疾病控制中心深入现场处理突发公共卫生事件　（县疾病控制中心提供）

应急处置典型案例

林逢镇德利村六德屯板栗中毒事件　1995年9月23日，林逢镇德利村六德屯黄某家4个小孩因食用别人撒在地上的板栗而引起中毒，其中2个较大的女孩（分别为9岁和11岁）因中毒严重，加上抢救不及时，分别于当晚7:30和次日上午11:00死亡。县卫生部门（县防疫站）采集死者呕吐物、内脏等样品，报送自治区防疫站检定，结果检出甲胺磷，认定为甲胺磷农药中毒事件。公安部门调查结果也表明此事件为黄某家邻居黄某某投毒所致。

右江矿务局因喝药酒发生食物中毒事件 2000年11月26日，右江矿务局退休职工何某在家里宴请3位好友梁某、陆某、农某吃晚饭，共9人进餐。席间，何某用自己泡制的2种药酒约1.2公斤招待好友。何某酒量很少，其余全是3位好友喝。约40分钟后，梁某、陆某、农某开始出现头晕、恶心、胃肠不适等症状，而且越来越难受，于是先后被送往右江矿务局职工医院抢救。梁某和陆某因抢救无效死亡，农某经抢救和严密监护、治疗，20天后治愈出院。县防疫站接到报告后迅速组织专业技术人员前往右江矿务局进行调查、取样和开展医疗救助工作，并配合公安部门做好善后处理。

义圩镇一起因进食病猪肉而引起食物中毒事件 2003年6月9日上午约10时，廖某某与本屯兽医购买4支0.5%×5毫升的兽用阿托品一次注射给病猪。半个小时后，病猪奄奄一息，廖某某即叫堂叔一起宰杀病猪。之后，共有4人一同进食煮熟的病猪肉及白粥。当天下午，这4人出现烦躁、头晕、眼花、乏力、心跳加快、发热、腹泻、口吐白沫、口唇紫绀等症状。当天晚上4人被送到卫生院治疗。后来，根据流行病学调查、临床症状及治疗效果综合分析，认定此起中毒事件为食源性阿托品过量中毒。

朔良镇黄某寒一家两人误食毒蕈引起食物中毒事件 2005年4月9日20时，朔良镇灵龙村那许屯黄某寒和其儿子吃晚餐，食谱有大米饭、面条、野蘑菇。食用时，黄某寒食量较大，而其子食量较少。饭后，将所剩余的野蘑菇汤喂狗，狗随后不久即死亡。4月10日2时，黄某寒出现恶心、呕吐、腹痛、腹泻等不适症状。不久，其儿子亦出现相似不适症状。很快，两人被送卫生院治疗。后经调查，确定为食物中毒，是误食有毒野蘑菇引起。

第七节　麻风病防治

机　构

1964年4月3日，田东县皮肤病防治站正式成立，开启了全县有专业人员从事麻风病防治工作的历史。1989年，田东县皮防站继续租用平马镇庆平街80号（原合恒卫生所）开设门诊部。设有办公室、门诊组、护理组、麻防组等科室，吴照苏任皮防站站长，核定编制15名，在职职工15人，其中医护人员12人，工勤人员3人。主要职责是麻风病防治。

2005年，县皮防站在油城路113号设一门诊，在平马镇人民路8号开设二门诊，设有检验室一间。2005年核定编制15名，在职职工22人（含借调3人，单位聘用护士2人，聘用技师1人），其中卫生技术人员17人（中级职称8人，初级职称9人），工勤人员5人。本科学历1人，大专学历19人，中专学历2人。中级职称7人（主治医师5人，主管护师2人），初级职称15人（护士11人，工勤4人）。主要职责是防治麻风病、皮肤病、性病。

防　治

通过普查、疫点调查、线索调查、门诊、密切接触者检查及报病等方式，截至1989年，田东县累计发现麻风病人397例（累计发现麻风病疫源地160个，其中活动性疫源地27个，非活动性疫源地133个）。新发和复发病人大部分转为家内治疗，但仍有部分现症病人在“麻风病村”住院隔离治疗，大部分病人口服单一药物氨苯砜，少部分病人已经开始接受抗麻风药物联合化疗方案治疗，累计治愈361例麻风病人。是年底，现症病人8例，患病率0.22/万。

截至1996年，全县累计发现麻风病人412例（疫源地160个，其中活动性疫源地下降到15个，非活动性疫源地为145个），全部麻风病人转为家内治疗，抗麻风药物联合化疗方案已全面推广。是年底，全县已无麻风病现症病人，患病率为0，近5年段发病率为0.47/10万，达到了基本消灭麻风病的指标（人口≤50万的县区，要求患病率≤0.01‰，即0.1/万，近5年发病率≤0.5/10万）。

截至2005年，全县累计发现麻风病人426例（疫源地增加到165个，其中活动性疫源地10个，非活动性疫源地155个），治愈399例。是年底，现症病人3例，患病率0.08/万，近5年段发病率0.2/10万，这两项指标已稳定控制在全国麻风病防治规划指标水平以下。

1989—2005年田东县历年麻风病防治情况统计表

表22-3-5

年份	基本流行情况							当年减少人数（人）						新发现病人数（人）									
	人口数（人）	发病数（人）	发病率（1/10万）	发现数（人）	发现率（1/10万）	年底现症人数（人）	患病率（1/万）	治愈数	自愈	死亡	外迁	其他减少	2级畸残数	性别		型别		家属发病数	少儿发病数	应MDT数	实际MDT数	完成MDT数	当年复发数
														男	女	MB	PB						
1989	369000	1	0.2710	6	1.6260	8	0.2168	9	0	13	0	0	0	6	0	3	3	2	0	17	17	9	2
1990	371500	3	0.8075	2	0.5384	9	0.2423	5	0	6	0	0	0	2	0	0	2	0	0	14	14	5	4
1991	375200	1	0.2665	5	1.3326	8	0.2132	6	0	6	0	0	0	2	3	4	1	0	0	14	14	6	0
1992	380800	0	0.0000	1	0.2626	5	0.1313	4	0	7	0	0	0	0	1	0	1	0	0	9	9	4	0
1993	384200	2	0.5206	1	0.2603	2	0.0521	4	0	7	0	0	0	1	0	1	0	1	0	6	6	4	0
1994	385900	1	0.2591	3	0.7774	4	0.1037	1	0	4	0	0	0	3	0	0	3	0	0	5	5	1	0
1995	386400	2	0.5176	3	0.7764	2	0.0518	5	0	3	0	0	0	3	0	0	3	1	0	7	7	5	0
1996	386300	4	1.0355	0	0.0000	0	0.0000	2	0	8	0	0	0	0	0	0	0	3	0	2	2	2	0
1997	386200	2	0.5179	0	0.0000	0	0.0000	0	0	13	0	0	0	0	0	0	0	0	0	0	0	0	0
1998	389700	1	0.2566	3	0.7698	1	0.0257	2	0	8	0	0	1	3	0	1	2	0	0	3	3	2	0
1999	389200	1	0.2569	0	0.0000	1	0.0257	0	0	3	0	0	0	0	0	0	0	0	1	1	1	0	0
2000	388900	3	0.7714	1	0.2571	2	0.0514	0	0	2	0	0	0	1	0	1	0	0	0	2	2	0	0
2001	390432	0	0.0000	1	0.2561	2	0.0512	1	0	2	0	0	0	1	0	1	0	0	0	3	3	1	0
2002	392712	2	0.5093	3	0.7639	4	0.1019	1	0	2	0	0	1	3	0	3	0	0	0	5	5	1	0
2003	393925	1	0.2539	3	0.7616	6	0.1523	1	0	1	0	0	1	1	2	1	2	0	0	7	7	1	0
2004	397681	1	0.2515	2	0.5029	5	0.1257	3	0	5	0	0	0	0	2	0	2	0	0	8	8	3	0
2005	393811	0	0.0000	1	0.2539	3	0.0762	3	0	3	0	0	0	0	1	0	1	0	0	6	6	3	0

第四章　妇幼保健

第一节　机构

1953年6月，成立田东县妇幼保健站，位于田东县平马镇中和路3号。1989年，县妇幼保健站负责全县妇幼保健业务的培训、督查与指导，开设门诊医疗保健业务，全院占地面积2800平方米，有业务用房985平方米，有综合楼1栋。属全额拨款卫生事业单位。

1996年，改称为田东县妇幼保健院，有卫生专业技术人员36人，其中大学本科毕业2人，大学专科毕业3人，中专27人。获副主任医师1人，主治医师7人，主管护师3人，医师6人，护师5人。

1998年，通过自治区评审，成为爱婴医院。同年，被卫生部授予一级甲等妇幼保健院。2005年被列为自治区“降消”项目（降低孕产妇死亡率和消除新生儿破伤风项目）具体实施单位。

2005年，县妇幼保健院门诊部设有妇产科、生殖健康科、不孕症科、儿科、内科、小儿外科、检验科、放射科、药剂科、心电图和B超室。住院部设有妇产科和儿科。成为科室较齐全、技术力量较强、已具规模的医疗保健单位，集妇幼保健、医疗、科研、培训、教学、预防于一体，有业务用房2085平方米，开设病床53张，其中妇产科床位30张、儿科床位23张。有阴道镜、微量元素检测仪、心电监护仪、进口彩色B超、阴道B超、无痛激光采血仪、进口血球分析仪、血凝分析仪、生化分析仪、无创伤黄疸测定仪、新生儿黄疸治疗箱、多功能麻醉机、高频电刀、妇科多功能电脑微波治疗仪、电子数码阴道镜、无痛分娩设备等先进医疗设备。开展医疗手术有新式剖产术、卵巢囊肿摘除术、子宫肌瘤切除术、子宫全切术等。

第二节　妇女保健

妇女病普查普治

自1989年起，县妇幼保健院每年在“三八”妇女节前后，对县直机关单位开展以防子宫颈癌为重点的妇女病普查普治活动。各乡镇卫生院每年对乡直单位和农村开展妇女病普查普治。全县机关妇女的普查率达到95%以上，而农村妇女普查率低，仅为2%~4%。

1989—2005年，全县累计妇女普查53889人，发病16901例，发病率31.36%，治疗率100%。其中，宫颈炎糜烂1128例，阴道炎10776例，附件炎、盆腔炎3972例，宫颈癌0例，乳腺增生997例，乳腺癌5例，子宫脱垂22例，尿瘘1例。

1989—2005年田东县妇女病普查普治情况表

表22-4-1

年度	普查人数（人）	发病人数（人）	发病率（%）	其中：宫颈炎糜烂（例）	阴道炎（例）	附件炎盆腔炎（例）	宫颈癌（例）	乳腺增生（例）	乳腺癌（例）	子宫脱垂（例）	尿瘘（例）	治疗率（%）
1989	947	305	32.2	45	180	56	0	21	0	3	0	100
1990	958	350	36.5	38	156	120	0	36	0	0	0	100
1991	1000	425	42.5	52	238	98	0	37	0	0	0	100
1992	1000	388	38.8	25	219	88	0	53	0	3	0	100
1993	1580	650	41.13	68	310	213	0	59	0	0	0	100
1994	2150	920	42.79	85	653	136	0	46	0	0	0	100
1995	2200	928	42.18	76	632	157	0	61	0	2	0	100
1996	2450	985	40.2	91	589	242	0	63	0	0	0	100
1997	2633	1154	43.83	96	852	156	0	48	2	0	0	100
1998	6851	2020	29.48	79	1236	628	0	66	2	8	1	100
1999	3876	1110	28.64	75	721	232	0	77	0	5	0	100
2000	4549	1305	28.69	67	856	302	0	79	0	1	0	100
2001	4840	1378	28.47	59	896	353	0	69	1	0	0	100
2002	4555	1355	29.75	64	898	326	0	67	0	0	0	100
2003	4932	1235	25.04	69	879	216	0	71	0	0	0	100
2004	4647	1018	21.91	53	632	259	0	74	0	0	0	100
2005	4721	1375	29.13	86	829	390	0	70	0	0	0	100
合计	53889	16901	31.36	1128	10776	3972	0	997	5	22	1	100

婚前医学检查

1989—1990年，全县未开展正规的婚前医学检查。1991年起，县妇幼保健院开展规范的婚前医学检查，以体格检查为主，生化、物理检查为辅，检查发现的疾病以女性阴道炎、乙肝表面抗原阳性为主。1991年，全县进行婚前医学检查1322人，婚检率33.38%，发现有疾病22人，暂缓结婚15人。

1995年，县级婚检机构及人员由自治区卫生厅进行培训，持证上岗。对婚检的男女出具婚前医学检查证明，对不宜结婚或暂缓结婚的人员提出“暂缓结婚”或“不宜结婚”的医学意见；对患有传染性疾病的，提出治疗建议或为另一方进行预防接种指导。在做好婚检的同时，向婚检的男女宣传婚育保健知识，减少出生缺陷，提高出生人口质量。

自1996年起，婚前医学检查人数逐年增多。1997年，进行婚前医学检查有1956人，婚检率53.59%，发现有疾病37人，暂缓结婚31人。

参加婚检人数最多的是2000年，达2446人。2000—2003年，婚检时，发现有人患上淋病、梅毒，占总婚检人数的0.1%~0.2%。

2004年起，婚前医学检查由必检即先检查后登记，改为自愿婚检，婚检人数逐年减少。2004年，进行婚前医学检查36人，婚检率0.75%，发现有疾病7人，婚前医学检查人数比2000年减少2410人。2005年，进行婚前医学检查仅16人，婚检率0.33%，发现有疾病1人。

1991—2005年田东县婚前医学检查情况表

表22-4-2

年度	婚检人数(人)	婚检率(%)	发现疾病人数(人)	不宜结婚人数(人)	暂缓结婚人数(人)
1991	1322	33.38	22	0	15
1992	1230	32.87	30	0	20
1993	1066	24.33	15	0	18
1994	1077	32.58	20	0	16
1995	1252	43.68	28	0	25
1996	1552	52.33	30	0	30
1997	1956	53.59	37	0	31
1998	1819	40.08	72	0	48
1999	1798	34.73	95	0	35
2000	2446	38.29	220	1	62
2001	2258	35.11	266	0	89
2002	2298	48.02	227	1	45
2003	2075	43.7	517	1	85
2004	36	0.75	7	0	3
2005	16	0.33	1	0	0

孕产妇系统管理

1989—2000年，全县各乡镇农村新法接生主要由村级接生员完成，但是家庭接生员只有极少数是卫生技术专业毕业，大部分接生员对孕产妇分娩风险的预见性不足。

1989年，县卫生部门共复训接生员67人、新训接生员92人。全年新法接生5901人，新法接生率90.14%。发生新生儿破伤风33人，发病率5.98‰。孕产妇死亡1例，死亡率1.67/10万。当年，孕产妇系统管理率为15.19%，住院分娩率为28.5%。

之后，全县的活产数逐年增加，孕产妇系统管理逐步完善，不断提高管理率，孕产妇死亡率逐年降低，住院分娩率逐年提高。1996年，孕产妇系统管理率、住院分娩率比1989年提高26.67%、25.73%。至2000年，孕妇系统管理率85.44%，儿童系统管理率61.38%，孕妇死亡率3.05/10万，婴儿死亡率22.8‰，新法接生率95.93%，新生儿破伤风发病率4.53‰。

从2000年10月起，全县开始实施“母亲安全工程”，提倡住院分娩。全县仅在边远交通不便的山区保留接生员，取缔后的接生员转变为村级保健员，主要负责村级孕产妇住院分娩动员和护送。各医疗机构给予动员和护送孕产妇住院分娩的保健员适当补助。县卫生部门在各医疗机构和行政村开办孕妇学校，进行孕产妇健康教育，提高住院分娩率。当年，全县80%以上的接生员转变为村级妇幼保健员，全年住院分娩率61.12%，新生儿破伤风发病率1.58‰。

从2001年3月起，县妇幼保健院开始实行免费进村接诊孕产妇住院分娩。

2002年，全县80%的卫生院产科建设达到自治区颁发的产科设置标准，全年免费接诊236人次。当年，全县新法接生率96.5%，住院分娩率66.36%，产前检查率92%，产后视访率90.5%，孕产妇系统管理率85.87%，5岁以下儿童死亡率21.81‰，婴儿死亡率21.81‰，孕产妇死亡率为零，新生儿破伤风发病率1.2‰，婚前医学检查率48.02%，母乳喂养率90%。

2004年，全县新法接生率95.31%，住院分娩率69.41%。产前检查率95%，产后访视率91.11%，孕产妇系统管理率89.64%，高危产妇住院分娩率100%。3岁以下儿童的系统管理率64.79%，5岁以下儿童死亡率为17.06‰，婴儿死亡率22.55‰，新生儿死亡率13.67‰，孕产妇死亡率2.08/10万。7岁以下儿童系统管理率81.36%，新生儿破伤风发病率0.97‰，母乳喂养率89%。

2005年，卫生部确定田东县为国家级"降低孕产妇死亡率、消除新生儿破伤风"（简称"降消"）项目县。国家在项目中对贫困的孕产妇经过本人申请、村委公示7天、经卫生院上报、县卫生局批准后，住院分娩顺产的补助100元，危重抢救的补助500元，并下达贫困补助任务550人。县人民政府重视"降消"项目的实施，首先建立健全组织机构，成立以县人民政府副县长为组长的"降消"项目领导小组，制定工作计划、实施方案与工作制度。其次培训妇幼保健技术人员，强化对孕产妇的综合管理能力，完善各级医疗单位的产科建设，提高产科人员技术水平。同时做好宣传和健康教育工作，把提高住院分娩率、做好贫困孕产妇救助为重点，有针对性开展监督指导工作，确保各项措施的落实。至11月，发出救助卡630张，超额80人，占12.7%，住院分娩率79.53%；孕产妇死亡2例，孕产妇死亡率为3.09/10万；新生儿破伤风发生率0.56‰。之后，全县以实施"降消"项目为契机，全面推进妇幼保健工作，将"孕妇学校"办到村，建立产科急救绿色通道，向社会公布急救电话，各乡镇免费接送产妇。当年，新法接生率99.96%，住院分娩率79.53%，孕产妇系统管理率87.64%，高危产妇住院分娩率99.2%，孕产妇死亡率3.09/10万，新生儿破伤风发病率0.41‰。免费接诊产妇住院分娩462人次。"降消"项目拨款33.5万元，救助贫困产妇684名。

1989—2005年田东县孕产妇系统管理率、住院分娩率情况表

表22-4-4　　单位:%

年度	系统管理率	住院分娩率	年度	系统管理率	住院分娩率
1989	15.19	28.50	1998	29.98	50.96
1990	17.30	31.15	1999	49.38	55.40
1991	20.15	31.50	2000	85.44	61.12
1992	23.56	35.80	2001	85.8	59.88
1993	26.77	34.90	2002	85.87	66.36
1994	29.60	38.70	2003	85.65	66.14
1995	30.16	40.18	2004	89.64	69.41
1996	41.86	54.23	2005	87.64	79.53
1997	42.09	56.91	—	—	—

第三节　儿童保健

健康儿童与体弱儿童管理

健康儿童管理和体弱儿童管理的重点为自愿接受儿童系统管理的7岁以下儿童和新生儿。健康儿童管理主要包括访视、建卡、复诊（产后14天）、满月访视（出生后第28天）等管理。体弱儿童管理体弱儿童是指低出生体重、早产、佝偻病活动期、中度以上贫血、Ⅱ度以上营养不良、反复感染（每月≥2次）、先天性畸形等婴幼儿。对体弱儿童的管理内容主要是筛查、登记、处理、管理，最后结案。通过接生检查，定期体检，生长发育监测、访视、专案进行重点管理，制订治疗方案或转上级医疗保健机构治疗，对恢复健康或疾病治愈后的患儿给予结案，转为健康儿童进行管理。

1989年，全县有7岁以下儿童3.69万人，其中3岁以下儿童1.48万人，3岁以下系统管理率32.42%；全县7岁以下儿童发生佝偻病103人、贫血737人，治疗率100%。

2005年，全县有7岁以下儿童3.15万人，其中3岁以下儿童1.5万人，3岁以下系统管理率65.19%；发生佝偻病儿童62人、贫血157人，治疗率100%。

1989—2005年田东县儿童系统管理情况表

表22-4-5

年度	7岁以下儿童数（人）	3岁以下系统管理数（人）	3岁以下系统管理率(%)	其中：		
				佝偻病(人)	贫血(人)	治疗(%)
1989	36881	4782	32.42	103	737	100
1990	31535	4877	38.67	88	630	100
1991	35038	6051	43.18	157	192	100
1992	39546	7929	50.13	177	257	100
1993	40780	6855	42.03	183	244	100
1994	31817	5253	41.28	286	190	100
1995	32462	5339	41.12	308	194	100
1996	31421	4846	38.56	301	282	100
1997	31721	2195	18.46	222	253	100
1998	30610	2655	22.76	269	306	100
1999	29817	4823	41.05	262	298	100
2000	28636	7114	61.38	229	314	100
2001	28379	7353	61.34	167	283	100
2002	28197	8374	68.34	98	183	100
2003	29168	10252	75.27	88	189	100
2004	29718	9303	64.79	74	178	100
2005	31457	9790	65.19	62	157	100
合计	547183	107791	49.24	3074	4887	100

创建“爱婴医院”

“爱婴医院”指关爱婴儿的医院，以“母乳喂养”和“儿童优先，母亲安全”为核心内容。

从1995年开始，县卫生局组织各医疗保健机构开展创建“爱婴医院”。整个创建工作由县人民政府分管副县长直接领导，日常工作由县卫生局负责，业务工作由妇幼保健所负责指导。为确保创建“爱婴医院”工作稳步推进，县卫生局把创建工作列入各医疗卫生单位工作年度考核目标，下发《做好促进母乳喂养，创建“爱婴医院”工作的通知》，通知中提出关于做好“爱婴医院”创建工作的意见和创建“爱婴医院”实施规范（暂行）方案。在组织机构上，成立由卫生局分管副局长为组长、妇幼保健站站长为副组长的创建“爱婴医院”业务指导小组，各乡镇均成立由分管镇长或卫生院院长为组长的创建“爱婴医院”领导小组和业务指导小组。

1995年，全县共制作宣传板报356块，宣传标语185条，宣传横幅68条，发放母乳喂养知识小册子1000余册。在县级“爱婴医院”评审中，评审员对孕产妇所回答的母乳喂养知识表示满意。

为强化培训知识，县妇幼保健站派人员到各乡镇卫生院进行业务指导。各创建单位在业务骨干培训的基础上，由医院业务骨干对全院进行全员培训。全县非直接接触母婴的医务人员培训率100%，直接接触母婴的医务人员18小时培训率100%。从围产期保健开始，利用孕妇学校、观看录像、发放母乳喂养小册子等对孕妇进行宣教。对孕32周以上的孕妇，要求其掌握基本理论知识、技能操作，对入院分娩产妇开展分娩后半小时内早接触、早吸吮，实行24小时母婴同室，产后6小时内完成母乳喂养知识、技能操作的传授。通过培训与指导，1995年，全县住院分娩产妇纯母乳喂养率100%，4个月婴儿纯母乳喂养率90%。

过去，各医疗单位的产科建设相对滞后，条件简陋，住院与生活环境较差。县卫生局因地制宜、量力而行，要求各创建单位在财力许可的情况下，尽可能改善妇产科的环境。17家创建单位都不同程度地对原有的妇产科进行改造，住院房间分为高、中、普通三个档次，以适应不同人群的服务需求。高档的为单人间，安装空调、电视机、席梦思床、电话、卫生间等。中档、普通的条件也有所改观。孕妇学校购置电视机、影碟机和孕产妇保健、优生优育、母乳喂养等VCD碟，确保及时有效地对孕产妇进行知识培训。

全县各创建单位结合实际，制定《促进母乳喂养成功的10条措施》，建立以早吸吮、24小时母婴同室、按需哺乳、废除奶瓶、奶头喂养和帮助母亲掌握婴儿含接姿势等为主要内容的一整套促进母乳喂养的工作制度，确保创建“爱婴医院”工作逐步走向制度化、规范化和科学化的管理轨道。上一级卫生部门每1~2年对已创建医院进行复审，复审不合格的，撤销“爱婴医院”称号。为此，已获评的“爱婴医院”，对照《广西“爱婴医院”复查评估标准》和《“爱婴医院”母乳喂养工作规范》进行自查自纠，常抓不懈，不断完善“爱婴医院”管理。

县级“爱婴医院”由自治区卫生厅组织检查评审，乡镇卫生院的“爱婴卫生院”由地区（市）卫生局组织检查评审。1998年11月，县妇幼保健院成功创建“爱婴医院”。

第四节　死亡和出生缺陷监测

对孕产妇死亡、5岁以下儿童死亡和新生儿出生缺陷进行监测，是妇幼保健工作的主要内容。县妇幼保健院通过县、乡、村三级网络进行监测，负责监测资料的收集、审核和上报工作，成立专家评审组，负责监测医院质量控制工作并接受上级检查；完成网络直报并且至少进行一年1次以上入村入户调查，与乡村户籍管理部门、疾病预防控制部门和计划生育部门的数据和名单进行核对，检查是否有漏登漏报的情况，力求通过监测反映真实情况。

1989年，全县活产5901人，孕产妇死亡1例，死亡率1.67/10万，5岁以下儿童死亡0例，死亡率0。出生缺陷32人，出生缺陷率5.42‰。患合并证或并发症的孕产妇，因为个人、家庭、医疗机构、社会等因素，均有可能转变为危重孕产妇，甚至死亡。因此，1989年后，全县孕产妇死亡率有升有降。

随着经济的发展以及卫生服务水平的提高，出生缺陷率有所下降。1995年，全县活产2925人，孕产妇死亡1例，死亡率3.4/10万，5岁以下儿童死亡38例，死亡率12.99‰。出生缺陷24人，出生缺陷率8.21‰。2005年，全县活产5049人，孕产妇死亡2例，死亡率3.09/10万，5岁以下儿童死亡70例，死亡率13.86‰。出生缺陷16人，出生缺陷率3.17‰。

1989—2005年田东县"三网监测"情况表

表22-4-6

年度	全县活产数（人）	孕产妇死亡数		5岁以下死亡数		出生缺陷	
		死亡数（人）	死亡率(/10万)	上报数（人）	死亡率(‰)	出生缺陷数（人）	出生缺陷率(‰)
1989	5901	1	1.67	—	—	32	5.42
1990	6307	2	3.16	—	—	40	6.34
1991	6255	3	4.8	—	—	36	5.76
1992	4559	1	2.19	97	21.28	26	5.7
1993	4711	1	2.13	185	39.27	30	6.37
1994	3677	0	0	156	42.43	26	7.07
1995	2925	1	3.4	38	12.99	24	8.21
1996	2835	0	0	79	27.87	21	7.4
1997	3799	0	0	97	25.53	27	7.11
1998	2759	0	0	70	25.27	22	7.97
1999	2725	1	3.6	70	25.7	19	0.06
2000	3276	1	3.05	73	22.8	20	6.1
2001	3319	1	3.01	73	21.99	24	7.23
2002	3759	0	0	82	21.81	26	6.91
2003	4931	1	2.03	90	18.25	27	5.47
2004	4807	1	2.08	82	17.06	32	6.65
2005	5049	2	3.09	70	13.86	16	3.17

第五章 医学教育

第一节 学校教育

1965年，成立田东县卫生学校（简称田东卫校），学校领导和教师5人。1988年11月，自治区人民政府批准，田东县卫生学校改名为田东县卫生成人中等专业学校，教职员工20人，校园占地面积20951平方米，建筑面积12869.9平方米。学校的教学和生活设施齐全，拥有教学大楼、实验楼、图书办公楼、饭堂、师生宿舍楼实用新颖。有可容纳400人的教室，是师生周末的娱乐场所。

1991年，教职工有34人，大学本科7人，专科11人，中专6人，其中高级讲师6人，讲师13人，助讲5人。学校面向社会招收自费生，毕业后国家承认中专学历，不包分配。开办医士、护理、妇幼卫生三个专业，并受自治区卫生厅委托，培训爱德乡村医士班，实施西南世行扶贫培训乡村医生等项目。

从1992年起，学校扩大招生范围，生源来自广东、云南、贵州及区内外各市县学生，在校生每年保持在7个班，学生人数300~350人。1992年，教职工25人，其中讲师10人，助讲7人。是年，被自治区卫生厅授予“良好级学校”。

1995年，校园面积1.67公顷，教职工33人，其中高级讲师6人，讲师8人，助讲9人。设有社区医学、护理、妇幼3个专业，并受自治区卫生厅委托培训爱德乡村医生班等项目，在校生451人。最高峰期是1997年，班数达11个，学生人数620人。

2000年，校园面积1.76公顷，教职工33人，其中高级讲师4人，讲师13人，助讲7人。设有社区医学、护理、妇幼卫生3个专业和乡医培训项目，在校生765人。

2001年，学校最后一年招生168人，本届学生于2004年7月毕业。之后，学校停止招生。自办学至2004年，学校共招收学生67个班，学生毕业总人数3571人，为各级医疗单位培养了一批急需人才。

2005年，全校教职工39人，其中高级讲师2人，讲师18人，助讲9人。当年8月，县中医医院与田东县卫生成人中等专业学校正式合并，更名为田东县中医医院，仍然保留田东县卫生成人中等专业学校的牌子，承担全县乡村医生培训职能，合并后的人员编制，工作待遇不变。当年举办全县乡村医培训班4期348人。

1989—2001年田东卫生学校招生（培训）学生人数统计情况表

表22-5-1　　　　单位：人

年份	学生总计	各专业学科						
		护士	医士	妇幼	乡村医生	爱德班（中专）	村培训班	扶贫班
1989	187		187	—	—	—	—	—
1990	94	45	49	—	—	—	—	—
1991	92		92	—	—	—	—	—
1992	92	9	43	—	40	—	—	—

续表22-5-1

年份	学生总计	各专业学科						
		护士	医士	妇幼	乡村医生	爱德班(中专)	村培训班	扶贫班
1993	120		120	—	—	—	—	—
1994	274	60	104	—	23	51	—	—
1995	278	76	64	31	—	53	—	54
1996	232	51	122	—	—	59	—	—
1997	388	44	131	35	—	122	—	56
1998	300	37	—	52	211	—	—	—
1999	296	27	66	46	70	87	—	—
2000	228	10	48	9	—	161	—	—
2001	168	—	—	—	—	—	—	—

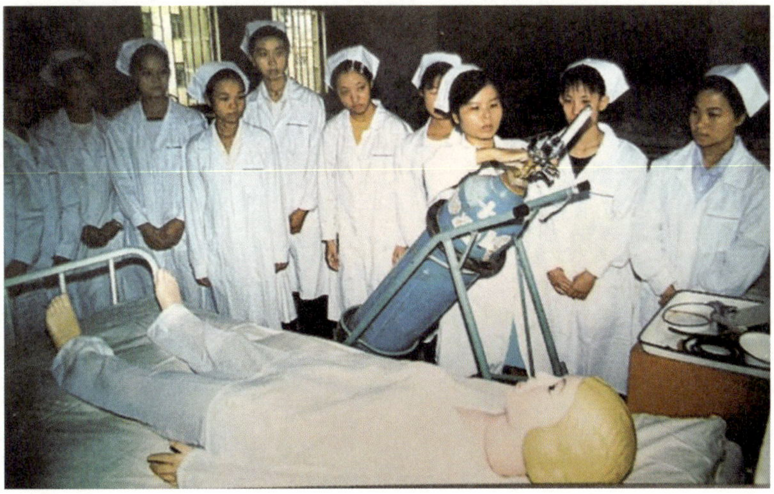

1995年，田东卫生学校教师在给学生作输氧示教(县卫生局提供)

第二节　在职教育

结对帮扶

1989—2005年，广东中山市、玉林市的一些医院对口帮扶田东县级医疗单位，他们每年派技术骨干到田东开展医疗卫生帮扶工作。田东县级医疗单位用好、用活这个良机，加强卫生技术人员在职教育。与这些帮扶医院每年举办一次以上医学学术交流会，以学习外地的先进管理经验和医疗水平。组织团队，轮流跟着帮扶医生学习。不定期举办学习培训班，请帮扶医生授课。此外，每年遴选3~6人到对口帮扶医院进修学习。

外出学习

县级医疗单位每年均派医护人员到自治区人民医院、自治区医科大附院、玉林市人民医院、百色市人民医院、右江民族医学院附院等先进医疗单位脱产进修学习。每年安排乡镇级基层医务人员到县人民医院或到市级医疗卫生部门进修。此外，每年组织乡村医生到田东卫校进行短期培训，培训时间短的1个星期，长的1~3个月，一般包吃包住。

全员培训

县级医疗单位每年均制订培训计划，不定期邀请区内外的医疗专家来授课，让在职卫生技术人员都得到学习。为不影响正常工作，培训时间一般选择在晚上举行。2000年开展创建等级医院活动后，县级医疗单位每年举办一次医务人员“三基”培训和考试，不断提高在职卫生技术人员的业务水平。

田东县志
（1989—2005）

第二十三篇

民族　习俗　宗教　语言

第一章　民族

田东是一个以壮族为主的多民族聚居县，居住着壮、汉、瑶、侗、苗、仫佬、毛南、回、彝、满、蒙古、布依等12个民族，设有作登瑶族乡。壮族是世代居住在本地的民族，汉族大多是北宋时期迁来，瑶族大多从都安、平治、万冈迁来，其他民族多数是中华人民共和国成立后陆续从外地迁来。1989年，全县总人口为368983人，其中少数民族人口329077人，占总人口的89.19%。2005年，全县总人口为393811人，其中少数民族人口358369人，占总人口的91.09%。1989—2005年，各民族加快融合，汉化成为大趋势；田东贯彻落实中共中央、国务院民族政策与法规，各民族和睦相处，守望相助，团结一心，共同为改革发展稳定而奋斗。

第一节　民族分布与特性

壮　族

在田东，壮族是世代居住在本地的民族，分布在全县10个乡镇。20世纪80年代，有些村落的壮族人还穿传统的壮服，但1990年后，寥寥无几了，大都穿汉族服装了。

壮族人真诚，质朴，厚道，热情好客，乐于助人；心胸一般比较宽广，易与人和谐相处，和睦共事。壮族的晚辈与长辈交流时，自称为“给依”（壮语），即贬低自己，抬高长辈，显示对长辈的敬重、爱戴，尊重长辈的美德约定俗成，自觉自愿，薪火相传。壮族人最显著的特性是“奥世”（壮语），即有志气，有主见，执着，坚韧，不怕艰难困苦，凡是认定了的事就去干。少数壮族人过去说壮语时，不自觉地生出个口头禅——“衰”，即差火、糟糕之意，含有骂人、批评人的色彩。讲白话的人听了，觉得与白话“水”谐音。因此，外县人叫田东人为“田东水”。

壮族人勤劳勇敢，心灵手巧，上进心和进取心较强，也易于接受新事物。1992年之前，壮族人主要从事农业生产。1992年推行市场经济体制后，许多人纷纷经商和外出务工，并且不少人取得不错的成效。1989年，壮族人口为313545人，占总人口的84.9%。2005年，壮族人口有338678人，占总人口的86%。

汉　族

境内的汉族主要是居住在右江沿岸村屯讲平话的“蔗园人”，以及平马镇、思林镇街道的讲粤语的“白话人”。2005年，全县汉族人口35049人，占总人口的8.9%。

蔗园人一般以种菜为主业，“蔗园人=种菜”成为田东人的共同印记。蔗园人特别能吃苦耐劳，自20世纪以来，常常连夜收菜、洗菜，连夜运菜、卖菜。往往天亮，人们刚刚起床时，蔗园人已经卖完菜，或已经从市场返回到家里。也正因为特别勤劳，特别能吃苦，他们家庭收入增长快，率先脱贫致富。

白话人思维活跃、开阔，易于接受新事物；有经济头脑，往往都从事服务业，其标配是“白话人=经商”。20世纪90年代，因为收入高，成为全县最先富裕，过上小康生活的一族。为此，白话人优越感很强。2000年之后，随着农村经济的发展，随着农民生活水平的提高，白话人优越感逐渐减弱。

瑶 族

瑶族是田东县第二大少数民族。田东县的瑶族分为布努瑶和蓝靛瑶，前者多集中居住在作登瑶族乡，后者居在义圩乡的世木村六西屯。瑶族大多居住在南部偏僻、生产生活环境比较恶劣的石山区。

1989—1995年，许多瑶族还是爱穿黑色的瑶服，坚持穿瑶服；总体上看，无论文化素质、思想素质、心理素质，还是生产生活水平，与同时期的壮族人、汉族人相比有一定差距。瑶族贫困人口多，贫困面大，贫困程度高，贫困发生率也高。

1990年以来，田东加大扶贫开发，加快瑶族村寨基础设施建设，鼓励和支持瑶族群众外出劳务，实施异地搬迁，瑶族人的思想文化素质、科技素质和生活水平不断提高，住房、交通、信息等基础设施建设发生了翻天覆地变化，与其他民族的差距不断缩小。尤其是随着民族的大融合，瑶族服装、饮食、居住等生活方式、生活习性与汉族、壮族基本相同。2005年，全县有瑶族人口19691人，占总人口的5%。

其他少数民族

改革开放后，因为婚姻、干部人事调动、就业创业等等原因，其他少数民族迁入田东。他们与汉族、壮族、瑶族融为一体，分不出彼此。2005年，他们占全县人口总数的0.1%。

第二节 民族事务

机 构

1984年8月，田东县级机构改革，设立田东县民族事务委员会。1989年，县民族事务委员会在编5人，其中主任1人，副主任1人，科员办事员3人。

1996年10月，田东县民族事务委员会改称田东县民族事务局，内设民族经济项目股、民族文卫股、政策法规股。在编7人，其中局长1人，副局长2人，其他4人；大专文化6人，初中1人。

2005年，县民族事务局编制4名，实际在编5人，其中局长1人，副局长2人，纪检组组长1人，主任科员1人。大学本科1人，大专3人，中专1人。

民族事务局历任局长（主任）：黄文汉（1989年3月至1995年11月）、刘忠贵（1995年11月至1998年6月）、陆秀展（1998年6月至2001年3月）、韦良成（2001年3月至2005年12月）。

政策宣传

1989—2005年，利用广播、电视、宣传栏、文艺演出等多种形式开展《中华人民共和国民族区域自治法》《民族乡行政工作条例》等民族政策和法律法规宣传外，还利用乡庆、布努节等重大节日进行广泛宣传。

1998年3月，田东县司法局派出宣传车，上街流动宣传民族法　　（县民族事务局提供）

建言献策

县民族事务局深入实际调研，积极向相关部门建言献策，着力推动民族地区发展。1989—2005年，共撰写《田东县瑶族群众生产生活情况调查报告》《田东县不同民族贫富差距的调查》《田东县民族扶贫工作调查》《茅草房改造调查报告》《作登瑶族乡经济社会发展状况及政策措施》《田东县落实民贸民品优惠政策的情况调查》等27篇调查研究报告，其中被采纳的有23篇。

教育扶贫

1989年，在作登瑶族乡作登小学开办第一期民族寄宿班，招收壮、瑶族学生50人，给予每人每月生活补助。1991年，将原田东县壮文学校改为民族中学（初中），招4个班200名。2000年，争取到民族教育卫生项目资金20万元，建设作登瑶族乡江那小学、陇桃小学建教学楼各1栋。争取自治区民委给田东县开办民族班，规模为150人。同时，多方筹资，给贫困生发放爱心助学款、生活费补助、学费补助等，让民族贫困学生能上学。此外，在田东师范和田东县进修学校开设民族师资代培班，培养一批师范生。

民族专项资金

加强同自治区民委、地区民族局的联系，申报民族补助费项目、民族发展资金项目等民族项目，用于基础设施建设、发展民族经济、举办民族培训班等。1989—2005年，实施民族项目共500多个，资金1亿多元。比如1997年，引进民族扶贫项目资金300万元，用于种植芒果、网箱养鱼、发展香米种植。比如2003年，为县供销社、县生产资料公司牵线搭桥，获得优惠贷款381万元。同时，加强民族专项资金使用与管理，使其发挥真正的效益。

民族文化传承

瑶族金锣舞和瑶族唢呐是田东县的文化名片，田东县加大投入，加大对瑶族金锣舞队伍建设，做好挖掘、传承、保护和发展工作。由1989年的50多人发展到2005年的110多人。1989—2005年，这支队伍多次参加县内外大型文艺活动，享有很高的声誉。

乡庆活动

2004年，是作登瑶族乡成立二十周年。借着乡庆机遇，实施40个乡庆项目，项目资金4000多万元；150多个部门和700多名社会各界人士捐助建设资金170多万元。当年12月，作登瑶族乡举行瑶族乡成立二十周庆典活动，自治区、市、县均组团前来祝贺，活动内容主要有召开庆祝大会，举行民族特色文艺表演，举办经济社会发展成就展，开展慰问活动，建设一系列惠民工程等。

2004年7月22日农历六月初六，作登瑶族乡梅林村举办布努节，布努瑶族同胞跳起金锣舞

（作登瑶族乡人民政府提供）

第二章 习俗

在漫长的生产、生活、交往、发展中，全县各民族形成独特的民俗风情，成为各民族的标记。1989—2005年，随着改革开放进一步深入，随着经济社会的发展，随着精神文明建设的推进，人民生活水平不断提高，各民族的思想文化素质不断提升，乡风习俗发生较大改变，健康、文明成为大趋势。

第一节 生活习俗

起 居

20世90年代，农村居民为多干农活，每天拂晓就起床，煮、吃玉米粥或大米粥后，就急忙下地干活了。中午，回家吃过简单的午饭，又继续去干活。待到夜色较深、差不多看不见路了，才收工回家。回到家，煮、吃晚餐后，因为劳累、没有电视可看，往往就睡觉了。2000年以后，由于生活水平不断提高，一些居民农活少、轻松，中午一般休息或午睡一两个小时，才去干农活；而傍晚时分就收工了。吃过晚饭后，多数人都收看电视，从而晚睡晚起。

与农村居民早睡早起截然不同的是，20世90年代以来，城镇居民的夜生活越来越丰富，或看电视，或看电影，或去KTV，或去跳交谊舞，或玩牌艺、电脑，或去喝茶，或去吃夜宵，或锻炼身体等等，因此许多人晚睡晚起。当然，也有一些早睡早起锻炼或做生意的。干部职工一般都有午睡的习惯。

住 房

壮族、汉族习惯群居，少数瑶族喜欢单居独户。20世纪80年代，城乡居民中的壮族、汉族大多住砖瓦房，瑶族住杆栏房。20世纪90年代，砖厂、水泥、钢筋等建材市场应势而生，建筑施工队也多起来。由于家庭收入不断增加，壮族、汉族纷纷拆除旧房，盖起两层以上的钢混楼房。在动工前，一般请地理先生勘查、定位、择日动土。动土、封顶、搬入新房时，大都请道公做法术。楼房盖好后，一般都没有装修（简称“裸体房”），就搬进去住了。待后来有钱了才装修。这种房子不怕风灾、雨灾、火灾和震灾，居民居住条件有了明显的改善。因为运输不便、收入不高、不通高压电，瑶族盖楼房的时期比汉族、壮族的慢，2000年之后，才有少数瑶族盖楼房，一般盖平房或两层。2000—2005年，房地产开发风生水起，商业住宅楼盘多起来，农村群众开始到县城建房、买房。

20世纪90年代，城镇职工通过三种解决方式住房。一是购买公有住房、单位集资房，多为平房和十层以下楼房。按级别职称高低、工龄长短分配，普通职工住70平方米左右两房一厅，其他的住90平方米左右三房一厅，套房内设主房、次房、厅房、厨房、卫生间、阳台等。二是单位无偿提供砖瓦房、楼房套房给干部职工居住。如果职工调走后，单位收回。三是跟房地产公司购买地皮，按照房地产商提供的建设图纸，自筹自建天地楼。2000—2005年，房地产市场越来越火，房改制度深入改革，职工一般都自行买商品房。职工根据自己的收入水平，自行购买不同面积的商品房。这时期，单位房改房、集资房越来越少，但价格比商品房低，所以深受职工的欢迎。

出　行

1989—2005年，公共、私人的交通工具越来越多，居民出行越来越便捷。在公共交通工具方面，各乡镇均通班车，班车主要有面包车、中巴车、大巴车等，而且班次越来越多，“乘车难”逐步得到解决。与此同时，“土的士”——机动三轮车（俗称“三马仔”）快速增加。因为它可载客也可拉货、乘坐价格低、随叫随停，深受居民喜爱。“三马仔”的市场价格不算高、入户也不难，生意红火，购买者众多，解决了就业问题，增加了收入。于是，县城大街小巷到处跑着“三马仔”，成为独特的风景线。那时，一些单位拥有公车并配有专职司机，出差、下乡一般都使用公车。每年养一部公车的成本不少，一般重要的行政部门、经济部门和经济效益好的企业才购买。

在私人交通工具方面，1989—1995年，许多村屯陆续修通四级公路，农民纷纷买自行车，赶圩更方便了。1996年之后，买摩托车成为一种时尚、时髦，城乡摩托车渐渐多了起来。谁拥有摩托车，谁就觉得很自豪、很光荣。摩托车既可以跑短途，也可以跑长途。节假日时，一些居民还开摩托车去外地旅游，觉得好潇洒、好风光。2000—2005年，率先富起来的城乡居民纷纷买家庭小轿车，出行更方便、更舒适、更高效。观察人士认为，私家车性价比把摩托车远远甩在后边，这是私人交通工具的巨变和飞跃，具有里程碑的历史意义和深远的影响。那时，拥有私家车是一种成功人士的标志，是一种非同凡响的荣耀，让人刮目相看，羡煞旁人。那时，富人还比较少，全县的私家车大约有300辆。节假日时，拥有私家车的，一家人高高兴兴外出旅游、度假，最让人羡慕。

服　饰

衣着　20世纪90年代，服装布料越来越多，有的确良、腈纶、涤卡、毛料、混纺等，服装颜色和款式也越来越多。农村自制衣服逐渐减少，基本上都是购买成衣，追求简单朴素。城乡男性流行服装主要是西装、夹克衫、军装、西式短裤、喇叭裤、牛仔裤、马裤、健美裤、运动裤等，唐装、中山装、解放装、壮族服装锐减。这时期，男性穿衬衫，时兴把衬衫下半部分扎到裤裆内，叫“扎腰边”，人看上去英俊、挺拔、干练、精气神。女性流行的夏季服装主要有套裙、连衣裙、百褶裙、西装裙、七分裤等，冬季服装有毛线衣、太空衣、绒大衣、各式制服等。棉衣、棉褂、棉裤、壮族的家织土布衣裤基本淘汰。

2000—2005年，服装主要面料有棉、丝绸、毛、麻、化纤，出现开始职业装和休闲装，款式越来越多，不断满足城乡居民差异化、多元化需求。由于市场竞争激烈，催生了品牌服装，县城品牌专卖店应运而生。学校学生统一着校服，执法部门、银行、企业等单位的干部职工上班时也统一穿职业装。男性春秋服装主要有夹克服、西服、休闲服，夏季主要有短袖衫、T恤衫、文化衫。女性春秋服装有套裙、连衣裙、流苏裙、背带裙等各式裙装，冬季的有保暖衣、羊毛衫，外套有羽绒服、皮衣、西服、风衣等。这期间，城乡居民越来越注重衣着品位、风格、品牌，年轻人讲究新潮、个性，中年人讲究质地、款式，老年人讲究舒适、耐穿。农村中青年的穿着与城镇的差距，也越来越小，越来越一样。

除了壮族，县境内主要少数民族是瑶族。20世纪90年代前期，瑶族日常还是穿黑色的瑶服。20世纪90年代末，随着与外界经济文化交往日益频繁，瑶族也渐渐穿流行服装，日常的服装与汉族、壮族基本无异。只有逢年过节，以及参加庆典、婚礼等重要活动时，瑶族才身着瑶服。

鞋子 20世纪90年代，城镇居民主要穿皮鞋、运动鞋、布鞋、塑料凉鞋、皮凉鞋、呢绒暖鞋、棉鞋等；农村居民不再爱穿农村手工制作的鞋子，主要穿工厂生产的鞋子，有皮鞋、解放鞋、塑料凉鞋、拖鞋、水鞋、棉鞋等；城乡青年男女时兴穿尖头皮鞋、高跟皮鞋。21世纪前期，城镇居民主要穿皮鞋、运动鞋、布鞋、旅游鞋、凉鞋，女性喜穿松糕鞋、保暖鞋、各式靴子；农村居民主要穿皮鞋、胶底布鞋、塑料凉鞋、拖鞋、运动鞋、手工毛线拖鞋等；偏远乡村的中老年人还爱穿价格低廉、耐用、不易脏的解放鞋。

帽子 20世纪90年代，爱戴帽子的城乡居民渐渐减少，戴帽子的主要是农村中老年和城镇的青年、职工，帽子种类有风雪帽、工作帽、雨帽、太阳帽、运动帽、解放帽、毛线风帽、工人帽、棒球帽、旅游帽等等，老年人冬天为了御寒，则戴毛线暖帽。2000年后，戴帽子的主要是城镇青年女性和农村中老年人，主要有毛线帽、贝雷帽、钟形帽、礼帽、宽边草帽等，时尚女青年则讲究帽子与服装搭配出个性和真我风采。

佩饰 20世纪90年代，随着生活水平的提高，随着审美观提升，城乡渐渐兴起佩戴首饰风尚，经营首饰的商店越来越多，购买的男女中青年也越来越多。首饰品种有耳坠、耳环、耳钉、戒指、项链、手镯、手链、吊佩等，材质有金银铜、铂金、钻石、珍珠、玉石、贝壳、名贵木材等等。老人和儿童佩戴的饰品主要是用银、铜制作的手镯、吊佩，用以辟邪。1989—2005年，女性饰品还有发卡、胸花、纱巾等，男性饰品主要有领带、胸章、领带夹等。

发　型

20世纪90年代，城乡男性流行的发型主要有平头、三七分西装头、四六分西装头、中分西装头、背头等，极少数标新立异的青年蓄长发、剃光头；女性发型主要有短发、扎辫子等，城镇年轻妇女钟爱披肩长发、马尾发、烫发；中老年时兴将白发染黑，试图留住青春，给人留下不老的形象。2000—2005年，不少男女老少追求个性从“头”开始，通过烫发、剪发、拉直发等方法，找到各自所爱的发型。尤其是极少数小青年喜欢染发，将黑色头发染成黄色、白色、红色、蓝色、绿色等五颜六色，并自诩为“我是领头的”。老年人看了，常常惊呼看不惯，难接受，不舒服，讥笑到“什么领头不领头的，是零头！”

饮　食

日常饮食 1989—1995年，城乡居民习惯日食三餐，早餐和午餐比较简单、随便，晚餐较为丰富。农村居民早上往往煮一大铁锅的大米粥或玉米粥，留待早餐和午餐食用。早餐和午餐吃粥时，大多数人没有菜吃，放点盐巴到粥里，搅拌一下就吃。晚餐时，一般煮大米饭，至于肉菜，家庭经济条件好一点的有蔬菜、鸡鸭蛋或猪肉，家里贫穷的则没有蔬菜，或煮面条、粉丝，叫“以米当菜”（壮语叫“以米送米”）；或炒黄豆、花生。1995年之后，随着村屯公路的陆续开通，贩子开着摩托车流窜到村屯卖菜卖肉。由于收入水平不断提高了，村民纷纷购买肉菜，一日三餐丰富起来。2000年之后，多数家庭晚餐都有肉吃了。

城镇居民也是一日三餐，但几乎餐餐有菜或有肉吃。20世纪90年代，午餐大多肉拌蔬菜做成一道菜，主食有大米饭；晚餐大多二菜。2000年后，大多二菜一汤。城镇居民的早餐主要是吃米粉，有鸡肉粉、猪下水粉、猪粉肠粉、牛羊肉粉、狗肉粉等等，许多女性爱吃卷筒粉、蒸粉。农村居民赶圩时，必不可少的“节目”也是吃一碗米粉。为此，田东人常常自嘲为“粉仔”“粉妹”“粉丝”。正因为大家都爱吃米粉，城镇最多的饮食店是米粉店，生意红火。1995年之后，田东人也逐渐爱吃包子、馒头、饺子、云吞等面食。

喜庆饮食 城乡居民逢年过节、家有喜事或接待客人，做丰富的菜品，肉类有猪肉、狗肉、牛羊肉、鸭鹅肉、鱼虾等，还有青菜类、豆类等。其中必不可少的一道菜是白切鸡，可以说无鸡不成宴。田东特色菜、特色小吃主要有鱼生、生羊血、羊瘪汤、鸭酱、酸鱼、油炸包、香猪血肠、香肠、粽粑、糍粑、米糕、米花、汤圆、沙糕等等。

红白酒席 1989—2005年的红白事，农村居民和街上居民多在自家办酒席，县城干部职工一般在酒店办宴。置办红事酒席前7天，一般就派发请柬。置办白事酒席，不发请柬，知情的亲朋好友自来。赴宴的客人都封钱，这叫人情消费。封钱多少，看客人与户主感情亲疏，看物价水平。举办酒席的现场，设立收封包处。白事的，用白色封包，2000年之前客人自己制作或购买，2000年之后户主在收封包处免费提供。红事的，用红色封包，由客人自己购买。

农村办的酒席，一般叫村里的父老乡亲来帮忙买菜、做菜，所用的厨具、餐具、桌凳，20世纪90年代主要无偿借用各家各户的，因为桌凳不多、客人多，往往采用流水席。2000年之后，有偿租用个体户专门出租的，方便多了，流水席退出历史舞台。酒席的菜谱一般十菜一汤，菜品有鸡肉、鸭肉、猪脚、猪扣肉、香肠、叉烧、鱼扣、腰卷等，都是荤菜，没有专门的素菜。所切的肉块，块头一般比家庭日常切的大，以显得大方、大气，以便于客人打包回家。也因为块头大，夹肉、吃肉有些不便。1995年之前，一些盛装菜品的碗底层是装一些素菜，上层装肉类。1995年之后，碗底层渐渐不再装素菜，装荤菜的碗全部是肉了。2000年之后，酒席渐渐多了一两道素菜；除了提供酒，还提供饮料。

街上办的酒席比农村的方便多了，包给专业厨师队。户主与厨师商量菜谱，确定好每桌菜的价格后，厨师队包出桌凳、餐具、厨具，包采购、洗煮菜、摆菜上台、收洗碗等，包先垫支经费。待酒席结束后，户主才与厨师队结账。酒席的菜谱一般也是十菜一汤，菜品跟农村的也差不多，极少数家庭经济条件好的会有所调整，比如有羊扣、清蒸鱼等。2000年之前，菜品都是荤菜。2000年之后，酒席渐渐多了一两道素菜。由于专业厨师的厨艺较高，菜肴比农村的好吃。

无论农村酒席，还是街上酒席，每桌即将散席时，女客人、孩子们、老人们就将剩菜打包拿回家。男客人，尤其是青年中年客人碍于面子，觉得不好意思，一般都不打包。

干部职工一般在酒店办酒席，提前预订，下好定金。酒席的菜谱、菜品跟街上居民差不多。

对于城乡的酒席，许多人颇有怨言，呼吁改革创新。一是改革菜谱、菜品。大家的日常饮食一般荤菜素菜各半，偏向清淡。但酒席大多油腻，偏向打包回家，不便现场进食。二是不收受封包。置办酒席有敛财、相互攀比之嫌，败坏社会风气，助长不正之风。而且大家觉得给封包、收封包都是庸俗，都觉得别扭。然而，由于约定俗成，多年来，谁都不敢率先破例、改革。于是，陋习依旧。

红白喜事的酒席，第一桌菜摆放在户主的客厅（中堂），优先安排外家的亲戚，按辈分入座，主席位是给辈分最高的或最有威望的。然后，户主的兄弟姐妹陪餐，以示敬重、感谢、感恩。

饮酒 1989—2005年，城乡居民爱喝本地产的散装米酒（也叫土茅台）、玉米酒、酸梅酒、香蕉酒、木薯酒等等。各民族饮酒文化不一样，男女都喝酒，尤其是南北山区的壮族、瑶族女老人，晚餐时自饮米酒几两。

壮族、汉族家里来了客人，无酒不成宴，一般用碗盛酒，放上两三个匙羹，然后用匙羹打酒，你喂我，我喂你，羹来羹去。酒过三巡，开始划拳猜码，码声响起，输赢之间，气氛激昂、欢快。酒桌上，往往一对一猜码，主人往往舍命陪客人，哪怕喝高、喝醉，也力争把客人弄醉，那才能显示热情好客，才能加深感情。聚餐时，喝酒的人数多，往往分成两个队，斗酒时间更长，气氛更活跃。2000年后，又增加了一个新的斗酒方式——玩扑克牌赌酒，谁输谁喝。如果输，每次挨喝的酒量比猜码的多。一个人如果不胜酒力，那很快就醉倒。

瑶族爱喝玉米酒，喝酒时，不用匙羹，用饭碗或大碗盛酒，权当作酒杯。饮酒时，大口喝，显得痛快、豪爽，酒量一般比其他民族高。

第二节　喜庆习俗

生　庆

因为生育知识普及，城乡产妇不再在家里生产，而是去医院生产了。产妇临盆前，一般就去医院待产，由婆婆或母亲侍候、护理。孩子出生后，有的当天或次日要到外家报喜，有的则不去。女人坐月子期间，家里天天做瘦肉汤、鸡汤、蛋汤等给女人吃，以补充营养保证身体健康，以保证有充足奶水喂婴儿；娘家一般赠送给土鸡、婴儿衣帽鞋子、小方被等。

1989—2005年是执行计划生育的重要时期，城乡居民一般只允许要一个孩子，大家都倍加珍惜、疼爱孩子。一般都高高兴兴地置办“满月酒”或“百日酒”，大多二选一，但也有少数人两者都置办，一般置办酒席前7天，派发请柬。除此之外，为祈求孩子一生安康、幸福，大家还请道公给孩子做护身符，做“安花”（壮语）、“猜款”（壮语）、“裁马断桥”（壮语）等等道场。做道场时，往往也置办酒席，但规模一般只有三四桌，客人都是重要的亲友，不用封红包，只赠送衣服、牛奶等给小孩。

小孩满岁时，一般也置办几桌的生日酒，客人送给小孩玩具、衣服、饮料等。孩子2~10岁时，大多家庭都给孩子过生日，但一般只是家里加菜，举行吹蜡烛、唱生日歌、吃生日蛋糕之类的“洋”仪式。过了10岁，孩子大多数都不过生日了。

瑶族的婴儿满月、取名时，置办满月酒、取名酒，少则一两桌，多则十几桌。外公、外婆来赴宴时，赠送婴儿背带、婴服等。1998年前，瑶族由于生活艰苦，小孩很少过生日。之后，由于受到汉族、壮族的影响，逐渐有人给小孩过生日。

寿　庆

壮族汉族城乡居民一般年满60岁才过生日，一般比较简单，出嫁的女儿一家人带上鸡鸭、长寿面、父母新衣服等回娘家，儿子则上街买菜，一起吃一餐饭。如果家庭有钱的，就摆上几桌酒菜，邀请家族和好朋友来热闹热闹。赴宴客人一般不用送贺礼。

73岁时，过生日叫大寿。一般请道公做道场，叫“补粮”（壮语），以给老人日益衰弱的生命补充、添加元气、生气，祈求老人健康长寿。大家认为如果不给老人“补粮”，老人容易生病，容易出意外伤亡。1995年之前，由于收入不高，给老人“补粮”的比较少。之后，随着生活水平提高，越来越多的人给老人“补粮”了。

“补粮”时，赴宴亲人一般赠送一小包半公斤左右的大米，米包里放上几块钱，米包外边写上赠送者姓名。“补粮”后，老人逐日煮赠送的大米吃，吃到完为止。做大寿时，不发请柬，只是口头通知客人。一般做酒席，十菜一汤。有的收红包，有的不收。

瑶族一般36岁以上才过生日，49岁寿日叫小寿，61岁寿日叫中寿，73岁寿日叫大寿，85岁叫高寿。一般大寿、高寿时才过得隆重热闹一些，其他的则节俭。1990年后，因为生活水平提高了，过生日的中老年人渐渐多起来。父亲、母亲过寿日设宴，女儿有送父母新衣、新帽、新鞋、鸡、鸭、猪肉、白米、红包等礼物，女婿要给岳父母送寿幛（壮语称“名胜”），亲戚好友也前来祝寿，有给寿星送红包的习惯。

乔居之庆

城乡居民新居落成，一般先请道公来“扫屋”，把每间屋子里的“邪恶”“鬼怪”“晦气”等旧的、不好的东西清扫出门。之后，户主一家才搬家什进新房，首先搬进去的是柴、米、油、盐等用品，接着搬进其他东西。

接下来，户主再请道公择吉日，夜里到新房做道场，安新房的神台，俗称“入新房”。翌日，户主摆酒席接待亲朋好友。1990年之前，赴宴者多以镜屏、诗画、对联、家电、家具等为贺礼，进门时还燃放随身带来的鞭炮，以示庆贺。1991年后，赴宴者以送红包为主，也不再放鞭炮。

开业之喜

国家、集体工商企业和个体户开张营业时，一般都举行开业仪式，一来祈求、祈盼生意兴隆，财源广进，大展宏图；二来借机做社会宣传、新闻宣传，以提升知名度和影响力。

国家、集体工商企业举行开业仪式时，比较复杂。仪式现场摆放花篮，张挂许多祝贺性的标语和五颜六色的气球。仪式内容有领导致辞、剪彩、燃放烟花鞭炮、舞龙舞狮等。受邀参加活动的宾客主要是相关机关、企事业单位的代表、客商代表等。20世纪90年代，宾客多以镜屏为贺礼，之后或送红包，或送发财树、金橘等有吉祥寓意的花盆、花篮。业主则赠送给宾客纪念品。开业仪式结束后，所有的宾客聚餐，杯来盏去庆祝一番。

个体户开业时，门前摆放花篮，张挂祝贺性的标语，燃放较多的烟花鞭炮；摆供品奉祭，点高香、蜡烛，烧冥币、冥服饰，请道公做法术；免费赠送小礼物，免费试用试吃，打折优惠等，以吸引客人光顾。

动工之喜

行政机关、企事业单位的工程项目破土动工建设时，一般选择个良辰吉日，举行开工仪式、奠基仪式，以图个吉利、好彩头。

2000年之前的仪式现场，一般用木头、树枝、树叶搭建一个喜庆的龙门，龙门的上方挂有“某某项目开工仪式、奠基仪式”之类的横幅，龙门的左右挂有对联；仪式的现场张挂有宣传标语。仪式活动的内容有领导致辞、剪彩、燃放烟花鞭炮、舞龙舞狮、贵宾给奠基石培土等等。

2000—2005年，仪式有些改变，龙门是租用广告公司红色、缀有龙凤呈祥的气拱门，有音响设备；现场铺着红地毯，除了张挂标语，还有五颜六色、大小不一的气球；仪式活动的内容没变化，项目业主会赠送茶杯、皮包这类的纪念品给参加仪式的宾客。

升学之喜

1989—1999年的大中专学生毕业时，国家包分配。考上大中专意味着跳出“农门”，意味着端“铁饭碗”“吃皇粮”。当时无论是壮乡，还是瑶寨，有人考上大中专尤其是大学，很不容易。如果有学生考上，那都是大事、喜事，都被乡亲们刮目相看、津津乐道，传为美谈。学生一家比过春节还高兴，家长往往在学生去学校前置办升学宴，摆上几桌乃至十几桌，请亲朋好友来庆祝一番。客人赴宴时，一般都送礼金给学生，金额5~100元。

第三节 婚嫁习俗

1988—2005年，由于深入宣传婚姻法和民族政策，城乡居民的思想有了很大变化，婚姻自主、民族平等蔚然成风，汉、壮、瑶相互通婚，境内婚嫁有普通结婚、入赘、再婚、续弦等。

普通结婚

1989—2000年，农村婚嫁绝大多数还是有说媒、相亲、合八字、定婚、报期、迎娶、回门等等传统习俗。

2000年之后，传统习俗的一部分受到挑战，渐渐消失。城乡男女时兴自由恋爱，交往一段时间后，两人如果感情加深，认为可以托付终身，就确定恋人关系。后来，征求父母同意后，就择吉日去办理结婚登记手续。

之后，择吉日举行订婚仪式。男方带上几个亲朋好友，送礼金和送肉猪、鸡鸭、蔬菜、糖果、月饼等等到女方家，置办酒席，宴请女方亲朋好友，表明不久就举行婚礼了。20世纪90年代的礼金一般3000~10000元，2000—2005年的礼金5000~15000元。酒席的菜谱十菜一汤，客人不用封红包，免费吃喝。散席时，女方赠送月饼、喜糖等礼品给客人。订婚后，一般就去城镇拍结婚照。

订婚后不久，择吉日举行婚礼。男女双方分别备酒席，宴请亲朋好友。办红事喜酒，一般要办三天，才算圆满结束。第一天叫“开厨酒”“预备餐”，菜谱相对简单。第二天叫“正餐”，菜谱就是上述的十菜一汤。第三餐叫“洗砧板”，菜谱也相对简单，参加的人数比正餐约少一半。

女方一般比男方提前一天置办酒席。女方婚日前一天，男方送猪肉、公鸡、大米、米酒等实物给男方，其中的猪肉、大米各100千克以上。

男方婚日，男方开着花车、农用车等婚车去接新娘。1989—1995年，女方的嫁妆有自行车、缝纫机、电风扇、手表、家具、床上用品等日常生活用品，极少数有黑白电视机。1996—2005年，嫁妆有彩电、冰箱、摩托车、家具等。这些嫁妆装上农用车。当吉时到，新郎或背着新娘，或新娘挽着新郎，在伴郎伴娘的簇拥下，高高兴兴出门，哭嫁习俗基本不复存在。到达男方家时，进门、拜堂的习俗沿袭旧的。

1989年之前，宾客贺礼主要是送水壶、床单、毛巾等日常生活用品。之后，逐渐改为送红包，金额一般20~100元不等。

城镇职工率先讲恋爱自由，没有原原本本地遵循传统婚嫁习俗。尤其是2000年之后，婚礼逐渐讲究排场，到酒店举办宴席，组织几台花车去迎亲，新娘兴化妆、戴首饰、穿婚纱。接回新娘后，雇请摄影师，到城镇广场、公园等拍结婚照。新房张灯结彩，有彩电、冰箱、洗衣机、组合家具、影碟机、音响等，少数铺红地毯、装空调。洞房花烛夜，亲戚朋友入洞房欢闹取乐。结婚仪式结束后，有的外出旅游度蜜月，追求个性和浪漫。

入　赘

俗称上门、倒插门，即男子到女方落户。瑶族之间、壮族之间有入赘婚俗，汉族之间少见入赘。

入赘的原因：一是女方没有兄弟，没人给父母养老送终；二是男方兄弟多，娶媳妇困难。

入赘婚的婚式比较简单，其过程就是通过媒人说媒后，如双方无异议就择日举行结婚典礼。结婚的那天，先在男方举行（程序跟娶媳妇一样），后到女方家举行。男方到女方家后，没有闹洞房，女方家族、亲戚在一起聚餐，给新来的上门女婿一一作介绍。女家的家族，把上门女婿视为自己的家族，当成自家的儿子一样看待。因此，同辈与他称兄道弟、享有同等权利。赘婿到女家所生下的子女一般随母姓，被视为女家传宗接代的继承人。入赘男子对岳父母有养老、送终义务，并赡养、带好女方的妹妹。1998年之前，赘婿到女家后要随女方姓，也叫作改名换姓。2000年之后，赘婿保持原姓。

再　婚

离婚的人，如果再次结婚，那叫再婚。如果双方或者一方已经有子女，婚嫁一般领取结婚证而已，没有举行婚礼。如果双方都没有子女，而且都属于再婚，那么婚嫁程序一般简化，因为不好意思再给亲朋好友麻烦，不好再欠人情。如果再婚的人没有子女，而且对方没有结婚过的，一般走普通婚姻程序。

续　弦

结婚后，如果妻子不幸先于男子逝世，男子如果再娶一女作妻室，那俗称续弦或填房。男女双方如果还没有子女，一般按普通婚俗举办婚事。如果双方或者一方有了孩子，婚事则从简，有的领结婚证而已，其他程序都免了；有的请双方亲朋好友吃一餐饭就算结婚了，有的连结婚证都不去办就一起生活，这叫事实婚姻。婚后，此女要认亡妇的父母、兄弟、姐妹为亲父母、亲兄弟、亲姐妹；亡妇的父母、兄弟、姐妹也将此女认作亲女、亲姐妹；续弦夫妇必须履行两重娘家礼节。此外，婚前如果双方或者一方有了孩子，那么婚后，夫妻要认对方的子女为亲子女。

第四节　节日习俗

1989—2005年，全县各民族进一步融合，传统节日习俗无太大差异。这期间，经济社会和思想文化较快发展变化，传统节日的大部分内容还是沿袭过去，但一些习俗丧失了，增加了一些新内容，产生了一些新变化。

春　节

春节是民间最隆重传统节日。因为经济快速发展，日子越过越好，城乡居民购买的年货品种越来越多，除了鞭炮、糖饼、水果、春联、新衣服、茶叶，等等，还有买烟花、新家电、小孩玩具、自行车、摩托车等等。过去，城乡家庭几乎都手工做粽粑、米花，但是2000年后，许多青年家庭都不会做了，直接购买街上机器生产的。2000年后，一些城镇家庭购买的年货出现新宠，有吉祥的新式灯笼，有漂亮的花盆等等；最时髦、最令人羡慕的年货是搬入新楼房、买小轿车。

除夕，家家户户都杀鸡祭祀，如果不杀鸡，等于不过年。年夜饭是一年里最重要的一餐饭，也叫团圆饭，菜品丰盛，除了土鸡土鸭，一些家庭还有海鲜。往往下午4—5时就开吃，慢慢吃。除夕夜，许多居民比赛放烟花，看谁放得多、放得久。1995年后，随着村村屯屯通电，大家纷纷购买彩色电视机、液晶电视机，除夕守岁时，一家人一起收看央视“春晚”。

春节时，时兴打火锅，俗称“打边炉”。1990年前的火锅主要是圆筒土火灶和一个大铝碗，烧木炭、柴火。之后，有了工厂生产的专用铁火锅、铝火锅、钢火锅，烧木炭。1998年后，大家纷纷购买电火锅、电磁炉火锅，吃饭更方便了。

20世纪90年代，各乡镇均有龙狮队。大年初一和初二，龙狮队上街，敲锣打鼓，舞龙舞狮闹新春，逐一给城镇商店、家家户户拜年。当队伍到达门前时，店主、户主燃放鞭炮，扔炸龙狮队，龙狮队毫不畏惧，照样兴高采烈地舞龙舞狮。大约表演10分钟，龙狮队搭人梯，去摘取店主、户主张挂在门前的红包、饼糖等礼品。

2000年后，大年初一初二，机关单位职工、城镇居民兴起电话拜年、短信拜年，兴起开展游园、KTV、野外烧烤等文化娱乐活动。此外，一些城镇居民兴起外出旅游过春节。

元宵节

农历正月十五日叫元宵节，家家户户杀鸡供奉祖先，做汤圆、粽粑等，晚餐也较为丰盛。晚餐后，城镇小孩提灯笼游玩，并放鞭炮。民间主要活动为祭祀、许愿还愿等。民间认为过完这个节，那才算过完春节。之后，外出打工的开始出发，务农的开始下地干农活，读书的开始上学。

土地诞

农历二月初二，传说是“土地公”诞辰。一些村屯集体统一祭祀“土地公”，每户出钱10~50元，并派1个代表，一起买菜、煮菜、祭祀，一起吃一餐饭，一般不请道公做道场。农村家里如果有鸡鸭的，一般杀鸡杀鸭过节。2000年后，一些家庭不再过这个节。同日，城乡有祭拜新坟（包括新死或移葬的坟）的习俗，其扫墓的程序比清明节的稍微简单。关于祭拜新坟，有的村屯祭拜1年，有的村屯连续祭拜3年。

清明节

这是最重要祭祀节日。清明至谷雨期间，城乡居民都有到祖先墓地祭祀祖先习惯，俗称“扫墓”“拜山”。随着时代不断发展，1995年后祭品也出现新的变化。肉类的，除了鸡鸭鱼，还有烤猪、海鲜。糯米饭的，除了三色、四色，还有五色、六色的，绝大多数是用植物叶子浸染糯米，是绿色、生态食品。经幡的，过去是用白色砂纸剪制的，家家户户自己制作，后来出现了用五颜六色、花花绿绿的各种纸张剪制的。为了方便，许多人都去商店购买。少数人认为，这些新款经幡虽然好看、经久不坏，但少了传统味、民族特色。其他的纸祭品，除了衣服、鞋子、冥币，还出现了用不同纸质制作金元宝、金条、别墅、小车、手机、家电、摩托车、美女、帅哥等，五花八门。这些“礼物”，先是在坟前摆放一会儿，然后烧掉，这样祖先才能收到。

过去，家家户户做好祭品后，独自随时去扫墓，但是1990年后，扫墓方式渐渐变化。农村扫墓出现两个层次，一是家族凑钱一起扫共同祖先的墓，二是各家各户扫各自祖先的墓。前者一般每户或每人头30~100元，一起杀猪、杀羊等，一起祭拜，燃放的烟花鞭炮很多；有的在祖坟旁边做饭菜，美其名曰野炊，然后就地聚餐，家族大的，有十几二十桌；有的集中在一户家里一起做饭菜，一起上坟，之后回家聚餐畅饮。这种联宗祭祖现象越来越多，一般是同个村屯、邻近村屯的联合举行，也有跨县、跨市、跨省联合举行的。

这时节，除了扫墓，一些居民还请道公给祖坟“安龙”（壮语），安石碑。一些居民认为“安龙”，可以让祖先在阴界过得更安心、安静、安稳，可以唤醒龙脉，可以让祖坟吸收更多的天地灵气、日月精华，保佑后代丁财两旺、名利双收、富贵安康。“安龙”的道场就设在墓地，根据祖坟的吉时，有的夜里举行，有的白天举行。另外，大家根据各自的经济条件，有的请一两个道公，有的请五六个。

在清明节，学校师生、机关单位职工举行公祭活动，集体给革命烈士纪念碑敬献花圈，接受革命传统教育。2000年后，开始出现网上祭祀烈士的文明新风，越来越受到学生、青年的欢迎。通过看烈士的先进事迹、向烈士敬献花圈鲜花、留言等等方式，寄托哀思，缅怀革命先烈的丰功伟绩。

三月初三

民间认为，只有清明节时辰到了，万物苏醒了，祖先也才醒来，这时候扫墓才行。按照农历，一般清明节先到，然后才是农历三月三。但有时三月三先到，然后才是清明节。但是不管怎样，思林镇、印茶镇、江城镇和北部乡镇的一些壮族村落，一直坚持“三月三”才扫墓，其习俗跟清明节的一样。

端午节

即农历五月初五，20世纪90年代，城乡居民一般包大粽子，2000年后，越来越多城乡居民爱做、爱吃羊角粽。往往端午节没到，街上就已经有人卖羊角粽，而且越来越多。在门窗插上菖蒲叶片、艾草等的人很少了。

民间历来有端午采摘草药习俗，20世纪90年代，端午节前后，一些中老年农村居民挑草药到各乡镇集贸市场零星摆卖，以挣几个钱，补贴家用。购买者多是各乡镇的赤脚医生、老中医、卫生院等。2000—2005年，端午摆卖草药的人，在乡镇越来越少，在县城还较多，主要集中在庆平市场、芒果街。

平马镇百谷村、那恒村、小龙村等右江两岸的一些村屯或自发举办端午龙舟赛，或到外县去参加龙舟赛，有的还获得大奖。

六月初六

也叫农历六月初六，当时一般是水稻抽穗时节。过去，一些壮族村屯有祭田的习俗，端上鸡鸭等祭品到自家的田头祭拜，把用火灰做成的粽子、旗幡和彩纸插到田中央，上香火，烧纸钱，祈求田魂保佑水稻获得丰收。20世纪90年代后，此习俗消逝了，但农村居民一般过这个节，习俗主要是包粽子、做粽粑、杀鸡杀鸭；城镇居民一般不过这个节。

布努节

农历六月初六是布努瑶的一个传统节日。相传，始母“媒娓”（布努瑶语）女神，出生在农历的六月初六，布努瑶人尊“媒娓”为人类的女始祖、创世之母。每年“媒娓”生日，家家户户都用新米、新酒、羊、鸡、鸭、鱼等祭供始母“媒娓”女神，并跳金锣舞、唱山歌、吹唢呐，祈求始母“媒娓”保佑布努瑶五谷丰登，六畜兴旺，安康幸福。此习俗一直传承着。

乞巧节

即农历七月初七。20世纪90年代，农村居民有储存一坛“七水”，以用来染布、做醋、泡酸笋、煮药的习俗。2000年后，此习俗渐渐消失，但一些农村居民依然杀鸡杀鸭过这个节。七月初七，也是传说中牛郎织女相会的日子，因此也叫作“中国情人节”。2000—2005年，一些年轻人渐渐过这个节，或给情人送花、送礼物，或跟情人约会，或私订终身，或登记结婚，或举行婚礼，等等。

中元节

俗称鬼节，是壮族和汉族在清明节后另一个重要祭祀节日，壮族的鬼节从农历七月十二至七月十六，其中的七月十五不过。汉族的鬼节从农历七月十三至七月十五。

鬼节不可或缺的祭品是鸭肉和糍粑扁馍。城乡居民家家户户宰杀鸭子，取“煞压”之意。1989—1995年，许多壮族以吃肥肉多的鸭肉、鹅肉为光荣和时尚。鬼节前10天，为催肥鸭、鹅，往往每天两次用炒过的玉米粒、玉米粉馍强行填喂，俗称“填鸭”“填鹅”。1996—2005年，人们渐渐爱吃瘦肉了，“填鸭”“填鹅”现象渐渐少了。2000年后，觉得做糍粑扁馍麻烦、辛苦，越来越多的城镇居民不再做，而是购买街头摆卖的。

不论壮族还是汉族，鬼节最重要的一天是七月十四。这一天，城镇职工也一般请假回农村过节。这一天，壮族早上就杀鸭，做的菜最丰富，除了祭祀自家祖先，还祭祀土地庙等等，祭祀时燃放鞭炮、烧冥币、烧纸衣等等。祭祀结束后，亲戚好友往往互相请客吃饭。因此，男人们往往在这家吃一个钟头左右，然后赶着去下一家吃。一天下来，吃了许多餐。吃完午餐后，青年、中年妇女常常就带上孩子，带上鸭子，回娘家过节。而汉族一般下午才举行祭祀活动。

中秋节

即农历八月十五日，城乡一直沿袭祭月、拜月、赏月的习俗，但形式有所变化。

中秋节必不可少的是买月饼，吃月饼。20世纪90年代，市场上卖的月饼一般都是有外包装，没有内层包装，俗称“裸体月饼”；月饼的品种主要有莲蓉、豆沙、五仁、叉烧、水晶等，一般偏向油腻、甜腻。2000年后，出现水果月饼、鲍鱼月饼、茶月饼、玉米月饼、无糖月饼等等，清淡、生态、绿色成为大趋势；一些城镇居民兴起动手做月饼，买好自己喜欢的馅料，然后去月饼生产作坊制作、加工。极少数月饼有了内包装，但是外包装越来越豪华，有的比月饼本身价格还高。机关单位、企事业单位往往用公款购买月饼，发给职工，作为过节福利，也含节日慰问之意。一些干部职工往往赠送月饼给亲戚朋友。

吃过团圆饭，农村居民一般在庭院或楼顶祭月、赏月，城镇居民年轻人一般相约去郊外赏月。2000年后，在县城，县人民广场成为拜月、赏月的最热闹场所，也是孩子们提着各式各样灯笼游玩的好地方。

重阳节

即农历九月初九日，也叫敬老节。2000年之前，农村居民大都过这个节，给老人买新衣服，并杀鸡杀鸭，做糍粑，祭祀祖先和土地庙。之后，过这个节的农村居民逐渐减少。民间有到野外去采吴茱萸的习俗，据说那天采摘的药效最佳。

一些机关单位开展慰问老人、送温暖活动。一些社会团体、慈善机构、志愿者或到敬老院、五保村开展慰问活动，或开展文娱活动，或帮老人做卫生、理发，或开展义诊活动，或送礼物给老人。一些村屯则举办敬老节文艺晚会，或给老人聚餐。

十月初十

农历十月初十，壮语叫“十成”，意为秋收到来，收成很多。“十成”有句农谚：“十成下雨，戴笠到清明；十成不下雨，上京不戴笠。”农村居民过这个节，大多杀鸡鸭，做糯米糍粑，壮语叫“捣糍”。一些村屯的庙会就在这天举行。十月初十之后，各村屯陆续办庙会。城镇居民很少过这个节。

冬　至

二十四节气之一。城乡居民都过这个节，做汤圆、糍粑，杀鸡杀鸭，祭祀祖先和土地庙。农村居民菜品比较简单，但城镇比较丰盛。据说冬至腊的肉经久不变质，且清甜可口，一些居民开始做腊肉。

腊月二十三

壮族人一般都在厨房设立一个灶王爷神台，神位两边立一副对联：“玄皇上天奏好事，灶君回府报祯祥。”腊月二十三，家家户户下午杀鸡杀鸭祭祀，欢送灶王爷上天庭，向玉帝汇报户主一年的方方面面。那天祭祀活动宜早不宜迟，如果太晚，未到天庭天已黑，灶王爷看不见路，会生气，汇报时会多说坏话，玉帝会惩罚或不保佑户主。

从腊月二十三到年三十，天天都是吉日，各家各户清除房屋污秽，给厅房、庭院做清洁卫生，清洗床上用品，改灶或建灶，置办年货，欢欢喜喜迎接新年的到来。20世纪90年代以来，由于生活水平提高，许多农户在腊月二十三后陆续杀年猪，先是请亲朋好友吃一餐，然后将剩下的肉做腊肉。有些农户的腊肉可以吃上几个月，其中最好吃的是香肠腊肉。有的几户集资杀一头，然后平分做腊肉。

其他法定节日

2000年后，城乡居民的生活水平提高得更快，除了过传统节日，不少人还过元旦、“三八”妇女节、“五一”劳动节、“七一”建党节、国庆节等国家的法定假日，其习俗有赶圩购物、家庭加菜、聚餐烧烤、朋友野炊、走亲访友等等。尤其是国庆七天长假，举家外出观光旅游，是最时髦的方式。有些还趁着法定节日办喜事，美其名曰喜上加喜。

第五节 丧葬习俗

1989—2005年，田东丧葬礼俗绝大多数仍然沿袭旧俗，变化的只是少数程序。

正常死亡

随着生活水平提高，随着医疗条件改善，农村居民如果生病了，一般都去医院看病、留医。在医院留医的，如果医院认为不可救药了，病危了，病人家属火速运送病人回家里，希望到达家里后才断气。如果死在家外，认为不吉利，对后代不好。病人回到家，家人守护在床前，听候病人临终嘱咐，待其断气。2000年之前，病人断气后，丧家报丧方式主要是派几路人直接上门报告。2000年后，农村通电话、通手机了，报丧主要是打电话、打手机报告。整容、入棺收殓、设灵超度、守灵、出殡、续亲、吊孝、守孝、再葬等习俗一直沿袭过去的。

城镇机关单位干部职工逝世，除了有上述丧事习俗，逝者生前所在的单位往往还在逝者家里，在出殡之前，开追悼会。参加追悼会的人员主要是逝者生前同事、好友，其程序是念悼词，播放哀乐，敬献花圈，默哀悼念，以表哀思。

21世纪初，开始有火葬。有的县城机关单位干部职工逝世后，家人没有按照上述丧俗来办，而是直接送尸体去火葬场，举行简单的遗体告别仪式后进行火化，骨灰暂时存放在殡仪馆。待找个好坟地后，选个良辰吉日，领回骨灰，叫道公做道场，简单下葬。

其他死亡

36岁以上被杀、自杀、伤后死、难产死的，丧俗与正常死亡相同。36岁以下的人死亡，丧俗沿袭旧的，简单化。婴儿、孩童死亡的，不行丧礼，由家人简便裹尸、浅土掩埋，或者运送去火葬场火化。事后，如果外家、至亲得知噩耗，一般上门来安慰，俗称“消气”。

第六节 民间信仰和管理

民间信仰的场所主要是供奉神类的神庙，分为土地神、山河神等自然神类的神庙和历史人物的神庙。神佛类的民间信仰有观音庙、北帝庙、三元宫、母娘神庙，土地山神类的民间信仰有土地庙、龙母高庙等，历史人物神庙有神农庙、关帝庙、东岳庙、光禄大夫庙、岑三爷庙、乌斯兰将军庙、大王庙等。民众信仰、祭祀神庙，祈求神庙保佑平安健康、人畜兴旺、风调雨顺、五谷丰登、生意兴隆、消灾赐福等。2005年，全县有各种民间信仰场所1093个，其中祖先崇拜为主的98个，自然崇拜625个，民族崇拜50个，其他崇拜320个；面积500平方米以上4个，100~500平方米47个，50~100平方米190个，50平方米以下852个。

自然崇拜

县境内民间信仰主要有自然界因令人无法理解的现象而产生的种种崇拜，主要有崇拜天、玉皇大帝、王母娘娘、雷公、电母、雨师、龙神、河神、土地神、山神、城隍神等，由此而产生相应的祭祀庙堂。

自然神 对自然神的崇拜主要有诸天神及地神。天神类有天界诸神、玉皇大帝、王母娘娘、雷公、电母、雨师等，地神类有土地神、山神、河神、龙神、城隍庙与城隍等。

在民间，天是被当作一个高高在上、不可穷究、不可战胜的现象体。玉皇大帝被推尊为至高无上、统辖天下众神的至上神。因此仰望天空，向苍天拜祭的礼仪源远流长。

王母娘娘也是境内广泛崇拜的天神。王母娘娘又俗称西王母、瑶池金母，被视为赐给人类生命的神。许许多多民众家里都供奉花婆神，这就是王母娘娘。

土地庙 境内每个村屯都会有一座庙宇，称为“村庙”“土地庙”等，一般设在村屯风水好的地方。1989—2005年，各村屯、街道每年都举办一次庙会，祷告神祖保佑。庙会是农村居民集资举办的，有的村屯按人头来集资，一般每人20~200元。有的按户来集资，一般每户10~300元。

庙会的组织者或工作人员，没有固定的，大都轮换，其产生的方式有两种。一是选任制。每届1~3年，选出年事较高、有威望的人当会首和主拜，以及若干名管理人员。此外，轮流派几户农户做每届的工作人员。二是抽签制。每年通过抽签来定下家家户户的庙会事务分工，有会首1签、主拜1签，以及采购者、厨师、洗菜者、切菜者、收银者若干签，家家户户参加做工。会首的责任最重，一是组织、领导、管理庙会举办时的事务，二是每月农村传统节日、初一、十五等自觉到庙堂举行祭祀活动，三是日常看管庙会。

每年的庙会举办时间大多选在农历的九月至春节前，具体日子由会首请道公来选，然后再征求乡亲们的意见。庙会举办时长多的有3天，少则2天。

庙会的重头戏是请七八个道公做道场。第一天，道公入场后，先立幡栋，小的村屯立一面，大的村屯立三到五面，立在村庄四周，意为告示和邀请过往神仙参加本村屯的宴会。接着，道公敲锣打鼓，去泉眼、水井或河边请水神，并取一坛水，道长手拿柚子树的枝叶，沿着村道点水撒到各家各户家门，并给各家各户分发斋戒符，意思是给各家各户灵魂洗礼，保持净心参加庙会活动。

道公回到会场后开始念经。傍晚，大家在庙堂旁边聚餐。接着，全村男女老少都到庙会参与活动，观看踩花灯、轮流走仙桥等习俗。走仙桥的仪式中，村中新婚夫妇先过桥，以求得早生贵子。接着其他村民才过桥，以求得平安。2000年后，一些村屯有放电影、舞龙舞狮、举办群众晚会等等，成为一种民俗文化活动。

第二天，道公还要到各家各户进行“扫荡”（壮语）。道公在每家扫三把，厨房一把，厅堂一把，门前一把，意为把各家各户不好的东西扫除干净。接着分发平安符，叫各家张贴到大门上，以保佑家家户户平安。然后，各家各户拿着鸡鸭肉、冥币、冥衣、糯米糍粑等祭祀品到庙堂祭拜。祭拜时，道公做一系列法事。

下午约3点钟，各项法事做完后，道公倒幡栋，意为送各路神仙回家，送祖安祖。接着是聚餐，小的村屯全体成员参加，大的村屯每户派代表参加。傍晚，各家各户邀请亲朋好友、出嫁的女儿女婿等等参加晚餐。

祖先崇拜

县境内的祖先崇拜，除了设有崇拜孔子、神农、关帝、岳飞、光禄大夫等中华民族贤圣人物之外，还崇拜皇帝赐封为官、在当地有着崇高势力和威望的先祖。

境内崇拜中华民族贤圣人物的神庙，平马镇有文庙一座、关帝庙一座，思林镇有关岳庙一座，祥周镇有供奉光禄大夫庙一座。

供奉境内祖宗的主要有岑三爷庙。宋崇宁年间（1102—1106年），岑翔被宋王朝授予沿边溪洞军民安抚使后，其家族世袭任州、县土官长达23代。在平马、祥周、林逢、思林四镇沿右江一带的村屯设有岑三爷庙。

民间信仰管理

根据《自治区党委办公厅、自治区人民政府办公厅关于印发广西壮族自治区民间信仰活动管理暂行办法的通知》精神，对民间信仰场所进行编号登记管理，分甲、乙两类进行登记，甲类民间信仰活动场所50~200平方米及以上，乙类民间信仰活动场所为50平方米以下。

按照属地管理原则，由乡镇、村落实管理责任，形成以县级宗教事务部门为指导，乡镇负责日常管理，村委会（社区）协助管理日常事务，场所自我管理的工作格局。引导民间信仰活动场所自觉抵御境内外敌对势力的渗透，依法开展民间信仰活动，促进民间文化繁荣。

第七节　禁忌

生产禁忌

打猎、捕鱼、抓鼠等活动，忌对别人讲明自己到何地方办何事，认为犯禁就会一无所获。忌空手抓鸟、捕鱼，有“白手（空手）捉雀，不死眼也白”之说。

如果要出车或远行，忌煮夹生饭和打烂器皿，认为犯禁会发生重大事故。行船，忌用匙羹舀汤，认为会导致翻船、沉船。做生意的人忌别人跨过其称具、器物，认为会导致生意萧条。

屠夫忌直呼猪肝，而改称“猪湿”，认为叫猪肝会使财产慢慢“干”掉。忌称猪脾脏为连贴，而改称“横利”，认为称连贴会连连贴本，而称“横利”则可以发横财。

养家禽，忌公鸡打乱报晓时辰，忌母鸡下软蛋、怪蛋，认为会导致鸡群发瘟疫或给主家带来灾难。养猪，忌猪一胎生一头、狗一胎生七只，认为会导致主家不幸。忌别家的猪闯进家门，认为会给主家带来灾难。

如果得意外财物，忌隐瞒蚀吞，需做“神福”，请亲友吃一餐，否则认为会得而复失。妇女和牲畜怀孕，忌把新砍竹木搬进家里，认为会导致流产、难产或胎死腹中。

生活禁忌

农历每月初一、十五，忌碰见“法婆”，怕“法婆”施放“符法”，而导致生病。每到新地方，忌乱摘别人果子，认为别人会在果子上施放“符法”。

走路忌在女人所晒衣物之下经过，认为会给自己带来晦气。夫妻到娘家不得同床而眠，认为会给娘家带来灾难。未出嫁姑娘更不得让男人在父母家跟自己同眠，有“引汉上床家败人亡”之说。

建房子时，忌将挑手对准别人大门，如果地形所限，无法调整的，即在挑手上钉一块木板，以消除灾难。建房时，忌大门对准路口，如无法避开路口，则在门口与路口之间，立一块写有“泰山石敢当”的石碑。

每年中元节前后，禁止小孩到江河游泳，认为此时鬼魂活动频繁，会拉小孩去做“替身”。小孩吃饭忌用汤水泡饭，认为犯禁将来长大结婚之日会下大雨，活动不便。小孩忌吃鸡肠、鸡血、鸭头，认为吃了鸡肠，写起字来和鸡肠一样歪歪扭扭；吃了鸡血，磨墨不黑；吃了鸭头，走路会惹小蚊虫来骚扰。

新丧父母的孝男孝女及坐月未满月的产妇忌到别家串门，不得参加喜庆活动，认为会给别家带来晦气。忌在屋内煮蛇肉，传说屋内积尘掉进蛇汤，吃后会生麻风病。忌坐或站立在门槛上，认为会挡住财源来路。忌从内向外扫地，认为会将财气扫出。

忌用单手捧饭、茶、酒之类给客人或长辈，否则被认为对客人或长辈不尊敬。忌背手敬酒。

第三章　宗教

田东宗教主要有基督教、道教、佛教。基督教有组织，有活动场所，也经常开展集体活动。道教和佛教没有组织和活动场所，也没有经常开展集体活动。县宗教事务管理部门依法管理宗教事务，群众正常合法宗教活动受到保护，宗教信仰得到尊重。

第一节　宗教事务

机构设置

1989—1993年，民族宗教工作是统一战线工作的一部分，职能归属统战部管理。

1994年8月，根据中共中央和自治区党委关于加强宗教工作的通知精神，成立田东县民族宗教事务管理局，行使全县民族宗教事务管理职能，配局长1人，科员1人。

1997年，田东县民族宗教事务局并入县委统战部，职能亦归县委统战部管理，由一名副部长和一名科员干部分管宗教工作，配工作人员1名。

2002年，田东县机构改革，宗教工作职能从县委统战部分出，成立宗教事务办公室，编制1名，设副主任1人。

1989—2005年历任民族宗教事务管理局局长、宗教办主任：刘军（1994年9月至2002年2月）、黄正义（2009年10月至2011年8月）。

宗教管理

1989年，宗教工作职能属县委统战部。管理工作主要是宣传宗教信仰自由政策，依法对宗教事务进行管理，充分发挥爱国宗教团体的作用，打击利用宗教进行的犯罪活动。教育和引导宗教人士在国家法律法规允许的范围内开展宗教活动，引导信教群众知法守法、爱国爱教，搞好团结，正确处理信教群众与不信教群众之间的关系，共同推动田东经济社会发展。

1994年，加强对宗教事务管理，防止海外敌对势力利用宗教渗透，揭露违反国家民族宗教政策的现象，打击利用宗教合法身份进行敌视我国现行法制的活动，引导全县各聚会点教徒开展正常的教务活动。

1999年，制定《田东县关于建立农村宗教管理工作责任制的意见》和《田东县关于接待境外宗教人员的管理试行办法》，规范农村宗教管理，纠正教点管理人员接待境外宗教人士的随意性。依法对宗教点进行年度检查，对存在问题的堂（点）限令整改。全年举办4期宗教点管理人员学习班，有78人次参加。

2001—2002年，建立健全县、乡、村三级宗教管理网络，加强对宗教教职人员及信徒的教育。打击利用宗教进行的非法活动和思想渗透。要求教职人员在涉外工作中遵守“自传、自治、自养”原则和维护国家利益，划清宗教与各种邪教组织、反动组织、非法组织的界限，组织信徒与邪教作斗争。对全县13个基督教堂（点）进行年检，暂缓登记的堂（点）有2个。

2004年，坚持依法管理宗教事务，坚决抵御国内外非法传教活动。有6名外国人员到平马、祥周、祷午、朔良等乡镇进行非法传教，有关部门及时制止，并没收非法散发的60多袋宣传资料。同时规定，来访宗教人员要报批和登记，禁止各宗教堂点接受境外宗教团体以渗透为目的的宗教津贴和传教经费。开展创建五好宗教活动场所工作，宣传宗教政策法规，规范财务管理制度，引导信教群众加强学习宗教知识，提高分辨邪教的能力。

2005年，《宗教事务条例》颁布实施。举办2期培训班，组织全县宗教团体负责人和教职人员以及宗教后备人员学习该条例。依据条例的精神，加强对宗教活动场所登记管理和清理整顿，撤销思林镇那周点、平塘点两个教点，设思林镇思林街基督教聚会点、义圩镇义圩街基督教聚会点。督促那拔镇平王村甫必点、平马镇游昌村局兰点、印茶镇陇贵村陇外点等8个点建立健全《财务管理制度》《教会管理制度》《境外来访人员管理制度》等，促进了宗教活动场所内部事务管理科学化、规范化。

第二节　基督教　道教　佛教

基督教

20世纪80年，田东信仰基督教的民众渐渐多起来。1991年12月，田东基督教三自爱国会成立。其宗旨是：坚持自治、自养、自传，独立自主自办教会原则，带领全县基督教徒爱国爱教、荣神益人；遵守宪法、法律、法规和国家政策，弘扬高尚的道德风尚；增强教内外团结，为办好教会提供服务，引导全县基督教徒为构建社会主义和谐社会发挥积极作用。主要职责是协调基督教内外事务，增强教内外团结，为全县基督教界稳定和谐提供服务。该会下有平马基督教会和朔良乡元色村农抗屯基督教聚会点。1991—2005年，田东基督教三自爱国会负责人为陈明亮牧师。

1989年，全县合法的宗教活动场所有平马基督教会和朔良乡元色村农抗屯基督教聚会点，信徒人数388人。1992年，全县有基督教活动的场所新增加仑圩聚会点、义圩乡福旺村伏塘屯聚会点、那拔乡平王村甫必屯聚会点。信徒人数737人，分布在10个乡镇53个村（街）、6个地县直单位及地区驻田东县的1个部门。

1995年10月，全县基督教会设平马教堂、仑圩教堂、农抗教堂；设10个信教徒聚会点，分别设在朔良乡街上，义圩乡福旺村伏塘屯，那拔乡平王村甫必屯，印茶乡陇贵村陇外屯，思林镇百笔村平塘屯、那周屯，布兵乡壮东屯，祥周镇新洲村，作登瑶族乡作登街，平马镇局兰屯。信教徒聚会堂点均按国家宗教事务局的有关规定给予注册登记。至1995年年底，全县基督教徒分布在10个乡镇96个村（街），驻田东的区直单位4个，地直2个，县直单位20个，参加教会共472户1633人。其中，正式信徒1045人，慕道友178人。

2001年，全县基督教有4个教堂，9个聚会点，分布在13个乡镇的89个村（街）226个自然屯、县直单位及驻县、区地直单位等，共有信徒1563人。教徒中30岁以上1286人，30岁以下277人，女性占70%，男性占30%。

2003年，田东县境内经批准设立的宗教组织主要有基督教，年检后设有4个堂9个聚会点，其中教堂4个，分布在平马（南华路120号）、祥周（仑圩村仑圩屯）、作登（作登街）、朔良（元色村农抗屯）等4个乡镇；聚会点9个，分布在平马（游昌村局兰屯）、印茶（陇贵村陇外屯）、思林（百笔村平塘屯、百笔村那周屯)、布兵(布兵街上)、义圩(福旺村伏塘屯)、那拔(平王村甫必屯)等7个乡镇,全县共有宗教教职人员32人,执事80人,信徒1905人,一般信从约500人,职工退休后信教6人。信徒主要分布在本县13个乡镇及邻县3个乡镇的95个村(街)226个自然屯,15个县直单位和驻本县的区、市直单位。

2005年,全县有12个基督教堂,一个基督教聚会点,全县宗教信徒1907人。

道 教

全县信仰的道教大多是民间的正一派道教,道士授箓由民间师承法派传授。戒律有所放宽,这些道士可以娶妻,可生儿育女,可以喝酒吃肉,日常活动以正一道教的科仪为主。道士是各村屯一年中各种重大的祭祀活动的主导。民间信仰道教主要为亲人死后开展的斋醮法事,为新生小孩做“三朝”“满月”,为老人“过生日”或为家庭及家庭成员做的祈福消灾等。道教没有活动场所,信徒没有开展集体宗教活动。

佛 教

县内信徒一般在家烧香拜佛,吃斋念经,没有佛教活动场所,也没有开展集体佛教活动。

第四章 语言 文字

县内主要语言有汉语、壮语和瑶语。汉语主要有白话、蔗园话、普通话，讲白话、蔗园话的主要分布在右江两岸的村庄和街道。讲壮语的人数在全县最多，但是壮语在不同乡镇、不同村庄有一定的差别，南北乡镇的壮语差别大。全县通用的交际语言是普通话，县城也是以普通话为主。

第一节 汉语

普通话也叫国语。1989年之前，全县会讲普通话的人主要是城镇人口和农村的中青年；农村的老年人一般不会讲，即使会讲，也只是简单的日常用语，而且夹杂着浓浓的壮语，被称为“不懂话”“南方版普通话”。1989—2005年，随着民族大融合，文化繁荣发展，人流量增加，以及普通话的普及，会讲普通话的越来越多。尤其是农村幼儿园越来越多，许多小孩自小就学普通话，而且发音比较标准。除了熟人交流，陌生人之间交流往往用普通话。

蔗园话也叫平话，主要分布在右江沿河一带的村镇，以平马镇的蔗园话为代表，2005年全县使用人口约1.5万。讲蔗园话的，叫蔗园人。1989年以来，因为民族大融合、大交流，蔗园人也会讲壮语、白话，但几乎没人会讲瑶话。

白话也叫粤语，主要分布在平马、思林镇街上，2005年，使用人口2.1万人。讲白话的人，其祖宗多是从广东、南宁等迁移到田东定居的。讲白话的人，很少有人会讲壮语、瑶语、蔗园话，即使会讲，也只是几句“漏野”（不标准）的而已，往往一开口就跑腔跑调，差别很明显。

第二节 少数民族语言文字

壮 语

田东县的壮语主要分为中部、南部和北部三种，其中中部壮语与标准壮语差别较小，南部、北部壮语跟标准壮语差别较大。1989年以来，由于民族大融合、大交流，加上普及教育、扫除文盲、外出务工学习、村村通电视广播、通婚等原因，许多壮民均会听或会讲普通话、白话、桂柳话、蔗园话等几种语言。进入21世纪后，因为普通话普及，因为普通话是国语，当孩童会讲话时，许多壮民就启蒙孩子讲普通话，日常交流也以讲普通话为主。为此，2000年以后出生的孩子，有的会听一些壮语，有的连讲壮语都不会。有人认为，用不了多久，不会讲壮语的壮族人将越来越多；也许再过几代人，许许多多壮族人都不会讲壮语了，如果这样，还叫壮族吗？

田东壮族不仅有壮语，而且有壮文。壮文产生的历史悠久，壮文主要有古壮字和拼音壮文，是借用汉字和拉丁字母并凑而成。但是除了部分干部之外，许多人并不知道有壮文。

古壮字 古壮字也叫方块壮字，或称土俗字，壮语称为sawndip，意即生造字。这就是史籍所称的“土俗字”，又叫“方块土俗字”或“方块壮字”。这种文字有的是借用汉字的偏旁部首重新组合而成，有的是借用汉字注壮语音义，有些是创造的类象形字。它是壮族先民在长期的生活生产斗争中仿效汉字六书的构字方法创造，并不断发展形成的一种本民族文字。古壮字和壮族的语言相一致，一直在壮族民间流行，应用于生活的各个领域，是壮族人民用以传情达意，陈理记事的工具。流传于全县的有壮族民间十月怀胎经书、歌谣、剧本、寓言、楹联、碑刻、药方、家谱、契约、俗语、谚语、歇后语以及民间的神话故事和传说等，许许多多是用古壮字记录，应用于当时，流传于后世。古壮字虽然从古到今一直沿用，显示了较强的生命力，但始终未能成为全社会通行文字，这与文字本身的缺点有很大的关系，方块壮字比汉字还要难写、难读、难记。这三难本是汉字的严重缺点，而方块壮字大多是用两个以上繁难的汉字组合而成，因此更显得笔画繁多，结构复杂，非常难写。此外，还有许多字不能见字读音，必须一字一字地认记，十分难读。其次，方块壮字不是超方言文字，不同的方言有不同的文字形体。再次，方块壮字以汉字的读音去记录壮语词的读音，难做到准确，因为汉语语音和壮语语音是两个不同的系统，两者有很大的差别，所以用前者去记录后者，必然有误差，而这种误差则使文字失掉科学性。

拼音壮文 由于方块壮字存在上述的缺点，使它在公共场合很难有立足之地，只用于民间小范围内流行，不为历代政府和学校所采用，这就限定了它不可能成为全民族通用的文字，所以使用的人也不多。中华人民共和国成立后，为了能更准确记录、学习壮族文化，为了提高壮族人民的科学文化水平，国务院帮助广西创造了拼音壮文。这套拼音壮文以拉丁字母为字母，并加上数个特殊字符去标示壮族特有的发音和音调。这套字母方案以壮族北部方言为基础方言，以武鸣县的壮语语音为标准音，一直在全国通用，不只广西境内的官方机构都挂有汉、壮双语的门牌，人民币上亦印有这种新文字书写的发行方中国人民银行及面额。至此，壮族人民有了合法的、统一的文字。

壮文有26个字母，即a、e、i、o、u、w六个字母是元音字母，b、c、d、f、g、h、k、i、m、n、p、r、s、t、v、y十六个辅音字母，j、q、x、z作声调符号，h既作辅音，又作声调符号。它的结构是由声（声母）、韵（韵母）、调（调值）结成。

壮文有声母22个，（声母的读法在后面加元音a或e以便分辨），可以把声母编成以下四组来读：（1）b（a）、m（e）、bm（a）、f（e）、v（e）；（2）d（a）、nd（e）、n（a）、s（e）、l（e）；（3）g（a）、gv（e）、ng（a）、h（a）、r（a）；（4）c（a）、y（a）、ny（a）、ngv（e）、by（a）、gy（a）、my（a）。

壮文有韵母108个，由6个元音字母〔a（短a用ae表示）、o（短o用oe表示）、e、i、u、w〕或元音字母加韵尾构成。可以做韵尾的元音或辅音是：i、u、w、m、n、ng、p、t、k、b、d、g。

舒声韵（48个）分为单韵母、复合韵母和鼻音尾韵母。

①单韵母6个（无韵尾）a、e、i、o、u、w

无韵尾　　ai、ae、ei、o、ui、wi

②复合韵母12个（分别有加i尾、u尾、w尾）

加i尾	ai、ae、ei、o、ui、wi
加u尾	au、aeu、eu、iu、ou
加w尾	aw

③鼻音尾韵母30个（分别有加m尾、n尾、ng尾）

加m尾	am aem em iem im om oem uem
加n尾	an aen en ien in on oen uen un wen wn
加ng尾	ang aeng eng ieng ing ong oeng ueng ung wng

塞声韵分为高音组30个和低音组30个，共60个。

高音组	ap aep ep iep ip op oep up at aet et iet it ot oet uet ut wet wt ak aek ek iek ik ok oek uek uk wk
低音组	ab aeb eb ieb ib ob oeb ueb ub ad aed ed ied id od oed ued ud wed wd ag aeg eg ieg ig og oeg ueg ug wg

壮文采用取部分标调的办法标写声调，所有标调的字一律只标本调，不标变调。壮语舒声韵有6个调类，除第一不标调外，其余各调分别用z、j、x、q、h五个字母来标写，塞声韵有两个调类，用高音组p、t、k和低音组b、d、g两套韵尾来表示，其读法如下：

调类			表示方法	调值	例字
舒声韵	第一调		不标调	中升	Son教
	第二调		后加z	低降	Mengz你
	第三调		后加j	高平	Hwnj上
	第四调		后加x	中降	Max马
	第五调		后加q	高升	Gvaq过
	第六调		后加h	中平	Dah河
塞声韵	高音组	短元音	用p、t、k作韵尾	高平	daep肝
		长元音	（同上）	高升	dap塔
	低音组	短元音	用b、d、g作韵尾	中平	daeb叠
		长元音	（同上）	中平	gab挟

瑶　话

田东县的瑶族绝大多数操布努语东努土语，主要分布在作登瑶族乡，祥周镇的驮仙、陇造、均宁村，以及思林镇的龙邦、三百、新圩、兰芳、江山村。20世纪90年代以来，由于民族大融合、大交流，加上普及教育、扫除文盲、外出务工学习、村村通电视广播等原因，大部分瑶民均会听或会讲普通话、壮语、桂柳话等几种语言。21世纪以来，为了方便今后上学容易学知识文化，当孩童会讲话时，许多瑶民就教孩子讲普通话，日常交流也以讲普通话为主。为此，一些孩子会讲的瑶话比父辈们少。长期居住在瑶寨的中老年人讲的瑶话最地道。瑶族没有自己的文字。

第三节　少数民族语言文字事务

机　构

1982年，成立田东县壮文推广办公室。1987年10月，成立田东县少数民族语言文字工作办公室，与田东县壮文学校合署办公，一套人马，两块牌子；属事业单位，机构级别待定，暂定事业编制18名，经费来源从自治区少数民族语言文字工作委员会拨给经费中支付。

1991年2月，田东县少数民族语言文字工作办公室与田东县壮校和田东民族中学划分。田东县少数民族语言文字工作办公室（以下简称为县民语办），编制定为4名，属事业单位，经费来源按原定不变；领导职数为1正1副。2005年，实在职干部6人，其中主任1人，副主任3人，其他干部3人。

1989—2005年，田东县民语办历任主任：岑笃炎（1987年10月至1994年2月）、黄绍鲜（1994年2月至1996年11月）、黄大将（1996年11月至1998年7月）、潘润泽（1998年7月至2002年8月）、李燕飞（2002年8月至2002年10月）、韦炳耀（2003年1月至2005年12月）。

壮语调查

1999—2000年，按照自治区要求，田东安排专项经费8000元，开展少数民族语言文字的分布和使用情况调查。调查组深入5个乡镇10个行政村落实调查样本50个，深入上级驻县单位落实调查样本10个，均能如实回答问卷所需调查的内容，圆满完成调查任务，为自治区进行少数民族识别工作提供了重要参考依据。

壮汉文翻译

全县壮汉文翻译主要是对全县法定单位牌匾、印章进行壮汉翻译，以及制作每年“壮族三月三”活动节的壮汉“双文”宣传标语、横幅等，没有对其他书籍进行翻译和出版。

壮语科技下乡

2001—2005年，先后下乡播放壮语方言科技电影100场次，印发种养科技资料4万多张，广大壮族群众通过本民族的语言学习、掌握了一两种农村实用种养技术，促进了生产生活水平提高。

壮文进学校进单位

1989年之前，全县壮文试点小学有九合、三合、平洪、东往、义圩、福旺、巴麻、江城、英竹、达龙、宝达、作登、那拔等13个，学生人数714人。由于种种原因，1989年全县壮文试点小学调整为九合、三合、平洪、东往、英竹等5个，学生人数614人；县壮文学校招收新生3个班，学生135人。1990年8月，撤并县壮校、壮文小学试点，转交县教育局管理，从此不再有壮文进校授课。1995—1999年，每年举办壮文基础培训，对志愿报考壮语专业的学生进行培训，完成自治区下达每年定向招田东县籍学生2人的任务。

1994年，为县直有关单位主要领导各订1分《广西民族报》（壮文版），宣传民族语文语言文字工作，让他们认识壮文，理解壮文，争取他们支持民语工作。

1998年，全县应挂未挂壮汉两种文字书写单位牌匾的149单位按时完成壮汉两种文字牌匾挂牌工作，机关单位和社会团体的壮汉文翻译公章也顺利完成雕刻。

2004年，自治区民语委在田东县举办百色首届壮族歌手壮文培训班，培训时间3个月，参加培训班的学员30名，其中田东县20人，外县10人。通过培训班，学员们掌握了壮文的声、韵、调，能拼读《广西民族报》壮文版刊登的文章。

田东县志
（1989—2005）

第二十四篇

乡镇简介

1989年，田东县有11个乡（包括1个瑶族乡）、2个镇。1996年，祥周乡、林逢乡改为祥周镇和林逢镇。1998年，朔良乡、江城乡改镇建置。2000年，祷午乡、布兵乡、印茶乡改镇建置。2002年，义圩乡、那拔乡改镇建置。至此，田东县有11个镇、2个乡（包括1个瑶族乡）。2005年5月，田东县撤销布兵镇，整建制并入祥周镇；撤销祷午镇，整建制并入林逢镇；撤销坡塘乡，整建制并入思林镇。2005年年底，全县辖平马镇、祥周镇、林逢镇、思林镇、印茶镇、江城镇、朔良镇、义圩镇、那拔镇、作登瑶族乡，即全县共有9个镇、1个瑶族乡。

第一章 镇

第一节 平马镇

平马镇位于北纬23°31′06"~23°44′30"，东经107°03′42"~107°14′16"。地处田东县中部，为田东县人民政府驻地。东接林逢镇，西连祥周镇，南临作登瑶族乡，北界朔良镇。境内地势北低南高，中间为平原地带，呈盆地形状，平原、山地和丘陵分别占全镇面积的30%、35%、35%，六好山为全镇最高峰，主峰海拔732.9米。境内河流属珠江流域西江水系，主要有右江河、龙须河。右江河属常年河，四季通航。全镇总面积214.82平方千米，镇人民政府驻油城路金合巷1号。

唐开元（713—741年）中，置横山县，治今县城，属田州。天宝元年（742年），横山县改隶田州改设的横山郡。乾元元年（758年），横山县改隶横山郡改设的田州。宋绍兴三年（1133年），横山县废改为横山寨。嘉靖七年（1528年），置田宁府，治今县镇，领辖田州。次年十月，田宁府废。民国22年（1934年），设有平马乡，因地处宋代横山寨系马匹交易市场，且地势平坦，旧称“平马”。乡以此名。属奉议县。次年冬，恩隆县易名田东县，并迁治今镇，属天保行政监督区。民国25年（1936年）10月，田东县改属百色行政监督区。民国29年（1940年）4月，田东县改属第十行政督察区。民国31年（1942年）3月，田东县改属第六行政督察区。民国33年（1944年）11月，田东改属第五行政督察区。1949年12月5日，田东县解放，属百色专区。1956年3月2日，田东县改属桂西僮族自治州百色地区。1958年1月25日，田东县改属百色专区，设和平公社。1961年，分平马镇和城郊、百林2个公社。1962年，城郊、百林2个公社改为合恒区。1966年，合恒区复改为合恒公社。1971年，田东县改属百色地区。1984年，合恒公社改称平马镇至今，下设16个村委会、5个居委会。1988年，平马镇设16个村公所、5个居委会、97个村委会。2002年，田东县改属百色市。2002年，撤销原5个街道居委会，即南华、庆平、中山、乐善、德新居委会，设立5个社区，即古城社区、文教社区、广场社区、城西社区、油城社区。2002年末，平马镇辖古城、文教、广场、城西、油城5个社区和游昌、升太、四平、合恒、上法、百谷、牛行、靖逸、小龙、合乐、东达、百林、子安、梅桑、怀民、梅宁、新乐等17个村委会，总人口7.85万。其中新乐村是移民新村，1993年实施开发，1999年设立村民委，总户数100户，人口593人，其中从作登瑶族乡迁来60户361人，从布兵乡迁来40户232人。

平马镇是县城所在地，是全县的政治、经济、文化中心，其发展基础、条件比其他乡镇优越，农业、工业、服务业和社会事业领先其他乡镇。1989年，全镇16个村全部通车。建成水利工程主要有自流水库、电灌站、水泵站、拦河坝等工程198处，有效灌溉面积2066.73公顷。当年，粮食种植面积4236.67公顷，产量19928吨。种植甘蔗830.53公顷，产量28253吨。芒果种植面积201.13公顷，产量261.62吨。蔬菜种植457.67公顷，产值835万元。耕牛年末存栏7912头，生猪存栏31321头，家禽15.36万只。渔业产值156.21万元，水产品量280吨。乡镇企业有农具厂、油毡厂、平马纸厂、工建公司、平马旅社、加油站、木器厂等10个，从业人数4000多人，年产值3875万元。商业网点有21个，社会商品零售额400万元。1989年，全镇工农业产值5000万元，其中农业总产值2240万元；经济总收入2204万元，农民人均年纯收入389元。有初中校8所，28个班，学生1675名，教师90名；完小16所，小学教学点21个，231个班，学生8211名，教师387名。卫生院1所，医务人员25名，病床95张，村医23名，接生员41名。

20世纪90年代前期，平马镇着力培育香米、甘蔗、芒果、蔬菜、香蕉五大支柱产业，促进农业增产，农民增收。同时，加快乡镇企业技术改造，推动企业加速发展。1995年，粮食种植4112.4公顷，粮食总产量20820吨。甘蔗种植面积888.4公顷，总产41444吨。芒果1988.67公顷，香蕉573.73公顷，水果总产量12793.56吨。肉类总产量2701吨，其中水产品1130吨。油毡厂、平马纸厂等乡镇企业全面进行技术改造，提高了经济效益，1995年乡镇企业总收入33002万元，总产值23503万元。1995年，平马镇国民生产总值13005万元，其中，工业总产值4805万元，农业总产值8200万元；完成地税收入871万元，农民人均年纯收入1958元。计划生育率94.99%，扩建校舍1057平方米。

20世纪90年代中后期，平马镇发展呈现三个特点：一是创建农业示范基地，加大农业科技推广；二是加快发展服务业，激活经济；三是多方筹措资金，破解“融资难”。成立农村合作基金会，筹资股金800多万元，融资700多万元，支持农民创业就业。在小龙村建成百色地区最大的水稻旱秧栽培基地，水稻旱育稀植和抛秧技术推广面积达100%。引进外地老板投资2000万元，建设百林村133.33公顷高产香蕉示范场。举办各种实用技术培训班，提高群众职业技能。投资建设小龙村农贸市场、中山农贸市场、城西果菜批发市场等商业贸易网点，促进服务业发展。百谷、四平、升太、合恒、小龙、上法、怀民等行政村率先步入百色市30个首富村之列。平马镇为百色十强乡镇之一和广西名镇之一，曾获得广西首富镇和自治区文明镇等殊荣。2000年，全镇农业总产值1.62亿元，粮食总产量13557吨，水果总产量39019吨，甘蔗总产量5.35万吨，肉类总产量3922吨。财政收入2307万元，其中地方收入961万元；农民人均年纯收入1693元。个体综工商户和私营企业发展到3735家，乡镇企业总收入11.17亿元，上缴税金1080万元。

2002年，平马镇百林村群众搬运香蕉（平马镇人民政府提供）

2005年，全镇以项目建设为抓手，推动经济社会发展，各项指标走在乡镇的前列。单独实施项目建设28个，配合县实施项目建设20个，项目投资总额7亿元，其中农村水、电、路等基础设施投资900多万元。同时，加大科技投入生产，科技对经济增长贡献率55%。全年生产总值38000万元，其中农业总产值27146万元。粮食总产量17293吨，甘蔗产量110560吨，水果产量32580吨，大牲畜存栏7306头，水产品产量4285吨。新增个体工商户904户，私营企业13家，非公经济上缴税收2350万元，财政收入4062万元，农民人均年纯收入2728元。2005年，镇属有2所初中、1所中心小学、15所完小、43个

2005年10月，平马敬老院一角

（平马镇人民政府提供）

教学点。农民参加新型农村合作医疗率达80%。

1989—2005年平马镇人民政府历任镇长：

李刚（1987年10月至1990年10月）、黄炳功（1990年10月至1992年12月）、梁海枪（1992年12月至1996年7月）、苏秀冬（1996年7月至1999年3月）、腾雄（1999年3月至2003年1月）、陆最将（2003年1月至2006年8月）。

第二节　祥周镇

祥周镇位于北纬23°30′28"~23°47′13"，东经106°53′52"~107°10′18"。地处田东县城西部，东靠平马镇，南接作登瑶族乡、田阳县五村乡，西邻田阳县百育镇，北连那拔镇。境内大部为右江河谷，地势略为西高东低、南高北低，最低点右江河海拔15.6米。主要有右江河穿越新洲村、祥周村、百银村，属常年河，四季通航。总面积262.4平方千米。镇政府驻祥周村，距田东县城区6.6千米。

唐开元（713—741年）中，置田州，治今镇祥周村旧州屯，领惠佳、都救、横山、如赖、武笼等县。天宝元年（742年），田州改为横山郡。乾元元年（758年），横山郡复改为田州。贞元二十一年（805年），田州废。后复置为田羁縻州。五代及宋因之。元改田羁縻州为田州路，领思恩、果化、向武、奉议、上隆、归德、都康等7个土州和上林、富劳等2个土县，隶属广西两江道宣慰司。明洪武二年（1369年），田州路改为田州府。洪武十七年（1384年），田州府增划辖省废了的来安府。嘉靖七年（1528年），田州府降为田州，并迁治今田阳县城，隶田宁府。次年十月，田州改直隶广西承宣布政使司，并复迁治今镇祥周村旧州屯。清康熙三年（1664年），田州改隶思恩府。光绪二年（1876年），田州改为恩隆县，并改隶百色直隶厅。民国2年（1913年）8月，恩隆县隶属田南道。民国16年（1927年），恩隆县直隶广西省。民国19年（1930年），恩隆县改属恩隆民团区。民国21年（1932年）4月，恩隆县改隶百色民团区。次年7月，恩隆县改属天保民团区。民国23年（1934年）3月，恩隆县改属天保行政监督区。是年冬，恩隆县易名田东县，并迁治平马镇，今镇域设有祥周等乡（因祥州村而名。祥周原为“州”，后讹为“周”，意为吉祥包围之意，因以名村）。1950年，为第二区。1956年，改为祥周区。1958年，初设飞跃公社，后改称祥周公社。1961年，分设祥周、仑圩2公社。次年，改设祥周区。1966年，复设祥周公社。1984年，祥周公社撤销分设祥周、布兵2个乡，分设下设11个和8个村委会。1989年祥周乡设11个村公所、98个村委会，布兵乡设8个村公所、34个村委会。1996年，祥周乡撤乡改为镇。2005年，布兵镇撤销并入祥周镇，辖祥周、百银、甘莲、九合、新洲、中平、百渡、仑圩、联福、联合、联雄、康元、那达、布兵、保利、模范、睦群、民安、驮仙、陇造、均宁等21个村委会，总人口6.78万人。其中：那达村是移民新村，1994年实施开发，1998年设立村民委，总户数76户，人口380人；从作登瑶族乡迁来46户，250人，从布兵乡迁来30户，130人。

祥周具有区位优势，农业发展基础好。1989年，全镇发展粮食种植3543.2公顷，总产量20051吨。甘蔗种植274.87公顷，总产量10023吨。水果种植388.93公顷，产量15311吨。蔬菜种植244.73公顷，总产量2831吨。工农业总产值2721.91万元，经济总收入2335.82万元，农民人均年纯收入474.37元，乡镇企业总收入181万元。设有初级中学2所，村完小11所，教学点10个，在校小学生5337人，初中生1720人，教职工328人。卫生院有职工32人。有祥周、新洲、仑圩、联雄、中平5个村级农贸市场。

20世纪90年代初，祥周镇被定为自治区商品粮食基地、百色地区芒果和香蕉生产基地。抓住这个机遇，祥周建设以粮、蔗、鱼、菜为主的邕色公路两旁综合经济开发带，以及以粮、蔗、果、瓜为主的南昆铁路两旁综合经济开发带，并大力推广和普及农业技术。1995年，香蕉连片种植33.33公顷以上

2005年6月，祥周镇人民政府大院　　（吴双全/摄）

的有6片，芒果连片种植33.33公顷以上的有3片。全年推广农膜覆盖，水稻小苗旱育垄作栽培666.67公顷，高产示范片1333.33公顷。水稻杂优面积3533.33公顷，冬菜面积1233.33公顷，甘蔗种植492.6公顷。粮食总产量27920吨，肉类总产量2854吨。水果种植面积2648.27公顷，总产量16555吨，水果总收入2648万元。农业总产值实现8074万元，乡镇企业总收入5877万元，财政收入341万元，农民人均年纯收入1932元。

20世纪90年代中后期，依托境内驻有田东火电厂、右江矿务局等大中型企业的优势，祥周发展祥周街、新洲、仑圩、联雄、中平、九合等农贸市场，发展砖厂、创利环保建材公司等乡镇企业。2000年，乡镇企业总收入22648万元。同时，加大农业综合开发，狠抓农业产业结构调整，建立新洲村香蕉高产示范片、联雄村西瓜种植示范片等多个示范基地，撬动了农村经济发展。2000年，祥周镇实现农业总产值16150万元，财政收入600万元，农民人均年纯收入1770元。粮食种植面积2866.67公顷，蔬菜种植2202.6公顷，水果总产量18243吨，甘蔗产量12750吨，肉类总产量4023吨。引进南宁市经济能人在中平、百渡两村进行农业综合开发，引进北海祺丰集团的技术、资金，对新洲村万亩芒果进行改造。年末，中小学生在校4392人，小学入学率达99%，中学入学率达97.6%。计划生育率达99.11%，综合节育率达89.3%。

21世纪初，该镇不断壮大村级集体经济，新洲、祥周、仑圩等3个村集体经济收入达10万元以上，中平、甘莲、百银、百渡达到2万元以上，其余的村集体经济年收入达5000元以上，实现村村有收入、有钱办事，消除空壳村。以2001年9月被自治区人民政府确定为自治区重点镇为契机，制定全镇总体规划，重新编制控制性详细规划，严格按照示范镇总体规划进行建设和管理。抓好莲塘商业住宅区、镇区文化休闲广场、上旦物流中心市场、仑圩村农贸市场建设工作。加大农业基础设施建设，在祥周、九合、甘莲等村实施园田化项目工程，改善农田灌溉条件。2002年，祥周镇被评为“自治区科技先进乡镇”“自治区文明镇”“百色市十强镇”。2003年10月，被自治区人民政府列为小康示范镇，2004年被建设部等六部委列为全国重点镇。

2005年，在乡镇企业和特色农业大拉动下，全镇经济社会事业发展创历史最好纪录。当年社会生产总值23580万元；财政收入2200万元，农民人均年纯收入2105元，农村固定资产投资7356万元；粮食总产量25553吨，甘蔗产量60312吨，水果产量41705吨，大牲畜存栏7563头，水产品产量2791吨。引进招商项目5个，到位资金2514万元。乡镇企业总产值17441万元。全镇实现村村通电、通路、通广播电视，21个行政村全部实现村部楼房化。有线电视覆盖率达100%，新洲、联雄、仑圩等3个村开通公共汽车专线。全镇设有18所学校，其中初中2所，中心小

1998年10月，祥周镇甘莲村群众在查看香米长势　　（祥周镇人民政府提供）

学1所，村完小学18所，每所学校均有教学楼；在校小学生5533人，初中生1823人。每个行政村都有卫生室，全镇有医生21人，护士11人，药剂师3人，工勤4人，村医44人。

祥周镇旅游资源丰富，有“十里莲塘”、新洲鸳鸯瀑布、祥周沙东小岛等旅游景点以及独具特色的百桥壮乡民族风情村。

1989—1995年祥周乡历任乡长：

辛荣善（1987年10月至1990年10月）、班美月（1990年10月至1991年10月）、曾华（1991年10月至1995年3月）、谭福业（1995年3月至1996年8月）。

1996—2005年祥周镇历任镇长：

谭福业（1996年8月至1998年7月）、苏建新（1998年8月至2001年8月）、曹加尚（2001年8月至2002年12月）、陆世新（2003年1月至2005年5月）。

第三节　布兵镇

布兵镇位于田东县西南部，地处半石山区，位于北纬23.59°，东经107°。东界作登瑶族乡，南界田阳县五村乡，西界田阳县那满镇，北界祥周镇。中部属于响水河谷盆地，四周石山环抱，地貌以石山地带为主，其中亦夹有部分土山地带。土地总面积8718.93公顷，是全县面积最小的乡镇。

布兵镇清末属奉议州（今田阳县）。民国前期属奉议县（今田阳县）慕桃乡和仁安乡。民国23三年（1934年）后属田东县慕仁乡。1950年属第二区；1956年属祥周区；1958年属飞跃人民公社；1961年属布兵公社；1962年属祥周区；1968年属祥周公社；1984年从祥周公社分出，称布兵乡；2000年撤乡建镇；2005年6月25日并入祥周镇，撤销布兵镇。

布兵镇以农业种植为主，响水河流经的模范、保利村，水利条件较好，盛产水稻、甘蔗、芒果和龙眼；其余石山区以产玉米、豆类、竹类、苏木等为主。1989年，全镇粮食种植1214.07公顷，总产量2918吨。甘蔗种植67.33公顷，产量1688.21吨。水果种植16.73公顷，产值2.01万元。年末存栏耕牛、生猪分别为2436头、6874头，家禽存笼13656只。乡镇企业以木材、食品加工为主，有112个，年产值29.98万元，年税金3.84万元。工农业总产值531.07万元，其中农业产值513.95万元；经济总收入376.28万元，农民人均年纯收入266元。设有1所中学，村完小8所，教学点9个，在校小学生1732人，初中生314人，教职工68人。卫生院1所，医务人员15人，病床10张。

2004年6月，布兵镇布兵村黄阳光芒果园
（吴双全/摄）

20世纪90年代初，持续推进甘蔗、芒果、玉米等特色农业产业发展。1995年，粮食总产量4395吨。新种水果101.27公顷。人工造林90公顷，封山育林668公顷。甘蔗种植完成327.27公顷，产量1571吨。肉类总产达731吨。全镇农业总产值完成1412万元，财政收入28万元，农民人均年纯收入747元。乡镇企业总收入318万元。新解决温饱363户1583人。初中招生2190人，新扩建校舍510平方米。

20世纪90年代中后期，全镇狠抓扶贫开发，着力调整农业产业结构。有230户贫困户1012人异地搬迁，其中搬迁到平马镇新乐村40户、232人，搬迁到祥周镇那达村30户、130人，搬迁到那拔镇六鲁村160户、650人。占地面积0.21公顷、较高标准的布兵农贸市场投入使用，促进了农产品交易、流通。初中教师宿舍楼、卫生院职工宿舍楼、敬老院等民生项目投入使用，建成地头水柜600多个。1998年，完成最后56户茅草房改造，全镇消灭了茅草房。2000年，全镇村村通公路、通电、通广播电视、通电话、村部楼房化，村完小均有教学楼。与此同时，着力调整农业产业结构，扩大任豆树、竹子、苏木等经济林种植规模，种植秋冬菜。2000年，粮食总产量5432吨。进厂原料蔗6030吨。肉类产量770吨，完成造林面积194.46公顷。改造低产果园106.67公顷，推广种植“618、619”优良玉米200公顷，秋冬菜166.67公顷。全镇牲畜存栏35392头。全镇农业总产值2652万元，财政收入53.35万元，农民人均年纯收入962元。乡镇企业总产值878万元，总收入1225万元。

2005年5月，布兵镇布兵街一角　　（黎钢/摄）

2001—2005年，全镇继续狠抓地头水柜、沼气池、屯级公路、校舍等基础设施建设，通过加大招商引资力度，发展乡镇企业。2002年，修建了模范村、保利村自来水厂，解决了1856人饮水难。2003年，进行农村税费改革，人均减负17元，减少59%。2003年，该镇卫生院获日本国“利民工程无偿援助”医疗器械设备项目资金35756美元，购置医疗设备。2004年，深化教育体制改革，继续巩固“普九”达标成果，陆续把全镇四年级以上的学生集中到布兵学校就读，实行寄宿管理。争取到民进广西区委会扶助资金8万元在布兵学校创办女童班，投资2万元在布兵学校开设远程教育课程。全年新解决贫困人口温饱1650人。2004年，实施岩溶地区草业与畜牧业项目建设，种植玉米草0.92公顷，种植高粱草0.4公顷，建立种草圈养山羊示范16户720只。加大招商引资力度，引进5个项目，总投资1170万元，其中引进资金100万元建成布兵加油站，引进资金500万元建设布兵东保砖厂。全年粮食总产量5372吨，甘蔗产量11392吨，水果产量1080吨，大牲畜存栏3082头，水产品产量72吨，冬菜133.33公顷。全镇农业总产值3518万元，农民人均年纯收入1316元，财政收入62.2万元。2005年6月25日，并入祥周镇。

全镇有独特的人文景观和自然山水风光。有龙潭灵湖、定模洞古人类遗址、母娘洞（观音岩）、陆氏将军夫妇墓、岑氏土司墓等旅游资源，极具开发价值。

1989—1999年布兵乡历任乡长：

陆庚岳（1990年10月至1991年9月）、黄炳龙（1991年9月至1993年8月）、韦贵保（1993年10月至1994年7月）、苏秀冬（1994年7月至1996年8月）、陆海尖（1996年10月至1998年6月）、周智华（1998年6月至1999年6月）、黄秀斌（1999年6月至2000年6月）。

2000—2005年布兵镇历任镇长：

黄秀斌（2000年6月至2002年3月）、叶翔（2002年3月至2005年6月）。

第四节　林逢镇

林逢镇位于北纬23°28′52"~23°44′25"，东经107°06′46"~107°25′44"。地处田东县东部，东与思林镇为邻，北平果县同老乡、海城乡接壤，南连印茶镇，西邻平马镇，西北面朔良镇交界。境内大部为丘

2005年6月，林逢镇福兰村果农查看芒果长势

（周金鹏/摄）

陵，地势为东高西低、北高南低，地面高程一般在海拔130米，最高点双马山海拔1011.7米，最低点林逢村海拔101.2米。右江自福兰村西入境，由西而东，境内河道长16.1千米。全镇总面积374.34平方千米。镇政府驻林逢村，距田东县城8.6千米。

唐先天二年（713年），置婪凤羁縻州，属邕州，治今镇。五代及宋因之。元废省婪凤州。民国23年（1934年），分属田东县林逢乡、林驮乡、檀河乡、那百乡。1950年，分属第一区和第四区。1956年，设林逢区。1958年，属超英公社。1961年，分设属林逢、檀河、永隆3个公社。1962年，设林逢区。1966年，复设林逢公社。1984年，林逢公社撤销时，分设林逢乡和祷午乡，分别下设14个和7个村委会。1989年，林逢乡设14个村公所、80个村委会，祷午乡设7个村公所、39个村委会。1996年，林逢乡撤改为林逢镇。2005年6月25日，祷午镇并入林逢镇，辖林逢、平洪、桥礼、英和、和同、林驮、东养、德利、福兰、檀河、公靖、保群、永隆、关国、祷午、进化、平孟、那单、民族、风球、那来等21个村委会，总人口5.29万人。

林逢镇是田东县重要的粮食、甘蔗生产基地，境内有田东一糖厂、右江矿务局那读矿等县直、市直企业。1989年，全镇粮食种植3100公顷，总产量3.51万吨。甘蔗种植1406.67公顷，总产量5.12万吨，甘蔗人均收入212元。木材蓄积量4.76万立方米，林业产值65.12万元。乡镇企业有煤矿、煤球场、沙场、砖厂、木材加工等21个，从业人员195人，总产值393万元。工农业总产值1398.21万元，经济总收入2062万元，农民人均年纯收入448元。全镇中学有2所，教师103人，学生1924人；小学15所，教师302人，学生2641人；设中心卫生院1所，有医务人员31人。

20世纪90年代初，全镇大力调整农村产业结构，着力打造甘蔗、芒果、秋冬菜、香蕉四大支柱产业。1993年，全镇甘蔗种植1505.07公顷，总产量84239吨，产值1095万元，人均甘蔗收入289元；7386农户中，种甘蔗5062户，通过种养致富达3000多户，万元以上的就有273户。林驮村村民周作物被自治区评为一百万元富户，他和桥礼村的村民黄世耀被评为田东县“十大经济能人”。同时，种植芒果134.59公顷，种植香蕉190.41公顷。当年，林逢获“全国群众体育先进单位”称号，被自治区授予“自治区科技先进单位”称号，被评为“百色地区十强乡镇”。1994年，县委、县人民政府授予林逢乡“经济三强乡镇”称号、和同村“三大富村”称号；授予黄进跃田东县“十大经济能人”称号。1995年，全镇水稻种植面积3573.33公顷，粮食总产量18625吨。甘蔗种植面积2277.13公顷，甘蔗亩产3.5吨，全乡人均产蔗3吨。秋冬菜种植面积266.01公顷，芒果种植673.33公顷，肉类总产量2208吨。乡镇企业总产值2200万元，乡镇企业总收入3100万元。财政总收入285.7万元，农民人均年纯收入1805元。

20世纪90年代中后期，林逢统筹兼顾，推动种植业、林业、牧业、渔业、副业全面协调发展，形成了香米、香蕉、芒果、甘蔗、蔬菜四大支柱产业。1999年，全镇香蕉种植面积653.33公顷。乡镇企业发展到712个，乡镇企业总收入19002万元，总产值9698万元。发放小额信贷49.9万元，扶持贫困户250户。投资158万元，建成占地1.59公顷的林逢商贸中心，设钢架结构圩亭4个共2230平方米，可安排摊位326个及居民住户102户。被百色地委、行署授予“百色地区经济十强乡镇”“百色地区小康乡镇建设先进单位”称号。2000年，全镇工农业总产值14500万元，其中工业产值4232.13万元，农业产值10267.77万元；财政收入674万元。甘蔗种植面积2600公顷，推优面积800公顷。香米种植面积866.67

公顷，香蕉新种面积566.67公顷。芒果改造完成高位嫁接333.33公顷，优质蔬菜种植400公顷。“吨糖田”完成433.33公顷，“吨粮田”完成1033.33公顷，“万元田”完成333.33公顷。投入教学经费69.3万元，新建改建校舍共2100平方米。镇文化站图书室藏书达13000多册，晋升二级馆。投入2.5万元，建设文明示范屯——河街屯。

1998年，林逢镇英和村群众在分装菜椒，准备销外北京　　（林逢镇政府提供）

21世纪初，全镇加大农业和工业招商引资力度，建设农业示范基地，以点带面；发展乡镇企业，以工促农。在农业方面，建成7个亚热带气候现代农业示范样板片，建立中山屯、那羊屯生态农业示范点，在平洪等村建成3个良种母猪示范场。2004年，甘蔗种植2653.25公顷，香蕉种植1333.01公顷，芒果种植1867.12公顷。在招商引资方面，2003年，引进外资投资建设那读砖厂、柳田材料厂、商贸钢材市场、平洪村阿斯罗拉种植场等；2004年，引进外商投资860多万元，实施项目8个。在基础设施建设方面，在林驮、和同等村建设五保村12个，实现了村村有教学楼、有村部办公楼的目标；仅2004年，就投资9000多万元，建设一批公路、水利、人畜饮水项目。被自治区文明委授予“全区文明镇”称号，获得“全国第五次人口普查工作一等奖”。整合教育资源，撤销镇教委办，其职能由镇中心小学履行。2003年，中考成绩排在全县同类学校第一名。2005年，粮食总产量18620吨，甘蔗产量289480吨，水果产量17582吨，水产品产量1561吨，大牲畜存栏15400头，全镇农业总产值27766万元，农民人均年纯收入2105元，农村固定资产投资7356万元，财政收入2200万元。适龄儿童入学率99.9%，升学率100%。设有卫生院2个，病床18张，卫生技术人员共50人。

1989—1995年林逢乡历任乡长：

黄绍广（1987年10月至1990年10月）、黄本龙（1990年10月至1993年7月）、李光进（1993年7月至1994年6月）、黄玉愿（1994年6月至1996年2月）。

1996—2005年林逢镇历任镇长：

黄玉愿（1996年2月至1996年7月）、陈玉花（1996年11月至1999年2月）、黄树才（1999年3月至2003年1月）、刘伟勇（2003年1月至2005年6月）。

刘伟勇（2005年6月至2006年4月祷午并入林逢镇主持政府全面工作）。

第五节　祷午镇

祷午镇位于田东县东北部，东与平果县的海城乡交界，南与思林镇相连，西与林逢镇为邻，北与朔良镇、平果县的同老乡相邻，双马山位于祷午镇东南部东西走向，长约6千米，南北宽约0.3千米，主峰海拔1011.7米，是祷午镇的最高峰，也是田东县第二高峰。镇政府距县城31千米，全镇土地面积16156.2公顷。

清末属恩隆县上田里、上恩里和下隆里。民国前期属恩隆县环江区林驮乡和崇恩区大同乡。民国23年（1934年）以后，部分属田东县林驮乡，部分属平治县（今平果县）。1950年属田东县第四区（后改为林逢区）和平治县。1958年属超英人民公社（后改称林逢公社），1961年属祷午公社，1962年

2005年1月，祾午乡民族村群众发展林下养鸡
（县委宣传部提供）

属林逢区，1966年属林逢公社。1984年撤销林逢公社，分设林逢、祾午两个乡。乡政府驻地在祾午村的武圩屯。1986年，经上级拨款20万元，在距离原乡政府所在地的1公里左右的那科屯，把一座山脊推平，新建一栋三层楼——乡政府综合楼，1989年建成，实现乡人民政府整体搬迁；1997年祾午乡人民政府又集资300万元，把原乡政府大楼以及后面的整座山头推平，新建一栋建筑面积为1368平方米的乡人民政府综合楼，1998年年底新的乡政府综合楼落成并搬迁入住。2000年3月撤乡建镇，辖祾午村、民族村、那来村、凤球村、那单村、平孟村、进化村等7个村。2005年6月25日，祾午镇并入林逢镇，撤销祾午镇。

全镇属土山区，以农、林业种植为主，是田东主要的用材林和经济林基地之一。1989年，粮食种植面积1199.87公顷，产量3012吨。甘蔗种植65.73公顷，产量2011吨，产值20.11万元。水果127.07公顷，产值28.12万元。林木面积6473.33公顷。经济总收入229.1万元，农民人均年纯收入218元。有1所中学，1所中心小学，6所村完小，4个教学点，教师121人，学生1653人。1所卫生院，医务人员9人，乡村医生10人，接生员1人。

20世纪90年代初，继续发挥土地资源丰富的优势，扩大传统种植业，推动甘蔗种植规模化。1993年，全镇粮食种植1281.13公顷，总产量3688吨，人均有粮266千克。甘蔗种植161公顷。新种水果116.93公顷。农业总产值870万元，乡镇企业总收入62.45万元，财政收入90.4万元，农民人均年纯收入507元，年内解决温饱634人。1995年，全镇粮食种植面积1347.53公顷，粮食总产量3923吨，农民人均有粮262千克。甘蔗种植面积414.13公顷，甘蔗总产量19500吨。水果种植面积161公顷，总产量345吨。肉类总产量789吨，人工造林213.33公顷。全镇农业总产值1424万元，农民人均年纯入1039元，解决温饱551人。

20世纪90年代中后期，祾午的工作重心是狠抓基础设施建设和继续做大特色产业。引导群众自筹资金300万元，扩建1个农贸市场。兴建建筑面积64平方米的祾午图书馆，藏书1.2万册。重建祾午初中，占地面积1200.61平方米，建设一栋1152平方米的教学楼。架通祾午村、进化村、凤球村等6个村的高低压电线，受益户1851户。与此同时，农业经济持续发展。1996年，木薯种植突破万亩关，达820公顷，产量2827吨；财政收入突破百万元关，达109万元。1999年，甘蔗种植创历史最高，达614.33公顷，产量25800吨。2000年，粮食种植1890.53公顷，总产量5919吨。水果种植569.4公顷，总产量1464吨。甘蔗种植590公顷，总产量25090吨。新造林面积348公顷，其中新种板栗773.33公顷。肉类总产量1938.4吨。农业总产值3544.18万元，财政总收入93.5万元，农民人均年纯收入1188元。

21世纪初期，祾午镇着力为民办实事、办好事和推广农业新品种、新技术。投资5万元，做好旧圩亭、旧街道改善。投资90万元，拉通12个自然屯高压电。投资14万元，建设进化至平果县海城乡、平孟至平果县同老乡道路，共12.5千米。投资180万元，改善中小学办学条件。投资11万元修建地头水柜70座和沼气池581座。开通手机、BP机，实现村村通程控电话。2003年，全镇干部职工和社会各界为教育捐款2万多元，祾午至朔良的四级柏油路建成通车。2004年，成立双马牧业公司，建设畜禽品种改良示范基地，带动新品种新技术推广。投资32万元扩建该镇自来水厂，解决供水不足问题。2004

年，全镇粮食总产量5548吨，甘蔗产量60000吨，水果产量3241吨，大牲畜存栏6580头，水产品产量150吨，造林252.4公顷。全镇农业生产总值5905万元，财政收入172.2万元，农民人均年纯收入1460元。2005年6月25日，祷午镇并入林逢镇。

1989—1999年祷午乡历任乡长：

乃远举（1987年10月至1990年10月）、黄大忠（1990年10月至1991年10月）、周明象（1991年10月至1993年9月）、滕春焕（1993年9月至1996年8月）、林影洲（1996年10月至1999年3月）、莫祖峰（1999年3月至2000年3月）。

2000—2005年祷午镇历任镇长：

莫祖峰（2000年3月至2001年3月）、陆学行（2001年3月至2003年1月）、陶国铭（2003年1月至2005年5月）。

第六节　思林镇

思林镇位于北纬23°19′02"~23°37′48"东经107°11′23"~107°26′18"，地处田东县东部，东邻平果县，南面与崇左市天等县及江城镇交界，西靠林逢镇、印茶镇，北靠林逢镇。中部为丘陵，南部为土山区，东北部属石山区，西北部属土山区，境内山峰感洪山，海拔910.6米。主要河流有右江河、达寒江、古榕江。右江境内河道17千米，达寒江境内河道长30千米。总面积456.04平方千米。镇政府驻地思林街，距田东县城27千米。思林有田东“东大门”之称。

宋皇祐年（1049—1053年）间，置上林羁縻县，治今镇，属邕州。绍兴三年（1133年），上林土县隶属田州路。明洪武二年（1369年），上林土县改属田州府。嘉靖七年（1528年），上林土县改隶思恩军民府。清因之。民国7年（1918年），上林土县与下旺土司改流合置思林县，治今镇，隶属田南道。民国16年（1927年），思林县直隶广西省。民国19年（1930年），思林县属恩隆民团区。民国21年（1932年）4月，思林县改属百色民团区。次年7月，思林县改属天保民团区。民国23年（1934年）3月，思林县改属天保行政监督区，并迁治今平果县榜圩镇。今镇境时分属田东县的保城、竹梅、养秀、林驮个乡。1950年，分属田东县第四区、第五区。1956年，改为思林区。1958年，设火箭公社。1966，改为思林公社。1984年，思林公社撤改为思林镇和坡塘乡。其中，思林镇下设16个村委会、1个居委会，坡塘乡下设10个村委会。1989年，思林镇设16个村公所、1个居委会、110个村委会，坡塘乡设10个村公所、51个村委会。2005年，坡塘乡并入思林镇，辖思林街居委会，思林、坛乐、良余、百笔、江山、选赞、内油、英竹、东龙、可恒、林秀、定阳、三百、新圩、龙邦、兰芳、广养、真良、坡塘、同梅、那都、那定、那雅、龙要、双燕、丰马、龙冲、立丰、新隆等29个村委会，总人口6.15万人。其中新隆村和江山村是移民新村。新隆村1993年实施开发，1997年设立村民委，总户数397户，总人口2077人；分别从作登瑶族乡迁入207户、1082人，从坡塘乡迁入108户、569人，从思林镇迁入78户、412人，印茶乡迁入4户、14人。江山村1996年实施开发，1997年设立村民委，总户数200户，总人口1084人；分别从作登瑶族乡迁入120户、650人，从坡塘乡迁入80户、434人。

思林镇的乡镇企业在田东县位居第二位。1989年，乡镇企业主要有思林造纸厂、思林建材厂、思林水厂、思林木材加工厂、思林房地产开发公司等企业，拥有固定资产3330万元，流动资金349万元。当年，乡镇企业总产值1003万元，利税40多万元。全镇发展特色农业的基础也较好，粮食种植以水稻、玉米为主，经济作物主要种植甘蔗、香蕉、芒果、蔬菜等，经济林木主要以松、杉等林木为主，境内有思林、百笔2个林场。1989年，粮食种植3304.33公顷，产量11953.2吨。黄豆种植327.47公顷，产量90多吨。甘蔗197.2公顷，产量6351吨。林木面积4944.13公顷，木材蓄积量3.81万立方米。油桐种植388.2公顷，木薯种植234.13公顷。工农业产值1541万元，其中农业产值1210万元；经济总收入1799万元，农民人均年纯收入305元。设有初中2所（思林初中、坛乐附中），在校生1193人，教职员工86人；村完小17所，学生5785人，教职员工306人。卫生院1所，医务人员31人。

20世纪90年代初，加大乡镇企业技改力度，调整农业内部结构、产品结构和区域布局，全镇经济社会发展较快。1993年，粮食、甘蔗、人工造林、水果、桐果等种植面积均比1990年扩大，农业总产值4767万元，农民人均年纯收入549.1元，年内解决温饱959户5249人。财政收入219.63万元，脱掉了财政赤字的帽子。乡镇企业总产值2001.45万元，实现利润262万元，完成利税113万元，实现了翻番目标。修通思林至兰芳村15千米的四级乡村公路。男女篮球队参加全县体育先进乡镇比赛，均获得第一名，代表田东县参加全区体育先进乡镇篮球赛。全镇筹集教育经费共84862元，增设2个初中班。1995年，全镇农业总产值3257.16万元，粮食总产量1.63万吨，共解决群众温饱1024户5484人。年内投资5000多万元用于乡镇企业技改，乡镇企业总收入14028万元，总产值10016万元，上缴税金562万元，实现利润468万元。财政收入368.5万元，农民人均年纯收入达1164元。贫困村龙邦村移民59人到海南省牙叉农场安家落户。投资20.7万元修建龙壮屯、平乐屯和那元屯的人畜饮水工程，共解决1278人和1300多头牲畜的饮水问题。

1995年12月，思林镇龙邦村通村砂石路投入使用
（县扶贫办提供）

2004年10月22日，思林镇人民政府办公楼
（思林镇人民政府提供）

1996—2000年，扶贫工作和乡镇企业发展列入政府重要议事日程。1996年投入扶贫资金65万元，解决了838户4738人温饱问题，劳务输出188户16378人，异地移民开发169户916人；修建60多条、200多千米的蔗区公路，修建12处人畜饮水工程。同年12月31日，田东县江山移民开发区扶贫攻坚大会战动员会召开。江山移民开发区在思林镇境内开发，开发面积1066.66公顷，安置移民200户，1084人，分5个居民生活点。1997年1月5日，江山移民开发区军民会战誓师大会在江山开发区召开。同年底，江山移民开发区竣工，实现了当年开发、当年住进新房、当年解决温饱的目标。1998年，农民人均年纯收入突破2000元关，达2128元。这一时期，全镇乡镇企业也快速发展。2000年，思林造纸厂引进资金6000万元，扩建3.5万吨的造纸项目。思林水泥厂投资250万元，建成年产850万块砖的砖厂，年产值300万元。思林塑料厂投资70万元扩建，年产值250万元。思林自来水厂投资60万元，日产生活用水1000吨。田东县矿产公司投资20万元，开发年产值80万元的三百磷矿。引进南宁大热门工贸公司在良余、良濑屯建立20公顷香蕉高产示范片。当年，乡镇企业总收入48119万元，利润1078万元，税金972万元。在乡镇企业和农业拉动下，2000年，全

镇国内生产总值2.31亿元，其中工业总产值1.41亿元，农业总产值0.9亿元；财政总收入737.4万元，农民人均年纯收入1272元。

2001—2005年，乡镇企业和甘蔗产业加速发展，全镇经济社会持续较快发展。2001年，乡镇企业总收入突破5亿元大关，达5.44亿元；上缴税金突破1000万元大关，达1091万元。在此撬动下，财政收入也突破1000万元大关，达1005万元。同年，投资30万元，建成650平方米的宣传文化综合楼一栋，重新修整烈士陵园。2002年，该镇被百色市委、市人民政府评为“创建右江百里文明河谷先进集体”。甘蔗是全镇的最大产业，发展也很快。2005年甘蔗产量211750吨，是2000年产量的2.02倍。2005年，全镇固定资产投入8012万元，农业生产总值1.87亿元，财政收入1537万元，农民人均年纯收入1896元。招商引资项目5个，引资655万元。新型农村合作医疗参合率达55.5%，适龄儿童入学率99.1%，初中毛入学率103.1%。

思林广养村敢养岩是壮族“嘹歌”的发源地及歌圩集散地，每年农历2月19日，在敢养岩都聚集众多的歌民对歌，并沿袭至今。宋代土司府遗址、思林苏维埃政府旧址等是思林镇的旅游景点。

1989—2005年思林镇历任镇长：

黄春风（1987年10月至1990年10月）、黄贵保（1990年10月至1991年10月）、欧拥军（1991年10月至1993年10月）、李玉春（1993年11月至1996年8月）、黄忠铁（1996年9月至1998年9月）、黄忠山（1998年9月至2002年3月）、韦鹰（2002年3月至2003年1月）、彭城国（2003年1月至2005年6月）、辛荣根（2005年6月至2006年8月）。

第七节　印茶镇

印茶镇位于北纬23°19′35"~23°29′59"，东经107°02′16"~107°15′15"。地处田东县南部，东与思林镇为邻，南与江城镇为邻，西邻作登瑶族乡，北接平马、林逢两镇。境内部分为岩溶地带和土山地带，地势略为周高中低，最高点玻璃山海拔678米，最低点位于达寒江的江法段。达寒江发源于巴麻村西北山，由西向东入右江，境内河道长37.3千米。全镇总面积211平方千米。

清属向武州。民国22年（1933年），设有甘茶、巴麻两乡，属向都县。1949年，属向都县百龙区。1952年，划属田东县，为第十一区，后改称印茶区。因驻地印茶村而得名。1958年，设上游公社。1961年，改设印茶公社。1962年，为印茶区。1966年，复设印茶公社。1984年，印茶公社撤销，分设印茶、江城两乡。其中，印茶乡下设9个村委会。1989年，印茶乡设9个村公所、73个村委会。2000年，印茶乡改为印茶镇，辖印茶、那板、僚坤、新建、龙马、龙贵、百城、立新、巴麻等9个村委会，总人口2.71万人。镇政府驻地在印茶街，距县城26千米。

印茶镇属半土半石山区，以农为主，粮食作物主种水稻、玉米、黄豆，经济作物主种甘蔗、竹子、苦丁茶、桑树。1989年，粮食种植1992.47公顷，产量4864吨。甘蔗187.47公顷，产量9617吨。林木面积6721.4公顷，蔬菜种植40.8公顷。年底耕牛存栏6845头，生猪7936头，家禽存笼2.01万只。农业产值816.58万元，经济总收入497.41万元，农民人均年纯收入217元。有1所初级中学，1所中心小学，32个教学点。在校小学生1845人，初中生890人，教职工215人（其中初中52人）。设有中心卫生院1所，有医务人员19人。

20世纪90年代初，全镇一手抓乡镇企业发展，一手抓传统特色产业，以工促农。乡镇企业有车缝社、农具厂、抽水站、锰品厂等等，1993年乡镇企业收入234.73万元。同年，粮食种植2205.07公顷（含复种），总产量6526吨，农民人均有粮261千克，农业总产值1389.2万元。财政收入74.43万元，农民人均年纯收入475.42元。1995年，粮食总产量7124吨，畜牧水产总产量1195吨，农业总产值突破2000万元大关，达2050万元；财政收入突破200万关，达224.87万元；农民人均年纯收入突破1000元关，达1085元。乡镇企业总产值完成2538万元。

20世纪90年代中后期，全镇调整、优化农业种植结构，着力发展新产业——甘蔗，撬动了经济社会持续健康发展。甘蔗产业发展迅速，1999年，甘蔗种植面积1133.33公顷。2000年，全镇粮食种植面积1928.93公顷，总产量8015吨，人均有粮338千克。农业总产值4706万元，乡镇企业总收入3851万元。财政收入216.6万元，农民人均年纯收入1103元。与此同时，扶贫工作成效也较大，1996年解决1017户5114人的温饱问题，1997年解决114户720人的温饱问题。

21世纪初，乡镇企业、特色产业发展较快，招商引资工作也实现了历史性突破，激活了经济社会发展。占地面积21596平方米镇农贸市场投入使用，设有圩亭4个。2002年创办了印茶福两瑞机砖厂、安宁苦丁茶厂等2家私营企业，乡镇企业总产值3257万元，增加值775万元。个体工商户发展也较快，2002年66户，2003年58户，2004年63户，2005年46户。2003年，招商引资实现历史性突破，引资达510万元。9个行政村全部实现村部楼房化，6个行政村开通闭路电视，7个行政村开通程控电话，6个行政村开通移动电话，全镇实现村村通公路，屯屯通电。2005年，全镇农业总产值7784万元，财政收入342万元，粮食总产量8602吨，甘蔗产量95000吨，水果产量1108吨，大牲畜存栏10864头，水产品产量214吨，造林面积142公顷。农民人均年纯收入1877元，新增私营企业1个，招商引资29万元。成功控制部分村屯发生的细菌性痢疾疫情，新型农村合作医疗参合率52.9%。小学适龄儿童入学率、初中毛入学率均达100%。

印茶镇特产主要有豆腐、油豆腐等豆制品，每逢过年过节或者接待客人，都少不了吃油豆腐这道菜，可以说无油豆腐不成宴。

1989—2000年印茶乡历任乡长：

麻建学（1988年10月至1990年8月）、蓝朝庭（1990年8月至1993年10月）、黄植郎（1993年10月至1994年12月）、韦荣（1996年10月至1999年3月）、凌云（1999年3月至2000年8月）。

2001—2005年印茶镇历任镇长：

凌云（2000年8月至2001年3月）、潘涛（2001年3月至2002年8月）、陆最将（2002年10月至2003年1月）、何桂英（2003年1月至2006年4月）。

第八节　江城镇

江城镇位于北纬23°16′25"~23°24′32"，东经107°01′18"~107°14′51"。位于田东县南部，东北接思林镇，南连崇左市天等县东平乡，西界作登瑶族乡，北靠印茶镇。境内大部为石山、土坡，地势略为西高东低、北高南低，最高点山月岭海拔849.4米，最低点古榕江海拔200米。古榕江自大诺村西入境，由西而东，入右江河，境内河道长49.8千米，流经7个村。全镇总面积141.77平方千米。镇政府驻江城村，距田东县城40千米。

清属向武土州。民国22年（1933年），设有江城乡，因驻地江城村而得名。属向都县。1949年，属向都县百龙区。1952年，划归田东县，属第十一区。1958年，初属上游公社，后改属印茶公社。1961年，从印茶公社分出，另设江城公社。次年，属印茶区。1966年，复属印茶公社。1984年印茶公社撤销时，分设江城乡，下设8村委会。1989年，江城乡设8个村公所、64个村委会。1998年12月，江城乡改为江城镇，辖架龙、大诺、桑洞、那蒙、江城、供固、果柳、云林等8个村委会。2005年，总人口2.4万人。

1989年，农业生产主要有水稻、玉米、豆类、甘蔗、芒果、蔬菜、木薯、苦丁茶、指天椒、八角、甜竹等10多个品种。粮食种植面积1726.2公顷，总产量5675吨，林木8580公顷。年末耕牛4012头，生猪存栏5013头。工农业产值614.61万元，经济总收入497.42万元，农民人均年纯收入201.57元。得益于桑洞电站投入生产，周边6个村用上照明电。有54个教学点，在校小学生3122人，初中生576人，教职工197人。设有中心卫生院1所，有医务人员15人。

1998年11月，江城镇一个锰矿企业厂区一角

（江城镇人民政府提供）

全镇矿产资源已探明的有锰矿和锑矿，其中锰矿储量大且品位高，储藏量500万吨，堪称“田东锰都”。依托这资源优势，该镇大力发展乡镇企业。1990年乡镇企业126个，其中乡办8个、村办7个、联户办41个、个体办70个，企业人数911人，总收入60.35万元。之后的1991年总收入87.52万元，1992年总收入104.32万元，1993年总收入327.6万元。1995年，全镇粮食总产量6942吨，农业总产值1325万元，甘蔗种植385.87公顷；肉类总产量875吨，造林面积186.67公顷，企业总产值1053万元，财政收入33.2万元，农民人均年纯收入863元。

20世纪90年代中后期，江城镇经济社会发展先起后落。1996年农民人均年纯收入突破1000元关，达1151元。1998年，企业总产值4650万元，是1996年的3.41倍。1999年，实现村村通公路、通电、通自来水、通电话；财政突破100万元，达104.61万元，农民人均年纯收入1886元。2000年，由于打击非法开采锰矿，整顿锰矿产业，经济出现下滑现象。全镇农业总产值3250万元，企业总产值3176万元，财政收入61.99万元，农民人均年纯收入953元。虽然这样，但社会建设还是取得新的成效。成立了农产品营销队伍152人，设区外营销点1个，年营销额200多万元。建成33个、总容量为41000立方米的地头水柜，修通37条、里程总长86.3千米的屯级公路，新建教学楼3座和村部办公楼4座。年内解决温饱问题541人。

2001—2005年，江城镇把抓好锰矿开发治理作为头等大事。共炸毁炸封非法开采新旧矿洞279个，撤掉70个非法洗矿点，清理整顿159个锰矿开采矿点，维护矿山秩序稳定，受到破坏的生态环境得以逐步恢复。在此基础上，引进外商投资1680万元，实施4个锰矿开发项目。继续发展乡镇企业，投资30万元扩建江城自来水厂、江城砖厂，引进田东达力集团与该镇能人农时成，投资2000多万元兴建果柳电站。2003—2004年度榨季，进厂原料蔗首次突破万吨大关，总产量达15383吨，创历史新高。2005年，全镇农业总产值4361万元，财政收入183万元，农民人均年纯收入1320元，乡镇企业经济完成总产值4148万元。适龄儿童入学率和初中毛入学率均为100%，新型农村合作医疗参合率达63.51%。建成4条、12千米屯级公路，村村实现办公楼房化。田东至天等公路全线铺油，结束以往晴通雨阻的历史。建成集镇中心公共厕所，建成总建筑面积400平方米的镇文化宣传综合楼，村村通移动电话。

江城镇境内有“五马归朝”“向阳关摩崖提书”“八仙山摩崖造像”等八个自然景观。

1989—1998年江城乡历任乡长：

黄选营（1987年10月至1990年10月）、黄选杰（1990年10月至1992年5月）、黄忠铁（1992年5月至

1996年6月）、潘国顺（1996年6月至1999年1月）。

1999—2005年江城镇历任镇长：

潘国顺（1999年1月至1999年3月）、刘忠锋（1999年3月至2001年2月）、覃春生（2001年2月至2002年7月）、黄世国（2002年7月至2005年8月）。

第九节　朔良镇

朔良镇位于北纬23°40′32″~23°35′52″，东经107°08′26″~107°25′25″。地处田东县东北部，属土山区。东与平果县接壤，南与林逢、平马为界，西与那拔、义圩两镇相连，北与河池市巴马瑶族自治县那桃、百林两乡交界。境内分为岩溶地带和土山地带，岩溶地带海拔在200~700米之间，土山地带海拔在500~1000米，最高的山为斜山岭，位于朔良镇东北部，海拔849.7米。属红水河水系的灵岐河流经杏花、宝达、朔良、巴鲁、南立、元色等村。全镇总面积391.52平方千米。镇政府驻朔良圩，距田东县城52千米。

清属恩隆县。民国22年（1933年），设有然定、景福、东南3个乡，属恩隆县。次年，属田东县。1950年，属第三区和第七区。1952年，为朔良区，因驻地朔良村而得名。1958年，初设先锋公社，后改称朔良公社。1961年，分设朔良、灵龙、百瓦3个公社。次年，改设朔良区。1966年，复设朔良公社。1984年，朔良公社撤改为朔良乡，下设16个村委会。1989年，朔良乡设16个村公所、108个村委会。1998年，朔良乡改为朔良镇，辖朔良、那腾、那娄、那加、周洪、宝达、群敏、杏花、百敏、巴鲁、南立、元色、六羊、定坛、义合、灵龙等共16个村委会。2005年，总人口3.48万人。

1989年，全镇主要粮食作物有稻谷、玉米，主要经济作物有板栗、酸梅、油桐、茶油、八角等，主要养殖业有猪（七里香猪）、牛、马等，农业总产值912.25万元，经济总收入646.2万元，农民人均年纯收入201.57元。全乡有朔良中学和灵龙中学，在校生694人，教职工50人。全乡有完小16所，65个教学点，在校生4512人，教职工195人。

20世纪90年代初，朔良镇传统的水稻、玉米、板栗等产业在发展的同时，新产业甘蔗产业异军突起，由1993年的13.33公顷发展到1995年的175公顷，产量7884吨。在工业经济方面，以发展乡镇企业为主攻方向，主要发展木制品、竹制品、运输、服务业等行业。1993年，全镇乡镇企业148家，其中集体企业18家，个体企业130家；乡镇企业固定资产投资63万元，乡镇企业总收入168.6万元。同年，开始重视发展劳务经济，引导农民到广东务工113人。财政收入26.12万元，农民人均年纯收入429.55元，解决6810人温饱问题。1995年，全镇农业总产值2165万元，乡镇企业总收入780万元，农民人均年纯收入936元，解决11379人温饱问题。

2005年2月，朔良镇杏花村群众砍伐甘蔗
（朔良镇人民政府提供）

20世纪90年代中后期，乡镇企业、农贸市场和农户多种经营“三驾马车”并驾齐驱，拉动了全镇经济社会发展。1996年，乡镇企业总收入突破1000万元，达1050万元。时隔两年的

2004年11月30日，朔良镇政府大院一角

（朔良镇人民政府提供）

1998年，全镇家庭加工工业875家，个体经营户287家，个体客车8辆，个体货车18辆，农业机动车315辆，当年乡镇企业总收入突破2000万元，达2301万元。当年，朔良镇农贸市场投入使用，提供了109个经营摊位，促进了商贸和乡镇企业发展。灵龙村农贸市场是全镇唯一的村级农贸市场，跟河池市的巴马县交界，圩日时市场交易活跃。因为农户多种经营，扩大甘蔗、木薯、禽畜等短平快项目的种养规模，农民人均年纯收入增长较快，1996年突破1000元，达1289元；两年后的1998年，突破2000元，达2008元。1999年，修通了环镇街路5.8千米，是除了县城之外有环城路的乡镇。2000年，粮食播种面积2740公顷，总产量10520吨。甘蔗种植面积220.33公顷，产量8173吨。新种水果1079.07公顷，水果产量2803吨。肉类总产量2426吨，造林面积520公顷，板栗良种改造533.33公顷。全镇国民生产总值8118万元，其中工业企业总产值1346万元，农业总产值6772万元。同时，开发高杆灯至变电站新开发区，创办一个投资101.4万元的红砖厂，建成了35条屯级公路，总里程72.4千米。

2001—2005年，全镇着力提升种养业的科技含量，走内涵式发展道路。累计培育科普示范户13户，创建科普示范基地11个，举办各类技术培训班28期，培训人员近2000人次，推广优良品种15个。扎实有序开展土地延包工作，全镇197个村民小组完成土地调整，并顺利领取到土地证，农民吃上了“定心丸”。开展农村税费改革，农民负担由人均年25.6元减到7.02元，减负率72.58%。伴随着经济发展，2002年财政收入突破100万关，达105.7万元。2003年，被自治区政府列为“自治区重点镇”。2004年，加大招商引资力度，引进广西高峰集团东门林场，首期投资2400万元种植速生桉。2005年，全镇农业总产值10334万元，粮食总产量11271吨，甘蔗产量87990吨，水果产量3135吨，大牲畜存栏15502头，水产品产量114吨，造林719.33公顷，固定资产投资5215万元，财政收入365万元，农民人均年纯收入1905元。输出劳务690人。6个贫困村实施“整村推进”扶贫工作，投资156万元建成2条12千米的四级路，投资324万元建成23条108千米的屯级道路。小学在校生2801人，小学入学率99.8%，初中在校生1200人，初中升学率95%。新型农村合作医疗参合率50.64%。

1926年8月，余少杰在百审村（今朔良镇杏花村百审屯）成立了当时右江地区第一个党支部——恩奉特支。酸梅、板栗、油茶、八角、沙糕和七里香猪是朔良镇的特产，杏花村百罡屯的岩洞青云宫是朔良的重要景点。

1989—1998年朔良乡历任乡长：

罗金义（1987年10月至1990年10月）、梁汉华（1990年10月至1991年9月）、凌汉明（1991年9月至1993年11月）、覃忠礼（1993年11月至1996年8月）、黄植郎（1996年8月至1998年3月）、黄建南（1998年3月至1998年12月）。

1999—2005年朔良镇历任镇长：

黄建南（1999年1月至1999年3月）、农福直（1999年3月至2001年3月）、黄忠义（2001年3月至2002年7月）、黄庭团（2002年9月至2006年4月）。

第十节　义圩镇

义圩镇位于北纬23°49′56"~24°00′37"，东经107°07′05"~107°17′54"。地处田东县北部，东邻朔良镇，南接那拔镇，西连田阳县，北靠河池市巴马瑶族自治县，是田东的“北大门”。境内地势西高东低，平均海拔500多米。最高峰为顶在山，海拔924.58米。其余还有亭那石山，海拔847米，以及拉加山脉，主峰海拔726米。主要河流有燕洞河、朔晚河、安东河、班龙河等。全镇总面积187.05平方千米。镇政府驻地义圩街，距田东县城47千米。

清属恩隆县。民国22年（1933年），设有云集、东南两乡，属恩隆县。次年，属田东县。1950年，设第七区，后改称班龙区。1956年10月，并入那拔区。1958年，设万能公社。1961年，万能公社改为义圩公社，因义圩而得名。1962年，改属那拔区。1966年，复设义圩公社。1984年，义圩公社撤销，分设义圩、那拔两乡。其中，义圩乡下设11个村委会。1989年，义圩乡设11个村公所、65个村委会。2002年，义圩乡改为义圩镇，辖义圩、班龙、甲芬、那荷、安东、福旺、世木、六一、朔晚、东冠、符桃等11个村委会。2005年，总人口2.23万人。

1989年，全镇粮食作物主要种植水稻、玉米、豆类，经济作物主要种植甘蔗、木薯，主要种植杉木、松树等用材林，以及油茶、板栗等经济林。工农业总产值833.23万元，其中农业产值832.83万元。经济总收入629.46万元，农民人均收入288元。设有初级中学1所，村完小11所，高小点3所，教学点33个。在校小学生3298人，初中生350人。教职工191人。有1所卫生院，9个村级卫生所，病床11张，医生28人，接生员21人。

1992年，全镇经济还是农业经济一枝独大，而且发展比较缓慢。粮食产量6645吨，人均有粮257千克。甘蔗种植11公顷，水果种植28.93公顷。耕牛7834头，生猪存栏12241头，家禽41808只。工农业产值949.08万元，其中农业产值947.58万元，工业产值1.5万元，农民人均年纯收入315元。各项储蓄存款127.18万元，人均存款62.35元。

1992年后，义圩镇做大传统农业产业，打响品牌农业，壮大甘蔗产业，大力培育乡镇企业，经济社会发展较快。擦亮“七里香猪”牌子，建设巴胡七里香猪生产示范基地，大力发展香猪养殖，1996年内出栏香猪2000多头，创历史最高水平，成为田东最大香猪养殖基地。擦亮香茶油的牌子，在世木、班龙、朔晚等村打造连片种植基地，并推广优质品种，1996年年末油茶面积达2136.67公顷，其中挂果1709.33公顷，生产茶油290吨，成为田东最大香茶油产区。茶油除供应县内市场外，还远销南宁、北海和广东省。全镇粮食总产量7016吨，人均有粮306千克。甘蔗种植670.73公顷，产量达34161.5吨。年末大牲畜存栏8198头，生猪存栏15471头。乡镇企业总收入突破1000万元大关，达1010万元。全镇农业总产值1949万元，农民人均年纯收入突破1000元关，达1179元。解决贫困户温饱问题有532户2797人。财政收入97万元。全镇除甲芬村外，村村通公路。新修27条、54千米蔗区公路，维修21条、24千米蔗区公路。安装闭路电视网，解决集镇群众看电视难的问题。安装程控电话，促进了信息沟通交流。

1996年5月，义圩镇福旺村养殖的香猪
（义圩镇人民政府提供）

之后，全镇经济持续快速发展。1998年，乡镇企业总收入突破2000万元大关，达2010万元；农民人均年纯收入突破2000元，达2007元。1999年，加大招商引资力度，引进外商开发六一村金矿、义圩村金矿和朔晚村铁矿。2000年，由于打击非法开采金矿，乡镇企业总收入和农民人均年纯收入比1998年均减少；粮食总产量9184吨，香猪出栏25000头，创历史新高；全镇农业总产值5911.77万元，财政收入193万元；基本实现屯屯通公路、村部办公楼房化，义圩卫生院通过自治区验收，成为田东县首家乡级爱婴卫生院。

21世纪初，继续加强矿山整治与管理，炸封非法开采矿井72口，责令义圩金矿停产整顿，杜绝安全事故发生。同时，继续做大做强特色优势产业，经济持续较快发展。2001年油茶籽产量达2500吨，产油600吨，创历史新高。做活商贸流通，投资370万元的义圩新农贸市场建设投入使用，该市场占地14650平方米，其中圩亭面积1720平方米，是田东北部山区乡镇规模最大的农贸市场。2003年，义圩被自治区人民政府列为“自治区重点镇”，农村税费改革人均减负46%。2005年，粮食总产量8507吨，甘蔗产量102725吨；茶油种植5300公顷，产香茶油740吨，产值达1270万元；七里香猪年出栏3万头。农业总产值8757万元，财政收入321万元，农民人均年纯收入1890元，固定资产投资5163万元。招商引资项目9个，到位资金4000多万元。新型农村合作医疗参合率43.68%，适龄儿童入学率100%，初中毛入学率95%。

1989—2002年义圩乡历任乡长：

覃才和（1987年10月至1990年10月）、温福猛（1990年10月至1996年8月）、黄辉（1996年8月至1999年3月）、罗卫国（1999年3月至2002年4月）。

2002—2005年义圩镇历任镇长：

罗卫国（2002年4月至2003年1月）、韦海革（2003年1月至2006年4月）。

第十一节　那拔镇

那拔镇位于北纬23°44′21"~23°54′21"，东经107°02′17"~107°12′48"。地处田东县西北部，东接朔良镇，南连祥周镇，西界田阳县玉凤镇，北与义圩镇和田阳县玉凤镇毗邻。境内大部为山地，地势略呈西高东低、北高南低。境内莲花山为全县最高山峰，海拔1022米。灵岐河自西北向东南横穿福星、那拔、六洲等村，主要支流为巴良河。总面积为200.31平方千米。镇政府驻那拔村，距田东县城42千米。

清属恩隆县。民国22年（1933年），设有民和乡，属恩隆县。次年，属田东县。1950年，属第七区。1956年，设那拔区，因驻地那拔村而得名。1958年，属万能公社。1961年，设那拔公社。次年，设那拔区。1966年，属义圩公社。1984年，义圩公社撤销分设那拔乡，下设7个村委会。1989年，那拔乡设7个村公所、38个村委会。2002年，那拔乡改为那拔镇，辖那拔、六洲、那练、平王、坡洪、福星、六柳、六鲁等8个村委会。2005年，总人口1.52万人。其中：六鲁村是移民新村，1997年实施开发，2000年设立村民委，总户数327户人口1349人；分别从作登瑶族乡迁来150户620人；从布兵乡迁来160户650人；从林逢镇迁来17户79人。

那拔镇以土山为主，粮食作物主要种植水稻、玉米，经济作物主要种植甘蔗、生姜、木薯等；用材林有松木、杉木等，经济林有油桐、油茶、板栗、柑橙等。1989年，工农业产值211.1万元，其中农业总产值204.9万元，乡镇企业总产值6.2万元；经济总收入307.7万元，农民人均年纯收入192.5元。设有初级中学1所，村完小7所，教学点42个。在校小学生1652人，初中生212人。教职工103人。有卫生院1所，医务人员10人，床位5张，全年门诊0.74万人次。

20世纪90年代初，依托丰富的自然资源开发、利用，那拔乡镇企业发展较快。有金矿、锰矿、钛

2005年5月，那拔镇六洲村甫老屯全貌 （黄红色/摄）

铁矿、辉绿岩等矿产，其中辉绿岩储量10亿立方米，是田东县辉绿岩储量最多的乡镇。1992年，出产锰矿1500吨，产值12万元，金矿13万元。1992年，福星水电站年供电量在40万千瓦时以上，产值4万多元，上缴税金5000多元；综合加工厂产值10多万元，茶叶加工厂产值2万元。1992年，那拔镇被县委、县人民政府评为乡镇企业先进单位一等奖。与此同时，农业经济也在加快发展。1992年，粮食种植面积1476.33公顷，产量4218吨，人均有粮275.25千克。甘蔗种植面积65.93公顷，产量2059吨。水果类种植面积256.87公顷，产量13.12吨。年末耕牛2008头，生猪存栏7171头，家禽存笼30805只。工农业总产值619.3万元，其中农业产值600万元，工业产值19.3万元。社会商品零售额约25万元。农民人均年纯收入364.7元。1995年，粮食面积1305.4公顷，总产量4685.65吨。甘蔗种植面积476公顷，总产量21190吨。农业总产值突破1000万元大关，高达1731.6万元。生姜种植92.27公顷，总产量885.65吨，是田东生产生姜最大的乡镇，被称为“生姜之乡”。

20世纪90年代中后期，全镇经济社会进入快速发展时期。1997年县委、县人民政府在那拔镇创办六鲁开发区，组织作登瑶族乡、布兵乡等部分贫困农户移民搬迁到这个开发点生产、生活，促进了该镇经济发展。在农业总产值方面，1996年是1486万元，1998年达2875万元。在乡镇企业总收入方面，1996年1005万元；1998年达2302万元。在农民人均年纯收入方面，1996年1289元；1998年达2100元。在财政收入方面，1996年突破100万元，1998年突破200万元，达204.1万元。2000年，全镇农业总产值3185万元，乡镇企业总产值1300万元，财政收入223.70万元，农民人均年纯收入1625元。解决461户2041人温饱问题。

21世纪初，得益于特色产业发展和资源的开发，全镇经济社会持续发展。2002年，么西35千伏变电站顺利竣工，推动了农村电网改造。建成六桑屯至六鲁开发区二号点公路，解决移民群众行路难。维修蔗区公路35条112千米，解决运输难。扩建那拔水厂，解决3000名群众饮水难。长期以来，那拔香鸭是田东赫赫有名的土特产。那拔大作香鸭文章，2002年出栏香鸭3万羽。之后，建立了那拔10万羽香鸭生产基地。2004年，新开工建设18个项目，总投资2090万元。实施科技兴镇战略，开展农村实用技术培训和职业技能培训，2001—2005年，累计培训92期，培训人员16173人次。2005年，引进外资开发那练辉岩、六洲辉绿岩、坡洪钛铁矿等3个项目，总投资2000多万元。着力发展劳务经济，劳务输出1580人。全镇生产总值3933.8万元，其中农业总产值4985万元。粮食总产量6219吨，甘蔗产量107000吨，水果产量2850吨，大牲畜存栏7860头，水产品产量65吨，造林124.13公顷。财政收入467万元，农民人均年纯收入1852元。新型农村合作医疗参合率57.35%，适龄儿童入学率100%，初中毛入学率98.8%。

那拔镇著名景观有莲花山、棋盘滩、六柳村千年古榕。莲花山是全县最高峰，山上有四方竹，具有较高的观赏价值。

1989—2001年那拔乡历任乡长：

黄肇清（1987年10月至1993年11月）、班明春（1993年11月至1996年10月）、谭永高（1996年10月至2000年1月）、赵骏规（2000年1月至2002年6月）。

2002—2005年那拔镇历任镇长：

韦昌东（2002年10月至2006年8月）。

第二章　乡

第一节　坡塘乡

坡塘乡地处田东县东南部，东与平果县交界，南与天等县相接，西与江城镇、印茶镇为邻，北与思林镇相连，距县城48千米，总面积13586.13公顷，属半石山区。

宋朝分别属上林县和向武土州。元朝仍属之，部分属富劳县。明朝属上林土县。清沿袭明制。国民前期，境域大部分属思林县，小部分属向都县。民国23年（1934年）后，属田东县竹梅乡。中华人民共和国成立后，1950年属第五区；1956年改称思林区。1958年改为火箭人民公社，1959年改称思林公社。1961年，思林公社分为思林、坡塘、那定三个公社，现域属当时的坡塘、那定两公社。1962年将思林、坡塘、那定三个公社合并，称思林区公所。1966年区公所改称公社管理委员会，现域属思林公社管理委员会管辖。1984年，拆思林公社为思林镇和坡塘乡。1989年辖行政村10个，村民委62个，村民小组118个，自然屯66个。2005年6月25日，坡塘乡并入思林镇，撤销坡塘乡。

坡塘乡部分是石山，部分是土山。粮食作物主要种植水稻、玉米、黄豆、竹豆、绿豆、猫豆，经济作物主要种植甘蔗、木薯等；用材林有杉木、木棉树等，经济林有油桐、柑橙等。1989年，全乡工农业产值416.16万元，其中农业总产值414.16万元；经济总收入342.59万元，农民人均年纯收入158.32元。全乡有初中1所，学生296人，教师17人；完小10个，教学点31个，在校学生1898人，教师128人。有1所卫生院，医务人员9人，病床8张，村医生27人。

20世纪90年代初，全乡经济社会发展较快。1992年，粮食产量为3587吨，人均有粮216千克。甘蔗种植开始热起来，当年种植26.67公顷，产量481吨。水果种植10公顷，产量43吨。造林面积231.8公顷。年末有耕牛2614头，生猪6093头，家禽存笼19352只。农业总产值531.22万元，农民人均年收入253.51元。社会零售额54万元。乡镇企业总收入由1993年的30.41万元增长到1995年的689万元。农民人均年纯收入由1993年的348.84元增长到1995年的936元。财政收入由1993年的4.97万元增长到1995年的43万元。农业总产值由1993年的664.2万元增长到1995年的1184万元。扶贫成果也显著，1993—1995年，累计解决5805人温饱问题，异地搬迁50户。

20世纪90年代中后期，坡塘是田东扶贫攻坚的主战场，扶贫工作是全乡重中之重的工作。该乡把发展劳务经济作为重点，增加群众的工资性收入。1996—1999年，累计劳务输出13007人，劳务收入成为家庭的主要收入来源，助推了脱贫致富。1993—1997年，建设移民新隆村，1997年设立村民委，总户数397户，总人口2077人；分别从作登瑶族乡迁入207户1082人，在坡塘乡就地安置108户569人，从思林镇迁入78户412人，从印茶乡迁入4户14人。1997年累计解决1552户7580人温饱问题，420户2270人脱贫；修建家庭水柜1000多个，解决3000多人饮水难。

20世纪90年代中后期，全乡经济社会持续发展。1997年农业总产值突破2000万元，达2400万元；乡镇企业总收入突破1000万元，达1302万元；农民人均年纯收入突破1000元，达1333元。1998年，全

2004年10月，坡塘立丰村龙包天坑外景　（黎钢/摄）

乡甘蔗种植面积突破600公顷，达646.67公顷，产量2万吨。1999年，财政收入突破100万元，达110万元。2000年，全乡农业总产值2564万元，乡镇企业总产值927万元。乡财政收入98万元。农民人均年纯收入1843元。粮食种植1466.4公顷，粮食总产量4512吨。甘蔗种植503.53公顷，产量14000吨。人工造林376.87公顷。肉类总产量1218吨。309户1236人脱贫，全乡劳务输出3426人。修建屯级公路30条90千米，投资20万元建成乡自来水厂。建成地头水柜532座，可灌溉耕地面积133.33公顷。

21世纪初，继续发展“短、平、快”的劳务经济，2001—2002年，劳务输出7600多人。乡镇企业继续发展，新建一座日供水300吨水厂，新建1个砖厂。2003年，乡镇企业总产值突破1000万元，达1078万元。土地延包工作顺利完成，思林镇至坡塘柏油路投入使用。2004年，引进广西登高集团，投资2915万元建设同梅水电站。甘蔗产量38000吨，创历史新高。粮食总产量4981吨，水果产量1013吨，大牲畜存栏3473头，水产品产量30吨，造林面积333.33公顷。全乡农业总产值3569万元，财政收入91.5万元，农民人均年纯收入1458元。适龄儿童入学率98.8%，初中毛入学率102%。传染病发病率和孕产妇、儿童死亡率得到有效控制。

位于立丰村境内的龙包天坑、达割潭，是科考、探险和旅游景点。

1989—2005年坡塘乡历任乡长：

韦明玩（1987年10月至1990年10月）、阮文章（1990年10月至1993年8月）、潘润泽（1993年8月至1995年4月）、黄宇杰（1995年4月至1996年9月）、蓝家宁（1996年9月至1999年3月）、黄绍文（1999年3月至2001年3月）、农桂珠（2001年3月至2002年8月）、辛荣根（2002年8月至2005年6月）。

第二节　作登瑶族乡

作登瑶族乡位于北纬23°18′14″~23°34′37″，东经106°53′17″~107°08′46″。地处百色市东部、田东县南部，东及东北与林逢镇、印茶镇为邻，南与江城镇、崇左市天等县相接，西和德保县交界，北与祥周镇、平马镇为邻。境内大部为山地和石山区，地势为西高东低，最高山摩天岭海拔717.8米。龙须河自驮瓜村大屯入境，由南而北，向东入右江河，境内龙须河道长28千米。全镇总面积371.19平方千米。乡政府驻地登高村作登街，距田东县城23千米。

唐先天二年（713年），置侯羁縻州，属邕州，治今乡。五代因之。宋将侯羁縻州改为侯唐羁縻州。元废侯唐州。民国22年（1933年），设有作登区（因驻地作登圩而得名）及其作登、大榄、巴立等3个乡，属恩隆县。次年，属田东县。1950年，初设第六区，后改称作登区。1958年，初设高峰公社，后改称作登公社。1961年，分设作登、巴那、新安、坡圩4个公社。1962年，改为作登区。1966年，复设作登公社。1984年，作登公社撤改为作登瑶族乡，下设21个村委会。1989年，作登瑶族乡辖登高、大板、训信、新安、敬布、陇接、石湾、三陇、陇桃、坡教、平略、陇那、巴立、梅林、陇祥、摩天岭、驮瓜、江那、坡圩、新发、陇穷等21个村委会。2005年，总人口3.32万人。

作登瑶族乡石山22802.5公顷，占61.9%；土坡14035.1公顷，占38.1%。粮食作物主要有玉米、水稻，经济作物有甘蔗、香蕉、甜椒、黄豆等。作登玉米鸡和山羊远近闻名。1989年，全乡工农业产值896.52万元，其中农业总产值895.52万元，工业产值1万元；经济总收入752.23万元，农民人均年纯收入131元。小学教学点114个，学生5211人，教师297人；初中2所，教师41人。卫生院1所，医务人员23人，病床16张。每村都有1名村医，1名接生员。

作登是田东县扶贫攻坚的最大战场，贫困面广，贫困程度深，扶贫任务十分艰巨。20世纪90年代前期，全乡一直把扶贫开发作为头等大事。1993年，解决温饱898户4593人，建成人畜饮水工程3处，解决了1048人、745头牲畜饮水难；向2926户14298人发救济粮103.8吨，拨给救济金2.66万元。1995年，修建人畜饮水水池31处，解决1540户15678人、15678头牲畜饮水难，解决了1497户8000人温饱问题。

20世纪90年代初，在扶贫工作取得成效的同时，全乡经济社会也得到发展。1993年，全乡粮食种植面积3292.6公顷，粮食总产量855.9吨，农民人均有粮201千克。甘蔗种植326.13公顷，水果种植147.4公顷，人工造林477.33公顷，封山育林4247公顷。农业总产值1587万元，乡镇企业收入63.45万元，农民人均年纯收入339.7元。1995年，创办了百色地区第一个股份制剧团——右江红棉歌舞团，作登瑶族唢呐队应邀参加了广西电视台1995年春节文艺晚会的演出。广州军区政治部捐款55万元和从县教育费附加拨款10万元，兴建了田东县第一所“希望小学”作登瑶族乡大板小学教学楼和宿舍楼。

20世纪90年代中后期，全乡一如既往狠抓扶贫开发，重点是移民搬迁。1996—1999年，建设人畜饮水工程（含水柜）823处，解决31826人、26048头牲畜饮水难；组织734户贫困户3869人异地搬迁安置，其中搬迁到田林县六隆开发区151户、906人，搬迁到思林镇江山村120户、650人，搬迁到新隆村207户、1082人，搬迁到那拔乡六鲁村150户、620人，搬迁到平马镇新乐村60户、361人，搬迁到祥周镇那达村46户、250人；解决5997户29587人温饱问题。1998年，作登瑶族乡被国家民委授予“民族团结进步模范单位”称号。

1999年8月，作登瑶族乡陇穷村貌 （县委宣传部提供）

20世纪90年代中后期，全乡扶贫开发除了移民搬迁，还狠抓“造血式扶贫”，着重开展产业扶贫和发展劳务经济，增加群众生产经营性收入和工资性收入。1996年，农业总产值突破5000万元大关，达5073万元。1997年农民人均年纯收入突破1000元关，达1251元；乡镇企业收入突破1000万元大关，达1416万元。1998年，甘蔗种植866.67公顷，进厂原料蔗3.82万吨，创历史新高；财政收入突破200万元，达204.48万元。村级公路、屯级公路、高压电、村村通电视广播等基础设施建设也不断加快。2000年，全乡农业总产值5757万元，粮食总产量9693吨，肉类总产量2784吨，水产品产量75吨，水果总产量754吨，进厂原料蔗3.4万吨。财政收入262万元，乡镇企业总收入1571万元，农民人均年纯收入864元，全乡解决温饱共700户3480人。建成地头水柜884座，可灌溉面积243.73公顷。建成沼气池82座，建成村部楼房14个。建成屯级道路75条共189.5千米，修建中小学校舍10栋共1760平方米。发放小额信贷83.4万元，扶持种养339户。当年，作登瑶族乡被自治区党委、自治区人民政府评为“全区扶贫开发工作先进单位”。

21世纪初，全乡扶贫攻坚不断推进，这时期的扶贫开发重点还是“输血式扶贫”，加强基础设施

2004年11月，作登瑶族乡江那移民开发区建成
（县扶贫办提供）

2005年，作登瑶族乡梅林村开通了手机信号
（县文联提供）

建设，着力改善生产生活条件。2001年，投入126万元建成地头水柜630座，投入130万元修通大板至作登街6.2千米柏油路，投入13.9万元建成3条屯级公路共12.5千米，解决64户299人行路难。投入15万元，建成江那村级公路水泥桥2座。解决三陇、敬布等8个贫困村25个自然屯1199户5163人用电难，全乡解决温饱人数4116人。2003年，争取到上级扶贫资金440.6万元，建设5条乡村四级公路。2004年，全乡以乡庆为契机，实施乡庆项目40个，总投资4387.4万元；修建沼气池480座，水柜200座，江那移民开发区建成并安置移民118户462人。

21世纪初，全镇的经济社会建设取得新成效。2001年财政收入突破300万元，达304.13万元。2003年，粮食产量突破10000吨，达10809吨；农业总产值突破6000万元，达6068万元。同年，投资32万元，开工建设作登水厂。开通了市话和移动通讯，全乡拥有电话机2690台。2004年，甘蔗产量达58053吨，创历史最高。2005年，全乡农业总产值7876万元，财政收入336万元，粮食总产量1.08万吨，甘蔗产量5.78万吨，水果产量2560吨，大牲畜存栏1.18万头，水产品产量159吨；农民人均年纯收入1388元。全年引进外来投资项目12个，引进资金4000多万元。新开工项目12个，完成投资4710万元；继建项目8个，投资420万元。适龄儿童入学率99.6%，初中毛入学率95.2%，新型农村合作医疗参合率53%。

作登瑶族乡是田东县唯一的民族乡。龙须河沿岸风景秀丽，是田东著名的旅游景点。瑶族金唢呐、金锣舞是作登瑶族乡文化品牌，作登玉米鸡、玉米酒和作登山羊是知名特产。

1989—2005年作登瑶族乡历任乡长：

兰文举（1987年10月至1993年8月）、罗里宁（1993年8月至1996年7月）、韦良成（1996年7月至2001年3月）、李燕飞（2001年3月至2002年7月）、兰亮（2002年7月至2006年8月）。

田东县志（1989—2005）

第二十五篇

人物

人物篇设人物传略和人物名录两章。第一章“传略”收录和补录田东县1989—2005年的烈士和辞世的名人共3人。第二章“名录”收录1989—2005年田东籍副厅（副师）级以上职级人物3人，在县内工作具有高级职称的人物共156人，田东籍以及曾经在田东县工作的外县籍获得国家级、省部级别表彰的劳动模范、先进工作者以及各行业、各部门的先进人物奖项有41人次，其中国家级别的有8人、省部级别的奖项有33人（含补录1989年前1人）。

人物传略按出生年先后顺序排序。田东籍副厅（副师）级以上职级人物，获得国家级、省部级别表彰的劳动模范、先进工作者以及各行业、各部门的先进人物根据时有的资料进行统计，获得高级专业技术职称人员按年度列表统计。

第一章　人物传略

第一节　名人传略

李志明（1913年5月至2004年11月）　壮族，1913年5月12日生，广西田东县思林人。原名李就顺，曾用名李亚光、李治民、李治明。中共七大正式代表。出身贫苦农民家庭。从小给地主家放牛。1929年8月参加田东县苏维埃政府特务营，任排长。12月参加百色起义，编入红七军，任军部特务营第二连排长。1930年底加入中国共产主义青年团。1931年转为中国共产党党员。

历任红七军第五十八团第五连排长、红军特务连排长，参加保卫右江革命根据地的战斗。1930年随红七军北上远征，参加广东梅花村、湖南茶陵等战斗。1931年1月攻打江西赣州城时负重伤。7月到达江西中央革命根据地。1932年秋后入红军学校政治营学习。3个月后入红军政治教员训练班学习。3个月后分配到红军彭杨步兵学校（中国工农红军第一步兵学校）任政治教员。1933年夏秋任红三军团教导团政治委员兼党总支书记。参加了中央苏区第三、第四、第五次反“围剿”斗争和中央红军长征。1935年初，调任红军总政治部敌工部干事。后被调到强渡大渡河、泸定桥先遣工作团工作。同年夏调任红军大学骑兵科政治委员。到达陕北后，1936年冬任红军大学步兵营第一连政治委员，红军步兵学校政治部组织科科长，红军学校步兵营代理营政治委员。

1937年冬调任八路军总部特务团政治委员。在此期间曾调到薄一波领导的山西青年抗敌决死队担任了两期队长兼政治教员。1939年11月调中共中央北方局党校学习。1940年2月任八路军总部巡视团政工组副组长。1941年春任鲁西军区教导第三旅政治部副主任。参加了晋东南反“九路围攻”和反“扫荡”、反顽军的战斗。1943年春到延安。后入中共中央党校学习。1945年4月至6月作为晋冀鲁豫代表团成员出席中共七大。6月任八路军南下第三支队大队政治委员，准备回广东、广西工作。途中日本宣布投降，转赴东北。

1945年11月至1946年4月任冀热辽纵队混成旅政治委员。1946年4月至11月任张家口卫戍部队政治部主任。10月任察哈尔军区政治部副主任。1947年2月至1948年5月任晋察冀军区、野战军第四纵队第十二旅政治委员、军政委员会主任，后任党委书记。1948年5月至12月任华北军区第二兵团第四纵队第十二旅政治委员、党委书记。参加张家口保卫战、平津战役。在革命战争中两次负伤。1949年1月调华北军政大学高级干部大队学习，任大队长兼党支部书记。

1950年7月任华东军区海军舰队政治委员。1951年4月至1955年1月任基地兼舰队党委书记、基地党委纪律检查委员会书记（至1955年4月）。1951年12月至1954年12月任华东军区海军基地兼舰队政治委员。1954年12月组织指挥解放一江山岛海陆军登陆作战。1955年5月起任海军岸防部副部长。1957年转业到地方工作。1958年8月任浙江省富春江水电工程局副局长。1960年3月任杭州工业学院第一副院长、党委副书记。1961年1月任浙江省水电工程局副处长。8月任浙江省交通厅办事处负责人。1982年离休。1957年被授予二级八一勋章、二级独立自由勋章、一级解放勋章。著有《长征诗草》《右江红旗》诗集等。2004年11月，在杭州逝世，享年91岁。

麻克利（1941年7月至1996年2月） 田东县祥周镇九合村人，1984年任九合村治保主任，1985年12月加入中国共产党，1988年任九合村党支部书记，1996年2月病逝，享年54岁。麻克利同志任职以来，立党为公，勤政为民，大公无私，乐于奉献。1982—1995年，每年向国家售粮超万斤，人称“老万斤”。这14年，累计交售爱国粮87039千克，比征购任务多卖54000千克。自1985年起，他带头在红土坡上种芒果，带动全村的芒果生产。他时刻关心群众的生活，自觉扶助困难户，解决群众的实际困难。他先后发动群众修建小学教学大楼、打水井拉自来水。亲自帮扶6户贫困户致富，带领全村脱贫致富。1989年以来，他先后被评田东县、百色地区和广西壮族自治区优秀共产党员，全区和全国劳动模范。他去世后，1996年3月，中共田东县第九届委员会第三次会议通过《关于在全县开展向麻克利同志学习的决定》。之后，《广西日报》以《报国情报》为题，报道了他的先进事迹。

第二节 烈士传略

李汉清（1954年7月至1990年4月） 壮族，田东县义圩乡东冠村庭滕屯人。1972年2月参加中国人民解放军，1976年3月退伍还乡，1979年2月以民兵担架队的身份参加中越边境自卫还击作战。1986年参加义圩乡计生专业队。1990年4月，遇害。1992年被广西壮族自治区人民政府追认为革命烈士。

第二章 人物名录

第一节 革命烈士名录

截至2005年年底，全县有田东籍革命烈士464名。这其中，有463名烈士是1989年（不含1989年）之前被追认的，已在前志书中按乡镇详细列表说明，这次只体现名字列表，本表不包含在田东境内牺牲的外籍革命烈士。1989年之后被追认为烈士的只有1名，列详细表。

1988年之前的田东县革命烈士一览表

表25-2-1

韦东康	李　发	黄高财	陆炳堂	廖金辉	李恒芳	黄惠良	岑意诚	刘震英	林　棣	黄金光
黄日利	李善辉	谈士庆	竺桂堂	辛升庚	黎贞祥	农青田	凌建德	岑笃宽	林　柏	莫世兴
黄永文	赵润江	韦肇新	黄怀任	黄海仁	梁维祯	罗仕鲁	黄立言	苏银台	黄善雄	赵秉差
陆忠树	陈贵致	阮仁永	罗章刚	廖日闪	李汉生	李大星	黄美山	黄光叔	李恒志	周善恩
农民英	农福桐	农智金	阮兴林	刘振鲁	陆振权	潘玉田	周文顺	周锡祺	李福杰	黄明康
廖仁安	黄忠明	荷世宗	李日民	韦日朝	韦恩才	黄文忠	韦汉熙	黄才光	黄义邦	林宏领
潘永喜	潘润瑞	梁春秀	梁天才	谢万来	王文章	班振福	黄光录	韦少丰	梁国兴	黄以荣
黄文龙	黄寿权	罗世娄	黄日山	陵以东	零宏吾	黄瑞山	黄锦成	黄日裕	龙元武	班有宜
黄以仇	黎有意	覃锦隆	刘启瑞	覃以行	黄文锡	黄忠立	雷显清	卢仕敌	韦　八	谢绍山
韦金朝	黄光朝	黄永享	韦月英	廖金玉	黄承玉	韦明台	黄立加	黄日送	班日信	凌日烂
何仕英	高胜康	李大养	赵秉堂	韦　纪	李瑞臣	韦桂平	韦天恒	韦日山	曾绳武	滕誉甫
李修齐	陆美然	张忠珍	覃仕铁	邓顺立	罗子卿	黄相佳	鲍玉台	黄　雄	黄锡固	黄绍谦
黄日立	潘海佑	陆朝汉	农振光	农建田	农春元	覃秀兴	黄炳丁	覃常耀	农以盛	陆寿南
谭朝周	黄有安	周锡存	黄以明	凌振现	黄照烈	凌日旦	黄明早	赵立通	向忠运	李义才
罗日眉	凌日胜	何以色	廖玉祥	李教牛	李教曾	陈荣新	李　峰	雷民生	闭志万	黄贵庭
覃秉伦	黎　彬	韦秉祯	梁保先	何以瑶	黄汉渊	班忠吉	唐以万	黄日亮	黄日英	韦　德
凌以顶	罗卜友	陆卜康	覃建强	韦日常	黄日进	黄永和	张有明	凌建达	黄成志	黄秉建
梁乃武	黄泽田	刘伟谋	乃流拾	陈宏养	黄大耀	黄国英	黄廷贵	梁志作	杨逢新	黄春国
李善魁	黄仁义	罗业松	农春荣	陆日堂	凌日血	韦日英	赵秉寿	韦　荣	黄金日	李金贵
韦吉炳	黄正夫	梁廷老	罗忠宜	何建业	谭以江	黄日是	黄兆堂	李日立	黄有林	周鼎流
黄忠明	黄辉堂	谭安杰	黄日德	何日毛	凌光恩	农金捌	李雄盛	潘文荣	梁金叶	黄有告
苏全旺	黄　功	农达畯	黄天陆	黄兆英	覃文奇	黄炳忠	黄炳寿	李南山	何仕嫩	陈国奎
黄　宝	岑忠业	梁　芹	黄阳梯	梁维富	黄香山	苏　威	蔡福合	何信序	陆如玉	潘少珠
黄致昆	阮觉民	方国庆	阮殿煊	李有文	黄大宜	阮荣基	阮金受	邓　连	唐朝奉	沈中辉
梁启迁	李贤才	覃光禄	梁正豪	韦乃主	黄光禄	黄和盛	黄绍亨	赵秉正	赵金报	李修汉
李贵高	刘和祥	滕国栋	滕煊甫	谈锦琪	滕静夫	乃总权	唐世就	黄阳忠	黄　壹	阮金满

续表25-2-1

李春堂	黄有昌	翁文锦	李茂荣	覃仕万	罗玉信	李正儒	岑忠利	陆达伍	甘润芳	颜仕兴
潘汉权	赵宾玉	赵润兰	黄配伦	赵秉若	韦胜贤	林其玉	韦天督	韦秀臣	黄大丹	张永林
黄忠林	凌照诚	李春祥	黄荣春	黄显庭	陆锦华	赵建辉	鲍海谈	赵润标	韦东朝	韦福焕
赵甘仕	黄和居	黄和义	黄显亲	黄福金	农时旺	凌智信	黄日碧	潘仁春	潘海夫	凌立田
赵相义	罗炳贤	韦永彭	凌老四	黄文荣	黄善辈	凌以标	方修利	潘仁泰	黄仁珠	方修登
凌以向	黄有荣	黄德胜	农德案	李茂用	何智品	谈英歧	黄利忠	黄春魁	滕浩宗	黄明康
李春明	林宏理	黄光值	黄以新	黄以斌	黄以美	黄大仁	李宏天	黄金龙	岑笃庆	黄从氏
黄卜台	黄日平	黄成良	赵甘勋	农有业	陆光强	赵秉差	梁宪才	黄立依	韦炳枢	林培彬
黄忠长	陆鸿旺	黄寿珍	赵润松	农喜忠	黄以恩	黄庆祝	韩卜福	李任殊	李汉青	周　权
黄兆林	朱国臣	陈玉堂	黄植三	班久明	陆子明	黎海全	凌以旷	凌世宣	韦　纪	李玉基
农达富	陆洪基	欧阳泽民	李秀峰	刘德清	陆炳堂	向春弟	韦秀峰	兰日寿	廖忠明	莫俊英
麦砚值	林拔祖	覃日环	陈细兰	潘永明	梁雄马	韦卜礼	梁仕武	陈永品	班卜浩	鲍日先
黄和笃	陆寿山	韦日伟	李修学	赵润电	农忠和	黎奇汉	黄福强	罗善峰	黄吉定	黄善规
韦福昌	凌世荣	黄振福	卢润宏	何明英	黄真位	黄永达	李振斌	陈庆基	滕德甫	鲍海境
黄以蛮	黄汉勤	陆安康	林汉福	高胜由	李著珍	李华山	黄新友	李达森	何承糊	苏加壮
黎兴仁	黄有臣	黄忠和	张立江	潘正康	黄怀仁	方达增	黄以利	黄日好	韦东委	潘荣安
黄日音	黄建锡									

1989—2005年田东烈士详情表

表25-2-2

姓名	性别	出生年月	籍贯	参加革命年月	牺牲年月	牺牲地点	牺牲时所在单位	牺牲时职务
李汉清	男	1954年	田东义圩乡	1972年2月	1990年4月	思林镇	义圩乡计生专业队	队员

第二节　厅(师)级以上党政军人物名录

1989—2005年田东籍副厅（师）级以上人物一览表

表25-2-3

姓名	性别	民族	籍贯	出生年月	文化程度	党派	所在单位	职务	始任年月
韦祖汉	男	壮族	田东祥周	1955年8月	研究生	中共党员	自治区农业厅	党组副书记、副厅长	2002年10月
黄卫革	男	壮族	田东那拔	1960年12月	研究生	中共党员	广西河池市人民政府	副市长	2002年10月
黄瑞雅	男	壮族	田东作登	1951年5月	大学	中共党员	广西右江民族医学院	院长	2004年6月

第三节　获国家级表彰的先进人物

1989—2005年，田东县获国家级表彰的先进人物有8人，具体名单如下：

杨斌　1975年3月出生，平马镇人，汉族，举重运动员。1986—1988年在县业余体校训练，1993

年5月参加首届东亚运动会获男子举重54公斤级冠军，1993年11月参加第66届男子世界举重锦标赛中获54公斤级抓举冠军。1997年12月参加第68届男子世界举重锦标赛获男子54公斤级抓举冠军，总成绩亚军。

梁家祥 田东县农业技术推广站站长。1992年开始引进水稻旱育稀植技术，1994年育成丰产性能好的香型优质米——田东香（早籼稻）。1999年9月，“田东香米”被自治区优质稻米评定委员会评为“一级优质米”。1998年1月被百色地委、地区行署评为“百色地区第二批专业技术拔尖人才”，1999年4月被自治区人民政府授予“全区先进工作者”称号，2000年4月被国务院授予“全国先进工作者”称号。

陆青全 1955年5月出生，广西登高集团有限公司技术员，1997年被自治区人民政府授予“全区劳动模范”称号，2000年被国务院授予“全国劳动模范”称号。

黄秋艳 1978年1月出生，平马镇人，壮族，田径运动员。1990—1995年在田东业余体校训练，1997年获全国第八届运动会女子三级跳远冠军，并破亚洲青年纪录。2001年获全国第九届运动会女子三级跳远冠军，并以14.72米的成绩打破亚洲纪录和全国纪录。2002年参加第十四届亚运会获女子三级跳远冠军，并破亚运会纪录，同年获得国际田联黄金联赛罗马站三级跳远冠军、全国室内田径锦标赛三级跳远冠军，并创造室内亚洲纪录、全国田径锦标赛三级跳远冠军。2003年获得全国田径锦标赛三级跳远冠军，2004年参加雅典奥运会第28届奥运会获第12名，2005年获得全国第十届运动会女子三级跳远冠军和第四届东亚运动会女子三级跳远冠军。

岑金龙 1986年1月出生，平马镇人，壮族，蹼泳运动员。2004年10月参加第十二届世界蹼泳锦标赛获4×100米蹼泳接力亚军，并破世界纪录。2004年10月参加全国蹼泳锦标赛获200米蹼泳第一名。

李彩芳 1965年10月出生，田东县环境卫生绿化管理站工作。在多年的环卫工作中，她兢兢业业，勤勤恳恳。2002—2004年连续3年被评为“百色市先进工作者”，2004年荣获自治区“五一劳动奖章”，2005年荣获国务院“全国劳动模范”称号。

第四节　获省部级表彰的先进人物

1989—2005年，田东县获省部级表彰的先进人物有33人，具体名单如下：

周锡文 田东县水利局工程师，1989年8月获水利电力部授予的“献身水利、水保事业29年”荣誉。

李文海 田东县乡镇企业局会计，1989年5月被中华人民共和国农牧渔业部授予“长期坚持农牧渔业财务工作成绩显著”奖。

钟喜琼 田东中学教师，1989年8月被广西壮族自治区人民政府授予“劳动模范”称号。

覃忠礼 朔良乡那加小学代校长，1989年9月被自治区人民政府授予“优秀教师”称号。

宋多耀 田东中学物理教师、校长，1989年9月被评为全国教育系统劳动模范，并获得国家教委、人事部、全国教育工会联合授予的人民教师奖章一枚。

何廷相 田东二中校长，1989年被国家教委、人事部、全国教育工会授予“全国先进教育工作者”称号。

潘祖孝 祥周乡新洲小学教师，1989年被国家教委、人事部、全国教育工会授予“全国先进教育工作者”称号。

韦剑波 田东机关幼儿园教师，1989年被国家教委、人事部、全国教育工会授予“全国先进教育工作者”称号。

陆明堂　那拔乡福星村烈属，1989年11月被自治区人民政府、广西军区授予“拥军优属先进个人”称号。

陆仕汉　祥周乡康元村东地屯军人家属，1989年11月被自治区人民政府、广西军区授予“拥军优属先进个人”称号。

韦忠弟　朔良乡朔良村那疗屯复退军人，1989年11月被自治区人民政府、广西军区授予“拥军优属先进个人”称号。

陶加宝　布兵乡党委书记，1990年3月被自治区党委、人民政府授予“全区计划生育先进工作者”称号。1993年、1997年和1998年度均被自治区统战部评为“先进工作者”。

黄天辜　平马镇计生站计生专干，1990年5月被自治区人民政府评为“计划生育先进个人”。

王仕强　田东县统计局局长，1990年12月被国务院第四次人口普查领导小组授予“第四次人口普查国家级先进个人”称号。

黄国成　田东县人民政府调研员，1990年12月被国务院第四次人口普查领导小组授予“第四次人口普查国家级先进个人”称号。

阮文章　坡塘乡乡长，1990年12月被国务院第四次人口普查领导小组授予“第四次人口普查国家级先进个人”称号。

陶加宏　布兵乡模范村公所村长，1991年5月被自治区人民政府授予“抢修中小学危房先进个人”称号。

农时勤　田东县铁合金厂厂长，1991年8月被自治区人民政府、广西军区授予“军队转业干部先进个人”称号。

罗科教　田东县税务局干事，1992年2月被国家税务局授予“全国税法宣传教育先进个人”称号。

黄乃生　田东县财政局局长，1992年3月被自治区人民政府授予“先进工作者”称号。

陆信教　朔良乡群敏村公所村长，1992年6月被自治区人民政府授予“优秀村长”称号。

苏世文　田东县教育局改善办副主任，1992年被自治区人民政府授予“全区抢修中小学危房先进个人”称号。

麻祖恒　田东中学教师，1993年被全国教育工会、国家教委、人事部授予“1992—1993学年全国优秀教育工作者”称号。

马彩桃　女，田东县人。1992年参加第三届全国残疾人运动会荣获女子100米蛙泳冠军。

黄玉胜　田东县第十、十一届人民代表大会常务委员会副主任，1992年和1994年分别获“自治区人大代表先进个人”称号。

朱新伟　田东县体育局教练，1992年11月被自治区人民政府授予“创建全国体育先进县工作先进个人”称号。

卢福臣　田东县冶炼厂工人，1995年4月被自治区人民政府授予“全区劳动模范”称号。

古金荣　田东金荣纸业有限公司董事长，1995年9月被自治区人民政府授予“全区劳动模范”称号。

黄耀广　田东中学教师，1998年9月被人事部授予“1998年全国教育系统劳动模范和全国模范教师”称号。

黄彩英　田东县饮食服务公司工人，1998年12月获自治区人民政府荣誉勋章一枚。

周易才　田东县粮食局平马粮所所长，1998年12月获自治区人民政府荣誉勋章一枚。

黄日宽　田东县司法局局长，1998年12月获自治区党委、自治区人民政府荣誉勋章一枚。

班光习　广西登高集团有限公司董事长，2005年荣获“广西壮族自治区劳动模范”称号。

第五节　获高级职称的专业技术人员

1989—2005年，在田东县内工作、获得副高级职称以上的专业技术人员总共有156人，具体名单见如下表。

1989—2005年田东县副高级职称以上的专业技术人员表

表25-2-4

姓名	性别	工作单位	资格(职称)名称	授予时间
黄玉宽	男	田东中学	高级教师	1991年2月
苏炳坚	男	田东县人民医院	主任医师	1992年2月
黄学伟	男	田东县卫校	高级讲师	1992年12月
韦汉朝	男	田东县教师进修学校	高级讲师	1993年12月
梁家祥	男	田东县农业站	高级农艺师	1993年9月
欧阳效高	男	田东县农业站	高级农艺师	1993年9月
陈其复	男	田东县文化站	群文副研究馆员	1993年9月
李汉祖	男	田东县水电管理站	高级工程师	1993年9月
周锡文	男	田东县水电规划站	高级工程师	1993年9月
刘俊宝	男	田东县水政站	高级工程师	1993年9月
陆孟义	男	田东县供电所	高级工程师	1993年9月
夏小娥	女	田东县建设局设计室	高级工程师	1993年9月
周一怒	男	田东县会计函授站	中专高级讲师	1993年9月
谢卓鹏	男	田东卫校	中专高级讲师	1993年9月
黄承吉	男	田东卫校	中专高级讲师	1993年9月
陆　飞	男	田东县教师进修校	中专高级讲师	1993年9月
罗以丰	男	田东县教师进修校	中专高级讲师	1993年9月
刘承福	男	田东县教师进修校	中专高级讲师	1993年9月
莫福炎	男	田东中学	中学高级教师	1993年9月
王成钦	男	田东中学	中学高级教师	1993年9月
张本焕	男	田东中学	中学高级教师	1993年9月
梁胜金	男	思林中学	中学高级教师	1993年9月
班佩琛	男	义圩中学	中学高级教师	1993年9月
黄金鹏	男	田东县教育局教研室	小学中的中学高级教师	1993年9月
何　毅	男	田东县教育局教研室	小学中的中学高级教师	1993年9月
周景华	男	田东县人民医院	内科副主任医师	1993年9月
黄庆瑜	男	田东县人民医院	内科副主任医师	1993年9月
谢宝莲	女	田东县人民医院	内科副主任医师	1993年9月
廖素玉	女	田东县人民医院	儿科副主任医师	1993年9月
农　仁	男	田东县人民医院	外科副主任医师	1993年9月
邓泽民	男	田东县人民医院	外科副主任医师	1993年9月

续表25-2-4

姓名	性别	工作单位	资格（职称）名称	授予时间
龙　强	男	田东县人民医院	外科副主任医师	1993年9月
刘美新	女	田东县人民医院	妇产科副主任医师	1993年9月
黄廷恒	男	田东县人民医院	中医结合副主任医师	1993年9月
梁宗永	男	田东县卫生防疫站	副主任医师	1993年9月
黄丹阳	女	田东中学	中学高级讲师	1994年12月
宁泰心	男	田东县水电局	高级工程师	1994年12月
黄春亮	女	田东县水果办	高级农艺师	1994年12月
陈兆文	男	田东县水果办	高级农艺师	1994年12月
陆保红	女	田东卫校	高级讲师	1994年12月
韦继天	男	田东县中医院	副主任医师	1994年12月
黄环娥	女	田东县人民医院	副主任医师	1994年12月
钟梦熙	男	田东县人民医院	主任医师	1994年12月
黄大文	男	田东县人民医院	副主任医师	1994年12月
朱景廉	女	田东县人民医院	副主任医师	1994年12月
秦景辉	男	田东县党校	高级讲师	1994年12月
陆　敢	男	田东职校	中学高级教师	1994年7月
麻祖恒	男	田东中学	中学高级教师	1994年7月
李一文	男	田东中学	中学高级教师	1994年7月
黄志军	男	田东二中	中学高级教师	1994年7月
黎寿松	男	义圩初中	中学高级教师	1994年7月
李沃昆	男	田东中学	中学高级讲师	1995年12月
黄生文	男	田东县土肥站	高级农艺师	1995年12月
赵建纯	男	田东县防疫站	副主任医师	1995年7月
黄小雄	女	田东县妇幼保健院	副主任医师	1995年12月
谢秀斌	女	田东县人民医院	副主任医师	1995年12月
范荣轩	男	田东县人民医院	副主任医师	1995年12月
黄祖峰	男	田东中学	中学高级教师	1995年12月
肖　煜	女	田东中学	中学高级教师	1995年12月
李艳桂	女	田东中学	中学高级教师	1995年12月
陆日升	男	田东二中	中学高级教师	1995年12月
蔡经平	男	田东中学	中学高级讲师	1996年12月
张建强	男	田东县冶炼厂	高级工程师	1996年12月
陆爱莲	女	田东县人民医院	副主任医师	1996年12月
陆鹏志	男	田东县人民医院	副主任医师	1996年12月
林秀珠	女	田东县人民医院	副主任医师	1996年12月
卢伟雄	男	田东中学	中学高级教师	1996年12月
廖升辉	男	田东中学	中学高级教师	1996年12月
凌世忠	男	田东二中	中学高级教师	1996年12月

续表25-2-4

姓名	性别	工作单位	资格(职称)名称	授予时间
林延志	男	田东县民族中学	中学高级教师	1996年12月
唐作廉	男	田东县民族中学	中学高级教师	1996年12月
黎承助	男	祥周初中	中学高级教师	1996年12月
罗建设	男	祥周初中	中学高级教师	1996年12月
麻森芳	男	田东中学	中学高级讲师	1997年12月
阮少华	男	田东县中医院	副主任医师	1997年12月
韦世晁	男	田东县中医院	副主任医师	1997年12月
曾玉基	女	田东县人民医院	副主任护师	1997年12月
杨国武	男	田东职校	中学高级教师	1997年12月
黄中原	男	田东中学	中学高级教师	1997年12月
黄尚升	男	田东中学	中学高级教师	1997年12月
农寿则	男	田东二中	中学高级教师	1997年12月
张英明	男	田东二中	中学高级教师	1997年12月
黄大万	男	田东二中	中学高级教师	1997年12月
覃雄议	男	田东二中	中学高级教师	1997年12月
兰杏菊	女	田东县民族中学	中学高级教师	1997年12月
粟日鸿	男	平马中学	中学高级教师	1997年12月
黄玉春	男	义圩初中	中学高级教师	1997年7月
李振东	男	田东县中医院	副主任医师	1998年12月
覃建泽	男	田东县人民医院	副主任医师	1998年7月
凌振音	男	田东中学	中学高级教师	1998年12月
梁瑞芳	女	田东中学	中学高级教师	1998年12月
郭荣英	女	田东中学	中学高级教师	1998年12月
蒙卫国	男	田东中学	中学高级教师	1998年12月
唐毓煌	男	田东县民族中学	中学高级教师	1998年12月
黄振雄	男	田东县教研室	中学高级教师	1998年12月
韦海新	男	田东县教研室	中学高级教师	1998年12月
谭福龙	男	田东县教研室	中学高级教师	1998年12月
黄正利	男	田东县教育局教研室	中学高级讲师	1998年12月
陈尔祚	男	田东县人民医院	副主任医师	1999年12月
梁　军	男	田东县电视局	高级工程师	1999年12月
卢小华	女	田东一中	中学高级教师	1999年12月
黄文光	男	田东一中	中学高级教师	1999年12月
黄赞良	男	田东一中	中学高级教师	1999年12月
邓美森	女	田东一中	中学高级教师	1999年12月
黄艳红	女	思林二中	中学高级教师	1999年7月
黄廷武	男	印茶初中	中学高级教师	1999年7月
农尚仁	男	印茶初中	中学高级教师	1999年7月

续表25-2-4

姓名	性别	工作单位	资格(职称)名称	授予时间
阮绪克	男	田东二中	中学高级教师	1999年12月
黄汉茂	男	平马四平学校	中学高级教师	1999年12月
李仁积	男	田东县教育局教研室	中学高级教师	1999年12月
向建军	男	田东县人民医院	内科副主任医师	1999年7月
岑忠保	男	田东县病虫测报站	高级农艺师	2000年12月
余龙金	男	田东一中	中学高级教师	2000年12月
李国江	男	田东二中	中学高级教师	2000年12月
农青多	男	田东二中	中学高级教师	2000年12月
秦智青	男	田东三中	中学高级教师	2000年12月
陆秋暖	女	田东三中	中学高级教师	2000年12月
黄尚景	男	田东四中	中学高级教师	2000年12月
覃才仕	男	田东县教育局教研室	中学高级教师	2000年12月
黄文善	男	田东县教育局教研室	中学高级教师	2000年12月
陆必森	男	田东县人民医院	副主任医师	2000年12月
黄琼芬	女	田东县人民医院	副主任医师	2000年12月
雷佩英	女	田东县人民医院	副主任医师	2000年12月
凌秀凤	女	田东县人民医院	副主任护师	2001年12月
罗祖现	男	田东一中	中学高级教师	2001年9月
黄天选	男	田东一中	中学高级教师	2001年9月
辛荣保	男	田东二中	中学高级教师	2001年9月
陆正华	男	田东二中	中学高级教师	2001年9月
韦先应	男	田东县教研室	中学高级教师	2001年9月
陆国界	男	田东县中等职校	中学高级教师	2001年9月
张绍威	男	田东县中等职校	中学高级教师	2001年9月
谭珠伟	男	田东县民族中学	中学高级教师	2001年9月
罗学益	男	祥周初中	中学高级教师	2001年9月
陆　嫚	女	田东县人民医院	儿科副主任医师	2001年9月
潘祥奋	男	田东县人民医院	内科副主任医师	2001年9月
黄宪伟	男	田东县广播电视局	高级工程师	2002年12月
周爱华	女	田东二中	中学高级教师	2002年12月
陆多凤	女	田东县人民医院	副主任护师	2002年12月
梁宏静	男	田东县农业推广中心	高级农艺师	2002年12月
潘国荣	男	田东县农业推广中心	高级农艺师	2003年12月
潘启城	男	田东县农技推广中心	高级农艺师	2003年7月
张华官	男	田东一中	中学高级教师	2003年7月
凌　艳	女	田东一中	中学高级教师	2003年7月
梁日南	男	田东一中	中学高级教师	2003年7月
黄丽荣	女	田东二中	中学高级教师	2003年7月

续表25-2-4

姓名	性别	工作单位	资格(职称)名称	授予时间
陆明雄	男	田东县人民医院	外科副主任医师	2003年7月
辛华章	男	田东县人民医院	口腔副主任医师	2003年7月
黄华夏	女	田东县人民医院	副主任护师	2003年7月
罗建猛	男	田东县农业推广中心	高级农艺师	2004年12月
蒙学兴	男	田东高级中学	中学高级教师	2005年12月
黄中东	男	田东高级中学	中学高级教师	2005年12月
赵爱团	女	田东二中	中学高级教师	2005年12月
杨如萍	女	田东四中	中学高级教师	2005年12月
黄华克	男	祥周初中	中学高级教师	2005年12月
任勇才	男	田东县人民医院	中医副主任医师	2005年12月
赵杏香	女	田东县人民医院	副主任护师	2005年12月

田东县志

（1989—2005）

附　录

附录一：县委和县人民政府工作报告节选

县委工作报告（节选一）

坚持党的基本路线　加强党的建设
为实现田东县国民经济和社会发展“八五”计划而奋斗

——1991年10月22日在中国共产党田东县第八次代表大会上的报告

从1988年10月县的第七次党代会到现在，已经足足三年。三年来，田东县各级党组织认真加强自身建设，努力贯彻执行党的十一届三中全会以来的路线、方针、政策，团结和依靠全县各族人民，以经济建设为中心，坚持四项基本原则，坚持改革开放，战胜自然灾害，努力克服困难，推进了全县各项工作的开展，比较好地完成了田东县第七届党代会提出的任务。

一、认真贯彻落实党的十三届四中、五中、六中全会精神，促进社会安定团结

田东县第七次党代会以来，全县各级党组织把维护和发展安定团结的政治局面作为一项突出的任务来抓，认真加强思想政治工作，进行坚持四项基本原则的教育，反对资产阶级自由化。首先加强各级领导班子和干部队伍的团结，保持基本政策的稳定性和连续性，密切党群、干群关系，增进民族团结、军政、军民团结。其次，加强社会治安综合治理，保持了全县政治和社会的稳定，在1989年春夏之交发生的政治风波中，全县各级党组织坚决拥护和贯彻党中央、国务院的英明决策和正确措施，坚决反对和制止极少数人煽动动乱的行为，在这段时间，县委认真贯彻上级的指示，掌握社会动态，发现一些动乱苗头，立即采取措施，做好疏导工作，把问题解决在萌芽状态之中，保持了田东县正常的生产、工作、生活和社会秩序。三年来，我们连续开展严厉打击各种严重刑事犯罪的斗争，促进了社会的安定。

二、制订田东县国民经济和社会发展“八五”计划和十年规划

党的十三届七中全会和区党委六届二次全会以后，我们县召开了七届六次全委扩大会议，贯彻七中全会和区党委六届二次全会文件的精神，把党员和干部群众思想统一到七中全会精神上来，认识到七中全会通过的《中共中央关于制订国民经济和社会发展十年规划和“八五”计划的建议》，是全党实现第二步战略目标的行动纲领，贯彻落实七中全会精神是今后党的中心任务，根据党的十三届七中全会精神，制订了田东县国民经济和社会发展“八五”计划和十年规划。

三、坚持以经济建设为中心，国民经济取得新的发展

三年来，我们坚持以经济建设为中心，认真贯彻执行党中央、国务院和区党委、政府关于发展经济的方针政策，为尽快地把田东县经济建设搞上去，作了不懈的努力。全县经济有了新的发展，1990

年，全县工农业总产值比1987年增长15.83%，年平均增长5.02%；国民生产总值实现11630万元，国民收入比1987年增长16.1%，年平均增长5.1%；财政收入比1987年增长57.99%，年平均增长16.47%。全县城乡市场稳定繁荣。

农业得到进一步加强，农业经济全面发展，农产品商品率逐步提高。1990年全县农业总产值比1987年增长22.63%，年平均增长7.54%；粮食产量达到117227吨，接近历史最高水平。今年上半年，虽受历史罕见的旱灾，但田东县各级党委、政府带领全县人民奋力抗灾，把灾害损失减少到最低限度，加上我们老区人民有着高尚的政治觉悟，上半年一造超额完成了全年定购入库任务。主要经济作物比三年前也有较大幅度增长，1990年甘蔗产量达110015吨、机制糖10305吨，创了历史最高水平；水果总量达1974吨。乡镇企业有了较大发展，1990年总收入达3106万元，比1987年增长88.4%。林业、畜牧、水产业都有了较大的发展。

工业交通有新发展，基本建设得到加强。我们抓了企业改革，改善管理，依靠科技进步，挖掘潜力，增长了企业内部活力，1990年工业总产值比1987年增长9.8%；三年来基本建设投资共144万元，技术改造投资544万元。修建了思林至坡塘、祥周至布兵、林逢至祷午的公路。在财政资金紧缺的情况下，采用多方筹集资金办法，新建了作登水电站、思林水泥厂、县城新自来水厂、建材厂、硫酸锰厂、新纸厂和摩擦材料厂等11个厂。县城35千伏输变电工程即将投入使用，田东邮电大楼程控电话正在建设当中，很快就投入使用。平马电灌站更新改造工程的建设正在进行，日榨2000吨的县第二糖厂已得到自治区同意立项并上报。所有这些，将进一步增强田东县工业发展的实力和经济发展的后劲。

人民生活有了较大的改善。1990年全县农民人均收入315元，比1987年增长41.89%，城镇居民人均收入1672元，比1987年增长18.2%，城乡人民生活水平普遍得到提高，全县未解决温饱的农业人口由1987年31362户178573人下降到1990年11156户58742人。城乡居民储蓄有较大增长，1990年各项存款储蓄余额为2亿多元，其中城镇储蓄存款余额为9400多万元，城乡居住条件也得到进一步改善。

四、改革开放和治理整顿取得新成果

过去三年，我们坚持经济建设为中心，坚持改革开放，使田东县各项改革进一步深化。在加强村级组织建设和深化农村改革中，抓好稳定和完善以家庭联产承包为主的责任制，建立健全社会化服务体系，逐步完善双层经营体制，壮大集体经济。平马镇四平村党支部在抓好村级集体经济发展的同时，加强了各经济合作社集体经济建设，使该村村办企业逐步壮大，去年村公所的经济收入达16000多元，16个经济合作社每年各有了2500元以上收入。城镇改革以增强企业活力为中心环节，逐步推行和完善以承包为主的多种形式的经营责任制，普遍实行厂长（经理）负责制，进一步制定搞活企业的一系列改革措施，扩大企业自主权，改善企业经营机制。教育和科技的改革也进一步深化。

加强对外开放和横向经济联系，三年来我们在发展横向经济联系中引进的各种项目达21项，目前大部分项目已发挥出其经济效益，如引进的上海南方铁合金公司的硅锰合金生产技术，建厂试产一次就获成功，头一年的产品销售收入达302.7万元，除扣还贷款和各项费用后，盈利32.9万元。

在治理整顿中，压缩非生产性投资，加强了农业、能源、交通、通讯等基础产业的建设。三年来，特别注意对农业投资，那龙水库、平马电灌站更新工程建设，35千伏输变电工程、程控电话等都是近两年投资的，经济结构不合理的状况正在逐步改变。清理整顿公司工作已完成，流通领域的混乱现象逐步得到理顺，市场物价趋向平稳，稳中有降。

五、社会主义精神文明建设进一步加强

三年来，我们注意对广大干部群众进行党的基本路线教育，进行爱国主义、社会主义、集体主义和自力更生、艰苦奋斗的教育，广泛开展群众性的精神文明建设活动，认真搞好城乡宣传文化阵地建设，不断消除资本主义腐朽思想和封建主义的影响，提高干部群众的思想觉悟和道德水平，培养了健康向上的社会主义风尚，各行各业涌现了一批先进单位和先进人物。林逢乡党委注意利用发挥乡党校对党员干部进行轮训和培训，使全乡党员的政治素质和科学技术水平得到不断提高，各村党支部的战斗力和凝聚力得到进一步加强，共产党员在两个文明建设中较好地发挥了先锋模范作用，带动了全乡两个文明建设的开展。1990年全乡工农业总产值达2366万元，比上年增长12.9%，粮食总产量达1647万千克，比上年增长9.9%，荣获了地区商品基地建设先进单位。该乡党委被县评为1990年度先进乡党委。祥周乡九合村党支部书记麻克利连续11年卖万斤粮给国家，体现了一个共产党员的高尚品质和先锋模范作用。共产党员、县计生专业队副队长李汉清，牢记我党全心全意为人民服务宗旨，不怕苦，不怕累，热爱忠诚党的计生工作，他在思林镇执行计生工作任务时，临危不惧，挺身而出，以身殉职，表现出一个共产党员勇于献身精神。他的革命精神是值得全体共产党员和干部学习的。三年来，我们普遍开展社会主义民主与法治的教育，全县参加普法学习161876人，占应普法对象184620人的87.5%，提高了人民群众的法制观念。在开展反对资产阶级自由化斗争中，我们认真抓好"扫黄"、除"六害"工作，不断清除社会上各种丑恶现象。

我们坚持把教育、科技事业放在主要的战略地位。依靠全社会发展教育事业，国家、社会、个人都增加对教育的投入，办学条件有所改善，全县中小学危房率已由原来39.5%下降到1.03%。教育质量不断提高，1988年以来，田东县高、中考均名列全地区先进行列。基础教育有所加强，职业技术教育、民族教育、岗位培训教育也有较大发展。科技工作直接为经济建设服务，取得了较好的成绩。几年来，高产田、推优及其他科技兴农工作，对发展田东县经济都起了很大作用。广播、电视、文化、卫生、体育等各项事业也得到进一步繁荣与发展，去年国家体委正式命名田东县为全国体育先进县。计划生育工作取得较好成绩，田东县"七五"期间人口年增长为11.9%，比"六五"期间下降6.8%，1990年末总人口为37.15万人。今年3月，我们根据自治区计划生育工作条例精神，研究制定了东发〔1991〕7号文件，在全县广大党员、干部、群众的支持下，全县计生工作出现新局面。

六、党的建设和党的领导不断加强

这些年来，我们重视进行马克思主义基本理论、党的基本路线和党的基本知识教育，发展壮大党组织，不断提高广大党员的思想觉悟，增强党性观念。1990年，全县13个乡镇先后举办了党员培训班149期，受训党员达12100人次，通过培训，广大党员素质普遍得以提高。三年来，田东县各级党组织，本着坚持标准，保证质量，改善结构的原则，共发展党员432名，使党的队伍不断壮大。在开展民主评议党员和"创先争优"活动中，全县18个基层党委、471个党支部，9400名党员都积极参与，1989年、1990年两年我们共评出并表彰了先进党委11个，先进党支部122个，先进党小组7个，优秀共产党员260名，优秀党务工作者15名，先进乡镇党校4个。我们按照干部"四化"方针和德才兼备的原则，认真抓好各级领导干部的考察、选配工作，使各级领导班子的整体素质有了提高，团结一致，发挥集体领导作用。同时，为了管好用好干部，县委还研究制定了《关于进一步加强干部调配管理工作的规定（试行）》，纠正了调配干部中一些弊端，搞好党管干部的工作。两年来全县先后组织近1000名干部下农村抓基层建设，开展社会主义教育，使农村党的基层组织建设得到加强，党的队伍得到壮大，党员素质有了提高。我们还认真学习贯彻《中共中央关于加强党同人民群众联系的决定》，发扬实事求是、理论联系实际和密切联系群众的作风，推进决策民主化和科学化。根据田东县具体情况，县委作出了《关于贯彻党的十三届七中全会和区党委五届八次会议精神，加强党同人民群众联系的决定》，促使县乡党委各级领导干部切实改变领导作风，密切联系群众，加强了党风廉政建设。认真查处违纪违法案件。三年来，全县处理违纪党员40人，查处各种违法案件38件，挽回经济损失158205元。从而进一步端正党风严肃党纪。县委为充分发挥集体领导作用，制定了《中共田东县常务委员会工作规则》，进一步加强党的领导，理顺县委与人大、政府、政协几套班子的关系。总之，田东县党的思想建设，组织建设和作风建设有了进一步加强，各级党组织在社会主义现代化建设和改革开放中较好地发挥了政治核心和战斗堡垒作用，绝大多数党员发挥了先锋模范作用。

我们继续加强党对人大、政府和统一战线的领导，进一步发挥地方国家权力机关的职能作用。发挥人大在完善民主法制建设和法律监督、工作监督方面的作用。坚持和完善共产党领导的多党合作和政治协商制度，加强统战工作，落实统战政策，进一步发挥各界各阶层民主人士和人民政协在参政议政、政治协商、民主监督和发展爱国统一战线方面的作用。继续加强了对工会、共青团、妇联、科协、文联、工商联等人民团体的领导，充分发挥这些组织作为党联系群众的桥梁和纽带作用。

在充分肯定过去三年工作的成绩和进步的同时，也要清醒地看到我们的困难和问题，主要是：田东县的经济基础比较薄弱，生产力水平比较低，财政困难，缺乏资金，投入不足，全县尚有15%左右农业人口温饱尚未解决；在改革开放日益深化中，我们思想认识跟不上，改革开放步子迈得不大，农业及乡镇企业开发进程比较缓慢，工业生产面临的问题比较多，在今后的经济建设中，仍面临着许多困难；精神文明建设方面，还有一些薄弱环节，党风、社会风气还存在不少问题；党的建设工作虽比过去加强，但在新时期如何做到制度化、科学化，还缺乏经验和措施，一些腐败现象和不正之风仍然存在，工作作风还不够深入扎实。

总结三年来的经验，我们深深体会到，要把田东的经济和改革搞上去，必须坚持两个文明建设一起抓，在实际工作中，坚持确立以下指导思想：

1．牢固树立“稳定压倒一切”的思想

没有稳定，什么都谈不上。我们要十分珍惜、倍加爱护安定团结的局面，坚持四项基本原则，反对资产阶级自由化，加强党内团结、干群团结、民族团结，军政军民团结。坚持不懈地抓好稳定工作，巩固和发展田东县安定团结的政治局面。

2．坚持以经济建设为中心，实行改革开放

坚持发展生产力教育，搞好扶贫工作。集中力量把经济搞上去，集中力量发展生产力，是社会主义时期的根本任务，也是保持社会长治久安的根本措施。全县人民的迫切要求是大力发展经济，加快改革开放步伐，尽快摆脱贫困。因此，各级党委要集中力量搞好经济建设，搞好扶贫工作，认真研究制订改革开放、发展经济计划的措施，各部门的工作都要围绕经济建设这个中心，服务这个中心。

3．坚持实事求是的思想路线，把党的路线、方针、政策同田东县具体情况紧密结合

在发展和制订田东县各项事业中，必须坚持实事求是的思想路线，做到思想上求实，作风上务实，工作上扎实，在调查研究上下功夫。

4．坚持群众路线，依靠和密切联系群众

人民群众是历史的创造者，是我们力量源泉和胜利之本。要牢固树立群众观点，始终如一地坚持一切为了群众、一切依靠群众、从群众中来到群众中去的群众路线。要维护群众利益，保护群众积极性；要深入群众，听取群众意见，做到决策民主化、科学化。要关心群众疾苦，为群众办实事。要廉洁奉公，勤俭节约。要宣传党的方针政策，做好思想政治工作，特别是完成重大工作任务要发动群众参与，使我们党保持和发展同人民群众的血肉联系。

5．切实加强党的建设

加强和改善党的领导，是社会主义现代化建设取得胜利的根本保证。多年实践证明：哪里党的建设抓得好。那里党组织的战斗力和凝聚力就强，政治和社会就稳定，经济建设和各项工作就主动，就发展。因此，要把田东县建设得更好，根本的是抓好党的建设，提高党员的素质，把各级党组织建设成为社会主义现代化建设的坚强核心。

县委工作报告（节选二）

认真贯彻十四大精神　进一步加强党的建设 为加快田东县的经济发展和社会进步而努力奋斗

——1993年10月28日在中国共产党田东县第九次代表大会上的报告

1991年10月县的第八次党代会到现在，已经整整两年。两年来，田东县各级党组织认真学习、贯彻党的十四大精神和邓小平南方谈话精神，解放思想，更新观念，抓住机遇，团结和依靠广大干部和群众以经济建设为中心，深化改革，扩大开放，开拓进取，克服困难，推动了各项事业的发展，提前一年完成了第八次党代会提出的任务。

一、认真学习建设有中国特色社会主义的理论，全县上下思想解放，观念更新，国民经济得到较快发展

田东县第八次党代会以来，全县各级党组织把学习邓小平南方谈话和十四大精神，用建设有中国特色社会主义理论武装党员干部，当作根本任务来抓，组织党员、干部联系实际开展社会主义市场经济大讨论。学习和讨论以县委学习中心组为核心，以党委党组为骨干，以乡镇党校和系统党校为阵地，以解放思想、转变观念为重点，注重解决党员和干部的思想疑虑。通过学习和讨论，田东县各级领导干部、党员和群众，思想上进一步解放，观念上得到更新。懂得了建立社会主义市场经济体制的重要性，懂得了计划和市场都是更新。懂得了建立社会主义和资本主义的本质区别，懂得了判断各方面工作的是非得失标准是“三个有利”。党员、干部，特别是领导干部，在思想观念、思维方式，工作方法上逐步跳出计划经济圈子，逐步适应社会主义市场经济的需要。抓住机遇，真抓实干，以经济建设为中心。把农业和农村工作放在各项工作的首位。两手抓两手都要硬，从而推动了全县的经济建设、社会进步和各项事业的发展。1992年全县国民生产总值3.1亿元，比1991年增10%；工业总产值2.2亿元，比上年增长15.83%。农业总产值2.2亿元，比上年增长12.15%；粮食总产量12.7万吨，比上年增长8.4%；乡镇企业总收入6737万元，总产值6263万元，分别比上年增长55%和124%；财政收入3630万元，比上年增长17.02%；农民人均纯收入434元，比上年增加70元，增长19.2%；解决温饱5817户28900人。人口的过快增长得到了有效的控制。今年1—9月底，田东县主要经济指标，又出现喜人的形势。国民生产总值达2.11亿元（上半年）；工农业生产总值4.2亿元，其中工业总产值2.09亿元，农业总产值2.11亿元，夏粮总产量82308吨，比去年同期增产6275吨，增长8.25%，夏粮一造增长超额完成了今年全年粮食增产3830吨的计划，13个乡镇个个增产。只要秋粮生产与去年持平，田东县今年粮食增长3%的计划可以超额完成。乡镇企业总收入1.01亿元，总产值0.938亿元，利税分别为405.7万元和528万元，四项指标分别比去年同期增长1.6倍、1.5倍、68%和2.6倍。财政收入3017万元，比去年同期增长21.7%。水果生产有新的发展，新种水果0.16万公顷，其中芒果420公顷。甘蔗种植0.48万公顷，比去年同期增加0.06万公顷。林业生产有新的突破，人工造林3504.46公顷，完成县计划0.46万公顷的117.9%，比去年同期增长25.2%。飞播造林1.56万公顷，封山育林1.33万公顷。畜牧水产产品产量上半年比去年同期增长36%，其中肉类总产量7516吨，水产总产量912吨。人口计划完成也较好，人口出生2855人，出生率为7.4‰，多孩生育265人，多孩率为9.28%，计划生育率为66%。农民人均纯收入比去年增加100元及新解决温饱人数34000人的计划可望完成。国民生产总值、工农业总产值、粮食总产量、农民人均纯收入、地方财政预算内收入五项都提前一年完成了第八次党代会提出的增长指标（第八次党代会提出：国民生产总值年均增长3.84%，工农业总产值年均增长8.44%，粮食产量年均增长2.4%，农民人均纯收入年均增长11.77%，财政收入年均增长7.12%）。取得这样了的成绩，都是全县各级领导、广大党员和干部群众坚决执行党的基本路钱，同心同德，团结奋斗，真抓实干，共同努力的结果，是十四大精神变为广大人民群众实际行动的具体体现。

两年来，县委在抓好经济工作的同时，还注重抓了事关全县经济发展重大问题的协调和宏观决策。首先，把农业和农村工作放在首位，加大农业和农村工作的力度。对粮食生产采取保面积，增投入，多推优的措施。加强农业基础设施建设，平马电灌片技术更新顺利完成，自治区验收达良好工程。维宁电灌站建成发挥效益，百林电灌片工程完成80%。明年可发挥效益。与此同时，县、乡农村工作队深入村屯开展农村社会主义教育，帮助农民排忧解难；带领农民战胜各种自然灾害，夺得粮食的连年增产丰收；引导农民进行产业结构的调整，使农业向高产、优质、高效的方向发展，蔗、果、林已成为田东县支柱产业，引导农民面向市场，走上市场，逐步适应社会主义市场经济发展的需要。县委还认真贯彻中央关于减轻农民负担的指示，采取切实可行的措施，取消了对农民的各种不合理的收费、摊派，得到农民的拥护，稳定了农村。

工业交通有新的发展，基本建设有所加强。平果铝的施工，南昆铁路的修建，右江河谷经济开发带的建设，为田东县工业交通的发展带来了良好的机遇。两年来，我们在抓好现有企业的技术改造和转换经营机制的同时，争取上了一批新项目。中外合资企业雨伞厂已建成投产。投资6800万元的田东第二糖厂已于今年3月破土动工，现在正在建设中。中外合资的东腾房地产台式商品房正在兴建，新上的乡镇企业项目共17项，总投资544万元。技改项目11项，投资268万元。右江大桥至坡算公路基本修通，至中平的公路也修了大部分，邕色二级公路田东段正紧张施工中。县城35千伏输变电工程已建成使用，1000门程控电话已割接开通，并向新增3000门全数字程控电话发展。所有这些都为田东县两年来工业的发展打下了坚实的基础，增强了田东县工业发展的实力和经济发展的后劲。

扶贫工作是第八次党代会以来田东县经济工作的一大重点，当作攻坚任务来抓。两年来，田东县在抓好面上扶持贫困户种养，使广大贫困户及早脱贫致富的同时，还拓宽扶贫路子，推出新的举措，动员引导环境条件恶劣的石山区部分贫困户异地开发，现已办成合乐异地开发示范场，有作登、布兵等乡的100户140人到扶贫开发区开发生产，六朴异地开发试点开始实施，这种做法得到自治区领导的肯定。实施以工代赈工程项目建设进展较好，今年新增解决温饱34000人可望实现。由于工农业和乡镇企业的发展，促进了人民生活的改善。据统计，全县农民人均纯收入1992年比1991年增加70元，增长19.2%，今年再增收100元，增长23%。城镇居民人均收入1992年是2650元，比上年增长32%。目前彩电、冰箱已进入普通人家。城乡居民储蓄有较大增长，1992年底1.4亿元，比上年增25.19/0，今年9月底城镇储蓄存款余额1.6亿元，比年初增加4070万元。贷款余额1.5339亿元，比年初增1359万元。保险收入767万元。城乡居民居住条件得到了进一步的改善。

二、社会主义精神文明建设得到加强

两年来，县委遵照十四大关于“精神文明重在建设”的要求，结合田东县实际，大力开展爱国主义、集体主义、社会主义思想教育；反和平演变教育；自力更生艰苦奋斗教育；加强职业道德、社会公德教育。对党员还加强共产主义理想、人生观、价值观教育。在开展城乡群众性精神文明建设活动中，田东县命名了文明单位15个，文明村屯5个。同时还注意宣传文化阵地及基础设施的建设，建立了有线电视站，巩固了农村有线广播。右江文化长廊建设已有良好开端，林逢文化站大楼已落成，田东剧场正在兴建。“扫黄打非”和除六害斗争取得较好的战果。在市场经济的条件下，我们还注意加强法制教育，坚持两手抓，两手都要硬的方针，开展普法教育，实行社会治安综合治理。开展了保卫春耕生产，围歼车匪路霸，打击犯罪团伙，查毒禁毒，夏季攻势等专项斗争，依法从重从快严厉打击严重刑事犯罪分子，保障社会的安定，为深化改革，扩大开放，加快经济建设创造了良好的社会环境。

教育、科技是精神文明建设的重要方面。两年来，我们始终把它们放在战略地位来抓，不断增加投入。我们依靠全社会发展教育事业，不断改善办学条件，教师队伍稳定，教育质量不断提高，小学普及教育得到巩固和发展，初中教育得到发展壮大，今年地区给田东县增收33个初中班的任务已超额完成。职业教育、普通教育成人教育和民族教育有新的发展。中考两年保持居地区前列，高考升学率回升较快。科技是第一生产力，直接为经济建设服务。两年来，广大科技人员，深入生产第一线，下农村送技术，进车间搞技改。农业的推优面积不断扩大，实用技术不断推广，工业技改不断出成果，科技兴工，科技兴农，科技兴县已成为各级领导、各个部门的指导思想和自觉行动。科技为田东县的经济发展起了很大的作用。为此，县委、县人民政府对有突出贡献的科技人员给予大力表彰推荐评选了一名地区级拔尖人才，10名县级拔尖人才。这是田东县科技战线的光荣，是尊重知识、尊重人才的体现。广播、电视、文化、卫生、体育工作得到进一步的发展。计划生育方面，两年来，田东县各级领导高度重视，党政一把手亲自抓负总责，在各部门积极配合和广大干部群众的支持下，突破了难点，开创了全县计生工作的新局面。

三、加强党的建设，改善党的领导

两年来，县委按照十四大精神，围绕经济抓党建，抓好党建促经济，不断加强对党的思想建设、组织建设、作风建设、廉政建设的指导，各级党组织和广大党员在经济建设和各项工作中发挥了战斗堡垒作用和先锋模范作用，增强了党的战斗力、凝聚力和号召力。在全县召开的两次劳模表彰会上，就有73%的共产党员是劳模和先进工作者。

在思想建设上，我们坚持用建设有中国特色社会主义理论武装党员和干部、精心组织社会主义市场经济大讨论。我们以县、乡及系统党校为党员教育阵地，两年共办党员培训班181期，轮训党员11483人次。在学习中，各级党员领导干部首先带头学好用好，他们通过认真学习邓小平同志南方谈话，学习十四大文件和江泽民同志的许多重要讲话，提高了贯彻执行党的基本路线的自觉性和坚定性，解放思想、实事求是，把党的路线、方针、政策同本地区本单位的具体情况结合起来，勇于探索，大胆试验，因地制宜，创造性地开展工作。在市场经济大讨论中，党员、干部解除了恐资怕变的思想疑虑，树立了开放意识、竞争意识、效益意识，同时不同程度地抵制了拜金主义、个人主义和享乐主义的影响，为田东县经济和社会的健康发展提供了思想保证。

在组织建设方面，各级党组织本着坚持标准，保证质量，改善结构，慎重发展的原则，全县共发展新党员429名。按照干部“四化”方针和德才兼备原则，县委还特别重视领导班子的建设，两年来，先后调整、充实了各级领导班子，大胆提拔使用年轻干部特别是妇女干部和少数民族干部。同时还坚持党管干部的原则，采取放到基层锻炼，送进区、地党校学习和派到外地挂职的办法，加强了干部的培养和教育。在开展民主评议党员和“争先创优”活动中，各个党支部按照党员的标准认真评议，处置了不合格的党员，纯洁了党组织。两年来，全县共评出并表彰先进党总支（支部）60个。为了抓好农村基层组织建设，县委还派出农村社教工作队，开展农村和乡镇机关社会主义教育活动，从而使党在农村的工作得到进一步的改善和加强。

在作风建设上，各级党员领导干部，深入基层，深入群众，为群众为基层排忧解难，区、地、县、乡农村工作队为基层、为群众办了很多好事，受到群众的好评。两年来，在农田水利建设、粮食生产、芒果生产、甘蔗生产、扶贫开发，矿产开发，处理纠纷等方面，县、乡、村三级领导及各有关部门深入实际，调查研究，耐心细致，扎实工作，解决了很多疑难问题，为田东县的经济发展和社会进步作了贡献。

廉政建设也抓得较紧。一是开展社会主义道德教育、党规党纪教育，提高党员的防腐拒变能力。二是开展反腐败斗争，认真查处违法违纪案件。今年党中央提出反腐败斗争的英明决策后，田东县各级党组织坚决拥护，县委坚决执行中央、区党委关于反腐倡廉的有关指示，认真学习江泽民总书记在中纪委二次全会上的讲话，批准了县纪委关于田东县反腐败斗争的实施意见。县委还采取措施，刹住了乱收费这种群众最不满意的行业不正之风和腐败现象。县委常委对照中央的五不准和区党委的十要求，召开专题民主生活会，做到廉洁自律，带领全县人民开展坚决持久的反腐倡廉工作。与此同时，县纪委对反映出来的腐败案件进行排查，先后查处贪污、挪用、盗窃、卖淫、嫖娼、玩忽职守，乱搞两性关系、违反计划生育等案件共31起，其中党内警告2人，党内严重警告6人，留党察看6人，开除党籍12人。严肃了党的纪律，维护了党的纯洁性和先进性。

在我们加强党的建设的同时，还注意改善了党对各行各业的领导，理顺了县委与县人大常委、县人民政府、县政协几家班子的关系。两年来，我们既加强了对人大、政府和统一战线的领导，进一步发挥县人大地方国家权力的职能作用以及在完善民主法制建设和法律监督、工作监督方面的作用，又发挥了县人民政府地方国家行政机关的作用；坚持和完善共产党领导的多党合作和政治协商制度，加强统战工作，落实统战政策，发挥各界各阶层民主人士和人民政协在参政议政方面的作用。两年的实践证明，这种改善党对经济工作的领导方法，是行之有效的，形成了以县委为核心的强有力的领导群体，加强经济工作的领导真正落到实处，使四家班子的领导心往一个中心想，劲往一个目标使，共同为经济建设搭台唱戏，促进了各项经济指标的完成。县委还加强了对人民武装的领导，民兵在军事训练，以劳养武、抢险救灾、维护社会治安稳定以及经济建设，精神文明建设中发挥了突出作用。工会、共青团、妇联、科协、工商联、文联等群众组织，两年来在两个文明建设中，以主人翁的态度，积极开展劳动竞赛和“双学双比”活动，同样也充分发挥他们作为党联系群众的桥梁和纽带作用。

在充分肯定过去两年工作的成绩和进步的同时，还必须清醒地看到我们的困难和问题。主要是：田东县经济基础薄弱，生产力水平比较低，资金短缺，财政困难，连年赤字。这是制约田东县经济发展的最大因素；工业生产增长幅度小且不平衡，工商企业亏损面大，企业转换经营机制缓慢，县属工商企业扭亏为盈收效甚微；在由计划经济向市场经济转换的新时期，思想政治工作有所削弱，“金钱至上”的拜金主义抬头，极端个人主义比较严重，行业不正之风，特别是乱收费、乱罚款、乱摊派等问题纠正不力，群众意见很大；社会治安综合治理抓得还不够狠，对犯罪分子打击不够力，各种丑恶现象仍有蔓延之势；计划生育政策、法规的宣传不够深入，基层网络没有建立健全、计生政策执行仍有死角，计生形势仍然十分严峻；党的建设如何适应社会主义市场经济的需要，我们还缺乏经验和措施。抓党的建设还做不到制度化、科学化。各级领导干部的工作作风还不够深入扎实，人民群众还有不少意见和一些不满意的地方。

总结两年来的经验，我们深深体会到，要把田东的经济和各项事业搞上去，必须用邓小平建设有中国特色的社会主义理论武装党员和干部的头脑，坚持解放思想，实事求是的思想路线。在实际工作中，还必须坚持确立以下指导思想：

1. 坚定不移贯彻以农业为基础的方针，把农业和农村工作放在经济工作的首位。田东县十年九旱，农业基础脆弱，我们不论在什么时候什么情况下都不能动摇把农业和农村工作放在第一位的指导思想，倍加重视农业和农村工作，加大这两个工作的力度。

2. 坚持以经济建设为中心，各项工作服从和服务于经济建设。过去两年各级党委集中力量抓好经济建设，搞好扶贫工作，各部门围绕经济开展业务活动，做到服从和服务于经济这个中心，今后还必须毫无动摇地坚持下去。

3. 坚持解放思想，实事求是的思想路线。把党的路线、方针、政策同田东县的具体情况结合起来，因地制宜，创造性地贯彻执行。在开展工作中，要做到说真话，报实情，讲实效。思想求实，作风务实，工作扎实，这是我们工作取得成效，避免一哄而上，盲目蛮干，脱离实际，大起大落的有效方法。

4. 坚持群众路线，依靠和密切联系群众。要牢固树立群众观点，坚持一切为了群众，一切依靠群众。要维护群众利益，保护群众积极性。要体察群众意愿，关心群众疾苦，听取群众批评，为群众办实事，坚决克服消极腐败现象，保持和发展党同人民群众的血肉联系。

5. 必须巩固和发挥党的执政地位和领导作用。在新的历史时期，党的思想、政治、组织、作风建设面临许多新的情况和新的问题，我们一定要加强党的建设，努力提高党的执政水平和领导水平，把田东县各级党组织建设成为社会主义现代化建设的坚强核心。

县委工作报告（节选三）

争创新优势　迈向新世纪
全面推进田东社会主义现代化建设

——1998年10月19日在中国共产党田东县第十次代表大会上的报告

1993年10月县的第九次党代会到现在，已经五年了。五年间，我们实现了自治区级的五个达标：造林灭荒达标，造林绿化达标，农村基层组织建设达标，扫除青壮年文盲达标，基本解决群众温饱达标。获得全国甘蔗基地县、中国芒果之乡、全国扫盲先进县、全国幼儿教育先进县、全国体育先进县、全区扶贫先进县、全区计划生育先进县、全区市容市貌“南珠杯”竞赛活动先进县、全区知识工程先进县等光荣称号。这五年，是田东历史上经济发展最快的五年，是田东县人民生活水平提高最显著的五年，是全县社会主义建设事业取得辉煌成就的五年。

一、经济体制改革有较大进展，国民经济跃上了一个新台阶

五年来，全县经济运行平衡，经济质量不断提高。1993—1997年，国内生产总值、工业总产值、农业总产值、粮食总产量、财政收入、乡镇企业总收入、农民人均纯收入年均增长率分别达20.33%、17.17%、16.5%、3.24%、27.77%、86.35%、35.9%。今年1—9月预计，国内生产总值完成8.91亿元，比去年同期增长18.3%；工业总产值完成5.31，增长32.14%；农业总产值完成4.37亿元，增长10%；财政收入完成8405.3万元，增长6.5%；乡镇企业总收入完成14.68亿元，增长41.3%。

——农村基础地位加强，农村改革进展顺利，调动了农民积极性。去年粮食总产量超过了历史最高纪录。农业种植结构有了较大变化，甘蔗已达1.06万公顷，冬菜0.66万公顷；水果1.93万公顷，产量达5万吨，在百色地区率先跃进全区水果基地县行列。大牲畜出栏年平均增长8.9%，肉类总产量年平均增长18.5%。年均造林和封山育林各达0.66万公顷，森林覆盖率达40%。

——工业增长，企业改革不断深化。1996年全县工业总产值首次超过农业总产值。1996年以后，加快了以产权制度为重点的企业改制，走在全地区前列。成功地组建了广西田东制糖有限公司。化工二厂生产的活性白土荣获’96年全国新产品交易会金奖。

——乡镇企业发展速度快、效益好，是历史上发展速度最快的时期。1993、1994、1995年总收入连续3年翻番。固定资产投入从1993年的409万元提高到1997年的7500万元，增长17.3倍。思林造纸厂生产的瓦楞纸荣获蒙古国际博览会金奖。

——财税、商贸、金融、保险、粮食改革不断深化。财税进行分税制度改革，加强财源建设，实行了乡镇财政包干，收入不断增加，突破了亿元大关，有力支援了经济和各项事业的发展。商贸、金融、保险、粮食等部门的改革效果明显。到1998年9月底，全县各项存款余额7.53亿元，各项贷款余额7.35亿元。

——对外开放水平有新的提高。据不完全统计，1995年以来签订引资项目68项，协议引进资金2.84亿元，落实到位1.33亿元，引进各类人才43人，为田东县经济注入了新的活力。

——非公有制经济增长较快。个体工商户和私营企业由1993年的5067户增加到1998年9月的9335户。1997年上交利税1424万元，占财政地方收入12.56%。田东华瑞有限责任公司，是全区有名的科技型私营经济实体。私营企业登高电站，装机容量7500千瓦，是全国最大的私营水电站。

二、扶贫攻坚取得辉煌战果，提前一年实现基本解决群众温饱目标

到1992年底，田东县仍有15万农民生活在温饱线下。五年来，县委以大石山区为主战场，坚持开放式扶贫，实行就地开发与异地开发相结合，实施五个带动：支柱产业带动、能人带动、科技带动、部门带动和河谷带动，实行领导包乡、单位包村、干部包户的责任制，动员社会各方面力量，共投入各种扶贫资金8750万元，共解决温饱14万人，去年提前一年完成区党委和地委交给的基本解决全县群众温饱任务。同时，贫困地区的“饮水难”今年上半年基本解决，“行路难、用电难”可望今年底基本解决，从根本上改善了贫困山区的生产、生活条件，为迈进小康打下了基础。

三、社会主义精神文明建设与民主法制建设成效显著

把社会主义精神文明建设摆在突出位置，是九届县委的工作重点。五年来，主要取得了如下成绩：

——公民文明意识提高。通过认真开展学习邓小平理论，进行爱国主义、社会主义、集体主义和“三德”“三观”教育，开展“二五”“三五”普法和依法治理活动等全方位、多渠道、多形式的教育，提高了广大党员干部群众的思想道德素质，增强了文明意识。“讲文明，树新风”活动在各行业各部门普遍开展，创建文明单位、文明学校、文明村屯活动正常有效。军民、警民共建文明单位取得好成绩。五年来县委共命名2批71个文明单位，28个文明村，21个花园式单位，“双文明户”4551户；县医院等10个单位被定为自治区级文明示范点。

——创建文明县城工作成效突出。以整治“脏、乱、差”为突破口，实行分段管理和“门前五包”制度，县城文明程度大大提高。1997年经自治区考评验收，达到“优秀”等级。现在县城街道清洁美观，绿化美化初见成效，社会秩序良好，服务质量提高。

——社会稳定，人民安居乐业。以政府部门为主体，依靠全社会力量对社会治安实行综合治理，开展打击车匪路霸、扫除“黄赌毒”等专项斗争，有力地打击了各种违法犯罪活动。调处、信访等部门深入实际，公正调处“三大纠纷”，有效调解了人民内部矛盾。保证了社会安定，人民安心生产生活。

——教育、科技、文化、卫生、体育、广播电视工作成绩显著。五年来各类教育有了很大改善和突破。1997年召开的“全国‘三片’贫困地区教育工作现场会”，是有史以来第一次在田东召开的国家级会议，影响很大。扫盲工作顺利通过自治区验收，成为广西49个贫困县实现“单基”的第一个县。区级“普九”工作验收即将通过。县、乡科技机构健全，全县的工业、农业、林业、畜牧水产业推广应用先进技术蔚然成风。尤其是水稻旱育稀植和抛秧技术的推广应用普及千家万户，已分别占水稻面积的95%和86%，成为百色地区推广最好的县。文化市场繁荣有序，群众性文体活动丰富多彩，成功举办了全县第二届运动会和农民文艺会演。创建卫生县城工作稳步开展。消灭了麻风病和疟疾病两种传染病，防病治病工作效果显著。广播电视工作得到进一步发展。

——计划生育工作1993年以来年年有突破，由原来的重点管理县跃上先进县，获得全区先进“四连冠”。今年可望再创“五连冠”。

——各级人大不断加强和较好地发挥了执法检查和监督职能作用。县政协更积极有效地参政议政，为田东县经济发展出谋献策。全民国防教育得到加强，民兵预备役工作抓细抓好。

四、党的建设进一步加强，党员队伍素质不断提高

——思想建设扎实有效。五年来，县委在抓好自身理论学习的同时，精心组织、指导全县的理论学习。以县、乡党校为阵地，狠抓党员轮训，使广大党员提高了贯彻执行党的理论、路线和方针的自觉性和坚定性，树立了开放意识、市场意识、竞争意识、科技意识、效益意识和服务意识。为田东县的经济建设和社会发展提供了可靠的思想保证。

——组织建设坚强有力。各级党组织坚持民主集中制原则，保持了坚强、廉洁、团结、高效的作风，成为全县各项事业的领导核心。同时按照干部“四化”方针和德才兼备标准，选配各级领导班子，使全县乡科级领导干部的知识结构、年龄结构更加合理。加强了对工会、共青团和妇联等群团组织的领导，获得了自治区授予的工会工作十佳县、先进团委、“巾帼建功”先进组织、“八五”科普工作先进集体等光荣称号。此外，近三年来每年挑选100多名精兵强将组成农村基层组织建设工作队，分赴全县157个村委会，狠抓党支部为核心的村级组织建设，调整了村干部490人，其中村支书、村主任248人，使农村基层组织增添了活力。解决了集体经济“空壳村”，实现了“有人办事，有钱办事，有地方办事”。1997年底经自治区验收，157个村全部达标合格。本着坚持标准、保证质量、改善结构、慎重发展的原则，五年来发展新党员共2773名，壮大了党的队伍。

——作风建设扎实开展。根据社会主义市场经济条件下的新形势新特点，针对干部队伍出现的新情况新问题，以树立正确世界观、人生观、价值观、大局观、群众观为重点，组织了学习整风会，开展了两个根本性转变大讨论和思想解放大讨论。广大党员干部自觉深入基层、深入群众，在扶贫攻坚战场，在农村第一线，知民所想，察民所虑，为民所急，为群众生产生活排忧解难，做实事，办好事。

——廉政建设抓紧抓实。县处级干部坚决贯彻执行党中央、区党委关于廉洁从政的有关规定，过好专题民主生活会，对超标小汽车和通信工具作了彻底的清理。按有关规定刹住了乱收费、乱摊派、乱罚款等行业不正之风。认真查处违法纪案件，先后查处了贪污、挪用、索贿、受贿、赌博、嫖娼等案件共80起，给予党纪处分59人，开除党籍25人，清除了党内腐败分子。严肃了党的纪律，维护了党的纯洁性和先进性。

五、尽心尽力，尽职尽责，积极为人民办实事

根据量力而行、尽力而为原则，五年来，完成了事关全县大局的十五件实事：

——投入大量的人力、物力、精力支持南昆铁路、平百二级公路建设，为国家重点项目建设作出了巨大贡献。

——投入近亿元建成田东第二糖厂，增强了田东县经济发展后劲。

——投入1456万元，修建家庭水柜2321个，水池19座，饮水工程110处，解决了36929人、38475头牲畜的饮水困难，基本结束了“饮水难”的历史。

——投入386万元，修建了百林电灌站，解决了百林、东达两村大片旱区农田用水。

——投入1409万元，建成了110千伏变电站，完成北部山区输电线路工程，结束了北部4乡缺电的历史。

——投入655万元，修建布兵公路和龙须河口至坡算公路，实现了乡乡通公路。

——在国家计委和广州市的帮扶下，投入1960万元，在本县建立江山、六鲁等6个贫困山区移民安置点，共安置贫困农民1459户、7492人，加快了全县扶贫致富奔小康的步伐。

——成功承办了百色地区第三届芒果节，提高了田东的知名度。

——投入8000多万元，开展文明县城建设，取得了优异成绩，群众满意，得到了自治区的好评。

——多渠道集资3635万元，1994年以来共新建中小学教学楼、宿舍楼92栋，建筑面积92870平方米，超过了1994年前10年全县中小学新建校舍面积的总和。

——投入2940万元，开通了BP机、大哥大和15000门程控电话，沟通了信息，促进了经济发展。

——投入410万元，安装了82个地面卫星接收站，丰富了人民文化生活。

——投入3326万元，建成了广西县级最大的金穗农贸市场和11个乡村农贸市场，促进了商贸流通和市场繁荣。

——投入550万元，建成了田东县文化娱乐中心，文化基础设施得到进一步加强。

——投入160万元，建成了田东县科研基地，填补了百色地区科研基础设施方面的空白。

回顾五年来的工作，我们的主要体会是：

1. 高举邓小平理论伟大旗帜，坚持解放思想、实事求是，更新观念，改革开放和现代化建设才能有力量源泉。要把党的方针、政策和上级指示同田东县的具体情况结合起来，因地制宜，创造性地贯彻落实，做到说真话、报实情、讲实效，思想求实、作风务实、工作扎实，使各项工作提高到新的水平。

2. 必须坚持以经济建设为中心，以扶贫攻坚为压倒一切的任务。发展经济是党的中心工作，发展生产力是社会主义的根本任务。过去五年全县各级党组织集中力量抓好经济建设，进行扶贫攻坚战，基本解决了群众的温饱，使经济上了新台阶。今后还要毫不动摇地坚持下去。

3. 要始终不渝地坚持群众路线。要牢固树立群众观点，坚持一切为了群众，一切依靠群众，维护群众利益，保护群众的积极性。要以“群众答应不答应，满意不满意”作为衡量工作得失的标准。

4. 必须坚持“两手抓”的方针，促进两个文明建设协调发展。要保持清醒的政治头脑，坚持“两手抓”方针不动摇，积极探索在改革开放和发展社会主义市场经济条件下加强精神文明建设和民主法制建设的新路子，坚持从基础抓起，从基层抓起，从群众关心的问题抓起，在全县倡导建设有中国特色社会主义的共同理想、价值观念和道德风尚，广泛开展群众性创建精神文明活动，坚持不懈地依法打击各种犯罪活动，从而为改革开放和现代化建设顺利进行创造了条件。

5. 加强和改善党的领导，是做好各项工作的根本保证。通过干部培训、典型教育、民主生活，有针对性地解决每个时期领导班子思想政治建设中出现的突出问题，重点抓好领导干部廉洁自律，查处大案要案，纠正部门和行业不正之风，使反腐败斗争取得了新战果。同时，采取工作队进村、领导抓点、机关联系的办法，加强和提高了农村基层党组织的战斗力。

在充分肯定成绩的同时，我们还要清醒地看到田东县存在的困难和问题，主要是：部分干部、群众思想不够解放，思路狭窄，思维方式、工作方法还受陈旧观念的影响和束缚；农业基础薄弱，抗灾能力低，产业化程度低；工业企业扭亏增盈任务艰巨，解困和再就业压力大；企业规模小，产品科技含量不高，竞争力不强；财政困难，资金短缺，招商引资力度小；社会治安现状还不令人满意；部分党员、干部作风还不够扎实。

县委工作报告（节选四）

与时俱进　开拓创新
扎实推进富民兴东新跨越

——2002年10月15日在中国共产党田东县第十一次代表大会上的报告

1998年县第十次党代会以来，全县的经济建设、党的建设、精神文明和民主法制建设等各项工作都得到全面持续健康发展，全县社会稳定，民族团结，各项工作稳步向前推进。几年来，田东县先后荣获全国科技工作先进县、全国幼教工作先进县、全国体育先进县、全国扫盲先进县、全国城市环境综合整治优秀县城、全区“双拥”工作先进县、全区计划生育先进县、全区扶贫先进县、全区村民自治模范县、全区农村初级电气化达标县、全区卫生县城、全区市容市貌“南珠杯”竞赛活动先进县等荣誉称号。

我们的主要措施是：

一、努力抓好经济建设，全县经济实力跃上新台阶

一是加强农业的基础地位，抓好农村产业结构调整，积极发展特色农业和优质高效农业，促进农民增收。全县实施农业产业结构“823”调整目标，取得了较好的成效。目前，这些调整目标基本实现，优质水稻、香蕉、甘蔗、芒果、蔬菜等产业逐步实现了规模化、优势化和特色化经营；养殖业也得到了迅速发展；科技兴农的战略决策得到有效的实施；新品种和新技术逐步推广，“三团”建设和林业“六大”工程建设也取得较好的效果。顺应市场需求搞好生产经营和发展农业农村经济，逐步成为广大农民群众和基层干部的共识；右江河谷亚热带现代农业综合示范区和百色右江河谷国家农业科技示范园区建设也已全面启动。乡镇企业发展势头迅猛。今年1—9月，全县农业总产值5.55亿元，预计全年达9.45亿元，与1998年相比，实现年均增长5.9%；农村经济结构得以不断优化，促进了农民增收和农村社会的进步。

二是抓好工业经济结构调整和国有企业的扭亏脱困，积极发展非公有经济，实现二、三产业稳步增长。大力推进国有企业的整顿和改革，抓好重点企业和骨干企业的项目扩建，努力加快工业化和城镇化建设进程。全县乡镇建制从以前的3镇10乡变成了目前的11镇2乡。今年1至9月，全县工业总产值完成7.99亿元，预计全年完成12.58亿元，与1998年相比，年均增长6.4%；非公有经济发展迅速，今年1—9月，全县个体工商户发展到1.35万户，全县个体、私营企业上缴税金4428万元，占财政收入34.6%。

三是抓好扶贫攻坚十大会战，全县人民生活水平逐步提高。四年来，我们以石山区为主战场，围绕解决全县30万贫困人口温饱这一主题，突出抓好贫困山区的基础设施建设，努力推进生态扶贫和科教扶贫综合治理工作，基本解决了山区群众茅草房改造和喝水难、用电难、行路难、读书难、看电视难等问题。绝大多数农村人口基本解决了温饱，逐步实现脱贫致富的目标，部分乡镇、村群众的生活已接近和达到小康水平，农村贫困发生率下降到2001年的13.75%。扶贫济困和关心弱势群体的工作取得了新的成绩。全县兴建灾民新村17个，一批灾民喜迁新居。同时，由于城乡经济的持续发展，财政收支平衡，保证了机关正常运转和工资的发放，几年来全县财政没有拖欠干部职工的工资，城乡居民生活质量不断提高。截至今年9月，全县城乡储蓄存款余额9.29亿元。

四是抓好重点项目建设，全县基础设施条件明显改善。四年来，全县实施农村电网改造、龙须河引水治旱、田东至巴马公路、田东至天等公路、西南大市场、田东电厂扩建、思林纸厂扩建、过境一级公路、东泥公司扩建等建设项目一批，十里莲塘改造、城市供水系统改造、田东至德保二级公路等项目的建设，有效地拉动了全县经济的增长。

由于我们认真贯彻落实党在新时期的基本路线，坚持不懈地抓好经济建设不松劲，全县的经济和社会各项事业连续保持强劲的发展势头。今年1—9月，国内生产总值完成12.17亿元，预计全年完成20.51亿元，与1998年相比，增长33.33%；工农业总产值完成13.55亿元，预计全年完成22.03亿元，增长26.94%；财政收入1.28亿元，预计全年完成1.69亿元，增长18.3%；全社会固定资产投资3.11亿元，预计全年完成4.6亿元，增长127.72%；社会消费品零售总额4.19亿元，预计全年完成5.55亿元，增长34.38%；农民人均年纯收入预计全年达1528元，比2001年增加123元。

二、全面加强党的建设，进一步夯实党的政治基础

一是加强党的思想建设，坚持解放思想和实事求是的思想路线，统一广大党员干部的思想，带领全县人民团结奋进。深入开展“三讲”、“三个代表”重要思想学习教育、警示教育和权力观教育。通过加强理论学习教育，用邓小平理论和江泽民“三个代表”重要思想武装全体党员和干部队伍，提高广大党员干部的思想政治素质，全县上下形成了认真学习、积极探索和求真务实的风气，达到了党员和干部队伍经常受教育、广大群众长期得实惠的目的。

二是加强党的基层组织建设和领导班子建设，努力造就高素质的干部队伍，不断增强党组织的战斗力和号召力。切实加强党员队伍建设，重视在青年、妇女、知识分子、生产战线和党员力量薄弱的地方发展党员，切实改善党员队伍结构，党员队伍不断扩大。目前，全县党员总数达到13725人。同时，大力推进干部制度改革，努力把各级领导班子建设成为政治坚定、团结实干、开拓创新、廉政勤政，全心全意为各族人民谋利益的坚强领导核心；积极稳妥地推进全县党政机关的机构改革，取得了预期成效。同时，认真抓好老干部、知识分子和统战工作，重视发挥工会、共青团、妇联等群众团体的桥梁纽带作用，充分发挥各方面的优势，为全县经济建设和社会发展服务。

三是加强党风廉政建设，不断增强党员干部队伍拒腐防变、勤政廉政的素质。通过全面落实党风廉政建设责任制，从严治党治政，加强领导干部廉洁自律工作，严肃查处违纪违法案件，认真纠正行业和部门不正之风，狠抓源头治理。认真抓好农村减负政策的落实，抓好基层党组织的思想作风、纪律建设，努力解决党员和干部队伍思想、工作和生活作风违纪案件，纯洁了党的组织，促进了党风政风和社会风气的好转，各级领导班子和党员干部队伍的精神风貌和工作状态也得到了明显改善，反腐倡廉工作取得明显成效。

三、突出抓好精神文明和民主法制建设，全县各项社会事业全面发展

一是大力弘扬右江老区革命传统，发挥田东的优势和特色，深入开展右江百里文明河谷建设、“十个一”工程等群众性精神文明创建活动，全县精神文明建设取得突破性进展。由于工作出色，田东县成为全国“百县千乡”宣传文化工程现场会主要参观点；去年，全县13个乡镇的“十个一”工程建设全部达标，全县思想政治工作荣获地区目标管理考核一等奖；“百里文明河谷”创建活动成效明显，县委、县人民政府被评为右江百里文明河谷建设先进集体；1998年以来，田东县连续被评为地区“文明县城”。

二是党的宣传文化阵地不断巩固和发展，科技、教育、文化、广播电视和新闻报道、体育、卫生、计生、邮政电信等事业都比四年前得到了长足进步。去年以来，田东县荣获“全国科技复核评审工作先进县”称号；被评为自治区“两基”工作先进县，连年获得百色地区高考成绩一等奖；新闻报道成绩显著，被广西电台、右江日报评为先进集体；文化市场管理成效较好；林逢檀河高岭坡古人类遗址发掘和研究取得突破性成果，被国务院核准公布为第五批全国重点文物保护单位；一批文艺作品在全国和全区获奖；田东籍运动员在九运会上荣获女子三级跳远金牌，打破亚洲纪录，并在第十四届亚运会上荣获金牌。

三是民主政治和基层政权建设继续加强。依法治县全面推进，人民代表大会制度、共产党领导的多党合作和政治协商制度进一步完善；村民自治水平整体提高；社会稳定工作常抓不懈，安全生产、严厉打击“法轮功”邪教组织活动、深入开展“严打”整治斗争等工作力度不减，实施“平安工程”、强化“打防控建”一体化治安工作机制取得了成功经验，得到地委的充分肯定。以“依法办武装，规范搞建设”为要求，人民武装、“双拥”工作扎实有序开展，成绩突出；优抚安置政策及时落实，受到上级主管部门的好评。

回顾四年来的工作，我们的主要体会是：

必须坚持解放思想，实事求是，与时俱进，开拓创新，把上级党委的要求与田东的实际紧密结合，确保各项工作取得扎实成效。我们坚持以增创新优势，促进大发展的方针统揽工作全局，深入开展认清田东、发展田东的八大专题调研活动，确立全面发展的工作思路，促进思想观念的转变和创新。破除小富即安、富不思进、不富也不思进的思想，树立大步发展的观念；破除无所作为的思想，树立抢抓机遇的观念；破除贪图享乐思想，树立艰苦奋斗的观念；破除粗放经营的思想，树立质量效益观念；破除“一手硬一手软”思想，树立“两手抓两手硬”的观念。实践证明，只有实事求是，从田东的实际出发，不断地解放思想，更新观念，创造性地开展工作，才能不断开创富民兴东的新局面。

必须紧密围绕经济建设中心，坚持加快发展不动摇。面对发展中存在的矛盾和问题，我们本着不争论，不埋怨，有什么问题解决什么问题的原则，扬长避短，兴利除弊，全县上下一心一意抓建设、保发展，在经济建设上不断取得新的成绩，确保了全县经济快速健康发展。实践证明，只要始终坚持以经济建设为中心，努力把干部群众的积极性保护好、引导好、发挥好，正确处理改革、发展、稳定的关系，就能克服一切困难，不断把我们的事业推向前进。

必须坚持走符合田东实际的发展路子，大力调整经济结构，努力提高经济素质。针对历年来形成的经济结构不合理、发展后劲不足等问题，我们大力抓好产业结构调整，以科技进步和扩大开放促进产业升级；大力推进工业化、城镇化和信息化建设，加快推进农业优化经营，以提高经济质量，增强发展后劲，使经济发展逐步走上良性循环的轨道。实践证明，把经济工作的重点转到依靠科技进步和扩大对外开放上来，是不断提高全县经济素质，增强综合实力的关键所在。

必须坚持重点突破，带动全局。田东县属于欠发达县份，建设和发展的任务十分繁重，要办的事情很多，抓住事关全局的重点问题，集中力量加以突破，就能带动和激活全局。四年来，我们集中力量抓好扶贫攻坚大会战、产业结构调整、招商引资、重点项目建设、“百里文明河谷”建设等各项工作，取得了良好效果。实践证明，抓住主要矛盾，实现重点突破，才能把工作落到实处，抓出成效。

必须坚持“两手抓，两手都要硬”的方针，发挥政治优势，促进两个文明建设协调发展。根据新形势、新任务的要求，我们重视抓精神文明建设的薄弱环节，认真排查，突出重点进行综合治理，大力整顿和规范市场经济秩序；狠抓“严打”斗争，整治社会治安秩序；坚持标本兼治，加大反腐败力度；坚持法治与德治相结合，深入开展依法治县和以德治县教育活动，不断提高全县人民的法制意识和德治意识；认真抓好精神文明“十个一”工程和“百里文明河谷”建设，有力地带动了全县精神文明建设的深入发展。实践证明，只要坚持“两手抓，两手都要硬”的方针，就能充分发挥党的政治优势，就能因势利导、兴利除弊，实现“两个文明”建设的双丰收。

必须坚持以“三个代表”重要思想为指导，全心全意抓好党的建设。近年来，我们紧密结合田东实际，深入开展“三个代表”重要思想学习教育活动，全面加强党的建设。坚持以密切党和人民群众的血肉联系为核心，努力改进作风，切实为群众办实事好事。各级党组织和各级领导干部，牢固树立“群众的需要就是我们的行动，群众满意就是我们的目标”的思想，突出抓好发展先进生产力，努力建设先进文化，重点解决群众的各种实际困难，抓好扶贫攻坚十大会战，取消或降低各种不合理的税费标准，抓好基层组织建设“三级联创”，使干部受到教育，群众真正得到实惠。全县各级党组织的创造力、凝聚力和战斗力得到加强。实践证明，只要扎扎实实地把“三个代表”重要思想落实到党的建设和现代化建设中去，就能卓有成效地加强党的自身建设，就能使我们的事业无往而不胜。

在总结四年来工作成绩的同时，全县的工作还存在一些不足和问题，主要表现在：一是部分干部群众的思想还不够解放，思路不够开阔，思想方法和工作方法有待提高；二是党的基层组织建设仍存在薄弱环节，部分组织战斗力、凝聚力不强，村级集体经济发展后劲不足；三是经济结构仍不尽合理，二、三产业发展还不够快，总量也不够大，竞争力不强；四是农产品推销难的问题不同程度地存在，山区农村群众增收难的问题还得不到有效解决，农村贫困面大，返贫现象仍然存在，新一轮的扶贫攻坚任务仍十分艰巨；五是财政收入增长还不能满足正常支出的需要，资金运行困难；六是就业压力大，下岗职工再就业的路子还要进一步拓宽；七是社会治安形势不容忽视，不稳定隐患因素仍然存在，等等。

政府工作报告（节选一）

1993年11月30日在田东县第十一届人民代表大会第一次会议上的报告

本届政府在党的十一届三中全会及十四大的路线指引下，解放思想，更新观念，抓住机遇，坚持以经济建设为中心，大力发展社会主义生产力，开展社会主义市场经济大讨论，全县各项社会事业得到较快发展，改革开放和经济建设取得显著成绩，“两个文明”建设得到协调、稳步发展。

一、国民经济持续发展

三年来，全县国内生产总值累计达95661万元，年均增长12.38%。财政收入10400万元，年均增长18.47%。社会商品零售总额达56784万元，年均增长16.52%。外贸出口总额达2220万元，金融部门累计贷款35000万元，存款余额达27000万元，其中城镇储蓄存款突破1亿元大关。第三产业累计收入22504万元，年均增长19.26%。

1．农业生产全面发展。农业总产值达67380万元，年均增长10.3%。三年来，我们认真贯彻党在农村的路线、方针、政策，加强对农业和农村工作的领导，进一步完善农村家庭联产承包责任制，大力发展商品生产，建立农村科技网络，推行“丰收计划”和各种种养实用技术，实行科学种养，走高产优质高效的农业发展路子。粮食生产在连续三年出现严重春旱及秋旱的情况下仍获得丰收，总产量达378497吨，年均增长10.46%。粮食储备工作圆满完成，增强了以丰补歉的能力。经济作物及农副产品全面增长。蔗糖总产量达42011吨；水果总产量达16545吨，年均增长49.49%；水产品总量达3518吨，年均增长33.03%；肉类总产量26766吨，年均增长12.25%。水利和农田基本建设进展较快。三年累计投资1776.04万元，修水利1350处，更新了平马电灌站，完成了百林电灌站第一期工程，新建维宁电灌站，增加灌溉面积199.73公顷。

2．大力发展林业生产，建立“绿色银行”。实行领导任期目标责任制，建立绿化点，强化全民造林绿化意识。县、乡、村分别签订了责任状，实行林业一票否决，责任到人，一级抓一级，多方筹资，增加对林业的投入。广泛发动群众上山种树种果、造林灭荒。严格各种制度，落实护林人员，搞好护林防火。林业生产稳步增长，三年累计完成人工造林1.35万公顷，封山育林4.39万公顷，飞播2.33万公顷，为实现自治区要求我县1994年灭荒打下了良好基础。几年来，没有发生大的山林火灾，森林火灾控制面积在0.22‰以内，受到上级的表扬。水果生产有新的发展，今年新种水果0.18万公顷，其中芒果606.67公顷，甘蔗种植0.48万公顷，比去年同期增加0.07万公顷。

3. 扶持贫困地区发展经济。县乡成立专门机构，落实专人负责，抓好扶贫开发项目和以工代赈工程，认真解决贫困群众缺粮缺钱，吃水难，走路难问题。在抓好面上扶持贫困户种养，发展家庭副业，使广大贫困户尽快脱贫致富的同时，还拓宽了扶贫开发的路子，推出了新举措，建立了扶贫经济开发试验区，兴建了作登、坡塘、印茶3个乡扶贫培训中心楼，为搞好贫困地区群众搞好科技培训，实行科技扶贫，提供了有利条件。三年来，全县共解决温饱17518户89199人。通过以工代赈完成砌墙保土438.8公顷。修建四级公路2条，共16.12千米，机耕路6条共59.5千米。架设输电线路3条，共21.84千米。完成人畜饮水工程47处，解决13896人，11348头牲畜的饮水困难。造林绿化153.33公顷。改造中低产田266.67公顷，渍害田50公顷。修建排水渠810米，小型电灌站11座，新增灌溉面积169.73公顷，改善灌溉面积280.27公顷，恢复灌溉面积70公顷，促进了山区经济生产的发展。建立了平马镇合乐、百林及坡塘乡六朴村两个异地开发点，安排作登、布兵等贫困群众200户1000人到扶贫开发区开发生产。

4. 工业生产逐步向好的方向发展。全部工业总产量三年累计达68392万元，年均增长18.26%。其中，县属工业总产值33080万元，年均增长16.62%；原煤产量达200万吨，原油产量达44万吨，发电量13.9亿千瓦时。冶金、建材、造纸、化工等原材料工业也稳步发展，一批工业技改项目已完成并发挥效益。已建成的中外合资企业雨伞厂生产正常，台式商品房正在建设当中，投资6485万元的国家重点工程田东县第二糖厂正抓紧建设，还有一批项目已经立项和正在抓紧立项之中。

5. 乡镇企业保持较好的发展势头。三年来，乡镇企业总产值达21634万元，年均增长77.76%，总收入24582万元，年均增长71.87%。乡镇企业的崛起，较好地解决了部分城镇待业人员就业及农村剩余劳动力安排问题，成为我县国民经济发展的重要力量。三年来，全县乡镇企业技改、新建项目36项，投入资金1014万元，产品的产量和质量都大大提高，取得了较好的经济效益。在发展乡镇企业中，我们坚持立足本地资源，精心选择开发新项目的原则。各乡镇根据各自资源优势，新上了一批如印茶乡的锰品厂、那拔乡茶厂等项目。全县各行各业大力支持乡镇企业的发展，实行“四轮驱动”，上下结合，乡镇企业一年上一个台阶。今年1—9月底，全县乡镇企业总收入1.01亿元，利税分别为405.7万元和528万元，四项指标分别比去年同期增长1.6倍、1.5倍、68.9%和2.6倍。

6. 交通运输和邮电通信有突破性发展。三年来，兴建了九条共56.26千米的乡村公路；平百二级公路自1992年10月动工以来，已全部完成了境内全线路基的土石方工程，局部完成或正在进行路面施工；西南大动脉的南（宁）昆（明）铁路田东段的施工目前正紧张进行。邮电部门于1991年开通了1000门程控电话，使市场装机容量大大增长，开办了长途直拨业务及寻呼电话业务。完成了林逢、思林等乡镇的程控自动电话安装工程。投资16.07万元，架通了思林至坡塘20.5千米的中继线路。

7. 基本建设和城镇建设有新进展。三年来，国有单位固定资产投资完成14658万元。为改变城镇面貌，县里增加了城镇建设投资，修建六条新街道，打通了庆平新街。环保部门积极开展环保法规和知识的宣传，调查处理“三废”，保护环境，美化市容市貌。土地部门强化土地管理，坚决执行土地法规，合理、充分利用土地，使土地这个不可再生资源发挥经济效益。

二、大胆调整“八五”计划和十年规划，为经济建设迈出更大步伐创造条件

1991年是我国执行“八五”计划和十年规划的头一年，也是继续进行治理整顿的第三年。为了缩小我县与全国、全区平均水平的差距，适应我县作为大西南通道咽喉的要求，顺应我县各族人民加快发展步伐，尽快实现小康的迫切愿望，我们大胆地调整“八五”计划和十年规划的各项指标，由原定的“八五”期间按1980年不变价年均增长4.81%调整为按1990年不变价的11.37%，1995年国民生产总值达32777万元，人均860元以上，1998年国民生产总值达到59640万元。农业总产值年均增长速度，由原定的5.7%调整为6.25%。县属工业总产值年均增长速度，由原定的13.55%调整为13.77%。乡镇企业总产值原定的1995年3280万元调整为4200万元，2000年6962万元调整为1998年的8640万元，年均增长24.65%。

三年来，我们围绕“八五”计划和十年规划，在农村，坚持联产承包责任制，完善统分结合的双层经营体制，发展以科技、流通为主的服务体系，并制定了《关于农业综合开发若干规定》和《关于鼓励机关、企事业单位参与农业综合开发若干规定》，既创造了农村经济发展的宽松环境，又鼓励机关、企事业单位参与农业综合开发，发展壮大农村经济，缩小城乡差别。注意保护和调动农民的积极性，调整和提高了粮食和甘蔗收购价格及其他农产品价格，极大地调动了农民的生产积极性，推动农村经济的发展。各乡镇从实际出发，搞农业综合开发，种果、种蔗、种蕉、种菜，解放和发展了农村社会生产力，振兴了农村社会主义市场经济。采取有力措施，大力发展乡镇企业，总产值、总收入都实现了翻番，增强了农村经济的活力。在城镇，着重抓企业经营机制转换，制定《关于搞活工业企业的若干规定》，推选各种形式的企业承包。内引外联，开发新产品，搞好现有企业的技改和扭亏增盈，加强企业管理，增强企业活力，提高了经济效益。积极推进住房制度改革。我县作为自治区住房制度改革试点县之一，目前有54个单位申请进行住房评估，已评估的有17个单位，预计可收回资金150万元。

三、逐步适应社会主义市场经济的要求，发展繁荣我县的市场经济与市场机制

逐步放开农副产品市场，依靠市场导向引导农民调整产业结构，政府实行宏观调控，提供各种住处和配套服务，把农副产品引上了产销见面的道路，使右江河谷两乡两镇初步形成了“稻稻菜”、“稻稻瓜”及香蕉、芒果、西瓜等相结合的种植结构；南北山区则因地制宜，在不放松粮食生产的同时，发展林、牧业及甘蔗种植，取得了良好的经济效益。其次，围绕商品经济的发展，培育市场机制。积极推进价格改革，进一步完善宏观调控能力，撤销了一些阻碍商品流通的关卡，促进统一市场的形成，办好各类型各层次的市场。三年来，市场建设投入资金141万元，市场面积增加22295平方米，圩亭面积增加599平方米，1991—1992两年集市贸易成交额达14900万元，1993年可望突破10000万元大关。金融、劳务、技术、产权等生产要素市场和房地产市场亦得到了初步发展。商业供销部门积极推行“四放开”，并定人员、定资金、定毛利率、定工资含量、定费用及包利润等“五定一包”来加以完善。供销部门还成立了“化肥农药联营集团”，实行统一信贷、统一采购、统一调拨、统一价格。在这基础上，逐步建立起了经济、行政、法制手段综合配套的宏观调控机制，强化了审计、统计、监察、工商、技术监督职能。有力地打击了制造、销售假冒伪劣商品的违法行为，三年来完成审计总额13899万元，查出违纪违规金额337.13万元，应上交财政62.14万元，已上交41.33万元，促进了经济的健康发展。

四、认真抓好财贸金融工作，增加财政收入

三年来，在广大财税干部职工的共同努力下，财政收入累计达10400万元，有效地支援了全县的工农业生产和各项建设事业的需要。主要抓了几项工作：一是认真做好支、帮、促，稳定和扩大财源，严格控制支出，搞好增收节支。二是认真抓好粮食入库和群众生活安排。连续三年按时完成了粮食入库任务，生活安排没有出现非正常现象。三是加强金融管理，确保生产和建设所需的资金。四是金融部门搞好内部整顿，强化企业管理，大力盘活资金，支持工农业生产和各项建设，贷款和存款余额亦有较大增长。五是积极开展保险业务。保险部门积极开办新险种，扩大保险业务范围，大力支持全县工农业生产。经过艰苦的努力，各项工作达标，通过了自治区的验收，评为保险先进县。

五、切实抓好计划生育工作

我们坚定不移地贯彻实行计划生育这一基本国策，严格控制人口增长。结合我县的计划生育现状，制定和宣传了计划生育有关规定，实行计划生育目标管理责任制，建立和完善基层计划生育工作网络，坚持以宣传教育为主，把经常性工作和突击性活动结合起来，常抓不懈，使计划生育工作逐步走上制度化、规范化、法制化的轨道，今年1—9月，全县人口出生2855人，出生率为7.49%。多孩生育265人，多孩率为9.28%，计划生育率为66%，有效遏制了人口增长过快的局面。

六、强化人民武装工作，搞好民兵工作“三落实”

武装部门加强全民的国防意识教育，认真抓好民兵和预备役工作，县、乡建立了民兵以劳养武基地和民兵应急分队，出色完成了军事训练和抗灾抢险工作任务。认真宣传《兵役法》，保质保量地完成了征兵工作任务。

七、各项社会事业取得明显进步

1．教育事业有了发展。全县小学适龄儿童入学率达98.9%，小学五年制义务教育通过了地区行署的验收。小学毕业生升初中入学率达70.1%。初中教育得到发展壮大，今年地区给我县增收33个初中班的任务已超额完成，中考三年总成绩，保持居地区前茅。高考升学率回升较快，三年来，为国家输送了各类大中专学生1056人。加强县乡村三级教研网络建设，教育结构得到了调整，职业教育，成人教育迅速发展，教育质量明显提高。多渠道筹集办学资金840.8万元，抢修中小学危房共16599平方米，新建校舍72栋，16008平方米，有效地改善了教学条件。全社会关心教育，尊师重教，教育事业不断发展。

2．积极落实知识分子政策。在做好技术人员的职称评定及引进人才、留住人才、用好人才的同时，鼓励知识分子进行创造性的劳动，表彰10名有突出贡献的科技人员，从政治和经济上给予优待。三年来，全县有“三九精锑新产品开发”“用因子权重集成法作寒露风长期预报”“微机在地中衡上的应用”“田东县农业低荒资源调查与研究”等8个项目获科技进步奖，13个乡镇成立了乡镇一级科委，155个村设有农科技术员，逐步形成了科技辐射农村的网络，有效地促进了生产的发展，科学技术发挥了生产力的作用。

3．群众性体育事业蓬勃发展。我县成功地举办了全国煤炭系统“乌金杯”篮球比赛，显示了组织体育比赛的能力。在参加地区级以上的各级比赛中，我县体育健儿顽强拼搏，共荣获奖牌574枚，其中金牌337枚、银牌147枚、铜牌90枚。举重运动员杨斌在亚洲青年举重锦标赛及全国第七届运动会中获男子举重54公斤级总成绩冠军，并两次打破该级别总成绩亚洲纪录，在第66届世界举重锦标赛中获男子54公斤级抓举冠军，马彩桃在全国第四届伤残人运动会50米、100米蛙泳比赛中获女子冠军。我县1992年被评为自治区体育推标先进单位，连续三年被评为地区推标先进单位。

4．医疗卫生、广播电视、文化艺术等事业有了新发展。三年来，卫生工作的重点逐步向农村倾斜。投资近12万元给各乡镇卫生院配备医疗设备，大大增强了基层诊治和防保能力。完成了那拔、祷午两个乡卫生院大楼的建设，恢复了朔良乡的灵龙、作登瑶族乡的坡圩两个卫生站，做到了全县村村有医疗点。儿童计划免疫接种率达到了以县为单位85%的国家规定目标。有效地扼制了各类传染病的发生，是百色地区灭疟联防区唯一的先进县。联合国儿童基金会和联合国人口基金无偿援助的发展中国基层妇幼卫生、计划生育服务项目进展顺利。乡村卫生改水成绩显著，受到自治区爱国卫生运动委员会表彰。公费医疗管理工作1991年被自治区评为先进单位。广播电视宣传不断增强，建立了有线电视站，提高广播电视的覆盖率。右江河谷文化长廊建设取得新进展，县剧场正在回建，林逢乡文化中心楼已竣工，13个乡镇全部建有了文化站。文博工作展新姿。根据中科院考古专家对右江盆地檀河遗址的考古发掘，已初步测定是距今73万年前的古人类遗址，对研究右江盆地人类历史演变提供了重要参考价值。今年3月份在联合教学点出土了两面铜鼓，经专家鉴定这两面铜鼓是早期类型的万家坝型铜鼓，为我区首次发现，填补了我区铜鼓历史上的空白。

5. 人事、劳动、编制、统计、民政、民委、残联等部门发挥各自的职能作用，积极为经济建设服务。几年来，人事、劳动、编制部门认真加强劳动用工及干部管理，做好大中专毕业生分配和人才交流等工作，抓好干部职工在岗培训，不断提高干部、职工素质，控制在编人员，提高办事效率。统计部门加强农村基层统计网络建设，提高统计质量，为领导决策提供依据。民政部门积极做好“两属两户”的救济救灾和开展拥军优属活动，安置好退伍军人和推荐军地两用人才，认真贯彻执行婚姻登记管理，开展清理违法婚姻，进行社团登记管理等工作，发挥稳定机制作用。残联主要抓了“三项康复”工作的落实，开展助残募捐活动，维护残疾人的合法权益。民语工作认真落实民族语言政策，宣传、推广壮语，帮助搞好全县各机关、单位、学校的壮汉两种文字挂牌工作，体现了我县民族区域自治权利的特征。档案工作坚持贯彻“档案法”，搞好文史材料的保存和查阅工作。民委主要抓了民族进步团结工作，扶持少数民族地区群众发展生产，尽快解决温饱问题，培养少数民族干部，不断提高他们的素质。

6. 人民收入和生活水平进一步提高。农民人均纯收入年均增长19.79%。农民负担问题得到了清理，各种违反法规的集资和摊派及搭车、加码的收费基本得到制止，切实减轻了农民的负担，保护了农民的经济利益和合法权益。市场繁荣活跃，商品丰富，物价较稳定，人民居住水平逐步提高。

八、社会主义精神文明建设和社会治安综合治理得到加强

在精神文明建设及社会治安综合治理方面，坚持两手抓两手都要硬的观点。我们在抓好经济建设的同时，广泛开展社会主义思想教育，加强基层组织建设，创建文明单位、文明村活动。在城乡开展群众性精神文明建设活动中，我县命名了文明单位15个，文明村屯5个。司法部门认真抓好普法教育，不断提高人民的法制意识。公安部门深化了治安行政管理，加强公安队伍建设，抓好治安网络建设，开展“扫黄打非”和除“六害”斗争，围歼车匪路霸，打击犯罪团伙，查毒禁毒，依法从重从快严厉打击严重刑事犯罪分子，建立群众联防组织，为加快经济建设创造了良好的社会环境。调处、信访、土地、林业、水电等部门认真查处土地、山林、水利三大纠纷和各种冤假错案，三年来，共受理三大纠纷案件226起，调结205起，调结率90.7%；接待群众来信来访1033件，立案46件，查处结案43件。监察部门认真抓好反腐倡廉工作，三年来共立案查处56件，结案55件，给予行政处分52人，移送党纪处分4人，结案率98.21%，挽回经济损失1.59万元。同时配合县人大开展执法检查，保护农民利益，切实减轻农民负担，除中央宣布取消的37项和自治区宣布取消的16项外，我县本级取消了关于加重农民负担的文件3个，项目有35项。廉政建设、纠正行业不正之风方面，也取得一定成绩。

九、为群众办的六件实事进展顺利

三年来，本届政府为民办实事方面也取得了很大的成绩，田东大桥至坡算公路已基本建成，田东大轿至中平公路已完成了11千米，思林至坡塘的中继线电话已开通，打通了庆平新街，田东剧场正在回建，农贸综合商场已经整地、下了基石，二级公路田东段全线已施工41千米，有37千米今年12月份以前将全部完成路基土石方、垫层及封油，县城路段已全面开工，春节前要完成路基封油任务，可望明年上半年完工通车。

政府工作报告（节选二）

1999年1月7日在田东县
第十二届人民代表大会第一次会议上报告

1993年换届以来，我们真抓实干，开拓进取，全面落实县十一届人大会议提出的各项任务，解决温饱、造林绿化、教育“两基”、计划生育、解决人畜饮水、乡村公路建设、农村初级电气化建设等项工作提前实现了预定的目标，有9项工作跨入国家、自治区先进行列，先后荣获全国甘蔗基地县、中国芒果之乡、全国扫盲先进县、全国幼教先进县、全国体育先进县、全区扶贫先进县、全区计生工作先进县、全区市容市貌“南珠杯”竞赛活动先进县、全区知识工程先进县等称号。全县经济发展，政治稳定，民族团结，社会进步，人民安居乐业。

——国内生产总值从1993年5.1亿元，增加到1988年的16.75亿元，按可比价计算（下同），年均增长20.48%；人均国内生产总值从1993年的1334元，增加到1998年的4335元，增长2.25倍。

——财政收入从1993年的5107万元，增加到1998年的1.43亿元，年均增长22.87%。

——乡镇企业总收入从1993年的1.45亿元，增加到1998年的20亿元，年均增长69.02%。

——农民人均纯收入从1993年的544元，增加到1998年的2380元，年均增加367.2元，年均增长34.3%。

——城乡储蓄存款余额从1993年的2.29亿元，增加到1998年7.8亿元，年均增长27.91%。

——粮食总产量从1993年的13.4万吨，增加到1998年的15.17万吨，年均增长2.5%；人均有粮从1993年的354.6千克，增加到1998年413千克，年均增长16.92%。

——社会消费品零售总额从1993年的1.89亿元，增加到1998年的4.13亿元，年均增长16.92%。

——五年全社会固定资产投资8.78亿元，年均增长16.98%。

——人口自然增长率为4.24‰，计划生育率达93.48%。

过去的五年，无论是从人民群众的直接受益水平，还是从可持续发展的能力来评价；无论是从综合经济实力的提高，还是从人均指标来分析，都是我县改革开放20年来经济发展，社会进步最快，最好的时期。

一、农业基础得到加强，扶贫攻坚战果辉煌

——面向市场，因地制宜，走特色农业发展之路。本届政府始终把农业放在首位，在稳定和完善家庭经营承包责任制的基础上，积极推进农村改革，不断调整种植结构，多渠道增加农业投入。粮食连年增产丰收，1998年粮食种植面积达到3.29万公顷，总产量15.17万吨，创历史最高水平。蔗糖生产上了新台阶，1998年甘蔗种植面积已达1.07万公顷，1997年至1998年榨季全县进厂原料蔗56.4万吨，比1993年至1994年榨季进厂原料蔗15.7万吨多40.7万吨，增加了2.5倍。冬菜生产出现新突破，1998年种植面积达0.67万公顷，销售收入达1.2亿元。以香蕉、芒果为主的水果种植面积1.93万公顷，总产量达5.7万吨，在百色地区率先跃进全区水果基地行列。五年来，畜牧水产业稳步增长，大牲畜出栏年均增长8.9%，肉类总产量年均增长18.16%，水产品总产量年均增长51%，极大丰富了城乡居民的“菜篮子”。

——全面贯彻“科教兴农”战略，大力发展“两高一优”农业。全面推广“双杂”良种的水稻旱育稀植、抛秧栽培技术。1998年，全县推优面积达93.5%，水稻旱育稀植面积达90.55%，水稻抛秧栽培面积达80%。多渠道、多形式开发农业高新科技项目，建成县甘蔗组培苗和香蕉组培苗两个科研基础。

——充分发挥农业机械的作用。全县拖拉机拥有量、百亩耕地农机总动力、农机作业总值和机耕作业面积分别由1993年的3318台、22.55千瓦、3245.23万元和1.34万公顷增加到1998年的4893台、34.4千瓦、5725.45万元和1.95万公顷。机耕作业量不断扩大，为我县农业生产抢上季节，连续五年增产丰收打下了良好基础。

——注重农村基础设施建设，改善农村生产生活条件。五年来，共投资2195万元，完成渠道硬化58千米，水库除险加固22处，先后组织了解决群众饮水困难、乡村公路建设和农村电气化建设三大战役。五年来，共投入1626.7万元，修建家庭水柜2321个，水池33座，引水工程116处，解决了7.42万人和7.8万头牲畜的饮水困难问题。仅1998年一年，就修建乡村公路35条293.37千米，架通村级高压线路49条375千米，解决了10个乡35个村的群众"行路难"和9个乡49个村6.78万群众的用电难问题，通电村由1993年88个发展到现在的144个，通电率为91.72%。

——加速绿化造林，不断改善生态环境。1994年实现造林灭荒达标，1997年实现造林绿化达标，五年来共完成人工造林3.28万公顷，完成封山育林3.27万公顷，森林覆盖率由1993年的36%增加到1998年的39.2%。

——全力打好扶贫攻坚战，农村生活水平大大提高。各级政府把扶贫工作当作压倒一切的中心任务来抓，采取领导包乡、单位包村、干部包户的责任制，实施"五个带动"战略，实行就地开发与异地开发相结合。抓住国家计委定点扶贫和广东对口帮扶的机遇，先后投入1960万元，创办了合乐、六朴、仑圩、江山、六鲁等六个移民安置点，安置了贫困农民1469户7492人，每年向区外劳务输出2.12万人，为全县贫困家庭年均增收9112万元。全县未解决温饱的贫困人口已由1993年的9万人下降到1998年底的1.65万人，农村人口贫困面由26%缩小到5%。提前一年实现全县农民基本解决温饱的目标，获得自治区"扶贫先进县"的光荣称号。

二、经济体制改革进一步深化，财政实力不断增强

——积极稳妥推进财税改革，财政收入突破亿元大关。分税制改革取得成功。实行乡镇财政包干，狠抓财源建设，加强征管，强化监督，财政收入逐年提高。1996年财政收入突破亿元大关，1998年财政收入完成1.43亿元，比1993年的5107万元增加了1.8倍。

——坚持"抓大放小"方针。全面推进国有企业改革。先后在县松香厂、印刷厂、酒酱厂、水泥厂等企业进行股份合作制改造，在县一糖厂、二糖厂进行了以国家控股为主要形式的规范化公司制改造，成功地组建了广西田东县制糖有限公司。实施跨地区、跨行业、跨所有制的兼并，全县17家国有工业、企业已有16家完成改制。1996年全县工业总产值首次超过农业总产值，1998年达到10.18亿元，是1993年5.88亿元的1.73倍。

——深化流通体制改革，确保市场繁荣和物价稳定。商业、粮食、供销、金融、保险等部门在激烈的市场竞争中，积极深化内部改革，加强企业管理，努力开拓市场。社会消费品零售总额1998年达4.13亿元，比1993年的1.89亿元增加1.18倍；1998年全县各项存款余额达7.83亿元，各项贷款余额7.55亿元。市场繁荣，物价稳定。

——对外开放进一步扩大。以本县丰富的资源优势为基础，以平百二级公路、南昆铁路建成通车为契机，制定了招商引资的各项配套政策。1996年成功承办了百色地区第三届芒果节，以果联谊，以节会友，大大提高了田东的知名度。五年来签订引进项目68项，协议引进资金2.84亿元，落实到位1.33亿元，引进各种人才43人，为我县经济注入了新的活力。

——非公有制经济快速增长。个体工商户和私营企业由1993年的5887户增加到1998年的10300户。1998年个体工商户及私营企业完成上交利税2300多万元，占财政总收入的51%。

——社会保障制度及人事改革稳步推进。到1998年，全县已有56家企业完成养老保险和失业保险统筹，全县行政事业单位8610名干部职工和2080名离退休人员参加了社会养老保险。全县恢复农村合作医疗制度和推广农村养老保险制度。住房制度改革全面铺开，通过房改出售4262套。建立住房公积金制度，拓宽了住房资金来源。五年来投资3600万元新建住房1119套，面积8万多平方米，使全县城镇居民人均居住面积由1993年的7.7平方米提高到现在的12.2平方米。制订有关优惠政策，实施再就业工程，全县原有下岗职工402人，已实现再就业310人，再就业率达77%。

三、基础设施建设成果突出，发展后劲进一步加强

——加强城镇规划、建设和管理，城镇形象有了新的变化。邀请区内外专家对县城总体规划进行了修编，调整了县城的布局，得到了区政府批准。市政基础设施配套逐步完善，县城居民人均拥有铺装道路面积从1993年的5.2平方米增加到现在的8.22平方米。年供水量由1993年的257万立方米增加到现在的570万立方米。县城绿化覆盖率从1993年的17%增加到现在的34.6%，人均公共绿地从0.3平方米增加到1.51平方米，人口从4万人增加到6万人，祥周、林逢、江城、朔良实现撤乡建镇。

——交通运输业迅猛发展。我县积极配合国家重点项目建设工作，邕色二级公路、南昆铁路相继建成通车。五年新修县道2条13.6千米，乡道3条18.04千米，村道450条140千米。每年投入运营各种车辆1270辆，总客运量540万人，总货运量306万吨。邮政电信事业发展迅速。电话交接机总量从1993年的3000门到1998年的15000门，增加了4倍，实现了乡镇电话程控化，电话普及率从1993年的3部/千人，增加到现在的4部/百人。

——市场建设不断完备。逐步形成了以县城批发市场为中心，乡镇农贸市场为依托的市场网络。投入3326万元，建成了金穗农贸市场、城东建材市场和城西果菜批发市场。加快乡村农贸市场的改造和新建步伐，布兵、祷午、朔良、江城等11个规模较大，设备较齐全的乡村农贸市场先后建成，林逢等新农贸市场正在兴建，促进了商品流通和农村市场的繁荣。

——电力事业出现新格局。农村小水电站有长足发展，总装机容量由1993年的7400千瓦扩大到1998年的14900千瓦。投资440万元的平马至朔良3.5万伏变电工程正在紧张施工。由个体经济能人班光习投资4800万元装机容量为7500千瓦的登高电站已建成投产，是目前国内最大的一座私营水电站。

四、“两个文明”一起抓，社会各项事业协调发展

——全面实施科技兴县战略，积极创建全国科技工作先进县。以科技部门为主体，引进各种先进、实用的科技成果43项，县、乡科技机构健全、科普网络遍布城乡。全县有5个乡镇建起农民科技培训中心，各村基本建立有科技培训学校，94%的农户掌握了1~2门实用技术。

——确立教育优先发展的战略地位，努力提高全民素质。五年来共投入教育经费1.16亿元，新建、改建校舍9.17万平方米，普教、幼教、职教、成教均取得优异成绩。扫盲工作1997年通过自治区验收，成为广西49个贫困县实现“单基”达标的第一个县。“普九”工作也于1998年通过自治区验收达标。国家教委、财政部1997年召开的全国“三片”贫困地区教育现场会，是中华人民共和国成立以来第一次在我县召开的国家级会议。

——创建文明县城工作成效突出。积极参加自治区“南珠杯”市容市貌综合整治竞赛活动，加大投入，加强制度化、规范化、法制化管理。实行“门前五包”责任制，保持街道整洁，全县共建成21个“花园式”单位，29个地区以上文明单位，4个地区级以上文明村。

——文化、体育、卫生、计生等各项社会事业全面进步。注重建立农村文化三级网络建设，5个乡镇办起了图书馆，投资550万元建成了县文化娱乐中心，成功举办了全县农民文艺会演，瑶族农民唢呐队名扬区内外。广播电视事业有了新的发展，乡乡建立有线电视网，82个村建立了卫星广播电视站。体育工作成绩突出，全民健身活动蓬勃发展，成功举办第二届全县体育运动会，向上级输送运动员17人，田东籍运动员在各级体育比赛中，获国家级以上金牌11枚，银牌20枚，铜牌5枚。积极开展群众性的爱国卫生运动，城乡环境卫生状况进一步改善，在百色地区率先推行公共餐饮具集中消毒，基本消灭了疟疾和麻风病，全县行政村合作医疗恢复率70%。计划生育工作一年上一个台阶，由原来的重点管理县跃上先进县。1994—1998年实现全区计划生育工作达标优秀“五连冠”。

——农村基层组织建设成绩显著。按照中央十届四中全会提出的“五个好”目标要求，近3年来，每年挑选120多名精兵强将组成农村基层组织建设工作队，分赴全县157个村委会，狠抓以党支部为核心的村级组织建设，调整村干部507人。投入资金1210万元，兴办村级集体经济项目356个，原来96个无集体经济收入的村，全部甩掉了“空壳”的帽子。先后筹备资金150多万元，维修村部48个，新建村部42个，基本实现了“有人办事，有钱办事，有地方办事”的目标，1997年底经自治区验收，157个村全部达标合格。

——民兵预备役工作得到进一步加强。认真落实优抚安置政策，退役军人得到妥善安置。驻军官兵想我们之所想，急我们之所急，在冬修水利、造林灭荒、扶贫攻坚、乡村公路以及各种急险难重工作中，较好地发挥了突击作用，军民共建活动收到积极效果。征兵工作连年得到地区、自治区的表彰奖励。

五、民主法制建设进一步加强，廉政建设取得良好成效

——依法行政，自觉接受县人大、县政协及人民群众的监督。五年来，办理人大代表建议102件，政协委员提案95件，处理群众来信来访760件（次），把政府工作纳入科学化、民主化和法制化轨道。

——加强社会治安综合治理，切实做好维护稳定工作。坚持开展严打斗争和专项整治，重点打击刑事犯罪及破坏农业生产违法行为，坚持扫除“黄、赌、毒”等社会现象。五年来共查处治安案件5138件，查处违法人员7997人，破获刑事案件2750件，摧毁犯罪团伙903个。投资334万元，兴建了9个派出所综合楼和1个强制戒毒所，抓获吸毒人员614人，缴获毒品1736克，收教戒毒人员443人次，净化了社会环境，维护了社会稳定。

——机关作风整顿和廉政建设扎实有效。各级政府组织干部职工开展“三严四自”“双学”“三讲”等政治理论学习活动，切实转变工作作风，牢固树立公仆意识，全心全意为人民服务。狠抓领导干部廉洁自律，查处违法违纪案件，纠正行业不正之风，五年共立案查处违法违纪案件100件，收缴不合理收入和贪污赃款80多万元。积极有效地在全县范围内开展了制止乱收费、乱摊派、乱罚款的专项执法检查，切实减轻了农民负担和企业负担。密切了党群、干群关系，做到令行禁止，政令畅通。

政府工作报告（节选三）

2002年10月20日在田东县
第十三届人民代表大会第一次会议上的报告

1999年换届以来，我们解放思想，振奋精神，抓住机遇，深化改革，扩大开放，加快发展，战胜了各种自然灾害，克服了重重困难，较好地完成了县十二届人大一次会议确定的奋斗目标和各项任务，经济建设和社会各项事业取得了可喜成绩。

2002年，全县预计国内生产总值、工农业总产值、财政总收入、固定资产投资、社会消费品零售分别完成20.51亿元、20.27亿元、1.69亿元、5亿元和5.55亿元，比1998年分别增长35.48%、23.62%、

18.3%、150%和34.38%。农民人均纯收入预计全年为1528元，比上年增加123元。

一、切实加强农业和农村工作，农村经济稳定发展

农村经济以市场为导向，大力调整产品结构，取得了明显成效。目前，全县水稻、甘蔗、芒果、蔬菜、香蕉、油茶、竹子、板栗、任豆树9个品种种植面积均超0.67万公顷，西瓜0.2万公顷，“三田”建设达1.33万公顷。农田水利基本建设得到加强。

四年来，共投资7000多万元完成渠道硬化66千米，水库除险加固22座。畜牧水产业稳步发展，预计今年全县肉类总产量达2.95万吨，水产品产量0.59万吨，分别比1998年增长15.9%和26.4%。实施农网改造工程，改善农村生产生活条件。新建与改造村级高压线路820千米，通电村由1998年144个发展到现在的157个，通电率97.5%。乡镇企业健康发展，华瑞集团、登高集团、达力工贸有限责任公司等民营化龙头企业成功组建并发挥效益，预计今年乡镇企业总收入27.5亿元，比1998年增长36.63%。扶贫工作取得新成果，先后开展地头水柜、屯级道路、生态扶贫等大会战，完成地头水柜1.151万座，屯级道路337条843.6千米，沼气池5910座。造林绿化工作力度加大，生态环境不断改善，全县森林覆盖率由1998年的39.2%增加到2002年的42.63%。清理涉农收费项目42项，取消不合理收费项目38项，降低合理收费项目标准4项，农民减负效果明显。战胜了2001年百年不遇的洪涝灾害，共募集救灾捐款（含物品折价）477万元，群众自筹3932万元，建灾民新村17个，成为全区灾民新村建设的示范。

二、努力提高工业经济运行质量和效益，工业增长势头良好

国有企业改革取得新突破，先后实行县领导挂钩联系企业和项目制度，公开招聘县水厂等8个企业厂长、经理，完成17家县属国有工业企业的改制工作，企业三项制度改革取得阶段性成果。工业结构调整和技术改造力度加大，继平马工业园、坡圩电站、冶炼厂铅锑技改等项目顺利实施投产后，投资1600万元的东星糖业有限责任公司日生产能力5600吨的技改项目正在实施，投资6700万元的达力公司3万吨纸厂扩建项目已基本完成土建工程，投资11亿元的田东电厂改扩建项目已动工，投资1.2亿元的东泥公司扩建项目已进入安装调试阶段，投资1200万元的华达活性白土公司2万吨活性白土项目也已动工，马来西亚泰柯集团投资1500万元的3万吨活性白土项目进入方案设计及设备造型阶段。仅去年一年，全县工业总产值达11.73亿元，比1998年增长12.4%；实现利润5178万元，比1998年增加4421万元。

三、加大基础设施建设力度，经济发展后劲逐步增强

交通基础设施建设力度加大，总投资1.73亿元建成环县路、田东至巴马公路和祷午、作登、坡塘3条油路，那拔油路基本完成；田东至天等公路、祷午至朔良公路建设进展顺利，田东至德保二级公路、县城过境一级公路已开工建设。水利建设共投资1.45亿元，龙须河引水治旱扶贫工程竣工通水，城镇供水工程已完成投资380万元，祥周至林逢输水管道正在铺设，电力大厦已完成投资1258万元，果柳电站可望年内竣工投产，么西、布兵、祷午、那椒、龙须河5个35千伏变电站基本完成。广播电视及通信设施总投资350万元，全面实施广播电视综合信息网络升级改造工程和县乡村电子信息网络工程。通信能力全面提升，目前全数字程控电话用户达3.8万多户，移动电话1.5万户，小灵通4000多户，IC卡电话亭137个。市场及城市配套建设总投资7575万元，改扩建城西果菜批发市场、庆平市场等13个农贸市场，西南大市场建设正在加紧施工，县城路、灯、绿化等部分建设项目已经基本完成。

四、狠抓财源建设，财政收入稳定增长

认真贯彻执行积极的财政经济政策，积极培植财源，加强资金管理，优化支出结构，加强财政有偿资金清理，实现了财政收入的稳定增长。预计2002年全县财政收入比上年增长11.5%，财政支出比上年增长19.3%。

五、扩大对外开放，非公有制经济健康发展

紧紧把握中国入世、西部大开发和国家计委、广州市黄埔区对口帮扶等大好机遇，优化环境，转变观念，在全县逐步树立起“人人都是投资环境，处处都是开放形象”的新观念。先后取消了60个不合理收费项目和降低了22项收费标准，有效地遏制了“三乱”行为，改善了投资环境。四年来，全县招商引资项目达43个，引资2.96亿元；到今年9月底，全县个体工商户发展到1.35万户，从业人员1.65万人，注册资金5228万元，分别比1998年底增加2915户、3567人和1482万元；私营企业发展到106户，用工1729人，注册资金4679万元，分别比1998年底增加70户、1170人和12478万元。今年1至9月份，个体工商户及私营企业交税金4428万元，占全县财政收入的34.6%，比1998年提高了19.6个百分点。

六、实施科教兴县战略，社会各项事业全面进步

科技工作进一步加强。建立科普示范基地6个，引进推广新技术新项目38个，新品种23个，争取到了广西百色国家农业科技园区项目在我县实施，荣获“全国科技工作先进县”和“1999—2000年度全国科技进步先进县”称号，被列为“十五”计划期间第一批国家级星火西进科技示范县。科技进步对国内生产总值平均增长贡献份额比1998年提高了6.4个百分点。教育工作稳步发展。实施国家计委扶贫工程、义务教育工程、村村有教学楼工程，完成土建项目90多个，新增校舍78965平方米，维修校点43所6330平方米，实现了村村有教学楼。1999年在百色地区率先通过了自治区“普九”达标验收，并得到国家教育部的确认。四年中先后获得全国“中华扫盲奖”，全区“两基”工作先进县，被确定为全区中小学教师继续教育实验县和中小学教师综合素质培训实验县。文化体育卫生计生事业全面发展。县防疫站通过省级计量认证，县妇幼保健院通过了一级甲等妇保机构省级评估验收，县人民医院通过了自治区二级甲等综合医院评审验收，妇幼卫生、艾滋病防治等国际合作项目也顺利通过了终期评估验收，思林卫生院荣获“全国卫生系统先进集体”。县纪念馆被评为“全国文化工作先进集体”，县图书馆被评为“国家三级图书馆”，檀河古人类遗址被评为2000年全国十大基础考古研究发现，列入“第五批国家重点文物保护单位”，我县2000年荣获“自治区文化市场管理先进集体”。创作出了一批优秀的文艺作品，多次荣获全国全区表彰奖励。实现了村村通广播电视，全县广播、电视人口综合覆盖率分别提高到76%和86%。成功举办了第三届全县体育运动会，为国家输送了许多优秀体育人才，田东县籍运动员黄秋艳在全运会和亚运会等比赛中勇夺冠军。计划生育率达到93.6%以上，人口自然增长率控制在4.69‰以内，基本实现低生育水平。民族政策得到进一步落实，少数民族干部培训楼建成投入使用。建成了一批“红”字系列旅游景点，开展“邓小平足迹之旅”，带动了旅游业的发展。

国防后备力量建设、国防教育、征兵工作得到加强，民兵预备役、武警驻县部队和广大民兵、预备役人员在我县“两个文明”建设中作出了重要贡献。“双拥”工作和军民共建活动深入开展，退伍安置工作有所加强。妇女儿童工作成效显著，我县被自治区列为广西实施妇女儿童发展纲要示范县之一。与此同时，审计、统计、技监、物价、人事劳动、监察、老龄、县志、残疾人保障、档案、保密、民语、外事、农机、气象等各项事业同步发展。

七、民主法制建设和精神文明建设得到进一步加强

民主法制建设有新的进展。自觉接受县人大、县政协的法律监督和工作监督，多次接受或邀请人大代表、政协委员评议和视察县人民政府重点工作，共受理人大代表建议和政协委员提案745件。高度重视人民群众反映的热点难点问题，开通县长专线电话，处理群众来电280多个。坚持依法行政，在县乡两级行政机关全面实行了行政执法责任制。坚持依法治县，完成了“三五”普法工作。

继续开展严打整治专项斗争。严厉打击刑事犯罪活动，强化社会治安综合治理。坚决抵制和查处各种封建迷信活动，取缔“法轮功”邪教组织，创建“无毒乡镇”“无毒小区”，开展“扫黄打非”活动，社会治安环境明显改善。

廉政建设成效显著。“三讲”教育、警示教育、“三个代表”重要思想学习实践等学教活动，进一步增强了各级领导干部的理想信念、廉政意识和创新意识。加大对干部违纪违法案件的查处力度，在教育、交通、公安、卫生、电力等系统开展行风评议，纠正部门和行业不正之风，清理了71件现行政策措施、226项行政审批事项。

小城镇建设力度加大。“十个一”创建活动和“右江百里文明河谷”整治工作不断深入，成效明显。全国百县千乡宣传文化工程工作现场会在我县顺利召开，林逢镇、祥周镇被列入自治区小城镇建设试点镇。布兵、祷午、印茶、义圩、那拔实现撤乡建镇。

八、“十件实事”基本完成

县人民政府在十二届人大一次会议上提出任期内要办好的10件实事，进展顺利，基本完成。一是村村通电率达97.5%，通电话率达29.36%；实现村村建有广播电视卫星接收站；建有文化室105个、卫生室15个。二是农村电网改造进展顺利。三是全县已通柏油路的乡镇9个，其余4个正在建设中。四是基本完成龙须河引水治旱扶贫工程项目建设。五是完成县城城西排水防洪工程建设。六是打通4条共33.8千米“断头路”，使环县路建成通车；环城路正式开工。七是已建好人民广场，火车站前广场已完成规划。八是乡镇卫生院、村中心小学已全部实现楼房化；131个行政村已建有楼房，占81.36%。九是建立健全村干养老保险和提高村干的工资待遇制度。十是实现了城镇居民人均居住面积14平方米，其中教师人均23平方米。

附录二：文献、文件选

关于确定我县全民所有制企业发包(租)单位等问题的通知

东政〔1989〕37号

为进一步深化我县企业改革工作使企业承包（租赁）经营逐步走向制度化、法律化。现根据国务院发布的《全民所有制工业企业承包经营责任制暂行条例》《全民所有制小型工业企业租赁经营暂行条例》有关精神，结合我县情况，经研究决定，今后，全民所有制企业的发包（租）工作，由企业主管部门代表人民政府为主发包（租）人，主管委和财政局为会办人，共同按有关法律法规办理有关的发包（租）手续。

企业发包（租）的确定、有关招标及合同草签工作，主管部门应商与体改委确定。合同正式签订后必须经公证机关公证。

此规定从发文之日起实行。今后国家若有新规定再按新规定执行。

田东县人民政府
1989年4月17日

中共田东县委员会　田东县人民政府
关于田东县造林灭荒实施方案

东发〔1993〕37号

各乡镇党委、人民政府，县直各有关单位：

根据自治区党委、人民政府《关于保护森林、发展林业，力争十五年基本绿化广西的决定》精神，结合我县林业生产实际，现提出具体灭荒实施方案如下：

一、指导思想

全面贯彻党的十四大精神，以建设有中国特色社会主义理论为指导，坚持党的“一个中心，两个基本点”的基本路线。从我县林业的实际出发，进一步解放思想，转变观念，真抓实干，讲求实效，深化林业改革，扩大林业开放，加快造林灭荒步伐，全面完成区党委、区人民政府提出的到1994年全区实现消灭宜林荒山的奋斗目标，充分发挥我县林业的优势，使我县林业真正成为振兴田东经济的主要支柱产业。

二、灭荒范围、原则、内容、方法和工作步骤

（一）这次灭荒范围是以近期森林资源二类调查落实的林业用地面积为依据，与农业区划相吻合，凡在全县范围内面积连片3亩以上的宜林荒山、宜林石山和公路、河流、渠道两侧以及圩镇、村庄、居民点、零星空地适宜种树的地段，均要全部栽上树；现有疏林、残林和零星母树的、具备封山育林条件的都要全部封山或进行人工补植。

（二）这次灭荒的原则是根据自治区党委、区人民政府的决定要求，结合我县宜林荒山面积大的实际，认有落实灭荒的有关政策和规定，采取果断措施，限期完成造林灭荒任务，农户的自留山责任山和经济合作社、集体的宜林荒山一律限于1994年3月底前完成造林工作。逾期不完成造林的。由村公所组织采用撒播、点播方式于四月底前进行灭荒，并作为村公所集体林场。坚持林木谁种谁有的原则。大力提倡各种形式的联营合作造林，实行收入比例分成，鼓励各行各业和群众承包造林，林木允许继承或有偿转让。

（三）灭荒的内容、方法和工作步骤

1. 这次灭荒是按照自治区《关于实现宜林荒山荒地绿化造林县（市）的自检和验收方法》的通知要求进行，即林业用地绿化造林的达标栽植率要求达到90%以上；道路两旁、河流两岸绿化造林栽植率要求达到95%以上；连片0.2公顷（3亩）以上的零星小块宜林荒山的面积总和不得超过全县林业用地的1%；道路两旁、河流两旁30米以上的缺树路段（河段）总长度不得超过宜林路（河）段总长的15%。要严格检查验收，不得弄虚作假，首先以自查为主，重点宜林荒山面积大的乡村进行抽查，采取自查与重点复查相结合，做到既全面达到灭荒标准，又要突出抓住灭荒任务重的乡镇。着重抓重点村屯和灭荒难度大的死角地段。对山界纠纷地段要由纠纷双方上级领导部门统一组织统一规划统一灭荒，认真解决一批造林灭荒任务重、难度大的村屯。

2. 灭荒的方法主要是宜封则封，宜飞播则飞播，宜人工撒播则人工撒播，宜种则种，采取封、飞、撒、种相结合，以松、杉、油桐为主，其他水果和经济林为辅。凡在25°坡以上的开荒地，一律要求点播油桐或种植松杉苗木。

3. 灭荒的工作步骤

今冬明春计划完成飞播造林面积10万亩，人工直播造林面积0.67万公顷（其中：油桐4666.67公顷，油茶2000公顷），人工撒播面积2万亩。灭荒工作步骤分为五个阶段。第一阶段：学习、宣传动员阶段，时间从1993年11月下旬至12月10日。第二阶段：到山头地块核实宜林荒山面积工作阶段，时间从1993年12月10日至20日，此阶段各乡镇要按查荒示意图去落实，要求图上要与实地相符。若不相符造林延期灭荒达标的，要追究林业技术员的直接责任。第三阶段：开展突击造林阶段，时间从1993年12月10日至1994年2月底。这个阶段要完成飞播、撒播和人工补植工作，具体要求是：飞播、撒播要求在1994年1月底前完成。油桐、油茶直播和植苗造林要求在1994年2月底前完成。第四阶段：自检自查和补植阶段，时间从1994年3月1日至3月30日。由各乡镇自行组织检查和补植。自检自查和补植结束后，各乡镇政府要向县人民政府申报灭荒达标书面报告。第五阶段：组织交叉检查阶段，时间从1994年4月1日至20日，由县人民政府组织各乡镇交叉检查。查遗补漏。交叉检查结束后县向自治区人民政府申报灭荒达标书面报告，要求区绿化委员会组织技术人员到实地进行检查验收。

三、掀起学习、宣传动员高潮

抓好学习、宣传动员是搞好这次消灭宜林荒山的前提，各乡镇要组织干部群众认真学习自治区党委、自治区人民政府《关于保护森林，发展林业，力争十五年基本绿化广西的决定》和百色地委、行署关于保护森林发展林业的四个决定以及县委东发〔1991〕50号文件《关于保护森林，加速绿化荒山的决定》，学习宪法和《森林法》等有关林业的法律、法规，使广大干部群众深刻认识这次灭荒的重要性和紧迫性，明确灭荒的范围、重点以及方法步骤，以增强造林意识，提高灭荒自觉性，加快灭荒速度。

要迅速掀起宣传动员高潮，坚持会上动员与社会宣传相结合，采取多种形式进行宣传动员，如利用墙板报、广播、电视、街头、影前宣传，文艺演出、设立固定横额、标语牌等，要求乡镇有横额、搭彩门，村屯出墙报、贴标语，使宣传动员更深人人心，以调动各方面力量，形成全党动员，全民动手的局面。

四、多渠道筹集资金，保证灭荒费用

要在1994年实现灭荒，不拖全区的后腿，就必须采取措施，千方百计筹集资金。据匡算全县要灭荒，仅县一级需筹集资金156万元，其中用于飞播和人工撒播54万元，用于购买油桐种子10万元，用于买松、杉苗5000万株共60万元，用于自查和验收共20万元，用于造林灭荒达标奖12万元。资金的来源主要有如下几条渠道：一是从地财中拿出40万元，二是从县开发办的扶贫贴息贷款解决30万元，三是争取区林业厅给予项目补助解决30万元，四是林业部门从育林基金中解决34万元，五是借农行贷款22万元。以上各项资金来源，均需在1993年12月底前到位。同时发动各行各业各部门投入开发林业，欢迎外地区外省到田东开发荒山；发动群众采取多种形式入股投资开发林业；水电部门要负责水库周围水利渠道间测的天荒，公路由公路段负责，河流两岸由所在地段权属单位和个人负责；煤炭、造纸、松香等部门要拿出一定资金支持造林灭荒。

五、加强对灭荒工作的领导

1994年灭荒是在县委、县人民政府统一领导下进行的。为加强对灭荒工作的领导，成立造林灭荒指挥部，由县四家班子领导任正副指挥长，县直各有关单位和乡镇第一把手为指挥部成员，全面负责造林灭荒的组织部署，督促检查和具体指导灭荒工作，指挥部下设办公室，抽调县委办、县人民政府办、农委、林业局6人负责具体的日常工作。办公室地点设在林业局。办公室主要职责是负责收集造林灭荒生产进度，通报表扬造林灭荒的先进事迹，调剂灭荒需用的种苗和资金。并按照灭荒的技术要求和各项指标指导全县的灭荒工作。

各乡镇也要成立相应的灭荒领导小组和落实办事人员，在党委、政府的领导下，根据县的灭荒实施方案，及时作出安排，组织指导本乡镇的灭荒工作。

县乡联合组织灭荒工作队，到村公所协助开展天荒工作。县从县直机关单位中抽调60名干部，下到重点乡镇协助工作，各乡镇根据灭荒任务需要，抽调足够的力量，确保每个有灭荒任务的村有2名以上干部驻村指导灭荒，时间从1993年12月10日开始，至灭荒验收合格为止。

在开展造林灭荒工作中，要层层交纳造林灭荒保险金。县五大班子正职领导每人交纳400元、副职领导每人交纳300元；林业局全体干部职工（含乡镇林业站）每人交纳200元。各乡镇三个班子正职领导每人交纳300元；副职领导每人交纳200元。完成造林灭荒并经区检查验收达标后按所交保证金加倍奖励。同时按照东政办〔1993〕13号文规定的灭荒标准和奖励办法执行。完成造林灭荒任务并经自治区检查验收合格后按荒山造林面积（不含飞撒播）每亩奖励0.25元作为工作队伙食补助。逾期不完成灭荒任务的乡镇，除通报批评外，该乡镇（含林业站）二年内不能评为先进单位，乡镇正职领导和分管林业副职及林业站站长、工作队长当年不能评为先进个人。所交的保证金以抵作育林基金用于造林绿化。

1993年11月26日

关于做好我县国有企业下岗职工基本生活保障和再就业工作的通知

东发〔1998〕37号

各乡镇党委、政府，县直各部、委、办、局、行、社：

根据中央的决策，我县在解决国有企业下岗职工的基本生活保障和再就业问题方面，做了大量工作，取得一定的成效。但是，目前形势仍比较严峻。各级党委、政府和各单位部门以及社会各方面必须继续同心协力，采取强有力的措施，切实做好这项工作。为此，特作如下通知：

一、提高思想认识，切实加强领导

近年来出现职工大量下岗的现象，是计划经济条件下实行的就业体制和就业政策在经济转轨过程中的必然反映，也是体制转轨、结构调整，经济增长质量和效益提高的过程中不可逾越的历史过程。而国有企业下岗职工基本生活保障和再就业工作是当前关系改革、发展、稳定全局的头等大事。因此，各级党委、政府和有关部门必须切实加强对下岗职工基本生活保障和再就业工作的领导，把做好这项工作列入重要议事日程，实行党政“一把手”负责制，并作为政绩考核的重要内容。各单位要制定好这项工作的措施和工作方案，并与我县当前正在进行的企业改革整顿工作紧密结合起来一并开展。各有关部门要按职能分工，各负其责，并提出做好这项工作的实施意见，要强化目标责任制，凡因重视不够，工作不力，没有完成目标任务，甚至造成社会问题的单位，要追究主要领导的责任。

要充分发挥工会、妇联、共青团等社会团体和作用，群策群力，做好这项工作。

要搞好宣传教育，把握舆论导向，使各级领导，社会各界及下岗职工共同提高认识，统一思想，把这项工作做好。

二、明确目标要求，加强宏观调控

按照党中央、国务院的总体部署和我县社会各方面的承受能力，我县决定用5年左右的时间，基本解决我县国有企业下岗职工的分流和再就业问题，每年再就业人数大于当年新增下岗职工人数，在1998年使国有企业已下岗的职工和当年新增的下岗职工都得到基本生活保障，并使其中60%的人实现再就业。

要完成这一目标任务，各有关部门必须坚持减员增效与促进再就业相结合，职工下岗与社会承受能力相适应的原则，把握好企业兼并破产、减员增效，下岗分流力度和节奏，提倡“多兼并、少破产、多分流、少下岗”，要规范职工下岗程序，建立职工下岗申报备案制度，企业拟定职工下岗方案的同时，应提出基本生活保障和再就业意见，在充分听取职代会意见后向县劳动部门申报；下岗人数超过企业职工总数80%的要报县人民政府批准。盈利企业的下岗职工原则上由本企业分流安置，不得推向社会。为保障职工家庭的基本生活，夫妻在同一企业的，不要安排双方同时下岗；不在同一企业，有一方已下岗的，另一方企业不要同时安排其配偶下岗。全国及省（部）级劳动模范也不要安排下岗。军烈属及残疾人员尽可能不安排下岗。要合理调控农村劳动力进城务工规模，普遍实行劳动预备制度，对城镇未能继续升学的初、高中毕业生实施1至3年的职业技术培训。

三、普遍建立再就业服务中心，保障下岗职工基本生活

为做好下岗职工基本生活保障和再就业工作，各单位要尽快建立再就业服务中心组织体系。凡有下岗职工的企业都要建立再就业服务中心。企业的再就业服务中心设在企业的劳资部门，由企业劳资部门主要负责人担任再就业服务中心负责人，并指定专人负责抓这项工作，为本企业的下岗职工发放基本生活费和缴纳养老、医疗、失业等社会保险费用，组织下岗职工接受职业指导和再就业培训，引导和帮助他们实现再就业。

进入再就业服务中心的对象，主要是实行劳动合同制度以前参加工作的国有企业的正式职工（不含从农村招收的临时合同工）中，因企业生产经营等原因而下岗，但尚未与企业解除劳动关系，且有就业要求但在社会上没有找到其他职业的人员，以及实行劳合同期未满而下岗的人员。下岗职工在再就业服务中心的期限最长为3年，基本生活费按略高于失业救济标准安排，第一年不得低于当地失业救济标准的115%，第二年不低于110%，第三年不低于105%。3年后按失业或社会救济对象对待。

再就业服务中心用于保障下岗职工基本生活和缴纳社会保险费用的资金来源，原则上采取“三三制”的办法解决，即财政预算安排三分之一，企业负责三分之一，社会筹集（包括从失业保险基金中调剂）三分之一。财政部门具体抓紧资金的落实。财政承担和社会筹集的资金，由财政部门按专项资金管理，资金的安排由再就业工作主管部门提出意见后，由财政部门统一拨付。保障下岗职工基本生活的资金，一定要专款专用，加强管理和监督。不得挪用于其他方面的开支。再就业服务中心的管理费用由财政列支，工作人员的工资、福利等，由企业列支，不得占用保障下岗职工基本生活的资金。根据桂办发〔1996〕58号和桂政办发〔1997〕184号文规定，资金来源的三方面，财政负担部分，财政预算安排要及时划拨到位；企业负担部分，由企业主管部门负责协调筹集；社会负担部分：1.从行政、事业单位预算外资金（当年预算外收入）中提取5%；2.从个人所得税中提取20%；3.从罚没款中提取20%；4.从购置专控高档消费器费用中提取1%。以上四项收费由财政负责；从营业性歌舞厅、桑拿浴、美容厅和高档饭店按营业额提取1%，此项由工商部门负责；从社会捐款和企业主管部门资助（社会捐款具体另定），此项由总工会负责；从失业保险金中拨出5%，从使用农民工的单位，每人每年征收200元，此项由劳动部门负责。

四、各部门大力扶持，多渠道多形式分流安置和再就业

解决就业问题的根本出路在于保持国民经济持续快速健康发展，不断开拓新的就业领域。要从我县劳动力供大于求的县情出发，注意发展劳动密集型企业，提高非公有制经济比重，鼓励自谋职业和组织起来就业，使之成为再就业的主渠道；加快发展第三产业，特别是发展商业、饮食业、旅游业、家庭和社会服务业，使之成为再就业的主要方向，对下岗职工从事社区居民服务业的，要简化工商登记手续，三年内免征营业税、个人所得税以及行政性收费；加快发展吸纳劳动力较多的劳动就业服务企业和中小型企业，以提供就业岗位。企业为安置下岗职工而创办的劳动就业服务企业按规定的程序认定和批准，可享受国家已出台的各项减免税收的优惠政策。下岗职工申请从事个体工商经营、家庭手工业或开办私营企业、工商、城建等部门要及时办理有关手续，开业一年内或免工商管理等行政性收费；符合产业政策，产品适销对路的，金融机构应给予贷款支持。下岗职工到农村从事种植、养殖业的，各乡镇应给予必要的政策扶持和鼓励。

五、加快社会保障制度改革，完善社会保障体系

要根据建立社会主义市场经济体制和现代企业制度的要求，在所有企业（含个体、私营等非国有企业以及外商投资企业的中方职工）推行和深化养老、医疗、失业等社会保险制度及住房制度改革，健全社会保障制度，为劳动力资源的合理配置和正常流动创造条件。

下岗职工无论以何种方式实现再就业或不再就业，过去的连续工龄和养老保险交费年限与以后的缴费年限合并计算，达到法定年龄退休时，按规定享受相应的养老保险待遇。自谋职业，组织起来就业，到非国有企业就业或不再就业的下岗职工，可按不低于上年全区职工平均工资的60%为基数，按规定的比例缴纳养老保险费，下岗职工分流安排和再就业后，在原企业的住房，原来已按房发政策购买的，应按有关规定明确个人和原企业的产权关系；原未购买现在愿意购买的，可按原定的政策购买，愿意租用的可继续租用，租金标准按当地政府的规定执行。

失业保险基金收缴比例按国家的统一规定，自1998年起，从企业工资总额的1%提高到3%，由企业单方负担改为企业和职工个人共同负担，其中企业缴纳2%，个人缴纳1%。

六、加快培养和发展劳动力市场，积极开展转业转岗培训

各级党委和部门要认真贯彻执行在国家政策指导下，劳动者自主择业，市场调节就业和政府促进就业的方针，加快培育和发展劳动力市场，劳动部门要加强对劳动力市场建设的统筹规划和综合营理，加强和完善就业服务体系，办好职业介绍机构。公共职业介绍机构要开设专门服务窗口，加强对下岗职工的职业指导，并实行免费服务。实行用人单位空岗报告、招（聘）工广告审批和用人登记制度。鼓励用人单位优先招用下岗职工，特别是下岗女职工，要切实保护下岗职工的合法权益，用人单位招用下岗职工要实行同工同酬。

要动员和组织社会各方面的力量，认真做好下岗职工转业转岗培训工作。具有劳动能力，且有求职要求，男未满50岁、女未满45岁的下岗职工都应参加转业转岗培训。转业转岗培训实行在政府指导和扶持下，个人自学，企业组织和社会帮助结合的办法，根据下岗职工特点和社会需要，突击培训的实用性和有效性，提高下岗职工竞争就业的能力。对取得职业资格证书或职业培训结业证书的，优先给予推荐就业。下岗职工参加转业转岗培训，经考核合格获得结业证书的，可给予适当的转业转岗培训补贴。

劳动力市场建设和促进再就业的经费，由财政部门核拨。

中共田东县委员会
田东县人民政府
1998年6月8日

田东县农村初级电气化建设达标攻坚战实施方案

东发〔1998〕45号

经国务院批准，我县列为国家第三批300个电气化县之一。建设项目要求于1996年开始实施，1998年底全面达标。现在距达标验收时间已不到4个月，为了确保建设任务完成，确保验收达标，从现在起到今年年底，要集中时间、集中精力、集中人力、集中物力，打一场全县性农村初级电气化建设达标攻坚战。结合我县实际，现制订农村初级电气化建设攻坚战实施方案。

一、认清形势，树立紧迫感

电气化实施前，我县已建成龙须河电站一、二站，作登电站，桑洞电站和福星电站等小水电站，总装机容量7800千瓦，保证出力4085千瓦，设计年发电量4600千瓦时。随着小水电站建成投产，逐步形成了10千伏、35千伏两级电压等级组成的县小电网，并逐步与地区、全区大电网联网供电。到1995年，我县已拥有35千伏变电站四座，变电总容量为18160千伏安，35千伏输出线路87千米，10千伏配电线路554千米，10千伏配电变压器44160千伏安。1995年，全县用电设备装机容量达61226万千瓦，供电量6136万千瓦时，人均年用电量180千瓦时。

1996年我县实施电气化建设工作以来，先后完成了以下五大工程：一是建成平马110千伏变电站，容量1×20000千伏安，总投资1409万元；二是完成平马到朔良30.5千米的送变电线路架设和朔良35千伏变电站建设，总投资470万元；三是完成桑洞电站至立新变压站输变电工程改造和县城35千伏、10千伏线路技术改造，总投资400万元；四是登高电站竣工投产。登高电站装机容量3×2500千瓦，年发电量4288万千瓦时，总投资4500万元；五是解决了陇穷、风球等21个村6621户，3.6万人的用电问题，总投资468万元。

目前，全县13个乡镇有10个乡镇有电网覆盖，还有北部山区的朔良、义圩、那拔3个乡没有电网覆盖，全县乡通电率为77%；全县156个行政村，有88个通电，68个没有通电，村通电率为56%；全县总户数7.89万户，总人口38.4万人，户通电率为66%；全县综合线损率达17.22%。全县电气化水平还相当低，与验收达标的标准差距还较大。

二、明确任务，增强必胜信心

最后4个月农村电气化建设攻坚战的主要任务是：

1. 从8个乡镇49个无电村中选择35个村办电（详见附表）；

2. 建设祥周35千伏变电站；

3. 架设平马10千伏变电站到林逢镇35千伏输电线路；

4. 加强建设电力调度中心；

5. 加强全县电气化建设档案的收集、整理、归档工作；

6. 全县电气化建设资料的收集汇编。

各个部门职责明确如下：

在第一项任务中有关各乡镇要和挂村单位一起将任务分解到户到人，发动、组织群众筹集资金，参与办电。

水电部门主要是完成变电站建设和线路架设的测量、设计、绘、预算、施工、质量监督、竣工验收。随时掌握工程进度，向指挥部定时汇报。同时，县电气化办公室以及县电力公司要做好迎接检查验收的各项准备工作。

三、采取措施，确保验收达标

全县农村初级电气化建设已经进入最后冲刺阶段，时间紧、任务重。各级党委、政府以及全社会要大力支持，使电气化建设成为全社会自觉行动，把“要我办电”变为“我要办电”的良好的精神状态，自力更生，艰苦奋斗，采取有力措施，奋战4个月，坚决完成全县电气化建设任务。

具体措施：

1. 落实目标责任制。召开全县农村初级电气化建设达标誓师大会，明确目标，落实任务，县、乡、村三级层层签订责任状。

2. 领导挂点联系。每个有任务的乡镇由县四家班子领导联系包干，要求每个村都要有乡镇领导联系指挥。

3. 部门包干。每个无电村都安排县直单位和乡镇直单位联系挂钩包干，联系单位要像饮水大会战、公路大会战一样，发动群众筹集资金投入办电，并要从物力、财力、人力帮助无电村民委抓好办电工作，做到乡乡有人管，村村有人抓，项目有人搞，不完成任务不脱钩。

4. 确保技术质量。县水电局电力公司负责所有办电工程的建设以及农村用电管理的技术指导。

5. 加强汇报和通报。县指挥部要做好倒计时工作安排，按要求做好总体实施计划表；各乡镇按总体实施计划表制定各乡镇的实施计划表。每一项办电工程每个月都要向县电气化办公室报一次工程进度。指挥部要加强督查，及时印发简报，进行公布，接受群众监督。

四、教育群众，全力支持办电

各乡镇领导要十分注意做好过细的思想工作，教育广大群众树立人民电力人民办，办好电力为人民的意识，从整体利益出发，顾全大局，全力支持电气化建设，保证办电工作的顺利进行。

1. 凡建设输变电工程，架设线路等占用田、地和地面附着物需要拆迁、砍伐的，县里一律不给予补偿，由各乡镇、村内部自行处理解决。

2. 群众投工投劳，是办电工作的重要环节之一。办电过程中，受益村、屯的群众不仅要集资出钱，还要出工出力，为设计勘测，拉线布线等工作提供便利。

五、奖优办法

1. 按时按量完成任务的村，电气化指挥部奖给2万元（具体奖励人员在责任状中另作规定）。

2. 在规定时间内完成工程任务的免收增容费

3. 在规定时间内完成工程任务的免收低压安装费。

中共田东县委员会

田东县人民政府

1998年9月8日

田东县已购公有住房上市交易实施细则

东政发〔2000〕62号

第一条　为进一步深化我县住房制度改革，促进住房二级市场的发展；规范已购公有住房上市交易行为，根据《国务院关于进一步深化城镇住房制度改革加快住房建设通知》（国发〔1998〕23号），建设部发布的《已购公有住房和经济适用住房上市出售管理暂行办法》（建设部1999年第69号令）和《广西壮族自治区已购公有住房上市交易暂行办法》等有关规定，结合我县实际，制定本实施细则（以下简称“本细则”）。

第二条　本细则所称已购公有住房（以下简称房改房），是指我县职工1993年以来按照国家、自治区和田东县的房改政策购买并取得了田东县房产管理部门颁发的住房所有权证的全产权公有住房、经济适用住房，安居工程住房和全额集资建造住房。

第三条　本细则所称上市交易，是指房改房依法出售、交换、出租、抵押、继承、赠予的行为。

第四条　房改房首次上市交易，须经县住房制度改革委员会办公室（以下简称县房改办）确认，验审同意后方可进行，房改房交易后，再次进入市场交易则按私房交易的规定办理。

第五条　职工按房改政策购买全部产权，在取得《房屋所有权证》和建立《个人住房档案》后即可上市交易。购买部分产权的应按上市交易当年的成本价补足差价款，转为全产权后，方能上市交易。

第六条　属于下列情况的房改房不能上市交易

（一）以低于房改成本价购买且没有按照规定补足房价款的；

（二）住房面积超过规定标准或违反规定超标装修，超标部分未按规定补足房价款及装修费用的；

（三）违反房改政策多购或购买了公有住房又租用公有住房的；

（四）扩建部分未办理房屋所有权证；

（五）处于户籍冻结地区并列入县房屋拆迁主管机关拆迁改造公告范围内的；

（六）产权共有未经共有人同意的；

（七）上市交易后形成新的住房困难；

（八）擅自改变住房使用性质；

（九）已抵押且未经抵押人书面同意的；

（十）违反房改政策规定，尚未纠正处理的；

（十一）司法机关和行政机关依法判决、裁定、决定查封或者以其他形式限制房地产权利的。

第七条　与办公、生产、教学、医疗、科研等场所分不开的房改房暂不允许交换、抵押、赠予，需要出售，出祖的，由原产权单位按市场评估价或商品租金收购或承租，独门独户式的暂不允许上市交易。

第八条　房改房上市交易的价格由交易双方协商确定其收入在按规定缴纳有关税费和补交土地出让金后，归个人所有。

第九条　房改房上市交易后，原产权人及其配偶不得再按房改优惠政策购买或租用公有住房，也不得参加单位组织的集资建房和再购买解困房、安居工程住房等政府提供优惠政策建造的住房。

第十条　职工出售房改房时，原产权单位及房屋产权人缴交的共用部位维修资金仍留存在维修资金管理机构，随房转移使用；房改房出售后，该房屋的维修仍按出售前公有住房售后维修管理的有关规定执行；个人缴交的住房共用部位、共用设施设备维修基金的结余部分不予退还，随房屋产权同时过户。

第十一条　房改房上市交易按下列程序办理：

（一）向县房改办提出申请，并提交以下材料：

1. 按规定填写《田东县房改房上市交易审批表》；

2. 房改房的《房屋所有权证》和《个人住房档案》；

3. 房屋所有权人及其共有人的身份证和户口簿；

4. 房屋共有人（配偶）同意上市交易的书面意见。

（二）县房改办对上市的已购公有住房进行审核，并在《田东县房改房上市交易审批表》上签署意见；县房地产管理所对上述材料进行审核，对符合上市规定的发给《已购公有住房上市准入证》；已购公有住房所有权人凭《已购公有住房上市准入证》到房地产交易市场进行交易；成交的已购公有住房办清有关手续后由县房地产管理所书面通知县房改办备案。

（三）房屋所有权人委托县房改评估交易事务所对房改房的价值进行评估。

（四）双方当事人签订已购公有住房交易合同并按规定缴纳有关收益和税费后，到县房产管理所办理产权转移登记和到县土地管理部门办理土地使用权登记手续。

第十二条　房改房上市交易按下列规定缴纳有关税费计征税费时，以房屋成交值（成交值低于评估值的按评估值）作为计算基数。

（一）房改房上市交易，购买方（含继承、受赠、交换）按其房屋坐落地标定地价的10%缴纳土地出让金或相当于土地出让金的价款，计算公式为：土地出让金的价款=该套房改房建筑面积土/楼层数×标定地价×10%。·

（二）出售超过规定面积标准的房改房，超标部分原未按市场价购买的，其收益扣除原支付的超标房价款后，其余净收益全额缴纳。

（三）未分摊共用建筑面积的房改房上市交易时，需按评估确定的该房屋共用建筑面积计算应分摊的共用建筑面积；8层以上（不含8层，底层杂物房除外）有电梯间的高层住宅，由房屋所有权人按其应分摊的共用建筑面积的交易评估价的20%向原产权单位购买；8层以下（含8层，底层杂物间除外）没有电梯间的高层住宅，由房屋所有权人按其应分摊的共同建筑面积的交易评估价的10%向原产权单位购买。原产权单位撤销的，交县财政局。

（四）房改房出售：暂免征土地增值税；居住不足一年的，按售房价款减去购入原价的差额计征营业税，由卖方缴纳，居住超过一年的免征营业税。个人购买自用普通住宅，暂减半征收契税。

（五）房改房交换：居住不足一年的，对换房等值部分免征营业税，超过等值部分，视为出售，按本条第（四）款的规定缴纳营业税和契税。

（六）房改房上市出售、交换的评估费和房产综合手续费（含监证费、登记费、查丈费）分别按评估值的0.25%计收，由买卖或交换双方按有关规定交纳。

（七）房改房的出租、抵押、继承、赠予按规定交纳税。

第十三条　房改房上市交易时缴纳的土地出让金全额上交县财政；相当于土地出让金的价款和超标部分净收益，原产权属县行政机关的（含全额拨款的事业单位），全额上交县财政；属差额拨款的事业单位，50%上交县财政，50%返还事业单位；属企业的（含自收自支的事业单位），全额返还。上交给县财政的，专项用于住房补贴；返还给事业单位和企业的，分别纳入单位和企业住房基金管理，专项用于住房补贴。

第十四条　房改房上市交易后，取得住房产权的新户主应当遵守原住房单位或住房所在地物业管理机构的有关住房的管理规定。

第十五条　违反本细则规定擅自将房改房进行交易，除没收非法所得上交国库外，有关部门不得办理确认、验审和所有权转移登记等手续，不按房改房上市管理的规定私下交易签订的协议不受法律保护。

第十六条　违反本细则第六条规定，将不准上市交易的房改房上市交易的，除没收非法所得外，另处予1万元以上3万元以下罚款。

第十七条　违反本细则第九条规定，将房改房上市交易后，又以非法手段按房改成本价（或标准价）购买公有住房或购买政府提供优惠政策建设的住房，或再租用公房的，除给予当事人相应的行政处分外，由县房改部门责令其退回所购（租）房屋，县房产管理部门不予办理产权登记等手续，并另处以1万元以上3万元以下罚款；违反规定领取住房补贴的，除退回所得补贴外，处以领取补贴额1~2倍罚款。

第十八条　有关部门工作人员玩忽职守、滥用职权、徇私舞弊、贪污受贿的，由其所在单位或上级主管部门按照有关规定给予行政处分；情节严重构成犯罪的，依法追究刑事责任。

第十九条　县住房制度改革委员会办公室下设房改评估交易事务所，负责全县房改房交易确认、验审和管理，协助县人民政府对违反房改政策出售、购买或租用及违反本细则进行房改房交易的行为进行处理。

第二十条　房改房交易场所设在县房改办，县房改、房产、土地、税务、财政等部门及房改房评估机构联合办公，为职工居民进行房改房交易、办理有关手续及缴纳税费提供方便。

第二十一条　本实施细则由县住房制度改革委员会办公室解释。

第二十二条　本实施细则自发布之日起执行。

田东县人民政府

2000年9月12日

中共田东县委员会　田东县人民政府
关于进一步加强农村第二轮土地延包工作的通知

东发〔2001〕13号

各乡镇党委、政府，县直各部、委、办、局：

农村第二轮土地延包工作开展以来，虽然取得了一定的成绩，但从目前有关部门汇报情况来看，工作进展仍显缓慢，直接影响了当前春耕生产和下一步的税费改革。为了保证土地延包工作的圆满完成，确保农村社会稳定，促进全县各项事业的顺利发展，经研究决定，进一步充实农村第二轮上地延包工作队，加大土地延包工作力度。现将有关事项通知如下：

一、每个县直单位抽调1名以上干部与乡镇干部共同组成农村第二轮土地延包工作队，进驻村屯指导土地延包工作。各工作队员要与原单位业务工作暂时脱钩，把主要精力放在土地延包工作上。

二、从4月6日起所有被抽调的县乡领导干部都要下到所包村屯开展工作，力争4月底前完成所包村屯的土地延包合同的签订。所包村屯土地延包工作不完成不收队。

三、各工作队员要进一步提高对做好土地延包工作重要性的认识，主动学习领会有关文件的精神实质，明确政策界限，认真细致工作。

四、工作队员要深入群众，认真调查研究，充分听取群众意见，了解当地当前土地延包工作状况，找准工作重点和难点，耐心做群众的思想工作。

五、要注意工作方法。工作队员在当地党委、政府的领导下，既要坚持以大多数群众满意为原则，又要努力做到合理合法，让每个有资格承包土地的群众都能承包土地，切实解决好人地矛盾问题。要妥善处理好完成土地延包工作和确保农村社会稳定的关系，保证土地延包工作不影响农业生产的正常进行，也不影响当地的社会稳定和民族团结。

2001年4月4日

田东县投资优惠政策

东发〔2004〕6号

为进一步扩大对外开放，鼓励和吸引更多的国内外客商到田东县投资开发，推动田东经济和社会事业的发展，根据国家及自治区有关政策法规的规定，结合田东县的实际，特制定本投资优惠政策。

一、财政扶持和奖励

1．新办企业或技改扩建项目，用于生产性固定资产（不含土地、车辆）投资达100万元以上的，由县财政按国家银行同期贷款基准利率的50%给予扶持2年，但每户企业年扶持额一般不超过10万元。

2．新办企业从投产当年或次年起3年内，每年纳税额（县级所得部分）20万元至50万元，按15%给予奖励；50万元以上至100万元，按20%给予奖励；100万元以上按25%给予奖励。以上奖励由县财政每年兑现一次。

3．非新办企业年纳税额（县级所得部分）超过前5年最高年纳税额的，超过部分由县财政按15%给予奖励，每年兑现一次，以后年份按此类推计算奖励。新办企业享受第2条奖励期满后，按本条执行，上述财政扶持和奖励，应用于企业发展生产。

二、税收优惠

4．外资企业享受广西山区贫困县免征地方所得税的待遇。

5．在南昆线通道工业带和自治区重点镇的平马、祥周、思林、林逢等四镇新办的工业企业以及农产品加工、环境保护、资源综合利用等企业，从生产经营之日起，三年免征七年减半征收企业所得税。

三、土地优惠

6．新办项目用地，生产性企业固定资产投资额达100万元以上，房地产开发企业连片开发30亩（旧城区改造10亩）以上，通过出让取得土地使用权的，属县级的土地使用权出让收益，实行先全额缴纳入县财政后，再由县财政对应拨付给该项目作项目基础设施建设投入。地产劳务费、测量费、权属调查地籍测绘费等相关收费减半收取。

7．县工业规划区土地价格每亩1万元。

8．各类新办企业投资额在1000万元至5000万元，奖励住宅用地100平方米，5000万元以上至1亿元，奖励住宅用地300平方米，1亿元以上奖励住宅用地500平方米。

9．投资者需要租用农用地以外的土地兴办企业的，由有关部门帮助协调解决，每亩年租金400元以下。

10．投资者租用荒山、荒地等未利用土地从事种养业开发的，由有关部门帮助协调解决，每亩年租金10元以下。使用国有未利用土地发展城镇公用事业和基础设施的，免缴土地补偿费。

11．投资者购买、兼并、参股县属国有或集体企业时，符合法定划拨用地范围的，仍可以划拨方式能续使用国有土地。不符合法定划拨用地范围的，投资者可通过以下方式使用国有土地：

（1）租赁；

（2）整体购买企业产权的，可将原划拨土地使用权补办出让手续，并按宗地评估价的40%核缴土地使用权出让金；

（3）政府将国有土地使用权作价入股，在项目建成投产后，3年内不参与企业分红。

四、收费优惠

12．所有行政事业性收费均按最低标准收取。

13．对新建、扩建企业，免收小城镇建设配套费、建筑占道费、县乡公路新增道口费。

14．对新办企业，在筹建期间及竣工投产经营3年内，除收取必要的证书工本费及登记费外，免收县属的行政事业性收费。

15．房地产开发企业，一次性开发建筑面积在5000平方米以上的，小城镇建设配套费、住房转让手续费减半收取。

16．新办企业，因采矿、采煤、采石、取土而按产品产量征收水土保持设施补偿费的，自投产之年起5年内，属县财政支配的部分，每年拨付50%给企业用于水土保持设施建设和维护。

五、供水供电优惠

17．在县供水有限责任公司服务区内，工业用水按最低档次水价（即生活用水水价）收取。新入户的工业企业，5年内若生活用水水价增幅低于20%，则维持入户时水价；若增幅高于20%，增加部分按50%收取；5年后按最低档次水价供水。对用水量超过500立方米/日的大宗工业用水企业，按最低档次水价再优惠5%~10%。

18．由县电力有限责任公司供电的新办企业，免收电力工程勘测设计费、供电接火费，电力工程安装总费减收20%。

六、服务承诺

19．属本县权限范围的审批事项，审批单位自收到完备的申报材料之日起，在5个工作日内予以审批；不予审批的应在3个工作日内回复理由。由上级有关部门审批的，自收到完备的申报材料5个工作日内核报。

20．投资额达100万元以上的项目，由县招商局协助投资者办理立项、审批、证照、用地、用水、用电等手续。

21．县招商局无偿提供与投资有关的咨询服务，并负责受理外来投资者的各种投诉，每10天向投诉人通报投诉的处理进展情况，直至投诉处理完毕。

22．对符合上级有关资金支持的项目，政府及有关部门要积极帮助投资者申请上级扶持。

23．情况特殊的投资项目，可以一事一议，特事特办，在法律、政策允许范围内，给予最大限度优惠。

24．对外来投资者实行特殊保护政策，凡侵犯企业合法权益和干扰企业正常经营的单位和个人，依照有关规定从严从快处理，行政执法和管理部门，在执法管理权限内，对外来投资者实行“初次免罚制”。

25．外来投资者及其聘用人员，在车辆入户、子女入学、户籍管理等方面，享受当地居民同等待遇。

26．外来投资企业所需的水、电、运输、通信等，有关部门给予优先安排。

七、其他

27．除特别指明外，本优惠政策适用于所有投资者。

28．凡在田东县投资者，除享受国家、广西及百色市现行优惠政策外，都享受本优惠政策。

29．对招商引资有功人员，按有关规定给予奖励。

30．本优惠政策在实行过程中，如有与国家法律、法规、政策相抵触的，以国家法律、法规、政策规定为准。

31．本优惠政策，从公布之日起实行。本优惠政策解释权属田东县人民政府。

田东县人民政府

2004年3月5日

关于制定国民经济和社会发展第十一个五年规划的建议

东发〔2005〕44号

“十一五”是承前启后的重要时期。田东县国民经济和社会发展第十一个五年规划（2006年至2010年），是加快富民兴东新跨越步伐，全面建设小康社会和构建和谐田东进程中的重要规划。要认真贯彻党的十六大和十六届五中全会及自治区党委八届六次全会精神，落实科学发展观，按照市委一届五次全会的要求，认清形势，把握机会，提出符合县情、顺应时代要求，凝聚全县各族人民意志的发展目标、指导方针和总体部署，对于促进我县改革开放和经济发展，意义重大。

一、“十一五”规划的基础和环境

（1）“十五”时期经济社会发展取得的重大成就。“十五”期间，我县高举邓小平理论伟大旗帜，全面贯彻“三个代表”重要思想，树立和落实科学发展观，发扬革命老区的光荣传统，紧紧抓住国家发展改革委、广东省对口帮扶和西部大开发等重大机遇，在提前完成“八七”扶贫攻坚计划的基础上，与时俱进地提出工业强县和项目兴县战略。狠抓资源转化增值，坚持走油气结合、煤电结合、矿电结合、糖纸和林纸结合、铝电结合和农副产品深加工的发展路子，全县出现了资源开发特色鲜明，经济快速协调发展，综合实力不断提高，人民生活持续改善，发展后劲显著增强的良好局面。

一是经济总量明显增长，经济结构明显优化，经济运行质量明显提高。预计2005年全县完成GDP32亿元，比2000年增长127%，年均递增17.8%。三次产业结构由2000年的31.6∶27∶41.4调整到2005年的31.9∶48.5∶19.7，第二产业比重上升215个百分点，2005年人均GDP达8080元，比2000年增加3462元，年均增加692元。财政总收入4亿元，比2000年增长200%，年均递增24.5%。全社会固定资产投资完成22亿元，比2000年增长572.8%，年均递增46.4%。GDP、财政总收入和固定资产投资都创田东历史新高，各项指标提前一年完成“十五”计划预期目标。

二是“三化”进程明显加快。农业形成了甘蔗、芒果、香蕉、香米、蔬菜、油茶、速生桉、竹子、板栗、畜牧水产十大基地，工业呈现了项目增多、结构合理、效益提高、实力增强的良好势头，预计2005年工业增加值10.37亿元，比2000年增长253.7%，年均增长28.75%，工业经济成为县城经济的主要拉动力。同时全县城镇基础设施得到较大改善，人口向城镇转移的速度加快。2005年城镇化率达30.2%。

三是各项社会事业全面协调发展。教育、卫生事业不断进步，素质教育不断推进。全县被授予“两基”工作先进县并通过国家级复查验收。新型农村合作医疗工作全面启动。社会保障体系逐步健全，“两个确保”和“三条”保障线工作基本落实。计划生育工作进一步加强，连续12年保持全区一类县行列，人口自然增长率控制在6.5‰以内。就业再就业工作取得明显成效，文化体育、广播电视、电力通信等国计民生事业得到长足发展，三个文明协调发展，势头喜人。

（2）“十五”时期发展的主要经验。总结“十五”期间的工作，主要有以下七个方面的经验：一是坚持把上级党委、政府的政策与田东实际紧密结合，扬长避短，错位发展，找准田东特点的发展路子。二是坚定不移地以经济建设为中心，抢抓机遇，乘势而上，依托资源优势，打造支柱产业。三是坚持实施项目带动战略，统筹推进一批重大项目，保持固定资产投资的稳步增长，充分发挥投资的拉动作用。四是坚持以经济结构调整为主线，加快工业化、城镇化和农业化进程。五是坚定不移地处理好改革发展稳定的关系，保持政治安定和社会稳定，巩固民族团结，促进社会和谐。六是坚持加强领导班子和干部队伍建设，不断提高各级党委政府驾驭全局、把握机遇的能力。七是坚定不移地把实现好、维护好、发展好各族人民的根本利益作为工作的出发点和落脚点，着力改善贫困山区人民群众的生产生活条件，使发展和改革的成果真正惠及人民群众。这些基本经验，要在今后的发展中始终坚持。

（3）“十一五”时期经济社会发展的宏观背景。当前，我国经济社会发展已经进入一个十分重要的时期，正处于全面建设小康社会，加快推进社会主义现代化承前启后的阶段。田东必须紧紧抓住这个大有作为的重要战略机遇期，在西部大开发的背景下，克难攻坚，乘势而上，缩小与区内经济强县的差距，提升在周边地区的竞争优势。

“十一五”时期，田东面临四大机遇：一是推进工业发展的机遇。随着百色新工业基地和铝工业基地的崛起以及国企改革基本完成，我县工业经济现在发展势头良好，形成产业的排头兵。二是做大农业产业化的机遇。田东的农产品种类丰富，围绕丰富的资源，重构农产品加工业，不仅可以提高农产品加工业产值对农业总产值的倍率，而且在产业化过程中，可以不断催生新的产业模式，做长做实产业链，形成依托农产品深加工的新型工业。三是区域发展政策带来的机遇。国家实施西部大开发战略和中国—东盟自由贸易区建设步伐的加快，田东县作为大西南出海通道的要冲，必须发挥区位优势，抓住机遇，抢先发展，在西部大开发的过程中，形成吸纳资源、资金和人才的洼地。四是承接东部沿海产业转移的机遇。随着泛珠三角经济合作区的建立和东部沿海发达地区产业结构升级换代和结构调整，大量劳动密集型产业将逐步向内地转移，广西将成为产业转移投资的热点，田东有承东接西的区位优势，可以围绕现业转移投资的热点，有支柱产业招商引资，做大做强优势产业，构造产业集群，在整体上实现“工业兴县”迈向工业大县。

战略机遇期既是“黄金发展期”又是“矛盾凸显期”，只有不断解决与缓和矛盾，才能实现“黄金发展”。田东在“十一五”时期主要面临四大挑战：一是田东县仍是国定贫困县，全县贫困面还比较大，工业起步晚，经济总量较小。二是经济体素质不高，工业“短腿”问题突出，支柱产业主要靠采掘和原料加工业，可持续发展能力不强，高新技术工业少，产业升级步伐滞后，资源转化率低。三是社会矛盾还比较突出。田东人口较多，就业难，公共服务体系不健全，收入分配不公以及短期内难以缩小的城乡差异，极易引起部分社会成员的心理失衡甚至社会冲突，改革的深入也会触发新的矛盾和问题。四是城镇化任务艰巨。重点乡镇产业发展不足，人口吸纳能力和区域经济带动功能有限，统筹城乡协调发展难度较大。

因此，"十一五"时期，必须保持清醒的头脑，实事求是地估量客观条件，只要发展思路对头，战略谋划得当，政策措施有力，就能乘势而上，占据经济发展的制高点，实现田东经济社会持续、快速、协调发展。

二、全面贯彻落实科学发展观，明确"十一五"时期的奋斗目标

（4）指导方针和基本原则：今后15年是我县实现富民兴东新跨越、全面建设小康社会、构建和谐田东的重要时期，"十一五"时期最为关键，开好头，起好步至关重要。要以邓小平理论和"三个代表"重要思想为指导，全面落实科学发展观。坚持抓好发展这个党执政兴国的第一要务，坚持以经济建设为中心，坚持用发展和改革的办法解决前进中的问题，继续实施工业强县战略，深化体制改革，提高开放水平，调整经济结构。转变经济增长方式，加快新型工业化、农业产业化、城镇化和信息化进程，提高可持续发展能力，改善城乡人民生活质量，全面推进经济建设和各项社会事业的发展，构建和谐田东。要坚持以下原则：

——必须以项目为中心，全面实施工业立县战略，加快田东工业基地建设步伐，确保"十一五"时期经济快速增长，经济总量大幅增加。

——必须深化体制改革，克服体制障碍，转变政府职能，建立企业制度和产权制度，促进市场机制的健全完善。

——必须主动融入中国—东盟自由贸易区和泛珠三角经济区，拓展区域合作。

——必须调整优化经济结构，转变经济增长方式，保护生态环境，建设资源节约型、环境友好型社会，必须统筹城乡发展，提高农业综合生产能力，推进农业产业化，建设社会主义新农村。

——必须坚持以人为本，促进经济社会和谐发展与人的全面发展。以提高人民生活水平，发展和维护人民的根本利益为出发点，着力解决经济社会发展中的突出矛盾和问题，积极扩大就业，增加人民收入，逐步缩小城乡差距和居民收入分配差距，健全完善公共服务和社会保障体系，关注贫困人口和弱势群体，不断提高人民生活水平。

——必须全面推进社会主义精神文明建设和民主法制建设，营造文明法治环境，保持社会安定团结，促进三个文明协调发展。

（5）"十一五"经济社会发展目标。综合考虑未来五年我县加快发展的趋势和条件，按照自治区党委关于建设"富裕广西、生态广西、文化广西、平安广西"和市委达到"提速升位"、基本形成"三区"、"三地"的总体战略部署（即经济发展平均速度高于全国全区水平，经济总量大幅度增加，经济增长方式加速转变，经济质量和效益显著提高，综合实力在全区排位进一步提升；打造右江三角特色经济区、建设全国红色旅游重点景区、改造和扩展百色中心城区；建成中国乃至亚洲重要的铝工业基地、南亚热带特色农业产业基地、滇黔桂区域和面向东盟的商贸物流集散地），我县的主要目标是：到2010年，GDP总量达到80亿元，财政收入达10亿元，工业总产值达100亿元，农业总产值达21亿元，固定资产投资累计完成100亿元。一、二、三产业增加值在GDP总量中比重调整为28：50：22，同时资源利用率明显提高，生态环境保持良好；经济结构调整和经济增长方式转变取得新进展，工业化、城镇化和农业产业化水平明显提高；基础设施网络体系进一步完善；社会主义市场经济体制比较完善，开放型经济达到新水平，社会保障体系比较健全，贫困人口逐年减少，城乡居民收入水平和生活质量普遍提高；社会主义民主法制和精神文明建设不断加强，构建和谐田东取得新进步。

三、调整经济结构，优化产业布局

(6) 加快产业结构战略性调整。优化产业结构，贯彻国家宏观调控政策和产业政策，加快支柱产业发展，稳定壮大能源工业，突出加快煤、油、电力铝型材加工、冶金、建村、糖林纸等特色优势产业的发展，进一步提高第二产业在国民经济中的比重，加快田东向工业社会的转变，以打造"田东八香"品牌为重点，加快农业生产向区城化、优质化，产业化和企业化方向发展，形成以亚热带蔬菜水果和水产畜牧业为主的现代特色农业产业基地，加快发展创建红色旅游基地和构建桂西物流中心为主的第三产业，激活城镇和沿线交通干线的经济，扩大城乡经济。到"十一五"期末，工业和第三产业在国民经济中的比重明显提高，形成合理的"二三一"型结构。

(7) 全面推进全县特色经济区建设。优化区域经济布局，实行区域、产业、城乡、内外联动，建立河谷盆地和南北两翼山区特色经济区。河谷片要利用区位优势，重点发展以工业集中区为载体的园区经济，加快高效规模农业和养殖业的发展，形成煤电、糖纸、石化、铝加工、矿产冶金、建材、亚热带农产品深加工、红色旅游和现代物流的支柱产业链。南北两翼山区要在河谷优势产业带的辐射带动下，结合自身资源优势，重点发展矿业、小水电和林业、特色农产品种养殖业及劳务输出，构建河谷平原与北部丘陵区、南部石山区的转色经济区，形成河谷与南北两翼山区协调互动，共同发展的格局。

(8) 大力发展民营经济。放手发展民营经济，通过体制创新，推动我县民营企业上水平、上规模、上档次。以产业优化升级为主线，抓住民营经济小区建设和国有企业民营化两个突破口，大力发展壮大带农型、就业型、科技型、外向型和特色型民营企业。鼓励和支持民管经济参与国有企业改革。要坚持发展民营经济作为经济结构战略性调整和国民经济发展的重要内容，鼓励、引导和支持非公有制企业做大做强，放宽市场准入，简化审批手续，加强政策扶持和引导，重视企业家队伍建设，从政治、政策、措施和服务上营造良好投资环境，要加大招商的资力度，加快民间资本积累，培育新的市场主体、加快以家庭型为基础向规范的现代企业制度的转型。引导民间资本、外来资本兴办非公有制企业，力争到"十一五"期末，全县民营经济达到一个全新的水平，成为我县经济发展的"主心骨"。

四、实施工业强县战略，全力推进工业化进程

(9) 全力加快工业发展步伐。实施工业强县战略，把我县建成广西石化工业基地县。整合资源、发挥优势。大力发展油、煤、铝、电、糖林纸、建材、矿业，农林产品加工等资源型工业，巩固、壮大和提升传统工业，积极发展高新技术产业，全力推进工业化进程。要按照建设资源节约型社会、环境友好型社会的要求，走煤电一体化、林板纸一体化、蔗糖纸肥一体化的发展路子，注重发展配套工业和循环经济，推动重大项目向产业链、产业集群延伸。

(10) 要加快推进左右全县经济发展的一批重点项目的实施。协调抓好石化总厂年产150万吨炼油项目的建设，全力推进燃料油加工项目建设。同时要把电力、煤炭工业作为全县经济健康发展的命脉产业来抓，重点加快同梅电站项目的竣工投产，尽快推进鱼梁水利枢纽工程和田东旧电厂的扩建工程。重点建设年产80万吨原煤的九合煤矿及年产50万吨原煤的巴怀煤矿项目，到2010年煤炭产量要超过400万吨。围绕百色建设新兴铝工业基地的目标，重点建设6.5万吨的铝型材加工项目，加快推进铝材市场的建设进度。同时要统筹推进日产4000吨熟料新型干法水泥生产线的建设、年产2万吨电解金属锰项目、年产60吨左旋多巴项目、年产4万吨燃料酒精生产线建设、年产30万吨瓦楞纸项目、年产1000吨精炼山茶油产业化示范项目等。

(11) 加快以工业集中区为载体的园区经济建设。推进工业向园区集中，是符合科学发展观要求和田东实际的，必须坚持工业集中发展不动摇。要通过突出抓好规划，抓好基础配套、抓好集约用地，加快工业园区的建设步伐。要抓好工业园区的招商引资工作。努力聚合民间资本，集中财力、物大和人力资源，着力打造独具田东特色的工业产业园区，做大做强思林工业园区、平马工业园区、祥周工业园区和江城工业园区，尽快形成以园区经济为龙头的城镇经济。

（12）实施品牌战略。加快引进新技术、新工艺，提升企业及产品的科技含量，打造广西和全国知名品牌，培植和形成区内、国内的知名企业。制定优惠政策，鼓励和支持工业企业建立技术研发机构，增加科技投入，增强企业自主创新能力和水平。

五、统筹城乡发展，建设社会主义新农村

（13）努力推进城乡统筹发展。要按照生产发展、生活宽裕、乡风文明、村容整洁、管理民主的要求，坚持从实际出发，尊重农民意愿，扎实稳步推进新农村建设。坚持“多予、少取、放活”的方针，加大政府对农业和农村投入的力度，强化政府对农村的公共服务。搞好乡村建设规划，节约和集约使用土地。培养有文化、懂技术、会经营的新型农民，提高农民的整体素质，通过农民辛勤劳动和政府扶持，明显改善广大农村的生产生活条件和整体面貌。

（14）推进农业产业化。要优化农业经济结构，加快农业生产向区域化，优质化、产业化、企业化方向发展。在确保粮食安全的基础上，要坚持以增效增收为目标，重点加大芒果、甘蔗、香蕉、油茶、蔬菜、香米、速生桉、竹子、板栗、畜牧等十大基地的建设力度。全力打造“田东八香”系列品牌。河谷地区重点实施优质稻标准化生产示范、无公害蔬菜产业化生产、无公害水果生产示范基地和香蕉产业化升级示范项目等。南北山区重点实施竹子、山茶油和特色农产品种养殖等项目，注重把畜牧水产作为支柱产业来大力培植和发展。

要加强农业基础设施和农村基础设施建设。加快农业机械化和农业科技进步，提高农业产业化水平，提高土地产出和资源综合利用能力。要切实加强水利基础设施建设，重点实施病险水库除险加固、农村饮水安全工程、农村水电建设、泵站更新改造、灌区节水改造、流域水土流失治理工程、小型农田水利工程建设民办公助项目等，提高农田水利设施保障能力和农业抗御水旱灾害能力。要把农村的规划和建设作为建设社会主义新农村的一项工程来抓，搞好新农村建设规划，加强农村道路、农网、广播、电视、文化、体育、卫生、能源等基础建设，抓好村容村貌整治，实施农房改造工程，改善农村生活条件，提高农民生活质量。加强农村公路建设，完成乡村路网建设和改造，提高农村公路技术等级和路网密度。

要发展壮大农业产业化龙头企业。要坚持以工业理念发展农业。坚持扶优扶强的原则，在资金、基地、技术、信息等方面重点扶持甘蔗、香米、山茶油等龙头企业。同时创造条件使金荣纸业、华瑞集团成为竹子和香蕉产业的龙头企业。

要加强农业服务体系建设。重点建设良种繁育、动物防疫、农业技术推广服务、农产品质量安全检测、农业信息等五大服务体系建设，从品种改良、防灾减灾、质量安全、信息传递、公益服务等方面提高基础支撑和保障水平，逐步提高农业综合生产能力。要大力发展农村专业经济合作组织，从而形成“龙头企业+合作组织+农户”的经营机制，实现农业生产的区域化布局、专业化生产、企业化管理和专业社会化服务。到2010年全县农村专业合作经济组织发展到50个以上，加入农户1万户以上。

要促进农村富余劳动力的有序转移。扩大劳务输出规模，提高素质，培育市场，强化服务，走出一条政府引导，市场配置，专业化培训，企业化动作，一体化服务的劳务输出新路子。要建立资金投入的保证机制和实施项目带动战略，加大财政、金融对重点产业、重点项目的扶持力度。要勤跑项目、善跑项目，积极争取更多的资金投入我县农业，夯实农业发展基础，增强农业发展后劲。

（15）加大扶贫力度，加快奔向小康步伐。以产业开发为主要手段，以贫困村为主要战场，以贫困户为重点扶贫对象，以增加农民收入为主要目的，采取“整村推进”的战略，整合资金，集中力量，分期分批实施全县95个贫困村、每年解决5000人共计2.5万贫困人口的温饱问题。继续实施异地安置工程和农民下山进城入谷工程，加大劳务输出力度，提高农民工资性收入占纯收入的比重。继续加强贫困人口的素质教育和职业技术以及农业科技培训，力争全县农村劳动力职业技术和农业技术培训全覆盖，努力提高贫困人口自我发展能力。要引导和动员全社会力量参与扶贫开发，形成扶贫攻坚的强大合力。

六、加快城镇建设，提高城镇化水平

（16）加快推进城镇化进程。以工业化促进城镇化，以城镇化拉动第三产业发展。要牢固树立经营城市的理念，围绕突出特色、扩大规模、增强功能的要求，以平马镇为中心，以祥周镇、林逢镇、思林镇为重点，积极引导，有序推进，全面带动南北两翼山区的城镇规划，建立布局合理、功能完善、结构协调的城镇体系。坚持实施“下山进城入谷”“乡镇撤并”“归村并屯”战略，促进城镇资源共享和人口的合理分布、流动，实现城乡的协调发展。建立健全与城镇化健康发展相适应的财税、征地、行政管理、公共服务、社会保障等制度，完善户籍和流动人口管理办法，引导产业和人口向城镇聚集，力争至2010年，全县城镇化水平达到39%，城镇人口达到16.3万人，县城人口达到12万人。完成10个乡镇城镇总体规划及编制，实现城镇总体规划编制率达100%。

（17）着力推进中心城区建设。按照全县政治、经济、文化和桂西南物流中心及百色农副产品加工基地、广西能源基地的定位，县城作为中心城区，城区规划采用“二轴、三心、五片”的功能结构形式（“两轴”即以东宁路为城市发展主轴，以广场路、行政大道为城市发展次轴；“三个中心”即综合中心、行政中心及文体中心；“五片区”即把中心城区划分为中部片区、东部片区、西部片区、南部片区和北部片区）。要加强完善县城各项基础设施，提高县城城市形象水平。一是加强县城道路建设，重点改造，完善、优化县城路网结构，修建江滨路等，提高县城路网密度与质量。二是加强县城“绿线”规划与建设。增强县城的绿色效应，逐步达到国家园林城市的要求。三是尽力挖掘县城资源，实行新区建设与旧区改造并举，保证县城合理布局，协调发展。同时加大公用设施的建设，稳步改善县城服务功能，积极推进城镇干道网络工程、城镇供水工程、污水垃圾处理工程及城镇公路交通工程的建设，不断满足城市居民生活和经济发展的需要。

（18）创建舒适的人居环境。围绕建设生态园林县城和实现天人合一、人与自然和谐共处的目标，大力推进生态环境建设，实施森林公园建设工程、小型生态公益林工程、右江河堤美化绿化工程，重点发展城镇林业，建设城镇森特色、文化底蕴深厚的森林旅游休闲体系，使森林生态服务功能得到显著提高，城镇绿化覆盖率达40%以上，村庄绿化覆盖率达35%以上，人居环境得到全面有效改善。

七、加快发展旅游和商贸物流业，推动第三产业发展升级

（19）提升旅游产业发展水平。按照建成生态文化休闲旅游胜地和百色旅游图“后花园”的定位，以右江苏维埃政府旧址等一系列景区景点的红色旅游为龙头，以檀河古人类遗址、横山寨遗址、布兵古墓群和姆娘洞、嘹歌、十里莲塘、莲花山、龙须河公园、棋盘滩、广养岩为主体，以爱国主义教育基地、休闲度假、农业观光、地方风情、主题节庆、会议商务为主要功能，将田东建成风格多样、特色突出、设施齐全、体系完善的高品位的旅游经济区，成为桂西旅游的新亮点。到2010年，全县接待区内外游客达50万人次以上。

（20）加快发展商贸物流业。要充分发挥田东的区位、交通优势，打造桂西南商贸物流中心，构筑南贵昆经济走廊和东盟自由贸易区的物流通道，以南昆高速公路和南（宁）百（色）二级公路沿线为重点，建设平马、祥周、思林三大物流中心；以南北山区“一小时经济圈”为主，发挥南通天等、北连巴马的区位优势，建设义圩、那拔、朔良、作登、印茶、江城6个物流站点。同时要完善各种配套设施，构建全县消费品信息平台，工业物资流通信息平台和农业生产资料和农副产品流通信息平台。完善消费品配送体系、工业物资流通体系和农业生产资料和农副产品流通体系，增建铝型材专业市场、车辆配件专业市场和畜牧交易专业市场。

（21）积极发展房地产、金融、信息等现代服务业。要建立房地产开发良性竞争机制，推动房地产业朝快速健康轨道发展，重点抓好“百通世界”和“田东商都”两个重大项目的建设。到2010年把全县城镇人均住房面积提高到25平方米，并在小区物业管理上实现零的突破。要深化农村信用社改革，构建功能完善、分工合理、产权明晰、监管有力的农村信用社体系。进一步加大与金融机构，建立健全互动、协调机制的力度，协调引导金融机构把信贷投向优势产业和主导产业，为“三农”和再就业人员争取到充足的小额信贷，力争到2010年驻县金融机构贷款发放总额达18亿元。全力推进信息网络基础设施建设，构建信息传递畅通社会，力争到2010年，全县电话普及率由现在的40%提高到75%以上；完成所有自然村的“村村通”广播电视工程，2008年实现数字化电视；完成全县650个广播电视盲点村屯的信号开通，逐步建立现代化的信息服务体系。

（22）建设现代交通设施网络。加强交通基础设施建设，重点推进乡乡镇通二级路、村村通油路工程、县与县之间9条公路建设、城北汽车站建设工程和鱼梁航运枢纽工程、百色港日东作业区工程的建设。至2010年，田东县公路网络总里程达1136千米，把全县公路建成技术等级高、多功能的网络，使之与国省二级公路、高速公路、水路、铁路连成一个比较完整的交通运输体系。

八、深化体制改革，扩大对外开放

（23）深化经济社会体制改革。要继续深化企业改革，鼓励外资和民间资本参与国有企业改制。加快盘活国有土地和国有企业厂房、场地、设备等现有资产，支持配合垄断行业改革，深化公益事业改革。积极推进以产权为核心的农村土地管理制度、土地征用制度、农村税费体制、粮食流通体制等各项改革。稳定并完善以家庭承包经营为基础，统分结合的双层经营体制。鼓励农民依法流转土地承包经营权，发展多种形式的适度规模经营。推进投资、价格体制改革，进一步落实企业投资自主权。规范政府投资行为，建立市场引导投资、企业自主决策，银行独立审贷、融资方式多样的新型投资体系。进一步缩小政府指价和政府定价范围，扩大市场调节价格的份额，扩大经营者定价自主权。深化城镇住房制度改革，实行住房分配货币化，全面建立住房公积金制度，建立城镇中低收入居民住房保障制度和适用廉价住房供应体系。继续深化行政管理，加强政府自身建设，积极探索和推进具有地方特点的体制机制创新。

（24）强化招商引资工作。要坚持把招商引资作为全县实施开放带动战略的重点工作，吸引国内外企业，把资金、技术、人才和先进管理方式投向田东优势资源、产业开发和基础设施建设。把改善投资环境作为招商引资的前提，建立健全政策透明、制度公开、审批简便、办事高效、服务配套、法律监督机制完善的投资环境和经营环境。继续实行招商引资责任制，创新招商手段，调动各方面招商引资的积极性，提高招商引资的质量。“十一五”期间，全县利用外资占固定资产投资和国内生产总值的比重要在全市保持领先位置。

（25）加强对外交流合作。依托我县大西南通道的区位优势，主动融入中国—东盟自由贸易区、泛珠三角区域经济合作区，积极参与中越“两廊一圈”经贸合作，充分利用国内国外两个市场两种资源，拓展发展空间。加大与沿海地区经济技术合作的力度，主动接受粤港澳地区的经济辐射和产业转移，鼓励和支持县外各种类型企业以投资办厂、参股控股、收购兼并、技术转让等多种方式到我县投资合作。在加强与先进地区全面经济合作中，要重点推进农业开发合作，工业、能源产业开发合作，矿产业开发合作，旅游业开发合作和劳务输出交流与合作等五大产业。

九、坚持以人为本，全面建设和谐田东

（26）切实改善群众生活。要以扩大就业、完善社会保障体系为着力点，妥善处理不同利益群体的关系，认真解决人民群众最关心，最直接、最现实的利益问题。继续实行积极就业政策，全面落实再就业优惠政策，推动形成以市场为导向的就业机制，千方百计扩大就业和再就业。加快建设劳动力市场和市场信息网络，把工业、旅游业、饮食客房服务业、社区服务业等第三产业作为开发就业岗位的主攻方向，促进多种形式就业服务体系。加强劳动预备制培训、职业技能培训和再就业培训，要继续加强农民“下山进城入谷”工作力度，促进城乡就业协调发展。引导社会转变就业观念，推行灵活多样的就业形式，鼓励自谋职业和自主创业。继续巩固“两个确保”，加快完善社会保障体系。完善城镇职工基本养老和失业、医疗、工伤、生育保险制度，认真解决进城务工人员社会保障问题。改革和完善机关事业单位养老保险制度，积极探索农村老年人口的保障办法。努力解决城镇低收入群体和进城务工人员的医疗、子女就学等困难问题，逐步实现社会保障管理服务社会化。重视保障妇女儿童权益，全面实施妇女儿童两个规划的目标。加强社会福利事业建设，完善优抚保障机制和社会救助体系，继续抓好老年人活动中心、敬老院、五保村、残疾人服务设施等社会福利设施建设。

（27）努力提高人民群众健康水平。要完善公共卫生和医疗服务体系建设，构建完善县级疾病预防控制网络，努力控制重大传染病发生和流行。加强妇幼卫生保健，积极发展社会卫生服务。重视发展基层卫生事业，增加政府对卫生事业的投入，稳步推行新型农村合作医疗制度，合理配置和整合医疗卫生资源，逐步解决群众看病难、看病贵问题。进一步规范医药卫生市场秩序，加强食品、药品和其他健康相关产品的监督管理。继续做好农村改水改厕工作以及城镇公共卫生设施建设，努力改善城乡环境卫生条件。到2010年，乡、村级医疗设施达到国家建设标准，地方病和严重传染病得到有效控制，城镇社区医疗保健率达85%；新型农村合作医疗农民参合率达90%以上，实现人人享有初级卫生保健目标。

（28）坚持计划生育基本国策。继续稳定低生育水平，控制人口数量，缓解人口对资源环境的压力。进一步加强基层计划生育服务设施建设，逐步完善计生服务体系，加强县级技术服务站和乡镇服务所达标建设。继续开展“关爱女孩”行动，抓好出生人口性别比综合治理。以建立健全流动人口计划生育管理新机制为切入点，不断创新和完善管理工作机制。加强对人口与计划生育工作的领导，严格实行人口和计划生育目标管理责任制。

（29）大力发展循环经济。以构建资源节约型和环境友好型经济为目标，按照“减量化，再使用、再循环”的原则，提高石化、煤矿、铝生产加工、制糖、建材等重点产业再生资源的回收和综合利用率。一是大力推行清洁生产，从源头上削减污染，提高资源利用效益。二是突出加强节能节水，全面推广节能、节水产品，采取循环用水，污水再生利用等措施，限制高耗能、高耗水行业的发展。三是调整能源结构、减少煤炭在能源结构中的比例，大力发展水电，积极开发可再生资源。四是加强资源综合利用。充分利用电厂热能，实现热电联产。加强对冶金、石化、建材等废弃物产生量大的重点行业的监管，提高废渣、废水、废气的综合利用率。鼓励科学的生产和消费方式，强化节约意识，形成健康文明、节约的消费模式。

（30）强化环境保护和生态建设。坚持预防为主，综合治理，强化从源头防治污染和保护生态。认真治理工业老污染源，依法关闭污染严重的企业。严格把好新建项目环境影响评价关，建立健全污染监测监控体系。加强饮用水资源保护，确保人民饮用水安全。“十一五”期间，将重点推进金荣纸业、石化总厂、东泥公司、田东电厂的废水、废气治理工程，建成田东县污水处理厂、生活垃圾处理场和县城防洪防涝、集污管网工程。围绕“六大工程”加强生态建设，实施退耕还林工程、速生丰产林基地建设工程、生态公益林保护工程、珠江流域防护林体系工程，石漠化治理工程、农村生态能源、珍稀动植物的保护和利用工程，提高森林覆盖率。加强矿山地质环境保护与治理，促进矿产资源开发利用和生态环境保护相协调。加强农村能源建设，发展沼气、太阳能等新型清洁能源。严格执行土地用途管理制度，加强土地特别是基本农田保护，完善土地储备制度。规范土地和矿产资源开发秩序，健全资源有偿使用制度，规范土地和矿产资源开发秩序，促进国土资源合理开发和使用。

（31）加快文化先进县建设步伐。继承和发扬田东特色的壮家文化，牢牢把提先进文化的前进方向，以创全区文化先进县为目标，坚持“双百”方针和“二为”方向。“十一五”期间，重点视划建设“田东县文化体村”工程、村级文化体育基础设施建设“四个一”工程；建成田东县少儿活动中心；全力打造历史文化、古人类文化、红色文化、民歌文化品牌，办好民族艺术团和嘹歌艺术团；创建“田东嘹歌文化”互联网站。健全和巩固县、乡镇、村三级文化网络，扩大对外文化交流，增强文化保护意识，做好文物资源开发、发掘和保护工作，做好文物资源和旅游事业结合的文章。继续实施“村村通”广播电视工程，丰富广大人民群众精神文化生活。加强公共体育设施建设，开展全民健身运动，加强体育人才培养。

（32）加强思想道德建设。要牢牢把握正确的舆论导向，坚持团结、稳定、鼓劲、正面宣传为主的方针，大力宣传改革开放和现代化建设的新成就，营造积极向上的社会氛围。加强理想信念教育，大力弘扬百色精神，激发干部群众昂扬向上的工作热情，增强全县各族人民的凝聚力。认真贯彻落实公民道德建设实施纲要，加强社会公德、职业道德、家庭美德和个人品德教育，营造一个文明、守信、诚信的社会环境。搞好思想政治工作，重点加强和改进未成年人思想道德教育工作，建立健全未成年人思想道德教育体系。进一步广泛开展精神文明区域性创建活动，整体推进全县精神文明建设。

（33）全力维护社会稳定，建设平安田东。加强社会治安综合治理，继续推进社会治安防控体系建设。深入开展平安创建活动，依法严厉打击危害国家安全和危害社会治安刑事犯罪活动。正确处理人民内部矛盾，重视信访工作，积极预防和妥善处置群体性事件，消除各种不安定因素和安全隐患。坚持政治建警、素质和科技强警、从严治警、从优待警，加强政法队伍建设，建设一支政治坚定、业务精通、作风优良、执法公正的政法队伍。坚持安全第一、预防为主、综合治理，建立严格的安全生产责任制和监管体制，完善安全生产设施。加快规范事故应急救援和调查处理以及小企业安全生产监管等方面的配套规章建设，健全公共突发事件应急体系。加强安全文化宣传教育，依法加强安全生产的行政执法工作。

（34）稳步推进社会主义民主政治与法制建设。要进一步坚持和完善人民代表大会制度、共产党领导多党合作和政治协商制度，重视各民主党派和无党派人士的合作，巩固和壮大最广泛的爱国主义统一战线。进一步完善科学民主决策机制，建立健全重大决策的规则和程序，提高重大政务活动的透明度和人民群众对政务活动的参与度，畅通人民群众反映问题、提出意见的渠道。坚持依法治县，严格执法责任制和行业不正之风，解决群众反映的突出问题。推进司法改革，强化司法监督，确保司法公正，广泛开展法制宣传教育，继续做好普法工作。加强政府法制工作，强化法律援助。健全依法行使权力的制约机制，把勤政、廉政建设纳入法制化轨道。深入开展反腐败斗争，加大查办违纪违法案件力度。加强基层民主政治建设，依法推行村民直选、村务公开、政务公开、民主评议。加强社区民主建设，坚持和完善以职工代表大会为基本形式的企业民主管理制度，进一步发挥工会、共青团、妇联等人民团体的桥梁纽带作用。加强工会组织领导下职工维权机制建设。深入开展国防教育，加强民兵预备役和国防动员体系建设，广泛开展双拥工作，巩固军政军民团结的大好面。

十、坚持科教兴东战略，为加强发展提供科技和人才支撑

（35）加强科技创新与先进科技的推广运用。要以企业为主体，加大科技创新力度，加快科技成果转化推广。引导大中型企业建立技术开发机构和增加研发投入，搞好传统技术、工艺升级改造。进一步完善农业信息中心，加强农技“110”建设。建立中国—东盟农业科技合作交流平台，促进国内外先进技术和科研成果的引进、消化、吸收、推广、应用。加大科技投入，加强科技服务体系建设。深化科技体制改革，大力发展民营科技型企业。加快实施农家课堂和乡土人才培训工程，促进产、学、研结合。增强科技研究、开发力量，争取在重点企业产业技术改造、新产品开发、节能降耗、中草药研制、农产品标准化生产等领域研究取得新突破。

（36）大力发展教育事业。要把教育摆在优先发展的战略地位，普及和巩固农村义务教育，加快发展高中阶段教育和职业技术教育。实施“农村寄宿学校工程”“中小危房改造工程”和“农村现代远程教育项目”，完善农村义务教育管理体制和投入保障机制，提高“两基”水平和质量。完善多元办学体系，鼓励和支持民办教育。加强以农村教师为重点的师资培训，增强师资力量。

（37）积极推进人才强县战备。要以人才小高地建设为重点，加强党政人才、企业管理人才、专业技术人才、高技能人才，农村人才、非公有制经济组织人才队伍建设，满足经济社会发展对人才的需求。大力引进中高级人才，积极培养实用技术人才，加大各类人才培训力度。扎实做好以石化工业基地、电力基地和现代农业园区、旅游业、现代物流等重点产业为载体的人才小高地建设。每年从党政机关、企事业单位选送年轻干部到高等院校学习，培养一批适应工业化、城镇化、农业产业化需要的高技能人才。加快人才结构调整，促进人才合理流动。深化干部人事制度改革，建立民主开放的人才选拔机制，完善人才奖励体系。

十一、全面推进党的建设，为实现“十一五”规划目标提供坚强的组织领导

（38）切实加强党的执政能力建设。要坚持把马列主义、毛泽东思想、邓小平理论和“三个代表”重要思想作为全县各级党组织开展思想政治建设的首要内容。坚持以发展为第一要务，加强党的执政能力建设，不断提高党领导经济社会发展和驾驭全局的能力。各级党委政府要全面分析和正确判断田东经济发展面临的形势，善于抓住机遇，谋划经济社会发展大局。加强和改进对经济社会重大事务的综合协调，提出推进经济社会加快发展的新思路、新举措，在实施“十一五”规划和富民兴东新跨越中发挥坚强的领导核心作用。

（39）切实加强党的作风建设。要大力弘扬实事求是的思想路线，大兴求真务实和调查研究的工作作风，坚决反对一切形式主义和官僚主义。要始终保持党同人民群众的血肉联系，坚持“两个务必”，坚持立党为公、执政为民，形成讲实话、办实事、求实效的良好风气，以扎实的作风确保“十一五”规划各项措施的落实和各项任务目标的实现。

（40）切实加强党的组织建设。要巩固和深化开展保持共产党员先进性教育的成果，进一步加强先进性教育，进一步提高各级党组织的凝聚力、战斗力和创造力，进一步发挥各级党组织的战斗堡垒作用。

（41）切实发挥共产党员的先锋模范作用。全体共产党员要坚定理想信念，坚持党的根本宗旨，兢兢业业地工作，坚定不移地为建设中国特色社会主义事业而奋斗，在全面建设小康社会进程中发挥先锋模范作用。各级领导干部要忠实执行党的群众路线，坚持权为民所用、情为民所系、利为民所谋，坚持清正廉洁，自觉反腐倡廉、拒腐防变，永葆共产党人的政治本色。

中共田东县委员会

2005年4月18日

附录三：田东县的民间传说

百色盆地传说

韦文孟

百色盆地西起百色城，东至田东县思林镇东隆村，长100多公里；宽近的5公里，远的15公里。它土肥水美，物产富庶，人杰地灵，区位显要，宛若一个璀璨夺目的聚宝盆镶嵌在祖国的大西南。关于它的形成，有一个神奇动人的传说。

很久以前，有一个人叫岑珍（壮语叫什生，传说是田东县十里莲塘附近的人），见到桂西常年遭受水灾或旱灾，生灵涂炭，民不聊生。他决心把右江拦截起来，造一个内陆海。而要造海，必须把右江岸边的层峦叠嶂的群山先搬走，腾出空间来，然后再把右江拦腰截断进行蓄水。

可怎样搬走那么多山？他冥思苦想，就是想不出个法子来。

这天，他来到城外的一个山洞游玩，以排遣心中的郁闷和烦躁。洞中，他遇见一位鹤发童颜、拄着拐杖的老人。老人问他为何忧心忡忡，面容憔悴。他见老人慈眉善目，一片诚意，就打开心扉，和盘托出。

老人对他耳语一番，随后隐去。他如获至宝，欣喜若狂，弄得侍从莫名其妙。

翌日拂晓，他如约来到洞中。老人给他戴上一顶状如龙头的帽子，还送给他一根鞭子。他立即飞身上马，来到右江岸边。按老人给他的锦囊妙计，他扬鞭策山，此时群山纷纷向前移动，像赶着牛群似地前行。

他大喜过望，乐而不疲。一天下来，竟然能把许多大山赶离右江河岸，腾出一片十分宽阔的平地来。他暗自感叹：要是没有这种神奇的力量，千万民众用上百年也搬不走那么多山！

晚上回到家，他疲惫不堪，吃饭狼吞虎咽。一贯十分疼爱他的继母觉得蹊跷，就问他原因。他原本不想把赶山的事告诉她，后轻不住她的死磨硬泡，也就一五一十说出。

见继母十分赞成和支持，他就要求继母每天给他送饭，继母满口答应。他再三叮嘱继母，送饭时一定要记得带上家里那条系着铜铃的黄犬。他之所以要求继母这样做，因为老人告诫他，赶山时，千万不能被旁人见到，否则后果不堪设想；而继母送饭时，如果带上黄犬，他远远就能听到铃声，就能及时脱帽停止赶山，就不会发生什么事了。

光阴似箭，过了不久，他把不计其数的群山赶离了右江两岸，赶成了现今的百色盆地。经过千挑万选，他还把两座雄伟的石山赶到思林镇东隆村百合屯的右江两岸边，准备在那里合找起来，截断右江（如今，那河段的江面是右江下游最狭窄的，而两岸则是陡峭的石壁）。他打算再赶走一些小山就可截水了。可偏偏大功告成之际，意外的事发生了。

却说继母天天为儿子送饭，却看不到赶山时的情景，她的好奇心与日俱增，决定一睹为快。这天，送饭时，继母把黄犬身上系着的铜铃摘下来，悄悄靠近他赶山的地方，但见群山井然有序移动，非常壮观，不禁失声叫绝。

当他听到叫声，霎时惊恐万分，急忙脱下龙帽，但怎么用力也脱不掉。不但如此，而且龙帽还慢慢收缩起来。他头痛得要爆炸，在地上直打滚。

继母看见后被吓得魂飞魄散，惊慌失措。等到回过神来，她发现儿子已奄奄一息。她悲痛欲绝，哭成了泪人。

突然，他低声地问继母："妈，给依（壮语自称）要走了，以后还会起死回生变成王吗?"继母答道："哎，人死了，哪还有活回来的?"他说："妈，郎洛（壮语的意思为箭竹）死了三年后拿去烧，竹杆还会有水冒出，给依死了万……万年还会变成王!"由于声音低弱、断续，继母听不清儿子说的是万年或万万年了。言下之意是坚信自己死了万年或万万年之后，还会活过来，成为英雄一个，完成把右江拦截成海的大业。

由于继母的"不听话"，导致赶山不能完美收局，只留下今天的百色盆地。

十里莲塘传说

凌爱奖

十里莲塘是田东一个旅游胜地，有一个美丽的传说。

很久很久以前，传说十里莲塘是这样形成的。那个时候，横山岭的卧龙山下有一大片竹林，竹林靠右江河畔这一头有个小村庄（现与横山古寨相连），村中有个黄员外，家财万贯，好施乐善，方圆十里的人无不竖起大拇指把他夸。夫妻俩恩恩爱爱，但妻子过门八年了却没能给他添上一男半女。为此员外整天茶饭不思，长吁短叹。

有一年寒风腊月，有个老态龙钟的风水先生来村中转悠，不幸得了重病，奄奄一息。好心的黄员外收留并细心照管了他。老人在弥留之际，说："村北横山岭上那座像卧龙的山，一千年前睡着一条龙。你把我的遗体安葬在山的最高点，那是龙头所在，不久睡龙将被惊醒。你大慈大悲，我会在暗中助你黄家一臂之力。"说罢，老人安详地合上眼驾鹤仙去了。员外遵照老人遗言处理后事。

不久妻子怀孕了，员外眉开眼笑。然而十月怀胎过去了，孩子竟没有要生下的迹象，只在娘胎里拳打脚踢。一家人就在煎熬中苦苦等待了三年。

三年后的一天夜里，下起了倾盆大雨。肚里的孩子突然叫道："娘，孩儿出去也!"便从娘的腋窝处撕开一条裂缝钻出来了，然而他娘却含笑九泉了。

这孩子脚刚碰地便能跑了。他眉清目秀，气宇轩昂，像神话传说中的哪吒，生龙活虎。人们都啧啧称奇，员外更是欢喜得不得了，便给他取名黄三生，意思是三年才生下他。

过了不久，员外续了弦。后娘把黄三生看成眼中钉、肉中刺，常常从中作梗，坏了他的好事。

一晃几年过去了，黄三生已经到上学读书的年龄了，员外要送他去离家较远的学堂读书。

上学前的那天夜里，黄三生梦见一位慈眉善目的老者。他左手执着一把绿叶似的扇子，右手提着一双晶莹剔透的水晶鞋，笑吟吟道："孩子，恭喜你明天上学了，我送你两件东西。只要你穿上水晶鞋，用扇子一扇，便可来回。扇子每天只能用两次，超过就不灵了，而且会给你带来麻烦。切记!切记!"黄三生喜出望外，双手接过了宝贝。老者忽然化作一道光远去了。有了这两件宝贝，黄三生上学可方便了。他风里来，雨里去，上学从未迟到过。

一次，黄三生在学堂玩过了头，回家时没把宝贝收藏好，就和衣躺下睡着了。后娘来到黄三生的房间，看到黄三生的脚上发出亮晶晶的幽光，定睛一看，原来是双水晶鞋。于是，她悄悄地把水晶鞋脱下，藏起来。幸亏她没发现黄三生手中的绿扇子。

第二天，东方泛出了鱼肚白，黄三生睁开惺忪的睡眼，立即寻找水晶鞋。他把整个家都翻遍了，硬是没有找到。这时，太阳已经升起来，要迟到了。他急中生智，用手中的绿扇子，对准太阳猛地一扇，太阳落下去，他继续寻找鞋子。可是不多久，太阳又出来了，又被他扇落了。但是到了第三次，任凭他怎么使劲扇，却不奏效了，急得额头直冒冷汗。

当他心急如焚地赶到学堂时，太阳已经升得老高了，他迟到了。先生得知是他扇落了太阳，非常恼怒，拿出戒尺就要打他的手心。黄三生一急，便躲到学堂中间那根大柱子的缝隙里了。先生暴跳如雷，叫人拿出大锯子比量一番后，对准脖子所在部位猛锯下去。黄三生猛往下一缩身，只听咔嚓一声响，柱子断了。黄三生从柱子下一截跃出，迅速逃离，逃过一劫。

打那以后，黄三生再也不敢上学堂了，自己在家苦读经书。烦闷时，他就带着弹弓到卧龙山山脚自家竹林转悠，打打鸟儿，日子过得逍遥自在。

一天夜里，黄三生正在伏案读书，不觉打了个盹儿。恍惚间，上次的老者又来告知他："卧龙山下的那片竹林，如果有人问价，你要咬定一百个铜钱一根，一个也不能少，切记！切记！"说完老者化作一阵风呼啸而去。

过了七七四十九天，有位皇帝带着一大队人马浩浩荡荡地路过黄家竹林，只听得"咔嚓"一声响，抬轿的竹杠断了。皇帝忙派公差打听竹林的主人，想买根竹杠替换。当公差到黄家问价时，黄三生一口咬定一百铜钱一根。公差却讨价还价道："我口袋里只有九十个铜板了，卖不卖？"后娘连忙接过话茬："九十九就九十九吧！"公差道："好，就这个价。"黄三生虽一百个不情愿，但他拗不过后娘呀，只好收了公差的九十九个铜板。

当公差叫人拿起斧头砍断其中的一棵大竹子时，切口竟溢出了淋淋的鲜血。公差好生奇怪，接二连三地猛砍几棵竹子，结果都是如此。公差大惊失色，连忙把事情禀报皇帝。皇帝隐隐约约地觉察出这片竹林有不祥之兆，逐命人把砍下的竹子破开。啊，没想到竟出现了奇迹，每个竹节都有个士兵拿着个兵器在里头，有的拿刀，有的举锤，有的握矛，有的拖戟，五花八门，无奇不有。只是每个士兵都像个婴儿似的软弱无力，无法举起兵器了。皇帝意识到这竹林有可能威胁到他的皇位，于是龙颜大怒，就命人把这片竹林全烧毁了。

当黄三生正为竹林之事无限懊丧时，老者给他托了个梦："明年春季来临，烧过的竹林将有株特大的竹笋破土而出。趁它还嫩着，你就在远处设法把它射破。碎片溅浇的周边，将会变成皇宫重地，这里的一切将由你主宰。但是硕笋老了，也不容易把它射破，还有你千万不可靠近它，否则，它会受惊缩回去。切记！切记！"黄三生把老者的话铭记在心。

那一年，春天迈着轻盈的脚步来了。黄三生却因病缠身无法出门，委托后娘替他到竹林瞧一瞧，如发现硕笋出土定要告知他。后娘表面上满口答应，暗地里却到别处去闲逛了，回来还假惺惺地告诉黄三生没发现任何动静。

大病初愈的黄三生又带着弹弓来到烧过的竹林边上，只见遍地已经冒出大大小小的竹笋，大多都超过了大人膝盖。其间有一株竹笋大得惊人，黄三生心里不由得一阵发怵。他战战兢兢地举起了弹弓，目不转睛地瞄准那竹笋。也许是心里太紧张吧，他觉得眼前晃着无数株这样的大笋，它们似乎抖动着向天上冲去。他不知要瞄准哪株才好。他犹豫了片刻，使劲眨了几眼，才左手握紧弹柄，右手猛地一拉夹着弹丸的皮筋。"嗖"的一声，弹丸飞出去了，只听得"嚓"的一声响，弹丸从大笋边擦皮而过。那硕笋猛地向下一缩，立刻消失得无影无踪了。黄三生惊出一身冷汗，知道自己又失去了一次做皇帝的大好良机。这次失手，对他打击很大。他拖着沉重的步子垂头丧气地回到家。后娘见他这般，心中暗自高兴。

时光飞逝，又几年过去了，黄三生已经长成风度翩翩的青年男子。

一个夏夜，黄三生在家门前那棵枝繁叶茂的大树底下纳凉，不知不觉睡着了，迷糊间，又见老者飘然而至。老人郑重地对他说："当你听到横山岭上卧龙山那边有敲锣打鼓声，那沉睡千年的巨龙睡醒了。你要趁龙身还没有完全现出山头，跃上龙身，抓住龙头，驾驭着龙到处驰骋。龙跑过的地方，将是一片汪洋大海。洪水退后，这片地盘便是你的江山。不过，会有无数无辜百姓葬身于这大海之中。"老者说到这里，见黄三生面有难色，沉默不语，又补充道："这件事千万不可对别人说，否则不但会坏你的大事，而且你将性命难保。切记，切记！"说罢，老人飘然而去。

盛夏的一天清晨，乌云滚滚，电闪雷鸣，卧龙山那边隐隐约约地传来锣鼓声，黄三生如梦惊醒，一骨碌翻身下床，箭一般直奔卧龙山。等他气喘吁吁地赶到那里时，龙头正现出山头，它伸着懒腰，打了个长长的呵欠。真是天赐良机，黄三生准备跃上龙身时，看到山下成千上万的人在山脚下兴奋地狂欢，想到他们即将遭受厄运，他实在于心不忍。他迟疑片刻，想着，我不能只要自己的江山而不顾老百姓的死活啊！宁可坏了自己的大事，也要拯救他们。于是，他马上扯着嗓门朝山下大喊："乡亲们，要发大水了，赶快到山上来！"那声音惊天动地，人们如同潮水涌上岸滩一般，争先恐后奔向卧龙山。等到所有的人都涌上山头，龙身已经完全露出山头，龙打了一个大大的喷嚏。刹那间，一道闪电划破天空，接着一声炸雷，老天下起了特大暴雨，只见那龙口中喷水，摇头晃脑，张牙舞爪，蜿蜒盘旋，鳞光闪闪，所有的人都看呆了。说时迟，那时快，黄三生腾空一跃，跃上了龙身。没想到龙把身子向前一缩，他只跨上了龙尾。他死死抱住龙尾，龙惊得上下翻腾，最后来个大摆尾，把黄三生给甩了下来。龙得意地扭动着身子，在山前摇头摆尾地盘旋吐水一番后，突然倏地向右江河方向窜去，在它身后留下一条长达十里、宽一米的大水塘。

可怜的黄三生头颅已断。他用颤巍的手把头颅托起，回去见父亲。员外见了，抱着儿子放声痛哭。这时，头颅竟说起话来："爸爸，枯木逢春能长新叶，头颅断了人还能活吗?"员外正惊异间，不知如何回答是好。倒是在一旁幸灾乐祸的后娘冷笑道："头颅断了，人就不能活。"后娘话音刚落，那头颅便从手中滑落，黄三生身子前后晃动了几下便倒地身亡。

人们为了世世代代缅怀这位舍己为人的英雄——黄三生，把他安葬在卧龙山，坟墓面向龙留下的大水塘。

谁知大水塘在一夜之间出现了奇迹——满塘盛开着各色鲜艳的莲花。于是，人们便称这大水塘为"十里莲塘"。每年夏天，满池的荷花开了，荷香阵阵，碧海连天，沁人心脾，远近游客纷至沓来，无不称奇。

棋盘滩的传说

孙朝广

棋盘滩位于田东县北部那拔镇莲花山脚下，如果亲临此地，看到眼前这个酷似棋盘的惊世之作，看到眼前这罕见的奇观，会惊讶得目瞪口呆，大自然的鬼斧神工雕琢得如此巧夺天工，不得不令人折服。加上那古老而动人的传说，更令人沉浸在一种神秘而又领略到仙境灵气的遐想中。

棋盘滩由块块浮出水面的、大小有一平方米左右的石块组成，每一石块的四周都是由深、宽都在30厘米上下，纵横交错，互相贯通的水沟围绕，而且常年流水潺潺，恰如"人在石上走，水从足边流”，人在石板上可以任意走动，水不湿脚，常年如此。

听当地老人说，这个棋盘有一个古老而动听的传说。

相传开天辟地之初，天宫封神仙缺位，佛祖受玉皇大帝御旨到人间选仙。经过多年筛选，终于有八位凡人先后修得正果，列入神仙行列，这八人就是张果老、吕洞宾、铁拐李、汉钟离、韩湘子、蓝采和、曹国舅和何仙姑。他们应玉皇大帝的邀请，第一次参加王母娘娘的生日晚宴。时值酷暑七月天，晴空万里，烈日似火。八位仙人腾云驾雾，路经此地时，见到一股清凉爽气环绕山坳，久而不散。刚脱掉凡胎不久的曹国舅好奇地拨开脚下的云层，低头一看，哗！好一派人间稀景。一块宽阔，平平整整的石板坐落群峰脚下，石上泉水轻轻而涌，一条小河沿着山脚缓流平波，它四面依山，可谓山水兼得，气势并存。平石落差的地方有潺潺流水，山岗上青青树林，群鸟枝头啼。河水绿如蓝，鱼儿浅水底。微风扑面送爽，让人倍感凉快。八位仙人对这样举世罕见的景色一致赞不绝口。爱好棋艺的汉钟离提议：时间还有，这样迷人的景色恐怕哪儿也见不到，不妨下去乘凉观赏片刻，顺便下一盘棋。汉钟离的提议得到大家的赞同，众仙踏云而降。铁拐李用手中的拐棍画在大石板上，指地成坛，汉钟离摘果为棋，众仙盘膝而坐，兴致勃勃地切磋棋艺。虽然山坳凉爽宜人，但天生丽质、肤白皮嫩的何仙姑在烈日下还是觉得肤表烫热，善解人意的韩湘子怜香惜玉，赶忙折下一枝树叶插在何仙姑身旁让她遮阴。时间过得飞快，远处天空传来迎宾鼓乐声，八仙恍然大醒：啊，时间到了，这盘没下完的棋留待返程再分晓吧，别错过良辰吉时，快快上天。八仙腾空而起，踏云远去。

常言道：玉宫待一天，地下过万年。片刻间，韩湘子为何仙姑折的树枝长成了一棵高大挺拔的大树，地上的棋坛变成了纵横交错的小水沟，果模子也变成了一块块坚硬的石板块。从远高处看气势雄伟，加上围绕在巨大棋坛旁的几座大山，仿佛是八仙人的替身，依然聚精会神地走卒跳马，行炮飞车对弈，因此得名“棋盘滩”。

山不在于高，有仙即灵。这地方虽没有高入云霄的山峰，也算不上深山老林，但它也很独特，冬暖夏凉，山清水秀，鸟语花香。放眼望去，满目青翠，身临此处，如临仙境，也许这是仙人遗下灵气的缘故。

站在远处看去，整个棋盘滩颇为壮观，棋盘边一棵高大挺拔的湘子树（当地人惯称）宽大的枝叶在微风的摇动下飒飒作响，仿佛在呼唤久别的朋友，更是在向行人倾诉这段古老而美丽的传说。

金锣舞的传说

潘仕师

很久以前，在桂西大石山的一个瑶寨里，住着一位瑶女“维六曾独怀”。她美貌端庄，心地善良，手脚勤快，独自一人住在一座小竹楼里。竹楼周围种满了各种瓜果，维六曾独怀生活像神仙一样自由自在。

后来有一天，维六曾独怀捉住两只小蝗蜂，将它们关起养在自己精心编织的两个竹笼里，每天到果园瓜地去抓来小虫子喂养它们，像喂养自己的小孩子一样。维六曾独怀一面喂一面唠叨一些佛言咒语，求上苍使它们变成自己的儿子，并保佑它们长命百岁。由于精心喂养，这两只小蝗蜂长得很快，原来的小笼子已经不适应它们了。维六曾独怀又重新编了一个大笼子，准备换笼再养。在换笼时，她仔细观察，发现这两个可爱的小蝗蜂长得几乎不像蝗蜂了，它们长得更像两个可爱的小娃娃，喜出望外，舍不得关它们了。后来，维六曾独怀就把这两只小蝗蜂当作自己的小宝贝来养，白天与它们逗乐，晚上抱着睡觉。终于有一天早晨，维六曾独怀起床后，见床上睡着两个可爱的胖娃娃，她简直不相信自己的眼睛，以为是在做梦。但是，这却是真的。她高兴地为两个小家伙热水洗澡、穿衣。之后，她左一个右一个把他们抱起来，并把大的叫作旨阳，小的称为旨维。从此，小竹楼里增添了许多乐趣。消息传开后，远近山寨的乡亲们都前来道喜。

随着时光飞逝，两个小宝贝会下地帮妈妈干活了。十二三岁后，他们就会上山打猎或采集药材，十五六岁时样样农活及手工艺都做得得心应手，两个小娃娃终于长成了年轻小伙子。

后来，老大拿起秤子到集市学做生意，学会后，就留在了平原成家立业，繁衍了后来住在平原上的那些人。

旨维跟着妈妈留在了山里。旨维每天上山干活，他的勤劳被一个雌性野人看上了，执意要跟他回家，旨维只好把她带回家。经过一段时间的接触，旨维及妈妈都觉得这个野人好，于是他们就成了亲。成亲后，两人一同上山下地，生男育女。

有一天，野媳妇独自上山后带回了七面金锣。此后，她便教寨子里的男女青年跳金锣舞，并于每年的正月初一跳舞欢庆。金锣舞从此在瑶山流传开来。

达寒江水利的传说

黄碧功

达寒江是田东县的一条河流，发源于印茶镇，流经新建村、内油村、选赞村、江山村和坛乐村，流入右江。它有一个广为流传的传说。

很久以前，思林镇有个土司，祖上传下来的旱田很多。虽然没水灌溉，但土司家依然年年金谷满仓，财宝满柜。虽然如此，但因为膝下还没有一男半女，土司郁郁寡欢。

这天，土司跟管家上山打猎解闷。刚一进山，就看见一只漂亮的梅花鹿在前面走，于是他们便追上去。谁知梅花鹿一撒腿，就把他们远远甩在后面。他们追啊追，来到一壁断崖下，突然不见梅花鹿踪影了，却听到崖下传来了婴儿的哭声。他们循声找去，但见石缝里躺着一个胖娃娃。管家连续喊道：“谁家的孩子丢在这里呀？”但一直没有人回答。因此，土司就叫管家把这个女婴抱回家，并取名“达寒”。

时光飞逝，达寒长成一个如花似玉姑娘。她喜欢劳动，她插秧兜对兜，行对行，就像用线拉过一样直。她织的布没有半个疵点，她唱的嘹歌像百灵鸟一样动听。她的勤劳和美貌，让她驰名十里八乡。

这一年，连续两个月不下雨，上千亩的坛乐村田垌干裂，禾苗枯萎。达寒姑娘十分焦虑，但束手无策。这时，富贵人家的媒婆纷纷上门提亲，送来的求婚礼物摆了一桌又一桌。但是，达寒姑娘一个也不答应。她说：“谁能把那条小河的水引来灌溉我父亲的田，我就嫁给谁。”这个条件太苛刻了，吓退了许多求亲者，只有常安县和向都县的土司表示接收。

很快，向都县土司派民工从河边顺河向坛乐村田垌挖渠，常安县土司的民工从田垌边向小河方向开渠（今遗址还在）。

顺河修渠的民工，进度很快，可是在开辟一个土坡时，却遇到了困难和麻烦。他们开挖出来的渠道，流出红殷殷的水，就像血一样，而且第二早就合拢了。有人说是挖中了龙脉，这让民工们诚恐诚惶。这消息传到达寒姑娘耳里，她急得饭也吃不下。趁着民工回去吃饭的工夫，她和一个好姐妹悄悄地到工地上看个究竟，并商讨对策。

夜深了，辗转难眠的工头突然听到一个女人的声音：要想打通“流血坡”（今遗址还在），要用千斤炭，万斤油！工头听了很高兴，连夜赶去向都县，向老土司汇报。老土司知道儿子一心要娶达寒，第二天就找来110个挑夫，其中10个挑木炭，100个挑油，前往工地。

待把“流血坡”的水渠打通后，民工立即把这千斤木炭往水渠“流血”的地方倒，然后把这万斤油全都浇在木炭，用火一点。待烧了七天七夜，土烧焦了，就像石头一样坚硬，开挖的渠道不再合拢。

不久，水渠开通了，清清的河水流进了田垌。思林老土司立即给达寒和向都土司的儿子完婚。结婚那天，十分热闹。当迎亲的唢呐声吹响“出门调”时，达寒出门的时辰到了。

在姐妹们的簇拥下，达寒羞答答走出闺房。当走到客厅时，她一眼就看见那个停放在门外的花轿。她恋恋不舍地对姐妹们说：“我要走了，我永远想念你们！”她闭上双眼，双足一跺，便腾云驾雾而去了。

一时间，大家惊呆了。只见她飞啊飞，朝着向都的方向飞去……

后来，人们为了纪念达寒姑娘，把这条水渠叫为“达寒水利”，把那条河叫作“达寒江”。

附录四：田东考古与历史探秘

广西田东布兵盆地么会洞古人类遗址发掘报告

王　頠

1998年8月，广西自然博物馆组织调查小组对广西西部地区的隆林、田林、田阳和田东县喀斯特山区的洞穴作了初步的调查，发现该地区洞穴丰富，多数堆积物保存较好且含有生物化石，特别是位于百色盆地东南部边缘的布兵盆地的洞穴，化石尤其丰富　。

布兵盆地位于田东县城以西12千米，为平行于百色盆地的小型附属盆地，北西—南东走向，长约16千米，宽约2千米。布兵盆地发育于石灰岩山地中，盆地北侧一条北西向断裂沿盆地边缘延伸，断裂以北地块新构造抬升，形成狭长的地垒与百色盆地隔开，地垒宽不足2千米，高出盆地约100米。布兵盆地中无大的河流经过，仅西北和东南部各有一条小河向北穿过地垒注入右江。

1999—2000年，我们对位于布兵盆地东部的雾云洞和瀑布上洞进行了发掘，获得丰富的古脊椎动物化石，动物群的时代在晚更新世早期至中更新世后期　。2001年3月，我们专门对布兵盆地的洞穴进行详细的调查，同时有针对性地采集不同高程洞穴堆积物中的钙板作为年代学分析样品。此次调查又发现一批含生物化石的洞穴，其中在盆地东南部的么会洞保存有较多的堆积物，我们在地层中采集到小猪、竹鼠等少量哺乳动物牙齿化石，以及一枚硕大的灵长类牙齿化石。2002年10月至12月和2003年11月，我们先后两次在么会洞进行发掘，又发现一批高等灵长类化石、大量哺乳动物化石和石制品。

布兵盆地么会洞的发掘结果有如下特点：

位于布兵盆地南部边缘喀斯特地区的么会洞堆积物中含有丰富哺乳动物化石，二次发掘和清理共获得655件牙齿化石以及8件石制品。人类牙齿化石的形态特征与中国直立人最为接近，暂定为直立人（参考种）Homo cf. erectus，其较大的尺寸，可能代表一种直立人的早期类型。巨猿牙齿化石的形态与中国其他地点发现的相似，可归入巨猿步氏种Gigantopithecus b1acki。么会洞的哺乳动物化石组合包含柳城巨猿动物群的典型分

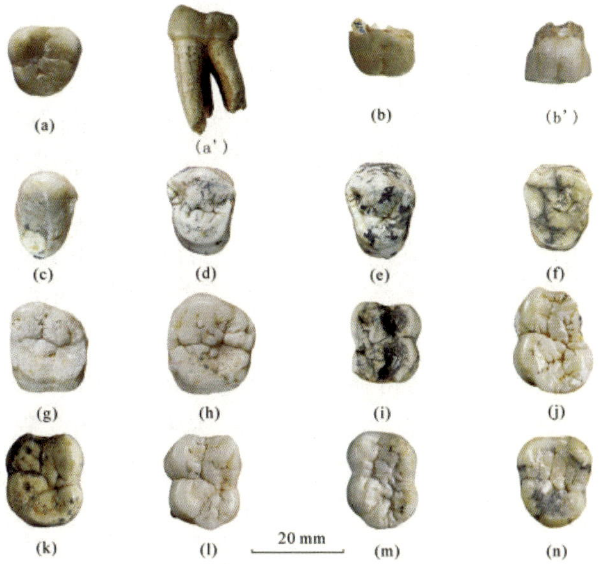

2003年11月，考古专家在么会洞发掘和清理获得的部分牙齿化石　　（县博物馆提供）

子，也与重庆巫山龙骨坡的类似，其时代应归属早更新世早中期。该地点发现的8件石制品中，有2件来自堆积物的表层钙板之中。这些石制品的技术风格、类型不同于迄今布兵盆地几层高度较低洞穴出土的石制品，但却与百色石器一致，从而暗示百色盆地的早期人类活动可能涉及盆地周边的洞穴。

田东布兵盆地早期人类活动信息

王　颜

1999年以来，广西自然博物馆会同中国科学院古脊椎动物与古人类研究所、地质与地球物理研究所、田东县博物馆和美国国家自然历史博物馆等多家研究机构，在国家自然科学基金、美国国家科学基金、国家文物局以及广西新世纪十百千人才专项基金的支持下，在田东县城以西12千米的布兵盆地内部的河流阶地中发现大量旧石器，在盆地边缘洞穴堆积物中同时发现丰富的哺乳动物化石、人类化石以及石制品。该发现表明：自早更新世以来，布兵盆地存在多个时期的人类活动证据，对研究东亚早期人类起源与演化、中国南方第四纪气候环境变迁具有重要科学意义。另外，在该盆地的洞穴和阶地堆积物中还发现与百色盆地中更新世初期类似的石制品，为进一步确定百色旧石器的年代和人类生存的环境背景提供新的证据。

1. 早更新世（距今250万~78万年）：典型代表为位于盆地东南的吹风洞和么会洞。海拔高度分别为227米和215米，发现25种哺乳动物化石，包括小种大熊猫、先东方剑齿象、黄昏兽、独角犀等典型早更新世早期的动物群，同时还发现巨猿——一种地质历史时期最大的灵长类动物，以及一枚早期人类的牙齿化石。迄今为止，因为人类化石的极端贫乏和年代学研究的制约，东亚早期人类的起源一直是困扰学术界的一个长期没有得到很好解决的科学问题，虽然么会洞发现的人类化石材料有限，但无疑为这一科学问题的解决带来一缕令人惊喜的曙光。相信随着今后发掘和研究工作的进一步深入，有望在布兵盆地取得重大突破。

2. 中更新世初期（78万年左右）：布兵盆地中更新世初期的人类活动，主要集中在盆地内的第四级阶地。该阶地下部为厚层河流砾石，上部为网纹红土。网纹红土中含丰富的石制品和玻璃陨石。石制品包含大型手镐、砍砸器、刮削器和石片等组成，属于中国南方常见的大型砾石工具，与附近百色盆地的石器工业组合类似。百色盆地与石制品同层位玻璃陨石的年代测定为80万年。据此判断，曾经广泛活跃在百色盆地的早期人类，也涉足盆地边缘地区。地层岩性特征也与百色盆地第四阶地相同，巨厚的砾石层代表当时较大河流的作用，而布兵盆地内其他的后期阶地缺乏巨厚的砾石层，这种现象说明：中更新世初期，布兵盆地与百色盆地相连，且大的河流（或大的支流）曾经过该盆地，之后，布兵盆地脱离百色盆地独立发展，以盆地内的小河流冲积作用为主。

3. 中更新世中后期（30万~9万年）：该时期洞穴堆积物含极其丰富的古脊椎动物化石，代表性洞穴为位于盆地东部的雾云洞，海拔高度165米。该洞出土的化石包括：中华扬子鳄、中华鼩猬、长尾鼩、麝鼩、微尾鼩、斑蝠、蹄蝠、猕猴、叶猴、猩猩魏氏亚种、岩松鼠、丽松鼠、毛耳飞鼠、灰猪尾鼠、帚尾豪猪、华南豪、锡金小鼠、德氏狨鼠、笔尾树鼠、巨鼠、白腹鼠、白腹鼠、鼠属、爪哇豺、南方猪獾、中国黑熊、大熊猫巴氏亚种、虎、豹、德氏野狸、椰子猫、东方剑齿象、亚洲象、中国貘、华南巨貘、中国犀、野猪、麂、鹿、苏门羚、牛亚科，共计41个种类。

该期在盆地内第三阶地保存石制品，与陆那洞内的具有类似的性质。主要分布于盆地东部的保利遗址和西部的新立遗址。石制品埋藏于红色砂质黏土之中，尺寸普遍较第四阶地石制品小，缺乏大型切割工具，如：手斧、手镐和砍砸器。地层之中没有玻璃陨石——这一在第四阶地常见的标志性产物。另外，第三阶地红土具有相当程度的风化，但程度不如第四阶地深。据此判断，第三阶地的形成时代中更新世中期比较合理。关于该阶地具体的时代，有待于进一步的年代学研究结果。

4. 晚更新世早中期（7万年）：该时期洞穴的代表为位于盆地中南部边缘的陆那洞。洞穴较为宽大明亮，洞穴海拔高度163米。堆积物为浅褐色含角砾砂质黏土。出土哺乳动物化石包括：猕猴、长臂猿、豪猪、大熊猫、剑齿象、鹿、小麂、野猪、牛等。与动物群一起出土2枚人类牙齿化石，出土石制品20多件。石制品原料为砂岩和石英岩砾石，石片和刮削器等器物均较小。

5. 晚更新世晚期（1.25万年左右）：代表性洞穴为中山洞，海拔高度142米。在该洞口岩厦堆积物上部发现新石器时代磨光石器、骨器和蚌器，下部发现用河流砾石、玻璃陨石加工的旧石器以及人类化石。这个遗址还发现大量的哺乳动物化石。地层中上部炭屑的碳14测年结果为1.25万年。

6. 全新世（10000~500年）：该时期代表性洞穴为位于盆地东部的村空洞和定雾洞，海拔高度分别为128米和130米，拔河高度分别为4米和5米。村空洞出土哺乳动物化石包括：猕猴（Macaca sp.）、豪猪（Histrix sp.）、竹鼠（Rhizomys sp.）、熊（Ursus sp.）、虎（Felis sp.）、亚洲象（Elephas sp.）、野猪（Sus scrofa）、麂（Metacervulus sp.）、鹿（Cervus sp.）、牛类（Bovidae）。同时出土晚期智人（Homo sapiens）牙齿化石、陶器和蚌器，地层中还含有大量炭屑。定雾洞出土石制品和少量化石，石制品保存在0~40厘米深的红褐色砂质黏土中，包括砍砸器、石核、刮削器和石片等打制石器，同层位还出土一件磨光的石锛以及炭屑。鉴于磨光石器、蚌器和陶器的出现，二洞堆积物的时代无疑应归入新石器时代，属于全新世。

讨 论

由于世界上多数上新世——更新世早期的人科化石发现在东非裂谷的河湖相沉积物和南非洞穴堆积物中，从大约三四百万年出现的南方古猿（Australopithecus）、250万年出现的能人（Homo habilis）到大约150万年出现的直立人（Homo erectus）的演化脉络清晰。石器文化也从大约250万年出现的以简单的砍砸器和石片为特征的模式Ⅰ技术，到150万年之后突然被以两面加工的大型切割工具为代表的复杂的模式Ⅱ技术代替，恰如其分地伴随着从能人演化到直立人（或匠人）的过程。同时，在非洲的大多数人类化石地点和遗址里保存的火山灰，为年代的精确测定提供了不可替代的物质基础，并使得非洲的早期人类有可能在可信的年代坐标里，显示出他们清晰的演化图景。而亚洲早期人类化石的研究工作开始的时间虽然要比非洲早数十年，如二十世纪初期在北京周口店和印度尼西亚的爪哇发现的直立人化石，为认识人类的起源和演化提供了重要的证据，然而它们大约60万年的年龄却无法更多地帮助人类学家建立整个史前人类演进的图谱。虽然随后在印度尼西亚的桑吉兰、中国的元谋、蓝田均发现早更新世的人类化石，但由于桑吉兰和元谋的人类化石并非科学发掘所得而缺乏准确的层位，因此地层的年代往往被质疑是否能准确代表化石本身的年代。单从化石证据出发，多数人类学家就相信早期人类最早出现在非洲，加之近年来对现代人类遗传物质的线粒体DNA研究结果又强烈支持早期人类（包括现代人类）起源于非洲的学说。因此，在讨论早期人类起源时，人们很难想到非洲以外的其他大陆，并且许多西方学者认为亚洲不可能存在早于1百万年的人类化石。

然而，近年来自中国的发现，又把一些非常古老的重要化石证据呈现出来，使得学术界不得不重新审视基于非洲化石建立起来的“人类系统演化树”。1999年在重庆巫山龙骨坡发现人科化石和石制品，伴生动物群古老的面貌、可信的年代测定结果显示，东亚在距今大约200万年前就有早期人类活动。2002年，对河北泥河湾小长梁旧石器遗址的年代研究结果为136万年，为东亚100万年前的人类活动提供新的证据。因此，东亚早期人类存在的时间应该远比人们想象的要早得多。这里，并不暗示早期人类就起源于东亚，虽然在理论上并非没有可能。人类对地球以及生命的认识还处于起步的阶段，许多学说和理论的建立都要经历漫长的证伪过程而逐步逼近真理。就古人类学研究而言，正如达尔文所说的由于“地质记录极端的不完整性”，迄今为止还没有一位人类学家能站出来宣布一个没有争议的人类进化的清晰的系统树。那么，寻找更多的化石证据，进行包括年代学、环境科学、分子生物学和旧石器考古学等等在内综合研究，无疑将推动人类对自身由来和发展的理解和认识。

近年来，在田东布兵盆地开展的研究工作取得重要的进展：

首先，在么会洞发现的早期人类化石，年代学和生物地层学研究结果表明，其相对地质年代应在早更新世早期，距今180万~200万年。因此，么会洞遗址因而是迄今东亚发现的少数早更新世人类遗址之一，进一步研究必将为东亚早期人类的起源和演化的探索作出重要贡献。

其次，布兵盆地内部及其边缘发育的众多洞穴分属不同的地质时代，包含第四纪多个关键的时期，且保存丰富的脊椎动物化石、人类化石和石制品，能够为研究人类的演化提供难得的科学证据。因此，布兵盆地正日益成为中外学术界高度关注的研究古人类的理想场所。

再次，布兵盆地洞穴沉积物的研究，将为探索华南第四纪环境和全球变化作出重要贡献。中国北方黄土研究和西太平洋深海沉积物的研究揭示了东亚第四纪环境变化和气候波动的规律，响应全球气候的变化格局。而中国南方第四纪沉积物大多为河流冲积形成，由于沉积的沉积速率不稳定和地层不连续，特别是沉积物后期遭受强烈的风化作用等，这些因素形成研究南方第四纪气候环境的瓶颈。而洞穴内相对稳定的环境条件和缓慢的沉积过程，使得堆积物中的化石和环境证据得以保存，为第四纪研究提供了得天独厚的条件。如发现于瀑布下洞的蒙古野驴化石——一种迁移迅速的高纬度地区喜寒动物在低纬度出现，暗示在第四纪冰期南方曾经出现强烈的气候波动，响应北方黄土和西太平洋沉积物的研究结果。

因此，在广西布兵盆地洞穴进行相关古人类、旧石器和环境等的研究，必将为中国乃至东亚第四纪古人类及其文化、第四纪环境等研究作出重要贡献。正如刘东生院士在1999年春考察百色盆地后认为：“百色遗址非常重要，在第四纪环境变迁和人类进化研究方面的潜力巨大，其重要性不亚于周口店。”

（作者简介：王頠，广西自然博物馆副研究员，主要从事第四纪及古人类学研究。）

田东县檀河高岭坡古人类文化遗址

田　丰

田东县檀河高岭坡遗址是百色盆地遗址群中较早进行系统研究的一个遗址，是1973年中国科学院古脊椎动物和古人类研究所野外考察队和广西石油地质部门在盆地内调查老第三纪地层时发现的。随后十多年间，遗址增至数十处，分布范围遍及盆地各个部分，采集的石制品亦由十多件增至数千件。石器含有手斧、手镐等非洲、欧洲早期旧石器常见的工具类型，对探讨东西方远古文化的相互关系和早期人类在亚非欧大陆的迁移活动有重要意义。该遗址是一个具有国际影响的古人类文化遗址，经中国科学院古脊椎动物和古人类研究所和国内外研究机构与当地博物馆考古专家经过十几年的考古研究，取得了突破性的科学研究成果。

主要成果：

（一）解决了石器的层位

1988年，由中国科学院古脊椎动物与古人类考古研究所黄慰文研究员主持考古发掘队首次在田东檀河高岭坡遗址作发掘，在没有扰乱的地层里发现了60多件的石器。1989—1993年，又挖掘出了600多件旧石器。通过考古发掘，解决了石器的原生层位——网纹红土层。

1989年5月，考古人员在檀河高岭坡遗址作发掘
（林逢镇人民政府提供）

（2）获得了遗址的同位素年龄

1995年，广西自然博物馆与中科院贵阳地化所合作，对百色田东盆地旧石器遗址出土的玻璃陨石进行裂变径迹法测年，得出的数据是70.3万年左右。美国伯克利地质年代学研究中心为百色田东旧石器测出的最新同位素年龄为80万年，已在国际权威学术刊物美国《科学》研究论文中首次公布。

1993年10月，外国科学家到檀河高岭坡遗址考古
（林逢镇人民政府提供）

（3）百色田东旧石器展示了阿舍利石器加工技术的所有特征

阿舍利是法国地名，因此地发现了制造先进的石器而得名。百色田东旧石器的原料比较大，剥得的最大尺寸大于10厘米。大的石片打下以后，又从加工过的砾石或石片上打下许多小片（0.5~3厘米），形成一件具阿舍利边缘特征的手斧。片疤的数量的增加，在阿舍利文化中作为衡量大型切割工具精致程度的尺度，在百色田东石器的大型切割工具标本中，与东非阿舍利文化产物——双面手斧类似。虽然典型的卵型和两面凸的阿舍利手斧在百色田东的石器技术中稀少，但是选择和加工石器步骤的运用，如集中修理大型切割工具的尖部使之协调，大块精致地剥片并加以修饰，运用特殊原料的石片加工阿舍利手斧的技术，在百色田东石器中屡见不鲜。

（4）挑战“莫氏线”

20世纪40年代初，哈佛大学人类学家莫维斯从地理上，按照早期人类的技术和行为能力，把旧大陆（即欧、亚、非）分为两个文化圈。西部以地中海为中心，北面的欧洲、南面的非洲、东面的中东，作一个区，这个区是以一种工艺比较复杂的旧石器——手斧为特征；东部主要是东亚、东南亚，是以所谓的工艺简单的砍砸器或者砍凿为特征。这条无形的、后来被称为莫维斯线（Movius’ line）的技术学鸿沟将非洲、中东和欧洲，与亚洲分隔开来，并且把整个亚洲大陆贬低成一个“文化滞后的边缘地区”。

百色田东盆地旧石器的研究表明，百色田东盆地发现的数千旧石器中，包含了大量的大型切割工具——手斧。这些大型切割工具的制作精巧程度足以和非洲的阿舍利石器工业技术媲美，而且其年代早到80万年前。这表明了莫维斯的所谓砍砸器区内同样存在手斧文化，从根本上纠正了莫维斯的错误观点，动摇了“莫氏线”在学术界的统治地位。

(5)肯定了东亚早期人类的技术发展水平

美国史密森研究院国立自然历史博物馆人类学部主任、人类起源计划署首席科学家理查德·波茨说“百色田东遗址的测年系东亚最为精确的古人类测年；百色田东遗址的旧石器是迄今为止东亚所发现的数量最多的包含了阿舍利因素的石器工业组合，它的制作需要具备与‘西方’生产阿舍利工业技术同样的行为和技术能力；百色田东手斧的发现说明‘莫氏线’两边的人类在技术水平、文化和认知能力上的类似；百色田东盆地的考古研究证明亚洲的直立人在发现了适合的石料之后，独立地发展了他们自己的工艺制作传统。”美国爱荷华大学人类学系主任、古人类学家拉赛尔·石汉说：“百色田东的旧石器文化表明了亚洲直立人的足智多谋，他们适应了这场灾难性的环境剧变，变不利条件为有利条件，紧紧地抓住了危机中显露出的微妙机遇。”

美国斯坦福大学帕罗奥尔塔分校、古人类学权威理查德·科莱恩说：“在为百色田东盆地与其非洲兄弟的石制工具之间的类似而感到激动之余，我们也注意到西方阿舍利工业中的标志性物件——泪珠状手斧类型的缺失，这意味着两地制造工具的传统在各自的发展过程中一直未曾接触。这说明百色田东遗址的旧石器工业不是西方阿舍利工业在东方的一个翻版，也就是说，那时候非洲和亚洲人类在文化上并无联系。”

美国加利福尼亚大学伯克利分校、古人类学权威克拉克·豪威尔说：“百色田东手斧与世界其他地方发现的手斧一样，并非模仿和抄袭了任何其他的传统。”

中国科学院古脊椎动物与古人类研究所研究员、国际原史及史前科学协会常务理事黄慰文说：“东方的早期人类和西方的早期人类在体能和文化上并无本质的差别，百色田东遗址的最新测年结果有助于人们彻底脱离‘莫氏线’的束缚，西方的学者们应该亲自到百色田东遗址来看一看。”

中国科学院刘东生院士1999年春天考察了百色田东遗址之后，认为百色田东遗址非常重要，在第四纪环境变迁和人类进化研究方面的潜力巨大，其重要性不亚于周口店。

百色田东旧石器遗址是旧石器时代早期饱含西方阿舍利石器工业技术和东亚最为著名的遗址之一，它展示了东亚早期直立人的行为能力和高超的石器工业技术，打破了存在于学术界长达50年之久的“莫维斯理论”，具有较高的历史科研价值，属世界级的遗址。2001年1月，由科技部组织中国著名院士组成的评选小组，将广西百色田东旧石器的发现与纳米技术、人类基因组等重大发现一起，评选为“2000年中国基础科学研究十大新闻”，百色田东旧石器发现与研究名列第五。2001年6月25日，田东县檀河高岭坡人类文化遗址被国务院核准公布为第五批全国重点文物保护单位。

2005年12月5日至9日，由中国科学院和百色市人民政府主持召开了百色盆地旧石器研究暨旧大陆早期人类迁徙与演化国际学术研讨会，与会中外专家43人，其中国外专家19人。参加学术研讨会的国家有中国、美国、法国、德国、英国、西班牙、南非、比利时、以色列、印度。研讨会分别在百色市和田东县举行，在田东县期间，专家们参观了田东县布兵盆地么会洞古人类文化遗址等相关遗址。专家们认为，田东县是研究早期人类起源迁徙与演化基地，意义重大。

20多年来，关于田东县檀河高岭坡遗址的研究报告有10多篇在国内外刊物发表，《华盛顿邮报》、《洛杉矶时报》、《读卖新闻》、新加坡中文报纸、BBC（英国广播公司）等世界媒体竞相报道评论。其中国际权威学术刊物美国《科学》于2000年3月隆重推出的中美考察队的研究报告和评论文章引起了国际学术界强烈反响。多年来，先后有美国、韩国、日本、挪威、加拿大、中国香港地区等国内外专家学者到田东县檀河高岭坡遗址进行考察、考古、发掘、研究。“田东高岭坡遗址”和“百色田东石器”成为人们谈论的焦点。

田东的历史文物

黄秋艳

早在200万年前，作为亚洲迄今发现的最早的人类之一就已经在田东里出现。80万年前，早期人类在田东繁衍生息，并留下丰富的旧石器。南宋时，朝廷在田东设置了横山寨，统辖桂西各州县军事行政，同时还设置了买马市和盐仓，使田东一跃成为当时桂西各州县的经济、政治中心。20世纪70年代后，在田东陆续发现了新、旧石器以及铜鼓文化等等，更证明了田东历史文化的悠久。

一、史前文化的科研成果

史前时期在考古学上主要分为旧石器时代和新石器时代。从20世纪70年代以来，考古专家在右江沿河流域及支流河谷地貌和喀斯特地貌的岩溶洞穴中发现了新、旧石器时代的文化遗存，尤其是旧石器分布之广，数量之多，个体之大，在国内外都是比较少见的。百色旧石器主要分布于百色盆地右江沿岸的第四级阶地上，东西长约90千米，南北宽约15千米，总面积约800平方千米，跨越右江区、田阳区、田东县。在这区域内，已发现的旧石器遗址和旧石器地点近100处，采集和出土的旧石器达8400多件。石器的类型主要有手斧、手镐、砍砸器、薄刃斧、刮削器、石片、石核、石锤等，原料为石英岩、砂岩、硅石岩等，打片方法主要采用碰砧法和锤击法，器型厚重。

田东目前发现旧石器分布点有30多处。其中的檀河高岭坡遗址，位于林逢镇檀河村坡算屯500米的高岭坡，西距田东县城9千米，北到右江南岸3千米，遗址较为平坦，最高海拔152米。属于右江沿岸的第四级阶地，砖红壤裸露，地表散布不少的石制品。下部为厚约10米的河流砾石层，上部为厚7米的含有丰富旧石器和玻璃陨石的网纹红土层。1988年冬，考古专家在该遗址作首次发掘，至2005年，已出土石制品近1000件。这些石器的原料主要来自当地的河流砾石，石器类型主要有手斧、砍砸器和粗大的刮削器等。石制品主要埋藏于遗址内的网纹红土中，田东手斧不论是制作技术、器物形状，甚至在年代方面都与非洲的部分手斧有着很多的相同之处，是迄今为止在东亚所发现的数量最多的饱含阿舍利因素的石器工业组合的古人类文化遗址群，它展示了80万年前生活在东亚早期直立人的行为能力和高超的石器工业技术。2000年3月3日，中美科学家对百色盆地田东高岭坡旧石器的研究报告，在美国《科学》杂志以彩封的形式发表，并公布了美国伯克利地质年代学研究中心将百色田东旧石器测出最新同位素年龄为80.3万年，在学术界引起了强烈的反响。百色田东手斧的发现和过硬的年代测定，从根本上纠正了莫维斯人为地将早期的非洲、中东和欧洲的人类同亚洲人类分隔开来，把亚洲大陆贬低为一个“文化滞后的边缘地区”的错误观点，动摇了“莫氏线”理论。2001年1月1日，由科技部组织我国著名院士组成的评选小组，将百色田东旧石器的发现研究评为“2000年中国基础科学研究十大新闻”之一。2001年6月25日，国务院将檀河高岭坡遗址公布为全国重点文物保护单位。

田东布兵盆地古人类洞穴遗址群的考古发掘与研究，取得突破性进展。布兵盆地位于田东县城以西12千米，为平行于百色盆地的小型附属盆地，海拔高度大部分为130米左右。布兵盆地周围为石灰岩喀斯特峰林地貌。

1980年，中国科学院古脊椎动物与古人类研究所和广西博物馆组成的野外队，在布兵盆地中部的定模洞采集到1枚人类化石。根据对伴生物群分析，其年代初步定为更新世晚期，与柳江人洞动物群的时代相似。1998年，广西自然博物馆组织调查组在广西西部进行洞穴古生物化石调查时，在布兵盆地南部边缘发现多个洞穴，部分保留原始堆积物以及哺乳动物化石。同时在阶地上发现石制品。1999年至2004年，广西自然博物馆会同田东县博物馆在布兵盆地雾云洞、瀑布洞、陆那洞、么会洞、吹风洞等进行考古发掘，出土古人类化石和20多种动物化石，尤其是么会洞遗址于2002年发掘出土了高等灵长类化石和大量的哺乳动物化石。高等灵长类化石包括巨猿、似人科成员和人猿科员，其中似人科化石从形态上观察与巨猿、猩猩存在差异，而与直立人接近，但尺寸又明显超过直立人的变异范围。为此，直立人化石研究成果在国际上极具影响，经国内外考古专家测定，么会洞遗址年代距今已有200万年的历史，并把广西古人类的年代提早近百万年。

二、田东多处战国墓与出土万家坝型铜鼓的重要意义

告别了石器时代，人类的历史就进入了青铜器时代。青铜器是指用锡、铅和红铜混合在一起制成的合金制品。在中国古代，青铜器起源于夏代，繁荣于商周，衰落于秦汉。商周时，岭南地区与中原、滇池地区的交流不断增多，青铜文化也于这一时期传入岭南地区。铜鼓是中国南方古代民族具有代表性的历史文化遗物。在古代，铜鼓广泛用于集众、陈设、盟会、战陈、进献、赏赐、祭祀、丧葬、歌舞等场合。学术界将古代铜鼓分为八种类型，即万家坝型铜鼓、石寨山型铜鼓、冷水冲型铜鼓、北流型铜鼓、灵山型铜鼓、遵义型铜鼓、麻江型铜鼓和西盟型铜鼓。1993年3月，在田东祥周镇联合小学门前出土两面万家坝型铜鼓，分为AB鼓，两面铜鼓均出自同一墓葬，伴出器物有铜莹1只，还有玉管、玉钏、玉块等。1994年6月，在田东县林逢镇的和同村大岭又出土了万家型铜鼓和铜编钟，再次说明右江地区是早期铜鼓的分布区之一。

秦代以前田东属百越地，春秋战国时期属骆越，楚灭越后属楚。《史记》中载有楚悼王曾派兵南平百越之地。除了前面介绍出土万家坝型铜鼓的两处古墓葬外，在田东境内还曾先后发现多处战国墓。1935年，在祥周镇仑圩村南1千米的梁好岭发现战国墓1座，出土铜鼓1面，四轮铜车1辆，玛瑙筷、贝壳若干，容器铜把手1对，可惜以上珍贵文物均已散失。1977年6月，在祥周镇甘莲村江峒屯北的锅盖岭上发现了战国墓2座，均为土坑墓。第1座残存人肢骨，出土铜器8件。另1座发掘出人骨1架1副，铜器6件，玉饰5件。在这两座墓中出土的铜器有铜鼓一面，铜剑2件，同斧4件等。两墓出土的铜鼓质锈色相同，其时代应属于战国晚期。铜鼓是石寨山型的，扁身剑、玉环等见于云南晋宁石寨和江川流李家山滇族墓中。由此可见，远在战国时代，生活在右江河谷地区的骆越族已同中原地区发生了密切的联系，同西南滇族、濮人等其他民族关系则更为密。1982年，在祥周镇联福村陀朔屯北土岭又发现了2座战国墓，出土铜鼓1面，亦为石寨山型，还有“十”字镐状铜器，铜剑4件，铜门型器8件，玉环1个，陶器碎片1块等。众多的文物出土于战国墓，说明居住在田东的骆越族已有较发达的经济文化。宋至元代，田东祥周曾为田州治和横山寨所在地，宋代还曾在距横山寨不远的田东县平马镇设立马市、博易场，是宋王朝和西南大理国进行物资交流的重要贸易点。

田东万家坝型铜鼓的出土，填补了广西铜鼓系列的空白。田东所在的右江河谷自古以来就是云南高原通向岭南地区的重要通道，也是岭南和云南各族人民进行经济文化交流的主要渠道，而田东则是这一通道上的枢纽、要冲。万家坝型铜鼓在田东出土，这对于研究当时可能立国于此地的古句町国的历史和文化，具有非凡意义。

（作者系田东县博物馆馆长）

从出土文物看田东青铜文化

黄秋艳

铜鼓是一种富有传奇色彩的民族历史文物，是中国南方少数民族的传统礼乐器和权力重器。广西历来是少数民族聚居区，是历史上铸造、使用铜鼓最集中的地区，壮、瑶、苗、彝及其他先民，世世代代劳动、生息在这块富饶美丽的土地上，创造了丰富的物质财富和精神财富，留下极为珍贵的文化遗产。铜鼓是这些珍贵文化遗产中最令人敬仰、最引人思慕的伟大杰作，也是广西（田东）地方民族文化中最值得骄傲的一宗无价之宝。广西蕴藏铜鼓数量之众多，类型之齐全，在中国乃至世界上都是首屈一指，因此被称之为古代铜鼓的大本营。

田东的铜鼓，至少可追溯到公元前二世纪。公元20世纪30年代以来，在田东县境内锅盖岭、大岭坡、南哈坡、梁好岭、北土岭等地陆续发现了春秋战国墓葬。这些墓葬因其年代早、规模较大和出土遗物精美而备受国内外的关注。特别是林逢和同村大岭坡春秋晚期墓和祥周联福村南哈坡战国早期墓出土的万家坝型铜鼓最有特色，最有科学研究价值。

一、田东出土青铜器

(一)万家坝型铜鼓

1993年3月18日，田东祥周联合小学鄂少祥老师等6人在田东祥周联合村联合小学门前南哈坡挖电线杆时，发现一座战国早期墓葬，出土了两面万家坝型铜鼓，分别为A鼓和B鼓。

A鼓高32厘米，面径50厘米，胸径60.5厘米。足径66厘米，重33.5千克。器形矮胖、胸部鼓凸，最大径偏上；鼓中心有不规整太阳纹15芒，腰部以竖条双行角形纹分为六格，格内光素无纹，下饰叉足有直线纹（下端开叉的纵线）和雷纹纹带，胸腰之际置扁耳两对。

B鼓高38厘米，面径48厘米，胸径60.5厘米。足径66厘米，重41千克。胸部最大径明显偏上，腰壁曲弧度较大，器形显得比A鼓瘦高一些，鼓面中心太阳纹二十三芒，芒外晕圈不规则，腰部以纵向曲折纹分格，格内空白，足部饰半菱形格子纹和勾连雷纹。上述两面鼓场出同一墓，伴出器有菱纹铜罍1只，还有玉管、玉钏、玉玦、铜鉴钉等。经考古专家鉴定，该墓葬时代属于战国早期时期。

1994年6月14日，田东林逢和同村小沙屯村民黄善贵等6人在大岭坡种地时又发现一座春秋晚期墓葬，出土了1面万家坝型铜鼓。鼓高29厘米，面径34厘米，胸径40厘米。足径50厘米，重18.5千克。鼓面中心太阳纹十一芒，胸部光素，腰部以竖条几何纹分格内素，下有雷纹纹带。这面铜鼓与祥周联合村南哈坡出土

1994年6月14日，林逢镇和同村小沙屯出土的万家坝型铜鼓（县博物馆提供）

的两面鼓形制基本一样。第二天在铜鼓出土处，又挖出兽面纹铜钟1件，器表装饰龙纹和几何图案花纹。这两件青铜器出土于同一处墓葬，亦属春秋晚期时期。

(二)石寨山型铜鼓

1982年，在祥周联福村陀朔屯北土岭发现了2座战国墓，出土铜鼓1面，赤为石寨山型，还有“十”字镐状铜器，铜剑4件，铜门型器8件，玉环1个，陶器碎1块等。

1977年6月，在田东祥周甘莲村锅盖岭又发现一批青铜器，其中有石寨山型铜鼓1面，合模铸成。鼓面中心太阳纹八芒，芒间饰斜线纹，外围三晕，主晕为翔鹭四只，另二晕饰三角齿纹和乳钉纹。胸部突出，饰回形纹和弦纹。耳已残去，腰以下崩残，断痕不规整。面径23厘米，残高11.5厘米。

(三)冷水中型铜鼓

1983年，田东祥周镇康元村塘槐屯村民在冬修水利的时候，挖出铜鼓一面，出土时鼓面朝下，鼓足朝上，无其他伴随器。鼓高50厘米，面径63厘米，足径65厘米。鼓面边缘突出，中心饰太阳纹，十二芒，二十晕圈，饰有变型羽人纹、足胜纹、同心圈纹、栉纹等。逆时钟排列四只蛙，腰间立有扁耳两对，足部饰蕉叶纹。属南朝时期。

(四)部分青铜器物

1935年，在祥周仑圩村南1千米的梁好岭发现战国墓1座，出土铜鼓1面、四轮铜车1辆，玛瑙筷、贝壳若干，容器铜把手1对，以上珍贵文物均散失。

1977年6月，田东祥周甘莲村村民欧阳效当和韦日辉，分别在该村附近的锅盖岭发现一批青铜器。随后广西考古队到现场调查，并进行发掘，证实原是两座战国墓葬，均为土坑墓。一号墓位于岭顶，仍存有封土堆，有残存人肢骨，出土铜器8件。二号墓位于岭西坡，距一号墓约30米，发掘出土人骨架1副，随葬铜器6件，玉饰5件，分别置于胸部、腰两侧和脚旁。填土中夹砂粗陶片2片。这两座墓的青铜器出土时基本完整，除一件矛呈黝黑色以外，其余锈色部呈草绿色，有土锈黏附。出土文物具体如下：

铜剑2件。一件是桂叶形短剑，两脊起棱，短扁茎，有一穿孔；折肩，无格，无首；长21.5厘米。另一件是扁身短剑，柄身一次铸成，中脊不显，两面均铸二道卷云纹，刃部两侧中段突出，平面呈梭形，格呈一线；茎中空，一面穿孔，两面饰回形纹图案；首扁平，长29厘米。

铜矛2件。一件黝黑发亮，桂叶形，两脊突起，圆筒筒，一侧有鼻钮，钮上方铸回形纹，弧形銎口，长28厘米。另一件扁平菱形，两脊突起，直贯筒的下端，长筒，断面呈椭圆形；两侧附环钮，已残；通长36.5厘米。

铜戈1件。援部翘起，内平直，一穿；中胡，阑侧二穿，援基上端另有一圆形小孔。器表有朽木痕迹。通长18.2厘米，高10厘米。

铜斧4件。分三式。Ⅰ式一件，扇面形，刃部侈出上翅，扁圆銎，通高9.5厘米。Ⅱ式一件，器身扁平，弧刃，翘出两角，椭圆形銎，銎两侧起棱脊，通高8厘米。Ⅲ式二件，器身狭长，弧形刃，两角赤外侈，长方形器；一件高8.4厘米，一件高7.8厘米。

铜叉形器3件。菱形座，口出二叉，状如中角。一件高6厘米，宽5.4米厘米。

两墓出土的铜器铜质锈相同，铜斧、叉形器形制也无大区别，时代应相同。同云南等地出土文物比较，其时代应属战国晚期。其中铜戈是典型的中原器物，从器形看，时代可能还要早一些。一号墓的铜矛接近楚式，和广西平乐银山岭战国墓出土的铜矛也很相似。铜鼓是早期形态的，和扁身剑、玉环都见于云南晋宁石寨山和江川李家山滇族墓中。而铜叉形器、铜镦又有自己一定的特色。由此可见，远在战国时代生活在右江河谷地区的民族与中原地区有了密切的联系，同西南其他民族关系则更为密切。

二、广西年代最早的铜鼓时代

广西铜鼓跨东、西两系，中国境内的8个类型铜鼓广西都有，其中西系在广西很长一段时间缺原始形态的万家坝型。自从田东县连续两次出土这些铜鼓，填补了这方面的空白。西系铜鼓在广西境内由万家坝型到石寨山型，再到冷水中型、遵义型和麻江型，发展脉络清晰。东系铜鼓划分为北流型、灵山型和西盟型，分类比较明确。

铜鼓很大部分有明确的发现地点。有的有丰富的共存遗物，有的有明显的年代标志，为铜鼓的断代提供了可靠的标尺。如1993年在祥周联合村南哈坡出土两面原始形态铜鼓，与铜鼓同出的有铜罍、玉管、玉玦，可以判断为战国前期的遗物。如1994年在林逢和同村大岭坡又出土一面原始形态铜鼓，伴出物有铜编钟，鉴定为春秋晚期的遗物。这两次发现的铜鼓都是万家坝型铜鼓，填补了广西铜鼓类型的空白。1977年在祥周锅盖岭出土1面残铜鼓，伴出有铜剑、铜戈、铜矛、铜斧等，其中剑、戈、矛都有明显的时代特征，这些器物同出于一座战国时代墓。因此，田东出土这些青铜器物，尤其是万家坝型铜鼓，是在广西发现最早的铜鼓文化。

三、广西最有研究价值的青铜文化

田东青铜器物的发现和研究成果，证明万家坝型铜鼓是百色乃至广西极富地方特色的一种原始铜鼓文化遗物，表明广西右江一带在春秋战国时期存在一种地方特色浓郁的原始文化，是构成广西丰富多彩的原始文化的重要组成部分，与全国其他地区的青铜文化相比，具有独特的文化面貌和独特的价值，在全国文化研究中占有一定的地位。田东祥周、林逢春秋战国墓出土的铜鼓具有重要的价值，成为广西文物考古最重要的发现之一，在考古、历史、民族、宗教、社会、艺术等领域影响深远。

田东万家坝型铜鼓为研究铜鼓的起源地与传播路线提供了新的资料和证据。它成为岭南地区乃至国际性的一种青铜文化遗物，对它的研究不仅具有广西地方性的意义和影响，而且具有了全国性的意义和影响。

铜鼓工艺考究，用途多样，充满了神秘色彩和无穷魅力，尤其是万家坝型铜鼓是青铜文化时期的珍品之作，具有较高的历史、艺术、科学价值。因此，它不仅吸引国内外有关专家进行研究，也吸引社会各界人士关注其文化内涵，品味其美之所在。在广西文物部门组织多次出国出省文物展览中，都有万家坝型铜鼓精品随同展出，说明田东万家坝型铜鼓在广西的考古史上，无疑具有举足轻重的地位。

（作者系田东县博物馆馆长）

布兵土司墓群

黄胜章

位于田东县城西南16千米处的布兵镇模范、保利村交界的响水河风景区，山峦挺秀，水流潺潺，阡陌纵横，好一派优美的田园风光。

在这山水交界处，沉埋着一个壮族古代土司墓群。一些专家认为这是一个明代岑氏土司墓群，其中的一个女土司墓就是壮族抗倭女英雄瓦氏夫人的二次墓葬。

远远望去，墓群位于一片巍峨雄壮的山峦之中，有三个土司墓，每个土司墓均占据一个三面环山，一面朝水的山坳。三个山坳紧紧相相连，就像三条长龙，又像三支威武的军队，旌旗猎猎，行军布阵于响水河边。人一走进该景区，便觉得那片群峦与众不同，品位超乎一般。

三个土司墓中，只有中间那个女土司墓墓壁浮雕保存完好。女土司墓呈八面形，正面浮雕是一位贵族妇女的坐像，贵妇的右侧是一位手捧官印的侍女，左侧是一位手撑罗伞的女兵。浮雕的形状表明，墓中安葬的是一位明代土司，并且得到皇帝的册封，另外七面浮雕是具有壮族艺术风格的鳄、麒麟、鹿、马、羊等吉祥动物。按明朝定制，能够使用麒麟做装饰的，只有二品以上的武官才能使用。历史上布兵属田州土司管辖，在这地界内被封为二品夫人以上的只有瓦氏夫人一人。陵墓后的靠山是一座状似麒麟的山峰，张牙舞爪，活灵活现。这只“麒麟”脚踏在一个巨大的石鼓上面，山石褐色，庄严肃穆。再细看，那麒麟和石鼓组成一个巨大的麒麟印章，不偏不倚地盖在陵墓的后边。从正面看，对面有一状似天马的山峰，左右山峰环抱，响水河似九曲回肠蜿蜒而过，闪闪发光，一片明媚风光。

在左边的山坳上，有两个古墓，其中一个还保存一块墓碑，上刻“镇国将军陆氏夫人”的文字。这个山坳相当出名，当地人称这块风水宝地叫“朝天蜡烛”。仔细观看，确实很像，四周山峰就像一个莲花状的烛台，中间一座山峰平地而起，像一支朝天的蜡烛，惟妙惟肖。当地人介绍，这根“朝天蜡烛”山峰中间是空的，安葬时用一铁链将铜棺吊到洞中央，成为“悬棺”的奇特葬法。据说，这样的葬法才合“朝天蜡烛”的风水格局。过去，当地人爬到山顶砍柴，还见到洞顶拴铁链的铁锚。有人还在某处暗洞中偶然发现石壁上的题诗：照花生烛向天开，龙潭左翻又分潭；半山吉庆云多绕，葬祭先人养道信。此诗正应了此地为“朝天蜡烛”的说法。

另外一处古墓所在的山坳正好是响水河的源头，由于种种原因只见到墓基台阶和石碑亭残柱，令人顿生苍凉之感。

在土司墓的山脚下，有一个天然奇洞，名叫母娘岩。山洞落在一个类似桂林象鼻山的“象鼻”上，洞的左边就是响水河，响水河是地下河，四季不竭，清澈甘甜，波光粼粼，与古洞相辉映。洞口有一副对联，上书：集山川之秀，得天地之灵。

整个洞不大，但很精致，像一个穹庐，石壁光滑明亮，隐隐透出一股灵气，有诗云：古洞无灯凭日照，山门不锁待云封；愁来姆娘洞畅游，闲去山林听鸟音。

洞内供奉的神叫母娘，母娘是壮族群众对有地位的妇女的尊称，由此看来，这个母娘岩很可能就是传说中尊贵的古墓女主人的供奉祠。每年正月十五都在这里举行庙会，田阳、田东、靖西、德保等周边群众多达上万人在这里集会进行祭祀活动，同时对唱山歌，热闹非凡。如今也还保留这个习俗。

江城古墓发掘

蒙达荣

1976年秋，广西壮族自治区考古队在田东县举办考古学习班。参加学习班的人员首先在县城学习考古工作的有关方针、政策，随后到江城乡那怀屯请了当地七八个青壮年民工挖掘古墓。

当时挖掘的疑似黄九霄的古墓，他是宋朝向武州的州官。传说他死时装在铁棺材内，在那怀屯后山岩洞里的古壁上挂着，洞内陪葬的金银财富不计其数。1943年间，有人偷挖黄九霄土墓。顿时，天下起倾盆大雨，古榕江洪水横流，冲刷两岸田地，雨中夹着台风、龙卷风，把江城一带的大松树、木棉树和群众的一些房屋刮倒。此后再没有人敢动这个古墓了。1976年上半年，一些青年趁“文化大革命”混乱又组织挖掘，幸得乡村干部教育规劝，他们才停止下来。学习班雇请的民工一面挖，王克荣队长一面讲解。他说：“大家看，开始挖时土质是硬实的，越往里挖，土质就越疏松，看来可能有料。”他这么一说，民工们就挖得更起劲，大家都认真地观看。直到第三天下午，终于挖到了一个墓穴。这个墓穴，是一个5米直径的六角墓，只见地面铺的是青砖，墓的右侧剩一小半砖墙，其余一无所有。王克荣队长拿起两块砖说：“这砖刻有梅花的花纹，说明是宋朝所建的。你们看，这里砌的青砖，为什么不用石灰来砌?”自治区考古队的一位同志说，因为宋朝时还没有石灰生产，到元朝后才生产出石灰。王队长继续说，从现场看，这是古代一个富贵人家的墓穴。但是，整个坟墓已被破坏，顶上和周围的青砖所剩无几，尸骨也丝毫不见，一切被搞得清光了。

为此，考古队准备收队。但当地群众要求往里面继续挖或在旁边再挖它一个。于是，考古队决定从主墓右侧再挖掘一个坟堆。民工们将露出地面部分挖平后，掀开四周的石头，挖下一层厚土，发现一层光滑约20厘米厚的三合土。考古队的同志说，这是古人用糯米、红糖等制成的，不是沙泥的三合土。继续往下挖一层40厘米的松土，又发现有一大块长方形的石片，长2米多，宽1米多，厚20多厘米。王队长说，这是一个大墓穴。民工们把石片搬开，又发现里面一层60厘米的白粉末，白白溶溶的。考古队同志也不知用什么来制成。刮出白粉层，发现棺材盖板，盖板上涂上一层光滑的松香，其香味很浓。王队长说：“不能点火抽烟，防止火灾发生”。大家情绪都紧张，民工们小心撬开盖板，这盖板不是一整块，而是四块宽80厘米、长1米多的大杉木板横盖墓穴，拿起盖板就发现墓穴了。考古队同志跳下墓穴观看，原来是个女尸，只见一些骨头，什么金银财宝都没有，考古队捡出几枚铜钱，上面刻有“元丰”字样，说明这是宋朝元丰时期埋葬的坟墓。大家仔细观看这墓穴底部和周边的结构，都是用青砖垫底和围着，下面铺上光滑的三合土，大家都认为搞得很好。王队长说，这个墓穴搞得严紧，防潮防腐措施不错，但为什么尸骨化了呢?问题就是他在尸体头上留一个洞，叫作开天窗。这个天窗通空气，雨水也透得进去，这是造成尸体腐败的主要原因。如果不开这个天窗，对保存完整的尸体是没有问题的。

挖掘结束，第二天，学习班的同志回县城总结。通过江城古墓掘探说明：

1．墓穴结构紧严，防水、防潮、防腐措施良好，证明宋代时期江城人有一定的科学技术水平。

2．墓穴有松香和大杉木盖板，证明古代江城一带山头是松杉老林。

3．墓内没有金银财宝作陪葬品，证明这些有势家族所统治的江城农民是很穷困的，没有金银财宝进贡。

4．从墓穴的结构看，有势家族对于死尸的埋葬，花这么多的代价，用这么多钱搞这样高级严紧的墓穴，证明当时他们对农民的统治剥削，搜刮民脂民膏是极为严重的。

5．通过学习班，我们学到了学习许许多多的历史知识，这些史实，对于国家史学部门研究地方史，对于江城后代子孙了解江城的古代历史，都起着重要的作用。

向武州土官黄九霄之谜

黄胜章

在田东县的江城、印茶，以及天等的向都、进结一带，留下许多与黄九霄有关的遗址和动人的传说。人们对黄九霄非常崇拜，为他树碑立庙，在祖宗牌位上供奉他的名字。黄九霄是何方人氏？历史上是否真有其人？为何受到人们如此崇拜？本文对此做一些考证和评述。

与黄九霄有关的遗迹和传说

其一是八仙山摩崖造像。八仙山位于江城镇政府之西面，在山上石壁上雕刻八仙形象（实际上是九仙即加上牛头仙），人物形态各异，形神兼备，栩栩如生，是古代摩崖造像的精品。相传八仙在江城一带赶山有功，玉帝准备给他们封赏。玉帝问有多少人，牛头仙只报了八位，忘了自己。玉帝即按报上的八人加封仙位，牛头仙因而没有受封。后人为纪念这位在功禄面前只记着别人而忘记自己的老牛，就称之为牛头仙，并同八仙镌刻于石壁上。在中国众多的八仙故事版本中都没见过牛头仙的形象，只有在江城的八仙山上有。关于牛头仙的来历，在黄九霄的传说故事中可以清晰地找到它的影子。传说由于王朝腐朽，黄九霄拒绝向皇帝进贡，并准备起兵反抗。黄九霄为了从水上运兵到京城，每天都上苍日岭赶山开河。他把一个牛头套在自己的脖子上，变成了力大无比的神牛。妻子每天带着一条黄狗上山给他送饭，黄九霄听到狗脖子上的铜铃声就把牛头套脱下来，恢复人形。有一天，他妻子生病了，由母亲代她上山送饭，黄狗没有跟她上山。黄九霄只顾赶山，没听到铜铃声，被母亲发现。母亲伤心地说："儿呀，我以为你天天上山干什么大事，原来在这里做牛做马。"由于这句话，黄九霄脖子上的牛头再也脱不下来，变成牛头人身的怪物。他不是八仙山上牛头仙的原型吗？那么，八仙山人物造像又是谁建造的呢？据志书《向都江城广记》记载："八仙山上有八峰，其峰峻而齐齐矗立，拔地而起，高120尺，峰前之崖如刀砍斧削。土官姓黄名九宵，为此山所惑，以为仙境，故请摩民依山形而雕凿之。"如此说来，八仙山摩崖造像是明代黄九霄所造，至今已有近五百年。

其二是向阳关。该关位于江城镇政府向东约3千米处，地势险要，它上至江城，天等，下通坡塘、思林，有一夫当关、万夫莫开之形势，自古为兵家必争之地。在200多米高陡峭的山崖上，书写上三个刚劲有力的正楷繁体大字"向阳关"。此书为明代书法家、理学家、军事家王阳明（王守仁）所书，王阳明在嘉靖六年被命为两广总督兼巡抚率兵讨伐广西田州卢苏的反叛。王阳明是否到过江城，不得而知。但向阳关作为军事险关，督师将领为它题名，或者地方州官亲自请王阳明题名，是完全有可能的事。从这点看，"向阳关"巨壁丹书应成书于明代嘉靖年间。但这陡峭如刀削的悬崖上如何把王阳明的手迹描写上去，且其书写的丹书，历经五百年，依然清晰可辨。就是现代科技发达的今天，也很难做到。向阳关是黄九霄留给后人的一个难解之谜。

其三为苍日岭。当地人都说苍日岭是向武州土官黄九霄的兵寨，山上有饮马场、桐油道、鱼塘魔宝及其他防御工事。传说黄九霄头上套的牛头脱不下来以后，即将死去。临死前，他交代妻子把他的头砍下来，丢到苍日岭下，同时告诉他的母亲：以后我们家的金竹，每一根要一百个铜钱，少一个也不能卖。他的妻子照他的话做了，顿时，黄九霄的每一根头发都长出一根竹子，漫山遍野，遮天蔽日。且说那皇帝在京城中浑浑噩噩，每天上朝，都有无数金黄的叶子飞落到在金銮殿上，让他非常恐惧。因此皇帝决定到民间查访。有一天皇帝走到苍日岭下的竹林边，抬轿的木杠突然断了，皇帝命人去砍竹子，但士兵的刀斧砍下去，就像砍在金石上一样，怎么也砍不断。这时天黑了下来，皇帝好生奇怪，立即叫人查找原因。不久打听到这是附近一个黄妈家的竹子，他儿子有交代，必须付给他100个铜钱，才能买他的一根竹子去用。皇帝说，那就买她一根竹子吧，但只能给她99枚铜钱。黄妈家穷，从来没有见过这么多的钱，就收下了。于是，士兵的刀斧砍下去，竹子就断了。只见竹节里面有一个全副武装的士兵，一匹战马，士兵的一只眼已经睁开，一只脚已经踏上马鞍，一副即将出战的样子。士兵连砍数刀，也是如此。皇帝大惊，马上命随从的兵将把金竹给烧毁了。如果黄妈按黄九霄的话要皇帝付100个铜钱，金竹就爆开，黄九霄就复活，千军万马就冲出来，杀皇帝，建立太平江山。

其四是黄九霄古墓。在江城镇西面之旧圩屯（那怀屯后山）上有一座山，山形如虎踞龙盘。传说黄九霄就葬在此山的岩洞内。土官黄九霄为官清廉，痛恨贪官污吏，拒绝向皇帝进贡，因而被朝廷派兵缉拿。他身材高大，勇猛异常，官兵捉到他后，又恨又怕，用百年打成的铁链锁住，装入铜棺，吊在一个岩洞内。黄九霄毫无惧色，他预言，一万年以后，铜棺落地之时，他便会死而复生，重新出世为王。1976年，自治区考古队在田东举办考古学习班，组织学员到那怀屯进行考古实习，挖到一个用六角梅花砖筑成的六角墓。从现场看，这是一个富贵人家的墓穴，但已被人为破坏，没有留下什么文物。这里要说明的是，这个被挖掘的六角墓，考古队也不能确定是黄九霄墓。那么传说中的黄九霄岩洞在哪里？铜棺又在哪里？这也是一个至今未解之谜。

其五是南岳庙。在原向都县北区印茶洞远（今印茶镇立新村上片），有一座古庙，叫南岳庙。据老人讲，古庙建有三开大殿，两边厢房，殿内供奉着十多尊佛像、神像，建筑相当宏伟，庙的中间供奉黄九霄大将军之位。以前庙里有一口灵钟，每年初一都飞到作登瑶族乡高寨某一庙宇（该庙也供奉黄九霄牌位），跟那里的另一铜钟争鸣。黄九霄的墓地和官府都在江城，而供奉他最大的一个庙却在距江城十多千米的洞远区，这又是为什么呢？

此外，在印茶、江城一带黄家的祖宗堂上写有“本史恩主黄九霄相公之位”，把他奉为黄家的先祖。黄九霄只是28位黄氏土官中一位，开山鼻祖也不是他，而他为什么能成为“本史恩主”呢？这也是一个谜团。从字面上看，“本史恩主”应该理解为对当地历史建设（包括政治、经济、文化）有贡献，从而对当地老百姓有恩的官主。

从传说与遗迹中看黄九霄

关于黄九霄的一些传说，与在壮族地区流传的传说故事一样，有相同的特性。一是大胆独特的想象，如讲到黄九霄小时候上学迟到，顽皮的他为了逃避老师的惩罚，回头用手一招，竟然让太阳退回山头去，这个情节不符常理但非常大胆。二是富有传奇性。如金竹藏兵，人死复生故事。有一个情节说黄九霄的人头被敌人砍下来以后，就问他的妈妈：“妈妈，树木砍下来以后能发芽，人的头砍下来以后，还能长出来吗？”当时只要他妈妈说“能”。那么他马上能身首重合，死而复生。这个情节，跟壮族莫一大王的传说是完全一样的。通过大胆的想象和神奇的情节，表达人物无惧无畏，视死如归精神。这种精神，就是壮族先民勇敢的性格的体现。这种性格（精神），在依智高抵抗交趾入侵、瓦氏夫人率狼兵抗倭中都可以得到淋漓尽致的体现。而在兵荒马乱的年代，人们就需要这种精神来保家卫国。因此人们赋予黄九霄种种神奇，深刻地反映了老百姓对和平安宁生活的渴望。

从这些传说和遗址中可以看出：黄九霄是向武州土官，是一个有作为有影响的人物。黄九霄时代，古人给后人留下了向阳关、八仙山摩崖造像等胜景，这些景点鬼斧神工，令人叹为观止。传说中黄九霄亦人亦神，说明他能克服当时的生产力条件，创造奇迹。一个管辖只有几个乡范围的土官，距今500年的人物，为什么被神化，树立庙，进祖宗祠堂呢？只有一个解释，那就是他为老百姓做了些好事，哪怕是很少的几个事，老百姓也不会忘记他，得民心者人民就会敬仰他。可以说，黄九霄是古代南方少数民族的一位开明首领，也是壮族民间一位富有传奇色彩的英雄。

历史上黄九霄确有其人

根据史料记载：向武州，宋置，为黄氏土官氏袭。土官氏系，明前未详。明洪武二年，原元朝田州路军民总管归附明王朝，任奉仪知州，兼辖向武州、富劳（今印茶镇）县事，为向武州第一任土官。据现存黄氏官族族谱记载，向武州黄氏土官在位28任，相传25代，黄九霄是黄志威的嫡孙，黄仲金之子，第九代第11任土官。黄九霄大概生活在明朝嘉靖时代，这段时间，各地少数民族起义不断，征战频繁，人民渴望和平安宁。黄九霄就在这个极及复杂的政治环境中执掌向武州政权的。他加强军事建设、发展经济、文化事业，保境安民，符合人民的愿望，从而得到人民的拥护，成为向武州历代土官中较有作为的统治者。

田东县志
（1989—2005）

索　引

说　明

一、本索引为《田东县志（1989—2005）》的内容分析索引（主题索引），索引范围包括章、节、目、子目和表格、图片。正文中凡具有独立检索意义的完整资料，均可通过本索引进行检索。

二、本索引按汉语拼音字母（同音字按声调）顺序排列。章、节标题做索引款目用黑体字排印，其余款目用宋体字排印。表格、图片在其款目后分别注意“表”或“图”。表格表题省略年度及县名。

三、索引款目后的数字表示内容所在的页码，空2字起排的款目为上一主题的“附见”。同一主题的“参见”，只标页码。内容有交叉的款目，为便于读者检索，在本索引中重复出现。

四、序、凡例、概述、大事记、附录、后记等内容不列入索引范围。

B

C

D

E

F

G

H

J

K

L

M

N

P

Q

R

S

T

W

X

Y

Z

编后记

一代人有一代人担当，一代人有一代人作为。光绪元年（1875年）田州改土归流、设置恩隆县之前，田东县曾编修《田州志》，但已散佚。恩隆县成立后，虽曾编写过一部极其简单的县志草稿，却未能刊刻出版。撤销恩隆县，成立田东县后，也曾两次组织编修县志，终因经费紧缺等原因而不能出版问世。第一部《田东县志》于1980年7月编修，1998年正式出版发行，这标志着田东有史以来第一部志书问世，具有石破天惊、划时代的意义。而第二部《田东县志（1989—2005）》乃承上启下、继往开来，具有里程碑意义。

俗话说："十年树木，十年磨一剑。"《田东县志（1989—2005）》修编历经十五载，可谓十五年修志，十五年磨一书。

2005年6月，根据中国地方志指导小组、自治区人民政府的统一部署，田东县委、县人民政府决定修编《田东县志（1989—2005）》。按照"党委重视、政府主持"的修志体制，田东县成立了以县委书记、县人民政府县长为主任，以县四家班子有关领导为副主任，有关部门负责人为成员的县志编纂委员会。在县志办设编辑部，着手进行县志资料收集和业务培训工作。同年8月，召开了有县直单位、驻县上级单位和有关企业领导、办公室人员参加的田东县第二轮修志动员会，部署修志工作目标、任务、标准和要求，并对各承编单位的编纂人员进行了业务培训。

在修志过程中，县人民政府认真贯彻落实国务院《地方志工作条例》，把地方志工作纳入国民经济和社会发展规划之中，每年在制定工作计划时，把地方志工作与其他工作一同部署、一并落实。由于部分县领导工作变动，县委、县人民政府多次及时调整、充实续修县志编纂委员会成员，确保机构稳定性、工作持续性。编纂委员会做好志书的规划，对编修篇目设置、县志编修下限时间进行了5次的调整完善。在历次机构改革中，高度重视县志办人员编制、人员配备，县志办人员编制8名（事业参公），实在职人员10人，在百色12个县（区市）中，队伍最大。为县志办新安排了4间、70多平方米的办公场地，解决了办公室数量不足、人员拥挤、资料存放难等问题。每年把续修县志的专项经费列入财政预算，并安排专项经费20多万元，添置了办公电脑、复印机、照相机、扫描仪、空调等一批办公设施，改善了县志办的办公条件。2011—2013年，为激发各承编单位修编《田东县志（1989—2005）》的工作积极性、主动性和创造性，把修编工作纳入全县绩效考评体系。一句话，田东县修志过程实现了认识到位、领导到位、机构到位、人员到位、经费到位、设施到位、规划到位，保证了修志工作的顺利进行。

《田东县志（1989—2005）》修志工作启动后，县志办制订科学的工作方案，扎实有序开展工作。设立10个小组，深入各自负责的单位和乡镇指导、收集县志资料，查阅档案、书籍报刊，实地考察，采集"活"材料、第一手资料。各乡镇、各单位纷纷成立修志工作机构，落实修志人员，也着手开展工作。后来，由于各乡镇各单位分管领导、修志人员工作变动频繁，思想认识和工作力量跟不上，造成修志工作断档、时冷时热、时紧时松，加上督查跟进不到位，续修工作缓慢、滞后，不能按照时间节点和编纂要求完成规定动作。

为扭转工作被动、落后局面，2015年10月，县志办向县委、县人民政府汇报工作情况，县委、县人民政府高度重视，及时召开专题会议，要求各乡镇各单位确确实实把二轮修志工作放在心上，紧抓在手里，稳扛在肩上，认真做好资料的收集与整理，确保按时保质完成任务。紧接着，县委、县人民政府下发了《第二届〈田东县志〉编纂推进工作方案》，进一步明确各承修单位的职责任务和完成任务的时间要求。2016年1—9月，县委、县人民政府将修志工作列入重点督查项目，县人民政府督查室加大督查力度，先后10次协调、督促未按时上报县志资料的单位。2016年10月14日，县人民政府召开田东县第二届修志工作推进暨业务培训会，对修编工作再动员再部署。此外，县人民政府分管领导对在修志工作严重滞后、不给予配合的部门主要领导进行约谈。

之后，一些工作滞后单位加快推动修志工作，纷纷提供资料。对收集到的资料，县志办一边进行认真的对证、分析、考查、核实、考订、鉴别和修改，一边指导承修单位不断补充完善资料。2017年6月，县志资料收集工作基本完成。2018年4月，志书初稿终于敲定，共25篇、94章、472节，约120万字。2018年5月初，经县人民政府同意，志书初稿分送县四家班子领导和地方志编纂委员会成员、百色市地方志编纂委员会办公室编纂委员会办公室、自治区地方志编纂委员会办公室初审。

2018年6月14日至15日，县委、县人民政府主持召开《田东县志（1989—2005）》（初稿）评稿会，邀请广西方志界相关专家对《田东县志（1989—2005）》进行评稿。自治区地方志编纂委员会办公室领导、专家，百色市地方志编纂委员会办公室编纂委员会办公室领导、专家，田东县四家班子有关领导、地方志编纂委员会成员、《田东县志》编辑部编辑以及各乡镇、县直县级单位各1名领导近200人参加评稿会。自治区地方志编纂委员会办公室专家组总评认为志稿观点正确，整体框架设置基本科学合理，章节目设置基本完备，篇、章、节之间逻辑关系基本明确。历史资料较丰富，体例较规范，语言较流畅，有一定特色，客观真实反映了1989—2005年田东县的情况。布局较为合理，横排门类，纵写史实，依次记述，文笔流畅，言简意赅。志稿撰写总体上达到评稿要求，同时期望进一步修改，将它编纂成为一部精品县志。自治区参加评稿的有自治区地方志编纂委员会办公室副主任邓敏杰、自治区地方志编纂委员会办公室市县志工作处处长施均显、自治区地方志编纂委员会办公室市县志工作处副处长陈小军、自治区地方志编纂委员会办公室市县志工作处调研员梁燕鸣、自治区地方志编纂委员会办公室通志工作处调研员贾晓霖、《广西通志·民族志》编辑室主任欧薇薇、自治区地方志编纂委员会办公室市县志工作处主任科员柳玉秀、自治区地方志编纂委员会办公室市县志工作处主任科员符松柏，百色市参加评稿的有百色市地方志编纂委员会办公室主任赵文刊、百色市地方志编纂委员会办公室副主任潘桂玲、百色市地方志编纂委员会办公室副主任卢澳、百色市地方志编纂委员会办公室原业务二科科长罗生福、百色市文联原主席黄小卡、百色市机构编制委员会督查室主任黄贤明、百色市水文水资源局办公室副主任林红梅、百色市地方志编纂委员会办公室业务二科副科长陈基文。百色市各县（区、市）地方志编纂委员会办公室主任、主编（总纂）特邀参加会议，并提出宝贵建议。

评稿会上，专家对志稿初稿提出了500多条的修改意见建议。2018年7月，县志办把专家的意见建议返回各承修单位修改。2019年5月13日，县人民政府办公室召开地方志工作推进会，会议强调各承修单位要加大修改完善力度，加快工作进度，务必尽快交稿。要全面系统完整地查找资料，确保志稿内容真实完整，数据准确无误。县档案局、县档案馆要安排专人配合各承修单位查阅资料。之后，县志办每周一要上报各单位的供稿情况进度表，县人民政府办对进度滞后的承修单位进行督查、通报。对于承修单位提交的修改稿，县志办逐条对照专家意见，多次修改补充各章节，多次调整、补充和完善部分篇章结构和内容，多次核实资料。在此基础上，又聘请专家对志稿作进一步修改、整理、总纂，以加快工作进度，以提高志稿质量。

2019年7月30日，县党史办和县志办合并，组建县党史和县志办公室（当年12月，更名为县党史和县志研究室）。新的领导班子边紧凑有序开展机构改革工作，边接过修编县志的接力棒，把修志当作压倒一切的工作任务来抓紧、抓实、抓细、抓好，充分发挥好增加修编人员的优势，统筹做好统稿的收集、甄别、整理等工作，力争按照自治区政府、市政府既定的时间节点，于2019年10月前将《田东县志（1989—2005）》审验稿分送百色市地方志编纂委员会办公室编纂委员会办公室、自治区地方志编纂委员会办公室审查验收。8月1日，新班子重新做好分工。编辑部全体编纂人员自觉放弃双休日和公休，放弃外出学习培训、参观考察的机会，聚精会神做好志稿的编纂。同时，派出督导组逐一上门，加强对修编工作滞后的承修单位的指导、督促。8月26日，市委常委、县委书记刘明国专门听取了志稿修编工作的汇报，强调要加快工作进度和提高志稿质量，确保按时保质完成修志任务，并协调解决了工作经费等问题。之后，县委办下发工作提示单给修编滞后的承修单位，要求按时按质完成修编任务。对没有按照时间节点补报缺项资料的承修单位，将进行通报并适当扣减年度绩效分值。9月2日，县长黄文明也听取了县党史和县志研究室主要负责人的汇报，并指示加大力度，加快进度，确保按时保质提交审验稿。

经过3个月的连续作战、全力以赴，2019年10月底，全面完成《田东县志（1989—2005）》审验稿各项修编任务。审验稿采用篇章节结构，设25篇及卷首图片、凡例、概述、大事记、附录、编后记等，约150万字。

2019年11月14日，田东县委、县人民政府召开《田东县志（1989—2005）》审验会，再次邀请自治区地方志编纂委员会、百色市地方志编纂委员会办公室编纂委员会的审查验收委员会专家对《田东县志（1989—2005）》进行审验。自治区参加审验的领导和专家有自治区地方志编纂委员会办公室党组书记、主任，博士、研究员，自治区地方志学术委员会主任梁金荣；自治区地方志编纂委员会办公室原副主任，自治区地方志学术委员会副主任邓敏杰；自治区地方志编纂委员会办公室原顾问、编审晏源源；自治区地方志编纂委员会办公室市县志工作部部长叶建维；自治区地方志编纂委员会办公室地情信息部部长韦韩韫；自治区地方志编纂委员会办公室市县志工作部副部长莫声光；自治区地方志编纂委员会办公室市县志工作部二级调研员、副编审梁燕鸣；自治区地方志编纂委员会办公室通志工作部二级调研员、副编审贾晓霖；钦州市地方志编纂委员会办公室副主任胡运动；自治区地方志编纂委员会市县志工作部二级主任科员符松柏。百色市参加审验的有百色市地方志编纂委员会办公室主任赵文刊，原百色市委编办主任罗荣国，百色市地方志编纂委员会办公室业务二科原科长、编辑罗生福，百色市水文水资源局办公室副主任、工程师林红梅，右江区保险事业局城乡居民养老保险管理股股长、中教一级罗荣智，百色市地方志编纂委员会办公室业务二科副科长陈基文。审验会上，审查验收委员会认为，《田东县志（1989—2005）》审验稿的政治观点正确，资料比较丰富，能够按照存真求实原则系统记述田东县政治、经济、文化、自然和社会各方面的历史与现状。篇目结构和体例较完备，资料的客观性、系统性、典型性、准确性较强；文风端正、字词较为规范；行业特色鲜明，突出时代特色、行业特色，反映出各项事业各类事物的存在和发展情况。经全体专家评审打分，《田东县志（1989—2005）》审验稿以平均分76.97分通过审查验收。

根据《全国地方志事业发展规划纲要（2015—2020年）》和《广西地方志事业发展规划（2016—2020年）》，到2020年年底，各级政府要全面完成“两全目标”（全面完成第二轮修志规划任务，实现省、市、县三级综合年鉴出版全覆盖）。2020年是“两全目标”的收官之年，我们以更高的标准、最好的状态、最大的努力，以不获全胜决不收兵的决心，发起全面冲刺，按时按质完成“两全目标”任务。

十五年修志，在历史的长河中，只不过是一瞬间。然而，这是方志人新时代的长征路。这长征路是一场大会战、优势战。中央、自治区、市、县、乡镇五级领导机关高度重视，110多个承修单位协同作战，400多名各级领导、撰稿人员、审稿人员和责任编辑连续作战，唱响了社会主义制度具有团结一心、齐心协力、集中力量办大事优越的颂歌。这长征路是一场持久战、攻坚战。史料跨度时间长，修编时间长，涉及面广，工作量庞大。大家牢记使命，忠诚使命，不辱使命，献身使命，克难攻坚，顽强奋斗，艰苦奋斗，不懈奋斗，奋力推进地方志事业持续健康发展，为全县经济社会发展高质量发展贡献“志”力。

十五年修志，在历史的长河中，这是一朵美丽、闪亮的浪花。这浪花是大量心血和汗水的凝练，是集体智慧和集体力量的结晶。自治区地方志编纂委员会办公室、百色市地方志编纂委员会办公室编纂委员会办公室悉心关怀，精心指导，用心帮助，各乡镇党委、政府和县直各单位给予鼎力支持，各有关人员默默付出和奉献。这一切，我们看在眼里，没齿难忘，铭记在心。这一切，我们备受鼓舞，倍感振奋，倍增干劲。我们本着高度的责任感和事业心，以最真的诚意，尽最大努力，做好修编工作，以表达感恩、感谢、感激之情，以回报滴水之恩、三春之晖。值此志书出版之际，谨向所有关心、支持、帮助本志书编纂、出版、发行工作的单位及个人，以及所有为本志书辛勤劳动、默默耕耘、淡泊名利、执着追求的编纂人员，致以崇高的敬意和诚挚的谢意！

续修此志是一项艰苦卓绝的繁杂工程，虽然全体编纂人员齐心协力、不懈努力、倾尽全力，但是由于现存资料不全、经验不足、水平有限，难免有疏误、缺漏、错误之处，敬请读者批评指正、海涵包容。

编者

2020年8月